中国人事科学研究报告

2021年卷

上册

中国人事科学研究院　编著

中国人事出版社

图书在版编目(CIP)数据

中国人事科学研究报告. 2021 年卷/中国人事科学研究院编著. -- 北京：中国人事出版社，2023

ISBN 978-7-5129-1810-8

Ⅰ.①中… Ⅱ.①中… Ⅲ.①人事管理-研究报告-中国-2021 Ⅳ.①D630.3

中国版本图书馆 CIP 数据核字(2022)第 194876 号

中国人事出版社出版发行

(北京市惠新东街 1 号 邮政编码：100029)

*

保定市中画美凯印刷有限公司印刷装订 新华书店经销

787 毫米×1092 毫米 16 开本 65.5 印张 1072 千字

2023 年 1 月第 1 版 2023 年 1 月第 1 次印刷

定价：198.00 元（上、下册）

营销中心电话：400-606-6496

出版社网址：http://www.class.com.cn

版权专有 侵权必究

如有印装差错，请与本社联系调换：(010) 81211666

我社将与版权执法机关配合，大力打击盗印、销售和使用盗版图书活动，敬请广大读者协助举报，经查实将给予举报者奖励。

举报电话：(010) 64954652

编　委　会

主　编　余兴安　唐志敏
副主编　柳学智　李建忠　李志更　司若霞
编　委（按姓氏拼音排序）

鲍　静　曹彦国　董长麒　范　巍　郭小军
何凤秋　何林深　赫安柱　黄　梅　李建忠
李申华　李学明　李志更　刘文彬　刘小群
柳学智　鲁闻鸣　苗月霞　潘伟梁　庞　诗
乔立娜　饶　风　饶立昌　任文硕　司若霞
孙　锐　唐志敏　田永坡　王芳霞　王见敏
王明荣　吴骏强　熊荣军　熊通成　熊　缨
杨东风　余兴安　翟　爽　张霁星　赵盈瑞
郑亨钰

编辑部成员

黄　梅　刘军仪　柏玉林　郭越君　贺光磊

前　言

为更好服务于人力资源和社会保障事业发展，2021年中国人事科学研究院在课题评审验收基础上，择取了53篇课题成果并组织了相关课题组对其进行了提炼，形成了一个如学术年刊性质的成果载体。

此次的研究报告集中，内容涉及人才工作与人才队伍建设（13篇），人事制度改革与政策创新（14篇），就业创业与人力资源市场（14篇），收入分配、劳动关系及其他（12篇）。总的来说，研究报告集的内容紧紧围绕人社领域重点、热点和难点问题开展研究，发挥了较好的参谋咨询作用。

本报告集的选编得到了人力资源和社会保障部领导及相关司局同志的指导，得到了由我院牵头的"全国人事人才科研合作网"各参与机构及有关合作单位的支持，也得到了我院科研人员鼎力支持，中国人力资源和社会保障出版集团亦给予大力支持，在此一并表示衷心感谢。

需要说明的是，本报告集仅收录了我院的部分课题报告成果。当然，受时间和精力所限，可能带有一定的阶段性和主观性，也仅代表课题组的观点，疏漏之处还请广大读者不吝指教。

中国人事科学研究院
2022年9月

目 录

人才工作与人才队伍建设

全球基础研究人才指数报告（2020）……………………（3）
人才资源与绿色低碳发展协同机制研究 ……………………（14）
专业技术人才发展研究 ………………………………………（28）
C市"十四五"时期人才发展研究 ……………………………（45）
天津市技能人才需求状况与培养机制分析 …………………（64）
河北省智能制造产业与智能制造科技人才队伍建设融合发展研究
………………………………………………………………（85）
河北雄安新区中长期人才发展规划（2021—2035年）编制研究
………………………………………………………………（96）
上海人才公共服务队伍数字化能力建设研究 ……………（106）
江苏推进产业强链中的人才生态建设研究
　　——以高技术船舶产业为例 …………………………（124）
城市群人才要素流动性分析和一体化促进机制研究
　　——以胶东经济圈为例 ………………………………（151）
加快产业工程师队伍建设研究
　　——以宁波市为例 ……………………………………（178）
《百万人才进海南行动计划（2018—2025年）》评估研究 ……（189）
贵阳市科技人才区域竞争力提升研究 ……………………（218）

人事制度改革与政策创新

我国国际职员制度发展历程及现状问题研究 …………………………（257）
国内各省人才政策环境比较研究 ……………………………………（277）
中国共产党的干部管理制度：回顾与展望 …………………………（285）
干部教育百年历程与基本经验研究 …………………………………（303）
深化职业资格领域"放管服"改革研究 ……………………………（326）
职业资历认证认可机制研究 …………………………………………（342）
专业技术类新职业从业人员培训与水平评价问题研究 ……………（373）
加快推进我国博士后事业发展研究 …………………………………（394）
基层劳动保障监察执法体制改革问题研究 …………………………（403）
天津市人才引进政策实施效果与优化策略研究
　　——以"海河英才"行动计划为例 ……………………………（420）
福建省科技人才评价存在问题及对策研究 …………………………（438）
新形势下山东省人才发展政策调整研究 ……………………………（464）
太湖湾科创带建设干部能力盘点及应对策略研究 …………………（486）
山西省"转型发展"背景下人力资源生态构建研究 ………………（491）

就业创业与人力资源市场

充分发挥人力资源服务机构市场化引才作用研究 …………………（521）
人力资源市场需求规模和结构分析 …………………………………（537）
企业用工灵活化现状及问题研究 ……………………………………（559）
共享用工发展问题思考和前景分析 …………………………………（575）
N省人力资源服务业发展规划与政策支撑研究 ……………………（598）
促进广西技工院校毕业生高质量就业对策研究 ……………………（615）
数字经济背景下促进高质量就业的政策研究 ………………………（637）
云南新就业形态对人力资源服务业的影响研究 ……………………（663）
泉州市台商投资区招才引智及人力资源服务体系研究 ……………（681）

文旅人力资源服务业发展研究
　　——以乐山市为例 ………………………………………………（704）
西安IT产业人才服务能力提升研究 …………………………………（722）
湖北构建高质量人才服务体系路径 ……………………………………（742）
"两区"建设对境外高水平职业资格需求研究 ………………………（768）
苏州相城区技能人才培训体系研究 ……………………………………（798）

收入分配、劳动关系及其他

人力资源和社会保障基本公共服务标准化现状与对策研究 ………（823）
事业单位绩效工资总量管理制度研究 …………………………………（839）
事业单位考勤和奖励制度研究 …………………………………………（866）
事业单位科研人员薪酬激励制度研究 …………………………………（884）
科研事业单位职称和岗位制度改革研究 ………………………………（900）
评比达标表彰活动监督检查与惩戒问责长效机制研究 ……………（905）
境外职业资格认证境内活动现状和对策研究 ………………………（931）
工程科技人才队伍现状与成长需求研究
　　——以工程科技奖励制度为视角 …………………………………（945）
浙江技能人才收入增长问题研究 ………………………………………（961）
创新构建和谐劳动关系研究
　　——基于综合配套改革试点济宁的探索与实践 …………………（973）
"智慧仲裁"研究
　　——以郑州高新区"智慧仲裁"平台建设为例 …………………（994）
我国法定机构改革的发展历程与典型案例分析 ……………………（1013）

人才工作与人才队伍建设

全球基础研究人才指数报告（2020）[①]

提　要：本报告从科睿唯安 InCites 数据库抽取文献数据，将被引次数累计百分比处于前10%的文献的作者界定为基础研究人才，以1‰、1%、10%为标线将其划分为A、B、C三个层次，构建基础研究人才指数，通过大数据统计分析，呈现全球基础研究人才的分布和发展趋势。本报告为了解全球基础研究人才总体及其各层次的发展趋势提供了多维、动态的分析，为精准制定人才发展相关政策提供了实证参考。[②]

关键词：基础研究　人才　指数　文献计量分析　全球

一、考量因素

（一）基础研究领域的划分

本报告以科睿唯安 Web of Science 学科分类为基础，选择了198个 Web of Science 学科，根据国家自然科学基金委员会关于学科组的划分，归入相应的学科组，形成8个学科组和1个交叉学科（见表1），进一步将各学科组和交叉学科归为自然科学总体，这样就将自然科学基础研究领域划分为学科、学科组（含交叉学科）、总体三个层面。

[①] 本文系中国人事科学研究院2021年度研究课题《全球基础研究人才分布和发展趋势研究》报告的部分内容。

[②] 本报告的数据来源于科睿唯安的 InCites 数据库，数据更新时间为2021年4月30日。科睿唯安遵循客观性、选择性和动态性的文献筛选原则，将文献被引情况作为主要影响力指标，筛选每一研究领域中最有影响力的文献，确保文献的代表性。经过数据清洗，最后纳入统计分析的文献数据共52 795 744篇。

表 1　　基础研究领域的划分

学科组	Web of Science 学科
数学与物理学	数学
	数学物理
	统计学和概率论
	应用数学
	逻辑学
	跨学科应用数学
	力学
	天文学和天体物理学
	凝聚态物理
	热力学
	原子、分子和化学物理
	光学
	光谱学
	声学
	粒子物理学和场论
	核物理
	核科学和技术
	流体物理和等离子体物理
	应用物理学
	多学科物理
化学	有机化学
	高分子科学
	电化学
	物理化学
	分析化学
	晶体学
	无机化学和核化学
	纳米科学和纳米技术
	化学工程
	应用化学
	多学科化学
生命科学	生物学
	微生物学
	病毒学

续表

学科组	Web of Science 学科
生命科学	植物学
	生态学
	湖沼学
	进化生物学
	动物学
	鸟类学
	昆虫学
	制奶和动物科学
	生物物理学
	生物化学和分子生物学
	遗传学和遗传性
	数学生物学和计算生物学
	细胞生物学
	免疫学
	神经科学
	心理学
	应用心理学
	生理心理学
	临床心理学
	发展心理学
	教育心理学
	实验心理学
	数学心理学
	多学科心理学
	心理分析
	社会心理学
	行为科学
	生物材料
	细胞和组织工程学
	生理学
	解剖学和形态学
	发育生物学
	生殖生物学

续表

学科组	Web of Science 学科
生命科学	农学
	多学科农业
	生物多样性保护
	园艺学
	真菌学
	林学
	兽医学
	海洋生物学和淡水生物学
	渔业学
	食品科学和技术
	生物医药工程
	生物技术和应用微生物学
地球科学	地理学
	自然地理学
	遥感
	地质学
	古生物学
	矿物学
	地质工程
	地球化学和地球物理学
	气象学和大气科学
	海洋学
	环境科学
	土壤学
	水资源
	环境研究
	多学科地球科学
工程与材料科学	冶金和冶金工程
	陶瓷材料
	造纸和木材
	涂料和薄膜
	纺织材料
	复合材料
	材料检测和鉴定

续表

学科组	Web of Science 学科
工程与材料科学	多学科材料
	石油工程
	采矿和矿物处理
	机械工程
	制造工程
	能源和燃料
	电气和电子工程
	建筑和建筑技术
	土木工程
	农业工程
	环境工程
	海洋工程
	船舶工程
	交通
	交通科学和技术
	航空和航天工程
	工业工程
	设备和仪器
	显微镜学
	绿色和可持续科学与技术
	人体工程学
	多学科工程
信息科学	电信
	影像科学和照相技术
	计算机理论和方法
	软件工程
	计算机硬件和体系架构
	信息系统
	控制论
	计算机跨学科应用
	自动化和控制系统
	机器人学
	量子科学和技术
	人工智能

续表

学科组	Web of Science 学科
管理科学	运筹学和管理科学
	管理学
	商学
	经济学
	金融学
	人口统计学
	农业经济和政策
	公共管理
	卫生保健科学和服务
	医学伦理学
	区域和城市规划
	信息学和图书馆学
医学	呼吸系统
	心脏和心血管系统
	周围血管疾病学
	胃肠病学和肝脏病学
	产科医学和妇科医学
	男科学
	儿科学
	泌尿学和肾脏学
	运动科学
	内分泌学和新陈代谢
	营养学和饮食学
	血液学
	临床神经学
	药物滥用医学
	精神病学
	敏感症学
	风湿病学
	皮肤医学
	眼科学
	耳鼻喉学
	听觉学和言语病理学
	牙科医学、口腔外科和口腔医学

续表

学科组	Web of Science 学科
医学	急救医学
	危机护理医学
	整形外科学
	麻醉学
	肿瘤学
	康复医学
	医学信息学
	神经影像学
	传染病学
	寄生物学
	医学化验技术
	放射医学、核医学和影像医学
	法医学
	老年病学和老年医学
	初级卫生保健
	公共卫生、环境卫生和职业卫生
	热带医学
	药理学和药剂学
	医用化学
	毒理学
	病理学
	外科学
	移植医学
	护理学
	全科医学和内科医学
	综合医学和补充医学
	研究和实验医学
交叉学科	交叉学科

(二) 文献类型的选择

基础研究成果的主要形式是在期刊、报纸、图书等各种媒介上或者在会议、研讨会、论坛等各种活动中发表的论文、综述、评论等各种文献。

考虑到学科之间文献类型存在差异，本报告选择了多种文献类型，涵盖了所研究学科的主要文献类型，见表2。

表 2　　　　　　　　　　　　　　文献类型

中文名称	英文名称
期刊论文	Article
会议论文	Proceedings Paper
会议摘要	Meeting Abstract
综述	Review
编辑材料	Editorial Material
快报	Letter
更正	Correction
图书章节	Book Chapter
图书综述	Book Review
传记	Biographical-Item
新闻条目	News Item
数据论文	Data Paper
转载	Reprint
软件评论	Software Review
参考书目	Bibliography
数据库评论	Database Review
硬件评论	Hardware Review
图书	Book
记录评审	Record Review
发表内容摘要	Abstract of Published Item
摘录	Excerpt
研究报告	Note
研讨	Discussion
脚本	Script
个人研究领域	Item About An Individual
年表	Chronology

（三）时间范围的选择

基础研究具有动态性，本报告选择最近 10 年基础研究文献数据作为评估某一区域或研究领域基础研究人才的依据。2020 年的文献仅发表 1 年或不足 1 年，被引频次还很少甚至为 0，被引频次不能代表或者充分代表基础研究成果的质量，因此我们剔除了 2020 年的数据，选择 2010—2019 年的 10 年数据作为计量对象。

我们对 2010—2019 年各年度及年度合计分别进行统计分析，计算指数，反映年度变化趋势和总体水平。考虑到时间对被引频次有显著影响，但是时间对被引频次的影响并不一致，越远期影响越小，越近期影响越大，基于10年合计的指数能更为准确地反映一个国家或地区的人才发展状况，因此，我们将其作为人才比较的主要指数。

二、指数设计

（一）文献计量方法

一篇文献可能有一个或多个作者，作者可能属于一个或多个国家或地区，甚至一篇文献可能属于一个或多个学科。在本报告中，如果一篇文献有多个作者，视为一个作者；如果一篇文献的作者属于多个国家或地区，视为作者所属的每一国家或地区都拥有该篇文献。例如某篇文献有7个中国作者、3个美国作者，那么中国和美国各自计量为1篇文献；如果一篇文献属于多个学科，视为文献所属的每一学科都拥有该篇文献。例如某篇文献既属于有机化学，又属于高分子科学，那么有机化学和高分子科学各自计量为1篇文献。

（二）基础研究人才层次划分

本报告将基础研究人才界定为在某一学科某一年度的文献中，被引频次的累计百分比处于前10%的文献的作者。

为了对基础研究人才进行更细致的区分，我们继续以1‰、1%、10%为标线，将基础研究人才划分为A、B、C三个层次，见表3。

表3　　　　　　　　　　基础研究人才层次划分

人才层次	累计百分比 p
A	$p \leq 1‰$
B	$1‰ < p \leq 1\%$
C	$1\% < p \leq 10\%$

注：p代表被引频次。

（三）基础研究人才指数

学科是基础研究领域划分的基本单元，也是基础研究人才划分的基本单元，本报告以学科为基本单元构建指数，进行学科层面的指数计算；在学科分析的基础上，根据学科组（含交叉学科）的划分，对应汇总相应学科的指数，形成了学科组（含交叉学科）的指数；进一步汇总学科组的指数，形成自然科学总体的指数。

根据学科、学科组（含交叉学科）、总体三个研究领域层面和A、B、C三个研究人才层次，构建每个研究领域层面每个人才层次的人才比较指数。

每一研究领域层面都包括以下三个指数：

A层人才占比：某一国家或地区在某一年度或年度合计中的A层人才数量占全球相应年度A层人才总数的百分比。

B层人才占比：某一国家或地区在某一年度或年度合计中的B层人才数量占全球相应年度B层人才总数的百分比。

C层人才占比：某一国家或地区在某一年度或年度合计中的C层人才数量占全球相应年度C层人才总数的百分比。

三、指数计算与结果呈现

在各学科人才分析的基础上，按照A、B、C三个人才层次，对所有学科人才进行汇总分析，从总体层面揭示自然科学基础研究人才的分布特点和发展趋势。

（一）A层人才

自然科学A层人才最多的国家是美国，占全球A层人才的25.15%，中国大陆和英国分别以10.03%和7.92%的世界占比排名第二和第三，前三名A层人才达到全球的43.1%；德国、澳大利亚、加拿大紧随其后，世界占比分别为5.47%、4.16%、4.09%；法国、荷兰、意大利、瑞士、西班牙、日本的A层人才也比较多，世界占比在2%~4%；韩国、瑞典、新加坡、比利时、印度、丹麦、沙特、中国香港特别行政区、奥地利、巴西、伊朗、以色列、挪威、芬兰、新西兰、爱尔兰、中国台湾也有相当数量的A层人才，世界占比超过1%；葡萄牙、俄罗斯、波兰、南非、土耳其、马来西亚、希腊、捷克、巴基斯坦、墨西哥、阿尔及利亚、智利、罗马尼亚、阿根廷、埃及、匈牙利、卡塔尔、泰国、越南、哥伦比亚、中国澳门特别行政区也有一定数量的A层人才，世界占比低于1%。

在发展趋势上，美国、英国、德国、加拿大、法国呈现相对下降趋势，中国大陆、澳大利亚、沙特、伊朗呈现相对上升趋势，其他国家或地区没有呈现明显变化。

（二）B层人才

自然科学B层人才最多的国家是美国，占全球B层人才的22.64%，中国大陆和英国分别以12.62%和7.22%的世界占比排名第二和第三，这三个国家的B层人才达到全球的42.48%；德国紧随其后，世界占比为5.23%；澳大利亚、加拿大、法国、意大利、荷兰、西班牙、瑞士、日本的B层人才也比较多，世界占比在2%~4%；韩国、印度、瑞典、新加坡、比利时、中国香港特别行政区、丹麦、伊朗也有相当数量的 B 层人才，世界占比超过 1%；沙特、奥地利、巴西、挪威、中国台湾、芬兰、以色列、葡萄牙、土耳其、波兰、爱尔兰、马来西亚、希腊、俄罗斯、新西兰、南非、捷克、巴基斯坦、墨西哥、埃及、匈牙利、智利、罗马尼亚、阿根廷、泰国、越南、斯洛文尼亚、哥伦比亚、阿联酋、塞尔维亚也有一定数量的 B 层人才，各自世界占比低于 1%。

在发展趋势上，美国、英国、德国、加拿大、法国、日本呈现相对下降趋势，中国大陆、澳大利亚、伊朗、沙特呈现相对上升趋势，其他国家或地区没有呈现明显变化。

（三）C 层人才

自然科学 C 层人才最多的国家是美国，占全球 C 层人才的 22.24%，中国大陆和英国分别以 13.53% 和 6.73% 的世界占比排名第二和第三，这三个国家的 C 层人才占全球的 42.5%；德国紧随其后，世界占比为 5.38%；加拿大、意大利、法国、澳大利亚、西班牙、荷兰、日本、韩国、印度的 C 层人才也比较多，世界占比在 2%~4%；瑞士、瑞典、比利时、伊朗、巴西、新加坡、中国香港特别行政区、丹麦也有相当数量的 C 层人才，世界占比超过 1%；中国台湾、奥地利、土耳其、波兰、沙特、芬兰、挪威、葡萄牙、以色列、希腊、俄罗斯、马来西亚、爱尔兰、新西兰、南非、捷克、埃及、巴基斯坦、墨西哥、泰国、智利、匈牙利、阿根廷、罗马尼亚、越南、斯洛文尼亚、哥伦比亚、塞尔维亚、阿联酋也有一定数量的 C 层人才，各自世界占比低于 1%。

在发展趋势上，美国、英国、德国、法国、加拿大、日本呈现相对下降趋势，中国大陆、澳大利亚、印度、伊朗、沙特呈现相对上升趋势，其他国家或地区没有呈现明显变化。

《全球基础研究人才指数报告（2020）》课题组成员名单

课题组长：

柳学智（中国人事科学研究院副院长、研究员）

课题组成员：

苗月霞（中国人事科学研究院公务员管理研究室主任、研究员）

冯　凌（中国人事科学研究院人才理论与技术研究室副研究员）

人才资源与绿色低碳发展协同机制研究[①]

提 要：绿色低碳人才是推动实现"双碳"目标的关键动力，发挥着基础性、战略性、决定性作用。本研究首先就绿色就业的一些基本问题进行了阐释，包括相关概念、分类和特点。其次，总结梳理了政府部门在绿色低碳人才资源开发方面的政策措施，包括绿色职业标识工作、碳中和科技创新行动计划、地方先行先试政策措施和国际交流合作等。再次，分析绿色低碳人才开发工作存在的问题和挑战，包括顶层设计和协同推进乏力、绿色低碳人才培养工作滞后、绿色职业发展体系建设不完善、绿色就业调查统计制度不健全、绿色低碳人才国际合作交流不充分。最后，探讨如何建立人才资源与绿色低碳发展协同机制，包括顶层设计、绿色低碳人才培养、绿色职业和岗位开发、绿色就业调查研究、绿色低碳人才国际交流合作。

关键词：人才资源 绿色低碳人才 绿色低碳发展 协同机制

一、研究概况

（一）研究背景

习近平总书记在第 75 届联合国大会一般性辩论上提出，我国将力争于 2030 年前达到二氧化碳排放峰值，努力争取在 2060 年前实现碳中和。习近平总书记在中共中央政治局第三十六次集体学习时强调，必须深入分析推进碳

[①] 本文系中国人事科学研究院 2020 年度研究课题《人才资源与绿色低碳发展协同机制研究》报告的部分内容。

达峰碳中和工作面临的形势和任务，充分认识实现"双碳"目标的紧迫性和艰巨性，研究需要做好的重点工作，统一思想和认识，扎扎实实把党中央决策部署落到实处。碳达峰碳中和目标不仅是我国应对全球气候变化的庄重承诺，也是新一轮能源战主战场的战略选择。绿色低碳发展将对现行社会经济体系产生广泛而深刻的影响，成为我国未来数十年内社会经济发展的主基调之一。这一影响同样将作用于人才开发领域。绿色低碳人才是推动实现"双碳"目标的关键动力，发挥着基础性、战略性、决定性作用。绿色低碳人才开发是加快经济发展方式转变，推进经济向绿色、低碳和可持续方向发展的客观要求，也是扩大人才规模和提高人才质量的重要举措。为此，本文就绿色低碳人才开发问题进行相关专题研究。

（二）研究内容

本研究首先就绿色就业的一些基本问题进行了阐释，包括相关概念、分类和特点。其次，总结梳理政府部门在绿色低碳人才资源开发方面的政策措施，包括绿色职业标识工作、碳中和科技创新行动计划、地方先行先试政策措施和国际交流合作等。再次，分析绿色低碳人才开发工作存在的问题和挑战，包括顶层设计和协同推进乏力、绿色低碳人才培养工作滞后、绿色职业发展体系建设不完善、绿色就业调查统计制度不健全、绿色低碳人才国际合作交流不充分。最后，探讨如何建立人才资源与绿色低碳发展协同机制，包括顶层设计、绿色低碳人才培养、绿色职业和岗位开发、绿色就业调查研究、绿色低碳人才国际交流合作。

（三）研究方法

研究方法包括文献研究和半结构式访谈。本研究收集分析了大量国内外学术文献、政策文本、行业报告、媒体报道等，访谈了来自相关行业的专家和一线工作者，包括环保、电力、冶金、建筑、交通、金融、碳资产管理、城市规划、绿色低碳培训等，以及来自就业政策、人力资源政策、科技政策和环保政策研究机构的学者，具体包括人力资源社会保障部教育培训中心、人力资源社会保障部事业单位人事服务中心、国家职业分类大典修订工作专家委员会、生态环境部固体废物与化学品管理技术中心、中国劳动和社会保障科学研究院、中国科学院科技战略咨询研究院、中国林业科学院林业科技信息研究所、中国冶金工业规划院、北京建筑大学、中华环保联合会、中国电力企业联合会、中国环境保护产业协会、中国生态城市研究院、中国建筑材料联合会等。访谈对象从各自行业和工作、研究领域的视角出发，聚焦绿色低碳人才引进、评价、培养、使用、激励和职业发展等问题，探讨如何建立人才资源与绿色低碳发展协同机制。

二、绿色低碳人才基本问题

（一）绿色低碳人才的界定

本报告将与绿色低碳发展相协同的人才称为绿色低碳人才。绿色低碳人才是指生产的产品或提供的服务有益于环境或自然资源保护的人才，或者使得生产过程更加环保或者使用更少自然资源的人才。

（二）绿色低碳人才的分类

本报告将绿色低碳人才分为以下四种：一是直接绿色人才，即对生态环境质量的改善有直接积极影响的人才，如野生动植物保育、水土资源保护、碳汇领域的科研、管理和一线工作者等。二是间接绿色人才，指的是在环保要求提高后，在连带受到影响的各个领域中工作的人才，包括政策、法律、科研、管理、贸易等领域的环境诉讼、绿色宣传教育、绿色低碳发展顾问、低碳城市规划、环保监查执法、碳资产管理等人才。三是绿化人才，即通过优化生产技术、方式、过程及终端产品等方式对非绿色的产业进行绿化的人才，如炼钢过程中的高炉渣显热回收、有机农业、绿色纺织、清洁能源等领域的人才。四是泛绿人才，指的是对环境负面影响较小的行业中的人才，其范围很广，包括很多第三产业中的人才，如教育培训、信息产业、文化产业中的就业人才。本报告中的绿色低碳人才主要指的是前三种。

（三）绿色低碳人才资源的特点

绿色低碳人才具备以下三个主要特点：一是标准相对、范畴动态。绿色低碳人才的标准与特定背景下的环保标准相关。随着环保科技和管理方式的不断发展，当今的绿色低碳人才未必是未来的绿色低碳人才。绿色低碳人才在整个人力资源中所占的比重与当前经济社会发展水平和发展方式的先进性成正比。随着科技的进步、产业结构的调整升级、低碳生活模式的建立，绿色低碳人才的范畴会在各行、各业、各部门中不断扩大，就业的链条将逐步延长。二是类型多样、专业技术类居多。绿色低碳人才遍布各行、各业、各部门，涉及职业范围、技能范围广泛。从我国职业分类体系中标识的绿色职业看，133个绿色职业分布在专业技术人员，商业、服务业人员，运输设备操作人员，农、林、牧、渔、水利业生产人员，办事人员五个大类中。其中，专业技术类绿色职业占绿色职业总数的比例远超其他大类，高达47%。三是专业化程度较高，跨界特征明显。与非绿色职业相比，绿色职业的模式化程度较低，对从业者专业化要求更高，需要具备与绿色技术相关的高水平分析和抽象能力。同时，由于绿色低碳领域本身的跨行业、跨学科特点突出，对其人才资源的行业复合、学科交叉能力要求更高。

三、绿色低碳人才开发工作概况

我国当前绿色低碳人才开发的综合性工作主要包括：绿色职业标识工作、碳中和科技创新行动计划、地方先行先试政策措施和国际交流合作。

（一）开展绿色职业标识工作

2015 版《中华人民共和国职业分类大典》（以下简称《大典》）的亮点之一是新增了绿色职业标识。人力资源社会保障部牵头对具有"环保、低碳、循环"特征的职业活动进行研究分析，组织了近 80 人的团队开展这项工作，将部分社会认知度较高、具有显著绿色特征的职业标识为绿色职业，这是我国职业分类的首次尝试。《大典》修订工作者借鉴了美国国家职业信息网络资源中心发布的绿色职业分类体系，相比美国，我国的绿色职业标识更加严谨。

绿色职业标识采用了逐一标识法，主要是根据绿色职业的定义、标准等对所有职业进行识别，并对判定为绿色职业的职业进行绿色标识，再分类形成绿色职业体系表，主要过程如下。

一是对绿色职业的分析研究。绿色职业的分析研究内容主要包括定义、识别标准、分类标准和范畴。绿色职业是在绿色经济的发展下产生的。在对绿色职业下定义时，定义在突出"绿色"功能的同时，要体现与绿色经济的关系；定义要具有可度量性和可操作性，便于绿色职业的统计、分类、识别等；绿色职业的研究对象是职业而非绿色行业或绿色经济活动。绿色职业的识别标准要抓住绿色职业的核心特点。绿色职业的分类主要服务于绿色就业指导和劳动者对绿色职业的进一步认识，所以分类标准最好基于绿色职业的来源或职业的绿化程度来进行。最后，绿色职业范畴的确定，应该以我国国民经济行业分类体系为基础，进行更进一步的细分。

二是对绿色职业的信息采集。对绿色职业范畴内所有职业（包括绿色职业和非绿色职业）进行调查统计。其中职业主要来源于标准职业分类体系；然后进行调查统计，调查范围以绿色经济活动领域为主，例如建筑业、林业、农业等。

三是对绿色职业的归类。主要是将所有调查职业按照工作性质相似性、技能水平相似性的原则归并到标准职业分类体系当中。职业代码和职业描述的确定按照《大典》修订的要求进行。

四是对绿色职业的识别。根据绿色职业的标准逐个对以上职业进行识别，并对判定为绿色职业的职业予以标识。绿色标识是用图的形式直观突出绿色职业的一种方式，如美国以绿叶来标识绿色职业。职业代码则是在我国现有标准职业分类体系的代码上进行的延伸，如 5-02-01-02 代表造林更新工，则可在现有编码后增加-00 来标识绿色职业类别，见表 1。

表 1　　　　　　　　　　绿色职业的识别与标识

职称	编码	判定结果	绿色标志	行业部门
造林更新工	5-02-01-02-00	√		林业
收银员	4-01-01-02	×		

五是形成绿色职业体系表，见表 2。

表 2　　　　　　　　　　绿色职业分类体系表

行业	类型	职称	职业代码	职业描述	绿色标志
林业	***型	造林更新工	5-02-01-02-00	*********	
能源行业					

2015 版《大典》共标识 127 个绿色职业，并统一以"L"标识，如环境监测员、太阳能利用工、轮胎翻修工等。绿色职业活动主要包括：监测、保护与治理、美化生态环境，生产太阳能、风能、生物质能等新能源，提供大运量、高效率交通运力，回收与利用废弃物等领域的生产活动，以及与其相关的以科学研究、技术研发、设计规划等方式提供服务的社会活动。自 2015 年版《大典》颁布后，人力资源社会保障部又发布了 6 个绿色新职业。截至 2021 年 11 月，绿色职业共计 133 个。从职业分类的大类[①]看，近一半绿色职业属于"专业技术人员"大类，共计 64 个，占比 47%；其次是"商业、服务业人员"大类，共 35 个，占比 26%；再次是"生产、运输设备操作人员及有关人员"和"农、林、牧、渔、水利业生产人员"大类，分别为 19 个（14%）和 13 个（12%）；最后是"办事人员和有关人员"大类，共 2 个，占比 1%。

2021 版《大典》由 2015 版《大典》修订而成，目前相关工作正在有序开展，相关部门和机构积极申报绿色新职业，如碳排放管理工程技术人员、建筑节能减碳管理师、双碳标准评估师、碳减排工程技术人员、林草碳汇计量审核师等。与 2015 版《大典》相比，2021 版《大典》拟新增一二十个绿

---

① 大类是职业分类结构中的最高层次，其划分和归类是根据工作性质的同一性进行的，并考虑我国政治制度、管理制度、科技水平和产业结构的现状与发展等因素。

色职业标识，新增绿色职业的明显特点是，社会治理领域的绿色职业比产业领域的绿色职业的增量大，如相关评估、管理、交易、审查等职业，这体现了 2015 年后我国绿色管理服务领域的发展壮大。

绿色职业标识工作为探索建立绿色职业体系迈出了关键一步，是绿色低碳人才开发工作的重要基础。然而，当前绿色职业标识的知晓度和应用范围较小，对开展就业统计、引导大学教育专业设置调整和教学方法改革、职业教育和职业培训调整、人力资源服务业发展、制定相关就业和人力资源开发政策，进而推动人才资源与绿色低碳经济协同发展的作用还较为有限。

(二) 部署碳中和科技创新行动计划

2021 年 7 月，教育部印发《关于〈高等学校碳中和科技创新行动计划〉的通知》，成为国家宣布"双碳"目标后，率先出台相应政策的部委。该行动计划中有六方面与绿色低碳人力资源开发有关的政策举措。

一是开展碳中和人才培养提质行动，即打造引领未来科技发展和有效培养复合型、创新型人才的教学科研高地；鼓励高校与科研院所、骨干企业联合设立碳中和专业技术人才培养项目；推动碳中和相关交叉学科与专业建设；建设一批国家级碳中和相关一流本科专业，加强能源碳中和、资源碳中和、信息碳中和等相关教材建设，鼓励高校开设碳中和通识课程，将碳中和理念与实践融入人才培养体系。

二是开展碳中和创新能力提升行动，即优化布局一批碳中和领域教育部重点实验室和教育部工程研究中心；建设若干碳中和领域前沿科学中心；建设碳中和领域关键核心技术集成攻关大平台；加强国家重点实验室、国家技术创新中心、国家工程研究中心等国家级碳中和创新平台的培育，组建一批攻关团队，持续开展关键核心技术攻关，打造若干碳中和技术创新的战略科技力量。

三是开展碳中和科技成果转化行动，即支持高校联合科技企业建立技术研发中心、产业研究院、中试基地、产教融合创新平台等；支持高校联合地方建设一批碳中和领域省部共建协同创新中心和现代产业学院，支撑建设一批绿色低碳示范企业、示范园区、示范社区、示范城市（群）。

四是开展碳中和国际合作交流行动，即推进与世界一流大学和学术机构的合作交流，开展碳中和科技领域高水平人才联合培养和科学研究；建设一批高校碳中和领域创新引智基地，大力吸引集聚海外高层次人才参与我国碳中和学科建设和科学研究；在国家留学基金计划中，对碳中和领域人才培养和相关学术科研交流予以支持；支持高校举办高层次碳中和国际学术会议或论坛，主动加强应对气候变化国际合作，推进国际规则标准制定；支持建设碳中和国际科技合作创新平台，推动高校参与国际碳中和领域大科学计划和大科学工程。

五是成立碳中和科技创新专家组，指导和协调行动计划的实施；有关司局积极研究并推进具体任务实施。

六是在国家级人才评选中，加大向碳中和领域优秀人才的倾斜力度。

这些政策力度较大、涉及面较广，包括人力资源培养、评价、产教融合、团队建设、专家队伍建设、国际交流合作，强调了复合型、创新型、国际化人才的关键作用，为国家实现"双碳"目标提供有力支撑。

（三）探索地方先行先试政策措施

一些地方省市在绿色低碳人力资源开发方面进行了有益探索。例如，2013年，广东省人力资源社会保障厅先行制定了推进绿色就业试点工作方案，在省内选取了一些就业工作基础较好、管理服务能力较强、改革创新积极性较高、产业发展具有一定代表性的地区着手进行绿色就业试点。工作重点是：试点地区基本建立与发展绿色经济相适应的绿色就业的"五大体系"，即推进绿色就业的组织体系、绿色就业的政策体系、绿色就业的统计指标体系、绿色就业创业服务体系、推进绿色就业与预防失业的调控体系。工作措施包括：探索制定绿色就业发展规划；将现有的积极的就业政策延伸到绿色经济领域的企业和劳动者；加强绿色就业公共服务，如绿色就业调查统计、绿色岗位信息收集和发布，在招聘洽谈、职业介绍、职业指导、就业援助、就业和转岗培训中加入绿色就业的内容，开发绿色创业项目；开发绿色职业标准；保障绿色从业者劳动权益等。试点工作方案还要求加强对试点工作的领导，加强试点工作宣传，落实项目资金和工作经费，构建绿色就业发展的长效机制。然而，试点工作还存在一定困难，主要是对绿色就业的概念、统计、岗位界定、动态特征等诸多问题尚不清楚，难以将工作做实，另外也缺乏相应资金和技术支持。最后试点工作并未完全落地。

又如，2017年，河北承德市制订实施绿色产业人才支撑计划，包括四大工程。一是绿色产业高端人才引进工程，对来承德工作且直接从事或从事与绿色产业发展相关工作的博士后、全日制博士、全日制硕士研究生和"985""211"院校的对口专业全日制本科毕业生，一次性分别给予3万元、2万元、1万元和5 000元特殊生活补贴；在支持科技成果转化方面，把给予研发团队、成果完成人员或科技成果转化重要贡献人员的奖励比例由70%提高到75%。大力实施"外专百人计划"等重点引智计划，积极引进绿色产业外国专家智力。二是绿色产业紧缺人才培养工程，以高层次人才选拔培养为突破带动绿色产业人才创新创业能力全面提升。优先推荐在绿色产业取得重大技术突破、做出重大贡献的高层次人才申报国家级、省级人才工程。三是绿色人才承载平台升级工程，每年筹集不少于1 000万元用于支持创新创业平台建设，重点扶持县区、大型骨干企业建设创新实践基地、技能人才培训基地等人才培育平台。四是绿色产业人才服务水平提升工程。市人力资源社会保障局启动"百企百站"工程，在全市绿色产业重点企业、其他行业规模以上企业建立人才服务联络站，及时掌握绿色产业企业人才需求，协助办理人才招聘、人才项目申报、人才政策落实等事项。

再如，2021年9月，天津市率先出台《天津市碳达峰碳中和促进条例》，其中提出，构建碳达峰、碳中和科技支撑体系，完善科技奖励、科技人才评价机制；支持科研机构、高等院校和企业等单位培养碳达峰、碳中和相关专业人才，鼓励引进绿色低碳领域高端人才，推进人才培养和交流平台建设。

（四）开展相关国际交流合作

2008年，我国政府发表声明，表示对国际劳工组织提出的绿色就业倡议予以积极响应和支持。此后，人力资源社会保障部、中国企业联合会、中华全国总工会和国际劳工组织合作推动绿色工作倡议项目，并且和亚洲开发银行、世界公共就业服务协会、绿色经济行动伙伴计划秘书处等国际组织，主要以会议和研究项目等形式开展国际合作。

例如，人力资源社会保障部与国际劳工组织北京局合作开展了绿色商业选择创业培训项目。该项目旨在提高潜在创业者的环保意识，分析其是否适合创业，启发他们的绿色创业思路并帮助其选择一个切合实际的绿色创业切入点。项目的工作重点是：开展试点省市的绿色工作培训、绿色工作教材和资源手册开发、绿色职业技能评估、绿色创业成功案例的收集和推广。培训目标群体包括将环保作为其根本经营理念和创业机会的潜在创业者、在校大学生和大学毕业生。培训业务领域包括生态旅游、生态农林业、可再生能源、生态恢复与环境治理等。培训课程包括环境挑战与绿色商机、绿色企业策划、绿色产业分析、生命周期分析法、3R法（即减量化、再使用和再循环原则）、环境影响评价。该项目首先由国际劳工组织专家和相关领域的外请专家对12人的绿色创业培训师团队进行培训。这些绿色创业培训师经过严格的考核选拔，均是已获得国际劳工组织"创办和改善你的企业"创业培训师资格的老师。然后以点带面，由这12位培训师对试点省市的讲师进行培训。再由这些讲师和各试点省市的人力资源社会保障部门在各自地区组织学员开办绿色商业选择创业培训班。项目培养出一批绿色创业人才，但也存在一些问题，最突出的问题是师资的环保专业知识有限，他们在教材开发与施教过程中深感"底气不足"。此外，地方对绿色创业培训有很大的需求，但是由于资金和师资有限，无法在更大范围内开展培训。

又如，企业可持续发展项目。该项目由国际劳工组织发起，在全球7个发展中国家实施，关注中小企业的创新、竞争力和可持续发展。在我国，该项目自2009年起，由瑞士联邦经济事务总局和挪威发展合作署资助，国际劳工组织北京局与联合国工业发展组织和中国企业联合会合作开展，通过对中小企业在创新、竞争力与可持续性方面进行培训，帮助中小企业向可持续发展模式转型，使其在促进就业、消除贫困、实现体面劳动以及推动我国社会经济的可持续发展中发挥更大作用。项目实施内容主要包括：开发企业可持续发展教材；开发本土商业发展咨询服务机构的能力，开展培训师培训；支持本土商业发展咨询服务机构在中小企业中进行初期培训，并监督培训的效果；由国内外专家对地方推选的培训师进行系统培训，加强培训师对教材的理解，提高培训师的现场咨询水平；考核选拔合格的培训师；所有试点企业代表免费参加5个单元的集中培训；由培训师团队根据企业需求在企业内部提供深度培训和现场辅导；企业可以根据自身需要接受后续咨询服务；在培训师的指导下，企业根据"企业现状分析"中提出的问题，制订行动计划和实施方案。集中培训的5个单元分别是：工作场所合作、质量管理、生产力与清洁生产、职业健康与安全、人力资源管理。其中生产力与清洁生产单元是与绿色人力资源开发关系最为密切的单元，其重点是通过引入环境管理和清洁生产的方法，提高环境绩效和生产力，同时控制能耗。通过这一单元的培训，企业可以全面评估自身在环境管理方面的表现，了解改进管理可以带来的收益、建立改进机制、制订改进计划、提高生产效率。项目在石家庄、大连、重庆和上海等地开展试点，试点企业在改善工作条件、提高能效、降低员工流失率等方面取得了成效。

通过这些合作，我国越来越多的官员、学者和实践工作者认识到了绿色人力资源开发的重要性，提高了加快我国绿色人力资源开发的紧迫感，学习了国际先进的理念、理论和实践经验，并越来越深入地参与到会议发言和项目实施中，与外方分享我国的研究成果和实践经验。

近年来，绿色就业和人力资源开发领域的国际合作主要依托绿色经济行动伙伴计划（PAGE）。例如，2019年4月，国际劳工组织与人力资源社会保障部及生态环境部环境与经济政策研究中心合作，在PAGE项目下于北京举办了国家级圆桌会议。会议旨在制定加强机构和个人能力支持绿色就业促进高质量绿色工业化发展的路线图。会议特别关注促进工业园区的绿色转型，并对将在江苏省工业园区举办的地方级交流研讨会进行了规划。作为国家级圆桌会议的成果，成立了"PAGE China 绿色就业工作组"。工作组由人力资源社会保障部、中华全国总工会、中国企业联合会、生态环境部环境与经济政策研究中心、中国纺织工业联合会、国际劳工组织、联合国开发计划署、联合国环境规划署、联合国工业发展组织组成。在2019年12月2日至6日举办的 PAGE China 绿色发展研讨会上，国际劳工组织牵头与对外经济贸易大学全球价值链研究所在苏州联合举办了绿色就业学习研讨会。研讨会采用了促进对话的技术和三方角色扮演的参与方式方法，一定程度上提高了政府、工业园区管理者、学术界、雇主和从业人员代表促进绿色就业和公正转型的意识和能力。但是，绿色经济行动伙伴计划机制的作用范围较小、层级较低，参与其活动的代表的影响力也较为有限。我国在绿色低碳人才资源开发方面的国际交流合作广度和深度有待提升。

四、绿色低碳人才开发工作存在的问题和挑战

当前绿色低碳领域的规划人才、产业领军人才、科技创新人才、国际谈判人才、碳排放测算人才、技能人才、跨行业复合型人才缺口巨大。绿色低碳人才开发工作存在的主要问题和不足如下。

（一）顶层设计和协同推进乏力

绿色低碳行业的跨领域、跨行业、跨部门特点突出，且多数行业发展尚不成熟，亟待牵住绿色低碳人才开发这个"牛鼻子"，加大各领域、各行业、各部门的协同工作力度。然而，目前尚未在国家层面建立绿色低碳人才开发的顶层设计和总体部署机制。一些相关行业之间、部门之间、机构之间协同工作力度不足，人才管理部门的主体作用略有缺失。这些问题导致绿色低碳人才开发工作滞后，基层工作缺乏指引，相关市场化行为不乏蹭热度、追热点，甚至投机现象。

（二）绿色低碳人才培养工作滞后

当前培养出的绿色低碳人才在数量和质量上还不能很好适应国家绿色低碳发展的需要，产教融合度和产才融合度较低。高校相关学科建设较为滞后，预见性和回应性不足，尤其是相关前沿交叉学科的资源整合力度较弱。职业技术学校尚未形成培养规模，其现有培养模式各异，缺乏引导和规范。企业培养绿色低碳人才的成本高、压力大，较难形成可持续的培养机制。相关培

训机构参差不齐，师资不足，一些热门行业培训市场存在乱象。公职人员培训滞后，导致基层党政人才对绿色低碳发展认识不够充分，甚至出现"碳达峰碳中和焦虑"。值得关注的是，在调研中，各行各业专家普遍反映复合型绿色低碳人才非常短缺，然而，我国跨学科、跨部门和跨体制的人才培养机制的建立，还缺乏引导、意愿、方法和平台，复合型人才培养乏力。

（三）绿色职业发展体系建设不完善

《大典》的绿色职业标识工作有待完善。其科学性和系统性尚有一定提升空间，尤其是绿色新职业的标识。职业分类工作者对绿色低碳行业产业的认知还不充分和深入。绿色职业标识的知晓度和应用度较低，对高等学校专业设置和教学方法、职业教育和职业培训、人才服务等工作的引导作用有待加强。绿色职业标准和技能鉴定标准建立工作滞后。例如，工业废气治理工、工业废水处理工、工业固体废物处理处置工的原有职业技能鉴定标准仅应用于化工等个别工业领域，适用范围较窄，不适应"双碳"目标要求。近年来，环保和产品质量标准更新很快，职业技能鉴定机构自身制定的各类环保职业鉴定标准滞后，普遍存在可操作性和认可度低的问题。此外，环境监测员、城市污水处理工、危险废物处理工等绿色职业的技能鉴定标准亟待建立和发布。

（四）绿色就业调查统计制度不健全

绿色就业调查和统计工作是制定绿色低碳人力资源开发政策的基础。然而，国家层面和多数相关部门以及行业层面的绿色低碳人才调查统计制度还处于缺位状态，调查统计方法还有待开发。一些国际组织，如国际可再生能源机构，对我国个别行业中的绿色就业规模进行计算甚至预测，但是其研究方法尚不可得。

（五）绿色低碳人才国际合作交流不充分

我国与国际组织开展的规模较大、持续较长、投入较高的绿色低碳人才国际合作项目多是在约10年前开展的。随着我国经济发展水平快速提升，依托国际组织资助形式开展国际合作项目已经较难延续，即使双方合作意愿尚存。例如，绿色就业领域最具权威的国际组织——国际劳工组织近年来在多个发展中国家开展了规模较大的绿色就业研究项目，成效显著，并希望与我国进行深度合作，但目前尚未取得实质性进展。近年来，相关国际合作主要依托绿色经济行动伙伴计划。但是，绿色经济行动伙伴计划机制的作用范围较小、层级较低，参与其活动的代表的影响力也较为有限。我国在绿色低碳人才开发方面的国际交流合作广度和深度有待提升。

五、绿色低碳人才开发工作的对策建议

围绕以上问题,针对绿色低碳人才开发工作提出以下对策建议。

(一)加强顶层设计和统筹推进

将绿色低碳人才开发工作内容纳入各地、各行业、各部门、各产业园区的人才发展规划和政策中,并适时研究制定绿色低碳人才开发专项规划和政策。合理规划绿色低碳人才的行业、部门、区域、职业、专业分布和技术技能层次梯度布局,以及人才引进、培养、评价、管理、流动、激励、保障各个环节。着眼于绿色经济价值链、产业链全过程,重点开发有助于实现"双碳"目标的关键领域中的高精尖缺人才,包括能够支撑能源、工业、城乡建设和交通行业绿色低碳转型的规划人才、产业领军人才、科技创新人才、碳排放测算人才、技能人才、跨行业复合型人才等。

(二)构建绿色低碳人才培养体系

统筹利用各类教育和培训资源,构建优化以政府部门、高校院所、职业技术学校、企业、专业行业协会学会、培训机构为载体的,多行业、多层次、多主体、多形式的绿色低碳人才培养体系,包括学历教育、继续教育、科普教育、干部教育培训、职业教育培训、技术技能培训、师资培训、创业培训等。以产才融合、产教融合为导向,调整和优化绿色低碳领域前沿交叉学科布局,引导和规范职业技术学校相关课程。根据绿色低碳发展不同阶段的目标和需求变化,及时调整人才培养方向。同时,针对当前涉碳培训市场出现的一些乱象,加强监管和统筹,维护绿色低碳教育培训的社会环境,保证公平竞争,消除垄断和投机。

(三)加快绿色职业体系建设

有序引导相关政府部门、高校院所、龙头企业、专业行业协会学会、职业技能鉴定机构参与绿色职业开发和更新调整工作。持续完善《大典》的绿色职业标识工作,深化绿色低碳领域的职业分类研究。支持跨部门、跨机构协同申报绿色新职业,避免绿色职业体系碎片化。逐步形成绿色职业体系对高等院校、职业技术学校、培训机构的专业设置和课程内容调整和人才服务的积极导向。加强绿色职业和岗位信息的收集、发布和宣传工作,将绿色职业作为职业介绍指导、就业创业咨询的新内容,为供求双方搭建选人用人平台。加快制定并及时更新绿色职业标准和绿色职业技能鉴定标准,着力提升职业技能鉴定机构制定标准和实施评价的能力。

(四)建立绿色就业调查研究机制

绿色就业调查是绿色低碳人才管理的基础性工作,需要在我国就业信息

综合管理部门中增加绿色就业调查职能，借鉴美国劳工统计局绿色就业调查产出法和过程法相关经验，科学开发绿色就业测量、统计、预测方法和工具。动态了解和掌握绿色就业的职业类型、工作内容、从业人员规模和基本特征、薪酬水平、能力要求、地区分布、行业分布、供求状况等，并及时根据调查统计结果，向社会发布绿色技能需求信息。

（五）促进绿色低碳人才国际交流合作

刚柔并进靶向引进海外具有国际影响力和感召力的绿色科技领军人才，高标准为其及其团队配置科技创新资源。通过技术入股、合作开发、"双聘双挂"、咨询指导、租赁合作、成果转让、技术支持等多种灵活方式，加大柔性引进绿色低碳人才的力度。建设国际绿色科技产业园、创新中心和实验室等，为海内外绿色低碳人才合作攻关提供平台。建立重点绿色科技创新领域国际学术专家库，更大范围引入国际学术同行评价机制。探索我国与相关国际组织双方共同投入的项目合作机制。围绕绿色低碳人才开发相关研究，加强国际合作交流，共享相关经验、研究方法和研究成果。在更加充分利用已有合作基础的同时，如国际劳工组织、"一带一路"绿色发展国际联盟和绿色经济行动伙伴关系等，联合相关部门和机构主动发起绿色低碳人才开发国际合作机制和项目，共建绿色低碳人才开发国际合作平台，发挥我国在绿色低碳发展的引领作用。

参考文献

［1］姜澎. 全国政协委员黄震：加快培养"碳达峰、碳中和"专门人才［N］. 文汇报，2021-3-4.

［2］刘戈，魏明. 绿色建筑市场发展激励理论与实践研究［J］. 天津城建大学学报，2019，25（1）.

［3］王井怀. 双碳目标催生新职业［J］. 瞭望，2021（42）.

［4］严心娥. 探析应用型绿色建筑人才市场紧缺的应对策略［J］. 四川水泥，2019（9）.

［5］杨涛利，康颢严. 碳排放管理员成为国家认可的绿色新职业［N］. 中国环境报，2021-6-30.

［6］庄贵阳. 我国实现"双碳"目标面临的挑战及对策［J］. 人民论坛，2021（18）.

［7］郑连弟. 基于绿色建筑需求的高职高专教育土建类专业应用型人才

培养［J］. 佳木斯职业学院学报，2017（5）.

《人才资源与绿色低碳发展协同机制研究》
课题组成员名单

课题组长：
孙　锐（中国人事科学研究院人才理论与技术研究室主任、研究员）
执行组长：
冯　凌（中国人事科学研究院人才理论与技术研究室副研究员）
课题组成员：
孙彦玲（中国人事科学研究院人才理论与技术研究室副研究员）
范青青（中国人事科学研究院人才理论与技术研究室助理研究员）
张轶贤（中国人事科学研究院人才理论与技术研究室助理研究员）

专业技术人才发展研究[①]

提　要：专业技术人才是人才的重要组成部分，具有知识结构比较合理、专业素质比较高、创新能力比较强等特征，在自然科学、工程技术、社会科学、文化艺术等领域从事研究、应用、传播、推广等工作。专业技术人才在我国人才总量中占比最大，是我国经济发展、社会进步，尤其是科技创新中的骨干和中坚力量。专业技术人才发展是指专业技术人才规模由小到大、素质不断提高、结构趋于合理、能力由弱到强、更加适应经济社会发展变化的过程。开展专业技术人才发展研究，对于总结发展成就、研判发展态势、推动改革创新具有重大意义。本文从六个部分对专业技术人才发展情况进行了研究，主要包括：专业技术人才发展总体情况；专业技术人才发展举措；重点行业专业技术人才发展；专业技术人才发展存在的主要问题；推动新时代专业技术人才高质量发展；专业技术人才发展指标体系。

关键词：专业技术人才　人才发展　高质量发展

专业技术人才是人才的重要组成部分，具有知识结构比较合理、专业素质比较高、创新能力比较强等特征，在自然科学、工程技术、社会科学、文化艺术等领域从事研究、应用、传播、推广等工作。专业技术人才包括在各类单位中从事专业技术工作、专业技术管理工作以及在管理岗位工作具有专业技术职务（资格）的人员。专业技术人才在我国人才总量中占比最大，是我国经济发展、社会进步，尤其是科技创新中的骨干和中坚力量。专业技术人才发展是指专业技术人才规模由小到大、素质不断提高、结构趋于合理、

---

① 本文系人力资源社会保障部2021年度司局委托研究课题《专业技术人才发展研究》报告的部分内容。

能力由弱到强、更加适应经济社会发展的变化过程。开展专业技术人才发展研究，对于总结发展成就，研判发展态势，推动改革创新具有重大意义。

一、专业技术人才发展总体情况

人才是我国经济社会发展的第一资源。专业技术人才是我国人才队伍的骨干力量，在我国革命、建设和改革不同阶段都发挥重要作用。党和国家高度重视专业技术人才队伍建设工作，通过制定专业技术队伍建设政策，实施专业技术人才培养选拔工程，搭建专业技术人才发展平台，全面促进专业技术人才队伍发展。改革开放以来，尤其是党的十八大以来，我国专业技术人才队伍规模不断扩大，结构、素质不断优化，专业技术人才在经济社会发展中的作用日益凸显。随着我国进入新发展阶段，加强专业技术人才队伍建设，对于实现科技自立自强、完善国家创新体系、加快建设科技强国具有至关重要的作用。

回顾改革开放以来我国专业技术人才发展历程，大致可以划分为四个阶段：专业技术人才制度重建期（1978—1991年）、重点专业技术人才发展期（1991—2001年）、专业技术人才发展系统推进期（2001—2011年）、专业技术人才深化发展期（2011至今）。

党的十八大以来，各级人力资源社会保障部门深入贯彻落实习近平总书记关于人才工作的重要指示精神和党中央决策部署，持续推进专业技术人才培养、评价、使用、流动、激励等体制机制改革，专业技术人才发展成效显著。我国初步建立起一支规模宏大、结构合理、素质优良的专业技术人才队伍。

一是规模快速壮大。截至2019年年底，我国专业技术人才总量为7 839.8万人。

二是素质整体提升。截至2019年年底，主要劳动年龄人口受过高等教育的比例从2010年的12.5%提高到21.2%，提高了8.7%；专业技术人才中本科及以上学历人员的比例由35.9%提高到48%；提高了12.1；高层次人才总量持续增加。

三是政策制度创新取得丰硕成果。中央、地方及各部门围绕专业技术人才，尤其是科技人才发展，出台了一系列政策文件。制度政策内容涉及队伍建设、人才引进、留学回国、人才培养、人才评价、人才流动配置、职称制度、绩效工资、创新创业、科技奖励、科技成果转化、科研项目管理、人才服务等方面。

四是服务体系逐步健全。以博士后流动站、博士后工作站为载体的创新型青年人才培养平台，以专家服务基地为载体的服务基层平台，以继续教育基地为载体的专业技术人才能力提升平台，以留学人员创业园为载体的留学人员创业平台不断发展，以中国留学人员回国服务联盟为依托的留学人员回国服务体系不断完善，专家、博士后、留学回国人员、职称管理、继续教育等信息服务水平不断提高，一体化、一站式的人才公共服务网络初步形成。

五是在经济社会发展中的作用更加凸显。多年来，专业技术人才为我国的政治建设、经济建设、社会建设、文化建设和生态文明建设做出了重大贡献，涌现出了一批科技领军人物和拔尖人才，在重大科研项目攻关和重点工程建设方面取得了显著成绩，在国防尖端技术的开发和关系到国计民生重大问题的应用研究方面做出了突出贡献，在推进高新技术产业化和理论创新、制度创新、科技创新、文化创新等方面发挥了重要作用。

六是国际竞争优势稳步增强。我国研发人员总量连续8年稳居世界首位。中国继续蝉联PCT（专利合作条约）框架下国际专利申请量最多的国家。世界知识产权组织发布的《2021年全球创新指数报告》显示，我国在全球创新指数中的排名从2012年的34位上升至2021年的12位。化学、材料学、工程科学、生命科学等学科领域高水平科学家数量增长迅速，进入全球"高被引科学家"队列的中国内地人数从2020年770人（占比12.1%）上升到2021年935人（占比14.2%），人数和占比仅次于美国，居全球第二。我国在通信、高铁、民用无人机等领域处于领跑位置。

二、专业技术人才发展举措

我国专业技术人才发展取得的成效是通过持续优化专业技术人才制度政策、实施专业技术人才工程项目、完善专业技术人才服务体系等多种途径共同发力实现的。

（一）专业技术人才制度政策

"十三五"时期，党和国家持续优化专业技术人才制度政策，从培养选拔、评价发现、使用激励、流动配置等方面加强专业技术人才队伍建设，激发专业技术人才创新活力。其中，培养选拔制度政策包括：以构建国家高级专家培养选拔为核心，高层次创新型专业技术人才量质齐升；以博士后为抓手，高层次青年创新人才培养取得新突破；以实施知识更新工程为龙头，专业技术人才能力素质整体提升；以高层次留学人才为重点，不断加大海外留学人才引进力度。评价发现制度政策包括：职称制度改革取得重大突破；分类推进人才评价机制改革；改革完善职业资格制度工作成效显著。使用激励制度政策包括：健全事业单位人事管理制度体系；加大薪酬激励力度；鼓励科技人员创新创业；加大科技成果转化激励；加大项目经费激励；加大税收激励；加大荣誉激励。流动配置制度政策包括：促进专业技术人才有序顺畅流动；促进人才向艰苦边远地区和基层一线流动；加快人才流动服务保障体系建设。

（二）专业技术人才工程项目

人才工程是培养、选拔、激励和配置专业技术人才的重要抓手。"十三五"时期，党和国家通过实施各类综合性人才项目工程、行业性人才工程和地方性人才工程，协同促进专业技术人才发展。国家层面的综合性人才工程项目包括专业技术人才知识更新工程、博士后创新人才计划、留学人员回国资助计划、新疆西藏少数民族特殊培养计划、万名专家服务基层行动计划等。各行业主管部门根据部门职能和人才发展需要也实施了一系列人才项目，如教育部、民政部、农业农村部、商务部、财政部等主导的人才工程项目，其中绝大部分都与专业技术人才相关。各省市自治区也实施了一系列由地方组织、人力资源社会保障部门牵头组织实施的人才工程项目，如地方的高层次人才引进工程、专业技术人才知识更新工程、教育名师培养工程、名医工程等。

（三）专业技术人才服务体系

人力资源社会保障部通过建设以留学人员创业园为载体的留学回国人员创新创业平台，以博士后科研流动站、工作站为载体的青年科技人才后备军培养平台，以专家服务基地为载体的服务基层平台，逐步搭建了"一园、两站、两基地"为主体的专业技术人才服务平台框架。

三、重点行业专业技术人才发展

专业技术人才广泛分布在制造业、建筑业，金融业，教育，卫生和社会工作，文化、体育和娱乐业等多个行业中，并在行业发展中发挥着重要的作用。其中，教师队伍、卫生人才队伍、科技人才队伍规模大、影响力大，对经济社会的健康有序发展具有重要意义。报告从总体情况、主要举措和基本成效等角度分别就科技、教育、卫生等重点行业专业技术人才发展进行了专题研究，各类人才在规模、结构、服务能力等方面获得长足发展。

四、专业技术人才发展存在的主要问题

按照国家中长期人才发展规划确定的目标，到2020年人才资源总量达到

18 025万人。"十三五"结束时，人才资源总量实际已经达到21 782.4万人，其中，党政人才总量756.4万人，企业经营管理人才总量5 061.1万人，专业技术人才总量7 839.8万人，高技能人才7 108.5万人，农村实用人才资源2 334.3万人，社会工作人才总量157.3万人。专业技术人才数量占人才总量的36%。我国人才发展中普遍存在的问题一定会反映在专业技术人才发展上，同时专业技术人才发展中存在的问题又具有其特殊性。归纳起来，专业技术人才发展中存在的问题主要有以下方面。

(一) 深化人才发展体制机制改革力度不够

行政部门贯彻"放管服"改革力度不够，在制度政策体系建设、战略性人才配置等方面发挥作用不到位，对用人单位缺乏稳定、清晰的授权，在人才招聘、职称评审、人员流动等环节中设置过多的行政审批和备案事项，岗位聘任、考核评价、收入分配等管理权下放不足；一些用人单位缺乏责任意识、担当意识，推动人才发展的能动性不强，习惯于听命上级主管部门的指挥安排，已有的用人自主权落实不够；一些部门和单位习惯于把人才管住，政策措施着眼于管，而非服务和支持，存在"官本位"、行政化的传统思维惯性，用行政管理办法管理科研工作和专业技术人才的现象没有从根本上破除。

在专业技术人才发展机制上，既有中国特色又国际竞争比较优势的机制还没有真正建立。比如，在发现机制上，存在脱离实践的问题；在使用机制上，存在论资排辈的问题；在评价机制上，"四唯"问题没有完全破除，分类评价不足，人才计划（工程、项目）过多过滥，人才"帽子"满天飞，存在多个类似人才项目同时支持同一人才的现象；在激励机制上，存在薪酬待遇、资源配置与学术头衔、人才称号挂钩的倾向；在配置机制上，存在过于依赖市场的问题，政府对战略性人才配置缺乏有作为的手段。

(二) 专业技术人才分类管理不到位

目前人才分为六类，党政人才、企业经营管理人才、专业技术人才、高技能人才、农村实用人才、社会工作人才。分类就是分化，就是从人才总量中分化出一部分单独进行管理。2016年，中共中央印发《关于深化人才发展体制机制改革的意见》，将体现分类施策作为一项基本原则。2018年，《关于分类推进人才评价机制改革的指导意见》重点对科技人才、哲学社会科学和文化艺术人才、教育人才、医疗卫生人才等专业技术人才工作专门进行部署。从中可以看出，分类是分类施策、分类评价的基本前提。

在六类人才中，党政人才和企业经营管理人才分类管理水平相对较高。党政人才中的公务员被依法分为综合管理、行政执法、专业技术、法官、检察官、监察官等类别，实行不同的管理办法。企业经营管理人才中人才分类管理制度相对成熟，国有企业与私营企业实行不同的管理办法，高级管理人才和普通管理人才适用不同的管理方法。专业技术人才数量在人才总量中占比最高、体量最大。在这个庞大群体内，人才分属于教育、科技、文化、卫生、工业、农业、制造业、运输业等国民经济的不同行业，从事不同职业，分布在党政机关、企事业单位、社会组织，位列于高、中、低不同层次，存在急需紧缺人才、高精尖人才、战略人才等差别。但是，较之党政人才和企业经营管理人才，专业技术人才分类管理的水平相对较低，不能为贯彻"体现分类施策"基本原则提供有效前提条件。

（三）专业技术人才发展政策制度体系不健全

近年来，围绕专业技术人才发展，各层级各部门共同发力，政策覆盖面最广、涉及环节最多、政策制度创新力度最大，有许多工作亮点，取得了丰硕的成果。但是，专业技术人才发展政策制度体系并不健全，主要体现在：一是人才发展新理念落实不到位，改革"破"得不够，"立"得也不够。二是制度政策体系建设缺乏顶层设计，政策制度创新亮点较多，但是系统性、整体性和内在一致性不够。三是制度政策综合、协同力度不够，政府人才综合管理部门不明确，教育、科技、文化、卫生、人力资源社会保障等部门以及地方在专业技术人才制度政策创新上条块分割，部门之间政策存在脱节，区域之间政策存在壁垒。四是制度政策的宏观性、原则性较强，配套实施的细化措施不多，存在着"最后一公里"不畅的问题，导致诸如科研项目管理、科技成果转化等有关激励保障措施得不到有效落实。

（四）专业技术人才队伍仍存在结构性矛盾

目前我国专业技术人才总量较大，但结构性矛盾仍然突出，主要是：一是高层次创新人才短缺。主要是战略科学家、国际一流的科技领军人才和创新团队匮乏。二是基础研究人才不足。我国顶尖基础研究人才和团队比较匮乏，根据2019年统计数据，从R&D（研究与开发）人员在各类研发活动的投入分布来看，我国从事基础研究的R&D人员最少。从事基础研究的R&D人员全时当量为39.20万人年，占比仅为8.17%。三是关键领域专业人才不足。国家迫切需要和长期需求的关键核心技术领域，如基础原材料、高端芯片、工业软件、农作物种子、科学实验用仪器设备、化学制剂等领域人才比较匮乏；事关发展全局和国家安全的基础核心领域，如人工智能、量子信息、集成电路、先进制造、生命健康、脑科学、生物育种、空天科技、深地深海等领域人才比较短缺。四是专业技术人才在产业之间、区域之间、行业之间存在分布不均衡问题。

五、推动新时代专业技术人才高质量发展

党的十九大报告提出,经过长期努力,中国特色社会主义进入了新时代,这是我国发展新的历史方位。我国社会主要矛盾已经转化为人民日益增长的美好生活需要和不平衡不充分的发展之间的矛盾。我国社会主要矛盾的变化是关系全局的历史性变化,对党和国家工作提出了许多新要求。其中的一个重要要求就是经济由高速增长阶段转向高质量发展阶段。此后,"高质量发展"不仅作为经济领域贯彻的重要理念,也逐步扩展至其他社会领域。人才工作也应该以高质量发展作为基本理念。

(一) 新时代对专业技术人才发展的新要求

在中国特色社会主义新时代,人才工作要适应新的时代特点,贯彻新发展理念,面向世界科技前沿、面向经济主战场、面向国家重大需求、面向人民生命健康。人才发展尤其是专业技术人才发展始终要把握两个大局,一个是当今世界处于百年未有之大变局,一个是中华民族实现伟大复兴战略全局。这是在中国特色社会主义新时代相互叠加又相互作用的两个大局。一定意义上说,适应这两个大局的要求,就是适应新时代的要求。

1. 提升国际人才竞争比较优势的要求

2017年12月28日,习近平总书记在驻外使节工作会议上明确提出,放眼世界,我们面对的是百年未有之大变局。2018年6月,在中央外事工作会议上又进一步指出,当前,我国处于近代以来最好的发展时期,世界处于百年未有之大变局,两者同步交织、相互激荡。进入2020年后,突如其来的新冠肺炎疫情又对全球经济、国际政治的发展演变产生了十分重大的影响。对此,习近平总书记深刻指出,世界正经历百年未有之大变局,新冠肺炎疫情全球大流行使这个大变局加速演变,两者深刻交织,不稳定不确定因素明显增多,今后一个时期我们将面对更为复杂多变的外部环境。2021年12月2日,国家主席习近平在北京向2021年"读懂中国"国际会议(广州)开幕式致辞中指出,当前,世界百年未有之大变局和新冠肺炎疫情全球大流行交织影响,世界进入动荡变革期。

"百年未有之大变局"实际上是全球范围内力量对比的动荡变革,主要体现在四个方面:一是新的国际格局。过去500年来以西方为核心的世界格局正在发生巨变。长期以来,西方国家在经济上占据优势地位,在过去数十年里,新兴市场国家和发展中国家对全球经济增长的贡献率已经达到80%。中

国成为世界第二大经济体,而且中国经济持续健康发展的前景是确定的。二是新的现代化模式。以往的现代化发展模式虽然各不相同,但总体上都是西方模式,西方化成了现代化的代名词。中国特色社会主义道路打破了西方模式的唯一性,为人类社会提供了现代化的新模式。三是新的工业革命。人类历史上过去的三次工业革命基本上全是西方垄断的。新中国成立70年来,建立起最为完整的工业门类,成为世界上最大的工业国,拥有规模最大、体系最完整的制造业,开始参与甚至引领全球技术创新。面对即将到来的第四次工业革命,各国围绕争夺高科技革命制高点展开异常激烈的竞争。四是新的全球治理。在以往的全球治理中,主导权和话语权主要在西方,近几十年来,中国在全球治理中的地位日益凸显,成为国际治理的中流砥柱,面对复杂多变的全球性问题,不断贡献中国智慧。

中国是"百年未有之大变局"中的重要变量。"百年未有之大变局"下,我国挑战与机遇并存,但是机遇大于挑战。我国处于近代以来最好的发展时期,比历史上任何时期都更加接近实现中华民族伟大复兴的宏伟目标。因此,习近平总书记强调,我们比历史上任何时期都更需要建设世界科技强国,比历史上任何时期都更加渴求人才。因为,综合国力的竞争说到底是人才竞争,人才是衡量综合国力的重要指标。在综合国力的竞争中凸显优势,必须提升在国际人才竞争格局中的比较优势。人才是实现民族振兴、赢得国际竞争主动的战略资源。动荡变革体现在各方面,但是哪一方面力量对比格局的改变,都需要理念、管理、科技等方面的创新引领,而创新引领需要人才,尤其需要专业技术人才。正如习近平总书记所说的那样,硬实力、软实力,归根到底要靠人才实力。

2. 实现国家发展战略目标的要求

战略管理是我们党治国理政的重要方式。通过战略谋划来确定目标,明确重点任务,形成时间表和路线图,组织动员各方面力量,形成全社会合力。我们已经完成的第一个百年奋斗目标得益于战略管理。实现第二个百年奋斗目标,仍然离不开战略引领。我国目前实施的国家战略,包括科教兴国战略、人才强国战略、创新驱动发展战略、乡村振兴战略、区域协调发展战略、可持续发展战略、军民融合发展战略等。这些战略的实施,关系到经济社会平衡发展、城乡一体化发展、区域协调发展、经济社会转型升级、产业结构调整等目标的实现。党和国家制定各项战略时,都把人才在实施战略中的作用放在重要位置。

党的十八大以后,中央提出创新驱动发展战略。实施创新驱动发展战略,是立足全局、面向未来的重大战略，是加快转变经济发展方式、破解经济发展深层次矛盾和问题、增强经济发展内生动力和活力的根本措施，是加快从要素驱动发展为主向创新驱动发展转变的关键举措。经过改革开放40多年的快速发展，中国经济依靠投资驱动、规模扩张、出口导向发展的空间已越来越小，必须更多依靠科技创新引领和支撑经济发展和社会进步。中国如果不走创新驱动道路，新旧动能不能顺利转换，是不可能真正强大起来的，强起来靠创新，创新靠人才。习近平总书记指出，人才是创新的根基，创新驱动实质上是人才驱动。

创新不仅限于科技领域。习近平总书记指出，我们必须把创新作为引领发展的第一动力，把人才作为支撑发展的第一资源，把创新摆在国家发展全局的核心位置，不断推进理论创新、制度创新、科技创新、文化创新等各方面创新，让创新贯穿党和国家一切工作，让创新在全社会蔚然成风。理论创新、制度创新、科技创新、文化创新等各方面创新，都要求不断推进专业技术人才的发展。

3. 增强高水平科技自立自强能力的要求

高水平科技自立自强，是占据国际竞争比较优势、实现国家战略目标的基础。党的十九大确立了到2035年跻身创新型国家前列的战略目标；党的十九届五中全会提出了坚持创新在我国现代化建设全局中的核心地位，把科技自立自强作为国家发展的战略支撑。习近平总书记在2021年"两院"院士大会上强调，加快建设科技强国，实现高水平科技自立自强；在2021年中央人才工作会议上指出，实现我们的奋斗目标，高水平科技自立自强是关键。

从世界范围看，围绕科技制高点和高端人才竞争空前激烈，我国在科技创新的国际竞争格局中，一些领域由跟跑到并跑甚至到领跑位置，但在不少基础技术和关键技术领域还处于跟跑位置，还没有根本摆脱"卡脖子"的核心技术"受制于人"的局面。我国是世界上唯一拥有全部工业门类的国家，同时我国制造业总体上仍处于全球价值链中低端。

核心技术是国之重器，必须立足自主创新、自立自强。只有大力提升自主创新能力，才能从根本上保障国家经济安全、国防安全和其他安全。专业技术人才中包含大量科技人才，是实现高水平科技自立自强的中坚力量。2021年中央人才工作会议明确把专业技术人才发展作为人才发展的重中之重，明确要求加快建设世界人才中心和创新高地，大力培养使用战略科学家，打造一流科技领军人才和创新团队，全方位培养、引进和用好人才，为实现高水平科技自立自强提供强大的人才支撑力量。

(二) 专业技术人才高质量发展的内涵及目标

高质量发展是适应经济发展新常态的主动选择,是贯彻新发展理念的根本体现,是适应我国社会主要矛盾变化的必然要求,是建设现代化经济体系的必由之路。党的十九届六中全会通过的《中共中央关于党的百年奋斗重大成就和历史经验的决议》强调,必须实现创新成为第一动力、协调成为内生特点、绿色成为普遍形态、开放成为必由之路、共享成为根本目的的高质量发展,推动经济发展质量变革、效率变革、动力变革。

结合人才工作的特点,专业技术人才高质量发展的基本内涵如下。一是牢固树立科技是第一生产力,人才是第一资源,创新是第一动力的基本理念。二是坚持党管人才,坚持面向世界科技前沿、面向经济主战场、面向国家重大需求、面向人民生命健康。三是为提升国际竞争比较优势、实现国家发展战略目标、增强高水平科技自立自强能力提供有力的人才支撑,形成一支规模宏大、素质优良、结构优化、作用突出的专业技术人才队伍,用好用活各方面专业技术人才,充分发挥战略人才的引领作用,打造大批一流科技领军人才和创新团队。四是深化人才发展体制机制改革,推进人才政策制度创新,全方位培养、引进、用好人才,为人才发展提供良好环境,最大限度地激发人才的能动性、积极性和活力。五是实现人才发展与事业发展紧密结合,有效市场与有为政府有效结合。发挥市场在人才资源配置中的基础性作用,强化政府在人才资源配置中的积极作为。

习近平总书记在2021年中央人才工作会议上提出了我国人才发展的战略目标,到2025年,全社会研发经费投入大幅增长,科技创新主力军队伍建设取得重要进展,顶尖科学家集聚水平明显提高,人才自主培养能力不断增强,在关键核心技术领域拥有一大批战略科技人才、一流科技领军人才和创新团队;到2030年,适应高质量发展的人才制度体系基本形成,创新人才自主培养能力显著提升,对世界优秀人才的吸引力明显增强,在主要科技领域有一批领跑者,在新兴前沿交叉领域有一批开拓者;到2035年,形成我国在诸多领域人才竞争比较优势,国家战略科技力量和高水平人才队伍位居世界前列。

按照"十四五"规划纲要要求,到2025年,全社会研发经费投入年均增长7%,基础研究经费投入占研发经费投入比重提高到8%以上,每万人口高价值发明专利拥有量12件。

(三) 专业技术人才高质量发展新举措

适应新时代对专业技术人才发展的新要求,为实现专业技术人才发展的战略目标,按照高质量发展的要求,在推动专业技术人才发展上需要采取以下新的举措。

1. 进一步深化体制机制创新

人才发展体制机制改革是全面深化改革的重要组成部分。深化人才发展体制机制改革，是做好人才工作的重要保障。在中央人才工作会议精神的指导下，在中央人才工作领导小组的统一领导下，进一步加强顶层设计，增强不同部门之间、人才政策之间的协同性和一致性，以用好用活人才为核心，增强改革的系统性、整体性、协同性。行政部门按照"放管服"改革的要求，向用人单位授权，减少人才招聘、职称评审、人员流动等环节中的行政审批和备案事项，下放岗位聘任、考核评价、收入分配等管理权给用人单位，允许高校、科研院所在编制限额内自主引才、统筹用编；积极为人才松绑，完善人才管理制度，下大力气切实减少各种检查、验收、展示、汇报、评估、竞赛、痕迹管理等束缚专业技术人才手脚的不合理措施。防止简单套用党政领导干部管理办法管理科研教学机构学术领导人员和专业人才，赋予专业技术人才更大技术路线决定权、更大经费支配权、更大资源调度权。把体制机制改革优势转化为人才优势，转化为科技竞争优势。

以最大限度激发人才的能动性、积极性和活力为出发点，健全完善专业技术人才发现机制、使用机制、评价机制、激励机制、配置机制，真正建立既具有中国特色又有国际竞争比较优势的专业技术人才发展机制。

2. 切实贯彻体现分类施策的原则

贯彻体现分类施策原则的前提是对专业技术人才进行科学分类。泛化人才外延的必然结果就是分类困难。但是，我国的人才概念已经成型，人人皆可成才的理念已经深入人心。目前人才分类确实难以划清各类人才的边界，更做不到清晰区分，统计口径也会随着统计的目的而不断变化。由于存在人才认定偏差和类别间重复统计的问题，人才总量也不是非常准确的数字。目前的六大类人才类别划分，总体上是有价值的，在管理上大体上也是管用的范畴。

确实需要对专业技术人才进行内部类别再划分，以利于贯彻体现分类施策的原则，但分类需要适度，不宜过细。可以作为专业技术人才分类标准的，无非是职业、行业、职称系列。按照 2021 年版《国家职业资格目录》，专业技术人员包括 59 项，其中准入类 33 项，水平评价类 26 项，按职业分类显然过细。按照《国民经济行业分类（GB/T 4754—2017）》，行业分为 20 个门类、97 个大类、473 中类、1 380 小类。行业分类侧重于国民经济角度，对企业分类价值较大，不适合作为专业技术人才分类标准。职称系列分为工程、卫生、农业、经济、会计、统计、翻译、新闻出版广电、艺术、教师、科学研究等领域的 27 个系列，这些系列能够体现专业技术人才的特点，可以作为专业技术人才分类的参考，但是职称系列属于常规性的人事管理制度，不能完全套用职称系列来对专业技术人才进行分类。专业技术人才的分类应该有较为定型的标准，以保证出台制度政策时有明确的针对性和指向性。专业技术人才分类，要从实际管理需要出发，分类过程中同时考虑政策适用的问题，可以按照科技类和社科类、特殊类和普通类、研发类和市场类、基础研究类和应用研究类、战略类和领军类等类别区分专业技术人才。在此基础上，制度政策创新要克服界限模糊、适用范围不清楚的问题，体现明确的针对性。

3. 创新专业技术人才管理方式

我国的人才工作具有特殊性，需要发挥政治优势，加强党的全面领导；需要发挥组织优势，由组织部门牵头抓总；需要党政职能部门形成合力，需要各部门各司其职、相互配合、相互协调。但是，人才管理是公共管理的重要组成部分，需要按照国家治理体系和治理能力现代化的要求，将人才工作纳入国家治理体系现代化的进程中，不断融入公共治理的理念和原则，改进和完善人才管理的流程、措施、方式、方法，不断提高人才管理能力和水平。

专业技术人才在人才中占比最大，在经济社会发展中的作用尤为关键，按照新时代的要求，要率先创新专业技术人才管理方式。一是要整合优化人才计划。清理不同区域、不同部门、不同行业的人才计划，切实解决人才计划（工程项目）过多过滥、切实给人才"帽子热"降温。同时，改变过度依赖用人才计划（工程项目）推进人才工作的传统方式，切实解决以计划落实计划、以文件落实文件的问题，克服通过计划（工程项目）"下指标、贴标签、戴帽子"的弊端。二是要完善人才工作格局。切实落实一把手抓第一资源的主体责任；组织部门牵头抓总，应该把工作重点放在人才制度政策的顶层设计上，注重人才发展与事业发展的有机融合，统筹协调各职能部门形成工作合力，建立健全有效的协调机制、监督机制、问责机制。三是丰富人才管理的手段和方法。按照目标管理、问题导向的原则，不断丰富人才管理的方法，强化对人才工作的日常监测、监督考核和阶段性评估，不断提高人才工作的科学化、专业化、精准化、法治化水平。

4. 健全专业技术人才制度政策体系

专业技术人才工作涉及多层次、多部门，建立健全协调一致、内在统一、科学规范的政策制度体系有一定困难，但是，要实现专业技术人才高质量发展目标，必须要有比较定型的、管用的制度政策，以保持制度政策的协调性和延续性。

按照新时代要求，健全专业技术人才制度政策体系，一是要贯彻落实人才发展理念。破除阻碍专业技术人才发展的制度政策障碍，按照中央人才工作会议的要求，围绕着为人才松绑、激发人才活力，完善人事人才管理制度，切实解决改革"破"得不够、"立"得也不够的问题。二是要加强顶层设计。在人才政策框架内，对专业技术人才制度政策体系建设工作整体谋划，明确工作重点和责任主体，按照顶层设计的规范要求，增强制度政策体系的系统性、整体性和内在一致性。三是加强制度政策整合协同力度。在各级党委的统一领导下，在组织部门牵头抓总的基础上，确立政府人才综合管理部门的职能定位，明确教育、科技、文化、卫生等部门的职责，加强中央部门的指导监督，克服制度政策条块分割、相互脱节、设置壁垒等问题。

5. 完善专业技术人才激励机制

创新驱动实质上是人才驱动，实现人才驱动首先要驱动人才，驱动人才的有效手段是建立激励机制。多年来，我们始终重视人才激励制度政策创新，从职务职称、绩效工资、科技成果转化、项目管理、人员奖励、离岗（在岗）创业等方面，进行了一系列探索，相比其他制度政策，激励制度政策数量最多，在激发专业技术人才内生动力上发挥了一定作用。

建立健全专业技术人才激励机制是一项长期的任务，需要按照专业技术人才高质量发展的要求，结合专业技术人才特点，进行系统谋划安排。一是强化精神激励的作用。实行精神激励和物质激励相结合，强化精神激励的作用，发挥老一辈科学家的榜样作用，纠正过度倚重物质激励的导向，防止滋生急功近利、浮躁浮夸等不良风气。二是统筹运用激励方式。在充分发挥各种激励方式作用的基础上，系统清理各种激励制度政策，统筹激励方式之间的衔接，进一步明确各项激励方式的边界及相互之间的配套关系，形成有效的制度政策合力。三是增强激励的针对性。在专业技术人才合理分类的基础上，区分特殊激励政策和常规激励政策，对特殊人才实行特殊激励政策，明确制度政策的适用范围和对象，增加激励制度政策的清晰度。四是实现各地激励政策的协调。各地在促进本地发展的基础上，要服从国家的整体战略布局，在人才引进过程中避免在资金支持、项目配置上层层加价、相互攀比、恶性竞争，以保证专业技术人才，尤其是战略性人才的合理分布。五是实行激励与贡献挂钩。实行人才发展与事业发展相结合，人才待遇与实践贡献相结合，避免薪酬待遇、资源配置与学术头衔、人才称号挂钩的倾向。六是促进激励政策落地。充分挖掘激励制度政策的优势，制定可操作的配套措施，让科技成果转化、鼓励创新创业等好的激励政策真正发挥作用。七是完善收入分配机制。构建充分体现知识、技术等创新要素价值的收益分配机制，完善科研人员职务科技成果权益分享机制，探索赋予科研人员职务科技成果所有权或长期使用权，提高科研人员收益分享比例。

6. 在实践中培养和发现人才

人才发展和事业发展是辩证统一的关系，人才发展引领事业发展，事业发展成就人才发展。人才发展服务于经济社会发展，人才工作如果独立于经济社会发展，必然导致人才发展与事业发展相脱节。通过经济社会发展实践可以培养人才，促进人才发展，也可以发现人才。实践是检验真理的唯一标准，在实践中也可以检验人才。习近平总书记在中央人才工作会议上强调，要坚持实践标准，在国家重大科技任务担纲领衔者中发现具有深厚科学素养、长期奋战在科研第一线，视野开阔，前瞻性、判断力、跨学科理解能力、大兵团作战组织领导能力强的科学家。要坚持长远眼光，有意识地发现和培养更多具有战略科学家潜质的高层次复合型人才，形成战略科学家成长梯队。要优化领军人才发现机制和项目团队遴选机制。

专业技术人才具有专业性、技术性、实践性、创造性，在实践中培养和发现人才符合专业技术人才的特点。一是要强化高等院校对人才实践能力的培养。加强高等教育在专业技术人才培养中的基础作用，深化科教融合，进一步促进产学研相结合。二是强化企业在人才培养中的作用。企业在实现经济目标的同时，要加强人才储备和人才培养意识，在企业研发、经营管理实践中，培养锻炼人才。企业要把培养环节前移，实行校企"双导师"制，解决人才培养与生产实践脱节的问题。三是发挥科技项目的作用。在实施具有战略性的重大科技项目中培养和发现人才，尤其是培养发现战略科学家、一流科技领军人才和创新团队。四是发挥科技创新平台的作用。依托留学人员创业园、博士后工作站、博士后流动站、专家服务基地、专业技术人才继续教育基地等平台培养和发现人才。理顺机关、企事业单位与人才平台之间的关系，破除国家实验室、新型研发机构等平台建设中的体制机制障碍。

7. 完善专业技术人才评价体系

习近平总书记在2021年中央人才工作会议上强调，要完善人才评价体系，加快建立以创新价值、能力、贡献为导向的人才评价体系。在评价主体上，充分保障用人主体自主权和主动性，发挥政府、市场、专业组织、用人单位等多元主体作用。在评价标准上，"破四唯"和"立新标"并举，实现人才评价、科技评价、绩效考核评价导向和标准的内在一致性。

评价标准的建立必须与专业技术人才分类相结合,根据不同类别和层次,分类建立健全评价标准。一是坚持正确的人才评价导向。突出创新价值、能力、贡献导向,对各类人才评价都要破除"四唯"倾向,避免简单以学术头衔、人才称号评价人才。基础前沿研究要突出原创导向,社会公益研究要突出需求导向,应用技术开发和成果转化要突出市场导向。二是区分人才类别建立评价体系。比如,对科技人才、哲学社会科学人才、教育人才、医疗卫生人才等不同类别的人才要建立不同的评价体系。三是区分人才层次建立评价体系。对于特殊人才要建立非常规的评价体系,对普通人才要建立常规性的评价体系。比如,对战略科学家、一流领军人才、高精尖人才要建立区别于普通人才的评价体系。

8. 健全专业技术人才配置机制

在经济领域,充分发挥市场在资源配置中的决定性作用,更好发挥政府作用,对于全面深化改革、扩大开放、促进经济发展,具有重大意义。在人才配置上,同样需要发挥市场和政府的双重作用。但是,人才资源是第一资源,具有自身特殊性,不同于其他物质资源,在提升国际竞争力、实现战略目标、增强科技自立自强能力中具有举足轻重的作用,所以要慎重处理政府与市场的关系。

在专业技术人才配置上,要坚持有效市场和有为政府相结合。一是鼓励自由流动。对于普通人才,要充分发挥市场在人才资源配置中的基础作用,促进人才跨地域、跨行业合理流动,实现人才按照经济社会发展需求合理分布。同时,政府要通过制订和实施选派计划、鼓励政策等方式,引导人才流动。二是引导有序流动。对于基础教育、公共卫生、公共文化、科学普及、推广应用等基本公共服务领域的专业技术人才,要引导人才有序流动,并实施动态调整。三是实行计划调配。对于战略科学家、一流科技领军人才、重要创新团队成员,政府要发挥主导作用,按照国家科技发展、区域发展、国防发展等战略要求,实行计划调配,防止破坏国家人才总体战略布局,尤其是区域政策倾斜的布局。

9. 深化科研组织管理方式改革

科技人才是专业技术人才中的中坚力量,直接关系到创新驱动发展战略的实现和高水平科技自立自强能力的提升。科技人才发展不仅需要人才体制机制和制度政策创新,而且需要深化科研组织管理方式改革。科研组织管理方式改革关联性强,不仅关系到科技人才发展与事业发展的有机结合问题,更关系到科研组织管理方式改革对事业单位人才人事工作的影响。

我国科研项目组织管理方式有多种，包括定向方式（定向择优或定向委托）、公开招标制、基金制、揭榜制等。2021年5月，习近平总书记在"两院"院士大会上强调，要改革重大科技项目立项和组织管理方式，实行"揭榜挂帅""赛马"等制度。上述科研项目组织管理方式都是我国在不同时期推动科研管理改革的成果，揭榜制改革力度更大，更具有现实意义。

科技人才高质量发展要与科研组织管理方式改革相呼应。一是要有效利用原有方式的效用。定向方式（定向择优或定向委托）、公开招标制、基金制等方式，在制度设计上贯彻竞争择优的价值导向，对于完成政府保密性、周期性科研任务仍然是有效的，但是需要改变具体的管理方式、工作流程和操作方法，再度体现原有制度设计的优势。二是要深化科研组织管理方式的改革。"揭榜挂帅""赛马"等制度具有需求客观、广泛征集、约束条件少、不以竞争为前提、政府主导、需求方付费、非周期性、非共识性等特点，要充分发挥其在科技攻关，尤其在关键核心技术领域攻关的作用。三是推动事业单位人事管理改革。要以科研项目组织管理方式改革为契机，拓展人才的发展空间，实现人事管理向事业本位回归，冲破"论资排辈"的束缚，调整人才评价导向，优化内部收入分配格局，丰富绩效管理内容，打破常规做法，实现人才发展与事业发展相协调，实现人才政策与事业单位人事管理制度相贯通。

六、专业技术人才发展指标体系

课题报告从前景预测、过程监控、研判现状、总结评估、对比分析等角度阐释了构建专业技术人才发展指标体系的意义，列举并简要分析了国家发展规划、中长期人才发展规划以及科技、教育、卫生等专项规划中涉及的人才发展指标，提出了构建专业技术人才发展指标体系应该遵循适应性、代表性、系统性、可测性和可比性等基本原则。按照构建指标体系的基本原则，在广泛搜集国内外相关指标的基础上，通过甄别、比较、筛选、分析，确立了新的专业技术人才发展指标体系，包括规模类、投入类、结构类、产出类、效能类5个关键维度，42个代表性指标，并对部分重点指标进行了解释。

《专业技术人才发展研究》
课题组成员名单

课题指导：
余兴安（中国人事科学研究院院长、研究员）
李建忠（中国人事科学研究院副院长、研究员）

课题组长：
王芳霞（中国人事科学研究院公共管理与人事制度研究室主任、副研究员）

课题副组长：
杨　梅（中国人事科学研究院公共管理与人事制度研究室副研究员）

课题组成员：
薄贵利（宁波大学法学院人才强国战略研究院教授）
柏良泽（中国人事科学研究院研究员）
李永军（北京大学政府管理学院公共政策系副教授）
李梦瑶［中央党校（国家行政学院）公共管理教研部讲师］
陆传英（中国人事科学研究院公共管理与人事制度研究室助理研究员）
奚玲玲（中国人事科学研究院公共管理与人事制度研究室科研助理）

C市"十四五"时期人才发展研究①

提　要："十三五"时期，C市人才队伍壮大，结构优化，人才工作机制不断完善，平台载体建设取得新进展，人才服务工作也呈现新气象，但同时也面临着人才总量不足、人才制度建设仍需落实落细、人才平台载体仍需夯实补强、人才发展环境仍需提升优化等问题，需要直面全国人才竞争、本土人才流失、经济转型等挑战。为此，C市需要壮大传统人才队伍、发展重点产业人才队伍、优化人才发展机制、丰富人才发展载体、优化人才发展环境，以利于筑牢人才基础，支撑发展需求，拓宽人才发展空间，承接人才事业发展，促进人才快速成长。

关键词："十四五"　人才　发展

课题组根据国家、省、C市"十四五"时期经济社会发展规划对人才队伍建设的总体要求，以"精准匹配经济和社会发展需求，促进人才队伍高质量发展，创新营造良好人才服务环境，提高人才核心竞争力"为主要方向，认真总结C市人才工作经验，学习借鉴相关城市人才队伍建设的经验和做法，探求C市人才发展规律，以开阔的视野和改革创新的精神，科学、精准、创新、前沿地谋划"十四五"时期C市人才队伍建设的战略目标、重点任务和政策措施。经过文献分析、实地调研、问卷调查、会议研讨、专家咨询等研究过程，形成以下研究成果。

---

① 本文系中国人事科学研究院2021年研究课题《C市"十四五"时期人才发展研究》报告的部分内容。

一、研究概况

(一) 研究背景

1. 经济社会全面发展奠定良好基础

"十三五"时期，C市深入贯彻习近平总书记系列重要讲话和指示批示精神，在省委省政府的坚强领导下，克服房地产调控阵痛、遏制新冠肺炎疫情暴发、顶住经济下行压力、应对各种风险冲击等挑战，以"六保"促"六稳"，完成"十三五"规划确定的主要目标和任务，与全国同步迈入全面小康社会。具体做到了"劲、活、新、优、好、实、稳、严"八个字，即经济发展"劲"、发展态势"活"、城乡面貌"新"、环境质量"优"、脱贫质量"好"、民生福祉"实"、全市大局"稳"和管党治党"严"，为"十四五"乃至更加长远的发展打下了坚实的基础。

2. 高质量发展亟需匹配高质量人才队伍

回顾"十三五"时期的高速发展，面对"十四五"时期的挑战和机遇，C市已经站上了新的历史起点，迈进了新的发展阶段，需要通过科学谋划，充分发挥人才这一"战略资源"的引领作用，打造C市人才队伍的核心竞争力，实现经济社会发展不同领域不同层次人才数量、质量、结构、专业、分布等精准匹配。通过营造一个"人人是人才、人人皆可成才""各类人才的创新活力竞相迸发，聪明才智充分涌流"的人才发展环境，用"人才、创新、智慧"驱动C市经济社会高质量发展。

(二) 研究方法

1. 文献调研法

本研究围绕人才发展进行大量的文献阅读，包括国家层面、省市层面的人才规划，特别是与C市经济社会发展和人才队伍建设密切相关的文献，内容主要包括：①省、C市经济社会发展"十三五"和"十四五"规划；②省、C市教育、科技、产业、乡村振兴等相关规划；③C市党政、企业经营管理人才、专业技术人才等人才队伍专项规划；④C市涉及人才、人才队伍的政策法规；⑤2016—2020年政府工作报告、人才工作总结、领导讲话等；⑥C市目前人才队伍总体状况，数量、结构、分布等数据材料。

2. 访谈研究法

本研究采用访谈研究方法，根据半结构化的访谈提纲，对C市市委市政府各级人才部门，以及各支人才队伍相关部门，对政府机构领导、人才领域专家学者、从事人力资源的实践工作者和典型人才进行深度访谈。

3. 系统分析法

本研究从系统分析的思路出发，使规划研究既服从于国家、省等宏观层面"十四五"规划的统筹安排，又满足C市"十四五"时期经济社会发展状况对人才的需要，既服务大局又体现地方特色。

4. 比较分析法

本研究充分运用比较分析的方法，一方面，分析C市人才队伍建设现状，与国内其他特点相近的地区人才队伍及建设情况进行横向比较；另一方面，在制定人才发展规划时对C市以往人才发展规划进行纵向比较。此外，对各支人才队伍的内部状况进行系统比较分析。

5. 问卷调查法

本研究根据规划研究实际需要，采用问卷调查方法全面了解人才队伍建设情况。围绕研究目标和任务设计，对C市人才队伍建设的现状、问题和对策开展问卷研究，采用整群、典型、个案和随机抽样相结合的方式进行问卷发放，采用数据分析软件进行系统分析，科学、客观地分析C市人才队伍建设等方面的总体情况。

6. 因素分析法

在对人才队伍建设环境分析时，采用因素分析法开展研究。对外部环境信息采用PEST法（政治、经济、社会、技术等四方面的影响）及SWOT法（优势、劣势、机遇、挑战）进行综合分析，全面、系统、客观地分析环境需要，为合理地制定人才发展措施打下基础。

（三）研究过程

本研究综合运用文献分析、实地调研、问卷调查、会议研讨、专家咨询等方法，对C市"十四五"时期人才发展规划相关问题进行了深入研究。

一是开展文献分析。本研究查找整理C市"十三五"时期和"十四五"初期，中央、省、C市各级政府部门各个系统出台的相关政策文件、领导讲话、规划纲要、年鉴统计等文献资料，认真梳理分析了C市当前人才队伍建设与人才工作现状及问题，分析了所面临的形势与挑战，并有针对性地提出切实可行的战略目标、重点任务和具体举措。

二是开展实地调研。前往C市本地开展专题调研。共召开五场座谈会，听取C市市委组织部、发改委、旅游和文化广电体育局、农业农村局、人力资源社会保障局、民政局、统计局、就业局等相关部门负责同志的报告，并做了深入交流，了解各系统人才工作开展现状、存在问题与意见建议。

三是开展会议研讨与专家咨询。本研究多次与C市市委组织部相关同志总结汇报研究成果，沟通调研计划、研究内容、研究重点和研究方向，协调研究进度；多次召开研究统稿会，修改研讨报告内容。邀请人力资源管理、法学、公共管理等领域专家学者对报告内容及相关研究成果进行意见征询，获取完善建议。

二、"十三五"时期C市人才工作主要成效

"十三五"时期，C市坚持以习近平新时代中国特色社会主义思想为指导，全面贯彻党的十九大精神和十九届二中、三中、四中、五中全会精神，深入学习贯彻习近平总书记重要讲话和重要文件精神，坚决落实中央和省委关于人才工作重要指示精神和决策部署，紧紧围绕"人才强市"战略，深入实施"双驱"发展战略，深化人才发展体制机制改革，创新人才工作方式方法，调整优化人才队伍结构，健全系列人才政策，搭建开放有效的人才发展平台，营造积极向上的人才发展环境，全面提高人才服务水平，以人才优先促产业升级，以人才发展促科技创新，人才工作取得良好成效。

（一）人才队伍建设成效明显

一是人才总量取得突破。"十三五"时期，全市人才增长率达25.32%，人才年均增长率为4.6%，全市人才增长量较大，增速较快，远高于人口自然增长率。人才密度由8.34%提高至10.86%，提高2.52个百分点。

二是人才结构不断优化。"十三五"时期，高层次人才占人才资源总量提高至6.3‰，科技人才占人才资源总量提高至4.9%，人才效能大幅提升，人才自主创新能力明显提升，人才作用得到发挥，对区域经济发展的贡献和支撑作用显著增强。

三是人才类型趋于合理。全市建成了一支以"党政人才、企业家、专业技术人才、技能人才、农村实用人才、社会工作人才"六类人才为主的人才队伍，形成了"全方位发力、多主体协同"的科学的人才布局。

（二）人才工作机制不断完善

C市建立人才工作委员会，形成党委统一领导，组织部门牵头抓总，职能部门各司其职、密切配合，社会力量广泛参与的人才工作格局。全市人才工作以党管人才为原则，积极建立人才工作委员会，配齐人员队伍，理顺工作流程，创新工作方式，建立起覆盖多层级、涵盖多部门的立体化人才工作体系，以专题会议、述职汇报、工作考核和督促整改等为抓手，各部门形成合力共同推动人才工作落实落细。

人才政策体系初步建立。"十三五"时期，全市围绕"双驱"发展战略，

共出台12项政策文本，建立起"1+N"人才政策文件体系。围绕"人才引进"，出台《C市充分发挥"候鸟"人才作用意见》《C市柔性引才人才暂行办法》《C市引进高层次人才实施细则》等政策，主体涵盖柔性人才、高层次人才等人才类型。围绕人才服务，出台《C市人才住房保障实施细则（暂行）》《关于完善我市高层次人才子女入学保障工作的通知》等政策，落实人才服务资金、人才住房、子女入学等方面保障，解决人才后顾之忧，进一步激发人才干事创业活力。围绕人才培育，出台《C市科技领军人才计划实施办法》《C市发展众创空间推进大众创新创业的实施办法》等政策，立足C市急需科技创新人才实际，依托数字产业优势，以政策育人才，为解决C市高质量发展中的"急、难、险、重"问题提供人才政策支撑。

（三）人才平台建设取得新进展

创新引才方式，"不拘一格'引'人才"。依托重点产业和项目开展招才引智活动，制定招才引智大行动方案，实施海外人才来创业等系列计划，面向海内外引进互联网、文化创意等重点产业急需人才，带动天下英才在C市集聚；开展"引才高校行"活动，引进优秀校长和骨干教师；与上海等先进地区开展合作引入医疗专家；面向高校积极引进优秀毕业生担任"乡村振兴指导员"。以平台载体建设促人才发展，设立院士工作站、搭建科研基地、成立"信息产业人才培养创新联盟"、打造省级"候鸟"人才工作站、创立"C市创业孵化基地"、建设"C市青年创业协会"、成立清华大学C市乡村振兴工作站等多种类平台，实现各类人才集聚发展。

（四）人才服务工作呈现新气象

落实经费保障。每年划拨专门经费保障人才服务"单一窗口"运转，并委托专业第三方公司进行规范化管理，全流程开展人才服务。在行政流程方面，进一步简化行政审批流程，对人才招聘、评价、流动等环节中的行政审批和收费事项重点规范，合理使用审批权限，减少事前审批，打造人才服务的"C市速度"。成立人才发展服务中心，设立人才服务平台，启动企业服务超市，落地全省首个外国人来华工作许可服务试点业务，面向各类人才提供"一站式"服务。建立人才服务专员制度和高层次人才走访联系制度，全方位服务各类人才，进一步便利各类人才在C市干事创业。

三、C市人才工作面临的机遇和挑战

"十三五"时期，C市人才工作已取得突出成就，"十四五"时期，人才工作将进入"冲刺阶段"，面临着诸多新机遇和新挑战。总结来看，"十四

五"时期，C市将处于人才工作重要历史机遇期、人才工作薄弱点攻坚期，同时面临三大人才工作挑战。

（一）人才工作重要历史机遇期

党中央高度重视人才工作，提出新时代人才强国战略，要求深入落实全方位培养、引进、用好人才，加快建设世界重要人才中心和创新高地，为2035年基本实现社会主义现代化提供人才支撑，为2050年全面建成社会主义现代化强国打好人才基础。当前，C市"十三五"时期人才工作已取得突出成就，"双驱"发展战略取得良好成效，在新历史起点和新发展阶段，建设"人才高地"内涵有了新的变化，高质量发展对人才工作提出了新的更高要求。基于C市的发展定位和发展目标，"十四五"时期，集聚各类人才干事创业，形成合力促进C市转型发展仍处于重要历史机遇期。

（二）人才工作薄弱点攻坚期

对标省人才发展要求和形势需要，C市现有人才队伍总量与质量与经济社会发展需求不匹配，也与C市未来发展潜力和成长空间不匹配。具体来看，主要存在以下问题。

一是人才总量不足，人才队伍结构有待优化。截至2020年12月底，C市人才资源占人口总量比率为10.86%，同期省人才资源占人口总量比率为19.97%。C市人才总量的数据表现远不及C市的经济总量数据表现，人才对C市经济社会发展的支撑引领作用需加强。同时，C市人才质量还不够高，"劳动力年龄人口平均受教育年限"距离国家"十四五"时期经济社会发展主要目标提出的"11.3年"仍存在一定差距。中、高层次人才匮乏，优秀创新创业人才少，高精尖人才紧缺问题还比较突出。

问卷调查显示，用人单位和人才认为C市人才队伍存在的五个主要问题有：人才质量不高，人才总量不足，中、高层次人才匮乏，优秀创新创业人才少，人才结构不合理，如图1所示。

二是人才制度建设仍需落实落细。人才政策供给不足，激励力度不大，导致政策吸引力不强，且过于偏重于高层次人才引进，对用好现有本土人才重视不够。问卷调查显示，用人单位和人才认为C市人才政策存在的三个主要问题是政策激励力度不够，吸引力不大；缺乏对本土人才支持的激励政策；人才政策数量偏少，缺乏系统性，如图2所示。

人才政策供给与用人单位和人才需求匹配有偏差，围绕制造业、现代服务业、数字产业等重点产业人才政策欠缺。问卷调查显示，多数用人单位和人才C市现有人才政策需求满足度主要为一般满足和基本满足，如图3所示。

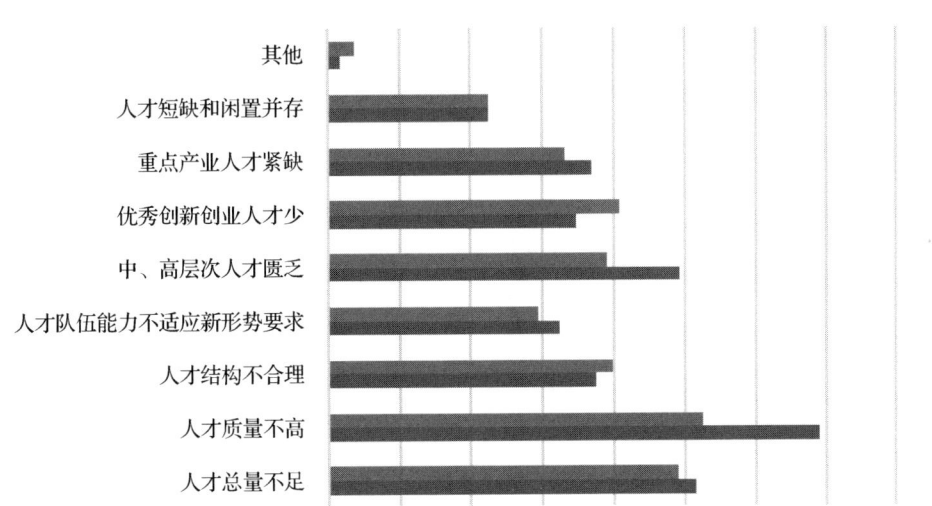

图1 用人单位和人才认为C市人才队伍存在的主要问题

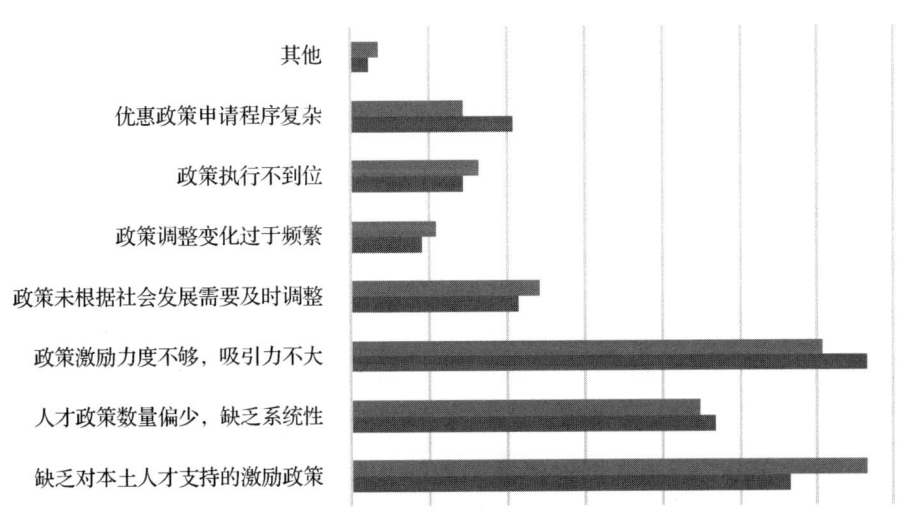

图2 用人单位和人才认为C市人才政策存在的主要问题

三是人才平台载体仍需夯实补强。园区平台建设亟待提质增效,市重点产业园需依托现有规模和影响进一步发展提升,老牌产业园需实现升级发展。创业平台建设力度不足,金融、创投、法律、财务、税务、人力资源服务等

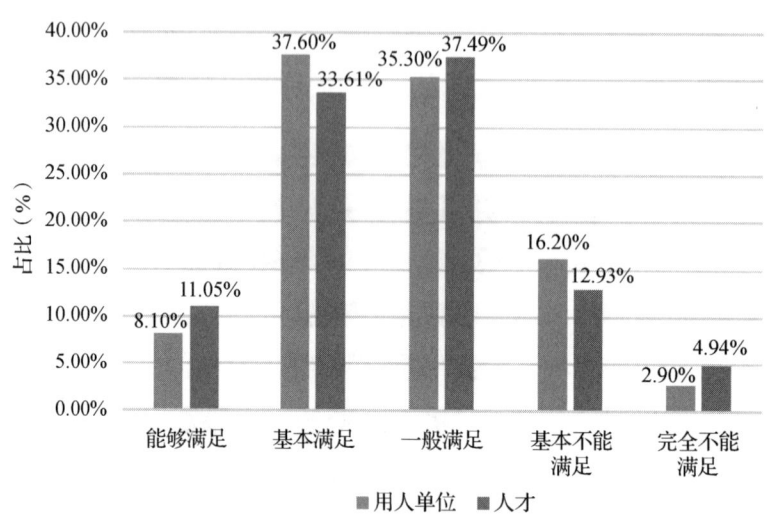

图3 用人单位和人才认为C市现有人才政策的需求满足度

人才创业服务欠缺，返乡创业平台、创业交流共享平台等激发创新创业活力的综合环境建设亟需加强。重点实验室、技术创新中心、院士创新平台等高层次创新研发机构缺乏，未形成规模效应，对高层次人才吸引力不足。平台载体引才聚才效应不突出，产业—高校—研发三位一体的协同平台尚未建立，人才发展全要素链条仍需完善，各项人才发展要素活力需进一步激发。

四是人才发展环境仍需提升优化。部门协调力度有所欠缺，各系统干部人才服务理念有待加强，人才服务一线窗口工作人员业务水平有待提高，行业部门主动服务人才意识还不够强，工作思路方法与解决人才问题、满足人才需求存在一定差距；人才保障还需进一步提升，人才服务能力和范围需拓展，人才工作的信息化基础比较薄弱，人才统计监测工作较为落后；市场化的人力资源服务机构少，服务于主导和特色产业的专业性人力资源服务机构缺乏；公共服务能力和商业服务设施急需优化。优质教育、医疗资源紧缺且分布不够均衡，休闲娱乐、商业服务无法满足人才实际需要。问卷调查显示，C市人才生活面临的主要问题是住房和子女教育，如图4所示。

(三) 三大人才工作挑战

一是全国人才竞争挑战。当前，各地区均在加紧制定出台人才发展规划，人才政策竞争进入白热化发展态势，在紧张的抢人大战中，不进则退，C市制定"十四五"时期人才发展规划正当其时，把握住了时代风向标。

二是本土人才流失挑战。C市周边地区经济社会发展较发达，对人才吸引力较大，"虹吸效应"明显，外来人才及本地人才易受到吸引，因此，C市

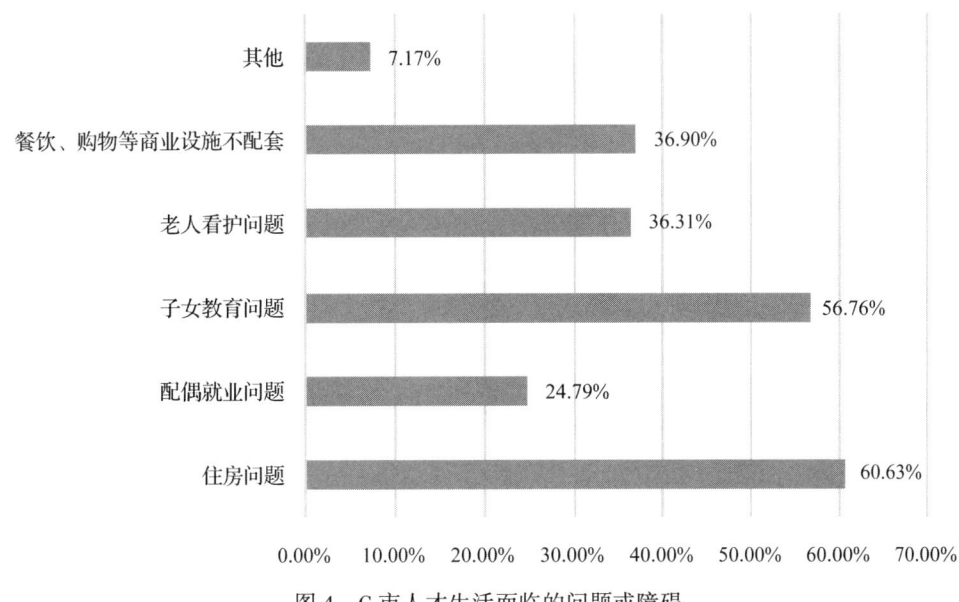

图 4 C市人才生活面临的问题或障碍

应进一步优化人才发展政策、丰富平台载体、强化人才服务、打造人才发展环境、培育集聚人才。

三是经济转型挑战。C市经济基础雄厚，产业基础好，在品牌农业、低碳制造业、临港现代物流业，尤其是数字经济发展等方面初步形成产业集聚，高质量发展要求C市必须坚持创新驱动，进一步实现经济转型，调整优化产业结构，打造现代化产业体系，这对人才队伍建设和人才工作提出了新的挑战。

总体上看，"十三五"期间，C市人才工作成绩较为显著，基本完成了各项任务指标，人才发展的基础环境进一步优化，平台载体进一步拓展，体制机制进一步理顺，政策体系进一步健全。但从实施新时代人才强市战略的总体高度看，C市在集聚更大规模的人才、优化人才队伍结构、构建更高水平的人才发展体制机制、打造更广阔的人才成长平台、提供更为精细的人才管理服务等方面，尚存一些亟待改进的问题。

四、推动C市人才发展的主要举措

现阶段C市人才发展优势不突出，在人才队伍、人才发展机制、人才平台载体、人才发展环境等方面均有较大的提升空间。结合C市人才发展现状和C市"十四五"发展规划目标，对标省人才发展政策和需求，提出"十四五"期间C市人才高质量发展的基本思路，主要包括以下四个方面。

一是打造契合C市高质量发展要求的高素质人才队伍,包括党政人才队伍、专业技术人才队伍、社会工作者人才队伍、乡村振兴人才队伍、企业经营管理人才队伍、数字化专业人才队伍、现代服务业人才队伍、制造业人才队伍、旅游业人才队伍、国际人才队伍等。

二是优化符合市场规律和人才成长规律的人才发展机制,包括构建更加开放的人才引进机制、更加完备的人才培养机制、更加科学的人才评价机制、更加有效的人才使用机制、更加顺畅的人才流动机制、更加高效的人才激励机制等。

三是丰富承接人才事业发展的平台载体,包括加强重点园区建设、加强数字平台载体建设、推动创业孵化平台发展、搭建创新研发平台等。

四是营造有利于人才成长的发展环境,包括完善人才公共服务体系、加快人才服务信息化建设、壮大人才市场服务力量、做实人才发展保障基础等。

(一) 壮大传统人才队伍,筑牢人才基础

1. 提升党政人才能力,优化党政人才队伍

把好党政人才队伍入口关,拓宽来源渠道。在考录、调任、公开遴选、公开选调、聘任等工作中严把政治关,把政治素质好、有家国情怀的优秀人才选拔进公务员队伍。

畅通党政人才队伍流动渠道,促进干部人才双向流动。充分挖掘公务员队伍人才资源,畅通法定机构、企事业单位与党政机关之间交流,采取交流任职、挂职锻炼、跟班学习等多种方式,推动基层党政人才在各层级、各条块、各区域间合理流动。

开展全方位多层次实践培养锻炼,激励党政人才勇于担当、积极作为。大力开展针对性强的专业化培训,促进各类别公务员的专业化发展。

2. 做强企业经营管理人才队伍

加大企业家培养力度。持续开展C市企业家培养工作,建立企业家常态化培训机制,每年集中培训一批大型骨干企业、高新技术企业等单位主要负责人及高级管理人才,并将其派到国内外知名企业、科研机构访问交流。建立健全创业辅导制度,支持发展创客学院,加快培养一批青年企业家。

提升企业家专业化水平。统筹推进不同所有制、不同层次、不同专业领域经营管理人才培养培训,有针对性地开展战略规划、资本运作、人力资源管理、财务、法律等专业知识培训,不断提高企业家专业化水平。

搭建企业家交流合作平台。开展"企业家活动日"等常态化交流活动,引导企业家之间,企业家与科学家、投资家等各方面人才交流互动,为企业

家干事创业汇集信息、技术、资本、人才等资源，促进优势互补。

优化企业经营管理人才成长环境，加强对企业家队伍的政治引领和政治吸纳，积极选拔推荐优秀非公企业人才担任"两代表一委员"，建立有利于企业家参与政府管理和社会治理等工作的渠道与机制。

3. 打造专业技术人才队伍

加强教育人才队伍建设。扩大教育人才队伍规模，不断拓宽特岗教师、专任教师招聘渠道，加大招聘力度，实施银发人才汇聚计划，解决好教育人才队伍的结构性缺编问题。加强教育人才培养培训，推动中小学教师"市管校聘"管理改革，吸引人才向基层学校流动。

加强医疗卫生人才队伍建设。扩大医疗卫生人才队伍规模，继续实施人才引进培养计划，加强医疗卫生人才培养培训。加大表彰奖励力度，对取得省级以上重大医疗技术突破、重大医改成果的，给予专项奖励。深入落实"市属乡用""乡属村用"制度，促进医疗卫生人才资源下沉基层。

加强文体人才培养培训。通过重点项目等方式扶持和培育文体创新团队。开展多层次、多形式的人才教育培训，实施青年文艺人才培养计划。鼓励组建名人创作室和工作室，重视发现、培养、扶持扎根基层的优秀文艺工作者、乡土文化能人、民间文化传承人。

4. 培育农村实用人才队伍

积极引导返乡入乡大学生到农村创新创业。做大做强C市返乡入乡创业人员人才培养品牌，创新打造"政府+创业平台+高校"三级联动招才引智模式，进一步吸引大学生来C市创业。

提升乡村振兴指导员（党建指导员）履职能力。针对乡村工作重点、难点、热点工作每年定期不定期组织乡村振兴指导员（党建指导员）开展培训。

加强农村实用人才培养。整合各类涉农培训资源，健全农村人才培训体系。持续开展农业技能竞赛，宣传高技能人才的突出事迹，大力弘扬工匠精神，营造重视农业技能、尊重农村实用人才的良好氛围。

5. 壮大社会工作者人才队伍

加大社会工作岗位开发力度。大力推进社会工作站建设，实现社会工作站全覆盖，并配备专业化社会工作人才。加强社会工作者专业化培训。支持引导社会工作者参加职业水平考试，不断提高全市专业社会工作人才持证人数。提高社会工作者社会影响。以国际社工日、社会工作宣传周为契机，在全市范围开展社会工作服务宣传，加大对社会工作基础知识、社会工作优秀典型事例、社会工作专业作用、社会工作人才先进典型等宣传力度，扩大社会工作影响力。

（二）发展重点产业人才队伍，支撑发展需求

1. 做大数字化专业人才队伍

支持产业园招才引智行动。支持产业园实施系列引才项目，支持面向海内外引进和培养一批互联网、文化创意等重点产业人才，打造互联网人才集聚洼地。加大数字产业人才培养。围绕数字经济核心产业需求，分领域开展人才培养，每年定期举办数字专业人才研修班，重点培养一批数字经济领域紧缺的高级人才。鼓励企业与学校开展数字化转型和智能化改造实训平台建设，扩大区块链、人工智能、物联网、大数据、云计算等数字人才培养规模。

2. 锻造现代服务业人才队伍

重点引进培养一批现代服务业领域人才。以提升产业服务能力为核心，加快发展现代服务业，重点引进培育一批现代物流、金融服务、油气勘探生产服务、人力资源服务等与C市产业发展需求匹配度较高的现代服务业领域人才。

大力集聚现代服务业所需人才。围绕产业发展实际，借助互联网、大数据等手段分析研判人才需求，有针对性地开展招才引智活动，大力吸引高校毕业生和内地优秀人才。

提高服务业人才供给能力。支持联合企业和社会各方面力量，共同搭建具有国际水平、市场化运作的人才培养培训、交流互动共享平台，加强现代物流、金融服务、科技服务、信息服务、商务服务、人力资源管理等产业人才供给能力。

3. 打造制造业人才队伍

加快引进一批技术技能人才。围绕C市发展智能化、高附加值制造业，培育转型发展新动能的需要，聚焦数字化工业和工业数字化，加快引进一批技术技能人才，实现人才兴产、产业聚才的产才融合优良生态。

完善技术技能人才培养体系。建立企业首席技师制度和多层次技师工作站，支持园区、企业等用人单位以校企合作的方式联合培养技术技能人才。每年组织技术技能人才比赛，成绩优秀者推荐参加全国职业技能大赛、世界技能大赛等国内外技能大赛。

建设技术技能人才教育培训基地。加快建设一批市级技能人才公共实训基地，争创国家级、省级高技能人才公共实训基地。支持企业建设高技能大师工作室或技师工作站等高技能人才培养平台，探索与高等院校、科研院所共建高水平科技成果转化和技术孵化基地。

推进技术技能人才校企联合培养。鼓励技工院校与企业共同合作开展高技能人才培训，实现课堂教育与企业生产的有序对接。

加大技术技能人才激励。制定技术技能人才激励办法，建立政府奖补职业培训激励机制，扩大企业高技能人才培养规模。

4. 发展旅游人才队伍

加大旅游人才引进力度。全面摸底 C 市旅游消费市场主体和产业人才数量和规模，定期发布旅游消费领域行业紧缺人才目录，重点引进旅游管理、旅游营销和市场开发、会展策划、旅游规划、旅游教育、旅游电子商务等方面的高层次、高素质、复合型人才。

加强旅游人才培养。鼓励企业与省内高校、培训机构加强合作，提升全民旅游服务意识和旅游从业者服务技能。开展乡村旅游管理运营、景区管理运营、酒店管理运营、旅行社管理运营等培训项目，打造业务精湛、服务规范、执业文明的旅游从业人员队伍。

打造本土特色旅游实用人才。突出 C 市资源优势、地域文化特色，利用美丽乡村和共享农庄等农旅融合发展平台，推动观光农业、农事体验、民宿经济等新业态发展，打造民俗特色餐饮服务、乡村工艺品和特色产品开发等方面的实用人才。

（三）优化人才发展机制，拓宽人才发展空间

1. 构建更加完备的人才培养机制

一是完善 C 市人才培养开发支持政策。以素质提升和能力建设为核心，建立健全全方位、多层次的人才培养体系，支持鼓励用人单位发挥作用、社会力量积极参与，统筹加强各类人才队伍建设。二是推进人才培养试验点建设。支持市内各园区因地制宜在人才培养、政策创新等方面先试先行，建设一批特色人才培养改革试验区。三是加大优秀人才培育力度。结合 C 市实际，给予互联网和电信业、现代物流业、热带农业、医疗和健康服务业、教育和科研领域等各类优秀人才成长扶持。四是推动整合教育培训资源。整合脱产进修、岗位培训、在职学习、出国（境）深造等各类教育培训资源培训制度，加强职业教育和在职人员教育，大力发展现代远程教育，形成开放式、广覆盖、多层次的教育培训网络。五是壮大市场培训培养力量。支持社会组织和服务机构等社会力量通过独资、合资、合作等多种形式，建立职业教育、继续教育和终身教育为主体的专业教育培训机制，为人才转岗、就业及时跟进提供职业教育。

2. 构建更加开放的人才引进机制

一是完善人才引进政策。建立人才引进政策定期调整机制，及时更新高

层次人才政策，简化高层次人才引进程序，实施高层次人才引进备案制，落实高层次人才各项服务保障。二是用足柔性引才方式。通过退休返聘、短期聘用、股权投资、项目合作等方式柔性引进高层次人才。探索"人才飞地""科创飞地"等柔性用才方式，在人才高度聚集区域设立一批协同创新中心、研发机构。三是优化人才引进渠道。定期组织开展招揽人才活动，鼓励用人单位采取灵活多样的方式，面向国内外吸引高校毕业生、留学归国人员、各类社会人才。深入实施招商引资与招才引智"双招双引"工程，实现招才引智与招商引资深度融合，全面提升引才精准性和实效性。四是支持用人单位、人才中介机构等积极引才。充分发挥用人单位的引才主体作用，对引才绩效突出的给予奖励。企业招才引智投入实行税前扣除，国有企业引才投入成本视为当年利润考核。鼓励各类人才中介机构引荐人才，对成功引进创新创业人才或团队的，除了给予人才交通补贴和报销参评时的食宿费用外，还给予荐才机构适当奖励。

3. 构建更加科学的人才评价机制

一是分类推进人才评价机制改革。落实"1+N"人才评价机制改革实施意见，以科技人才、教育人才、卫生健康人才、技能人才、企业人才、农村实用人才等为重点，设立分类管理体系。支持各类市场主体、社会组织在人才评价中发挥作用，形成人才多元评价机制，建立适应不同行业领域、不同用人主体和不同岗位需求的职称评定办法。二是保障用人单位评价自主权。尊重用人单位在人才评价中的主体作用，支持用人单位结合自身功能定位和发展方向自主评价人才。三是加大高层次人才认定力度。建立特殊人才评价渠道，对现有人才认定标准未涵盖或需要破格评审认定的人才，聘请专家组建评委会，根据人才的能力、薪酬水平、经济效益和贡献进行评审确定。四是推进职称制度与职业资格制度、职业技能等级制度有效衔接。推进高技能人才与专业技术人才职业发展贯通，开辟两类人才互评专门渠道，明确评价标准条件，健全评价机制，鼓励企业建立高技能人才与专业技术人才享受同等待遇制度。

4. 构建更加有效的人才使用机制

一是完善事业编制管理方式。探索在全市范围内调剂事业编制作为人才编制"蓄水池"，滚动使用、动态管理。改进事业单位人事编制管理方式，对符合条件的公益二类事业单位逐步实行备案制管理，由单位在控制总额内自主确定编制使用数、自主设置内设机构，报机构编制部门备案。二是创新人才使用范围与方式。推进内地国企、事业单位专业技术和管理人才在 C 市兼职兼薪，更大范围使用人才资源。加大国有企业经营管理人才市场化选聘力度，完善国有企业经营管理人才选聘制度。推行固定岗位与流动岗位相结合、专职与兼职相结合，建立开放式、社会化和资本化的人才柔性使用机制。三是建立健全人才创新容错机制。把资金大胆使用与挥霍浪费、学术试错与学术造假、学术坚守与不作为区别开来，探索建立容错正负面清单制度，鼓励人才大胆探索、敢于尝试。

5. 构建更加顺畅的人才流动机制

一是畅通法定机构、企事业单位与党政机关之间交流渠道。探索建立非公有制经济组织和社会组织优秀人才进入公务员队伍和事业单位途径，扩大设置聘任职位的政府机构范围。二是鼓励人才向基层一线流动。突出加强科技、教育、农业、卫生、文化等重点领域急需紧缺人才队伍建设，完善C市招录人才政策，适当放宽条件、降低门槛，提高乡镇工作补贴，完善事业单位绩效工资分配向基层一线倾斜政策，提高基层专业技术人才收入水平。实施专业技术人才到基层兼职或服务锻炼制度，基层服务经历、贡献和业绩作为职称评审的重要考核指标，作为评聘专业技术职务的必要条件。三是加快人事档案管理服务信息化建设，为人才跨地区、跨行业、跨体制流动提供便利条件。

6. 构建更加高效的人才激励机制

一是完善薪酬激励制度。落实高端紧缺人才个人所得税优惠政策，市医院、学校等事业单位引进高层次人才允许采取年薪制、协议工资制、项目工资制等灵活多样的分配形式，所需支出不受本单位工资总额和绩效工资总量限制。二是完善分配与经费使用制度。鼓励企业建立技术等要素参与分配的长效激励机制，推动企业加大对高端人才和创新团队的激励力度，进一步改革科研经费管理制度，探索实行充分体现人才创新价值和特点的经费使用管理办法，赋予研究人员更大经费支配权、更大资源调度权。三是加大科研成果转化激励力度。建立和完善职务发明成果收益分配制度，市内外各科研院所，属职务发明成果转化收益的，按照不少于70%的比例用于奖励科研负责人、骨干技术人员等重要贡献人员和团队，团队负责人有内部收益分配权。四是优化人才表彰奖励体系，整合C市各类人才表彰奖励，健全奖励体系，突出人才社会地位，提高经济收益和政治待遇。

（四）丰富人才发展载体，承接人才事业发展

1. 加强数字平台载体建设

一是搭建数字产业公共服务共享平台。搭建数字产业公共服务共享平台，推进"智慧园区"建设，集聚网络安全、物联网、人工智能、区块链、数字贸易等数字技术产业人才，推动产业园建设数字贸易策源地、数字金融创新地和中高端数字人才聚集地。二是做大做强区块链试验区。依托现有高质量创新平台，加快推进相关项目建设，推动共建区块链联合大学、区块链创新联盟；培育壮大区块链骨干企业、重点实验室等，拓展数字时代经济发展新空间，做大做强国家区块链试验区，为区块链人才集聚和成长发展创造条件。

2. 推动创业孵化平台发展

一是建设人才创新创业服务综合体。建设C市人才创新创业服务综合体，配套人才交往空间，同时加强服务集成、资源集成、功能集成，积极引导金融、创投、法律、财务、税务、人力资源等方面的服务机构入驻。二是加快构建大众创业万众创新支撑平台。鼓励社会力量投资建设或管理运营创新创业载体，开展创业大赛、创业沙龙等公益性活动。三是加强返乡创业平台建设。完善创业补贴、融资、场地、培训等扶持政策，吸引农创客、高校毕业生、农民工、退役士兵等返乡创业。积极举办创业创新大赛、创新成果和创业项目展示推介等活动，搭建创业者交流平台，培育创业文化，营造鼓励创业、宽容失败的良好社会氛围。

3. 搭建创新研发平台

一是对接重大创新研发机构落户C市。配合国家、省在C市建设重大科研基础设施和条件平台。积极与国内知名高校和研究机构合作，在项目推介投资、科技成果转换落地、对接优质资源等方面进行合作，争取在C市设立分支机构或互设办事处。推动国家级科研院所整建制迁入或在C市建立整建制机构。二是推动建立产学研用研发机构。鼓励科研院所、企业自主或产学研用合作建设研发机构，支持在新型工业、物联网产业、物流业等重点产业领域创建国家和省级重点实验室、工程（技术）中心、企业技术中心、工程实验室等研发创新平台。三是支持建设科技成果转化平台。支持市外高校、科研院所、企业建设技术转移转化中心、转化基地、新型研发机构、产业技术创新战略联盟等科技成果转化平台。

（五）优化人才发展环境，促进人才快速成长

1. 完善人才公共服务体系

一是完善人才服务平台建设。集中受理人才落户、安居、社保、子女入学、档案托管、证照办理、出入境等业务，实现"一站式"全方位服务，推动全市人才服务统一化、平台化、标准化。二是探索精准人才服务模式。实行"数字化人才服务+人才客户经理制度"的精准服务模式。三是持续优化人才服务保障。设立人才服务专线，全面受理人才政策咨询、业务办理、投诉建议等方面诉求，实现"一号对外、分级受理、限时办结"。

2. 加快人才服务信息化建设

一是充分运用技术手段开展人才服务。探索运用人工智能方式进行人才评定。二是建设C市人才数据库。完善人才资料统计指标体系，建立人才数据统计填报制度，畅通部门间数据交换，实现人才基本信息数字化、可视化。三是建立急需紧缺人才目录，提高人才引进与培育针对性，引导人才向紧缺岗位流动。四是回应解决人才诉求。充分运用信息化手段，常态化收集各类人才所需所求，设身处地解决好人才"急难愁盼"问题，必要时刻可采取"一事一议"的方法研究解决复杂问题。

3. 壮大人才市场服务力量

一是丰富人力资源产品供给。鼓励人力资源服务机构深挖市场需求，创新服务产品，为企业及重点就业群体提供求职指导、职业培训、创业咨询、人力资源外包、人才派遣、灵活就业等服务，满足市场主体多样化、多层次的人力资源服务需求。二是加大人力资源服务企业优惠力度。给予人力资源服务业小微企业税收减免和高新企业税收减免。除法律、行政法规另有规定外，符合条件的小型微利人力资源服务企业，享受各阶段税收优惠政策。符合相关标准被认定为高新技术企业的人力资源服务机构，享受各阶段税收优惠政策。

4. 夯实人才发展保障基础

一是落实引进人才落户政策。放宽C市社区集体户、公共服务机构集体户的条件限制。二是完善人才安居政策。通过大力发展住房租赁市场、提供人才公寓，将部分公租房纳入人才公寓使用范畴，以及向符合条件的人才提供公共租赁房、共有产权房、租赁补贴、住房公积金缴存补贴等方式多渠道解决各类人才居住需求。三是落实高层次人才子女教育优惠政策。按照就近入学原则和实际情况，由教育部门统筹协调安排。四是加强人才医疗保障。为人才提供医疗保健、商业健康团体保险、医疗保险业务咨询和经办等服务。

五、保障措施

（一）完善党管人才工作体系

坚持党对人才工作的全面领导，优化党管人才领导体制，不断提高人才工作科学化水平。强化组织部门牵头抓总、统筹协调作用以及行业部门人才服务和管理职责；充分尊重用人单位在人才培养、引进、使用、评价、激励中的主体地位。落实各级党组织书记人才工作第一责任人职责，实施人才发展"一把手"工程；加强考核评估，建立人才工作领导小组重点成员单位人才工作专项述职和目标考核机制；建立"人才工作项目化、项目推动部门化、部门考核条线化"考核评价机制。加强督查问责，对人才工作不作为、慢作为的单位和部门进行问责追责。加强人才工作者队伍建设，加大培训力度，提高政治素质和业务水平。

（二）夯实人才工作服务基础

加强人才信息统计工作，建立健全人才资源年度统计调查和定期发布制度、急需紧缺人才需求预测和发布制度、人才资源发展年度报告制度，提高人才工作的现代化、科学化、信息化水平。加强人才服务能力建设，主动对标国内人才工作领先地区，积极开展业务交流；定期与服务对象沟通联系，开展服务满意度调查，充分了解服务对象的实际需求，构建以人才所需为核心的服务体系。建立人才跟踪考核机制，明确道德品质、能力水平、业绩贡献等多方面考核内容，激励人才积极发挥作用。

（三）建立规划实施监测评估

做好规划任务分解，推进各责任部门制定本系统实施细则，抓好任务落实。建立定期研究推进规划重难点工作实施的会商机制。建立规划实施情况监测、评估、考核机制，探索将规划实施情况与人才目标责任制考核相结合。加强统筹协调和督促检查，及时通报规划推进不担当、不作为的单位和部门。建立第三方评估机制，邀请国内人才权威机构开展中期评估，根据任务落实情况做好动态调整，高质量抓好任务落地实施。

（四）优化经费多元投入机制

完善以政府投入为引导，企业投入为主体，社会参与为补充的多元人才发展投入机制。探索建立C市人才发展引导基金，鼓励支持企业和社会组织建立人才发展基金，研究制定鼓励企业、社会组织加大人才投入的政策措施。实施促进人才投资优先保证的财税金融政策，加大对高层次人才和急需紧缺人才的工作补贴、物质奖励和重点科研项目资助力度，加强对发展潜力大、成长性高的创新创业人才的扶持。建立人才经费稳定增长机制，规范投入口径，优化支出结构。完善人才资金管理使用评价机制，形成合理的人才投入回报机制。

（五）健全人才安全风险防范机制

强化各级党组织对人才发展的政治引领，建立安全风险预防、评估机制，定期开展各行业各领域关键核心人才的安全风险调查评估。建立安全风险监测预警制度，通过人才社会调查、心理测试等方式，确定人才安全风险程度并及时发布相应风险预警，坚决兜牢人才安全的底线。

(六) 营造人才发展良好氛围

充分运用互联网、广播、电视、报刊等多种传播载体，协调各级各类媒体，及时宣传人才规划实施中的典型经验、主要做法和工作成效，形成全社会关心、支持人才发展的良好社会氛围。建立健全统一的信息发布机制，稳妥把握宣传时机、节奏和力度，做好人才政策解读，积极回应社会关切，合理引导社会预期，避免舆论炒作和误导。积极营造识才爱才敬才用才的良好社会环境，全力以赴打造适合各类人才的发展沃土，努力让各类人才引得进、留得住、用得好。

《C市"十四五"时期人才发展研究》
课题组成员名单

课题顾问：

李志更（中国人事科学研究院副院长、研究员）

课题组长：

任文硕（中国人事科学研究院绩效管理与考核奖惩研究室主任、研究员）

执行组长：

徐　维（中国人事科学研究院绩效管理与考核奖惩研究室副主任、副研究员）

课题副组长：

张　琼（中国人事科学研究院绩效管理与考核奖惩研究室助理研究员）

课题组成员：

杜明鸣（中国人事科学研究院绩效管理与考核奖惩研究室研究实习员）

毕占方（中国人事科学研究院绩效管理与考核奖惩研究室研究实习员）

天津市技能人才需求状况与培养机制分析[①]

提　要：以人才需求为导向开展培训工作，培养高素质劳动者和技能人才队伍事关产业转型升级、稳定就业和经济发展。近年来，天津市深入实施全民技能振兴工程，加大人才培养机制的改革力度是卓有成效的。通过问卷与访谈等调查发现，天津市技能人才评价培养工作在培养模式、评价与培养衔接等方面还存在诸如人才评价社会认可度需提升、技能人才评价标准需完善、综合评价指标体系不健全、技能等级认定程序尚有精简空间、社会性评价服务拓展不够、多元协作培训系统有待健全、技能人才选拔来源较为单一、疏于技能鉴定前培训、人才培养模式相对固化、技能型师资力量分散等问题。为此，应着力于持续创新技能人才培养试验区模式、强化评价与培养衔接等维度的政策工具。在此基础上，通过市域技能人才需求与培养资源的集聚和整合，构建有效需求、培养科学、运行流畅的天津特色技能人才培养机制。

关键词：技能人才　人才需求　人才培养　天津市

《中华人民共和国国民经济和社会发展第十四个五年规划和2035年远景目标纲要》提出了培养造就高水平人才队伍，加强创新型、应用型、技能人才培养，实施技能提升行动、壮大技能人才队伍的要求。"天津制造"向"天津智造"转变，对作为老工业基地的天津的技能人才队伍素质、结构提出了更高要求。近年来，天津市认真贯彻落实党中央、国务院的决策部署，相关

[①] 本文系中国人事科学研究院2021年度研究课题《天津市技能人才需求状况与培养机制分析》报告的部分内容。

部门按照市委、市政府的工作要求，大力加强职业技能培训工作，形成了职业技能培训政策和工作体系不断完善，技能人才队伍规模逐步扩大、素质结构不断优化、质量水平有效提升的良好局面。

一、技能人才需求与培养的研究意义

（一）推进"海河工匠"建设的现实要求

随着国家经济的发展，企业转型、产业结构调整，社会对人才的需求也发生着巨大改变，同时也对技能人才的培养有了更高的要求。为贯彻落实《"技能中国行动"实施方案》关于强调技能人才是支撑中国制造、中国创造的重要力量的精神，天津市开启了高质量建设社会主义现代化大都市新征程。自2019年以来，以"海河工匠"建设为抓手，天津市大力实施职业技能提升行动，积极落实技能人才培养、使用以及鼓励等各项政策举措，大规模开展人才职业技能培训。截至2020年年底，天津市技能人才队伍已经达到270万人，整体劳动者和技术技能人才素质得到较大提升，体现了产业升级与人才培养的同步与统一。

天津市坚持制造业立市，结合自身产业特点和社会需求，深入实施职业技能培训，将其与职业精神融合起来进行人才培养并提升人才的职业素质，培养更多符合天津社会经济发展要求的技能人才和大国工匠。一是企业在人才培训中的主体作用越来越突出。目前，已经在长征火箭、长城汽车等408家企业建立了以"海河工匠"命名的培训基地，推进了技能人才培养社会资源专业化、专业资源社会化发展。二是激发了企业的用人活力。创新"1+N"模式，依托人力资源社会保障部推荐的1家职业技能线上监管平台，以及面向社会遴选的30家职业技能线上培训平台，促进了培训供需双方的有效对接。三是技能培训的针对性和有效性明显提高。例如，实施企业技能人才梯次培养，全面推行中国特色企业新型学徒制，依托技能大师工作室带头以及企业选拔的技能名师，以师徒结对的方式培养拔尖人才和技术骨干，效果显著。

（二）推动"技能天津"人才建设的有效抓手

2021年7月22日，人力资源社会保障部和天津市人民政府签署共建"技能天津"框架协议，由此进一步完善了技能人才培养、使用、评价和激励机制，在推动天津制造业立市和经济社会高质量发展层面又上新台阶。一是建设技能人才培养创新实验区。支持天津在技能人才的培养、使用、激励等方面的政策措施，给予技能人才培养基地人力、物力、财力支持。发挥高职院校培养技能人才的作用,推动校企合作,使高职院校结合自身特色就人才培养模式创建实验区,扎实有效地探索了高素质技术技能人才培养工作。二是推行终身职业技能培训。建立并推行覆盖全体劳动者、贯穿劳动者终身学习工作全过程、适应就业创业和人才成长需要以及经济社会发展需求的终身职业技能培训制度。完善终身职业技能培训政策和组织实施体系,围绕就业创业重点人群,大规模开展职业技能培训。三是强化职业技能竞赛引领。积极支持天津市"海河工匠杯"职业技能大赛。天津市瞄准全市职业院校职业技能大赛,完善奖惩机制,构建工作机制,强化组织管理,开创全市职业技能大赛的新局面。

二、天津市技能人才需求及其培养现状

近年来,天津市把全民技能振兴工程作为一项战略工程、民生工程强力推进。随着"海河工匠"建设的深入实施,天津市不断深化技能人才评价与培养机制改革,技能人才培养规模持续扩大,职工素质不断提高。事实也正是如此,通过问卷、访谈调查发现,天津市进行了多种技能人才培养工作的有益探索且成效显著。

(一)天津市技能人才现状调查

为研究天津市技能人才需求及其培养问题,依据调研内容、调研对象特性,本研究做了实地调研。利用 SPSS 软件对回收的有效问卷进行数据分析,为天津市技能人才培养机制的优化提供支撑。

1. 调查方法与问卷设计

访谈法、问卷法是社会调查的常用方法。由于技能人才评价与培养问题的系统性特征,其调查对象包括技能人才、开展自主评价与培养的单位、人才评价实施部门等,问卷法与访谈法也能起到较好效果。

为对天津市技能人才需求状况、评价与培养机制现状摸底调查,本研究分别设计了面向技能人才培养的实施方与承受方,即开展技能人才自主评价与培养工作的单位以及技能人才的问卷。在"问卷1——面向技能人才"的调查中,问卷针对受访者基本信息、技能人才流动意愿、人才培养与发展、培养政策满意度等方面进行了解和调查分析;在"问卷2——面向评价单位"的调查中,问卷针对单位工作开展现状、培养模式与发展困境、政策环境与优化空间等方面进行了解和调查分析。

2. 数据来源与调查分析

本研究自立项后,从 2021 年 5 月至 8 月对天津市和平区、北辰区、滨海

新区等多个行政区的技能人才、自主评价单位及职业院校开展问卷调查。其中，面向技能人才共发放问卷700份，回收有效问卷674份；面向技能人才自主评价单位共发放问卷60份，回收有效问卷58份。此外，分类随机抽样出调研单位30家，分批次对调研单位的主要负责人、部门骨干就技能人才的需求状况、评价与培养机制问题作了深度访谈。受访者的基本信息见表1。

表1　　　　　　　　　　问卷受访者信息描述性统计表

项目名称	选项	样本	频数	百分比	标准差
性别	男	674	500	74.2%	0.438
	女	674	174	25.8%	
年龄	30岁及以下	674	136	20.2%	0.955
	31~40岁	674	195	28.9%	
	41~50岁	674	255	37.8%	
	51岁及以上	674	88	13.1%	
学历	研究生	674	12	1.8%	0.828
	本科	674	214	31.8%	
	大专	674	274	40.7%	
	高中、中专	674	164	24.3%	
	初中及以下	674	10	1.5%	
职称	初级工	674	22	3.3%	0.981
	中级工	674	117	17.4%	
	高级工	674	246	36.5%	
	技师	674	218	32.3%	
	高级技师	674	71	10.5%	
企业性质	国企	674	655	97.2%	0.178
	民企	674	18	2.7%	
	外资	674	1	0.1%	

本次访谈内容由相关人员以文字形式进行汇总与整理，对问卷调查所采集的数据最终通过SPSS软件进行数据分析。

3. 数据信度与效度分析

信度即可靠性，它是指采用同样的方法对同一对象重复测量时所得结果的一致性程度。信度分析用于检测对象是否真实作答量表类题项，测量样本回答结果是否可靠，在实证研究中较为普遍使用内部一致性系数（即克隆巴赫信度系数α）来检验数据的可靠性，克隆巴赫信度系数α值如果在0.7以上则表明该测验或量表的信度较好。此次研究利用SPSS软件将问卷1的674

份有效回收问卷、问卷2的58份有效回收问卷导入进行信度检验,最终得出克隆巴赫信度系数α值分别为0.897和0.769,见表2。两份调查问卷可靠性系数均大于0.7,说明本次调研数据信度较高。

表2　　　　　　　　　　　问卷信度检验数据

项目	α值	项数
问卷1	0.897	7
问卷2	0.769	2

在对问卷作出信度检验之后,需要对影响问卷质量的效度进行验证。为此,对两套问卷的有效回收问卷进行探索性因素分析,从题目分布的合理性对内容效度作出更接近事实的准确判断。本研究采用的衡量值是KMO和巴特利特球形值,所有研究项对应的共同度值均高于0.5,说明研究项信息可以被有效提取,问卷的效度检验合格。

(二) 天津市技能人才的需求分析

技能人才是我国人才队伍建设的重要骨干力量,对促进技术创新、提高产业竞争力,乃至建设制造强国和创新型国家,都发挥着不可或缺的作用。当前,天津市经济已经进入提质增效的重要时期,进行"一基地三区建设",实现"天津制造"向"天津智造"转变,推动经济提质增效、转型升级,不仅需要一大批具有全球视野和国际水平的战略科学家、科技领军人才,更需要一支拥有现代科技知识和创新能力的技能人才队伍。

为切实加强技能人才队伍建设,推动社会各方面重视技能人才,营造劳动光荣、技能宝贵、创造伟大的良好社会风尚,在推出"海河英才"行动计划的基础上,天津市借鉴上海、重庆、浙江、深圳等地经验做法,出台了"海河工匠"建设政策。毋庸讳言,分析市域技能人才需求趋势对天津市城市经济发展和重点产业布局等方面有着重要意义。

1. 城市经济发展需求

当前,天津市技能人才的总量、结构和素质还不能满足经济社会发展的需要,特别是在制造、加工、建筑、能源、环保等传统产业和电子信息、航空航天等高新技术产业以及现代服务业领域,技能人才需求缺口已成为制约经济社会持续发展和阻碍产业升级的"瓶颈",也成为制约天津社会经济高质量发展的重要因素。

天津市"十四五"规划提出建设"一基地三区",大力实施新一代人工智能、生物医药、新能源、新材料产业发展三年行动计划,航空航天、装备制造、石油化工、汽车工业等优势产业加快转型升级,走实现经济转型与高质量发展并行的新型工业化道路。全面提升天津市企业核心竞争力、进行产业优化升级的过程必然伴随着高科技成果转化为新产品,科技、创新将在经济发展中贡献更多的力量。在这个过程中,不仅要有科研人员、工程技术人员的参与,还必须有技术工人的参与,尤其是具有高超技能、精湛技艺和绝招绝技的技能人才。在天津市各个产业以及城市经济高质量发展过程中,技能人才的支持无疑将提供强大动力源。

2. 重点产业布局需求

围绕现代产业体系布局,精准引才、精心育才,不断做大人才总量,持续提升人才质量,助力天津市制造业高质量发展,"海河英才"行动计划、"海河工匠"建设相继被推出。截至2020年6月,天津市年均开展技能培训30万人次,累计认定432家企业培训中心、18家企业公共实训基地。重点面向先进制造业、战略性新兴产业,新建一批技能人才培训基地,选育一批能工巧匠、大国工匠,以部市共建"技能天津"为契机,进一步完善天津市技能人才培育机制,为制造业发展选送和培育更多技能人才。出台信创产业人才引育工作方案,在政策与资金方面,开辟绿色通道,重点支持信创产业发展。制定石油和海洋化工、汽车和装备制造、现代冶金等支柱产业引才图谱,已累计引进各类人才40万人,平均年龄32岁。其中,为天津制造业高质量发展提供了有力支撑的人工智能、生物医药、新能源新材料等战略性新兴产业人才占比25.6%,但技能人才特别是高技能人才尚未达到构建天津"1+3+4"现代工业产业体系的要求。

3. 技能人才需求趋势

进入提质增效时期以来,"天津制造"向"天津智造"转变更需要一支拥有现代科技知识和创新能力的高技能人才队伍。为此,天津市于2021年8月印发《中共天津市委、天津市人民政府关于深入实施人才引领战略加快天津高质量发展的意见》,为进一步做好新时代人才工作、推动人才引领高质量发展、加快技能人才队伍建设作出了引领。依据现有技能人才数量(见表3),在面对新动能发展的形势下,技能人才特别是高技能人才相对短缺(仅占20%左右),与社会需求数量之间还有较大的差距。为此,天津市人才发展、培训等人才建设相关部门在提出在未来5年内培养100名杰出技能人才、1 000名拔尖技能人才、1万名优秀技能人才。

对标《人力资源和社会保障事业发展"十四五"规划》关于新增1 000万人以上高技能人才的总体要求,《天津市人力资源和社会保障事业发展"十四五"规划》指出,到2025年,天津市新增高技能人才20万,总数达到101

万,高技能人才占技能人才比例达到35%,补贴培训70万人次。

表3　　　　　　　　天津市技能人才统计表(2016—2020年)

技能人才情况	单位	2020年	2019年	2018年	2017年	2016年
一、合计	万人	270.03	266.58	245.50	239.20	208.50
高技能人才		80.94	77.40	71.99	67.50	55.80
高级技师		8.32	8.03	7.20	6.90	6.00
技师		10.44	10.38	9.60	9.50	8.80
高级工		62.18	58.99	55.10	51.10	41.00
高技能人才占比	%	29.97	21.11	29.38	28.21	26.76
二、技能培训人数	万人	37.60	18.65	7.56	29.15	47.28

就人才培养需求而言,需要探索诸如充分发挥企业在职工培训中的主体作用,加强企业公共实训基地、技能大师工作室等建设的途径;引进知名职业培训机构,创新校企协同育人机制,多渠道搭建技能人才培养平台的机制;强化技能竞赛引领作用,广泛提高职业技能大赛有效性的办法;发挥"海河工匠"、天津市技术能手等典型示范作用,加大对技能人才的宣传力度,大力弘扬劳模精神、劳动精神、工匠精神的措施;完善技能人才评价机制,加强技能人才自主评价示范企业建设,建立职业资格、职业技能等级与专业技术职称比照认定制度,打通技能人才与专业技能人才职业发展通道等的操作。

(三)天津市技能人才培养现状

截至2021年8月,天津市年均开展技能培训30万人次,累计认定432家企业培训中心、18家企业公共实训基地,建成18个国家级高技能人才培训基地和25个市级高技能人才培训基地、30个国家级技能大师工作室和57个市级技能大师工作室,评选出20名"海河工匠"、299名"天津市技术能手",形成了依托技能人才培养建设"制造强市"的新局面。

1. 技能人才培养实践

2019年2月,天津市人民政府出台的《天津市中长期职业技能培训规划(2019—2025年)》强调了职业技能培训对于全面提升劳动者就业创业能力、推进"制造强市"建设的重要作用。其中,加强企业职工岗位技能提升培训是技能人才培养机制的核心所在。其一,鼓励规模以上企业建立培训机构开展职工技能培训,并积极面向中小企业和社会承担培训任务。其二,搭建线上线下相结合的技能培训平台,开展职工技术技能培训。其三,实施项目定制培训,采取"一企一策",培养企业急需的技能人才。其四,指导企业结合生产经营和技术创新需要,制订培训计划和培训制度。其五,发挥职工技术协会作用，深入开展岗位练兵、技能竞赛、技能推广等活动。其六，推行企业新型学徒制，通过校企合作开展职业技能培训。

对此，天津市各企业积极响应并制定出符合单位实际的技能人才培养方案，特别是中海油（天津）"技能培训课程体系化建设"为全市的技能人才培养工作提供了具有借鉴意义的经验。中海油（天津）通过整合现有培训资源，充分调动集团公司内部技术技能人才力量，以各工种的职业技能等级认定标准为核心依据，从工种、岗位、知识结构等多个角度，开发覆盖全产业链的培训课程库；依托海学网组建了多目标、个性化的学习地图，以满足考生、用人单位、培训机构、认定机构、竞赛机构等各方的使用需求，提升培训工作的针对性和实效性，进而培育高水平的技能人才队伍，以满足集团公司高质量发展对技能人才的需求。其课程建设项目自2018年启动，至今已经完成7个工种课程体系框架开发，涉及4 206个知识点，微课程制作数量达1 427门，课程累计时长超过2万分钟，存储容量超过500 G。

2. 技能人才培养工作成效

自"海河工匠"建设政策出台以来，天津市在技能人才培养工作上打出了政策"组合拳"，精准培养实用型技能人才，切实突破企业用工结构性矛盾，实现职业技能培训与经济发展一致、与产业布局同向、与企业需求同行的良好态势。

一是搭建了培训平台，精准供给优质培训资源。健全技能人才培养平台功能，逐步形成了企业为主体、职业院校为主阵地、民办培训机构为依托的技能人才培养新格局。实施职业技能提升行动以来，天津市依托各类培训载体，累计开展补贴培训75万人次。在战略性新兴产业、支柱产业企业中，遴选认定了432家企业培训中心，面向企业职工开展内训，培训补贴直补企业；将18家设施设备先进、技术水平领先、行业影响力较大的企业培训中心，认定为企业公共实训基地，面向社会提供公共实训服务，培训补贴最高上浮25%，进一步促进了社会资源专业化、专业资源社会化。

二是形成激励机制，引导广大劳动者技能成才、技能报国。围绕战略性新兴产业和支柱产业，科学规划年度竞赛项目，构建了以"海河工匠杯"技能大赛为引领、行业和区域竞赛为主体、企业岗位练兵和技术比武为基础、社会广泛参与、财政资金适度保障的职业技能竞赛体系。全市每年组织"海河工匠杯"技能大赛，首届大赛设置43个赛事、130个竞赛项目，第二届大赛计划安排33个赛事、200个竞赛项目。此外，积极推荐具有优秀品质和高超技艺的技能人才参评国家级荣誉称号，对获得"中华技能大奖""全国技术能手"等荣誉称号的个人给予最高 30 万元奖励资助。设立技能人才市级最高荣誉,每年选树 10 名"海河工匠"并给予 20 万元奖励资助,每两年评选 100 名天津市技术能手并给予 2 万元奖励资助。

三是营造良好社会氛围,大力弘扬劳模精神、工匠精神。劳动者的技能形成是工匠精神养成的逻辑基础和现实起点,为此,2021 年"天津技能周"活动组织启动仪式、京津冀技能人才交流、技能大赛与高技能人才培养国际论坛、第二届"海河工匠"颁奖典礼暨第一届全国技能大赛天津获奖选手表彰大会、"海河工匠"宣讲团授旗仪式等 7 大类 30 余场专题活动相继创新举办。各区结合实际走企业、进社区,现场办公,定点宣传近百场,宣传了技能人才队伍建设和"海河工匠"建设政策,展示了技能人才队伍建设成果,在全社会掀起学习钻研技能的热潮。

三、天津市技能人才培养机制存在的问题

近年来,天津市充分发挥了企业在技能人才培养、使用、激励方面的整体优势,但随着劳动教育的内涵从重视用劳动进行教育向重视呈现劳动本身的工具价值理性演进,以及劳动力市场需求转换,天津市技能人才培养模式及其与评价衔接在一定程度上存在一些问题。

(一)技能人才培养机制有待完善

1. 多元协作的培训系统有待健全

技能人才培训是一个长期过程,其前期依赖专业的理论教育,后期需要大量的企业实践,因而需要政府、企业、职业院校等多主体协同发力。职业教育政校协同机制和校企协同机制的双重缺失则是制约关键领域技术技能人才培养的瓶颈。整体上看,天津市的多元协作培训系统建设还有待加强。一是政府政策供给还不够完善,在深层次加强技能人才队伍建设体系方面还有欠缺,政策工具在"资金投入""服务外包"和"金融支持"方面供小于求,用于技能人才队伍建设的政府财政资金也相对较少。二是企业缺乏在技能人才发展方面的强投入意愿,加上政府对于企业在此方面的融资、投资、贷款保障等支持力度不足,使得企业人才培养和发展的资金更加捉襟见肘。三是职业院校人才公共服务体系不完善,人才创业、就业等服务手段落后。在培训模式上,缺乏系统科学的培训、培养和使用设计,导致人才培养周期长且效率较低。

2. 技能人才选拔来源较为单一

一般认为,技能人才培养过程要充分关注个体职业发展需求,结合技能

人才实际情况制定培养制度和培养计划。在协助人才实现工作目标的同时纵向贯通延长人才成长通道，通过横向融通拓宽成长通道促进个体职业发展。但调查发现，天津市技能人才选拔的主要来源中，单位自主培养占比为80.71%，相对较大，而校企合作培养占比为9.94%、市场招聘占比为4.30%，相对较小，如图1所示。

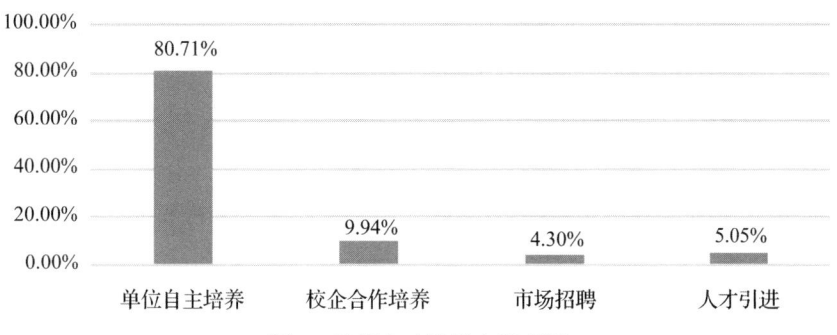

图 1　技能人才选拔主要来源

从目前选拔、引才工作看，在技能人才选拔上还有待提升，依然存在技能人才选拔来源较为单一、人才晋升渠道较为狭窄、人才选拔来源多为企业自主培养等问题，校企联合培养、人才引进等现代化创新人才来源渠道也尚未有效打开。校企两方对技术技能人才培养质量的认知、评价差异，实质上是教育价值功能与市场需求导向之间的分歧。这种分歧造成技能人才的担忧，影响其工作积极性，制约其自身能力的发挥。

3. 疏于技能鉴定的前期培训

事实上，目前技能人才评价普遍使用理论考试和实践考核相结合方式，在技能人才入职前对其进行一系列考核，鉴定能力和水平，并以此作为分配岗位或选拔的依据。调研发现，实践中极易出现人才能力与职位不匹配问题。68.99%的人认为在技能人才评价工作开展过程中存在亟待解决的问题主要是鉴定前培训少，如图2所示。

技能人才由于在参与技能等级鉴定前培训不足，缺乏对评价过程的充分了解。这导致技能人才因为不了解而无法在技能鉴定过程中体现其真正的操作水平，很多拥有精湛技艺但文化水平偏低的技能人才得不到培养和向上晋升的渠道，技能鉴定的实际功能大打折扣。

4. 人才培养模式相对固化

制定技能人才培养模式需要关注市场因素，技能人才培养路径依赖产教融合和校企深度合作，应采用多样化培训模式来适应这一形势，从而最大限

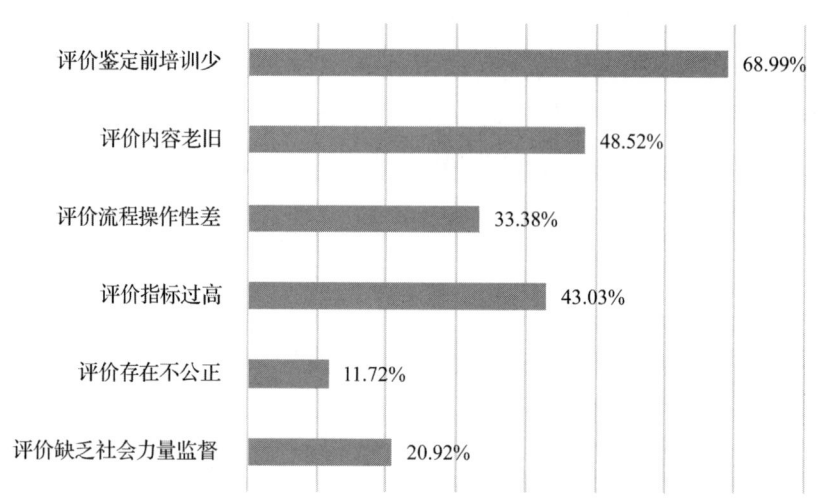

图 2 技能评价工作中亟待解决的问题

度挖掘技能人才的潜在力量,发挥其作用。而通过调研发现天津市在技能人才的培养深造方面多限于集体授课式培训(92.88%)、示范操作式培训(74.63%)等形式,采取实践基地培训形式(58.90%)的单位数量仅为中等水平,而到高校进修(4.60%)和国外深造(0.30%)的人才更少,如图 3 所示。由此可见,人才培养模式单一且相对固化,不同程度地导致培训工作与行业和产业需求契合不够,很难实现专业链、人才链和创新链、产业链的对接。

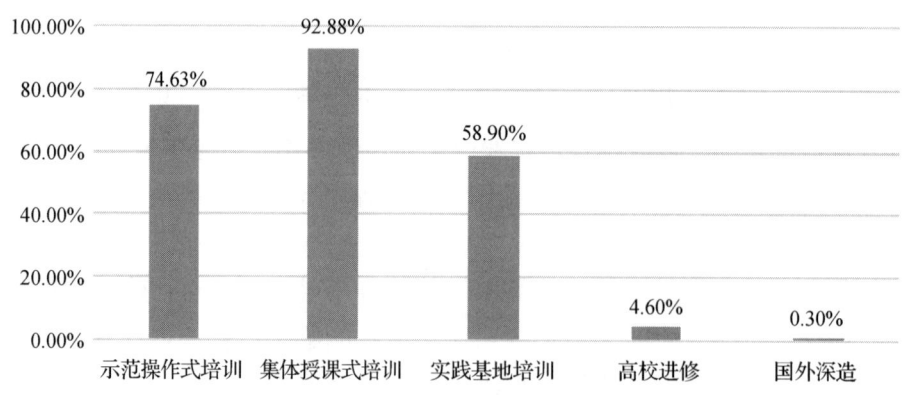

图 3 职业技能培训的主要方式

5. 技能型师资力量分散

近年来,天津市技能型师资队伍状况得到了明显改善,但总体上,技能型师资队伍的发展仍然赶不上教育的发展潮流,更遑论满足更高标准的国家及社会要求。调研发现天津市仍然存在技能型师资力量分散且水平参差不齐、难以形成相对系统的培训、培训工作随意性较大等问题，难以满足人才对于新知识、新技术、新工艺、新方法的内在求知欲。显然，它限制着技能人才培训，继而影响到天津市整体的长远发展。不仅如此，人才培训的方式较为落后，与国家针对人才实际培训提出的"企业实践+基地培训""企业实践""基地培训"等灵活多样的方式相差较大，培训相比而言缺乏自身的特色，较为普遍地存在重理论、轻实践的现象。

（二）人才政策系统性不足

1. 人才政策体系设计有待健全

理想化的政策是影响政策执行的第一变量。人才政策的内容决定了政策是否能有效执行，一个完整的人才政策必须具有正确性、明确性，同时对政策资源作出具体规定。政策内容表达的明确性、多元执行主体职责划分和政策资源的保障，对天津市技能人才培养政策的执行产生至关重要的影响。

人才政策顶层设计水平决定了政策执行效果，从对现行政策文件的梳理和调查情况看，政策存在顶层设计缺失和缺乏立法的问题。许多政策在执行中达不到预期效果，很大程度上与人才政策的顶层设计缺陷有关，主要表现为：第一，政策理念表达不够清晰，政策有效性存在不足。现行技能人才培养政策对于培养能坚实理论基础和解决生产实际难题的高层次技能人才的理念表达不够清楚，强调操作性较多。第二，对多元政策执行主体的责任缺乏法律约束。现行政策文件中缺少问责处罚内容，对于政策执行主体不认真执行政策，不能完全实现政策目标缺少问责惩罚条款。对于问责的标准、问责的主体、问责的程序都没有具体规定。第三，多元政策执行主体职能划分不太明确。人才政策执行主体的职能划分至关重要，关系到政策执行的效力和政策的成败。政策执行主体职能划分不太明确主要表现为政府职能划分粗放，与行业协会职能定位差异不明确。没有完整的政策体系，总体缺乏连贯性，政策间的配套程度也不高。

2. 人才政策落地尚需做实

现有技能人才培养政策的吸引力度不足，政策回应效果不甚理想。政策的回应效果反映出目标群体和社会公众对政策的了解程度和认可接受程度，调研结果表明关于技能人才培养政策文件掌握还有待深入。具体表现为，一方面，对技能人才培养政策文件宣传不够。从调查情况看，天津市在技能人才培养政策宣传方面做得还不够，报刊、广播电视、网络对政策的宣传还不够广泛，没有用通俗的语言和公众易于接受的方式进行宣传讲解。另一方面，对技能人才群体的宣传还有待于加强。技能人才培养的政策对象是生产服务一线的技能人才，他们在高端制造业、高端服务业和高新产业中所做出的贡献对提升技能人才培养政策的社会影响力有重要影响。许多技能人才掌握的传统工艺、高难工艺不为社会所了解，技能人才群体没有很好地发挥提高政策吸引力的载体作用。

制定技能人才政策时没有充分考虑天津以及周边区域的人文环境、经济现状、产业发展规划等因素，政策缺少针对天津实际情况的特殊考量，导致政策与上级考核目标内容相似度高但针对性不强。在对技能人才奖励和激励方面，以经济激励为主，虽并非全无效果，但无法适应日益提升和细化的技能人才对政策的需求。与先进地区相比，人才服务机构的综合竞争力还存在一定的提升空间，以致部分较高层次的人才项目往往被人才服务发展更领先的地区捷足先登。在人才资源的竞争和配置过程中，因人才政策未针对天津人才服务机构的实际情况进行灵活调整，使得天津市在挖掘优势项目以及领军人才信息上处于落后地位。

（三）培养与评价对接不畅

1. 重评价轻培养

调查发现，对技能人才在评价与培养环节存在重评价轻培养的倾向。以营利为目的的企业着眼于追求企业效益最大化，重视技能人才的工作绩效考评，而在技能人才培训环节上未能长期且系统地规划。一方面，天津市相关企业的发展资金不足，缺乏长效的培训机制和培训体系，没有建立完整、系统的职业培训体系。另一方面，企业内部仍然没有有效的留才机制，导致大量技能人才流失。正因没有很好地将评价和培养结合起来，而只是通过一时的培训来满足当下生产的需求，这就导致随着科技的进步和市场对人才的要求不断提高，企业现有的技能人才无法满足更高要求的发展需要，最终无法发挥其最大的潜能，不利于企业的长期发展，甚至会对企业发展造成阻碍。

另外，目前技能人才评价工作处于推动实施的阶段，技能人才培养工作政策指引有待加强，企业对技能人才培养和职业发展规划相对不足。即使企业有一套培训机制和培训体系，对技能人才的培训大多也定位不明确，培训方法和内容也都很随意，不能满足人才发展的需求。技能人才评价标准不一，技能人才整体素质达不到实际生产需要的标准。虽然天津市出台了相关法规规范人才评价行为，但由于缺乏同行业科学合理的考核制度和严格的规章制度，各企业在培训考核的实际操作中标准不一，技能人才无法适应企业的需求。另外，在政策实际执行过程中，有些政府部门不强调培训效果，而是以资格证书作为评价标准,这就容易导致培训的整个过程和实际效果形式化。

2. 激励手段与晋升条件偏离

激励手段与晋升条件偏离体现在天津市高层次人才政策创新性不足,人才奖励和激励措施呈现同质化与单一化。通过对天津市技能人才需求状况与评价培养机制分析调查问卷中第三部分职业技能评价的数据进行分析发现,在674个调查对象中对于"您所在的单位专业技术人员或技能人才在取得职称或资格认定后激励手段"这一问题,有213人选择"给予一次性物质奖励"这一项,占比31.60%。企业对于技能人才评价的激励限于一次性经济补贴的情况较多;243人选择"目前没有相应的激励制度",占比36.05%,说明部分企业的激励措施未能直接给技能人才带来激励感受。

天津发布的"人才新政八条"涉及人才引进、培养、平台建设、激励奖励、优化服务等方面。从其主要内容看,对来津主持国家级研发平台和重大项目的顶尖大师,采取"一人一策"方式给予科研和生活奖励资助;对全职的杰出青年和长江学者等领军人物,一次性给予最高200万元的奖励;对在世界500强企业担任中层以上管理职务,来天津市国有或民营企业担任高层领导职务的,给予一次性100万元奖励资助等。每年选拔50个"131"创新型人才团队,连续3年每年给予30万元资助。对于博士生等青年人才给予前三年每年5万元的补贴。每年资助10个国际学术交流平台,最高不超过50万元。优化引进人才"绿卡"制度,对高端人才在津购房、外籍人才缴存公积金、人才子女入园入学及就读国际学校等方面给予支持和资金资助等。即使是人才"新政",政策仍以直接拨付经费和奖金的形式作为主要的激励办法,技能人才激励缺乏创新性与多样性。

事实上,技能人才在职业生涯中上升的通道狭窄,职位和工资层级向上晋升难度较大。第一,虽然在制度上提倡不唯身份、不唯学历,但在实际执行中仍注重学历,在"目前用人单位职称或技能评审工作存在最主要问题"的调查中,有占比为64.69%的436人选择职称评聘条件过于看重论文或学历。第二,技术管理与技能岗位双向互通困难。在企业中工程技术人员可以进入生产一线担任班组长,但技能人才担任主任工程师和专责工程师等技术管理职务比较难,进入技术管理序列通道狭窄。第三,技艺水平高超的生产一线技能人才,在职务晋升上受到来自工程技术人员的排挤。企业往往把需要培养的高等学校毕业生放到生产一线锻炼,挤占了技能人才的晋升空间。第四,技能岗位纵向晋升制度不健全,职位"天花板"效应明显。有的企业实行首席技师、资深技师、资深技能专家等制度,但尚未形成完整、规范的制度。有的大型企业集团实行技能人才职位序列试点,但在实际实施中也遇阻而难以推广。

四、完善天津市技能人才培养机制的建议

(一)持续创新技能人才培养试验区模式

随着社会经济的跨越式发展,天津市对于技能人才的需求将会日益增大。在新形势下,要抓住机遇,直面问题,推动政府、企业、职业院校三方联动,持续创新技能人才培养试验区模式,优化技能人才培养结构,扩大技能人才队伍,为区域经济建设保驾护航。

1. 完善部市共建"技能天津"框架的人才培养体系

为进一步落实《天津市中长期职业技能培训规划》,实施"海河工匠"建设,推动技能人才队伍建设,完善部市共建"技能天津"框架的人才培养体系,天津市应着力从主体、内容、平台等方面入手,营造良好的技能人才培训环境。

一是主体协同,实现技能人才培养的多元主体——政府、院校、企业、行业等通力合作。对于技能人才梯队的建设,不应由一方全力承担,而应由多方协同培育。充分发挥社会培训的作用,不断扩大技能人才入职后培训规模,使社会培训与学校培养、企业培养"三驾马车"齐头并进,拉动技能人才培育,扩大技能人才规模,提升技能人才质量。

二是建立"自主选择、三段育人、能力递进"的技能人才培养模式,实现内容协同。以现代学徒制试点为平台,建立以政府为主导,以学校和企业为主体,以"校企合作、双元育人"为核心的,"政府、企业、学校"三元合一的职业教育管理体系,构建培养方案共定、课程体系共构、师资队伍共培、教学过程共管、校企资源共享、校企文化共融的技能人才培养模式,培养真正符合企业需求、被社会认可的技能人才。

三是构建人才终身职业技能培训体系,打破各类教育相互分离的局面,实现平台协同。突破正规教育和非正规教育之间的壁垒,实现学校教育、企业培训及社会教育之间的相互补充结合,完善以企业行业为主体、以职业院校为基础、学校育人与企业合作互补、政府推动与社会支持相结合的技能人才培养体系。行业企业和教育系统应厘清各自的责任担当,发挥各自优势,构建协同融合发展的格局,资源共享,优势互补,共同构建技能人才成长的技能培训体系。

2. 探索多样化人才培养模式

探索多样化人才培养模式,通过采取不同措施,完善人才培养方式,拓

宽人才培训渠道，不断提升技能人才的专业知识水平和解决生产实际问题能力和革新、创新、创造能力。

一是全面推行天津特色企业新型学徒制。采用培训班、集训班等形式，采取弹性学制和学分制等管理手段，按照"一班一方案"开展学徒培训。企业可依托企业公共实训基地，采取"师带徒"的方式，开展企业新型学徒制培训工作。充分利用技能大师（专家）工作室、劳模和工匠人才创新工作室等技能人才培养阵地，鼓励"名师带高徒""师徒结对子"，激发师徒主动性和积极性。鼓励企业成立学徒奖学金，以及建立授课费、课时费等师带徒津贴制度。

二是以"海河工匠"建设为契机，大力推进职工培训中心、技能人才培训基地和技能大师（专家）工作室建设，并给予配套的资金补助或支持。基于实体化运作模式开展引教入企实践，对产教融合型企业给予"金融+财政+土地+信用"的组合式激励，对企业参与举办职业教育的各项经费投入给予减免等优惠。吸纳企业人员进课堂，引进技能人才担任学校技能大师，成立技能大师（专家）工作室，为技能人才开设实践课程，进一步提高人才的技术技能水平，以激发培训主体的积极性，有效增加培训供给。

三是借助举办全国职业技能大赛"以赛促改"，全面推进培养过程改革。以"突出基础、突出技能、突出人文"为主旨，以"基础、技能、人文"三大主体课程模块为主体，实现以赛促培、以赛促练、以赛促孵。在教学形式上，既要重视理论教学，更要重视实训设施和场地建设，还要重视加大实习实训教学的力度。在教学手段上，充分利用多媒体教学，建立教学资源库和虚拟实验室，从感官上给予技能人才全新的体验。在教学过程中，以技能人才为中心，引导人才勤动脑多动手，自主解决技术问题，培养人才的创新能力，提升人才的技能水平。

3. 逐步完善技能人才评价考核办法

构建管理科学、运行规范、基础扎实的技能人才评价体系，逐步完善技能人才评价考核办法。

一是充分动员技能人才参与评价。加强宣传教育，让技能人才明确技能评价前期培训的重要性，同时自愿去参与评价，允许一些业绩突出、专业技能水平高的员工破格申报，并由企业相关部门进行审查和确认，让达到评价条件的技能人才均参加评价。

二是在技能人才评价过程中要将评价工作落实到位，对整个评价流程进行细化，搭建专业化的技能人才评价保障机制。组织和建立专门的评价小组，由企业高层领导、职业技能鉴定考评员以及业务专家担任组长或组员，实施科学化、专业化的评价。在评价结果方面，对技能人才的学习过程进行监控。多元的人才评价方式对人才的评价要科学准确，方法要灵活多样，结合综合性评价法、发展性评价法、灵活性评价法等方法评价。

三是增强前期对于考核内容涉及的综合理论的强化与专项技能的实践训练。在固有考核模式的基础之上，突出对技能人才实际操作水平和解决关键技术难题能力的考核要求，增加对技能人才对新技术、新知识把握程度和运用能力的考核。注重在各项考核前加大对于考核内容相关理论的培训，采用讲课或专项实践训练等方式，提升人才考核意识，明确考核目的，熟悉考核内容。

4. 建设多元一体的培训新载体

一是各级政府应从建立技能培训政策咨询平台、技术培训平台、创业基金平台、信息沟通平台这四个方面给予支持。有效整合培训资源，包括培训项目、培训经费、培训师资以及培训生源，避免造成培训资源缺失、浪费。加强地方培训基地建设，提供健全完善的外部制度环境与内部培训管理体制，打造人才培训基地。

二是创新教学方式，利用现代信息技术改进教学方法，通过微课、慕课等云教学手段，激发技能人才学习兴趣，提高教学质量。通过吸纳企业人员进课堂，为技能人才开设实践课程，强调纵向贯通、横向交叉、行动导向，进一步提高技能人才的技术技能水平，同时也可以推荐技能人才到不同行业企业进行实践学习和锻炼，助其提升自身职业技能水平。

三是打造技能人才培训基地。加强职业技能实训基地和技能人才培养项目建设，充分发挥技能领军人才在带徒传技、技能攻关、技艺传承、技能推广等方面的重要作用，大力推进大师（专家）工作室建设，形成技能人才培养梯队。引企入校共建校内实训基地，充分调动学校的办学资源及企业技术、人才等优势资源，校企双方共同承担企业生产任务，实现现场教学和虚拟仿真教学的结合，满足技能人才生产实训的需求，实现共赢。

5. 搭建统筹师资的技能培训平台

教师作为教学活动的组织者和引导者，是提高人才培养质量的保障。师资队伍结构，教师的专业素养、教学能力和教学方式在很大程度上影响教学效果和教学质量。

一是建立"讲师库"，统筹规划区域技能师资力量，利用多种资源对技能人才进行培训，如利用校企合作优势，联合企业共同培训技能人才，帮助技能人才了解不同行业、企业的新技术、新工艺，熟悉相关岗位的职责、用人标准和生产流程及规范，促进技能人才教育教学观念、方法的转变和技能的提高。

二是构建信息充分且形式多样化培训平台。通过搭建平台简化工作程序，整合信息，避免重复作业，提升培训效率。一方面搭建模拟操作培训平台、开发业务问答平台，对相关的信息数据进行整体规划，并加强各个部门的沟通交流，提高培训的实效性、便捷性、趣味性和针对性。另一方面搭建互联网培训平台，以视频教学、远程教学为主，将远程音视频教学与会议系统等结合起来，满足不同层次技能人才培训需求，提升技能培训效率。

三是通过网上平台充分实现师资共享。利用互联网优势，建立网络信息培训系统，利用"互联网+传统课堂"实现情境化教学，主要方式可以包括专家网上授课、网络研讨、自主网络学习等。积极探索教学模式的改革，借助于"互联网+"技术，采用微课、慕课等方式实现翻转课堂，为技能人才提供多渠道的学习平台，激发技能人才学习技术技能的兴趣。

（二）着力强化评价与培养的衔接

1. 夯实"评–教–用"一体化的政策支持

一是构建技能人才系统发展规划。高层次人才规划是一个专业性极强的战略问题，要求对人才需求、产业变化、经济发展进行准确预测，进而判断所需人才数量、类型及其层次。因此，天津市政府相关管理部门应提升自身对于人才规划的专业能力，也可以请专业的人力资源管理者来参与人才规划活动，不仅对现有经济格局进行规划，还要放眼未来，研究天津市的发展趋势，在高层次人才培育和科研上作出正确的指示，做好人才的需求预测和落实人才服务，只有这样才能持续促进产业和经济发展。

二是推行技能人才发展全覆盖的政策体系。在补充制定相关政策、完善政策体系的前提下，提高天津市技能人才政策覆盖面，如定期举办高层次人才交流座谈会，实现行业交流沟通、信息与知识共享，促进深度合作。同时，成立高层次人才引进政策研究机构，由政府部门主导，聘请有关专业和企业带头人以及高层次人才作为顾问。制定高层次人才政策应遵循行政部门通过研究和验证的一套科学的程序。可以通过试点的方式验证方案的可行性，同时采取定量和定性分析法，从科学角度对方案的实施效果进行全面预估和分析。

三是营造技能人才"评–教–用"链式发展的积极政策环境。在技能人才培养过程中应该充分满足社会发展需要，不断探索学校和企业的沟通合作，形成"企业+学校+岗位"的技能人才培养模式，同步营造出"评-教-用"链式发展的积极政策环境。具体来说，根据发展需要开展校企深度合作，在企业和学校相互设置不同类型的岗位，充分利用双方资源，实现优势互补，以岗位建设为纽带，强化技能人才岗位意识，提高技能人才技能水平，将工匠精神的培养充分融入企业技能人才培育当中，以全面提高天津市企业技能人才的培养质量。

与此同时，对于人才评价，建议建立符合技能人才成长发展规律的多元化考核评价体系。技能教学培训工作以提升人才素质和创新能力为核心，全面推进教育培训机构建设，努力构建完善的教育培训体系，形成更加科学合理的教育培训格局，为全面实现各项目标任务做出新的更大贡献。对技能技术的应用应体现在岗位实践中，积极鼓励引导企业员工专注专业技能，提升实际动手能力，多动脑思考，多潜心钻研，对专业保持浓厚兴趣。同时，建立企业技能人才公共服务平台，从而利于技能人才享受优质公共服务，促进技能人才提高技能水平，实现技能人才按市场规律合理流动。

2. 兼顾评价与培养的技能人才发展

一是重视技能人才评价结果的应用拓展，将其反馈于人才的薪酬奖励、职业发展与技能培训各方面。技能人才评价结果为企业工作绩效评定和薪酬发放提供依据，与薪酬水平分级挂钩。人才评价的反馈结果能够反映技能人才在培训以及岗位实践中存在的不足之处，使人才对症下药，根据反馈结果作出针对性的改进措施。

二是利用评价结果发挥对技能人才技能短板的补齐作用。企业需在制定技能人才评价的目标与内容时，一方面，加强信息沟通与评价反馈，通过建立科学、合理的沟通反馈机制来保证整个绩效考核的进行。另一方面，在技能人才评价结束后，人力资源管理部门要及时向员工反馈评价结果，与评价结果不佳者进行沟通，让所有员工都能了解自己的工作情况和存在技能短板，结合反馈结果来制定改进提升措施。

三是企业还可以建立跟踪评价制度，对员工的整个职业发展进行监督，使员工通过技能评价正视自己的工作情况，及时调整工作状态。技能人才评价以及评价反馈过程中的正式和非正式沟通，有助于技能人才更全面认识自身工作能力，及时发现并解决自身在工作中的问题，依据评价结果动态调整工作状态，以提高工作技能水平与工作业绩。

3. 激励并拓宽技能人才职业发展通道

一是将满足技能人才需求的竞争性收入作为激励基础。进一步提高技能人才的激励收入待遇，用多元的激励方式吸引人才、留住人才，缩小技能人才与其他类型人才的收入差距。确保技能人才激励的层次性，依据岗位类型、职务等级、业务成就基础因素，构建包含"基础收入、岗位工资、职务补贴、各类津贴、利润分成"的合理工资结构。提升技能人才激励的层次、扩大幅度，对为用人单位做出突出贡献或用人单位紧缺的技能人才实施协商性工资制度或年薪制度，探索实施股权分配、期权分配，建立特殊性岗位津贴，将技能人才与用人单位的长期绩效捆绑在一起，使得技能人才成为用人单位发展的直接利益相关群体，增强其主人翁意识。增强技能人才激励的动态性。对技能人才激励管理实施动态管理，遵从优胜劣汰的原则，推行竞争上岗、定期考核、绩效工资、因绩奖惩等措施。

二是畅通技能人才晋升和职称评定的发展道路。技能人才与科研人才、工程技能人才、管理人才一样，是我国人才队伍的重要组成部分。技能人才队伍建设要重视技能人才职业规划，关心他们如何提高专业技能水平，使他们在职业生涯中能有宽广通畅的职业上升通道。

打通技能人才与工程技能人才互通的通道。通过选送优秀技能人才进入高等职业院校学习，或与高职院校合作在企业内部举办培训班的形式，加强对技能人才专业理论培训，使生产一线技能人才掌握专业技术理论。在选拔技术管理岗位干部时，重点考虑具有精湛技艺、经验丰富的生产一线技能人才。

打通技能人才与管理人才互通的通道。及时将新技术、新工艺、新规范纳入教学标准和教学内容，将学生培养成为适配岗位的"双全"复合型技术技能人才，使广大生产一线技能人才有畅通的通道和充分的机会走上管理岗位。

三是提升技能人才的整体待遇。无论是优化政策执行环境还是提高技能人才的社会地位，提高技能人才的物质待遇是最根本的问题。通过不断深化改革，使企业真正按市场规律经营，提高技能人才的物质待遇水平。

政府通过制定政策推动企业改革内部分配制度，工资奖金按贡献向生产一线倾斜，使生产一线技术含量高的技能人才得到应有的待遇。

人力资源社会保障部门完善补充养老保险政策，推动企业对十有贡献的技能人才和在生产一线工作时间较长的技能人才提供补充养老保险待遇，鼓励技能人才安心在生产一线工作。建立完整的技能人才奖励制度，形成企业奖励为主、政府补贴为辅的奖励机制。

扩大政府补贴项目的受惠面。完善技能人才政府津贴制度，对于在生产一线高级工以上的高技能人才设立普惠式津贴,鼓励他们安心在生产一线工作。对于因生产岗位需要参加技能提升培训的中级工给予培训补贴,鼓励技工群体积极钻研技术,尽快提高技能水平。制定技能人才荣誉岗位制度,使工作年限较长、为企业做出较大贡献技能人才能够享受荣誉岗位待遇。

参考文献

[1] 章甜甜. 职业技能与职业精神融合视域下人才培养的研究与实践 [J]. 现代职业教育, 2021 (13).

[2] 王星. 精神气质与行为习惯:工匠精神研究的理论进路 [J]. 学术研究, 2021 (10).

[3] 袁平凡. 新时代我国劳动教育价值理性和工具理性的历史思考——兼论职业教育领域劳动教育价值的实现 [J]. 中国职业技术教育, 2021 (27).

[4] 王佩, 王国华. 新时代职业教育协同发展机制研究 [J]. 职教论坛, 2021, 37 (9).

[5] 何文明, 毕树沙. 畅通我国技术技能人才成长通道的现实路径 [J]. 中国职业技术教育, 2021 (2).

[6] 方晓红. 技术技能人才质量评价的校企差异与调适机制 [J]. 职业技术教育, 2021, 42 (5).

[7] 邹吉权. 基于1+X证书的"四方联动、五链耦合"人才培养机制研究 [J]. 成人教育, 2021, 41 (4).

[8] 易卓. 组织社会学视角下"引教入企"的产教融合模式探索 [J]. 高等工程教育研究, 2021 (5).

[9] 吕建强, 许艳丽. 学习工厂:迈向工业4.0的技能人才培养新模式 [J]. 电化教育研究, 2021, 42 (7).

[10] 赵成杰, 郑旭东, 滕希, 等. 智能时代欧洲技能人才的培养与启示 [J]. 中国职业技术教育, 2021 (9).

[11] 易烨, 戎笑, 丁明军. 1+X证书制度视域下高职智能制造专业群复合型技术技能人才培养探究 [J]. 教育与职业, 2021 (16).

河北省智能制造产业与智能制造科技人才队伍建设融合发展研究[①]

提　要：当前，智能制造产业已经成为世界各国竞争激烈的发展领域，全球先进制造业呈现出较快上升发展态势。2020年，中国制造业增加值占全球比重约为30%，中国连续11年位居全球第一制造业大国。作为制造业大省，近年来河北省将发展以智能制造为代表的战略性新兴产业作为经济社会发展的重要抓手，2020年，全省形成了较为完整的智能制造产业体系，智能制造水平、智能装备应用率明显提高。制造业重点领域企业数字化研发设计工具普及率达到65%，关键工序数控化率达到52%。河北省又明确提出，"十四五"期间要加快发展先进制造业，深入推进"制造强省"建设，把发展经济着力点放在实体经济和先进制造业上，大力发展高端装备制造战略性新兴产业。深入研究智能制造产业与相关人才队伍建设现状，以及相互之间的融合发展，对于加快推动区域智能制造产业与人才队伍建设，特别是提高河北省智能制造产业发展、提高人才队伍建设水平将具有十分重要的现实意义。本研究从面向产业需求，构建智能制造人才教育体系；明确智能制造工程专业定位，培养智能制造系统级人才；建设产教融合实训基地，多样化提升专业实践能力；融合多方力量，搭建智能制造人才培养平台；加强智能制造师资队伍建设等方面进一步提出产业发展与人才队伍建设融合发展的对

[①] 本文系中国人事科学研究院2021年度研究课题《河北省智能制造产业与智能制造科技人才队伍建设融合发展研究》报告的部分内容。

策建议。

关键词： 智能制造产业　人才队伍建设　融合发展

一、研究背景和意义

（一）研究背景

面对当前世界百年未有之大变局，新一代信息技术正加速融入制造业应用场景，全球制造业产业链和供应链结构正发生深刻变化。从全球制造业增加值数据变化来看，全球先进制造业呈现出波动式上升发展态势；从全球制造业增加值比重分布看，全球制造业发展重心主要集中在少数发达国家和中国。2020年，中国制造业增加值占全球比重约为30%，中国连续11年位居全球第一制造业大国。作为制造业大省，近年来河北省将发展战略性新兴产业和产业转型升级作为经济社会发展的重要抓手，其中，加强了对数字经济、智能制造、人工智能等领域的发展建设，2020年，全省形成了较为完整的智能制造产业体系，智能制造水平、智能装备应用率明显提高。制造业重点领域企业数字化研发设计工具普及率达到65%，关键工序数控化率达到52%。智能装备产业主营业务收入达到1 000亿元。河北省又明确提出，"十四五"期间要加快发展先进制造业，深入推进"制造强省"建设，把发展经济着力点放在实体经济和先进制造业上，大力发展高端装备制造战略性新兴产业。深入研究智能制造产业与相关人才队伍建设现状，以及相互之间的融合发展水平，对于加快推动区域智能制造产业与人才队伍建设，特别是提高河北省智能制造产业发展、提高人才队伍建设水平将具有十分重要的现实意义。

（二）研究意义

1. 有助于研究我国和河北省智能制造产业发展的整体水平，了解制约我国和河北省智能制造产业发展的主要障碍

由于智能制造产业所涵盖的行业领域较为广泛，涉及的内容较为丰富，单从行业角度进行划分很难了解智能制造产业的总体状况水平，亟待从智能制造整个产业运行规律、特点、主要环节进行深入研究，以期能够得到具有一般性意义的研究结论，进一步为智能制造产业发展扫清障碍和阻力。为此，本研究注重从智能制造产业发展全产业链的角度开展研究，转变以单个行业领域为载体的研究方法，对于深入了解我国和河北省智能制造产业发展的现状、存在问题，进而提出对策建议具有十分重要的意义。

2. 有助于研究影响智能制造产业发展的较为重要的人力资源问题，对提高智能制造产业人力资源质量，更好推动产业发展具有十分重要的意义

在经济社会发展过程中，人力资源作为重要的资源要素对于推动各行各业发展具有十分重要的作用。同样，对于智能制造产业发展来说，一方面，智能制造产业实现了一定程度的"机器代人"，加快了劳动密集型产业的转换；另一方面，智能制造产业属于知识高度密集型产业，必然提高对具备专业知识和综合素质的技术技能人才的需求度。对核心人员的要求也是集技术与技能于一身，在加强智能制造系统协同合作、深度融合的过程中，解决好技术技能人才与岗位的匹配问题是当前智能制造产业发展的关键要素。为此，深入研究智能制造产业发展与人力资源之间的相互关系是深入研究智能制造产业高速发展经济的突破口，对于加快推动智能制造产业发展具有十分重要的意义。

3. 有助于构建智能制造产业发展研究的长效机制，提供阶段性对策建议

从现在起到 2035 年，是中国制造业实现由大到强的关键时期，也是制造业发展质量变革、效率变革、动力变革的关键时期。我们必须紧紧抓住新一轮科技革命与产业变革带来的千载难逢的战略机遇，以实现制造强国为目标，以深化供给侧结构性改革为主线，以智能制造为主攻方向，科学研究制定中国智能制造发展战略。同时，河北省也正处于产业转型的关键时期，通过加快以智能制造为代表的一系列战略性新兴产业发展将在很大程度上提高河北省经济社会发展的能力和水平。本研究力求构建智能制造产业发展研究的长效机制，提供阶段性的研究成果，不断推动全国尤其是河北省经济社会发展。

二、河北省智能制造产业发展现状

在对全国智能制造产业发展现状，以及人才需求情况调查研究的基础上，进一步对河北省智能制造产业发展现状进行研究，以便更好地分析了解河北省智能制造产业发展对人才需求的情况。近年来，河北省认真贯彻党中央、国务院决策部署，将发展智能制造产业作为全面提升制造业智能化水平，实现由"制造大省"向"智造强省"转变的重要载体。通过出台政策文件，打造智能制造标杆企业、示范园区和产业集群，成立智能制造创新联盟，开展智能制造诊断咨询等一系列举措，有效地提升了河北省智能制造产业发展水平。但是，河北省智能制造产业发展水平与制造业高质量发展的目标要求相比仍有不小的差距，突出表现在龙头企业偏少、关键技术缺乏、服务体系不完善、研发投入不足、高端人才缺乏、尚未形成上下游完整的产业链条集群等，这些都成为制约河北省智能制造产业发展的瓶颈。为此，加快河北省智能制造产业的系统推进和精准发力，将有助于完成"坚决去、主动调、加快转"的艰巨任务，坚定不移以新发展理念引领制造业高质量发展。

与其他省份相比，河北省在智能制造产业发展过程中存在智能制造专项规划、试点示范项目、智能制造系统解决方案供应商数量偏少，协同发展、技术革新能力弱，政策引导与资金支持的精准性不强等问题。

（一）专项规划、试点示范项目、解决方案供应商等数量偏少

一是高水平专项规划数量少。智能制造领域的规划是指导智能制造领域发展的顶层设计，对于推进智能制造统筹谋划具有重要的指导作用。河北省先后出台了《智能制造发展规划（2016—2020年）》《河北省加快智能制造发展行动方案》《河北省数字经济发展规划（2020—2025年）》等文件，但是相比其他省份，专项规划数量偏少，分类指导层次有待提升。相比之下，江苏省在出台《江苏省"十三五"智能制造发展规划》《关于建设具有国际竞争力的先进制造业基地的意见》等总体规划基础上，进一步围绕新一代人工智能、集成电路、车联网（智能网联汽车）、机器人、增材制造、民用无人机等领域发布出台了专项实施意见、政策指导、行动计划等文件，有效指导了智能制造各领域分类发展。二是试点示范项目数量少。试点示范项目不仅能够起到引领示范作用，而且通过优先开展技术革新，以点带面地引导全省企业加快智能化改造。截至2019年，河北省拥有"两化"融合管理体系贯标国家试点企业155家，累计培育企业级、行业级工业互联网平台54家，数字化车间251个。但是，相对其他省份，河北省试点示范项目数量依然偏少，缺少国家级试点示范项目，典型引路带动作用不强。相比之下，广东省于2020年分别在机械、家用电器等优势行业遴选培育4批290个省级智能制造试点示范项目，其中25个国家试点示范项目、34个工信部试点示范项目，在9个地市建设广东省工业互联网产业示范基地；截至2019年，江苏省共有19家企业入选国家智能制造试点示范项目，39个项目获得国家智能制造专项支持，3个项目入选中德智能制造合作试点示范，共有30个省级智能制造示范工厂、1 055个省级示范智能车间、68家智能制造领军服务机构。三是智能制造系统解决方案供应商数量少。智能制造系统解决方案供应商是企业智能化改造升级的重要服务机构，能够为企业智能制造系统集成技术研发提供一站式服务。截至目前，河北省仅拥有2家，相比其他省份数量偏少。相比之下，广东省拥有智能制造系统解决方案供应商96家，其中工信部智能制造系统解决方案供应商2家，另有36家省级智能制造公共技术服务平台。江苏省拥有智能制

造系统解决方案供应商66家,同时,拥有省内工业设计中心192家,其中国家级7家;省级重点物流基地101家、企业343家;省级服务型制造示范(含培育)企业295家,获批国家级服务型制造示范企业3家、示范项目5个。北京市和天津市分别拥有智能制造系统解决方案供应商143家和25家。

(二)资源整合协同发展、深化技改及技术创新等能力偏弱

一是资源整合协同发展能力弱。发展智能制造产业集群,既要"因地制宜"确定智能化发展的主攻方向,又要根据智能制造运行模式打造不同产业集群,协同发力。河北省聚焦钢铁、化工、交通装备等传统产业发展需求,设置了不同区域的产业集群,进行智能化改造升级,但是尚未构建基于智能制造运行模式的产业集群。相比之下,江苏省结合各地区的产业结构,分别对不同地区重点开展智能制造领域进行了定位,形成了南京的数控机床、常州的高速列车、苏州的精密重载、镇江的无人机整机、扬州的数控成形机床等发展方向。同时,又根据智能制造的生产工艺和核心技术,确立了以南京、无锡、苏州为重点的离散型智能制造模式;以常州、苏州、镇江为重点的流程型智能制造模式;以无锡、常州为重点的网络协同制造模式;以南京、常州为重点的个性化定制新模式;以无锡、常州、苏州、镇江为重点的远程运维服务模式。二是深化技改、技术革新能力弱。对传统产业进行技术改造和智能升级,是从根本上提高制造业质量、效率和企业竞争力的关键。由于河北省试点示范数量和智能制造系统解决方案供应商数量偏少,相关的科研院所和高校的研发能力不强,与其他省份相比,在智能化改造方面的积极性偏弱。相比之下,广东省注重联合智能制造系统解决方案供应商、工业互联网服务商、金融机构等深入各产业集群,加快智能制造新工艺、新模式等在传统产业的推广应用,2020年重点行业数字化设计工具普及率超过85%;江苏省加大高水平创新平台的引进和创建力度,使3院2中心智造平台落户江苏;天津市鼓励科研院所来津发展,对落户天津市的省部级以上科研团队给予最高3 000万元补助,对被认定为国家级创新中心的给予1∶1资金配套,对升级为国家级研究中心和实验室的给予最高100万元补助。

(三)政策引导、资金支持的精准性不强

政策引导和资金支持既要总量大,又要力求精准。河北省对企业进行智能化改造的资金支持偏重于通过保险补偿、资金奖补、税收减免、研发费用加计扣除、固定资产加速折旧等事后补贴方式,缺乏过程式、阶段式的政策和经费支持。结合河北省财政情况,以及智能制造产业发展所需资金量大的特点,河北省可以借鉴天津市在支持智能制造领域发展过程中所采用的"滴

灌式"支持模式，即在河北省智能制造产业发展的不同阶段给予相应的较为精准的政策和经费支持。例如：针对企业在技改过程中所采取的设计咨询诊断、智能化升级改造等方面分别给予 100 万~1 000 万元不等的资金支持；在建设工业互联网过程中所采取的工业企业上云、建设新型智能基础设施、打造工业互联网平台等方面分别给予 2 万~500 万元不等的资金支持；在建设集成电路、软件和信息技术、机器人装备、重点领域首台（套）重大技术装备等新兴产业方面分别给予 500 万~1 000 万元不等的资金支持。

三、影响河北省装备制造发展的原因

（一）客观原因

1. 智能化发展水平尚处于起步阶段

根据《中国"智能+"社会发展指数报告（2020）》，整体上看目前我国还处于"智能+"社会的起步阶段，虽然以新一代信息技术体系为核心驱动力，更多数字化、网络化、智能化新应用、新模式、新体验开始全面与经济、社会相结合，但还存在区域发展不均衡、群体覆盖不充分等阶段差异。我国社会仍将处于数字化、网络化、智能化"三化"长期并存阶段，部分企业，特别是中小企业尚不具备智能化改造的基础和能力，并未做好智能化转型升级的相关准备。

2. 智能装备关键零部件和系统软件受制于人

由于我国工业化起步晚，技术积累相对落后，致使国产智能制造装备和系统的发展同时面临技术和市场的瓶颈。由于缺乏关键零部件，致使国产智能装备价格倒挂，缺乏市场竞争力，例如：精密减速机、控制器、伺服系统以及高性能驱动器等机器人核心零部件大部分依赖进口，占到整体生产成本的 70% 以上。与此同时，由于"重硬件制造、轻软件开发"的思维十分普遍，致使基础软件系统的开发十分匮乏，各类高端智能装备大量使用国外软件系统，一旦国外进行技术封锁，将面临基础操作系统缺失的风险。

3. 智能制造生态体系尚未成熟

智能制造的实现是一个复杂的"三集成"系统工程，是由过程控制系统、生产执行系统、资源计划系统构成的制造体系的纵向集成；通过互联网、物联网、云计算、大数据、移动通信等全新技术手段，对分布式的生产资源进行高度整合的横向集成；以及从产品需求分析到销售服务等多个价值产生环节的价值链集成。而"三集成"系统工程的搭建又需要对智能制造全生命周期、系统层级、智能功能三个维度统筹考虑，需要各参与主体共同构建协作系统，形成融合发展的生态体系，而限于资金投入不足、技术研发周期较长以及工艺壁垒较高等因素，现有的智能制造生态体系尚未成熟，在一定程度上阻碍了智能制造产业的发展。

（二）主观原因

1. 危机意识不强

新冠肺炎疫情是对企业数字化转型成效的一次"大考"，虽然有80%的企业通过远程会议、线上办公等形式进行"自救"，但对于传统制造业和零售业来说，仍然面临着供应链断裂、订单滞销等致命问题。据统计，有高达78%的企业无法对自己的生产经营活动进行调整及优化，一定程度上暴露了我国产业数字化进程的"隐性缺陷"。随着疫情的好转，企业的复工复产，如果企业缺乏危机意识，便会忽视进行智能化改造的重要性。

2. 生存意识不强

智能制造的过程不仅包括了设备层面的技术改造，还包括对企业的组织、流程、业务、资源等要素的重构，它使得资源配置优化的空间增大，企业整体价值性随之提高，使得原来"转不动"的传统业务，也能够实现华丽转身。据统计，智能化改造后的企业生产效率平均提升37.6%，运营成本平均降低21.2%。而面对稳定的经济效益，企业如果缺乏生存意识，便会忽视进行智能化改造的必要性。

3. 认识存在误区

智能制造是贯穿于制造全生命周期，全面提升企业研发、生产、管理和服务的智能化水平的过程。因此，从中长期角度来看，效益确实来源于智能制造战略层面的转型升级，而这种转型升级又并非一蹴而就，但是从近期效果看，智能制造却能带来管理效益，通过大数据、智能算法等互联网技术，使得我们在运营技术方面的管理价值实现智能化，进而让管理价值"落袋"。因此，只看到智能制造在中长期带来的转型价值而忽略近期产生的管理价值，会在一定程度上制约对智能制造的规划与实施。

四、河北省智能制造产业与人才队伍建设融合发展对策建议

在上述研究的基础之上，为加强河北省智能制造产业发展与人才队伍建设相融合，可以着力从"面向产业需求，着力创新人才培养体系；明确专业定位，有针对性培养系统级人才；加强产教融合，多样化提升专业实践能力；融合多方力量，搭建智能制造人才培养平台；加强师资培训，着力打造高水平师资队伍"等几个方面加强建设。

(一) 面向产业需求，着力创新人才培养体系

由于智能制造涉及机械、材料、电子、控制、通信和软件等学科，要从系统需求的角度规划相关专业课程改革，开展满足产业需求的不同专业人才的复合教育培养体系，有序进行智能制造相关专业的改造和调整。通过调研发现，当前，河北省在智能制造产业发展过程中，对产品设计、生产计划、生产仓储、物流网络搭建等基础的智能制造环节较为重视，为此在人才培养过程中要深入了解企业、产业的发展需求，面向产业需求开展院校学科专业调整，以"大工程教育"为理念，面向国家重大产业领域，构建智能制造专业型人才、跨学科人才和系统级人才的教育体系，注重围绕产业需求设计人才培养目标、培养内容、培养举措，建立更加系统完善的人才培养体系。

(二) 明确专业定位，有针对性培养系统级人才

智能制造工程专业定位是以智能制造系统级人才的培养为方向，重点在智能制造系统规划和集成上，旨在培养系统工程师、系统架构师等系统级人才。不同类型的学校应聚焦培养不同类型的系统级人才。其中，研究型大学以培养系统架构师和系统工程师为主，兼顾系统应用集成；应用型大学聚焦培养应用集成与技术支持人才，注重特色化和差异化发展；职业大学培养技术支持和运行维护的系统级人才。同时，要特别注重培养人才在工科方面的实践能力，设置企业专家分析生产案例和实际难题等实践课程，采用跨学科培养、课程教育与项目执行管理相结合等新的教学方式，使学生能够高效地提高综合实践、知识获取和应用知识等能力。下一步河北省要进一步优化对本省高校在智能制造工程领域的专业设置，要根据智能制造系统规划和集成的不同的需求培养不同的人才，在人才培养过程中形成特色，形成差异化、特色化发展。

(三) 加强产教融合，多样化提升专业实践能力

建立智能制造教学实践基地。依托校内校外实训基地、智能制造标准化试验验证平台等，打造创新型智能制造技术平台，将人才培养、技术研发和服务进行有机结合，让学生在实践中提升自身的岗位能力及综合素质。注重多种形式培养实践能力。通过项目合作、专业竞赛和科研立项等形式培养学生发现、分析和解决智能制造实际工程问题的能力。鼓励高校与智能制造企业共设培养体系，共建实验室、实训中心、人才实训基地，鼓励高校选派教授、研究生到智能制造企业服务，支持高校领军人才到智能制造企业建立工作站。

(四) 融合多方力量，搭建智能制造人才培养平台

打造产业聚才高地，依托各类试点示范项目，着力吸引智能制造领域专

业人才在河北创新创业。构筑人才创新平台,积极建设智能制造创新中心,梳理关键技术攻关清单,以揭榜攻关等方式形成有利于高水平人才脱颖而出的竞争机制。搭建在职人员能力提升平台。充分发挥高校基础理论优势、企业生产实际优势、人才机构组织服务优势以及专业学会和协会的资源整合优势,寻求多元化的培养方案,形成符合智能制造发展需求的定制式企业在职人员培养方案。建设"智能设计与仿真技术""智能制造工程与技术""智能控制与机器人"等模块化平台,打造系统、完整、先进的智能制造人才教育培训平台;利用迅猛发展的虚拟现实技术,通过虚拟培训实现人工智能和虚拟现实的结合,创新智能制造人才培训教育新模式。深化校企合作机制,推动校企协同育人。面向智能制造重点领域的发展需求,动态跟踪地方产业的结构转型和升级需求,高校和企业应进一步推动产教融合和校企协同育人。搭建产教融合的服务平台和信息平台,完善师资队伍产学研互动机制,共享信息检索、发布、推荐等服务。探索高校、科研院所、行业企业共建共享校企合作平台的新模式,构建可持续发展的创新基地服务支撑体系。

(五) 加强师资培训,着力打造高水平师资队伍

打破学科界限,建立多学科交叉的教学团队,智能制造专业教师及培训教师应具备扎实的机械工程、计算机、自动化、信息等多学科的知识和能力背景。围绕专业建设和人才培养,形成团队内部角色与能力互补且有鲜明专业特色的教学团队。完善高层次人才引进机制,优化师资队伍结构。通过引进智能制造高层次人才、聘请行业企业专家担任兼职教师、选派专业教师到高精尖智能制造企业进修学习等方式,发挥高层次人才的技术引领作用,培养造就一批教学名师和专业带头人。加强产业人才培训,制定改革和完善智能制造技能人才评价制度,为智能制造产业发展提供充足的人才保障和智力支撑。

参考文献

[1] 张樨樨. 我国人才集聚的理论分析与实证研究 [D]. 北京:首都经济贸易大学,2009.

[2] 郑兰先,孙成. 湖北省高技能人才配置与产业结构升级耦合研究 [J]. 科技进步与对策,2016,33 (13).

[3] 夏妍娜,赵胜. 工业 4.0:正在发生的未来 [M]. 北京:机械工业出版社,2015.

[4] 刘晋斌. 培养制造类复合型创新性技术技能人才的研究 [J]. 科技经济市场, 2019 (9).

[5] 王芳, 赵中宁, 张良智, 等. 智能制造背景下技术技能人才需求变化的调研与分析 [J]. 中国职业技术教育, 2017 (11).

[6] 谢莉花, 尚美华. 智能制造背景下技术技能人才的资格要求及培养定位 [J]. 职业技术教育, 2019, 40 (4).

[7] 张祺午. 服务"中国制造2025"培养高素质技术技能型人才 [J]. 中国高等教育, 2018 (2).

[8] 高艳, 李小忠, 朱亚东. 基于智能制造的技术技能人才培养对策探讨 [J]. 科学咨询, 2019 (6).

[9] 刘晓玲, 庄西真. 高技能人才培养: "中国制造2025"与职业教育的最佳结合点 [J]. 职教论坛, 2016 (1).

[10] 张璞. 河南省技术技能人才探析 [J]. 中国统计, 2018 (6).

[11] 王雄. 影响大数据、机器学习和人工智能未来发展的8个因素 [J]. 计算机与网络, 2019, 45 (12).

[12] 曾文瑜, 闵旭光. "数字化赋能"视阈下制造业技术技能型人才需求矛盾及对策研究 [J]. 实验技术与管理, 2020, 37 (5).

[13] 张梅燕. 新科技革命下"智能制造"人才技能分析 [J]. 合作经济与科技, 2017 (13).

[14] 浦毅. 高职院校智能制造复合型人才培养模式研究 [J]. 教育与职业, 2019 (16).

[15] 乔章凤, 李青原. 嵌入全球价值链的制造业升级与技术技能人才需求研究 [J]. 天津经济, 2018 (1).

[16] 郭丹, 姚先国, 杨若邻, 等. 高技能人才创新素质: 内容及结构 [J]. 科学学研究, 2017, 35 (7).

[17] 周丹, 魏江. 制造企业-知识型服务机构互动作用于运营绩效的机理研究 [J]. 科研管理, 2013, 34 (12).

《河北省智能制造产业与智能制造科技人才队伍建设融合发展研究》课题组成员名单

课题组长:

饶立昌（河北省人力资源社会保障科学研究所所长、研究员）

课题组成员：

邢明强（河北省人力资源社会保障科学研究所副所长、研究员）

王　峰（河北省人力资源社会保障科学研究所副研究员）

王大本（河北工业大学发展规划部副主任、副研究员、博士）

肖　敬（河北工业大学发展规划部科长、助理研究员）

杨金玲（河北师范大学企业管理研究生）

本课题为中国人事科学研究院与河北省人力资源社会保障科学研究所合作完成。

河北雄安新区中长期人才发展规划（2021—2035 年）编制研究[①]

提　要：人才是第一资源。人才是实现民族振兴、赢得国际竞争主动的战略资源。做好雄安新区人才工作是牢固树立人才引领雄安高质量发展战略地位的重要保障，是实现雄安新区高标准建设和各项规划按时保质落地的智力支撑。《河北雄安新区中长期人才发展规划（2021—2035 年）》根据《河北雄安新区规划纲要》《河北雄安新区总体规划（2018—2035 年）》《关于支持河北雄安新区全面深化改革和扩大开放的指导意见》和《雄安新区国民经济和社会发展第十四个五年规划和二〇三五年远景目标纲要》要求进行编制。

关键词：人才规划　雄安新区　体制机制

一、战略意义

（一）基本情况

设立河北雄安新区，是以习近平同志为核心的党中央深入推进京津冀协同发展作出的一项重大决策部署。雄安新区地处京津冀腹地，是我国经济最具活力和创新力、吸纳人口最多、人力资源集聚力最强的地区之一。其外围人才基础具有的原生和赋能优势，是汇聚全球人才入雄安的最大吸引力。雄

[①] 本文系河北雄安新区党群工作部 2020 年度委托中国人事科学研究院研究课题《河北雄安新区中长期人才发展规划（2021—2035 年）编制研究》报告的部分内容。

安新区背靠老三县，人力资源基础薄弱，人才工作基本是一张白纸。近年来，在推动京津冀人才一体化发展背景下，中央和国家有关部门、河北省出台了一系列文件，制定完善各项干部人才工作制度，组织了大批干部人才挂职交流，面向全国多批次招募各类人才和发布急需紧缺人才目录，与中关村等地区签署了多项框架协议，在打破人才市场分割、推动人才政策衔接、促进人才资源共享等方面进行了有益探索，为雄安新区创新选人用人机制、建设人才特区提供了根本遵循。

（二）主要问题

1. 现行人才工作体系与支撑雄安新区打造新时代高质量发展全国样本的总体要求不适应

雄安新区建设备受全国乃至全世界瞩目，现代的、完备的制度生态是雄安最大的发展优势，也必将成为雄安聚天下英才而用之的"一面旗帜"。而完备的人才工作体系是打造雄安发展制度生态的重要组成部分，先进的、超前的政策措施都可以在雄安进行大胆探索，先行先试，国家制度的顶层设计和后发潜能也势必成为雄安发展最大的优势所在。雄安新区自2017年4月1日建区以来，工作重心多在基础设施和城市建设上，人才工作体系建设面临的挑战依旧很大，人才工作力量不够、人才工作者基本素质有待提高，人才工作机构设置尚需完善，人才工作投入力度偏弱，与支撑雄安打造新时代高质量发展全国样板的总体要求还有一定的差距。

2. 人才集聚水平与确立雄安新区在京津冀协同发展中的积极地位的战略需要不适应

确立雄安新区在京津冀协同发展中的积极地位，迫切需要大量高层次人才作支撑，但目前雄安新区人才资源总量与结构与这一战略需要不相匹配。现阶段雄安新区处于建设初级阶段，教育、医疗、公共服务等人才生态环境仍不完善。同时，雄安新区人才生态环境在经济发展、居民可支配收入、政务服务能力、医疗服务水平等与人才生活质量直接相关要素方面呈现出较大差距。人才短缺现象突出，未能有效地促进人才引领雄安高质量发展，人才高质量集聚难以形成。

3. 人才制度体系建设与提升雄安区域人才竞争力的发展需求不适应

提升雄安新区人才竞争力，关键是打破体制机制障碍，解放和增强人才活力，但目前雄安新区人才发展体制机制仍不健全，人才政策体系尚未形成，人才政策"碎片化"现象突出，难以形成政策合力。人才作为战略性创新资源，无疑成为提升区域竞争力的焦点，而人才竞争的背后则是制度较量。制度环境是雄安最大的发展优势，雄安新区作为京津冀协同发展重要的节点地区，拥有独特的自然资源禀赋和发展定位，但其人才制度的竞争力远远不能满足城市发展的需要，与国内对标城市相比，不论是强度还是成熟度都有较大的差距。

4. 人才发展环境与人才引领打造雄安新区高质量发展目标不适应

实现人才引领雄安新区高质量发展，迫切要求加快公共服务资源均衡配置，逐步提高公共服务均等化水平，但目前雄安新区人才公共服务水平较低。优化发展现代化教育还需要一些时间成本，现阶段教育资源仍然相对短缺；医疗卫生服务体系尚未建立，医疗资源明显不足，执业医师、注册护士、医院床位人均数量与京津两地差距明显；公共文化服务体系尚未建立，数字网络环境还没有形成，博物馆、图书馆、美术馆、剧院等尚在建设中，公共文化服务与文化产业还没有形成融合发展的态势；社会保障基本服务水平仍有待提升。人才发展基础环境与人才引领雄安高质量发展目标仍有不小差距。

（三）重大意义

设立河北雄安新区，是以习近平同志为核心的党中央作出的一项重大历史性战略选择。千秋基业，人才为本。坚持"世界眼光、国际标准、中国特色、高点定位"建设雄安新区，离不开国内外人才特别是高层次创新创业人才和团队的支撑。高标准编制雄安新区人才规划是实现雄安新区高质量建设的重要保障，也是实现京津冀人才一体化发展的重要保障。未来五年，通过积极承接非首都功能疏解，构建人才发展体制机制和政策优势，打造产业—技术—人才—资金四位一体发展平台和构筑区域协同创新共同体等一系列的举措，以雄安新区人才高质量发展的先手棋，下活京津冀人才一体化发展的整盘棋。促进雄安新区加快形成京津冀创新转化人才发展极、建设世界高端人才集聚区具有重要意义。

二、总体思路

（一）指导思想

全面贯彻党的十九大和十九届三中、四中、五中全会精神，高举中国特色社会主义伟大旗帜，以邓小平理论、"三个代表"重要思想、科学发展观为指导，深入学习贯彻习近平总书记系列重要讲话精神，遵循社会主义市场经济规律和人才成长规律，贯彻落实创新、协调、绿色、开放、共享的发展理念，以京津冀协同发展战略实施为支撑点，以人才一体化发展体制机制改革及政策创新为主线，以重大任务、重点工程为抓手，围绕市场、产业、人才与其他相关的创新、技术、要素资源等，坚持市场化导向，遵循高端化和精细化管理思想，推进重大任务和具体举措的落地实施，实现建设高水平社会主义现代化城市的宏伟蓝图，为打造新时代中国特色社会主义思想指引下人才引领高质量发展城市的"中国样本"，提供充足人才支撑和智力保障。

（二）基本原则

坚持党的全面领导。充分发挥党总揽全局、协调各方的领导核心作用，把党的建设始终贯穿雄安新区人才工作体系建设各个阶段、各个领域、各个环节，坚持和完善中国特色社会主义制度，不断提高贯彻新发展理念、构建新发展格局的能力和水平，提升治理体系和治理能力的现代化水平。

坚持新发展理念。把新发展理念贯穿人才工作各个过程和领域，大胆探索、先行先试，根据雄安新区实际情况和特点，推动人才体制机制改革开放前沿政策措施和具有前瞻性的创新试点示范项目在雄安新区落地、为全国提供可复制可推广的经验。

坚持系统性统筹。着眼建设北京非首都功能疏解集中承载地，与雄安新区规划纲要相衔接，加强通盘谋划和顶层设计。坚持问题导向，在重点领域和关键环节改革创新上集中发力，争取早日取得实效。加强前瞻性思考、全局性谋划、战略性布局、整体性推进、引进培养多轮驱动。人才、科技、产业三方政策有机融合。

坚持阶段性发展。立足当下，着眼长远，根据不同的发展阶段，确定不同的人才集聚战略，把握人才战略的节奏和力度，在起步阶段给予必要的政策支持，通过人才支撑增强启动能力和持续发展动力，着眼于破解深层次矛盾和问题，为雄安新区长远发展提供人才制度保障。

遵循人才成长活动规律。聚天下英才而用之，关键要遵循社会主义市场经济规律和人才成长规律。要认识规律、尊重规律、按规律办事，不断提高人才工作的科学化水平。

（三）发展目标

到2025年，对标世界一流的"雄安质量"，投入稳定、结构合理、基础夯实的人才治理体系和工作体系基本建立；人才支撑非首都功能疏解核心承载地建设取得突破性进展，基本实现承接的产业落地、人才集聚；雄安人才特区基本建成，初步实现人才、技术、产业、政策、资本的有机融合；市场化、国际化、法治化、现代化的营智环境初步形成。

展望2035年，雄安新区全面建成国家级人才特区，在高端人才集聚、创新资源整合、人才引领高质量发展和人才强国建设上发挥创新示范作用,贯彻新发展理念、聚天下英才而用之的新发展格局全面形成。具有国际竞争优势的体制机制和政策创新效应凸显,以人为本的营智环境愈发成熟,国际一流的科教设施和创新服务体系全面建立,京津冀创新转化人才发展极、世界高端人才集聚区和全球创新高地基本建立。人才支撑北京非首都功能疏解核心承载地建设基本完成,人才引领国际一流创新型城市建设基本完成,雄安新区成为高水平社会主义现代化城市和人才引领高质量发展的全国样板。

（四）总体布局

根据京津冀区域整体定位和雄安新区在京津冀协同发展战略中的功能定位,雄安新区中长期人才发展规划的总体布局为一极、三程、四向、多措。

一极。充分发挥雄安新区创新发展示范作用和承接非首都功能疏解作用,形成京津冀区域创新驱动转化、绿色生态宜居、协调发展示范以及开放先行发展的人才高地第三极。

三程。根据雄安新区从无到有建设的周期以及人才引育留用的发展规律,拟将雄安新区人才规划初步划分成3个阶段和进程。分别是:①筑基期（筑巢,foundation）,节点到2025年,核心目的是奠定人才发展政策体系、环境和体制机制基础;②赋能期（引凤,enable）,节点到2030年,核心目的是集聚跨越发展的人才能量;③化蝶期（下蛋孵化,evolution）,节点到2035年,核心目的是全面实现人才支撑和引领雄安新区高质量建设,雄安人才特区和京津冀人才一体化发展第三极全面建成。

四向。雄安新区人才规划发展目标的各个方向。一是面向中央整体部署,高位推进自上而下政策的联动以及中央层面政策的应享、尽享,打造人才创新改革示范、试点的迭代创新区;二是面向京津冀协同发展和人才一体化发展,大力推进雄安关联城市的政策联动和政策创新;三是面向"中国样本"的高点定位,打造拥有韧性发展特征、创新扩散可能的先行区,吸纳各类先发经验,通过人才引进、激励等多元政策、工具的结构性平衡,实现雄安新区人才政策后发优势的打造;四是面向"一方水土",利用政策效应,在推进雄安新区高端人才集聚的同时,增强京津外溢干部、人才、成果落户雄安,以及对河北的辐射带动作用。

多措。围绕以上一极、三程、四个面向的定位,设计并实施具体的任务举措,包括体制机制改革、政策创新和人才工作、人才计划等。

三、新阶段雄安新区人才发展的 SWOT 分析

（一）人才引进优势分析

1. 科学的顶层设计支持

雄安新区是国家重点支持发展的全国意义的新区，也是中国第一批"无废城市"试点特区，打造智慧新城作为雄安新区的定位之一，要求雄安新区在建设的过程中要做好科学的规划与设计。雄安新区在建设过程中得到了国家政策、资源的大量支持，国家在雄安新区建设的各个方面、领域和要素进行统筹规划，尤其是在雄安新区的人才队伍建设方面，更是给予了大力支持，国家对雄安新区科学的顶层设计极大地促进了雄安新区人才引进的发展。

2. 地理位置优越

雄安新区地处河北、天津、北京交互的中心地带，能够在更大程度上承接北京、天津等地高新科技产业，这能够为雄安新区带来大量的高质量就业岗位，有利于吸引更多的优秀人才。此外，雄安新区是河北省京津冀一体化背景下面向北京、天津的窗口，河北省政府也对雄安的发展提供了大量的政策支持，利用政策优势来确保雄安新区发展的稳定。在各方资源倾斜的情况下，大量人才涌入雄安，为雄安新区现阶段的建设发展提供了新的动力。

3. 良好的发展前景

雄安新区的发展注定是一个需要量变积累到质变的过程，要建立产业新城、科技新城、智慧新城、生态新城，势必需要大量的高质量人才、有实际能力的人才。雄安新区作为承接北京非首都功能疏解的地区，在发展规划中存在着大量新型企业的转移，从而对人才数量的需求会越来越大。从人才自身的角度来说，雄安新区的发展具有历史性和世界性，难以估量的发展前景将成为吸引更多人才进入、留下的现实推动力。

（二）人才引进劣势分析

1. 当地人员受教育水平与雄安新区功能定位不匹配

党中央、国务院决定设立雄安新区最重要的定位、最主要的目的是打造北京非首都功能疏解集中承载地。具体定位包括：建设绿色生态宜居新城区、创新驱动发展引领区、协调发展示范区、开放发展先行区。要真正实现这些定位和目的，将大量需要规划编制、战略研究、城市建设、经济管理、大数据、生态环境治理、法务等领域专业人才。但当地人口结构以农村人口为主，人员受教育程度以初中及以下为主，文化知识基础相对薄弱。

过去，雄安地区的产业结构以第二、第三产业为主，其中第二产业大多

以劳动力作为支撑,而第三产业主要以不太高端的服务产业为主,这种相对低端的产业结构对从业人员的质量要求相对较低,这就造成了雄安本地的人才质量不高,难以满足雄安新区发展高新技术产业的要求。另外,雄安本地的教育水平也相对落后,雄安新区目前没有一所高质量大学作为支撑,本地的高等教育水平急需提高。且当地中学步入大学的升学率也相对较低,导致雄安新区本地目前相对落后的人才供给问题。

2. 现阶段人才承载能力不足

雄安新区现阶段开发程度不高,自身发展基础薄弱,耕地面积仍然占据主体,城市顶层规划框架虽已完成,但并没有出台相关领域的具体政策。消费水平和教育水平偏低,建筑水平落后,住房仍存在高楼小区与农村宅院并存的状况,基础设施及基本公共服务建设还不完善,大型超市、娱乐设施等服务场所相对较少,且服务行业存在着数量不足、产业低端的特点,难以满足高质量人才的需求。从历史经验来看,人才向经济机会更多的区域集中,这仍然是一种不可抗拒的趋势。中国的人口向沿海经济最发达的地区集中,向中国最发达的大都市地区集中,向就业机会最多的中心城市集中。目前雄安新区的就业机会相对于北京、天津等城市也存在着显著差距,对于高质量人才来说,雄安新区所能提供的就业岗位还相对较少,只有少数政府机构或者大型企业能够满足高质量人才的就业需要,大多数中小型企业一方面在雄安新区的规划建设过程中参与程度低,另一方面相对于北京、天津等地的企业来说也相对缺少吸引力,因此高质量人才向能够获得更好就业机会的地区流动也就成了不可避免的现象。

3. 政策效果有待提高

雄安新区目前经济水平比较落后,相对于深圳、天津等地采取的住房补贴、创业支持和服务保障等手段,雄安新区政府无力支出大量的资金用于人才的引进,只能依靠国家的财政支持,在政策趋同明显、自身没有特色与人才引进亮点、单纯比拼人才引进补贴政策的情况下,雄安新区很难和北京、天津等地竞争高质量人才。此外,目前大多数人对于雄安新区人才引进政策并不是很了解,大多来源于国家层次的宣传,但当地人才引进政策的具体宣传却很少出现在网络、电视等媒体资源上,从而严重影响了人才对雄安新区引进政策的了解,十分不利于雄安新区的人才引进工作顺利实施。

4. 高科技产业基础薄弱

高科技产业是高层次人才的集聚地之一。在设立雄安新区之前,雄安地区主要产业是塑料加工、服装制造、乳胶制造以及制鞋产业,均属于劳动密集的低端制造业,存在着低投入、高污染、高耗能、科技含量低和附加值不高的问题,几乎没有高端技术企业。如今,雄安新区设立后,在国家相关政策推动下,进驻了一些高科技企业,但是仍远远达不到产业规模的要求,没有产业规模就无法形成规模效应,就没法构建高层次人才集聚圈,创新集聚效应会变弱。截至2020年4月1日,雄安新区增加的注册企业,70%是小微企业,且大都集中于批发和零售业,雄安新区几乎要从零开始发展高科技产业,而创新驱动势必离不开人才驱动。

5. 高层次人才财税政策有待完善

目前,雄安新区并没有出台关于人才引进的具体税收优惠政策,虽然有一些针对人才引进的财政政策,比如发放财政补贴,但是,大多集中在住房补贴、创业支持和服务保障三个方面,措施和手段同质化严重,不利于提高雄安新区对高层次人才的吸引力。作为"人才洼地",雄安新区特别需要税收和财政政策激励高层次人才。雄安新区没有根据现状出台特定的税收政策,且相关财政政策同质化严重,缺乏吸引力,不利于激励高层次人才。

(三)人才引进的外部机会

雄安新区紧邻北京和天津,而北京高校众多,人才资源雄厚,天津的教育水平较高。值得一提的是,天津与北京的高新技术产业会带动雄安新区相关产业的发展,从而可以提供较多的就业岗位,这对雄安新区人才引进无疑可以起到巨大的促进与吸引作用,雄安新区的不断发展与优厚的待遇以及中央的政策支持也会促进周边地区的人才向本地流动,从而为雄安新区现阶段和未来的发展提供充足的人才资源,促进雄安新区高新技术产业的发展进步。

(四)人才引进的外部威胁

由于雄安新区的开发程度尚且不高,所以对外地人才的吸引力欠佳,高校毕业生甚至本地就业人员可能会向京津或者附近较发达的省市流动,为本地的人才引进造成不小的障碍。雄安新区距离第三产业较发达的南方城市较远,从而对南方的人才吸引能力较弱,南方城市的人才宁愿留在本地发展而不是北上来到雄安新区,所以雄安新区的人才引进仍然面临着不小的外部威胁,只有加快政策待遇的完善,加大雄安新区的开发力度才能减轻这种外部威胁,为本地人才引进提供动力。

四、雄安新区人才发展的政策建议

(一)建立更加有效的人才工作机制

一方面,强化人才工作领导小组的作用,建立人才工作决策专家咨询制度和人才工作联席会议制度，通过吸收专家学者和人才工作者参与重大人才项目的决策，提高人才决策的科学化水平。另一方面，要理顺各有关职能部门的人才工作职能。此外，还要动员社会力量参与人才工作，发挥群团组织联系服务人才的桥梁纽带作用，发挥人才中介机构在人才准入、人才测评方面的作用。

（二）建立更加高效的人才使用机制

进一步建立柔性引才、多元化聘任机制，建立长期项目与短期项目灵活转换机制，设立快速转换通道，吸引海内外人才以多种形式来雄安新区工作。进一步建立科学合理、符合国际标准的人才跟踪评价机制，摒弃重引进、轻考核，重使用、轻发展等做法，定期跟踪评估各用人单位的海内外人才引进和使用成效，跟踪海内外人才的发展情况。进一步建立权责统一、运转高效、法治保障的海内外人才引进管理服务体系，指导设计引才路径，开展人才工作学习生活等支持政策的保障与评估，使雄安新区的引才工作进一步规范化、专业化、国际化。

（三）构建更加开放的人才引进机制

在引才工作中进一步扩大视野，实行更加开放的人才政策，不唯地域引进人才，不拘一格用好人才，鼓励外国专家和优秀人才以各种方式参与社会主义现代化建设。一是扩国际视野，扩展人才遴选的重点区域，在全球范围内加大人才引进力度。二是扩专业视野，在加强对"前沿科学""卡脖子技术"和"尖端方向"等科学技术领域紧缺急需人才引进的基础上，提高工业设计、经济金融、文化艺术等领域的海内外高层次人才的引进度，兼顾人才的"硬实力"和"软实力"。三是扩国际视野，将引人用人的关注点从华人扩展到非华裔，根据不同国家和地区的人才优势，增设个性化的引才专项。四是扩工作视野，使引进人才的布局从高精尖领域扩展到基础学科、工程技术和交叉学科各领域，满足各类各层次国际化人才的需求。五是扩地域视野，依托我国有驻外机构的实体，如中资机构、大型央企、民营企业等在海外设立的分支机构，在海外建立若干科研机构，引进国际人才为我所用，以产学研合作打造高层次人才引进和成长平台。

（四）提供更加精细的人才服务保障

积极营造尊重、关心、支持各类人才创新创业的良好氛围，让各类人才各得其所，让各路高贤大展其长，打通人才工作"最后几公里"，做好全方位服务保障工作。可进一步消除海内外人才成长"国籍壁垒"，进行中外趋同化管理。实施全球卓越科技研究计划，在基金申请、课题申报、经费使用、成果评价等方面实现海内外人才规则统一化。可探索设立"一站式"海外人才服务中心，集中办理出入境、户籍、医疗、教育、经费等人才服务业务。逐步打造外国专家"生活圈"模式，在雄安新区试点建设集教育、医疗、商业、服务等设施于一体的海外人才集中生活社区。建立与国际接轨的生活服务体系、社会保障体系，使海外人才长期在雄安新区工作无后顾之忧。

《河北雄安新区中长期人才发展规划（2021—2035年）编制研究》课题组成员名单

课题组长：

范　巍（中国人事科学研究院企业人事管理研究室主任、研究员）

执行组长：

赵　宁（中国人事科学研究院企业人事管理研究室副研究员）

课题组成员：

潘　娜（首都经济贸易大学城市与经济管理学院副教授）

佟亚丽（中国人事科学研究院企业人事管理研究室副研究员）

赵智磊（中国人事科学研究院企业人事管理研究室研究实习员）

杜明鸣（中国人事科学研究院绩效管理与考核奖惩研究室研究实习员）

黎　宇（中国人事科学研究院就业创业与政策评价研究室助理研究员）

王　曦（中国人事科学研究院财务处助理研究员）

上海人才公共服务队伍数字化能力建设研究[①]

提　要：本研究聚焦人才公共服务数字化转型的背景，以人才公共服务队伍的数字化能力建设为切入点，采取文献整理、统计分析、比较研究和集中访谈等研究方法，客观评估当前上海人才公共服务队伍数字化能力现状，重点分析人才公共服务队伍在数字化能力建设过程中面临的问题与瓶颈，把人才公共服务队伍的数字化能力建设作为推动人社数字化转型和人才公共服务能力提升的重要抓手，提出促进人才公共服务队伍数字化能力提升的思路框架与政策路径，以为人才公共服务的数字化转型提供高素质的人力资源支撑。

关键词：人才公共服务队伍　数字化能力　数字化转型

高质量、高效率的公共服务是国家治理体系和治理能力现代化的重要体现。近年来，数字化以不可逆转的趋势迅速改变着人类社会，全球正在进入以数字化生产力为主要标志的全新发展阶段，尤其是新冠肺炎疫情的肆虐加速了数字化时代的全面到来。公共服务领域与其他服务业一样，同处于"数字化旋涡"的中心，正在重塑基本公共服务的价值体系，信息技术越来越成为提升公共服务效能的核心驱动力。

党中央、国务院高度重视公共服务数字化转型建设。党的十九大报告提出建设数字中国；党的十九届五中全会提出，加强数字社会、数字政府建设，

---

① 本文系中国人事科学研究院2021年度研究课题《上海人才公共服务队伍数字化能力建设研究》报告的部分内容。

提升公共服务、社会治理等数字化智能化水平。这为公共服务高质量发展指明了方向。与此同时，上海积极响应中央号召，为深入贯彻习近平总书记关于网络强国、数字中国、智慧社会的战略部署，近年来出台了《关于进一步加快智慧城市建设的若干意见》《关于全面推进上海城市数字化转型的意见》等文件，着重强调"打造智能便捷的数字化公共服务体系"和打造"国际数字之都"的发展目标，并在人力资源社会保障领域推动"数字人社"的转型发展，借助现代信息技术加快推进人社智能化应用工作，不断提升政务管理和服务水平，为人才公共服务能力提升和人才公共服务队伍的能力建设提供了重要机遇。

人才公共服务是政府公共服务的重要组成部分，发展人才公共服务、促进人才公共服务数字化转型是实施人才强国战略和建设数字中国的重要内容。人才队伍作为数字化转型的核心，是全面推进数字化转型的基础力量，人才公共服务队伍能否树立数字化思维、提升数字化技能、运用数字化工具，直接决定了人才公共服务数字化转型的进程与深度。在某种程度上，数字化能力可被视为数字人社转型重要的支撑性技能和知识资产。推动数字人社建设，不仅需要完善人力资源社会保障领域的数字底座搭建、数字场景运用和数字服务经办，同时对公共服务队伍的数字化素养和技能水平提出了更高要求，成为了数字人社转型发展的必然趋势。

当前有关公共服务数字化转型的研究大多集中于数字化设施建设、系统架构搭建、平台搭建、政策规划制定、业务流程重组等方面，而对队伍数字化能力建设的关注度较少，尚未有研究从理论层面探讨一线服务人员的数字化能力提升，理论研究滞后于实践需求。已有研究表明，当前政府、企业各领域的数字化能力建设水平还处于初级阶段，甚至还未关注到数字化能力建设，政府部门在应对创新与变革方面相对落后，人才队伍包括人才公共服务队伍的数字化服务技能不足，整体性人才队伍数字化能力建设水平滞后等现实问题尤为突出。

因此，本研究聚焦人才公共服务数字化转型的背景，基于新数字治理理论、胜任力理论等分析框架，以人才公共服务队伍的数字化能力建设为切入点，客观评估当前上海人才公共服务队伍数字化能力现状，重点分析人才公共服务队伍在数字化能力建设过程中面临的问题与瓶颈，把人才公共服务队伍的数字化能力建设作为推动人社数字化转型和人才公共服务能力提升的重要抓手，提出促进人才公共服务队伍数字化能力提升的思路框架与政策路径，以为人才公共服务的数字化转型提供高素质的人力资源支撑。

一、相关概念、文献综述与理论基础

(一) 相关概念界定

1. 公共服务

19世纪初期阿道夫·瓦格纳最早提出公共服务的概念，并指出公共服务的管控主体应该是政府。20世纪初，法国学者莱昂·狄冀从法制的角度对公共服务进行了界定，认为那些需要政府实现和供给的一切活动都可以被认作是公共服务，其与维护和推进社会团结具有不可分割的关系。近年来，大多数学者提出公共服务是公共管理重要的一部分，认为公共服务的供给主体为政府，需求主体为公民，两者发生关系的综合即是公共服务的具体呈现。[①] 结合世界各国公共服务的实践来看，政府确在供给方面处于主导地位，公共服务作为推进国家治理体系与治理能力现代化的重要因素，也是影响民众"获得感"与"幸福感"程度的关键因素。[②]

2. 人才公共服务队伍

有关人才公共服务的定义，目前理论与实践均未达成一致的认知。一方面，在有关人才发展的政策文件中，虽提到了人才公共服务体系，但未对其内涵进行进一步的描述。例如，2016年，中共中央印发的《关于深化人才发展体制机制改革的意见》中提出"深化人才公共服务机构改革，构建统一、开放的人才市场体系"等，但未对"人才公共服务"这一词语进行界定。另一方面，学术界对于人才公共服务的讨论也各不相同。有的专家从宏观层面界定人才公共服务，认为其是政府公共服务的重要组成部分，是指在人力资源开发和管理过程中，由政府、政府所属人才服务机构及其他相关社会组织生产的，以满足人才或用人单位人才资源开发过程中各种公共需求为目的的服务产品、服务活动以及服务劳动的总和，其具有公共性、外部性、广泛性、专业性等特征。[③] 另有专家从微观层面，对人才公共服务的具体内容进行分析。例如，陈力（2008）提出了狭义的人才公共服务概念，主要是指某一特定专业领域的人才公共服务，即由人力资源社会保障部门所属的人才服务机构所提供的与人才就业、流动、配置以及与其密切相关的服务。[④] 综合已有研究对人才公共服务的界定，可以看出定义的共同性在于明确服务的供给主体

---

① 刘星. 延安市县级政府公共服务能力提升对策研究 [D]. 延安：延安大学，2021.
② 姜晓萍，陈朝兵. 公共服务的理论认知与中国语境 [J]. 政治学研究，2018 (6)：2-15.
③ 高舒婷. 提高政府人才公共服务质量的研究 [D]. 福州：福建农林大学，2019.
④ 陈力. 政府人才服务机构体制改革的现状与对策 [J]. 中国行政管理，2008 (7)：69-74.

为政府及其所属机构，不同之处在于服务对象与服务内容的范围差异。

本研究所指的人才公共服务主要是指由人力资源社会保障部门所属机构为人才流动及职业发展所提供的各种公益性公共服务与服务产品，具体包括高层次人才服务、国内外人才引进服务、高校毕业生服务、流动人员档案管理、人才评价、人才招聘、人事代理等。本研究中的人才公共服务队伍则是指直接或间接参与人才公共服务工作的从业人员群体，即人力资源社会保障部门所属的"人才服务中心"的工作人员，特指上海市级、区级人才服务中心的一线服务人员。其服务对象涵盖各类用人单位，以及高校毕业生、海内外高层次人才、留学生群体、高技能人才等。

3. 公共服务队伍的数字能力

数字化能力，通常也称为数字能力、数字素养，被有关学者称为"数字时代的生存技能""信息社会的重要资产"。截至目前，数字化能力还没有一个共同的概念或者广泛认同的定义，但学者对数字素养的理解经历了从狭义到广义的变化。狭义的数字素养强调对数字化工具、数字化产品的应用。例如，Rivoltella（2009）认为数字素养是信息社会成员与数字媒体及其文化进行重要互动的一种工具和方法；欧盟委员会将数字化能力定义为创造性、关键性和安全性地使用信息通信技术，以实现与工作、就业、学习、休闲、包容和社会参与等有关的目标。

伴随着对数字化能力研究的不断深入，对数字素养的理解与研究也考虑到了数字意识和态度层面的内容。例如，Havrilova（2017）指出，数字素养是整个数字环境中全面实施的相关知识、技能、经验、价值观和态度。还有学者提出，数字化能力的相关概念在不同层面上相互交叉，关注一个包罗万象的数字化能力定义意义不大，应在当前与未来数字环境下需学习的必要技能上探讨数字化能力。①

通过回顾数字化能力相关概念可以看出，对数字化能力概念的关注从个人使用数字技术的能力延伸到对整个数字世界的知识、态度和情感。数字化能力或数字素养已不是一种单一的技能，而是一组用于应对数字化时代的知识、技能、态度、策略、意识等，包罗万象，相互交叉。结合已有文献中对数字化能力的相关见解，本研究认为人才公共服务队伍的数字化能力是指人才公共服务队伍具有的适应人才公共服务数字化业务所需的通用能力与特殊技能的综合能力。

---

① 王佑镁，杨晓兰，胡玮，等. 从数字素养到数字能力：概念流变、构成要素与整合模型[J]. 远程教育志，2013，31（03）：24-29.

(二)文献研究综述

1. 公共服务数字化转型内涵

当前,国内外学者均认识到了公共服务数字化转型的重要性与必要性,并且对公共服务数字化转型的内涵与本质做了较为深入的研究。Yoo(2010)提出数字化转型的本质是数字技术在公共服务的产品与服务中深度嵌入后,通过数字化能力的运用为公共服务重新赋予价值的过程。在这一过程中,数字技术可以从数据资源共享、经办业务协同、平台系统互通等层面为公共服务在动力机制、供给方式、服务模式、业务流程等方面实现创新,以达到服务的精细化与便捷化。[①] 也有学者对公共服务数字化转型与先前的公共服务改进之间进行比较。例如,韩兆柱(2016)等学者提出公共服务数字化转型不仅仅是利用技术来改造公共服务的流程与效率,而是由传统治理向数字治理理念的全面革新。[②]

结合当前公共服务数字化改革的现状与实践,现有的研究主要还是偏重于如何运用"互联网+"、人工智能、云计算技术实现数据共享、提高服务效能、提高决策能力等方面,而在理念转变、组织建设和人的数字化能力等方面的研究与实践不多。

2. 数字化转型中的"软能力"研究

伴随全球数字化进程的加深,研究者逐渐意识到阻碍数字化转型进一步加深的因素不再是早期的基础设施缺乏、信息通信技术落后,而很大程度上受制于数字人才的缺乏、人才数字化能力跟不上数字化发展的步伐,研究重点也从数字化设施、数字技术等"硬技术"转向数字化能力等"软能力"。例如,早在2002年,Allen在研究加拿大政府在数字化时代所面临的挑战时便提出,人力资本的竞争是数字政府的主要挑战之一,数字时代改变了工作者的技能组合,数字政府必须重新定位工作者的所需技能,并增强知识工作者的数字化能力。Tremaine(2018)研究发现目前人力资源是数字化转型中被低估的资产,并提出将来政府数字化转型的重要推动力是人力资源而非数字技术。Vasilieva(2018)研究认为在数字化转型过程中需要转变公务人员的职业品质和任职要求,并同时探讨了公务人员数字化中需要提升的知识和技能。张晓和鲍静(2018)在对英国数字化转型战略的研究中发现,不同工作性质的公务部门对数字化技能和文化存在较大差异,并就如何招录、培养数字、

[①] 温雅婷,余江,洪志生,等. 数字化转型背景下公共服务创新路径研究——基于多中心—协同治理视角[J]. 科学学与科学技术管理, 2021, 42(03): 101-122.

[②] 韩兆柱,马文娟. 数字治理理论及其应用的探索[J]. 公共管理评论, 2016(1).

数据和信息通信技术专业人才提出了相关建议。①

同时，国内外一些著名的咨询机构对数字化能力开展了相关研究。例如，德勤管理与华为携手撰写的数字化技术加速人才转型报告，从企业发展角度提出数字化转型所需人才可以划分为数字化领导能力、数字化运营能力以及数字化发展潜能三个层次。艾哲森发布的2021中国企业数字转型指数报告，同样提出企业在持续推进数字化转型中面临的三大挑战之一就是能力难建、转型难以深入，其中包括兼具业务能力、全局观、数字化理念和技能的人才极为欠缺。

3. 人才队伍数字化能力建设体系

伴随着全社会各领域数字化进程的不断加深，人才队伍的数字化能力也开始受到关注。在国外，为适应政府与公共服务数字化转型中的业务、文化、技能等的变化，不少国家推出了公务人员的数字化能力提升计划。英国注重在政府工作中选拔培养数字、数据和信息技术人才，出台"科学校园和数据科学"专项培训计划为专业人员提供到数字学院学习深造的机会；澳大利亚专门设立了政府数字化转型局，与公共服务委员会一起推出了数字能力构建项目，吸引数字化人才进入公共部门，帮助管理者创建数字团队等。②

近几年，国内学者也逐渐对如何提升人才队伍的数字化能力开展相关研究。马亮（2020）对全国29个省份115个城市共计4 400名公务员的信息技术能力进行了调查与评估，评估结果显示公务员的信息技术能力同数字政府建设还存在一定的差距。③ 丁梦兰（2020）构建了政府数字化转型背景下的公务员数字素养指标体系，并对256名公务员进行数字素养调查，结果显示研究对象在技术认知、内容创建、数据安全、数据意识等方面的软素质还有待加强。④

当前针对人才队伍数字化能力建设的研究，大多集中于公务员队伍，尚未有研究对人才公共服务队伍的数字化能力进行探讨，但人才公共服务队伍与公务员在工作内容与能力要求等方面还存在较大差异，人才公共服务工作走向智能化、智慧化时代，对人才公共服务工作的从业者素质也有了新要求，

---

① 张晓，鲍静. 数字政府即平台：英国政府数字化转型战略研究及其启示［J］. 中国行政管理，2018（3）：27-32.

② 章燕华，王力平. 国外政府数字化转型战略研究及启示［J］. 电子政务，2020（11）：14-22.

③ 马亮. 公务员的信息技术能力与数字政府建设：中国城市的调查研究［J］. 广西师范大学学报（哲学社会科学版），2020，56（2）：34-44.

④ 丁梦兰. 政府数字化转型背景下公务员数字素养指标体系构建和现状研究［D］. 杭州：浙江大学，2020.

也需要进行针对性研究。

(三) 理论基础

1. 数字治理理论

数字治理理论是治理理论与互联网数字技术相融合之后产生的一种新公共管理范式,发源于新公共管理运动的衰微与数字治理时代的兴起之时。在国外,数字治理理论的代表学者帕却克·邓利维(2010)主张信息技术在公共部门改革中起到重要作用,大数据、机器学习、人工智能、云计算等互联网数字技术的运用可促进数字化背景下公共服务的"提质增效"。竺乾威(2008)认为数字治理理论指的是各种复杂的变革,其中信息资源和处理技术变革是关键要素。[①] 由数字治理的概念与外延可知,数字治理理论认为政府数字化转型的成功与否,取决于公共部门对数字化、信息化变革的适应程度,数字技术、设施设备的完备程度,以及公务人员的数字化能力水平等诸多因素的共同作用。

2. 胜任力模型理论

胜任力这一概念最早在1973年由美国哈佛大学的麦克利兰教授提出,他提出的胜任力是指能够较好地评估员工完成工作任务质量和工作能力的各项内容,包括能力、特征,以及动机、特质、自我形象、态度或价值观等个性特质。

胜任力模型这一概念在多个领域被实践运用,例如在公务员、医生、教师、企业家等职业群体中均有学者建立起胜任力模型用以指导实践。较为经典的胜任力模型包括冰山模型和洋葱模型。胜任力模型是研究个人胜任能力的经典理论基础,不同行业不同群体的能力要求差异较大,有针对性地建立胜任力模型对研究人才公共服务队伍的数字化能力具有重要的价值:一方面,从研究设计思路上来说,建立起人才公共服务队伍数字化能力胜任力模型,有助于本研究系统地梳理在公共服务数字化转型背景下人才公共服务队伍所需的数字化能力,以及厘清当前该支队伍的数字化能力现状;另一方面,参照数字化能力胜任力模型,可以使本研究所提出的人才公共服务队伍数字化能力提升的思路与对策更具理论性、逻辑性。

---

① 竺乾威. 公共行政理论 [M]. 上海:复旦大学出版社,2008:481,482,496.

二、人才公共服务队伍数字化能力建设的背景分析

（一）国际背景：主要经济体国家高度重视公共服务数字化转型的全球化趋势

当下，数字经济作为发展最快、创新最活跃、辐射最广的经济社会活动，正在成为世界经济增长和重塑全球治理体系的重要驱动力量。根据世界经济论坛分析，数字化进程每加快10%，人均GDP（国内生产总值）大概会增长0.5%~0.62%，尤其是互联网、大数据、人工智能等新一轮科技革命在为人类社会提升效率、带来便利的同时，也对政府数字化治理与公共服务数字化转型带来了新的挑战和更高的要求。从全球范围内来看，公共服务领域与其他服务业一样共处于"数字化旋涡"的前沿地带，亟待通过数字化转型来提高服务效率和服务质量，以满足公众日益增长的服务需求。[①] 在此背景下，世界各国均将公共服务数字化转型作为数字政府建设的核心内容，例如，新加坡的"智慧国家2025"计划，澳大利亚《数字化转型战略2018—2025》等，都明确提出加快公共服务数字化转型进程，通过提供在线"一站式"服务来提高公共服务质量。显而易见，促进公共服务领域的数字化转型已成为发达经济体国家加强政府治理现代化、增强公民参与度与社会创新力的战略选择。

（二）国内背景："数字中国"建设为公共服务数字化转型带来战略机遇

在全球数字化转型驱动下，我国以数字技术支撑的公共服务数字化转型的顶层设计与相关实践正加速推进。党的十九大报告提出建设数字中国战略；十九届五中全会提出，加强数字社会、数字政府建设，提升公共服务、社会治理等数字化智能化水平。这也表明，"数字中国"是新时代国家信息化发展的新战略，"数字政府"构成了建设"数字中国"重要推动力。2021年，《中华人民共和国国民经济和社会发展第十四个五年规划和2035年远景目标纲要》发布，在"加快数字社会建设步伐"一章中，专门提出提供智慧便捷的公共服务，推动数字化服务普惠应用，持续提升群众获得感的具体要求。2021年11月，中央网信办出台《提升全民数字素养与技能行动纲要》，提出"提升高效率数字工作能力""提升领导干部和公务员数字治理能力"等要求，不仅为公共服务领域高质量发展指明了方向，而且为人才公共服务的数字化发展提供了重要机遇。

[①] 谢秋山，陈世香. 中西部农村公共服务数字化转型面临的挑战及其应对[J]. 电子政务，2021(08)：80-93.

(三)上海背景:建设"国际数字之都"为人才公共服务数字化转型带来现实需求

上海作为世界超大城市,人口多、流量大,功能密,在城市治理与运行方面各种情形交织、错综复杂,必须运用数字化方式探索超大城市的社会治理新路子。2020年,上海市出台《关于进一步加快智慧城市建设的若干意见》,聚焦政务服务"一网通办"、城市运行"一网统管"、全面赋能数字经济三大建设重点,并提出要将上海建设成为全球新型智慧城市排头兵的目标。2021年初,上海市委市政府提出率先应用数字化方式创造性地解决超大城市治理和发展难题,并出台《关于全面推进上海城市数字化转型的意见》,确定打造"国际数字之都"的目标,提出要打造智能便捷的数字化公共服务体系,并强调不断学习数字化新知识新本领,掌握和遵循超大城市发展规律,培养运用数字化思维解决实际问题的能力。2021年9月,《上海市促进城市数字化转型的若干政策措施》出台,不仅提出了建立全面提升生活数字化服务能力的新制度,建立全面提高治理数字化管理效能的新机制等方面的具体政策措施,而且首次针对人才的数字化转型提出,实施积极开放的数字化转型人才政策,为城市数字化转型提供有力的智力保障。同年10月,《上海市全面推进城市数字化转型"十四五"规划》出台,作为首个城市数字化转型专项规划,提出了强化精细高效的数字治理综合能力的主要目标。上海针对城市数字化转型的顶层设计为上海公共服务的数字化转型提供了基本导向,也为人才队伍的数字化转型提供了新思路与新方向。

(四)微观背景:"数字人社"建设为人才公共服务队伍的数字能力建设提供了"窗口式"场景运用

2020年8月,上海市出台的《关于新时代上海实施人才引领发展战略的若干意见》提出以更加开放有力的政策集聚海内外优秀人才。在此背景下,上海先后出台《上海市引进人才申办本市常住户口办法》《留学回国人员申办上海常住户口实施细则》等一系列人才新政,人才公共服务需求急剧增加,人才服务的个性化要求也不断提升。根据统计,2021年1—7月底,上海市直接落户引进高层次、紧缺急需人才较上年同期增长215%,新办居住证积分增长13%,办理留学回国人员落户增长43%;2021年1—6月,经各类在线平台完成的人才公共服务的办件量多达5.04万件,环比增长51.5%,同比增长111.9%。显而易见,为更好地应对当下人才公共服务所面临的业务数量激增、效率提升等内生需求问题,也为实现未来人才公共服务的精准匹配、精细管理和精致服务,人才公共服务数字化转型势在必行,由此催生人才公共服务队伍的数字化能力建设正在同步进入一个新的"时间窗口"。

三、上海人才公共服务队伍数字化能力建设现状评估

（一）基于统计分析的上海人才公共服务队伍特征画像

本研究对上海市级以及部分区级人才服务（交流）机构共计435名从业人员的基本情况展开统计分析，总结出当前上海人才公共服务队伍呈现出以下特征。

1. 性别比例呈现不均衡分布

根据数据分析，目前上海全市人才公共服务队伍中，男性占比约37.2%，女性占比约62.8%，呈现出女多男少的性别特征。根据调研情况，现有男性从业人员大多分布在管理层和专业技术人员层面，而一线窗口服务群体中的工作人员以女性工作人员居多，反映出当前上海人才公共服务队伍性别分布不均衡的特征。

2. 年龄结构呈现"轻"型化趋势

从年龄结构来看，根据不完全统计，目前上海人才公共服务队伍平均年龄约36.4岁，其中40岁及以下人员占比约69.0%，41~50岁人员占比约23.2%，51~60岁人员占比约7.8%，整体呈现出年轻化的基本特点。同时，在现有人才公共服务队伍中，年轻从业者尤其是"90后"或"95后"人群具有对数字化场景更为熟悉、对数字文化的接受程度更高、自身学习能力更强的特征，对整个人才公共服务队伍的数字化素养、服务技能的培育具有先发性优势和基础条件。

3. 受教育程度呈现高学历特点

从学历分布来看，目前人才公共服务队伍中近70%的工作人员具有大学以上文化程度。其中，具有大专学历的占比21.5%，本科学历占比57.5%，研究生学历占比10.7%。而在40岁以下的从业人员中，本科及以上学历的人员占比高达93.7%，反映出当前上海人才公共服务队伍的学历层次水平较高，如图1所示。

4. 专业分布呈现人文社科居多的特征

根据调研数据，从专业分布来看，目前人才公共服务行业从业人员所涉及的专业分布，基本上集中在人力资源管理、工商管理、金融和经济贸易、教育学等人文社会科学领域，而与数字化能力相关的应用数字、统计学、计算机、互联网、软件技术等工程技术类专业人员偏少，仅黄浦、静安等个别区人才服务中心有少数计算机或相关专业背景服务人员，反映出当前人才公

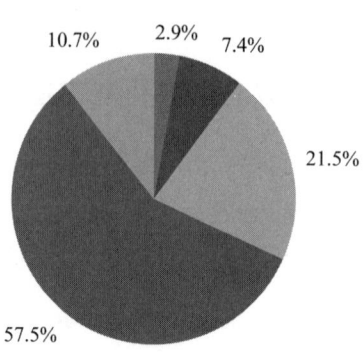

图 1　上海市人才公共服务队伍学历分布图

共服务队伍的专业背景相对单一，技术知识结构及专业分布不均衡，在数字化转型过程中尤其缺乏人工智能、计算机和数据分析等专业人才及能力体系。

5. 薪资待遇呈现竞争力弱的特征

从不完全的薪资水平统计来看，目前，上海人才公共服务队伍平均薪资为1.55万元/月（18.6万元/年），中位数为1.48万。其中，月收入位于1.0万~1.5万元的从业人员最多，占比约46.7%；其次是位于1.5万~2.0万元的人员，占比约37.2%；月收入高于2.0万元的员工仅占11.1%左右，如图2所示。与上海数字人才的平均年薪相比，人才公共服务队伍的平均薪资缺乏竞争力，难以吸引、留住数字化专业人才。此外，在收入差距方面，数据显

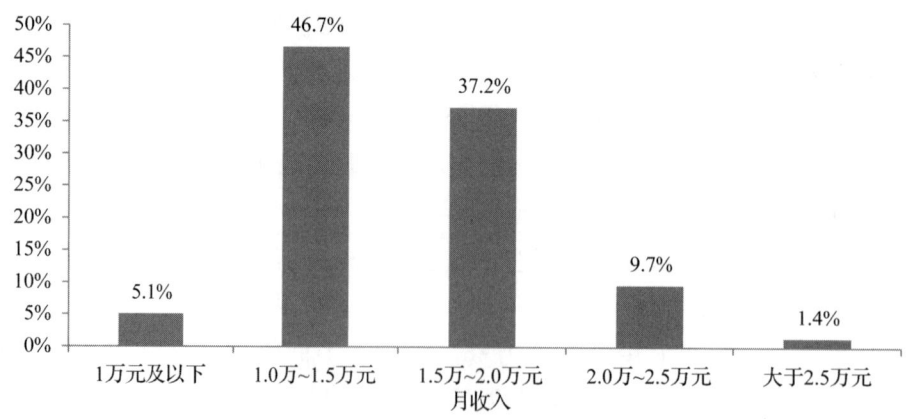

图 2　上海市人才公共服务队伍薪资结构图

示上海人才公共服务队伍的收入基尼系数①为0.06，表明人才公共服务队伍内部薪资水平过于平均。与此同时，薪资水平仅与年龄资历相关性较强，与岗位、能力、贡献等相关性较弱，对具有数字化专业技能的人才群体缺乏吸引力。

6. 岗位职能呈现线上线下融合性特征

从岗位职能分布看，目前上海市政府所属人才公共服务队伍的岗位分布，主要围绕市级和区级层面针对国内人才、海外人才和高层次人才的服务事项。其中，国内人才服务主要包括人才直接引进落户、集体户口管理、流动人员人事档案管理、博士后进出站管理、教育信息核实等；海外人才服务主要包括留学生落户和海外人才居住证审批；高层次人才服务主要包括海外高层次人才引进落户、海外人才居住证办理、高层次人才住房保障服务等。同时，人才公共服务岗位兼顾前端窗口服务和后端管理维护，不仅通过公共窗口提供常态化服务，同时借助"一网通办""智慧云平台"等方式打通线上服务新方式，基于"互联网+"的线上服务和线下服务的融合性、共生性特征日趋明显。

（二）上海人才公共服务队伍数字化能力建设的制约因素

1. 队伍的数字化素养与公共服务数字化转型要求不适应

一是普遍缺少运用数字化、智能化手段进行数据信息采集整理和分析统计的意识。座谈调研中了解到，各区人才服务中心工作人员对数据的敏感度普遍不高，服务过程中缺乏对相关数据信息进行及时归纳整合的意识，导致工作中基础性数据的统计分析缺失，无法为政策制定提供有效参考。二是对于数据价值的认识有待进一步深化，未能灵活运用现有数据资源推进流程优化和服务改进，"数字人社"的转型要求不断充实搭建数字底座和构建数据框架，当前人才公共服务队伍的数字化素养和思维欠缺与数字化服务转型的基本要求不适配。

2. 队伍的数字化能力结构在个体和区域间不平衡

一是从整体来看，人才公共服务队伍的数字化能力较为传统，对新兴的云计算、人工智能等服务手段掌握不充分，数字化技能不足，在个体和区域之间均存在不平衡的问题。二是从个体能力来看，由于年龄与专业的差异，年轻从业人员和具有计算机等专业背景的从业人员具有更高的数字化服务能力，更熟悉数据统计基础知识和互联网基本操作方式，具有借助智能化设备

---

① 基尼系数：最大值为"1"，最小值为"0"。基尼系数越接近0表明收入分配越趋向平等。国际上并没有一个组织或教科书给出最适合的基尼系数标准，但有不少人认为基尼系数小于0.2时，收入过于平均，0.2~0.3较为平均，0.3~0.4比较合理，0.4~0.5时差距过大，大于0.5时差距悬殊。

提供服务的一般能力；而年龄偏大和不具有专业背景的从业人员，对数据分析软件与互联网的认识了解不够深入娴熟，数据分析知识和智能设备操作能力等数字化能力有所欠缺。三是从区域分布来看，上海浦东新区、静安区等中心城区人才服务中心的数字化建设进程较快，不仅重视数字化设备建设和场景打造，而且近年来在服务人员的数字化能力培育和数字化人才引进方面取得成效，与郊区数字化平台和数字化技能人才不足的状况形成对比；同时，市级与区级人才公共服务队伍的数字化能力结构也存在一定差异，区级人才公共服务队伍在数据抓取和数据运用方面的能力相对不足。可见，当前人才公共服务人员的数字化能力结构在队伍内部和地区之间均有待提高。

3. 队伍的数字化能力培训体系与培养机制不健全

一是人才公共服务队伍的数字化专业知识和技能、数字化业务培养体系不健全，系统化的数字化能力培养机制不完善。虽然多数机构已认识到队伍的数字化能力不足，难以支撑线上人才服务、信息平台维护、海量数据分析、数据场景搭建等涉及人才公共服务数字化转型的关键环节，但对于如何提升该群体的数字化能力缺乏有效的理论指导与参考体系，实践中仍以业务知识、政策宣贯等常规性培训为主，应需型培训多，前瞻性的数字化能力培训尚未涉及。二是相应的培训资源和培养平台有限。目前对一线从业人员仅有业务经办相关的培训，与数据分析统计技能、数字化业务开发和数字化服务创新意识等相关的培训较少，无法充分引导一线从业人员树立起数字化服务意识和拓展数字化工作能力。同时，由于各区人才公共服务队伍较为分散，缺乏统一交流平台，一线工作人员缺少经验分享与交流机会，不仅难以建立起培养提升数字化专业技能的共识，而且部分地区或岗位的数字化技能培育先进经验难以有效传播共享，不易形成引领数字化能力发展的文化氛围，人才公共服务队伍的数字化能力培养面临意识薄弱、内容不足、平台欠缺的困境。三是人才公共服务队伍数字化培育的财政投入不足。目前财政资金对人才公共服务的投入仍属于政策性短期安排，涉及人才公共服务队伍的岗位能力培训、数字化技能培养、学历提升和职业发展等能力建设的经费支持还缺乏稳定的长效投入机制。

4. 队伍的薪酬激励和职业发展规划不充分

一是人才公共服务队伍中的数字化专业人才在薪酬待遇激励和职业发展规划等方面的发展路径尚不完善，对数字化人才的吸引力和感召力不够。与上海全市数字化人才平均年薪水平相比，人才公共服务队伍中从事信息化、智能化建设的从业人员薪资水平远低于行业平均水平，尚未形成将兴趣浓、热情高、肯钻研的数字化人才充实到公共服务队伍中的薪酬激励机制,从长远来看难以吸引并留住专业技术人才。二是当前人才公共服务体系尚未对数字化专业人才建立起客观明晰的职业发展通道,对数字化专业人才在职业晋升和个人成长方面均缺乏动力机制,与专业人才有关的配套服务保障尚不健全,阻碍了数字化专业人才在人才公共服务队伍中的可持续发展,容易导致人才公共服务队伍专业化水平不足等问题。

四、人才公共服务队伍数字化能力提升思路与对策建议

(一)人才公共服务队伍数字化能力的框架思路

伴随"数字人社"建设进程的加快,人才公共服务机构也逐渐认识到人才公共服务队伍数字化能力的提升对于人才公共服务数字化转型的关键作用。因此,探讨人才公共服务队伍在应对数字化时代全面来临应具备怎样的能力素质,建立起适用于人才公共服务队伍的数字化能力模型框架,在理论与实践层面均有重要的意义。

本研究在调研访谈的基础上,结合人才公共服务的职能界定与业务分类,确立了3类15项人才公共服务数字化能力的胜任力要素,见表1,尝试建立"数字人社"背景下人才公共服务队伍数字化能力建设的模型框架。

表1 人才公共服务队伍数字化能力的胜任力要素

维度		胜任力要素	行为示例
显性素质	通用能力	业务能力	具备人才服务工作相关的专业知识,熟知人力资源政策,明确各类人才公共服务业务的内容与流程
		学习能力	将新知识融入已有知识体系,改变自身已有知识结构,转化为自身内在能力
		沟通协作能力	工作中与同事或与其他部门工作人员顺畅沟通,协作配合解决问题,保持良好工作关系
		人际交往能力	能够与组织、同事、客户之间建立良好的人际关系
		文字表达能力	撰写工作报告、会议文件、项目方案等书面材料
	数字能力	数字设备使用能力	对电脑、扫描仪等常用数字设备的熟练操作
		数字信息收集能力	明确信息需求,在数字环境中搜索数据、信息和内容,并评判其可信度与可靠性
		数据分析与运用能力	对人才流动、人才业务、人才绩效等大数据进行分析,总结规律,提升预测与决策的前瞻性和科学性
		数字沟通能力	了解编程语言,能够使用规范语言提出信息平台、服务系统等改进需求

续表

维度	胜任力要素		行为示例
显性素质	数字能力	数字内容创作能力	具备数据场景规划能力,通过数字媒体和技术进行富有创造的表达
		数字产品开发能力	掌握大数据和人工智能技术,开发符合顾客需求的人才服务产品
隐性素质	数字化思维与认知	用户中心思维	建立起以服务对象为中心的思维,以数据重组、业务重构实现动态的、迅速的回应
		资源共享意识	建立各部门之间数据融会贯通的意识,打破部门间数据壁垒
		大数据思维	建立起用数据说话、用数据决策、用数据管理、用数据创新等的思维意识
		数字安全意识	具有人才数据保护与个人隐私保护的意识,保持对数字资源与数字安全的高度警惕

本研究所涉人才公共服务队伍数字化能力模型框架主要包括两部分:①冰面之上的显性素质,即通用能力和数字能力。该部分素养易于习得,是人才公共服务队伍适应人才服务数字化转型的基本能力要求,也是数字化能力的基础底座。②冰面之下的隐性素质,即数字化思维与认知。该部分能力相对难以干预与习得,却能够直接影响和约束个人的行为特征,对于人才公共服务队伍是否能够紧随数字化进程而不断提升数字化能力起到支持和支撑作用。

(二)人才公共服务队伍数字化能力提升的对策建议

1. 加强数字能力,注重数字素养和大数据思维的意识培育

加强人才公共服务队伍以数据化思维认识和解决问题的意识和能力,将培育一线服务人员的数字化素养作为提升服务队伍数字化能力的重要途径。一是明确公共人才服务队伍数字化能力提升的战略重要性与任务紧迫性,帮助部门领导者与服务人员充分了解和学习公共服务数字化转型的内涵,明确认识数字化转型是一项思想理念创新、信息技术创新、业务流程创新等的全方位改革,深化人才公共服务队伍对于"数字化能力是综合能力的重要组成部分"的理念认识。二是加大对大数据知识结构、数据分析与挖掘、数据创新等内容的宣讲和推广,深化服务人员对数字化服务的认识,使其自觉了解数字化发展进程、理解数字化工作优势并探索开发数字化工作技能。三是营造"用数据说话、用数据决策、用数据管理、用数据创新"的数字氛围,加强经办服务过程中对常规数据信息的统计整理工作,要求定期完成工作数据分类汇总,培养服务人员收集统计数据信息的工作习惯,逐步提升其数字化素养和建立大数据思维;搭建一线服务人员沟通交流的在线平台,为服务队伍提供交流渠道,促进对先进经验的传播分享和对共性问题的讨论分析。

2. 注重整体优化，统筹人才公共服务队伍的数字化能力建设规划

从顶层进行整体设计、统一规划以调整优化数字化服务队伍结构。加强人才公共服务队伍数字化建设的顶层统筹设计主要体现在如下方面：一是人才公共服务队伍的数字化能力提升需建立在人才公共服务标准化的基础之上，因此在顶层设计方面要加快推进数字化人才公共服务的标准化建设，细化服务事项、明确数字化要求，推动全国流动人员人事档案管理服务系统的搭建，促进各省市、各部门之间的数据资源协同联动、有效衔接，完善人才公共服务数字资源交互、数字安全防护等标准，为人才公共服务队伍的数字化能力提升奠定良好基础。二是在岗位设置方面，从顶层设计角度考虑调整优化人才公共服务队伍结构，在精简效能的原则基础上，结合数字化服务基本要求，合理设定数字化岗位，比如尝试设立首席数据官、首席信息官、数据分析师等数字化岗位，补充完善现有人才公共服务队伍的组织结构和岗位设置，引导集聚数字化人才在人才公共服务一线岗位进行创新开发，增强人才公共服务队伍数字化能力建设的专业支持。三是注重新招人员的数字化相关专业背景，建议适度增加人工智能、计算机、信息技术、软件开发、应用统计、数据分析等专业背景人才的招聘引进，以改善当前以人文社科居多的专业不平衡结构，更充分地借助专业人才力量提供优质服务和决策支持。四是明确人才公共服务队伍所需的基本数字化能力和专业数字化能力结构，针对不同年龄段、不同专业背景、不同岗位和不同地区的服务人员开展分层次、多样化的数字化能力建设，增补完善现有服务队伍的数字化能力结构。

3. 强化资源整合，有效扩大数字化能力培训资源与外智外脑的引进与供给

增加人才数字化素养培训资源，拓展数字化技能学习渠道以提高服务队伍数字化水平。建立健全人才数字化培养机制体现为以下方面：一是加大培训资源的投入力度。重点加大在数字化能力培训项目开发和平台搭建等方面的投入力度，开展公共服务体系内跨部门的数字化技能培训，培育一批既懂战略管理又懂业务技术创新的数字化复合型人才。在覆盖范围上，将一线工作人员纳入培训对象，增强人才公共服务体系自下而上的全面、系统培训；在培训内容上，引入专业培训资源，将业务培训与数字化能力培育结合，将软技能潜能与硬技能知识的培养结合，并展数字设备使用能力、数据分析统计能力、数据产品开发能力等方面培训，鼓励个人提升数字技术运用技能。二是有效扩展数字化技能学习与培训渠道。借助数字化转型推动培训新媒体化和云端化，引导和鼓励人才公共服务相关部门进行线上集中培训学习，并将培训资源可视化、电子化，促进各层面工作人员对现有的数字化服务成果展开共享学习，拓展数字化技能学习渠道和方式，提高培训过程的资源利用率和共享度。三是加强各地区公共人才服务机构培训资源的交流与合作，将实践过程中产生的数字化服务经验和数据资源在不同地区之间共享借鉴，减少各地区在服务数字化转型过程中的数据鸿沟和试错成本，加快人才公共服务队伍数字化能力建设的统筹推进，均衡发展不同专业、岗位和地区的人才公共服务队伍数字化能力体系。四是通过政府购买服务的方式，借助大数据服务机构、专业研究机构等"外智外脑"，一方面为人才公共服务数字化转型中内部无法解决的数字产品开发、数字内容创作等环节出谋划策，另一方面，依托"外智外脑"为人才公共服务队伍提供在服务产品开发、平台系统维护、数据安全管理等方面的专业化培训。

4. 体现薪酬激励，探索建立数字化服务能力评价体系

完善人才公共服务队伍评价激励机制，将数字化能力作为评价激励要素，激发人才公共服务队伍数字化能力提升的内生动力。一是以培养适应"数字人社"建设的人才公共服务队伍能力体系为目标，以通用能力和数字能力为重点，探索建立人才公共服务数字化能力提升工程，建议具体从事与数字化业务相关的岗位工作人员必须取得数字化职业资格，具有相应的数字化知识背景和岗位胜任能力。同时，探索把人才公共服务从业人员数字化技能纳入专业技术人才认证范围，建立人才公共服务职业能力水平认证制度，建立人才公共服务数字化专业能力评价体系。二是提高数字化岗位薪酬待遇水平，探索实施人才公共服务队伍的数字化能力激励计划，针对数字化岗位，探索实行突破事业单位工资总额限制的薪酬激励机制，试行"年薪制""谈判式""一事一议制"等聘用形式，在工资待遇方面突出数字化专业人才的价值和地位。注重数字化人才储备，创新探索推出专项奖励等制度，增强数字化人才福利待遇，缩小其与数字化人才行业平均薪资待遇水平的差距，深化专业化人才的实际获得感，创设可持续的人才发展环境，以吸引数字、数据和信息技术人才在人才公共服务领域发挥专业才能。三是建立通畅的数字化能力发展体系和晋升机制，可以通过政府购买服务方式，加强与高校合作，为数字化、数据和技术专业人员优先提供教育培训机会，打造具有竞争力的数字化能力建设通道，增强数字化人才公共服务队伍的价值感、荣誉感和获得感。

5. 营造数字场景，搭建人才公共服务队伍数字化能力建设的"技术底座"

通过提供技术支撑营造数字化场景，完善一体化用户平台以增强数字对等和信息沟通。人才公共服务队伍数字化能力的提升离不开数字化场景的搭建和营造，主要体现在以下三方面：一是探索建立人才公共服务数据（库）

中心。建议以流动人员档案管理数据为基础，通过整合目前已有的数据资源，进而形成人事代理、国内外人才引进（居住证）、中高级人才信息、征信服务、政府委托服务、流动党员等若干大类基础数据库，进而为各类用人主体提供权威、规范、准确的人才公共服务基础数据。二是在框架搭建方面，由市人力资源社会保障部门统筹全市人才公共服务数据网络框架的整体搭建部署，在数据框架开发、运行和管理方面进行统一规划建设，通过整合归纳来自市级和区级层面的服务数据，促进各类数据信息的比对核验，在操作层面加强预审、录入等工作的便捷性和准确性，进而整体促进各层面的人才公共服务的数字化和智能化。三是为数字化设备建设和场景构建提供技术支持。对于相关服务部门，逐步完善与数字化建设有关的电脑、无线网络等技术设备更换维修和智能化自助服务设备的配备维护等，同步提高市级和区级层面人才公共服务智能化水平，加大为人员与经费有限的基层人才公共服务单位提供数字化服务基础技术支持的力度，营造数字化服务场景，进而推动人才公共服务的数字化转型发展。

《上海人才公共服务队伍数字化能力建设研究》课题组成员名单

课题组长：

鲁闻鸣（上海市人力资源和社会保障科学研究所副所长）

课题组成员：

董良坤（上海市人力资源和社会保障科学研究所人力资源研究室副研究员）

李瑞瑞（上海市人力资源和社会保障科学研究所人力资源研究室研究实习员）

李　玲（上海市人力资源和社会保障科学研究所人力资源研究室研究实习员）

李　晨（上海市人力资源和社会保障科学研究所人力资源研究室助理研究员）

本课题为中国人事科学研究院与上海市人力资源和社会保障科学研究所合作完成。

江苏推进产业强链中的人才生态建设研究——以高技术船舶产业为例[①]

提　要：为加快实现产业链现代化，2021年江苏省提出"产业强链"三年行动计划，其关键在于要有与现代产业转型升级相匹配的人力资源，特别是要以良好的人才生态环境为支撑。本研究以高技术船舶产业链为例来开展人才生态建设研究，以产业链特征为基础，结合人才生态理论，将产业链人才生态划分为企业微观、产业链中观和区域宏观人才生态系统，并构建了高技术船舶产业链人才生态模型。本研究在模型基础上进一步构建了高技术船舶产业链人才生态环境评价指标体系，并运用模糊层次分析法，通过对比分析江苏和上海的高技术船舶产业链人才生态环境，结果显示：与上海相比，江苏产业链人才生态在各方面均存在一定差距，主要原因有企业内部人才战略深化不足，产业链人才职业教育仍需完善，产业链人才生态开放性和异质性有待提升。最后研究提出要从健全产业链人才生态培养机制、完善产业链人才生态中流动机制、优化产业链人才生态的发展服务措施三个方面来加强江苏重点产业链人才生态建设。

关键词：高技术船舶产业链　产业链人才　人才生态建设

[①] 本文系中国人事科学研究院2021年度研究课题《江苏推进产业强链中的人才生态建设研究——以高技术船舶产业为例》报告的部分内容。

一、研究背景及意义

习近平总书记强调,"发展是第一要务,人才是第一资源,创新是第一动力"。新时期,我国发展迈入了新阶段,逐渐过渡为由创新驱动的生产方式,这样的转变需要一支强大的人才队伍支撑。"十四五"时期是江苏产业转型的关键时期,江苏围绕13个先进制造业集群和战略性新兴产业领域,以推进产业链现代化和提升产业链治理能力为目标,出台了产业强链行动计划,着力提升产业链稳定性、安全性和竞争力,是加快江苏推动制造强省建设、促进制造业高质量发展的重要举措。

当前,江苏实现产业链现代化最关键的因素是要有与现代产业转型升级相匹配的人力资源,特别是具备丰富的现代产业人才作为支撑。江苏近年来在人才工作方面给予了更高的重视,各市区围绕人才引进纷纷出台各类人才优惠政策,并取得了较为显著的成果。然而引来人才只是人才工作的起点,人才进驻之后,如何让人才感觉值得留、能够留,还有赖于政府对人才生态环境的优化建设。习近平总书记曾指出,环境好,则人才聚、事业兴;环境不好,则人才散、事业衰。人才生态环境对人才发展至关重要,更关乎江苏产业的现代化发展。

开展人才生态建设研究有助于江苏发挥人才大省的最大优势。当前,摆在江苏省面前的首要工作,就是站高望远,从全国的大格局出发,做好江苏人才发展的顶层设计,积极努力履行"两争一前列"光荣使命,实现"六个显著提升"。开展人才生态建设研究,有助于深刻认识江苏人才新发展格局和人才循环的内涵和特征规律,推进人才高质量发展,坚持供给侧结构性改革主线,使人才再生产系统的生产、流通和使用诸环节形成衔接和循环。开展人才生态建设研究有助于江苏提升人才竞争力。随着我国推进高质量发展,关于人才争夺的影响范围已扩展至全国,各地人才政策改革红利不断释放,江苏在人才竞争方面遇到了新的困惑和瓶颈。

二、研究综述

研究人才生态环境首先对其重要性要有充分认识,关于这方面的认识,国外学者起步比国内学者早,最早可以追溯到1938年,且从研究学者的身份来看,绝大多数都集中于心理学角度出发做的研究,当时的德裔美国心理学家库尔特·勒温(Kurt. Lewin)提出了心理场的概念,人的行为受主体和环境双重影响,并随着自身和周边环境、空间变化而变化。之后,美国心理学家和管理专家费德勒提出了权变领导理论，社会心理学家马斯洛提出了需要层次理论，这些理论都从一个侧面证明了人才生态环境对人的发展具有非常重要的作用。国内学者王光玲从企业及组织发展的角度出发，认为一个企业要想引才和留才，前提是这个企业或组织内部拥有适合人才生存与发展的生态环境。李锡元、查盈盈指出一个地区对人才吸引力的强弱很大程度上取决于该地区的人才生态环境是否良好。无论从宏观层面或者微观层面，大到国家，小到企业，人才生态环境对地区或组织内部人才的流动、发展以及作用发挥等都是至关重要的，反过来看，人才自身发展进步也离不开良好的人才生态环境这一培育土壤。关于人才生态环境影响因素，国内外学者的研究涉及社会学、心理学、经济学等多个学科领域。Price通过连续性地研究人才流动性选择问题，结合期望理论和经济、社会、心理等多个学科视角，发现了人才在人才环境间的流动规律，并强调工作机会和满意度对人才流动起到重要作用。Jackson和Carr基于心理学和国际视角，系统分析了影响人才流动的原因，发现人才环境很大程度上决定了人才的流动，这其中经济、政治、职业、文化等因素影响较大。孙健、尤雯提出一个地区的产业若不能高度集聚，将对该地区的人才生态环境产生重大影响。李倩得出在影响人才聚集速度和程度方面，政策环境起到了决定性和根本性作用。顾然、商华认为员工素质、文化环境、物质环境、经济环境等因素是影响人才生态环境建设的重要因素。陈杰、刘佐菁、陈敏等在研究广东省人才环境对人才流动意愿影响的科技计划项目中发现，从流动意愿线性回归模型分析来看，政策环境、事业环境、团队环境、生活环境等人才环境因素对人才特别是高层次人才影响比较显著，这其中又以团队环境的影响效应最大。对如何认定良好人才生态环境的构建标准方面，学者们观点不尽相同。刘长明长期关注美国硅谷的发展历程，硅谷能够在几十年间获得高速发展，除了高技术的支撑，人才生态环境的营造很重要，特别是当地政府有针对性加强人才生态环境建设，围绕良好的人才生态环境标准，积极营造创新创业环境，加大了政府支持力度，优化了交通条件和文明人居环境。胡翔、李云、张文娟、李锡元等结合需求理论，把人才生态环境从高到低分为高级层次、社交层次、基本层次三个层次，判断一个地区人才生态环境优良与否，重点看城市环境是否得到持续改善，人才机制体制改革力度是否持续加大，知识产权是否得到充分保护。韩峰在研究城市人才环境问题中，从经济、生活、人口、自然、政策五个方面构建了一套评价标准，并通过定性与定量分析，得出影响一个城市人才环境是否良好的最核心评价标准是经济环境。在人才生态环境优化方面，Scott和Storper对20

世纪 80 年代高新技术崛起进行了研究，发现高新技术产业与人才集聚、人才生态环境优化成正比关系，深入分析后发现其中起到关键作用的是产业政策。张潇在评价鄱阳湖生态经济区人才生态环境中指出，改善当地人才生态环境需要营造良好的经济环境、和谐的社会环境、健康的政策环境和共生的生态环境。盛昔明认为人才生态环境竞争到最后，比的是谁的措施更有力，办法更扎实，特别是看谁能更加创新人才理念，保持环境的可持续性建设。王永桂认为，在影响我国人才环境中政府这只看得见的手不能置身事外，进一步优化人才生态环境，政府应该唱主角，扮演主要角色，发挥主要作用。应验在研究海南人才环境优化路径中提出要坚持市场化导向，发动更多的社会力量参与才能不断优化地区人才经济环境、生活环境和政策环境。古龙高、古璇认为生态性人才环境的优化目标就是要让人才智力得到充分集聚、人才机制建设充满活力、创业创新氛围高度活跃，人才服务实现便利优质。

综上所述，国内外对人才生态环境的研究已形成了较为成熟的体系，但以往的研究并未解答如何将体系与江苏新情况、新政策进行结合以服务江苏新实际。因此，还需针对当前实际状况和政策方向做出进一步研究。

本研究以高技术船舶产业链为例来开展人才生态建设研究，原因有以下四个：一是高技术船舶产业链是江苏省产业强链推动实现卓越提升的 10 条产业链之一，具备很强的代表性。二是围绕高技术船舶产业链展开人才生态建设研究，研究聚焦性强，且能够深入探究产业链人才生态建设状况和发展规划。三是高技术船舶作为"三高"产品，具有很好的应用需求和发展前景，开展高技术船舶产业链人才生态建设研究，将有利于促进该领域人才的引进和培养，能够尽早解决我国高技术船舶产业在基础技术和高技术领域存在较为突出的"卡脖子"问题。四是江苏作为全国前 TOP50 造船厂中造船厂数量最多的地区，围绕江苏高技术船舶产业链开展人才生态建设研究将极大促进江苏省高技术船舶产业链人才发展，也会填补我国在高技术船舶人才生态建设研究领域的空白。

三、高技术船舶产业链及人才生态界定

（一）人才生态理论基础

美国心理学家勒温提出过个人与环境关系的公式：$B = f(P, E)$。他认为，一个人所能创造的绩效（B）不仅与他的能力素质（P）有关，而且与其所处环境（E）有密切关系。生态学是研究生物个体与其环境相互作用的科学，也是一种认识论和方法论。而人才生态学是借用生态学的方法，来研究

人才与环境（自然环境、社会环境）关系的学问，目的在于通过优化生态环境，使资源得到充分利用，实现人才、群体、组织和环境系统的最大的生态功能。1979年，美国心理学家布朗·芬恩·布伦纳系统地将生态学知识引入人类行为研究，提出了生态系统理论。他认为个体嵌套在一系列相互作用的环境系统中，这些系统与个体相互作用，影响个体发展。布朗·芬恩·布伦纳的生态系统理论强调发展来自人与环境的相互作用和相互作用的过程确定了人类发展的路径，将人才生态系统划分为微、中、外以及宏四个层面的系统。此后，该理论被广泛应用于社会学、心理学和其他研究。

尽管布朗·芬恩·布伦纳提出了生态系统理论，但学术界对人才生态并没有形成一个统一明确的定义。国内关于人才生态系统以及人力资源生态系统的研究多聚焦在区域层面等宏观和中观的研究，在社会生态学领域，尤其是人力资源生态学和人才生态学领域，我国学者从概念构建与因素分析两个角度都进行了多方位的研究。相关学者提出人才生态系统的基本功能和特征是在保持自然与社会生态平衡的同时，达到人才的培养、知识与经济增值的最终目的。也有学者认为，人力资源生态系统是研究客体区域中各种类型的人力资源与周围的自然、社会环境共同组成的物质—能量—信息系统，并提出一个由人力资源要素、自然环境要素与社会环境要素共同组成完整的人力资源生态系统模型。目前我国的劳动力市场上仍以一般性劳动力为主体，然而企业却普遍缺少高端人才，尤其是在研发和设计领域，企业的人才需求呈递增状态。

（二）高技术船舶产业链

船舶制造属于复杂程度高、综合性强的大型装备制造产业，高技术船舶是其所生产的特殊产品。船舶作为流动国土相当于一个微缩、完整的海上城镇，在船上不但要实现各种专业化的作业功能，而且要保证船员的各项生活需求。因此，船舶工业除了总装制造外，还有庞大的配套体系，涉及大量复杂的设备和系统，如动力系统、机电系统、电子通信系统、专业化设备及系统等。当前世界船舶产业发展呈现三分天下的态势，中国、韩国、日本占据全球市场的主要份额。自2011年起，中国造船三大指标全部超越韩国，中国持续保持载重吨统计指标上的世界第一的位置。在选用载重吨作为计量标准的条件下，我国造船完工量新订单量以及手持订单量所占世界的份额长期保持在较高水平。目前我国已经具备除豪华邮轮以外几乎所有船型的建造能力。

高技术船舶产业链的构成要素包括节点和产业联系。产业链上的节点包括生产商/企业（供应商、成品商、经销商）、中介机构（行会、商会、金融机构、保险公司、运输机构、律师事务所、会计师事务所、信息中心和教育培训中心等）、研发机构（大学、研究所、中心）、规制机构（政府机构、检测与监督机构）、消费者等。

船舶产业链组成部分分析表见表1。

表1 船舶产业链组成部分分析表

序号	节点	主要内容	机构类型	功能
1	供应商	船用材料	船用材料、有色材料、油漆等	为船舶工业企业提供造船及配套相关材料
		船舶设备零配件	船用柴油机零件、甲板机械配件等	为船舶配套企业提供再配套产品，为造船厂售后服务维修提供所用相关零配件
		船舶设备	船舶主机、辅机、导航设备、甲板机械等	船舶设备制造是船舶产业链中一个非常重要的组成部分，它的发展状况、技术水平以及产品质量直接关系到整个造船业的综合实力和竞争实力
		船舶舾装件	船舶分段、船用门窗、梯等舾装等	舾装是指船下水后船内的机械、电气电子设备等的安装，直接影响船舶的建造质量
2	生产商	船舶造修	远洋船、内河船、修拆船等	根据客户要求和自身需要制造各种类型的船舶，修拆船则提供修船和拆船的服务
3	服务机构	船舶规划机构	政府机构、检测和监督机构等	政府根据市场和环境等需要制定各种支持船舶产业发展的政策和规划，船级社、船检、海事部门等检测和监督机构对生产和市场活动进行管理和规范
		船舶研发机构	大学、研究所、技术中心等	根据造船厂或者船东的要求为造船厂设计和提供船舶制造方案及造船用相关图纸，并负责船舶制造过程中的技术支持
		船舶中介机构	行会、商会、金融机构、运输机构、律师事务所、会计师事务所、信息中心和教育培训中心等	产业链中的中间环节，在供方和需方之间传递供求信息，起到桥梁和中介的作用
4	船东	船东	航运公司、经营租赁公司等	船舶产品的购买方，有可能是最终用户，也有可能是经营租赁公司，一半是航运公司

按照最终产品形成过程中的价值产生边界来划分，船舶行业产业链（见图1）最主要可分为船舶设计、船舶制造和船舶配套三个环节。

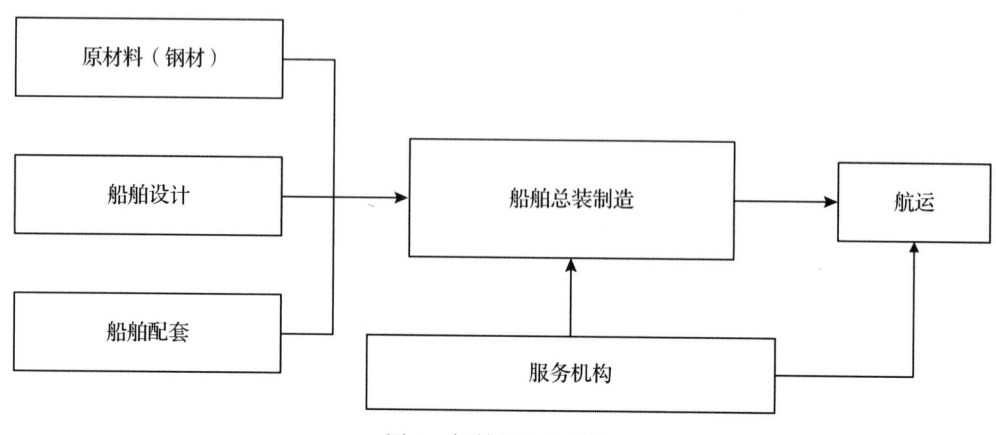

图 1 船舶行业产业链

（三）高技术船舶产业链人才生态概念界定

根据布朗·芬恩·布伦纳的生态系统理论，微系统是人才生态系统的最内层，这包含两方面的含义：一是微系统是人才最直接接触的生态环境，二是人才产生的影响也会直接作用于微系统。人才生态微系统的主要代表为企业、车间等办公工作环境。中系统是由人才生态系统中各微系统向上所组成的更大系统，指的是各微系统之间的联系或相互作用关系。在产业链中，中系统是由产业链上中下游企业的微系统所组成的。外系统是人才未直接参与，但对人才发展产生间接影响的系统。在产业链中，外系统指的是服务机构这些未直接参与产业链，但却对产业链发展起到重要作用的系统。从系统组成来讲，外系统也是由不同微系统所组成的，与中系统的不同之处仅在于是否直接参与产业链，因此，可以将外系统划在中系统范围内。宏系统是人才所处的整个社会环境，包括政治、经济、文化、社会和科学等各个方面，是一种广阔的意识形态。

布朗·芬恩·布伦纳生态系统理论模型如图 2 所示。

根据布朗·芬恩·布伦纳的生态系统理论，结合高技术船舶产业链结构，对高技术船舶产业链人才生态系统进行进一步界定。本研究认为人才生态系统是指人才本身与环境生态系统交互作用而构成的有机复合系统，但根据产业链及其环境的层级，对中系统与外系统进行合并处理，将高技术船舶产业链的人才生态划分为企业微观人才生态系统、产业链中观人才生态系统和区域宏观人才生态系统系统，如图 3 所示。

企业微观人才生态系统作为人才生存与发展的多维空间载体，也是构成产业链中观人才生态系统、区域宏观人才生态系统的最基本单位。企业人才生态系统已经演变成为企业之间综合实力竞争的重要工具，对于企业人才生

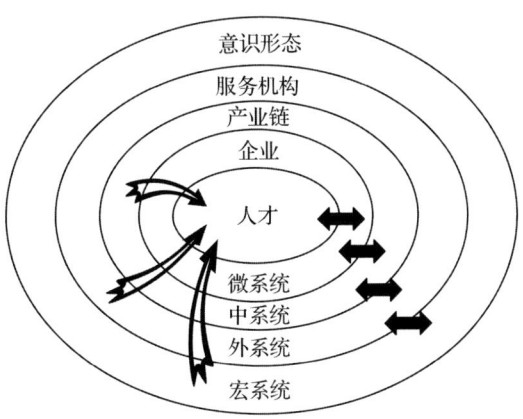

图 2 布朗·芬恩·布伦纳生态系统理论模型

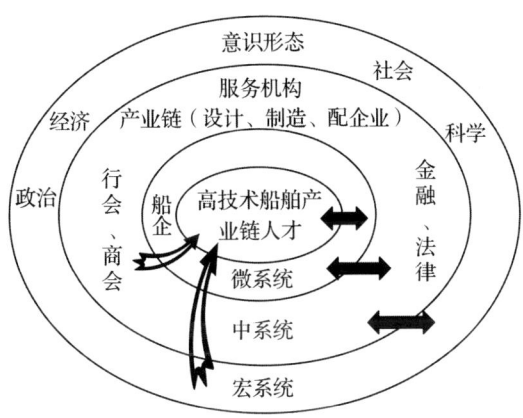

图 3 基于生态系统理论的高技术船舶人才生态环境基本模型

态系统的客观评价与适度调整,能够帮助企业迅速在快速变化的市场中占据主动位置,为企业的人才战略政策制定提供建议。对企业人才生态系统进行层层分解可以发现,高素质人才是这一有机系统的核心,为系统的持续有效运行提供活力;居于中间层次的要素是组织能力,它是有效激励员工、将员工与环境紧密契合的纽带;区域环境是居于最外层的因素,将员工与组织包含在各种客观条件内,其影响作用同样不可忽视。

产业链中观人才生态系统是由产业链上企业微系统环境之间的相互联系和彼此作用。因此,我们将服务机构等外系统归属于中系统。布朗·芬恩·布伦纳认为,如果微系统之间有较强的、积极的联系,发展可能实现最优化。相反,微系统间的非积极联系会产生消极后果。在产业链人才生态中,产业链上下游的强联系和协调发展能够影响人才对所处产业环境的适应度和舒适度,进而影响人才工作的积极性和工作绩效。因此,良好的产业链人才生态对培养和发展人才具有重要意义。

人才与区域宏观环境的相互作用是客观存在的。但这一作用主要体现在区域宏观环境对人才日常生活、工作动机、创新思维、工作条件的影响等。区域宏观环境对人才价值创造的影响虽然大多并不是直接施加的,但却由于其可能影响人才日常生产生活的方方面面而越来越受到重视。人才对区域宏观环境的贡献主要体现在其为企业创造的价值最终流入社会,且人员变动也会对区域的人才政策环境产生影响。产业链与区域宏观环境的关系也十分密切。产业链的发展风向和供应链模式在某些程度上直接受到政策环境影响,如政策变动、区位环境变化、行业风向变动等。而企业则是以整体组织的形式显现在区域环境中,因此,企业的价值创造、价值评价和价值分配环境必然受到区域宏观环境制约。所以,必须将区域宏观环境作为企业微观人才生态系统和产业链中观人才生态系统的最外层影响因素加以研究。同时,企业和产业链对区域宏观环境有不可否认的贡献,如优化区域要素环境、维护区域文化环境、支持区域宏观环境等,三者相互依存,密不可分。

四、江苏高技术船舶产业链人才生态现状研究

(一)构建高技术船舶产业链人才生态环境指标体系

1. 评价指标体系设计

(1)企业微观人才生态环境

企业是除生活环境外人才和周围环境产生交互作用最多也是最大的场所,是最关键的人才发展生态环境。企业作为微观人才生态系统的载体,其对人才发展影响主要体现在引才和用才两个方面。引才就是能够"引进来",即企业能够在需要人才时,通过招聘、猎头等手段吸引外来人才,从而助推企业发展;用才就是能够"留得住,用得好",即企业能够充分发掘企业内的人才的潜力和活力,做到人尽其用,人尽其才。张红霞等认为,影响企业微观人才生态环境系统的因素应包括企业文化、人力资源管理制度、管理者特质和员工关系四个方面,本研究采用以上观点作为企业微观环境的评价指标体系。

①企业文化。该指标是企业微观环境系统的核心指标,决定了企业的整体环境,并对人才在企业的去留起到一定的主导作用。

②人力资源管理制度。人力资源管理制度体现的是企业对人才的引进、培养、激励和管理机制,是人才对企业展开评判的直接载体。

③管理者特质。根据盖洛普路径,领导者个人特质及其领导风格决定了

员工工作效率和绩效，是企业微观环境系统的重要指标。

④员工关系。员工关系是人才与企业环境其他人员交互的结果，代表人才对环境的交互积极性以及对企业环境的舒适满意度，且由于其固有的社会性会对人才集聚产生影响。

（2）产业链中观人才生态环境

毛冠凤从我国中部和东部选取出四个城市，围绕人才流动意愿展开对比研究，认为产业链的经济环境和生活环境是影响人才流动的主要环境因素。本研究在毛冠凤研究的基础上，结合当前发展形势，加入了产业链科技环境和政策环境因素，完善了产业链中观人才生态环境系统。

①经济发展。人才流动的推拉理论表明，经济因素是影响人才流动意愿的最重要因素。本研究所讲的产业链经济环境指标主要包括船厂数量、高技术船舶成交新船订单、从业人员数量和质量。

②科技实力。高技术船舶作为"三高"产品，具有创新性高、技术密集、制造复杂等显著的特征，良好的科技环境更有利于产业链可持续发展，释放人才创新活力，降低研发制造阻碍。产业链科技环境包括专利申请和技术标准。

③政策质量。与企业人才政策不同，产业链人才政策涉及范围更广，影响程度更深。良好宽松的人才政策是产业链人才可持续供给的保障，这是因为良好宽松的人才政策不仅能够提升对外来人才的吸引力，而且能够进一步释放现有人才活力，激发其创造力。人才政策包括人才引进、人才培养、人才激励、人才流动、人才评价和人才保障等政策工具。

④社会保障。舒适的生活环境、便捷的交通设施、先进的教育体系、稳定的社会治安和完善的基础配套设施是人才追求事业发展的前提。产业链的生活环境包括产业链的生活配套设施，主要包括居住条件、交通条件、休闲娱乐条件、饮食条件、治安环境、购物环境、子女教育环境7个方面。

（3）区域宏观人才生态环境

根据人才生态模型，区域宏观环境是人才生态环境的外围，是包括人才、企业和产业链三者在内共同的基础环境。根据李锡元、顾然等学者对区域人才生态环境的研究，本研究选取经济环境、社会环境、文化科技环境、政策环境和自然环境五个方面构建区域宏观人才生态环境系统。

①经济环境。经济发展水平是人口流动最重要的影响因素，在人才生态环境中影响作用显著。经济环境指标由区域人均GDP、第三产业占GDP比重组成。

②社会环境。良好的生活环境不仅能够提升人才对生活的热情，而且能够增强区域对人才的吸引力。生活环境由居民人均可支配收入、公共图书馆数量、基本养老保险覆盖率、每万人拥有的病床数、商品房平均价格组成。

③文化科技环境。文化科技环境代表区域的创新能力、科技水平以及对科技发展的重视度。文化科技环境由以下指标构成：财政支出中教育经费所占比重、财政支出中科学技术经费所占比重、科学研究与开发机构数、高校科研院所数量、有研发活动的企业数、万人大专以上学历人数。

④政策环境。政策环境反映的是政府对人才重视程度，是人才对区域发展前景进行评判的主要依据。区域能够根据自身产业结构吸引人才、培养人才、保留人才，政策制度发挥重要作用。政策环境可以从人才政策制定规模和执行反馈情况来衡量。

⑤自然环境。自然环境因素对人才生态环境的作用影响方式与生活和社会环境因素相仿，为保证评价体系完善性而加入此指标。自然环境由城市空气质量二级以上天数所占比重、人均绿地面积组成。

综上所述，人才不仅是企业组织环境的参与者，而且是产业链和区域环境的参与者，本研究从企业微观、产业链中观、区域宏观三个层面来研究高技术船舶产业链人才生态环境。高技术船舶产业链生态环境评价指标体系及权重见表2。

2. 确定权重

为科学、全面地反映江苏沿海地区高技术船舶产业链人才生态环境发展程度和水平，本研究在上述原则的指导下，以管理学、经济学、社会学为基础，借鉴国内外学者对科技人才评价的研究成果，以生态系统理论为基础，以高技术船舶产业链人才生态基本模型为框架，将人才生态划分为宏观、中观、微观三个层面，同时参考顾然、李锡元、孙会、张红霞等开发的评价指标体系，结合高技术船舶产业链人才特征，构建一套基于生态系统理论的人才生态环境评价指标体系。

高技术船舶产业链人才评价指标体系是一个多视角、多层面的系统。在该体系中，应通过指标权重来体现各个指标的功能和重要性的不同，因此运用专家打分法，邀请高技术船舶及其上下游相关企业中高层人员以及企业管理方面的专家学者等共15名专家对指标权重进行评判。

在企业微观人才生态环境指标中，多数专家认为对人才发展起到主要影响在于企业内部的人员关系处理，其次才是文化制度的影响。具体排序为：

领导者素质>人资制度>员工关系>企业文化。

在产业链中观人才生态环境指标中，专家认为高技术船舶作为"三高"产品，结合高技术船舶产业链对人才高技能、高技术、高层次的需求特征以及人才对优势产业的趋向性，产业链的科技发展和经济发展环境更能够为高技术船舶产业链营造出良好的人才生态。而相比于社会保障对人才物质生活环境的影响，政策质量更能影响人才对该产业链就业的选择和未来发展的规划。具体排序为：科技实力>经济发展>政策质量>社会保障。

在区域宏观人才生态环境指标中，专家认为相比于产业链经济发展对人才发展的影响，人才对宏观区域的经济发展要求较低，而更加关注区域内的文化科技和社会环境。其主要原因在于，宏观环境作为人才发展的外围环境，也是人才生活和工作的基础，良好的文化科技和社会环境能够为人才提供更舒适安定的感觉，更利于人才实现自身价值和发展规划。具体排序为：文化科技>社会环境>政策环境>经济环境>自然环境。最后通过计算得表2的各指标权重。

表2　　　　高技术船舶产业链人才生态评价指标体系及权重

评价对象	一级指标	二级指标	三级指标	权重
江苏高技术船舶产业链人才生态环境 A	企业微观人才生态环境 B1 (0.1)	文化制度 C1 (0.03)	企业文化 D1	0.014
			人力资源管理制度 D2	0.022
		人员关系 C2 (0.04)	领导者素质 D3	0.025
			员工关系 D4	0.015
	产业链中观人才生态环境 B2 (0.37)	经济发展 C3 (0.18)	企业船厂数量 D5	0.049
			企业高技术船舶成交新船订单 D6	0.06
			从业人员数量和质量 D7	0.048
		科技实力 C4 (0.21)	高技术船舶产业链专利申请 D8	0.059
			高技术船舶产业链开放度 D9	0.055
		政策质量 C5 (0.06)	人才政策质量 D10	
		社会保障 C6 (0.03)	居住条件、交通条件、休闲娱乐条件、饮食条件 D11	0.015
			治安环境、购物环境、子女教育环境 D12	0.023

续表

评价对象	一级指标	二级指标	三级指标	权重
江苏高技术船舶产业链人才生态环境 A	区域宏观人才生态环境 B3 (0.53)	经济环境 C7 (0.06)	人均国内生产总值（GDP）D13	0.046
			第三产业占 GDP 比重 D14	0.04
		社会环境 C8 (0.13)	居民人均可支配收入 D15	0.043
			基本养老保险覆盖率 D16	0.031
			公共图书馆数量 D17	0.026
			每万人拥有病床数 D18	0.028
			商品房平均价格 D19	0.017
		文化科技 C9 (0.15)	政府支出中教育经费所占比重 D20	0.038
			财政支出中科学技术经费所占比重 D21	0.048
			科学研究与开发机构数 D22	0.042
			高校科研院所数 D23	0.041
			有 R&D 活动的企业数 D24	0.042
			万人大专以上学历人数（%）D25	0.06
		政策环境 C10 (0.1)	人才政策数量 D26	0.057
			政策执行情况 D27	0.041
		自然环境 C11 (0.01)	城市空气质量二级以上天数所占比重 D28	0.009
			人均绿地面积 D29	0.006

（二）江苏高技术船舶产业链人才生态环境评价分析

本研究采用模糊综合评价法来对江苏高技术船舶产业链人才生态环境进行评价。模糊综合评价法是一种基于模糊数学的综合评价方法，是根据模糊数学的隶属度理论把定性评价转化为定量评价，即用模糊数学对受到多种因素制约的事物或对象做出总体评价。它具有结果清晰、系统性强等特点，能较好地解决模糊、难以量化的问题，适用于解决各种非确定性问题。

1. 确定江苏高技术船舶产业链人才生态环境等级集

等级集是评价江苏高技术船舶产业链人才生态环境等级组成的集合，本研究将高技术船舶产业链人才生态环境等级分为 5 级：V1（差）、V2（较差）、V3（一般）、V4（较好）、V5（好）。

2. 确定模糊综合评判矩阵

因素集 U 分为 3 层：

第一层为 $U = \{B1, B2, B3\}$

第二层为 $U_1 = \{C1, C2\}$；$U_2 = \{C3, C4, C5, C6\}$；$U_3 = \{C7, C8, C9, C10, C11\}$

第三层为 $u_1 = \{D1, D2\}$；$u_2 = \{D3, D4\}$；$u_3 = \{D5, D6, D7\}$；$u_4 = \{D8, D9\}$；$u_6 = \{D11, D12\}$；$u_7 = \{D13, D14\}$；$u_8 = \{D15, D16, D17, D18, D19\}$；$u_9 = \{D20, D21, D22, D23, D24, D25\}$；$u_{10} = \{D26, D27\}$；$u_{11} = \{D28, D29\}$

指标权重确定后，对高技术船舶产业链企业中高层人员以及企业管理方面的专家学者等15名专家进行调查，由各位专家根据自身经验和理论实践对各层级人才环境指标进行投票，调查结果见表3。

表3　　　　　　江苏高技术船舶产业链人才生态环境调查结果

三级指标	V1（差）	V2（较差）	V3（一般）	V4（较好）	V5（好）
D1			3	5	7
D2		1	3	7	4
D3		2	3	3	7
D4		1	4	8	2
D5		1	9	2	3
D6		3	8	2	2
D7		1	2	4	8
D8			4	8	3
D9		1	2	5	7
D10		3	1	10	1
D11		1	2	8	4
D12			2	11	2
D13			4	5	6
D14		4	6	3	2
D15			2	9	4
D16			2	4	9
D17			5	9	1
D18			1	5	9
D19		3	4	4	4
D20			3	3	9
D21			3	6	6
D22			3	5	7
D23			2	10	3
D24		2	6	4	3

续表

三级指标	V1（差）	V2（较差）	V3（一般）	V4（较好）	V5（好）
D25		1	6	7	1
D26			2	4	9
D27			4	6	5
D28			2	8	5
D29			4	8	3

根据 $r_{ijk}=m_{ijk}/n$（$k=1,2,3,\cdots,29$），得出对高技术船舶产业链人才生态的综合评判，见表4。其中，r_{ijk} 表示指标的隶属度，m_{ijk} 表示有 m_{ijk} 个人在评价等级 V_k 上面投票，n 表示评价主体的数量，本研究中 $n=15$。

表4　　江苏高技术船舶产业链人才生态环境综合评判

三级指标	V1（差）	V2（较差）	V3（一般）	V4（较好）	V5（好）
D1	0.000 0	0.000 0	0.200 0	0.333 3	0.466 7
D2	0.000 0	0.066 7	0.200 0	0.466 7	0.266 7
D3	0.000 0	0.133 3	0.200 0	0.200 0	0.466 7
D4	0.000 0	0.066 7	0.266 7	0.533 3	0.133 3
D5	0.000 0	0.066 7	0.600 0	0.133 3	0.200 0
D6	0.000 0	0.200 0	0.533 3	0.133 3	0.133 3
D7	0.000 0	0.066 7	0.133 3	0.266 7	0.533 3
D8	0.000 0	0.000 0	0.266 7	0.533 3	0.200 0
D9	0.000 0	0.066 7	0.133 3	0.333 3	0.466 7
D10	0.000 0	0.200 0	0.066 7	0.666 7	0.066 7
D11	0.000 0	0.066 7	0.133 3	0.533 3	0.266 7
D12	0.000 0	0.000 0	0.133 3	0.733 3	0.133 3
D13	0.000 0	0.000 0	0.266 7	0.333 3	0.400 0
D14	0.000 0	0.266 7	0.400 0	0.200 0	0.133 3
D15	0.000 0	0.000 0	0.133 3	0.600 0	0.266 7
D16	0.000 0	0.000 0	0.133 3	0.266 7	0.600 0
D17	0.000 0	0.000 0	0.333 3	0.600 0	0.066 7
D18	0.000 0	0.000 0	0.066 7	0.333 3	0.600 0
D19	0.000 0	0.200 0	0.266 7	0.266 7	0.266 7
D20	0.000 0	0.000 0	0.200 0	0.200 0	0.600 0
D21	0.000 0	0.000 0	0.200 0	0.400 0	0.400 0
D22	0.000 0	0.000 0	0.200 0	0.333 3	0.466 7
D23	0.000 0	0.000 0	0.133 3	0.666 7	0.200 0

续表

三级指标	V1（差）	V2（较差）	V3（一般）	V4（较好）	V5（好）
D24	0.000 0	0.133 3	0.400 0	0.266 7	0.200 0
D25	0.000 0	0.066 7	0.400 0	0.466 7	0.066 7
D26	0.000 0	0.000 0	0.133 3	0.266 7	0.600 0
D27	0.000 0	0.000 0	0.266 7	0.400 0	0.333 3
D28	0.000 0	0.000 0	0.133 3	0.533 3	0.333 3
D29	0.000 0	0.000 0	0.266 7	0.533 3	0.200 0

3. 高技术船舶产业链人才生态环境模糊综合评判

（1）江苏高技术船舶产业链人才生态环境模糊综合评判

根据上述所确定的三级指标权重和江苏高技术船舶产业链人才生态环境模糊综合评判隶属矩阵，对三级指标进行评判，计算公式为：三级指标权重×评判隶属矩阵，所得二级指标评价向量见表5。

表5　江苏高技术船舶产业链人才生态环境二级指标评价结果

二级指标	V1（差）	V2（较差）	V3（一般）	V4（较好）	V5（好）
C1	0.000 0	0.001 5	0.007 2	0.014 9	0.012 4
C2	0.000 0	0.004 3	0.009 0	0.013 0	0.013 7
C3	0.000 0	0.019 6	0.074 7	0.030 5	0.049 1
C4	0.000 0	0.003 2	0.019 5	0.042 1	0.032 2
C6	0.000 0	0.001 0	0.005 1	0.024 9	0.007 1
C7	0.000 0	0.010 7	0.023 3	0.028 3	0.023 7
C8	0.000 0	0.003 4	0.024 9	0.063 5	0.053 1
C9	0.000 0	0.009 6	0.071 9	0.107 3	0.082 2
C10	0.000 0	0.000 0	0.018 5	0.031 6	0.047 9
C11	0.000 0	0.000 0	0.002 8	0.008 0	0.004 2

表5是由11个二级指标评价向量所组成的矩阵，由二级指标评价向量和二级指标确定权重向上推导一级指标评价向量，计算公式为：二级指标权重×二级指标评价矩阵，所得一级指标评价向量见表6。

表6　江苏高技术船舶产业链人才生态环境一级指标评价结果

一级指标	V1（差）	V2（较差）	V3（一般）	V4（较好）	V5（好）
B1	0.000 0	0.000 2	0.000 6	0.001 0	0.000 9
B2	0.000 0	0.016 2	0.021 7	0.055 1	0.019 8
B3	0.000 0	0.002 5	0.017 6	0.029 0	0.025 5

第一层为 $U = \{B1, B2, B3\}$，权重 $A = \{0.1, 0.27, 0.53\}$，根据一级指标评价向量和权重，计算得出江苏高技术船舶产业链人才生态环境综合评价向量 A。

$$A = BR = (0.1, 0.27, 0.53) \begin{bmatrix} 0 & 0.0002 & 0.0060 & 0.0010 & 0.0009 \\ 0 & 0.0162 & 0.0217 & 0.0551 & 0.0198 \\ 0 & 0.0025 & 0.0176 & 0.0290 & 0.0255 \end{bmatrix}$$

$= (0.0000, 0.0074, 0.0174, 0.0358, 0.0209)$

（2）上海高技术船舶产业链人才生态环境模糊综合评判

本研究选择同属长三角地区且高技术船舶产业发展突出的上海作为参考，为与江苏地区高技术船舶产业链人才生态环境进行对比分析，以求更好地发现江苏高技术船舶产业链人才生态环境所存在的不足。重复上述操作，得到上海高技术船舶产业链人才生态环境各级指标评价向量和其综合评价向量。具体见表7和表8。

表7　上海高技术船舶产业链人才生态环境二级指标评价结果

二级指标	V1（差）	V2（较差）	V3（一般）	V4（较好）	V5（好）
C1	0.00000	0.00000	0.00813	0.01253	0.01533
C2	0.00000	0.00167	0.00867	0.01300	0.01667
C3	0.00000	0.00000	0.02680	0.05073	0.09647
C4	0.00000	0.00000	0.01613	0.03233	0.04853
C6	0.00000	0.00253	0.00407	0.01267	0.01873
C7	0.00000	0.00000	0.01067	0.02600	0.04933
C8	0.00227	0.00567	0.02227	0.04147	0.07333
C9	0.00000	0.00000	0.03493	0.11000	0.12607
C10	0.00000	0.00000	0.01580	0.03160	0.05060
C11	0.00000	0.00000	0.00620	0.00640	0.00240

表8　上海高技术船舶产业链人才生态环境一级指标评价结果

一级指标	V1（差）	V2（较差）	V3（一般）	V4（较好）	V5（好）
B1	0.00000	0.00007	0.00059	0.00090	0.00113
B2	0.00000	0.00008	0.01633	0.03230	0.06412
B3	0.00029	0.00074	0.01042	0.02667	0.03649

综合评价向量，$A = BR = (0.1, 0.27, 0.53)$

$\begin{bmatrix} 0.00000 & 0.00007 & 0.00059 & 0.00090 & 0.00113 \\ 0.00000 & 0.00008 & 0.01633 & 0.03230 & 0.06412 \\ 0.00029 & 0.00074 & 0.01042 & 0.02667 & 0.03649 \end{bmatrix} = (0.000156, 0.000425,$

0.011 623，0.026 179，0.043 175)

综上所述，上海、江苏高技术船舶产业链人才生态环境模糊综合评判结果见表9。

表9 　上海、江苏高技术船舶产业链人才生态环境模糊综合评价结果

等级 地区	V1（差）	V2（较差）	V3（一般）	V4（较好）	V5（好）
江苏	0.000 000	0.007 363	0.017 411	0.035 850	0.020 934
上海	0.000 156	0.000 425	0.011 623	0.026 179	0.043 175

（三）评价结果

1. 企业微观人才环境

通过上述对上海、江苏高技术船舶产业链人才生态环境一级指标评价的分析，按照最大隶属度原则，其中江苏企业微观人才环境评价结果中数据最大的是0.001 0，所对应的等级为V4＝较好，即江苏高技术船舶产业链人才生态环境中企业微观层面的建设状况较好。同理可知，上海企业微观人才环境评价结果中最大值为0.001 13，所对应等级为V5＝好，即上海高技术船舶产业链人才生态环境中企业微观层面的建设状况比江苏高出一个等级。

由于$B1=\{C1，C2\}$，从企业微观人才环境所属二级指标的评价结果可知（见表5、表7），江苏企业微观人才环境中文化制度（C1）评价结果最大值为0.014 9，等级为V4＝较好；人员关系（C2）评价结果最大值为0.013 7，等级为V5＝好，这表示江苏在文化制度和员工关系方面均有较好的优势，且员工关系方面优势明显。上海企业微观人才环境中文化制度（C1）评价结果最大值为0.015 33，员工关系（C2）评价结果最大值为0.016 67，等级均为V5＝好，表示上海在文化制度和员工关系方面均表现突出。此外，上海员工关系最大值要高于江苏，0.016 67＞0.013 7，这表示尽管两地员工关系均为V5等级，但上海人才素质仍略好于江苏。

2. 产业链中观人才环境

江苏产业链中观人才生态环境评价结果中数据最大的是0.055 1，所对应的等级为V4＝较好，即江苏高技术船舶产业链中观人才生态环境的建设状况较好。上海产业链中观人才生态环境评价结果中最大值为0.064 12，所对应等级为V5＝好，即上海高技术船舶产业链中观人才生态环境的建设状况良好。

$B2=\{C3，C4，C5，C6\}$，但因为产业链政策质量（C5）仅有一个指标，所以没有对其进行评价。从产业链中观人才环境所属二级指标的评价结果可知（见表5、表7），江苏产业链中观人才环境中产业链经济发展（C3）评价

结果最大值为 0.074 7，等级为 V3；产业链科技实力（C4）评价结果最大值为 0.042 1，等级为 V4；产业链社会保障（C6）评价最大值为 0.024 9，等级为 V4，这表示江苏在产业链中观层面中的经济环境表现一般，而科技环境、社会环境方面均有较好的优势。上海产业链中观人才环境中产业链经济发展（C3）评价结果最大值为 0.096 47，等级为 V5；产业链科技实力（C4）评价结果最大值为 0.048 53，等级为 V5；产业链社会保障（C6）评价最大值为 0.018 73，等级为 V5，这表示上海在产业链中观层面中的经济环境、科技环境、社会环境方面均有明显优势。

通过对比分析可知，在产业链中观人才环境方面，上海在经济环境、科技环境、社会环境等方面全面优于江苏，特别是在高技术船舶产业链经济环境方面，江苏与上海差距较为明显。

3. 区域宏观人才环境

江苏区域宏观人才生态环境评价结果中数据最大的是 0.029 0，所对应等级为 V4＝较好，即江苏高技术船舶产业链人才生态环境的建设状况较好。上海区域宏观人才生态环境评价结果中最大值为 0.036 49，所对应等级为 V5＝好，即上海高技术船舶区域宏观人才生态环境的建设状况良好。

$B3 = \{C7, C8, C9, C10, C11\}$，江苏区域宏观人才环境中，经济环境（C7）评价结果最大值为 0.028 3，等级为 V4；社会环境（C8）评价结果最大值为 0.063 5，等级为 V4；文化科技环境（C9）评价最大值为 0.107 3，等级为 V4；政策环境（C10）评价结果最大值为 0.047 9，等级为 V5；自然环境（C11）评价结果最大值为 0.008 0，等级为 V4。上述分析表示江苏在区域宏观层面中的经济环境表现一般，而社会环境、文化科技环境、自然环境方面均有较好优势，在政策环境方面具有突出优势。上海区域宏观人才环境中经济环境（C7）评价结果最大值为 0.049 33，等级为 V5；社会环境（C8）评价结果最大值为 0.073 33，等级为 V5；文化科技环境（C9）评价最大值为 0.126 07，等级为 V5；政策环境（C10）评价结果最大值为 0.050 60，等级为 V5；自然环境（C11）评价结果最大值为 0.006 40，等级为 V4。上述分析表示上海在区域宏观层面中的经济环境、社会环境、文化科技环境、政策环境方面均有明显优势，但在自然环境方面表现稍显不足。

通过对比分析可知，在区域宏观人才环境方面，上海在经济环境、社会环境、文化科技环境等方面全面优于江苏。在政策环境方面，江苏表现虽稍落后于上海，但二者表现均良好。而在自然环境方面，江苏实现了反超上海，但仍有较大的进步空间。

4. 人才生态环境综合评价

江苏高技术船舶产业链人才生态环境模糊综合评价结果中数据最大值为 0.035 850，所对应的等级为 V4＝较好，即江苏高技术船舶产业链人才生态环境的建设状况较好。上海高技术船舶产业链人才生态环境模糊综合评价结果中最大值为 0.043 175，所对应等级为 V5＝好，即上海高技术船舶产业链人才生态环境的建设状况较好。

通过模糊综合评价可知，江苏高技术船舶产业链人才生态环境模糊综合评价结果与上海相比仍存在一定差距，企业微观人才环境、产业链中观人才环境、区域宏观人才环境均劣于上海，应在每一个方面都加强建设，才能吸引留住高技术船舶产业链人才，实现江苏高技术船舶产业链可持续发展。

（四）江苏高技术船舶产业链人才生态建设不足分析

1. 高技术船舶产业链企业内部人才战略有待深化

一是尚未树立起准确的用人理念。在高技术船舶产业链企业发展过程中，由于企业性质和国家支持的因素，或许会注重人才的招聘及选拔工作；然而，在具体的产业链人才培养、引进方面却不愿投入较多的资金，导致企业人才队伍陷入停滞不前的困境，无法从根本上发挥人才的积极作用。在企业中即使会组织职员培训活动，也仅仅是"师傅带徒弟"的方式，如此则难以加强职员的综合工作能力。当前，部分船舶制造企业为了能够更好地挽留人才而采取扣留薪资或延迟发薪资的形式，然而如此的形式起到"适得其反"的作用，导致企业人才大量外流。二是人才管理缺少规范化。高技术船舶产业链企业在针对职员开展管理时，采取的管理方法显得较为盲目及随意，企业管理机制仍需进一步健全。例如，在职员录用及升职方面或许会由于受人情关系的影响而被录用或者升职，而并非是考察职员自身的能力及其工作绩效。此外，业绩考评缺少对各个岗位技能的指标需求等，也需进一步完善相关制度。三是人才激励体系仍不成熟。在高技术船舶产业链企业缺少成熟的激励体系，无法全面发挥激励体系的作用。例如，奖励不公正或者克扣员工奖金等现象对高技术船舶产业链，特别是制造环节人才的积极性有巨大的负面影响，进而严重阻碍高技术船舶产业链企业快速、稳定发展。

2. 高技术船舶产业链人才职业教育有待完善

一是高技术船舶产业链人才数量不足且结构不合理。当前，江苏省虽然已是造船大省，但归根结底还是"人海战术"，专职高端人才紧缺是不可忽视的核心因素。高技术船舶产业链是以传统船舶产业链为基础，其人才也多是传统船舶产业链人才，高技术船舶所需求的创新人才、设计人才、技能人才数量少且人才结构不合理，由于产业链特性，人才多集中于生产制造环节，产业链两端人才较少且高端人才更是匮乏，人才发展可塑性相对来说比较小，这对提升产业链档次、提高创新能力、推进产品升级等均带来了不利影响。二是产业链人才专业素质较低。2008年前，船舶专业技能人才的需求旺盛，很多学校开设船舶类专业，但是，近几年船舶行业不景气后，不少学校停办了船舶类专业，高技术船舶产业链也受到很大影响。目前江苏省现有的几家开设船舶专业的学校，每年招生数在逐步下降，造成高技术船舶产业链乃至船舶产业链人才素质出现下滑。高技术船舶作为"三高"产品，其生产制造对信息化、精细化管理要求更高，产业链人才技术水平、职业素质会直接牵制产品质量和生产效率。三是教学内容相对滞后。当前，船舶智能制造涉及生产现场网络化、生产过程数字化、产品质量管控三个方面，包括船体设计与制造、船舶机械、焊接、船舶电气、船舶动力、船舶舾装等多个方面。目前，在船舶类职业院校中各个专业的独立性很强，如船体设计与制造、船舶机械、船舶电气、船舶动力专业分别归属于船舶工程系、机械工程系、机电工程系、动力系，几个专业自成孤岛，而且涉及的信息化、自动化的知识和技能不多。2005年开始，信息技术开始在课堂中普及，数字化造船进入课堂，但是，信息化、智能化在船舶类专业课程中并未形成体系，也缺乏统一的标准。中国要从造船大国到造船强国，江苏要从造船大省到造船强省，智能造船的复合性技能人才非常稀缺。

3. 高技术船舶产业链人才生态开放性和异质性有待提升

一是国外人才资源未得到充分利用。高技术船舶产业链企业因企业性质原因，对国外高技术船舶产业链人才多采用的是指导不生产的方式，尤其在高技术船舶生产制造环节最显著，人才生态的封闭性和排外性限制了江苏引进海外高层次高技术船舶产业链人才。此外，留学生在华从事高技术船舶产业链工作的门槛相对较高，在华接受学历教育70%以上的本专科学历外国留学生不能获得工作许可，这部分人力资源未能得到充分利用。二是高技术船舶产业链人才的专业背景、文化背景趋同。高校在招生方式、学科和专业设置、培养模式等方面趋同，导致自主培养的学生专业素质趋同，差异性小；此外，在苏常住外籍人员总量相对于人口总量而言占比太低，其中的外籍高技术船舶产业链人才占比更低，人才生态的文化背景（如人种、国籍等）趋同，多样性不够。三是高技术船舶产业链人才生态调整优化不够。例如，人才引进政策更多关注知识生产者集群的高层次人才，对产业链所急需的知识扩散者集群的科技中介人才、知识应用者集群的高技能人才关注不够；高技术船舶产业链中的设计人才、技术创新人才、科技中介人才、高技能人才、航运人才教育培养制度有待改革，需培养更符合市场需要的设计人才、技术创新人才、中介人才、高技能人才和航运人才等。

五、江苏高技术船舶产业链人才生态建设路径

结合国内外人才生态建设经验和江苏省人才生态现状，运用产业链发展和人才生态发展理论，从顶层设计、要素供给、服务保障等方面，探讨江苏产业链人才生态建设路径和策略。

1. 健全产业链人才生态培养机制

构建产业链人才培养实践项目知识库，完善产业链人才培养实践教育基地。提高实践能力是现代高校人才培养的重要内容，江苏省应创新高校教育教学内容，建立实践项目知识库，企业可以将自身生产中遇到的问题充实到实践项目知识库，高校师生根据现有的知识储备在教学实践中寻求解决方案。要以产业链创新联盟为依托，加强高校与联盟内企业的联系与合作，通过联合建立校外实习基地、工程实践教育中心等，完善高校校内外创新实践教育体系，为高校学生开展专业实习、生产实习、毕业实习等提供有力的载体和平台，协助高校顺利完成各项教学任务。同时，在产业链创新联盟的平台作用下，联盟成员要本着资源共享、优势互补、互利双赢的原则，以区域特色产业经济为重点，以提高大学生创新意识和实践能力为根本，整合优化一切可利用的资源，完善产业链人才培养机制，产业链人才培养模式，加快建立集理论讲授、技术研发、中试、成果转化与商业化于一体的高校校外学生实践实习基地。

教育链、产业链与人才链、创新链的有机衔接。《国务院办公厅关于深化产教融合的若干意见》提出，深化产教融合，促进教育链、人才链、产业链等有机衔接，是当前推进人力资源供给侧结构性改革的迫切要求。江苏省应该以产业转型升级为需求导向，围绕创新型人才培养、关键技术突破和技术产业化等目标，推进教育链、创新链和产业链相互融合，促进人才、技术、资本等要素流通和管理机制优化，扩大各链条共同利益而形成的融合状态，并存在进一步融合的空间。江苏省应大力促进教育链、创新链和人才链的融合，鼓励研究型大学、产业企业和科研院所将其分别具备教育、资本和研发优势通过"三链"联通渠道进行要素交流，在放大自身功能的同时，补齐功能短板。在区域经济发展、行业未来发展、新工科未来走向和创新型人才职业发展的多维需求导向下，催生知识价值链和价值网。

以产业链创新联盟为依托，加强产业链人才培养质量。建设一支专业水平高、实践经验丰富、综合素质能力强的高校师资队伍，对加快素质教育和提高产业链人才培养质量具有关键性作用。江苏省要充分发挥产业技术创新联盟的平台作用，以产业技术创新联盟为依托，加快高校青年教师队伍建设。一是要充分发挥工程技术中心、研发中心等科技平台作用，吸引高校优秀青年教师参与到产业创新联盟的科研活动中来。二是高校要聘请知名企业家、企业技术骨干或工程师到校兼职，结合自身的实战经验对学生开展科技创新和产业技术进行指导。三是加强产业技术创新联盟内部各成员之间的互动交流，取长补短，优势互补，通过理论与实践的有机融合优化高校师资队伍知识结构。

2. 完善产业链人才生态中流动机制

打破户籍、地域、身份、人事关系等制约，促进产业链中人才的双向流动，推进人才生态中资源合理流动、有效配置。鼓励高校、科研院所吸引优秀企业家、企业"千人计划"人才和高级工程师兼职，担任学生兼职导师。高校、科研院所科研人员经所在单位同意，可以在职创业并按规定获得报酬。建立技术人才发展苏南、苏中、苏北挂钩合作机制，促进产业链人才在地区之间合理流动和协同创新。对符合条件的产业链人才及产业链创新业绩突出、成果显著的人才，开辟高级职称评审绿色通道，建立高层次人才、急需紧缺人才优先落户制度。加快人事档案管理服务信息化建设，完善社会保险关系转移接续办法，为人才跨地区、跨行业、跨体制流动提供便利条件。

强化产业链人才生态市场体系建设。人尽其才，需以高效的资源配置体系为基础，市场导向也是人才工作的基本原则。当前，江苏应深化人力资源市场体系建设，大力推进与高质量产业链人才生态市场接轨，重点加强中介组织建设，推动建立专业化、国际化和科技化的产业技术人才市场服务体系，扶持人力资本服务产业发展。通过市场化模式设立临港外服人力资源有限公司，以公司化运作机制推进产业链人才工作国际化发展，构建全周期国际化产业链人才生态服务体系。

建立完善的产业链人才激励机制。建立体现产业链人才价值的物质激励机制。建立具有竞争力的产业链人才薪酬体系，薪酬不仅要与工作职责、绩效和实际贡献相结合，而且要重视奖金、津贴、住房、子女教育等福利待遇，并积极对接人才市场价值。只依靠政府财政支持的物质激励模式有一定的局限性，鼓励以技术、管理、信息等生产要素参与收益分配，探索关键技术折价入股、技术承包等股权和期权的分配方式，建立重业绩、重贡献的收益分配和激励机制。建立激发产业链人才创新动力的精神激励机制。精神激励是物质激励的必要补充。通过授予"优秀人才""科技人才"等荣誉称号，提高产业链人才的社会地位，宣传其业绩以提高社会知名度和职业美誉度，激发人才工作的积极性。要完善人才激励机制，必须坚持精神激励和物质激励相平衡的原则，根据企业发展不同阶段选择激励的主要和辅助方式，促进人才生态发展。

3. 优化产业链人才生态的发展服务措施

转变政府人才管理职能，建立管理服务权力清单和责任清单，消除对用人主体的过度干预。构建统一开放的产业链人才生态市场体系，大力发展产业链人才服务业，积极培育专业性、社会化产业链人才服务组织。建立政府、企业、社会多元投入机制，发挥政府投入的撬动作用，引导社会资本支持产业链人才创新创业。各级政府建立稳定增长机制，足额安排人才专项资金，纳入财政预算，保证重大人才项目实施。产业类的引导资金等安排一定比例用于相关领域人才引进、培养工作，政府投资基金优先支持人才项目。大力宣传人才工作重大方针政策，宣传各地各部门人才工作新举措、新成效，宣传优秀产业链人才成果和先进事迹。完善人才奖励制度，加大对有突出贡献产业链人才的褒奖力度。强化人人皆可成才理念，培育鼓励创新、宽容失败的创新创业文化。

构建产业链人才生态的服务机制。一是加强知识产权保护力度，促进知识产权交易。在产业链集群区域组建综合知识产权交易市场，完善知识产权评议、鉴定、质押融资风险补偿等机制，建立企业、产业链人才之间有效的交易平台。健全知识产权保护制度，建立侵权预警、应对和维权等机制，加强企业、研发机构、中介服务机构的协调互动，建设知识产权仲裁、维权和保护中心。二是建立科技成果共享服务机制，促进成果转化为实际生产力。鼓励信息咨询机构、科创企业、科研院所与新城合作建立产业链人才创新智库，共享科技资源，为新城发展提供科研评价、决策咨询、政策推广等服务。支持企业、研发机构、中介服务机构等开展科研创新合作，建立创新创业服务平台，为产业链人才和企业提供创新创业服务，促进优秀项目和科技创新成果的落地化和产业化。

建立产业技术创新人才增值的发展机制。一是加大产业链人才的培训力度。由政府和企业共同出资成立员工技能发展基金，建立与省内外高校的合作关系，通过定期开展针对性的学习培训、专家讲座、参与课题研究等方式，帮助产业链中的专业技术人才和管理人才不断获取新信息、补充新知识、学习新技能。对于高层次人才,要制订产业链人才国际培训计划,选派有潜力的人才到国外接受培训和锻炼,做到按需培养,提高产业链人才的综合素质和实践应用能力。二是加大产业链人才的培养力度。人才培养应重视前瞻性,针对整个产业链的发展需要,充分利用校企合作、订单培养和项目合作等方式,分层分批选送产业链中的专业技术人才到高等院校、科研院所、发达国家等进行培养,做好产业发展的人才池,优化产业链人才结构。产业链人才培养不仅要依靠外在资源,而且要积极探索自主培养高层次人才模式,满足新城大数据产业可持续发展需要。通过成立大数据产业研发中心、大数据学院等平台,培养滨海新城大数据产业发展所需的各层次产业链专业人才,推动产学研人才开发。

参考文献

[1] 朱达明. 人才生态环境建设策略 [J]. 中国人才,2004 (6):57-59.

[2] 王光玲. 知识型企业微观人力资源生态系统研究 [J]. 中国商贸,2009 (19):65-66.

[3] 李锡元,查盈盈. 人才生态环境评价体系及其优化 [J]. 科技进步与对策,2006,23 (3):3.

[4] Price J L. Reflections on the determinants of voluntary turnover [J]. International Journal of Manpower. 2001,22 (7):600-624.

[5] Inkson K, Thorn K. Mobility and Careers [M]. The Psychology of Global Mobility, 2010.

[6] 孙健,尤雯. 人才集聚与产业集聚的互动关系研究 [J]. 管理世界,2008 (3):2.

[7] 李倩. 北京 CBD 人才聚集环境效应及优化研究 [D]. 北京:首都经济贸易大学,2009.

[8] 顾然,商华. 基于生态系统理论的人才生态环境评价指标体系构建 [J]. 中国人口·资源与环境,2017 (S1):6.

[9] 陈杰,刘佐菁,陈敏,等. 人才环境感知对海外高层次人才流动意愿的影响实证——以广东省为例 [J]. 科技管理研究,2018,38 (1):7.

[10] 刘长明. 硅谷之路 [J]. 学术界,2001 (5):183-202.

[11] 胡翔,李锡元,李泓锦. 回流人才政策认知与工作满意度关系研究 [J]. 科技进步与对策,2014,31 (24):151-156.

[12] 李云, 李锡元. 自我职业生涯管理与科技人才组织承诺：工作内嵌入与专业认同的作用 [J]. 科技进步与对策, 2016, 33 (1)：121-125.

[13] 张文娟, 李锡元. 高层次人才聚集地先进经验对湖北引才的启示 [J]. 科技创业月刊, 2015, 28 (9)：9-11.

[14] 韩峰. 城市人才集聚环境研究 [D]. 青岛：中国海洋大学, 2008.

[15] Scott, Allen, J., et al. High technology industry and regional development: a theoretical critique andreconstruction. [J]. International Social Science Journal. 1987, 39 (112)：215.

[16] 张潇. 鄱阳湖生态经济区人才生态环境评价研究 [D]. 南昌：华东交通大学, 2011.

[17] 盛昔明. 论人才环境的优化和创新 [J]. 经营管理者, 2009 (12X)：2.

[18] 王永桂. 政府行为与人才生态环境的改善 [J]. 重庆科技学院学报：社会科学版, 2010 (21)：3.

[19] 应验. 人才环境指标体系及优化路径研究——以海南为例 [J]. 经济与社会发展, 2017, 15 (6)：78-83.

[20] 古龙高, 古璇. 以生态性人才环境建设引领欠发达地区人才集聚的路径创新 [J]. 大陆桥视野, 2017.

[21] 冯娜. 智能船舶时代高职航海类人才培养发展路径 [J]. 航海教育研究, 2020 (3)：25-28.

[22] 蒋聪汝. 世界船舶产业发展趋势及其对中国船企的启示 [J]. 西北民族大学学报：自然科学版, 2021, 42 (1)：7.

[23] 李虎. 智能制造背景下船舶类人才培养的研究 [J]. 江苏船舶, 2018, 35 (6)：3.

[24] 罗霁. 江苏船舶人才需求与培养环境优化研究 [J]. 中外企业家, 2018, 615 (25)：93-94.

[25] 严琰, 施凯翔. 船舶制造企业人才战略分析 [J]. 船舶物资与市场, 2020 (6)：72-73.

[26] 邱安昌, 王素洁. 东北人才生态环境及评估研究 [J]. 东疆学刊, 2008, 25 (3)：84-89.

[27] 刘杰, 孟会敏. 关于布朗·芬恩·布伦纳发展心理学生态系统理论 [J]. 中国健康心理学杂志, 2009, 17 (2)：3.

[28] 顾然, 商华. 基于生态系统理论的人才生态环境评价指标体系构建

[J]. 中国人口·资源与环境, 2017 (S1): 6.

[29] 孙会. 江苏沿海地区海洋科技人才生态环境评价 [J]. 江苏商论, 2018 (1): 108-110.

[30] 张红霞. 创新驱动战略下科技人才生态环境系统评价指标体系构建 [J]. 经济论坛, 2019 (11): 35-42.

[31] 王顺. 我国城市人才环境综合评价指标体系研究 [J]. 中国软科学, 2004 (3): 148-151.

[32] 王顺. 中国城市人才环境综合评价研究 [D]. 北京: 中国农业大学, 2005.

[33] 何佩龙. 人才生态视阈下沈阳市人才流失原因及对策初探 [J]. 经济师, 2020 (3): 157-159.

[34] 石长慧, 樊立宏, 何光喜. 中国科技创新人才生态系统的演化、问题与对策 [J]. 科技导报, 2019, 37 (10): 66-73.

《江苏推进产业强链中的人才生态建设研究
——以高技术船舶产业为例》
课题组成员名单

课题组长：
刘小群（江苏省人才学会会长、特聘教授）
戚 湧（南京理工大学常务副院长、教授）

课题组成员：
武兰芬（南京理工大学副教授）
张桂阳（南京理工大学讲师）
张汉波（南京理工大学）
杨夕冉（南京理工大学）
李鹏飞（南京理工大学）
陈 墨（南京理工大学）
和苇荚（南京理工大学）
琚浩浩（南京理工大学）

本课题为中国人事科学研究院与江苏省人才学会、南京理工大学合作完成。

城市群人才要素流动性分析和一体化促进机制研究
——以胶东经济圈为例①

提　要： 党的十九大报告指出，构建以城市群为主体大中小城市和小城镇协调发展的城镇格局。推动城市群建设，发挥优化空间布局和集聚生产要素的重要作用，是推动区域经济发展质量变革、效率变革、动力变革的重要支撑，是实施区域协调发展战略的重要内容。2020年，山东省人民政府《关于加快胶东经济圈一体化发展的指导意见》指出，加快青岛、威海、烟台、日照、潍坊胶东五市一体化发展，构建合作机制完善、要素流动高效、发展活力强劲、辐射作用显著的区域发展共同体，打造全省高质量发展强劲引擎。城市群建设靠产业、靠人才，重点要改革人才政策和创新一体化机制。本研究聚焦胶东经济圈建设进程，在广泛收集政务数据、商业数据的基础上，从年龄分布、行业分布、学历分布等维度，全面分析胶东经济圈五市人才流动情况。同时，梳理胶东经济圈人才要素一体化现实需求和存在问题，在广泛调研、深入学习理论的基础上，多维度比较以长三角、粤港澳、京津冀为代表的城市群人才要素一体化路径方法。最后，形成促进胶东经济圈人才要素一体化机制的框架构想，为有效促进胶东经济圈内部外部人才精准对接、市场化有效配置，构建一体化协同高效的人才引育留用机制提供路径指引和决策参考。

关键词： 一体化机制　人才流动　人才要素

---

① 本文系中国人事科学研究院2021年度研究课题《城市群人才要素流动性分析和一体化促进机制研究——以胶东经济圈为例》报告的部分内容。

城市群崛起是经济社会发展到一定阶段的重要标志，对经济发展具有巨大带动作用。党的十九大报告指出，要构建以城市群为主体大中小城市和小城镇协调发展的城镇格局。2019年，习近平总书记在召开中央财经委员会第五次会议时强调，要落实主体功能区战略，完善空间治理，形成优势互补、高质量发展的区域经济布局。

2021年3月，《中华人民共和国国民经济和社会发展第十四个五年规划和2035年远景目标纲要》指出，要全面形成"两横三纵"城镇化战略格局。优化提升京津冀、长三角、珠三角、成渝、长江中游等城市群，发展壮大山东半岛、粤闽浙沿海、中原、关中平原、北部湾等城市群，培育发展哈长、辽中南、山西中部、黔中、滇中、呼包鄂榆、兰州-西宁、宁夏沿黄、天山北坡等城市群。

山东半岛城市群是山东省发展的重点区域，是10个国家级城市群之一，由省会经济圈、鲁南经济圈、胶东经济圈三大经济圈作为主要支撑。以青岛为中心城市的胶东经济圈区位优势明显，具有良好的产业、人才发展基础，其一体化水平在山东半岛城市群三个经济圈中处于领先地位。2020年，山东省人民政府出台的《关于加快胶东经济圈一体化发展的指导意见》指出，要加快青岛、威海、烟台、日照、潍坊胶东五市一体化发展，构建合作机制完善、要素流动高效、发展活力强劲、辐射作用显著的区域发展共同体，打造全省高质量发展强劲引擎。

推进区域、城市群一体化，关键在于加快各类要素的一体化进程。习近平总书记指出，要以一体化的思路和举措打破行政壁垒、提高政策协同，让要素在更大范围畅通流动，发挥各地区比较优势，实现更合理分工，促进高质量发展。2020年3月，中共中央、国务院《关于构建更加完善的要素市场化配置体制机制的意见》指出，要推动土地、劳动力、资本、技术、数据要素的市场化配置。在这些要素中，劳动力要素是最活跃的生产要素，劳动力要素的流动与配置越来越成为推动资本、技术等要素流动和配置的主导力量。

劳动力流动特别是人才流动是人力资源调节的一种基本形式，是调整人才社会结构、充分发挥人才潜能必不可少的重要环节。要实现人才要素的集聚，加快人才高效流动和配置，需要深入研究人才培育、评价、流动、服务等各个环节。因此，完善人才流动研究，加强人才要素一体化机制研究尤为重要。

一、相关理论综述

（一）相关概念

1. 城市群

城市群最早是由法国城市学家戈特曼（1957）命名的，他在其论文中研究了美国东北沿海地区由一连串大都市聚合形成的大城市经济地区，把这种巨大的城市空间形态用原意为巨大的城邦的希腊语"Megalopolis"来命名，也同时预言城市群是城镇群体发展、人类社会居住形式的最高阶段。最早出现城市群的是美国东部大西洋沿岸，紧接着欧美各发达国家许多地区都形成城市群。20世纪70年代开始，许多发展中国家的经济发达、工业化和城市化水平较高的地区也出现向城市群发展的趋势。

姚士谋（2001）认为城市群是在地域范围内具有相当数量的不同性质、类型和等级规模的城市，依托一定的自然环境条件，以一个或两个超大或特大城市为地区经济的核心，借助现代化的交通工具和综合运输网的通达性，以及高度发达的信息网络，和城市个体之间的内在联系，共同构成的相对完整的城市集合体。戴宾（2004）认为城市群是一定区域内空间要素的特定组合形态，是由一个或数个中心城市和一定数量的城镇结点、交通道路及网络、经济腹地组成的地域单元。它在结构状况（产业结构、组织结构、空间布局、专业化程度）、区位条件、基础设施、要素的空间集聚方面比其他区域具有更大的优势，能够通过中心城市形成区域经济活动的自组织功能。

2. 区域一体化

区域一体化不是单纯的区域经济一体化，而是涵盖组织制度建设和区域经济合作实质性进展两个重要方面的一体化，是不同的空间经济主体之间为了生产、消费、贸易等利益的获取，产生的市场一体化的过程，包括从产品市场、生产要素（劳动力、资本、技术、信息等）市场到经济政策统一的逐步演化，是状态与过程、手段与目的的统一。区域一体化能促进要素流动、结构升级以及加强区域合作进而实现增长效率提升，涉及的要素包含劳动力市场、基本公共服务、资本市场。区域一体化人才（劳动力）方面的研究主要集中在区域人才流动研究和区域人才要素一体化机制研究两方面。

（二）区域人才流动相关研究

人才流动是经济社会发展到一定程度后的必然产物，人才作为知识的重要载体，已成为中国经济社会发展的第一资源，当今时代比任何时候都需要人才充分流动起来，通过优化配置实现人才效用的最大化。近年来，学术界围绕城市群人才流动现象开展了大量研究,主要集中在人才流动数据分析、人才流动影响因素分析、促进人才协同流动对策分析等方面。

人才流动数据分析方面,胡本田、曹欢(2020)选取2014—2018年长三角地区26个城市的指标对人才吸引力水平进行定量研究,分析表明长三角地区近年来各城市人才吸引力逐年提升但存在显著的区域差异。聂晶鑫、刘合林(2018)依据教育部直属高校2015届本科毕业生生源与就业数据,采用指标评价与冷热点分析方法,分析升读大学与本科就业两个流动阶段的人才流动地域模式及省域空间分布格局,并指出依托城市群有助于城市推进引智工作。

人才流动影响因素分析方面,Gibson和Mckenzie(2011)认为人才倾向于流入到科技水平高、环境舒适、有充分的项目资金支持和更高薪酬的地方。姜乾之、何勇等(2018)认为影响人才流动的关键因素包括人才政策、经济格局、社会环境和科技创新。周映伶(2019)基于2016年全国流动人口动态监测调查数据,研究得出第三产业增加值占比、城市化率的提高和家庭月收入和月支出差额的加大有利于人才选择长期居住流入地;非跨省流动的人才、在本地购买住房的人才、没有在户籍地购买住房的人才均倾向于长期居住流入地。

促进人才协同流动对策分析方面,王新心(2015)立足长三角地区人才开发一体化工作,提出要做好地区人才开发一体化规划工作,推进区域内人才开发一体化进程中相关领域的创新,努力推进户籍制度与社会保障制度改革,加强协调机构的建设力度以及对于区域内各类人才服务机构的引导力度。查婷俊(2020)以粤港澳大湾区人才自由流动为出发点,提出从柔性引才、搭建合作平台、推进产业升级、落实专项资金等方面实施区域人才战略。

(三)区域人才要素一体化机制研究

区域一体化人才政策分析方面,宋佳桐、王炜(2020)梳理了自改革开放以来我国人才体制改革的发展阶段和政策重点,总结人才流动制度变迁中的政府轨迹。唐唯(2020)着眼于京津冀人才流动的顶层设计,分析对比2014—2018年五年间各地人才流动政策,针对性地提出促进人才流动的对策建议。程婷、许振晓(2020)选取长三角地区人才吸引力全国排名前20的上海、杭州、南京、合肥为研究城市,对四城市2015—2019年人才政策作比较分析。

区域一体化人才机制问题方面,党林林(2017)从政策优势、交通优势、产业结构优势、教育资源优势等方面分析了京津冀区域协同发展背景下的人才共享机制,并从人才培养、人才评价、人才激励、人才柔性引进等方面提出克服体制机制障碍的相应对策。邱晓星、徐中(2016)分析近十年京津冀区域人才合作取得的成效,包括联席会议制度,在引才、育才、用才等方面取得的进展,并针对京津冀区域人才一体化整体进展仍不尽理想的问题,提出加快建立京津冀人才合作动力机制、推进三地人才政策衔接、探索人才共享共赢新模式的建议。

二、胶东经济圈发展现状研究

(一)胶东经济圈概念的提出

习近平总书记围绕区域协调发展和海洋强国建设作出系列重要指示,要求发挥山东半岛城市群龙头作用,推动沿黄地区中心城市及城市群高质量发展,并指出山东努力在发展海洋经济上走在前列。为深入贯彻落实习近平总书记重要指示要求,山东省委、省政府提出加快构建"一群两心三圈"区域发展总体布局,打造具有全球影响力的山东半岛城市群。2020年1月,山东省政府出台《关于加快胶东经济圈一体化发展的指导意见》,明确胶东经济圈包括青岛、烟台、潍坊、威海、日照五市全域,陆域面积5.2万平方千米,海域面积13.3万平方千米。该意见指出,要加快胶东经济圈青岛、烟台、威海、潍坊、日照等市一体化发展,构建合作机制完善、要素流动高效、发展活力强劲、辐射作用显著的区域发展共同体,建设国际知名的青岛都市圈,打造全省高质量发展强劲引擎。

2021年7月,山东省发展和改革委员会印发《胶东经济圈"十四五"一体化发展规划》,规划期至2025年,展望到2035年。规划指出,到2025年胶东经济圈综合实力显著增强,关键领域合作取得突破性进展,区域内生发展动力进一步提升,引领山东半岛城市群高质量发展作用更加凸显,基本形成发展活力充沛、创新能力突出、产业结构优化、要素流动顺畅、生态环境优美的区域发展共同体。常住人口达到3 300万人,地区生产总值突破4万亿元。到2035年,胶东经济圈一体化发展格局全面构建,国际海洋创新中心全面建成,现代产业体系全面形成,市场化、法治化、国际化营商环境全面塑成,基本公共服务均等化全面实现,建成实力雄厚、宜居宜业、具有全球影响力的现代化经济圈。

(二)胶东经济圈发展基础

1. 区位优势明显

胶东经济圈向东与日韩隔海相望,向西背靠黄河流域广阔腹地,向南连接长三角地区，向北对接京津冀，是我国对日韩开放最前沿、21世纪海上丝绸之路与新亚欧大陆桥经济走廊交汇的关键区域、沿黄省份和上海合作组织国家主要出海口。开放优势显著。

2. 产业基础坚实

2020年，胶东经济圈常住人口3 243万人，地区生产总值3.1万亿元，分别占全省的31.9%、42.5%，现代海洋、高端装备、高效农业等产业引领经济发展，轨道交通装备、节能环保、生物医药、先进结构材料4个集群入选国家级战略性新兴产业集群。2020年，海洋生产总值达到9 150亿元，约占全国的1/8。

3. 创新动能强劲

胶东经济圈拥有青岛海洋科学与技术试点国家实验室、烟台核电研发中心、潍柴内燃机可靠性重点实验室等200余家国家级科技创新平台。"蓝鲸2号"钻井平台、"蛟龙号"载人潜水器等大国重器世界领先。高校、科研院所、行业领军企业等200余家单位联合成立半岛科创联盟，已促成300余项产学研合作。

4. 公共服务持续优化

胶东经济圈成立教育、医疗、信用等30多个联盟，签署40多项合作协议。公积金实现异地接续转移、信息核查共享、异地缴存互认。企业开办实现"区域通办"。拥有高校56所、三甲医院47家，教育和医疗水平全省领先。

5. 开放优势显著

胶东经济圈叠加"一带一路"倡议、黄河流域生态保护和高质量发展、新旧动能转换综合试验区、自贸试验区、上合示范区等国家战略。拥有8个国家级经济技术开发区、8个海关特殊监管区，均占全省一半以上。2020年，进出口总额1.4万亿元、实际利用外资110.4亿美元，分别占全省的64.4%、62.6%。

三、胶东经济圈人才状况和流动性分析研究

（一）数据来源及说明

为分析胶东经济圈五市人力资源在区域分布、结构、行业聚集、年龄构成、流动频率等不同维度的情况，青岛市人力资源发展研究与促进中心人事人才研究所、信息与数据资源管理部汇集山东省社保、就业等领域集中信息系统平台数据约150 T，抽取、统计胶东经济圈五市2015年1月至2020年12月人员社保参保缴费增减变化、关系转移，以及单位、人员基本信息等信息，

在此基础上抽取、清洗、整理数据，建立胶东经济圈五市人力资源流动主题数据库，构建多维数据分析模型。

研究实施阶段分为两条主线并行开展，一方面是数据库建设及主题分析工作。一是针对当前研究主题和数据资源情况，设计、构造星型和雪花型数据库模型，依托现有数据中心建立主题分析数据库。二是数据抽取、清洗、整理。来自社保、就业等多个应用系统中的数据存在数据缺失、冲突、不一致等问题，难以直接开展主题分析，需要对数据进行清洗、整理，然后加载到主题分析数据库。三是在数据库设计与建设基础上，研发数据统计分析支撑平台，支持面向多主题的多维分析模型、测算模型构建与定制，基于模型和数据库的分析、预测结果计算，以及多角度、多粒度的统计分析结果展示。另一方面是"人力资源流动情况"主题分析内容的细化，明确研究报告所要涉及的若干分析场景，对每个分析场景进行详细分析、设计；根据分析场景的设计目标，提取、设计出所有分析指标和分析维度的详细说明、数据来源、分析目的等，并分析及分析场景、分析指标、分析维度之间的关系。

（二）胶东经济圈人力资源整体概况分析

通过对于胶东经济圈五市人员参保信息的整体分析，下文将从五市人力资源总量变化趋势、人力资源年龄分布、人力资源行业分布三个方面分析2015—2020年胶东经济圈五市人力资源概况。

如图1所示，2015—2020年，五市整体人力资源总量呈上升趋势。其中，青岛市人力资源总量最多，日照市人力资源总量最少。

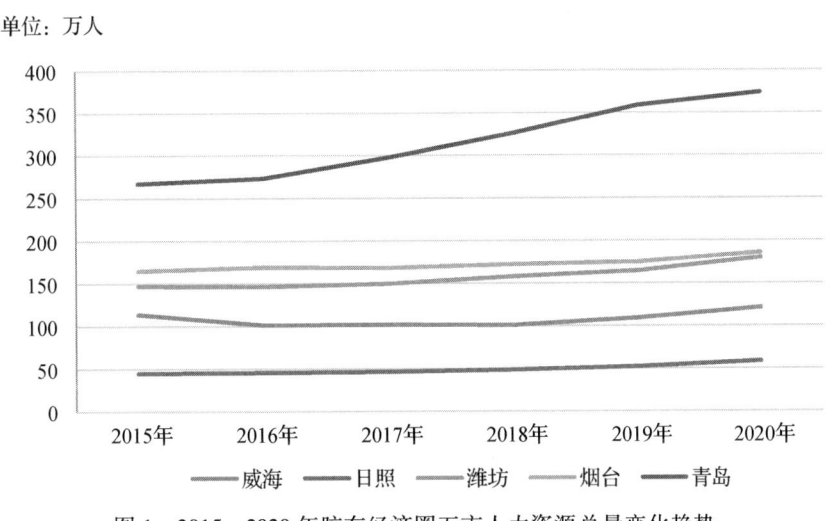

图1　2015—2020年胶东经济圈五市人力资源总量变化趋势

如图2所示,从年龄分布看,截至2020年12月,五市中30~35岁的人力资源数量最多,其次是45~50岁的人力资源。

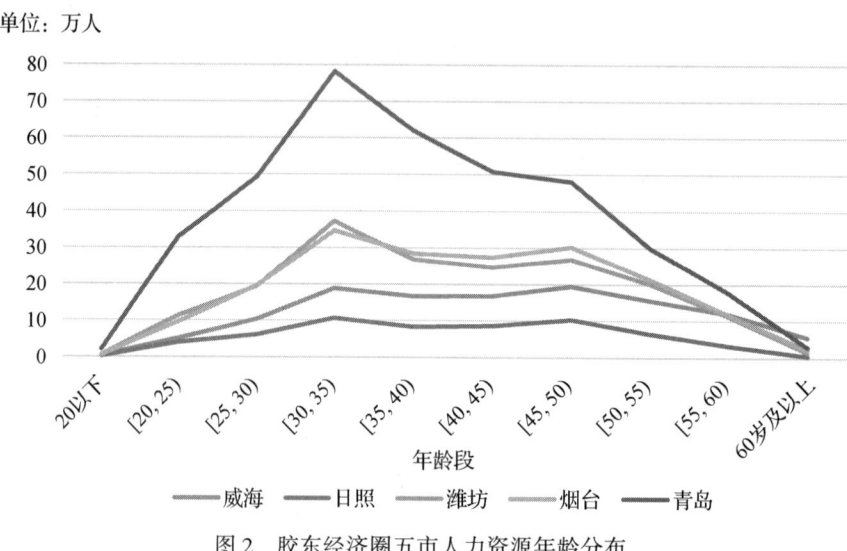

图2　胶东经济圈五市人力资源年龄分布

如图3所示,从行业分布来看,截至2020年12月,五市人力资源分布于制造业的数量最多,远远高于其他行业。

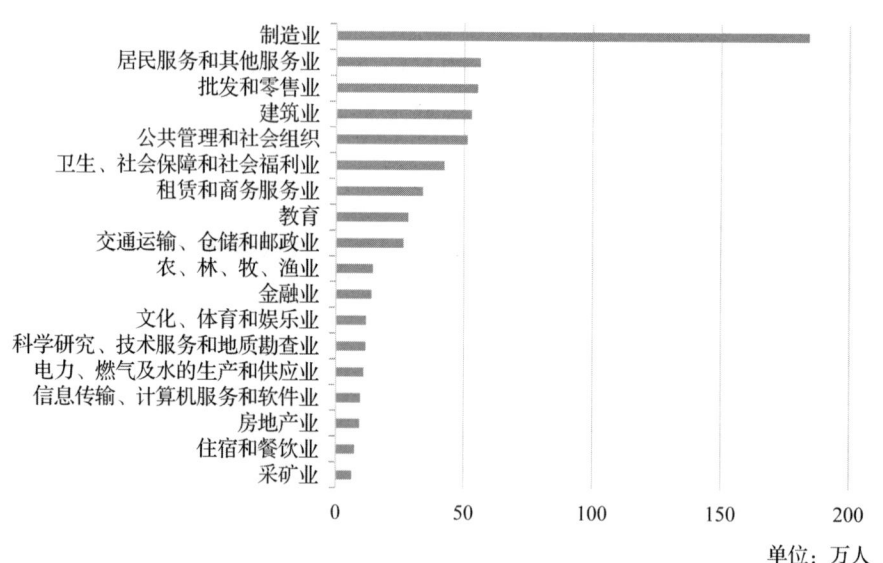

图3　胶东经济圈五市人力资源行业分布

(三)胶东经济圈人力资源流动情况分析

为深入了解胶东经济圈人力资源流入(流出)情况,分析胶东经济圈和省外、省内其他地区的人力资源流动关系,下文分别从流入情况、流出情况着手,选取胶东经济圈五市整体人力资源流入(流出)情况、省外人力资源流入(流出)胶东经济圈五市情况、省内人力资源流入(流出)胶东经济圈五市情况三个维度进行具体分析,最终进行流入(流出)情况的总体对比,反映整体趋势。

1. 胶东经济圈五市人力资源流入情况分析

从图4可以看出,胶东经济圈五市在2015—2020年人力资源流入量整体呈上升趋势,且青岛人力资源流入数量远高于其他四市,人才吸引力较大。

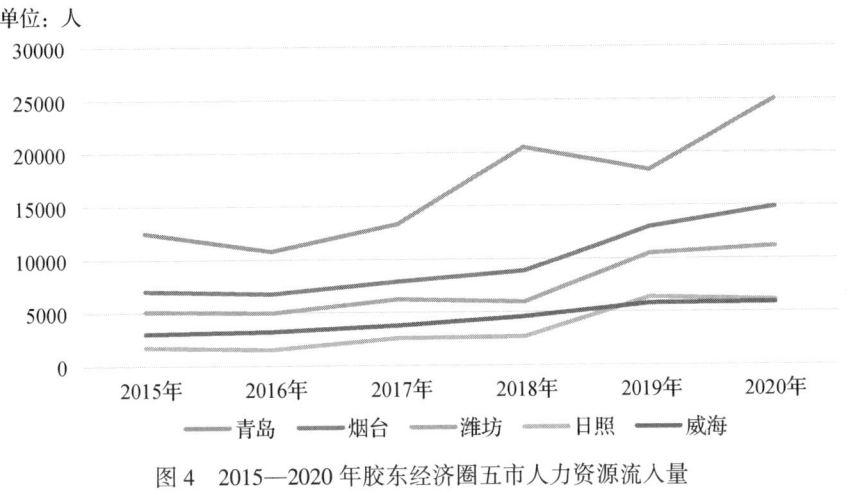

图4 2015—2020年胶东经济圈五市人力资源流入量

如图5所示,省外人力资源流入量与整体人力资源流入量趋势保持一致,青岛对于省外人力资源吸引力最大。

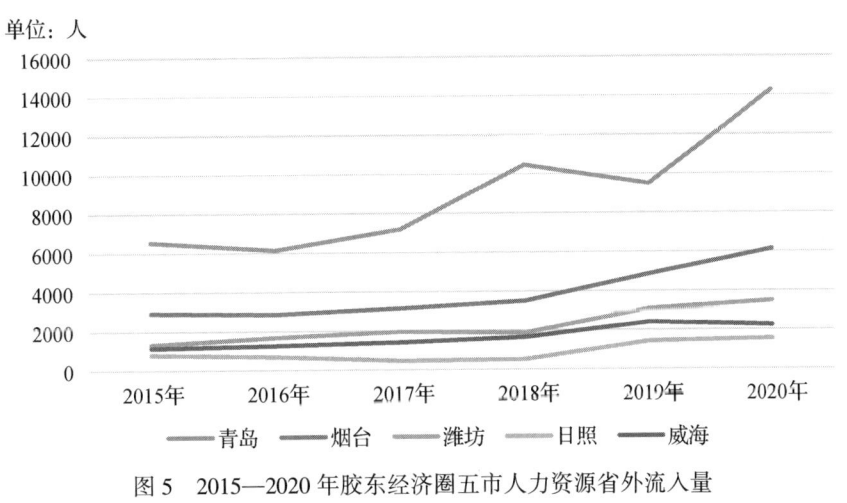

图5 2015—2020年胶东经济圈五市人力资源省外流入量

如图6所示,省内人力资源流入量与整体人力资源流入量在趋势上有较大差距,青岛相对于省其他四市而言吸引省内人力资源的优势明显减小。近年来,烟台、潍坊的省内人力资源流入量较大。

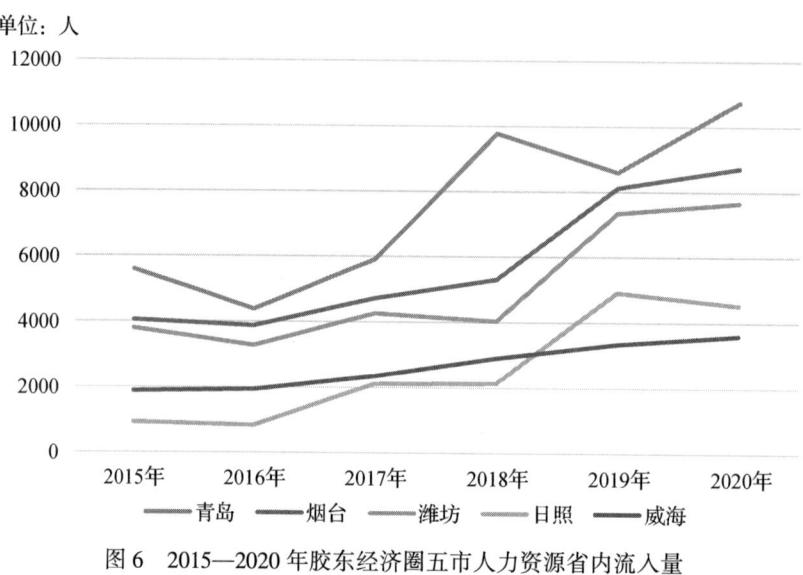

图6 2015—2020年胶东经济圈五市人力资源省内流入量

如图7所示,通过对胶东经济圈五市2015—2020年人力资源流入来源对比可以看出,青岛人力资源的省外流入大于省内流入,而其他四市人力资源均为省内流入大于省外流入,这反映出青岛对于省外人才吸引力较高,与城市在全国范围内的影响力和产业发展优势相关。

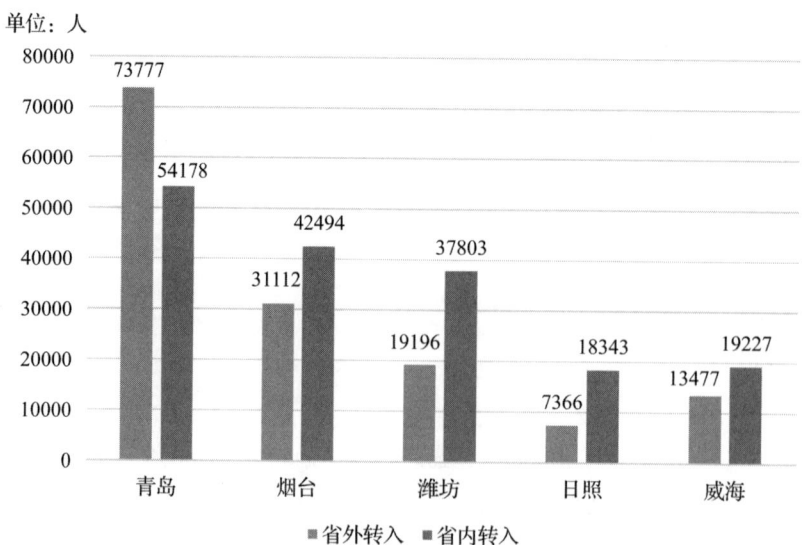

图7 2015—2020年胶东经济圈五市人力资源流入量对比

2. 胶东经济圈五市人力资源流出情况分析

如图 8 所示，2015—2020 年，胶东经济圈五市人力资源流出量整体呈不断上升的趋势，且青岛人力资源流出量最大，流出量增速最快，反映出青岛市外向型城市的特点。

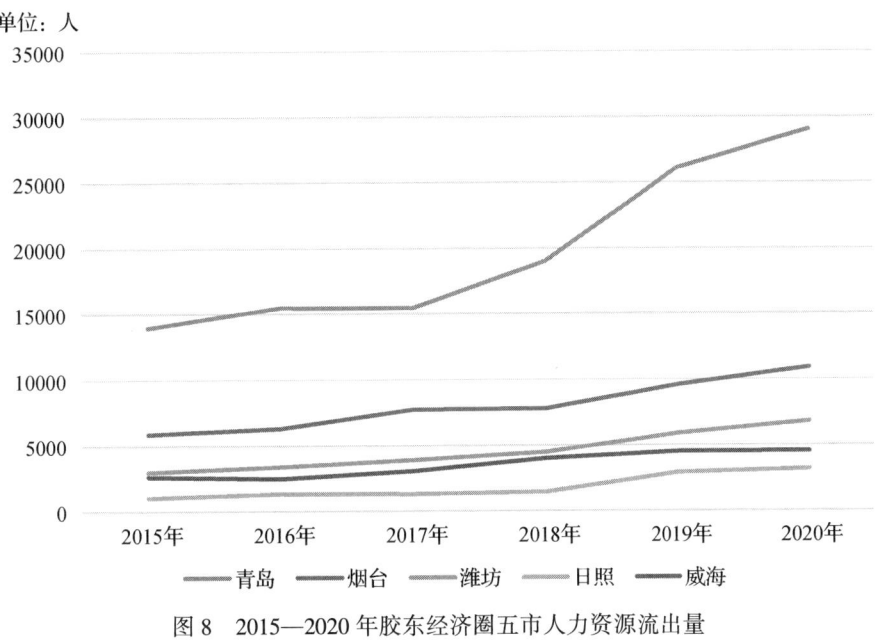

图 8　2015—2020 年胶东经济圈五市人力资源流出量

如图 9 所示，2015—2020 年，胶东经济圈五市人力资源省外流出量不断

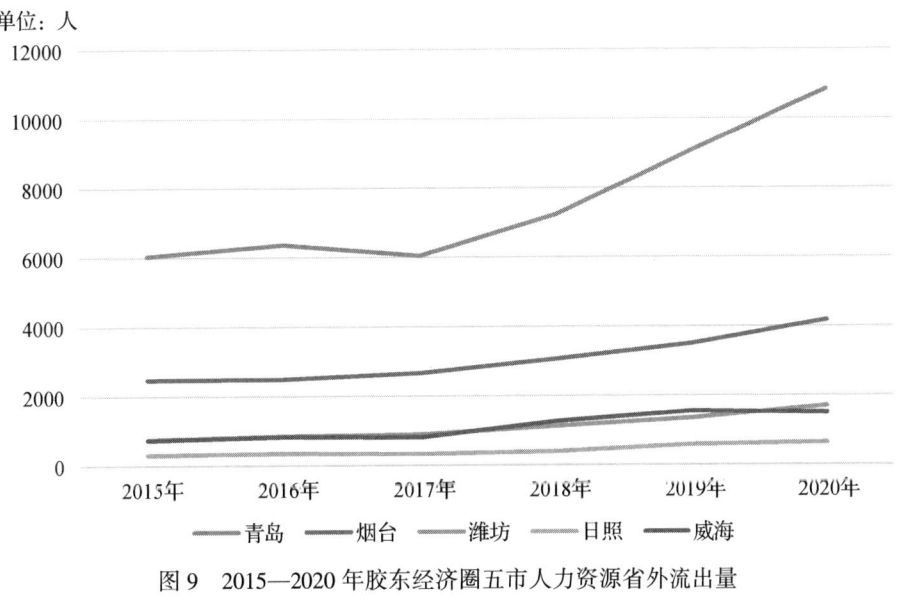

图 9　2015—2020 年胶东经济圈五市人力资源省外流出量

上升，青岛人力资源流出量最大，自 2017 年后省外流出量增速加快。

如图 10 所示，同时间段，胶东经济圈五市人力资源省内流出量呈现总体上升趋势，个别地区的个别年份省内流出量下降，青岛人力资源省内流出量最大，2018 年、2019 年流出增速较快，2020 年人力资源流出量维持在较高水平。

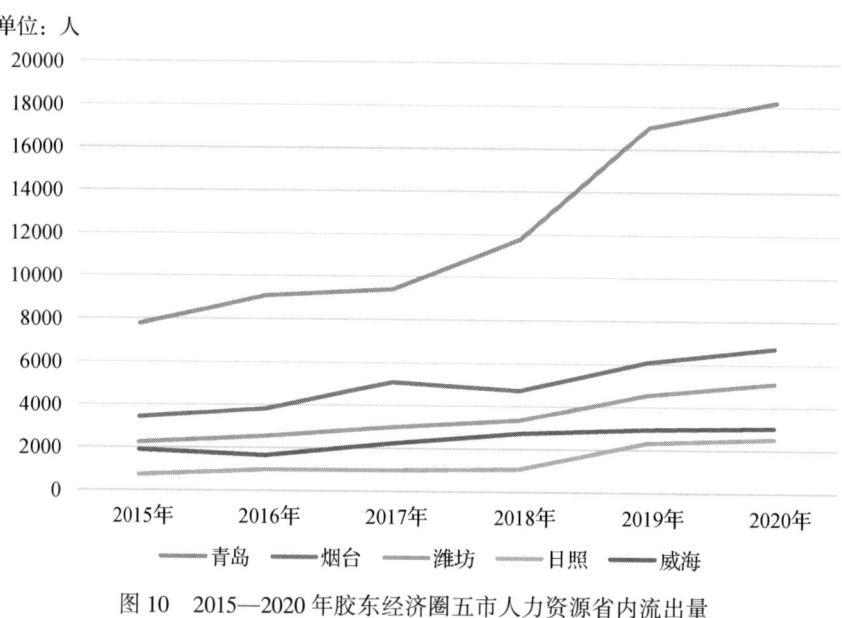

图 10 2015—2020 年胶东经济圈五市人力资源省内流出量

如图 11 所示，总体来看，胶东经济圈五市在 2015—2020 年，人力资源流出到省内其他地区的数量比流出到省外的数量多。一方面是由于胶东经济圈五市人力资源更多的是山东籍，在流动决策时更多会选择距离家乡较近的城市。另一方面，人力资源流动会受到地域、年龄和行业种种因素影响，距离越远的流动决策对劳动者来说往往越需要慎重考虑。

四、胶东经济圈人才要素一体化发展存在的主要问题

当前我国区域协同正处于加速发展阶段，以京津冀、长三角、粤港澳大湾区为代表的城市群一体化发展的路径模式，对国内城市群协同发展发挥着引领作用。而胶东经济圈一定程度上代表着山东半岛城市群的发展水平，目前胶东经济圈在推进人才要素一体化方面做了不少探索，但由于行政体制机制方面的局限，区域人才交流合作的能效还偏低，距离高水平城市群一体化还有一定的距离，仍然存在一些亟待解决的问题，既有城市群普遍性问题，也有山东半岛城市群尤其是胶东经济圈的特有问题，需要引起重视，在未来

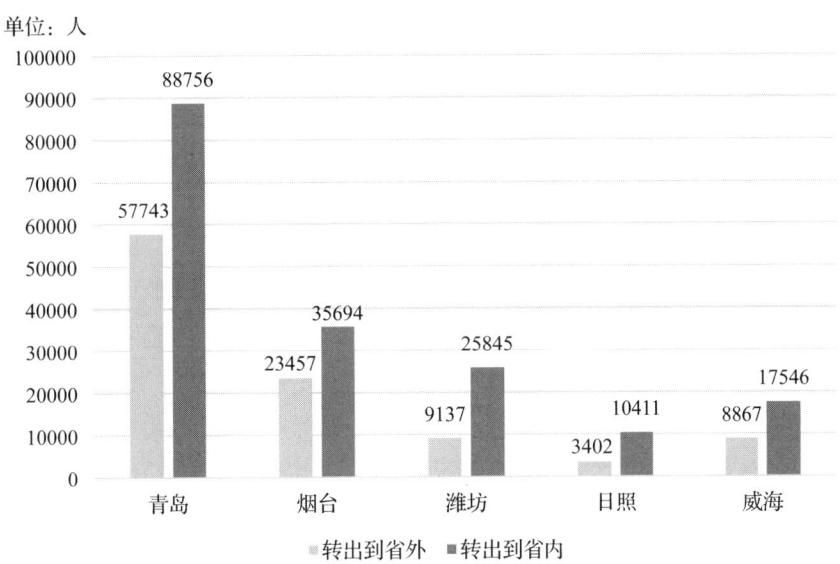

图 11　2015—2020 年胶东经济圈五市人力资源流出量对比

加强分析研究和解决。

(一) 胶东经济圈人才一体化决策存在根本性障碍

胶东经济圈发展规划实施以来，在各市一体化进程中，长效性协同政策有所欠缺，政府主导推进的持续性和实际效果有待检验。受行政壁垒、区域竞争等因素影响，胶东经济圈各市之间统筹协调机制不够健全，在人才政策制定上步调不一，存在相互攀比现象，缺乏统一的区域人才发展规划和政策衔接。人才一体化发展决策和落实缺乏统筹协调，五市在人才、资金、技术、信息等要素的共享流动方面进展不快，尽管各个城市建立了一些人才交流合作机制，多元主体参与区域协同仍旧相对较弱，致使一体化发展整体效能偏低，成为胶东经济圈一体化高质量发展的障碍。

(二) 胶东经济圈人才流动配置一体化水平不高

胶东经济圈区域人才要素共享共用程度较低。胶东经济圈五市之间，在人才工程计划、专业技术资格、职业技能等级等方面的人才评价标准和程序上存在差异，在标准把握方面缺乏统一衔接，在信息交互和数据方面缺乏共享。区域人才布局和结构不合理，各市之间存在同质化竞争，人才合作共享水平不高，难以形成城市群"磁力场"效应。相比较而言，青岛、烟台集聚了区域80%以上的高端科技创新人才和三分之二以上的高学历人才，在区域人才发展协同上，存在优先巩固壮大自身优势的思想。潍坊等三市则担心一体化协同加深，造成自身人才流失加剧，存在防范抵触的思想。区域内没有形成统一的人才市场，缺乏技术转移制度和资源流动共享机制。

(三) 区域创新资源协同配置效率不高

受行政管辖限制，胶东经济圈缺乏有效的一体化协同创新机制。各市在人才发展、科技创新等方面政策的制定、协同落实以及执行标准上存在很多差异。胶东经济圈五市人才发展和科技创新合作力度不足，在科研资金、创新人才、仪器设备、数据信息、知识产权等方面壁垒较多，驻胶东经济圈五市的高校、科研院所、创新型企业开展联合科技攻关、技术创新的主动性不够。从产业发展区域横向看，以青岛、烟台为例，两市在装备制造、海洋等领域的创新人才、创新平台资源雄厚。从产业发展纵向看，以青岛、潍坊为例，两市制造业、现代农业等产业领域，上下游产业链关系紧密。但整体上看，胶东经济圈，不论在横向产业领域还是在纵向产业链方面，人才共享、创新协同程度偏低，联合开展科技攻关、产业核心技术研发的效能不足，无法形成创新合力，导致一些科技创新成果向省外、圈外溢出。

(四) 区域人才管理和公共服务存在不平衡不协调问题

胶东经济圈五市均有各自独立的公共服务平台、服务模式、服务标准以及各种活动品牌，在与人才管理和服务相关的各领域、各环节上都存在差异和隔阂，服务资源难统筹，服务衔接不畅的现象仍然突出。在人才就业招聘方面，难以形成胶东经济圈五市联动，比如赴海外、省外人才集聚的高校和城市招聘时，各自分散组织，没有形成统一的招才引智的强势品牌，累计投入成本高，招聘效益低。在人才创业方面，五市缺乏系统推动，将胶东经济圈作为一个整体，开展国际性、全国性创业大赛、论坛或沙龙的力度不够。在人才国际化方面，鉴于胶东经济圈整体区位优势，面向日韩开展人才交流、科技合作、商贸往来有很大的想象空间，但是目前青岛、烟台、威海等城市国际化战略规划、产业布局、创新创业生态方面统一有效的顶层设计不足，政府层面和社会层面缺乏系统性、整体性考虑。在劳动关系和社会保障方面，缺少管理服务标准的有效衔接，联合执法效果有待加强，在人才就业后社会保险制度衔接方面有待优化。在信息化支撑服务方面，五市人才服务领域拥有独立的信息系统，但信息联动对接不畅。在就业、社会保险等领域采用山东省统一的信息系统，但是涉及信息需求研发时，需要各市向上协调省级部门，信息共享、信息联动的效率跟不上实际需求变化。人才信用共享共用缺乏有效机制，失信行为标准不能互认、信息共享不能互通、惩戒措施路径不能互通，跨区域信用联合惩戒制度不健全。

五、国内城市群人才要素一体化路径方法比较研究

(一) 长三角城市群

2018年11月5日,习近平总书记在首届中国国际进口博览会上宣布,支持长江三角洲区域一体化发展并将其上升为国家战略,着力落实新发展理念,构建现代化经济体系,推进更高起点的深化改革和更高层次的对外开放,同"一带一路"建设、京津冀协同发展、长江经济带发展、粤港澳大湾区建设相互配合,完善中国改革开放空间布局。2019年12月,中共中央、国务院印发《长江三角洲区域一体化发展规划纲要》,成为一体化发展的纲领性文件。

2020年8月,习近平总书记在扎实推进长三角一体化发展座谈会上指出,应以一体化的思路和举措打破行政壁垒、提高政策协同,让要素在更大范围畅通流动,凝聚更强大合力,促进高质量发展。由于人才流动可以驱动创新要素的流动,可以推动产业结构的调整和城市功能的转型,因此,人才一体化是长三角一体化发展的关键,是长三角高质量发展的核心推动力。

1. 促进人才交流与共享

一是搭建人才交流合作区域框架。以《长江三角洲人才开发一体化共同宣言》为纲领,共同签署10个制度层面的合作协议,在高层次人才智力共享、专业技术职务任职资格互认、专业技术人员继续教育资源共享、博士后工作站合作、公务员互派交流学习、异地人才服务、引进国外智力资源共享、人事争议仲裁业务协助、网上人才交流大会举办、民营企业人才服务等方面做了制度衔接,形成了人才政策制度合作的雏形。二是人才资源共享。2019年举办中国浙江"星耀南湖·长三角精英峰会"暨第二届G60科创走廊人才峰会,共组织G60科创走廊九城市圆桌会、长三角人才发展成果展、长三角人才一体化高峰论坛等30项活动,签约区域人才合作、人才飞地、顶尖人才等项目30余个。

2. 加强人才就业创业合作

一是人才创业服务实现突破。联合九城市发布G60科创走廊九城市高层次紧缺人才需求目录。依托浙江清华长三角研究院,建成并启用长三角全球科创路演中心,邀请全球1 175个项目参加集中路演,路演项目与投资团队签约率近30%。举办首届长三角生态环境产业发展研讨会等活动16次,深化与上海交大、中科大等23所高校开展的产学研合作。探索人才工作市场化运营模式,创新组建了长三角首个全生态链人才发展集团,促进人才要素融通发展。二是共同搭建长三角高校毕业生信息共享平台,建立毕业生就业去向

信息共享机制,以备忘录形式明确建立信息共享工作机制和数据交换有关事宜。三是探索长三角地区失业保险工作合作机制,探索实现失业保险信息共享,进一步完善失业保险关系转移接续机制,为失业人员提供更为便捷、高效、规范的失业保险关系转移接续服务,合作遏制异地冒领失业保险待遇行为。

3. 推进社会保险服务一体化

一是建立了社会保险待遇领取资格认证合作机制。通过资格异地认证,有效打击了社会保险待遇的冒领行为和重复享受现象,维护了社保基金安全。2019年,上海共协助认证41 275人,江苏共协助认证64 314人,浙江共协助认证11 572人,安徽共协助认证14 455人。二是搭建了长三角地区养老保险数据交换平台。建立了长三角地区养老保险数据交换平台,平台建成后资格认证合作数据交换将更加稳定、安全、便捷。三是试点开展长三角社会保险服务"一网通办"。按照《长三角地区政务服务"一网通办"试点工作方案》要求,共同推进社保卡申请、提供个人社会保险咨询和参保情况查询及个人参保资料打印服务、城镇职工基本养老保险转移接续、社会保障卡应用状态查询、个人社会保障咨询和权益单查询打印等政务服务事项网上办理。

4. 共建统一开放的人力资源市场

一是推动人力资源、就业岗位信息共享和服务政策有机衔接、整合发布,开展就业洽谈会和专场招聘会,促进人力资源特别是高层次人才在区域间有效流动和优化配置。探索建立户口不迁、关系不转、身份不变、双向选择、能出能进的人才柔性流动机制。联合开展人力资源职业技术培训,推动人才资源互认共享。二是政府购买人力资源服务产品的方式越来越多样化,购买数量逐步加大、购买力度逐步增强。从已有的人力资源服务产业园区提供的服务产品来看,其不仅是人力资源服务机构的集聚平台,也是人力资源公共服务平台。

(二)京津冀城市群

2017年,京津冀联合三地人才工作领导小组联合发布了《京津冀人才一体化发展规划(2017—2030年)》,这是我国首个跨区域的人才规划,也是首个服务国家重大战略的人才专项规划。该规划明确了以支撑京津冀协同发展战略实施为出发点,以人才一体化发展体制机制改革及政策联合创新为主线,以京津冀人才一体化发展重大任务、重点工程为抓手,大力推进人才一体化发展,打造京津冀协同发展新引擎的总体思路。规划提出京津冀人才一体化发展的远期目标是,到2030年,三地区域人才结构更加合理,人才资源市场统一规范，公共服务高效均衡，人才一体化发展模式成熟定型，人才国际竞争力大幅提升，基本建成"世界高端人才聚集区"。

2019年，习近平总书记在京津冀协同发展座谈会上明确提出，要立足于推进人流、物流、信息流等要素市场一体化，破除制约协同发展的行政壁垒和体制机制障碍，构建促进协同发展、高质量发展的制度保障。

1. 推动人才要素市场化配置

一是以市场需求为导向，从产才融合、平台建设、柔性引智等多方面入手，打破人才流动的藩篱，引导人力资源顺畅流动，以高素质人力资源流动带动项目、资金、技术流动，实现三地人才与项目、资金与技术的融合互动。形成三地互联共享的人才市场，建设集科技孵化、成果转化于一体的创新创业实践发展平台。二是以提升区域人才竞争力为核心，大力推进区域人才交流与合作，逐步建立区域人才资源共享、人才结构互补、人才智力自由流动、人才培养合作共融的新机制，形成统一的人事制度框架、人才大市场和人事人才公共服务体系，最终实现区域内人才的自由流动和优化配置。三是柔性流动。依托国家在京津冀建立的重点实验室、工程技术中心、科研基地等平台，支持三地企业与高校、科研院所联合开展技术攻关，支持高层次人才合作申请国家重点支持项目，联合开展科研成果转化。通过高层次人才共引共育机制，聚集和培育一大批支撑和引领三地产业转型升级、自主创新的领军人才，从而使京津冀成为引领环渤海、辐射全中国的人才高地。

2. 推动社会保障制度顺畅衔接

实现基本医疗保险跨省异地就医住院医疗费用直接结算，探索推进门诊医疗费用的异地直接结算。加强公共服务区域合作，加快社会保障一卡通建设，在大力发行社会保障卡的基础上，全面开通各项社会保障卡应用目录。

3. 共建和谐劳动关系

一是搭建了劳动关系协同治理的政策层级框架。在《京津冀协同发展规划纲要》指导下，三地为维护劳动关系的和谐稳定，加强跨区域劳动关系的协调工作，初步搭建了劳动关系协同治理的政策框架，包括区域总体协同框架、争议案件处理框架、劳动保障监察框架、区域特色协调框架。二是构建了劳动关系协同治理的跨区联动机制。联动机构主要有两种形式。一种是为应对劳动关系的新问题而成立的工作协调小组。专门负责跨区劳动争议调解处理工作，研究跨区域重大疑难案件。另一种形式的联动机构主要依托京津冀人力资源社会保障部门的常设机构，如京津冀跨区劳动保障监察案件协查的实施主体即为三地所辖市区县的劳动保障监察机构。

4. 探索出台劳动力市场的区域协同标准

2018年4月，京津冀三地人力资源社会保障部门和质量监督部门共同发布人力资源服务京津冀区域协同地方标准，是全国首次发布的人力资源服务区域协同地方标准，也是京津冀在公共服务领域的首个区域协同地方标准，为促进劳动力市场一体化建设提供了重要制度依据。

5. 建设大数据综合试验区

京津冀作为跨区域类综合试验区，更加注重数据要素流通，以数据流引领技术流、物质流、资金流、人才流，支撑跨区域公共服务、社会治理和产业转移，促进区域一体化发展。京津冀大数据综合试验区的建设主要包括建立京津冀政府数据资源目录体系、实现公共数据开放共享、实现大数据产业聚集、提供大数据便民惠民服务、建立健全大数据交易制度和大数据交易平台等试验探索，经过5年的探索发展，该试验区已成为提升政府治理能力的重要支撑和经济社会发展的重要驱动力量。

（三）粤港澳城市群

2021年3月13日，《中华人民共和国国民经济和社会发展第十四个五年规划和2035年远景目标纲要》指出，加强粤港澳产学研协同发展，完善广深港、广珠澳科技创新走廊和深港河套、粤澳横琴科技创新极点"两廊两点"架构体系，推进综合性国家科学中心建设，便利创新要素跨境流动。加快城际铁路建设，统筹港口和机场功能布局，优化航运和航空资源配置。深化通关模式改革，促进人员、货物、车辆便捷高效流动。扩大内地与港澳专业资格互认范围，深入推进重点领域规则衔接、机制对接。便利港澳青年到大湾区内地城市就学就业创业，打造粤港澳青少年交流精品品牌。

1. 推动就业创业一体化

支持深圳实施就业优先政策，建立健全促进创业带动就业、多渠道灵活就业的机制，促进产业经济与人力资源的互动发展，完善重点群体就业支持体系。扩宽港澳居民就业创业空间，支持建设港澳青年就业创业"一站式"服务中心。加快深港澳创新创业平台建设，推动建设深港青年创新创业基地、前海深港青年梦工场。深入推进"广东技工""粤菜师傅""南粤家政"等工程建设，着力打造深圳特色国际化品牌。

2. 探索建立粤港澳职业资格互认机制

推进创新型专业技术人才队伍建设，推进粤港澳职业资格认可先行先试。深化技能人才评价制度改革，创新技能人才评价方式。推动深圳技工教育高质量发展，向深圳下放高级技工学校审批权限，建立健全适应"双元"育人职业教育的体制机制。探索构建与发展需求相适应的人力资源管理体制机制。

3. 建立劳动保障监察执法及争议处理协作机制

支持深圳完善劳动关系协调机制，推动深圳在根治欠薪方面走在全国前列。率先建立深港澳三地劳动保障监察执法及争议处理协作机制，加强区域间执法信息共享和办案交流，打造与港澳接轨的劳动争议速调快裁服务模式。探索构建适应劳动力市场发展的权益保障体系，维护新就业形态劳动者合法权益。

4. 加强信息数据一体化支撑

2019年8月，《中共中央 国务院关于支持深圳建设中国特色社会主义先行示范区的意见》指出，要综合应用大数据、云计算、人工智能等技术，提高社会治理智能化专业化水平。实践中，粤港澳地区加强社会信用体系建设，率先构建统一的社会信用平台。加快建设智慧城市，支持深圳建设粤港澳大湾区大数据中心。探索完善数据产权和隐私保护机制，强化网络信息安全保障。加强基层治理，改革创新群团组织、社会力量参与社会治理模式。

5. 打造人力资源协同发展产业体系

围绕人力资源服务产业，逐步构建了政府宏观指导、市场公平竞争、单位自主用人、个人自主择业、机构诚信服务的行业发展新格局。通过构建较为完备的法规政策体系，优化工作流程，创造开放共享的良好营商环境，设立粤港澳大湾区人力资源服务产业研究院，全力打造人力资源协同发展的产业体系。广东省人力资源服务业市场主体活力不断增强，行业发展动能被不断释放。建立省、市、县、镇四级公共人力资源服务网络，公共服务能力显著提升。健全人才顺畅有序流动配置机制，出台促进人才顺畅有序流动的实施意见，推动人力资源合理有序流动。

（四）成渝城市群

2016年4月12日，国务院印发《关于成渝城市群发展规划的批复》，批复同意《成渝城市群发展规划》。

2020年10月16日，中共中央政治局召开会议，审议《成渝地区双城经济圈建设规划纲要》。会议指出，推动成渝地区双城经济圈建设，是构建以国内大循环为主体、国内国际双循环相互促进的新发展格局的一项重大举措。要突出重庆、成都两个中心城市的协同带动，注重体现区域优势和特色，使成渝地区成为具有全国影响力的重要经济中心、科技创新中心、改革开放新高地、高品质生活宜居地，打造带动全国高质量发展的重要增长极和新的动力源。

1. 推动人力资源服务业发展

规划建设一批省级人力资源服务产业园（市场），促进两地人力资源服务产业健康有序发展。进一步优化两地人力资源流动政策，联合举办区域性人才招聘会、人力资源服务业论坛和博览会等系列活动，增强两地人才集聚力。加强人力资源服务业管理，建立经营性人力资源服务机构许可备案、分支机构设立和从业人员资格互认机制，打造"智汇巴蜀""才兴川渝"等人力资源服务特色品牌等。

2. 建立就业服务共享协作机制

建立就业创业服务协同机制和发展联盟。完善公共就业信息系统，实现信息系统互联，各类用工信息、求职信息、就业监测数据、重点就业群体信息等共享。开放共享创新创业服务平台，共建（共享）创新创业孵化基地（园区）、创业导师库、创业项目库等。

3. 推进社会保险服务协同

推进养老保险关系无障碍转移，推进启动川渝职业年金转移接续。取消川渝间养老保险关系转移纸质表单邮寄传递要求，缩短经办时限。推进川渝间办理养老保险关系转移时只转关系不转资金，应转资金由两地社会保险经办机构定期统一结算。对接完善社会保险信息系统，实现与国家公共服务平台对接，确保接转顺畅。推进两地参保跨川渝居住的退休人员纳入居住地社区管理服务。推进社会保障卡共享应用。明确社会保障卡作为成渝双城经济圈政务和民生公共服务基础设施的地位，推动建立以社会保障卡为载体的"一卡通"服务管理模式。加强社会保障卡、电子社会保障卡跨区域协同、跨地域服务及应用，推动区域内社会保障卡异地取款、跨行取款不收或少收手续费。实现工伤保险待遇领取资格认证结论两地互认。

4. 推动大数据协同发展

2021年8月27日，成渝地区双城经济圈大数据协同发展工作会议在重庆召开，会上，川渝两地签署了"1+9"项大数据协同发展合作协议。签订大数据智能化方面协议78项，引导政企学研300余家单位共同助力川渝大数据协同发展。促进技术、资金、人才等资源要素和服务共享，合作共建区域产业生态。

六、关于胶东经济圈人才要素一体化促进机制的对策建议

在充分借鉴国内外城市群一体化发展的经验基础上，坚持需求导向、问题导向，着力推动胶东经济圈人才要素一体化纵深发展。进一步争取国家级、

省级行政授权和资源支持，打破地域内行政壁垒，加强胶东经济圈内人才要素协同共享、共育共用，在科技创新方面致力于协同解决关键领域关键环节"卡脖子"技术，在产业转型升级方面致力于协同提升产业核心竞争力，在发展环境营造方面形成区域良好互动的生动局面，引领山东半岛城市群一体化高质量发展。

（一）促进胶东经济圈人才决策和工作推进一体化

1. 加强胶东经济圈人才要素一体化顶层设计

按照胶东经济圈一体化发展总体要求，强化人才要素支撑保障作用，加强顶层设计和统筹推进。推动胶东经济圈人才要素一体化重要决策统一研究、重大事项统一推进、重大活动共同参与，加快形成政府促进、社会广泛参与的区域人才发展一体化的发展生态。研究制定胶东经济圈人才一体化发展中长期规划，确定年度推进要点。将宣传工作与规划的制定实施紧密结合，同步策划、同步安排、同步落实。大力宣传推动胶东经济圈一体化合作事项的经验、做法、成效，提升胶东经济圈人才发展环境的关注度和美誉度。

2. 建立胶东经济圈公共就业与人才服务联盟

充分发挥青岛在胶东经济圈的龙头带动作用，加强与烟台、潍坊、威海、日照四市的对接会商，围绕胶东经济圈人才要素一体化相关领域，以政府间合作为引领，带动市场各方参与，建立健全胶东经济圈公共就业与人才服务联盟，搭建人才一体化推进工作平台。人才、就业与社会保险、创新创业等部分事权争取省级授权，或者请省级职能部门参与联盟建设，形成"1（省部门）+5（五市）"一体化决策研究和推进工作机制。邀请社会组织、行业企业作为联盟"合伙人"参与联盟建设，建立联盟联席会议决策、省级部门专员协调、业务专班执行、重大事项双向报告等工作机制。

3. 以理论为引领推动胶东经济圈人才要素一体化改革创新

每年轮值召开胶东经济圈人才一体化发展会议论坛，汇集各方智慧，为加快胶东经济圈高质量发展提供良策。充分发挥政策理论引导引领作用，围绕胶东经济圈人才一体化发展战略性、方向性、首创性研究需要，开展区域一体化前瞻性理论政策研究，及时提出国家、省重大战略、重要资源、试点项目等纳入胶东经济圈规划并在区域内先行先试的理论支撑，探索将"一带一路"国际合作新平台、上合示范区和自贸试验区建设等优惠政策辐射到胶东经济圈，争取更多国家、省人才综合改革试点在胶东经济圈先行先试。

（二）促进胶东经济圈劳动力市场化配置一体化

1. 深化胶东经济圈劳动力顺畅流动的体制机制改革

引导企业经营管理人才、专业技术人才、高技能人才的交流、流动机制，探索支持非公有制经济组织和社会组织中优秀人才进入党政机关、国有企业、事业单位的途径方法。研究城乡之间劳动力要素自由流动的市场机制，促进城乡融合、乡村振兴。建立以人为本的价值导向，打破体制界限，让人才能在政府、企业之间顺畅流动。根据国家主体功能区布局，研究推动胶东经济圈、黄海流域的城乡流动人才资源共建共享共赢，建立协调衔接的区域人才流动政策体系和交流合作机制。

2. 建立人才供需对接协同机制

建立联盟引才联合体，统筹各市国内外招才引智平台及企业人才需求，合理布局引才路线图，联合胶东经济圈五市，整合岗位需求及毕业生资源，举办胶东经济圈高校毕业生网络专场招聘会。合力推动空中双选会，利用胶东经济圈五市高校毕业生网络招聘平台为高校搭建专场及联合专场，提供线上招聘求职、在线交流、视频面试等"一站式"服务。发挥中国海洋人才市场辐射带动作用，聚焦重点人才节会，开展胶东经济圈线上、线下联合招聘、人才招引等活动。

3. 强化产才融合。顺应产业一体化，实现人才与产业高效融合，提高人才一体化配置水平

探索企业主导的产教融合职业院校办学方式，鼓励校企共建产才融合实训基地。建立政府、产业部门、行业、院校人才培养联动机制，搭建产业人才开发基础协作平台和"政策引导、校企合作"联动平台。通过政府、社会、企业多方面参与，构建多层次、多渠道、多功能的职业培训体系，尤其要重视和发展由国家资助的免费网络职业培训。依据区域经济开发、产业结构调整、企业用工等实际情况，开展针对性、实用性的职业技能培训，强化劳动预备制培训，使城乡新进入劳动力市场的人员均掌握一技之长，有效提高其就业能力。强化与沿黄城市在文化、教育、体育、旅游等的领域深度合作，支持潍坊建设黄河流域高素质技术技能人才实训基地。

（三）促进胶东经济圈人力资源服务业发展一体化

1. 探索组建胶东经济圈人力资源共同市场，打造统一开放的人力资源市场体系

实施统一的市场准入负面清单制度，推动胶东经济圈高水平的人力资源市场对外开放。组建胶东经济圈人力资源服务共同体，打造区域一体化的产业集聚体系。建立人力资源服务联盟合作机制，优化胶东经济区圈人力资源服务产业链生态。强化区域一体化协调战略，推动胶东经济圈人力资源服务业差异化发展。强化区域内人力资源市场协同共治，探索人力资源服务业一体化监管框架。

2. 推动人力资源服务业协同发展

建立胶东经济圈五市人力资源服务业联盟，发挥人力资源在区域间有效流动和优化配置重要作用，引导人力资源服务领军企业在胶东各市建立分支机构，构建优势互补、功能突出、持续有序地协同发展的格局。加强人力资源产业园合作交流，开展人力资源服务业展示交流对接活动。

3. 做优做强各类人力资源服务产业园

推动烟台国家级人力资源服务产业园区，以及青岛、潍坊、威海人力资源服务省级园区多园融合、协调联动，实现产业在胶东经济圈集聚发展，构建形成胶东经济圈国家级产业园区，推动统一享受国家级园区优势政策。推动青岛国家级人力资源服务产业园区建设，更多引进集聚国内外优质人力资源服务企业。对接国内重点高校，探索校企联合办班模式，助力人力资源服务业创新发展、转型升级。举办人力资源服务高级经营管理人员研修培训班，打造服务培育新平台，组织企业高级经营管理人员参加现代人力资源服务业发展研修培训。

（四）促进胶东经济圈公共服务信息化支撑一体化

1. 树立大数据理念与强化大数据意识，提高信息公开性与透明性

积极推进政府信息公开的同时整合不同渠道数据资源，形成由数据支撑的城市群建设。提高全社会对大数据的认识，增强全社会的数据收集、挖掘、分析等意识，提升全社会信息道德水平，从而汇聚社会各方的力量，为将大数据嵌入城市群建设创造良好社会环境和舆论氛围。允许社会与公众进行数据访问，保证社会与公众能自由获取与使用数据资源。为确保大数据政策落地，要建立健全相关法律法规，为智慧城市群建设奠定制度基础。

2. 搭建胶东经济圈数据协同平台

依托省集中系统资源，统一数据交换和共享标准，提供数据输入、输出服务，对接胶东经济圈五市本地化信息系统。通过城市群的协同，集成运用大数据、云计算、物联网、移动互联网技术，构建集约化的城市群综合信息平台，为胶东经济圈一体化发展提供数据交换、共享协同支持。提供数据交换、数据采集、数据质量核验、数据清洗、数据转换、数据治理、数据模型方法库、图表展示工具等，对胶东经济圈一体化数据和关联数据开展大数据应用，为精准服务、智能监管、科学决策提供平台支持。

3. 积极完善人才大数据平台建设，准确预测人才资源的需求情况

打破区域间人才信息障碍，为企事业单位提供高效的引才渠道。与此同

时，各地政府应考虑本地区的经济布局、产业结构和社会发展，明晰实际的创新需求，逐步开展各地人才供需情况的预测工作，进而通过产业政策、人才政策优化区域的人才配置，促进胶东经济圈人才一体化的协调发展。

（五）促进胶东经济圈劳动关系争议处理协调一体化

1. 逐步完善劳动人事争议协商解决机制、劳动保障监察执法联动机制，有序开展劳动关系领域大数据的采集运用

逐步建立协商、预防、调解、仲裁、监察相互协调、有序衔接的劳动关系多元治理格局，构建规范有序、公正合理、互利共赢的劳动关系新局面。

2. 构建劳动关系协同发展政策体系

持续加强对重点问题的研究，针对劳务派遣监管、特殊工时制度审批、劳动合同管理等重点领域，加强在政策制定方面的联合攻关，完善创新型协同发展的政策措施。

3. 创新争议处理合作机制

加强对胶东经济圈内劳动争议预防及趋势的规律分析，定期发布区域内劳动人事争议处理白皮书，加强区域疑难案件研讨交流，推动形成统一的劳动争议处理标准，加强跨区域仲裁业务协作，涉及委托送达、移送管辖等情形的，建立区域内各市仲裁机构快捷沟通通道。

4. 完善区域内劳动保障监察执法联动机制

巩固升级劳动保障监察举报投诉联动机制，积极落实区域内各级劳动保障监察机构的案件协查处理。通过完善机制建设、理顺工作流程，实现劳动者可在区域内任何劳动保障监察机构窗口进行举报。

（六）促进胶东经济圈社会保障一体化

1. 建立社会保障一体化联合管理机构

建立胶东经济圈专属社会保障区域一体化的管理机构，赋予其较高调控权力以便其专门制定整个胶东经济圈社会保障政策制度并统筹社保区域管理工作，通过一体化联合管理机构与各地区负责机构共同协调管理，相互关联并促进社会保障一体化工作顺利推进。

2. 明确社会保障一体化建设的重点领域

一是便捷胶东经济圈五市间参保关系转移，全面实现五市间企业养老保险转移接续"无纸化""不见面"服务。二是建立五市社会保险待遇领取资格互认机制，实现五市所属县（市、区）社保经办机构认证业务通办。三是建立五市工伤认定调查和劳动能力鉴定协作互认机制。

3. 建立社会保障一体化发展基金

各地区的社会保障缴费基数存在差异等问题的根本原因在于经济协同发

展工作仍不到位，不同的经济发展水平导致了各个地区的社会保障福利待遇存在差异。只有建立"区域利益分享与补偿机制"，通过地区的利益相互转移达到整体经济圈的平衡，才能更加有效地推进社会保障一体化发展。

（七）促进经济圈就业创业公共服务一体化

1. 协同开展就业创业服务

联合举办胶东经济圈大学生职业生涯规划大赛等促进就业活动。实施胶东经济圈大学生及青年实习实训行动。线上建设创业服务云平台和小程序，线下打造创业总部，为胶东半岛创业者提供一站式闭环式创业服务。联合举办创业大赛、创业训练、创业沙龙等活动，引入创投风投机构，推动优质项目高效落地。共建创业导师库，实现优质导师资源共享，提高创业服务水平。

2. 联手促进高校毕业生就业

优化高校毕业生就业手续，各市联动共享数据信息。简化高校毕业生就业手续办理流程，实现"全程网办、胶东通办"。畅通高校毕业生和流动人才档案转递渠道，搭建档案信息共享平台，实现城市间档案转递"零跑腿"。

3. 优化公共就业服务机制

建立区域内公共就业服务清单制度，加大各地市就业创业政策法规和政务服务宣传工作，探索联合开展职业介绍、职业培训、就业指导、就业援助、创业扶持等服务。推进胶东经济圈五市公共就业数据信息共享，依托省集中系统，打通地域限制，实现劳动用工备案信息数据共享，方便劳动者在胶东经济圈内异地办理用工备案手续。

参考文献

［1］苏雪串. 城市化进程中的要素集聚、产业集群和城市群发展［J］. 中央财经大学学报，2004（01）.

［2］姚士谋，朱英明，陈振光. 中国城市群［M］. 合肥：中国科学技术大学出版社，2001.

［3］戴宾. 城市群及其相关概念辨析［J］. 财经科学，2004（06）.

［4］庞效民. 区域一体化的理论概念及其发展［J］. 地理科学进展，1997（02）.

［5］孟庆民. 区域经济一体化的概念与机制［J］. 开发研究，2001（02）.

［6］李雪松，张雨迪，孙博文. 区域一体化促进了经济增长效率吗——

基于长江经济带的实证分析［J］．中国人口·资源与环境，2017，27（01）．

［7］王莹莹．长三角区域劳动力市场一体化发展研究——基于工资视角［J］．生产力研究，2021（01）．

［8］张晓杰．长三角基本公共服务一体化：逻辑、目标与推进路径［J］．经济体制改革，2021（01）．

［9］吴佩，姚亚伟，赵海鹏．长三角区域资本市场一体化发展现状与对策［J］．金融理论与实践，2018（10）．

［10］梁伟年．中国人才流动问题及对策研究［D］．武汉：华中科技大学，2004．

［11］胡本田，曹欢．长三角高质量一体化发展研究——基于人才吸引力视角［J］．华东经济管理，2020，34（10）．

［12］聂晶鑫，刘合林．中国人才流动的地域模式及空间分布格局研究［J］．地理科学，2018，38（12）．

［13］姜乾之，何勇，李凌．流动空间视角下上海全球人才流动集聚战略思路［J］．科学发展，2018（03）．

［14］周映伶．中国人才流动意愿及影响因素分析——基于2016年全国流动人口动态监测调查数据［J］．当代经济，2019（04）．

［15］王新心．长江三角洲区域人才开发一体化研究［J］．内蒙古电大学刊，2015（04）．

［16］查婷俊．以粤港澳大湾区人才自由流动推进区域协调发展［J］．特区经济，2020（08）．

［17］宋佳桐，王炜．城镇化进程中东北三省经济增长对人口流动的影响［J］．经济研究导刊，2020（23）．

［18］唐唯．2014—2018年京津冀人才流动政策内容分析［J］．知识文库，2020（03）．

［19］程婷，许振晓．长三角地区人才政策协同化发展的问题及对策［J］．浙江树人大学学报（人文社会科学），2020，20（06）．

［20］党林林．京津冀协同发展背景下的高端人才共享机制研究［J］．人才资源开发，2017（16）．

［21］邸晓星，徐中．京津冀区域人才协同发展机制研究［J］．天津师范大学学报（社会科学版），2016（01）．

［22］寸守栋．国际人才跨区域自由流动机制创新研究——基于美国国家科学基金委（NSF）案例研究与借鉴［J］．企业经济，2021，40（01）．

《城市群人才要素流动性分析和一体化促进机制研究
——以胶东经济圈为例》
课题组成员名单

课题组长：

李申华（青岛市人力资源发展研究与促进中心人事人才研究所所长、高级讲师）

课题组成员：

姜荣强（青岛市人力资源发展研究与促进中心信息与数据资源管理部高级工程师）

李莉莉（青岛大学经济学院教授）

胡梦平（青岛市人力资源发展研究与促进中心人事人才研究所研究实习员）

吴丰业（青岛市人力资源发展研究与促进中心人事人才研究所研究实习员）

本课题为中国人事科学研究院与青岛市人力资源发展研究与促进中心人事人才研究所合作完成。

加快产业工程师队伍建设研究
——以宁波市为例①

提　要：产业工程师是以产业发展为导向，围绕产品设计、生产制造、技术升级等环节，开展应用研发和工艺改进的工程技术人才，是引领和支撑产业发展的重要人才资源。本研究聚焦宁波市加快推进产业工程师队伍建设，立足"246"万千亿级产业集群，借鉴国内外产业工程师队伍建设经验，结合典型企事业单位调研，聚焦特色产业体系及其科学技术要求，明确产业工程师的概念内涵，围绕产业工程师的界定、评价、激励，进一步打造宁波产业工程师创新服务平台，为宁波市当好浙江省建设"重要窗口"模范生构建一批强大的产业工程师队伍支撑。

关键词：产业工程师　队伍建设　困境及政策建议

习近平总书记多次强调，发展是第一要务，人才是第一资源，创新是第一动力，要聚天下英才而用之。党的十九届五中全会指出，壮大高水平工程师和高技能人才队伍建设。在逐步迈向经济社会高质量发展的新阶段，2020年，浙江省在全省布局建设产业工程师协同创新中心，着力打造全新的工程师"金名片"。对宁波市而言，坚定实施人才强市战略、制造强市战略和创新驱动发展战略，加快产业工程师队伍建设，是实施科技与人才"栽树工程"的重要组成部分，对贯通产业链、创新链、人才链、价值链，解决产业前沿技术关键问题，推动原创性技术开发和成果转化，加速特色产业提级赋能与

---

① 本文系中国人事科学研究院2021年度研究课题《加快产业工程师队伍建设研究——以宁波市为例》报告的部分内容。

转型升级具有重要意义。

本研究聚焦加快推进宁波市产业工程师队伍建设，立足"246"万千亿级产业集群，借鉴国内外产业工程师队伍建设经验，结合典型企事业单位调研，聚焦特色产业体系及其科学技术要求，明确产业工程师的概念、内涵，围绕产业工程师的界定、评价、激励，进一步打造产业工程师创新服务平台，为宁波市当好浙江省建设"重要窗口"模范生构建一批强大的产业工程师队伍支撑。

一、产业工程师的概念与内涵

（一）产业工程师的概念

产业工程师是以推动产业发展为导向，围绕产品设计、生产制造、技术升级等环节，开展应用研发和工艺改进的工程技术人才，是引领和支撑产业发展的重要人才资源。宁波市是制造大市，制造业是立市之本、强市之基，大力培养产业工程师，集聚一大批能够突破关键技术、改进产品工艺，与产业发展需求精准匹配的产业工程师人才，突围破解"卡脖子"难题，关系着制造业转型升级，关系着经济高质量发展，因此至关重要。

在宁波市进行的产业工程师职称评定中，对产业工程师的界定是指结合特色行业、新兴行业等职业特点（如汽车行业、安全技术防范行业），从事产业链范畴的工程设计、生产制造及工艺设计、系统集成、技术开发管理，以及技术成果产业化等工作，经个人自主申报、业内公正评价、单位择优使用、政府指导监督的社会化评审机制获得相应资格的企事业单位在职在岗专业技术人员。

（二）产业工程师的内涵

现行工程师体系形成时间较早，是基于工种、技术专业分类的体系，而不是基于产业分类的工程师体系。传统分类方式已经逐渐不适应当前产业分工和新兴产业发展的需要。对于传统产业，如汽车产业，只有笼统的汽车维修工程师一类，并未覆盖汽车研发、设计、整车生产等领域，这些领域从业人才只能被评定为机械、机电工程等类型工程师。对于新兴产业，如工业互联网、新材料，现有工程师体系中难以精准找到对应人才类别，企业招聘时只能寻找传统的计算机工程师、化工工程师，难以通过精准引才、精准育才推动产业高质量发展。

与传统工程师概念相比，产业工程师概念的内涵主要包括以下几个方面。

一是产业工程师打破了传统人才分类的界限，不仅包括作为专业技术人才的工程师，还包括在产业创新发展当中起到重要作用的部分高技能人才。

二是产业工程师的产业发展导向，决定了他们不是局限于某一专业的工程技术人员，必然需要跨专业甚至跨行业进行协同，从人才开发的角度来看，更注重其对产业发展的支撑和促进作用。

三是产业工程师突出实用属性，以解决实际问题为宗旨，不一定追求理论"高大上"，必然对目前工程师人才评价体系带来冲击，在人才评价、激励等环节需要更多地考虑与产业发展匹配的问题。

二、构建一支优良的产业工程师队伍的紧迫性

（一）产业工程师队伍建设的重要意义

产业工程师创新为社会进步做出了巨大贡献，国内外重大技术革命都是对产业工程师创新成果的应用。技术工人、高技能人才、产业工程师是支撑中国制造、中国创造的重要基础，对推动经济高质量发展具有重要作用。习近平总书记指出，要在全社会弘扬精益求精的大国工匠精神，激励广大青年走技能成才、技能报国之路。

浙江省正着力打造全新的工程师"金名片"，尤其要在全省布局建设特色产业工程师协同创新中心，通过集聚一批海内外科研院所、高校、企业等相关领域的产业工程师，共享技术、成果、人才等资源要素，为地方特色产业装上"最强大脑"，助推浙江省产业转型升级。

当前，智能制造、信息技术、光电新材料等一大批特色产业是浙江省2020年14个省级试点特色产业工程师协同创新中心的首要关键词，以成熟型技术应用与推广服务为主攻方向，强化解决企业和产业发展的痛点难点和"卡脖子"问题。目前借助特色产业工程师协同创新中心已集聚各类工程师2 300多名（含海外工程师、星期天工程师），服务企业1 400多家，逐渐成为推动浙江省产业转型升级、确保产业自主可控、提升平台能级、补齐人才短板的一个强力支点。到2025年，浙江省将建设15家左右省级特色产业工程师协同创新中心，集聚高水平工程师1 500名。

宁波市是制造业大市，在2020年中国先进制造业竞争力城市中位列全国前9。当前，宁波正在全力布局"246"万千亿级产业集群培育、"225"外贸双万亿行动、"3433"服务业倍增发展行动、"4566"乡村产业振兴行动等重点产业行动计划，以及工业互联网、"5G+"、数字经济、智能物流等重点领域新兴产业的培育和繁荣计划，迫切需要建立一支规模合理、素质精良、专业匹配、成效显著的产业工程师队伍，支撑宁波特色产业与新兴产业培育壮

大，以及传统产业的转型升级，加快打造宁波智能制造高质量发展新高地，为宁波市当好浙江省建设"重要窗口"模范生、推动"制造业大市"向"制造业强市"转变，提供强大的产业工程师支撑。

（二）新时代产业工程师的发展新趋势

一是在社会经济与空间布局的加速推动和调整下，尤其在长三角一体化等国家战略的引导下，加快产业工程师队伍建设，增强自主创新能力和实力，努力实现关键核心技术自主可控，构建企业、城市、区域、国家之间更加紧密的产业联系网络与创新体系将更为重要。

二是产业工程师服务体系构建将在推动形成以企业为主体、市场为导向，产学研深度融合的创新体系上发挥更重要的作用，对加快建设创新型城市具有重要意义。构建产业工程师队伍，有利于坚持以企业为主体，通过打造一大批创新型工程师，使其按大、中、小、微梯次分布在创新企业集群和优质领军企业，可以提升整体创新实力和技术实力，不断推动产业创新发展。

三是在新时代综合性智能制造产业体系下，不同产业、不同企业的产业工程师之间创新交流更加频繁。随着产业链、创新链、人才链、价值链的不断延伸，人工智能（云计算、物联网、大数据、智能制造）、生物医药、纳米技术、新材料、新能源、节能环保、技术先进型服务外包等企事业单位之间的产业工程师的创新交流将有助于夯实创新和技术基础，推动智能制造产业体系优化升级。

四是产业工程师评价体系动态化调整。《关于深化职称制度改革的意见》，《关于深化工程技术人才职称制度改革的指导意见》指出，建立科学分类、合理多元的评价体系，遵循工程技术人才成长规律，健全符合工程技术人才职业特点的职称制度，实现职称制度与职业资格制度有效衔接，激发工程技术人才创新潜能，以培养造就素质优良、结构合理、充满活力的工程技术人才队伍。因此，根据行业职业特点，坚持以用为本、业绩导向，加快形成导向清晰、评价科学、管理规范的产业工程师评价体系，能有效促进行业规范管理，推动行业人才队伍建设。

（三）构建产业工程师队伍的先进经验

产业工程师在推动美国、德国、日本等国家的创新产业引领、先进技术研发和经济高质量发展等方面发挥了重要作用。例如，美国的电气与电子工程师协会（IEEE）拥有40多万名会员；日本在每个县都设立了产业技术振兴中心，涵盖不同产业领域，集聚一大批不同产业领域的工程师，集中为中小企业服务。

产业工程师已经成为各地日益重视的一支人才队伍，各地通过搭建高校平台、实施专项计划、构建专门服务体系等方式，集聚产业工程师队伍。如深圳成立深圳技术大学，培养应用型工程师人才。苏州市积极构建产业工程师服务体系，成立产业工程师协会，为产业工程师的能力提升、自我展示提供一站式服务。广东江门市聚焦重点产业布局，实施产业工程师集聚计划，破除政策障碍，允许人才以专利直接申报中级职称，已评定两批次共60名产业工程师。青岛、烟台等城市将人才争夺环节前置，优化调整本地高校学科，加强设置与本地产业相匹配的学科，吸引理工科学生，形成产业工程师人才"蓄水池"。

在大国工匠、新型智能制造人才、高技能人才队伍建设等推动下，全国各城市积极构建产业工程师队伍。例如，作为长江三角洲重要的中心城市之一、国家高新技术产业基地的苏州市，在苏州工业园区积极构建产业工程师技师服务体系。2016年8月，苏州工业园区产业工程师技师协会成立，致力于成为产业工程师共同的家园，为产业工程师的能力提升、自我展示提供一站式服务，面向产业工程师队伍开展技术交流、培训服务、咨询服务和学术研究等工作。协会联合实训基地、企业、院校和社会机构等载体资源开展技术沙龙、主题论坛、商务会展、技术巡诊、项目创新等工作，指导实训基地内涵建设，承接政府部门相关工作，建立区域产业工程师技师人才信息库，做好产业人才培育、使用、评价和激励等工作，为人才、产业、科技和招商等政府部门提供决策咨询及标准研制等服务。

三、宁波产业工程师发展的现状及困境

（一）宁波集聚产业工程师的优势条件

1. 宁波具有深厚的工程师情结

改革开放40多年来，各类工程师人才一直是支撑宁波发展的重要力量，"星期天工程师""海外工程师"成为了宁波人才开发的标志性成果。早在改革开放初期，宁波乡镇企业转型缺乏技术支撑，本地产业技术人才供给不足，来自上海的"星期天工程师"，成为了宁波重要的技术来源。据统计，20世纪80年代中期，每年有数千名"星期天工程师"往返于沪甬之间，服务宁波发展。20世纪以来，面对企业缺乏高精尖技术支持现状，宁波注重开发利用国际技术资源，出台专项政策鼓励企业引进海外工程师。截至2020年年底，宁波累计引进海外工程师2 106名，帮助企业新增专利申请6 044项，开展新产品研发和设计项目18 877个，推动企业直接新增产值410.17亿元，增加利

税38.63亿元。宁波市北仑区成为全国首个国家级引进国外智力示范区。进入新发展阶段,宁波要继续用好工程师这块金字招牌,推进产业工程师队伍开发建设。

2. 宁波具有良有的基础条件

宁波拥有高技能人才55.1万人,2020年宁波在企业中评定工程师2 008人、助理工程师6 289人,产业工程师队伍建设基础较好。另外,宁波获评国家产教融合试点城市,正在加快探索产教融合的新型人才培养模式。如宁波工程学院成立汽车学院,专门用于培养产业工程师,近5年培养本科毕业生2 500名,80%以上的学生进入汽车相关行业就业,1/3左右的学生进入大众、吉利等杭州湾新区企业。宁波大学科技学院与慈溪地方龙头企业合作,设立公牛学院、慈星学院等,采用联合授课、定期赴企业实习、设立企业奖学金等方式,联合培养工程技术类人才。宁波还拥有71家产业技术研究院、1 657家企业工程(技术)中心、194家企业研究院,能够培养集聚大量工程师人才。各区县(市)也在积极推动产业工程师队伍建设,如江北区拥有产业工程师人才近6 000人,每年解决产业技术难题1 300余项。

3. 宁波企业(产业)对产业工程师需求迫切

宁波拥有各类企业主体30万余家,制造业企业10万余家,规模以上工业企业8 300余家。随着新兴产业蓬勃发展和传统制造业转型升级,对产业人才的需求层次也在不断提升。据《2020宁波人才开发指引》对"246"万千亿级产业集群建设、"225"外贸双万亿行动相关的13个产业进行大数据分析显示,宁波相关企业对大专以上学历层次人才需求占比超过90%。"246"万千亿级产业处于人才紧缺状态的10个产业,排名前五类的紧缺岗位中,产业工程师占比超过64%,最紧缺的是Java开发工程师和机械工程师等。

(二)宁波集聚产业工程师面临的困境

1. 缺乏产业工程师的范围界定标准

产业工程师是具备一定知识、技能的产业专业人士,从事生产和工程技术岗位一线工作,熟练掌握专业知识和技术,具备精湛的操作技能,是技术技能型人才队伍的核心骨干。然而,产业工程师与专业技术人才和高技能人才存在一定的功能交叉,目前针对产业工程师的范围界定和人才认定较为模糊,缺乏一定的界定标准,这阻碍了高水平产业工程师队伍的构建。

2. 产业工程师规模不足,结构不合理

宁波市作为制造业大市,除了目前缺乏产业工程师的界定标准外,从全市技能人才来看,与国内其他先进城市相比,还存在总量不足、结构不合理、

培养质量不高等问题。一是技能人才总量不足。近年来,宁波技能人才总量不断增加,但与国内先进城市苏州、上海相比仍有差距。以2020年苏州为例,规模以上工业产值3.48万亿元,技能人才200万人,人均产值是宁波的近1.7倍,差距明显。二是队伍结构与产业发展不够匹配。2019年宁波对技能人才紧缺工种调研发现,被调研的800余家样本企业中,(持证)技能人才主要集中在200人以上的中等规模以上企业。(持证)技能人才主要集中在中级工和初级工,二者占比合计超过75%。高级工以上约占25%,其中技师和高级技师分别占6.2%和3.6%。服务业和制造业的高级技师占技能人才总数比例接近,分别为3.2%和3.9%。可见宁波技能人才主要集中于中低级层面,高级技师较为紧缺。三是高技能人才比例较低。虽然自2014年以来,高技能人才占技能人才比重持续保持在25%左右,特别是到2019年年底,比重已达29%,但与德国等发达国家高级工占比40%以上的比例相差甚远,与深圳等国内先进城市相比也有不小差距(见表1)。

表1　　　　　部分副省级城市高技能人才培养情况表　　　　单位:万人

项目	宁波①	杭州①	南京②	深圳②	大连②	广州②
人口总量	820.2	980.6	843.6	1 302.6	595.2	1 490.4
技能人才总量	160.1	160	145.1	352	110	253.2
高技能人才总量	46.65	49.47	44.2	109.8	24.5	78
高技能人才占比	29.10%	30.90%	30.40%	31.10%	22.20%	30.80%

备注:①数据截至2019年6月;②数据截至2018年年底。

3. 缺乏产业工程师的业绩评价体系

产业是躯干,工程师是灵魂。当前,针对专业技术人员的评价体系已经较为成熟,但缺乏专门针对在生产一线的产业专业人员,融技能工人和专业技术人员于一体的评价体系,同时也缺乏产业工程师的引进、培育、评价、流动、使用、服务和激励机制,在一定程度上限制了产业工程师的创造性。在产业工程师引进、培育、评价等核心环节尚未形成可复制、可推广的政策体系和实施办法。

4. 缺乏产业工程师的综合服务平台

面向宁波万千亿级高能级产业体系,构建各类企业、行业、专业的产业工程师服务体系和服务平台变得日益重要。目前,宁波已经探索成立宁波(北仑)高端装备产业海外工程师协同创新中心省级试点,仍缺乏面向其他产业工程师的综合服务平台,如产业工程师基地、产业工程师协会、产业工程师技能竞赛等一批以匠心引领导向、高精尖缺导向、引育并重导向的产业工程师优质公共服务平台。

四、构建宁波产业工程师队伍的政策建议

面向宁波制造业基础与产业结构转型升级，立足"栽树工程"，紧紧围绕宁波市当好浙江省建设"重要窗口"模范生的战略目标，结合现代化国际港口城市优势，以促进宁波制造业转型升级为主线，以培育和发展壮大制造业专业人才队伍为主题，建立符合市场需要、以职业能力为导向、以业绩为核心的具有宁波特色的产业工程师遴选标准、评价体系与公共服务平台。

（一）优化产业工程师的界定标准

产业工程师既与专业技术人员、技能人才有交叉重复又有自身的特点内涵，具备知识性、技能性、复合性、职业性等特征，主要包括两类：一类是具有一定操作技能的工程专业技术人员，另一类是具有熟练操作技能并具有相当专业知识以及科技成果产业化能力的技能人才，既有一定的理论功底，又有较强的技术研发和推广等实践能力。

结合宁波产业优势和产业特点，依托"246"万千亿级产业集群培育、"225"外贸双万亿行动、"3433"服务业倍增发展行动、"4566"乡村产业振兴行动等重点产业行动计划，以及工业互联网、"5G+"、数字经济、智能物流等重点领域新兴产业，建立产业细分、精准分类、有序实施的产业工程师资格认定与队伍建设体系，不断打通高技能人才与工程技术人才职业发展通道，着力打造高水平产业工程师队伍的宁波样板。结合宁波市优势产业和特色产业，依托汽车、模具等浙江省高评委设置职称的行业，探索汽车、模具等领域产业工程师的职称改革实施方案和职务任职资格评价条件。

（二）优化产业工程师的评价体系

根据特色产业及行业的职业特点，遵循行业人才成长规律，坚持以用为本、业绩导向，分设专业，建立以行业标准和行业评价为主体的产业工程师、产业高级工程师评价标准和评价体系。在产业工程师评价内容上，打破学历、资历、论文门槛，突出特色行业的标志性业绩和成果，建立科学、精准的量化赋分体系，提高评价的针对性和科学性，促进评价与使用相结合。

一是从职业能力、工作业绩、理论与实践结合能力、职业道德等方面，不断优化产业工程师的遴选和绩效评价。职业能力主要包括职业基础能力（知识掌握、技术操作等）、解决问题能力（解决生产技术问题、解决生产方法问题、解决生产难题、解决生产理论问题等）和创新能力（技术、方法、工艺、理论等创新）。工作业绩主要包括生产效益、创新成果及其产业化、行

业荣誉与影响等。理论与实践结合能力主要包括理论与实践基础（理论知识考试、技能操作考核等）、理论指导实践（生产设计、生产方法、技能操作等）、实践上升理论（研究成果）等。职业道德主要包括遵守法律法规、工作责任心、敬业精神、团队精神等。

二是不断优化产业工程师的培育与激励机制。首先，积极践行"人才是战略资源、第一资源"工作理念，紧密结合宁波经济社会进入高质量发展阶段的新形势、新任务和新要求，进一步探索创新产业工程师的职称改革工作方法，完善职称评价服务。着眼宁波高质量发展阶段的重点产业、行业以及产业工程师队伍的实际情况，按照分类推进人才评价机制要求，建立以产业工程师分类为基础，行业、岗位细分精准评价人才的实践探索。其次，适应产业工程师专业化、标准化、技能化程度高等特点，针对设计开发、生产制造、技术服务等不同岗位特点，以及新兴产业发展趋势，建立健全产业工程师技术人才评价标准。最后，注重发挥政府、社会、用人单位等多元主体作用，在理论探索、技术研发、专业竞赛、行业应用、社会影响等方面，积极推动并完善产业工程师的激励机制。

三是适应工程技术专业化、标准化程度高的特点，进一步细分专业领域，针对设计开发、生产制造、技术服务等不同岗位特点，建立健全工程技术人才评价标准。重点评价其掌握必备专业知识和解决技术难题、进行技术发明、技术推广应用、工程项目设计、工艺流程标准开发、产品质量提升、科技成果产业化等方面的实际能力业绩。

四是鼓励引导熟悉特定产业发展特点的社会力量承接行业领域职称评审工作。紧密结合宁波重点发展的"246"万千亿级产业集群领域和"单项冠军"产业，支持有意愿有条件的行业协会、龙头企业等社会力量牵头制定相关专业评价标准，面向所在行业领域组织开展职称评审。

五是稳步推进企业职称自主评价试点工作。面向宁波行业龙头企业、"单项冠军"企业和重点骨干企业，指导有意愿、有条件的企业建立体现行业和企业特色的工程系列中级职称评价标准，努力实现行业龙头企业和"单项冠军"企业的职称自主评价全覆盖。

(三) 搭建产业工程师的服务平台

一是加强产业工程师培养科学指引。结合宁波重点产业发展，在摸清产业工程师规模现状、产业分布和空间分布的基础上，及时制定发布产业工程师紧缺指数和人才开发目录，建立具有吸引力的薪酬指导标准，集聚紧缺急需型产业工程师人才。依据产业工程师紧缺程度，引导在甬高校有序优化调整学科专业设计与培养体系，加强紧缺急需型产业工程师培养。

推动相关部门协同培养产业工程师。建议市发改委将产业工程师人才培养作为宁波开展产教融合试点的重点和亮点工作，积极探索产业工程师人才培养评价体系，总结成效经验，深化创新实践。建议市经信局将产业工程师人才开发纳入新一轮制造业人才提升行动方案，与宁波推进制造业高质量发展示范区建设紧密结合，建立一套符合宁波制造业高质量发展的产业工程师开发体系，以高水平的产业工程师队伍助推打造"专精特新"企业，推动制造业企业实现"四上"。

推动重点领域和重点行业的产业工程师培训基地建设。重点支持人工智能（云计算、物联网、大数据、智能制造）、生物医药、纳米技术、新材料、新能源、节能环保、技术先进型服务外包等领域以及其他新兴产业领域的领军企业的产业工程师培训基地建设。

二是夯实产业工程师的人才培养和储备。深入实施职业技能提升行动，实施青年科技人才托举工程，对表现优异的企业和技能人才给予一定的补贴支持，不断提高企业和人才的创新技术能力。立足国内国际双循环新发展格局，持续推进人才和创新"栽树工程"，组建人才工程学科组，搭建学习提升平台、合作交流平台、服务社会平台、成果展示平台，推动人才跨界融合，打造"人才朋友圈"，加快领军型、创新型、赋能型人才培育。加大对企业人才，特别是高新技术企业人才的选拔力度，企业人才入选比例原则上不低于30%。

大力推广特色产业学院人才培养模式。发挥宁波国家产教融合试点建设优势，推广宁波工程学院汽车学院、宁波大学科技学院公牛学院等特色产业学院建设模式，加强高校与企业的联合培养，给予培养补贴，鼓励毕业生留甬、进入宁波重点产业领域。争取在甬高校每年新建1~2家特色产业学院，到2025年全市高水平特色产业学院达到10家以上。支持在甬产业技术研究院争取办学资格，大力培养理工类本科生和研究生，给予专项政策支持。

三是定期举办高技能人才职业技能竞赛，加快优秀技能人才队伍建设。建立健全引导广大劳动者岗位成长的激励机制，促进"学知识、练本领、增技能、比贡献"的良好氛围形成，重点在生物与化学制药技术、云计算应用、工业互联网技术、5G技术应用等领域开展专项竞赛，为产业工程师培育工作奠定坚实基础，助推科技成果的行业引领与宁波产业转型升级。

《加快产业工程师队伍建设研究——以宁波市为例》课题组成员名单

课题组长：
王明荣（宁波市人才资源研究所所长）

课题组成员：
王山慧（宁波市新时代质量创新研究院研究员）
郭　涛（宁波市人力资源社会保障局处长）
廖绍云（宁波市人才资源研究所二级调研员）

本课题由中国人事科学研究院和宁波市人才资源研究所、宁波市新时代质量创新研究院合作完成。

《百万人才进海南行动计划（2018—2025年）》评估研究[①]

提　要：国家发展靠人才，民族振兴靠人才。自《百万人才进海南行动计划（2018—2025年）》（以下简称《行动计划》）实施以来，特别是《海南自由贸易港建设总体方案》（以下简称《总体方案》）颁布以来，海南省把人才工作提升到前所未有的战略高度，全面落实中央"立足新发展阶段、贯彻新发展理念、构建新发展格局"的新要求，不断推动人才事业超常规发展。评估表明，《行动计划》对人才工作的引领和推动作用已经显现，具有吸引力和国际竞争力的人才制度体系正在形成，人才资源支撑高质量发展的格局基本确立。与此同时，《行动计划》实施中的一些具体举措还有待落实，适应新形势、新使命、新任务需要有更具前瞻性、系统性的创新之举。

关键词：百万人才进海南　行动计划　绩效评估　政策创新

受中共海南省委人才发展局委托，中国人事科学研究院对《百万人才进海南行动计划（2018—2025年）》（以下简称《行动计划》）实施以来的整体情况进行了评估。本次评估累计回收有效调查问卷4 567份、信息采集表21份[②]，搜集全国人才政策文件519份，最终形成《〈百万人才进海南行动计划（2018—2025年）〉评估报告》。评估表明，《行动计划》对人才工作的引领和推动作用已经显现，具有吸引力和国际竞争力的人才制度体系正在形成，

[①]　本文系中共海南省委人才发展局2021年度委托中国人事科学研究院研究课题《〈百万人才进海南行动计划（2018—2025年）〉中期绩效评估延续研究》报告的部分内容。

[②]　此为两次评估回收问卷和信息采集表的合计情况。其中问卷回收：第一次回收1 564份问卷，第二次回收3 003份问卷，合计4 567份；信息采集表第一次回收9份，第二次回收12份，合计21份。

人才资源支撑高质量发展的格局基本确立。与此同时,《行动计划》实施中的一些具体举措还有待落实,适应新形势、新使命、新任务需要有更具前瞻性、系统性的创新之举。

一、推进情况评估

《行动计划》实施以来,海南省认真贯彻习近平总书记有关人才工作重要论述精神和有关海南自由贸易港重要指示精神,按照"举全国之力、聚四方之才"要求,坚持党管人才原则,坚持服务发展,坚持改革创新,建立健全人才工作管理体制机制,实施更加积极、更加开放、更加有效的人才政策,初步形成较为系统完善的人才制度集成创新体系。同时,在《行动计划》推进中,围绕实施更加开放的人才引进政策、实施更加积极的人才培养政策、加强创新载体建设和创业支持政策、完善人才服务保障政策和加强组织实施工作等共提出111个具体措施,目前已落实107个,落实率达96%,且其余4个措施正在持续推进并已取得阶段性成果。

(一) 实施更加开放的人才引进政策推进情况评估

在《行动计划》中,有8项共计34个人才引进具体措施[①]。从各牵头单位上报材料看,目前已经落实的有31个、持续推进并取得阶段性成果的有3个,已经落实的人才引进措施占比为91.18%。其中,百万人才集聚计划、大师级人才、杰出人才引进计划、千名领军人才引进计划、党政机关千人招录计划、事业单位人才延揽计划、柔性引才引智等方面的具体措施均全面落实,见表1。

表1　　　　　　　　实施更加开放的人才引进政策落实情况

名称	牵头单位	定性指标	是否已经启动
实施百万人才集聚计划	省委组织部	是否设立人才培养专项基金	是
		是否设立创业扶持专项基金	是
		在购房方面,各类引进人才自落户之日起是否已经享受到本地居民同等待遇	是
		在购房方面,柔性引进的高层次人才经认定后是否已经享受到本地居民同等待遇	是

---

① 此处关于"具体措施"数量的统计与《行动计划》中具体措施84条相比,在数量上有些出入,因为在信息采集表"定性指标"设计时,对《行动计划》中部分具体措施进行了拆分,有的不便于量化的措施进行了省略。

续表

名称	牵头单位	定性指标	是否已经启动
实施大师级人才、杰出人才引进计划	省委组织部	引进的大师级人才、杰出人才及其团队是否直接纳入省委联系服务重点专家范围	是
		是否为大师级人才、杰出人才提供了符合相应标准的人才公寓	是
		引进的大师级人才、杰出人才全职工作满一定年限后，是否获得分期赠予的人才公寓产权	是
		在薪酬待遇、科研资助等方面，是否采用"一人一策、一事一议"方式给予支持	是
实施千名领军人才引进计划	省委组织部	是否为领军人才提供了符合相应标准的人才公寓	是
		引进的领军人才全职工作满一定年限后，是否获得分期赠予的人才公寓产权	是
		对于符合领军人才标准的，是否可不经评审直接享受上述待遇	是
实施"银发精英"汇聚计划	省教育厅、卫生健康委	是否为列入"银发精英"汇聚计划的人才提供了符合相应标准的人才公寓	是
		全职工作满一定年限后，是否分期赠予产权	—
实施党政机关千人招录计划	省委组织部	是否面向海内外公开招聘熟悉自由贸易试验区、自由贸易港建设的高端特聘人才	是
		是否面向中央国家机关、发达省市、国内自由贸易试验区、大型国企和港澳等地区选调紧缺人才	是
		是否面向社会特殊招录优秀人才	是
		是否面向高校选调优秀本科以上学历毕业生	是
实施事业单位人才延揽计划	省人力资源社会保障厅	除仅为机关提供支持保障的事业单位外，其他的是否已逐步取消行政级别	是
		激励人才的绩效工资内部分配办法是否进一步完善	是
		引进的拔尖以上层次人才是否已采用年薪制等灵活薪酬制度	是
		引进的拔尖以上层次人才绩效工资总量是否已实行单列管理、单独核定	是
加大柔性引才引智力度	省委组织部	是否采取措施鼓励各级各类用人单位设立院士工作站、"千人计划"工作站、博士后科研工作（流动）站、"候鸟"人才工作站、高端智库等柔性引才引智平台	是
		是否支持用人单位通过顾问指导、短期兼职、项目合作、候鸟服务、对口支援等多种方式柔性使用国内外人才智力资源	是
		是否对柔性使用国内外人才智力资源绩效突出的用人单位给予奖励	是

续表

名称	牵头单位	定性指标	是否已经启动
加大柔性引才引智力度	省委组织部	是否完善柔性引才激励机制，吸引内地国企、事业单位的专业技术和管理人才在海南兼职兼薪、按劳取酬	是
加大荐才引才奖励力度	省委组织部、省人力资源社会保障厅、省国资委	在发挥高校、医院、科研院所、园区、企业等各类用人单位引才主体作用方面，是否重点支持引进团队	是
		在发挥高校、医院、科研院所、园区、企业等各类用人单位引才主体作用方面，是否对引才绩效突出的给予奖励	是
		企业招才引智投入是否实行税前扣除	是
		国有企业引才投入成本是否视为当年利润考核	是
		现有人才交流中心、人才中介机构是否发挥引才荐才作用	是
		现有人才交流中心、人才中介机构如果发挥引才荐才作用，是否给予适当奖励	是
		是否成功引进国内外知名猎头公司	是
		引进的国内外知名猎头公司，是否在引进大师级人才、杰出人才或团队，或引进其他人才等方面有突出绩效	—
		对于有突出绩效的猎头公司，是否给予适当奖励	—

注："—"表示牵头部门持续推进并取得阶段性成果，在计算启动率时包括在内，下同。

数据来源：各牵头部门填报的信息采集表。

《行动方案》实施以来，全职引进 A 类人才（大师级人才）8 人，B 类人才（杰出人才）180 人，C 类人才（领军人才）1 408 人；特别是《总体方案》实施以来，引进 A 类人才（大师级人才）占该类认定总数的 87.5%，B 类人才（杰出人才）占该类认定总数的 37.2%，C 类人才（领军人才）占该类认定总数的 38.2%。

"4.13"以来，在中央组织部精心指导和大力支持下，海南努力打造特色鲜明、成效突出地集聚全国优秀干部支援海南建设的新模式，先后四批从中央单位和发达地区引进 415 名优秀干部来琼挂职。从挂职岗位看，所有干部均安排到可以充分发挥自身专业优势和资源优势、与自贸港建设密切相关的岗位工作，为海南自贸港开局起步提供了有力的高素质专业化干部保证。累计招录党政紧缺人才 375 人，其中公开特聘高端人才，国内 7 人、国外 3 人；选调紧缺人才，面向中央国家机关选调 3 人、发达省市选调 1 人；面向高校选调优秀本科以上学历毕业生 361 人。人力资源社会保障部门通过事业单位人才延揽计划引进专业技术人才 12 601 人、管理服务人才 2 321 人。

(二)实施更加积极的人才培养政策推进情况评估

在《行动计划》中,有 6 项共计 22 个人才培养具体措施。从各牵头单位上报材料看,目前已落实 21 个,持续推进并取得阶段性成果的 1 个,已经落实的人才培养措施占比为 95.45%。其中,"南海名家"培养计划、"南海英才"培养计划、"南海工匠"培养计划、党政人才专业素养提升计划和农村人才培养计划方面的具体措施均已全面落实,见表 2。

表 2　　　　　　　　实施更加积极的人才培养政策启动情况

名称	牵头单位	定性指标	是否已经启动
实施"南海名家"培养计划	省委组织部	纳入海南省领军人才层次的,是否给予一定额度的人才补贴	是
		在科研经费投入、科技专项支持、科研成果转化、学科团队建设等方面,是否给予上述入选人才倾斜支持	是
		入选"南海名家"培养计划的,是否优先推荐申报国家级人才项目	是
		入选国家级人才项目的,是否给予配套人才补贴	是
实施"南海英才"培养计划	省科技厅	是否将入选者纳入省拔尖人才层次	是
		是否给予入选者一定额度的人才补贴	是
		对于入选"南海英才"培养计划的创业人才,是否可以向有关金融机构申请信用贷款或保证担保贷款	是
		对于入选"南海英才"培养计划的创业人才,是否可根据创业情况向省人才创业扶持专项基金申请创业扶持	是
实施"南海工匠"培养计划	省人力资源社会保障厅	是否鼓励参加国内外技能大赛	是
		是否对领办技能大师工作室给予建设资金支持	是
		是否对获得"中华技能大奖""全国技术能手""全国职业院校技能大赛奖"等奖项的个人或团队给予配套奖励	是
实施党政人才专业素养提升计划	省委组织部	是否分批选派省直有关单位和市县领导干部到国(境)外自由贸易港短期培训	是
		是否分批选派省直有关单位和市县领导干部到国内其他自由贸易试验区跟班实训	是
实施重点产业人才教育对接计划	省教育厅	是否已落实本科以上层次中外合作办学项目部省联合审批机制	是
		是否采取措施鼓励引进境外优质教育资源举办高水平中外合作办学机构和项目	是
		是否采取措施鼓励引进国内外知名教育培训机构培养培训国际化人才	是

续表

名称	牵头单位	定性指标	是否已经启动
实施重点产业人才教育对接计划	省教育厅	是否采取措施支持园区、企业等用人单位以"校企合作"的方式联合培养技术技能人才	是
		是否对绩效优秀的培养机构给予奖励	—
实施农村人才培养计划	省农业农村厅	是否整合各类涉农教育培训资源	是
		是否实施新型职业农民培育和农民先进产业、技术培训工程	是
		是否推进农业专业技术职称制度改革	是
		是否实施农业干部队伍轮训计划	是

数据来源：各部门填报的信息采集表。

《行动计划》实施以来，"南海系列"培养计划共计培养南海名家215人，南海名家青年项目259人，南海工匠144人，南海英才132人，南海乡土人才243人。累计发放人才补贴1.6亿元，其中近一年来发放6 089万元，占已发放补贴的38%。培养期内，多名"南海系列"人才获得国家级称号和奖项、省部级称号和奖项，围绕自贸港发展的重点产业和领域，实现人才链与产业链、创新链深度融合的不胜枚举，如"南海名家"郭俊莉入选"国家百千万人才工程国家级人选""国家有突出贡献中青年专家"；"南海工匠"周皓获得第十五届中华技能大奖和"2019年大国工匠年度人物"称号，依托其个人工作室成功解决重点型号深海科研装备研制中的技术难题198项，针对海试需要对科考装备升级改造86项；"南海名家"尹俊梅、宋希强主持研发的中国特色兰科植物保育与种质创新及产业化关键技术，荣获国家科技进步二等奖；"南海乡土人才"邢益宝入选全国农机使用一线"土专家名录"；"南海英才"宋小毛积极投身公益事业，主持完成海南省多个环保项目，实现营收近9 000万元，投资企业培养环保专业人才50余名，等等。

《行动计划》实施以来，先后选派4批400名干部赴有关中央单位和发达省份跟班学习。海南省技师学院、海南省三亚技师学院学生在国内外技能大赛中，11人次获得"全国技术能手"奖；在全国首届职业技能大赛中，共获得2枚银牌，1枚铜牌和27个优胜奖，13名选手入选第46届世界技能大赛国家集训队，55人次获得"全国职业院校技能大赛奖"个人奖项，累计发放配套奖励98万元。农村人才培养计划组织实施高素质农民教育培训、万名中专生培养、农村实用人才带头人示范培训等项目，累计培训新型职业农民21 524人次，培训农村实用人才带头人和大学生村官2 360人次，在中西部11市县累计招生10 326名农民，7 552人已顺利毕业并获得中专学历。

对各项政策措施的满意度调查显示，省内人才满意度测评排名前十位的依次是："南海名家"培养计划（4.25）、"南海英才"培养计划（4.24）、"南海工匠"培养计划（4.24）、党政人才专业素养提升计划（4.15）、重点产业人才教育对接计划（4.15）、农村人才培养计划（4.12）、创新人才培养支持机制（4.09）、人才政策（4.08）、建立健全全方位、多元化、立体式的人才培养体系（4.07）、健全人才服务和保障机制（4.06）。

（三）加强创新载体建设和创业支持推进情况评估

在《行动计划》中，有6项共计18个创新载体建设和创业支持具体措施。从各牵头单位上报材料看，目前已经全部落实，见表3。

表3　　　　　　　　　加强创新载体建设和创业支持实现情况

名称	牵头单位	定性指标	是否已经启动
争取国家级创新机构在琼落户	省科技厅	针对国家级创新机构在琼落户给予的场所安排、团队建设、经费支持、人才安居等方面的支持，是否采用"特事特办、一事一议"方式	是
		是否针对上述情况形成有重点、全方位、长效性的支持机制	是
推动重点学科和实验室建设	省科技厅	为推动海南大学作物学建设成为世界一流学科，在学科团队建设、经费保障等方面是否给予稳定性支持	是
		是否采取措施支持省内高校、科研院所和企业等建设国家级重点学科、重点实验室、工程（技术）研究中心、技术创新中心和人文社科重点研究基地	是
		是否采取措施支持国内外高校、科研院所、企业在海南建立技术转移转化中心、中试与转化基地、新型研发机构等科技成果转化平台	是
大力集聚各类重点产业企业	12大重点产业牵头部门	是否推动海南省六类重点产业园区开发建设，通过综合招商、项目带动、团队引进，集聚具有一定规模和良好成长性的企业	是
		是否引导企业建立与现代企业制度相符合、与国际接轨的用人制度	是
		是否为国际知名或经国家备案的众创空间在海南省设立的分支机构提供一定年限的零租金创业场所或相应租金补贴	是
支持国际人才离岸创新创业	省工信厅、省科技厅	是否在经济发达国家和地区与高校、企业、智库、科研机构、社会组织等合作建立离岸人才孵化器	是
		是否采取措施鼓励并购海外研发中心，就地开发利用国外先进技术和智力资源	是
		是否实施分层分类的做法，做好国际人才离岸创新创业服务保障	是

续表

名称	牵头单位	定性指标	是否已经启动
鼓励科技人员兼职或离岗创业	省人力资源社会保障厅	是否鼓励事业单位科研人员在履行岗位职责的前提下，到企业兼职从事科技成果转化、技术攻关，或兼职创办企业，并按规定获取收入	是
		是否对离岗在省内转化科技成果、创办科技型企业的科研人员身份、人事关系、社会保险保留3年	是
		是否支持高校设立一定比例流动岗位，用于吸引有实践经验的高层次创新创业人才兼职	是
		是否已解决省外事业单位到海南企业工作或创业的人员在保留事业单位人员身份、职称评定等方面问题	是
加强科技创新和成果保护	省科技厅	是否设立知识产权保护专门机构	是
		是否对获得国内外专利，以及主导或参与创制国际标准、国家标准的企业给予奖励	是
		是否已完善知识产权信用担保机制	是

数据来源：各牵头部门填报的信息采集表。

《行动计划》实施以来，截至2021年4月13日，海南省已先后举办14次重点项目集中签约活动，共集中签约847个重点项目，协议投资额超5 853亿元。集聚具有一定规模和良好成长性的企业几千家。重大功能平台发展势头良好，11个自贸港重点园区同步挂牌，相继实施园区管理体制改革，管理机制更活、运行效率更高、项目落地更快。11个园区内企业数约占全省总量的1/10。新增市场主体76.3万户，特别是《总体方案》发布以来，新设企业增长113.7%。[1] 吸引了众多境内外知名投资者和相关人才进驻海南，持续为海南自贸港建设注入新动能、新活力。全省认定的高新技术企业数量达1 027家[2]，年均增长近40%。

配合中央在琼建设重大科研基础设施与条件平台7个；推动国内知名高校和研究机构在海南设立分支机构11家；建立国际人才离岸创新创业基地3个；通过与高校、企业、智库、科研机构、社会组织等合作，在经济发达国家和地区，建立离岸人才孵化器2个。国内外高校、科研院所、企业在海南省建立的技术转移转化中心9个；国际知名或经国家备案的众创空间在海南

---

[1] 三年来海南新增市场主体76.3万户，超过过去30年的总和，南方都市报2021年4月12日，https://www.sohu.com/a/460262027_161795。

[2] 海南力争2023年初步建立高新技术企业"精英梯队"，海南日报，2021年9月10日，https://t.ynet.cn/baijia/31413523.html。

省设立分支机构 5 家；引进离岸创新创业企业 84 家，其中外资团队 37 家。

在"陆海空"科技创新领域，布局建设重大科技基础设施和平台。以深海科技创新公共平台、南海地质科技创新基地、海南省深海技术实验室等平台为主体，推动国家深海基地南方中心平台挂牌；与中国科学院合作，在三亚、文昌两市推进航空航天事业，在文昌市建立中科院系统航天大科学装置，开展航天科技研发和商业航天发射业务；在"南繁"等热带农业领域，不断推动中国科学院、中国农业科学院、中国热带农业科学院、中国水产科学研究院等在南繁科技城设立分院，推进国家耐盐碱水稻技术创新中心三亚总部建设，推进南繁种业创新。

(四) 人才服务保障政策推进情况评估

在《行动计划》中，有 7 项共计 29 个人才服务保障具体措施。从各牵头单位上报材料看，目前已经全部落实。从与相关省市横向对比看，放开人才落户限制、完善国际人才管理服务、解决人才子女就学、健全人才服务和保障机制、完善人才评价和退出机制等方面具有一定的比较优势，见表 4。

表 4 全面提升人才服务保障水平实现情况

名称	牵头单位	定性指标	是否已经启动
放开人才落户限制	省委组织部、省公安厅	是否实现具有全日制大专以上学历、中级以上专业技术职称、技师以上职业资格或执业资格的人才，在海南工作地或实际居住地落户	是
		是否实现各类高层次人才、硕士毕业生、"双一流"高校和海外留学归国本科毕业生，以及拥有重大科研成果的创新人才、产品符合重点产业支持方向的创业人才可在海南任一城镇落户	是
完善国际人才管理服务	省公安厅、省科技厅、省地方金融监管局	是否已放宽国际人才居留和出入境限制	是
		是否对符合认定标准的外籍和港澳台地区高层次人才及其配偶、未成年子女，可直接申请永久居留	是
		是否已构建与国际接轨的技能人才评价体系	是
		是否允许外籍和港澳台地区技术技能人员按规定在琼就业、永久居留	是
		是否已建立吸引外国高科技人才的管理制度	是
		是否已开辟结汇换汇绿色通道	是
解决人才子女就学	省教育厅	是否引进国内外名校、名师	是
		是否规划建设国际学校	是

续表

名称	牵头单位	定性指标	是否已经启动
解决人才子女就学	省教育厅	是否通过"一事一议"方式已解决全职引进的大师级人才、杰出人才直系亲属就读海南省中小学、幼儿园问题	是
		是否实现领军以上层次人才子女户籍转入海南省的,参加高考不受报考批次限制	是
		是否对其他高层次人才子女高中转学的,按与原就读学校等级相当的原则予以解决	是
		是否已解决全职引进人才的子女就学问题	是
解决人才配偶就业	省人力资源社会保障厅	是否为全职引进的公务员或事业单位人员的配偶对口安排相应工作	是
		是否协调相关部门为全职引进的企业人员的配偶安排到企业工作	是
		是否为全职引进人员配偶未就业且符合岗位条件的,通过考核后安排到事业单位就业	是
		是否为全职引进人员配偶中其他未就业的,按引才当地社会平均工资一定比例发放生活补助,并在3年内为其缴纳基本养老和医疗保险	是
加强人才医疗保障	省卫生健康委	是否已实现跨省异地就医住院医疗费用直接结算	是
		是否实现纳入省保健委医疗保健服务对象范围的全职引进的大师级人才、杰出人才的配偶及直系亲属可享受就医"绿色通道"服务	是
		是否实现领军人才可享受在全省三级医院就医"绿色通道"和年度健康体检等服务	是
		是否实现政府为拔尖以上人才统一购买商业健康团体保险	是
		是否实现柔性引进的大师级人才、杰出人才、领军人才可享受就医"绿色通道"服务	是
健全人才服务和保障机制	省委组织部	是否成立高层次人才服务工作小组	是
		是否建立高层次人才引进、培养、使用、保障等工作协调机制	是
		是否建设海南人才大厦,集中受理人才认定,办理"天涯英才卡",协调落实人才服务保障待遇	是
		是否在各市县各单位以及各重点产业园区设立人才服务窗口,打造"一站式"服务平台	是
完善人才评价和退出机制	省委组织部	是否对引进和培养支持的各类高层次人才及团队严格落实"五年两次"跟踪考核	是
		是否对考核合格的继续落实相关待遇,并在五年期满后给予持续稳定支持	是

数据来源:各牵头部门填报的信息采集表。

《行动计划》实施以来，共计9批31 259名高端紧缺人才享受个人所得税优惠政策。全省19个市县共计引进并建成开学的中小学幼儿园项目73所、已签约在建设或待建9所，共计82所，实现了引进项目市县全覆盖。仅2021年以来，全省各市县就为503名高层次人才子女协调解决了优质中小学就读问题。进一步填补人才对医疗多层次需求与现行医保政策间的不平衡，2021年开始实施"海南省高层次人才商业健康团体保险"，截至2021年9月底，已办理疾病理赔824笔、意外理赔12笔，赔付金额374万元。截至2021年7月底，海南省共向34 784人次发放人才住房补贴2.6亿多元。

海南省专门成立高层次人才服务专员工作协调小组，成员单位由省直部门、中央驻琼主管单位组成，其服务事项处室主要负责人、服务联络员为成员，目前涉及19个业务部门或主管单位，涵盖25个服务事项。全省高层次人才服务联络员的姓名、办公座机电话和手机号码以及一站式服务平台联系电话向社会公布。向经认定的高层次人才颁发高层次人才服务凭证"天涯英才卡"，高层次人才凭"天涯英才卡"依条件和标准享受各类高层次人才服务和保障。

问卷调查显示，对7项服务保障措施的评价，各群体的重要性评价均值为3.9，满意度评价均值为3.29，重要性满意度的差值均值为0.613。说明这7项人才服务措施确实是社会普遍关注的，从实施效果上看，总体较为满意。

（五）组织实施工作推进情况评估

在《行动计划》中，有3项共计8个有关组织实施的具体工作，目前已全部落实。其中率先成立由省委书记担任主任的省委人才工作委员会，组建省委人才发展局，设立省人才服务中心，增强产业人才工作力量；严格落实人才工作目标责任制，实行人才工作月推进、季汇报、年度述职制度，将开展人才宣传的情况和效果纳入人才工作的绩效考核指标；通过开通海南人才工作网以及构建省、市县、园区和重点用人单位高层次人才服务联络员制度等。通过上述工作，有力地推动人才工作领导与管理体制重大创新，强化了各级"一把手"抓"第一资源"的责任，有力地保障了《行动计划》顺利实施和各项人才政策的贯彻落实，为改革完善人才工作领导与管理体制提供了可推广、可复制的海南模式和经验。

《行动计划》实施以来，牵头部门累计召开全系统（部门）贯彻落实《行动计划》工作会议近200次，《总体方案》发布以来增加50余次，其中"一把手"出席次数占比近90%，"一把手"出席并讲话的次数占比近50%。

通过制作政策宣传手册、积极协调《中国组织人事报》《海南日报》、人民网、中新网、新浪网、网易新闻、腾讯网、南海网等多家媒体广泛报道、在"自贸港人才"公众号发布政策问答等方式，切实提高政策的宣传面和知晓度。积极协调中央媒体宣传报道海南人才工作进展成效。

通过举办培训班，组织行业主管部门、市县、园区和用人单位学习有关政策，详细解读政策要点及政策落实路径，制作课件常态化向市县和行业领域进行解读，推进政策落实。以人才工作考核为契机，每半年都对政策落实情况进行一次督导检查，解决政策执行中的困难和问题，进一步推动政策落实到位。

《行动计划》组织实施措施实现情况见表5。

表5　　　　　　　　　　《行动计划》组织实施措施实现情况

名称	牵头单位	定性指标	是否已经启动
强化组织领导	省委组织部	是否已建立人才工作目标责任制	是
		是否组建了省委人才发展局	是
狠抓工作落实	省委组织部	是否已制定更加灵活的人才政策实施细则	是
加强宣传引导	省委宣传部	是否已建设海南人才网	是
		海南人才网是否已投入使用	是
		本部门是否已建立人才工作的宣传推广制度	是
		是否已建立人才工作目标责任制	是
		是否成立了专门的人才工作机构	是

数据来源：各牵头部门填报的信息采集表。

二、实施成效评价

自《行动计划》实施以来，海南省人才工作实现由点到面、由量到质、由松散到集成的新跨越。特别是《总体方案》颁布以来，海南省把人才工作提升到前所未有的战略高度，全面落实中央"立足新发展阶段、贯彻新发展理念、构建新发展格局"的新要求，人才引进培养双轮驱动战略成效显著，人才队伍量质齐增、人才平台建设加速、人才政策效果凸显、人才投入持续加大、人才服务提质增效、人才环境开放包容、工程项目务实管用，不断推动人才事业超常规发展，为建设高水平的中国特色自由贸易港提供了有力支撑和保障。

（一）党管人才领导体制更加协同高效

在全国率先成立由省委书记担任主任的省委人才工作委员会，加强全省人才工作统筹规划和统一领导；率先全国组建省委人才发展局，调整优化人才工作职能，促进人才政策、项目、资源、力量的系统集成、协同高效；创新设立省人才服务中心，首创与省政务服务中心合署办公，统一打造省、市（县）、重点园区三级人才服务"一站式"平台；创新建立产业人才工作机构，在12个重点产业牵头部门有关处室加挂产业人才处牌子，有效增强产业人才工作力量；创新建立并全面实施人才工作月推进、季汇报、年述职工作推进机制，层层压实"一把手"抓"第一资源"责任。"党委统一领导，人才部门牵头抓总，有关部门各司其职、密切配合，上下联动、多方参与"的人才发展领导体制和工作机制日臻完善，人才工作运行机制日益高效，工作活力竞相迸发。

（二）人才发展体制机制改革难点问题有效破解

作为首个中国特色自由贸易港，海南省勇于扛起历史的担当，学习借鉴国际知名自由贸易港的先进经验，加快培育人才制度新优势，大胆先行先试，率先实行覆盖境内外的高端紧缺人才个人所得税优惠政策，率先建立以薪酬水平为主要评价指标的高层次人才分类标准，率先建立与国际接轨的国际人才服务管理体制机制，率先放宽境外人员参加各类职业资格考试限制，率先建立产业人才工作机构、实施推行高层次人才服务联络员制度、启动运行人才服务"单一窗口"等一系列先行先试的重大举措，有效破解了一批全国人才工作面临的深层次、瓶颈性问题，引起社会各方面的广泛关注和积极评价。

（三）协同推进的人才政策框架体系基本形成

《行动计划》实施以来，中央、国家有关部委纷纷出台推进海南自贸港建设和人才工作的新政，国家发改委、商务部、财政部、人社部等30个国家部委专门制定了支持海南全面深化改革开放的实施方案。[①] "4.13"以来，海南人才政策发布总量爆发式增长，人才政策体系建设呈现进步迅速、蔚然成林的态势，顶层设计、行动方案、标准规范、实施细则从无到有、逐渐落地，如图1所示。

"4.13"以来，海南省共发布各类人才政策78项，在类型和层次上逐步趋向均衡，初步形成了层次分明、协同推进的总体框架。第一层次为《海南自由贸易港法》《总体方案》中对人才工作的总体谋划与部署；第二层次为人才行动计划（1项），即制定以人才引进、培养、服务和体制机制改革为重点的行动计划，实施区间涵盖了短期（1-3年）、中期（3-5年）和长期（5年以上），能够有效支撑重点产业和项目的可持续发展，呈现良好的连续性和稳

---

① 国务院同意18部委授权海南试点全国自贸区政策，https://www.hainan.gov.cn/。

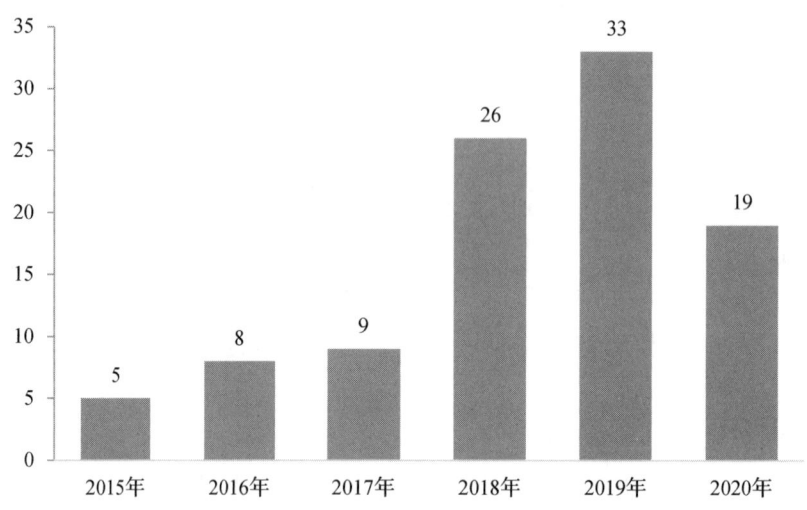

图1　2015—2020年海南省人才政策发布数量

定性;第三层次为若干项重要举措、配套措施,围绕《行动计划》发展目标,海南陆续出台了人才引进、人才培养、创新载体建设和创业支持、人才服务保障、组织实施等方面的配套措施,社会反响度较高,包括柔性引才用才、乡村振兴人才队伍建设等,据不完全统计,这一类政策数量达到11项;第四层次为若干项实施细则与操作规程,涵盖高层次人才分类标准和认定办法、境外人才执业、外国人才服务、人才落户、住房保障、医疗保障的实施细则等,据不完全统计,这一类政策数量达到66项。在制定人才发展重大举措的同时,关注政策落地的"最后一公里",以《海南省常用人才政策选编》为例,实施细则(办法、方案)、规范、程序性政策占比达80%,在一定程度上确保了政策举措的落地实施,如图2所示。

(四)人才资源总量和引才数量持续大幅提升

截至2020年年底,全省人才资源总量190.23万人,比2017年年底的130.99万增加了59.24万人,其中本土培养人才39.14万人,人才资源总量占总人口的比率从2007年年底的14.15%提升至19.97%。尤其是"4.13"以来,截至2021年9月底,全省共引进人才35.8万人,与"4.13"以前同口径增长916%;特别是《总体方案》发布以来,全省引进各类人才26万人,与《总体方案》发布前同口径增长391%。

(五)高层次人才集聚效应不断增强

《行动计划》实施以来,吸引培育了一批顶尖人才、创新人才,涌现出一批达到国际和国家先进水平的创新成果,经济规模效益和产业聚集效应逐步

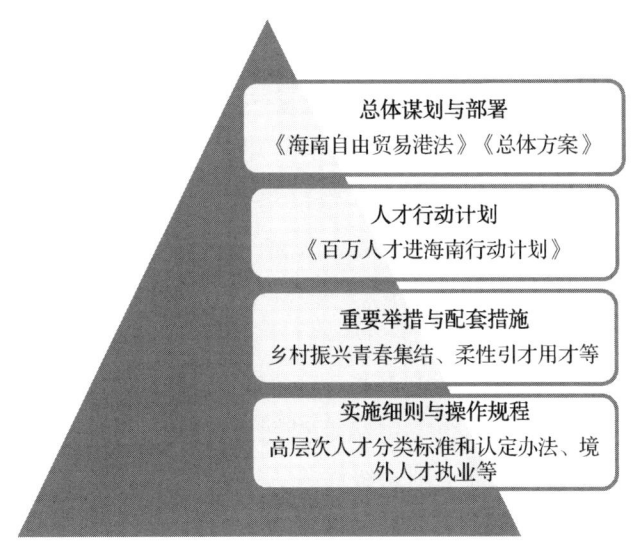

图 2　多层次的海南省人才政策框架体系

显现。据统计,按照《海南自由贸易港高层次人才认定办法》认定的全职引进高层次人才总数达 25 336 人,其中领军以上人才 1 596 人;经第三方专业评估,入选"南海系列"培养计划的 1 021 名本土高层次人才有 993 人符合培养目标,占比高达 97.3%,培养效果较好。认定 6 批次 149 家院士创新平台,其中院士工作站 70 家,院士团队创新中心 79 家,柔性引进院士上百名,院士团队成员近 500 名。院士工作站中,外籍院士工作站 24 家,柔性引进外籍院士 24 名。充分发挥人才团队聚力、聚资、聚才、聚智功能作用,2020 年择优认定首批 100 个人才团队和 100 个储备人才团队("双百人才团队"),2021 年首批认定 6 个"海南省优秀人才团队",包含 2 个国际先进人才团队和 4 个国内领先人才团队。

(六) 高端人才支撑"陆海空"创新能力不断加强

南繁种业科技创新力量集聚态势初步形成,中国科学院种子创新研究院、中国农业科学院南繁研究院等科研院所在三亚成功落地,国家耐盐碱水稻技术创新中心建设加快推进,崖州湾国家实验室筹建取得积极进展。深海科技创新力量不断加强,"奋斗者"号全海深载人潜水器突破万米深渊,创下载人深潜记录,标志着我国具有进入世界海洋最深处开展科学探索和研究的能力;"探索一号"科考船、"深海勇士号"载人潜水器、大型深海超高压模拟试验装置等国家海洋科技重大装备落户海南,奠定了海南深海科技基础。"嫦娥五号"探测器、"天问一号"探测器从文昌航天发射基地奔月、探火,空间对地观测国家重点实验室加快培育，中国科学院系统国家级科技创新平台建设稳步推进，航天科技发展迈上新台阶。

（七）推进人才创新平台建设取得重要突破

《行动计划》实施以来，海南创新平台建设取得实质性突破。全国首个省部共建先进技术临床医学研究中心（筹）落户博鳌乐城国际医疗旅游先行区。"南海海洋资源利用省部共建国家重点实验室""特种玻璃国家重点实验室"成立，实现了海南省大学和企业国家重点实验室零的突破。中科院在琼科研机构增至27家，较好实现了科研机构高位嫁接。省级重点实验室和工程技术研究中心加快建设，总数增至114家。全省首支科技成果转化投资基金落地，科技金融取得新突破，国家级孵化器等双创平台载体累计达到16家。在中央和国家有关部委支持下，首个国家级海外人才离岸创新创业基地、3个国家级继续教育基地、3个国家级专家服务基地、2个国家级高技能人才培训基地、4个国家级技能大师工作室、2个国家级人力资源产业园、31个博士后科研工作（流动）站陆续设立。累计创设"候鸟"人才工作站85家，联系服务2万名"候鸟"人才。

（八）全社会研发经费投入大幅增长

在全国加速推动科技发展以及海南稳步推进自贸港建设的背景下，海南不断加大科技投入，R&D投入总额达历史最高水平。统计数据表明，自2016年以来，海南R&D经费投入增幅达68.67%，投入强度年均增幅达22.22%，成效显著。同时，海南进一步加大对研究开发活动的鼓励支持力度，积极引导企业、科研机构和高等院校等主体加大R&D经费投入，R&D投入力度逐年提升，企业成为拉动全社会R&D经费增长的主要力量，如图3所示。

（九）尊才爱才的良好生态加速形成

对标世界最高水平开放形态，海南全力打造法治化、国际化、便利化和公平、透明、可预期的营商环境。先后制定出台人才税收、落户、安居、购房、购车、子女入学、配偶就业、医疗保障等一系列服务保障专项政策，为各类人才来琼创业干事解决后顾之忧。坚持实施"一市（县）两校一园一院"工程，高位嫁接省外优质教育、医疗资源，不断加大优质公共服务供给。实行高层次人才服务联络员制度，建立了一支495人的联络员队伍，形成"覆盖全省、上下贯通、个性服务、高效办理"的高层次人才服务新模式。发放"天涯英才卡"，为高层次人才提供落户、医疗、子女入学等11项便捷服务。开放境外人员参加职业资格考试38项，单向认可境外职业资格219项，

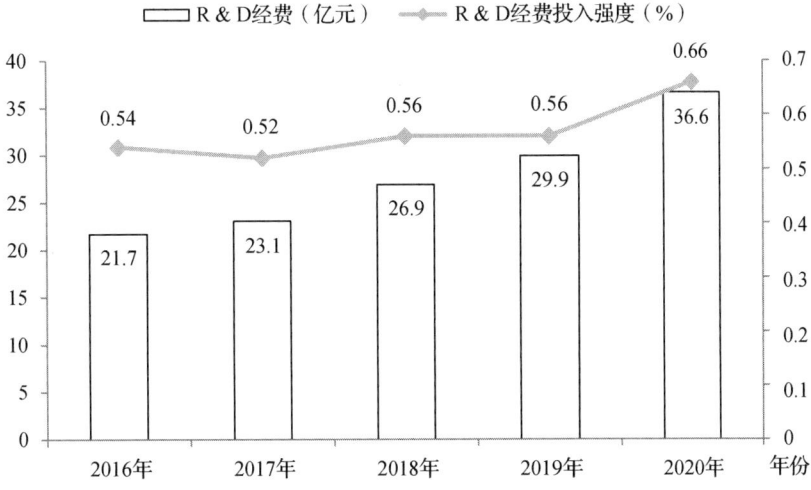

图 3　2016—2020 年海南省研究与试验发展（R&D）经费

数据来源：国家统计局、科学技术部、财政部，2016—2020 年《全国科技经费投入统计公报》。

数量和开放度居全国首位。研究制定《海南自由贸易港人才服务"单一窗口"建设方案》，在省政务服务中心（省人才服务中心）和 19 个市县、重点园区政务服务平台挂牌设立人才服务"单一窗口"，整合入驻人才业务项目，为人才提供最简化、最便捷、最高效的"单一窗口"便捷服务。

（十）人才工作的社会反响较好

问卷调查显示，绝大多数人才工作者认为，自《行动计划》实施以来，海南在"完善党管人才的工作格局"（80.53%）、"制定和实施重大人才政策和人才工程"（81.58%）、"改革人才工作体制机制"（82.11%）、"培养引进紧缺适用人才"（83.16%）、"加大对人才发展的投入"（84.21%）等方面成效显著。特别是《总体方案》实施以来，海南省颁布了"推动国际人才服务管理改革试点"等 10 项人才政策，调查显示，各群体认为这些人才政策方向正确（重要性评价均值为 3.48）、效果较好（满意度评价均值为 3.24）。[①]

同时，《行动计划》实施以来，"优化事业单位对外籍人员的管理和服

---

① 本报告关于重要性和满意度评价是基于 5 分制，其中：1 表示完全不重要/很不满意，2 表示不太重要/不太满意，3 表示一般，4 表示比较重要/比较满意，5 表示非常重要/非常满意。在评价结果运用上，重要性和满意度差值能更好地反映被访者的心理落差程度，可为未来工作指明方向。在分析时，首先应关注差值大，重要性高的；其次是差值大，重要性居中的；再次是差值居中的，重要性高的，也就是说，重要性高的，而满意度低的才具有解释价值。从对人才工作成效评价角度看，重要性和满意度都高，说明工作方向对且成效好；重要性高、满意度低，说明方向对但成效不好；重要性和满意度都不高，说明方向不对且没有成效；重要性不高、满意度高，说明虽取得一些成效但方向不对。

务"荣获国务院第二批"最佳实践案例";全国首创设立"候鸟"人才工作站、以人才租赁住房作为底层资产发行不动产投资信托基金（REITs）、设置高等教育"冬季小学期"、博鳌超级医院共享新模式、搭建会计师引进"直通车道""旺工淡学"旅游业人才培养新模式、外国人工作居留许可联审联检一体化、社保关系转移"一次申请、全程代办"、优化事业单位对外籍人员的管理和服务、创建市场导向人才评价引进新机制等10个案例，入选海南自贸区（港）制度创新案例，"创新自由贸易港人才发展体制机制"获评第一届"海南省改革和制度创新奖"三等奖，"创建市场导向人才评价引进新机制"获评第二届"海南省改革和制度创新奖"一等奖，"创新海南自由贸易港人才发展体制机制"获评2021年（第五届）全国人才工作创新案例"最佳案例奖"，彰显了海南自贸港人才工作活力，为全国提供了一批可复制、可推广的海南经验，得到中央领导的充分肯定。

三、存在问题分析

综合座谈访谈和问卷调查情况看，当前海南省人才工作既有《行动计划》实施中的问题，如引进培养"双轮"并驾齐驱有待提速、人才政策效能有待强化、人才工作法治化水平有待提升、直抵人才的政策宣传有待加强、人才服务保障措施有待改进等，也有进一步深化人才发展体制机制改革中面临的问题，如人才资源与产业结构的匹配度有待提高、人力资源开发利用的市场化社会化水平有待提升、科技投入力度有待增强、配套改革有待同步推进、人才发展环境有待优化等。

（一）引进培养"双轮"并驾齐驱有待提速

《行动计划》实施以来，除去8%的综合性人才政策，海南省人才引进类政策占比32%，人才培养类政策达到29%，创新载体建设和创业支持类政策占比达12%，人才服务保障类政策占比达19%，如图4所示。据前瞻研究院发布的《2021年中国31省市人才政策对比及效益评价深度分析报告》显示，在31省市人才政策综合效益五个梯队中，海南处于第二梯队；但从政策分类来看，人才培养政策的综合效益要显著优于人才引进的政策效益，如图5所示。

（二）人才政策效能有待强化

问卷调查显示，各群体对目前海南自由贸易港人才政策存在的最主要问题的评价基本保持一致，均认为是政策配套不完善（56.55%引进人才，50.25%省内人才，58.54%用人单位，59.28%人才工作者），无法有效回应人

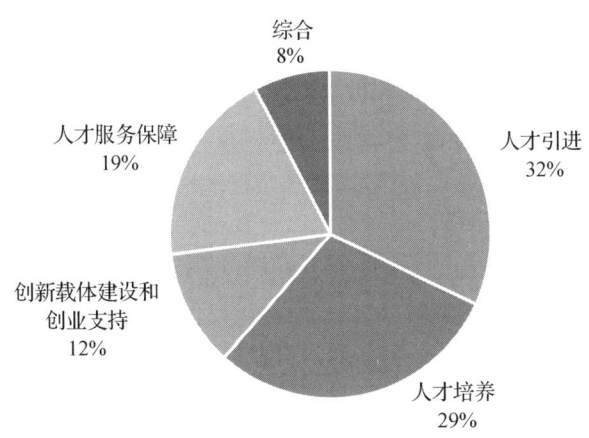

图4　2018年以来海南人才政策内容类型分布

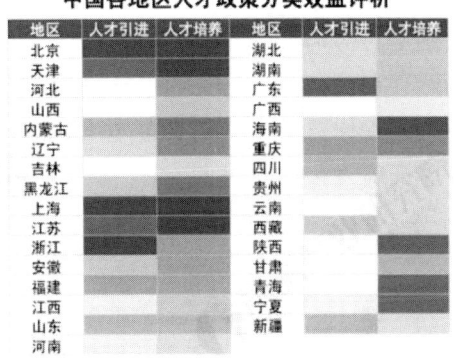

图5　31省市人才政策效益分析（颜色越深代表人才效益越高）

才需求。从覆盖对象来看，目前政策主要服务于高层次人才，其次为专业技术人才、境外人才、基层一线人才、技能人才，针对创新创业人才等群体的政策数量相对较少，如图6所示。调研中有专家反映，部分中央单位高层次人才作为海南引进的重点群体，却不在一些政策的覆盖范围内。调研中还发现，人才政策通过"打补丁"形式查缺补漏的情况比较多，有些政策还存在相互叠加、碎片化现象。同时，个别政策间还存在"打架"现象。此外，仍存在政策推进速度慢、落地见效差的情况（如人才公寓等）。

（三）人才工作法治化水平有待提升

尽管海南省已制定出台一系列人才制度政策，但上升到法律和地方性法规层面的还没有，一些长期执行的成熟政策和经验没有及时转化为法律和地方性法规，与打造法治化、国际化、便利化的一流营商环境的要求还有差距。

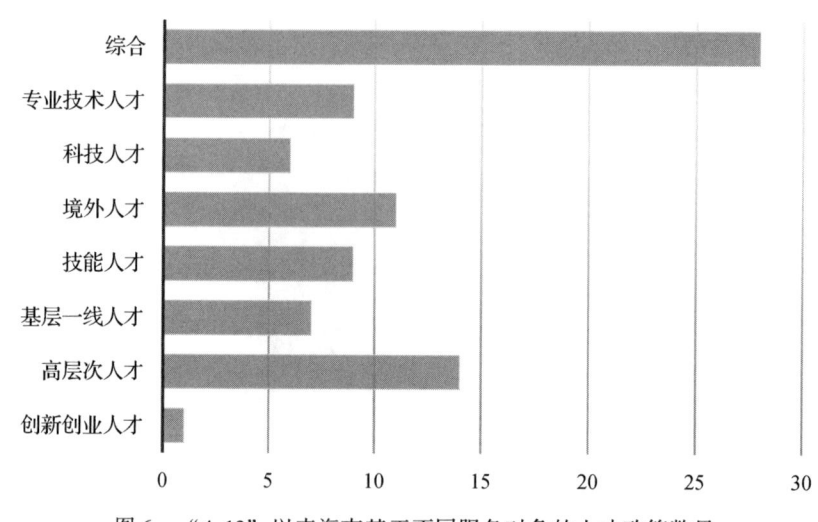

图6 "4.13"以来海南基于不同服务对象的人才政策数量

特别是对标海南自由贸易港更高水平开放需要,政策制定和执行的不稳定性仍然存在,与深圳等一些发达地区相比还存在一定的差距,如果不加强相关的人才工作立法,就难以给国际人才一个稳定的发展预期,不利于吸引国际人才来琼发展,见表6。

表6 部分省市地方人才立法情况

省/市	时间	法律名称
深圳	2017年11月	《深圳经济特区人才工作条例》
石家庄	2018年11月	《石家庄市人才发展促进条例》
广东	2018年11月	《广东省人才发展条例》
山东	2020年03月	《山东省人才发展促进条例》

(四)直抵人才的政策宣传有待加强

针对《总体方案》发布一年来出台的10项人才政策的调查表明,用人单位和人才工作者的重要性(均值为3.88)和满意度(均值为3.61)评价显著高于人才评价(均值分别为3.08,2.88);省内人才评价(重要性评价均值为3.23,满意度评价均值为3.10)显著好于引进人才评价(重要性评价均值为2.94,满意度评价均值为2.66)。调研中发现,部分市县和用人单位对政策执行理解不到位、把握不精准,如有培养人才反映,不清楚"南海名家""南海名家青年项目"的申报标准差异,市县和用人单位也无人能够给以明确的解答,只能凭个人主观理解进行申报。

(五)人才服务保障措施有待改进

针对"放开人才落户限制"等7项人才服务保障措施的调查显示,省内人才认为实施情况还是比较符合预期的。引进人才对实施情况满意度最低,均值为 2.91,最不满意的就是"完善国际人才管理服务"(2.69)、"解决人才配偶就业"(2.75)、"完善人才评价和退出机制"(2.83)。用人单位负责人的重要性满意度评价差值最大,均值为 0.79,表明实施情况与他们的心理预期相距较大,特别是"加强人才医疗保障"(0.97)、"完善人才评价和退出机制"(0.96)等方面,如图 7 所示。

		重要性	满意度	差值
放开人才落户限制	引进人才	3.40	3.20	0.20
	省内人才	3.35	3.29	0.06
	人才工作者	4.18	3.82	0.36
	用人单位负责人	4.00	3.58	0.42
完善国际人才管理服务	引进人才	3.06	2.69	0.37
	省内人才	3.29	3.07	0.22
	人才工作者	4.00	3.53	0.47
	用人单位负责人	3.83	3.22	0.61
解决人才子女就学	引进人才	3.77	2.95	0.82
	省内人才	3.75	3.23	0.52
	人才工作者	4.39	3.72	0.67
	用人单位负责人	4.25	3.43	0.82
解决人才配偶就业	引进人才	3.63	2.75	0.88
	省内人才	3.57	3.07	0.50
	人才工作者	4.09	3.56	0.53
	用人单位负责人	3.98	3.15	0.83
加强人才医疗保障	引进人才	3.91	2.99	0.92
	省内人才	3.84	3.37	0.47
	人才工作者	4.43	3.82	0.61
	用人单位负责人	4.36	3.39	0.97
健全人才服务和保障机制	引进人才	3.88	2.93	0.95
	省内人才	3.78	3.23	0.55
	人才工作者	4.39	3.80	0.59
	用人单位负责人	4.36	3.47	0.89
完善人才评价和退出机制	引进人才	3.66	2.83	0.83
	省内人才	3.54	3.14	0.40
	人才工作者	4.37	3.62	0.75
	用人单位负责人	4.23	3.27	0.96

图 7 各群体对人才服务保障措施的评价

(六)人才资源与产业结构的匹配度有待提高

人才资源与产业结构的耦合,实质上是两者随着市场需求结构及要素禀赋的变化而进行优化配置的过程。耦合程度越高,人才资源配置效率就越高,也就越能够为劳动力市场带来更多积极的影响。有研究表明,海南人才资源与产业结构的耦合协调度还不够理想,离高水平耦合还有较大的差距,面向重点产业发展需求的人才引进格局尚未形成。

(七)人力资源开发利用的市场化、社会化水平有待提升

问卷调查显示,省内人才和引进人才对人力资源市场环境的重要性和满意度评价的差值较大,省内人才的评价差值明显高于引进人才。省内人才评

价人力资源市场环境中重要性和满意度差值排在前三位的依次是：技术类人才招聘的难易程度（0.56）、高层次创新创业人才引进的难易程度（0.55）、人力资源服务机构的服务水平（0.54）。引进人才评价差值排在前三位的依次是：劳动力的受教育程度（0.44）、合格工程师招聘的难易程度（0.38）、人力资源服务机构的服务水平（0.36）。调研中，专家们认为目前海南的用人主体对人力资源市场化服务的认识不足、需求较少，是导致人力资源开发利用的市场化社会化水平不高的主要原因，如图8、图9所示。

	重要性	满意度	差值
劳动力的受教育程度	4.30	3.78	0.52
合格工程师招聘的难易程度	4.27	3.76	0.51
高层次创新创业人才引进的难易程度	4.34	3.79	0.55
技能类人才招聘的难易程度	4.32	3.79	0.53
技术类研发人才招聘的难易程度	4.34	3.78	0.56
企业经营管理人才的供给水平	4.31	3.79	0.52
人力资源服务机构的服务水平	4.32	3.78	0.54

图8　省内人才对人力资源市场环境的评价

	重要性	满意度	差值
劳动力的受教育程度	4.28	3.84	0.44
合格工程师招聘的难易程度	4.21	3.83	0.38
高层次创新创业人才引进的难易程度	4.22	3.87	0.35
技能类人才招聘的难易程度	4.20	3.88	0.32
技术类研发人才招聘的难易程度	4.21	3.88	0.33
企业经营管理人才的供给水平	4.21	3.88	0.33
人力资源服务机构的服务水平	4.23	3.87	0.36

图9　引进人才对人力资源市场环境的评价

（八）相关配套改革有待同步推进

问卷调查显示，在8.75%考虑离开海南的引进人才中，选择离开海南的原因依次是工资待遇低、工作生活条件差、编制管理滞后和职称评审难。调研中，有人才反映虽然现行的职称评审条件、评审机制的科学性和规范性较强，但由于缺编或满编导致人才无法参与相应职称评审的问题仍然得不到根本性解决。同时，从对人才发展政策体系的重要性和满意度评价看，省内人才评价差值排在前三位的依次是教育政策（0.56）、科技政策（0.53）和医疗政策（0.50），引进人才评价差值排在前三位的依次是医疗政策（0.39）、教育政策（0.32）和科技政策（0.32），如图10、图11、图12所示。

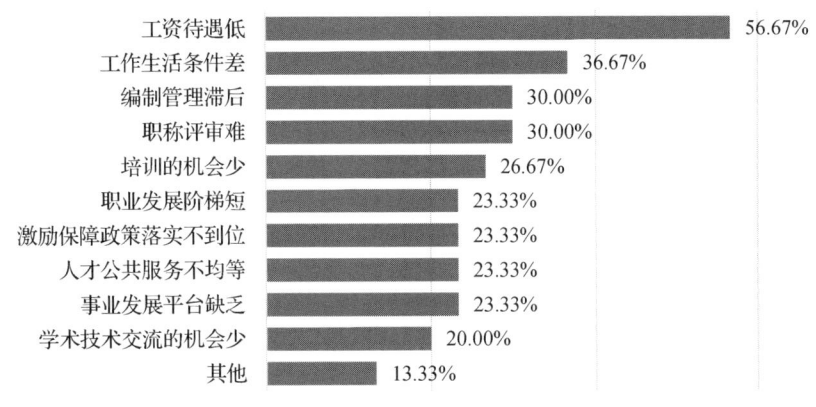

图10　引进人才考虑离开海南的原因

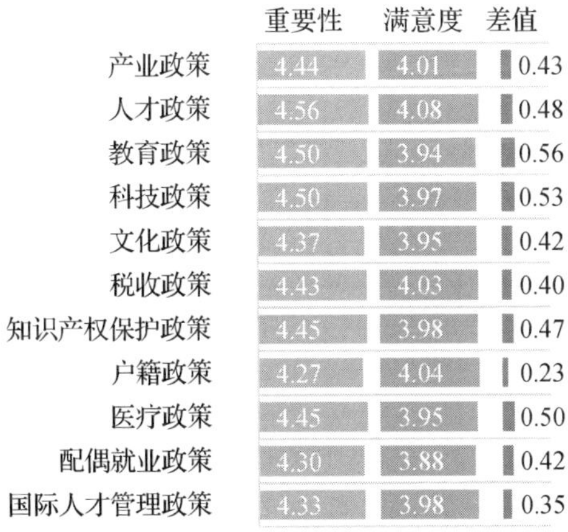

图11　省内人才对人才有关政策的评价 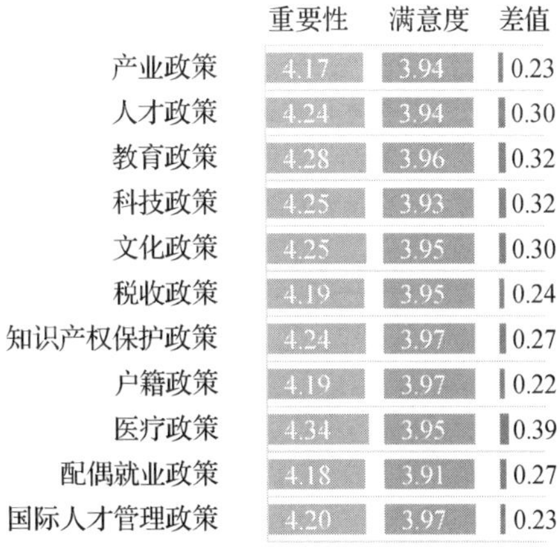　　　图12　引进人才对人才有关政策的评价

（九）科技投入力度有待增强

尽管近年来海南R&D经费投入及其投入强度逐年提升，但与其他省份相比，R&D经费投入强度远低于全国平均水平。据统计，2020年，R&D经费投入强度超过全国平均水平的省（市）有7个，分别为北京、上海、天

津、广东、江苏、浙江和陕西,而海南省仅为0.66%,较全国平均水平2.40%低72.5个百分点,科技投入力度亟待进一步增强,见表7。调研中有科研人员反映,目前覆盖高层次人才、普通专业技术人才的多层次支持体系尚未建立起来,针对青年科技人才的培养体系尚不完善,科技人才培养专项资金支持力度不够。

表7　2020年各地区研究与试验发展(R&D)经费

地区	R&D经费 (亿元)	R&D经费投入强度 (%)	地区	R&D经费 (亿元)	R&D经费投入强度 (%)
全国	24 393.1	2.40	河南	901.3	1.64
北京	2 326.6	6.44	湖北	1 005.3	2.31
天津	485.0	3.44	湖南	898.7	2.15
河北	634.4	1.75	广东	3 479.9	3.14
山西	211.1	1.20	广西	173.2	0.78
内蒙古	161.1	0.93	海南	36.6	0.66
辽宁	549.0	2.19	重庆	526.8	2.11
吉林	159.5	1.30	四川	1 055.3	2.17
黑龙江	173.2	1.26	贵州	161.7	0.91
上海	1 615.7	4.17	云南	246.0	1.00
江苏	3 005.9	2.93	西藏	4.4	0.23
浙江	1 859.9	2.88	陕西	632.3	2.42
安徽	883.2	2.28	甘肃	109.6	1.22
福建	842.4	1.92	青海	21.3	0.71
江西	430.7	1.68	宁夏	59.6	1.52
山东	1 681.9	2.30	新疆	61.6	0.45

数据来源:国家统计局、科学技术部、财政部,2020年《全国科技经费投入统计公报》。

(十)人才发展环境有待优化

根据智联招聘与"泽平宏观"课题组发布的《中国城市人才吸引力排名:2021》报告显示,2020年中国最具人才吸引力的100强城市中,海口和三亚作为海南省上榜的两个城市,分别排在第57位、第63位。近日,科技部国外人才研究中心基于外籍人才"工作便利度""生活便利度""社会环境""城市互评""城市外向度"等五大维度共54项指标,评选的"2020年魅力中国——外籍人才眼中最具吸引力的中国城市"中的十强城市和十大最具潜力城市,海南没有城市在列其中。

从省内人才和引进人才对发展环境重要性和满意度评价的差值看,各项指标差值较大，省内人才评价差值均值（0.57）明显高于引进人才（0.44）。省内人才评价差值排在前三位的依次是：医疗服务水平（0.82）、子女入学难易程度（0.78）、住房保障水平（0.71）；引进人才评价差值排在前三位的依次是：住房保障水平（0.60）、医疗服务水平（0.53）、子女入学难易程度（0.51），如图13、图14所示。

指标	重要性	满意度	差值
公共交通状况	4.18	3.75	0.43
医疗服务水平	4.42	3.69	0.82
子女入学难易程度	4.45	3.67	0.78
地区公路/铁路密度	4.10	3.76	0.34
社会安全状况	4.40	4.02	0.38
住房保障水平	4.44	3.73	0.71
社会诚信体系建设	4.38	3.86	0.52
文化设施状况	4.31	3.76	0.55

图13　省内人才对发展环境的评价

指标	重要性	满意度	差值
公共交通状况	4.19	3.83	0.36
医疗服务水平	4.28	3.75	0.53
子女入学难易程度	4.30	3.79	0.51
地区公路/铁路密度	4.20	3.83	0.37
社会安全状况	4.29	3.92	0.37
住房保障水平	4.33	3.73	0.60
社会诚信体系建设	4.25	3.90	0.35
文化设施状况	4.23	3.77	0.46

图14　引进人才对发展环境的评价

四、对策建议

基于本次评估结果，课题组从进一步推动《行动计划》落实以及深化人才体制机制改革两个层面，提出了海南人才工作创新发展的十个方面建议。其中，在进一步推动《行动计划》落实层面，提出提升《行动计划》的战略定位、优化升级人才制度框架体系、持续扩大人才政策先行先试范围、锚定人才引育的主要目标、着重关注人才的发展需求等措施；在深化人才体制机制改革层面，提出健全人才工作组织体系、深化人才工作机制改革、推进人才服务市场化进程、进一步加大科技投入力度、夯实人才工作基础等措施。

（一）提升《行动计划》的战略定位

深入贯彻落实中央人才工作会议精神，立足海南的经济基础、产业结构、资源禀赋和营商环境，明确海南在实施新时代人才强国战略和构建新发展格局中的方位。进一步提升海南自贸港人才政策的战略定位，努力在我国建设世界重要人才中心和创新高地方面贡献"自贸港力量"。对标北京、上海、粤港澳大湾区建设高水平人才高地的经验做法，推进自贸港产业链、创新链、人才链、教育链"四链"融合发展。立足自贸港发展需要，实现人才资源与重点领域和主要产业的深度融合，探索一批可复制、可推广的人才发展体制机制改革做法和经验，尽快形成全国重要人才中心和创新高地的"海南方案"。

（二）优化升级人才制度框架体系

坚持面向世界科技前沿、面向经济主战场、面向国家重大需求、面向人民生命健康，服务国家重大战略和自贸港建设需求，在科技进步与生产力水平及民生保障提升之链中找到人才工作着力点。注重从顶层设计、人才行动计划或人才工程、配套措施、操作规程等四个层次协同推进，既加强人才制度体系既有要素的优化重构，又发现现有体系进一步创新的方向、动力和机制，提出人才制度优势转化为治理效能的路径、策略和方法。加强政策协同创新，促进人才工作与经济、科技、教育、文化等工作相结合，打造一个能持续影响和促进人才发展的、具有韧性和活力的人才制度系统。

（三）持续扩大人才政策先行先试范围

用好用足中央和国家有关部门给予海南的人才政策支持，进一步扩大人才政策先行先试范围，为我国人才发展提供具有突破性、引领性、带动性的人才政策创新推进策略。譬如，争取有关部门支持，按照"市场化选聘、契约化管理、市场化薪酬、个性化考核、市场化退出"原则，开展选聘境外人员担任在法定机构、国有企业和事业单位法定代表人的试点工作；在种业、海洋、航天等重点领域建设一批国家继续教育基地、高技能人才培训基地、国家级专家服务基地、留学人员创业园；依据《中华人民共和国境外非政府组织在我国境内活动管理法》，开展境外非政府组织在我国境内开展合作办学、专业技术职业资格认证、继续教育等管理试点。

（四）锚定人才引育的主要目标

服务高水平中国特色自由贸易港建设，积极打造全球服务贸易人才高地、全国"陆海空"重点产业创新高地、全国旅游人才"配置中心"，进一步明确人才引育的重点和方向。聚焦科技创新、重点产业和民生领域，引进培养世界一流科学家和行业顶尖人才、掌握关键核心技术和自主知识产权的高层次创新创业团队、深度契合区域发展需求的青年科学家和行业领军人才以及各领域优秀青年人才，培养大批爱党报国、敬业奉献、具有突出技术创新能力、善于解决复杂工程问题的工程师。围绕创新驱动发展、新型城镇化、乡村振兴、科教兴国、人才强国以及就业优先、"技能中国"等国家重大战略，全方位培养、引进、用好人才。

（五）着重关注人才的发展需求

打好人才政策"组合拳"，既要用好满足人才基本需求的福利型政策，又要用好激发人才积极性和创造性的发展型政策。譬如，聚焦"陆海空"重点产业链，每年编制重点企业清单，支持清单企业自主推荐重点人才，并对符合条件的人才给予相应奖励；实施技术技能人才培养工程，加大经费投入力度，支持技术技能人才全周期成长；采取"一事一议"方式引进战略科学家、"高被引"科学家和各行业顶尖人才及团队，在奖励资助、事业平台、科研经费、团队发展、生活保障等方面按需给予一揽子支持；扶持高层次创新创业团队在海南创办企业，给予团队和企业经费支持。

（六）深化人才工作机制改革

准确定位人才评价的功能作用，优化人才评价体系与激励机制。提升人才配置效率，建立健全重大项目人才遴选与调配机制。立足行业特点和岗位价值，建立事业单位工资分层分类管理制度。推进充分体现知识、技术等创新要素价值收益分配制度改革，鼓励企业建立技术等要素参与分配的长效激励机制。深化中小学、高等院校、科研院所、医疗卫生机构等公共部门人事制度改革。改革完善人才管理制度，根据需要适时向用人主体充分授权，通过建立有效的自我约束和外部监督机制，确保下放的权力接得住、用得好。

（七）推进人才服务市场化进程

围绕海南产业转型、社会转型以及重点产业集群发展需要，利用国内国际两个市场、两种资源，建立人才资源的市场化机制。围绕"一园两极"的国家级人力资源服务产业园建设，构建全域联动、资源共享、城乡贯通的人力资源市场服务网络。适时引入全球知名的人力资源服务商，充分发挥其市场化引才优势，助力中国特色自由贸易港建设中急需紧缺人才的全球配置。分行业分领域建立专业化的人才市场或人力资源服务平台，带动引领高端人才集聚。加强大数据、人工智能、互联网等信息技术在人才服务体系建设中的应用，提高服务精准性。

(八) 进一步加大科技投入力度

立足科技自立自强，完善创新资源配置，持续加大科技经费投入。确定重大科技基础项目、战略性新兴产业及重大科技发展布局的战略支点，全方位汇聚国家战略科技力量，加大对创新平台的支持力度。聚焦海南发展需求筛选主攻方向、部署研发重点项目，争取国家重大科技专项在海南技术攻关和成果落地转化。培育壮大高新技术企业和科技型中小企业，强化其创新主体地位。鼓励企业加大研发投入，加快制定有针对性、激励性的补助政策。加大科技人才支持力度，设立科技人才专项基金。注重对青年科技人才的培养，构建覆盖全职业周期的政策支持体系。探索推动科研项目管理及科研经费管理改革，完善科研任务"揭榜挂帅""赛马"制度。

(九) 夯实人才工作基础

创新人才工作组织体系，构建"服务+政策+活动+载体"四位一体的工作系统。参照国际劳工组织《职业分类标准》，探索建立具有海南特色、国际可比等效的自贸港职业分类体系和职业技能标准体系。探索建立以职业分类为基础的人才分类体系、统计调查体系和人力资源市场供求监测预测体系，定期编制和发布《海南自由贸易港急需紧缺人才目录》《外国人来琼工作负面清单》。建立与海南自贸港建设现代产业体系发展相匹配的人才数据库，加强信息技术在人才资源开发中的应用，实现省、市县、园区、重点用人单位人才资源共享。加强海南"双轮驱动"引育人才理念宣传，促进各方面对人才工作和治理能力的认同，提升自贸港人才制度的影响力和感召力。

(十) 打造国际一流的人才发展环境

对标国际标准和世界水平，持续推进"四个一"人才服务机制创新，全面提升综合服务能力和水平，加速推动全方位人才服务保障政策落地。推进人才工作法制化进程，加快制定《海南自由贸易港人才工作条例》。围绕国家赋予海南建设全面深化改革开放试验区、国家生态文明试验区、国际旅游消费中心和国家重大战略服务保障区的战略定位，改善海南人文环境，健全商务、生活等配套设施，营造良好的生态文化。加快建设经济繁荣、社会文明、生态宜居、人民幸福的国际人才港，打造共建共治共享的社会治理格局，增强各方人才对自贸港的认同感、归属感、自豪感。

《百万人才进海南行动计划（2018—2025年)》评估研究课题组成员名单

课题顾问：
余兴安（中国人事科学研究院院长、研究员）
课题组长：
黄　梅（中国人事科学研究院科研管理处处长、研究员、博士）
课题组成员：
谢　晶（中国人事科学研究院教育培训与能力建设研究室副研究员、博士）
孙一平（中国人事科学研究院人才理论与技术研究室副主任、副研究员、博士）
郭越君（中国人事科学研究院科研管理处干部）
柏玉林（中国人事科学研究院科研管理处干部）
课题聘请专家：
蔡学军（中国人力资源和社会保障出版集团有限公司监事会主席）
张光鹏（国家卫生健康委干部培训中心（党校）副主任（副校长）、研究员）
宇长春（北京西城区领导人才评价中心主任、博士）

贵阳市科技人才区域竞争力提升研究[①]

提　要： 面对工业化、信息化和经济全球化的深入发展，市场、技术、人才等资源的区域界限被逐渐打破，区域经济竞争更多表现为城市之间的博弈竞争，而科技人才是建设创新型城市、增强区域核心竞争力的重要战略资源。本文以"提升贵阳市科技人才的区域竞争力及促进贵阳市科技人才快速发展"为目标，通过梳理贵阳市科技人才发展现状，构建城市科技人才区域竞争力评价指标体系，利用AHP模型从人才规模、人才投入、人才效能、人才发展平台等四个方面对城市科技人才竞争力进行比较分析。研究发现，贵阳市面临着科技人才规模小、投入强度偏弱、人才效能强度偏弱、人才发展平台不足等问题。其主要成因在于贵阳市经济体量小，全市的科技经费投入不足，汇聚的科技人才规模小。因此，贵阳市应强化科技人才培育供给，增强急需紧缺人才引进力度，拓宽科技人才投入渠道，深化科技人才使用机制，改善科技人才发展环境，提升贵阳市科技人才区域竞争力和城市核心竞争力。

关键词： 科技人才　竞争力　评价体系

科技人才是科技创新的关键因素，是创新驱动发展的重要动力，是推动国家经济社会高质量发展的重要力量。近年来，在市委市政府的领导下，贵阳市深入实施创新驱动发展战略，加快推进创新型中心城市建设，科技发展取得明显进步，科技人才引领和推动全市经济社会发展成效显著。统计数据

[①] 本文系中国人事科学研究院2021年度研究课题《贵阳市科技人才区域竞争力提升研究》报告的部分内容。

显示，2018年贵阳市R&D人员规模为2.88万人，每万人口中R&D人员数量为58.96人，每万名从业人员中R&D人员达到104.03人，整体高出全国平均水平（84.69人）。2019年，贵阳市科技活动人员规模首超10万人，总量为10.04万人，占全国科技活动人员规模（10 154.5万人）的0.1%，远低于全市常住人口占全国人口的比重（0.35%）。同时，对标北上广深一线城市，以及武汉、西安、长沙、成都等新一线城市，贵阳市科技人才在发展规模、创新能力、成果转化、创新创业活力等方面，还存在着怎样的差距？为此，科学评价城市科技人才竞争力是合理制定城市综合竞争战略和科技人才发展战略的前提。

因此，本文以"促进贵阳市科技人才区域竞争力提升"为主要研究目标，旨在全面梳理和分析全市科技人才发展现状，与东中西部经济规模相近的城市进行比较分析，把脉和诊断影响贵阳市科技人才竞争力的突出问题及成因，紧扣全市重大发展战略，优化全市科技人才竞争力提升路径，从而为贵阳市"十四五"期间科技发展战略、科技人才发展战略提供决策参考。

一、科技人才界定

（一）科技人才的概念

科技人才是人才队伍中的重要组成部分，从广义上看，科技人才是指具有专业知识或专门技能，具备科学思维和创新能力，从事科学技术创新活动，对科学技术事业及经济社会发展作出贡献的劳动者，主要包括从事科学研究、工程设计、技术开发、科技创业、科技服务、科技管理、科学普及等科技活动的人员。①

（二）科技人才竞争力相关研究

科技创新是经济发展方式根本转变、增强国家核心竞争力、实现创新型国家的决定性因素，而人才驱动是推进科技创新的关键所在。人才在科技创新中的重要地位已经得到了国际、国内的广泛认可，人才竞争力已经成为企业发展和实体经济发展模式转型升级的关键动力。② 为赢得国际竞争优势，大力培养和吸引科技人才已成为世界各国的战略性选择。③ 梳理国内外学者研究成果发现，学界以科技人才为主题而展开的相关研究，主要体现在科技人才

---

① 根据联合国教科文组织的定义。
② 杨洋，黄晶，刘文逸，刘钢，穆恩怡. 企业人才竞争力的空间分异特征及驱动因素研究——以江苏省工业企业为例［J］. 管理现代化，2020，40（06）：104-110.
③ 赵建军，胡春立. 让科技创新与人才驱动同频共振［N］. 科技日报，2019年4月1日.

的重要性、科技人才培养、科技人才使用、科技人才引进、科技人才政策分析、科技人才发展环境优化等方面。关于科技人才竞争力的相关研究主要体现在以下几个方面：

第一，在城市人才竞争力方面，刘佐菁（2018）结合我国实际，从科技人才规模、结构、投入、产出和环境等维度出发，构建我国科技人才竞争力评价指标体系，并利用主成分分析法对我国 31 个省市 2011—2015 年科技人才竞争力进行评价与比较。[1]

第二，在科技人才的经济贡献竞争力方面，刘玉君等（2020）认为劳动投入、技术投入与资本投入对经济发展也具有重要影响作用，并且表现出区域差异[2]；王永水和朱平芳（2016）基于中国 1996—2012 年省级面板数据研究发现，技能型与非技能型人力资本的提升均有助于促进经济增长。[3]

第三，在科技人才环境竞争力方面，崔宏轶（2020）等则从区域经济环境、文教环境、就业创业环境、生活保障环境、科创支持环境、成果转化环境六个维度分析、诊断科技创新人才发展环境，并建议地区发展应围绕上述六个领域进行科技人才发展环境的优化。[4] 叶晓倩等（2019）将科技创新人才发展环境分为自然生态环境、经济发展水平、社会生活环境、公共服务水平、科教创新环境五个维度，运用熵值法和聚类分析法对中国 33 个主要城市的科技创新人才综合吸引力进行了评价和对比分析。[5]

第四，在科技人才政策竞争力方面，张同全等（2017）通过对山东省创新人才政策实施效果评价研究发现，R&D 经费支出占 GDP 的比重这一政策投入产出比最大，其实施效果最好。[6] 潘士远等（2019）认为，美国减税政策是吸引一些中国高研发能力的人才移民至美国的重要工具，从而造成中美两国的技术差距，提出中国有必要实施减税改革，以缓解人才流失。[7]

---

[1] 刘佐菁，陈杰，苏榕. 广东省科技人才竞争力评价与提升策略［J］. 科技管理研究，2018，38（22）：134-141.

[2] 刘玉君，王成武，应卫平. 教育经费投入对经济发展影响的区域差异研究［J］. 统计与决策，2020（2）：22-25.

[3] 王永水，朱平芳. 人力资本结构效应对中国地区经济增长的影响研究［J］. 南京社会科学，2016（8）：18-25.

[4] 崔宏轶，潘梦启，张超. 基于主成分分析法的深圳科技创新人才发展环境评析［J］. 科技进步与对策，2020（1）：26-34.

[5] 叶晓倩，陈伟. 我国城市对科技创新人才的综合吸引力研究——基于舒适物理论的评价指标体系构建与实证［J］. 科学学研究，2019（8）：12-19.

[6] 张同全，石环环. 科技园区创新人才开发政策实施效果评价——基于山东省 8 个科技园区的比较研究［J］. 中国行政管理，2017（6）：56-63.

[7] 潘士远，朱丹丹，何怡瑶. 美国减税之中国应对研究：基于人才流失的视角［J］. 经济研究，2019（10）：13-19.

综上所述，随着对科学人才发展研究的不断加深，科技人才在经济社会发展和技术创新变革中的战略性地位日趋为大家所认知，国内外对科技人才的需求也越来越多，这无疑为科技人才提供更大的发展空间，为科技人才管理提出更多的现实挑战。囿于现实环境，特别是不同地域经济发展、政策供给、资源禀赋的差异，各地区间科技人才竞争力水平参差不齐，呈现出非平衡性和多元性的特征，各地区科技人才竞争力提升的瓶颈与路径也各不相同。据此，要深入分析特定地区科技人才竞争力状况，则需将研究视野进一步深入到特定城市和地区进行系统比较，掌握区域科技人才竞争力现状与问题，分析竞争力提升所面临的困难，探讨破除掣肘竞争力提升的障碍，为推进地方科技人才竞争力提升提供决策依据。

二、贵阳市科技人才发展总体状况

（一）科技活动人员规模状况

1. 全市科技活动人员规模相对偏低

2019 年，贵阳市科技活动人员规模总量为 10.04 万人[①]，占全国科技人力资源规模（10 154.5 万人)[②]的 0.1%，远低全市常住人口占全国人口的比重（0.36%），要达到全国平均水平，科技活动人员规模有 25 万人的差距。科技活动人员规模相对偏低，说明全市科技活跃程度有待提高，科技繁荣程度偏低。

2. 贵阳市每万人中科技活动人员约为全国平均水平的 1/3

2019 年，贵阳市每万常住人口中科技活动人员数为 202 人[③]，2017 年全国每万人中科技活动人员数为 626.23 人，贵阳市仅为全国平均水平的 32.84%。[④]

3. 企业是科技活动人员的主要载体

统计数据显示，2019 年贵阳市企业科技活动人员、省属科研机构科技活

[①] 该部分数据是企业科技活动人员数（6.27 万人）、省属科研机构科技活动人员（1.81 万人）、在筑高校科技活动人员（1.90 万人）、市属其他单位（0.06 万人）四部分数据的加总。2019 年科技活动人员=企业科技活动人员数+省属科研机构科技活动人员+在筑高校科技活动人员+市属其他单位=6.27+1.81+1.90+0.06=10.04（万人）。

[②] 该部分数据为 2018 年全国科技人力资源规模，因 2019 年数据尚未公布，故此采用 2018 年数据；数据来源于《中国科技人力资源发展研究报告（2018）》。

[③] 2019 年年末贵阳市常住人口数为 497.14 万人，数据来源于《2019 年贵阳市国民经济和社会发展统计公报》。

[④] 基于数据的可获得性，2018 年和 2019 年的全国科技活动人员数据尚未公布。为便于比较，选取 2017 年数据进行分析。

动人员、市域内高等院校科技活动人员和其他单位科技活动人员规模分别为 6.27 万人、1.81 万人、1.90 万人和 0.06 万人。表 2 的统计数据说明，企业是科技活动人员的主要载体，企业科技活动人员在全市科技活动人员中的占比为 62.45%。

（二）R＆D 人员规模状况

R＆D 人员是指从事科学研究与试验发展（research and development，R＆D）的人员，指在科学技术领域，为增加知识总量，以及运用这些知识去创造新应用进行系统性、创造性的活动，包括基础研究、应用研究、试验发展三类活动人员，是科技人才的核心组成部分。R＆D 人员密度是衡量一个地区科技水平的重要标志。

1. 贵阳市每万名从业人员中 R＆D 人员规模高出国家平均水平约 1 倍[①]

统计数据显示，贵阳市作为贵州省省会城市，其 R＆D 人员规模由贵阳市的企业、高校、科研院所和其他单位的 R＆D 人员共同构成。其中，2019 年贵阳市 R＆D 人员规模为 3.22 万人，每万人口中 R＆D 人员数量为 64.68 人，每万名从业人员中 R＆D[②] 人员数达到 115.59 人，整体高出国家层面平均水平（92.02 人），详见表 1。

表 1　2019 年度贵阳市 R＆D 人员与国家总体情况对比分析表

	经济规模	人口规模	R＆D 人员规模	每万人口中 R＆D 人员数	每万从业人员中 R＆D 人员数
国家	986 515 亿	140 005 万人	712.9 万人	50.92 人	92.02 人
贵阳市	4 039.6 亿	497.14 万人	3.22 万人	64.68 人	115.59 人
贵阳市占国家规模的比重	0.41%	0.36%	0.45%	127.02%	125.61%

数据来源：2019 年全国经济规模、人口规模、R＆D 人员、从业人员规模的数据来源于《2020 年中国统计年鉴》、2019 年我国 R＆D 人员发展状况分析；2019 年贵阳市经济规模、人口规模、R＆D 人员、从业人员规模的数据来源于《2020 贵阳统计年鉴》《2020 年中国城市统计年鉴》。

[①] 每万名从业人员中 R＆D 人员规模指代本地区 R＆D 人员强度，该指标反映地区科技人才规模在地区就业中的结构质量。

[②] 2019 年贵阳市城市 R＆D 人员数为 3.2156 万人（数据来自《2020 贵阳市科技统计手册》）；3.2156 万人的数据包含了在筑的省属高等院校、研究与开发机构、省属企业的 R＆D 人员数。每万人口中 R＆D 人员数量=R＆D 人员规模/常住人口规模；每万名从业人员中 R＆D 人员数=R＆D 人员规模/从业人员规模。

2. 企业R&D人员规模占比低于国家平均水平

统计数据显示，2019年贵阳市企业R&D人员规模为1.20万人①，约占全市R&D人员的37.27%；低于全国平均水平②（62.29%），企业R&D人员规模占比偏低，一定程度上说明贵阳市企业整体创新能力低于国家平均水平。同时也表明高校、科研院所集聚规模占比较大，应当引导R&D人员向企业集聚，详见表2。

表2　　　　　　2018—2019年贵阳市R&D人员分布状况表③

	企业R&D人员	省属科研机构R&D人员	高等院校R&D人员	其他单位R&D人员	贵阳市R&D人员总量
2018年	1.16万	0.34万	1.06万	0.32万	2.88万
2019年	1.20万	0.36万	1.22万	0.44万	3.22万
2019年规模占比	37.27%	11.18%	37.89%	13.66%	100%
增长率	3.45%	5.88%	15.09%	37.5%	11.81%

3. 全市每万名从业人员中R&D人员全时当量偏低④

2019年贵阳市R&D人员全时当量为1.80万人年，每万名从业人员中R&D人员全时当量为64.73人年，高于全国平均水平（62.0人年）。

（三）高层次科技人才规模状况

高层次科技人才⑤增速较快，但总体规模较小。基于贵阳市高新技术企业年度统计数据显示，2019年贵阳市高层次科技人才规模为0.79万人，相对2018年（0.7万人）高层次科技人才规模增速为12.86%，总体规模增速较

---

① 因数据的可获得性，企业R&D人员的数据用规模以上企业R&D人员所代替。2018年规模以上企业R&D人员因官方未公布，故取2017年（11 237人）与2019年数据（11 990人）的均值；2019年规模以上企业R&D人员来源于《2020年贵阳统计年鉴》。

② 2019年全国R&D人员规模为712.9万人，规模以上企业R&D人员规模为444.06万人，规模以上企业R&D人员占全国R&D人员规模的比为62.29%，2019年数据来源于《2020年中国科技统计年鉴》。

③ 因全省的高等院校、科研机构大部分聚集在贵阳市，因此该部分数据是采取全省科研机构、高等学校R&D人员乘以0.75。因数据可获得性，省属研究与开发机构的R&D人员为研究与开发机构R&D人员。贵阳市省属研究与开发机构的R&D人员=贵州省省属研究与开发机构R&D人员×0.75。2018年、2019年贵州省省属研究与开发机构的R&D人员分别为4 498人、4 864人，数据分别来源于2019年和2020年的《中国科技统计年鉴》。特别说明，统计年鉴公布的全省研究与开发机构R&D人员具有一定的误差，与实际情况有出入。贵阳市高等院校R&D人员=贵州省高等院校R&D人员×0.75。2018年、2019年全省高等学校R&D人员为14 132人、16 265人，数据分别来源于2019年和2020年的《中国科技统计年鉴》。

④ R&D人员全时当量是指按工作量折合计算的R&D人员，具体为R&D全时人员（全年从事R&D活动累积工作时间占全部工作时间的90%及以上人员）工作量与非全时人员按实际工作时间折算的工作量之和。贵阳市每万名从业人员中R&D人员全时当量=每万名从业人员中R&D人员×0.56；全国每万名从业人员中R&D人员全时当量来源于《中华人民共和国科技部》。

⑤ 高层次科技人才统计范围包括硕士以上学历、副高级以上职称和高级技师等从事科技活动的人才。

快；2019年，高层次科技人才占高新技术企业整体从业人员比重为5.68%，相对于2018年（5.41%）提升0.27个百分点，说明高层次科技人才规模增速高于从业人员规模增速。

三、城市科技人才区域竞争力比较分析

科技人才作为城市人才队伍的重要组成部分，在引领、带动城市核心技术创新变革，增强城市自主创新能力以及推动创新型城市建设等方面，发挥着至关重要的驱动作用。而科技人才竞争力作为城市科技竞争力的重要组成部分，其竞争力的大小反映着城市科技竞争水平的高低和城市综合竞争力的强弱。为此，科学评价城市科技人才竞争力是合理制定城市综合竞争战略和科技人才发展战略的前提和基础。

贵阳市作为贵州省的省会城市，提升全市科技人才竞争力水平对推进城市经济社会发展和发挥省会城市的示范带动效应具有重要现实意义。本部分以贵阳市科技人才发展的区域竞争力为研究对象，从科技人才规模、科技人才投入、科技人才效能、科技人才发展平台四个层面构建科技人才竞争力评价的分析框架和模型，并选取省内外典型城市对科技人才发展竞争力进行横向比较，从而研判贵阳市科技人才发展的优势及其亟待提升之处，为全市"十四五"时期瞄准、定点提升城市科技人才竞争力提供思路和决策参考。

（一）科技人才区域竞争力评价指标体系构建

1. 城市选取的依据及数据来源

从省会城市的空间地理上看，贵阳市地处我国西南地区，西临云南省的昆明市、北临四川省的成都市和重庆市、东临湖南省的长沙市、南临广西的南宁市。在地理位置上，贵阳市在吸聚、留住科技人才发展方面会受到上述城市的威胁和掣肘。此外，贵阳市还面临着省内经济发展水平和科技发展相对较好的遵义市和安顺市追赶。为此，要提升贵阳市科技人才竞争力需要将上述对贵阳市发展产生影响的城市纳入一个可供对比的分析框架中。另外，贵阳市作为后发地区的省会城市，在科技人才发展方面还存在诸多需提升和完善的地方，而我国东部地区的南京市和杭州市在科技人才发展方面凭借着已取得的丰富成效和经验在全国省会城市中具有较强的影响力。故此，贵阳市要提升城市科技人才竞争力除了要考量对标城市的科技人才竞争力情况，还需树立可供学习借鉴的标杆城市。

基于贵阳市如何提升全市科技人才竞争力的战略布局需要，课题组选取省内对贵阳市具有潜在威胁和挑战的城市（遵义、安顺）、周边省份和省会城

市（成都、重庆、长沙、昆明、南宁），以及国内学习和借鉴的标杆城市（南京、杭州）作为横向对比城市，对这些城市进行城市间的科技人才竞争力的对比分析，从而更好地探明贵阳市科技人才竞争力的区位优势和亟待提升之处，各城市选取的依据见表3。通过城市间科技人才竞争力的比较，定量化探明和精准研判贵阳市科技人才发展的实力、潜能、优势和存在的不足，以及面临的威胁和挑战，为全市合理制定城市科技人才发展专项规划、战略部署、完善科技人才政策体系提供参考依据。本课题所涉及的数据来源于《城市统计年鉴》《科技统计年鉴》以及各城市官方发布的统计公报。

表3　　　　贵阳市科技人才竞争力比较分析的城市选取维度

选取视角	选取目的	选取依据	城市
维度一	贵阳市塑型并打造省会城市示范效应	省内对贵阳市具有威胁和挑战的城市	遵义、安顺
维度二	贵阳市寻求并提升区位竞争优势	西南片区省会城市及直辖市	成都、重庆、长沙、昆明、南宁
维度三	贵阳市学习借鉴的标杆城市	国内典型标杆城市	南京、杭州

2. 科技人才区域竞争力评价指标体系

本课题以关注贵阳市科技人才在区域竞争中的核心竞争力的状况为基础，对标全市重大战略部署和要求，并基于横向城市间的科技人才竞争力数据比较分析的可比性与可获得性，形成科技人才队伍、科技人才投入、科技人才效能及科技人才发展平台四个维度的评价指标体系。本课题中的指标处理方法采用专家咨询的AHP分析法，最终得出各城市科技人才竞争力综合指数和排名情况。城市科技人才竞争力评价指标体系及各指标权重，见表4。

表4　　　　　　城市科技人才竞争力评价指标体系

一级指标	二级指标	三级指标	四级指标/单位	权重
科技人才竞争力	科技人才队伍竞争力	科技人才规模	城市R&D人员（人）	0.075
			城市R&D人员全时当量（人年）	0.138
			城市每万劳动力中R&D人员（人/万人）	0.039 7
			城市R&D人员占全省R&D人员的比重（%）	0.024 2
		潜在科技人才供给	万人普通高校在校学生数（人/万人）	0.012 8
			万人普通高校在校研究生数（人/万人）	0.009

续表

一级指标	二级指标	三级指标	四级指标/单位	权重
科技人才竞争力	科技人才投入竞争力	R&D经费投入状况	城市R&D经费投入规模（亿元）	0.067 5
			城市全社会城市R&D经费投入强度（%）	0.026 4
			城市R&D人员人均R&D经费（万元/人）	0.005 9
		财政科技经费投入状况	城市财政科技支出（亿元）	0.017 2
			城市财政科技支出强度（%）	0.010 6
	科技人才效能竞争力	创新效能	专利授权量（件）	0.224 6
			发明专利申请量（件）	0.080 4
			发明专利授权量（件）	0.151 9
		经济效能	技术市场合同成交额（亿元）	0.040 2
			城市R&D人员人均技术市场合同成交额（万元/人）	0.024
	科技人才发展平台竞争力	创新平台	普通高等学校数（所）	0.002 3
			高新技术企业数（家）	0.029
			国家重点实验室（个）	0.011 7
			国家工程技术研究中心（个）	0.009 7

（二）贵阳市科技人才发展竞争力总体分析

1. 科技人才规模较小，强度较高

截至2018年年底，从城市科技人才规模状况看，贵阳市与遵义市、安顺市、成都市、重庆市、昆明市、长沙市、南宁市、南京市、杭州市进行比较来看，贵阳市R&D人员规模和R&D人员全时当量要高于南宁、安顺、遵义三个城市。城市每万从业人员中R&D人员数中贵阳市R&D人员强度为104人，高于遵义市、安顺市、重庆市、昆明市、南宁市，表明与周边省会城市相比，贵阳市R&D人员强度较好（见图1）。[①]

2. 科技人才投入强度偏弱

从城市科技人才投入来看，10个城市中全社会城市R&D经费投入强度由高到低的城市排名依次为：杭州、南京、成都、长沙、昆明、重庆、贵阳、南宁、安顺、遵义。其中，贵阳市全社会城市R&D经费投入强度分别高于南宁、安顺、遵义的1.16%、0.60%、0.42%。城市间的财政科技支出强度由高到低的城市排名依次为：杭州、南京、成都、贵阳、长沙、昆明、重庆、

---

① 基于横向城市对比的数据可获得性，城市科技人才规模现状的数据来源以2018年的数据为主。数据来源于《贵阳市科技统计手册》《遵义统计年鉴》《中国城市统计年鉴》《重庆统计年鉴》《湖南统计年鉴》《南宁统计年鉴》《杭州统计年鉴》"南京市人民政府"以及部分数据为测算数据。

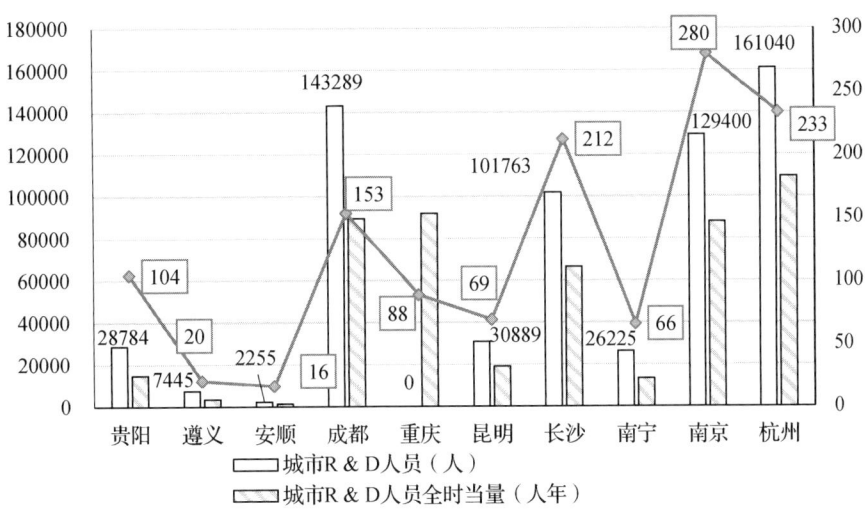

图1 2018年贵阳市与相关城市科技人才规模状况

遵义、安顺、南宁。贵阳市财政科技支出强度分别高于长沙、昆明、重庆、遵义、安顺、南宁的2.78%、2.40%、1.51%、1.32%、1.30%、1.12%，表明贵阳市财政科技投入力度具有明显的竞争优势。另外，从城市R&D人员人均R&D经费来看，贵阳市R&D人员人均R&D经费仅高于遵义和南宁两个城市，表明贵阳市R&D人员人均R&D经费投入力度还有待加强（见图2）。①

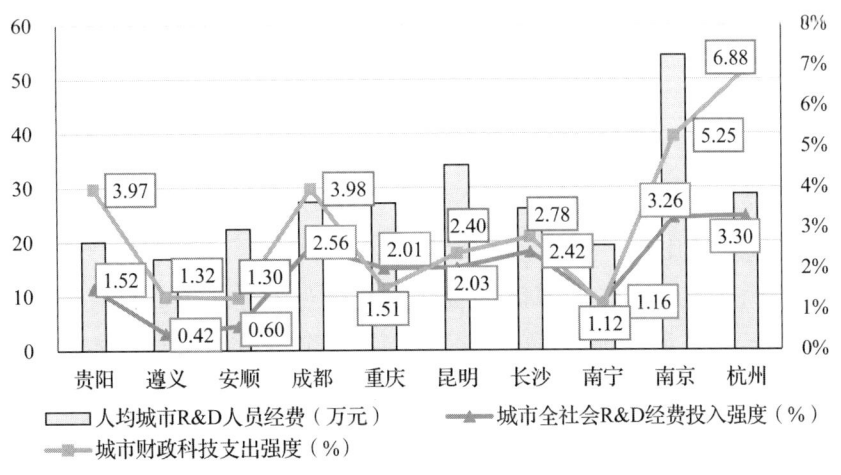

图2 2018年贵阳市与相关城市科技人才投入状况

---

① 数据均为测算数据，人均城市R&D人员经费=R&D经费规模/城市R&D人员规模；城市全社会R&D经费投入强度=城市R&D经费规模/城市国民生产总值；城市财政科技支出强度=城市财政科技支出/城市一般公共预算财政支出。

3. 科技人才效能偏低

从城市科技人才创新效能现状来看，贵阳市专利申请量、专利授权量、发明专利申请量、发明专利授权量高于南宁、遵义、安顺。与科技人才效能发展较好的南京、杭州与成都相比，存在近10倍之差。贵阳市发明专利授权量仅高于遵义市和安顺市，表明贵阳市科技人才在发明专利授权方面的竞争能力还有待提升（见图3）。

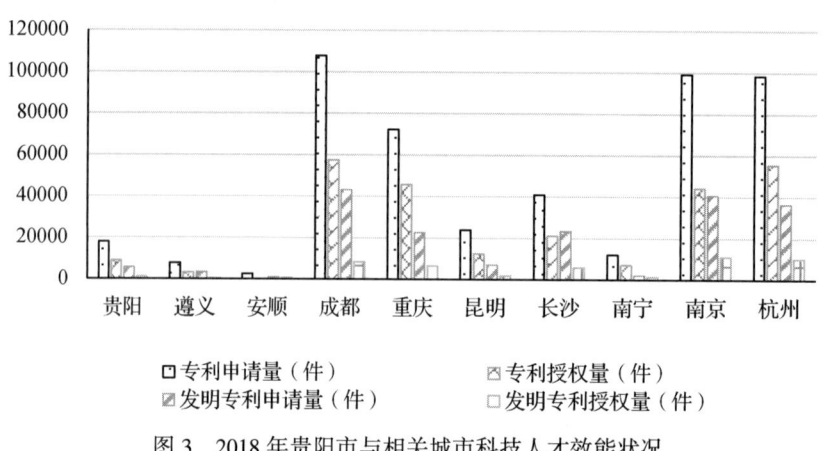

图3 2018年贵阳市与相关城市科技人才效能状况

4. 科技人才发展平台不足

科技人才发展平台是汇聚科技人才并充分确保其实现创新创造发展的重要载体。其中，从高新技术企业的规模来看，贵阳市高新技术企业聚集科技人才平台数要高于南宁、遵义、安顺三个城市，与高一位次的昆明市相差144家。从国家级重点实验室和国家工程技术研究中心相比较来看，贵阳市相应的科技人才发展平台数要高于昆明、南宁、遵义和安顺四个城市（见图4）。①

（三）城市科技人才总体竞争力排名

贵阳市科技人才在省外城市竞争中处于相对劣势地位。按照城市科技竞争力评价指标体系和评价方法，对贵阳市及9个城市的科技人才竞争力进行整体评价。② 通过测算，得到10个城市科技人才竞争力综合指数（见图5）。其中，2016年城市科技人才竞争力由高到低的城市排名依次为：杭州、南京、成都、重庆、长沙、昆明、贵阳、南宁、遵义、安顺；2018年城市科技人才竞争力由高到低的城市排名依次为：杭州、成都、南京、重庆、长沙、昆明、

---

① 数据来源于各市国民经济和社会发展统计公报，以及各市统计年鉴。
② 由于重庆市各指标数据来源全市，为更好地与9个城市进行横向比较，本研究在处理重庆市的"城市R＆D人员占全省R＆D人员的比重（%）"指标测算时，所选数据采用9个城市的平均值进行处理。

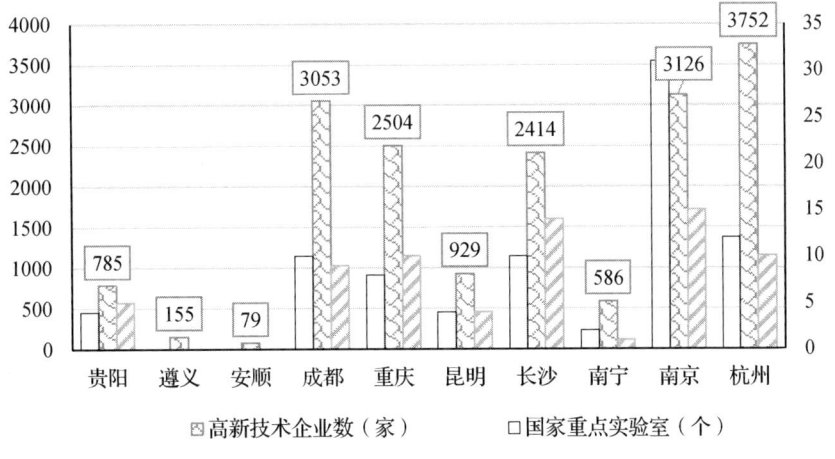

图4 2018年贵阳市与相关城市科技人才发展平台状况

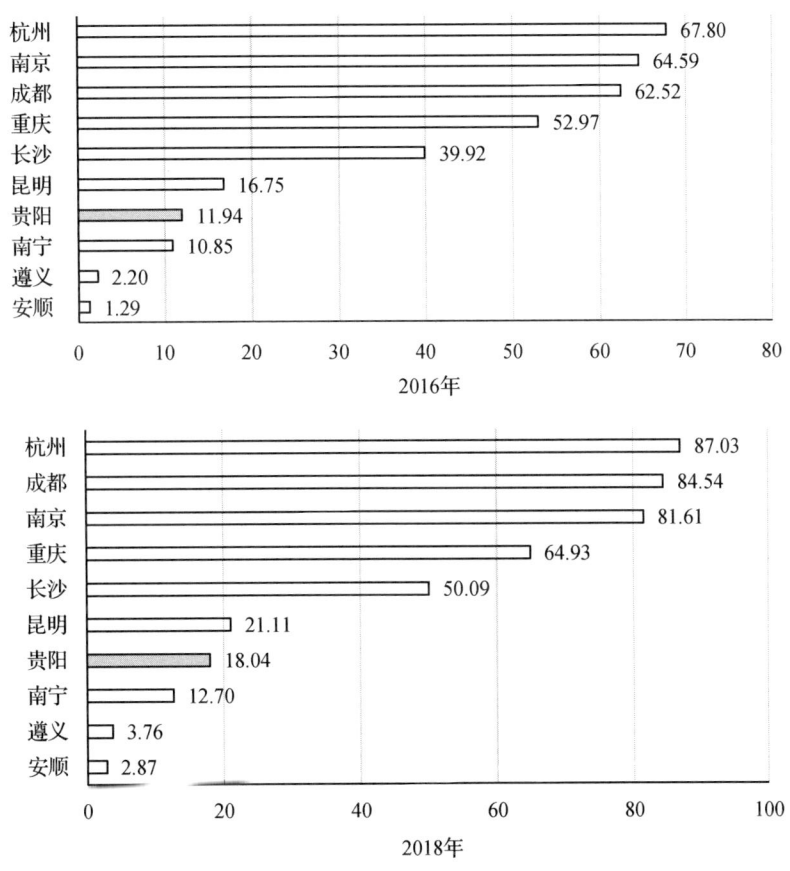

图5 2016年与2018年贵阳市与相关城市科技人才总体竞争力指数排名情况

贵阳、南宁、遵义、安顺，其中成都市的排名赶超南京市。但是，不可否认的是贵阳市科技人才发展竞争力在省外城市竞争力排名中仍处于相对劣势地位。

1. 贵阳市科技人才总体竞争力排名有待提升

2016—2018年，贵阳市科技人才总体竞争力在10个城市中位居第7位，位次未发生改变。其中，与周边城市相比较，贵阳市科技人才竞争力要高于南宁市，低于成都市、重庆市、长沙市、昆明市。

2. 贵阳市科技人才总体竞争力改善成效较为显著

2016—2018年，贵阳市科技人才总体竞争力指数由2016年的14.80提升到2018年的19.92，增长率为34.62%。与周边省会城市相比，贵阳市科技人才总体竞争力水平改善成效较为显著，位居第1位（见图6）。

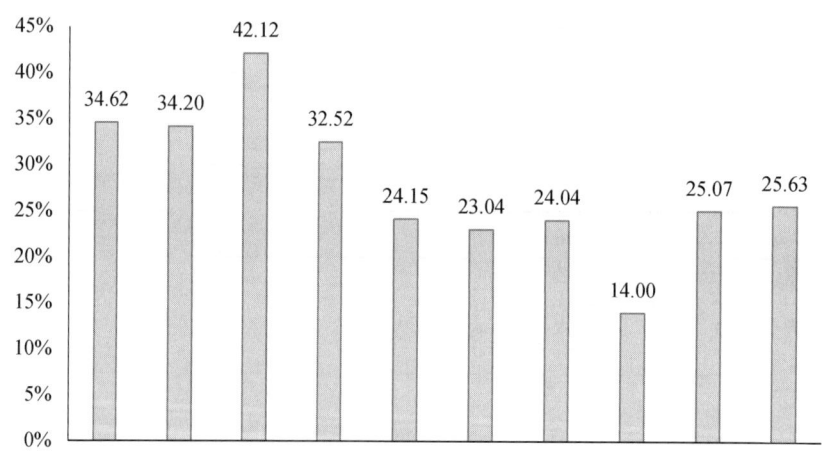

图6　2016—2018年贵阳市与相关城市科技人才总体竞争力指数增长率

（四）城市科技人才规模竞争力比较

1. 科技人才规模状况比较

（1）城市R&D人员规模状况

贵阳市R&D人员规模体量较小且竞争优势不强。贵阳市R&D人员规模从2016年的2.07万人增长至2018年的2.88万人，复合增长率为17.98%。2018年10个城市R&D人员规模排名前三的是杭州市、重庆市、成都市，贵阳市排名靠后，位于第七。从省内城市来看，遵义市和安顺市R&D人员规模复合增长率分别为17.67%和16.31%，近三年遵义市、安顺市R&D人员规模增长幅度与贵阳市大概持平，后发追赶力强劲（见图7）。

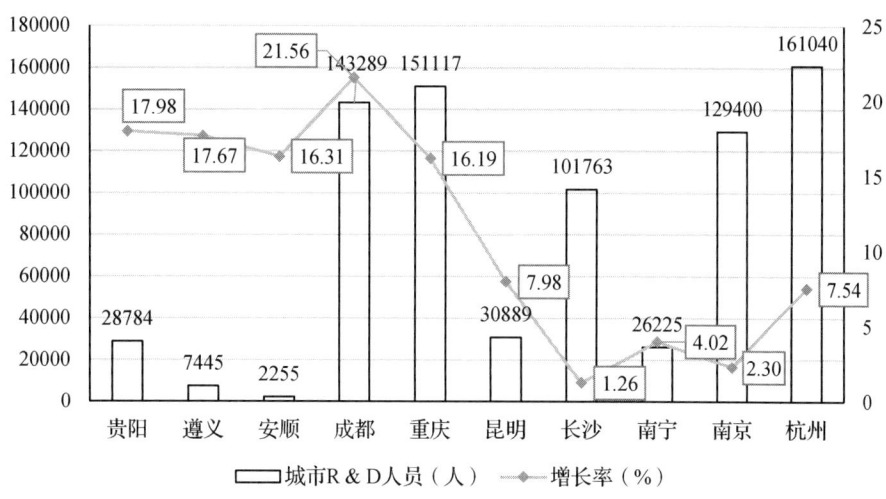

图 7 2018 年 R&D 人员规模状况及 2016—2018 年增长状况

(2) 城市 R&D 人员全时当量状况

贵阳市研发人员实际劳动投入水平较低且创新潜力不足。2016—2018 年贵阳市 R&D 人员全时当量从 1.08 万人年增长至 1.50 万人年，复合增长为 17.98%。2018 年，西南地区重庆市和成都市 R&D 人员全时当量为 9.2 万人年和 8.95 万人年，是贵阳市的六倍左右，贵阳市与周边城市相比 R&D 人员实际劳动投入水平相差甚远，创新潜力不足。从省内城市相比来看，安顺市 R&D 人员全时当量为 1.17 万人年，与贵阳市差距较小，安顺市 R&D 人员全时当量复合增长率为 16.23%，与贵阳市复合增长率接近（见图 8）。

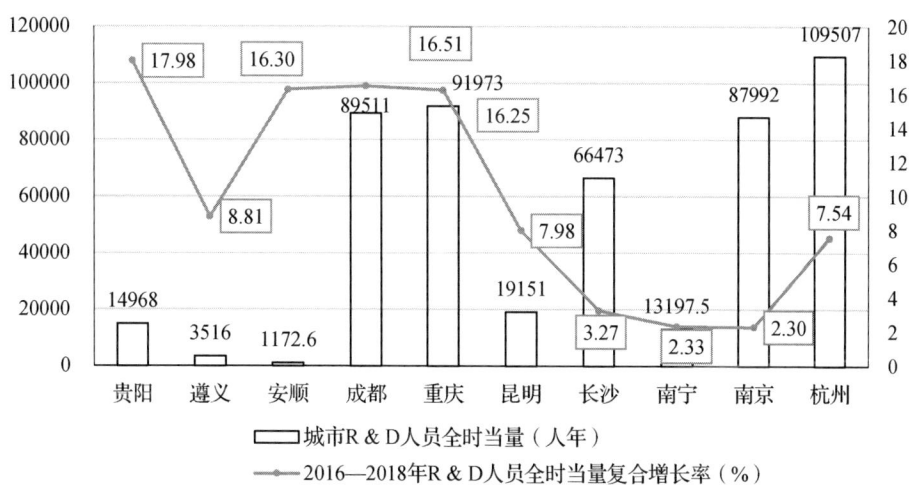

图 8 2018 年城市 R&D 人员全时当量状况及 2016—2018 年增长状况

(3) 城市每万劳动力中R&D人员状况

贵阳市每万劳动力中R&D人员规模位居中等。2016—2018年贵阳市每万劳动力中R&D人员从78.9人增长至104.03人，复合增长率为14.82%。2018年，城市每万劳动力中R&D人员排名前五分别是南京市、杭州市、长沙市、成都市、贵阳市，贵阳市每万劳动力中R&D人员规模持续增加。从省内城市相比来看，2018年遵义市和安顺市每万劳动力中R&D人员分别为20人和16人，复合增长率均高于贵阳市（见图9）。①

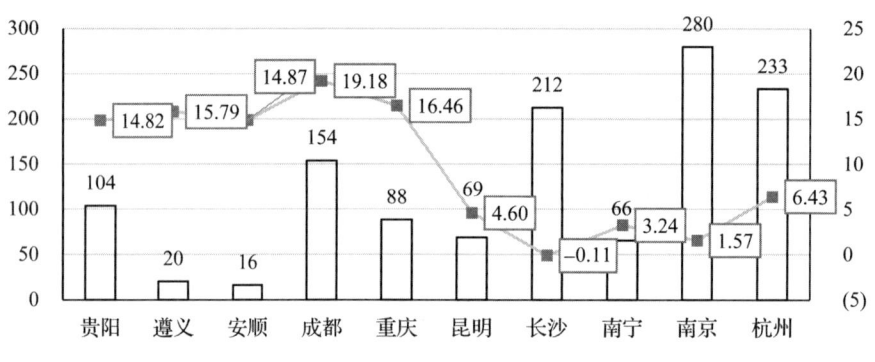

图9　2018年城市每万劳动力中R&D人员状况及2016—2018年增长状况

(4) 城市R&D人员集聚度

贵阳市的科技人员区域集聚度位居第二。区域凝聚力是通过城市R&D人员占本省R&D人员规模比重测算得出，占比越高集聚度越高。贵阳市R&D人员占本省R&D人员比重从2016年的45.73%下降至2018年的45.19%，复合增长率为-0.59%。2018年，城市R&D人员占本省R&D人员的比重排名②位居前三的分别是成都市、贵阳市、长沙市，10个城市中R&D人员占本省R&D人员的比重基本呈负增长趋势，占比不断下降。从省内城市来看，贵阳市R&D人员占本省R&D人员近一半左右，贵阳市相较于其他城市区域凝聚力呈现优势地位（见图10）。

2. 潜在科技人才供给比较

(1) 万人普通高校在校学生数状况

贵阳市人力资源供给充沛，但增长潜力受供给限制。2016—2018年贵阳

---

① 本部分数据均为测算数据，每万劳动力中R&D人员规模=城市R&D人员/从业人员数（万人）。
② 重庆属于直辖市不计入排名。原始数据来源于各省市统计年鉴。

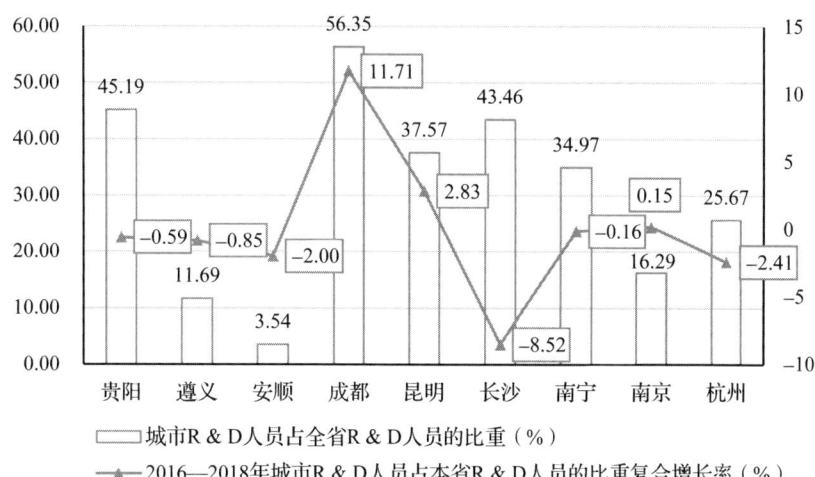

图 10　2018 年城市 R&D 人员占本省 R&D 人员的比重及 2016—2018 年增长状况

市万人普通高校在校学生数从 861（人/万人）降至 776（人/万人），复合增长率为-5.05%。2018 年万人普通高校在校学生数贵阳市位列第四，贵阳市高等学校较为集中，人力资源供给较为充沛。从复合增长率来看，10 个城市中只有贵阳市和杭州市呈现负增长，安顺市万人普通高校在校学生数增长速度最快①（见图 11）。

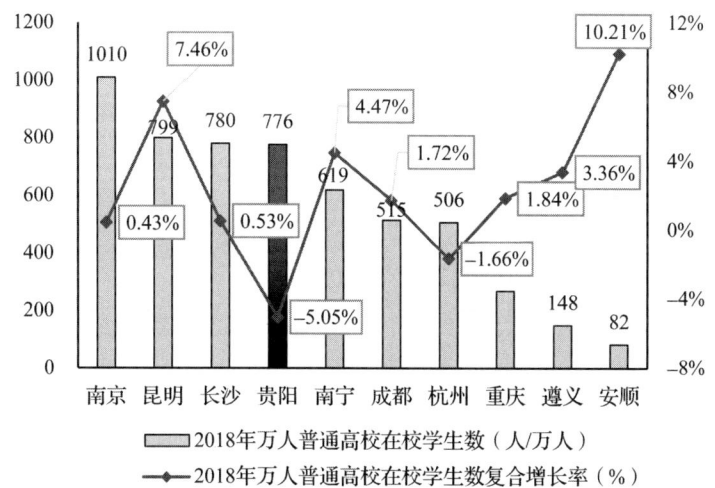

图 11　2018 年城市万人普通高校在校学生数状况及 2016—2018 年增长状况

---

① 以上数据均为测算数据，万人普通高校在校学生数为：普通高校在校学生数/地区常住人口数；复合增长率取 2016 和 2018 年数据通过 power 公式计算。

(2) 每万人普通高校在校研究生数状况

贵阳市高层次人才供给有限,科技创新能力受限。2016—2018年贵阳市万人普通高校在校研究生数从31.19(人/万人)增长至37.08(人/万人),复合增长率为9.03%,增长速度较为迅速。贵阳市万人普通高校在校研究生数排名靠后,位居第六;从省内城市看,遵义市万人普通高校在校研究生数为2.8(人/万人),贵阳市本身及周边城市都面临高层次人才严重供给不足,创新能力受到限制的困境①(见图12)。

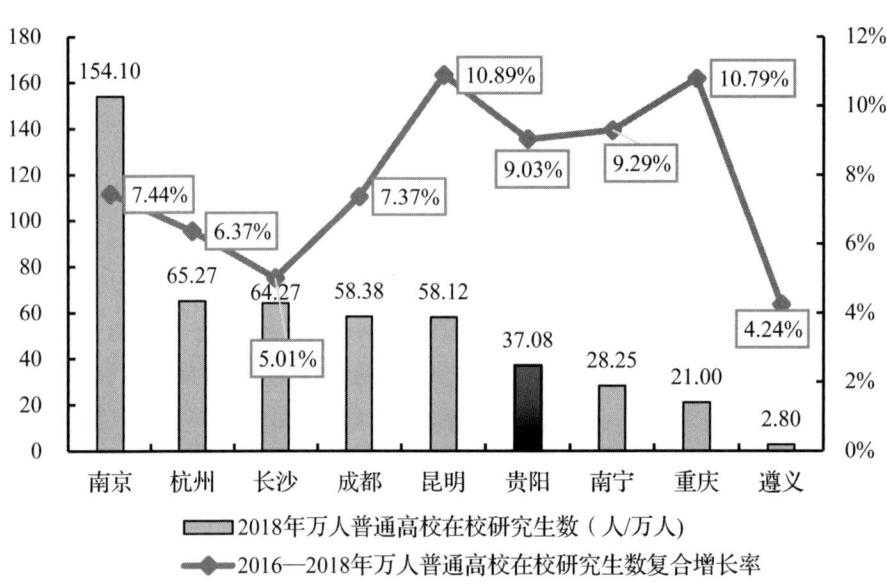

图12 2018年城市万人普通高校在校研究生数状况及2016—2018年增长状况

(五)城市科技人才投入竞争力比较

1. R&D经费投入状况

(1)城市全社会R&D经费投入规模

贵阳市R&D经费投入规模较小。2016—2018年贵阳市R&D经费投入规模从36.09亿元增至57.90亿元,增长了21.81亿元,复合增长率为26.66%。从2018年城市间的对比来看,R&D经费投入规模排名前三的为杭州市、南京市、重庆市,贵阳市排名较靠后,位居第七,省会城市横向对比不具竞争优势。从省内城市来看,贵阳市比遵义市和安顺市的投入经费较多,但是2016—2018年贵阳市R&D经费投入规模复合增长率低于安顺市,安顺

---

① 以上数据均为测算数据:万人普通高校在校学生数为:普通高校在校学生数/地区常住人口数;复合增长率取2016和2018年数据通过power公式计算。

市R＆D经费投入规模复合增长率为34.37%（见图13）。

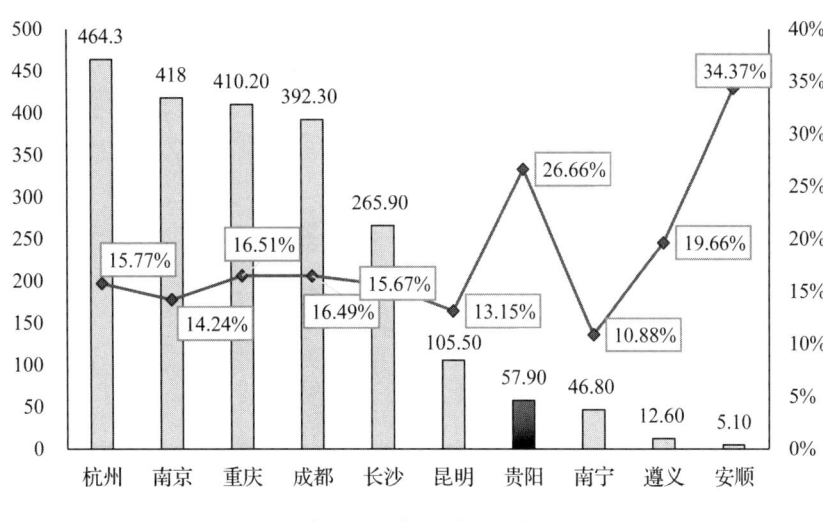

图13 2018年城市R＆D经费投入规模状况及2016—2018年增长状况

（2）城市全社会R＆D经费投入强度

贵阳市全社会R＆D经费投入强度不足，投入力度亟待增大。2016—2018年贵阳市全社会R＆D经费投入强度从1.14%增至1.52%，复合增长率为15.63%。2018年全社会R＆D经费投入强度排名前三为杭州市、南京市、成都市，贵阳市排名较靠后，位居第七。从省内城市来看，2016—2018年安顺市全社会R＆D经费投入强度复合增长率最高，为30.40%，复合增长率最低的城市是遵义，复合增长率为7.11%（见图14）。

（3）城市人均R＆D人员经费

贵阳市人均R＆D人员经费不足，缺乏区域竞争优势。2016—2018年贵阳市人均R＆D人员经费从14.84万元增加至20.12万元，增加了5.28万元，复合增长率为16.44%。从2018年十个城市对比来看，排名前三为南京市、昆明市、杭州市，贵阳市排名靠后，位居第八。从省内城市来看，2018年贵阳市、遵义市、安顺市人均R＆D人员经费差距较小，但是，2016—2018年安顺市复合增长率最高为18.33%，贵阳市次之，遵义市最低为1.69%（见图15）。

2. 科技经费投入状况

（1）城市财政科技支出

贵阳市财政科技支出位居中等，有待持续加强。2016—2018年贵阳市财

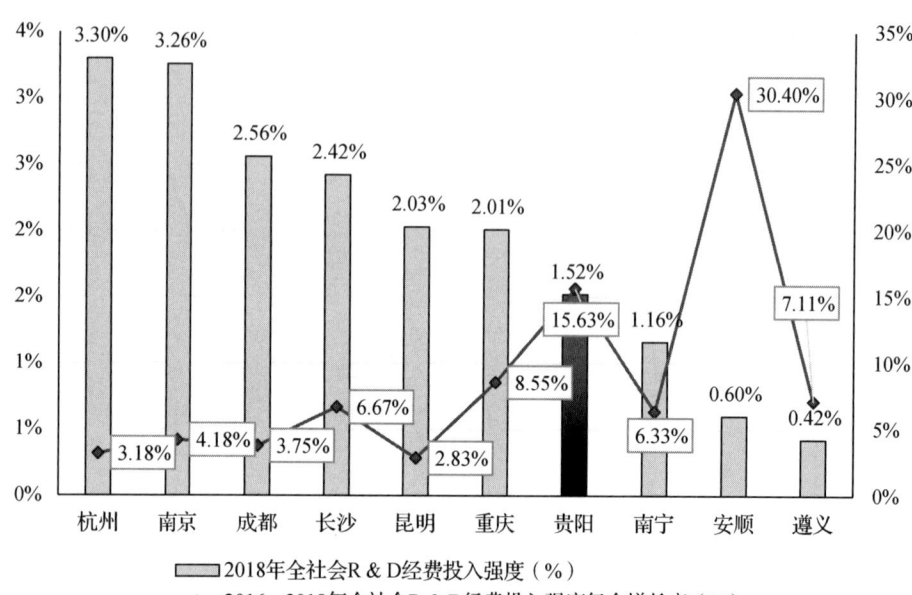

图 14　2018 年城市全社会 R&D 经费投入强度状况及 2016—2018 年增长状况

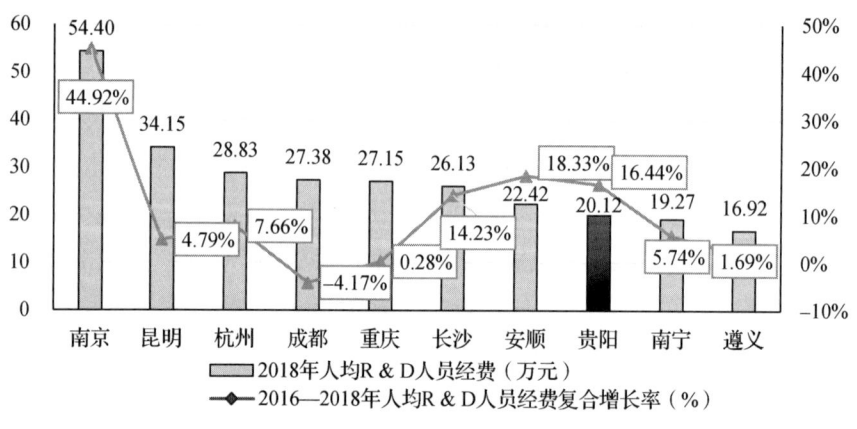

图 15　2018 年城市人均 R&D 经费状况及 2016—2018 年增长状况

政科技支出从 17.26 亿元增至 24.78 亿元，增加了 7.52 亿元，复合增长率为 19.81%。2018 年财政科技支出排名前三的城市为杭州市、南京市、成都市，贵阳市财政科技支出位居中等，排名第六。从省内城市来看，2018 年遵义市财政科技支出为 8.93 亿元，安顺市为 3.50 亿元，贵阳市远超遵义市和安顺市，但是 2016—2018 年安顺市财政科技支出复合增长率最高为 34.87%，遵义市次之，复合增长率为 20.71%，贵阳市最低（见图 16）。

（2）城市财政科技支出强度

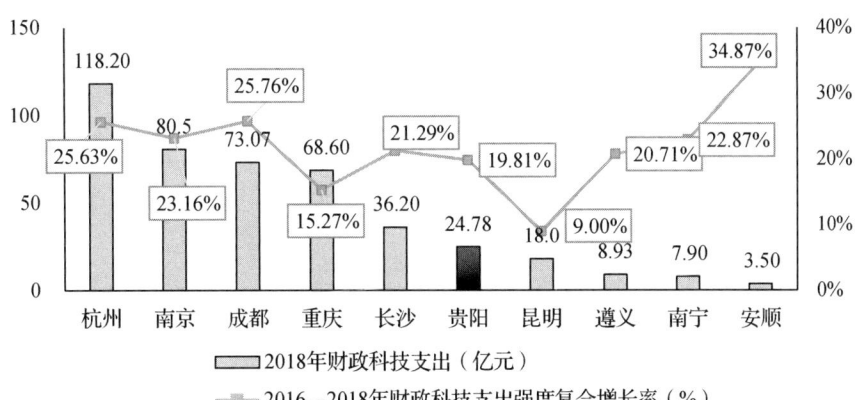

图 16　2018 年贵阳市与相关城市财政科技支出状况及 2016—2018 年增长状况

贵阳市财政科技支出强度位居前五,区域竞争优势较好。贵阳市财政科技支出强度从 2016 年的 3.29%增长至 2018 年的 3.97%,复合增长率为 9.91%。从 2018 年十个城市对比来看,排名前三为杭州市、南京市、成都市,贵阳市财政科技支出强度排名靠前,位居第四。从省内城市来看,2016—2018 年贵阳市财政科技支出强度均为遵义市和安顺市的 3 倍(见图 17)。

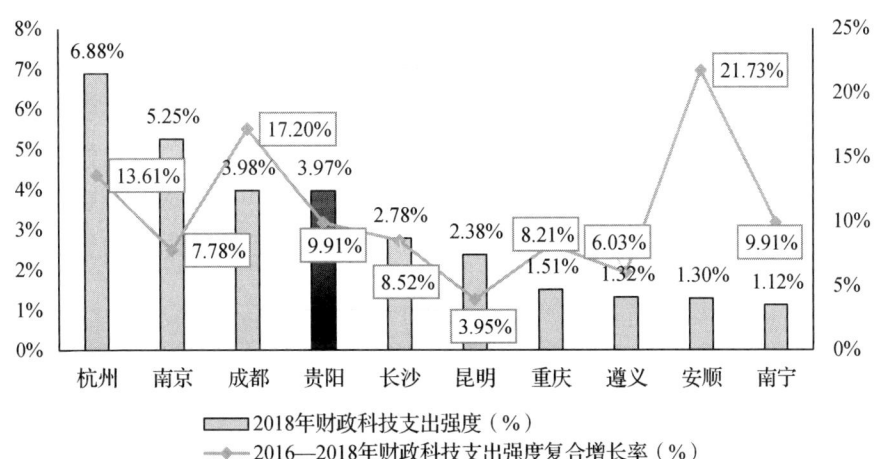

图 17　2018 年城市财政科技支出强度状况及 2016—2018 年增长状况

(六)城市科技人才效能竞争力比较

1. 创新效能状况

(1) 贵阳市近年来专利授权量增速位居第一

2018 年成都市专利授权量为 57 370 件,位居第一,贵阳市为 9 113 件,排名第七,两者差距较大。但近年来,贵阳市、遵义市专利授权量增速快,排名分别为第一、第二，增长率分别为38.45%、31.34%。贵阳市、遵义市整体基数较小，但增长速度较快，说明两个城市对科技创造的重视度较高，鼓励和引导科技创新的氛围较好（见图18）。

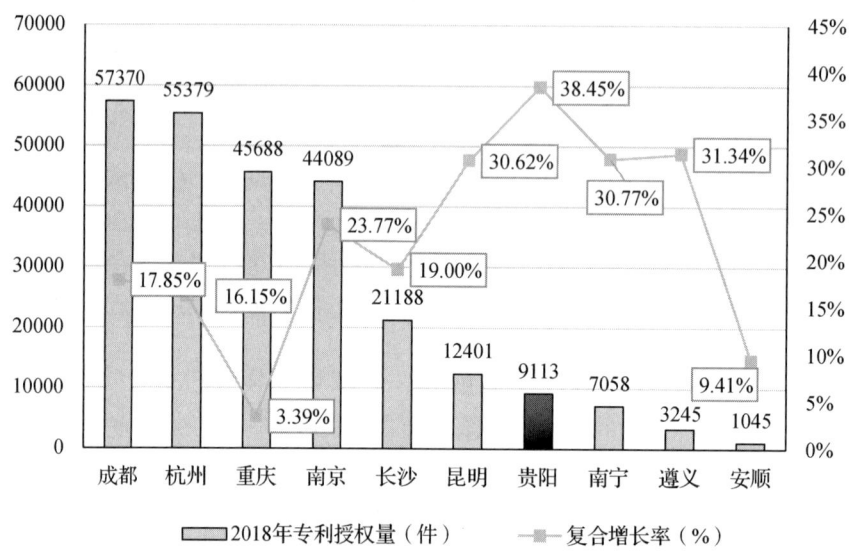

图18　2018年城市专利授权量状况及2016—2018年增长状况

（2）贵阳市2018年发明专利申请量在全省各市中为首位

2018年成都市发明专利申请量为43 013件，居于第一。2018年贵阳市发明专利申请量为5 749件，在贵州省内位居第一，但贵阳市发明专利申请量与其他城市仍存在较大差距。遵义市复合增长率为25.43%，贵阳市复合增长率为20.61%，遵义市发明专利申请量在贵州省内增长最快（见图19）。

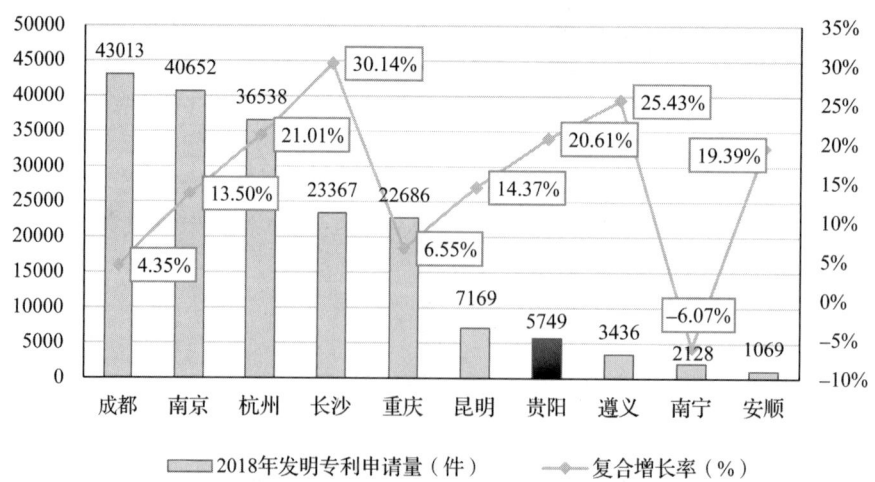

图19　2018年城市发明专利申请量状况及2016—2018年增长状况

(3) 2018年贵州省各市发明专利授权量较低

由统计数据可知，2016—2018年贵阳市发明专利授权量分别为1 236件、1 072件、1 160件，复合增长率为-3.12%。但安顺市与遵义市发明专利授权量呈现快速增长趋势，增长率分别为18.01%、17.02%。在2018年各城市发明专利授权量中，南京市以11 090件专利位居第一，杭州市以10 267件专利排名第二，成都市以8 304件专利排名第三。贵阳市、遵义市与安顺市发明专利授权量较低，排名靠后（见图20）。

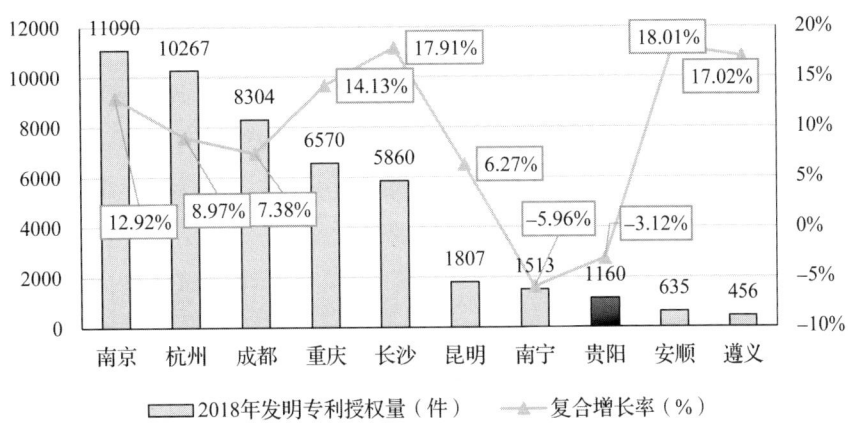

图20　2018年城市发明专利授权量状况及2016—2018年增长状况

2. 经济效能状况

贵阳市技术市场合同交易额增速较快，在城市中排名第二。贵阳市技术市场合同成交额虽体量较小，但近年来技术市场合同成交额增速快，复合增长率为140.43%，排名第二，仅次于长沙市。2018年成都市技术市场合同成交额以1 355.08亿元领跑各城市，贵阳市技术市场合同成交额在各城市中居于中间水平，安顺市与遵义市技术市场合同成交额最低，排名靠后（见图21）。

2018年贵阳市城市R＆D人员人均技术市场合同成交额排名第三，安顺市排名第二。2018年在城市R＆D人员人均技术市场合同成交额中，成都市以103.75万元/人位居第一，安顺市以71.44万元/人排名第二，贵阳市以36.27万元/人排名第三。同时，贵阳市R＆D人员人均技术市场合同成交额增长迅速，增长率为121.03%，仅次于长沙市，增长率为149.23%（见图22）。

(七) 城市科技人才发展平台竞争力比较

1. 普通高等学校状况

贵阳市普通高等学校数在十个城市中排位中等偏下。截至2018年，贵阳

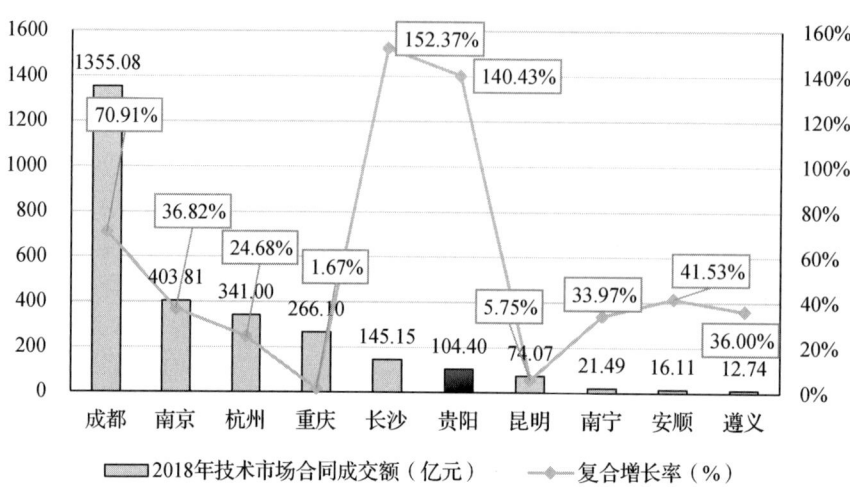

图 21　2018 年城市技术市场合同成交额状况及 2016—2018 年增长状况

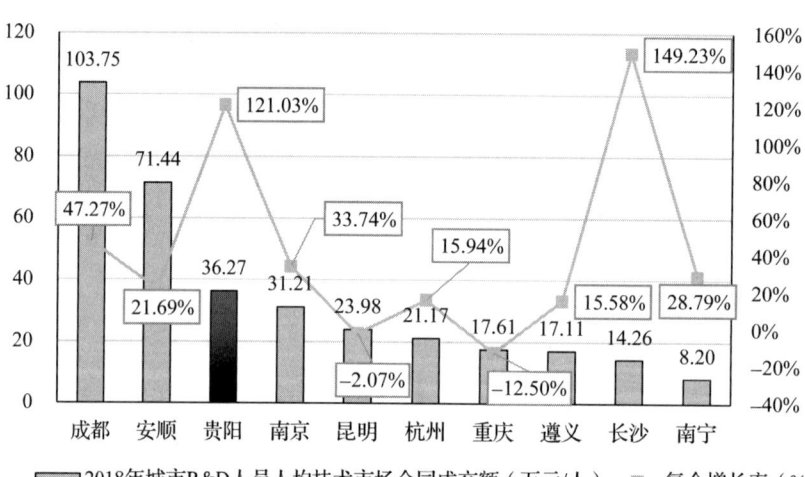

图 22　2018 年城市 R & D 人员人均技术市场合同成交额及 2016—2018 年增长状况

市普通高等学校数在几个省会城市中排名靠后，与南宁市基本持平，省内对比远高于遵义市、安顺市。普通高等学校作为人才培养的重要载体，承载着各类人才培养和造就人才的摇篮，贵阳市普通高等学校数量少，但对比遵义市和安顺市人才数量供给更有竞争力（见图 23）。

2. 高新技术企业状况

贵阳市、安顺市高新技术企业发展增速大。在数量方面，2018 年贵阳市高新技术企业总体排名中等偏下，高新技术企业数量少。与周边城市对比，贵阳市作为省会城市高新技术企业数量远低于成都市、重庆市、长沙市，与

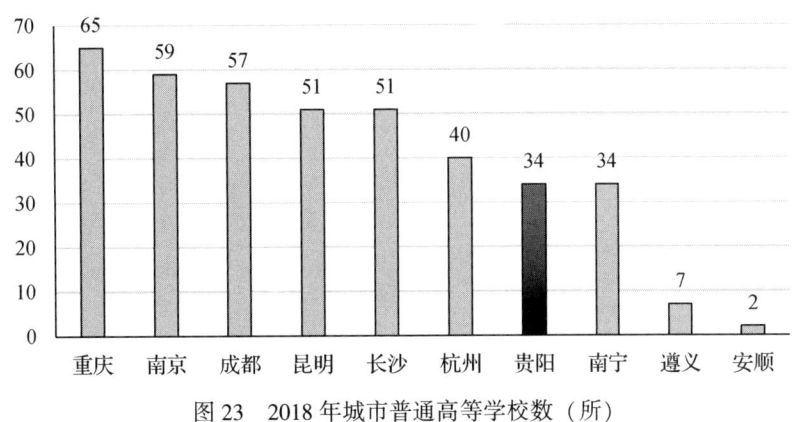

图 23　2018 年城市普通高等学校数（所）

昆明市基本持平，相比周边城市，竞争力不足。与省内城市对比，贵阳市高新技术企业数量高于遵义市和安顺市，对省内高新技术起到引领作用。在 2016—2018 年复合增长率方面，安顺市、贵阳市高新技术企业数量复合增长率分别为 71.05%、64.53%，高新技术企业数量在十个城市最具有发展潜力。与周边城市相比，虽然贵阳市高新技术企业数量与周边城市差距较大，但城市复合增长率较大，在周边城市未来发展中具有竞争潜力（见图 24）。

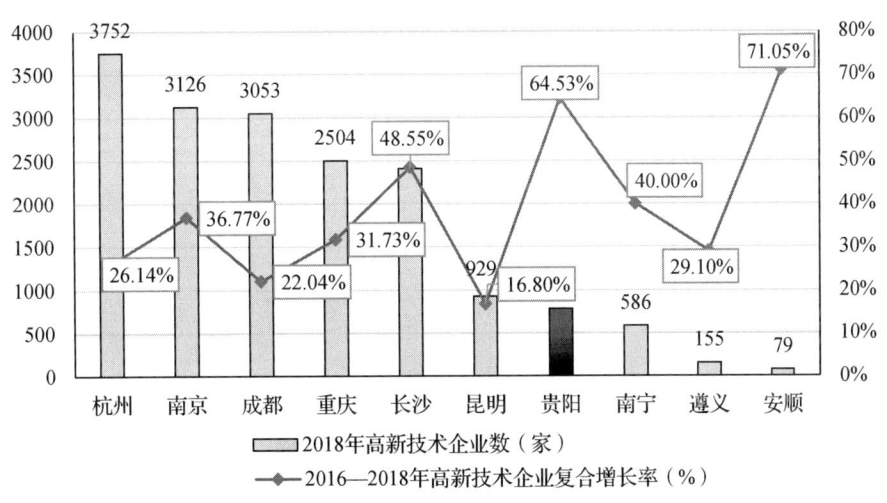

图 24　2018 年城市高新技术企业数及 2016—2018 年增长状况

3. 国家重点实验室状况

贵阳市国家重点实验室总量少。2017 年，贵阳市与东部发达城市相比，国家重点实验室数量与南京市差距较大，与杭州市差距相对较小。贵阳市与周边城市相比，国家重点实验室数量位居第四，与周边城市差距不大，高于昆明市和南宁市[①]，表明贵阳市在国家重点实验室建设方面具有潜在优势（见图25）。

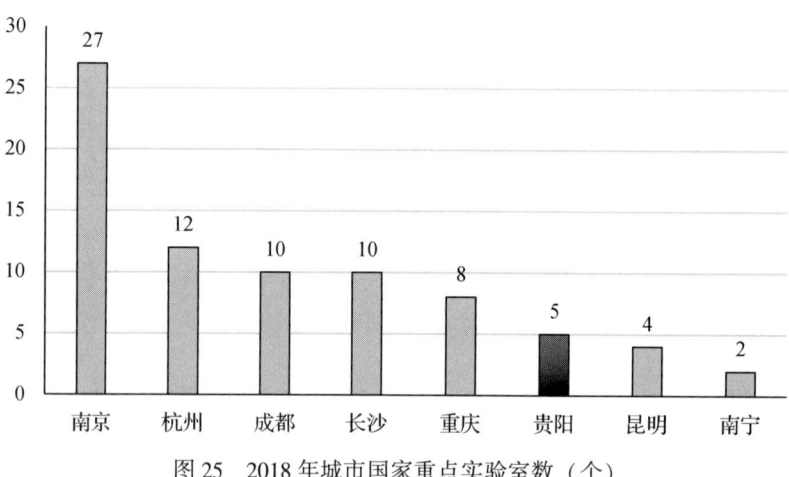

图25　2018年城市国家重点实验室数（个）

4. 国家工程技术研究中心状况

贵阳市国家技术研究中心排名中等偏下。2018年，贵阳市与东部地区相比，南京、杭州两市国家工程技术研究中心数量分别是贵阳的3倍、2倍，与周边城市相比，贵阳市在周边城市排名中位列第四位，高于昆明市和南宁市（见图26）。

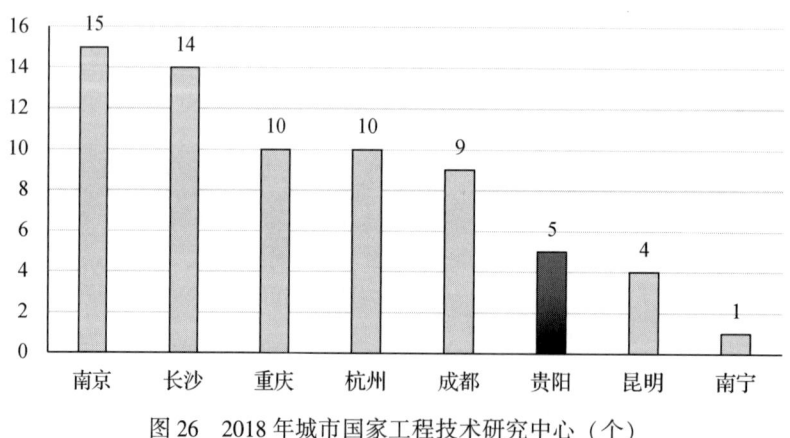

图26　2018年城市国家工程技术研究中心（个）

[①] 因未能查询到2016年、2018年国家重点实验室数据，本文采用2017年《国家创新型城市创新能力评价报告》公布的各市的国家重点实验室数据；此外，遵义、安顺国家重点实验室数量为零，未列入统计图。国家工程技术研究中心数据情况下同。

四、贵阳市科技人才发展存在的问题及面临的机遇

(一) 存在问题

1. 科技人才规模总体偏少

全市R&D人员规模偏小。贵阳市每万人口中R&D人员数2018年与2019年分别为58.96人、64.68人。2018年全国每万人口中R&D人员数为47.09人①，2019年为50.92人。可以看出，贵阳市每万人口中R&D人员规模高于全国平均水平，但R&D人员规模仍然偏小。

2019年贵阳市R&D人员全时当量为1.8万人年，每万名从业人员中R&D人员全时当量为64.73人年，高于全国平均水平（62.0人年/万人）。但相较于其他省会城市，贵阳市R&D人员全时当量偏低。

2019年贵阳市规模以上工业企业R&D人员规模为1.2万人，约占全市R&D人员的37.32%，低于全国平均水平（62.29%），全市规模以上工业企业R&D人员规模占比偏低。说明高校、科研院所集聚规模占比较大，应引导R&D人员向规模以上工业企业集聚。

2. 科技经费投入偏低

全市R&D经费投入强度约为全国平均水平的80%。R&D经费是科技人才从事科技活动的基本资源，R&D经费规模大小在一定程度上决定了科技人才规模。2019年，贵阳市R&D经费投入强度约为1.76%②，低于全国平均水平（2.23%）③，为全国平均水平的78.92%，远低于成都市（2.56%，2018年）④、重庆市（1.99%，2019年）⑤，与广州市（2.87%，2019年）⑥、杭州市（3.30%，2018年）⑦差距明显。

区（县、市）级财政科技经费投入较少，基层财政科技引领职能偏弱。部分区（县、市）除了科技三项经费投入之外，没有科技人才专项经费。区（县、市）级部门的科技专项经费主要转移到农业农民农资扶持领域，对企业

---

① 《中国统计年鉴》（国家统计数据），2019年全国R&D人员规模712.9万人，2019年年末全国总人口140 005万人；全国每万人口中R&D人员数=712.9/14.000 5=50.92人。
② 《2020贵阳市科技统计手册》（贵阳市科学技术局）。
③ 《2019年全国科技经费投入统计公报发布》（全国科技创新中心、国家统计局），2019年R&D经费投入总量为22 143.6亿元；2019年国内生产总值为986 515.2亿元。
④ 《2018年成都市科技经费统计公报》（成都市统计局）。
⑤ 《2019年重庆市科技投入统计公报》（重庆市统计局、重庆市科学技术局）。
⑥ 《2020年广州市主要科技活动情况公报》（广州市统计局、科学技术局、财政局），2020年广州市R&D经费投入强度（与地区生产总值之比）为3.10%，比上年提高0.23个百分点。
⑦ 《2018年杭州市国民经济和社会发展统计公报》（杭州市统计局）。

科技投入的财政经费更多依赖于省、市级部门，在区（县、市）层面，呈现出省级支出大于市级支出，市级支出大于区（县、市）级支出的"倒三角"状况，基层政府的科技经费投入有限，对本地区的科技引领职能偏弱。

3. 科技成果转化效能有待提升

研究发现，贵阳市虽然技术市场合同成交额快速增长，但是整体体量较小，成果转化的效能较低，各级政府部门对接科技成果转化的服务体系还有待增强完善。尤其表现在高新技术企业的科技成果转化需求对接渠道不够畅通，企业对于政府提供的对接服务平台表现出"高需求感"。

4. 吸聚科技人才相对困难

研究得知，全市引进科技人才困难。主要是由于科技企业规模较少，科技活动人员规模偏小，科研经费投入力度偏弱以及产业链不健全。此外，薪酬水平、人才使用效能、生活成本等因素也是制约人才引进的关键因素。

2019年，全国企业R&D活动人员规模占总规模比例约为70%，而贵阳市2019年从事科技活动人员超10万人，其中高新技术企业的科技活动人员约为40%，要达到全国平均水平，企业科技人才仍有超过3万人左右的缺口需弥补。

（二）存在问题的成因

1. 经济发展水平的制约

（1）生活成本偏高、收入水平偏低不利于科技人才汇聚

生活成本成为人才首要考量的外部因素。在调研过程中得知，生活成本高和人才政策吸引力不足是制约科技人才引进的主要外部因素。由于企业中高层次人才往往来源于公司总部，交通往返以及看望家人成本较高。部分县区的工业园区，由于位置偏远，通勤成本过高，也成为一个重要因素。

薪酬激励竞争优势不利于科技人才聚集。在调研中发现，部分企业认为整体薪酬水平偏低，制约了科技人才引进。此外，部分单位科技人才薪酬水平与行业平均水平基本持平，仅有小部分企业认为略高于行业平均水平。薪酬水平激励竞争优势不显著，是科技人才引进难、流失率高的主要因素。

（2）经济规模偏小，制约全市科技经费投入

经济规模制约全市R&D经费投入强度，虽然R&D经费投入强度存在差异，但总体上仍由经济规模决定。经济规模不仅将会影响从业人员规模与从业人员质量，还会在一定程度上制约着高新技术企业规模。通过对贵阳市、长沙市、成都市、南京市、广州市、武汉市六大城市经济规模与高新技术企业数量对比显示，每个高新技术企业对应的经济规模为2亿~4.5亿元。其中

以 4 亿左右最为集中，贵阳市经济规模在一定程度上决定了高新技术企业规模，而高新技术企业规模是科技人才的主要载体，详见表 5。

表 5　2019 年贵阳及部分省会城市高新技术规模与经济规模对比分析表

省会城市	贵阳市	长沙市	成都市	南京市	广州	武汉
经济规模（亿元）	4 039	11 574	17 012	14 104	23 600	16 223
高新技术企业规模（个）	1 065	3 095	4 100	3 100	11 000	4 436
经济规模/高新规模（亿元/个）	3.79	3.74	4.15	4.55	2.15	3.65

2. 人才发展平台待健全

高新技术企业规模偏小，科技人才发展空间受限。全市高新技术企业平均规模仅为全国平均水平的 53.47%。贵阳市 2019 年高新技术企业平均营业收入规模为 1.54 亿，2019 年昆明市平均水平为 3 亿，全国 2018 年平均水平为 2.88 亿，贵阳市高新技术企业平均营业收入规模仅为全国平均水平的 53.47%。

3. 人才开发机制缺位

（1）科技人才开发职能缺位

区（县）科技部门人才职能设置缺位：当前省级、市级部门有科技人才职能处室，而部分区县级没有专门的机构承担相应职责，服务基层一线科技人才的职能部门缺位。调研过程中得知，贵阳高新技术产业发展相对滞后，部分科技单位机构设置不合理，职能界定不清，机制僵化。在经济稍微落后一点的区（县）级科技单位，存在科技主管机构并入其他部门的情况，很多区（县）将科技局并入工信等部门，成为一个独立的科室，导致科技服务职能及科技人才开发职能几近缺失，导致科技服务职能大幅减弱。

市级科技主管部门人才统筹开发职能设置缺位：由于科技人才涉及多个领域、多个产业，应当由多个部门协同开发。但贵阳市部门协同较差，市级科技主管部门未设立"贵阳市科技人才工作协调小组"，在科技人才开发方面的统筹作用未得到完全发挥。

（2）科技人才开发政策缺位

通过梳理发现，全省、全市均缺少针对科技人才的相关政策，科技人才开发的专项政策尚未形成体系。"十三五"期间，国家层面出台了"十三五"科技人才发展规划，贵州省尚未出台配套政策，贵阳市也处于缺位状态，省市层面均没有出台其他促进科技人才发展的政策措施，导致贵阳市科技人才开发的统筹职能缺位。

（3）缺乏行业技术交流机会

通过调研得知，有部分企业认为行业技术交流机会缺乏是阻碍企业人才培养的重要因素。贵阳市科技行业的集聚效应较弱，供科技人才进行交流学习的平台较少，成为科技人才培育的重要外部障碍。这表明全市专业的产业学会、产业协会支撑力度不足，在人才交流平台作用发挥方面相对较弱。

（4）公共政策支撑不足

公共政策支持力度以及高等院校的专业平台支撑力不足构成了人才培育的短板。在调研中发现，大部分受访企业认为公共政策支持力度不足和贵州省高校没有能力支撑单位专业技术培训是科技人才培育短板的主要原因。

（三）面临挑战

1. 区域科技人才争夺愈加激烈

科技人才是科技创新的关键因素，是创新驱动发展的重要动力，是推动经济社会高质量发展的重要力量。当前，我国正处于创新驱动发展的关键时期，创新驱动离不开先进的科学技术及科技人才的努力，而先进的科学技术只有借助科技人才才能转化为现实生产力，各地纷纷出台政策措施以吸引科技人才，这导致区域间科技人才的争夺战愈加激烈。

2. 经济增速放缓，财经科技支出规模受限

受制于全球疫情的影响，全球经济增速放缓，意味着科技投入规模将会受到一定影响。一是企业科技投入规模增速放缓，经济增长放缓，市场规模整体增长有限，企业间的竞争压力进一步加大，将进一步迫使企业转型升级，企业有效投入科技研发和创新的规模资金将会受到影响；二是财政转移支出规模增速放缓，经济增速背后是税收增速放缓，意味着财政转移支出规模增速放缓，财政科技支出规模也将会受到限制。就贵阳市而言，受到新冠肺炎疫情影响的相关产业在推进科技创新投入层面的资金将会受到一定的影响。

3. 传统科技人才转型发展势在必行

"十四五"时期，是全市强化创新驱动、实现发展动力转换的关键期，是优化经济结构、全面提升产业竞争力、推动高质量发展、实现后发赶超的关键期，也是将人才优势向区域科技优势、产业优势、竞争优势转化的关键期。传统产业因为"三低"（技术含量低、准入门槛低和附加值低），导致生产经营困难。过去十年，贵州省人才呈现粗放式发展，追求规模增长是为了满足全省经济高速增长需求。未来10年，全省经济由高速转向中高速增长阶段，对人才质量的需求开始体现，全省人才发展由粗放发展转向量质并重，即在追求规模增长的同时，追求人才层次与素质提升，留给传统科技人才转型升级时间有限，传统产业转型升级迫在眉睫。

（四）发展机遇

1. 新一轮科技变革为全市科技人才发展提供创新引擎

新一轮信息、人工智能等技术革命和产业变革正在兴起，信息互联网技术深入应用，不断催生新产业、新业态、新模式、新产品，为全市先进装备制造业、新材料产业、中高端消费品制造业、数字产业、新能源产业、健康医药产业等重点产业的科技创新提供源源不断的知识供给、技术供给、创新供给，为科技人才原始创新、集成创新提供信息、技术、知识源。

2. 多重战略叠加为全市科技人才发展提供广阔的发展空间

"十四五"期间，贵阳生逢多重叠加战略机遇期。新时代西部大开发、"一带一路"建设、长江经济带发展、粤港澳大湾区建设、成渝地区双城经济圈建设等战略平台效益叠加为全市科技人才发展提供了广阔的发展空间。贵阳市作为西南地区重要交通枢纽城市和贵州省省会城市，在全国和全省的区域发展格局中的战略地位将不断提升，有利于贵阳市抢抓新一轮发展机遇，进一步发挥区位综合优势，为推动本市科技人才对外交流合作、打造内陆开放型省会创新城市建设创造新机遇。贵阳市作为贵州省会城市，不仅要主动融入西部大开发新格局，还要积极打造科技创新、科技成果转化的发展平台，进一步助力新时代的西部大开发。新时代的西部大开发将为贵阳市高质量发展保驾护航，这必将为贵阳市科技人才发展提供强大的动力支撑。

3. 提升省会城市首位度为全市科技人才发展插上腾飞翅膀

"十四五"时期，贵阳市将迎来加快构建以黔中城市群为主体的新型城镇化空间格局机遇期。贵阳将严格执行城市规划，提高城市管理水平，推进贵阳贵安融合发展，提升省会城市首位度的重要发展机遇期。四通八达的交通网络和基础设施，以及宜居宜业的生态环境为科技人才向往贵阳、选择贵阳、来到贵阳、成为"贵漂"提供了便捷之道。

4. "强省会"五年行动为全市科技人才发展奠定坚实基础

贵阳市需紧紧抓住"强省会"五年行动计划，借助城镇化建设进程和数字经济城市名片，推进城市公共服务和基础设施健全完善，智慧城市建设，从而为吸聚人才在筑发展营造宜居宜业的空间。

（1）城镇化给贵阳科技发展带来了红利

全省城镇化持续推进，目前，贵州省城镇化率接近50%，与全国（约为60%）约有10%左右的差距；到2035年，全国城镇化率预计达到75%，而贵州省城镇化率将超过65%，届时预计有超过600万农村人口涌入城市。根据人口循环理论，从全省其他城市流向贵阳市的人口有望超过300万人，其中

"十四五"期间有望增加到100万人以上,贵阳市成为最大受益者。城镇化规模提升的背后,是基础劳动力规模增长、固定资产投资增加、公共服务供给规模提升、消费产业进一步兴旺发达,一产、二产、三产融合发展对科技人才的需求进一步旺盛,贵阳市经济体量快速壮大,带动科技投入快速增长。

贵阳虹吸效应持续增长,其他市州人才有望持续流向贵阳。2017—2019年高层次人才引进状况显示,贵阳市引进的高层次人才规模占全省总规模比超过50%;根据人口流动数据显示,全省净流出为900万人,而贵阳市是唯一一个净流入的城市;按照全球、全国各省份的发展状况来看,当经济发展迈过中等收入陷阱(人均GDP超过1.2万美元),区域中心城市对人口的虹吸效应将持续增长,其他地级市的高素质人口可能将持续流入贵阳市。

(2)数字经济融合发展带来的红利

科技人才共享有望成为一种潮流。数字经济对传统产业的融合进一步加速,工业互联网、物联网等"互联网+"业态日新月异。疫情对人们办公习惯的改变,5G技术的进一步推广应用,在线办公、远程办公、错峰办公等形式成为潮流,这使得科技人才跨国界、跨区域、跨单位共享成为可能,为推动解决贵阳市科技人才短缺带来了新的发展机遇。预计到2035年,将有超过1/3的员工在家办公。数字经济与传统产业持续融合,跨界人才需求持续增大。数字经济与以制造业为主体的实体经济融合发展在引发诸多组织、业态、模式变革的同时,也形成了大量新兴领域的人才需求,促使高素质人才的结构性短缺成为制约融合发展的关键瓶颈。当前,大多数人才分布在传统的产品研发和运营领域,深入掌握工业大数据采集与分析、先进制造流程及工艺优化、数字化战略管理、制造业全生命周期数据挖掘等领域专业技能人才的总量相对较少。同时,在互联网、大数据、人工智能等新兴领域,也严重缺乏深入了解传统制造业运作流程与关键环节,能够在细分垂直领域深度应用新一代信息技术进行数字化、网络化、智能化改造的跨界人才。

五、贵阳市科技人才区域竞争力提升路径选择

(一)强化省内科技人才培育供给

一是引导省内高校人才培养体系创新和人才供给侧结构性改革。积极向省级层面争取,以围绕全省十二个农业特色产业、十大千亿级工业产业、五大现代服务业发展为牵引,引导省内高校推进人才培养体系创新和人才供给结构的改革,设立重大产业发展与省内高校教育融合发展工程。重在创新和完善省内高校理学、工学、农学、医学等类别的人才培养体系,促进学科专

业设置与重大产业同步发展，完善基础理论和应用实践课程设置，突出人才创新意识、创新能力的培养，提升省内高校人才供给能力和水平，进而承接并服务于全市六大新兴产业发展的科技人才需求。二是引导全市企业用人主体的科技人才引育投入。发挥企业引才育才主体的主导性作用和激发其积极性，市、区（县）两级政府通过设立企业人才经费奖励政策来支持和引导先进装备制造产业、中高端消费品制造业、新能源产业、新材料产业、数字产业、健康医药产业等六大新产业领域的企业引才育才，通过给予企业人才工作经费奖励来提升企业引才育才的积极性。围绕促进产业有特色，发展有活力的目标，把脉、挖掘六大新产业急需紧缺科技人才需求目录，政府为在筑企业和省内外高校科研院所人才技术交流和合作搭建服务平台和信息交流平台。三是引导市场化、专业化人才培育机构入筑入园发展。为破解政府人才引育公共服务供给不足和企业人才引育专业化水平不高的短板和困境，借力贵安新区人力资源服务产业园和贵阳市高新区人力资源服务产业园平台建设的契机，引导国内知名专业化人才引进和培育机构入筑进园发展，为全市科技人才培育和引进提供市场化、专业化服务，进而满足不同类别的企业科技人才需求。

（二）增强急需紧缺人才引进力度

继续强化贵州人才博览会引才平台建设，利用好黔籍人才返乡就业创业项目，发动有关人才及其亲友抱团来黔发展，推动人才引进取得新成效。支持用人主体自主引才、因需引才，深化一事一议、一人一策措施，大力引进高水平、高学历人才。继续编制科技人才需求目录，对于有需求的高层次人才继续采取"绿色通道"引进措施，必要时可放低学历标准，让急需紧缺人才得到有效引进与供给，确保一事一议重点向主导产业、新兴产业倾斜，优先引进高层次科技人才，为科技强市提供有力的人才支撑。

（三）拓宽科技人才投入渠道

以市级和区（县）级政府财政投入为引导，加大市、区（县）财政科技人才经费投入力度，明确市、区（县）和高新区、经开区、贵安新区设立科技人才发展专项资金，并确保科技人才专项经费支出不低于本级财政科技经费支出的20%。以企业和科研院校科技投入为主体，引导企业用人主体和市属科研院校加大科技投入，健全完善银行信贷、资本市场融资和风险投资对科技人才（团队）在筑创新创造创业发展的投融资体系，拓展科技人才投入渠道。此外，还应重点支持科技人才的科技研发与科技成果运用。深入拓展科技研发项目，强化资金供给力度，尤其是市级以上重点项目，不仅要加大跟踪力度，还要定期提供一定的项目资金，推动项目深入实施。在科技领域强化青年人才项目支持力度，对于基层科技人才队伍建设，可设立"市长基金""产业基金""农村科技基金专项"等形式，激活科技活力，让更多一线科技人才能参与、有项目，扎实推进科技成果转化。

（四）深化科技人才使用机制

1. 建立科技人才容错纠错机制

鼓励支持科技人才从事科技研究，并推动科技成果转化运用，建立科技研发运用失败负面清单，允许科技研发失败，避免盲目判断或"拔苗助长"带来的弊端。科技人才在科技研究与成果转化方面，难免存在前期投入较多，但后续成果未必如愿，甚至可能出现失败的现象。因此，建立完善的科技人才容错纠错机制，通过宽容科技研发中的失误，激励科技人才科研探索之道，并在科研的路上继续保持积极的态度，为科技人才营造良好的科研氛围，鼓励全社会为科技人才提供敬才爱才惜才的时代风尚。

2. 深化职称评价机制

目前，《贵阳市大数据产业人才专业技术职务评审办法（试行）》已经颁布，大数据产业人才职称分为大数据技术员、大数据助理工程师、大数据工程师、大数据高级工程师；技术职务分为员级、助理级、中级、高级专业技术任职资格。"破格申报条件"对任职年限不足，或不具备规定学历且从事专业技术工作6年以上，申报破格的专业技术人员，在满足正常的评审条件下，近三年来工作业绩突出，同时符合相关条件的，可破格评审助理级、中级、高级专业技术资格。在省外，江苏省《关于分类推进人才评价机制改革实施方案》指出"改革科技人才评价制度。强化以创新能力为导向，将科技人才分为主要从事基础研究、应用研究和技术开发，以及社会公益研究、科技管理服务、实验技术等三个基本类型，用人单位可根据实际情况对科技人才分类进行细化和调整"。对于科技人才而言，需要深化职称评价体系，鼓励科技人员多出成果，把不同类别、不同层次的成果考虑进来，甚至可以考虑多套评价体系，可使科技人才根据需要自主选择，让职称评价体系满足不同群体的需求。

3. 建立科技人才数据库

积极采集贵阳市科技人才专家信息，建立贵阳市科技人才数据库。分行业遴选一批具有代表性的核心专家，积极举办科技产业观摩活动，推动数据库专家人才集体把脉问诊，助力科技产业良性发展。定期更新科技人才数据库，让新入职的科技人才、后起之秀能够发挥其优势，并使其成长为行业领域的领头人。

(五)改善科技人才发展环境

1. 强化科技人才平台建设

一方面,继续发挥好已有平台的作用,进一步激发科技活力,让更多的科技人才能够沉得住、留得下,在贵阳市科技发展领域获得良好的空间。当然,平台建设不充分问题,需要引起相关主体重视,让平台成为产业发展的吸引点。另一方面,进一步建立科技创新平台,鼓励支持新设研发中心、流动站等平台,让科学家、学者、毕业生等群体有去处、有留处,从而在岗位上大展其才。

2. 扩建科技人才公寓规模

公寓是人才入住的基本保障。贵阳市积极建设人才安居工程,包括人才小镇、高级人才公寓、青年人才公寓、"筑梦驿站"等品牌,其中,求职学生入住"筑梦驿站"可享受7日免费住宿服务,即便如此,贵阳市人才公寓供给依然存在一定的问题。根据2019年对贵阳市产业人才的调研得知,贵阳市人才公寓相对有限,而且,相对集中的布局方式无法满足贵阳市不同地区科技人才的需求。面向未来的人才公寓建设,应当选择在产业集中的区域分区布置,在增加公寓总量的同时,还要增加公寓布置点,让公寓接近产业区域、让公寓成为产业区的"后花园",减少科技人才招、留、用中的问题。

参考文献

[1] 王丹,鲁刚. 多元化企业科技创新人才培养与激励机制探析 [J]. 中国人力资源开发,2015 (22):6-13.

[2] 杨洋,黄晶,刘文逸,刘钢,穆恩怡. 企业人才竞争力的空间分异特征及驱动因素研究——以江苏省工业企业为例 [J]. 管理现代化,2020,40 (06):104-110.

[3] 赵建军,胡春立. 让科技创新与人才驱动同频共振 [N]. 科技日报,2019-04-01.

[4] 刘佐菁,陈杰,苏榕. 广东省科技人才竞争力评价与提升策略 [J]. 科技管理研究,2018,38 (22):134-141.

[5] 刘玉君,王成武,应卫平. 教育经费投入对经济发展影响的区域差异研究 [J]. 统计与决策,2020 (2):22-25.

[6] 王永水,朱平芳. 人力资本结构效应对中国地区经济增长的影响研

究［J］．南京社会科学，2016（8）：18-25．

［7］崔宏轶，潘梦启，张超．基于主成分分析法的深圳科技创新人才发展环境评析［J］．科技进步与对策，2020（1）：26-34．

［8］叶晓倩，陈伟．我国城市对科技创新人才的综合吸引力研究——基于舒适物理论的评价指标体系构建与实证［J］．科学学研究，2019（8）：12-19．

［9］张同全，石环环．科技园区创新人才开发政策实施效果评价——基于山东省8个科技园区的比较研究［J］．中国行政管理，2017（6）：56-63．

［10］潘士远，朱丹丹，何怡瑶．美国减税之中国应对研究：基于人才流失的视角［J］．经济研究，2019（10）：13-19．

［11］吴桂华．高质量发展贵阳大健康产业［N］．贵阳日报，2020-03-09（A07）．

［12］王丹丹．中科康膳带动产业集群发展 打造国家级研发检测中心［N］．贵阳日报，2018-07-20．

［13］王丹丹．新区授牌一批重点实验室、孵化器及科普示范基地［N］．贵阳日报，2019-01-11（A07）．

［14］刘珍意、刘艳．全面提升运行质量贵州贵阳市以"四个三"机制推动质量强市工作迈上新台阶［N］．中国质量报，2019-1-29．

《贵阳市科技人才区域竞争力提升研究》
课题组成员名单

课题组长：
王见敏（贵州财经大学贵州人才发展研究所所长、教授、博士）
课题组成员：
王　侨（南京理工大学讲师、博士）
刘忠艳（贵州财经大学副教授、博士）
姜玉勇（贵州财经大学副教授、博士）
何永松（贵州财经大学贵州人才发展研究所副所长、副教授、博士）
潘晨光（中国社会科学院研究员、博士）
王礼全（贵州省政府发展研究中心研究员、学士）
王大权（贵州财经大学公管学院学士）
吴俊佳（贵州财经大学公管学院学士）

李玉琴（贵州财经大学公管学院学士）
李明泰（贵州财经大学公管学院学士）
杨　欢（贵州财经大学公管学院学士）
樊　纯（贵州财经大学公管学院学士）

本课题为中国人事科学研究院与贵州人才发展研究所合作完成。

人事制度改革与政策创新

我国国际职员制度发展历程及现状问题研究[①]

提　要：当今世界正经历百年未有之大变局，全球治理赤字和治理机制碎片化不断加剧，全球治理体系变革加速推进，国际体系和国际秩序深度调整，我国在国际组织与全球治理中的作用更加突显。培养和输送大批具有国际视野、通晓国际规则、能够参与国际事务和国际竞争的国际化人才进入国际组织，对于我国更好地参与全球治理体系改革和建设十分重要。

本研究定位于我国在新发展阶段向国际组织选拔和输送人才的主要任务和根本目标，对我国目前国际职员概况和国际职员选拔和输送工作的情况进行了梳理总结，并结合对100余名现任国际职员和10余位专家开展的问卷调查与专项访谈，深入分析了我国当前国际职员选拔和输送面临的八大主要矛盾和问题。聚焦这些问题，本文相应提出了优化我国国际职员选拔制度和输送机制的相关建议，探索提高我国国际职员选拔和输送渠道多样性、科学性的路径，总结提升我国国际职员选拔和输送工作针对性、有效性的方法。

关键词：国际职员制度　发展历程　现状问题

国际组织中的国际职员队伍，是国际组织话语权的引导者，更是把握国际组织政策走向、协调国家利益的有力杠杆。自1971年联合国大会恢复了中华人民共和国合法席位后，我国的国际职员制度也开始正式发展，成为我国参与国际组织工作的重要组成部分。

随着全球治理赤字和治理机制碎片化不断加剧，全球治理体系变革加速

[①] 本文系人力资源社会保障部2020年度部级课题《国际职员选拔和输送研究》报告的部分内容。

推进，国际体系和国际秩序深度调整，我国在国际组织与全球治理中的作用更加突显。培养和输送大批具有国际视野、通晓国际规则、能够参与国际事务和国际竞争的国际化人才进入国际组织，对于我国更好地参与全球治理体系改革和建设十分重要。在此背景下，有必要进一步加强对我国国际职员相关制度的研究，提高我国国际职员选拔和输送的针对性、科学性、有效性，巩固和扩大国际职员队伍，加强全球治理人才队伍建设，为我国参与全球治理提供更有力的人才支撑。

一、我国国际职员制度的发展

根据我国和国际组织关系演变的历史，综合各历史时期我国的国际职员制度发展情况，可以将我国国际职员制度大致分为如下四个阶段。

（一）起步阶段（1949—1979年）

中华人民共和国成立后，中国政府立即开始争取恢复在联合国及其他国际组织的合法席位，并始终为恢复和维护新中国在各国际组织中合法席位进行着不懈努力。1949—1971年，新中国基本未能有效参与到国际组织的工作中。

1971年中国恢复在联合国的合法席位后，一方面，中国投入外交领域的资源有限，对国际组织的工作无力深入参与，因此对于派人参与国际组织事务的需求不大。另一方面，这一期间又是国际职员队伍的新老交替时期，1971年之前的国际职员因年龄原因相继退休，需要派出新国际职员进行补充。这段时期的国际职员相关工作处于重新启动的起步阶段，在重重困难中缓慢推进。中国由于长期被排斥在多边体系和国际组织之外，对国际组织的性质和运作都不甚熟悉，中国国际职员的参与程度依然非常有限。

1. 任职人员十分有限

到联合国大会恢复中国合法席位时，在联合国任职的中国籍国际职员人数为108人。1974年，由于中国主动提出增加会员，因此相应的地域分配名额幅度也从原有的57~78人增加至84~116人，人员缺额达到30~60人。但由于国际组织人才缺乏，面对人员的缺额，中国在一段时间内都无法派出合格人员。

在国际职员任职方面，这段时期中国以继续用好既有资源为主。在中国恢复在联合国的合法席位后，联合国秘书处曾为中国籍国际职员的补充准备了多个方案，包括更换现有职员、从新中国派人补额等，也曾提出新中国可以增加国际职员额度。但中国政府对此表态，秘书处的中国籍国际职员不必担心我国合法席位的恢复，应该继续原有工作，如果仍有缺额，则由中国驻联合国代表团派外交人员借调，或推荐专家任职。因此，1971年至1976年，并没有中国籍国际职员因各方压力而被解雇，为我国国际职员队伍的后续发展奠定了较为良好的基础。

2. 国际职员选拔输送渠道有限

在中国恢复在联合国的合法席位后的1971—1977年，联合国秘书处共新招聘10名中国籍国际职员。由于中国的国际职员相关工作刚刚起步，并未制定国际职员方面的政策，当时的国际职员均依照国内干部模式管理，未形成专门系统的国际职员管理模式。

3. 中国籍国际职员从事工作的专业有限

在中国刚刚恢复在联合国的合法席位时，联合国秘书处的中国籍国际职员不仅人数有限，从事工作的领域也有限，主要集中在行政事务和翻译工作两大方面。在108名中国籍国际职员中，有51名为地域分配的专业人员，其余57名均为口笔译人员，占所有人员数量的一半以上。

（二）主动参与阶段（1979—1991年）

1979—1991年是中国改革开放推动下中国与国际组织关系全新的发展时期，国际职员制度也进入了新的发展阶段。随着中国开始主动参与国际组织事务，积极拓展多边外交关系，中国籍国际职员在数量、质量和专业方面的需求都开始逐渐增加。

1. 国际职员数量持续增加

这一时期，中国迅速加入多个国际组织，首先就带来了中国籍国际职员数量的增加。以联合国秘书处为例，1979—1982年，基于原有高级职员升迁、调任回国等原因，中国籍国际职员的空缺持续增加，国内不断推荐增补新的高级职员。此外，中国参与联合国工作的工作量增加，各个委员会均需要翻译人员和记录人员，国内推荐进入联合国秘书处的口笔译人员、打字员等数量迅速增加。

2. 国际职员专业领域不断扩展

从20世纪80年代起，中国开始广泛参与联合国各专门组织工作，中国籍国际职员队伍的构成开始丰富起来。除外交、语言和国际法等专业人才外，医学、化学、军事、通信等各专业的优秀人才也都通过政府推荐或社会考录进入国际组织。在联合国，中国籍国际职员则广泛参与了经济、裁军、维和、反恐和人道主义救援等联合国各领域工作。

3. 国际职员管理模式处于探索阶段

这一时期，中国政府逐渐重视国际职员工作，为有意加入国际职员队伍的人才提供条件,但是在政策层面尚未形成体系,国际职员的相关工作依然只被看作外交工作的一项补充。

相较于国内,绝大部分国际职员薪资水平较高、福利水平较好,在一段时间内,国内部门对在国际组织任职的体制内人员加强了限制,会视情形采取要求按比例上交工资、冻结晋升、取消福利待遇等措施。

较为严格的管理体制使得不少具备国际职员素质的体制内干部不愿选择赴国际组织工作,这对推送人选的整体素质又产生了影响。同时,一些从国际组织退休的人员选择回国生活,但又面临人事档案、退休养老等一系列问题。这些因素都在一定程度上限制了中国籍国际职员队伍的进一步发展。

4. 国际职员培养和输送力度加强

这一时期,我国开始有针对性地加强国际职员的培养与输送,以补充我国在国际组织中的力量。

在国际职员培养方面,最有代表性的是联合国与北京外国语学院共同举办的联合国译训班。1972年,联合国致电外交部,希望能够与中国合作培养翻译人才,并给予资助。1978年,联合国大会通过联合国在中华人民共和国训练中文笔译和口译的方案,方案提出在北京外国语学院实施中文口笔译员训练方案,每年为联合国及其专门机构培训中文口笔译员,由联合国开发计划署出资,完成培训后进入联合国就职的学员,可与联合国签订至少5年的定期合同。1979年,北京外国语学院联合国译训班正式开班,到1993年结束,共培养高级口笔译人才263人。其中很多人毕业后进入联合国各部门供职。

在国际职员输送方面,受计划经济向市场经济转轨、改革开放等因素影响,中国国内自由择业人员增加,出国留学人数增多,部分留学生完成学业后,选择进入国际组织实习或工作。这一时期,中国通过社会招考进入国际组织的人员开始出现并逐渐增加。

(三)深入发展阶段(1991—2013年)

这一时期中国参与国际组织的领域和范围迅速扩大,与国际组织的关系日益密切与深化,这也对我国国际职员数量的增加、质量的提升提出了更迫切的需求,也亟待对国际职员的培养、输送、管理等模式进行完善,我国的国际职员工作取得了较为深入的发展。

1. 数量增多且在重要岗位实现突破

根据联合国系统执行首长协调理事会的统计数据,1996—2013年,联合国及其专门机构的中国籍国际职员数量由438人增长到885人。其中,专业人员数量从 303 人增长到 540 人。这一时期，也有越来越多的中国人走上国际组织重要岗位。

2. 国际职员选拔输送渠道扩大

1995 年，中国首次在国内与联合国合作举办"联合国国家竞争考试"，该考试由联合国与地域员额分配不足的国家共同举办，旨在从这些国家为国际组织输送优秀专业人才，2012 年改为青年专业人员项目（young professional programme，YPP）。

这一时期，我国成立了中国国际职员服务中心，并建立了中国国际职员后备人员库。该人员库面向联合国及其他国际组织，为中国政府各部门推荐国际职员候选人提供服务，为国际组织在华招聘国际职员提供服务，不定期在全国范围内进行国际职员后备人员选拔考试。各相关部委也分别开展了国际职员后备人员公开选拔工作，例如 2004 年，卫生部首次组织了国际职员后备人员选拔，面向全国公开招考卫生部国际职员后备人员，入选的后备人员将进入卫生部国际职员后备人才库，并将被推荐参加由世界卫生组织举办的后备人员培训班。此类后备人员公开选拔考试为我国向国际组织推荐人才奠定了良好基础，为进一步建立健全我国国际职员招考、推荐、派遣的遴选机制进行了探索。

2011 年，中国联合国协会首次创办中国国际公务员能力建设项目，旨在为国家培养联合国等国际组织后备人才，积极参与多边外交和全球治理，为联合国和其他国际组织发展贡献中国力量。截至 2021 年，该项目已举办 11 期，在提高中国青年对联合国事务和中国多边外交政策的认识，助力中国积极参与全球治理等方面发挥了积极作用。

3. 国际职员后勤保障不断增强

我国参与国际组织工作逐渐步入正轨后，应联合国等国际组织要求，将许多定期合同改为长期合同，涉及的许多人员与国内原单位脱离关系，通过完善相关政策，国际职员回国办理养老保险事宜确定性显著增强。外交部等部门将国际职员任职算为常驻经历，改变了以往要求按比例上缴工资、冻结晋升、不算工龄等做法。

（四）新时期发展阶段（2013 年至今）

党的十八大以来，随着国际形势的演变和中国对多边外交认识逐渐深入，我国政府对国际职员问题的认识进一步深入，重视程度也逐步提高，国际职员扩充队伍、提高质量的要求更加迫切，在政策和操作层面发生了积极和灵活的变化，国际职员制度相关工作取得了突破性进展。

1. 中国籍国际职员数量迅速增加

2013年至今，联合国及其专门机构的中国籍国际职员数量由885人迅速增长到1 384人。其中，专业人员数量从540人增长到1 008人。2016年之后，中国籍国际职员数量处于迅速增长时期，增速远高于其他任何历史时期，其中专业人员数量的增长尤其迅速。

这一时期，中国在国际组织中的高级别官员数量也不断增加。据统计，在联合国及其专门机构以及其他国际组织担任高级别官员的中国籍国际职员共有30人。

2. 国际组织人才培养输送的要求日益明确

2015年，教育部、人力资源社会保障部等部门印发《2015—2017年留学工作行动计划》，要求配合国家战略和人才科技教育发展规划，加强培养外语非通用语种人才、国际组织人才、国别和区域研究人才、拔尖创新人才和来华青年杰出人才。2016年4月，中共中央办公厅、国务院办公厅印发了《关于做好新时期教育对外开放工作的若干意见》，要求加快培养拔尖创新人才、非通用语种人才、国际组织人才、国别和区域研究人才、来华杰出人才五类人才。《中国教育现代化2035》指出，要完善支持政策，鼓励教育领域优秀人才到国际组织任职服务；加大国际支援后备人才培养力度，积极向国际组织派遣实习生和借调人员。这一系列政策、方针、要求都说明，我国国际组织人才相关工作的目标要求正日益明确，全球治理人才和国际组织人才培养与输送的战略性、开拓性、紧迫性也正在不断提升。

3. 选拔和输送渠道继续拓宽

中国逐渐打破原有的定向推送模式，尝试使用国际组织一些既有的较为成熟的推送模式，使得相关人员能够在国际组织中得到充分锻炼，并更容易获得机会竞聘相关职位。例如2013年，中国正式引进初级专业人员（JPO）考试，支持更多的青年专业人才进入国际组织工作。

国内派出和归口单位也由最初的以外交部为主扩大到各部委、军队系统、地方省区市相关部门、事业单位、研究机构等，并由人力资源社会保障部负责政策与协调工作。与此同时，越来越多的企业员工、留学生开始走进国际组织，成为中国籍国际职员的新生力量。

总体来看，中国籍国际职员队伍的构成中，政府推荐人员仍占优势比例，特别是中高级别人员中，政府推荐人员更是占绝大多数，政府在国际职员的推送和任职方面仍然发挥着不可替代的主导作用。

4. 人才选拔与储备方式不断丰富

2013年起，北京外国语大学、北京师范大学、上海外国语大学、浙江大学等40多所高校纷纷成立专门学院或设置专门项目，探索培养更符合国际组织的要求的专业化国际人才，促进我国国际职员推送工作的开展。自2015年起，国家留学基金管理委员会（简称国家留学基金委）与联合国教科文组织等近20个国际组织合作开展初级专业人员和实习项目，为赴国际组织任初级专业人员和实习生的人员和学生提供生活费和学费资助。自2019年起，国家留学基金委开始与各大高校合作开展国际组织后备人才培养项目，选派有志于到国际组织工作的在读硕士研究生赴国外合作单位进行联合培养。这一系列项目都实现了国际组织人才有效的遴选、培养和储备。

5. 国际职员管理制度建设具有一定成效

自2015年以来，相关部门陆续出台关于国际职员任职支持、职务职级等方面的多个政策文件，消除国际职员选拔、输送、任职中的一些制约因素。近年来，人力资源社会保障部与外交部、公安部共同努力，集中解决了部分非政府借调国际职员在国内的养老待遇以及恢复户口的历史遗留问题。协助国际职员解决后顾之忧，更好地保障国际职员的权益。

二、我国国际职员选拔和输送现状

在新时期发展阶段，我国在国际组织中的角色也经历着从追随者向引领者的转变，发挥着日益重要的作用。随着国际职员的选拔和输送方式变得更加科学、多元，中国籍国际职员逐渐走上更多国际组织的专业岗位，越来越多的中国籍国际职员从一般专业人员成长为决策管理层的重要人员。

（一）中国籍国际职员概况

中国籍国际职员规模和覆盖的国际组织范围有了显著扩大，高级岗位人员数量持续得到突破，综合能力素质普遍增强。

1. 中国籍国际职员数量持续大幅增加

自2003年起，中国在联合国承担的会费比额逐年上升，已由2003年的1.532%增长到2021年的12.005%，成为仅次于美国的全球第二大会费承担国。随着会费比额的增长，我国在联合国系统及其他国际组织任职的国际职员人数也呈持续增长的态势，分布的国际组织更加广泛，专业覆盖面明显拓宽。

以联合国及其专门机构为例，从总数上看，截至2020年12月31日，联合国及其专门机构共有116 388名工作人员，我国国际职员为1 384人，约占总数的1.1%，与其他国家相比排名第25位。这一数字与2005年相比，增加了1倍多。在联合国、联合国儿童基金会、联合国粮食及农业组织、世界卫生组织任职的中国籍国际职员数量较多。在这些中国籍国际职员中，专业人员（P级及以上）为1 008人，占中国籍国际职员总数的72%。

根据联合国秘书处2020年的统计，在联合国秘书处任职的所有中国籍国际职员为565人（包括语言服务类人员等）。根据其他国际组织的相关统计数据，2020年，在国际货币基金组织任职的中国籍国际职员总数为143人，在世界贸易组织任职的中国籍国际职员总数为16人，在亚太经合组织秘书处任职的中国籍国际职员有2人。

值得一提的是我国向联合国派出专家和实习生工作取得的进展。根据联合国秘书处相关数据，2008—2009年，我国向联合国秘书处派出的专家和2年期实习生仅为180人。到2018—2019年，这一数字迅速增长为704人，其中实习生占多数，为652人。同期我国派出专家和实习生的数量远远超出美国、德国等国家，近年来始终位列第一。

2. 中国籍国际职员结构日趋优化

我国在国际组织的人员结构得到了较大改善与优化。一是覆盖的国际组织数量持续增加。目前，在联合国及其38个专门机构、委员会中，有34个组织拥有中国籍国际职员。其中世界气象组织、国际电信联盟、国际海底管理局等组织的中国籍国际职员人数超过4%，占比与发达国家相当。值得一提的是，在总部位于法国的国际热核聚变实验反应堆计划组织中，共有80余名中国籍管理和技术人员，约占员工总数的9%。二是高级官员数量逐渐增加。在我国目前参与的联合国及其专门机构、委员会和其他国际组织中，由中国人担任领导职务的有4个。此外，还有30人在各国际组织任高级别官员。

3. 中国籍国际职员综合素质较高

本研究向我国在各国组织任职或曾任职的国际职员发放调查问卷，共回收104份，参与者的年龄集中在31~40岁，其中86人为现任国际职员，18人曾任国际职员。其中G级至P4级人员占74%，P5及以上级别人员占22.1%，这一比例与我国在联合国秘书处任职的各级别国际职员比例相当，因此问卷结果具有一定的代表性。

我国在各国际组织任职的人员学历水平较高。问卷调查结果显示，69.23%的人员最高学历为硕士，17.3%的人员最高学历为博士，有37.5%的人员有海外学习经历。岗位专业分布集中在经济社会与发展和管理行政两类岗位。

我国派出的国际职员多具有国际视野和爱国情怀。问及赴国际组织工作的原因，大多数人员表示有志于从事相关领域的国际交流合作或促进世界和平与发展（66.35%），42%的人员表示有志于提升我国的国际地位和影响力。其他原因还包括工作环境较为国际化（36.54%）、有助于自身能力提高（43.27%）等。

问卷调查结果显示，中国籍国际职员的优势在于具有较强的责任心、学习能力、团队合作能力和包容精神。

（二）我国国际职员选拔方式

经过多年的发展，我国目前已经形成了较为多元的国际职员选拔方式。

1. 国际组织后备人员选拔考试

国际组织后备人员选拔考试曾是我国国际职员的重要选拔方式，人力资源社会保障部等部门都曾结合"联合国国家竞争考试"，统一面向全国进行国际职员后备人员公开选拔考试，有效筛选了一批国际组织后备人才。与此同时，此类考试也扩大了对国际职员作为一种职业生涯选择的宣传，让更多的专业人才能够自主参与到国际职员的选拔和输送中。

2000年，结合即将在华举办的"联合国国家竞争考试"，中国国际职员服务中心和人事部人事考试中心在北京和上海组织实施了全国首届国际职员后备人员公开选拔考试。考核合格者将进入中国国际职员后备人员库，并有资格参加下一年初的"联合国国家竞争考试"。首次考试开放了行政管理、经济、电子信息处理、财政、图书馆、法律事务、政治事务、社会事务、统计、语言服务（笔译、口译）等专业，考试以英语或法语进行。在2000年的首次考试中，共有约2 000人报名参与，其中200人通过考试进入国际组织后备人才库。此后，在2001年、2004年、2006年又分别组织了国际职员后备人员公开选拔考试。

除人力资源社会保障部统一组织的国际组织后备人员公开选拔考试外，国家卫生和计划生育委员会（现国家卫生健康委员会）等部门也都针对各自领域的国际组织开展国际职员后备人员公开选拔。例如国家卫生和计划生育委员会曾于2004年、2005年、2008年、2012年先后组织了国际职员后备人员的公开选拔考试。2017年，国家卫生和计划生育委员会正式建立全球卫生后备人才库，面向卫生计生系统人员和医学院校的工作人员，公开选拔一批政治坚定、专业过硬、熟练运用外语、通晓国际规则的全球卫生人才，作为卫生外交官和国际职员的后备人选。选拔流程包括个人申报、单位审核、资格审查、英语考试（笔试、口试）和面试等，在世界卫生组织等国际组织工作1年以上或者有2年以上海外留学经历的人员，可不参加选拔考试，直接进入后备人才库。

2. 各国际组织归口部委内部选拔

在我国,各国际组织基本由归口部委负责相关工作(见表1),各归口部委的工作人员对于相关国际组织,尤其是专门性组织的业务相对熟悉。因此,针对各国际组织的专业技术岗位,各部委会定期或不定期通过内部渠道向下属企事业单位下发职位信息,由各单位根据岗位条件推荐报名,参加部委组织的初试筛选。各部委的初试通常着重于考查报考人员的语言沟通能力和专业技术能力。

表1　我国加入国际组织的归口管理部委示例(部分)

归口部委	国际组织	归口部委	国际组织
外交部	联合国、亚太经合组织等	教育部	联合国教科文组织、联合国儿童基金会等
科技部	国际科学理事会等	工信部	国际电信联盟等
人力资源社会保障部	国际劳工组织、国际社会保障协会等	公安部	国际刑事警察组织等
生态环境部	联合国环境署等	财政部	国际货币基金组织等
交通运输部	国际海事组织等	自然资源部	国际竹藤组织等
农业农村部	联合国粮农组织、世界粮食计划署等	水利部	世界水理事会等
文化和旅游部	世界旅游组织等	商务部	联合国开发计划署、联合国工业发展组织等
国家市场监督管理总局	世界知识产权组织等	国家卫生健康委员会	世界卫生组织等
国家体育总局	国际奥林匹克委员会等	中国气象局	世界气象组织等

资料:根据我国各部委网站和国际组织网站信息整理。

针对各国际组织的高级管理岗位,各国际组织归口部委会以国家整体外交政策为导向,基于国际组织的具体需求,会同外交部门协商后,推荐相关领域的政府官员直接赴国际组织任职。

3. 国际组织后备人员培训

人力资源社会保障部、外交部、科技部、农业农村部、工信部等各部委每年都面向社会或内部单位举办国际职员后备人员培训班。各培训班通过吸引有志于到国际组织短期或长期任职的人员参与,提升相关人员的国际组织胜任力和参与全球治理能力,使其掌握国际组织基本架构、管理章程,提高其深度参与国际组织工作的能力。在各部委开展的国际职员后备人员培训班中,持续时间较长、人数较多、影响较大的主要为人力资源社会保障部、中国联合国协会和中国科协组织的相关培训。

(1) 国际职员后备人员培训班

自 2010 年起，人力资源社会保障部每年都会面向各国际组织归口部委、相关企事业单位和高校工作人员举办国际职员后备人员培训班，邀请来自联合国及其专门机构等国际组织的现任、前任高级官员，有关部委和高校的专家担任授课教师，培训内容包括国际组织概况、国际组织跨文化交流和国际关系理论等内容，为学员参与国际组织竞聘提供理论性及应用性指导。

(2) 中国国际公务员能力建设项目

自 2011 年起，中国联合国协会开始举办中国国际公务员能力建设项目。项目邀请资深外交官、联合国官员和专家学者等为培训班学员授课，讲解联合国知识、分析国际热点问题并分享自身外交经历，提高学员对联合国事务和中国多边外交政策的认识。2019 年 2 月，中国联合国协会与联合国协会世界联合会、浙江大学还在纽约共同举办了中国青年国际能力培训项目，开展联合国实地考察和交流，增强了培训的针对性和实效性。

(3) 中国科协国际组织任职和后备人员培训

自 2010 年起，中国科协开始每年举办一至两次国际组织任职和后备人员培训班，针对已在国际组织中担任职务的人员和有意竞聘国际组织关键职务、承担或参与国际合作项目的专家以及外事管理人员开展短期集中培训，参与人员主要来自全国各地科研院所、高校、科技企业、其他事业单位等。

4. 国际组织人才选拔与培养项目

为了有效选拔、培养适应国际组织需要的尖端复合型人才，自 2010 年起，各大高校开始尝试整合学校各专业资源，通过专门项目，系统性选拔、培养能胜任国际组织工作的高端专业人才。目前，北京外国语大学、北京师范大学、上海外国语大学、浙江大学等 40 多所高校都已成立了专门的国际组织学院或设置国际组织人才培养硕士项目。

各高校的国际组织人才培养硕士项目通常是从大四本科生中按照国际组织人才的相关标准，进行高标准选拔，尤其对学生的语言要求较高，某些项目还要求学生除精通英语外再掌握一门第二外语。参加项目的学生通常在第一年完成在校学习，第二年、第三年赴海外合作大学学习，并赴国际组织完成海外实习。

根据学校专业领域不同，各高校的项目也各自有侧重。例如上海财经大学的国际组织人才培养项目就旨在培养掌握扎实的金融、商务和法学专业知识，能胜任国际组织从事金融、商务和法律工作的高端财经人才，其学生实习的国际组织也集中在联合国国际贸易中心、世界银行等经济金融类国际组织。一些高校还依托国际组织人才学院开展国际职员方面的竞赛,以选拔优秀国际组织人才。

三、我国国际职员输送渠道

1. 国家推荐借调

国家推荐借调的国际职员主要由各国际组织归口部委进行招募和培养,并由其输送至国际组织任职。国家推荐借调人员主要包括两种类型:一是各国际组织所需的专业技术人才;二是从事高层管理工作的高级别官员。

国家推荐借调的国际职员占用我国的地区分配员额,根据国际职员派遣的相关规定,一般情况下,此类人员在借调期间将保留公职,工龄连续计算,借调工作结束后回原单位工作。

根据相关调查结果显示,目前我国大部分国际职员通过委办局选派的国家借调形式(包括初级专业人员项目)进入国际组织工作,占比为61.54%。通过各类渠道自主申请的人员占29.81%。有3.85%的人员通过在国际组织实习获得现任职位。我国的国际职员中,69.23%的人员来自政府机关或事业单位,8.65%的人员来自国有企业,9.62%的人员是海外工作人员,8%左右的人员在任国际职员前在其他企业工作或从事个体工作。由此可以看出,国家推荐借调是我国输送国际职员的主要渠道。

2. 初级专业人员项目

初级专业人员项目最初是联合国秘书处与捐助国共同设置的初级专业人员招募项目,根据联合国和捐助国之间的双边协议展开人员招聘,人员的相关经费由联合国秘书处与捐助国共同承担。

1961年,联合国经济及社会理事会首次提出了"助理专家""准专业人员""初级专业人员"等项目的概念,这类项目主要是为满足各国政府和联合国机构的需要,接收志愿专业人员,从而在发展中国家的经济和社会发展中发挥作用,同时也考虑到相关资金无法满足现有需求,因此倡导各国政府进行资助。

2013年,"助理专家""准专业人员""初级专业人员"等项目统一归并为初级专业人员项目。其中,联合国经济社会事务部直接负责14个联合国相关部门、专门机构和委员会的初级专业人员项目的管理。目前,这一形式也已扩展至联合国粮农组织、国际劳工组织等联合国专门机构和其他国际组织。

一般来说,初级专业人员应拥有捐助国国籍,但也有捐助国资助其他发展中国家的候选人。通常要求候选人年龄在32周岁以下,拥有大学学历和至少 2 年的工作经验。

根据与捐助国协议的具体安排，每年初级专业人员职位的数量各有不同。一般来说，初级专业人员的任职时长为 1~2 年，若与捐助国协商一致，且表现良好，可以延长任期。任期结束后，初级专业人员也可以和其他外部候选人一样申请相关国际职员职位，并完成竞争性选拔程序。

由于初级专业人员由派出地捐助国资助，因此申请必须由各捐助国提交，不接受个人直接申请。不同岗位的基本素质、专业经历、学历、语言技能等要求各异。在捐助国提交申请后，相关国际组织进行确认并将职位正式保留给捐助国政府。之后，捐助国政府负责在本国公布职位，并开展预选，确定合适的候选人，并向相关国际组织提交候选人的相关信息。相关国际组织在收到候选人信息后，将安排候选人面试，该面试可以由相关国际组织单独进行，也可由捐助国政府与相关国际组织共同合作进行。面试结束后，相关国际组织将对候选人进行全面评估，确定最终人选，并与捐助国政府进行确认。

自 2013 年起，我国外交部、人力资源社会保障部、科技部、农业部、商务部等部门与联合国秘书处、国际劳工组织、联合国粮农组织、联合国工业发展组织、世界气象组织、联合国开发计划署、世界知识产权组织、联合国教科文组织等多个国际组织共同开展初级专业人员项目。国家留学基金委也与各国际组织建立起合作关系，为我国向这些国际组织派出的初级专业人员提供资助，到 2019 年共资助 32 人。

2016 年，人力资源社会保障部首次选派 2 名初级专业人员到国际劳工组织任职；2018 年，生态环境部首次选派 11 名初级专业人员到联合国环境规划署任职；2017 年，商务部选派 1 名初级专业人员赴联合国工业发展组织任职，到 2021 年，共有 3 名初级专业人员在该组织任职。此外，联合国秘书处、联合国粮农组织、世界卫生组织、红十字国际委员会、联合国训练研究所目前也都有我国选派的初级专业人员任职。

3. 国际组织公开招聘

除各归口部门向国际组织进行推荐借调外，另外一个较为重要的输送渠道就是国际组织实行的公开招聘。各国际组织通常会在官方网站公布职位空缺，明确职位名称与级别、合同性质、工作期限、工作地点、岗位职责、应聘要求、薪酬等，符合条件且对岗位感兴趣的人员可直接在线报名，经国际组织筛选信息后，参加由各国际组织开展的笔试和面试。

在国际组织的各类岗位考试中，联合国青年专业人员项目是最为重要、面向范围最广泛，且唯一与会员国政府合作开展的项目。青年专业人员项目是联合国自 2012 年开始设置的国际职员招考项目，旨在鼓励高素质专业人员加入国际职员队伍。该考试每年举行一次，联合国会每年对外公布举办考试的国家名单。根据联合国的人员需求，每年针对不同的国家设置不同的岗位，申请人则根据报考的岗位参加相应考试。

青年专业人员项目的申请人必须是参与国的国民，且拥有与考试科目相关的大学专业学位，年龄为 32 岁以下。完成岗位报名后，申请人将参加网络笔试与视频或线下面试。成功通过考试的候选人将被列入后备人员名册，当有职位空缺时将被予以任用，有效期为 3 年。青年专业人员项目的任用时长为 2 年，级别通常为 P1 或 P2。被任用的青年专业人员在首个职位工作 2 年后，如果表现较好，则可以得到续聘，也可参加管理层调任项目，有可能会调任到他们感兴趣的其他部门或工作地点的另一个职位。

2019 年，联合国秘书处新聘任的 141 名专业人员中，有 48 名是通过青年专业人员项目获得任用，占总数的 1/3 左右，这体现出青年专业人员项目已经成为联合国系统招聘的主要方式之一。

针对国际组织常规岗位的报考信息、青年专业人员项目和实习信息，人力资源社会保障部、教育部分别开设国际组织人才信息服务网和高校毕业生到国际组织实习任职信息服务平台网站，通过发布国际组织动态、岗位空缺信息、招聘指南、考试培训等内容，为有志于赴国际组织任职的人士提供全面及时的信息和指导。2020 年，人力资源社会保障部网站对国际组织人才信息服务网的内容进行了整合优化，新增了岗位搜索、视频慕课等功能，实现了与联合国秘书处及其专门机构岗位信息的实时对接。北京大学、中国人民大学、北京外国语大学、上海外国语大学等高校也专门在就业信息网上设置了国际组织实习就业信息专栏，供在校学生查询国际组织岗位信息。

人力资源社会保障部、国家留学基金委等部门还专门针对国际组织招考开展宣传介绍活动，为有意报考的人员提供信息交流平台。自 2014 年起，人力资源社会保障部开始每年主办联合国人力资源外联项目（中国）。联合国人力资源外联项目由联合国秘书处发起，旨在加强联合国与会员国在人力资源领域的合作，宣传联合国系统人力资源制度，推介任职机会，帮助会员国国际职员潜在人选为今后成功竞聘联合国系统职位做好准备。到 2020 年，人力资源社会保障部已与北京、上海、杭州等多地多所高校合作举办宣介活动，邀请联合国秘书处、联合国开发计划署、联合国人口基金等机构的人力资源负责人员就联合国系统基本情况、组织文化、薪酬福利、招录政策等进行介绍，并重点就如何通过考试或竞聘成功争取到联合国职位作详细讲解，吸引更多我国优秀青年加入联合国等国际组织。

自 2019 年起，国家留学基金委也开始每年邀请国际组织共同开展联合国机构宣讲咨询活动。在首次活动中，联合国教科文组织等 20 多家国际组织受邀来华，赴清华大学、中国人民大学、北京师范大学、北京外国语大学等 10 余所高校开展校园宣讲和现场咨询互动，搭建了国际组织与我国青年学生面对面交流的平台。

4. 国家留学基金管理委员会国际组织实习项目

自 2015 年起，国家留学基金管理委员会每年实施国际组织实习项目，旨在增加我国青年对国际组织的了解，培养有志于到国际组织工作的后备人才。有意申请赴国际组织实习的人员可以选择申请国家留学基金委与有关国际组织的合作项目，也可在通过单位或个人渠道联系国际组织岗位后，申请国家留学基金资助。实习期限一般为 3~12 个月，实习期结束后可向国家留学基金委申请延长同一岗位资助一次。

国家留学基金委目前与 17 个国际组织共同建立了实习生合作项目。每年下半年，国家留学基金委会在网站发布每年的项目信息，并对申请人提交的材料进行审核，之后由申请人所申请的国际组织对申请人进行面试筛选，最终由相关国际组织确定录用人员及岗位。各高校开设的国际组织人才培养项目也与国家留学基金委进行合作，协助、指导项目培养的学生申请在国际组织实习和工作的申请。

根据国家留学基金委统计数据，到 2019 年，共有 558 名申请人通过实习生合作项目的审核并获得奖学金，赴各国际组织实习。

四、问题和建议

随着我国在全球治理中的角色越来越凸显，选拔输送大批具有国际视野、通晓国际规则、能够参与国际事务和国际竞争的优秀人才进入国际组织，对于我国更好地参与全球治理体系改革和建设日益重要。为了解我国国际职员选拔和输送工作存在的主要问题，我们开展了问卷调查。问卷分析显示，我国的国际职员选拔和输送工作在以下 8 个方面还有持续完善与发展的空间。

1. 国际职员选拔和输送的整体规划布局亟待加强

超过 2/3 的受访者认为"国际职员选拔和输送工作存在的主要问题"是"缺乏发展国际职员队伍，需加强国际组织代表性的整体规划""国际职员选拔和输送的竞争策略不够清晰""各部门、各单位之间对国际职员选拔和输送、国际职员管理等工作的相互协调与沟通不足"。

建议：基于国际组织需求、国际形势变化和我国外交战略，加强国际职员选拔和输送的顶层设计，制订具有系统性、前瞻性的中长期国际组织人才选拔和输送战略计划，根据国际组织中高层职位的变化情况及时制定相应策略方案。持续完善相关主管部门牵头的协调机制，进一步加强国内和驻外有关职能部门和单位的协调沟通以及岗位信息的共享，充分汇聚合力，有序推进国际职员选拔和输送工作。

2. 国际职员的选拔和输送方式较为单一

我国国际职员的主要选拔和输送方式包括自主申请报考、政府选派借调、实习等。问卷调查显示，有61.5%的受访者由部委选派赴国际组织任职，29.8%的受访者通过自主申请进入国际组织任职，通过其他方式进入国际组织任职的受访者仅占6.7%。这体现出，目前我国国际职员选拔和输送的主导方式仍然是政府选派借调，社会人员参与较少。

造成这种情况的原因主要有两个。一是在政府选派借调中，我国主要采取直接选派和初级专业人员项目这两种形式，相比世界其他国家采取的多种形式而言较为单一。二是选拔和输送项目的信息几乎仅在相关部门内部分享，其他部门和非政府部门人员难以获取相关岗位信息，无法参与到相关的选拔输送中。

建议：打破国际职员选拔和输送的部门界限，开辟国际组织合作岗位项目、合作实习项目、国际组织体验活动、国际组织知识竞赛等灵活多样的选拔和输送形式。相关部门定期统计和了解通过自主申请进入国际组织工作的人员情况，在培训提供、岗位信息共享等方面给予自主申请人员支持。建立专门面向国际职员的人力资源服务机构，或与专业人力资源机构合作，进一步搭建和完善国际组织岗位信息发布平台，提供参与国际职员岗位申请以及考试所需的咨询、培训服务，加强国际组织人才招聘相关信息的传播力度。

3. 国际职员输送岗位的重要性和影响力不足

近年来我国通过与政府间国际组织合作，派出了较多1年期、2年期的短期项目人员和初级岗位人员，国际组织中重要岗位的中国籍国际职员数量较少。在问卷调查中，超过一半的受访者提到目前国际职员的输送岗位存在着边缘化、影响力小、期限短、人员留任困难等问题，并提出了"提高向国际组织中的核心岗位、中高级岗位、长期岗位输送国际职员的比例""提高中国籍国际职员在重要职位任职的长期可持续性"等建议。此外，在问卷调查中，有53.8%的受访者建议应更加重视对专业性岗位的国际职员输送，40.3%的受访者建议应重视拓展国际学术性组织、国际非政府间组织等国际职员岗位。

建议：相关部门在与国际组织进行的人员岗位磋商谈判中，应争取在关键部门实质性岗位开展人才培养合作，积极争取中国人在国际组织重要技术和管理岗位任职，着重考虑岗位设计对人才培养质量、留任概率和日后发展空间的影响。同时，应逐步提高青年实习项目等短期任职项目的人员限额，根据具体需求增设专门领域的国际职员中长期派遣项目，为长期任职人员的推送打下基础。

4. 国际职员选拔和输送与岗位实际需求存在脱节

问卷调查显示，47.1%的受访者指出我国国际职员选拔和输送应加强针对性选拔和分类管理。51.0%的受访者认为在任职期间面临一定困难，无法完全满足岗位需求。有受访者指出，国际组织归口单位组织的内部选拔推荐，一般由相关负责部门决定人员选拔标准，而不是针对各国际组织的能力素质框架以及空缺岗位所需人才的技能和素质要求进行遴选。这种囿于内部选拔的推荐方式，会造成推荐人员与岗位实际需求脱节、专业与岗位错配等问题，不利于选拔真正合格的人选竞争有关职位，甚至会影响到相关岗位中国籍国际职员在国际组织未来的职业生涯发展。

建议：相关部门应及时了解各国际组织的能力素质框架以及空缺岗位所需人才的技能和素质要求及变化情况，建立相关机制，提高选派人员的岗位匹配性，按照各国际组织的职员标准，重点围绕规则制定能力、议程设置能力、舆论宣传能力与统筹协调能力等对候选者进行遴选。

5. 对国际职员长期职业发展统筹考虑不足

问卷调查显示，39.4%的受访者提及存在国际国内工作转换不顺畅的问题。部分受访者反映，在结束国际组织任职回国后，很少有再次派出的机会，通常是回归原有工作岗位。有37.5%的受访者指出，国外经历对后期国内职业发展帮助较小。

建议：相关部门应进一步关注国际职员的职业发展，充分保障国际职员的职业稳定性，激励更多人员赴国际组织工作，为中国籍国际职员在国际组织长期工作创造条件。完善国际职员国外国内工作轮换的"旋转门"制度，既要保障任期结束回国后或从国际组织离职后的国际职员原工作单位的岗位、职务、晋升不因在外任职而受影响，也要加强关键岗位国际职员回国后的持续培养，保障其在国内与在国际组织工作的连续性和衔接，争取其日后出任高级职务。通过统一的信息平台数据库对已派出人员实行跟踪和评估，与派出人员所在国际组织加强沟通，加大对国际职员职业发展的支持力度，通过职业发展指导、创造更多留任机会等举措，提高人才的留任率。对于回国的国际职员,应充分发挥其曾在国际组织任职的优势,充分利用归国国际职员的才智、经验和人际网络。

6. 相关部门与国际职员以及国际职员之间的联系不够密切

问卷调查中,有受访者指出一些归口管理部门存在着"派出后工作即结束"的现象,认为派出项目结束后的延期、晋升等安排不够清晰明确。部分受访者表示感到与国内主管部门和驻地使领馆对接和联系不足,在工作生活中遇到问题时,不能及时有效地找到求助和解决渠道。此外,还有国际职员表示,感到"高级别和低级别职员之间存在天然鸿沟"。虽然在国际组织较为集中的地区,我国的国际职员建有微信群、读书会等平台,但是都是较为松散的联系平台,国际职员之间并不熟识,不能充分发挥老国际职员对新人的传帮带作用。

建议:相关主管部门应建立海外任职国际职员的跟踪与沟通机制,定期了解海外任职国际职员的工作情况和面临的实际困难。驻外机构可为在当地任职的国际职员提供具体业务、当地租房、拓展人际关系等方面的协助和便利,为其在国际组织中维护权益提供有力支持;也可通过与国际职员的定期沟通,及时了解国际组织管理、人事等方面的动态情况,为国际职员选拔和输送工作提供参考。建立国际职员协会、海外国际职员职业发展交流平台等具体机构或平台,在国际组织集中的城市设置分支机构,实现国际职员之间的系统化联络交往,加强新老国际职员之间的良性互动,使他们增进交流、分享职业发展经验。

7. 国际职员后备人员培养亟待进一步提质增效

有受访者指出,相关部门开展的国际组织后备人员选拔活动仍然仅限于培训学习,缺少任职目标、职业生涯发展等方面的相关指导。部分受访者指出,在培训班结束后,缺少岗位信息推送、任职情况跟踪、后续培训开展等持续性的管理措施。国际组织后备人员库作为人才蓄水池的作用并没有得到更好、更充分地发挥。

建议:进一步加强国际组织后备人员的培养与管理,定期举办不同类别、不同层次国际组织后备人员培训班,着眼国际形势变化,对标国际组织的人员能力素质新标准和我国全球化人才战略的新要求,量身定制具体的理论和实践授课内容、提供个性化辅导,使人才培养更适应国际组织工作要求。更有针对性地向后备人员实时推送不同类型国际组织的岗位信息,使其更加便捷、及时、准确地了解国际组织工作机会,并持续跟踪记录其后续任职情况。建立相关对接机制,为国际组织后备人员提供参与各类国际组织实习、兼职服务和志愿活动的机会，为其后续任职打下基础。

8. 国际职员的保障和激励机制不够健全

从问卷调查结果来看，52.9%的受访者认为国内外养老保险、医疗保险政策衔接制度不够完善。还有不少受访者，尤其是企业外派的国际职员反映，没有明确的政策规定保障其外派期间的各项待遇。此外，受访者还提出了"加强对随任家属和子女的保障""建立完善协调解决国际职员在海外任职期间遇到突发情况的相关机制""建立完善国际职员的激励机制"等建议。

建议：相关部门应结合国内外相关实践，尽快出台和更新相应政策，为派出的国际职员、实习人员等提供社保、职务职级、配租配售、工资待遇等方面的制度保障。尤其应加强针对企业派出人员、自主申请人员和通过短期项目任职转长期任职人员的相关政策研究，明确此类人员在社保、工龄、职务保留等方面的衔接保障政策，鼓励更多的人员长期留任国际组织。相关部门还应结合相关政策，对国际职员随任家属的安置、随任子女的中文教育、国内职务保留、请假销假等提供便利。同时应完善相关机制，明确部门分工协作，对国际职员在海外的突发情况进行及时响应，确保因突发状况中途离职回国的国际职员相关保障政策的接续。建立完善国际职员奖励激励机制，尤其要加大对在重要岗位、长期岗位、艰苦偏远地区任职的国际职员的激励力度，为国际职员提供奖学金、学位教育项目，定期评选优秀国际职员，通过多种方式对国际职员做出的贡献进行认可，增强在国际组织就业的吸引力。

参考文献

［1］李铁城. 联合国里的中国人［M］. 北京：人民出版社，2004.

［2］联合国数字图书馆. 秘书处的组成：工作人员情况统计［DB/OL］.（2020-11-09）［2021-11-09］. https://digitallibrary.un.org/record/3897446/files/A_75_591-ZH.pdf.

［3］姚斌，邓小玲. 筚路蓝缕，以启山林——联合国译训班（部）四十周年访谈录［J］. 翻译界，2019（1）.

［4］王逸舟，谭秀英. 中国外交六十年［M］. 北京：中国社会科学出版社，2009.

［5］张振亮. 中国籍国际职员状况研究［D］. 北京：外交学院，2020.

［6］顾育豹. 联合国国际职员在中国招考释疑［J］. 人才开发. 2002（2）.

《国际职员选拔和输送研究》
课题组成员名单

课题顾问：

柳学智（中国人事科学研究院副院长、研究员）

课题组长：

熊　缨（中国人事科学研究院国外人力资源与国际合作研究室主任、副研究员）

课题组成员：

任文硕（中国人事科学研究院绩效管理与考核奖惩研究室主任、研究员）

王　伊（中国人事科学研究院国外人力资源与国际合作研究室二级翻译）

王秋蕾（中国人事科学研究院国外人力资源与国际合作研究室三级翻译）

李　春（首都师范大学政府管理学院教授）

步星辉（北京教育学院信息科学与技术教育学院副研究员）

国内各省人才政策环境比较研究[①]

提　要：人才是第一资源，是实现民族振兴、赢得国际竞争主动的战略资源。习近平总书记多次强调做好人才工作的重要意义，体现了党中央对人才工作的高度关心和重视，突出了人才工作在全局工作中的重要地位。做好人才工作，关键是了解情况。课题组通过广泛收集梳理国内各省人才政策，总结提炼各省人才工作亮点，供有关部门和领导参考。

关键词：人才政策　人才工作　体制机制

一、研究背景

党的十九大以来，全球形势面临深刻和复杂变化，和平与发展仍是国际局势的主题，但世界百年未有之大变局加速演变，新冠肺炎疫情大流行影响深远，后疫情时代的世界政治经济秩序正在面临新一轮调整。与此同时，我国经济正处在转变发展方式、优化经济结构、转换增长动力的攻关期，实现高质量发展还有许多短板、弱项。有效应对风险挑战，补齐经济高质量发展中存在的短板弱项，努力在危机中育先机、于变局中开新局，必须充分发挥我国人力资本和人才资源优势，主动谋划、多措并举，大力激发各类人才的创新创造活力，为经济高质量发展注入强劲动力。在此背景下，国内各省不断加快人才发展体制机制改革和政策创新，构建具有国际竞争力的人才治理

[①] 本文系中共广东省委组织部 2020 年度委托中国人事科学研究院研究课题《国内各省人才政策环境比较研究》报告的部分内容。

体系，出台各类有利于实现"聚天下英才而用之"的人才政策。其中，如何更好遵循人才成长和活动规律，营造适合人才成长发展的生态环境，成为当下热点和关切。

二、研究方法和技术路线

本研究将综合运用政策文本网络检索与定点收集、文本分类编码分析与比较研究、实地调研与个案访谈、专家咨询与会议研讨等方法进行。

（一）政策文本网络检索与定点收集

基于各省人才工作官网、北大法宝等权威网站，以"人才""创新""创业""科技"等为关键词进行网络检索。对部分难以通过互联网搜索得到的政策文本，则在严守保密原则的前提下，以定点收集的方式向相关政府工作部门或研究机构寻求帮助与支持。

（二）政策文本分类编码分析和比较研究

对收集得到的党的十九大以来[①]我国各省已出台的各类人才政策及其他文献资料，包括政策文件、统计材料、媒体报道以及各项人才数据等，进行分类编码。同时，基于各省人才政策明细分析和分类研究，比较总结我国各省人才政策亮点、政策成效及其地区总体发展情况，形成各省人才政策比较研究的基准材料。

（三）实地调研与个案访谈

进行实地调研，通过座谈、实地走访等方式，了解人才政策顶层设计思路、总体框架、现阶段工作重点以及未来发展方向。

（四）专家咨询与会议研讨

在研究启动、调研和撰写的关键节点召开专门研讨会，邀请国内顶尖专家对研究思路、研究方法、研究内容等方面进行深入研讨交流并提供指导意见，获得相关建议。

三、我国各省人才政策环境情况分析

（一）全国层面总体情况

课题组通过全面梳理近年来特别是党的十九大以来我国 31 个省、自治区、直辖市出台的各类人才政策，重点分析其中纲领性、代表性政策文件，总结其创新点和在促进本地人才生态系统建设、优化人才发展环境等方面所

---

① 受各省人才工作实际和材料搜集情况影响，部分省份政策收集起始时间早于党的十九大（2017年）。

发挥的积极成效，从而探究各省在不同发展背景下出台的人才政策的主要特点。在此基础上形成研究总报告和31个省级行政单位人才工作和政策环境分析报告，共30余万字。现将全国层面总体情况总结如下：

按照前瞻性、系统性和有效性原则，基于定性分析，通过专家研讨等方式，课题组研究发现我国31个省级行政单位人才工作综合水平呈金字塔形分布，分为三个层次。

第一层次：北京、上海、浙江、江苏、广东。这一层次各省级行政单位的人才政策具有较强的前瞻性和系统性，特点鲜明，脉络清晰，与当地经济社会发展、产业布局很好地统合在一起，以人才政策支撑产业发展，助力地方经济繁荣。例如，上海市在制定人才政策时具有超前思维，先中央而动，于2015年出台的《关于深化人才工作体制机制改革促进人才创新创业的实施意见》和2020年出台的《关于新时代上海实施人才引领发展战略的若干意见》都较中央的相关文件在时间上更早；浙江省出台《关于建设高素质强大人才队伍打造高水平创新型省份的决定》，将人才工作和科技工作、产业工作系统有机结合，具有较强的宏观指导作用。

第二层次：安徽、山东、天津、湖北、海南、四川、重庆、陕西、河南、湖南。这一层次各省级行政单位制定出台契合本省发展方向的统领性人才政策文件，并较好地贯彻落实，在支撑引领区域经济社会发展上取得了较好成效。例如，天津市《"海河英才"行动计划》、海南省《百万人才进海南行动计划（2018—2025年）》、山东省《关于实施"人才兴鲁"行动打造新时代人才聚集高地的若干措施》等政策在统领全省人才工作、集中力量办大事等方面发挥了重要作用。

第三层次：福建、河北、江西、山西、辽宁、吉林、内蒙古、广西、贵州、青海、甘肃、云南、宁夏、黑龙江、新疆、西藏。这一层次各省级行政单位因地制宜，结合资源禀赋，出台了各具特色的人才政策。如：内蒙古自治区突出边疆少数民族地区特点，实施"草原英才"工程，以集聚高精尖缺人才为突破口，以举办"草原英才"高层次人才合作交流会为重要工作抓手，聚焦农村牧区实用人才培养；江西省紧抓航空产业，印发了《关于加强全省航空产业人才队伍建设的若干措施》从人才引进与培养、子女入学、教育、住房和税收等15个方面推动航空产业高质量跨越式发展；河北省出台《河北省人才强冀工程重点人才项目实施办法》，将各地市申报实施情况纳入年度考核，有力推进了各地市人才工作的开展。

(二) 全国层面主要特点

1. 人才引领高质量发展战略地位进一步夯实

党的十九大以来,为深入贯彻习近平新时代中国特色社会主义思想,各省深入实施人才强省战略,高度重视人才工作,人才引领发展的战略地位愈发凸显。各省以政策法规为制度基石、以人才工程为工作抓手,陆续出台人才强省行动纲要、实施办法及若干举措。如浙江省出台《高水平建设人才强省行动纲要》《关于建设高素质强大人才队伍打造高水平创新型省份的决定》,河北省出台《河北省人才强冀工程重点人才项目实施办法》,山西省出台《山西省建设人才强省优化创新生态的若干举措》,河南省出台《关于深化人才发展体制机制改革加快人才强省建设的实施意见》等。各省在压实党管人才政治责任、精准引育急需紧缺人才、激发企业引才育才动力、扩大事业单位用人自主权、完善人才评价激励机制、全面提升人才服务水平等方面,深化改革,坚持创新,持续发力,高水平建设人才强省,以高水平人才队伍引领高质量发展。

2. 人才工作助力区域协同发展成效进一步彰显

以京津冀人才一体化发展为标志,人才工作助力跨区域协同发展观念愈发深入人心。各省人才政策不是仅考虑自己的"一亩三分地",而是充分融入、服务于区域发展需要,积极主动是其最鲜明的特色。如安徽,以G60科创走廊为切入点,积极融入长三角城市群,发挥合肥综合性国家科学中心和"全创改"试点省份的聚才作用,积极引进国际高端人才,营造外国专家"来得了、待得住、用得好、流得动"的良好引才氛围。浙江省积极推动省内人才一体化发展,为长三角人才一体化发展打好基础。一方面,推进人才服务向省外开放,鼓励省内用人单位到省外设立"人才飞地";另一方面,推进省内人才服务一体化,坚持全省"一盘棋",发挥杭州、宁波城市综合能级优势,发挥嘉兴接轨上海"桥头堡"优势,在三个城市推进"人才飞地"园区建设,服务全省各地建设"人才飞地",落户"人才飞地"的高层次人才可以同等享受当地公共服务。北京将雄安和通州作为两翼联动发展,积极主动支持雄安人才工作。同时,河北省积极融入京津冀人才一体化发展格局,以雄安建设为发力点,大力推行"雄才计划",编制雄安人才中长期发展规划,支持雄安新人才战略实施。江苏"苏锡常"三地积极推动一体化发展,共同发布了《苏锡常共建太湖湾科创带倡议书》。坚持一体化布局,在构建区域协同创新体系上形成新格局;坚持战略化协同,在提升区域创新竞争力上展现新作为;坚持开放式共享,在优化区域创新资源配置上取得新突破;坚持系统化推进，在构筑区域创新创业生态上实现新提升。

3. 人才工作体系和人才政策体系构建进一步完善

人才工作是一项关联度高、耦合性强，需要整体联动、齐抓共管的系统性工作。各省高度重视人才工作，在制度建设、队伍建设和组织建设上取得了一些实践经验。在制度建设上，多省从顶层设计的高度，加快构建框架性制度安排。一方面放眼宏观，根据新时代人才发展要求，出台具有统领作用和指导意义的人才政策文件。如江苏在注重工程驱动、政策推动的基础上，提出着重构建"五坚持五提升"人才工作体系，系统推动全省人才工作在更高站位上、更大格局里、更实创新中，实现内涵发展、整体提升。另一方面着眼微观，在人才工作政策体系总框架下，根据本省发展需要，全面构建"1+N"人才政策体系。如北京市出台《新时代推动首都高质量发展人才支撑行动计划》，并以此为基础出台若干专项政策，有力推动北京人才工作高质量开展。在队伍建设上，各省持续增强人才工作干部队伍配给，整合多部门力量资源，增强人才工作合力。如海南省率先成立省委人才工作委员会，并成立省委人才发展局，进一步统筹全省人才政策、项目、资金，整合人才工作多方力量。同时，为更好地服务产业人才发展，在十二个重点产业牵头部门有关处室加挂"产业人才工作处"牌子，明确产业人才工作职责，有效加强了产业人才工作的专业化程度。在组织建设上，各省进一步完善党管人才工作的领导体制和运行机制，在坚持和完善党委统一领导，组织部门牵头抓总，有关部门各司其职、密切配合，社会力量广泛参与的基础上，根据人才工作新形势、新变化，及时创新优化人才工作体系，有效提升了人才工作效能。如北京市将纪检监察、审计纳入本地人才工作体系，对在人才工作中不担当、不作为的单位进行问责追责，加强人才工作与纪检监察、审计、巡视等工作的联动，建立会商机制，协调解决涉及人才政策实施的有关问题。

4. 人才发展体制机制改革进一步加深

为进一步释放人才活力，破除各种阻碍人才发展的体制机制障碍，2016年，中共中央印发《关于深化人才发展体制机制改革的意见》，为各省深入推进人才发展体制机制改革提供了纲领性指引。此后，伴随体制机制改革进入深水区，2018年，中办、国办又印发了《关于分类推进人才评价机制改革的指导意见》和《关于深化项目评审、人才评价、机构评估改革的意见》，要求全面深化人才评价制度改革，赋予科研单位充分自主权，为科技人才营造潜心研究、追求卓越、风清气正的科研环境。为进一步用好科技人才，着力深化改革进程，多省份各显其能，出台配套实施办法，充分下放各种权力，为人才发展赋权赋能。在对科技人才赋权赋能这一点上，北京市走在了全国前面。北京市为用好战略科技人才，采取多种方式在全市建立了 10 余家新兴研发机构（法人实体）和 22 家高精尖中心（非法人），以 5 年为一周期，每年给予 5 000 万元到 2 亿元的资金支持。同时，为战略科学家及其核心团队赋权赋能解放思想，破除各种体制机制障碍，充分下放各种权力，使其能够更加心无旁骛地开展研究。此外，江苏也是国内较早系统破除人才评价唯论文、唯职称、唯学历、唯奖项倾向的省份。江苏省率先修订科技人才评价标准，新标准将突出科技人才能力、贡献、绩效等要素。同时，明确树立"以用为本"导向，增加科技成果转化应用的权重比例，取消不合理的限制性资格条件，坚持干什么、评什么，重能力、重水平、重实践。另外，探索破除职称申报学历资历门槛，在全国创新提出所学专业与所从事专业不一致人员申报职称的政策和渠道。

5. 人才工作精细化促使政策更迭速度进一步加快

在新发展格局下，面对日益复杂和急剧变化的国内外形势，各省根据地区特点和发展情况，及时推动人才政策调整升级，人才决策科学化、人才开发高效化、人才服务精细化现象凸显。各省因地制宜，根据发展实际，充分利用优势资源，实施各具特色的人才政策与人才工程。如北京市充分利用央属人才资源，强化央地合作，助推本地发展。内蒙古自治区围绕推进基础设施"七网"同建、战略性新兴产业"七业"同兴的重大战略决策，更加积极地推进"草原英才"人才队伍建设。各省积极跟进形势变化及时修正更新政策，推动政策动态调整。如 2020 年，浙江省根据国内外发展形势变化，基于本省未来一段时间内的发展定位，在 2017 年《高水平建设人才强省行动纲要》的基础上，制定《关于建设高素质强大人才队伍打造高水平创新型省份的决定》，打造人才强省战略 2.0 版。再如上海市在重视人才政策思路连续性的同时，及时优化调整本市人才工作布局，2015—2020 年，先后出台"人才新政 20 条""人才新政 30 条"和"人才政策新 20 条"。上述政策承继发展，构成了上海市人才政策的"四梁八柱"。

6. 人才工作内卷化①现象进一步显现

内卷会带来严重的人才工作边际效应递减。在各省愈发重视人才资源的

---

① 内卷，网络流行词，本意是指人类社会在一个发展阶段达到某种确定的形式后，停滞不前或无法转化为另一种高级模式的现象。当社会资源无法满足所有人的需求时，人们通过竞争获取更多资源。经网络流传，很多高等学校学生用其来指代非理性的内部竞争或"被自愿"竞争。现指同行间竞相付出更多努力以争夺有限资源，从而导致个体"收益努力比"下降的现象。可以看作是努力的"通货膨胀"。

今天，区域发展和区域竞争已经从产业、经济表现前提到人才、人力资源开发工作。在缺少全国统筹的背景下，各省"八仙过海各显其能"，人才流动明显呈现"由冷到热、由旧到新、由穷到富、由丑到美"趋势。期间，市场的决定性作用得到充分发挥，各省的人才工作和政策环境角力又使这种流动呈现过度化、内卷化现象，加剧了国内、省内的人才分布不均衡，并带来了新问题。上海、广州等一线城市对人才落户的学历、年龄、社保等要求松绑，西安、武汉、石家庄、福州、无锡等二、三线城市全面取消人才落户的学历要求，落户门槛屡创新低；租房购房优惠、创业奖励、一次性补贴等各类优惠达到新高。这反映出各省对人才和人力资源的渴望。发展压力之下，大型城市期待吸引更多人才，难免造成虹吸效应；中小城市忙着挽留人口以避免成为大城市附属，寄希望于人才的城市突围战愈演愈烈。细观各省具体人才政策，从流程上的自动、零门槛等标签，到以租购房优惠为代表的各类补贴，虽然让人才名利双收出发点是好的，但这些措施大多还停留在物质待遇上。各个城市拼财力等举措仍逃不过千篇一律，甚至还有的脱离城市实际，有一窝蜂盲目抢人的恶性竞争风险。抢人举措的攀比，在一定程度上造成了投机行为和政策寻租现象，这些都让人才相关政策的有效性和持续性大打折扣。

7. 人才生态环境促使人才"回弹效应"进一步显现

营造良好人才生态环境，是吸引优秀人才安居乐业，形成拴心留人"回弹效应"的最优方式。近几年全国各地逐渐形成了人才跨城流动的新趋势。从百万人才进海南行动计划，到成都打造"蓉漂"品牌矩阵，再到厦门变"筑巢引凤"为"三顾茅庐"，都反映出城市人才竞争态势已经进入创造人才"回弹效应"的新阶段。活力决定引力，只有用得好、留得住人才，才能更好地吸引人才。创新创业人才并不是孤立发展的，需要靠他们所处的人才生态环境来滋养、孕育、适配和成就。城市要打造良好的人才生态环境，首先要建立正确的人才价值观。人才的创新创业发展需要营养能量和群体支持，同时也需要保护其免受恶性竞争等生态环境干扰。城市人才竞争力不是单靠引进人才政策发力，而是以生态思维的方法，基于对生态思维定律的把握，才得以成就。打造独具城市特色的人才发展环境，这是人才工作的一个新创举。例如，成都近几年着力打造"蓉漂"品牌的人才生态环境，形成了招才的"蓉漂计划"等品牌标识和产品矩阵。景德镇"景漂"人才"凤还巢"促使大量文化文艺人才集聚；杭州创新创业人才生态与城市美学的深度融合使杭州成了创业者的天堂。

《国内各省人才政策环境比较研究》课题组成员名单

课题组长：
范　巍（中国人事科学研究院企业人事管理研究室主任、研究员）

执行组长：
赵　宁（中国人事科学研究院企业人事管理研究室副研究员）

课题组成员：
潘　娜（首都经济贸易大学城市与经济管理学院副教授）
赵智磊（中国人事科学研究院企业人事管理研究室研究实习员）
杜明鸣（中国人事科学研究院绩效考核与考核奖惩研究室研究实习员）
高　原（中国人事科学研究院办公室副主任）
王　曦（中国人事科学研究院财务处助理研究员）

中国共产党的干部管理制度：回顾与展望[①]

提　要：中国共产党成立后，经过战争年代的艰苦斗争和在革命根据地的探索实践，逐步形成了"党管干部"的基本原则，确立了"任人唯贤"的干部路线；中华人民共和国成立初期，中央探索制定了多项干部管理制度，确立了"统分结合"的干部管理体制；党的十一届三中全会后，中央以党和国家领导制度改革为突破口，探索实行公务员制度，持续推进党政机关、国有企业和事业单位干部分类管理制度改革；党的十八大以来，中央继续完善干部管理制度体系，优化党对干部管理工作的领导体制，干部管理制度进一步完善。展望未来，中国共产党将一如既往地以马克思主义理论为指导，坚持"党管干部"的基本原则和"任人唯贤"的干部路线，适时改革完善统分结合的干部管理体制，持续推进干部分类管理制度的深化发展。有中国特色的社会主义干部管理制度将日益完善，制度优势将日益凸显。

关键词：中国共产党　干部管理制度　干部管理体制　党管干部　干部路线

中国共产党自成立以来，始终把干部管理制度建设作为各个历史时期的重要任务，以为实现中国革命和建设的战略目标提供坚实的组织制度保障和干部队伍支撑。本文将中国共产党成立100年来干部管理制度的发展历程划

[①] 本文系2021年度中国人事科学研究院研究课题《干部选拔任用制度的基础理论与改革实践》报告的部分内容。作者在论文写作过程中得到中国人事科学研究院院长余兴安研究员的多次指导，特此致谢。文中观点不当之处，作者负全部责任。

分为五个阶段，回顾了各阶段党的干部管理制度的主要内容和建设经验，最后对党的干部管理制度的未来发展进行了初步展望。

一、干部管理制度的艰苦探索和革命实践（1921—1949 年）

在革命战争时期艰苦卓绝的历史条件下，中国共产党努力克服种种艰难困苦，根据当时的斗争形势组织、培养、训练革命干部，逐步形成了党管干部的基本原则，确立了"任人唯贤"的干部路线，为取得中国民主革命的最终胜利提供了干部队伍支撑。中国共产党革命战争时期在干部管理制度建设和干部管理工作方面的探索实践，为取得中国革命的胜利提供了坚强保证，为中华人民共和国的成立奠定了组织制度和干部队伍基础，也为新中国成立后干部管理制度的正式确立和发展改革积累了有益经验。

（一）大革命时期：开展"适应于革命的组织与训练"

中国共产党建立伊始，就对党的干部管理工作进行了制度建设和实践探索。1921 年 7 月，《中国共产党第一个纲领》规定，在党处于秘密状态时，党的重要主张和党员身份应保守秘密；凡有党员 5 人以上的地方，应成立委员会，党员不超过 10 人的地方委员会，应设书记一人，超过 10 人的应设财务委员、组织委员和宣传委员各一人，超过 30 人的应从委员会的委员中选出一个执行委员会，执行委员会的章程另订；还规定党员除非迫于法律，不经党的特许，不得担任政府官员或国会议员。[①]

1922 年，党的二大发布的全国宣言提出，党内"必须有适应于革命的组织与训练"；[②] 会议通过的《中国共产党章程》明确了干部的产生方式，要求"每一个机关或两个机关联合有二个组织以上，即由地方执行委员会指定若干人为该机关各组织干部，人员由地方执行委员会随时任免之"。[③]

随着党的干部队伍的发展，党的组织建设逐步加强，干部培养工作着力推进。但是由于当时严峻的革命形势，党的组织建设和干部队伍发展都遇到了重重困难。1926 年 7 月，中国共产党第三次中央扩大执行委员会议制定了《组织问题议决案》，总结了"党的发展经验和缺点"，指出"党在组织上仍是非常幼稚""党的机关不健全"，干部队伍"人力与实际需要相差之远，应竭力养成工作人才以为救济"；为此明确要"力求改正过去在工作上的缺点，

---

① 中共中央文献研究室，中央档案馆. 建党以来重要文献汇编（1921—1949）第 1 册 [M]. 北京：中央文献出版社，2011：2.
② 中共中央党史研究室. 胡绳. 中国共产党的七十年 [M]. 北京：中共党史出版社，1991：29.
③ 中共中央文献研究室，中央档案馆. 建党以来重要文献汇编（1921—1949）第 2 册 [M]. 北京：中央文献出版社，2011：57.

并应增设中央秘书处,以总揽中央各种技术工作";"自中央以至各支部,各级机关间,必须建立互相密切的关系,各上级机关对于下级机关,各下级机关对于上级机关,都须有定期报告"。①

(二) 十年内战时期:苏维埃"更需要特别去做提拔与训练干部的工作"

大革命失败后,面对党组织遭到严重破坏、大批党员和干部被杀害的现实,1928 年,中国共产党六大通过了关于组织问题的决议草案,提出党的组织任务之一就是"干部人才的产生和训练"。② 明确把干部工作作为党的建设任务之一。

1931 年 8 月,中共中央作出了《关于干部问题的决议》,规定"苏维埃区域最近更需要特别去做提拔与训练干部的工作",③ 以提高干部的素质,保证对干部的需要。1931 年 11 月,中华苏维埃共和国临时中央政府成立后,苏维埃区域的干部制度建设得以迅速加强。1933 年 3 月,中央苏区创办了马克思共产主义学校;8 月,川陕根据地创办了省委党校。同年 8 月,苏维埃人民委员会决定开办苏维埃大学,毛泽东为校长;还在一些地方开办学校培训政府工作人员。

由于这一时期党内"左"倾错误及其对干部政策的影响,党和苏维埃政府在干部制度上也出现了许多失误,给革命事业造成了重大损失。1935 年,遵义会议总结了党在干部工作中正反两方面的经验教训,确立了毛泽东在全党的领导地位。遵义会议是党的组织路线和干部政策的重大转折,为之后中国共产党迎接抗日战争在组织上做好了准备。④

(三) 抗日战争时期:确立并实行"任人唯贤"的干部路线

确立正确的干部路线,实行正确的干部政策,是党为争取抗战胜利所采取的重要措施。1938 年 10 月,毛泽东在党的六届六中全会上指出:"在这个使用干部的问题上,我们民族历史中从来就有两个对立的路线:一个是'任人唯贤'的路线,一个是'任人唯亲'的路线。前者是正派的路线,后者是不正派的路线。""共产党的干部政策,应是以能否坚决地执行党的路线,服从党的纪律,和群众有密切的联系,有独立的工作能力,积极肯干,不谋私

---

① 中共中央文献研究室,中央档案馆. 建党以来重要文献汇编(1921—1949)第 3 册[M]. 北京:中央文献出版社,2011:278-279,284.
② 中央档案馆. 中共中央文献选集(1928)[M]. 北京:中共中央党校出版社,1989:456.
③ 中共中央文献研究室、中央档案馆. 建党以来重要文献汇编(1921—1949)第 11 册[M]. 北京:中央文献出版社,2011:536.
④ 林代昭. 中国近现代人事制度[M]. 北京:劳动人事出版社,1989:379,411.

利为标准，这就是'任人唯贤'的路线。"① 由此确立了"任人唯贤"的干部路线。

党和抗日民主政府还纠正了土地革命时期发生的排挤和打击知识分子干部的错误倾向，制定了正确对待知识分子干部的政策。1939年6月，总政治部发布了《关于大量吸收知识分子和培养新干部问题的训令》，要求教育老干部抛弃对知识分子的歧视和偏见，大胆地吸收和耐心地带领知识分子干部；②同年12月，毛泽东为中央起草了关于《大量吸收知识分子》的决定，向全党阐明了大量吸收知识分子的重要性。③

抗日战争时期，根据地政府还以法规法令的形式对干部的管理、选拔、任用、考核、奖惩、待遇等作了较为详细、全面的规定，但是由于各抗日根据地处在艰苦的战争环境中，根据地政府的分散性特征明显，当时还没条件制定出一套统一完整的人事管理法规。④

（四）解放战争时期：大批吸收选拔、集中调配使用干部

随着解放战争的节节胜利，党的工作重心开始从农村转入城市，急需一大批善于管理城市、领导经济工作的干部。为此，中央高度重视并加强了接管城市和新解放区的干部配备工作。

1948年4月，毛泽东主席在《再克洛阳后给洛阳前线指挥部的电报》中明确要求，"市委书记和市长必须委派懂政策有能力的担任"。⑤ 中央还下发了《关于大量提拔培养产业工人干部的指示》，⑥ 促进了干部队伍数量的增长，缓解了解放区干部队伍的不足，基本满足了新占领城市对经济工作干部的需求，保证了城市管理工作的顺利进行和城市功能的正常发挥。

正如习近平总书记在中央政治局第21次集体学习时所指出的，解放战争时期，党中央提出要为夺取全国政权做好干部准备工作，各组织部门不到3个月时间就征调了5.3万名干部到新解放区工作，为取得解放战争胜利提供了干部队伍支撑。

---

① 毛泽东. 毛泽东选集（第2卷）[M]. 北京：人民出版社，1991：527.
② 中共中央文献研究室，中央档案馆. 建党以来重要文献汇编（1921—1949）第16册 [M]. 北京：中央文献出版社，2011：403.
③ 毛泽东. 毛泽东选集（第2卷）[M]. 北京：人民出版社，1991：619.
④ 林代昭. 中国近现代人事制度 [M]. 北京：劳动人事出版社，1989：417.
⑤ 毛泽东. 毛泽东选集（第4卷）[M]. 北京：人民出版社，1991：1324.
⑥ 中共中央文献研究室，中央档案馆. 建党以来重要文献汇编（1921—1949）第25册 [M]. 北京：中央文献出版社，2011：741.

二、干部管理制度的初步确立和曲折发展（1949—1978 年）

中华人民共和国成立后，根据建国初期的政治经济形势需要，中央加强了干部的吸收、培养和监督工作；陆续建立干部管理制度，逐步确立分部分级管理干部的体制，制定实施各级各类国家机关的组织法，奠定了中国特色社会主义干部管理制度的基础。但是由于 20 世纪 50 年代中后期开始的多次政治运动的影响，党的干部管理制度经历了曲折发展，在"文化大革命"期间遭受了严重破坏。

（一）制定实施干部吸收、培养和监督等管理制度

中华人民共和国的成立，对党的干部管理工作提出了正规化等新的更高要求，中央针对建国初期的国家建设需要和干部管理工作中出现的问题，陆续制定实施了干部吸收、培养等政策和审查、惩处等法令，以加强干部队伍建设。

新中国成立初期，各级各地各领域都急需大量干部推进落实国家建设任务，迫切需要加强干部的吸收、培养工作。为此，中央制定实施了吸收留用旧政府职员的政策。1949 年 11 月，针对少数民族聚集省区反映的问题，毛泽东主席发出了《关于大量吸收和培养少数民族干部的指示》，要求青海、甘肃等地开办少数民族干部训练班，以培养大批少数民族出身的共产主义干部。[1]

由于国家任务繁重，经验不足，国家政权建设在上层方面产生了机关庞大、层次太多、头绪纷繁、人浮于事的现象；而在下层，特别是经济建设和文教建设这些方面，却缺乏必需的人员。为此，中央于 1951 年 12 月发布《关于实行精兵简政、增产节约、反对贪污、反对浪费和反对官僚主义的决定》，警告全党：一切从事国家工作、党务工作和人民团体工作的党员，利用职权实行贪污和实行浪费，都是严重的犯罪行为。[2] 1952 年 3 月，政务院公布了《中央节约检查委员会关于处理贪污、浪费及克服官僚主义错误的若干规定》；同年 4 月，中央人民政府公布施行了《中华人民共和国惩治贪污条例》，明确规定条例适用一切国家机关、企业、学校及其附属机构的工作人员，[3] 为加强各方面干部的监督工作提供了法律依据。

---

[1] 中共中央文献研究室. 建国以来重要文献选编（第 1 册）[M]. 北京：中央文献出版社，1992：32.

[2] 中共中央文献研究室. 建国以来重要文献选编（第 2 册）[M]. 北京：中央文献出版社，1992：416，425.

[3] 中共中央文献研究室. 建国以来重要文献选编（第 3 册）[M]. 北京：中央文献出版社，1992：135.

为满足国家建设对技术干部的迫切需要,1953年11月,中共中央发布《关于统一调配干部,团结、改造原有技术人员及大量培养、训练干部的决定》,要求除了积极团结和改造原有技术人员外,更重要的是要向原有技术人员学习,以培养大批新的技术干部。[①]

同时,中央发布《关于加强干部文化教育工作的指示》,以及进行高等院校院系调整、加强党校建设等决定,以便更有效地培养国家建设干部,提升干部的政治素质和理论水平,为国家建设提供干部队伍保证。

(二) 确立分部分级管理干部的体制

为推进建国后干部管理制度的正规化,1951年3月,中国共产党第一次全国组织工作会议召开,刘少奇在会议报告中谈到了干部的管理问题,指出"需要建立正规的、固定的管理干部的一套机构和制度"。[②] 根据中央精神,中央组织部仿照苏联共产党的办法,拟定了中央管理干部的职务名单及各级党委管理干部的职务范围和办法,确立了在中央及各级党委的统一领导下,中央及各级党委的组织部集中管理,中央和各级党委"下管三级"干部的集中统一的干部管理体制。[③]

1953年,第一个五年计划的实施开启了大规模的社会主义建设,随之而来的经济发展任务和政府管理工作的变化,使得高度集中统一的干部管理体制不能适应新形势的需要。为此,中央于1953年11月作出《关于加强干部管理工作的决定》,要求按照工作需要将全体干部划分为九类,在中央及各级党委的组织部的统一管理下,由中央及各级党委的各部分别进行管理;同时还要求在中央及各级党委之间建立分工管理各级干部的制度,即分级管理干部的制度。[④] 根据中央决定精神,各级各地逐步落实相关工作,在中央统一领导下分部分级管理干部的制度在全国各级党委基本建立起来了。[⑤]

为总结新中国成立后政权建设取得的经验,将国家的重要制度法制化,1954年9月,第一届全国人民代表大会第一次会议主席团公布了《宪法》《全国人民代表大会组织法》《国务院组织法》《人民法院组织法》《人民检察院组织法》《地方各级人民代表大会和地方各级人民委员会组织法》等法律,

---

① 中共中央文献研究室. 建国以来重要文献选编(第4册)[M]. 北京:中央文献出版社,1992:490.

② 中共中央文献研究室. 建国以来重要文献选编(第2册)[M]. 北京:中央文献出版社,1992:150.

③ 张志坚,苏玉堂. 当代中国的人事管理(上)[M]. 北京:当代中国出版社,1994:4.

④ 中共中央文献研究室. 建国以来重要文献选编(第4册)[M]. 北京:中央文献出版社,1992:496.

⑤ 张志坚,苏玉堂. 当代中国的人事管理(上)[M]. 北京:当代中国出版社,1994:34-35.

其中,《宪法》对国家机构设置、工作人员及其职权等作出了规定,各项组织法明确了相应国家机构及其人员的职责权利、任免程序等,奠定了干部管理制度的法律基础。

(三) 干部管理制度的曲折发展

1956 年 12 月,中央组织部召开各省、自治区、直辖市党委组织部长会议,根据党的八大精神讨论了今后干部工作的方针。1957 年 2 月,《中共中央关于今后干部工作方法的通知》发布,提出干部工作方法必须从过去大批地迅速地提升干部职务的方法,改变为稳定干部职务、提高干部能力的方法。[1]

但是 1957 年以后,由于政治运动频繁开展,《中共中央关于今后干部工作方法的通知》的要求没有得到贯彻落实。在之后开展的多次政治运动中,大批干部受到了不应有的打击。直至"文化大革命"期间,中央及地方各级干部人事部门陆续被撤销,各项干部管理制度遭受重大冲击,干部管理工作陷入混乱或瘫痪局面,这种情况在"文化大革命"结束后才得以逐步改变。

三、干部管理制度的恢复建设和改革探索(1978—1993 年)

"文化大革命"结束后,党的干部管理制度得以恢复和重建,中央推动科技干部管理制度先行改革;党的十一届三中全会指明了党的干部管理制度改革的方向,此后,以党和国家领导体制改革为突破口,中央推动研究探索国家公务员制度,开启了干部管理制度改革的新时期。

(一) 恢复和改革科学技术干部管理制度

1978 年 3 月,全国科学大会在北京召开,大会审议通过的《1978—1985 年全国科学技术发展规划纲要(草案)》提出,对全国的科学研究机构实行分级管理,实行党委领导下的所长分工负责制;建立科学技术人员的职称、岗位责任制和进修、考核等制度。同年 10 月,中央正式转发了《1978—1985 年全国科学技术发展规划纲要》。

1979 年 1 月,中央批准恢复了国务院科学技术干部局,由国家科委代管,协助中共中央组织部统一管理科学技术干部。[2] 1981 年 4 月,中共中央办公厅和国务院办公厅联合颁发了《科学技术干部管理工作试行条例》,科学技术干部管理体制在改革开放初期得以较早恢复并启动改革。

---

[1] 中共中央文献研究室. 建国以来重要文献选编(第 10 册)[M]. 北京:中央文献出版社,1992:40.

[2] 苏尚尧. 中华人民共和国中央政府机构(1949—1990)[M]. 北京:经济科学出版社,1993:62-63.

中共中央组织部 1983 年 10 月下发的《关于改革干部管理体制若干问题的规定》指出，专业技术干部的管理体制也必须进行改革，要改变用管理党政干部的办法管理专业技术干部，要对专业技术干部的分配、流动、培训、使用、报酬、奖励和职称评定等制度加以改革和完善。

1985 年上半年，中央先后发布《关于科学技术体制改革的决定》和《关于教育体制改革的决定》，专业技术干部集中的教育、科研事业单位开始了改革探索；1986 年 2 月，国务院印发《关于实行专业技术职务聘任制度的规定》，在全国全面实行专业技术职务聘任制度，专业技术人员管理制度逐步走上正轨，干部队伍的知识化、专业化水平得以大大提升。

（二）恢复和改革干部管理体制

1978 年年底召开的党的十一届三中全会，开启了干部管理体制改革的历史新时期。在中央改革精神指导下，1979 年，中共中央组织部着手对干部管理体制问题进行调查研究；1980 年 5 月，中共中央组织部经中央批准后重新颁发了《中共中央管理的干部职务名称表》，要求在中央一级恢复分部管理干部的体制，明确规定了各级党委实行"下管两级"的原则。职务名称表的颁发与实行，对恢复和加强干部管理体制起了极为重要的作用。[1]

1980 年 8 月，邓小平同志发表了《党和国家领导制度的改革》的重要讲话，明确提出要勇于改革不合时宜的组织制度，干部制度改革关键是要健全干部的选举、招考、任免、考核、弹劾、轮换制度，对各级各类领导干部职务的任期以及离休制度，要按照不同情况，作出适当的明确的规定。[2]

1983 年 7 月，中共中央组织部召开了全国组织工作座谈会，着重讨论了干部管理体制改革等议题；同年 10 月，中共中央组织部印发的《关于改革干部管理体制若干问题的规定》指出，要改革干部管理体制，本着管少、管活、管好的精神，在党委统一领导下，实行组织部门统一管理和分部分级管理相结合的原则。各级党委要适当缩小管理干部的范围，下放管理干部的权限。

按照"下管一级"的原则，中央组织部于 1984 年 7 月修订了中共中央管理的干部职务名称表。[3] 实行下管一级的干部管理体制，既能保证党对干部管理工作的领导，又能发挥地方各级党委政府的积极性，保障国有企事业单位的用人自主权。

（三）探索试行国家公务员制度

1979 年 9 月，中共中央组织部召开全国组织工作座谈会，会议研究制定

---

[1] 张志坚，苏玉堂. 当代中国的人事管理（上）[M]. 北京：当代中国出版社，1994：83-84.
[2] 邓小平. 邓小平文选（第二卷）[M]. 北京：人民出版社，1994：327.
[3] 张志坚，苏玉堂. 当代中国的人事管理（上）[M]. 北京：当代中国出版社，1994：85-86.

了《关于加强领导班子建设的几点意见》《关于干部教育工作的通知》和《关于干部制度改革的意见》等重要文件。1980年10月，党的十一届五中全会提出，要废止实际存在的干部领导职务终身制，这是对党和国家领导制度和干部制度所做的一项重要改革。

随着干部制度改革的推进，加强干部管理工作的制度化建设提上了议事日程。1984年，中共中央组织部和劳动人事部组织有关单位的工作人员及一部分专家、学者着手起草《国家工作人员法》；1985年12月，根据中央政治体制改革研讨小组的统一部署，成立了干部人事制度改革专题研讨小组，研讨小组在多次调查研究的基础上，逐步形成了建立国家公务员制度的思路，并形成了《国家公务员条例》的第一稿。[①] 经过一个阶段的研究论证，实行国家公务员制度的思路得到了中央认可。

1987年，党的十三大明确提出了实行国家公务员制度的改革任务。为此，1988年国务院机构改革专门设立了人事部，其主要职能之一就是负责建立和推行国家公务员制度。之后几年，人事部在一些地方开展试点试行公务员制度，为正式建立公务员制度积累经验、奠定基础。

四、干部管理制度的分类改革和规范提升（1993—2012年）

1993年8月，《国家公务员暂行条例》发布实施，标志着我国公务员制度的正式确立。公务员制度的实行及相关法律法规和政策体系的日益完备，有力带动了国有企业和事业单位的干部管理制度改革，干部分类管理制度改革不断推进，各项干部管理制度也逐步规范和完备。

（一）公务员制度的确立推行和规范完备

《国家公务员暂行条例》颁布实施后，人事部随后陆续出台了多项配套规定和实施办法，为《国家公务员暂行条例》的实施提供了具体的操作基础。1997年，党的十五大提出了"完善"国家公务员制度的要求，进一步推动了公务员制度的发展。

2000年，中共中央办公厅印发《深化干部人事制度改革纲要》，要求抓紧研究制定公务员法。2005年4月，十届全国人大常委会第十五次会议审议通过了《中华人民共和国公务员法》（以下简称《公务员法》），于2006年1月开始实施。《公务员法》是我国干部人事管理方面第一部具有总章程性质的法律，在我国干部人事制度发展史上具有里程碑意义。[②]

---

① 侯建良. 公务员制度发展纪实 [M]. 北京：中国人事出版社，2007：38-41.
② 侯建良. 公务员制度发展纪实 [M]. 北京：中国人事出版社，2007：185.

为保障《公务员法》的顺利实施，中央组织部和人事部加快了公务员管理的相关配套制度建设。2007—2008年，中央组织部和人事部陆续印发了关于公务员考核、处分、录用、奖励、职务任免与升降、申诉等管理规定，公务员管理相关制度逐步形成较完备的体系。

（二）分类推进事业单位人事制度改革

随着《国家公务员暂行条例》的颁布实施，干部管理制度开始进行分类改革。在事业单位人事制度改革方面，首先推进的是机关和事业单位工作人员的工资制度改革。1993年11月，国务院印发《关于机关和事业单位工作人员工资制度改革问题的通知》，决定在科学分类的基础上，建立体现事业单位不同类型、不同行业特点的工资制度，与机关的工资制度脱钩；根据事业单位特点和经费来源的不同，对全额拨款、差额拨款、自收自支三种不同类型的事业单位，实行不同的管理办法。

2000年，中央下发《深化干部人事制度改革纲要》，提出以推行聘用制度和岗位管理制度为重点，深化事业单位人事制度改革；同年7月，中央组织部和人事部联合发出《关于加快推进事业单位人事制度改革的意见》。随后，人事部会同国务院有关部门，先后发布了关于高等学校、卫生、广播影视、中小学、新闻出版等不同行业事业单位人事制度改革的具体实施意见，在各领域全面推动事业单位人事制度改革工作。

2011年3月，中共中央、国务院颁布《关于分类推进事业单位改革的指导意见》，规定按照社会功能将事业单位划分为承担行政职能、从事生产经营和从事公益服务三个类别，并明确了不同类型事业单位的改革方向。同年8月，中共中央办公厅、国务院办公厅印发《关于进一步深化事业单位人事制度改革的意见》，提出根据事业单位分类实行不同的人事管理制度，对从事公益服务事业单位实行分类管理，积极探索完善不同类型公益类事业单位在聘用合同、岗位设置、公开招聘、竞聘上岗等方面的不同管理办法，事业单位人事制度分类改革加快推进并深化发展。

（三）改革和完善国有企业领导人员管理制度

1993年11月，党的十四届三中全会通过《中共中央关于建立社会主义市场经济体制若干问题的决定》，提出要建立现代企业制度，改革和完善企业领导体制和组织管理制度，坚持和完善厂长（经理）负责制，保证厂长（经理）依法行使职权，企业中的党组织要发挥政治核心作用，保证监督党和国家方针政策的贯彻执行。

随着国有企业干部制度改革的不断推进，中央对国有企业领导人员的监督管理不断加强。1996年，中央企业工委成立，负责中央企业党政领导人员的管理工作。1999年9月召开的党的十五届四中全会明确，中央和地方党委对关系国家安全和国民经济命脉的重要骨干企业领导班子要加强管理，要按照企业的特点建立对经营管理者培养、选拔、管理、考核、监督的办法，并逐步实现制度化、规范化。

进入21世纪，中央明确要求以加强企业领导人员管理为重点，深化国有企业干部管理制度改革，把党管干部原则和董事会依法选择经营管理者以及经营管理者依法行使用人权结合起来，完善体制，健全制度，改进方法，建立与社会主义市场经济体制和现代企业制度相适应的国有企业领导人员管理制度。2009年11月，中共中央办公厅、国务院办公厅印发了《中央企业领导人员管理暂行规定》，第一次以中央文件的形式对中央企业领导人员管理工作予以系统规范，有力提升了中央企业领导人员管理工作的科学化、制度化、规范化水平。

五、干部管理制度的深化改革和优化完善（2012—2021年）

党的十八大以来，中央持续完善干部管理制度体系，努力加强适应新时代需要的干部队伍建设，坚持和改进党对干部管理工作的领导，推进干部管理制度改革全面深化，有中国特色的干部管理制度日益发展完善。

（一）完善干部管理制度体系

党的十八大以来，党中央更加重视干部管理工作的制度化，制定和修改完善了关于机关和国有企业、事业单位干部管理的一系列法律法规和政策，公务员制度、事业单位和国有企业的干部管理制度体系更加完善。

一是完善公务员制度。党的十八大报告提出了"完善公务员制度"的总体任务，党的十八届三中全会进一步明确要求，深化公务员分类改革，推行公务员职务与职级并行制度，加快建立专业技术类、行政执法类公务员和聘任人员管理制度。相关部门根据中央要求陆续出台了多项公务员管理的相关制度，涵盖公务员管理的诸多方面和环节，公务员管理制度日益完善。

二是完善事业单位人事管理制度。2014年4月，国务院发布了《事业单位人事管理条例》，对事业单位岗位管理、公开招聘和竞聘上岗、聘用合同、考核和培训、奖励和处分、工资福利和社会保险、人事争议处理等作出了规定，为事业单位人事管理提供了明确的法规依据。2015年6月，中共中央办公厅印发《事业单位领导人员管理暂行规定》，随后，关于高等学校、中小学校、公立医院、科研事业单位和宣传思想文化系统等事业单位领导人员管理的暂行办法集中发布,推进了不同类型事业单位领导人员管理工作。

三是完善国有企业领导人员管理制度。2018年5月,中共中央办公厅、国务院办公厅印发《中央企业领导人员管理规定》,明确了中央企业领导人员管理的基本原则和主要内容,覆盖了中央企业领导人员的职位设置、任职条件、选拔任用、考核评价、薪酬与激励、管理监督、培养锻炼、退出等干部管理的全过程和各环节,从进一步激励中央企业领导人员新时代新担当新作为出发,完善了有别于党政领导干部、充分体现中央企业特点的领导人员管理制度。

(二) 加强和改进干部管理工作

2013年6月,习近平总书记在全国组织工作会议上的讲话中指出,实现党的十八大确定的各项目标任务,关键在党,关键在人;关键在党,就要确保党在发展中国特色社会主义历史进程中始终成为坚强领导核心;关键在人,就要建设一支宏大的高素质干部队伍。为此,习近平总书记提出了"信念坚定、为民服务、勤政务实、敢于担当、清正廉洁"的新时期"好干部"标准,要求"各级党委及其组织部门要坚持党管干部原则,坚持正确用人导向,坚持德才兼备、以德为先,努力做到选贤任能、用当其时,知人善任、人尽其才,把好干部及时发现出来、合理使用起来"。[①]

落实好干部标准,选人用人是关键。为此,2014年1月,中央颁发了新修订的《党政领导干部选拔任用工作条例》,进一步明确了贯彻执行党的干部路线方针政策,落实从严治党、从严管理干部的要求,为建立党政领导干部选拔任用制度,形成有效管用、有利于优秀干部脱颖而出的选人用人机制作出了探索。

为加强和改进新时代干部管理工作,习近平总书记提出,要"严把德才标准""拓宽用人视野""激励干部积极性",要用科学办法进行管理,切实管到位、管到点子上;要在强化责任约束的同时鼓励创新、宽容失误,切实保护干部干事创业的积极性。"各级党委和组织部门要坚持党管干部原则,坚持正确用人导向,坚持德才兼备、以德为先,努力做到选贤任能、用当其时,知人善任、人尽其才,把好干部及时发现出来,合理使用起来"。[②] 习近平总书记的重要论述对新时代坚持和完善党对干部管理工作的领导提出了具体要求,是进一步改革完善干部管理制度体系、建设高素质专业化干部队伍的努力方向。

---

① 习近平. 习近平谈治国理政 [M]. 北京:外文出版社,2014:411.
② 习近平. 习近平谈治国理政 [M]. 北京:外文出版社,2014:418.

(三) 优化党对干部管理工作的领导体制

为适应新时代全面深化改革任务的新要求，2018年2月召开的党的十九届三中全会通过了《中共中央关于深化党和国家机构改革的决定》，随后，中央发布了《深化党和国家机构改革方案》，对深化党和国家机构改革作出了全面系统的具体安排。

《深化党和国家机构改革方案》指出，为更好落实党管干部原则，加强党对公务员队伍的集中统一领导，更好统筹干部管理，建立健全统一规范高效的公务员管理体制，将国家公务员局并入中央组织部。调整后，中央组织部在公务员管理方面的主要职责是，统一管理公务员录用调配、考核奖惩、培训和工资福利等事务，研究拟订公务员管理政策和法律法规草案并组织实施，指导全国公务员队伍建设和绩效管理，负责国家公务员国际交流合作等。

同时，《深化党和国家机构改革方案》将中央党校和国家行政学院的职责整合，组建新的中央党校（国家行政学院），实行一个机构两块牌子，作为党中央直属事业单位，承担全国高中级领导干部和中青年后备干部培训，全面加强党对干部培训工作的集中统一领导，统筹谋划干部培训工作。

党和国家的干部管理机构调整和职能优化的改革措施，对解决干部管理领域党的机构设置和职能配置还不够健全有力，党和国家干部管理方面存在的机构重叠、职责交叉、权责脱节等问题具有很强的针对性，为进一步完善党对干部管理工作全面领导的体制机制提供了制度保障。

六、干部管理制度的基本经验

回顾百年，中国共产党的干部管理制度既经历了曲折的发展历程，也取得了辉煌的历史成就。100年来，中国共产党领导全国人民构建的中国特色社会主义干部管理制度不断发展完善，为培养选拔一批批优秀党政干部和专业人才提供了制度保障，为取得中国革命胜利和开展社会主义现代化建设事业作出了巨大贡献。

党的干部管理制度主要有以下三点宝贵经验：首先，始终坚持正确的指导原则和干部路线，以保证干部制度发展的正确方向；其次，不断完善基本的管理体制和制度体系，以为干部管理工作奠定坚实的制度基础；最后，持续改进具体的运行机制和工作方法，以大力提升干部管理工作的效益和水平。

(一) 始终坚持正确的指导原则和干部路线

一是坚持以马克思主义为理论指导。习近平总书记指出："中国共产党之所以能够完成近代以来各种政治力量不可能完成的艰巨任务，就在于始终把马克思主义这一科学理论作为自己的行动指南,并坚持在实践中不断丰富和发展马克思主义。"① 党的十九大提出的习近平新时代中国特色社会主义思想,是当代中国马克思主义、21世纪马克思主义②,为新时代党的干部管理制度建设提供了行动指南。只有始终坚持以马克思主义为理论指导,才能保证中国共产党干部管理制度的正确政治方向。

二是秉持"群众路线"的价值标准。习近平总书记指出,群众路线是我们党的生命线和根本工作路线,不论过去、现在还是将来,我们都要把群众路线贯彻到治国理政全部活动之中。③ 让群众满意是我们党做好一切工作的价值取向和根本标准,群众意见是一把最好的尺子;各级党组织和党员、干部的表现都要交给群众评判。④ 新时代干部管理制度的改革发展,也必须始终贯彻群众路线,体现党全心全意为人民服务的根本宗旨。

三是坚持和改进"党管干部"的基本原则。中国共产党的领导是中国特色社会主义最本质的特征,是中国特色社会主义制度的最大优势。这一本质特征和制度优势在干部管理制度建设方面的集中体现,就是坚持党管干部原则,并根据不同历史时期国家经济社会发展的需要,不断加强和改进党对干部工作的全面领导。党的十八大以来,习近平总书记多次就加强和改进干部管理工作发表重要论述,为新时代更好地落实党管干部原则提供了基本遵循。

四是真正贯彻落实"任人唯贤"的干部路线。回顾党的干部管理制度的发展历史可以发现,只有"任人唯贤"的干部路线能够真正得到贯彻落实,党的干部队伍建设才能取得更好的实效,为国家经济社会发展提供人才支撑。随着历史的发展以及党和国家战略任务的变化,"任人唯贤"也不断被赋予新的内涵。2013年6月,习近平总书记在全国组织工作会议上提出了"政治上靠得住、工作上有本事、作风上过得硬、人民群众信得过等具体要求",⑤ 在2018年全国组织工作会议上,习近平总书记明确强调,要坚持德才兼备、以德为先、任人唯贤,为坚持和加强党的全面领导、坚持和发展中国特色社会主义提供坚强组织保证。⑥

(二) 不断完善基本的管理体制和制度体系

中华人民共和国成立初期,中央实行了"大一统"的干部管理体制,对

---

① 习近平. 习近平谈治国理政(第2卷)[M]. 北京:外文出版社,2017:33.
② 习近平. 习近平谈治国理政(第3卷)[M]. 北京:外文出版社,2020:出版说明.
③ 习近平. 在纪念毛泽东同志诞辰120周年座谈会上的讲话[N]. 人民日报,2013-12-26(2).
④ 习近平. 在党的群众路线教育实践活动总结大会上的讲话[N]. 人民日报,2014-10-9(2).
⑤ 习近平. 习近平谈治国理政[M]. 北京:外文出版社,2014:412.
⑥ 习近平. 习近平谈治国理政(第3卷)[M]. 北京:外文出版社,2020:517.

干部进行集中管理和统一调配,保障了国民经济的迅速恢复和各项建设事业的顺利开展。之后,因应国家经济社会发展和政府行政管理的实际需要,中央逐步确立了党委统一领导下的分部分级干部管理体制,奠定了统分结合的干部管理体制基础,并根据社会发展形势变化多次调整干部管理权限。

改革开放后,随着经济体制改革的不断深化,政府机构改革和职能转变的任务日益迫切,中央相应开展了党政领导体制改革,加强党政机关工作人员管理,向国有企业和事业单位放权,赋予其用人自主权,同时加强对其领导人员的管理,持续推进干部分类管理制度改革不断深化。

党的十八大以来,在中央的统筹推进下,党政领导干部、公务员、国有企业领导人员和事业单位工作人员的分类管理改革进一步深化,完善党政领导干部选拔任用制度和国有企业领导人员管理制度,细化公务员分类管理和事业单位人事管理分类改革,调整优化党和国家干部管理的机构职能,统分结合的干部管理体制更加完善。

实行"统分结合"的干部管理体制,既有利于发挥中央、地方和部门的积极性,也有利于提升干部管理的科学化水平。未来一个时期,"统分结合"的干部管理体制仍将根据经济社会发展需要不断改革完善,以党政领导干部、公务员、事业单位和国有企业领导干部为主要管理对象的干部分类管理制度体系,也将在改革中进一步完善,中国特色社会主义干部管理制度优势将日益凸显。

(三)持续改进具体的运行机制和工作方法

一是落实"严管厚爱"的激励机制。对干部严格管理和关心爱护,是中国共产党干部队伍建设的优良传统。党的十八大以来,习近平总书记多次强调要坚持严管和厚爱结合、激励和约束并重,以进一步激励广大干部新时代新担当新作为。

在"严管"方面,党内监督条例、行政纪律处分、党政领导干部选拔任用工作责任追究办法、党员领导干部报告个人有关事项的规定等制度先后实施,实现了对干部的党内监督、社会监督和群众监督相结合。党的十八大以来,在全面从严治党的新形势下,中央严格执行干部管理的各项规定,进一步加强了对党员干部的约束机制;2020年6月,《中华人民共和国公职人员政务处分法》出台,全面加强了对所有行使公权力的公职人员的监督。

在"厚爱"方面,中央先后制定了行政机关工作人员升级奖励、公务员奖励规定等制度,激励党员干部忠于职守,充分调动党员干部的工作积极性。党的十八大以来,习近平总书记多次强调要切实为敢于担当的干部撑腰鼓劲。

2018年5月，中央印发了《关于进一步激励广大干部新时代新担当新作为的意见》，对建立激励机制和容错纠错机制作出了明确规定，为更好落实严管厚爱的激励机制提供了制度保障。

二是采取"实践检验"的工作方法。实践的观点是中国共产党带领中国人民取得革命胜利和建设成就的指导方针之一。在建构和改进党的干部管理制度的过程中，中央也始终采取实践检验的工作标准，制定的各项政策都要在实施过程中经由实践检验，并根据实践检验结果不断改革完善。

当前，实践检验的工作方法始终贯穿在干部管理工作的各个环节和方面，已经深刻融入干部的培养、选拔、考核、监督等管理工作的全过程。一名干部要成长起来，必须经历改革发展的主战场、服务群众第一线的实践锻炼，必须通过在实际工作中的现实表现才能脱颖而出，在重大突发事件中还必须要经受住急难险重任务的严峻考验。可以说，实践标准为党的干部管理制度建设和干部管理工作实践提供了源源不断的发展动力，未来仍是党的干部管理的重要工作方法。

100年来，中国共产党的干部管理制度走过了不平凡的发展道路，在长期的革命和建设历程中，既积累了宝贵经验，也经历了曲折考验。经过长期的发展和改革，中国共产党的干部管理制度更加完善，干部管理工作的科学化水平日益提高，在服务国家经济社会发展和政府行政管理方面发挥了重要的积极作用。正如习近平总书记所指出的，我们既要有制度自信，同时也要清醒地认识到，制度自信不是自视清高、自我满足，更不是裹足不前、故步自封，而是要把坚定制度自信和不断改革创新统一起来，在坚持根本政治制度、基本政治制度的基础上，不断推进制度体系完善和发展。① 展望未来，中国共产党的干部管理制度仍将不断深化改革，以更好地适应国家经济社会发展形势需要，为实现两个百年奋斗目标和中华民族伟大复兴中国梦提供坚强保障。

参考文献

[1] 毛泽东. 毛泽东选集［M］. 北京：人民出版社，1991.

[2] 邓小平. 邓小平文选［M］. 北京：人民出版社，1994.

[3] 习近平. 习近平谈治国理政［M］. 北京：外文出版社，2014.

[4] 习近平. 习近平谈治国理政（第二卷）［M］. 北京：外文出版

---

① 习近平. 习近平谈治国理政［M］. 北京：外文出版社，2014：105.

社,2017.

[5] 习近平. 习近平谈治国理政(第三卷)[M]. 北京:外文出版社,2020.

[6] 中共中央文献研究室. 建国以来重要文献选编[M]. 北京:中央文献出版社,1993.

[7] 中共中央文献研究室,中央档案馆. 建党以来重要文献选编[M]. 北京:中央文献出版社,2011.

[8] 中央档案馆. 中共中央文献选集[M]. 北京:中共中央党校出版社,1989.

[9] 张志坚,苏玉堂. 当代中国的人事管理[M]. 北京:当代中国出版社,1994.

[10] 徐颂陶,孙建立. 中国人事制度改革三十年[M]. 北京:中国人事出版社,2008.

[11] 侯建良. 公务员制度发展纪实[M]. 北京:中国人事出版社,2007.

[12] 林弋. 干部管理制度改革四十年[J]. 中国人事科学,2018(9).

[13] 王浦劬,汤彬. 当代中国治理的党政结构与功能机制分析[J]. 中国社会科学,2019(9).

[14] 王懂棋. 党管干部视角下的制度变迁[J]. 贵州社会科学,2020(8).

[15] 尹业香. 党管干部原则运行机制的历史考察[J]. 长江大学学报(社会科学版),2004(4).

[16] 乔石豪. 抗战时期党管干部原则的探索及其特点[J]. 学习论坛,2016(9).

《干部选拔任用制度的基础理论与改革实践》课题组成员名单

课题组长:
苗月霞(中国人事科学研究院公务员管理研究室主任、研究员)
课题组副组长:
戴一鸣(中国人事科学研究院公务员管理研究室助理研究员)

课题组成员：

郝玉明（中国人事科学研究院公务员管理研究室副主任、研究员）

刘军仪（中国人事科学研究院公务员管理研究室副研究员）

刘　晔（中国人事科学研究院教育培训研究室助理研究员）

卜娜娜（中国人民大学博士）

尤　静（中国人事科学研究院公务员管理研究室科研助理）

执笔人：苗月霞

干部教育百年历程与基本经验研究[①]

提　要：党的干部教育史是党史的重要组成部分，是党加强自身建设的重要体现。党的干部教育百年历程主要分为五个阶段：在干部教育起步与探索阶段（1921—1949年），党把干部教育工作作为贯彻落实党的政治路线的先导性措施，有力地推动了党各项事业的不断发展，最终赢得了新民主主义革命的胜利；在干部教育曲折发展阶段（1949—1976年），以毛泽东为核心的第一代中央领导集体高度重视干部教育工作，培养造就了一支适应新形势、新任务需要的干部队伍；在干部教育恢复与改革阶段（1976—1989年），随着"文革"的结束，党的干部教育工作也开始拨乱反正走向正轨，干部教育改革工作不断推进；在干部教育规范化发展阶段（1989—2012年），围绕改革开放宏伟事业的新要求，党大规模培训干部，大幅度提高干部素质，为中国特色社会主义建设事业提供了坚实干部保障；在干部教育创新发展阶段（2012年至今），党全面改革创新干部教育工作，建设中国特色干部教育体系。一百年来，党的干部教育事业伴随着党的事业而发展，在革命、建设和改革的伟大实践中，积累了丰富的经验，在庆祝中国共产党百年华诞之际，对党的干部教育史进行研究和总结，对我们更好地开展干部教育工作具有借鉴意义。

关键词：干部教育　建党百年　基本经验

中国共产党自1921年成立以来，至今已走过百年历程。一百年来，星星

[①] 本文系中国人事科学研究院2021年度研究课题《干部教育百年历程与基本经验研究》报告的部分内容。

之火发展成燎原之势，党始终牢记历史使命，带领中国人民在政治、经济、文化、社会等各个领域取得重大发展。党的干部教育史是党史的重要组成部分，是党加强自身建设的重要体现。党高度重视加强干部教育培训工作，自建党以来，干部教育经历了一个从无到有、从小到大、从摸索最终走向正规化、系统化和制度化的发展过程，共经历了五个阶段。在庆祝中国共产党百年华诞之际，对党的干部教育史进行研究和总结，对我们更好地开展干部教育工作具有借鉴意义。

一、干部教育的起步与探索（1921—1949 年）

新民主主义革命时期，党一直坚持马克思列宁主义，把革命的中心任务放在第一位，在落实党的路线、方针和政策教育的同时，把思想教育、理论教育、政治教育、反腐败教育巧妙地融入干部教育中，培育出一大批杰出干部。

（一）创办早期干部教育机构

建党初期和大革命时期，我们党在条件极为艰苦、资源极为缺乏的情况下，仍然十分重视干部教育培训。在《中国共产党第一个决议》中就提出，各种产业部门都要建立工人学校，提高工人的觉悟，并逐渐使之变成工人政党的中心机构。这是我们党关于干部教育的最早阐述。

1921 年 8 月，毛泽东同志参加党的一大回到湖南后，就在长沙创办了湖南自修大学，传播马克思主义，培养革命干部，作为"革新社会的准备"。北京、上海、湖南、湖北等地都开办了工人补习夜校等培训党员骨干的学校。

1924 年 5 月，党的执行委员会扩大会议指出，党内教育的问题非常重要，而且要急于设立党校养成指导人才。这是在党的历史上第一次明确提出设立党校。12 月，安源地委创办安源党校，刘少奇任校长，是党开办最早的一所党校。

1925 年 1 月，党的四大决议再次强调要设立党校，对党员进行系统的教育，以培养党员"对于主义的深切认识"。同年 10 月，党的四届执行委员会第一次扩大会议决定开办两类党校，一类是"地委之下的普通的党校"，任务是训练工人党员；另一类是"区委之下的高级党校"，任务是"训练政治知识较高和已有工作经验的党员"。各地党组织先后开办了高级党校和初级党校。

同时，各地党组织还针对工人运动、农民运动和军事工作人才缺乏的现实，设立了各种妇女运动训练班、农民运动训练班、讲习所，并积极选派党团员报考军校。国共合作设立的广东农民运动讲习所被誉为"农民革命的大本营",黄埔军校也培养了大批军事人才。在大革命时期开展的这些培训教育活动,一方面为轰轰烈烈的反帝反封建大革命作出了贡献,另一方面为第二次国内革命战争时期党领导的农村游击战争播下了革命的种子。

(二)初步形成干部教育思想

大革命失败后,中国共产党的中心任务是要发动工农武装,开展武装反抗国民党的统治。以毛泽东为代表的党内正确路线创造性地开辟了一条农村包围城市、武装夺取政权的革命道路。随着"工农武装割据"的展开和革命根据地的建立,党对干部的需求日益迫切。革命斗争的形势要求我们党必须加快干部教育培养的步伐,以为建立革命根据地、开展武装夺取政权这一中心任务服务。

这一时期中国共产党的干部教育思想随着干部教育实践的发展也初步形成,科学规定了苏维埃教育的总方针,建立了适合革命战争需要的教育制度,同时阐明了培养干部的重要性。1929年6月,中共六届二中全会通过的《宣传工作决议案》和《组织工作决议案》强调建立各级训练班以造就新的人才的重要性,并提出了学习马克思主义必须与中国的实际相结合的干部教育原则。面向工农大众,采取多种形式办学。党除了创办专门的干部学校吸收工农及其子女加以培养外,还深入工厂、矿山和农村举办各种训练班、工人夜校和农民夜校。

(三)提出"干部教育第一"的方针

在抗日战争时期,党的干部教育培训思想随着毛泽东思想作为全党指导思想的逐步确立而进一步成熟和系统化。从延安整风到党的七大,全党深刻总结了革命战争和党的建设正反两方面的经验,联系中国革命实际认真学习马克思列宁主义。为了适应抗战的需要,党强调"干部教育第一",并明确"以研究中国革命实际问题为中心"。

1939年2月,党中央专门成立了干部教育部,领导和组织全党干部教育工作,包括干部学校和在职干部教育。把马克思的诞辰日5月5日定为干部学习节,在全党开展了学习竞赛。

根据干部需求设置教育培训内容和学分,形成干部在职教育和学校教育相结合的干部培训格局。中央带头成立高级学习组,各级领导干部兼任干部院校教员。毛泽东同志亲自担任抗大(中国人民抗日军政大学)教育委员会主席,并给学员讲授"辩证唯物论",每星期讲两次,历时三个月,授课110多个小时。

毛泽东同志的《矛盾论》《实践论》《论持久战》等成为干部培训的最好

教材,而《改造我们的学习》《整顿党的作风》等也是为学员们作的报告。在这一时期,我们党十分重视调查研究和学以致用,强调"教、学、做"相统一,学习、生产和战斗相结合。

1941年12月,党中央下发《关于延安干部学校的决定》,指出"在教学方法中,应坚决采取启发的、研究的、实验的方式"。延安时期,党的干部教育工作不仅纳入了经常化、持久化的轨道,而且在教育培训原则和内容方法等方面都有创新。它的历史意义正如当时的《解放日报》社论指出的那样,"这是培养干部工作中的新纪元,这是中国教育上的革命"。

(四)党的六届六中全会提出在全党开展学习竞赛

1938年9月至11月,党中央在延安召开扩大的六届六中全会,通过了《中共扩大的六中全会政治决议案》,强调全党必须自上而下地努力学习马克思列宁主义理论,善于把马克思列宁主义和国际经验应用于中国的具体环境,反对教条主义。毛泽东代表党中央发出号召:"从我们这次中央全会之后,来一个全党的学习竞赛,看谁真正地学习到了一点东西,看谁学得更多一点、更好一点。"会后,党中央采取了一系列措施组织全党的学习,从而掀起了延安干部学习热潮。

1939年6月10日,毛泽东在延安高级干部会议上,对开展起来的学习运动作了9条指示。同年,实施了"延安在职干部教育暂行计划"。1940年1月3日,党中央下发了《关于干部学习的指示》,要求"全党干部都应当学习和研究马克思列宁主义的理论及其在中国的具体运用"。1940年3月20日,党中央发出《关于在职干部教育的指示》,对干部在职学习作了明确规定。

随后,8月13日,中央宣传部发出《关于加强干部策略教育的指示》,要求在职干部必须学习党中央的决议、决定,中央领导同志的有关策略的报告,党报上的重要文章,要提高干部策略思想,使干部真正掌握党的路线,学会在各种环境、各种情况中坚定灵活地贯彻党的路线,不迷失方向。10月20日,中央宣传部发出《关于提高延安在职干部教育质量的决定》,指出:"必须在学习上力求嚼得烂,懂得透。"

通过这些措施,这段时间干部的学习质量有了很大提高。八路军政治部成立战地考察团,陕甘宁边区经济指导处各研究组开始到前线、边区各县作实际调查,中央党校也组织学员到延川进行调查,写出不少报告,使理论学习与实践相结合。

(五)为迎接全国解放大规模培训干部

解放战争时期党坚持了抗战时期干部教育的方针政策,在以毛泽东为首的党中央的正确领导下，随着解放战争的顺利进行，党的干部教育也取得了进一步的发展。

1948年10月28日，党中央作出了《中央关于准备夺取全国政权所需要的全部干部的决议》（以下简称《决议》）。《决议》指出，有计划地大量地培养、训练和提拔干部，成为各级党委当前的主要任务。为此，《决议》要求，各中央局（分局）、区党委两级，应立即开办党校，抽调干部到党校学习，各级党委要配备成套"架子"，集中学习。各个解放区都制定了适应自己地区特点的在职干部教育政策，同时，分别建立了一套相关的学习制度、考核制度、领导制度、组织机构等。《决议》还具体规定：各大军区要开办军政大学或加强已有的军政学校，以培养军事及政工干部；创办中等学校并办好已有的中等学校，培养具有中等文化程度的人才；在可能开设大学的地区，应即开办正规大学，以培养政治、经济、文化各方面工作所需的较高级的人才。

各大解放区根据党中央的指示，纷纷采取措施举办了各种干部教育学校。这些干部学校招收了大批的知识青年，成为培养大批为工农服务的知识分子的革命熔炉，为迎接全国解放作出了巨大贡献。新老解放区都开展了学政治、学文化、学业务的学习运动，使党的干部队伍素质得到了迅速提高，有力配合了全国解放战争形势发展的需要。

（六）指定干部教育必读书目

1949年，中国人民解放军结束了三大战役，取得了解放战争的决定性胜利。1949年3月，党中央召开七届二中全会，描绘出了新中国的蓝图。全会指出，党的工作重心由农村转移到城市，必须要用极大的努力学会管理城市和建设城市。毛泽东告诫全党："如果我们在生产工作上无知，不能很快地学会生产工作，不能使生产事业尽可能迅速地恢复和发展，获得确实的成绩，首先使工人生活有所改善，并使一般人民的生活有所改善，那我们就不能维持政权，我们就会站不住脚，我们就会要失败。"①

中央政治局会议通过的党的1949年任务中提出，干部教育计划"即在干部训练学校中及在职干部中进行学习马恩列斯的理论及中国革命各项具体政策的计划，必须适合目前革命形势和革命任务的需要"。为了更有效地提高全党的政治理论水平，党中央重新编审了一套干部必读书目，由毛泽东审批送交西柏坡举行的七届二中全会。这套"干部必读"共计12种，包括《社会发展史》《政治经济学》《共产党宣言》《社会主义从空想到科学的发展》《帝

---

① 毛泽东. 毛泽东选集（第4卷）[M]. 北京：人民出版社，1991：1428.

国主义是资本主义的最高阶段》《国家与革命》《共产主义运动中的"左派"幼稚病》《论列宁主义基础》《联共（布）党史》《列宁斯大林论社会主义建设》《列宁斯大林论中国》《马恩列斯思想方法论》。

为了迎接新中国的到来，全党的干部兴起了学习热潮。在提高马列主义理论修养、提高文化知识水平的同时，党中央还要求全党干部努力学习经济工作和城市工作，对不同层次的人员分别开展培训，教育内容涉及工、商、医、艺术、邮电、铁路、师范、少数民族等多个专业，收到了明显成效。

二、干部教育的曲折发展（1949—1976年）

中华人民共和国成立后，以毛泽东为核心的第一代中央领导集体，始终重视干部教育工作，将其作为推进党的事业发展的组织保证，培养造就了一大批适应新形势、新任务需要的干部队伍，为中国共产党实现这一历史时期的政治路线和战略目标奠定了基础。

（一）制定发布干部教育指示和计划

中华人民共和国成立之初，党就清楚地认识到"干部已成为建设新中国的决定性的因素"。[①] 为大力加强干部教育培训，根据实践的需要，中国共产党制定发布了一系列指导干部教育培训的方针政策，指导着党的干部教育培训工作。

1949年9月召开的中国人民政治协商会议，代行人民代表大会的职权，制定了起临时宪法作用的《中国人民政治协商会议共同纲领》，提出"加强劳动者的业余教育和在职干部的教育，以适合革命工作和国家建设工作的广泛需要"。干部教育被纳入国家大法，摆到了重要地位。[②] 党中央、政务院连续印发文件，包括《关于大量吸收和培养少数民族干部的指示》《关于开展职工业余教育的指示》《关于在职干部学习问题的通知》《关于举办工农速成中学和工农干部文化补习学校的指示》等系列文件，全面部署和加强干部教育培训工作。

1951年2月，党中央下发《中共中央关于健全各级宣传机构和加强党的宣传教育工作的指示》，提出："为培养使用担任宣传工作和思想工作的干部，各级党委宣传部应吸收若干有培养前途的青年党员，直接予以指导，帮助其进修，并予以应有的政治待遇。"

1953年，由于我国第一个五年计划已经开始实施，党中央发出《中国共

---

① 中央文献研究室. 建国以来重要文献选编（1）[M]. 北京：中央文献出版社，1992：270.
② 中央文献研究室. 建国以来重要文献选编（1）[M]. 北京：中央文献出版社，1992：11.

产党中央委员会关于一九五三——一九五四年干部理论教育的指示》，要求全党主要干部都要系统地了解苏联实现工业化、农业合作化和完成社会主义建设的基本规律，以便适应全党在进入经济建设时期的需要，为进一步学习马克思列宁主义理论以及政治经济学做好准备。①

11月，党中央发布的《关于统一调配干部，团结、改造原有技术人员及大量培养、训练干部的决定》指出，必须大量培养、训练新的技术工人和新的技术专家，并应视条件的可能，举办更多的中等技术学校，大量招收革命青年知识分子和先进工人以及抽调一批在职干部入学，加以系统的培养和训练。②

随着"一化三改"过渡时期总路线和总任务的确立和实施，国家需要大量忠于社会主义事业并具有一定文化、技术水平和一定业务能力的干部，特别是工业技术干部。1953年年底，中央出台《关于加强干部文化教育工作的指示》，要求各级党委、政府要充分认识干部文化教育对社会主义建设事业的重要性。

1954年12月，中央制定了《中共中央关于轮训全党高、中级干部和调整党校的计划》，有步骤地把全党各方面的高级、中级干部，调入党校轮训，并制定了高级、中级党校调整和轮训计划。③

1955年7月，发展国民经济的第一个五年计划提出："训练培养各项建设人才，提高在职干部的理论、政策、业务文化、技术的水平。"④这些系列文件和政策的出台对党的干部教育方针政策措施作出了明确规定，体现了党对干部教育的总体要求，指导和推动了干部教育工作规范开展。

(二) 开展执政后系统的思想政治教育

1950年3月25日，党中央发出《关于全党学习〈斯大林、毛泽东论共产党员要善于和非党群众团结合作〉的指示》，批评了党内一些干部向党外群众摆革命老资格，不愿或不善于和党外群众和民主人士合作的关门主义的错误。教育广大党员干部重视群众工作，摆正官民关系，放下官架子，与人民同甘共苦，为人民谋利益。为了密切联系群众，接受群众的公开监督，在党的七届三中全会上，毛泽东就号召进行一次大规模的整风运动，以提高干部和一般党员的思想水平和政治水平。⑤

---

① 中央文献研究室. 建国以来重要文献选编 (1) [M]. 北京：中央文献出版社，1992：15.
② 中央文献研究室. 建国以来重要文献选编 (6) [M]. 北京：中央文献出版社，1993：25.
③ 中央文献研究室. 建国以来重要文献选编 (1) [M]. 北京：中央文献出版社，1992：17.
④ 中央文献研究室. 建国以来重要文献选编 (6) [M]. 北京：中央文献出版社，1993：525.
⑤ 中央文献研究室. 建国以来重要文献选编 (2) [M]. 北京：中央文献出版社，1993：36.

1950年5月，党中央发出《中共中央关于在全党全军开展整风运动的指示》，在分析党的领导干部当中存在的严重问题后，明确规定：严格地整顿全党作风，首先是整顿干部作风。这次全党整风是党执政以来第一次系统地对党的干部进行思想政治教育。① 这次整风运动持续了半年多，是中国共产党执政以来对党员干部进行的第一次大规模的思想政治教育，到1950年才顺利结束。

这次整风运动暴露出部分党员、干部存在比较严重的问题。1951年，中央通过了《关于整顿党的基层组织的决议》，要求在这次整党运动中对党员普遍进行共产主义教育和怎样做一个共产党员的教育，解决党的某种程度上的组织不纯和思想不纯的问题。通过整风和整党运动，党对广大党员干部进行了广泛的思想教育。

1951年12月，针对在精兵简政、增产节约运动中发现的一些干部中存在的严重的贪污浪费问题，中央作出《关于实行精兵简政、增产节约、反对贪污、反对浪费、反对官僚主义的决定》。1951年底到1953年，党在全国掀起了"三反"——反贪污、反浪费、反官僚主义的运动，发动群众揭发检举，严厉惩处了大批贪污腐败分子。②

1952年下半年，党提出过渡时期总路线后，开展了过渡时期总路线学习教育。在国民经济"一五"计划期间，进行有计划的经济建设的思想教育；在社会主义改造中进行互助合作的集体主义思想教育；在镇压反革命斗争中对干部进行"纠偏"教育，结合抗美援朝进行国际主义和爱国主义教育；根据新中国法制建设的需要进行了民主法制教育；根据意识形态和文化领域斗争的需要开展了宣传唯物主义、批判资产阶级唯心主义教育等。③

党的七届四中全会之后，中央发出了《关于传达和学习七届中央委员第四次全体会议的文件通知》，要求各部门、各地区党组织都召开了有关会议，传达了七届四中全会精神，对高岗、饶漱石的反党罪行进行了讨论，并对党内干部进行了党内团结教育，开展了批评与自我批评，提高了全党维护党的团结和统一的自觉性，取得了良好的成效。

（三）推进文化知识和专业知识教育

中华人民共和国成立初期，全国干部队伍中有一半以上没有达到初中文化程度，难以应对工作。针对这种情况，中央提出要加强干部特别是工农干

---

① 中央文献研究室. 建国以来重要文献选编（2）[M]. 北京：中央文献出版社, 1993：102.
② 中央文献研究室. 建国以来重要文献选编（2）[M]. 北京：中央文献出版社, 1993：106.
③ 中央文献研究室. 建国以来重要文献选编（2）[M]. 北京：中央文献出版社, 1993：115.

部的文化知识教育，不断提升他们的文化素质。1949年12月，新中国第一次全国教育工作会议提出"教育为国家建设服务、向工农大众开门"的总方针。

1950年9月，第一次全国工农教育工作会议召开，修订并通过了《关于举办工农速成中学和工农干部文化补习学校的指示》等6项草案。会后，各地纷纷采取有效措施认真落实会议精神，各部队、机关工厂、学校大量举办工农速成中学，对高小文化程度的工农干部和工农青年进行正规的文化教育。①

1950年10月，党中央出台《关于在职干部学习问题的通知》，停止原来的每日两小时的学习制度，筹办机关干部学校。12月，政务院发出《关于举办工农速成中学和工农干部文化补习学校的指示》，提出要在全国举办工农速成中学和工农干部文化实习学校，以加强工农干部文化教育，尽快使他们达到中学文化程度水平。按照这一指示，1951年2月10日，教育部颁布《工农速成中学暂行实施办法》和《工农干部文化补习学校暂行实施办法》，在中央和省、市两级大力兴办工农速成中学和工农干部文化补习学校，大量吸收文化低的干部进入学校学习。

1953年12月，党中央发出《关于加强干部文化教育工作的指示》，提出"大量培养与选拔工农干部和有计划地提高他们的政治、文化、业务水平，使他们成为各项建设事业的骨干，乃是贯彻党在过渡时期总路线的一项重大的政治任务和组织任务"。②

在党中央的指示下，全国各地大量举办文化学校，形成了工农速成初等学校、工农速成中学、业余中学（初级和高级）等工农教育体系。到1955年底，干部文化教育已有了相当的规模：全国共有业余文化学校3 546所，在校人数达131万人；干部文化学校256所，在校人数84 729人。③

（四）建设干部教育培训基地

1. 创办马列学院

1947年3月，延安中央党校随党中央转移停办。而随着解放战争的胜利发展，又迫切需要提高党的干部理论水平。1948年7月24日，党中央作出了《关于创办马列学院的决定》，决定由中央直接创办高级党校，名为马列学院，明确规定马列学院的任务为"比较有系统地培养具有理论的党的领导干部和宣传干部"。

---

① 干部教育手册［M］. 北京：中央党校出版社，1990：25.
② 干部教育手册［M］. 北京：中央党校出版社，1990：38.
③ 李小三，吴黎宏. 干部教育研究［M］. 北京：党建读物出版社，2006：58.

1949年马列学院随中央迁入北京。1953年，根据中央决定，全校分高一、二两部。第一部（后来改为师资训练部）的任务是培养高等学校、党校的马列主义课程的师资，第二部的任务是培养具有相当独立工作能力的党的各项实际工作的领导干部。

2. 建设初中高级各级党校

为适应新中国建设对干部人才的需求，中央决定加大干部轮训工作力度。1954年12月，中央作出《关于轮训全党高、中级干部和调整党校的计划》，决定把全党高中级干部纳入党校轮训。文件指出，中级党校的任务，是轮训地委委员、县委正副书记、县长以及相当于这一级的干部。

1955年，马列学院更名为高级党校，中央规定的主要任务是轮训地委正副书记、专员和相当于这一级以上的高级干部，并附设师资训练部。关于新建中级党校问题，经党中央批准的《中央宣传部关于召开干部理论教育工作座谈会的报告》规定，在1955年增设七所中级党校（北京、河北、内蒙古、黑龙江、新疆、福建、云南）。

1956年2月，党中央发出《中央关于加强初级党校工作的指示》，要求今后各省市委党校，一律改称初级党校。其任务主要是轮训党的初级领导骨干，给他们以马克思列宁主义基础知识、党的路线、政策及党的建设的教育，以提高他们的政治思想水平，使他们更好地完成党的各项工作任务。①

1959年，为了适应我国社会主义建设的需要，结合十年来的办学经验，党中央批准高级党校《关于今后工作任务的报告》。高级党校的任务由轮训干部改为培养理论干部，并努力成为全国马克思列宁主义理论教学和研究活动的中心。

党中央对各级党校从训练任务到课程设置等方面都做了非常详尽的安排和规定，在中央和省区市党委的重视下，各地党校有了较大发展，各级党校逐步走向正轨，成为干部教育的重要阵地。全国逐步建立了由高级党校、中级党校、初级党校、城市夜党校和新党员训练班构成的比较完整的党校教育梯级网。这些党校在党的干部教育中起关键性作用，为新中国成立初期的国家建设培养了大批优秀的领导干部。

（五）出版发行《毛泽东选集》

为了推进全党理论学习，适应全党特别是党的各级领导干部学习毛泽东思想的需要，1950年党中央成立了《毛泽东选集》出版委员会，陆续编辑出

---

① 中央文献研究室. 建国以来重要文献选编（6）[M]. 北京：中央文献出版社，1993：678.

版了《毛泽东选集》第一卷至第四卷。

（六）加强干部教育师资队伍建设

随着党和国家的各级各类干部数量的急速增长，在职和干部院校的理论学习、理论教育的任务日益繁重，缺少学习资料和培训教材等问题日益突出，而最突出和急需解决的问题是缺少教员。

1951年2月出台的《中共中央关于加强理论教育的决定（草案）》指出："解决理论教员问题是目前在全党展开理论学习的主要关键。对于理论教员必须认真培养。中央、中央局、中央分局和省委所举办的党校都应当担负培养理论教员的任务。"① 按照党中央的要求，各地举办了一批理论教员短期培训班。

1952年9月，党中央发出了《关于培养高等、中等学校马克思列宁主义理论师资的指示》，为培养各级各类学校的政治理论课师资，加强对教员的马克思列宁主义理论教育和思想建设，作出了一系列有针对性地指示。② 为加强培养理论教员的力度，1953年2月，党中央决定马列学院一部专门为各高等院校和党校培养理论教员，为大规模教育培训干部做好必要的师资准备。

1955年7月出台的《中共中央组织部、中共中央宣传部关于设置和培养专职理论教员实施办法的通知》，对设置和培训专职理论教员作了具体规定：专职理论教员的工作就是讲课、解答问题和对辅导员必要的帮助。各级党委必须保证专职教员有时间读书、备课，非因特殊情况不要让他们担任与理论教学无关的工作，同时，根据工作需要吸收他们参加党的有关会议，阅读党的有关文件，帮助他们在教学中能适当联系实际。

三、干部教育的恢复与改革（1976—1989年）

改革开放以来，中国共产党领导全国人民取得了举世瞩目的成就。党的事业的发展离不开干部教育事业的推动，改革开放为党的干部教育事业带来了新的挑战与机遇。

（一）恢复和重建各级党校

"文化大革命"期间，干部教育工作受到严重破坏，正常的工作秩序被打乱，各级干部教育工作机构、党校陷于瘫痪、半瘫痪，甚至被撤销。"文化大革命"结束后，干部教育工作逐步得到恢复、重建和发展。1977年，中央党校复校。1977年10月5日，党中央作出《关于办好各级党校的决定》。

---

① 中央文献研究室. 建国以来重要文献选编（2）[M]. 北京：中央文献出版社，1993：89.
② 李小三，吴黎宏. 干部教育研究 [M]. 北京：党建读物出版社，2006：69.

1977年10月9日，中央党校举行开学典礼。党中央主席兼任中央党校校长华国锋，党中央副主席叶剑英、邓小平，党中央副主席兼中央党校第一副校长汪东兴等参加了开学典礼。

从1977年党中央发出《关于办好各级党校的决定》到1982年党的十二大，是党校教育恢复阶段。党校恢复初期，主要是系统地学习马克思主义哲学、政治经济学、科学社会主义、党的建设等课程，开展以拨乱反正为主要内容的学习教育和真理标准讨论，澄清被林彪、"四人帮"搞乱了的重大理论问题。

为了贯彻十一届三中全会精神，1979年12月，党中央召开了全国党校工作座谈会。这次会议对解决党校工作中存在的问题，提出具体要求。这些重大原则规定，进一步推动了党校教育的恢复重建工作，各级党委普遍加强了对党校工作的领导，干部培训规模进一步扩大，提高了各级干部的马克思主义水平，使他们在思想上、政治上与党中央保持一致。

（二）号召全党要善于重新学习

1978年12月13日，邓小平在中央工作会议闭幕会上发表题为《解放思想，实事求是，团结一致向前看》的重要讲话，号召全党同志一定要善于学习，善于重新学习。

邓小平强调，实现四个现代化是一场深刻的伟大的革命，在这场伟大的革命中，我们是在不断地解决新的矛盾中前进的。因此，全党同志一定要善于学习，善于重新学习。全国胜利前夕，毛泽东同志曾号召全党重新学习。那一次我们学得不坏，进城以后，很快恢复了经济，成功地完成了社会主义改造。这些年来，应当承认学得不好。主要的精力放到政治运动上去了，建设的本领没有学好，建设没有上去，政治也发生了严重的曲折。现在要搞现代化建设，就更加不懂了。所以全党必须再重新进行一次学习。

邓小平提出，根本的是要学习马列主义、毛泽东思想，要努力把马克思主义的普遍原则同我国实现四个现代化的具体实践结合起来。他说，当前大多数干部还要着重抓紧三个方面的学习：一个是学经济学，一个是学科学技术，一个是学管理。学习好，才可能领导好高速度、高水平的社会主义现代化建设。从实践中学，从书本上学，从自己和人家的经验教训中学。要克服保守主义和本本主义。几百个中央委员，几千个中央和地方的高级干部，要带头钻研现代化经济建设。

邓小平的讲话提出了当前实现历史转折和进行现代化建设所面临的最重大、最关键的问题，为即将举行的中共十一届三中全会明确了指导思想，指明了党在今后的主要任务和前进方向。

(三) 明确提出干部教育方针

党的十一届三中全会以后，党中央极其重视对全党干部的教育培训工作。1980年2月25日，中央宣传部、中央组织部发布《关于加强干部教育工作的意见》（以下简称《意见》），明确提出了新时期干部教育的方针，并对干部教育的地位、作用，干部教育的目标和政策作了阐述。它是干部教育工作进入新的发展阶段的重要标志。

《意见》强调，各级党委都应把干部教育工作列入重要议事日程。必须根据实际情况，对各级各类干部的培训统筹安排，制定近期的和长期的干部教育规划，并且检查规划的落实。

《意见》对干部培训渠道的建立产生了积极作用。1979年时，干部培训只有刚刚恢复的党校一条渠道，而且党校的教学力量一般还比较薄弱，干部院校基本上还没有。干部院校的建立，较早的是煤炭管理干部学院等工业部门的干部院校，后来各部委、各省市普遍建立干部院校或干部培训中心，轮训了大批干部。

(四) 制定第一个全国干部教育规划

进入20世纪80年代，中央开始通过全国性干部教育规划统筹推进全国的干部教育工作。《1983—1990年全国干部培训规划要点》是中华人民共和国成立以来第一个全国性的干部培训规划，也开启了改革开放以后党通过干部培训规划统筹推进干部培训工作的方式。

(五) 加强中央党政机关干部教育

党的十一届三中全会以后，随着全党工作重心的转移，干部教育工作有了很大的恢复和发展。为了适应新形势的需要，有步骤地改革领导机构和干部制度，加强干部的教育和训练，实现干部队伍的革命化、年轻化、知识化、专业化，1982年10月3日，党中央、国务院作出《关于中央党政机关干部教育工作的决定》（以下简称《决定》）。

《决定》的实施有效推动了干部教育工作的正规化、制度化、规范化。《决定》下发不久，中央组织部、中央宣传部、中央党校组织召开了第二次全国党校会议，提出了实现干部教育正规化的意见。1983年5月，中央印发了《关于实现党校教育正规化的决定》，它解决了新时期实现干部教育正规化的许多问题，对培训和造就适应社会主义现代化建设需要的各级党政领导骨干，具有重大意义。

5月18日，国务院批转了教育部等五部委上报的《关于成立管理干部学院问题的请示》,指出"这是一项新的事业"。管理干部学院的成立扩大了干部教育培训的渠道,实现了干部教育培训的专业化。1983年,中央组织部印发《全国干部培训规划要点》,对全国干部队伍作出八年培训规划。此后,各类干部教育培训的中长期规划相继出台。

(六)召开全国干部教育工作座谈会

1983年12月15日至24日,中央组织部和中央宣传部联合召开了全国干部教育工作座谈会。参加这次座谈会的有各省、自治区、直辖市党委组织部、宣传部主管干部教育工作的负责人,部分省市的经委和教育部门的负责人,中央国家机关主管干部教育的有关负责人,解放军原总政治部以及一些干部教育工作搞得较好的单位负责人,共300余人。会议内容主要是学习中央关于整党、加强思想战线工作和关于加强干部教育工作的文件,交流各地区、各部门干部教育工作经验,讨论落实全国干部培训规划并研究安排对党员干部进行整党教育的工作。

(七)建立健全省部级在职领导干部学习制度

1989年12月27日,党中央发出《关于建立健全省部级在职领导干部学习制度的通知》。党中央决定,进一步建立健全省部级在职领导干部的学习制度,通过有领导、有计划的学习培训,帮助省部级在职领导干部提高马克思主义的理论素养,增长领导才干。文件要求,各省、自治区、直辖市党委、政府和中央、国家机关各部委的领导干部,每届任期内,须到中央党校进修一次。主要学习马克思主义的世界观和方法论,联系实际,研究弄清一些重大问题,充实理论基础,提高理论水平。省、自治区、直辖市党委、政府和中央、国家机关各部委的领导干部每年至少拿出半个月时间,选读一些马克思主义理论著作和其他有关书籍,结合实际,集中精力思考一些问题,总结经验。基本的学习内容和学习篇目由中央宣传部研究拟定。学习结束,应写出理论与实际相结合的学习心得,向所在党组织汇报。

四、干部教育的规范化发展(1989—2012年)

改革开放的不断深入发展以及党和国家工作重心的转移对党的领导干部提出了新的要求。为了使党的领导干部具备适应新形势和解决新问题的能力,党将干部教育作为政治体制改革的重要内容来抓。

(一)提出建设马克思主义学习型政党

2004年9月,党的十六届四中全会第一次在党的文件中提出"努力建设学习型政党"。2007年10月召开的党的十七大提出,"以改革创新精神全面推进党的建设新的伟大工程""要按照建设学习型政党的要求,紧密结合改革开放和现代化建设的生动实践,深入学习马克思列宁主义、毛泽东思想、邓小平理论和'三个代表'重要思想,在全党开展深入学习实践科学发展观活动,坚持用发展着的马克思主义指导客观世界和主观世界的改造,进一步把握共产党执政规律、社会主义建设规律、人类社会发展规律,提高运用科学理论分析和解决实际问题的能力"。

2009年9月15—18日,党的十七届四中全会通过了《关于加强和改进新形势下党的建设若干重大问题的决定》(以下简称《决定》)。《决定》强调要"建设马克思主义学习型政党,提高全党思想政治水平"。《决定》要求,建设学习型党组织。在全党营造崇尚学习的浓厚氛围,积极向书本学习、向实践学习、向群众学习,优化知识结构,提高综合素质,增强创新能力,使各级党组织成为学习型党组织,各级领导班子成为学习型领导班子。

为了把党的十七届四中全会建设马克思主义学习型政党的战略任务落到实处,2010年2月,中共中央办公厅专门印发了《关于推进学习型党组织建设的意见》,要求把各级党组织建设成为学习型党组织,强调"建设学习型党组织是建设学习型政党的一项基础工程",明确了建设学习型党组织的意义、要求、原则和学习的主要内容、方法、途径等,对学习型党组织建设作出重要部署和具体指导。

(二) 建立健全干部教育培训法规制度体系

2006年1月,党中央印发《干部教育培训工作条例(试行)》(以下简称《条例》),用党内法规的形式对干部教育培训作出明确规定。《条例》对干部教育的指导思想、基本原则、主要内容和关键环节等方面作出明确规定,形成了完整的教育培训制度体系。

《条例》的颁布,是我们党的历史上首次以法规的形式对干部教育作出全面系统的规定,是我们党第一部干部教育培训的党内法规,党的干部教育工作制度化、法规化建设的里程碑式文件,也是干部教育培训改革创新发展的基本规章。《条例》在完善培训内容、改进培训方式、增强培训实效等方面进行了大量创新,明确了培训依据,拓展了培训内容。

(三) 实施全国干部教育培训五年规划

围绕党的中心工作和任务,党对干部教育培训工作的宏观管理不断增强,制度化建设稳步推进,其中的一个重要体现就是实施全国干部教育培训的五年规划。从党的十三届四中全会到党的十七大形成了四个全国性干部培训规划,分别是《1991—1995年全国干部培训规划要点》《1996—2000年全国干部教育培训规划》《2001—2005年全国干部教育培训规划》《2006—2010年全国干部教育培训规划》，第一个五年规划由中央组织部印发，之后的五年规划由中央印发。这一时期的干部教育培训五年规划与国民经济和社会发展的五年计划实现同步。规划的出台本身既是我国干部教育培训制度化的重要体现，也进一步推进了干部教育培训工作的制度化建设。

（四）印发《公务员培训规定（试行）》

为推进公务员培训工作科学化、制度化、规范化，建设高素质的公务员队伍，根据《中华人民共和国公务员法》《干部教育培训工作条例（试行）》和有关法律法规，2008年6月27日，中央组织部、人力资源和社会保障部印发《公务员培训规定（试行）》（以下简称《规定》），对国家公务员的培训作了具体规定。《规定》共分为八章，分别是总则、培训对象、培训分类、培训方式、培训保障、培训登记与评估、监督与纪律、附则。

（五）召开全国干部教育培训工作会议

2008年7月16日至17日，经党中央批准，中央组织部在北京召开了全国干部教育培训工作会议。会议的主要任务是，高举中国特色社会主义伟大旗帜，坚持以邓小平理论和"三个代表"重要思想为指导，深入贯彻落实科学发展观，回顾总结改革开放30年来干部教育培训工作的经验，根据党的十七大精神研究部署新一轮大规模培训干部工作。

习近平在讲话中强调，干部教育培训工作是干部队伍建设的先导性、基础性、战略性工程，各级党委要进一步增强责任感和使命感，继续解放思想、坚持改革创新、更加扎实工作，推动干部教育培训工作有一个新的大改进、大提高，努力为全面建设小康社会提供有力的思想保证、人才保证和智力支持。

习近平指出，在干部教育培训中，理论教育是根本，知识教育是基础，党性教育是关键。要坚持提高能力与增强党性相统一，更加突出党性教育，帮助干部始终保持政治上的清醒和坚定，始终保持高尚的道德情操，始终保持共产党人的本色。

习近平强调，良好的学风是教育培训质量的保证。要教育引导广大干部在学习培训中坚持理论联系实际，努力提高运用马克思主义立场、观点、方法分析和解决实际问题的能力，把学习培训收获体现到为实现党的基本路线、基本纲领而奋斗的实践上，体现到做好本职工作上，做到理论与实际、学习与运用、言论与行动相统一。

（六）推进干部教育基地建设

1. 成立国家行政学院

1987年10月，党的十三大提出要进行干部人事制度改革，建立国家公务员制度，抓紧制定国家公务员条例及相应的配套措施，组建国家公务员管理机构，筹办国家行政学院。1988年3月，七届人大一次会议通过了开办国家行政学院的决定。经过6年的筹备，国家行政学院于1994年9月21日正式成立。

1996年9月11日，国务院批转了《国家行政学院办学工作的若干意见》，明确了国家行政学院的性质、地位、办学方针、培训对象、培训目标、主体班次、队伍建设、教材建设、科研工作、交流合作、教学保障、后勤服务等一系列重要问题。

1996年10月28日，国家行政学院正式落成，在京举办了隆重的落成典礼。2001年5月15日，国务院办公厅印发《国家行政学院职能配置、内设机构和人员编制规定》，对国家行政学院的职能调整、主要职责、内设机构以及人员编制进行了规定。

2009年，国务院发布的《国务院关于加强和改进新形势下国家行政学院工作的若干意见》指出，加强和改进国家行政学院工作是新形势新任务的迫切要求，文件提出了加强和改进国家行政学院工作的总体要求和主要任务。

2. 创建中国浦东、井冈山、延安三所干部学院

党的十六大后，为学习贯彻"三个代表"重要思想，加强21世纪的干部教育培训，落实大规模培训干部、大幅度提高干部素质的战略任务，2002年，党中央、国务院决定在浦东、井冈山、延安建立三所干部学院。同年12月，建设工作正式启动。2003年6月中下旬三所干部学院陆续奠基开工，2004年底建成，2005年3月16日三所干部学院正式开学。建设中国浦东、井冈山、延安三所干部学院，是党中央从推进中国特色社会主义伟大事业和党的建设新的伟大工程全局出发作出的一项重大决策。

（七）加强干部培训教材建设

各地各部门组织编写的一些干部学习培训教材缺乏统一规划，系统性不够，存在重复编写、质量不高的现象，为此，《1996—2000年全国干部教育培训规划》提出，要逐步建立适应干部需要、具有时代特色、内容规范适用的干部培训教材体系。1998年11月，中央组织部牵头成立了全国干部培训教材编审协调小组，后来在此基础上成立了全国干部培训教材编审指导委员会，主要负责统一指导和协调培训教材的规划，加强培训教材的编审，组织编写适应不同层次干部培训需要的教材。

2002年、2006年、2011年,第一至三批全国干部学习培训教材相继出版发行。三批干部培训教材在整体布局和结构上相互衔接,主题突出、内容丰富、形式新颖,符合干部学习培训的实际需求,初步形成了全国干部学习培训的教材体系。

五、干部教育的创新发展（2012年至今）

党的十八大以来,党中央从党和国家事业的发展全局出发,大规模培训干部,大幅度提高干部素质,从顶层设计上出台了一系列干部教育培训政策制度与法规。

（一）提升干部教育法治化、规范化水平

1. 出台《干部教育培训工作条例》

2015年,党中央印发《干部教育培训工作条例》（以下简称《条例》）,进一步细化了对培训机构、师资、学员的纪律规定,明确了主管部门、用人单位、培训机构和教师的责任义务,强化了从严管理、依法治教的导向。

《条例》进一步指明了干部培训工作的方向,要求把培训"姓党"的要求贯穿干部教育培训全过程,强调干部教育培训必须始终坚持社会主义办学方向,用马克思主义中国化的理论成果特别是最新成果凝心聚力,提高广大干部的政治水平和理论水平,将思想统一到党的理论和路线方针政策上来,为推动党和国家事业发展提供思想保证。

2. 推进全国干部教育培训规划

党的十八大以来,中央发布了两项全国性的干部教育培训五年规划:《2013—2017年全国干部教育培训规划》,《2018—2022年全国干部教育培训规划》（简称2018年《规划》）。这两项五年规划及时吸收了党的建设、组织建设和人事制度改革的最新成果,围绕党和国家建设的新形势、新任务、新要求设计培养目标、培养内容,对干部教育培训体系的建设、机构的建设提出更高、更明确,也更具有针对性的要求,在规划的落地性方面做了大量改进和探索,是新时期开展干部教育工作的基本依据。

（二）深入开展新时代党性教育

随着中国特色社会主义进入新时代,党性教育也进入新时代。党的十八大以来,以习近平同志为核心的党中央坚持党要管党、全面从严治党,把党性教育作为党的思想建设的根本任务,围绕加强和改进党性教育,作出一系列重大部署,采取一系列有效举措,取得一系列重大成效,党性教育不断深化发展。

党的十八大以来，党把党性教育摆在更加突出的位置，通过在党规法规和文件中对党性教育作出专门规定，以制度形式巩固和提升党性教育的地位作用，党内法规和文件中涉及党性教育的内容越来越多。作为党中央干部教育培训主管部门，中央组织部对党性教育工作作出重要安排，2013年8月专门印发《关于在干部教育培训中进一步加强和改进党性教育的意见》，这是党第一份专门针对干部教育培训中加强党性教育的重要文件，明确了党性教育的主要任务和工作要求，围绕增强党性教育的针对性、实效性提出了一系列措施。

(三) 强化干部教育基地建设

习近平总书记高度重视党校（行政学院）工作。党的十七大之后他在兼任中央党校校长的5年时间里，对党校事业倾注了大量心血，其中在中央党校19次开学典礼上作重要讲话，讲授开学第一课。党的十八大后，他出席中央党校建校80周年庆祝大会并发表重要讲话，强调"要在全党大兴学习之风，依靠学习和实践走向未来"。2015年11月23日，习近平总书记主持召开中央政治局会议，审议通过《中共中央关于加强和改进新形势下党校工作的意见》，而后又出席全国党校工作会议并发表重要讲话。

整体来看，党的十八大以来，全国各级各类的干部学院得到了快速发展，干部学院的办学数量不断增加，在全国的覆盖范围更广。从分布范围来看，基本覆盖了全国主要的省市地区；干部学院的办学质量不断提高，首先就体现在干部学院的层次划分更加细致清晰。从干部学院的级别划分来看，既有国家级干部学院，又有省（部）级的干部学院，可以满足不同级别党员干部的教育培训需求。

(四) 加强干部教育师资队伍和教材建设

1. 师资队伍建设

2018年《规划》提出加强师资队伍建设。加大名师培养吸收力度，把干部教育培训师资纳入各级人才政策支持范畴，努力造就一批马克思主义理论大家和忠诚于马克思主义、在学科领域有影响力的知名专家，定期评聘全国干部教育名师，给予支持和奖励。继续实施骨干教师培养计划，建立健全专职教师知识更新机制和实践锻炼制度，加大对基层师资队伍建设支持力度，建立健全符合干部教育培训特点的师资准入和退出机制、师资考核评价体系、职称评定和岗位聘任办法、人才激励机制，加强和改进兼职教师选聘和管理，出台领导干部上讲台实施意见，推进优秀师资共享，建好用好各级师资库。

2. 教材建设

党的十八大以来，干部教育教材建设取得新进展，推出了一批体现马克思主义中国化最新成果、特色鲜明的课程教材。2015年、2019年，第四、五批全国干部学习培训教材相继出版，2021年，《全国基层干部学习培训教材》出版发行。

（五）改进干部教育学风

2013年3月，中组部印发《关于在干部教育培训中进一步加强学员管理的规定》，针对干部教育培训中存在的突出问题，提出9条具体规定并抓好落实。深入贯彻落实中央"八项规定"精神，进一步严格学员管理、切实改进干部教育培训学风。

2018年《规划》提出大力弘扬理论联系实际的马克思主义学风，做到学以致用、用以促学、知行合一。落实意识形态工作责任制，把讲政治贯穿教学、科研、管理全过程，严以治校、严以治教、严以治学。坚持艰苦奋斗、勤俭办学。严格教师管理，严肃教师讲课、参加会议、接受采访、发表文章等纪律要求，旗帜鲜明反对和抵制各种错误观点。加强学员管理，严格执行并适时修订《关于在干部教育培训中进一步加强学员管理的规定》。定期开展学风督查。

（六）健全干部教育培训制度体系

2018年《规划》提出健全干部培训制度体系，具体提出以下六方面内容：一是完善需求调研制度，二是健全组织调训制度，三是健全教学组织管理制度，四是建立健全干部教育培训考核评价制度，五是建立健全干部教育培训质量评估制度，六是建立健全干部教育培训工作督查制度。

六、百年干部教育的基本经验

党的干部教育历经百年，积累了丰富的经验，对新时代党的干部教育工作具有重要的指导和借鉴意义。

（一）坚定马克思主义信仰和对党的忠诚教育

党的干部教育培训要为干部队伍筑牢马克思主义信仰，使之成为干部队伍提高治理能力的精神支撑。一方面，要加强马克思主义经典理论学习，在理论上学懂弄通悟透马克思主义的深刻内涵；另一方面，要掌握习近平新时代中国特色社会主义思想，在思想上加深对中国化马克思主义的认同。培养干部对党的政治忠诚。教育干部要在思想上、行动上与党中央保持高度一致，牢固树立"四个意识"、坚定"四个自信"、坚决做到"两个维护"，以勇于担当的作为和求真务实的作风把党中央决策部署落到实处。

（二）加强对党员干部的教育管理

加强对党员干部的教育管理是坚持党的全面领导的根本要求。一是将党管干部的原则贯彻落实到干部教育培训的全过程，将党的理论政策、路线方针通过教育培训的方式落实到党员干部的干事创业的具体行动上。二是通过治理成效来筛选党的干部，把党员干部的制度执行力、治理能力和治理水平作为选拔任用的重要依据。

（三）坚持实事求是的干部教育路线

干部教育要坚持实事求是、理论联系实际的基本规律，强调实事求是要贯穿于干部教育的全过程。干部教育培训工作必须从干部教育培训的规律和实际出发，坚持以人为本的原则，因需施教，注重实效性，因人施教，注重针对性，因时施教，注重时代性，使干部教育培训工作不断跃上新台阶。

（四）健全干部教育制度体系

一是要完善教学组织管理制度，包括集体备课、教学督导、跟班培训、管理者培训、师资队伍建设等，为干部教育培训提供制度保障；建立干部教育培训机构一体化制度，整合各类干部教育培训资源，促进优势互补，从而提高教育培训资源利用效率。二是要健全干部教育培训质量评估制度，扩大质量评估的时空维度、丰富质量评估的指标体系、扩充质量评估的评价标准，多维度、多元化、多方式地对干部教育培训质量进行评估，探索建立干部教育培训登记管理制度、干部教育培训跟踪管理制度，实现对教育培训全过程管理。

（五）完善教育培训内容体系

干部教育培训的战略定位，与党在四个不同历史时期的政治路线、思想路线、组织路线联系在一起，随着党所肩负的救国、兴国、富国、强国的历史任务演变而动态发展。因此，紧紧围绕党和国家中心任务，自觉服务党和国家工作大局，在干部教育培训的目标、任务、内容、形式等方面，因时因势作出调整，才能通过教育培训造就适合时代需要的干部队伍。新时代干部教育培训工作，就是要为全面建设社会主义现代化国家，实现第二个百年奋斗目标，培养造就一支忠诚干净担当的高素质干部队伍。

（六）创新干部教育方式方法

一是将理论学习和实践锻炼相结合，用理论指导实践，用实践深化理论认识，实现理论和实践的深度融合；将分级培训和按需施教相结合、组织培训和自主选学相结合、课堂讲授和现场教学相结合，创新运用多种教学方法。

二是运用现代教育科技丰富教育培训方式,将新媒体、新技术运用于干部教育培训的课堂,实现教育培训规律、干部成长规律和网络传播规律相统一,提升干部教育培训的针对性和实效性。

参考文献

[1] 毛泽东. 毛泽东选集（第2卷）[M]. 北京：人民出版社,1991.

[2] 毛泽东. 毛泽东选集（第4卷）[M]. 北京：人民出版社,1991.

[3] 毛泽东. 毛泽东文集（第5卷）[M]. 北京：人民出版社,1996.

[4] 斯大林. 斯大林选集[M]. 北京：人民出版社,1979.

[5] 苏联大百科全书（第14卷）[M]. 北京：三联书店,1956.

[6] 周恩来. 周恩来选集（上卷）[M]. 北京：人民出版社,1980.

[7] 周大仁,方先. 干部教育手册[M]. 北京：中共中央党校出版社,1990.

[8] 李小三,吴黎宏. 干部教育研究[M]. 北京：党建读物出版社,2006.

[9] 王红霞. 建国初期中国共产党干部教育转型研究：1949—1956 [M]. 北京：线装书局,2013.

[10] 王嵩山. 中国政府公务百科全书[M]. 北京：中共中央党校出版社,1994.

[11] 李忠杰. 宋任穷纪念文集[M]. 北京：中共党史出版社,2009.

[12] 中央档案馆. 中共中央文件选集（第二册：1921—1925）[M]. 北京：中共中央党校出版社,1989.

[13] 中共中央文献研究室. 建国以来重要文献选编（1）[M]. 北京：中央文献出版社,1992.

[14] 中共中央文献研究室. 建国以来重要文献选编（2）[M]. 北京：中央文献出版社,1993.

[15] 中共中央文献研究室. 建国以来重要文献选编（6）[M]. 北京：中央文献出版社,1993.

《干部教育百年历程与基本经验研究》
课题组成员名单

课题顾问：
李志更（中国人事科学研究院副院长、研究员）
课题组长：
刘文彬（中国人事科学研究院教育培训与能力建设研究室副主任、副研究员）
执行组长：
刘　晔（中国人事科学研究院教育培训与能力建设研究室助理研究员）
课题组成员：
谢　晶（中国人事科学研究院教育培训与能力建设研究室副研究员）
葛　婧（人力资源和社会保障部教育培训中心副研究员）
邢　蓉（中国人事科学研究院教育培训与能力建设研究室研究实习员）
郝　丽（中国人事科学研究院教育培训与能力建设研究室科研助理）

深化职业资格领域"放管服"改革研究①

提　要："十四五"时期，深化职业技能人员教育资历体系与职业资历体系建设衔接的"放管服"改革，不仅是建立完善国家资历框架制度的内在要求，更对推动高质量就业、实现高质量发展、全面建设社会主义现代化国家有十分重要的意义。有鉴于此，课题组聚焦高技术产业与现代服务业技能人员，重点从"职业技能等级社会化评价"与"教育资历与职业资历衔接（校企合作）"两方面切入，考察放管服改革对就业促进的影响。研究发现，完善的职业资格制度对加快产业优化升级、提高企业竞争力、推动技术创新和科技成果转化等具有重要作用。但与此同时，我国在技能人才职业资格改革中仍存在一些诸如认定主体专业权威性不高、属地分割与多头管理等问题亟待解决。建议通过探索建立职业技能等级水平评价资格申报审核的区域互联与互认机制、强化政府在职业技能等级认定试点管理中的服务职能、加大社会评价专业权威质量管理体系建设等途径，进一步提升职业资格"放管服"改革效能与质量。

关键词：职业资格　"放管服"改革　校企合作　社会化评价

---

① 本文系中国人事科学研究院2021年度研究课题《深化职业资格领域"放管服"改革研究》报告的部分内容。

一、职业技能等级社会化评价改革

(一) 背景与现状

创新职业技能等级认定的多元化评价机制是职业资格领域"放管服"改革的一项重要举措。2018年,党中央印发《关于分类推进人才评价机制改革的指导意见》,强调注重引入市场评价和社会评价,发挥多元评价主体作用。此后人社部与教育部先后出台相关改革措施。

1. 人社部:水平评价类技能人员职业技能等级认定社会化改革

人社部在2018年发布《关于开展职业技能等级认定试点工作的通知》,拟依托企业等用人单位和第三方评价机构(以下简称评价机构),对《中华人民共和国职业分类大典》中收录的技能类职业(工种)和新职业开展职业技能等级认定试点工作,并公布了首批职业技能等级认定试点机构名单(18个央企)。翌年,人社部中国就业培训技术指导中心开启职业技能等级认定试点用人单位的第二轮征集工作(申报资格限定在央企)。2020年,征集范围扩大至社会组织(社会培训评价组织),征集办法改为自下而上逐级申报,即拟在本省(自治区、直辖市)开展职业技能等级认定的社会培训评价组织,根据省级人社部门发布的征集通告进行申报;拟面向全国开展职业技能等级认定的,可通过国家职业资格工作网职业技能等级认定机构备案申报平台进行申报,但人社部将优先从各省(自治区、直辖市)备案的社会培训评价组织中遴选。截至2020年年底,水平评价类技能人员职业资格已全部退出国家职业资格目录,其中3项转为准入类,73项推行社会化职业技能等级认定。

职业技能等级认定除了全国试点外,人社部在《关于开展职业技能等级认定试点工作的通知》中也要求各省可结合实际,研究确定本地区试点企业条件和范围,按照自愿申报、择优遴选原则,建立本地区试点企业目录。2019年,陕西省人社厅印发《陕西省职业技能等级认定试点工作实施方案》,符合条件的企业按要求向陕西省职业技能鉴定指导中心提交材料进行初审,省人力资源社会保障厅统一组织考察试点企业场地、设备、人员等条件,组织备案评估并公示评估结果。被省人力资源社会保障厅评估认定为试点的企业,由省人社厅报人社部备案,接受省人社厅备案管理。

在我们的调研中,某国企于2020年成功申报为陕西省试点企业。根据企业负责人的反映,这项试点改革给企业带来的好处主要有以下3项。①推动企业内部技能认定与国家技能认定并轨,提升企业技能认定的行业影响力:原来企业内部的技能等级证书现在可以在人社部的"职业技能等级证书信息查询系统"里查到，这有利于提高企业职业技能等级认证的社会及行业影响力。②使得企业技能人员能够享受到政府技能提升的各项优惠政策：在被认定为试点企业之前，参与企业内部职业技能提升的企业员工，无法享受省市各种职业技能提升补贴和个税减免等优惠政策。例如，根据《西安市人力资源和社会保障局西安市财政局关于失业保险支持参保企业职工提升职业技能有关问题的通知》，只有在国家规定的职业（工种）目录中取得初级（五级）、中级（四级）、高级（三级）职业资格证书（不含技师、高级技师）或职业技能等级证书，并在人社部国家职业资格证书全国联网查询网站登记注册有效的，才有资格申请技能提升补贴。申报试点企业之后，企业职业技能等级证书在"人社部国家职业资格证书全国联网查询网站登记注册"，能够享受个税减免与技能提升补贴（获得初级职业资格证书的，补贴标准为1 000元；获得中级职业资格证书的，补贴标准为1 500元；获得高级职业资格证书的，补贴标准为2 000元）。③有利于推进企业技能认证的规范化管理：申请为试点企业后，企业组织实施本企业在岗职工职业技能等级认定工作，除了要接受企业内部职业技能鉴定指导中心的管理，同时还要接受陕西省职业技能鉴定指导中心的质量督导。省人力资源社会保障厅按照"双随机、一公开""互联网+监管"原则，采取日常检查与定期评估、现场督导与随机抽查相结合的方式，对企业等级认定工作实行评估检查，有助于提升企业技能等级认定工作的规范性。

2. 教育部：社会化机制招募职业教育培训评价组织（"1+X"试点）

2019年年初，国务院印发《国家职业教育改革实施方案》提出，推进资历框架建设，探索实现学历证书和职业技能等级证书互通衔接。启动职业教育"学历证书+若干职业技能等级证书"（1+X）制度试点。同年4月，教育部等部门联合印发《关于在院校实施"学历证书+若干职业技能等级证书"制度试点方案》，要求重点围绕服务国家需要、市场需求、学生就业能力提升，深化"放管服"改革，推动职业院校扩大培训规模，支持企业、社会培训机构开展技能培训，以社会化机制招募职业教育培训评价组织（以下简称培训评价组织：主要职责包括标准开发、教材和学习资源开发、考核站点建设、考核颁证等，并协助试点院校实施证书培训），开发若干职业技能等级标准和证书，加快培养各类技术技能人才促进扩大就业。截至目前，教育部职业技术教育中心研究所先后公布了四批培训评价组织及其开发的职业技能等级证书。陕西省教育厅于2020年开始推进"1+X"试点工作，以调研单位咸阳职业技术学院为例，根据陕西省职业院校"1+X"证书制度试点工作项目办公室《关于陕西省 2020 年首批"1+X"证书制度试点院校名单的公告》（项目办函〔2020〕6 号），咸阳职院学前教育等 27 个专业立项省 2020 年首批"1+X"证书制度试点项目，涉及幼儿照护等职业技能等级证书 23 个，其中获批第三批"1+X"证书 18 个，增补第一、二批证书 2 个，备案第一、二批"1+X"证书 3 个。其中，早教专业托育方向学生可以考取的"1+X"证书主要有幼儿照护职业技能等级证书（培训评价组织：济南阳光大姐服务有限责任公司）和母婴照护资格证（培训评价组织：湖南金职伟业母婴护理有限公司）。

（二）存在的主要问题

调研中我们感到人社及教育部门在职业技能等级社会化评价改革中推出了很多的创新之举，也取得了一定的成效。当然，实践中仍然存在一些问题，概括地说主要有以下几个方面：

1. 改革落实中存在的结构性与方向性问题

在改革推进的过程中主要存在有三方面问题。

其一，改革实践管理模式的"属地性"与技能人才的"流动性"、职业资格认证的"通配性"之间的矛盾关系有待理顺。在改革现阶段，为了保证改革工作能够因地制宜地有序推进，我们注意到在中央精神的指引下，地方政府陆续推出了各自的试点实施方案，在相关资格申报及证书管理中也体现了"属地管理"的一贯思维。然而，人才工作不同于一般性公共政策，特别强调技能人才能够自由流动，职业资格能够跨省通配。因此属地化管理思路虽然能够保证现阶段试点工作的落实开展，但从长远来看，不利于全国性技能人才市场与国家资历体系的建立，由地方企业认证的技能等级也难以得到整个行业的认可。

其二，存在将职业技能等级认定社会化简化为认定主体社会化（忽视机制社会化）的倾向。中央提出职业技能等级认定要引入市场评价和社会评价，发挥多元评价主体作用。这项改革不仅仅是简单的"主体替换"，要从根本上解决过去职业技能等级认定中产业结合度不高、市场适用性不强的问题，其目的是建立真正能够与产业技能需求和市场用人需求密切结合的国家职业资历体系。调研中我们发现，现阶段地方工作的重点聚焦在引入市场主体（企业）或社会组织作为评定机构并将此类机构纳入政府监管范围。但对评定机构本身能不能代表行业水平、所持等级证书能不能被用人单位认可、评定标准能否充分反映产业技术发展需求等问题关注不够。这些问题亟待通过建立起与产业技术发展密切关联、与劳动力市场需求密切关联的社会化评价机制去解决。

其三，人社与教育部门在职业技能等级认定中的统筹衔接问题。人社与教育部门在职业资格领域都推出了各自的"放管服"改革措施，这些举措很多方面需要统筹衔接。调研中我们发现，①教育部推出的"1+X"证书中有一些与人社部原有的职业资格证相似，比如人社部的保育员、育婴员资格证同教育部"1+X"幼儿照护、母婴照护资格证相似。②教育部征集的社会培训评价组织与人社部征集的第三方评价组织有重合，济南阳光大姐服务有限责任公司既是教育部"1+X"幼儿照护职业技能等级证书的社会培训评价组织，又是人社部保育员职业技能等级认定的第三方评价组织（这家公司同时也是家政服务员、养老护理员的第三方评价组织）。正如调查中职校早教（托育方向）专业教师的困惑："我们不知道这些证之间是什么关系，感觉大同小异，相比之下我们还是更认人社部的育婴员。"

2. 技能人员水平评价社会化认定中的"属地管理"问题

我们在调研北京某职业培训企业时发现这样一个问题：该企业主要从事高铁乘务员职业教育与培训，总部设在北京，但考虑用地成本及条件限制，企业选择把大型实训基地（包括高铁车厢、站台等实训场所）建在离北京不远的廊坊。然而，当企业向北京市人社局申请社会培训评价组织资格时，人社局却以实训基地不在北京为由驳回［依据《关于持续征集社会培训评价组织的通告》第五条"场地设备设施等资产有效证明文件（包括场地所有权属证明复印件或房产租赁协议复印件、固定资产清单、2018年度经外部审计出具的财务审计报告复印件或者全套财务报表等）"］。该企业只得重新购买实训设备，在北京主校区搭建实训场所，但受到场地及设备成本限制，实训规模缩水，最终未能通过审核（企业负责人无奈地表示："都说要加强京津冀一体化，为什么北京就不认廊坊的实训场地？"）。地方人社局在社会培训评价组织申报资格设置上，遵循一贯的属地化管理思维，要求申报单位所有场地设施必须建在当地。这种做法忽视了区域一体化进程下职业教育产业高度市场化，教育资源跨区域配置日益普遍的现实。不仅增加申报企业的负担，而且从长远来看，不利于统一的技能人才市场的建立。

3. "双头管理"下职业技能等级认定试点企业材料重复提交问题

人社部前两批公布的全国职业技能等级认定试点单位都是大型央企，这些央企在地方的子公司也按要求大多申报备案为地方职业技能等级认定试点单位。在这种情况下，央企下属的地方企业（子公司）在职业技能等级认定上就会面临，同时接受上级企业职业技能鉴定指导中心与所在地省职业技能鉴定指导中心的"双头管理"。"双头管理"尽管有助于提升企业职业技能等级认定管理的质量及规范化水平，但调研中企业反映，这种管理格局也会大大增加企业的工作负担。其中，反映最大的就是"材料重复报送问题"。以某国企为例，该企业在成为试点企业后，在职业技能等级评定工作上既要接受集团内部职业技能鉴定指导中心的管理，也要接受省职业技能鉴定指导中心的管理。根据要求，企业每年都需要向上述中心提交企业技能认定计划方案、具体实施办法以及相关人员信息（300多人）等材料。但这两个中心所需材料的提交方式、表格样式、内容及其他注意事项均不一致，每次仅准备材料就要耗费近一个月，极大增加了企业负担。

4. 职业技能等级认定试点"重管轻服"倾向

随着中央及地方职业技能等级认定试点工作的持续推进，针对试点备案审核、评价实施、质量监察、审核报备等关键问题，各地陆续建立起相对完备的监督管理机制。不仅如此，依托企业等用人单位和第三方评价机构开展职业技能等级认定试点，根本上还是要推动建立更加适应市场与产业需求的技能等级评定机制，避免"持证""用工"两张皮的问题。调研中，一位受访者说得好，"尽管申报为试点企业能够让我们的员工享受到技能提升的政策补贴，但从技能等级认定工作本身来讲，基本还是企业各自搞各自的，技能认定要服务生产，我们更希望政府能搭建平台，让更多的企业共享他们在同类技能等级认定标准、方法及培训上的经验，只有这样才能真正推进从企业标准上升为行业标准，这样的职业技能认定才真有含金量"。

5. 社会培训评价组织发证的专业性与权威性问题

以早教（托育）专业领域为例，调研中我们发现，职业院校对"1+X"证书的接受度较低，其原因主要有三方面。第一，"1+X"证书的专业和技能考核水准较低，对教学的提升作用有限。职校教师反映，托育相关的"1+X"证书对托育知识与技能考核的标准低于或与教学标准平齐。例如，对于早教专业、护理专业学生而言，"1+X"幼儿照护证书的考核水准明显低于教学标准。目前，高职院校严格按教学标准培养学生基本能够达到用人单位的要求，如果"1+X"证书标准不能超过教学标准，其必要性将大打折扣。相比之下，学校更认可人社部设立的育婴师以及即将设立的保育师职业资格证，此类证书在知识和技能要求上高于职业院校教学标准。第二，"1+X"证书的市场认可度低，对就业的促进作用比较有限。与托育相关的"1+X"证书的发证主体是地方私营企业（如幼儿照护职业技能等级证书的培训评价组织是济南阳光大姐服务有限责任公司，母婴照护资格证的培训评价组织是湖南金职伟业母婴护理有限公司），同人社部设立的育婴师相比，没有官方权威性。目前，托育早教市场供不应求，学生全国就业，用人单位更看重实操技能，看重对口职业院校的推荐，以及人社部认证的育婴师（育婴员）证书，对此类由同行企业发放的证书的认可度很低，持证学生在就业上同未持证学生相比并没有明显优势。第三，"1+X"证书考试及培训费用较高，增加学校的经济负担。目前，托育相关的"1+X"证书考试费用在600~700元/人（不包括资料费75元/人），职业院校学生家庭收入水平较低，考试、资料及培训费用加起来负担不小，因此考证意愿不高。尽管中央要求院校和学生自主选择"1+X"证书，同时加强引导，避免出现片面的"考证热"，但地方为了做好试点工作，或多或少采取了指标摊派的办法，学生不愿出钱考试，费用只能由学校支付，造成学校存在一定的为难情绪。

二、教育资历与职业资历衔接（校企合作）

（一）背景与现状

深化校企合作（产教融合）是推动实现教育资历与职业资历有序衔接的根本途径。当前，普遍反映校企合作中存在企业积极性不高、产教融合表面化的问题。通过实地调研，我们发现，不论是大型国有企业还是中小型民营企业，事实上都有开展"校企合作"的需求。在企业看来，"校企合作"的根本是要能解决企业技能人员"招工难"问题。一方面，随着高技术产业和现代服务业的快速发展，技能人员的需求缺口增大，高职类院校作为对口技能人才的输出单位，在解决企业用工问题上无疑扮演着重要角色。调研中受访企业反映，职校招聘基本能满足企业一半以上的用工需求。另一方面，企业通过与职校合作办学（主要指组建"订单班""学徒班"），不仅能够缩短员工上岗培训周期，降低培训成本，而且有助于应对因用工季与校招季不同步造成的用工短缺风险，建立稳定的人才输入渠道。加之近年来，国家通过"现代学徒制"等机制创新，以及财政奖补和税收优惠措施激励企业积极参与，大力推动高职类院校"校企合作"进程，取得了一定的成效。

1. 大型国有高端制造类企业"校企合作"

大型国有高端制造类企业在"校企合作"上有不同的侧重，一类企业侧重技能培训，以陕西航空装备领域某高端制造企业为例，该企业同高校及科研院所的合作主要集中在核心技术研发及企业管理培训方面（技术研发主要同西北工业大学合作，企业管理主要同西安交通大学及西北大学合作），同省内高职类院校（如咸阳学院、陕西工业职业技术学院、西安技术学院等）的合作主要集中在技能培训,这两类合作占企业所有校企合作项目的90%。面向在校学生教学与实习方面的合作项目占10%左右。

具体来说,主要有以下三种形式。

开设订单班。如同陕西航空职业技术学院合作开设"检测计量班"和"发动机装配班",每个班的规模在20~30人。学生前三年在职校培养,后一年进入企业顶岗实习(政府每人每月补贴1 200元)。实习结束后根据双方意向,选择进入企业工作。

企业员工理论培训。考虑到企业一线员工在实际生产中工种单一,理论知识相对薄弱,学校在这方面有优势(如开设机械加工、工程制图等基本机械类课程)。为了提升一些员工的理论知识,企业同西安技术学院合作,开展理论培训。

企业员工技能(操作)培训。考虑到职校实训设备设施较全,为了不影响正常生产,企业选择与学校合作开展员工技能培训(特别是发动机装配、设备维修类技能大赛前的集训)。

另一类企业侧重在校生培养(员工招聘),以中国航天科技集团公司第九研究院第七七一研究所为例,该研究所主要从事计算机、半导体集成电路、混合集成三大专业的研制开发、批产配套、检测经营。近年来受电子产业蓬勃发展的影响,企业对电子信息领域技能人才需求激增,近两年的用工量在300人左右。为了解决用人问题,企业同多个职校合作开办"订单班""学徒班"。

某大型航空装备维修保障企业自2013年开始,与西航职院签订飞机机电设备维修专业现代学徒制培养协议,至今连续九年与企业共同培养出高素质高技术人才近300人,同时探索出了"双主体、全过程、工学一体"的人才培养模式,实现招生即招工,共同制定人才培养方案、共同承担教学任务、引进企业培训标准、共同管理、共同考核评价,发挥校企各自优势,培养满足企业需求的技术技能人才。

2. 中小型民营高新技术类企业"校企合作"

中小型民营技术类企业主要通过申报就业见习基地参与校企合作。以西安某中小民营技术公司为例,该企业从事以红外热成像、人工智能技术为核心的产品体系的研发、生产、销售及相关配套产品定制化服务。每年对软件类、自动化类技术人才的需求在35~38人。企业与高职院校的合作主要有三种形式。

就业见习基地:企业作为就业见习基地,吸纳在校学生来企参加顶岗实习，企业为见习学生提供食宿，每月见习工资 3 500~3 800 元。根据《陕西省西咸新区人社民政局、财政局关于印发〈西咸新区就业见习管理办法〉的通知》（陕西咸人社民发〔2020〕26 号）文件要求，符合就业见习政策，且在经人社部门认定并备案的见习单位按规定参加就业见习的人员，可享受就业见习补贴。就业见习补贴包含见习人员生活补贴和人身意外伤害保险补贴。其中，生活补贴标准为每人每月 1 200 元，人身意外伤害保险补贴每人每月 25 元。

学习基地：企业邀请职校老师来企业，开设相关学习课堂，同企业技术人员交流，加强职校教师对企业用人需求以及一线生产现状的了解，促进教师增强自身教学内容的生产适用性。

教学促进：在学校申报科技竞赛等项目竞赛或创业项目时，企业为项目设计论证、项目支撑落地提供支持和帮助。

除了上述常规合作外，近年来陕西一些职业院校在适应高技术产业发展需求，推动学校转型培育新技术人才上同企业一起积极探索合作模式。以西安某智能装备公司为例，该企业主要从事设计、制造、销售大型巨型五轴高速数控机床，尤其是在复合加工机床、五轴加工中心等领域，处于领先地位。2018 年起，该企业与航空制造工程学院签订校企合作订单培养协议，开设"航空高端制造特训班" 3 期，培养学生 178 人。双方在课程方案设计、选拔考核标准制定及实训基地共建方面充分交流合作。

特训班授课内容由公司工程师和学院教师共同商讨制定。主要包括两部分，即校内培训和企业生产实习（驰达飞机零部件制造公司内）。涉及内容有职业技能、法律法规、厂纪厂规、保密制度、岗位安全操作规程、五轴软件编程、刀具选择、航空产业先进加工方法、真实航空零件的工艺设计和编程方法等。培训中间穿插刀具、工装、刀柄、三坐标测量等世界一流品牌厂商的工程师现场授课，将最先进的工艺带入课堂，快速提升了学生对新知识的掌握水平。

为确保培养质量，校企双方研究决定设立特训班学生选拔标准，在航空制造大类专业大二学生中经报名、笔试、面试等环节综合选拔学生，每班培训人数限定在 40 人以内。特训结束后，校企双方联合对学生进行评价考核，对考核合格的学生颁发结业证书（对没有达到结业要求的学生进行二次强化训练）。

2020 年校企双方在航空产业基地联合共建了"航空高端制造协同创新中心"，该中心配备航空制造高端设备（两台五轴加工中心），同时积极联合普慧刀柄、山高刀具、思瑞测量、巴索切削液、吉拉蒂工装等世界一流品牌，为高端制造人才培养提供强有力的支撑。中心既是西航职院特训班的专用实践场所和教师企业实践基地，也作为企业的高端制造五轴应用技术服务中心，双方共同承接对外产品解决方案等技术服务。

3. 中小型民营服务类企业"校企合作"

近年来，受国内经济下行及国际疫情的影响，传统制造业、交通及旅游业景气指数低，用人需求大幅减少。以调研地咸阳市为例，主要的高职院校（咸阳市区有陕西工业职业技术学院、咸阳职业技术学院、陕西邮电职业技术学院、陕西财经职业技术学院、陕西能源职业技术学院）基本以培养机电、电子、汽修、旅游、乘务人员为主，近年来不论在招生还是就业上普遍面临困境。相比之下，以托育为代表的新兴服务业由于政策支持度高，市场需求大，呈现较快发展的态势。根据陕西省卫健委调查，全省3岁以下的婴幼儿绝大部分由父母或祖父母、外祖父母看护，占比高达80.47%，请保姆看护的占比为5.38%，真正通过托育机构照看的只占5.12%，托育市场成长空间巨大。据调研了解，陕西开设早教专业（托育方向）的职业技术院校共5家，有毕业生的只有咸阳职业技术学院1家。另有6家职校计划开设此类专业，计划于今年9月开始招生。

托育服务作为朝阳产业，市场需求旺盛，政府关注度高，发展潜力巨大。相比于用人需求普遍下降的传统制造企业，早教（托育）机构同职业院校"校企融合"的意愿更强。以咸阳职业技术学院为例，该校于2013年最早申报早教专业（托育方向），2014年招生，平均每年2个班，每班40名学生，学制3年，在校2.5年（含实验、实训、见习0.5年），顶岗实习0.5年。由于早教（托育）专业起步较晚，职业院校同用人单位的合作尚在摸索阶段，目前仍以顶岗实习为主（顶岗实习阶段工资为1 500~2 000元/月，机构包食宿），融合度总体较低。

(二) 存在的主要问题

1. 大型国有企业校企合作中存在的问题

尽管企业对校企合作有需求，但企业在校企合作中会遇到一些问题，且大型国有企业同中小型民营企业在校企合作上遇到的主要问题有一定差异。前者遇到的主要问题体现为职校现行的培养模式无法满足企业对新技术人员（如现场工程师）以及热门产业专业人员（如电子信息产业）的迫切需求，具体体现在以下三个方面。

其一，职校培养的传统技能人员面临被自动化技术替代的风险。该问题在大型国有高端制造类企业中表现得较为突出。随着自动化生产技术快速发展，近年来大型国有企业不断引进自动化生产线，提高生产效率。企业对现场操作工人的需求持续减少。以我们调研的某国企为例，该企业自 2012 年至今，在生产规模不断扩大的同时，员工数量却从 5 000 多人降至 3 000 多人。企业人力资源部负责人表示，机器人加工生产线的引进以及非核心业务的外协外包，会不断减少企业对一线操作工人的需求，除无法被机器替代的主要工种（如发动机装配工）的联合培养外，企业同职校在操作工人"订单班"上合作的减少"已是必然趋势"。

其二，企业对新技能人才的巨大需求尚无法通过职业培养来满足。生产自动化使得技能和技术人才分界日益模糊，企业对设备后台操作、工艺、编程、维护人员以及对现场工程师等技术技能复合型人才（既懂操作，又懂数字化编程、数字化仿真）的需求越来越多。尽管如此，职校目前不论是教学体系设置还是设施设备上完全无法胜任此类人才的培养。从我们调研的情况来看，目前此类人才缺口 90% 以上都是通过企业内部人才调整与再培训（抽调相近岗位人员进行内部培养）解决的，校招人员只能作为技术后备，他们在进入企业还得经过一段时间的培训才能胜任基础岗位。

其三，结构性障碍使得职业院校难以在短期内转型适应企业新的用工需求。一方面，职业院校培养方案与企业用工需求出发点不一样，缺乏长效兼容机制。例如，目前 UG 工业设计软件在机械制造领域有十分广泛的应用，像高端制造企业近年来对精通 UG 工业设计软件的技术人才有较大需求。但他们在招聘中却发现，不论是高职还是高等院校在教学上仍普遍讲授的是内容更简单、在企业应用较少的 CAXA 软件。企业看重的是能够及时应用最先进工业设计软件（UG）解决生产问题，提高生产效率，但学校更看重在教学上已经十分成熟、师资更为充足的 CAXA 软件（CAXA 软件公司做了大量推销工作，为学校提供免费软件等），二者出发点不一致。另一方面，职业院校尽管规模大，但技术人才有效供给却十分不足。陕西地区公办高职类院校原来多为政府职能部门所属院校（或国企办校），如能源学院、铁道学院、航空学院等，以传统制造业对口培养为主，专业结构单一，尽管近年在专业设置上有所调整，但依然不能适应新兴产业发展对技能人才的大规模需求。与此同时，民办职业院校尽管发展迅速，但规范化水平不高，培养层次低，在校企合作上存在夸大宣传、乱收费问题。以某调研企业为例，如前文所述，该企业近年来对应用电子、机电一体化、电器等专业技术人员的用工需求激增，但整个陕西地区众多公办高职院校里开设电子专业的学校却十分稀少，最对口的陕西国防科技技术学院尽管设有电子信息、人工智能、微电子专业，但三个专业一年的毕业生只有9人；该企业同地方职业院校合作开设订单班（该校以航空设备维修制造专业为主，人工智能学院的电子信息工程、应用电子技术专业比较对口），100人宣讲最后组班的只有20人。企业迫于无奈，只能不断放宽专业要求（"只要有学电的基础就可以，退而求其次，学理工科专业不排斥机电的也可以"）。此外，企业曾考虑同民办高职类院校合作解决技术人员短缺问题，但民办职业技术学校办学非常不规范，不仅夸大宣传（企业只是提供顶岗实习机会，学校将其宣传为"校企合办订单班，毕业包分配"），而且借此向学生收取培训费，严重损害企业声誉。

2. 中小型民营企业校企合作中存在的问题

中小型民营企业对校企合作的诉求更多集中在如何更好地落实完善国家财税补贴等优惠政策、降低企业培训成本、让企业更好更多地享受相关政策上。具体问题有以下三方面。

其一，就业见习人员成本较高是制约企业积极参与校企合作的主要因素。过去中小型技术企业出于成本考虑，并不愿意接收职校学生来企顶岗实习（希望招来的就能直接上手），参与校企合作的积极性不高。以西安某中小企业为例，接收一个顶岗实习的学生，企业一年的工资成本为6万元左右，加上社保福利等至少得8万元左右，学生学徒期间出活率比较低，实习期结束如果留不下来，企业白白浪费了人力投入，留下来后还得经过3个月的内训才能上岗。近年来，技术人员短缺，企业用人思路也在逐步转变，开始吸纳一些毕业生从做毕设开始就进入公司实习锻炼，如果能胜任工作，可直接转为正式员工。加之政府对校企合作财税支持力度不断加大，在一定程度上减轻了企业培训负担，对提升中小型企业参与校企合作的积极性起到了较显著的促进作用。另如某企业作为就业见习基地，吸纳在校学生来企参加顶岗实习，企业为见习学生提供食宿，实习工资每月每人3 500~3 800元，政府每月给每位实习学生补贴1 200元，减轻了企业负担。

其二，中小型企业在申请享受校企合作财税优惠上面临一些资格障碍。第一，在陕企业享受政府就业见习补贴，须首先申报成为就业见习基地。在就业见习基地申报条件里，要求申报企业每年接收实习生规模不低于50人。但调研中我们发现，企业通常结合用人成本及生产实际需要确定每年实习生接收规模，中小型企业受成本及自身规模的限制，培训规模往往达不到50人的要求（如受访企业是一家350人的中型企业，但该企业每年培训需求20~40人），故难以达到就业见习基地申请要求，也就享受不了补贴政策。第二，调研中有企业反映,企业所属行业(集成电路行业)尚未被纳入政府校企合作税收减免的行业清单。但企业表示集成电路行业是国家近年来重点支持的战略行业,外部市场火爆,企业年均增长率在30%以上。政府应该根据国家产业战略导向及高技术产业发展趋势及时更新行业清单目录。

其三,企业用工季与学校招聘季的错位问题(3—8月用工荒)。企业(特别是中小企业)对技能人员的用工需求受市场影响很大。调研中企业普遍反映的一个问题是,企业在每年年后(3月)以及6—7月会集中出现用工需求,但这个时候却不是学校招聘的主要时段(多数学生在秋招中已经找到工作),学校重视度普遍较低,而此时社会上的应聘人员基本不是被多次招聘淘汰下来的,就是因为自身原因离职的,整体质量不高,企业也不愿招。这种由于用工季与学校招聘季的错位而造成的用工荒也成为制约中小企业壮大发展的一个重要因素。

三、政策建议

(一)探索建立职业技能等级水平评价资格申报审核的区域互联与互认机制

各省在本省职业技能等级社会培训评价组织申报审核工作中,应以促进技能人才省内及跨省自由流动为出发,坚持发挥市场机制在技能培训资源配置中的基础性作用,在不影响培训质量的前提下,正视申报企业依据市场原则跨区域配置培训资源(如培训总部设在北京,大型实训基地设在廊坊)的客观实际,在申报条件的设定和审核中,逐步放宽"属地化"限制条款(例如申报单位场地设施必须全部在申报地),探索申报审核的区域(城市群)互联与互认机制。例如,针对京津冀范围内申报社会培训评价组织的单位,三地人社部门可探索建立申报条件及资格信息的互联互认机制,即"区域通办、信息互联",申报单位所具备的条件信息可以在"职业技能等级证书试点企业申报信息查询系统"中联网共享;"条件互认",对于存在京津冀范围内跨区域建立培训场地设施的,实现条件互认。

(二)强化人社部门在职业技能等级认定试点管理中的服务职能

人社部门除了不断完善职业技能等级社会化认定机构的监督管理工作之外,还要注重顶层设计,搭平台建机制,强化服务职能。一方面,探索建立职业技能等级社会化认定信息与培训共享平台。特别是在高技能行业,通过搭平台建机制促进企业横向交流,建立"技能知识市场",放大技能知识外部性。针对同类企业产业急需或产业聚焦度高的一类工种(或技能),搭建可供企业交流学习的信息(技能等级认定标准、办法及流程)共享平台,为进一步推进从企业技能认定向全国统一的行业技能认定发展奠定基础。另一方面，探索建立技能类职业（工种）和新职业目录动态调整机制。不仅要建立职业技能等级认定试点工作的用人单位和第三方评价机构目录及其动态调整机制（能进能出，保证机构质量），而且要建立相应的技能类职业（工种）和新职业（工种）目录动态调整机制，鼓励引导试点企业结合产业与技术发展新需求积极申请新工种（工种迭代）或细分工种（工种细分）的技能等级评价与认定（工种迭代细分，推动产业与技术进步）。

（三）全面提升"1+X"职业技能等级证书评定专业权威性以及职场"含金量"

针对部分"1+X"职业技能等级证书专业性及职场认可度不高的问题，提出以下建议：①理顺教育部"1+X"职业技能等级证书同人社部职业技能等级证书［《中华人民共和国职业分类大典》中收录的技能类职业（工种）和新职业］之间的关系，既要"求同"，推进相同或相近资质在培训内容、考核标准上的统一，又要"存异"，注重发挥教育部"1+X"职业技能等级证书在填补新职业、细分职业技能等级评定中的创新作用。②强化"1+X"职业技能等级证书的培训评定工作同职业院校对口专业教育工作的融合与衔接。建立"1+X"证书培训及考核评价体系的动态调整优化及审核机制，社会培训评价组织要在培训与考核实施中，积极听取院校专家及学生反馈意见，不断调整优化培训内容及考核体系。建立"院校反向考核"机制，由证书对口专业院校专家组成评审委员会，对社会培训评价组织的培训内容及考核体系进行定期反向考核，以充分保证培训与考核的专业水准和权威性。③强化对"1+X"社会培训评价组织的动态管理，形成淘汰退出机制。鼓励引导全国性行业协会（企业联盟）、龙头（标杆）企业积极参与社会培训评价组织申报，对于由地方企业担任社会培训评价组织的，要特别加强对其行业代表性及影响力的动态考察，建立企业年度自检与全国同行业考评相结合的动态评估机制。

（四）针对大型国有企业面临的校企合作问题，应以强化国有企业在深化产教融合中的主体责任为重要抓手

国有大型高新技术企业（如高端设备制造、电子信息技术企业等）在深化产教融合中有天然的优势与重要的责任。国有企业一方面应立足于以"产业高端化"为导向，充分发挥其与同系统职业院校的天然联系（如航空制造类国企与航空职业院校的天然联系），用好"现代学徒制"等校企合作机制，积极支持引导职业院校推进培养模式更新迭代，满足技术革新对技能人员的

新需求（如生产自动化数字化对现场工程师等复合型技术技能人员的需求）；另一方面应立足于以"高端产业化"为导向，积极支持引导职业院校推进专业设置的转型升级，扩大新兴产业所需技能人员的有效供给（如电子信息产业所需技能人员）。

（五）针对中小民营企业面临的校企合作问题，应积极探索建立中小企业友好型"校企合作"政策扶持与服务优化机制

具体来说，①充分考虑参与校企合作的中小企业的实际情况，建立更加灵活的"就业见习实训基地"申请办法（比如，允许中小企业联合或组团申报就业见习基地的方式，解决单个中小企业因可接受顶岗实习规模有限、无法申请为就业见习基地的问题）；②完善享受税收优惠产业清单动态管理机制，将新兴战略产业及时纳入清单；③强化政府服务职能，通过政企联席会议、政企联系人机制，及时了解中小企业在校企合作及用人中的诉求与困难。

（六）针对现代服务业领域的校企合作问题，应切实提升教学质量，探索新型产教融合机制

以托育服务为例，近年来，托育服务作为朝阳产业，市场需求旺盛，政府关注度高，发展潜力巨大。相比于用人需求普遍下降的传统制造企业，早教（托育）机构同职业院校"校企融合"的意愿更强。尽管如此，由于早教（托育）专业起步较晚，职业院校同用人单位的合作尚在摸索阶段，目前仍以顶岗实习为主，融合度总体较低。对此，现阶段应着力解决的问题有以下两方面。一方面，明确专业定位，提升专业水准。托育专业为新办专业，学校在专业定位上普遍存在重"教"轻"育"的倾向，对于托育工作由卫健牵头管理（而非教育部门管理）的重要性认识不足，将托育专业视为"学前教育"向0~3岁的简单延伸，"本本教学"居多，医学类专业及实操课程开设不够。实际上，托育专业是一门偏医类专业，包含安全、健康、营养、回应式照护、早期学习支持等多方面内容，特别强调对婴幼儿身心发展规律与特点、影响身心发展的因素、预防身心疾病和促进身心发展方面知识技能的掌握。从国家发展托育服务的政策目标上讲，0~3岁婴幼儿阶段托育工作的重心在于着力促进婴幼儿保护和身心健康发展。因此，在专业定位上应该强化托育专业的"医护属性"，加强医学类专业及实操课程的设施，切实提升专业水准。另一方面，积极推动"校-医-企"三方联动，探索"2+0.5+0.5"的联合培养模式（在校2年理论和实验实训，在医院实习0.5年，在托育机构顶岗实习0.5年）。当然还有1+1+0.5+0.5模式，在校1年，医院上课1年，医院实习0.5年（医院急诊科、产科、新生儿科、母婴护理中心、儿保科、

推拿按摩科），托育机构顶岗实习0.5年，夯实学生理论基础和动手能力，消除或缩短岗前培训，努力实现职业教育与托育工作"0"对接。

《深化职业资格领域"放管服"改革研究》
课题组成员名单

课题组长：

鲍　静（中国行政管理学会常务副会长兼秘书长、研究员、博士）

课题副组长：

白　晨（中国人民大学劳动人事学院助理教授、博士）

课题组成员：

解亚红（中国行政管理学会副秘书长，中国行政管理杂志社主编、研究员、博士）

曹　胜（中国行政管理学会办公室主任、副研究员、博士）

彭　云（中国行政管理学会助理研究员、博士）

赫郑飞（中国行政管理学会助理研究员、博士）

李　齐（山东师范大学公共管理学院副教授、博士）

邱　茜（首都经济贸易大学工商管理学院副教授、博士）

李新媛（北京市科学技术委员会/中关村科技园区管理委员会文化科技处/科普处二级主任科员、博士）

本课题为中国人事科学研究院与中国行政管理学会合作完成。

职业资历认证认可机制研究[①]

提　要：改革开放以来，我国建立和推行职业资格证书制度、职称制度、技能等级认定制度、职业技能培训和继续教育制度，初步建立起了涵盖专业技术人才和技能人才、贯通各级各类人才职业发展全过程的职业技能标准体系、职业技能培训体系和职业资格证书认证体系，成为我国人力资源整体性开发，高层次、高技能人才队伍建设的重要制度保障。但与发达国家相比，与实施人才强国战略和制定国家资历框架的要求相比，我国职业资历体系建设还存在诸多问题，其中一个核心问题就是职业资历认证认可机制不健全。为此，通过理论分析、现状梳理、经验借鉴等方法，针对我国职业资历认证认可机制中存在的顶层设计不足，制度安排系统性、整体性和协调性不高，综合管理不强，管理监督机制不够健全，治理体系开放程度不够全面以及法制体系相对薄弱等突出问题，提出了完善我国职业资历认证认可机制的总体思路、功能定位、结构体系、平台与技术支撑以及制度创新和综合配套改革建议。

关键词：职业资历　认证　认可　机制

从国际经验看，职业资历是指劳动者过往的经历中非学历、非正式教育的学习成果，包括各类资格证书、培训证书以及能够体现能力或业绩水平（学习成果）的有效证明。职业资历框架是国家资历框架的重要组成部分，职业资历认证认可机制在资历框架建设中起着基础性、先导性作用，是职业资历框架运行的关键环节和重要支撑，对实现职业资历系统集成、"一体化"发

[①] 本文系人力资源社会保障部2020年度部级课题《职业资历认证认可机制研究》报告的部分内容。

展、人力资源开发与管理的创新水平和治理效能提升起到重要的保障支持作用。基于此，本研究以职业资历认证认可机制为核心，系统梳理相关理论和基本概念，总结国外职业资历认证认可机制构建经验，结合我国职业资历框架下相关制度发展现状，提出了我国职业资历认证认可机制建设构想以及配套改革建议。

一、概念界定

为进一步明晰研究对象、聚焦研究内容，首先要对职业资历、认证认可机制等有关概念进行阐释和界定。

（一）职业资历相关概念

1. 职业许可与职业资格认证

通过实行国家职业资格制度对从事特定职业进行适度规制是世界各国通行的做法。职业许可（license）和职业资格认证（certification）是被普遍采用的两种规制模式。

"许可"（license）[①]，作为名词，其基本含义是自由（freedom，liberty）、被允许；作为动词，许可是指通过授权而准许，或者经由准许而取消法律限制。

"认证"（certification）[②]，含证明、证明文件之意。在我国法律文件中，2003年颁布的《中华人民共和国认可认证条例》首先使用了这个概念。《条例》指出，认证是指"第三方依据程序对产品、过程或服务符合规定的要求给予书面保证（合格证书）"[③]。

许可与认证相同之处：①都是基于某种标准、条件开展的评价、评定活动。②一般都以证书或证明文件正式确认。③这种确认对被申请者来说，都有一定的公信力。

许可与认证不同之处：①法律基础不同。许可属公法范畴，是行政行为；认证属私法范畴，具有中介性质。②实施的主体不同。许可只能是国家行政机关或法律法规授权的具有管理公共事务职能的组织；认证则是"第三方"。③设立的程序不同。许可，非法律法规不得设立。④法律效力不同。许可具

[①] 《威伯斯特新大学词典》（*Webster's New College Dictionary*）给出的定义为：license 是指"由有资格的权威机构发放的、准许在某些行业或职业岗位上工作或开展某些活动的文件，如果没有相应的许可文件，上述的活动就是违法的"。

[②] 《威伯斯特新大学词典》（*Webster's New College Dictionary*）给出的定义为：certificate 指"证明某人已经达到了某一领域的基本要求可以在其中工作的文件"。

[③] 《条例》的适用范围包括产品、管理和服务，而不包括人的资格、资质。课题仅借鉴其概念的含义。

有强制性、排他性。认证具有志愿性、可选择性。

2. 职业资格与职业资历

在汉语中，资历与资格的内涵和外延较为模糊，将"资历"解释为资格与经历①。在对 qualification 的译文中，"资历"常常用于教育领域，"资格"②常常用于人力资源开发领域。但是近年来随着国家资历框架（national qualification frameworks，简称 NQF）相关研究的快速发展，NQF 语境下的 qualification 一词作为关键术语被广泛研究应用，其概念的内涵和外延逐步清晰。比如《欧洲地区高等教育资历认可公约》（1997 年），高等教育的资历被界定为：任何能够证明成功完成了一段高等教育项目，由主管部门发行的任何学位、文凭或其他证书。准许进入更高教育阶段的资历被界定为：任何能够证明成功完成了一段教育项目并准许资历持有者进入更高教育阶段的、由主管部门发行的文凭或其他证书。有些国家在国家资历框架设计中，将"职业资历"与"高等教育资历"对应，比如南非国家资历框架，大体包括"教育资历框架"和"职业资历框架"两个子框架，其中"职业资历框架"包括"继续教育和培训资历框架"和"贸易和行业资历框架"（职业资格和职业技能培训证书）。

在制定和实施国家资历框架视域下，引入"职业资历"的概念并将其与"教育资历"相对应是必要的。主要有以下意义：①有利于明确和把握职业资格证书制度的功能定位，在宗旨和目标任务中，突出其对人力资源能力建设等方面的促进作用。②有利于厘清"资历"和"资格"两个概念，在国家职业资格证书制度设计中，淡化"资格"的条件属性，强化"资历"的经历属性。③有利于实现人力资源开发领域一体化发展，在"国家资历框架"下，促进职业资格证书、技能等级鉴定以及继续教育和培训等制度一体化发展。综合各方面意见③，本研究使用的"职业资历"是指：在职业活动中，劳动者经过权威机构评估所确认达到既定标准的学习成果，包括职业资格证书、技

---

① 一般认为"资历"即资格和经历。《中华法学大辞典》将资历视为雇员因工作时间长短不同而获得的一种社会地位。《现代劳动关系辞典》将资历定义为："职员因工作时间长短不同而获得的一种社会地位。资历的计算因企业和部门的不同而有所差别。"《英汉人力资源管理核心词汇手册》的定义为："资历就是一个人的资格和经历，资格有两个含义：一是指从事某种活动所应具备的条件、身份等；二是指由从事某种工作或活动的时间长短所形成的身份。而经历是指亲身见过、做过或遭受过的事。"

② 在《辞源》中，资：指地位、经历等，格：指公令条例。《新唐书·选举制》："开元十八年，……始做循资格。而贤愚一概，必以格合，乃得轻授"，后泛指人在社会上的地位、经历。《现代汉语词典》的解释是从事某种活动应具备的条件、身份。与职业结合在一起，即从事某一职业应具备的条件、身份、能力、信誉、资质等。

③ 欧盟将资历框架中的"资历"定义为："主管机关经过评估并确认个人达到既定标准的正式学习成果"。

能等级鉴定证书、继续教育和职业技能培训证书以及经认可的社会培训评价组织和其他民间证书。

3. 国家资格与民间资格

在文献研究中，以实施主体为依据划分职业资格类别的国家有韩国和日本。比如，韩国将职业资格分为"国家资格"和"民间资格"。其中，"国家资格"是由依据《国家技术资格法》进行管理的"国家技术资格"和依据单独法令进行管理的"其他国家资格"组成。国家技术资格主要是由与产业相关的技术、技能与服务领域的资格组成，其他国家资格主要为专业服务领域（医疗、法律等）的资格，根据各部门的需要设立、运营，大部分具有执照性质。民间资格是指由国家以外的个人、法人、团体新设并管理、经营的资格。除了《资格基本法》第17条中禁止新设的领域外，无论任何人都可以自由地新设并管理、经营民间资格。民间资格包括"纯粹民间资格""国家公认民间资格"和"企业内资格"。国家公认民间资格是国家资格的重要组成部分。其认证活动的公信力、权威性与国家资格（非许可部分）是大体相同的。美国各州政府除制定和实施许可类职业资格外，对部分民间资格给予一定的法律规制，即不构成对就业的限制，但对头衔（称号）予以保护。依据美国 O*NET 公布的职业资格认证目录统计，目前美国由 O*NET 认可的民间资格有 5 712 个，实施机构 1 005 个，对应 840 个国家标准分类职业。

在借鉴国际经验特别是在制定国家资历框架的背景下，适时考虑加强对民间资格的规范与管理问题是必要的。具体办法是将我国的职业资格分为"国家资格"和"国家认可的民间资格"，实行分类管理。其中，"国家资格"是指许可类资格。"国家认可的民间资格"是指"非许可类资格"，包括列入《职业资格证书目录清单》管理的水平评价资格和实行备案管理的学会、协会、院校和社会培训评价组织和部分企业自行组织实施认证资格。主要考虑以下四个方面：①《中华人民共和国境外非政府组织境内活动管理法》及《境外非政府组织在中国境内活动领域和项目目录》，已对国际职业资格认证考试、工学教育和工程师资格国际互认等登记和备案管理作出了明确规定。②强调国家资格是"证照合一"①的资格，是政府公权力规制的结果，具有绝对的权威性、排他性。其他资格包括列入"职业资格证书目录清单"水平评价类资格与尚未列入清单的学会协会、社会培训评价组织、境外社会组织以

---

① "证照"，是由"证"和"照"组成的一个词语。"证"即证书（certificate），是指用于证明资格或授予权力、特权及名誉的证件，如毕业证书、特许证书等；"照"即执照（license），是指政府对于从业人员请求从事某一特定业务所发给的许可证，如各种营业执照、注册执照等。

及部分企业等实施的"民间资格"，其本质是"证照分离"的资格，是权威机构经评定（考试、鉴定）出具申请人符合某种职业能力评价标准的证明。③"目录清单"是一个开放的系统，不是一成不变的，而是动态调整的。目前集中清理工作重点解决的是"存量"问题，随着我国职业资格证书制度的不断完善，不排除部分"民间资格"也可纳入职业资格框架体系。这是许多国家通行的做法。④职业资格证书评价和其他多元主体的水平评价是职业资历的重要组成部分，是学习成果的重要证明。从各国资历框架的实施情况看，它所强调的学习成果是多元和多样的，它重点考虑的不是这种学习成果在何处获得或由谁授予、属于正式教育或非正式教育，而是这种学习成果能否达到国家规定的水平标准。只要达到这个标准就可在国家资历框架体系中实现学分认证、积累、转换。

4. 专门职业与专业化

专业（profession）也称专门职业、专业人员。与我国"专业技术人员"（《职业分类大典》第二大类）不同，专业作为一个独立的职业类别存在于国际标准职业分类和美国等世界主要国家职业分类之中。1995年7月，世界贸易组织统计与信息局在界定专业服务①范围时采用列举清单的办法确定"专业"的统计口径，包括法律、会计审计与簿记、税务、工程、城市规划、医疗等11个职业群落。这一界定与国际标准职业分类中的"专业人员"大体对应。综合文献研究成果②并基于对《行政许可法》第十二条的理解认为，从职业的角度看，专业具有以下四个特征：①专业是职业，具有职业的五个基本特征：即目的性、社会性、稳定性、规范性和群体性。②专业是具有"特殊信誉、特殊条件或特殊技能"的职业，从业人员须经高等教育或系统训练。这是区别专业与一般职业的主要依据。③专业是"直接或间接提供公众服务"的职业。同一职业，在第一、二、三产业中同时存在，但专业是这种职业高度社会化的结果，从业人员的执业范围、服务方式、职业规范"关系公共利益"，是第三产业特别是现代服务业中的职业。④专业是伴有国家和社会呼应行为的职业。其中国家的职业规制是最为普遍的表现方式。

本研究认为，"专业"的视角对职业资格框架体系研究是一个有益的视角，这将有助于从职业属性和特征上把握职业资格证书制度适用范围、重点

---

① 国际专业服务（professional service）是指国家间对在他国获得的某些专业或商业营业执照、学位证书以及技术职称等资格予以承认，专业人员根据委托人的要求提供专业服务并获得报酬的活动。
② 作为一个科学术语，专业（profession）被看成一个富有历史、文化含义而又变化的概念，主要指一部分知识含量极高的特殊职业。选自：赵康. 专业、专业属性及判断成熟专业的六条标准 [J]. 社会学研究，2000（5）.

领域及其与职业教育、专业学位教育的关系。从世界各国职业资格制度演进看，专业领域是实行职业资格证书制度的资源"富集区"。

20世纪70年代，职业社会学从对职业现象分类学式的研究逐渐转向职业专业化（professionalization）的研究。"专业化"是指许多职业不断改变自身的关键特征，争取专业地位的动态过程。学者们认为，与其通过对职业特征的列举理解职业，不如通过对知识、技能的作用和行业团体能够实现自律自治的社会条件理解职业，而更有理论和实践的意义。由此产生了一系列观察职业"专业化"的理论和模型，其中影响比较大的有职业属性模型（attribute models）和过程模型（process models）。本研究认为，这是职业社会学为职业资格框架体系研究所提供的另一个有益的视角，有助于从职业自身发展规律上把握职业资格证书制度形成的动力机制、框架体系、治理模式以及正确处理政府规制与行业自律的关系。

（二）认证认可机制相关概念

1. 认证

"认证"是指由认证机构证明产品、服务、管理体系符合相关技术规范、相关技术规范的强制性要求或者标准的合格评定活动。认证机构及其认证人员对认证结果负责。认证结论为产品、服务、管理体系符合认证要求的，认证机构应当及时向委托人出具认证证书。[①]

2. 认可

"认可"是指由认可机构对认证机构、检查机构、实验室以及从事评审、审核等认证活动人员的能力和执业资格，予以承认的合格评定活动；也是对从业者和从业单位专业性的肯定。认可是对合格评定机构满足所规定要求的一种证实，这种证实大大增强了政府、监管者、公众、用户和消费者对合格评定机构的信任，以及对经过认可的合格评定机构所评定的产品、过程、体系、人员的信任。这种证实在市场，特别是国际贸易以及政府监管中起到了相当重要的作用。一般情况下，按照认可对象的分类，认可分为认证机构认可、实验室及相关机构认可和检查机构认可、从业人员认可等。

3. 认证认可机制

资历认证认可机制的建立实质上是一场以职业能力标准为导向的系统改革，即通过建立统一的资历层级划分，形成统一标准的参照系，使个体获

---

① 为了规范认证认可活动，提高产品、服务的质量和管理水平，促进经济和社会的发展，2003年颁布了《中华人民共和国认可认证条例》，2020年11月进行了第二次修订，其中对"认证"和"认可"的概念进行了界定。

得的资历和学分在省级、国家或区域内得到认可，从而实现各级各类职业资历和教育资历之间的衔接和沟通。学习成果认证和学分银行是认证认可机制运转实施的关键，其中，基于资历框架标准细化而成的学习成果认证标准是确保框架中的资历衔接和沟通的基础，而学分银行则是认证认可机制的实现载体与手段。

认证认可机制如图1所示。

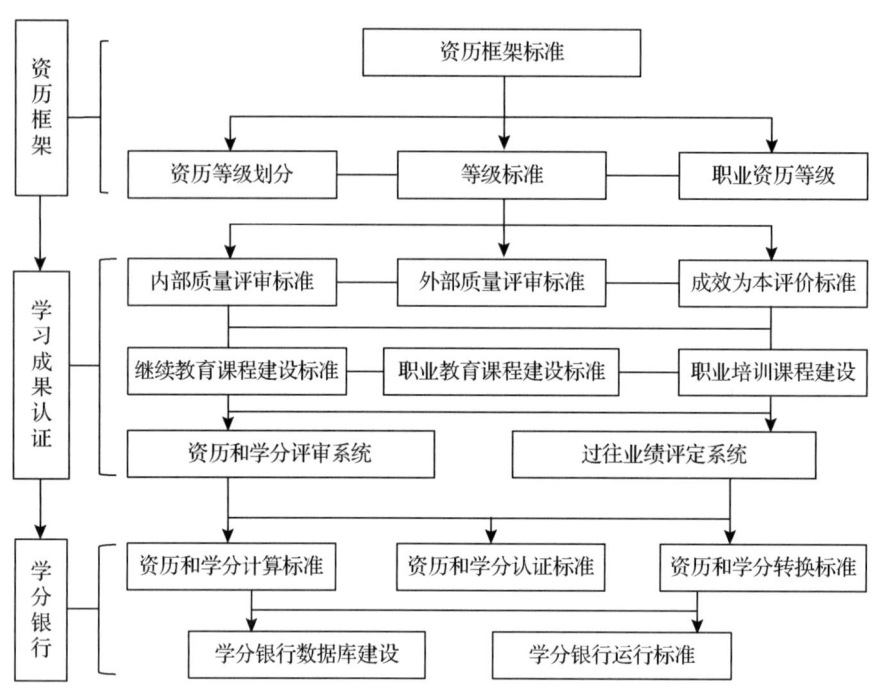

图1 认证认可机制示意图

4. 学习成果

学习成果是指一个人在经历一段学习过程之后所获得的且能够展示出来的一系列知识、技能和能力。其中，学习分为正规学习与非正规学习，正规学习是指发生在一个组织化、结构化的环境（如教育、培训机构，或工厂车间）中有明确指向目的（从目标、时间或资源来看）的学习。非正规学习发生于有计划的活动（如工作项目、社区活动等）之中，但从目标、学习时间或学习支持角度来看，其目的并不是学习。非正规学习是发生在其他活动和过程中的学习。人的一生当中所获得的知识和技能20%~30%来自正规学习，而70%~80%来自非正规学习。

5. 学分银行

学分银行是模拟银行的"存储—提取—转换"系统的概念，通过对学习者的学习成果进行认证，转换为统一的存储学分，并根据一定的规则，学习者可以将储存的学分兑付为资历证书。学分银行制度是基于资历框架的等级和标准，对各类学习成果通过学分为计量单位进行认证、积累和转换的管理制度。① 资历框架中的学习成果用学分形式表现，学分是指对学习量的描述。由于不同教育和培训机构采用的学时和学分计算标准不同，要想进行院校和培训机构之间的学分互认和转换，实现学分累积，则需要建立学分计算、学分认证和学分转换的标准。通过建立学分银行数据库标准和学分银行运行标准，把人们通过正规学习、非正规学习、无一定学习形式的学习成果，通过认证以学分形式进行储存、积累和转换。

二、我国职业资历认证认可现状分析

目前我国相对完整的职业资历认证认可主要集中在职业资格领域，自1994年《中共中央关于建立社会主义市场经济体制的决定》提出"国家实行学历文凭和职业资格证书制度"以来，经近30年的改革发展，我国已初步建立了包括主要法律、管理实施工作体系和技术支撑体系的职业资格、技能等级认定等专业技术人才和技能人才评价制度，取得了很大的成效，但同时也产生了一些问题。

（一）基本情况

1. 职业资格制度改革情况

党的十八大以来，适应深化行政体制改革的新要求，重点从简政放权、放管结合、优化服务入手，职业资格制度改革不断深化。2014—2016年在国务院总体部署下，人力资源社会保障部牵头对职业资格进行"七连清"，清理压缩70%多国家层面设立的职业资格证书，并于2017年建立动态调整的职业资格目录清单制度，治理整顿职业资格挂靠行为。2017年9月，国家建立职业资格目录清单，最初共包含140项职业资格，分为59项专业技术人员资格（包括36项准入类资格和23项水平评价类资格）、81项技能人员资格（包括5项准入类资格和76项水平评价类资格）。2019年因《会计法》修订，专业技术人员中的会计准入类资格从目录中调整出去，剩余139项。2019年底，国务院决定将水平评价类技能人员职业资格于2020年年底全部退出国家职业资格目录，其中3项转为准入类，73项实行社会化职业技能等级认定制度。截至2020年年底，我国职业资格目录清单保留66项职业资格，其中专业技术

---

① 张伟远. 国家资历框架的理论基础和模式建构［J］. 中国职业技术教育，2019（18）：28-35，45.

人员职业资格58项（35项准入类资格和23项水平评价类资格），准入类技能人员职业资格8项。2021年年初，专业技术人员职业资格目录调整方案进行网上公示，总数不变，准入类减少4项，水平评价类增加4项。我国职业资格目录清单从2017年设立的140项调整到目前的66项，共削减74项，削减率为52.9%。

2. 职业技能等级认定制度实施情况

2019年12月底召开的国务院常务会议决定，从2020年1月起，用一年时间分步有序将与国家安全、公共安全、人身健康、生命财产安全关系不密切的技能人员水平评价类职业资格全部调整出国家职业资格目录，这就意味着技能人员水平评价类职业资格不再由政府或其授权的机构进行认证。会议指出，将实行职业技能等级制度，即由国家制定发布职业技能评价标准或规范，而职业技能等级认定和证书发放，则是由相关社会组织或用人单位按照标准、依据规范开展。这是技能人才评价的一场革命，目标是加快政府转变职能、形成市场化、社会化导向的技能人才培养使用机制，力求破除工匠精神弘扬和技能人才成长的制约因素，进而促进产业转型升级，实现经济高质量发展。2019年开始，人力资源社会保障部依托具备评价资质的中央和地方企业等用人单位和第三方评价机构，开展了职业技能等级认定试点工作，截至2019年年底，共有18家中央企业和30个省份900多家企业参与了试点工作，总计发放4万多本职业技能等级证书。

2020年11月1日，国务院办公厅印发《全国深化"放管服"改革优化营商环境电视电话会议重点任务分工方案》，确定由人力资源社会保障部牵头推进企业技能人才自主评价，评价依据分为两种情况，有国家职业技能标准的企业要按照标准开展技能人才评价，没有国家职业技能标准的企业可以自主开发评价规范。企业发放的职业技能等级证书，如果符合职业培训、职业技能鉴定补贴等政策相关要求即可享受相应待遇。11月7日，人力资源社会保障部办公厅印发《关于支持企业大力开展技能人才评价工作的通知》，明确遵循"谁用人、谁评价、谁发证、谁负责"的原则，向用人主体放权，支持各级各类企业自主开展技能人才评价工作，发放职业技能等级证书。根据《职业技能等级认定工作规程（试行）》，遴选用人单位和社会培训评价组织等开展职业技能等级认定工作的机构，按照《技能人才评价质量督导工作规程（试行）》开展评价工作质量督导，加强技能人才评价事中事后监管。截至2020年年底，完成职业技能等级认定备案的有3 700余家企业、近900家社会培训评价组织，共有104万余名技能人员经评价获得了职业技能等级证书。①

(二) 主要成效

1. 法律主干基本形成

据统计，目前我国现有法律体系中涉及劳动者资格、资质要求的法律法规有40多件。主要包括：一是通过颁布《中华人民共和国劳动法》（以下简称《劳动法》）、《职业教育法》、《就业促进法》确立职业资格的法律地位。比如，《劳动法》规定，国家确定职业分类，对规定的职业制定职业技能标准，实行职业资格证书制度。《职业教育法》规定，实施职业教育应当根据实际需要，同国家制定的职业分类和职业等级标准相适应，实行学历文凭、培训证书和职业资格证书制度。二是通过颁布《行政许可法》确立了许可（准入）类职业资格的适用范围、资格设定与实施的法律原则。《行政许可法》规定，提供公众服务并且直接关系公共利益的职业、行业，需要确定具备特殊信誉、特殊条件或者特殊技能等资格、资质的事项可以设定许可。三是通过《教师法》《律师法》《会计法》《医师法》等法律对专门职业的资格性质、适用对象、资格条件、认证与管理等作出了明确规定。四是通过《消防法》《畜牧法》《民用核安全设备监督管理条例》《全民健身条例》等法律条例对消防设施操作员、家畜繁殖员、焊工等技术技能类职业从业人员的资格性质、条件以及管理作出了明确规定。

2. 制度框架基本确立

一是依法管理。加强国家职业资格法治建设。②"凡没有法规依据和各地方、各部门自行设置的各类职业资格，不再实施许可和认定"。③ 二是统一规划。"完善技能人才职业技能等级认定政策，并做好与职业资格的衔接""做好职业资格制度与技能人才职业技能等级认定政策的衔接，建立职业资格、职业技能等级鉴定与相应的职称、学历比较认定制度，畅通技能人才职业发展通道"④。三是强化监督。"加强对职业资格实施的评估检查，建立事中事后监管机制，营造更好激励人才发展的环境，推动大众创业、万众创新"。四是共同治理。"开展中国科协所属学会有序承接政府转移职能试点工作""围绕推进科技人才评价专业化、社会化的总体要求，突出学会专业属性和技术优

---

① 2020年职业能力建设领域十件大事 [N]. 中国组织人事报, 2021-01-19.
② 人力资源社会保障部，进一步减少和规范职业资格许可和认定事项的改革方案，2017年1月。
③ 国务院常务会议公报（2014年6月）。
④ 人力资源社会保障部，关于印发进一步减少和规范职业资格许可和认定事项改革方案的通知，2017年1月。

势，重点开展专业技术人员专业水平评价类而非行业准入类职业资格认定"。

3. 运行管理机制基本建立

初步形成包括职业分类、资格认定、职业标准制定、考试考务和证书管理等环节的运行管理机制。一是实行分类分级管理。专业技术人员评价工作由人力资源社会保障部会同有关部门负责管理，日常工作由行业主管部门或其委托的行业协会承担，资格考试的报名、审核、组织等具体工作由人力资源社会保障部考试中心负责。技能人员职业资格认定实行分级管理，行业职业技能鉴定工作由人力资源社会保障部会同有关部门负责管理。省市区职业技能鉴定工作由各省区市负责管理。职业技能鉴定指导中心负责对职业技能鉴定工作进行组织、指导和协调；职业技能鉴定站负责职业技能鉴定的具体实施工作。二是建立健全职业分类机制。1999 年，我国颁布了第一部国家职业分类大典。2015 年，颁布了新修订的国家职业分类大典。自 2019 年开始启动动态调整机制、增补新职业，至今分四批增补了 56 个新职业。三是组织开发国家职业技能标准。截至 2015 年年底，先后颁布 946 个国家职业技能标准，2018 年颁布并修订《国家职业技能标准编制技术规程》，启动《国家职业资格目录》所涉及职业的国家职业技能标准制定修订工作，为职业技能鉴定的规范开展奠定了基础。四是完善考试考务（评价、鉴定）和证书管理办法。

4. 资格互认取得一定进展

2008 年，中国和新西兰签署职业资格互认框架并成立了工作组；一些专业团体如中国建筑学会与欧盟有关组织就注册建筑师的互认达成协议；人力资源社会保障部职业技能鉴定中心引入并注册 16 个国际职业资格证书，其中语言类 2 个、服务类 14 个、制造类 2 个。2013 年 6 月 19 日，我国在国际工程联盟大会上正式加入工程教育本科专业认证的国际互认协议《华盛顿协议》，标志着我国工程技术领域国际资格互认方面迈出了坚实的一步。

（三）存在问题

当前，制约我国职业资历框架建设的因素是多方面、多层次的，有观念认识、社会用人、部门利益以及培训市场驱动等外部因素，更有职业资历相关制度本身综合管理职能不强，制度安排系统性、整体性和协调性不高，监督管理机制不健全，治理体系开放程度不够全面以及法制体系相对薄弱等内部因素。具体表现在以下四个方面：

1. 综合管理作用发挥不够

职业资历的集中统一管理体制尚未真正形成。以职业资格制度为例，早在 1994 年我国就确立了对职业资格证书实行政府集中统一的管理体制，即

"职业资格证书实行政府指导下的管理体制,由国务院劳动、人事行政部门综合管理",明确了政府主管部门的综合管理职能。但在实施中,这种集中统一的管理体制没有真正形成。究其原因,有部门规章约束力不强的问题,也有对综合职能作用重视不够、发挥不全的问题。各方面均认为,统筹规划、管理监督、综合协调等综合管理职能不断弱化,这是造成"政出多门"、职业资历难以集中统一管理的重要原因。

2. 职业资历认证标准尚未建立

我国各类职业资历都是基于不同的需求、面向不同的评价对象建立和发展起来的,等级设置、标准要求和认证单元各不相同,现实中难以衔接。在职业资历框架尚未提出的背景下,为畅通人才发展通道,人力资源社会保障部于2018年和2020年陆续印发《关于在工程技术领域实现高技能人才与工程技术人才职业发展贯通的实施意见(试行)》《关于进一步加强高技能人才与专业技术人才职业发展贯通的实施意见》,旨在破除束缚人才发展的体制机制障碍,创新人才评价方式,搭建人才成长立交桥,促进各类人才融合发展。但目前采用的仍然是人才通过参与多头评价加以贯通的方式,其实是加重了人才的考试评价负担,没有解决重复评价问题。各方面认为,加快建立职业资历认证认可机制,推动人才评价从"并行"到"衔接"是改革的应有之义。

3. 法制体系性相对薄弱

目前,我国在职业资历领域还缺少一部基本法,以便系统梳理并有效整合现行的法规、标准、条例中的相关内容。综合各方面意见,目前存在的突出问题是缺少能承上启下、起统领作用的一部专门的职业资历管理法。研究者建议,通过制定专门的法律,进一步明确国家职业资历认证认可的法律地位、类别划分、适用范围、设置条件、认证程序、证书管理以及管理体制、管理监督机制和违法责任和处罚措施等。还要进一步完善《劳动法》《就业促进法》《职业教育法》等法律对国家职业资格证书制度的有关规定过于原则、缺乏细则、可操作性不强等问题。

4. 学会协会作用没有充分发挥

职业社会学研究表明,一项评价制度形成和发展是政府、协会学会、高校"三种力量"共同推动的结果。随着"放管服"改革的不断深入,一部分资历的评价工作开始由学会协会承担,但是学会协会的功能定位、运行机制和治理模式还不健全。"就评价论评价""评价与使用相脱节"等问题没有解决。大家建议,要确立行业组织的主体地位,促进资历评价与会员注册登记、继续教育、会员管理以及职业诚信体系建设等环节关联复合。

三、职业资历认证认可国际经验借鉴

研究借鉴英国、新西兰等国家资历框架等级和标准、学习成果认证管理办法以及学分银行建设经验，联合国教科文组织、经合组织和欧盟等有关非正规、非正规学习成果认证办法，对我国构建职业资历框架等级和标准，形成职业资历学习成果认证办法具有重要作用。

（一）加强顶层设计

1. 明确职业资历认证认可法律基础

从国外的实践看，法律基础和监督机制一直是社会各界关注的焦点，也是不同类型学习成果得以有效衔接的基础。1989年，新西兰颁布《1989年教育法》《兴业培训法》等。1995年，南非颁布《南非资格署法》。2008年，欧盟发布欧盟资历框架，欧洲议会和理事会发布了配套的"欧盟资历框架高等教育和职业教育与质量保障的共同原则"。2018年，联合国通过《关于安全、有序和正常移民全球契约》，提出"促进技能、资历和能力的认证"。

2. 注重加强国家资历框架顶层设计

从典型国家和地区的经验看，它们在实施学习成果认证与互认过程中往往是顶层设计先行。例如，20世纪80年代以来，以英国、澳大利亚、新西兰为代表的发达国家，以南非、马来西亚为代表的发展中国家纷纷构建起国家资历框架。据统计，目前已有161个国家已经实施或正在准备实施国家资历框架，其中欧盟27个成员国均建有国家资历框架，并在此基础上形成了区域性互认协议（目前已有12个非欧盟国家加入）。总体上看，国际上基于资历框架的学分互认进入跨地区和跨国家互认阶段，已经建立起7个区域资历参照框架，面向100多个国家提供了跨国资格和学分对接的标准和学分互认。近年来，已构建资历框架的国家纷纷制定基于资历框架的通用能力标准，成立政府认可的专业机构对相应的学术和职业资历课程进行评审，并将评审结果及时向全社会公布。

（二）建立组织体系

1. 成立认证认可的专业管理机构

从不同国家和地区的实践来看，专业管理机构是高等学历继续教育学习成果互认和衔接有序、公平、公正开展的核心力量。20世纪60年代以来，英国由资格与考试监管办公室负责标准制定和组织实施学习成果互认工作，由"全国职业资格委员会"制定全国能力认证标准和执行程序。1990年，新西兰根据《1989年教育法》成立新西兰资历局，主要职责是认证行业资历，开发国家资历框架，制定评卷标准化及监管资历框架的运转。1995年，南非依据《南非资格署法》，并同时成立南非资格署，具体负责基于国家资格框架的学分转换与积累工作。

2. 形成职业资历认证认可监督机制

欧盟实施多年的专业认证制度，就是以先进的质量管理理念为指导，并运用科学的质量保障工具与方法，对教育教学管理作出客观、独立性结论。英国继续教育的运作时刻处于全社会监督之下，并以完善的法律法规和监督评估机制保障教育质量。2011年，澳大利亚成立高等教育和质量标准局，从课程标准的设计、教育内容方法的转变，为国家资历框架提供质量保障。

（三）注重标准建设

1. 明确基于资历框架的等级设置

国家资历框架原型是一个由横向上的学习成果维度（学习领域，如知识、技能和能力）和纵向上的等级水平维度（学习的复杂性从一个等级增加到另一个等级）构成的二维结构。其中横向上的学习成果维度就是基于学习成果分类理论对各个等级水平上的综合性学习成果进行划分维度的操作性描述，大多数国家资历框架在横向维度上对学习成果的维度划分都采取三分法的方式，用于回答资格水平处于相应等级的学习者应该"知道什么、会做什么以及如何表现"。原型的纵向维度是对学习成果进行高低等级判断并得出学习成果所在等级水平的自下而上的结构，不同国家的资历框架的学习成果等级一般有8级到10级不等，其中以8级和10级居多，等级数量的确定与框架所在国家的教育阶段和等级划分有直接关联。欧盟资历框架的核心要素是基于学习成果的8个等级的"共同参照标准"。德国资历框架以能力作为统称来描述学习成果，分为8个等级。澳大利亚资历框架共分为10个等级。

2. 形成相对一致的学习成果维度

在对学习成果的维度划分上，欧盟、澳大利亚、爱尔兰的资历框架采用的都是三维的划分方式，但三者在对"知识"维度、"技能"维度进行定义时论述的角度却有所不同。一是"知识"维度，实际包含内容的角度，如欧盟"知识"包括事实、原理等；二是"知识"主维度进行子维度划分，如爱尔兰将"知识"维度进一步划分为"知识种类"和"知识宽度"两个子维度；三是"技能"主维度突出本国重点，如澳大利亚重点选取创造性、技术性、人际交往技能等；四是"能力"维度的具体表述有所差异，但在该维度所指向的核心内容是一致的，包含"对内""对外"两个方面。德国与前三者有所不同,总体上采用的是二维划分方式,即将综合性学习成果划分为"专业能力""个人能力"两个主维度,其中"专业能力"包括"知识"和"技能","个人能力"主要是指"社会能力"和"自主性"。具体情况见表1。

表1 欧盟、德国、澳大利亚和爱尔兰资历框架、学习成果划分及描述比较

区域/国家	学习成果的定义	学习成果维度划分与描述	资格类型	等级数量
欧盟资历框架	学习者了解、掌握和能够应用的知识、技能和能力	知识:事实、原理、理论和实践的集合体 技能:认知技能和操作技能 能力:责任性和自主性	普通教育 高等教育 职业教育与培训	8个
德国资历框架	学习者在完成一个学习过程时知道什么、能做什么和准备做什么	专业能力:知识、技能 个人能力:社会能力、自主性	学校教育 职业教育与培训 高等教育 (共34种)	8个
澳大利亚资历框架	学习者在学习结束时能知晓什么、理解什么和能做什么	知识:深度、广度、种类、复杂程度 技能:认知、创造性、技能性、人际交往技能知识和技能的运用;自主性、责任性和判断性	学位资格 职业资格 (共14种)	10个
爱尔兰资历框架	学习成果是知识、技能和能力的结合	知识:宽度、深度 技能:范围、选择 能力:情境、角色、学会学习、洞察力	学校教育 职业教育与培训 高等教育 (共16种)	10个

3. 构建服务行业发展的标准体系

学习成果认证标准的建立,可以在一定程度上满足各类学习成果的沟通和衔接以及学习成果互认与转换的需求。典型国家(地区)均在资历框架的基础上形成了服务不同行业领域的标准体系,主要包括资格标准、单元标准、学分标准等,并详细规定了学分标准及其质量内涵等标准要素内容。如中国香港建立了基于行业的资历级别的能力标准,并组织全香港19个行业协会制定各个行业不同级别的能力标准说明。在上述标准体系中,具体的标准运行模式对学习成果的认证、积累与转换至关重要。从典型国家(地区)经验看,"资格-单元"是主要的运行模式,如英国的"资格-学习单元"、南非的"资格-单元"、中国香港的"资历-能力标准(单元)"等,这些均是在对各类资格分类、分层基础上,立足于岗位,以职业(能力)标准为参照,开发相应的单元(模块)标准,以此作为获取资格最基本的要素。

(四) 创新认证模式

1. 重视非正规和非正式成果认证

各类非正规和非正式学习成果的认证是实现终身学习的重要杠杆，正受到越来越多国家和地区的重视。从典型国家的经验看，非正规、非正式学习成果认证与学校正规教育中的认证，并非截然不同，两者可以是基于同样标准、并存并行的。联合国教科文组织、经合组织、欧盟等一批著名国际组织为指导各国的学习成果认证实践，相继发布了对非正规、非正式学习成果认证的研究报告或工作指南。如欧盟提出"个人授权、多方责任、自信和信任、可信且合法"的四大基本原则，并提出两类认证活动的流程，其中上半部分是正规学习的认证过程，而下半部分是非正规和非正式学习环境下的认证流程，大体包含识别、记录、评价和授证四个阶段。考虑到学习成果认证活动本质上的复杂性，目前在欧洲地区很少有国家建立专门负责非正规与非正式学习认证的部门，而大多数国家非常重视国家层面的部门协调，将认证的不同职责分配到不同部门机构（如教育部、劳动就业部等）中，从而建立起各部门/机构的协调合作网络。

欧盟从正规学习、非正规学习到获得证书的一般路径如图2所示。

2. 推动各类学习成果的有效衔接

建立终身学习体系和学习型社会，既要认可正规学习成果，也要认可非正规学习成果和非正式学习成果，而且这些学习成果要互认。目前几乎所有实施学习成果认证与互认的国家和地区在进行制度设计时，都强调正规学校教育、非正式学习与继续教育学习成果的衔接沟通互认。欧盟委员会制定了《欧盟终身学习资格框架》，其资格等级划分以学习成果为依据，支持多样化的学习形式，促进不同国家所有教育体系间的沟通，尤其重视非正规教育和非正式教育。美国政府于1985年将"经验学习推动委员会"更名为"成人学习与教育认证中心"，旨在推动正规学习、非正规学习与非正式学习成果互认，帮助成人重回学校继续学习。澳大利亚政府于1992年发布《培训认证国家框架协议》，明确正规学习、非正规学习与非正式学习成果互认的相关政策。

3. 综合运用多种成果认证办法

学习成果多种多样，其表现形式也多样化，因此对其认证方式方法也应多样化。2011年，联合国教科文组织大会通过《国际教育标准分类法》，明确在学习成果认证时不能仅仅检测学习者对信息和知识的掌握，更重要的是考查学习者理解力、态度、价值观、技能、能力和行为方面的获取与变化。

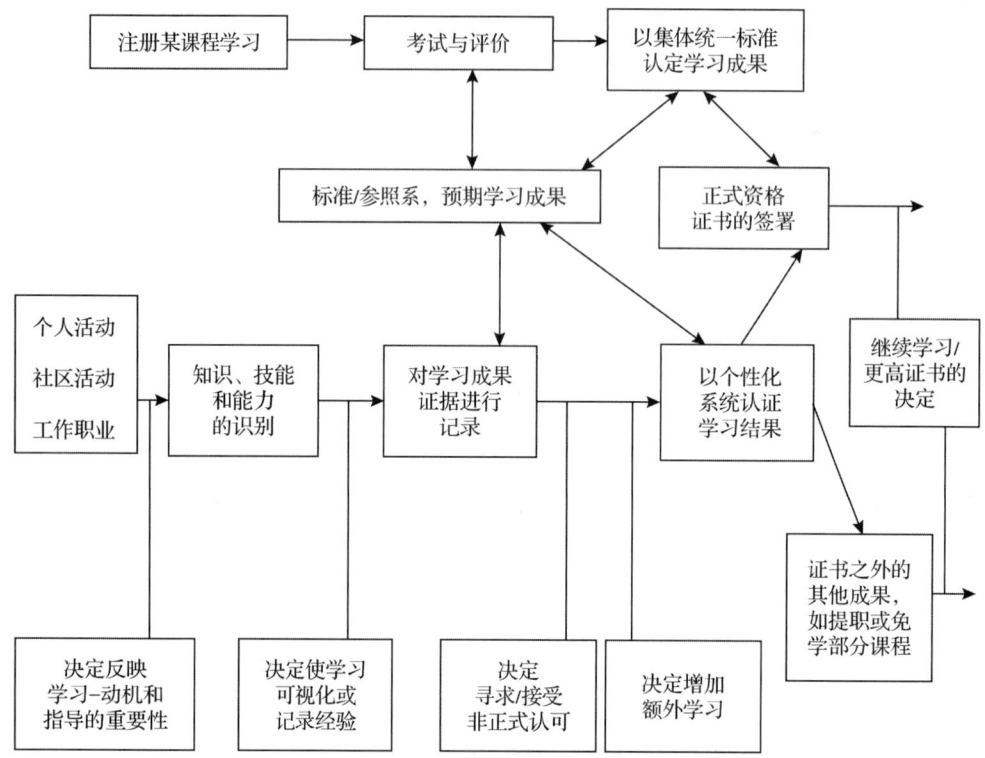

图 2　欧盟从正规学习、非正规学习到获得证书的一般路径

在实际操作过程中各种认证方法应有针对性地使用、组合使用、配合使用、混合使用。实践证明，多种认证方法的综合运用有利于适应不同种类的学习，也有利于提高认证的准确度和效率。有效的学习成果认证方法大致可分为形成性方法和总结性方法两类，或者分为传统的考试、陈述式的方法、观测法、模拟方法、实践经验证明材料五类，其中较为推崇的是以能力为导向均衡考虑学习经历与学习结果的认证方法。还有一些国家采用学习者自我评价的方法，如新西兰等。目前，欧盟国家非正规与非正式学习认证的方法有考试、申报、观测、模拟测试、从工作选取证据以及文件夹等，其中文件夹已发展到数字文件夹。

4. 施行基于标准化课程的学分互认

实行学分制确保实现从课程到专业，从学院到学校，从校内到校外，从成人高考、自学考试到开放教育、远程教育之间的成果互认。其中标准化课程是学分互认的操作基础，这一点在一些国家得到验证。新西兰将国家资历分为 10 个层级，规定不同层级的资历所要求的最低学分值不同，但每个学分所对应的学时是统一的。通过建立学分标准，可判断学习者获取某些资历的难度和所需要花费的时间，如获得学士学位（7级），需要大于或等于360个学分，每个学分对应10个学时。美国加利福尼亚州颁布《学生转学成就改革法案》后，加州社区学院、加州州立大学和加州大学的学术委员会分别指派本机构代表组建"学科专业评审小组"，主要负责开发标准化课程描述、匹配社区学院课程、开发转学课程体系模型，构建了社区学院系统和州立大学系统之间的衔接程序以及学分认证。

四、我国职业资历认证认可机制构想

当前，我国正处于进入新时代的关键期，构建开放、终身的职业资历体系正当其时。实现国内职业资历的认证与等值转换已经成为一种现实的制度需求，既符合我国人力资源开发的内在需要，又契合当下资历全时空、可便携的时代要求。关于职业资历认证认可机制设计构想主要包括总体思路、功能定位、结构体系以及平台与技术支撑四部分内容。

（一）总体思路

职业资历认证认可机制设计总体体现以下思路：

1. 实行统一的职业资历认证认可管理制度

成立部职业资历体系建设领导小组，统筹规划和统一领导全国职业资历体系建设工作，按照"统筹规划、统一标准、分工负责、广泛参与、资源共享"的原则领导和组织职业资历的认证认可工作。

2. 实行统一的职业资历认可制度

建立职业资历认可制度，设立统一标准，由各级人社部门对从事职业资历认证活动的机构和个人进行认可，实行备案管理，未经认可的机构和个人不得直接或变相从事认证活动。

3. 实行职业资历自愿性认证制度

个人可以自愿委托依法依规设立的认证机构进行职业资历认证。

职业资历认证认可基础逻辑如图3所示。职业资历认可与职业资历认证的区别见表2。

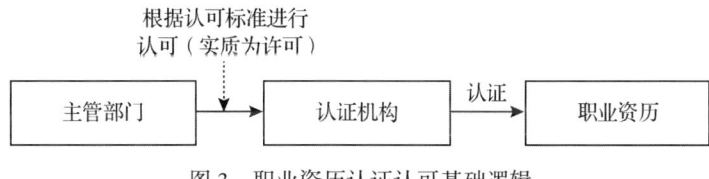

图3 职业资历认证认可基础逻辑

表2　　　　　　　　　　职业资历认可与职业资历认证的区别

	职业资历认可	职业资历认证
依据	根据《认证认可条例》及职业资历认可准则细则、程序环节和有关法律法规，国家授权认可机构对职业资历认证进行宏观管理和行政监督	职业资历认证细则、职业能力标准
对象	职业资历认可的对象是开展职业资历认证的认证机构及从事认证活动的资格人员	职业资历认证的对象是劳动者所承载的职业资历（知识、技能、能力）
层级	职业资历认可机构是国家认监委和人力资源社会保障部授权、代表国家认证市场监管和宏观调控的官方机构，具有层级权威性，工作上是一项持续对机构及人员进行监督管理的技术活动，通过定期或不定期对职业资历认证机构和认证人员的跟踪监督检查等系列活动，证明其程序和能力符合要求，运行制度环境合规	认证机构获得资质需认可机构按照认可准则与认证程序进行合格评审，方可从事认证活动，否则，视同从事违法认证活动处理
性质	职业资历认可机构是政府部门授权并监督管理，认可结果需得到政府和社会的普遍承认，其开展的认可活动按照国际通行和国家认监委发布的认可准则与认可程序进行，工作程序应遵循公正、客观、公开、透明、独立、规范的基本原则，并对做出的认可结果承担法律责任	职业资历认证机构是独立的第三方运行机构，按照市场运作机制模式，根据职业资历认证标准和国际国内通行规则运行，履行法定责任和义务，具有市场营利特征
作用	职业资历认可机构作为行政监管部门与认证机构及企业之间的工作纽带，要履行好政府授权职责，发挥认可机构技术保障和管理辅助服务作用，保证对获得认可的认证机构的监管工作提供技术支撑，为政府管理市场提供科学依据	职业资历认证机构是在认可机构的技术评定标准范畴之内实施运行，公正、公开和公平开展业务活动，认证机构作为第三方机构，为劳动者的职业资历提供诚信保证

（二）功能定位

1. 适用范围

在现阶段，认证适用的职业资历范围主要包括水平评价类职业资格证书、技能等级认定证书。由于准入类职业资格涉及的法律范围较为复杂，暂不在职业资历认证认可范围内讨论。

随着职业资历标准和认证单元的建立，以及各职业标准开发的推进，以职业标准和认证单元为基础开发的继续教育证书、职业技能培训证书、经认可的社会培训组织证书也应逐步纳入认证范围。

2. 建设目的

职业资历认证认可是职业资历框架（见图4）运行的重要组成部分，职业资历认证是职业资历积累、存储和转换的基础。

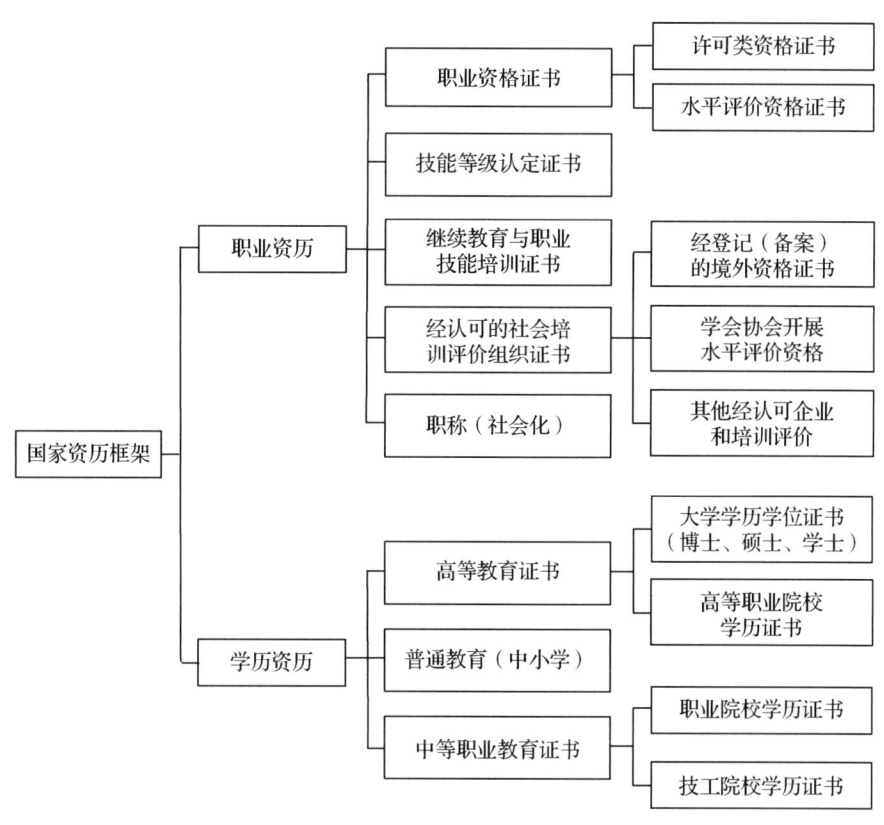

图 4　国家资历框架图

(三) 结构体系

职业资历认证认可机制是由法律系统、组织系统、标准系统和操作系统四个子系统相互作用的复合体。其中，法律系统、组织系统和标准系统构成认证认可系统的框架结构，通过操作系统的驱动，形成系统的运行结构。它们以其特有的组织方式互相促进、相互激励、相互补充、相互制约，共同推进职业资历体系的发展。

职业资历认证认可机制结构体系如图 5 所示。

1. 法律系统

法律系统通过国家法律、部门规章等形式对职业资历监督监管制度、职业资历认可与认证制度及其管理实施进行确定，具体包括认证认可的程序、周期、适用范围、未获认证的影响等。

目前我国在职业资历认证认可方面涉及的法律和部门规章包括：《认证认可条例》，在部门规章层面，主要包括《认证机构管理办法》《职业资格证书制度暂行办法》《职称评审管理暂行规定》《职业技能等级认定工作规程（试

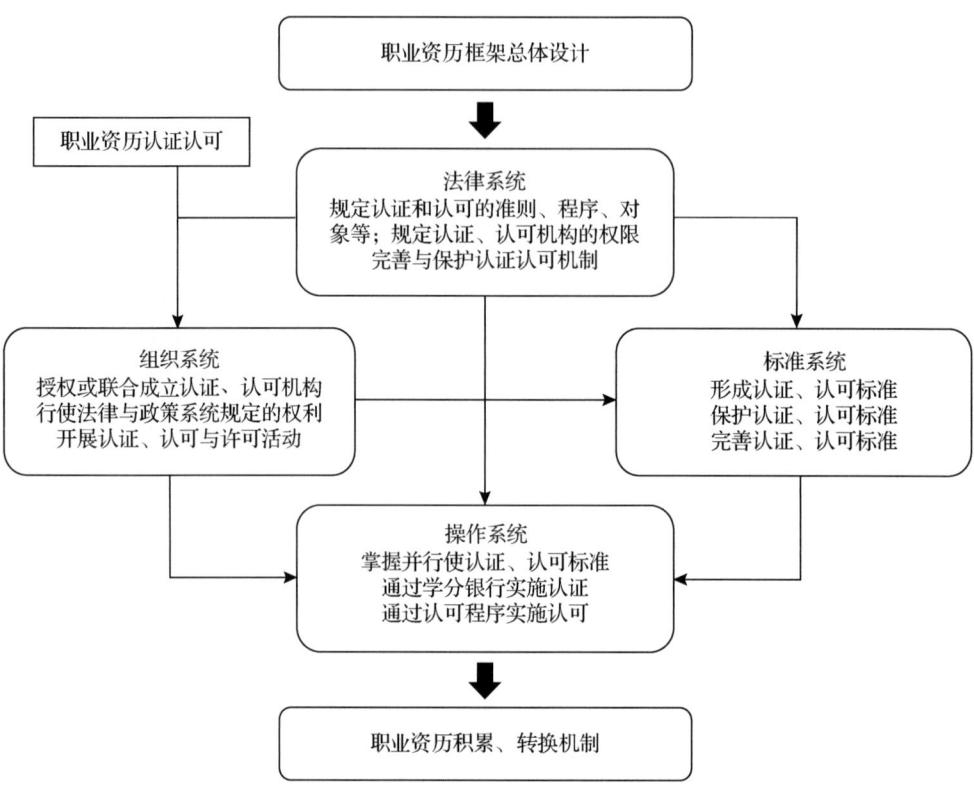

图 5　职业资历认证认可机制结构体系

行)》《专业技术人员继续教育规定》等。

2. 组织系统

组织子系统由职业资历认证机构、职业资历认可机构以及主管部门三大体系组成，三者相互联系、相互制约，共同组成职业资历认证认可组织网络。

（1）职业资历认证认可监督管理部门

经国务院授权对全国各领域各类职业资历认证认可工作进行监督管理的部门。

（2）职业资历认可机构

经国家职业资历认证认可主管部门的授权，按照国家统一的认证认可管理制度，依据认可准则与认可程序，对各类职业资历认证机构的认证能力进行评定认可的机构。目前我国的职业资历认可机构主要是指职称、职业资格、职业技能等级认定、继续教育、职业技能培训等制度体系中的认可机构。鉴于认可活动具有权威性和影响力大的特殊作用，认可机构必须经国家职业资历认证认可主管部门的授权确定。认可机构应具有适应其职责的法律地位，认可机构按照认可准则与认可程序开展认可活动，不受行政和利益关系的影响，独立作出认可决定。认可机构对其认可结果负责并承担相应责任。

(3) 职业资历认证机构

职业资历认证机构是通过开展认证活动为社会（主要是个体）提供中介服务的组织。职业资历认证机构从事认证活动的能力应得到职业资历认可机构的评价与证实。

职业资历认证机构从事认证活动应当遵循公正公开、客观独立、诚实信用的原则，维护社会信用体系。未经批准，任何单位和个人不得从事认证活动。认证机构不得超出批准范围从事认证活动。认证机构应当在场所、设施、管理制度、财务、人员、技术等方面满足具备开展职业资历认证认可的能力。认证机构应当建立风险防范机制，对其从事认证活动可能引发的风险采取合理、有效的措施，并承担相应的社会责任。

目前我国的职业资格认证机构主要是指职业资格制度中的职业资格实施机构、职称制度中的职称评审委员会及其组建单位、职业技能等级认定制度中的各类社会培训评价组织、继续教育制度中的各类教育培训机构又称为"继续教育机构"以及职业技能培训制度中的职业培训机构。在未来可以发展出区域性、行业性、职业性及专业性职业资历认证机构。

3. 标准系统

职业资历认证认可与许可标准系统的核心是认证标准、认可标准。

(1) 认证标准

认证标准，即"资历标准"，是职业资历框架中各资历间实现沟通衔接的基点。认证标准在设计上包含等级设置、标准要求、认证单元三个方面；在类型上包含职业资历框架通用标准和各职业标准两类。各职业标准是在职业资历框架通用标准基础上开发的，是通用标准在各行业的进一步细化。不同类型的职业资历通过认证标准实现转换和衔接。认证标准总体呈现"框架+标准"的模式。

在职业资历等级设置方面，在我国当前各类评价制度等级设置基础上进行了国家资历框架等级设置，见表3，等级设置共分为八级，分别是专业一级、专业二级、专业三级/技能一级、技能二级、技能三级、技能四级、技能五级和学徒工。职业资历等级与现有教育资历和职业资历的对照表见表4。

表3　　　　　　　　　　国家资历框架等级设置

国家资历等级	职业资历等级	教育资历等级
一级	专业一级	博士/专业学位博士
二级	专业二级	硕士/专业学位硕士
三级	专业三级/技能一级	学士/专业学位学士/高等职业教育
四级	技能二级	
五级	技能三级	高中/中等职业教育
六级	技能四级	
七级	技能五级	初中/初等职业教育
八级	学徒工	—

表4　　　　　职业资历等级与现有教育资历和职业资历的对照表

国家资历等级	职业资历等级	职称	职业资格（水平评价）	职业技能等级认定	教育资历（职业教育）	教育资历（普通教育）	继续教育和职业技能培训
一级	专业一级	高级	高级（专业一级）	高级技师	—	博士	继续教育和职业技能培训
二级	专业二级	中级	中级（专业二级）			硕士	
三级	专业三级/技能一级	初级	初级（专业三级）		高等	学士	
四级	技能二级	—	—	技师			
五级	技能三级			高级工	中等	高中	
六级	技能四级			中级工			
七级	技能五级			初级工	初等	初中	
八级	学徒工			—	—	—	

在职业资历标准要求方面，职业资历认证标准偏重通用职业能力，包含通用知识、技能、能力三大基本维度，突出通用性、等级性、连贯性和一致性。对各级职业资历等级标准要求设计见表5。

表5　　　　　　　　　　职业资历等级标准

资格等级	知识	技能	能力
专业三级	工作领域内及相关领域之间最先进的知识	在研究及/或创新工作中解决关键问题及延伸和重新定义现有知识或专业事务所需的最先进和专门技能及技术,包括综合能力和评估能力	展现相当的权威、创新思维、自主性、学术与专业操守,以及对于在包括研究在内最前端的工作或学习环境探求新构思或程序的持续承担
专业二级	工作领域内极为专门的知识（部分属尖端知识）,可作为原创思维及/或研究的基础;对个别领域内及不同领域之间知识议题的深刻认识	在研究及/或创新工作中,探求新知识及程序和整合不同领域的知识所需的特定问题解决技能	管理和改变复杂、不能预知和需要崭新策略应对的工作或学习环境;为促进专业知识和实务及/或检讨团队的策略表现承担责任
专业一级（技能一级）	工作领域的高阶知识,包括对理论和原则的深刻认识	在工作或学习的专门领域中,解决不可预知和复杂问题所需的高级技能（须显示已充分掌握有关技能和具备创新能力）	管理复杂的技术或专业活动或项目,为在不能预知的工作或学习环境中作出决策承担责任,为管理个人或团队的专业发展承担责任
技能二级	工作领域的全面、专门、实务和理论知识,以及对该工作领域知识局限性的认知	针对抽象问题构想创新解决方法所需的多种广泛认知和实务技能	在不能预知变化的工作或学习活动中进行管理和督导,检讨自己及其他人的表现
技能三级	工作领域内范围广泛的实务和理论知识	针对工作或学习领域的特定问题找出解决方法所需的多种认知和实务技能	在通常可预知但或许有变化的工作或学习环境中运用指引进行自我管理,督导其他人的日常工作,为工作或学习活动的评估及改善承担若干责任
技能四级	工作领域内对事实、原则、程序和一般概念的认识	具备多种认知和实务技能,可选择和运用基本方法、工具、材料和资料以完成任务和解决问题	为工作或学习上完成任务承担责任,在解决问题时因应环境调适自己的行为
技能五级	工作领域的基本实务知识	具备基本认知和实务技能,可运用相关数据执行任务和运用简单规条及工具解决日常问题	在督导及某程度的自主下工作或学习
学徒工	工作领域的基本常识	执行简单任务所需的基本技能	在有规律的环境及直接督导下工作或学习

在职业资历认证单元方面，认证单元又称为学习单元、能力单元，是颗粒化、模块化的评价标准，是一个可以独立开发、教学、认证、学习、积累并转换学分的单位，只描述学习者应掌握的知识与技能，不涉及具体学习内容和形式。认证单元为各行各业制定职业标准、教学标准、课程标准等提供依据，职业资历体系与认证单元样例见表6。当教育和评价机构都基于认证单元开发课程或进行评估时，不同的职业资历就可以实现融通转换。

表6 职业资历体系与认证单元样例

国家资历等级	职业资历等级	职称	职业资格（水平评价）	职业技能等级认定	教育资历（职业教育）	教育资历（普通教育）	继续教育和职业技能培训
一级	专业一级	高级	高级（专业一级）	—		博士	
二级	专业二级	中级	中级（专业二级）	高级技师		硕士	
三级（第三级认证单元）	专业三级/技能一级	初级	初级（专业三级）		高等	学士	继续教育和职业技能培训
四级（第四级认证单元）	技能二级			技师			
五级（第五级认证单元）	技能三级			高级工	中等	高中	
六级	技能四级	—	—	中级工			
七级	技能五级			初级工	初等	初中	
八级	学徒工			—	—	—	

（2）认可标准

认可标准是职业资历认可机构所使用的、符合评定机构为了获得认可所应达到的一组要求，包含认证机构的管理能力、技术能力、人员能力和运作实施能力。认可标准是对认证机构的基本要求，也是认可机构评审认证机构最基本的依据。

为了保证认可的质量，职业资历认可机构应当建立并运行一套切实有效的质量管理体系，对其开展的所有认可活动进行管理和控制，质量体系至少应包括质量方针、质量目标、组织结构与职责、认可过程和活动的管理程序、认可人员管理程序及申诉投诉处理程序等。认可机构应定期进行内部审核，及时发现并解决认可管理过程中存在的问题，并持续改进，以保证认可工作的权威性、客观性和公正性。

4. 操作系统

职业资历认证认可操作子系统主要由认证操作程序、认可操作程序组成，相互之间保持高度的协调和统一性，实行严格的全面质量管理。

认可操作程序主要有认可申请、自我评估、综合评价和形成认可结论四个阶段。在认可申请阶段，职业资历认证机构需提交书面申请并提供相关材料证明其满足认可标准；在自我评估阶段，职业资历认证机构需按照相关规定要求准备自评报告，并提供翔实的证据材料；在综合评价阶段，认可机构组织评价委员会充分审核资料、听取有关意见、形成初步认证报告并反馈给认证机构进行回应；在形成认可结论阶段，认可机构对评价委员会形成的认证报告进行再次评审并做出最终认可结论。认证操作程序主要通过职业资历学分银行实现。

（四）平台与技术支撑

职业资历的认证机制主要是通过学分银行实现，在国际经验和国内探索实践的基础上，基于区块链技术，设计了职业资历学分银行的核心流程。需要指出的是，由于学分银行实现的是职业资历的认证、积累、存储和转换，因此，学分银行实现的功能大于职业资历认证。

1. 基本要求

遵循学分银行运行机理，参照2020年4月发布的《职业教育国家学分银行建设工作规程（试行）》，职业资历学分银行核心流程应符合以下要求。

（1）以职业资历认证机构和学习者为服务对象。各类职业资历认证机构，携带各类职业资历，如职业技能等级证书，职业资格证书，职称、继续教育和技能培训证书等，在未来可增加技工院校，携带学历证书（课程）。

（2）以职业资历认证、积累与转换为主线。其中既包括对机构学习成果的认定与转换，也包括对个人学习成果的认定、积累与转换。获得认可的职业资历认证机构可以组成"职业资历互认联盟"，作为机构进入流程的入口；学习者作为职业资历积累、转换服务的需求方是流程的出口。要为建设以资历框架为引领的国家学分银行预留接口。

（3）以职业资历等级标准为转换标尺。在职业资历体系尚不完善的初期，可以依据分等级管理的职业资历的简易参照表，以及类似职业资历名册的学习成果目录等进行积累、转换。

（4）以职业资历学分银行信息平台为支撑。基于区块链技术，采用模块化的架构设计，确保职业资历数据的真实可靠，提高学分认证、积累、转换的效率。

（5）满足学习者个性化、多样化的职业资历公共服务需求。要有职业资历公共服务体系为学习者服务。类比金融领域，应有中央银行（简称央行）和商业银行（简称商行）。在初期，可由总部先行开展业务。

2. 核心流程

依据上述基本要求，设计以下核心流程。第一，职业资历认可机构加入学分银行；第二，职业资历学分银行认定机构学习成果；第三，职业资历认可机构之间协商转换学习成果；第四，职业资历学分银行登记、认定、存储、积累与转换学习者个人学习成果。涉及的四个步骤具体设计如下：

（1）职业资历认证机构加入学分银行。通过认可的职业资历认证机构共同组成职业资历互认联盟，成为学分银行流程的入口。职业资历互认联盟是供各类评价组织（和将来的技工院校）等相关机构开展资源共享、课程互选以及学分互认的服务平台。在初期，政府政策发挥主导作用，市场发挥辅助作用，这时的互认联盟是一个政策性互认联盟。随着认可机制的成熟以及基于职业资历标准开发的评价和培训项目的增多，通过认可的认证机构自动计入联盟。

（2）职业资历学分银行认定机构学习成果。职业资历认证机构进入学分银行后，要将携带的学习成果提交学分银行认定。通过认定，评价组织的职业资历证书和技工院校的学历证书（课程）被有序码放在一个框架内，每种证书（课程）都对应相应学分，可进行比较。认定机构学习成果分为两步，第一步为机构学习成果赋予等级，第二步为机构学习成果赋予学分。

（3）职业资历认可机构协商转换学习成果。不同类型的职业资历进入学习成果目录后，职业资历认可机构可以通过联盟并参照职业资历标准协商转换方案，实现职业资历的积累、转换（横向融通和纵向融通）。职业资历的转换分为两个方向，第一，职称、职业资格证书、职业技能等级认定证书之间的转换规则，并据此制定各证书之间转换办法；第二，各类培训证书与职称、职业资格证书、职业技能等级认定证书之间的转换规则，并据此制定各资格证书免考办法。

（4）职业资历学分银行登记、认定、存储、积累与转换。流程的另一端出口是学习者，学分银行通过职业资历公共服务体系为学习者提供服务。公共服务体系在流程模型中处于商行的位置，它是依据央行制定的政策制度、规范和标准体系，利用信息平台，为学习者提供学习成果认证、积累与转换的分级服务网络。职业资历学分银行核心流程如图6所示。

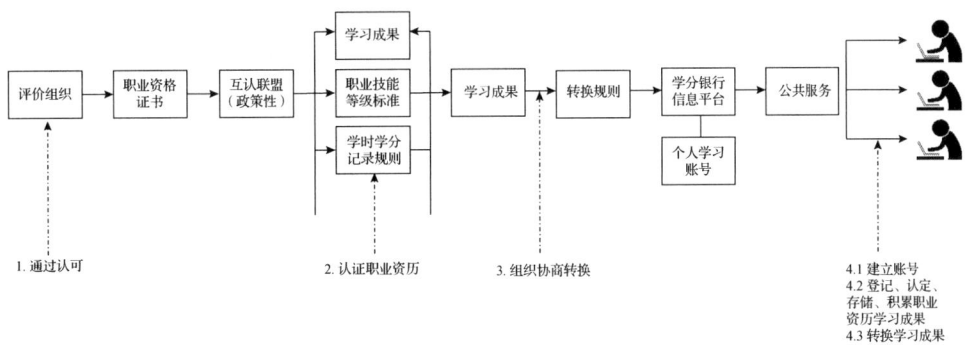

图6 职业资历学分银行核心流程

五、制度创新和综合配套改革建议

职业资历体系的构建离不开职业资格证书制度、职称制度、技能等级认定制度、职业技能培训和继续教育制度的完善和发展，因此，首先要推动这些制度创新以及相应的配套改革。

（一）深化职业资格制度改革

按照适度规制的原则，依法严格控制准入类资格数量并实行国家职业资格目录清单管理。鼓励和支持学会、协会等社会组织和社会培训评价机构依据国家职业资历标准和程序，开展旨在证明申请人具备从事某一职业所需知识、技能或信誉的资格评价。其评价结果经人力资源社会保障部门认可后，可记入资格获得者"学习成果"档案和国家职业资历认证平台。

（二）深化职称制度改革

调整职称社会化评审工作的功能定位，推动面向非公经济组织、自由职业者等开展的社会化职称评审向社会化专业资格转变并将其纳入职业资历体系。打破职业技能等级认定与专业技术职称评审界限，畅通高技能人才与专业技术人才职业发展通道。

（三）深化职业技能等级认定制度改革

建立与职业资格制度相衔接、与终身职业技能培训制度相适应的职业技能等级制度，构建职业资格评价、职业技能等级认定、专项职业能力考核与相应的职称、学历比较认定制度。改革完善"双证书"制。开展"1+若干职业技能等级证书"试点。

（四）深化职业技能培训和继续教育制度改革

对职业技能培训公共服务项目实施目录清单管理，建立国家基本职业培训包制度，建立学习成果积累和转换制度，促进职业技能培训与学历教育沟通衔接。细化量化继续教育"学习成果"考核认定办法。探索实行职业技能培训和继续教育"学分银行"制。

（五）加强职业资历立法

研究制定《国家职业资格证书管理条例》，明确国家职业资格的法律地位、资格分类、职业范围、设置权限、标准程序、管理体制以及权责关系。依据《行政许可法》第十九条规定，研究制定《拟设国家职业资格（许可类）审查标准和举证责任标准》。研究制定《境外机构在我国境内开展资格认证和培训活动监督管理办法》。会同国家有关部门研究制定《国家资历框架法》。

（六）推动职业资格证书国际互认

总结我国加入《华盛顿协议》的成功经验，研究论证我国加入《工程师流动论坛协议》《APEC工程师计划》《悉尼协议》等国际职业资格认证体系的必要性和可行性。以制定和实施国家资历框架为契机，推进"一带一路""中国-东盟自由贸易区""澜湄合作区""粤港澳大湾区"等区域资历框架建设，增强各国（地区）职业资格证书的可比性、等效性可转换性，促进人才资源跨境跨地区无障碍流动。

参考文献

[1] 中华人民共和国认证认可条例［J］. 轻工标准与质量，2021（1）：13-18.

[2] 认证机构管理办法［J］. 轻工标准与质量，2020（6）：24-27.

[3] 江颖，黄霖. 学分银行学习成果认证与转换运行标准体系研究［J］. 当代继续教育，2016（6）：52-57.

[4] 张伟远. 国家资历框架的理论基础和模式建构［J］. 中国职业技术教育，2019（18）：28-35+45.

[5] 谢青松. 区域资历框架的构建和对接的比较研究［J］. 中国职业技术教育，2019（18）：36-45.

[6] 包映蕾，罗小平. 终身教育视野下英国国家资格框架演进研究［J］. 南方职业教育学刊，2019（2）：32-38.

[7] 谢晶. 国际视野下国家资历框架对我国职业资格制度改革的启示借

鉴[J].中国行政管理,2018(8):150-155.

[8] 何适.我国认证认可作用及其有效途径[J].机械工业标准化与质量,2014(9):19-21.

[9] 曾祥跃.资历框架视域下的学分银行战略定位与服务布局研究[J].成人教育,2021(5):1-6.

[10] 黄磊.区块链技术引入学分银行学习成果认证的研究[J].发明与创新(职业教育),2021(4):107,109.

[11] 袁亚兴.基于"互联网+"的职业教育学分银行支撑平台设计研究[J].中国电化教育,2021(4):84-90.

[12] 鄢小平.我国学分银行制度的模式选择和架构设计[J].远程教育杂志,2015(1):30-38.

[13] 汤诗华,毕磊,朱祖林,等.我国学分银行研究与实践述评[J].中国远程教育,2013(5):16-21,95.

[14] 李林曙,鄢小平,王立科.我国学分银行制度建设的模式、途径与策略[J].现代远程教育研究,2013(6):33-38,49.

[15] 孙冬喆.中国学分银行制度建设研究[D].上海:华东师范大学,2014.

[16] 鄢小平.基于云架构的学分银行信息平台设计研究[J].中国远程教育,2014(5):66-71,96.

[17] 季欣.职业教育国家学分银行基础流程模型建构[J].中国职业技术教育,2021(5):81-86.

[18] 季欣.认证单元:资历框架建设的基础工程[J].高等继续教育学报,2018(2):1-9,72.

[19] 季欣.服务1+X证书制度的学分银行信息系统之业务模型构建[J].高等继续教育学报,2019(4):1-8.

[20] 刘宗德,王宇,史珍珍.区块链与认证认可协同创新发展研究[J].中国市场监管研究,2021(1):46-48.

《职业资历认证认可机制研究》
课题组成员名单

课题组长:

孙一平(中国人事科学研究院人才理论与技术研究室副主任、副研究员)

课题组成员：

黄　梅（中国人事科学研究院科研管理处处长、研究员）
谢　晶（中国人事科学研究院教育培训与能力建设研究室副研究员）
宇长春（北京市西城区领导人才评价中心主任）
张宏宇（北京工商大学副教授）
赵卫华（北京工业大学教授）
鲍春雷（中国劳动和社会保障研究院副研究员）
郭越君（中国人事科学研究院科研管理处干部）
柏玉林（中国人事科学研究院科研管理处干部）

专业技术类新职业从业人员培训与水平评价问题研究①

提　要： 我国专业技术类新职业从业人员培训与评价工作取得了一定进展，包括不断推进制度建设、重视调查研究、开展实践探索、支持社会与市场主体开展相关培训与评价工作。专业技术类新职业培训与评价工作也存在诸多问题，如政策体系仍需健全、新职业标准有待完善、新职业培训难满足从业人员能力提升需求、新职业评价难以适应从业人员职业发展要求。做好专业技术类新职业从业人员培训与水平评价工作，要求建立起有利于培训和水平评价工作开展的组织框架与制度体系，有力推进各类专业技术类新职业标准体系、培训体系和能力认证（水平评价）体系建设。在构建培训与水平评价一体化框架中，要做好等级标准设计、建立健全认可机制、做好培训评价机制建设。此外，还要做好加强顶层设计、改善制度环境、优化专业技术人员培训体系、强化培训与评价制度的联结四项工作。

关键词： 专业技术类新职业　培训　水平评价

新职业是新旧动能接续转换和产业结构深度调整的时代产物。新职业的涌现，不仅推动了新经济、新业态的发展，同时也吸纳了大量的青年就业，为青年提供了更多元的就业选择，对于促进新经济增长、吸纳就业、推动高质量发展发挥着重要作用。2019—2021年，人力资源社会保障部发布了56个新职业，其中12个是专业技术类新职业。2021年5月，人力资源社会保障部

---

① 本文系人力资源社会保障部2021年度部级课题《专业技术类新职业从业人员培训与水平评价问题研究》报告的部分内容。

办公厅印发《关于加强新职业培训工作的通知》，对新职业的培训评价工作进行了一体化部署。但现行的职业培训和人才评价政策是两类相对独立的政策，其中又细分为专业技术人员和技能人员。如何构建专业技术类新职业培训与评价一体化的框架体系，以满足专业技术类新职业从业人员的培训评价需求，成为亟待解决的问题。为此，本研究通过文献分析、专家咨询、调研分析和比较研究等方法，梳理了专业技术类新职业的发展状况、我国专业技术人员培训与评价的基本情况，以及专业技术类新职业从业人员培训和评价的现状与存在的问题。由于已经公布和即将不断公布的专业技术类新职业横跨不同行业、产业领域，具有多元化特征，职业标准存在巨大差异，因此，本文着重研究构建专业技术类新职业培训与评价一体化的框架体系，即如何建立起有利于培训与水平评价工作开展的组织框架与制度体系，提出相应配套政策建议。

一、专业技术类新职业发展状况

职业是劳动分工的产物，也是劳动者在社会活动中获取生活来源、实现自身价值的依托。对职业进行分类管理，是现代市场经济条件下实现社会化管理的必然选择。

（一）专业技术人员职业分类

职业分类作为制定职业标准的依据，是开展职业技能培训和评价的基础，不同类型人员的职业内容和职业活动不同，所需要的知识技能和素质也不同，职业能力标准也有所差别，职业分类是促进人力资源科学化、规范化管理的重要基础性工作。1999年首次发布《中华人民共和国职业分类大典》（以下简称《大典》），确定的职业分类结构包括四个层次，即大类、中类、小类和细类，依次体现由粗到细的职业类别。细类是最基本的类别，即职业。专业技术人员作为职业分类结构中的最高层次，位于第二大类。2010年开始启动，2015年完成修订的《大典》，维持了原有的大类划分，专业技术人员仍然是第二大类，这一类在修订时除了遵循职业分类一般原则和技术规范外，着重考量了职业的专业化、社会化和国际化水平。修订后的专业技术人员中类减少3个，小类增加5个，细类（职业）增加11个。参见表1。

表1　1999版《大典》和2015版《大典》的职业分类体系对比表

1999年版《大典》				2015年版《大典》			
大类	中类	小类	细类（职业）	大类	中类	小类	细类（职业）
第一大类：国家机关、党群组织、企业、事业单位负责人	5	16	25	第一大类：党的机关、国家机关、群众团体和社会组织、企事业单位负责人	6	15	23
第二大类：专业技术人员	14	115	440	第二大类：专业技术人员	11	120	451
第三大类：办事人员和有关人员	4	12	53	第三大类：办事人员和有关人员	3	9	25
第四大类：商业、服务业人员	8	43	197	第四大类：社会生产服务和生活服务人员	15	93	278
第五大类：农、林、牧、渔、水利业生产人员	6	30	135	第五大类：农、林、牧、渔业生产及辅助人员	6	24	52
第六大类：生产、运输设备操作人员及有关人员	27	195	1 176	第六大类：生产制造及有关人员	32	171	650
第七大类：军人	1	1	1	第七大类：军人	1	1	1
第八大类：不便分类的其他从业人员	1	1	1	第八大类：不便分类的其他从业人员	1	1	1
合计	66	413	2 028		75	434	1 481

（二）专业技术类新职业

新职业是指经济社会发展中已经存在一定规模的从业人员，具有相对独立成熟的职业技能，且《大典》中未收录的职业。据此，专业技术类新职业就是指《大典》中未收录的第二大类职业。自2019年开始启动新职业发布工作至2021年3月，分四批发布了56个新职业，其中12个属于专业技术类新职业，分属两个中类，其中10个属于工程技术人员这一中类，分布于机械工程技术人员、信息和通信工程技术人员、管理（工业）工程技术人员3个小类之中；2个属于经济和金融专业人员这一中类，分属于评估专业人员和银行专业人员两个小类（见表2）。这四批发布的专业技术类新职业具有四个主要特点。

表 2　　2019 年以来发布的 12 个专业技术类新职业

大类	中类	小类	职业名称
专业技术人员（2）	工程技术人员（2-02）	机械工程技术人员（2-02-07）	智能制造工程技术人员（2-02-07-13）
		信息和通信工程技术人员（2-02-10）	人工智能工程技术人员（2-02-10-09）
			物联网工程技术人员（2-02-10-10）
			大数据工程技术人员（2-02-10-11）
			云计算工程技术人员（2-02-10-12）
			工业互联网工程技术人员（2-02-10-13）
			虚拟现实工程技术人员（2-02-10-14）
			区块链工程技术人员（2-02-10-15）
			集成电路工程技术人员（2-02-09-06）
		管理（工业）工程技术人员（2-02-30）	数字化管理师（2-02-30-11）
	经济和金融专业人员（2-06）	评估专业人员（2-06-06）	企业合规师（2-06-06-06）
		银行专业人员（2-06-09）	公司金融顾问（2-06-09-07）

一是主要分布在以数字经济为代表的新经济领域，包括新技术领域，如大数据、物联网、云计算、人工智能等实现产业化应用的高新技术领域；新产业领域，如智能制造、工业互联网、数字化和信息化管理等传统产业智能化升级领域；新业态、新模式领域，如数字化管理等，为组织提供个性化的数字化管理服务领域。

二是与数字技术密切相关。这些专业技术类新职业是数字产业化和产业数字化的产物。人工智能、物联网、大数据、云计算、工业互联网、虚拟现实、区块链等专业技术类新职业的技能基础都是信息与通信技术。

三是职业技能复合性强。这些专业技术类新职业以较高的专业技术知识和能力为支撑，从业人员普遍具有较高学历，是高度专业的数字人才；所需的职业技能涉及现有多个专业，属于典型的复合型技能。

四是实际从业人员规模大、增速快。《中国数字经济发展与就业白皮书（2019 年）》的数据显示，2018 年我国数字经济领域就业岗位为 1.91 亿个，占当年总就业岗位的 24.6%；其中数字产业化领域就业岗位为 1 220 万个，产业数字化领域就业岗位达到 1.78 亿个。而 2017 年为 1.71 亿个，占总就业岗位的 22.1%。实际从业人员不但规模大，增速也快。

二、专业技术人员培训与水平评价的基本情况

专业技术人员是我国人才队伍中的骨干力量，是从事专业技术类职业的人员，在《大典》中属于第二大类，这类人才在我国经济发展与社会进步中一直发挥着重要作用。从新中国成立初期，我国理、工、农、医各类专业技术人才加起来共几十万人，到目前全国专业技术人员总量达 7 500 万人，高、中、初级专业技术人员比例达 10∶40∶50，人才规模不断扩大，高层次高素质人才队伍建设不断加强。这些成就的取得与不断推进完善的制度建设密不可分，其中培训与水平评价作为促进专业技术人员发展的核心政策，更是发挥了重要的支撑和保障作用。目前专业技术人员的培训和评价是两项相对独立的制度体系，其中培训采用的是专业技术人员继续教育制度，评价主要包括职称和职业资格两种制度体系。

（一）专业技术人员继续教育制度

我国专业技术人员继续教育制度始于改革开放之后，经历了不断规范化和法治化进程，形成了政府宏观指导下，企业、高校和社会机构共同参与的运行格局。专业技术人才知识更新工程成为国家组织实施的重大人才培养工程，为专业技术人员队伍建设做出了重要贡献。

1. 制度设计

《专业技术人员继续教育规定》作为继续教育制度的总纲，对继续教育的功能定位、内容和方式、经费投入、管理体制等都作出了明确规定。

（1）功能定位

专业技术人员继续教育适应专业技术人员岗位需要和职业发展的要求，促进专业技术人员能力素质提升，包括知识结构的完善、创新能力的增强、专业水平的提高等。

（2）内容和方式

继续教育内容包括公需科目和专业科目。公需科目包括专业技术人员应当普遍掌握的法律法规、理论政策、职业道德、技术信息等基本知识。专业科目包括专业技术人员从事专业工作应当掌握的新理论、新知识、新技术、新方法等专业知识。专业技术人员参加继续教育的时间，每年累计应不少于 90 学时，其中，专业科目一般不少于总学时的三分之二。可选择的方式包括参加培训班、研修班或者进修班学习；参加相关的继续教育实践活动；参加远程教育；参加学术会议、学术讲座、学术访问等活动；符合规定的其他

方式。

(3) 经费投入

继续教育实行政府、社会、用人单位和个人共同投入机制。国家机关的专业技术人员参加继续教育所需经费按照国家有关规定予以保障。企业、事业单位等要依照法律、行政法规和国家有关规定提取和使用职工教育经费，不断加大对专业技术人员继续教育经费的投入。

(4) 管理体制

继续教育工作实行统筹规划、分级负责、分类指导的管理体制。人力资源社会保障部负责对全国专业技术人员继续教育工作进行综合管理和统筹协调，制定继续教育政策，编制继续教育规划并组织实施。县级以上地方人力资源社会保障行政部门负责对本地区专业技术人员继续教育工作进行综合管理和组织实施。行业主管部门在各自职责范围内依法做好本行业继续教育的规划、管理和实施工作。

2. 主要成效

每年有近 5 000 万名专业技术人员通过参加各种形式的继续教育[①]，不断优化知识结构、提高专业技术水平、增强创新创业能力。继续教育已经成为提升专业技术人才能力素质的主要途径。

(1) 专业技术人才知识更新工程充分发挥了重大人才工程的引领作用

2010 年，《国家中长期人才发展规划纲要 (2010—2020 年)》将专业技术人才知识更新工程确定为 12 项重大人才工程之一，明确围绕我国经济结构调整、高新技术产业发展和自主创新能力的提高，在重点领域开展大规模的知识更新继续教育。2011 年印发的《专业技术人才队伍建设中长期规划 (2010—2020 年)》，提出以实施专业技术人才知识更新工程为龙头、以培养创新精神和创新创业能力为核心的目标要求，同年印发《专业技术人才知识更新工程实施方案》。据统计，2011—2020 年面向经济社会发展 12 个重点领域和 9 个现代服务业领域，累计开展 1 264.3 万人次的知识更新继续教育活动，圆满完成每年百万人次高层次急需紧缺专业技术人才培训任务。按照促进经济社会发展、服务国家重点领域、紧贴地区行业需求、兼顾地方特色的原则，每年从各地各部门申报选题中遴选列入国家级高级研修项目 300 期左右，累计实施 2 764 期，培训高层次人才 18.3 万人次。依托高等院校、科研院所、大型企业现有施教机构，先后分 10 批评审建立 200 家国家级专业技术

[①] 人才托举强国梦——新中国成立 70 年来专业技术人才队伍建设实现飞跃发展 [N]. 中国组织人事报, 2019-09-23.

人员继续教育基地。知识更新工程的实施为专业技术人才队伍建设搭建了示范性、引导性平台，促进了终身学习和学习型社会建设，有效改善了重点领域的急需紧缺人才供给。

（2）分层分类继续教育体系日趋完善

我国继续教育制度的建立，是20世纪70年代末改革开放初起步的。1979年正式引入现代意义的继续教育理念。1984年，中国继续工程教育协会成立。1986年，关于"七五"计划的报告中提出要逐步建立和完善对科技人员进行继续教育的制度。多层次、多形式、多渠道的继续教育活动在全国范围内开展起来。1995年，人事部印发《全国专业技术人员继续教育暂行规定》，推动继续教育工作走上法治化和规范化道路。接受继续教育成为专业技术人员的权利和义务。2015年，人力资源社会保障部出台《专业技术人员继续教育规定》。十余个省区市实现了继续教育地方立法，会计、档案等专业的继续教育管理办法或规定相应出台。地方、部门、行业配合补充、协同联动的分层分类继续教育体系日趋完善。

（3）西部地区专业技术人才特殊培养工作稳步推进

为了提升边疆少数民族地区专业技术人才的能力素质，党和国家作出一项重要决策和战略部署——特培工作，即1992年开始实施的新疆少数民族科技骨干特殊培养工作和2009年开始实施的西藏少数民族专业技术人才特殊培养工作。特培工作突出"特"字，特殊培养、特殊使用，采取选派学员赴内地培养锻炼、组织专家服务团送技到边疆等方式，培养一批专业技术人才，为两地发展提供人才保障和智力支持。据统计，新疆特培28年累计选拔培养了6 372名新疆急需紧缺的中高层次专业技术人才，西藏特培12年累计选拔培养了1 440名少数民族专业技术骨干，共计组织开展了84期专家服务团活动，提升了基层人才能力素质，推动了边疆民族地区加快发展、脱贫攻坚。

（4）继续教育基础性工作不断加强

我国加强理论研究，优化知识更新工程公共服务平台功能，完善工程综合服务管理网络体系，大力发展专业技术人员"互联网+"继续教育，目前20多个地区建设了具备教学、管理、交流互动功能的继续教育网络平台。不断完善包括公需科目和专业科目在内的继续教育课程体系，组织专家编写公需科目教材，组织重点领域牵头部门编写一系列专业培训教材，为专业技术人员学习培训提供了可选择的高质量的教材读本。问卷调查显示，专业技术人员对公需教材的重要性和满意度评价均比较高。① 依托中国继续工程教育协会，积极开展国际交流与合作，不断扩大中国继续教育工作在国际上的影响力。

(5) 与人事评价管理制度密切衔接

注重完善继续教育与工作考核、职称评聘、岗位聘任（聘用）、职业资格注册等人事评价管理制度的衔接，将参加继续教育工程学习情况作为个人专业技术经历，相应学时记入专业技术人员继续教育证书，推动继续教育证书在京津冀、长三角等地区互认，拓宽非公领域专业技术人才进入工程的通道，极大调动了专业技术人才参加工程培养培训的积极性。

(二) 专业技术人员水平评价制度

新中国成立以来，我国就建立了具有中国特色的专业技术人员水平评价制度——职称制度，伴随着改革开放和市场经济体制的建立，又在职称制度基础上建立了水平评价类专业技术人员职业资格制度。顺应时代要求，这两种制度经历了改革完善，已成为专业技术人员水平评价的两种基本制度。

1. 制度设计

职称和职业资格制度是专业技术人员水平评价的两种基本制度，长期以来，专业技术人员职业资格制度一直被认为是职称制度的补充和延伸。但从制度设计的角度来看，两种制度在设计基础、功能定位、框架体系、适用范围、评价方式、运行机制、治理模式等方面均存在差异（见表3）。具体如下：

表3　　　　　　　　　　职称和职业资格的区别

	职称	职业资格
制度设计基础	职务（工作）和特定人力资本	职业和通用人力资本
功能定位	公共部门用人评价制度	社会化人才评价制度
框架体系	由职位（职务）、职组、职系、职级和职等构成	由许可类职业资格和水平评价类职业资格构成

---

① 2021年3—5月，在人力资源社会保障部专业技术人员管理司指导下，中国人力资源社会保障出版集团联合中国人事科学研究院等单位开展了《专业技术人员公需科目教材开发利用问题》问卷调查，共发放回收25 473份问卷样本，其中有效样本24 850份，样本有效率97.55%。问卷调查了专业技术人员对公需科目教材选题重要性评价和对教材的满意度评价，对各题项赋值计算，其中1表示完全不重要/很不满意，2表示不太重要/不太满意，3表示一般，4表示比较重要/比较满意，5表示非常重要/非常满意，即分值越高，专业技术人员对该教材的重要性/满意度评价越高。数据结果显示，专业技术人员对中国人力资源社会保障出版集团出版的公需教材的重要性和满意度评价分值均超过4分。

续表

	职称	职业资格
适用范围	主要面向国有企事业单位	面向全社会
评价主体	评审委员会	第三方人才评价机构
评价方法	同行专家评议	一般采取全国统一考试的办法
评价标准	任职标准	通用标准
评价与使用	评聘结合	评聘分开
有效性时限	任期制	终身有效
有效性范围	单位内部有效	全国通用
运行机制	职务分类、职务评价、职务聘任和任职管理	职业分类、职业教育和培训、职业能力认定、资格证明
治理模式	政府宏观指导和单位自主用人	政府、行业共同治理

（1）制度设计基础和功能定位

职称制度更多是以职务（工作）和单位特定人力资本为基础的公共部门用人评价制度；而职业资格制度是以职业和通用的人力资本为基础的社会化人才评价制度。

（2）框架体系和适用范围

职称的框架体系由职位（职务）、职组、职系、职级和职等构成，主要面向国有企事业单位；而职业资格则由许可类职业资格和水平评价类职业资格构成，面向全社会。

（3）评价方式

职称一般是由评审委员会依据职务要求设定任职标准，通过同行专家对专业技术人员进行评议，评价结果用于岗位聘任和使用，在单位内部岗位任期内有效。职业资格一般采取全国统一考试的方法，按照通用评价标准，由行业认可的第三方人才评价机构进行专业评审，评价结果全国通用，终身适用，但不作为岗位聘任的必要条件。

（4）运行机制

从运行系统来看，职称主要包括职务分类、职务评价、职务聘任和任职管理等；职业资格主要包括职业分类、职业教育和培训、职业能力认定、资格证明等。

（5）治理模式

职称实行的是政府宏观指导、单位自主用人的模式，而职业资格则采用政府、行业共同治理的模式。

2. 主要成效

习近平总书记提出要完善好人才评价指挥棒作用，为人才发挥作用、施展才华提供更加广阔的天地。职称制度和职业资格制度对专业技术人员职业发展提供了支撑。截至2017年，全国有6 100多万人评聘了专业技术职称，其中正高级198.99万人；截至2020年年底，有3 500多万人取得各类专业技术职业资格证书。极大调动了专业技术人员的工作积极性和创造性，增强了专业技术人员的成就感和获得感。

（1）评价标准逐步科学化、精准化

评价标准作为人才评价的依据，是改革创新的重点和焦点。从中华人民共和国成立以来，一直以职务为中心，围绕品德、学历、资历、能力等标准对其进行改革。2003年第一次全国人才工作会议作出《中共中央 国务院关于进一步加强人才工作的决定》，提出要建立以业绩为重点，由品德、知识、能力等要素构成的各类人才评价指标体系，建立健全科学的社会化的人才评价机制，由此我国迈开了建设人才强国的坚实步伐。党的十八大以来，我国加快推进人才发展体制机制改革的步伐，2016年中央印发《关于深化人才发展体制机制改革的意见》，提出坚持德才兼备，注重凭能力、实绩和贡献评价人才，克服唯学历、唯职称、唯论文等倾向。2018年中共中央办公厅、国务院办公厅印发《关于分类推进人才评价机制改革的指导意见》，提出要科学设置评价标准。同年10月，人力资源社会保障部等五部门联合开展清理"唯论文、唯职称、唯学历、唯奖项"专项行动，注重以实绩评价人才，为人才"减负""松绑"，力图让量才的尺子更精准，激励专业技术人才创新创造，多出成果、多实现成果转化。

（2）评价方式日趋多元化

新中国成立之初，专业技术人员是国家干部，通常对其采取干部考核方式进行评价。改革开放初期，对专业技术人员的评价基本延续早期方式，主要通过评定委员会设立若干专业考核评议小组进行评价。2003年《中共中央 国务院关于进一步加强人才工作的决定》指出，改革各类人才评价方式，积极探索主体明确、各具特色的评价方法；完善人才评价手段，大力开发应用现代人才测评技术，努力提高人才评价的科学水平。2010年《国家中长期人才发展规划纲要（2010—2020年）》提出，要改进人才评价方式，完善专业技术人才职业水平评价办法，提高社会化程度。2016年《关于深化人才发展体制机制改革的意见》提出，要改进人才评价考核方式，发挥政府、市场、专业组织、用人单位等多元评价主体作用，加快建立科学化、社会化、市场化的人才评价制度。2018年《关于分类推进人才评价机制改革的指导意见》要求创新多元评价方式,丰富评价手段,科学灵活采用考试、评审、考评结合、考核认定、个人述职、面试答辩、实践操作、业绩展示等不同方式,提高评价的针对性和精准性。

(3) 管理和运行机制日臻完善

在充分发挥市场在人才资源配置中起决定性作用和更好发挥政府作用,防止人才评价行政化、"官本位"倾向,保障落实用人单位自主权的指导思想下,中央不断推动人才评价管理部门转变职能、简政放权,减少审批事项和微观管理,建立权责清晰、管理科学、协调高效的评价管理体制。同时强调,尊重用人单位主导作用,合理界定和下放职称评价权限,促进职称评价与专业技术人才的培养、使用、激励等有机衔接,最大限度发挥人才评价效能;健全社会化市场化管理服务体系,积极培育发展职称评价社会组织和专业机构,推动其有序承接人才评价职能。为了提高人才评价质量和公信力,还提出完善评价诚信体系、加强对用人单位自主评价工作监管、建立评价机构综合评估和动态调整机制等多项监管措施。

三、专业技术类新职业从业人员培训和评价状况

专业技术类新职业公布前后,各地有关部门、社会培训与评价机构、用人单位等,已经在培训和评价领域做出了很多有益的探索。

(一) 概念界定

1. 新职业从业人员培训

新职业从业人员培训就是指使从业人员获取专业技术类新职业所需专业知识或技术技能而开展的、学习时间较短的培训工作,培训结束后经考核合格者,可取得相应的培训合格证书和技术等级证书。其含义如下:①培训对象是专业技术类新职业从业人员,包括劳动预备制人员①、求职人员和在职在岗人员,即马上要走上工作岗位的人员和已经在岗的工作人员;②培训目的是开发受训者从事专业技术类新职业的职业能力,使受训者获得或提高新职业所需的专业知识和技术技能,是一种以直接满足新职业发展需要为目的的定向培训;③培训方式是按照新职业的国家职业技能标准进行的规范性培训;④培训内容是新职业要求从业人员具备的通用知识、专业知识、技术技能、

---

① 劳动预备制度是国家为提高青年劳动者素质,培养劳动后备军而建立和推行的一项新型培训就业制度。根据国家有关规定,从1999年起,在全国城镇普遍推行劳动预备制度,组织新生劳动力和其他求职人员,在就业前接受1~3年的职业培训和职业教育。

职业素养等。

2. 新职业从业人员水平评价

从世界各国的经验来看,通过职业资格认证制度对专业技术类从业人员进行能力水平评价是国际通行做法。本研究中涉及的新职业从业人员水平评价指的是水平评价类资格,是指由资格主管部门认可的第三方依据一定的标准和程序,证明申请人具备从事某一专业类型职业所需知识、技能或信誉的人才评价工作。颁发的证书不是对新职业从业人员就业、执业的限制,而是对其从事新职业的职业能力达到一定水平的鉴定、证明或认可。

(二) 专业技术类新职业从业人员培训与评价工作取得进展

2019年4月至2021年3月,人力资源社会保障部等部门分四批发布了56个新职业,其中12个属于专业技术类新职业,新职业的出现反映的是我国经济发展与产业升级的前沿方向,是技术进步、组织与商业模式变革和需求升级等因素形成的长期趋势。调查显示,专业技术类新职业人才需求旺盛,据估计,未来5年,云计算工程技术人员需求近150万人、物联网安装调试员需求近500万人、人工智能人才需求近500万人;目前数字化管理师从业人员已超过200万人,人才缺口千余万人。① 这些职业大多都需要运用互联网信息技术高效工作,专业性技术性要求较高,更新迭代速度较快,从业人员需要经过系统教育、专门培训、知识更新才能胜任工作,同时通过对自身专业技术水平的评价来实现自我价值和自我成长,对于新职业从业人员来说也是有效激励。围绕新职业培训评价,人力资源社会保障部门积极行动,从制度建设、调查研究、实践探索等各个方面推进工作。

1. 推进制度建设

2021年4月,人力资源社会保障部制定《提升全民数字技能工作方案》,从完善政策措施、加强人才培养、加强职业技能培训、推进人才评价工作、开展职业技能竞赛、提升人才培养基础能力建设6个方面提出具体举措;要求各地面向新技能新职业,重点开展人工智能、大数据、云计算等数字技能培训。5月,人力资源社会保障部发布《关于加强新职业培训工作的通知》,要求加快新职业标准开发、组织开展新职业培训、加强新职业培训基础建设、有序开展新职业评价、强化政策待遇落实,对新职业的培训评价工作进行了部署。7月,《人力资源和社会保障事业发展"十四五"规划》提出,要实施专业技术人才知识更新工程,加快开发新职业标准,开展新职业人才培养培

---

① 90后最担心失业,未来5年新职业人才需求超3 000万[N]. 中国青年报,2020-7-23.

训，壮大高水平工程师队伍。9月，人力资源社会保障部、财政部等六部门印发《专业技术人才知识更新工程实施方案》，计划在战略性新兴产业领域开展大规模知识更新继续教育，设立数字技术工程师培育项目，围绕人工智能、物联网、大数据、云计算、数字化管理、智能制造、工业互联网、虚拟现实、区块链、集成电路等数字技术技能领域，组织制定颁布国家职业标准，开发培训大纲和培训教程，实施规范化培训、社会化评价，提升从业人员数字技术水平。随后，人力资源社会保障部办公厅印发《专业技术人才知识更新工程数字技术工程师培育项目实施办法》，就目标任务、组织领导、职业培训与评价、培训机构和评价机构的遴选、政策保障、服务和监管等作了详细规定。人力资源社会保障部和相关行业主管部门的一系列文件，加快推进了专业技术类新职业从业人员培训与评价的制度建设。

2. 重视调查研究

中国就业培训技术指导中心联合第三方发布《新职业在线学习平台发展报告》，对新职业相关从业群体在线学习、培训和考试情况开展调研，研究新职业从业人员的就业新趋势。调查结果显示，新职业从业人员供需市场紧俏，96%以上的职场人希望学习新职业相关知识技能，其中，开拓职业发展空间、掌握新技能、为未来做准备成为职场人士学习新职业相关知识技能的主要原因；90%以上的企业希望通过新职业培训，开拓员工成长空间，为企业注入新动力；在新职业相关知识技能学习方式的选择上，72%的用户选择线上学习。

其他各类主体也开展了相关调查研究。中国信息通信研究院发布《中国数字经济发展白皮书》《2020—2021年数字化就业新职业新岗位研究报告》，智联招聘与美团研究院发布《2020年生活服务业新业态和新职业从业者报告》，腾讯、艾瑞咨询等市场主体也发布了各类相关报告。连续两年的生活服务业新职业人群报告[①]显示，新职业领域对服务质量提出了更高要求，"专业服务"正变得前所未有地重要；提升新职业从业人员专业水平、提高生活服务业社会认知度、营造更宽松的就业环境、推进生活服务业数字化改造将为新职业发展提供更广阔空间。该报告建议，政府、行业协会、院校和互联网平台共同努力，加快生活服务业新业态发展，加大对新职业从业人员的培训力度，助力新职业从业人员成长。

---

① 智联招聘与美团点评、21世纪经济研究院联合撰写了《2019年生活服务业新职业人群报告》。智联招聘联手美团研究院发布《2020年生活服务业新业态和新职业从业者报告》。

3. 开展实践探索

截至2021年年底，10个专业技术类数字技术新职业国家职业技术技能标准均已出台，数字技术工程师培育项目培训机构和评价机构的遴选工作启动，培训教材陆续出版，相关培训与评价工作稳步推进。在线新职业培训平台的建设完善工作不断推进。2021年6月，中国就业培训技术指导中心、人力资源社会保障部职业技能鉴定中心组织专家研究编制了《新职业信息与培训项目（专业）对应指引》，将职业与专业（项目）具有强或较强对应关系的本科层次、专科层次和中职层次的专业代码与专业名称进行了匹配，其中8个专业技术类新职业匹配了61个不同层次专业（见表4）。为适应大数据产业发展及其人才评价需求，更好匹配城市战略性新兴产业新技术、新业态、新模式的发展特点，使专业设置与城市战略需求和产业发展同步，厦门市人力资源社会保障局设立"大数据"这一新的职称专业，为本地区大数据工程专业队伍建设提供有力支撑。

表4 专业技术类新职业信息与培训项目（专业）对应情况

本科层次			专科层次		中职层次		合计
普通本科	高职本科	技工院校技师班	高职专科	技工院校高级工班	中等职业学校	技工院校中级工班	
2	1	2	38	6	8	4	61

4. 支持社会与市场主体开展相关培训与评价

新职业是新旧动能接续转换和产业结构深度调整的产物，数字技术类新职业更是产业数字化、数字产业化的结果。这些职业在人力资源社会保障部发布之前就已经产生并不断发展。因此，为了满足社会和企业发展需要，社会与市场主体也探索开展培训与评价工作。

四、专业技术类新职业从业人员培训与水平评价框架设计

解决专业技术类新职业从业人员培训与水平评价工作中存在的问题，需要建立起有利于培训与水平评价工作开展的组织框架与制度体系，有力推进各类专业技术类新职业标准体系、培训体系和能力认证（水平评价）体系建设。

（一）总体思路

贯彻落实《人力资源和社会保障事业发展"十四五"规划》《关于加强新职业培训工作的通知》的有关精神，围绕新一代信息技术、生物技术、新能源、新材料、高端装备、新能源汽车、绿色环保以及航空航天、海洋装备

等战略性新兴产业领域需求，聚焦专业技术人才知识更新工程实施要求，遵循专业技术人才成长规律，以培养框架体系构建为中心，以治理模式和培训认证模式创新为重点，全面推进专业技术类新职业培训评价制度体系一体化建设，形成与我国经济社会发展相适应、科学合理、规范有序的专业技术类新职业从业人员培养新体系，加快改善人才供给质量结构，不断壮大高水平专业技术人才队伍。

（二）功能定位

专业技术类新职业的培训评价是直接为适应经济社会发展新优势、现代产业体系发展新要求，针对专业技术类新职业的劳动预备制人员、求职人员和在职人员，以培养和提高其职业能力和素质水平为目的的教育训练和水平评价活动。其含义：①它是一种以劳动者为特定对象的人力资源开发活动；②它是一种以直接满足经济社会发展的某种特定需要为目的的定向性培训评价；③通常是以职业分类为基础，以能力建设为核心，依据职业技能标准为开展的规范性培训评价。

（三）框架体系

以增强专业技术类新职业从业人员培养制度的整体性、系统性和协调性为中心，推进标准体系、职业培训体系和能力认证（水平评价）体系建设，提升专业技术类新职业从业人员能力素质水平（见图1）。

1. 标准体系

以职业分类为基础、以职业活动为导向、以职业能力为核心，根据国家职业标准技术规范和程序规则，建立健全专业技术类新职业标准体系。以学习者的学习成果为导向，以通用职业能力标准（而不是企业特定岗位标准或职称）为核心，借鉴国际经验，并结合我国国情，设计专业技术类新职业从业人员能力水平等级框架和对应标准，体现不同职业发展阶段对从业人员知识技能、能力素质和情感价值观等维度的不同要求，以职业标准为参照，形成培训标准与评价标准联动开发机制。

2. 职业培训体系

坚持需求导向、市场导向、就业导向，以能力建设为核心，以专业技术人才知识更新工程为依托，建立健全专业技术类新职业从业人员职业培训制度。建立培训机构认可管理制度，健全认可标准，完善备案机制。加强培训基础建设，加大政府、企业、社会等各类培训资源优化整合力度，提高培训供给能力。充分挖掘龙头企业、行业组织和院校中的师资资源，完善线上线下培训基础设施建设，改善培训环境，探索引入现代化手段和方式开展培训。

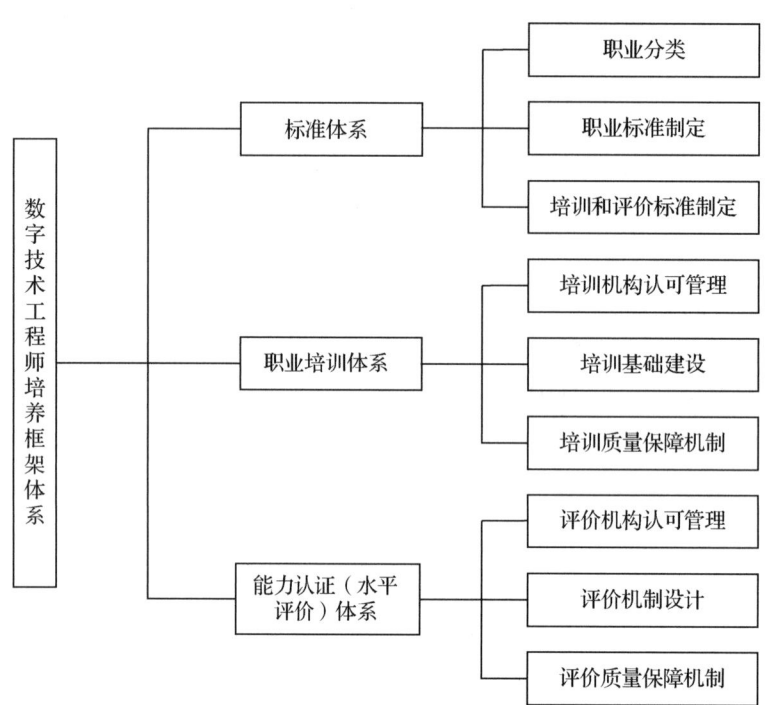

图 1 专业技术类新职业从业人员培养框架体系

建立健全职业培训质量保障体系，加强对培训机构、培训过程的全方位监管，建立以培训合格率、就业创业成功率为重点的职业培训绩效评估体系，完善第三方评估机制。

3. 能力认证（水平评价）体系

坚持遵循规律、科学评价、以用为本、激励创新原则，健全专业技术类新职业能力认证体系，完善认证标准，创新认证机制，促进培训认证有效衔接。制定承接能力认证职能的机构资质标准（包括从业人员状况、职业专业化程度、行业组织成熟度以及国家或社会对该职业活动的呼应度等）以及备案管理办法，建立认证机构综合评估、动态调整机制。建立与培训制度相适应的专业技术类新职业从业人员认证制度，出台水平评价标准，健全认证程序，创新"互联网+人才评价"的认证模式，加强认证专业人员队伍建设，完善证书管理体制。探索建立专业化、社会化的第三方监督机制。

（四）关键问题

1. 等级和标准设计

等级和标准是专业技术人员培训评价的核心要素之一，专业技术类新职业从业人员培训评价中的等级和标准不是职务（岗位）等级设置，而是劳动者自身所具备，可量化、可携带、可转换的知识、技能和能力（素养）要求。借鉴国际经验，考虑与现行制度安排相衔接，按照我国专业技术人员职业发展路径，统筹规划专业技术类新职业从业人员培训评价等级设置，将专业技术类新职业设置为初级、中级和高级三个等级，每一等级标准体现不同职业发展阶段对从业人员知识、技能和能力的不同要求。区分不同专业领域，按照不同的等级标准，分类分级实施培训认证工作。

2. 认可机制的建立

专业技术类新职业从业人员的培训评价是市场化、社会化的培训评价，通常由市场化、社会化的培训评价组织来实施，但是要想避免无序混乱的自由发展，需要建立认可[①]机制，即由主管部门授权的认可机构，依据相应的认可准则与认可程序，对包括协会学会、龙头企业、高等院校、民间机构等在内的各类社会化市场化培训评价机构的能力进行评定认可的机制。鉴于认可活动的权威性和影响力，实施认可的机构应具有适应其职责的法律地位，开展认可活动应不受行政和利益关系的影响，可以独立作出认可决定。认可机构需要对其认可结果负责。制定和实施培训机构和评价机构资质认可办法。建立培训和评价质量评估与监督机制和动态调整机制。

3. 培训评价机制的设计

为确保培养质量，专业技术类新职业从业人员的培训评价应遵循培评分离原则，即从事培训的机构与从事评价的机构不能是同一或关联机构，实施培训机构和评价机构目录清单制度，完善公示、备案和退出机制。依据专业技术类新职业国家技术技能标准，分别制定培训标准和评价标准，建立标准联动开发机制。以模块化、单元化和学分化为导向，研究制定培训课程设置办法和水平评价办法。搭建专业技术类新职业从业人员培训评价公共服务平台，为劳动者建立终身学习成果档案，细化量化继续教育学习成果考核认定办法，实现劳动者学习成果可追溯、可查询、可积累、可携带、可转换、可认证。

（五）组织领导

建立健全中央政府统筹规划、各部门各地方政府分类分级管理、行业协会学会组织实施、社会力量积极参与的治理模式。全国专业技术人才知识更

---

① 所谓认可是指由认可机构对认证机构、检查机构、实验室以及从事评审、审核等认证活动人员的能力和执业资格，予以承认的合格评定活动，也是对从业者和从业单位专业性的肯定。认可是对合格评定机构满足所规定要求的一种证实，这种证实大大增强了政府、监管者、公众、用户和消费者对合格评定机构的信任，以及对经过认可的合格评定机构所评定的产品、过程、体系、人员的信任。

新工程指导协调小组（简称全国指导协调小组）统筹规划和统一领导专业技术类新职业从业人员培训评价工作。具体工作如下：

（1）组织完善专业技术类新职业标准体系、职业培训体系和能力认证体系，增强各项制度的系统性、整体性和协调性。

（2）认可专业技术类新职业从业人员培训机构和评价机构。

（3）指导龙头企业、行业组织、高等院校、民间机构有序承接专业技术类新职业从业人员培训和评价工作。

（4）组织实施专业技术类新职业从业人员培训和评价质量监测评估。

（5）建设专业技术类新职业从业人员职业信息、培训和评价证书信息公共服务网络平台。

五、对策建议

党的十九届五中全会指出，要提升全民数字技能。习近平总书记在中央人才工作会议上的重要讲话中也指出，要加快建设世界重要人才中心和创新高地；要培养大批卓越工程师，努力建设一支爱党报国、敬业奉献、具有突出技术创新能力、善于解决复杂工程问题的工程师队伍。为此，人力资源社会保障部高度重视数字技能培训与新职业培训评价工作。

（一）加强顶层设计

在《中华人民共和国国民经济和社会发展第十四个五年规划和2035年远景目标纲要》《人力资源和社会保障事业发展"十四五"规划》引领下，从制度和政策层面加强专业技术类新职业从业人员培训评价的顶层设计，制定新职业从业人员培训评价实施办法。指导和推动各地因地制宜地出台相关配套政策，在培训评价标准、培训课程设计、培训评价方式、线下线上基础设施建设等方面，做到资源整合、共建共享、加大创新、强化监管。以劳动者的职业生命周期为主轴，持续健全终身职业技术技能培训制度体系，提高劳动者的培训和评价的选择权和参与权，实现供需有效对接。

（二）完善制度环境

新职业从业人员培训评价政策的顺利实施需要有良好的政治法律环境、产业发展环境、人力资源市场环境、职业培训和继续教育发展环境。一是要突出政治作用和法律地位，新职业培训评价是劳动者应有的权利，是实施就业优先战略、解决就业供给总量矛盾和结构性矛盾的重要措施。二是要突出产业发展的推动作用，新职业培训评价是适应新旧动能转换、传统产业提升改造的刚性需要。三是要突出人力资源市场的监测反馈作用，新职业培训评价是满足市场需求，解决供需矛盾的有效手段。四是要突出职业培训和继续教育的支撑保障作用，从健全制度体系、加强基础建设、树立积极观念等方面确保制度落地，营造"人人皆学、处处能学、时时可学"的良好社会氛围。

（三）优化专业技术人员培训体系

树立现代化专业技术人员职业培训理念，优化培训体系。一要转变以"教"为主的培训观念，树立以"职业发展"为核心的培训理念。必须认识到职业培训不仅具有教育性，更有很强的职业性，要根据职业培训自身的规律和需求，开展职业培训理论研究和教学方法创新。避免脱离实际的理论灌输，要充分考虑课程与职业活动的结合。二要转变固定的教育思维模式，及时根据产业结构的调整趋势和交叉学科、前沿技术发展开展创新职业培训活动，以灵活多样的方式满足专业人才对职业培训的需要。三要转变传统的讲授型教学模式，以知识转化为目标，以社会需要为依据，坚持学习与实践相结合、培训与需求相结合，拓展实践性教学模式，综合运用案例教学、技术模拟、实地调研等方式，构建以专业知识更新、技术水平提高、能力素质提升为驱动的复合职业培训体系。四要转变传统课程开发模式，建立多方利益相关者参与的课程开发过程，依据不同层次、不同需求专业技术人员的特点设计具有针对性、复合性、创新性的培训课程和技能训练，为特殊人才和精尖专业人才设计个性化、国际化培训内容。五要加强职业培训教师教学能力建设。教师授课能力越来越成为影响职业培训质量、学员参与积极性的重要因素。要重视教师能力培养，尤其是要加强教师在互动性授课技巧、实际操作经验和在线、虚拟环境下授课技巧的提升。六要加强新技术应用。运用信息技术和新媒体等现代技术手段，向专业技术人员提供更加人性化、互动性更强的职业培训。专业技术人员常常会因时间和空间障碍无法定期接受职业培训，也很难保证职业培训质量，要积极采纳新兴技术和创新互动方式，鼓励施教机构运用网络直播、微博微信互动、网络会议等形式开展远程职业培训活动。依托互联网平台健全职业培训课程评价体系和专业技术人员反馈渠道，形成专业技术人员职业培训的良性互动机制。结合国际职业培训的先进理念和教学方式，将移动互联网技术更加实质性地融入职业培训，探索混合式学习方式，注重通过游戏化、模拟化、视频化等多种方式，提升培训的体验感和互动性。

（四）强化培训与评价制度的联结

考核评价制度是专业技术人员职业培训能够真正实现知识更新、能力提升的抓手，对专业技术人员和施教机构具有导向性和激励性，要通过建立科学化、综合化评价制度加强对继续教育质量的控制和提升。专业技术人员职业培训的评价制度应转变原来的过程导向，确立结果导向，确保过程考核与结果考核并重、理论知识考查与实践能力测试并重，建立多维度、多目标的立体化考核评价制度。推动构建职业资历框架体系，涵盖劳动者在职业活动中经过权威机构评估所确认达到既定标准的所有学习成果，包括职业资格证书、经认可的继续教育和职业技能培训证书以及其他社会化资格评价证书等。建立职业资历标准和认证单元，以及推进开发各职业标准，以职业标准和认证单元为基础开发继续教育证书等体系。完善学时考核制度，建立多维度登记指标。在现有登记制度的基础上，拓宽以学时为主的登记体系，根据行业不同特点，把科研成果、社会实践、项目课题研究、论文发表、书籍出版、联合培养、学术交流等情况增加为登记指标，增强过程考核的灵活性。丰富考核形式，构建综合性评价体系。引入第三方评价体系，采取考试、年度总结、论文、答辩、情景模拟测试等多样化形式对继续教育的效果进行考核和评价，并建立健全对施教机构以及企事业单位的立体考核制度，加强对教学质量、课程合理性与科学性以及单位人才建设绩效考评。完善奖惩制度和激励机制。加强专业技术人员职业培训的考评结果与职称、职业资格、评优评选、个人荣誉等职业发展指标挂钩，形成良性激励机制。

参考文献

[1] 孙一平. 职业社会学 [M]. 北京：中国社会科学出版社，2021.

[2] 赵康. 专业化运动理论——人类社会中专业性职业发展历程的理论假设 [J]. 社会学研究，2001（5）.

[3] 陶建勋. 实施职业资格证书制度的困惑和对策研究 [J]. 天津成人高等学校联合学报，2005，7（6）.

[4] 肖凤翔. 国家资格框架中学历证书和职业资格证书的等值 [J]. 教育发展研究，2015，35（5）.

[5] 姜大源. 现代职业教育与国家资格框架构建 [J]. 中国职业技术教育，2014（21）.

[6] 莫荣. 国外就业理论、实践和启示 [M]. 北京：中国劳动社会保障出版社，2014.

[7] 张斌，何绪军. 新中国职业培训70年回顾与展望 [J]. 中国人力资源社会保障，2020（1）.

[8] 王书柏, 胡祎. 改革开放以来我国职业培训政策的演化历程与嬗变逻辑 [J]. 教育与职业, 2020 (19).

《专业技术类新职业从业人员培训与水平评价问题研究》课题组成员名单

课题顾问：
李志更（中国人事科学研究院副院长、研究员）

课题组长：
刘文彬（中国人事科学研究院教育培训与能力建设研究室副主任、副研究员）

执行组长：
谢　晶（中国人事科学研究院教育培训与能力建设研究室副研究员、博士）

课题组成员：
刘　晔（中国人事科学研究院教育培训与能力建设研究室助理研究员）
葛　婧（人力资源社会保障部教育培训中心副研究员、博士）
邢　蓉（中国人事科学研究院教育培训与能力建设研究室研究实习员）
郝　丽（中国人事科学研究院教育培训与能力建设研究室科研助理）

加快推进我国博士后事业发展研究①

提　要：博士后是青年科技人才后备军，为贯彻落实习近平总书记关于人才工作重要指示要求，推动新时代博士后事业创新发展，本报告阐释加快博士后事业发展的重大意义，总结博士后事业发展成效，分析博士后事业发展存在的困难和问题，提出加快博士后事业发展的建议。

关键词：博士后　人才　科技　发展

习近平总书记高度重视人才特别是青年人才培养工作，强调要发挥年轻科学家作用，使优秀青年人才脱颖而出。党的十九届五中全会强调要坚持创新在我国现代化建设全局中的核心地位，把科技自立自强作为国家发展的战略支撑，提出要培养具有国际竞争力的青年科技人才后备军。博士后是既具有明确聘期又具有流动性质的青年科研人员，博士后制度因其高起点、交叉性和灵活性，成为全球通行的吸引、培养和使用创新型青年人才的重要制度。为贯彻落实习近平总书记关于人才工作重要指示要求，推动新时代博士后事业创新发展，人力资源社会保障部组织开展了专题研究，并形成研究报告。

一、加快博士后事业发展的重大意义

博士后制度是青年博士开启独立科研生涯的重要积淀期、加油站，是培养造就高层次领军人才的孵化器和战略储备库。加快我国博士后事业发展是

---

① 本文系人力资源社会保障2021年度司局委托课题《加快推进我国博士后事业发展研究》报告的部分内容。

全面建设现代化国家、深入实施人才强国战略和创新驱动发展战略的必然要求，对突破关键核心技术、推动科技自立自强、实现高质量发展具有重要意义。

（一）加快博士后事业发展是加速培养造就高层次领军人才的有效途径

博士后制度已成为欧美发达国家大多数青年博士开启科研生涯不可或缺的准备阶段，成为培养未来科学家最有效的制度设计。美国20世纪前500位最顶尖科学家中有一半在发达国家从事过博士后研究；最近20年诺贝尔奖（自然科学类）获奖者中，有博士后经历的达50%~70%，取得奠基性成果的平均年龄在38岁左右，这一年龄段大致是博士后在站工作后期或期满出站初期。作为对青年人才独立科研能力肯定的重要标志，2020年国家自然科学基金青年基金项目近30%由在站博士后获得，获资助比例是其他申请人的1.6倍。加快博士后事业发展，大力培养具有国际竞争力的青年科技人才，是解决我国人才队伍"大而不强"问题、聚焦高精尖缺人才的重要抓手。

（二）加快博士后事业发展是聚天下英才而用之的有效举措

博士后制度是海外引才的国际通行做法。我国大量优秀博士毕业后赴美从事博士后研究工作，在许多核心知识产权形成中贡献巨大，是美国科技竞争力的重要支撑。据美国霍普金斯大学发布报告，目前我国在美博士生约3.5万人，博士后和访问学者约3万人。抓住当前有利时机，发挥博士后制度优势，实施更加开放的人才政策，大力吸引海外优秀博士来华（回国）从事博士后研究工作，是有效应对美国对我国科技打压、人才脱钩，扭转我国"人才逆差"和"知识产权逆差"的重要手段。

（三）加快博士后事业发展是推动科技自立自强和高质量发展的有力支撑

博士后年龄大多为28~35岁，正处于创新创造的黄金年龄，最易涌现出新思想、新理论、新技术和新方法。同时，博士后群体身处科技创新和成果转化工作一线，具有推动产学研用对接的独特优势。因此，加快博士后事业发展，有利于优化国家战略科技力量构成，形成以博士后为主体、富有朝气和活力的国际一流科研团队；有利于加强基础前沿领域攻关，提升原始创新能力，加速实现科技自立自强；有利于推动人才、技术、信息等各类创新要素向企业集聚，提升产业链供应链现代化水平，推动高质量发展。

（四）加快博士后事业发展是深化人才体制机制改革的重要内容

设立博士后科研工作站，是人才培养使用机制的创新，通过科研工作站联合招收和独立招收博士后，依托流动站和工作站，在培养中使用，在使用中培养，灵活高效选育配置高层次人才。博士后制度创新了高层次人才的培养使用方式，突破了传统的户籍、身份等人事管理体制的限制，破除了人才评价、使用、激励、流动的体制机制障碍，是深化人才发展体制机制改革的重要内容。

二、博士后事业发展成效

我国博士后制度是由李政道先生提议，邓小平同志亲自决策，于1985年建立起来的。在党中央、国务院的重视关怀下，博士后事业在改革中发展，在发展中壮大，累计招收博士后25万多人，已出站15万多人。目前共建有7 100多个博士后科研流动站工作站，覆盖了全国31个省份和经济社会发展主要领域，遍及近4 000家高校、科研院所、骨干企业和高新技术园区，初步形成了一套具有中国特色、贯通产学研链条、符合高层次创新型青年人才成长规律的制度体系。

（一）博士后制度已经成为青年创新人才快速成长的高速路

党的十八大以来，博士后进站人数由2012年的1.25万人增长到2020年的2.69万人，招收人数实现翻番。绝大部分出站博士后成为单位的领军人才和科研骨干，有125位院士在国内从事过博士后研究工作，他们当选院士时的平均年龄比其他院士年轻3岁。近年来实施的"博士后创新人才支持计划"和"博士后国际交流计划"，吸引了一批海内外优秀博士，实现了人才培养"高水平平台、高水平导师、高水平人选"的新突破，一批拔尖冒尖的青年英才正在涌现。例如，中国科学院神经科学研究所刘真成为2019年入选"何梁何利基金"最年轻科学家，中国科学技术大学龙冉、清华大学白蕊分别入选2017年度、2020年度联合国"世界最具潜力女科学家计划"。

2012—2020年博士后研究人员进站人数统计如图1所示。

（二）博士后已经成为科技创新的生力军

经过博士、硕士阶段的系统科研培训，博士后具备更为全面的创新能力。党的十八大以来，广大博士后紧跟世界科技前沿，科研产出主要指标实现翻番，其中，发表高水平论文（SCIE收录）增长256%，承担科研项目增长93%，专利申请增长了212%，高水平科研成果增长了252%（见图2）。博士后作为主要参加人，申获国家级基金项目4.2万项，获得国家级科技奖项539项。87位在站博士后获得国家自然科学奖、国家技术发明奖和国家科学技术进步奖。博士后已成为我国科研成果的"高产田"，成为开展原始创新、突破关键核心技术的生力军。

2012—2020年在站博士后科研产出数量统计如图2所示。

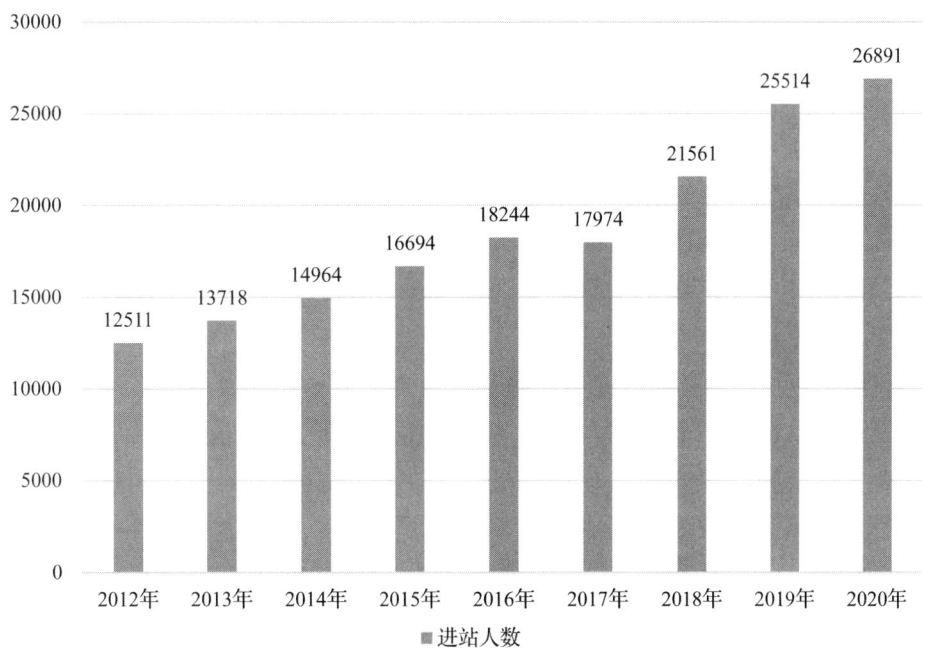

图 1　2012—2020 年博士后进站人数统计

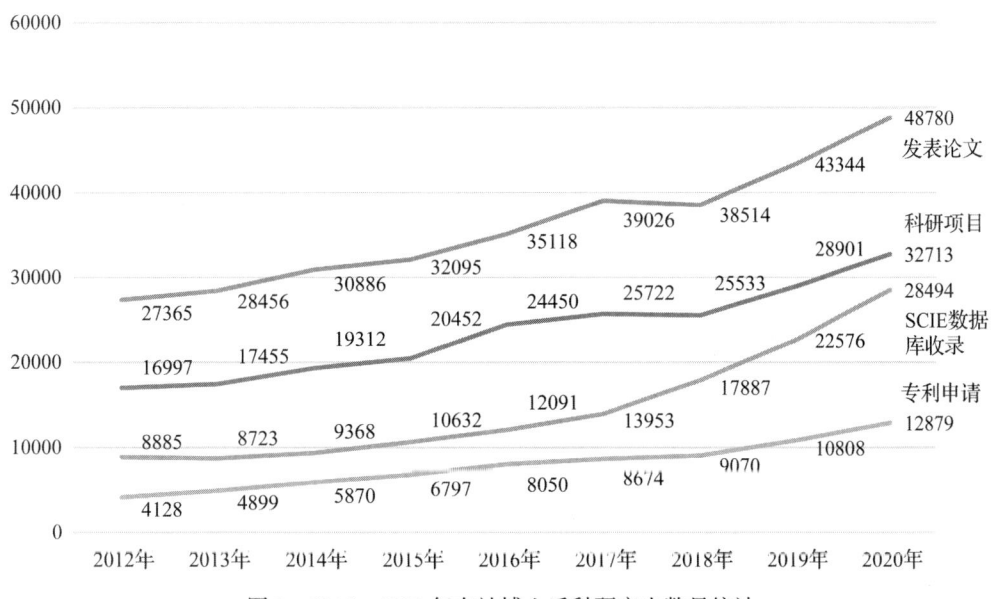

图 2　2012—2020 年在站博士后科研产出数量统计

（三）博士后制度已经成为企业创新主体的助推器

在企业设立博士后科研工作站是我国博士后制度的创新，开创了有别于发达国家、具有中国特色的博士后培养新模式，实现了产业链、技术链和人才链的有机融合，有力促进了企业技术创新。目前，我国已在 3 000 多家高新技术企业、169 个园区招收培养 3.6 万名博士后。华为、腾讯、科大讯飞、宁德新能源等一大批知名民营高科技企业和之江实验室、鹏城实验室等新型研究机构普遍设立了博士后科研工作站，将高校、科研院所的人才技术优势与企业的市场开发优势有机结合起来，为推动经济转型升级、实现高质量发展提供了有力支撑。

（四）博士后已经成为服务脱贫攻坚等国家战略的排头兵

博士后继承发扬老一辈科学家胸怀祖国、服务人民的优秀品质，把个人理想融入建设社会主义现代化国家的伟大事业中，在服务脱贫攻坚、抗击新冠肺炎疫情等工作中取得了突出成绩。西北农林科技大学博士后安小鹏，作为主要参加人参与富平县百万只奶山羊快速改良与健康养殖技术示范推广研究，培训职业农民 500 多名，带动农民增收 1.26 亿元。中国中医科学院博士后李维义在四川省凉山州盐源县人民医院建立专门工作室，累计为 500 名群众进行免费义诊，完成约 150 例眼科手术。新冠肺炎疫情暴发以来，有 100 余名博士后参与了援鄂医疗队等一线救治工作，500 余名博士后参与相关科研工作，有力支援了抗疫斗争。

（五）博士后制度已经成为人才发展体制机制改革的试验田

我国博士后制度因改革而生，为创新而兴，从建立之初，就突破了传统人事管理体制在户籍、编制、人事关系、职称评定等多方面体制机制性障碍，坚持培养使用相结合，坚持产学研相结合，坚持交叉培养跨学科复合型人才，畅通了人才流动渠道，开辟了培养、用好、吸引青年创新人才的制度特区。国家在改革完善管理制度、提高培养质量、支持创新创业、加大经费投入、强化服务保障等方面提出了一系列创新举措，各地结合实际，大胆探索创新，博士后制度为深化人才发展体制机制改革蹚出了新路。

三、博士后事业发展存在的困难和问题

我国博士后事业与高质量发展对人才工作的要求相比，还有很多不协调、不适应的地方，面临一些困难和问题。

（一）博士后规模与创新驱动发展的需求相比还有差距

世界科技强国几乎都是各国优秀博士后集聚高地。近年来，虽然我国研

究人员数量快速增长，连续多年超过美国稳居世界第一位，但博士后规模仍然偏低，每年博士生招生人数近10万人，博士后招收人数仅为2.6万人，约为美国的三分之一。欧美发达国家高校、科研机构中科研团队的骨干是博士后，博士后与博士生人数大体相当；越是顶尖的研究型大学、研究水平越高的实验室，博士后比例越高。而我国高校、科研机构中科研团队大部分以硕士和博士为主，博士后招收人数仅为博士生招生人数的四分之一，博士后在科研团队中担当主力军的格局尚未形成。

（二）博士后制度在培养高层次拔尖人才方面的潜力尚未得到充分发挥

青年创新人才培养是一项系统工程，在有限工作聘期，推动博士后实现由科研活动参与者向科技创新组织领导者的根本性转变，离不开科技、产业、金融财税等方面的综合配套支持政策。当前博士后工作与国家重大科研计划、重大创新平台、重大工程项目的有效衔接不够，博士后事业服务国家重大发展战略缺乏有效抓手，涵盖站前遴选资助、在站重点培养、站后跟踪支持的全链条培养机制亟待建立，博士后作为高水平师资和高层次专家成长必备环节的共识尚未形成，这些都是博士后事业高质量发展的重要制约因素，影响青年拔尖人才培养潜力的有效发挥。

（三）博士后制度对优秀青年人才的吸引力不足

我国博士后制度建立初期，明确博士后人员是国家正式职工，并突破了传统人事管理障碍，提供了与副教授相当的薪酬、充足的科研启动经费、博士后公寓住房，吸引人才的比较优势非常明显。但近年来，博士后经费保障标准明显落后于经济社会发展水平。目前，中央财政博士后日常经费标准仅为人均8万元/年，且从最初全覆盖降低到目前的30%，与欧美国家人均5万美元左右的标准有较大的差距，造成我国博士后制度对优秀青年人才的吸引力下降。据美国科学荣誉学会调查，美国外籍博士后占博士后总数的67%，79%的外籍博士后是在美国以外国家取得博士学位后到美国从事博士后研究。2020年，我国留学回国人员超过50万人，其中做博士后的仅2 496人，招收外籍博士后仅1 077人，两项之和仅占当年招收博士后总数的13.48%，与美国相差甚远。且我国外籍博士后主要来自印度、巴基斯坦、伊朗、埃及等欠发达国家。2020年，印度和巴基斯坦占我国外籍博士后招收总数的58.6%，来自发达国家的博士后比例偏低。

2012—2020年留学回国和外籍人员博士后数量统计如图3所示。

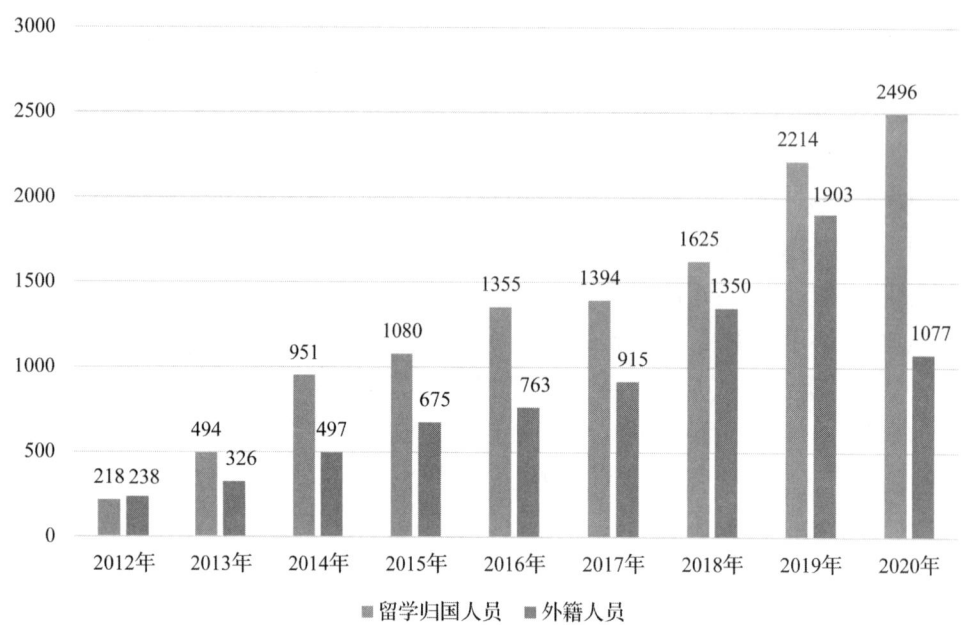

图3 2012—2020年留学回国和外籍人员博士后数量统计

四、加快博士后事业发展的建议

青年兴则国家兴,青年强则国家强。当前,世界百年未有之大变局加速演进,新一轮科技革命和产业变革深入发展,我国正在加速推动形成以国内大循环为主体、国内国际双循环相互促进的新发展格局。塑造发展新优势,实现高质量发展,必须更多依靠创新驱动、人才引领,我国博士后事业正在迎来快速发展的战略机遇期。

（一）推动博士后成为国家战略科技力量的重要构成

发挥新型举国体制优势,将博士后事业发展纳入"十四五"国民经济和社会发展规划、国家中长期科技发展规划纲要,超前谋划、系统布局博士后事业发展,改进完善博士后招收、培养、使用和保障政策,稳步扩大博士后人员招收规模,不断提高培养质量,使博士后人员成为高校师资、高水平科研团队成员的主要来源。将招收培养高质量博士后作为综合性国家科学中心、国家实验室、国家重大科技项目建设实施的重要任务和主要考核指标,允许在科研项目中列支博士后培养经费,围绕国家战略性科技任务大力招收培养博士后,推动重点领域项目、基地、人才、资金一体化配置。支持东部地区不断创新政策,加大投入,率先发展,形成博士后创新创业高地。

（二）实施"博士后创新人才支持计划"倍增行动

"十四五"期间，实施"博士后创新人才支持计划"倍增行动，力争把更多优秀博士留在国内做博士后。聚焦关键核心"卡脖子"领域，依托各类高水平创新平台，每年重点资助1 000名优秀国内博士后。通过为高水平博士后配备高水平的合作导师，为大师级的领军人才、顶尖人才配备博士后团队，同时给予具有国际竞争力的薪酬待遇，实现学科交叉、强强联合，促进产生更多创新成果。鼓励各地区、各设站单位结合实际实施各具特色的重点博士后支持计划，集中资源、集中精力培养一批高水平博士后。

（三）实施万名海外博士后集聚计划

抓住有利时机，以中国博士后基金会名义，设立博士后海外引才专项，吸引一批海外优势博士来华从事博士后研究。中央财政每年资助引进2 000名海外高水平博士，带动各单位加大博士后海外引才力度，力争利用5年时间将博士后国际化率从2020年的16%提高到30%。在高水平高校和科研院所设置博士后创新岗位，重点引进欧美发达国家和"一带一路"沿线国家的优秀博士。在"引进来"的同时，实施好博士后国（境）外交流项目，每年选派2 000名优秀年轻博士后"走出去"，赴国（境）外开展学术交流，拓宽国际视野。

（四）大力支持博士后人才创新创业

落实"放管服"改革要求，大力发展企业博士后工作，支持企业创新联合体、共性技术平台招收博士后，加强产学研深度融合和资本科技人才一体化联动，引导更多博士后人才到企业一线创新创业。举办全国博士后创新创业大赛，促进博士后高水平创新、高质量创业。建设好博士后创新示范中心和成果转化基地，搭建科技成果交易平台，引导社会资金和博士后创新创业成果进行对接，提高科技成果转移转化成效。

（五）建立多元化经费投入保障机制

加大中央财政投入，扩大博士后重点项目实施规模，逐步提高博士后日常经费资助标准和覆盖面。提高博士后科学基金资助标准，确保在站博士后三分之一以上的资助覆盖面。建立"揭榜挂帅"制度，在国家自然科学基金、社会科学基金中设立博士后专项，推动博士后人员独立参与重大基础前沿问题研究。鼓励地方政府、设站单位依据博士后科研贡献度给予配套支持，逐步将博士后人员薪酬待遇提高到比讲师略高的水平。加大人才公寓和公租房对博士后人才的住房保障力度，保障其在站流动期间公寓配租全覆盖。加大社会资本投入，搭建金融和风投机构与博士后科研项目的对接平台，鼓励地方、单位设立博士后创新创业投资基金。

我们将深入学习领会习近平总书记关于人才工作的系列重要论述，认真贯彻落实党的十九届五中全会精神，坚持党管人才原则，深入实施人才强国战略，以基础和前沿科技领域为重点，全面把握新发展阶段对青年人才培养工作的新要求，加速培养造就一大批博士后人才，为我国实现科技自强自立、进入创新型国家前列、全面建设社会主义现代化国家提供有力人才支撑。

《加快推进我国博士后事业发展研究》
课题组成员名单

课题组长：

柳学智（中国人事科学研究院副院长、研究员）

课题组成员：

李学明（中国人事科学研究院副主任、副研究员）

刘　霞（中国人事科学研究院研究员）

余仲华（中国人事科学研究院人才战略与政策研究室副研究员）

陈立新（中国人事科学研究院人才战略与政策研究室副研究员）

邵　彤（中国人事科学研究院人才战略与政策研究室助理研究员）

刘　晔（中国人事科学研究院教育培训研究室助理研究员）

沈妍辉（中国人事科学研究院人才战略与政策研究室研究实习员）

魏艳春（中国人事科学研究院人力资源流动与管理研究室副研究员）

基层劳动保障监察执法体制改革问题研究[①]

提　要：劳动保障监察，是指法定的专门机关代表国家对劳动和社会保障法律、法规的执行情况进行的检查、处理、处罚等一系列监督活动。从狭义角度，劳动安全卫生不纳入劳动管理的范围；社会保障仅限于社会保险的范围。本课题研究按狭义理解研究劳动保障监察体制，重点关注体制改革对基层的影响。

劳动保障监察体制改革在综合行政执法体制改革的背景下展开，涉及执法职能整合、执法层级选择、执法权限下沉、增强基层承接能力等方面。劳动保障监察执法体制改革取得了一定成效，但也存在一些问题：一是改革政策区分度低，缺乏明晰的标准；二是改革政策缺乏连贯性、协同性、平衡性；三是改革不规范，地方改革在不同角度均呈现出不同样态；四是执法与监管、业务管理之间衔接关系不顺畅；五是基层改革在"专业—综合""放权—收权"之间出现反复；六是基层承接能力不足。

按照整体推进综合行政执法体制改革的要求，结合劳动保障监察主管部门部署，针对现行问题，提出对策建议：一是正确处理局部与整体的关系；二是合理确定执法领域边界；三是严格限定执法事项范围；四是区分情况选择执法层级；五是适度扩大综合执法程度；六是分类实行执法权限下沉；七是完善综合执法机制；八是规范执法机构和人员管理；九是运用法治思维实施改革。

[①] 本文系人力资源社会保障部2021年度部级课题《基层劳动保障监察执法体制改革问题研究》报告的部分内容。

关键词： 劳动保障监察　基层劳动保障监察体制　执法体制改革

基层劳动保障监察体制，是从劳动保障监察工作的重心在基层的角度，将研究重点放在基层而形成的习惯性称谓。实际上，体制具有架构性、系统性、基础性，并不宜以"顶层""基层"划分。因此，以"基层劳动保障监察体制"为研究对象，表明关注的侧重点在基层，但必须在整个体制框架下开展研究，即劳动保障监察体制所蕴含的机构设置、职能配置、权责关系以及运行机制等内容都在研究之列。

一、劳动保障监察概述

为便于探讨劳动保障监察执法体制的问题，有必要对劳动保障监察的基本属性、职能边界、机构设置、法律适用、体制机制等基本问题进行探讨。

（一）劳动保障监察的基本属性

劳动保障监察，全称为劳动和社会保障监察，是指法定的专门机关代表国家对劳动和社会保障法律、法规的执行情况进行的检查、处理、处罚等一系列监督活动。劳动保障监察也具有行政性、专门性、法定性等特征。

1998年之前，我国通常使用"劳动监察"这一概念。1998年机构改革之后，"劳动保障监察"概念替代了"劳动监察"概念。实际上，劳动保障监察与劳动监察基本同义。劳动保障监察有广义和狭义之分。区分依据主要是对劳动管理的理解。劳动管理可以划分为两个层次：一是对劳动行为的管理，包括劳动用工、劳动合同、休息休假、工作时间、劳动报酬、福利待遇和社会保险等；二是对劳动条件的管理，包括劳动保护、职业卫生、劳动环境和劳动安全（如安全生产、矿山安全、特种设备安全）等。对劳动管理的不同理解直接影响劳动保障监察的外延。广义的劳动保障监察，其外延包括上述两个层次。狭义的劳动保障监察，其外延仅限于第一个层次。

我国通过规范性法律文件对劳动监察和劳动保障监察有过明确界定。1993年，劳动部颁布实施《劳动监察规定》，明确劳动监察是指"由劳动行政主管部门对单位和劳动者遵守劳动法律、法规、规章情况进行检查并对违法行为予以处罚"。2015年7月，人社部、中编办、财政部发布《关于加强劳动保障监察执法能力建设的意见》，劳动保障监察"是人力资源社会保障行政部门依法对劳动保障监察对象实施监督检查，发现和纠正违反劳动保障法律、法规和规章的行为，并对违法行为依法进行行政处理或行政处罚的行政执法活动"。

上述文件对劳动保障监察作狭义界定，其适用对象是劳动保障行政部门职责范围内的监察活动。但是，并不能由此判定对于有关劳动条件的监察活动不属于劳动保障监察。按照狭义劳动保障监察的最新定义，劳动保障监察的主体是劳动保障行政主管部门；劳动保障监察的对象是企业、个体工商户、职业介绍机构、职业技能培训机构和职业技能考核鉴定机构；劳动保障监察的内容是劳动和社会保障法律法规的执行情况；劳动保障监察的目的是维护劳动者的合法权益和社会保障参加者的利益。

（二）劳动保障监察的职责边界

界定劳动保障监察职责边界，有两个重要规范性文件：一是1993年劳动部颁布的《劳动监察规定》，二是2004年国务院颁布的《劳动保障监察条例》。

上述文件所规范的监察活动仅限于劳动（保障）行政主管部门的职能范围。《劳动监察规定》和《劳动保障监察条例》在职责规定上有区别。前者围绕劳动法律、法规和规章开展监察活动，后者围绕劳动保障法律、法规和规章开展监察活动。具体包括宣传法律法规、督促用人单位（劳动者）贯彻执行法律法规、检查用人单位（劳动者）遵守法律法规情况、纠正和查处违反法律法规的行为。

两个文件对劳动保障监察事项规定大体相同。《劳动保障监察条例》第十一条规定，劳动保障行政部门对下列事项实施劳动保障监察：用人单位制定内部劳动保障规章制度的情况；用人单位与劳动者订立劳动合同的情况；用人单位遵守禁止使用童工规定的情况；用人单位遵守女职工和未成年工特殊劳动保护规定的情况；用人单位遵守工作时间和休息休假规定的情况；用人单位支付劳动者工资和执行最低工资标准的情况；用人单位参加各项社会保险和缴纳社会保险费的情况；职业介绍机构、职业技能培训机构和职业技能考核鉴定机构遵守国家有关职业介绍、职业技能培训和职业技能考核鉴定的规定的情况；法律、法规规定的其他劳动保障监察事项。

实际上，对劳动保障监察的职责边界可以作宽泛理解，对劳动条件的监察也属于劳动保障监察的重要内容。主要证据有三个：一是《劳动监察规定》规定，对单位和劳动者遵守劳动安全与卫生法律、法规、规章情况的检查，按照现行规定执行。由此看出，劳动监察包括劳动安全与卫生监察，只是在法律适用上有所区别。二是《劳动保障监察条例》第三十五条规定，劳动安全卫生的监督检查，由卫生部门、安全生产监督管理部门、特种设备安全监督管理部门等有关部门依照有关法律、行政法规的规定执行。由此看出，在劳动保障监察条例中做如此规定，意味着劳动安全卫生监察属于劳动保障监察的范围。三是1993—1998年，劳动行政主管部门的劳动保障监察职能包括安全生产综合管理、职业安全监察、矿山安全监察、职业卫生监察、锅炉压力容器监察等项职能。把上述职能归并于一个部门，说明这些职能之间有着内在联系。国际上，一些国家的劳动监察职能包括职业安全卫生和工作环境的监督检查。

（三）劳动保障监察的机构设置

中华人民共和国成立后，劳动保障监察职能体系逐步完善，劳动保障监察机构几经变化。1998年前，劳动主管部门相对集中行使劳动保障监察权。1950年，劳动部设立劳动保护司；1982年，劳动人事部设置劳动力管理局、矿山安全监察局、劳动保护局、锅炉局；1988年，劳动部设置劳动力管理和就业司、职业安全卫生监察局、锅炉压力容器安全监察局和矿山安全卫生监察局；1993年，劳动部设立劳动关系与监察司、安全生产管理局、职业安全卫生与锅炉压力容器监察局、矿山安全卫生监察局。

1998年，劳动和社会保障部设置法制司，负责监督检查劳动和社会保险法律法规的执行情况，依法行使国家劳动监督检查权，制定劳动监督检查工作规范，指导和监督地方劳动和社会保险监督检查机构的工作。原劳动部多项监察职能划转，其中，安全生产综合管理、职业安全监察、矿山安全监察职能，交由国家经济贸易委员会承担；职业卫生监察（包括矿山卫生监察）职能，交由卫生部承担；锅炉压力容器监察职能，交由国家质量技术监督局承担。

截至2008年机构改革之前，由劳动和社会保障部、卫生部（职业病防治工作监督）、国家安全生产监督管理局（安全生产和煤矿安全监察）、农业部（农业劳动者的劳动监察）、国家质量监督检验检疫总局（特种设备安全监察）、建设部（建筑工地上的劳动监察权）、国务院安全生产委员会7个行政部门共同承担劳动监察职能。

2008年，人力资源和社会保障部设立劳动监察局，2018年更名为劳动保障监察局，负责拟订劳动保障监察工作制度，依法查处和督办重大案件，指导地方开展劳动保障监察工作，协调劳动者维权工作，组织处理有关突发事件。有关劳动条件方面的劳动保障监察仍由卫生健康、安全生产、农业农村、住房建设、市场监管等部门承担。

（四）劳动保障监察的法律适用

狭义的劳动保障监察适用的法律法规主要包括《劳动法》《劳动合同法》

《就业促进法》《社会保险法》《禁止使用童工规定》《社会保费征缴暂行条例》《女职工劳动保护规定》等。

广义的劳动保障监察适用的法律法规比较宽泛，除包括上述法律法规外，还包括《煤矿安全监察条例》《职业病防治法》《农业法》《特种设备安全监察条例》《建筑法》《建设工程安全生产管理条例》《特种设备安全监察条例》等。实际上，我国劳动保障监察除了适用法律、法规、规章外，更多的是依据政策。

（五）劳动保障监察执法体制

劳动保障监察体制因职能边界的广义、狭义之分而存在区别。从广义上理解，劳动管理包括劳动行为和劳动条件两个层次。劳动和社会保障的范围相对宽泛，包括劳动用工、劳动合同、休息休假、工作时间、劳动报酬、福利待遇、社会保险、劳动保护、职业卫生、劳动环境、劳动安全（如安全生产、矿山安全、特种设备安全）等，因而劳动保障监察职能覆盖的领域比较广泛；劳动保障监察机构除了劳动和社会保障行政部门外，还包括卫生健康、安全生产、农业农村、住房建设、市场监管等部门；因为职能宽泛和机构众多，劳动保障监察权责关系划分需要在各机构之间、各层级之间展开；劳动保障监察运行机制根据职能配置的"整合"或"分化"而呈现不同的样态。从狭义上理解，劳动管理主要限于劳动行为。劳动和社会保障的范围包括劳动用工、劳动合同、休息休假、工作时间、劳动报酬、福利待遇、社会保险等，因而劳动保障监察职能覆盖的领域相对较窄；劳动保障监察机构主要是劳动和社会保障行政部门；劳动保障监察权责关系划分主要在各层级劳动保障行政部门之间展开；劳动保障监察运行机制更多体现部门管理的特点。本课题所研究的劳动保障监察体制以劳动保障行政主管部门的劳动保障监察职责范围为边界，属于相对狭义的范畴。

二、基层劳动保障监察体制改革背景

2001年前劳动保障监察体制相对整齐划一，在机构设置、职能配置、权责关系及运行机制上相对统一规范。2001年后，劳动保障监察体制进入改革探索阶段，这项改革是在综合行政执法体制改革背景下展开的。

纵观综合行政执法体制改革发展过程，可以形成以下五个结论性认识。一是综合行政执法是行政执法方式的变革，重点解决多头执法、重复执法、执法效率低等问题。二是执法方式的变革会导致条条关系、条块关系、块块关系变化，因此改革必然会上升到体制改革层面。实际上，推动综合行政执法改革之初就一直作为行政管理体制改革的重要内容。三是综合行政执法体制改革中基本走向是实现综合执法，综合的主调一直没变，而且力度越来越大，从领域内综合到跨领域跨部门综合。四是综合行政执法体制改革，一直把相对集中行使处罚权作为基础，并且从部门管理走向属地管理。在实行属地管理的过程中，事权下沉幅度不断加大，综合执法权最终落到乡镇（街道）一级。如果说"综合"是量的积累，那么从部门管理到属地管理是实质性变化，必然引起条块关系调整。五是作为行政体制改革的重要内容，综合行政执法体制改革有强大的推力，劳动保障监察体制改革必然被纳入其中。在劳动保障监察被界定为行政执法活动，进而纳入综合行政执法体制改革框架之下，劳动保障监察就由一项专门的监察职能演变为综合执法职能。

三、基层劳动保障监察执法体制改革分析

在列举地方改革情况的基础上，从执法机构设置、综合执法职能整合、执法行政层级选择、执法权限和力量下沉、执法人员身份确定等方面对劳动保障监察体制进行分析。

（一）执法机构设置

在省级层面，除直辖市外，只有山东保留事业性质的省级执法机构，其余均为厅内设机构。改革后，山西、内蒙古、辽宁、吉林、江苏、福建、江西、河南、海南、四川、贵州、云南、甘肃13个省级监察总队撤并；黑龙江、浙江、湖南3个省级总队改内设局；宁夏撤监察处，总队改内设局。

在设区的市层面，普遍设置执法机构，但机构设置情况比较复杂，与综合行政执法改革的力度相关联。大体包括三种类型：一是保留劳动保障监察支队建制，如南京、苏州、无锡、常州、杭州、西安、宝鸡等市多采用这种建制。二是不再保留劳动保障监察队伍建制，更名为劳动保障行政执法队、局执法大队或者劳动保障监察综合执法（监督）支队。如嘉兴市、衢州市等地更名为劳动保障行政执法队；上海市各区更名为区人社局执法大队；广东省各市更名为劳动保障监察综合执法（监督）支队。三是不再保留劳动保障监察执法机构，如遵义市、北海市等撤销了劳动保障监察支队。

在县（市、区）层面，普遍设置劳动监察执法机构。大致包括三种类型：一是保留劳动保障监察大队建制，各地普遍采用这种建制。二是不再保留劳动保障监察队伍建制，更名为劳动保障行政执法队或者劳动保障监察综合执法（监督）大队。如嘉兴市南湖区、嘉善县、桐乡市，衢州市柯城区、开化县更名为劳动保障行政执法队；广州市番禺区、从化区、增城区更名为劳动

保障监察综合执法（监督）大队。三是不再保留劳动保障监察执法机构，如北海市、遵义市各区县撤销劳动保障监察大队。

在乡镇（街道）层面，根据行政执法职能综合的程度、执法权限和力量下沉的力度，劳动保障监察执法机构设置情况存在差异。

（二）综合执法职能整合

综合行政执法实质上是行政执法职能配置问题。目的是解决多头执法的问题。按照行政执法体制改革的要求，对综合行政执法的要求越来越高。为适应这个要求，劳动保障监察执法职能总体上向综合方向发展，大致可分为以下三种类型。一是领域内综合执法，按照"一个领域一支队伍管执法"的要求，劳动保障部门普遍实现了领域内综合执法。多数地方由劳动保障监察执法机构（总队、支队、大队、中队）承担人社领域的综合执法职能，个别地方（如上海）将劳动保障监察机构更名为人社局执法机构，职能权限覆盖了人社各个条线的全部执法事项。二是纳入跨领域跨部门综合执法范围。如浙江省按照大综合一体化的目标推进综合行政执法体制改革，并颁布《浙江省综合行政执法条例》（以下简称《条例》），《条例》适用于所有领域综合行政执法活动。按照《条例》的总体要求，各领域的执法事项可以根据实际情况全部或部分纳入综合行政执法范围。由此可以看出，跨领域跨部门的综合行政执法是相对的，存在全部纳入和部分纳入的区别。根据2021年新增综合行政执法事项统一目录，劳动保障监察的行政处罚事项被纳入目录，劳动保障监察职能被纳入跨领域跨部门综合执法范围。由此，至少有部分劳动保障监察执法职能被纳入跨领域跨部门综合行政执法范围。三是大综合一体化执法。一些地方按照"在更大范围、更多领域实行综合执法"的要求，将"大综合一体化"执法作为综合执法体制改革的目标，力图设置大机构将综合执法范围涵盖到所有领域。如浙江省，采取分批次纳入综合执法领域的办法，逐步将各领域纳入大综合执法的范围。目前，已经将23个管理部门、752项行政处罚事项纳入综合行政执法范围，在全国率先统一全省执行的行政执法事项。

（三）执法行政层级选择

从行政管理体制的角度，行政执法层级的选择，实质上是纵向权责划分的问题。综合行政执法体制改革的一个重要内容是选择执法行政层级，也就是确定由哪个行政层级承担行政执法职责。按照《法治政府建设纲要（2021—2025年）》的要求，省（自治区）原则上不设行政执法队伍，设区市与市辖区原则上只设一个行政执法层级，县（市、区、旗）一般实行"局队合一"体制，乡镇（街道）逐步实现"一支队伍管执法"。劳动保障监察属于行政执法活动，在行政执法层级的选择上应该以《纲要》的要求为原则。

在现实中，劳动保障监察执法行政层级的选择需要在综合行政执法体制改革框架下进行。从现有情况看，主要包括以下三种类型。一是按层级分配执法职权。如北京、天津、辽宁、吉林、上海、福建、山东、广东、四川等地的省、市、县级劳动保障监察机构都具有执法职责。二是省本级不担负执法职权。据劳动保障监察局提供的信息，河北等20个省级劳动保障监察机构不承担具体执法职责，主要承担指导、监督、协调、督办大要案等工作。三是选择市、县为执法层级。省级劳动保障监察机构不承担具体执法职责的地方，一般主要由设区市、县（市、区）承担劳动保障监察执法职权。至于劳动保障监察执法行政层级选择在市一级还是县（市、区）一级，各地没有明确要求。从一些地方整体推进综合行政执法体制改革看，在市、县（市、区）执法权责划分上，分为两种情况，一种是市、县（市、区）两级按照管辖权划分执法权责，如浙江省的市、县（市、区）两级都具有行政执法权责；另一种是采取"市属区管区用"的方式，如西安除应急管理领域外，采取"市属区管区用"的方式，设区市在市级设置综合执法支队后，向区级派驻执法大队，统筹承担市辖区行政执法职责。

（四）执法权限和力量下沉

推动行政执法权限和力量向基层延伸和下沉，属于下放行政权力的过程，将行政执法权限和力量下沉到县一级还是下沉到乡一级，都属于向基层下沉。但是按照纵深推进综合行政执法体制改革的要求，推进执法权限和力量下沉，通常与"强化乡镇和街道的统一指挥和统筹协调职责""强镇扩权""赋权乡镇街道实施行政处罚"联系在一起，因此，行政执法权限和力量下沉往往被理解为向乡镇街道下沉。执法权限和力量下沉要求权随事转、人随事转、费随事转，实现基层一支队伍管执法，解决多头多层重复执法问题。

从整体推进行政执法体制改革来看，职权和力量下沉的方式包括授权、委托、派驻执法队伍等。依据经济社会发展水平等因素区分能够有效承接的乡镇（街道）和暂不具备承接能力的乡镇（街道），采取不同的下沉方式，省、市、县逐级颁布综合行政执法事项目录清单。县（市、区）人民政府在目录清单范围内，可以选择基层管理迫切需要且高频多发、易发现易处理、专业要求适宜的行政执法事项，下放给具备有效承接能力的乡镇（街道）；对暂不具备承接能力的乡镇（街道），县（市、区）人民政府可以通过派驻执法队伍等方式开展行政执法工作。

从行政执法权限和力量下沉的实践来看，尚处于试点阶段，很多环节仍处于探索试验之中。从江苏情况看，劳动保障监察执法权限和力量下沉曾尝试过三种方式：一是保留县（市、区）劳动保障监察机构，履行监督、指导、协调等职责，将行政处罚权全部或按省指导目录部分下放至乡镇（街道）综合执法局，部分人员编制也随执法权下沉，简称"保留+下沉"模式。二是将县（市、区）监察机构撤销，职能和部分人员编制一起下沉至乡镇（街道），人社局新成立劳动关系指导服务中心协调镇街监察执法，简称"撤销+下沉"模式。三是按照不同领域将区县（市）级劳动保障监察机构和职能划归同级市场监督或城市管理综合执法大队，部分人员编制也一并划转，劳动保障监察职权随市场监督或城市管理职权下沉，简称"划转+下沉"模式。

一些地方在探索采取派驻执法队伍的方式推动执法权限和力量下沉。从浙江情况看，按照"开展综合行政执法的市、县（市、区）应整合相关执法机构和职责，组建综合行政执法局"的要求，全省11个市、89个县（市、区）均整合组建综合行政执法局并挂牌运行。围绕"基层治理四平台"建设，全面实施执法重心下移，各地向乡镇（街道）、功能区派驻综合行政执法中队1 329个，覆盖1 375个乡镇（街道），覆盖率为100%。

（五）执法人员身份确定

从劳动保障监察实践情况看，劳动保障监察人员按照承担的职责和是否具有执法资格，分为专职监察员、兼职监察员、监察协管员和法律监督员；按照执法人员身份，分为行政编制、事业编制、行政执法专项编制。从上海情况看，截至2017年6月底，市劳动保障监察总队和16个区劳动保障监察大队基本完成职务套改，497名在编在岗劳动保障监察员全部纳入行政执法类公务员序列。从江苏情况看，劳动保障监察员被纳入行政执法类公务员。从浙江情况看，全省共有综合行政执法人员编制16 120人，实际在编15 291人，配备率为94.86%，执法辅助人员近两万人。从广东情况看，截至2020年12月，劳动保障监察机构人员中，劳动保障监察工作人员共2 621名，其中专职监察员1 317名，兼职监察员1 304名，另有协管员1 293名。行政执法在编在岗1 166名（市级212名、县区900名、深圳乡镇街道54名），惠州市乡镇街道事业编制在编在岗298名。

四、基层劳动保障监察执法体制改革存在问题

推行综合行政执法体制改革对缓解多头执法、重复执法、交叉执法、执法扰民、执法效率低等问题发挥了积极作用，对营造良好的营商环境、提高

公共治理水平发挥了有益作用。劳动保障监察执法按照综合行政执法体制改革的要求,也进行了一些探索,虽然在执法行政层级选择、跨领域跨部门综合执法、执法权限和力量下沉等方面的力度不及其他领域,但也取得一定的成效。结合综合行政执法体制改革,观察劳动保障监察体制改革,可以发现存在如下问题。

(一) 改革政策的区分度低

综合行政执法体制改革,以多头执法、重复执法等问题为导向,力图通过综合执法管束政府的具体行政行为,减少政府对经济社会生活的过度干预。由于推行综合行政执法涉及政府层级关系、部门之间的关系,因而改革必然上升到体制层面。

推进综合行政执法体制改革以来,中央和地方相继出台了一系列政策文件。从这些政策文件的脉络来看,应该说,改革力度越来越大。从"开展综合行政执法体制改革"到"深化综合行政执法体制改革",再到"纵深推进综合行政执法体制改革",总体要求越来越高;从"一个领域一支执法队伍管执法"到"跨领域跨部门综合执法",再到"更大范围、更多领域集中行使行政处罚权",对综合的程度要求越来越高;从"适当下移执法重心"到"推进执法重心向市县两级政府下移",再到"赋予乡镇(街道)行政执法权",行政执法权限和力量下沉的力度越来越强。但是,改革政策文件偏重目标的设定,缺乏具体的尺度和标准,无论是对综合程度的要求,还是对权限下沉的要求,政策区分度非常低。在一些行政事项重复性较高、难易程度较低、易发现易处理、专业要求不高的领域,推进综合行政执法比较容易操作,但是,在一些非常规性事项较多、难易程度较高、隐蔽性较强、专业要求较高的领域,操作起来比较困难。劳动保障监察便属于这样的领域。

(二) 劳动保障监察改革政策不一致

2001年,劳动保障监察被界定为行政执法活动。从理论上讲,应该被纳入行政执法体制改革,但是,中央出台的有关行政执法体制改革的一系列政策文件中,只有2013年的《中共中央关于全面深化改革若干重大问题的决定》和2021年的《法治政府建设实施纲要(2021—2025年)》两个文件中明确表述"劳动保障",并将其纳入行政执法体制改革的"重点领域"。中央政策具有导向作用,直接影响地方对政策的理解和推动改革的部署。

中央整体推进行政执法体制改革的政策注重综合执法的程度、执法层级的选择、行政执法权限和力量下沉的力度等方面,人社部门出台的有关推进劳动保障监察执法体制改革的文件则主要侧重于规范劳动保障监察机构设置,使用统一规范的机构名称，厘清不同层级劳动保障监察职责，人社领域"一支队伍管执法"等方面。对执法行政层级的选择、行政执法权限和力量下沉关注度不高。

地方整体推进综合行政执法体制改革的政策文件中，有的将劳动保障监察纳入重点改革领域，有的则并没有明确是否纳入改革领域。省市县各级主管部门对劳动保障监察体制改革政策的理解存在很大差异。

(三) 劳动保障监察体制改革不够规范

各地在推进劳动保障监察体制改革的过程中，在执法机构设置、执法行政层级选择、综合执法程度、力量下沉力度等方面表现出不规范现象。

在执法机构设置上，有的实行"局队合一"，有的实行"局队分离"，有的保留原有劳动保障监察执法机构的建制，称劳动保障监察总队（支队、大队、中队），有的更名为人社局执法总队（大队），有的更名为劳动保障监察综合执法（监督）支队，有的更名为劳动保障行政执法队。与人社部门要求"使用统一规范的机构名称"的要求不相符。

在执法行政层级选择上，对劳动保障监察执法行政层级的选择没有明确要求，多数省份执法行政层级落在市县两级，但也存在较大差异。有的按行政层级分配执法职权，即省市县各级劳动保障监察机构分级承担行政执法职权；有的省本级不担负执法职权，只承担指导、监督、协调、督办大要案等工作；有的选择市、县作为劳动保障监察行政执法层级，包括市、县（市、区）两级按照管辖权划分执法权责以及采取"市属区管区用"的方式承担执法权责。

在综合执法程度上，有的采取领域内综合执法，按照"一个领域一支队伍管执法"的要求，劳动保障部门普遍实现了领域内综合执法。有的将劳动保障监察纳入跨领域跨部门综合执法范围。有的注重劳动保障监察执法机构与其他部门的联合执法。

在执法力量下沉上，各地对执法权限和力量下沉的力度理解不一，有的地方按照赋权乡镇的要求，积极尝试劳动保障监察执法权限和力量下沉到乡镇（街道），有的地方则持观望态度。在尝试劳动保障监察执法权限和力量下沉到乡镇（街道）的地方，有的市、县（市、区）采取授权、委托的方式将劳动保障监察执法的权限和力量下沉到乡镇（街道），有的采取派驻劳动保障监察执法队伍的方式将劳动保障监察执法的权限和力量下沉到乡镇（街道）。

(四) 衔接关系不顺畅

在整体推进综合行政执法体制改革以及乡镇机构改革的过程中，原有的劳动保障监察衔接关系被打破，尤其是在劳动监察执法权限和力量下沉的情况下，劳动保障监察衔接关系不顺畅的问题更加明显。以常州市溧阳市为例，在乡镇机构改革中，设立行政审批局、综合执法局、政法和社会事务局等机构。全市原有的12个基层人社所划归7类不同的基层机构，其中，2个归属行政审批局，2个归属综合执法局，1个归属政法和社会事业局，4个归属经济发展局，1个归属组织人事和社会保障局，1个归属经济贸易发展区，1个归属政府和社会综合治理局。目前市级各市辖区人社局与各乡镇街道的行政审批局（或社会事务局）、综合执法局不存在直接上下隶属关系，缺乏业务管理权限，导致原有人社上下一体化工作体系被打破。

（五）基层改革存在"翻烧饼"现象

在基层推进劳动保障监察执法体制改革过程中，在实行综合执法、执法权限和力量下沉等方面存在"翻烧饼"现象。

例如，广州市荔湾区，2011年3月被确定为广州市行政执法体制改革试点区，2012年10月成立了该区综合行政执法局。按照有关文件要求，该区劳动保障监察行政处罚权划归区综合执法局行使，行政监管权仍由区人社局行使，原区劳动保障监察执法大队人员整建制划入区综合执法局。但在实践过程中存在监管权与处罚权行使边界不清、行政监管职能弱化、执法专业化降低等现实问题。2019年3月，该区行政执法局撤销，劳动保障监察行政处罚权重新划回区人社局行使。荔湾区的劳动保障监察执法走了一条"专业执法—纳入综合执法—回归专业执法"之路。

又如，江苏省2019年开始探索推进劳动保障监察执法权限和力量向乡镇（街道）下沉，在此过程中尝试了"保留+下沉""撤销+下沉""划转+下沉"等模式。但是，2021年3月，江苏省人社厅在对《司法厅关于征求行政执法权下放基层意见的函》的复函中明确，"经慎重研究评估，认为不宜将劳动和社会保障监察行政执法权下放基层"。主要理由是劳动保障监察执法对象具有特殊性，不同于一般行政执法；劳动保障监察执法专业性强；综合执法机构劳动者权益维护效果不佳。建议：一些地区暂缓劳动保障监察行政处罚权下放基层行使；对于劳动保障监察行政处罚权已下放的地区，适时收回下放的劳动保障监察行政处罚权，或者完善县、乡两级执法衔接机制，特殊案件仍由县级人社部门行使执法权；删除《乡镇（街道）经济社会管理权限指导目录》清单中的劳动保障监察执法事项。据常州市人社部门提供的信息，2021年6月，江苏省司法厅《关于常州市关于在镇（街道）开展相对集中行政处罚权复函》中明确，劳动保障监察执法不宜横向整合，试点乡镇实施的人社领域行政处罚权交还由区人社局实施。

(六) 基层承接能力不足

在整体推进行政执法体制改革过程中，要求不断增强乡镇行政执行能力，积极稳妥赋权乡镇街道实施行政处罚，分批次赋予乡镇行政处罚权，赋予乡镇街道行政执法权，强化乡镇和街道统一指挥和统筹协调职责。一些地方按照上述改革思路和要求，在劳动保障监察体制改革探索中，也在尝试将执法权限和力量下沉到乡镇，对乡镇承接能力提出了更高的要求。事实上，乡镇街道一级公务员专业能力素质普遍不高，主要适合从事机械性、重复性、常规性工作，而且，近年来，乡镇街道一级公务员考试标准不断放低，人员编制、身份构成复杂，一些领域的执法权限下沉乡镇放得下、接得住，但一些领域的执法权限下沉乡镇接不住。从各层级编制结构看，县（市、区）一级编制体量最大，解决执法权限放得下的问题，一些地方采用县（市、区）执法部门人员下沉的办法，但这种办法有悖常理，从而人员下沉的数量有限，而且有期限限制，不足以解决乡镇街道的承接能力不足的问题。

五、完善基层劳动保障监察执法体制的对策建议

按照整体推进综合行政执法体制改革一系列政策文件，尤其是《法治政府建设纲要（2021—2025年）》的要求，结合人社部门关于劳动保障监察执法体制改革的部署，针对现行体制改革中存在的问题，就完善基层劳动保障监察执法体制提出如下对策建议。

(一) 正确处理局部与整体的关系

从开展综合行政执法体制改革以来，中央和地方从整体上推进改革，出台了一系列政策文件，尤其是《法治政府建设纲要（2021—2025年）》，对整体推进综合行政执法体制改革作出了全面部署。内容涉及执法行政层级选择、综合执法范围、执法权限和力量下沉等方面。整体推进综合行政执法体制改革文件具有方向性、目标性、原则性和普遍性。推进综合行政执法体制改革是一项系统工程，需要正确处理局部与整体关系，整体谋划要与分类施策相结合，不能搞"一刀切"。具体到各个重点行政执法领域，必须结合本领域特点开展改革。事实上，依据整体性要求，结合城市管理、商务、农业、市场监管、文化市场、交通运输、生态环境保护、应急管理等重点领域的特点，相关部门已经出台了相应的改革文件。劳动保障监察综合执法体制改革也应该正确处理局部与整体的关系，在地方整体推动综合行政执法体制改革的过程中，要充分听取人社部门的意见和建议，既配合整体推进，又体现本领域

特点。处理好局部与整体的关系，包含条条与块块的关系、综合与专业的关系、部门管理与属地管理的关系。

（二）合理确定执法领域的边界

在推进综合行政执法体制改革的过程中，无论是讲"一个领域一支队伍管执法"，还是讲"跨领域跨部门执法"，"领域"都是一个关键词。中央和地方的文件在表述综合行政执法体制改革时，经常会列举一些关键领域，领域边界的划定是实行综合执法或权限下沉的前提。

就劳动保障监察执法来说，目前普遍强调的是劳动保障监察执法机构担负人社领域各条线的行政执法事项。在执法领域边界划定上，可以有两种方法。一种方法是以人社工作职能体系为边界划定，另一种方法是以人社部门现有的管辖范围或职能为边界。以人社工作职能体系为边界，范围很广泛，包含人事管理、劳动管理、社会保障等职能，其中的劳动管理包括劳动就业、劳动关系、劳动条件、劳动标准、劳动保护、劳动卫生安全、安全生产等职能；社会保障包括社会保险、社会救济、社会福利、优抚安置和社会互助、个人储蓄积累保障等职能；社会保险包括养老、失业、医疗、工伤、生育等社会保险职能。如果以人社部门现有职能为边界，人社执法领域的边界就比较窄。2018年党政机构改革后，人社部门原有的医疗保险、生育保险、公务员管理、军转安置等职能调整到其他部门，人社部门现有职能大幅减少。

以人社工作职能体系为边界划定执法领域，符合更大范围、更多领域、跨部门综合执法的要求，应该说是最理想的状态。但是，人社工作职能体系中的多项职能，经过1998年机构改革，尤其是2018年机构改革，已经调整到其他部门。其他部门已经建立了相应的行政执法机构。以人社工作职能体系的名义重新整合这些执法职能，难度非常大。但以人社部门现有职能为边界确定行政执法领域，操作起来就相对简单，但是，人社部门实际职能范围有限，执法领域并不完整。下一步，在推进劳动保障监察执法体制改革过程中，需要对执法领域边界做进一步论证。

（三）严格限定执法事项的范围

在行政执法领域存在的多头执法、多层执法、交叉执法等问题的总根源是政府的职能边界过宽，管得过多，管了许多不该管的事，政府有无数只"看得见的手"，而且手伸得很长。同时，在我国行政管理过程中，政策多、文件多，出台一个政策、一项法规，就设一支执法队伍。推进综合行政执法体制改革的目的在于管束政府行为，减少执法队伍的数量，但是如果不从源头上减少执法事项，仅靠综合执法并不能根本解决问题。在推行综合行政执法体制改革实践中，综合行政执法目录清单由各省公布，有的地方包含的事项成百上千。各地的目录清单不统一，存在很大差异，清单中所包含的执法事项有的是依据法律法规，有的是依据政策。劳动保障监察执法事项在有的地方列入了综合执法目录清单，在很多地方还没有被列入。被列入的事项各地也存在较大差异。在进一步推进劳动保障监察执法体制改革过程中，应该坚持严格限制执法事项范围的原则，发挥人社主管部门的作用，对本领域的执法事项进行系统梳理，出台统一规范的综合执法目录清单，以指导地方推进改革。

（四）区分情况选择执法层级

按照整体推进综合行政执法体制改革的要求，设区市与市辖区原则上只设一个行政执法层级，可以理解为，原则上选择设区市或县（市、区）作为执法行政层级。目前，城市管理、商务、农业、市场监管、文化市场、交通运输、生态环境保护、应急管理等重点领域在执法行政层级选择上存在差异。在推进劳动保障监察综合执法改革实践中，多数省份将执法职责落到市、县两级，但是，一般没有明确选择在哪一级。主要原因在于执法层级的选择缺乏客观、可操作的依据。在完善劳动保障监察执法体制过程中，建议以辖区面积、数字化政府建设程度、经济社会发展水平、执法人员素质等因素区分情况选择执法层级。对于辖区面积较小、数字化程度较高、经济社会发展水平较高的地方，可以选择设区市作为执法层级；对于辖区面积较大、数字化程度较低、经济社会发展水平较低的地方，可以选择县（市、区）作为执法层级。

（五）适度扩大综合执法程度

目前，在实行综合执法的实践中，对综合的程度不断提出更高要求，存在简单、机械追求更大范围、更多领域综合执法的倾向。有些地方甚至提出"大综合一体化"的目标。凡事应该有度，绝对化必然走向反面。综合行政执法相对于分散、单一执法而言，综合程度应该是相对的。综合无非是将外部执法事项内部化的过程，综合程度过大，必然需要在内部作专业化分工，否则无法完成执法任务。在大综合的条件下，内部分工过细，综合执法就会"名存实亡"。目前，在实践中有三种综合方式，即一个领域一支执法队伍管执法、跨领域跨部门综合执法、大综合一体化执法。劳动保障是民生事务，工作涉及面广、政策性强、敏感度高，容易引起国际国内舆论关注。劳动保障监察不同于一般行政执法，直接关系到保护劳动者合法权益、促进经济发展、维护社会和谐稳定。在完善劳动保障监察体制改革的过程中，不宜被纳入大综合一体化执法范围，应该以一个领域一支队伍管执法为主，对具备条件的事项适当采取跨领域跨部门综合执法。

（六）分类实行执法权限下沉

在推进综合行政执法体制改革过程中，执法权限和力量向基层下沉，通常被简单理解为向乡镇（街道）下沉。中央和地方不断强调执法权限和力量下沉的力度，但是有的地方制度设计严重滞后，甚至有的地方出现改革"翻烧饼"现象。制度设计滞后的突出表现是对行政执法事项缺乏科学分类，地方掌握尺度不一样，执法事项下沉与授权、赋权、委托不同步。在完善劳动保障监察执法体制改革过程中，首先，要区分管理和服务，管理就是管理，服务就是服务，要破除管理就是服务的抽象思维；其次，要根据经济社会发展等因素，对乡镇街道进行分类，科学评估承接执法权限的能力；最后，要根据工作性质、责任大小、任务轻重、难易程度、专业要求等因素，对行政执法事项进行分类。在上述分类的基础上，实行执法权限和力量下沉。

（七）完善综合执法机制

综合行政执法是执法方式之一，并不排除其他执法方式的存在。目前所说的综合行政执法，是将行政执法行为细分后，在与行政处罚、行政强制联系在一起的最狭义的意义上使用的概念。从更广泛的意义上说，在"综合执法"以外，还存在多种执法方式。即便是执法权限和力量下沉到乡镇街道，也不排除其他行政层级执法。因此，完善综合执法机制是推动劳动保障监察执法体制改革的应有之义。完善综合执法机制，需要建立健全执法机构与业务部门的协调机制，建立职能监管部门与综合执法部门的协作机制，建立执法行政层级与上下级之间的跨层级互动机制，建立行政执法机构之间的联合执法机制，建立执法部门与数字信息部门的信息共享机制。

（八）规范执法机构和人员管理

按照加强劳动保障监察机构建设，健全劳动保障监察机构，规范机构设置、机构性质，使用统一规范的机构名称等要求，下一步需要统一规范省、市、县劳动保障监察机构的属性、名称、职能、权限以及执法标识；规范劳动保障监察执法人员的编制管理，统一使用行政执法专项编制；按照行政执法类公务员管理办法，规范录用、考核、晋升、工资、福利等项管理活动；按照向基层一线倾斜的原则，加大待遇保障政策倾斜力度，保障劳动保障监察执法队伍的稳定性；进一步完善执法人员持证上岗和资格管理制度；按照岗位需求设定录用条件，吸引专业人才充实执法队伍，加强培训，不断提高执法人员素质。

(九) 运用法治思维实施改革

推进综合行政执法体制改革，在全面深化改革、行政体制改革、法治政府建设、国家治理体系建设、乡镇机构改革、加强基层行政能力、公务员分类改革、事业单位改革以及行业改革等各种政策文件中都有相关表述。随着某一方面改革的需要，在不同语境下，表达会存在差异。中央、部门、地方政策文件表达上也有出入。在运用政策推动改革的背景下，导致对劳动保障监察执法体制改革无法做出综合性判断，即使从执法行政层级选择、综合执法程度、执法权限和力量下沉、机构和人员管理等单个角度看，也会呈现不同的样态。

综合行政执法体制改革属于法治政府建设的重要内容，法治政府建设需要运用法治思维。法治思维具有确定性、明晰性和稳定性，运用法治思维所形成的制度，不因情势和语境的变化而改变。要通过法治思维，确定综合行政执法体制改革，乃至劳动保障监察执法体制改革的四梁八柱，并且形成具有内在一致性的整体架构。人社部门要在劳动保障监察执法体制改革中充分发挥专业主管部门的作用，增强工作的主动性、创造性，善于运用法治思维，系统设计、有序推进劳动保障监察执法体制改革。

《基层劳动保障监察执法体制改革问题研究》
课题组成员名单

课题顾问：

余兴安（中国人事科学研究院院长、研究员）

李建忠（中国人事科学研究院副院长、研究员）

课题组长：

王芳霞（中国人事科学研究院公共管理与人事制度研究室主任、副研究员）

课题副组长：

杨　梅（中国人事科学研究院公共管理与人事制度研究室副研究员）

课题组成员：

柏良泽（中国人事科学研究院研究员）

白智立（北京大学副教授）

陆传英（中国人事科学研究院公共管理与人事制度研究室助理研究员）

奚玲玲（中国人事科学研究院公共管理与人事制度研究室科研助理）

天津市人才引进政策实施效果与优化策略研究——以"海河英才"行动计划为例①

提　要： 持续有效的人才引进是城市经济社会发展的重要保障，人才引进政策实施效果则是人才引进政策有效与否的重要反映。近年来，众多国内城市先后出台了一系列人才引进政策，但关于这些人才引进政策实施效果的评估和研究还较少。本课题旨在通过对天津市"海河英才"行动计划实施效果的研究，探讨大城市的人才引进政策效果及未来的优化策略。具体来说，本课题研究发现，天津市"海河英才"行动计划的实施具有弥补全市战略性新兴产业人才需求、充实优秀人才储备、优化人才存量结构等积极效果，但在实施后也出现了只落户不就业人群大幅增加、"高考移民"现象凸显、积极招贤纳才的"大合唱旋律不齐"、人才引进和激励政策不均衡等问题，进而削弱了政策执行的实际效果。究其原因，政府引才观念因素、政策环境因素、城市定位与政策差异性因素、政策制定过程因素、政策宣传因素等对于城市人才引进政策效果具有重要影响。基于此，建议大城市在人才引进政策的制定和实施中，进一步树立城市引才的"大人才观"，不拘一格引人才，优化政府职能，为人才发展营造良好环境，精准把握城市定位，提升人才政策的制定和实施效果，从而不断提升城市人才引进政策的实施效果。

关键词： 人才引进　政策效果　"海河英才"行动计划

---

① 本文系中国人事科学研究院2021年度研究课题《天津市人才引进政策实施效果与优化策略研究——以"海河英才"行动计划为例》报告的部分内容。

一、研究背景和意义

（一）本课题研究的现实背景

党的十九届四中全会指出："尊重知识、尊重人才，加快人才制度和政策创新，支持各类人才为推进国家治理体系和治理能力现代化贡献智慧和力量。"着力提高人才政策质量和执行效果，既是全面推进国家治理体系和治理能力现代化的有效路径，也是实现新时代中国高质量发展的必然选择。

人才引进政策是人才政策的重要组成部分。近年来，人才对我国城市发展的重要性凸显，如何引进、留住和用好人才，也被列入许多城市政府工作的重要议题。2018年5月16日，天津在第二届世界智能大会上发布了《天津市"海河英才"行动计划》，之后又出台多项实施细则，鼓励全市各单位积极引才。与此同时，和天津相似，成都、武汉、南昌、南京、苏州、上海、广州等众多一、二线城市近年来纷纷出台了各种人才引进政策，进而掀起了全国城市"抢人大战"，引发了全社会的广泛关注和热议。然而，与"抢人大战"相伴随的，还有不容忽视的城市人才流失问题。例如，尽管我国北方地区出台了一系列人才引进政策，但与南方地区相比，许多北方城市被认为人才流失严重，人才政策实效不足。为何城市"抢人大战"与人才流失现象并存？城市人才引进政策为何会出现与既定政策期望目标相背离的结果？影响一个城市人才引进政策的核心因素究竟有哪些？……种种问题，迫切需要我们对不同城市实施人才引进政策的效果进行客观评估和精细考量，进而为城市人才引进政策的优化提供有针对性、有价值的决策建议。

（二）本课题研究的理论意义

人才引进政策是提升城市综合竞争力的重要因素，因此从世界范围看，各国都高度重视人才引进问题，许多发达国家通过实施各种人才优惠政策占领了国际人才市场的制高点，迅速增长的人力资本已经成为经济发展的发动机。美国学者贝克尔（2013）认为，美国宽松的移民政策是其高层次人才引进得以实现的根本保障。Kevin J. A. Thomas（2016）进一步指出，美国不仅建立了完善的移民政策体系，而且建立了灵活便捷的"签证快车道"进行柔性引才。Olof Ejermo、Yannu Zheng（2018）研究认为，欧洲移民政策已呈现一体化特征，欧盟成员国持"蓝卡"者可以在欧盟任何一个国家进行无限期地居住。在亚洲范围内，日本早已将"科技立国"提升到国家发展战略层次。新加坡通过实施"环球校园计划"广泛吸引海外留学生，并重视对引进人才的继续教育，除此之外，新加坡还注重引进世界知名学府，以此来吸引各国人才的涌入。

与此同时，针对近年来国内各大城市人才引进政策趋势及发展状况，学术界进行了一系列研究和探索，体现在以下三个方面：一是关于人才引进政策的研究。一些学者针对当前我国及部分城市人才引进政策质量和发展趋势进行了专门研究。例如，李蕾（2018）认为，现今国内各个省市纷纷出台人才引进政策，开出各种优惠条件招揽人才，但是政策切入点与政策条款存在趋同。同时，应公平对待新引进的人才与本地人才，对引进人才与存量人才之间的差别过大，可能会产生消极结果。二是关于人才引进模式的研究。一些学者针对国内和部分城市人才引进实际情况，归纳总结了有效的人才引进模式及其重要性。例如，王明荣（2017）提出，要不断完善市场化引才政策的扶持体系，对人才引进模式进行创新。李奂东（2018）对事业单位的人事情况进行分析后，认为应对事业单位人才引进模式进行创新，打破原有的僵化的死板模式，在引进渠道上进行探索创新。三是关于人才引进策略的研究。国内一些学者关注到了当前人才引进政策存在的单一、重复等问题，并结合实际情况提出了优化建议。例如，孙赫东（2017）指出引进人才的培养与开发是动态的过程，应当根据经济社会发展情况动态调整。高显扬（2019）认为，由于高层次科技人才的稀缺性，在引进过程中存在一定程度的竞争，各地区引进计划不周全，存在一定的盲目性。因此，各个地区应当根据自身发展的具体需要与职位空缺，提高引进人才的精准性，并且建立人才引进跟踪服务系统。

综上所述，目前国内外学者们都已经认识到人才引进政策对一个国家和地区经济社会发展的重要价值，既有研究业已涵盖了人才引进的重要性、主要方式、影响因素、优化策略等方面，为我们开展课题研究奠定了一定的文献和理论基础。然而，人才引进政策的实施效果受时代背景和城市特点及经济发展阶段的显著影响。在既有研究中，学者们关于某个城市一定发展阶段的人才引进政策实施效果和优化策略的调查研究还不够，人才引进政策相关研究还可结合具体城市实际情况做进一步的细化和拓展。

（三）本课题研究的主要思路

基于当前我国城市人才政策实施和研究的主要背景，本课题将研究聚焦于天津市人才引进政策实施效果与优化策略问题，并以"海河英才"行动计划为切入口展开分析。近年来，天津市深入实施人才强市战略，仅2018年"海河英才"行动计划实施当年就引进各类人才13.3万人。然而，在"海河英才"行动计划实施过程中，也出现了"假引人、引假人"等问题，与政策制定的初衷形成了较大反差。为了实现精准有效引才，2021年，天津市以产业发展、企业需要和人才需求为出发点，重新打造了"海河英才"行动计划升级版，并通过构建各领域人才联盟等方式，进行有针对性的"打包"引才。从行动计划到行动计划升级版，这一政策变更过程揭示了：随着人力资源成为决定城市经济社会发展的重要资源，每个城市都有必要结合自身实际情况，制定、调整和优化人才引进政策，并对政策实施效果进行评估和跟踪分析，如此才能使人才引进政策达到吸引人才、留住人才、助力城市高质量发展的最大效果。

基于以上因素的考虑，本课题以"海河英才"行动计划为例，在对该计划的政策制定和实施情况进行深入调研分析的基础上，对天津市人才引进政策效果进行客观评估，并进一步探讨当前影响我国大城市人才引进政策实施效果的主要因素及相应的优化策略，从而为天津市乃至全国各大城市人才引进政策的实施和优化提供决策参考。

二、天津市人才引进政策的演变历程和主要内容

从历史上看，天津市人才引进政策顺应时代的发展而不断得以调整。从20世纪90年代开始，天津市就在人才引进、使用、培养、评价等方面建立起较为系统的管理体系。21世纪以来，为了落实国家"人才强国"战略，天津市政府先后出台了《关于抢抓京津冀协同发展机遇加快集聚高层次人才的意见》《天津市引进人才"绿卡"管理暂行办法》等一系列人才引进政策，吸引了一大批高质量人才落户天津。

2018年5月，天津市面向全球公布了"海河英才"行动计划，该行动计划包含8条新政，同步配套了14项实施细则和5项管理制度，依托22个区行政许可中心设立了"一站式"联审办理窗口（见表1）。自2020年开始，天津市人才引进政策不再像前期那样过于追求落户数量和效率，而是将重心转为围绕全市高质量发展和现代产业体系布局而有针对性地创新引才、精准引才、精心育才，这一思想在2021年8月出台的《中共天津市委、天津市人民政府关于深入实施人才引领战略加快天津高质量发展的意见》中得到了充分体现。这也意味着天津市经过一段时间的工作积累后，对如何引进人才、引进什么样的人才有了更清晰、更系统的考虑。具体来说，自公布"海河英才"行动计划以来，天津市的人才引进政策文件见表2。

表1 2018年5—6月天津市"海河英才"行动计划实施细则和管理制度汇总表

序号	发布时间	文件名称
1	2018年5月18日	天津市引进高层次人才服务和保障专项实施细则
2	2018年5月18日	天津市高层次人才激励专项实施细则
3	2018年5月18日	天津市激发高层次人才创新活力专项实施细则
4	2018年5月18日	天津市创新创业平台专项资助实施细则
5	2018年5月18日	天津市集聚急需紧缺专业人才专项资助实施细则
6	2018年5月18日	天津市支持高层次人才来津创业专项实施细则
7	2018年5月18日	天津市高层次人才培养专项资助实施细则
8	2018年5月18日	天津市引进人才落户实施办法政策问答
9	2018年5月19日	天津市引进人才落户实施办法政策解读
10	2018年5月18日	天津市高层次创新人才引进专项资助实施细则
11	2018年5月20日	引进人才落户实施办法有关问题解答
12	2018年5月24日	关于重申在津无就业单位人员办理落户有关事宜的通知
13	2018年6月5日	天津市战略性新兴产业领军企业引进急需型人才实施细则
14	2018年6月5日	关于为急需型人才办理落户手续有关事项的通知
15	2018年6月20日	关于人才落户有关事项的公告
16	2018年6月29日	政策"一点通"助您详细了解"海河英才"行动计划

表2 2018—2021年天津市人才引进政策文件汇总表

序号	发布时间	文件名称	主要政策内容
1	2018年5月	天津市"海河英才"行动计划	鼓励五类人才落户：（1）学历型人才；（2）资格型人才；（3）技能型人才；（4）创业型人才；（5）急需型人才
2	2019年12月	市人社局关于充分发挥市场作用促进人才顺畅有序流动的实施意见	（1）健全人才流动市场机制；（2）畅通人才流动渠道；（3）规范各类人才有序流动；（4）完善人才流动服务体系
3	2020年2月	市人社局、市公安局市教委关于优化调整技能型人才引进工作的通知	将技能型人才引进落户条件调整为：（1）高等职业院校毕业、在本市用人单位就业，符合下列要求之一：①不超过30周岁；②具有高级职业资格或在津工作满1年，不超过35周岁；③具有技师职业资格，不超过40周岁；④具有高级技师职业资格，不超过50周岁。（2）中等职业学校毕业、在津工作满1年，符合下列要求之一：①具有高级职业资格，不超过35周岁；②具有技师职业资格，不超过40周岁；③具有高级技师职业资格，不超过50周岁

续表

序号	发布时间	文件名称	主要政策内容
4	2020年3月	市人社局关于实施天津市"项目+团队"重点培养专项的通知	按照项目技术水平、团队带头人潜质、产业发展前景等条件，每年择优遴选200个左右重点培养团队，分为A、B、C三级资助。其中，A级10个，B级50个，C级150个，创业类和创新类按7∶3比例确定。支持政策包括资金支持、升级支持、培养支持等
5	2020年5月	市人社局、市教委、市公安局市政务服务办关于实施"海河英才"行动计划人才引进落户全流程网上办理工作的通知	按照"海河英才"行动计划人才引进落户条件，提出落户申请的各类人才通过"天津公安"App和"天津公安民生服务平台"微信公众号引进人才落户系统（简称"系统"），实施"海河英才"行动计划人才引进落户全流程网上办理（简称"全流程网上办理"）
6	2021年3月	支持天津市人才创新创业联盟发展的若干措施	支持引进高端紧缺人才：（1）支持联盟开展招才引智活动，组织重点企业赴国内"双一流"高校进行招聘，举办联盟专场宣讲、设立联盟招聘专区，组织开展信创产业专场招聘活动。联盟内企业招聘本科及以上学历应届高校毕业生的，可以在离校前集中办理引进落户手续。（2）在中国北方人才市场（天津市人才服务中心）建立高层次和紧缺人才需求发布平台，设立联盟发布专区，实行常态化发布机制，结合联盟企业需求，随时发布高层次和紧缺人才需求。（3）实行"项目+团队"重点培养专项申报举荐制，单独给联盟企业推荐名额，经联盟评议推荐的"项目+团队"可以直接进入专家评委会评审。在天津市高层次人才创新项目云超市建立联盟项目对接专区，促进产学研用深度融合
7	2021年4月	天津市人民政府办公厅关于实施"海河工匠"建设的通知	在企业自主培养基础上，支持引进海内外优秀高技能人才。对引进的世界技能大赛获奖者或专家教练组长、国家级技能竞赛一等奖获得者、"中华技能大奖"获得者、全国技术能手等高技能人才，与天津市用人单位签订3年以上劳动合同的，给予最高50万元奖励资助；引进的国家级技能大师、技能竞赛获奖者，省级技能大师、技术能手、技能竞赛一等奖获得者，与天津市用人单位签订3年以上劳动合同的，给予最高30万元奖励资助。引进的高技能人才，享受家属随迁落户、配偶及子女就业入学等相关政策支持

续表

序号	发布时间	文件名称	主要政策内容
8	2021年8月	中共天津市委、天津市人民政府关于深入实施人才引领战略加快天津高质量发展的意见	创新人才和团队引进方式。通过举办世界智能大会、天津市创新创业大赛等活动,大力引进海内外人才。精准对接用人单位人才需求,科学编制引才图谱和需求目录,通过媒体平台、人才工作站等多种途径和渠道,面向全球发布人才政策和需求信息。围绕重大科技项目研发需求,采取揭榜制、挂帅制、科研众包等方式,征集破解"卡脖子"技术难题的人才和团队。推动在津高校、科研院所和企业共建引才平台,联合引才、共享人才。支持用人单位与中介机构、行业协会、社会组织等合作,引进高端紧缺人才。支持海外一流高校来津合作办学,鼓励外资研发机构、科研院所等与天津市共建实验室和人才培养基地

三、天津市"海河英才"行动计划人才引进的基本情况

通过收集公开数据,课题组对自2018年5月天津市发布"海河英才"行动计划,至2021年8月天津市《关于深入实施人才引领战略加快天津高质量发展的意见》出台以来,天津市"海河英才"行动计划人才数量、年龄结构、地区来源分布、性别比例和学历、类型分布等基本情况进行了以下分析。

(一)人才数量和年龄结构

公开数据显示,自2018年实施之日起至2021年8月,天津市通过"海河英才"行动计划累计引进各类人才40万人,为全市经济高质量发展提供了有力的人才支撑。根据天津市人力资源和社会保障局官网公开数据,各年度天津市人才引进累计数量如图1所示。

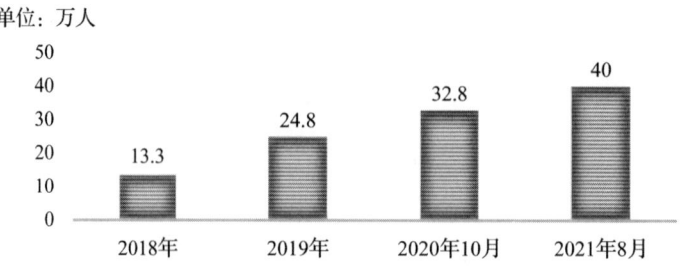

图1 "海河英才"行动计划历年累计引进人才数量

从年龄结构看,天津市通过"海河英才"行动计划引进的人才中,平均

年龄 32 岁，该年龄段正处于事业稳定发展期，具有良好的工作能力和稳定的工作关系。能吸引到大量该年龄段的人才，对天津市未来实现高质量发展能起到良好的人才支撑作用。

（二）人才地区来源分布

调查显示，天津市"海河英才"行动计划引进的人才来源中，北方地区居多，其中河北省、黑龙江省、河南省和山东省等地区的人才数量占据了大多数，总体引进的人才分布与地理位置具有较强的相关性。一般来说，与天津市地理位置越近，天津市对该地区人才的吸引力越大。究其原因，自政策实施之初，天津市教育优势是人才进入的重要考虑因素，这致使引进人才地区分布与高考难度呈现较强的相关性。例如，河南省和山东省为高考大省，从这两省引进人才的数量相对高于其他地区。又如，东北地区，虽然黑龙江地理位置更远，但其高考难度高于吉林省和辽宁省，从该省引进人才的数量又高于后两者。

（三）人才类型分布

调查显示，天津市通过"海河英才"行动计划引进的人才中，学历型人才占比达一半以上，技能型人才和资格型人才相加占比达到25%以上。总体来看与学历分布比例相近，呈现资格型高学历人才少、技能型低学历人才适度、学历型普通学历人才为主的分布特点。其中，引入的学历型人才中，本科及以上学历占比达一半以上，呈现偏向于高学历教育人才的趋势。这一分布符合客观实际，毕竟高端人才数量本身有限，难以通过引进实现短期大幅度增长，还是需要在引进的同时，通过做好现有普通学历人才的培养工作，以逐步形成合理可持续的人才梯队。

（四）引进单位类型分布

公开数据显示，天津市通过"海河英才"行动计划引入的人才以企事业单位引进为主，占比超过70%，其中以企业引进人才居多。

四、天津市"海河英才"行动计划政策实施效果

总体来看，天津市"海河英才"行动计划对于全市经济高质量发展产生了较为积极的政策效果，但同时伴随政策的实施，也面临只落户不就业导致高考移民人数增多、积极招贤纳才的"大合唱旋律不齐"等一系列问题，从而形成了政策实施的双重效应。

（一）"海河英才"行动计划政策实施的积极效果

1. 弥补了制造业高质量发展对战略性新兴产业人才的需求

设计离不开制造，研发离不开生产，战略性新兴产业是天津产业发展的

核心目标。以往此类人才由于难以满足引进政策要求而难以被引进或流失严重,从而严重影响企业生产,制约经济发展。通过"海河英才"行动计划的实施,天津市引进的人工智能、生物医药、新能源新材料等战略性新兴产业人才占比达25%以上,有效缓解了企业人才荒,保证了此类企业的正常生产和快速发展。

2. 充实了城市发展所需优秀人才储备

通过"海河英才"行动计划引进的人才平均年龄32岁,大多数是40岁以下的青年人才,这些青年人才中大多数是具备本科及以上的高学历人才或者急需、紧缺技能型人才。人口与经济发展密不可分,大量高素质优秀青年人才的引进充实了天津市的人才储备存量,随着这些青年人才的成长,将为天津市未来的发展注入源源不断的动力。

3. 优化了人才存量结构

大量青年人才的引入不仅从"量"上为天津市储备了未来经济发展所需的人才,而且从"质"上优化了天津市的人才结构,缓解了人口老龄化给天津经济社会发展带来的日益严重的冲击,使得天津市人才年龄结构、学历层次与知识结构更为合理,增加了适龄劳动人口比例。

4. 形成了人才创新创业的"鲶鱼效应"

外来引进人才为天津市带来了新观念、新技术,无论是就业还是创业,"鲶鱼效应"已初步显现,学习新技术、驾驭新设备、寻求新项目、注入新理念、"以才引才"等各种刺激因素渐现端倪,激发了市场活力,激励了"双创"意识,营造了竞争氛围,促进了创新创业,刺激了消费市场,有序竞争的人才发展环境初步形成。

(二)"海河英才"行动计划政策实施的消极效果

1. 只落户不就业人群大幅增加,削弱了政府引才目标

通过对后期已落户人员随机抽样回访、实地走访引才企业等方式了解到,有些企业利用"海河英才"行动计划只签合同没就业、只帮办落户没进入,即"假引人、引假人"。有些企业甚至是借"海河英才"行动计划牟利而注册,获取利益后又注销了企业,未注销的企业注册办公地点多为某地集中办公区,或办公地根本没人。与这些企业注册时所留电话联系,往往是已暂停服务,或无人接听或被告知外出短期不会回来,根本已无法取得联系。还有部分引进人才实际上既未在天津就业,也根本不在天津居住。尽管后来天津市户籍管理相关部门加强了后期政策监管,并进行了违反政策落户人员的清理工作,但以就业渠道落户,只落户不就业的人员仍然存在,给政策运行带

来不良的社会影响。

2. "高考移民"现象凸显，对城市教育承载力形成挑战

从已引进人才的情况看，单纯看重天津市教育资源优势的比例偏高，部分人才只为追求教育资源而来，客观上存在"高考移民"情况，容易造成现有居住人口与引进人员间的矛盾，影响"海河英才"行动计划的实施效果。同时，引进人才数量快速增长容易造成天津市普教需求爆发式增长，教育供给不足，供需失衡。受师生比、班额等限制，现有学位难以迅速增加，进而会对全市教育承载力形成较大的考验。

3. 积极招贤纳才的"大合唱旋律不齐"，冲击了人才政策的长期效果

人才战略是城市发展的综合性长远战略，因此人才引进工作是地方党和政府重要的中心工作之一。就天津而言，实施"海河英才"行动计划涉及人社、公安、教育、住建等多个政府部门，政策的实施效果则需要企事业单位等用人终端的综合反馈。所以，应发挥多个政府部门的整体功能优势，而不能某个部门唱"独角戏"；应"大合唱"，而不能"节奏不齐"，更不能"各唱各调"。然而，从政策执行情况看，目前"海河英才"行动计划的实施主要依赖以人社部门为主体的强力推动，其受政府职能限制，在人才引进之后的后续管理方面，还未形成完善的政府部门间协同机制。其结果是人社部门的政策实施极易以吸引人才落户和制定人才引进标准为立足点，而忽视对人才引进后政策实施情况和政策效果的综合评估和长期跟踪。

4. 人才引进和激励的政策不均衡问题日益显现

"海河英才"行动计划鼓励引进一大批高端层次人才，为符合政策的人才制定了专门的激励和奖励政策，与之相对比，城市发展所需的其他人群的激励效应就相对不足。例如，高技能、紧缺人才是在生产、运输和服务等一线岗位，利用专门知识和技术解决工作实践中关键技术和工艺难题的操作性人员。作为城市正常运转和企业持续发展的骨干力量，高技能、紧缺人才推动了技术创新和科技成果转化，同时提高了企业的劳动生产率，是我国人才队伍的重要组成部分。然而纵观天津市已发布的各类人才政策，按照申请条件，大多是以高校、科研院所、政府机关事业单位和少数企业内部的高学历人才为对象进行的专项补助，而针对高技能、紧缺人才的激励政策相对较少，大多是以考取高技能资格证书作为前提条件，才会得到相应的补助，并且金额较少。例如，对于养老护理行业人才而言，受人才年龄结构、学历等因素影响，很难享受到相应的政策激励。

五、天津市"海河英才"行动计划政策实施的影响因素

综合以上分析,天津市"海河英才"行动计划的出台取得了一定的成效,但同时面临"假引人、引假人"等一系列问题,影响政策实施的效果。究其原因,其中既有人才引进政策的外部环境因素,也有政策制定和执行自身带来的影响,具体包括以下五个方面。

(一)政府引才观念因素

目前,我国包括天津在内的许多城市在人才引进方面主要由地方政府牵头,通过人才招聘会、人才引进工程、人才载体建设等方式强力推动,并将引才数量、平台建设等纳入年度考核指标,致使引才成为城市发展中一项彰显政绩的"亮点工程"甚至"面子工程",政府的微观干预痕迹明显。尤其是前几年,在"抢人大战"的大环境下,地方政府匆忙竞相出台引才政策,唯恐落于人后,但在人才引进的后续跟踪、服务、培养以及人才发展环境营造方面投入较少,特别是各城市针对同一类型人才的政策制定,致使人才引进政策内容雷同,部分人才引进成本高昂,造成国内城市间的恶性竞争,却忽视了城市发展所真正需要的各类人才的整体引进和自主培养工作。其结果是城市在人才引进工作中"政府之手"抓得过紧,管得过多,但却忽视了人才市场发展规律以及用人单位的主观能动性,引才效果大打折扣,甚至流于形式。实现城市人才的高质量发展,亟待改变这种竞争性的人才引进观念。

(二)政策环境因素

人才发展环境大体可分为经济环境、事业环境、人才环境,生活环境四大类。从经济环境看,据2021年智联招聘统计报告显示,天津市2017—2020年人才净流入占比分别为0.1%、-0.1%、-0.1%、0.0%,逐年下降并长期维持在0%水平,其中一个重要原因是天津市经济发展环境有待进一步优化,城市经济基本面、产业优势和发展前景面临严峻挑战。事实上,目前天津市正处于新旧动能转型发展时期,近几年发展速度放缓且薪资水平较低。根据各城市统计局公开数据,天津2019年GDP增速为1.5%,在十大重点城市中排倒数(武汉因为是疫情中心为负值);2016—2020年GDP同比增速平均为4.5%,不仅远低于2010—2016年的平均增速12.6%,也远低于2016—2020年杭州、南京的平均增速7.0%、7.3%;同时天津薪酬较低,2020年13个行业中天津有10个行业在十城中薪资水平位列最后。在我国经济从高速增长阶段转向高质量发展阶段的关口上,各省市都加速了经济转型进程,北京早已过渡到金融中心、文化中心,天津经济转型迫在眉睫。

与北京相比，除了经济发展环境外，天津的事业环境、人才环境、生活环境也均存在较大落差，例如，天津的"城镇居民人均可支配收入""教育经费""城市绿地面积"等均与北京、上海等一线城市存在较大落差。此外，外地人才来津工作的另一个重要关注点是城市人才创新载体情况。虽然近年来天津市科技自主创新研发能力显著提升，全市重点实验室超过260个、众创空间达到154个，但是与北京相比仍存在较大落差，当前天津仅有南开大学、天津大学两所国际化和科研培养能力较强的大学，与北京等一线城市相差悬殊。

（三）城市定位与政策差异性因素

据我国第七次人口普查数据显示，2020年中国人口达14.1亿，出生人口比2019年下降260万，65岁及以上人口占比达13.5%。老龄化、少子化、不婚化三大趋势加速到来。随着人口红利时代的过去，大规模人流迁徙移动的频次、强度都会降低，这也意味着随着人才迁徙规模的下降，各城市收纳人才的概率下降。增量市场空间狭小，那就只能在存量市场抢人才了，所以才会出现近几年各大城市尤其是二、三线城市的"抢人大战"。然而，纵观这些城市的抢人策略，不外乎"送钱、送房、送户口"三板斧，且各城市对引进人才的需求也大体相同，这就造成了各城市直接的同质竞争。事实上，不同城市的定位、发展理念和长远规划还是应该因地制宜，而不能一味跟风效仿。只有凸显城市自身的吸引力和差异性，政策也才可能更具有吸引力。

（四）政策制定过程因素

天津市人才引进政策在制定过程中存在两方面问题：一方面是政策制定前缺乏深入调研，使得有关部门未能够对当前城市所需人才类型以及发展趋势做出准确预测，由此难免会造成人才数量上的供需矛盾。另一方面是政策实施之后，缺乏对人才政策执行效果的精准评价，致使有关部门无法根据评估结果适时进行政策调整，以致出现政策目标和执行的偏离。事实上，政策制定首先应该建立在科学规划的基础上，否则将会造成政策的偏颇与缺失。例如，2018年5月"海河英才"行动计划政策出台的最初目标原本是吸引中高层次人才落户天津，然而过低的门槛在短时间内引发了许多问题，出现了一些人假落户、通过炒房谋取个人利益等不良现象。尽管政府承诺该政策长期有效，并且不会随时变更，然而一系列政策"补丁"接连发出，又成为社会各界诟病的焦点。显然这是在政策制定时缺乏科学性、合理性考量的结果。近两年，天津市致力于打造"海河英才"行动计划升级版，引才目标更加精准化，尽管引才速度有所放缓，但从长期来看，将有利于让企业需要的人才真正落户天津、扎根天津。

（五）政策宣传因素

城市在招揽人才过程中有必要重视政策宣传的作用。通过积极有效的政策宣传，一方面，可以缩短吸引人才的时间，有效提升人才引进效率；另一方面，可以在一定程度上提高城市魅力值，实现城市吸引人才的目标。然而，目前天津市的部分人才政策宣传依旧没有取得很好的效果。一是表现在政策宣传的新颖性不够。针对人才政策的宣传仍停留在召开发布会、发放宣传册、登载期刊等传统方式的阶段，利用网络平台、视频广告等接触面比较大的新媒体宣传较少；二是宣传内容针对性不强。开展人才政策宣传时，对宣传对象缺乏深入研究，政策宣传泛泛而论，缺乏针对性，不易被宣传对象所吸引和接受。

六、提升大城市人才引进政策效果的对策建议

结合天津市"海河英才"行动计划政策制定和实施的实际情况，本课题组认为，有必要进一步树立城市引才政策的整体观念，树立"大人才观"，不拘一格引人才，优化政府职能，为人才发展营造良好的环境，精准把握城市定位，提升人才政策的制定和实施效果，从而不断提升城市人才引进政策的实施效果。

（一）树立"大人才观"，不拘一格引人才

一花独放不是春，万紫千红春满园。人才是一个宽泛的概念，一个城市的发展和兴旺需要各个方面的人才。院士是人才，工匠是人才，专业技术人员是人才，有一技之长也是人才。尤其是面对当前人口老龄化和高龄化的社会发展背景，大城市在引才时不应只拘泥于某一类或几类人才，而应树立"大人才观"，确立系统思维，着眼各条战线、各个领域、各个行业制定有针对性的人才政策，不拘一格引人才，聚天下英才而用之。同时，城市政府应不断深化人才发展体制机制改革，加快形成有利于人才脱颖而出、施展才能的用人机制，创造更多有利于人才发展的良好条件，促进更多的本地人才蓬勃发展。

（二）优化政府职能，为人才发展营造良好的环境

城市的发展和壮大，户籍人口的数量只是一种体现，最终还是应以产业协调和经济活力为根本，围绕城市经济社会发展水平及人才发展需要实施有针对性的人才引进策略。

1. 着力发展城市经济，为人才建立岗位薪酬保障

提升城市人才吸引力的根本出路在于发展城市经济，应大力通过招商引

资、鼓励创新创业等多种方式扩大企业数量，增加就业岗位，提升城市经济发展水平。通过做大做强人力资源产业园，拓宽人才就业渠道，提高创业能力，解决人才与企业信息不对称问题。近两年来，天津市升级人才引进策略，着眼本市中长期发展规划和产业发展规划，有针对性地制定"产业+人才""项目+人才"等人才政策，围绕产业链，做强人才链、教育链、创新链，建立城市核心产业优势，以产业聚人才、以人才兴产业、以产业强城市、以城市发展实现人的价值，有助于形成产、城、人的发展的良性互动，可进一步梳理经验并加以完善和推广。

2. 向用人主体授权和放权，充分发挥用人主体能动性

遵循人才流动的市场化规律，根据用人单位需要和实际向用人主体充分授权，有助于发挥用人主体在人才培养、引进、使用中的积极作用，形成政府、用人主体在人才引进政策上的协同并进。与此同时，政府应不断优化自身人才引进宏观职能，在放权的同时做好人才引进工作的监督，实现引才市场良性发展。此外，用人主体自身也应不断提升自身的服务意识和保障能力，建立有效的自我约束和外部监督机制，确保下放的权限接得住、用得好。

3. 发扬城市自身优势，提升人才吸引力

除了推进经济发展和产业兴旺，城市还应不断做优做强自身的引才优势，为人才营造搭建良好的事业和生活环境。例如，天津市吸引人才的重要一点是教育、卫生等公共事业资源优势。结合这一点，未来天津可通过继续做大做强教育吸引人才，同时，在行政服务、医疗、教育、文化、交通、环境等多方面，完善服务设施，提高服务水平。在全市营造"人人都是营商环境，处处都是开放形象"的浓郁氛围，让各类人才在天津都切实感受到"事事都方便，处处都温暖；办事不用求人，创业得到支持；平时没有烦恼，困难有人帮忙"，生活和工作没有后顾之忧。

（三）精准把握城市定位，提升人才政策的制定和实施效果

1. 精准把握城市自身定位

以天津为例，应准确把握其在京津冀一体化中的定位，科学制定人才需求规划。党中央、国务院立足京津冀一体化发展，对天津作出"一个基地三个区"的定位，即"全国先进制造研发基地""北方国际航运核心区""金融创新运营示范区"和"改革开放先行区"。这是天津谋发展的机遇，也意味着天津对技术型、实用型、专业型的人才的需求越来越大。为此，天津市应准确把握本市在京津冀一体化中的定位，利用天津市相对于北京市得天独厚的土地资源，加大对技术性、实用性人才的吸引力度，许以充分的科学研发空

间和优惠政策，做到吸引角度更精准，吸引政策更丰厚。例如，对优秀人才实行各种奖励，以满足其各种现实需求；也可以对人才能力和留津忠诚度进行评估，政府可协助搭建基于人才自身的科研基地和平台，并给予一定的科研经费，使人才完成自我实现需求。还可以通过定期研判，制定并不断更新外地人才需求目录，及时修改并完善人才引进政策。

2. 把握和迎合新时代人才心理需求

为确保引进的人才留得住，城市政府应在制定人才引进政策时充分考虑人才所需所想，营造尊重人才、重视人才的浓郁氛围，不断提高人才服务质量，构建以人为本的优质服务体系。例如，为高质量人才提供更加完善充实的优惠保障，当人才被引入时，其配偶、子女同时随迁，完善配偶工作安置政策，并为其子女教育提供优惠政策，可以优先优惠进入天津市优质资源学校，解决人才的后顾之忧。出台税收优惠政策，提供住房基金，有助于为人才提供各类社会优惠保障。通过简化引进手续，智能化引进流程，有助于敞开门户多引人。此外，还可以实行人才引进适度宽松政策，以为城市作出贡献作为最终指标导向，只要有意愿在城市创业就业、长期工作、生活就可以放宽条件引进。取消社保缴纳时间限制，避免部分中介利用非核心前置条件获利。取消技能型人才学历限制，简化学历认证程序，提高审核效率。

3. 优化人才引进政策制定过程

结合天津市人才引进政策制定过程的科学性有待提高的情况，本课题组认为，城市引才时应注意以下三个问题：①在人才引进政策制定前进行深入调研，明确企业和政府的真实人才缺口，按需开展人才引进工作，为后续执行创造便利。此外，可以采取问卷调查等方式了解各层次人才的普遍现实需求，以增加政策的适用性。②规范政策制定程序，建议组建人才政策制定委员会，吸纳政府外各界人士参与，广泛吸取社会各界以及专家的意见，提高政策的科学性和规范性。③加强政策执行效果评估，可以选择第三方独立机构对政策实施效果进行评估，然后将评估结果反馈给相关政府部门，使其以此为依据进行政策调整或者制定新的政策。

4. 加强政策宣传，畅通人才引进和信息对接渠道

在人才引进过程中，信息不对称是会影响双方决策的问题，也是普遍存在的现象。为了消除信息不对称现象，城市应致力于加强人才政策宣传，提高人才政策宣传效果。首先，应该对人才政策内容进行梳理总结，然后针对政策涉及的对象进行准确宣传。例如，天津市"海河英才"行动计划既包括统领性、指导性的政策，又包括实施细则、补充政策和操作规程。为了强化

宣传效果，应当对涉及面广、内容庞杂的人才政策进行全面梳理与总结，并加以配套解读，使宣传内容清晰明了，更容易被宣传对象所接受；同时对政策所涉及的人才类型进行细分，并以此为宣传方向，提高宣传的差异性和针对性。其次，在当下信息化社会背景下，新媒体逐渐成为接触面最广泛的宣传手段，因此，有关部门可充分利用和发挥新媒体的作用，增强政策宣传效果。例如，政府可以通过网络平台宣传人才政策，缩短人才、政府与企业之间信息交流的时空距离。此外，还可以制定更加适合青年人才信息获取方式的宣传方案，如建立微信公众号、抖音号等，从而增强人才引进政策的宣传效果，并为人才进入提供全方位的在线服务。

参考文献

［1］陈莉莉，李灯强. 武汉等城市人才竞争政策比较分析及政策建议［J］. 决策与信息，2018（11）：105-109.

［2］韩健."海河英才"行动计划背景下天津人才政策与人才环境研究——基于在津高学历青年人才的问卷调查［J］. 天津经济，2020（3）：33-36.

［3］邱静艺."人才争夺战"大背景下三线城市人才政策再定位［J］. 龙岩学院学报，2020（4）：87-93.

［4］郭芳，石书玲."人才争夺战"下地方政府人才政策创新路径探析［J］. 经营与管理，2020（11）：118-121.

［5］赵全军."为人才而竞争"：理解地方政府行为的一个新视角［J］. 中国行政管理，2021（4）：40-45.

［6］项继权，贾尚栩，赖颖冰."政策留人"：城市人才新政的效度与优化——基于武汉大学生人才政策评价及行为选择的调查［J］. 城市观察，2019（4）：124-131.

［7］李长安，高春雷. 城市人才竞争与用人环境改善研究［J］. 中国劳动关系学院学报，2018（4）：19-22.

［8］喻修远，王凯伟. 城市人才争夺：问题生成、利弊博弈与化解策略［J］. 中国行政管理，2019（3）：88-92.

［9］李家福. 城市人才争夺标准的共性与差异［J］. 人民论坛，2018（5）：15-17.

［10］吴爱东，王娟. 打造高层次人才体系　推动天津经济高质量发展研

究［J］．天津经济，2019（3）：17-24．

［11］梁海艳．大城市人才竞争的深层次原因［J］．开放导报，2019（5）：109-112．

［12］谢雯，沈洁．地方人才竞争及引进策略［J］．教育评论，2020（3）：25-30．

［13］柳新元，季冰．地方政府竞争视角下城市人才政策研究［J］．山东行政学院学报，2020（4）：1-9．

［14］朱锡斌．改革开放以来我国人才政策演进的历史轨迹与未来展望［J］．新经济，2020（4）：123-127．

［15］郭芳，石书玲．天津人才政策现状与优化策略研究［J］．内蒙古科技与经济，2020（21）：21-23．

［16］薛楚江，谢富纪．人才政策发展三阶段模型与中国人才政策［J］．科技管理研究，2020（24）：54-59．

［17］赵国钦，张战，沈展西，等．新一轮"人才争夺战"的工具导向和价值反思：基于政策文本分析的视角［J］．中国人力资源开发，2018（6）：75-84．

［18］陈文权，李星．我国地方政府"人才争夺大战"现象理论探讨——基于人力资源管理视角［J］．天津行政学院学报，2018（5）：3-10．

［19］赵荣华．天津人才竞争比较优势研究［J］．第一资源，2012（6）：45-62．

［20］曹鹏，刘京晶，寇祁．区域发展特征与人才机制的构建策略——基于硅谷、深圳和天津经济技术开发区的面板数据［J］．中国人事科学，2018（11）：82-94．

［21］张城娥．地方政府引才存在的问题及对策探析［J］．中外企业家，2019（10）：88-89．

《天津市人才引进政策实施效果与优化策略研究——以"海河英才"行动计划为例》课题组成员名单

课题组长：

张霁星（天津市行政管理学会常务副会长、研究员）

课题组成员：

李　娜（天津商业大学讲师）

李　琳（天津工业大学讲师）

宋　佩（天津市行政管理学会副秘书长、经济师）

于洪涛（天津财经大学讲师）

王守成（天津市人力资源和社会保障局人才流动开发处处长）

李晨希（天津市行政管理学会职员）

本课题为中国人事科学研究院与天津市行政管理学会合作完成。

福建省科技人才评价存在问题及对策研究[①]

提　要：科技人才是指具有一定的专业知识或专门技能，从事创造性科学技术活动，并对科学技术事业及经济社会发展作出贡献的劳动者。基于创新链视角，可以将科技人才具体划分为基础研究型、技术开发与应用型、科技管理服务型三种类型。科技人才评价作为"指挥棒"，在科技人才发现、使用与培养、激励等方面发挥非常重要的作用。通过回顾已有科技人才评价文献，发现已有研究仍然主要集中在科技人才评价的思想、方法和政策梳理层面，对具体地区科技人才评价改革的实践及针对性策略研究还较少。经过对省内有关高校、科研机构、企业等用人主体进行调研，在科技人才中开展问卷调查，得出：福建省通过健全完善分类人才评价标准、创新改进多元人才评价方法、改革人才评价管理服务方式，取得了一定成效；提炼出福建省科技人才评价仍存在问题，如评价政策覆盖面不够广、评价标准还不够科学、评价主体还不够多元、评价过程管控不够到位。同时，学习借鉴上海、浙江、江苏等部分兄弟省市在科技人才评价工作中的特色经验做法和有益探索。在综合梳理相关材料基础上，提出完善福建省科技人才评价相关政策、优化科技人才评价工作的对策建议如下：一要扩大分类评价政策覆盖范围；二要科学设定人才实绩评价标准，包括探索积分评价形式、延伸标准涵盖范围、改革"唯证取人"模式；三要丰富市场化社会化评价方法，包括扩大企业自主评价范围、支持行业社会化评价、推进市场专业化评价；四要规范人才评价

[①] 本文系中国人事科学研究院2021年度研究课题《福建省科技人才评价存在问题及对策研究》报告的部分内容。

活动过程监管，包括加强同行评议专家数据库建设、加强人才评价过程管控、建立科技人才动态评估机制。

关键词： 科技人才　人才评价　评估机制

一、导论

（一）研究背景

科技人才评价是科技人才队伍建设和科技人才发展体制机制改革的重要组成部分，是科技人才资源开发管理和使用的重要前提，直接决定着用人导向和广大人才的努力方向，评价结果是人才选拔、任用和激励的主要依据，在发现、使用与培养激励人才上发挥非常重要的作用。长期以来，科技人才评价体制机制改革一直处于探索发展中。2018年5月，习近平总书记在两院院士大会上的重要讲话深刻指出："要改革科技评价制度，建立以科技创新质量、贡献、绩效为导向的分类评价体系，正确评价科技创新成果的科学价值、技术价值、经济价值、社会价值、文化价值。"这成为科技人才评价制度优化的思想指南。同年，中共中央办公厅、国务院办公厅印发《关于分类推进人才评价机制改革的指导意见》《关于深化项目评审、人才评价、机构评估改革的意见》，对分类推进人才评价机制改革和深化科技人才评价改革提出意见。2018年12月，福建省委办公厅、省政府办公厅印发《关于深化项目评审、人才评价、机构评估改革的实施意见》，其中在深化科技人才评价改革方面，明确要"科学合理设置人才评价指标。突出品德、能力、业绩导向，克服唯论文、唯职称、唯学历、唯奖项倾向，注重考察各类人才的专业性、创新性和履责绩效、创新成果、实际贡献"。《中共福建省委关于制定福建省国民经济和社会发展第十四个五年规划和二〇三五年远景目标的建议》明确要"激发人才创新活力和潜力""以解决问题的能力、实际贡献的大小作为重要衡量标准，健全科技人才评价体系"。福建省实施创新驱动发展战略、建设创新型省份，需要有大量高素质科技人才支撑。科技人才评价作为"指挥棒"，是吸引集聚科技人才、引导科技人才健康成长、激发创新活力的重要因素。但目前福建省科技创新能力还不适应高质量发展要求，科技人才队伍竞争力有待提升。因此，如何对科技人才进行分类评价、建立科学的人才分类评价指标体系，对实施创新驱动发展战略、加快建设创新型省份和人才强省具有重要意义。当前，全国各地科技人才评价体系不断改革创新，但科技人才评价机制仍存在评价社会化程度不高、评价标准单一、评价手段趋同、分类评价不足等问题,尤其是不同科技人才评价"用一把尺子量到底"等做法受到社会的广泛关注。福建省在推进科技人才评价体系建设过程中也面临一些问题,亟待建立符合福建特色、符合各类科技人才成长规律的人才评价制度。

(二)研究综述

关于科技人才评价的相关议题已受到广泛关注。学者对科技人才评价思想进行了许多探讨,陈兆莹[1]提出,科技评价体系思想应考虑独立性、可信性和有用性等原则。李强等[2]提出,科技评价体系的思想应由最初对"量"的关注改为对"质"的要求。王冬梅等[3]提出科技评价的三大基本原则:坚持分类评价、建立高效评价机制和特色评价体系。事实上,关于科技人才评价体系构建应该遵守什么原则至今尚无定论。学者们对科技人才的评价指标选取研究也较多,司江伟、宋杰鲲[4]从能力、行为和结果3个方面建立了企业科技人才绩效评价的指标体系。刘保民[5]将科技人才评价指标体系分为投入指标和产出指标,其中,投入指标包括科技活动经费支出、科技研发支出、课题经费支出、机构经费支出4个方面,产出指标包括专利申请、学术论文和专业论著3个方面。赵祖地、左玥[6]构建了包括基本素质、知识技能和创新业绩3个一级指标和思想品德、认知水平、创新思维等9个二级指标所组成的人才评价指标体系。张相林[7]开发出了我国科技人才创新行为评价量表,具体包括科学精神和创新绩效两项指标,共15个评价维度。方阳春等[8]从胜任能力视角,建立了科技人才任职资格评价标准,指出创造力、终身学习能力等是科技人才任职资格的重要标准。我国对科技人才的评价方法研究起步相对较晚,大多集中于对国外科技评价制度的借鉴上。刘兰剑等[9]对澳大利亚的ERA科研分类评价体系进行了探讨与借鉴,并为中国科研分类评价改革提出了相应建议。李杏林等[10]对美国的NIH、NSF评审制度进行了深入研究,提出了完善科技评价制度政策体系、突出科技评价重点指标、加强科技评价的全面性及连续性的建议。国内学者也提出了一些科技评价方法,沈秋坦等[11]利用标准引用影响力、N&S指数、高被引论文和高水平期刊论文4项指标建立了高校科研实力的评价模型;赵聚辉等[12]基于DEA-Malmquist方法比较评价了国内外高校之间的技术转移效率和科技研发效率;王楚君等[13]建立了基于网络排序方法的中国研究型大学科技成果转化效率评价模型。很多学者较为关注科技人才评价的政策,如萧鸣政等[14]梳理了新中国成立以来的科技人才政策,将我国人才评价政策划分为探索发展期、拨乱反正恢复期、快速成长期、科学发展期和机制发展期五个阶段,并认为未来应出台促进人才评价标准与方法开发的相关政策;于飞[15]把新中国以来的人才评价政策分为改革阶段、完善阶段和多元化发展阶段，指出应建立以科技人才创新能力和价值贡献为导向的评价体系；盛楠等[16]结合中国创新驱动战略实施需求，提出优化科技人才评价有关建设流程、指标体系和管理流程等内容；王海燕等[17]分析了中国科技人才评价体系改革的困境与对策，指出评价方法的创新是人才评价的关键。然而，已有研究仍然主要集中在科技人才评价的思想、方法和政策梳理层面，对具体地区科技人才评价改革的实践及针对性策略研究还较少。

（三）科技人才的内涵与范围

1. 科技人才的内涵

科技人才在国内是一个使用比较广泛的概念。1987年出版的《人才学辞典》对"科技人才"作出如下界定："科技人才是科学人才和技术人才的略语，是在社会科学技术劳动中，以自己较高的创造力、科学的探索精神，为科学技术发展和人类进步作出较大贡献的人。"科技人才是一个广义的、抽象的、动态的概念，随着社会的发展、科技的进步，人们对其理解也会发生改变。《国家中长期科技发展规划（2010—2020年）》首次对科技人才进行了完整的描述。该规划指出，科技人才是指具有一定的专业知识或专门技能，从事创造性科学技术活动，并对科学技术事业及经济社会发展作出贡献的劳动者。

2. 科技人才的范围

传统的人才分类主要包括两种：①根据成才主体创造实践的领域（社会分工）进行横向分类。按知识和技术应用领域可分为科研领域人才和工程技术领域人才；按依托环境可分为体制内和体制外科技人才；按行业可分为三个产业16个行业科技人才；按资格（教育程度）可分为自然科学、工程与技术科学、医药科学、农业科学、社会科学、人文科学和其他共7个学科的科技人才；②根据成才主体创造实践的复杂度、难度和内在素质（能级）进行纵向分层。按年龄可分为青年科技人才（35周岁及以下）、中年科技人才（36~60周岁）、老年科技人才（61周岁以上）；按人才成长过程可分为准科技人才、潜在科技人才、显在科技人才等；按才能高低和贡献大小可分为杰出人才、领军人才、拔尖人才、一般人才等。

基于创新链视角，借鉴科技人才在经济社会中所处的层次以及在科技活动过程中扮演的角色，可以将科技人才具体划分为基础研究型、技术开发和应用型、科技管理服务型三种类型：①基础研究型科技人才指能够在科技创新活动中发现物质运动规律，从而发现新规律、新知识等成果的科技人才。

②技术开发和应用型科技人才指将基础研究所获得的成果应用于实践并发现未来可用的空间，创造新产品、新材料等活动，实现基础研究的可行性成果应用性转化，从而实现新技术、新工艺、新产品等方面的突破，提高产业技术发展的科技人才。③科技管理服务型科技人才指能够在基础研究、技术开发和应用研究相关创新成果的基础上，通过科技知识的传播交流，发现自身与外部差异而对外部知识转化与吸收，增强自身知识，促进科技再创新的科技人才。

二、福建省科技人才评价调查问卷分析

为分析福建省科技人才评价的现状和问题，课题组对福建省科技人才进行了问卷调查。本次"福建省科技人才评价问题及对策研究"调查问卷共发放 2 021 份，有效回收 2 021 份，回收率 100%。

（一）样本分布情况

从受调研者群体来看，性别上，参与此次调研活动一共有 2 021 人，男性 1 249 人，占比 61.8%；女性 772 人，占比 38.2%，男女比例接近 3∶2，男性居多。参与调研的人才当中，31～40 岁的人才共 1 047 人，占总人数的 51.81%。年龄上，41～50 岁共 520 人，占 25.73%；51 岁之上共 171 人，占 8.46%；21～30 岁共 281 人，占 13.9%；20 岁及以下的只有 2 人，占 0.1%，参与问卷调查的科技人才的年龄主要集中在 30～50 岁。学历上，拥有博士学历的科技人才有 721 人，占 35.68%；硕士学历 431 人，占 21.33%；本科学历 631 人，占 31.22%；专科及以下 238 人，占 11.78%。职称上，正高级人才 199 人，占 9.85%；副高级人才 611 人，占 30.23%；拥有中级职称的人才有 623 人，占 30.83%；初级职称人才 190 人，占 9.4%；未评级有 398 人，占 19.69%。

从受调研者所在单位来看，参与调研的人群主要来自高校，共 923 人，占总数量的 45.67%；来自民营企业的有 537 人，占 26.57%；来自科研院所的有 341 人，占 16.87%；来自国有企业的有 157 人，占 7.77%；来自其他单位的有 63 人，只占 3.12%，包括股份制企业、港澳台独资企业、事业单位、民办非企业社团、社会团体、医院、自然人独资企业、私营企业、合资企业以及外资企业等。

从受调研者所在地区来看，本次调研结果有 56.41% 来源于福州市，共 1 140 份；13.9% 来源于泉州市，共 281 份，厦门市 54 份、漳州市 95 份、三明市 74 份、莆田市 111 份、南平市 89 份、龙岩市 101 份、宁德市 49 份、平

潭综合实验区 27 份。

从受调研者工作年限来看，从事科技工作 1～5 年的人数共 613 人，占 30.33%；6～10 年的共 537 人，占 26.57%；11～20 年的共 605 人，占 29.94%；21 年以上的共 266 人，占 13.16%。

（二）调查对象对科技人才评价的倾向分析

对于基础研究型科技人才，社会责任、诚信承诺、职业操守、学术规范、科学精神和创新思维六个要素被普遍认为是对职业道德评价的关键要素，被选择的次数均超过了 1 500 次，选择率超过 75%；尤其是职业操守，有 1 706 人选择了该要素，选择率为 84.41%。从业行为、价值观念、身体素质和创新品质被选择的次数相对较少，特别是身体素质，只有 37.8%。具体如图 1 所示。

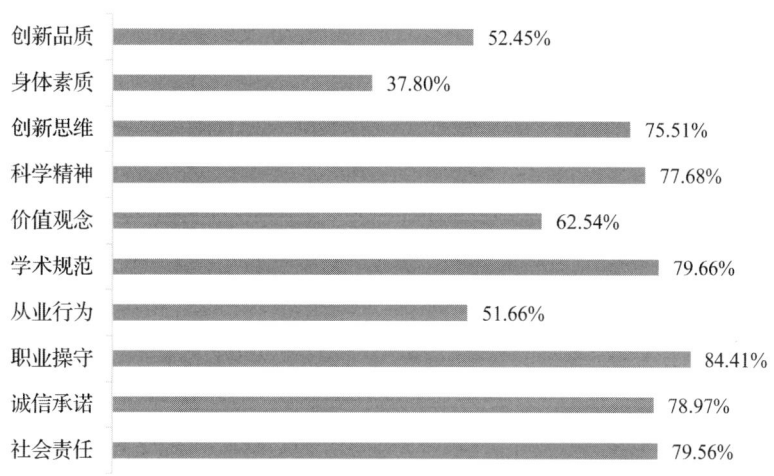

图 1　被调查对象对基础研究型科技人才职业道德评价的关键要素选择分布

对于基础研究型科技人才，有 1 796 人认为把握基础科学领域创新方向是对能力素质进行评价的关键要素，选择率为 88.87%；提出重大科学问题、分析重大科学问题、解决重大问题、人才培养、创新队伍建设、科学水平提升等要素被选择的次数较为均衡，基本在 50%～70% 之间，相差不大。具体如图 2 所示。

对于基础研究型科技人才，有 1 831 人认为同行认可是业绩贡献评价的关键要素，选择率为 90.6%；有 1 407 人认为高水平论文同样也是业绩贡献评价的关键要素，选择率为 69.62%；认为受邀作国内外权威学术组织是关键要素的有 1 003 人，选择率为 49.63%；认为主办高水平学术会议是关键要素的有 806 人，选择率为 39.88%。具体如图 3 所示。

图 2 调查对象对基础研究型科技人才能力素质评价的关键要素选择分布

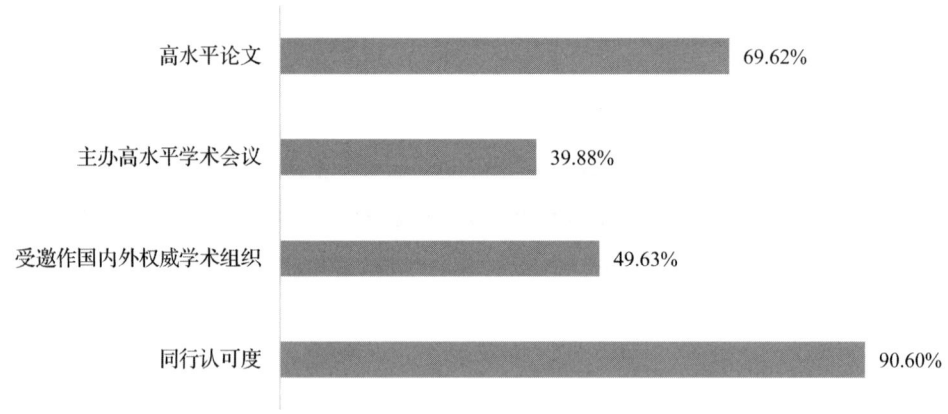

图 3 调查对象对基础研究型科技人才业绩贡献评价的关键要素选择分布

对于基础研究型科技人才,评价主体的选择十分关键,同行评价被选择的次数超过 90%,有 1 849 人选择了该评价主体;国际评价为 55.47%,有 1 121 人;其他评价主体为 3.27%,有 66 人。主要包括重要的科技成果、应用评价、通一特有的评价体系、该领域研究专家、同事评价、服务对象、三农评价、个人业绩、对学科发展的影响、是否在研究有价值的科学难题、广度深度、基础成果、客观评价、高影响力文章积累、代表作影响力、创造效益价值、专业评价、科技人才主持的报告、产生的经济效益、第三方学术机构评价、企业业界认可、同行加行业专家、社会认可和社会贡献、政府机构及学会民间组织等。具体如图 4 所示。

对于基础研究型科技人才,评价方式的选择中评审的选择率为 72.14%,有 1 458 人;答辩选择率为 58.73%,有 1 187 人;业绩展示的选择率为

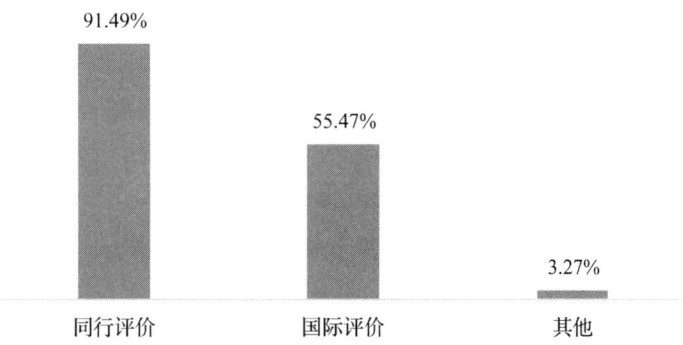

图 4 调查对象对基础研究型科技人才的评价主体选择分布

79.76%，有 1 612 人；有 2.72% 的人认为应该采用解决企业实际问题、第三方数据独立评价、业绩展示加盲审、社会贡献度、学科交叉、双盲评审、同行尤其是国际同行评议、成果、落地案例、国际同行认可、科技人才的研究报告、科技成果应用成效、实际工业化运用、文章质量和影响力、项目展示、增加过程评价的方式和方法、工作差错率、论文论著同行引用评价等评价方式。具体如图 5 所示。

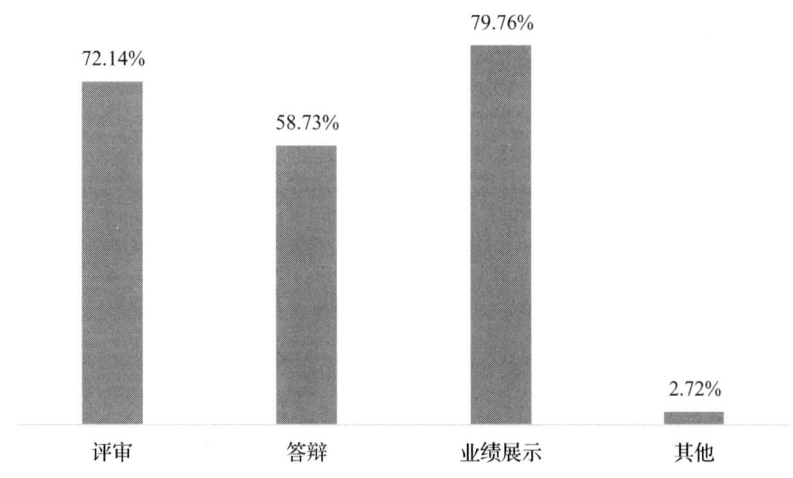

图 5 调查对象对基础研究型科技人才的评价方式选择分布

对于技术开发与应用型科技人才，社会责任、诚信承诺、职业操守被普遍认为是对职业道德评价的关键要素，被选择的次数均超过了 75%，即超过了 1 500 人；从业行为、学术规范、价值观念、科学精神和创新思维的选择率为 60%~70%；身体素质的选择率为 34.49%；创新品质的选择率为 55.52%。具体如图 6 所示。

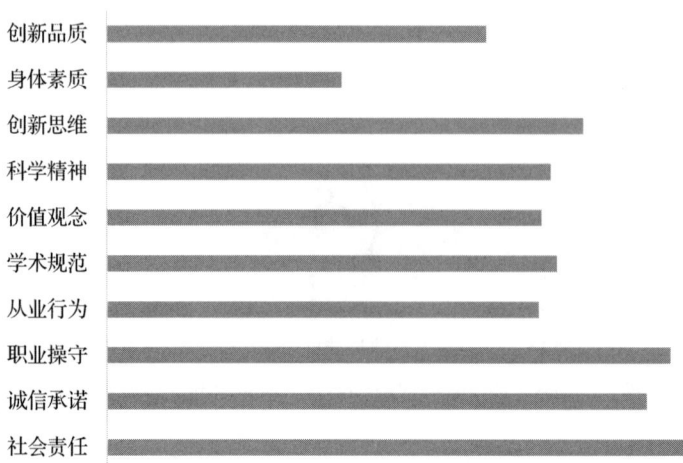

图6 调查对象对技术开发与应用型科技人才职业道德评价的关键要素选择分布

对于技术开发与应用型科技人才，2 021人中有80%以上的人认为把握核心技术和创新成果产业化能力是对能力素质进行评价的关键要素，创新与集成知识技能特征选择率为73.82%；产业转型升级带动力68.13%；心理行为特征和意志力为40%~50%。具体如图7所示。

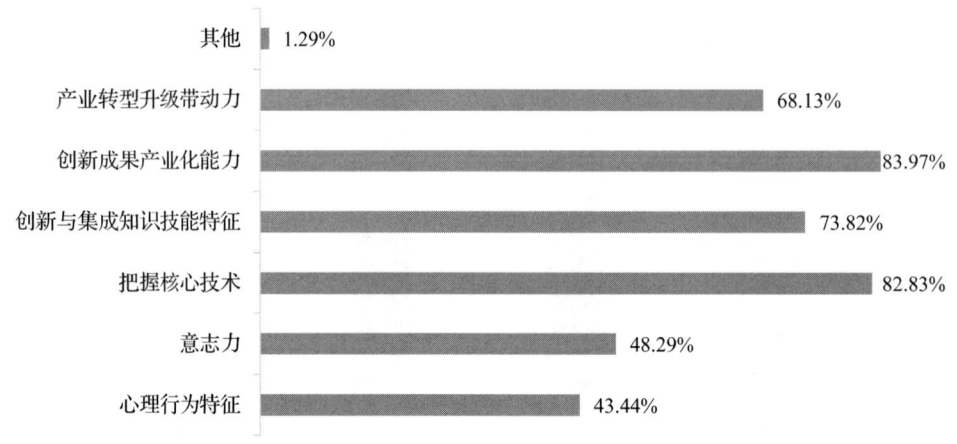

图7 调查对象对技术开发与应用型科技人才能力素质评价的关键要素选择分布

对于技术开发与应用型科技人才，2 021人中有84.86%的人认为技术创新性是业绩贡献评价的关键要素；76.2%的人认为成果转化率也是业绩贡献评价的关键要素；60%以上的人认为技术成熟度、关键技术推广率、自主知识产权和经济效益同样是重要的评价要素，技术难度、产品市场占有率的选择率接近50%。具体如图8所示。

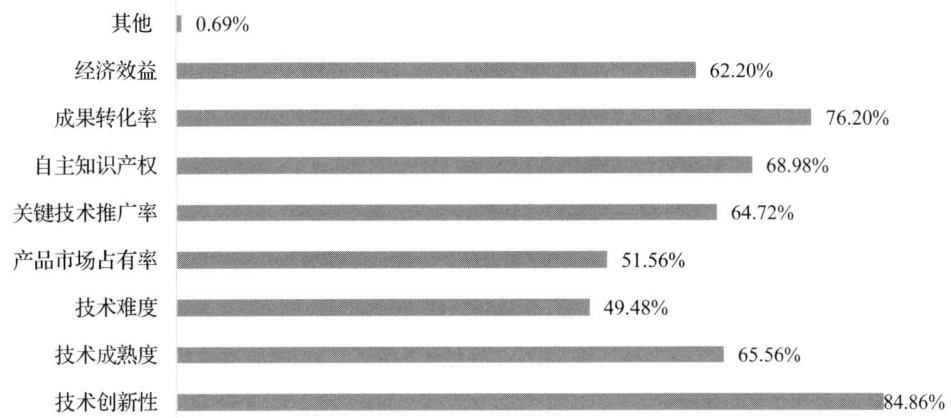

图 8　调查对象对技术开发与应用型科技人才业绩贡献评价的关键要素选择分布

对于技术开发与应用型科技人才评价主体的选择，业内专家评价选择率 78.38%，共 1 584 人；用户评价为 71.4%，有 1 443 人；第三方机构评价 64.08%，有 1 295 人。具体如图 9 所示。

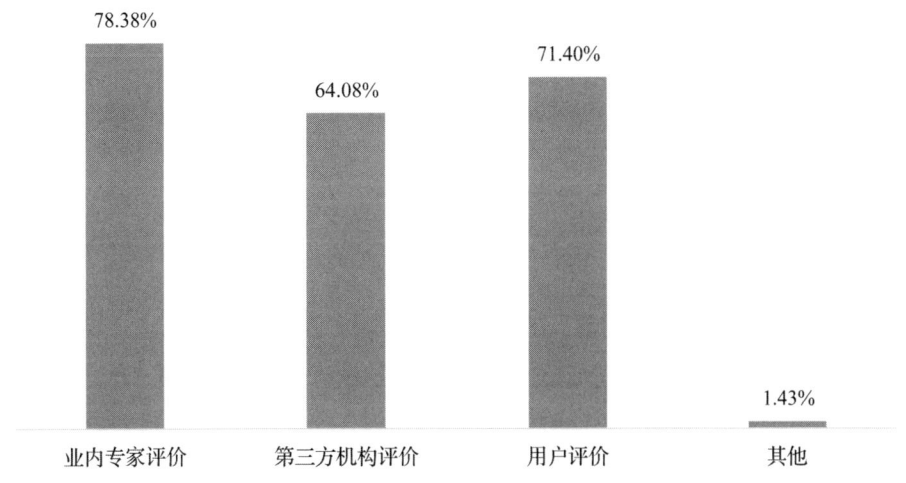

图 9　调查对象对技术开发与应用型科技人才的评价主体选择分布

对于技术开发与应用型科技人才，评价方式的选择中实地调查的选择率为 88.57%，有 1 790 人；评估选择率为 78.97%，有 1 596 人；座谈的选择率为 41.22%，有 833 人。具体如图 10 所示。

对于科技管理服务型科技人才，2 021 人中有 80% 以上的人认为社会责任、诚信承诺、职业操守是对职业道德评价的关键要素；从业行为、学术规范、价值观念的选择率超过 60%；身体素质的选择率为 35.08%；创新品质的

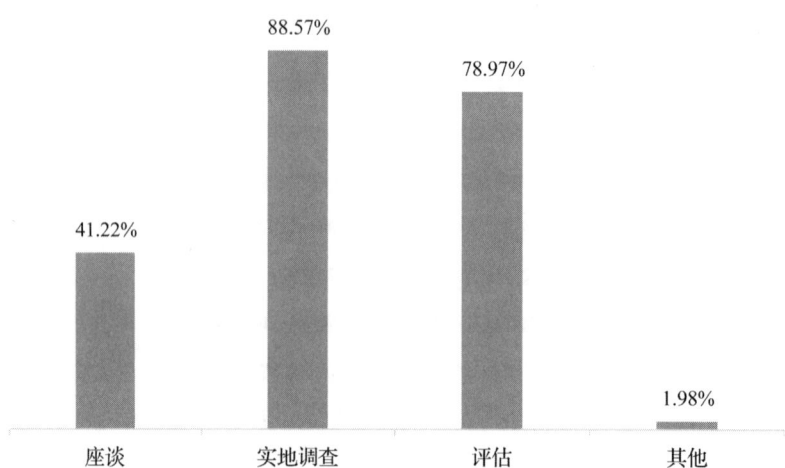

图 10　调查对象对技术开发与应用型科技人才评价方式的选择分布

选择率为 45.08%。具体如图 11 所示。

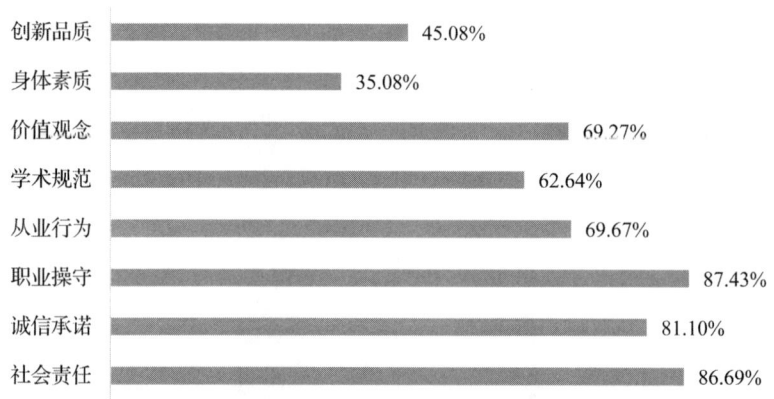

图 11　调查对象对科技管理服务型科技人才职业道德评价的关键要素选择分布

对于科技管理服务型科技人才，2 021 人中有 80% 以上的人认为决策参考能力和科学组织能力是对能力素质进行评价的关键要素；70% 以上的人认为服务保障方式和项目执行能效是关键要素；技术职称形式的选择率只有 44.19%。具体如图 12 所示。

对于科技管理服务型科技人才，2 021 人中有 79.71% 的人认为服务满意度是业绩贡献评价的关键要素；71.25% 的人认为社会效益也是业绩贡献评价的关键要素；业内认可度的选择率为 68.04%；成果被采纳程度选择率为 61.6%；应用实际效果选择率为 69.97%。具体如图 13 所示。

对于科技管理服务科技人才，90.6% 的人认为将评价主体定为服务对象

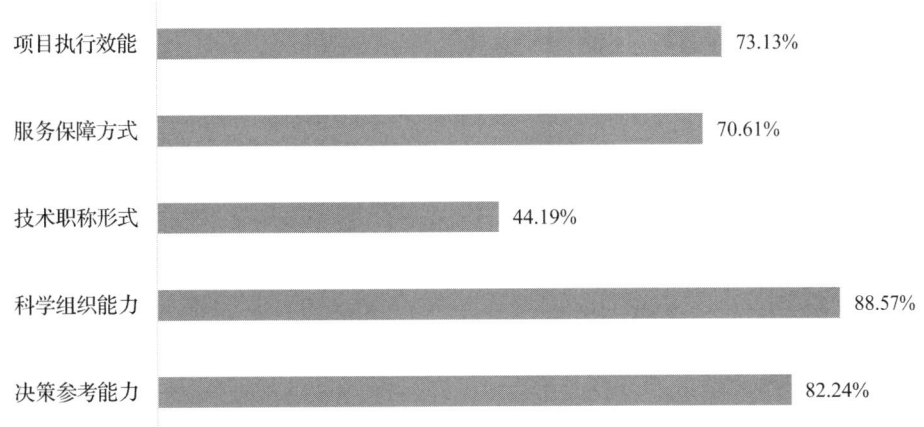

图 12 调查对象对科技管理服务人才能力素质评价的关键要素选择分布

图 13 调查对象对科技管理服务人才业绩贡献评价的关键要素选择分布

更加合适,有 1 831 人;70.61%的人选择了社会评价,有 1 427 人;62.3%的人选择了同行评价,有 1 259 人。具体如图 14 所示。

对于科技管理服务型科技人才,78.67%的人认为将评价方式定为测评更加合适,有 1 590 人;74.91%的人认为调查同样重要,有 1 514 人;66.2%的人选择了专家评估这一评价方式,有 1 338 人。具体如图 15 所示。

对于基础研究类创新型科技人才的评价指标,科研诚信、知识产权保护、行业动态、专业水平、创新力、兴趣导向、创业精神、实践经验、学习能力、应变能力、市场分析能力、产品研发能力、技术创新能力、决策能力被认为是非常重要的,收益分配、冒险精神、学历水平、项目参与情况、协调能力、风险管控能力、论文论著、荣誉奖励、专利申请量、同行认可、产业影响、

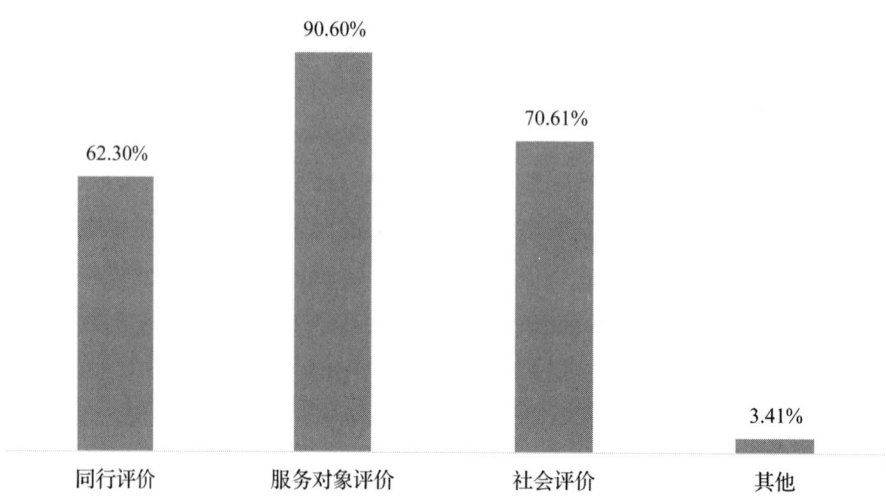

图 14　调查对象对科技管理服务人才评价主体的选择分布

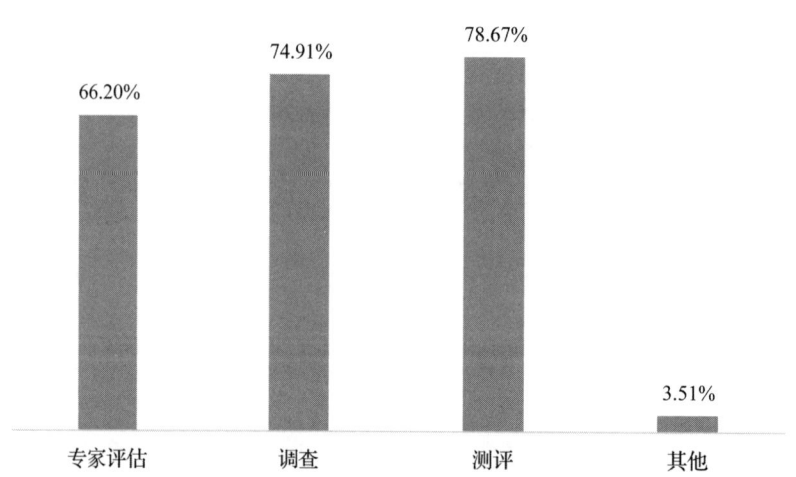

图 15　调查对象对科技管理服务人才评价方式的选择分布

经济效益、社会影响被认为比较重要，职务职称被认为一般重要。

除以上所罗列的评价指标外，还有部分人才认为对基础研究类创新型科技人才进行评价时应该考虑人品性格、成果转化、身体状况、心理素质、作风问题、在团队协作中实际的贡献度、培养对象的评定、学术推进、企业应用、同行影响力、原创性创新、科技论文被引用量、发展环境、团队协作能力、产业政策符合性、针对研究问题的深化、传帮带能力、推广程度、对企业的忠诚度、工作量、跨学科跨行业间职称评聘互认、业务教学积极性、科研能力、前瞻性、价值观、职业道德、风险管理能力、团队精神、交叉学科、心理健康水平、科学性和可操作性、经济效益、过程管理等指标。

对于技术开发与应用型科技人才评价指标，科研诚信、知识产权保护、收益分配、行业动态、专业水平、创新力、创业精神、实践经验、项目参与情况、学习能力、应变能力、市场分析能力、产品研发能力、技术创新能力、决策能力、协调能力、风险管控能力、同行认可、产业影响、经济效益、社会影响被认为是非常重要的，兴趣导向、冒险精神、学历水平、职务职称、论文论著、荣誉奖励、专利申请量被认为比较重要。

除以上所罗列的评价指标外，还有部分人才认为对技术开发与应用型科技人才进行评价时应该考虑人品性格、项目执行力、开发的技术是否能落地、身体状况、心理素质、发展潜力、产品经济效益的评估、是否亲自参与一线调研、成果应用研发、社会效益、企业应用、成果转化能力、技术应用的更新、专家评估、推广性、团队精神、技术传授、成果被引用情况、统筹能力、创新协同发展、在"基础-技术-市场"中间的串联能力、市场占有率和消费者认可、技术含量、技术效能、长期默默无闻研究的耐力、人才培养、管理和培养能力等指标。

对于科技管理服务类型科技人才评价指标，科研诚信、知识产权保护、收益分配、行业动态、专业水平、创新力、创业精神、实践经验、项目参与情况、学习能力、应变能力、市场分析能力、产品研发能力、技术创新能力、决策能力、协调能力、风险管控能力、同行认可、产业影响、经济效益、社会影响被认为是非常重要的，兴趣导向、冒险精神、学历水平、职务职称、论文论著、荣誉奖励、专利申请量被认为比较重要。

除以上所罗列的评价指标外，还有部分人才认为对科技管理服务型科技人才进行评价时应该考虑爱国守法、产品的实用性价比、产业引领能力、诚信、创新力、应用能力、大局观、对市场经济的认识、对行业和社会的贡献、服务对象的评价、服务费用、服务意识、工作态度、管理服务能力水平、管理经验、管理优化能力、科学素养、领导力、育才效果、执行能力、专业性等指标。

三、福建省科技人才评价的现状

（一）健全完善分类人才评价标准

2016年1月，福建省出台《关于进一步深化科技人员职称评价改革的若干意见》，明确"各系列（专业）职改部门应根据我省经济社会发展实际需求以及专业技术人才的职业特点、成长规律，及时修订本系列（专业）职称评价标准，将高新技术成果转化、技术创新、发明专利、标准制定以及所创造的经济效益和社会效益等因素作为职称评审的重要依据"。2019年，福建省出台《关于分类推进人才评价机制改革的实施意见》，提出健全完善分类人才评价标准，建立完善以用为本的人才评价机制。把品德作为人才评价的首要内容，加强对人才政治立场、科学精神、职业道德、从业操守等评价考核。从严治理弄虚作假和学术不端行为，实行学术造假"一票否决"。完善人才评价诚信体系，建立诚信守诺、失信行为记录和惩戒制度。凭能力、实绩、贡献评价人才，着力解决评价标准"一刀切"问题，在区分不同行业、不同领域人才基础上，建立以同行评价为基础的人才业内评价机制，合理设置和使用论文、专著、影响因子等评价指标，进行差别化评价，不求全责备。

例如，福建省晋江市坚持人才评价"一业一策"，针对行业特点出台具体的认定标准，包括企业"双创"人才、教育人才、金融人才、集成电路人才、科技创业团队等特定领域的专项人才评价办法和配套政策。基于轻工业相对发达特点，晋江既重视传统产业高技能人才的认定，又积极将各类高端研发设计人才纳入全市人才评价范围，如德国红点设计奖、美国工业设计优秀奖、中国创新设计红星奖获得者等。晋江出台了全国首份专项《集成电路产业优秀人才认定标准（试行）》，在现行各行业通用的人才认定标准的基础上，专门针对集成电路行业人才特点进行完善补充。晋江秉承"切合产业实际、树立人才导向"的工作目标，紧扣专业性、科学性、实用性原则要求，创新突破、"认"人唯能，与现行做法衔接，将集成电路产业优秀人才同样分为五类，评价体系具有以下四个特色：第一，人才主体突出全面性。将科研型、技能型、产业型、管理型人才均纳入优秀人才范畴。例如，认定条目既有在集成电路设计、制造、集成器件制造（IDM）、封测、装备等领域全球前十大公司担任副总经理、副总裁或首席科学家，又有取得世界大学排名前200名学校的博士学位、所学专业学科门类为理学或工学，且从事集成电路科研、技术、工程的相关工作者。第二，评价指标突出多维性。打破传统的以学历、文凭、学术衡量人才的做法，综合考虑人才在专业成就、获得荣誉、就职单位、任职经历及从业时间各方面表现，突出以"能力"为标尺衡量人才。例如，第三类人才中，中国机械工业科学技术奖二等奖第1位完成人；在全球前25大半导体公司担任二级部门的部门负责人、技术负责人、总工程师或其他相应职务以上累计5年以上者等，就打破了传统的人才评价标准。第三，人才结构突出可持续性。《标准》不仅聚焦达到很高专业水准、具有深厚从业积淀的行业领军人才、核心人才；而且适当考虑具备一定专业知识背景与工作经验的成长型人才。例如，第二类人才条目中列出：在世界大学排名前200

名的学校获评教授,并从事集成电路相关研究或教学者;取得博士学位,且近5年在期刊分区表中列入大类一区的学术期刊上以第一作者或通讯作者发表4篇以上集成电路相关论文者等。世界排名靠前大学、"985工程"大学、中国科学院大学、建设和筹建示范性微电子学院高校毕业的理工类和微电子专业类毕业生专业知识扎实、基础条件好,具备强劲的发展后劲,是支撑产业长期发展、做大做强必须储备的后备人才。第四,引才导向突出差异性。集成电路产业人才国际化特点鲜明,因此在全球范围统一制定人才标尺;另外,针对美国、中国大陆、中国台湾等引才重点区域与就近区域适当倾斜,结合区域实际情况单独列出人才认定条目,实行差异化引才。例如,第四类人才条目中包括在集成电路设计、制造、封测等领域中国大陆或中国台湾前十大公司担任二级部门的部门负责人、技术负责人、总工程师或其他相应职务以上累计7年以上者;在国家知识产权优势企业担任一级科研、技术、工程等部门的部门负责人、技术负责人、总工程师或其他相应科研技术职务以上累计5年以上者等,彰显了对中国大陆、中国台湾引才重点区域的差异化。

(二)创新改进多元人才评价方法

福建省推进人才评价定性与定量相结合,把职业道德、专业水平、工作实绩、实践经历、考核结果、面试答辩等作为量化的重要内容。分类型构建人才评价体系,对不同类型的人才实行差别化评价。学术型人才实行同行学术评价,重点评价研究成果的科学价值、原始创新能力;技术型人才重点评价解决工程技术难题及技术发明、推广应用等实际能力;管理型人才突出对经营业绩、综合素质和对社会贡献的考核;技能型人才突出实际操作能力和解决关键技术难题的要求;创新型人才要把自主知识产权、重大技术突破和成果转化等作为重要评价指标。分层次完善人才评价机制,注重考察各层次人才的专业性、创新性和履责绩效、创新成果、实际贡献,不唯学历、不唯资历、不唯论文。近年来,福建省和有关地市相继出台高层次人才认定支持办法,采取资格条件制等方式评价优秀人才。2018年福建省出台《关于深化项目评审、人才评价、机构评估改革的实施意见》,2020年率先出台《关于破除科技评价中"唯论文"不良导向的若干措施(试行)》,破除在科技人才评价中过度看重论文数量多少、影响因子高低,忽视标志性成果的质量、贡献和影响等"唯论文"不良导向。

例如,目前福建省卫生系列高级职称评审对课题不作要求,申报正高级职称省属单位仅要求2篇国家级(指国家学会主办的刊物)或3篇省级学术论文、市属单位1篇国家级或2篇省级学术论文、县级以下单位1篇省级学术论文。能源材料省创新实验室实验人才评聘重点考察科研人员的研发能力、产业转化能力和管理能力，其中，"卡脖子"应用研究突出需求导向，重点评价新技术、新方法、新产品等创新性、成熟度，有关制度规范已在一批产业化项目实施。电动汽车的续航里程取决于动力电池的能量密度，现有锂离子电池能量密度离国家制定的目标有较大差距。面对挑战，该实验室正大力开发一种新型的电池体系，项目团队在两位年轻博士的带领下开展技术攻关工作，已成功研制出样品，并且在功率、安全性等各项性能指标上均处于全球领先水平。泉州市积极探索把科技人才评价的"指挥棒"交到用人主体手里，授权恒安、兴业银行、深圳航空公司等行业龙头企业、国有企业、股份制银行试点，按照"凭能力、凭实绩、凭贡献"原则，对照《泉州市高层次人才认定标准》自主制定本企业高层次人才认定方案，并按规定审核批准后组织实施，通过企业自主评价认定的市级高层次人才，同等享受相关人才政策待遇。晋江出台《领军企业人才自主认定及奖励办法》，为年纳税额达到一定条件的企业分档配置自主认定人才名额，由企业自主根据岗位紧缺度、员工贡献度、忠诚度、道德品行、业绩表现等因素选拔认定人才，市财政按类别分别给予每月1 000~3 000元不等的人才津贴。目前，企业人才自主认定范围已由原来的产业领军企业覆盖到高新技术企业、专精特企业，以及科研平台。

（三）改革人才评价管理服务方式

福建省突出用人单位主导作用，健全市场化、社会化管理服务体系，优化公平公正的评价环境，探索建立人才评价退出机制。共享评价信息，促进人才评价和项目评审、机构评估有机衔接，加强评价结果共享，避免多头、频繁、重复评价人才，让人才少跑腿、少填表、少准备资料，集中更多时间深耕专业。探索建立基于职业操守和诚信情况的评价退出机制，对通过弄虚作假等违纪违规行为取得的各类人才称号，一律予以撤销。

例如，急需引进的外籍技能型人才和青年人才拥有丰富的实践经验或过硬的实操能力，但因学历、工作经历等限制，无法达到申请来厦工作的条件。为此，厦门市创立外籍人才专业技术、技能评价机制，并从"金砖+"国家人才和部分重点产业领域开展试点，组建了全国首支外籍科技特派员服务队。试点依托厦门市外国人才服务站开展，突破了仅以学历、证书、论文、工作年限"论英雄"的传统方式，在行业专家评审的基础上，引入大数据平台机构参与评审，这种做法属于全国首创。晋江市通过不断理顺政府、市场、用人主体在人才评价中的主体作用，强化政府对评价活动的宏观管理、政策法规制定、公共服务、监督保障等职能，营造权责清晰、公平公正的人才评价环境。首先，明确政企权责，授权企业自主制定人才评价方案，自主开展人才认定，政府负责对企业年度纳税、名额分配、推荐人才在晋江社保纳税、推荐人才是否属企业股东等情况进行审核、把关，开展随机抽查，做到既有所为，又有所不为。其次，加强过程监管，严格规范评价程序，建立健全人才评价申报、审核、公示、反馈、申诉等制度，严格把每一位人才评价过程及结果同步在网站、电视台、报纸等媒体进行播报，接受社会各界监督，提高评价公平性和公信力，维护人才合法权益。最后，完善进出机制，遵循不同类型人才的成长规律，注重采取结果评价和过程评价、短期评价和长期评价、项目评审与年度审计相结合的方式，与本地权威会计师事务所合作，对经"海峡计划"引进的创业团队和项目实施五年期管理，每年组织行业专家对项目团队的落地进展、创新成果、产业化效益等进行年度审计、综合考评，对成效不明显的暂缓兑现政策，对不适宜继续扶持的及时建议退出，形成有进有退的管理机制，确保既出人才又出成果。

四、福建省科技人才评价存在的问题

（一）科技人才评价政策覆盖面不够广

在政策覆盖方面，全省虽分地区分领域建立了科技人才分类评价政策体系，但以基础研究型科技人才为主，仍有科技管理服务型的多个领域尚未覆盖；对当前产业发展过程中急需的技术开发与应用型科技人才，缺少专项评价政策支持。对科技人才的访谈调查结果显示，超过三成的被调查对象认为现行人才分类评价体系还不健全。因此，以职业属性和岗位要求为基础，扩大科技人才分类评价标准和评价机制的覆盖面显得尤为迫切。

（二）科技人才评价标准不够科学

在评价指标设置上，由荣誉、职称、资历、学历、论文等能够量化的"显性"指标权重占比较大，而那些需要投入时间多、成果无法量化、对社会贡献大的"隐性"指标设置较少，对有技术但无职称的中低端科技开发与应用型人才群体，尤其是科技管理服务型人才的评价关注度不够。问卷调查显示，88.87%的被调查者认为基础研究型科技人才能力素质评价的首要关键要素是把握基础科学领域创新方向，90.6%的被调查者认为基础研究型科技人才业绩贡献评价的首要关键要素是同行认可，选择高水平论文作为基础研究型科技人才业绩贡献评价要素的只有69.62%。但是，福建省部分高校和科研院所在科技人才评价工作中唯论文、唯奖项等现象仍然存在，特别是个别单位将论文作为评价一切科技人才的标尺，影响福建省科技人才评价体系的改

革。一些科研人员为了迅速发表文章，宁愿做一些短平快的研究，而不愿承担具有原创引领性、周期长、难度大的课题，对福建省的原始创新能力将产生一定的负面影响。

（三）科技人才评价主体不够多元

当前福建省科技人才评价工作，总体上仍以政府部门为主，行政化色彩较浓，企业、协会、专业机构等具备评价资质的第三方主体数量偏少，参与评价的领域有限，大多局限于高层次创业团队、科技管理服务型科技人才等领域，作用发挥有限。调查结果显示，对于基础研究型科技人才的评价主体，91.49%的被调查者选择了同行作为评价主体，79.76%的被调查者选择了业绩展示作为评价方式；对于技术开发与应用型科技人才，78.38%的被调查者选择了业内专家作为评价主体，88.57%的被调查者选择了实地调查作为评价方式；对于科技管理服务型科技人才，90.6%的被调查者选择了服务对象作为评价主体，78.67%的被调查者选择了测评作为评价方式。但是，目前福建省高校等科研机构科技人才的评价专家大多是领域内知名学者，主要分为函评专家和会评专家。函评专家在材料送审过程中已经比较注意通过关键词等方式来匹配同行，会评专家一般是由行政管理部门依据一级学科或者相近学科归并成一组的分类原则选择出来的"大同行"。因受研究领域所限，"大同行"对专业性很强的成果材料很难对人才作出科学的比较、判断，这样就容易出现管理部门选"外行"、"外行"评"内行"现象，造成专家主要依据被评价人数量化成果做判断的结果。同时，现有评价体系缺乏专家随机遴选机制和专家回避机制。

（四）科技人才评价过程管控不够到位

福建省现行人才分类评价更多关注人才"入口关"，对人才晋升、降级、退出等动态性评价机制的设计仅局限于少数领域，很多人才一旦获得评聘，就"终身"享受人才津贴，时间久了，激励作用就慢慢淡化。获得某种荣誉，戴上某种人才称号"帽子"，就近乎贴上了"永久牌"标签，有些科技人才多年前获得某项人才奖励资助，到现在依然顶着该人才奖励的帽子在各大科研单位"炙手可热"。各种资源都向"帽子"倾斜的现象普遍存在，无疑极大助长了科研界的浮躁功利之风。而且，目前在人才认定、项目评审过程中，倾向于注重结果的产生，对评价全过程缺乏有效的监督、问责、申诉等制约机制，一定程度上导致很多结果容易由主观评价因素决定，有失客观性和准确性。在访谈调查中，超过六成的访谈对象认为当前人才评价偏重于一次性认定，忽略了对评价的过程监管和动态调整。

五、部分兄弟省市科技人才评价的借鉴启示

（一）上海市科技人才评价的借鉴启示

上海市在科技人才职称评审中重点突出品德、能力、业绩导向，克服唯学历、唯论文、唯奖项、唯职称倾向。在"不唯学历"方面，只要是有真才实学的科技人才，就可以通过专家亲笔推荐突破学历规定；在"不唯论文"方面，科技人才可以通过自己的项目书面总结等代替发表论文；在"不唯奖项"方面，科技人才可以通过成果转化经济效益、发明专利等情况，在书面申报中起到重要作用，而不把获得奖项作为唯一标准；在"不唯职称"方面，海外人才的海外经历可以作为申报依据，海内外有突出业绩的，都可以有绿色通道申报职称。企业科研骨干和引进的海外高层次人才能够顺利参加上海市科技行业主管的职称评审，是上海对科技人才评价方式的有益探索。

针对技术开发及应用型、科技管理服务型科技人才，上海出台《上海市经济系列科技成果转移转化高级职称评审通知》，引入市场化评价要素，制定了科技成果转移转化的评价标准：科技企业中，技术转移项目主要负责人实施技术转移项目3项及以上，成功将技术成果从技术供给方向技术需求方转移，取得较好的经济收益，累计到账金额不少于3 000万元；或作为成果转化项目实施人，成功将科技成果项目（产品）实施产业化，并完全符合预期目标，累计实现销售额不少于3 000万元；高校科研院所中，技术转移项目主要负责人在技术需求挖掘与分析、技术评价服务、技术中试孵化、技术成果运营、技术投融资、转移转化方案策划、转移转化咨询服务等方面，提供技术转移转化的资源配置服务，实现资源的凝聚、整合与利用，落实并完成技术转移项目5项及以上项目，累计实际到账金额不少于3 000万元；服务机构中，技术转移机构人员提供科技成果转移转化服务，为科技成果转移转化做出较大贡献，累计收取的技术转移服务费不少于300万元。对于专业理论水平的考察，除了发表论文之外，主要负责人完成经认定登记的技术合同、投融资协议，或制定政策性文件、研究报告、决策咨询报告、行业发展报告等并获得政府相关部门认可的，均可作为高级职称申报材料。科技成果转移转化优秀人才只要满足相关条件，就可适当放宽学历、资历限制，申报副高级职称。

（二）浙江省科技人才评价的借鉴启示

2018年浙江省出台《关于深化科研人员职称制度改革的意见》，深化科技人才评价制度改革。一是突出各类人才评价重点。对主要从事基础研究的

人才，着重评价其提出和解决重大科学问题的原创能力、成果的科学价值、学术水平和影响等。对主要从事应用研究和技术开发的人才，着重评价其技术创新与集成能力、取得的自主知识产权和重大技术突破、成果转化、对产业发展的实际贡献等。对从事社会公益研究、科技管理服务和实验技术的人才，重在评价考核工作绩效，引导其提高服务水平和技术支持能力。二是科学设置人才评价标准。推行代表作评价制度，丰富代表作形式，注重评价研究成果质量、原创价值和对经济社会发展实际贡献。把学科领域活跃度和影响力、重要学术组织或期刊任职、研发成果原创性、成果转化效益、科技服务满意度等作为重要评价指标。着力解决评价标准"一刀切"问题，改变片面将论文、专利、资金数量等与职称评审直接挂钩的做法，合理设置和使用论文、专著、影响因子等评价指标，实行差别化评价，鼓励科研人员在不同领域、不同岗位作出贡献、追求卓越。三是强化用人单位主体作用。对事业性质的科研单位，在优化岗位管理的基础上，逐步下放职称评审权。通过职称自主评聘优化科研事业单位人事管理机制，强化单位用人自主权，淡化资格、强化聘任，形成竞争择优、能上能下的用人机制，推动科研人员队伍结构调整，实现单位自我管理和健康发展。对企业科研人员，逐步将评审权下放到行业协会或龙头企业，健全适应企业和行业特点的评价体系，侧重科研人员技术创新与集成能力、取得的自主知识产权和重大技术突破、成果转化、对行业发展的实际贡献等，完善企业科研人员晋升发展渠道，为企业人才使用和积极投身创新营造良好的环境。

（三）江苏省科技人才评价的借鉴启示

为提升科技人才评价质量，激励人才工作积极性，拓展人才发展空间，江苏省出台一系列相应的措施大力推进科技人才评价工作。

第一，不断完善技能鉴定工作。依托江苏省职业技能鉴定中心，从2004年开始，江苏省将企业内的职业技能鉴定作为每年工作的重中之重进行部署，通过物色试点企业，挖掘培育典型；创新考核方式，强化现场服务；突破学历自立，不拘一格选人等方式逐步建立符合企业需要的评价体系。为进一步发挥企业在人才评价中的主体作用，江苏省人社厅于2015年出台《企业技能人才评价管理办法》，支持符合条件的企业自主开展企业技能人才评价工作，该项措施提出，企业可以自主制定符合企业岗位实际的评价标准，按要求组织命题、考评；同时，负责技能人才评价工作，建立健全技能人才培养、评价、使用、待遇相结合的长效机制。

第二，大力改革职称评审工作。最近几年，江苏省通过扩大申报范围、放宽申报评审条件、采用专业化的评审方法、打破专业技术职务终身制等措施，逐步建立起社会化的专业技术人才评价体系和规范化的专业技术职务聘任制度，对于江苏省经济社会发展中急需的新兴职业种类，加快构建以市场认可为目标的职业能力认证制度，并引入国际公认和通用的职业资格证书建立全省统一的专业技术职业资格（认证）制度实施工作的管理办法。建立政府人力资源社会保障部门对社会化的专业技术人才评价工作的质量评价机制和注册登记制度。

六、福建省科技人才评价的对策建议

（一）细化三类科技人才评价方法

对全省现有存量的科技人才进行全面摸底排查，根据不同行业、层次和岗位职责，逐步完善人才评价政策体系。创新基础研究型、技术开发及应用型、科技管理服务型科技人才评价改革。可以采取理论考试与实际操作、企业推荐与竞赛选拔相结合的方式，引导企业设立技术应用创新人才带头人岗位，选取部分行业特点明显的技术开发及应用型、科技管理服务型科技人才交由具备条件的行业组织或龙头企业试点开展。

1. 基础研究型科技人才评价注重同行评议

基础研究型科技人才评价指标注重同行评价、科研诚信、原创性、科学价值、学术组织影响力、团队协作能力等。重点对本学科建设和科学研究工作的创新性构想，追踪和利用国内外先进技术，提出具有重要学术价值的研究选题，具有明确的研究目标和稳定的研究方向，长期对本领域的科技重大问题持续开展创新性研究和重大技术攻关进行评价，研究成果具有原创价值，在同行业中具有一定的知名度，有较好的口碑和一定的影响力。

2. 技术开发及应用型科技人才评价注重成果转化

技术开发及应用型科技人才逐步改变过度注重论文、项目等量化指标的评价方式，强调技术创新与集成实践能力，形成自主知识产权和行业标准规范、成果转化前景及经济社会效益等。评价指标主要包括成果转化效益、科研诚信、技术创新能力、知识产权及成果量、对产业的发展贡献、团队协作能力等。提出并主持具有实用价值的应用研究项目，有较大的技术突破，并进行开创性工作。

3. 科技管理服务型科技人才评价注重服务质量

科技管理服务型科技人才考核管理水平和服务理念，对科技发展的研判能力，措施制定实施与服务效率以及实际产生的经济社会效益等。评价指标包括服务质量、科技诚信、科技咨询和服务业绩、科技管理服务能力、团队协作能力等。科技管理服务水平较高，能够开展项目的前期策划和组织立项、筛选、指导，组织开展项目合作、团队合作、攻关合作、各部门之间的政策协调等。

（二）创新科技人才绩效评价标准

坚持评能力、实绩、贡献评价人才，破除唯学历、唯资历、唯头衔、唯论文等倾向，加大对各类人才的专业性、创新性和履责绩效、创新成果、实际贡献的评估力度，对现有标准中涉及的职称、学历、职业资格等条件，探索设定捆绑评价条件，引入工作岗位、年限、薪酬纳税等附加信息，让"显性""隐性"指标权重比例日趋合理。针对人才基础门槛高、中低端人才对象少的问题，适当拓展延伸人才层次范围，重点涵盖对象为低学历、有经验、无称职、有技术的应用型和服务型科技人才。

（三）探索科技人才积分奖励机制

将人才层次归属作为基本分，将工资薪酬、个人所得税、发明专利转化、技术成果推广、提供就业岗位等作为贡献分，逐步构建"人才层次+业绩贡献+用人主体评价""基础分+贡献分+主体评价分"的积分制评价体系，并根据积分情况实行分层奖励，树立"贡献越多、奖励越大"的评价导向。

（四）拓展科技人才社会化评价形式

积极培育各类行业（人才）协会，尤其是重点产业的行业（人才）协会，力求做到一行业一协会。进一步出台措施规范协会运作，支持行业授权部分成熟的协会承接本领域人才评价职能，推动人才协会与行业协会、产业联盟、本地商会"渗透融合"、共同评价。在行业领军企业、新型科研机构、高新技术企业、专精特新中小企业全面推行人才自主评价，企业推荐人才在津补贴、女子入学、住房保障等方面享受与政府认定人才同等的待遇。建立重点扶持中小企业目录，鼓励企业设立首席"科技官""质量官"等重要岗位，采取"以引代评""以奖代补"的方式，对企业引进达到一定条件的人才，直接认定。完善科技人才评价、项目评审和机构评估的评价结果共享机制，避免多头、频繁、重复的人才评价。建立统一的科技人才评价库，将历次的人才评价结果以个人为单位录入系统，建立科技人才档案。加强与国家人才计划的对接，优化科研生态环境。积极引进或培育国内外权威人才评价中介机构、高端智库设立省级人才研究院，常态化推进人才评价、项目评审、政策评估等服务外包工作。

（五）加强同行评议专家数据库建设

评议专家队伍建设坚持多元性、专业性、动态性相结合的原则。多元性是指专家来源和专业要多元化，在地域上要不同地区专家科学搭配，在专业上要将技术专家、投资专家与管理专家等有机结合；专业性是指评审专家应分类管理，每个学科目录或产业领域要有细分的评审专家库，组成人员要具有突出的专业能力，通晓这一专业领域中的"构架性知识"；动态性是指根据人才工程实施需要，及时动态增减专家数量、优化专家结构、完善专家信息。嫁接国家级专家库资源，建立由不同行业、不同领域专家以及本省权威企业家、实战行家、政府专家顾问共同组成的省级专家库，科学确定入库专家遴选条件和专家组组成原则，根据人才评价需要，随机、轮换、科学地挑选专家，不断建立完善同行评议专家管理制度。通过大数据跟踪，根据入库专家最新发表文章、承担项目、申请专利等信息确定擅长学科领域，精准匹配评议项目，保证评议专家"真懂此行此项"。通过评议信用记录，甄别评议态度恶劣、评议质量较差的专家，实现在库专家的信用管理，避免出现因评议专家原因导致"优者"被淘汰。

（六）构建人才评价动态管控机制

建立健全科技人才评价过程监督制度，从项目申报开始，到审核标准、结果公示都应当接受群众和社会的监督，建立畅通的反馈、申诉、举报渠道，评价的全过程实行痕迹化管理，接受不定时的巡查及回溯。建立健全对人才评价机构、行业（人才）协会等承接人才评价职能的第三方组织的考核管理，按照统一标准，定期对其资质、服务内容、服务质量进行测评，保证市场化评价的权威性和含金量。实行"谁评价、谁负责"的监督问责机制，对评价过程开展随机抽查监管，强化过程管控。实行领导负责和问责制，科研机构的主要负责人对本单位科技人才评价激励政策的贯彻执行情况负责。对高层次人才、优秀科技人才认定科学设定评价周期，"一人一档"实行"绩效管理"，明确周期内工作目标任务，周期届满后集中考核，合格的保留"头衔"，不达标的予以"摘帽"，特别优秀的"晋级"追加支持。科技人才可以根据自身研究类型选择符合实际的任务目标体系，不断完善服务跟踪、定期考核管理办法，逐步建立一套优胜劣汰、能进能出、能上能下的动态考核管理机制。

参考文献

[1] 陈兆莹. 关于科技评价和科技评价改革的讨论 [J]. 科学通报，2018，63（7）：611-617.

[2] 李强, 郑海军, 李晓轩. 科技政策研究评价方法评析 [J]. 科学学研究, 2018, 36 (2): 221-227, 295.

[3] 王冬梅, 王向宁. 基于灰色系统的行业特色高校科技分类评价探索 [J]. 科研管理, 2019 (3): 126-132.

[4] 司江伟, 宋杰鲲. 基于 Rough-Fuzzy 的企业科技人才创新绩效评价模型 [J]. 统计与决策, 2010 (14): 185-186.

[5] 刘保民. 河南省科技人才开发与评价研究 [D]. 天津: 天津大学, 2008.

[6] 赵祖地, 左玥. 创新型人才评价体系研究 [J]. 杭州电子科技大学学报 (社会科学版), 2010 (3): 62-65.

[7] 张相林. 科技人才创新行为评价体系设计研究 [J]. 中国行政管理, 2010 (7): 107-111.

[8] 方阳春, 贾丹, 王美洁. 科技人才任职资格评价标准及方法研究: 基于国内外先进经验的借鉴 [J]. 科研管理, 2016, 37 (S1): 318-323.

[9] 刘兰剑, 杜向民. 澳大利亚 ERA 分类科研评价体系及其启示 [J]. 科学学与科学技术管理, 2015, 36 (12): 24-32.

[10] 李杏林, 贡毅. 美国 NIH、NSF 评审制度研究及对深圳的启示 [J]. 科研管理, 2019 (8): 293-296.

[11] 沈秋坦, 周荣庭. 卓越导向的大学科研评价框架研究 [J]. 研究生教育研究, 2013 (5): 63-68.

[12] 赵聚辉, 黄诗华. 基于超效率 DEA 和 Malmquist 指数的中国科技研发效率评价研究 [J]. 宏观经济研究, 2019 (9): 123-129.

[13] 王楚君, 许治, 陈丽玉. 基于标杆管理的中国研究型大学科技成果转化效率评价——网络排序方法的运用 [J]. 科研管理, 2020 (3): 183-193.

[14] 萧鸣政, 陈新明. 中国人才评价制度发展 70 年分析 [J]. 行政论坛, 2019, 26 (4): 22-27.

[15] 于飞. 建国 70 年中国科技人才政策演变与发展 [J]. 中国高校科技, 2019 (8): 9-13.

[16] 盛楠, 孟凡祥, 姜滨, 等. 创新驱动战略下科技人才评价体系建设研究 [J]. 科研管理, 2016, 37 (增刊 1): 602-606.

[17] 王海燕, 张昕妍. 我国科技评价体系改革的困境与对策 [J]. 中国软科学, 2018 (4): 10-17.

《福建省科技人才评价存在问题及对策研究》课题组成员名单

课题顾问：
孔繁军（福建省人力资源和社会保障厅党组书记、厅长）

课题指导：
温惠榕（福建省人力资源和社会保障厅党组成员、副厅长）

课题组长：
郑亨钰（福建省人事人才研究所所长、高级经济师）

课题组成员：
李中斌（福建农林大学经管学院教授、博士生导师）
郭矩良［福建省科技厅外国（海外）专家局局长、讲师］
黄泽英（福建省人力资源和社会保障厅人力资源开发处副处长）
张李招（福建省人力资源和社会保障厅事业单位人事管理处副处长）
李　建（福建省人力资源和社会保障厅事业单位人事管理处三级调研员）
詹艳华［福建省科技厅外国（海外）专家局四级调研员］
王日洲（福建省人事人才研究所高级经济师）
杨　敏（福建农林大学经管学院在读博士，福建江夏学院副教授）
段晓川（福建省人事人才研究所经济师）
袁沁茹（福建省人事人才研究所经济师）
谢　烨（福建省人事人才研究所经济师）
郑婉菁（福建省人事人才研究所经济师）
陈博楠（福建农林大学经管学院在读博士）
黄诗琦（福建农林大学经管学院在读硕士）

课题执笔：
李中斌（福建农林大学经管学院教授博士生导师）
杨　敏（福建农林大学经管学院在读博士，福建江夏学院副教授）

本课题为中国人事科学研究院与福建省人事人才研究所合作完成。

新形势下山东省人才发展政策调整研究[①]

提　要：人才是第一资源。近年来，越来越多的城市争相发布更新、更有力度、更有针对性的人才政策。年初，一场突如其来的疫情对我国经济社会秩序造成冲击和破坏。在全国人才新政和疫情的"双叠加"影响下，山东人才发展面临新的挑战，同样面临新的发展机遇。本研究在综合分析山东人才发展面临外部环境和内部环境的基础上，对比苏浙粤等地人才政策和人才发展环境，分析山东人才发展存在的短板和不足，并提出新形势下山东人才工作如何开展，人才发展政策如何调整，如何化危为机的对策建议。

关键词：人才　政策　调整

习近平总书记强调，"人才是富国之本、兴邦大计，办好中国的事情关键在党、关键在人才"，要求"实行更加积极、更加开放、更加有效的人才政策""聚天下英才而用之，不唯地域引进人才，不求所有开发人才，不拘一格用好人才"。山东高度重视人才这个第一资源，近几年来，把人才工作摆在更加突出的位置，抓政策供给，抓人才聚集，抓基层人才，抓激励保障，努力营造人才引得进、留得住、用得好的良好氛围，陆续出台《关于深化人才发展体制机制改革的实施意见》、"人才新政20条"、《加强新形势下引才用才工作的若干意见》等人才政策，打造优质人才发展环境，同时，在政策措施的基础上，大力加强人才发展地方立法，出台《山东人才发展促进条例》，把好

[①] 本文系中国人事科学研究院2020年度研究课题《新形势下山东人才发展政策调整研究》报告的部分内容。

的人才制度、人才政策以法治的形式固定下来，努力为人才事业发展提供有力的法治保障。山东是人才大省，但还不是人才强省。据《中国区域国际人才竞争力研究》，山东人才发展指数只有0.10，上海为1.0，随后分别是北京、广东、天津和江苏，分别为0.49、0.41、0.37和0.33。山东在人才制度供给、用人单位自主权发挥、人才发展环境等方面都存在不小的差距。

近年来，越来越多的城市争相发布更新、更有力度、更有针对性的人才政策。2018年，全国100多个城市出台人才新政，2019年，人才政策进一步从一、二线城市向三、四线城市扩展，政策导向也从落户、补贴向更为细化（如公积金、租买房等）方向发展。山东各地也出台相应的人才新政，经过努力，山东人口净流出规模逐步放缓。2020年年初，一场突如其来的疫情对我国经济社会秩序造成冲击和破坏，这些冲击将会进一步传导至人才发展领域。全国人才新政和疫情影响的"双叠加"，对山东人才发展环境产生一定影响的同时，也带来了新的发展机遇。在新形势下，山东人才工作如何开展，人才发展政策如何调整，是本研究的主要内容。

一、山东人才发展环境分析

（一）外部环境

1. 全国引才新政呈现新趋势

通过梳理各地人才新政，发现各地人才新政与以往相比，呈现出新的趋势特点和变化。

一是由争引高端人才向争引高素质人口转变。各大城市在人才引进中不仅瞄准高精尖人才，而且将目光投向高素质人口，注重"人才蓄水池"的搭建。各地招引人才新政频出且力度不断加大，从降低门槛落户到"零门槛"落户，从提供落户补贴、租房补贴到后来的生活补贴、住房补贴等，期望通过户籍政策和补贴政策留住人才。在人才新政的驱动下，各省市引才成效已经显现，短期取得不错效果。2017年，西安新迁入落户64.5万人，相当于一年迁入一座中等城市；武汉2017年实现30万大学生留汉创业就业，是2016年的3.1倍，大学生在汉新落户14.2万人，是2016年的9.6倍。浙江杭州发布《杭向未来·大学生创业创新三年行动计划（2020—2022年）》，实施百万大学生杭聚工程。计划到2022年，全市新引进100万名以上大学生来杭创业创新，形成充满活力的大学生创业创新体系，涌现出一批具有全国影响力的大学生创业创新平台和创业企业，把杭州打造成为大学生"双创"人才集聚地、"双创"成果转化地、"双创"文化引领地。2019年，杭州高校毕业生留存率达到67.2%,而同为省会城市的济南,高校毕业生留存率为53.33%。

二是由拼优惠政策向拼人才生态环境转变。各大城市均意识到仅靠优惠政策并不能留住人才,留住人才必须由"拼政策"转变为以平台搭建、项目资助、服务保障等为载体的"人才生态环境战"。安徽、四川努力打造"众创空间—创业苗圃—孵化器—加速器—产业园"全链条创业平台体系;杭州依托名校名企名城优势打造"城西科创大走廊",形成以高端人才为引领、以高新技术为主导的特色小镇,建设"之江实验室",集聚了一批全球顶尖人才研发团队。组建深圳光启高等理工研究院,特别是中国科学院深圳先进技术研究院通过引进"诺奖专家""千人计划专家"等高端人才,直接控股、孵化企业497家,孕育了一大批"独角兽"企业、"瞪羚"企业。这些新型科研机构紧紧围绕产业发展实际开展研究和产业化开发,较快实现从源头创新到新技术、新产品、产业化的快速转换,打通了从基础研究到商品化规模化生产的创新链条。广东支持新型研发机构在政府项目承担、职称评审、人才引进、建设用地、投融资等方面享有国有科研机构待遇。深圳支持各类主体创办新型科研机构,予以最高1亿元的支持。在环境营造方面,为引才打造平安和谐、诚信友善的社会环境,尊重人才、见贤思齐的人文环境,鼓励创新、宽容失败的工作环境,待遇恰当、无后顾之忧的生活环境,山清水秀、宜居宜业的自然环境,公开平等、竞争择优的制度环境,开明清廉、干净干事的政治环境。深圳建设全国首个以"人才"命名的主题公园深圳人才公园,园内设有人才功勋墙、人才景观墙、人才驿站、人才咖啡、项目路演、人才沙龙等,同时将每年11月1日定为"深圳人才日",系列创新措施和宣传报道形成了巨大的"叠加效应"。

三是由"漫天撒网"向"精准捕捞"转变。各地在人才引进上"因地制宜",根据城市发展需求、产业转型升级需求,分类施策,"定向"抛出橄榄枝,人才引进更加具有针对性、精准性。一方面,不同级别城市,引才各取所需。以北京、上海、深圳为代表的一线城市将引才目标锁定为"高、精、尖"的国际创新型顶尖高层次人才,武汉、西安、天津等二线城市侧重吸引中高层次人才,进而优化城市人口结构。另一方面,瞄准产业布局,分层分类引才。为克服人才数据条带状分割,北京、上海、杭州等城市着力突破信息壁垒,整合碎片化的人力资源数据,搭建人才大数据平台,动态分析人才现状,定期公布人才工作动态、人才需求等信息,据此发布人才政策,形成精细化、多元化、高效化的引才平台。江苏实施"一行业领域一人才工程",编制人才信息库,动态监测人才储备,研判人才缺口,定期发布人才需求目录；浙江围绕信息、环保、健康、旅游等八大万亿产业分别开展人才需求预测、动态发布人才引进目录、研究出台专项人才集聚政策。

2. 山东位置优越但优势不明显

一般来说，经济社会发展的动能来自外部推力和内部张力，对于一个省份来说，经济社会发展的推外部推力就是国家大的战略。党的十八大以来，我国有五大区域发展战略。一是"一带一路"建设，涉及18省区市：新疆、陕西、甘肃、宁夏、青海、内蒙古、黑龙江、吉林、辽宁、广西、云南、西藏、上海、福建、广东、浙江、海南、重庆。二是京津冀协同发展，涉及3省市：北京、天津、河北。三是长江经济带发展，涉及11省市：上海、江苏、浙江、安徽、江西、湖北、湖南、重庆、四川、云南、贵州。四是粤港澳大湾区建设，涉及3省区：广东、香港、澳门。五是长江三角洲区域一体化发展，涉及4省市：上海、江苏、浙江、安徽。但这些国家战略都没有包括山东。山东虽然属东部沿海，位置优越，资源丰富，位处"京津冀、长三角的交汇点"，但近年来，周边省市区域协同发展渐成趋势，北有京津冀一体化，南有长三角城市群，西有中原隆起带，山东渐被"孤立"，虽然积极表态"深度融入京津冀协同发展"，但毕竟不在其规划范围内，缺少项目、资金、政策支持。可以说陷入了"北不接、南不靠、西不融"的尴尬局面。

缺少国家大的战略对经济社会发展的推外部推力，山东经济增速放缓，发展的"动能不足"，也会传导到人才发展领域。山东经济总量目前虽位居全国第三，但"标兵"渐行渐远，"追兵"越来越近。同时，北京、上海、天津、南京、杭州、苏州等周边城市相继出台有力度的"人才新政"，加上目前高铁交通网的日益便捷，山东周边省市已产生中高端人才"虹吸效应"，高学历人才净流出，山东省逐渐成为区域人才"洼地"。

值得期待的是，习近平总书记在黄河流域生态保护和高质量发展座谈会上提出"黄河流域生态保护和高质量发展"，明确指出："黄河流域生态保护和高质量发展与长江经济带、粤港澳大湾区、长三角一体化一样重要，同属于国家的大战略，因此国家相关部门要抓紧开展顶层设计，规划编制黄河流域生态保护和高质量发展规划。"标志着此规划将与京津冀协同发展、长江经济带发展战略、粤港澳大湾区和长三角一体化发展并列，成为我国的又一个国家级区域战略发展规划。作为黄河流域重要的经济、人口大省，山东应全力抓住此次成为国家战略组成部分的重要机遇，同时，支持济南建设国家中心城市，填补京津冀与长三角之间尚无国家中心城市的战略空白，构筑形成新的战略支点。

3. 新冠肺炎疫情对人才发展带来挑战和机遇

企业是人才使用的主体，新冠肺炎疫情进一步增加了企业生产经营所面临的不确定性。中小企业普遍遭遇生存危机，这些冲击将会进一步传导至人才发展领域。据统计，2020年1月山东省内中小企业人才需求量出现"断崖式下跌"，山东省内52.65%的企业招聘需求量比2019年同期有所减少，比2019年12月下跌43.28%，创近半年来最高降幅，仅有5.6%的企业招聘需求较上年同期有所增加，三成企业呈观望态势。疫情的突袭一定程度上阻止了山东的人才流通。据齐鲁人才网数据显示，自2019年10月至2019年12月，山东省市场化流动人才数量呈现稳步上升态势，其中12月流动量涨幅最大，为22.08%。但进入2020年，山东省人才流动量出现下跌，2020年1月环比下降36.12%，2月环比下降98.36%。高校毕业生留鲁就业方面，今年受疫情影响，虽然山东高校毕业生就业率低于上年水平，但是总体保持平稳。疫情一定程度上减缓了高校毕业生的流动，据统计，截至2020年7月底，山东应届高校毕业生留鲁率达到82.56%，明显高于前三年水平。但受疫情影响，部分毕业生就业观念发生改变，不少毕业生认为入职民企风险加大，更倾向于国企和机关事业单位，"求稳心态"明显。疫情带来负面影响的同时带来新机遇和新挑战。一是商业模式更新和新兴服务需求加速崛起。疫情防控期间，大量消费和生产活动被迫转到线上，电子商务、电子政务、网络教育、外卖餐饮等平台用户数量和交易量猛增，在线经济迎来机遇，新的商业模式开始崛起。如疫情以来，"每日优鲜"小程序春节7天订单量交易额同比增长465%，"贝壳找房"平台2月前两周VR看房较上年同期增长近213倍，超过1 000万家企业和2亿上班族通过"钉钉"软件在线开工。相关业态的人才培养和储备迫在眉睫。二是对制造业带来深刻变革。疫情将加速制造业的信息化、自动化和智能化生产趋势，促使制造业企业智慧管理和理念全面更新，积极应用互联网平台、远程智能服务，并带动相关产业发展。对比之下，山东新兴产业和商业模式发展滞后，"后疫情"时代有"落伍"的风险。山东缺乏在全国具有影响力和引领力的新经济企业，线上经济和新商业模式相对落后，反映了山东商业模式创新的差距，对相关领域人才有"挤出效应"。三是海外引智遇到新挑战。受疫情和中美摩擦双重影响，海外引才的国际竞争环境发生变化，引进海外人才"战略机遇期"的红利正在消退，人才交流的限制力度加大，"不求所有，但求所用"的引才理念受到冲击。另外，受到推力和拉力的共同作用，海外青年留学人才回流的意愿逐渐增强，形成新的机遇期。这些新挑战和新机遇都需要人才政策作出相应调整。

(二) 内部环境

1. 人口净流出逐步放缓但趋势未变

据统计,山东省常住人口增量已连续多年下滑。2016年时山东省常住人口年增量曾高达99.48万人,而到了2019年,山东省自然增长42.95万人,常住人口仅增加22.97万人,人口净流出19.98万人,再次(2018年,山东省净流出19.55万人)成为人口净流出最多的省份。山东省2016—2019年常住人口增量走势图如图1所示。

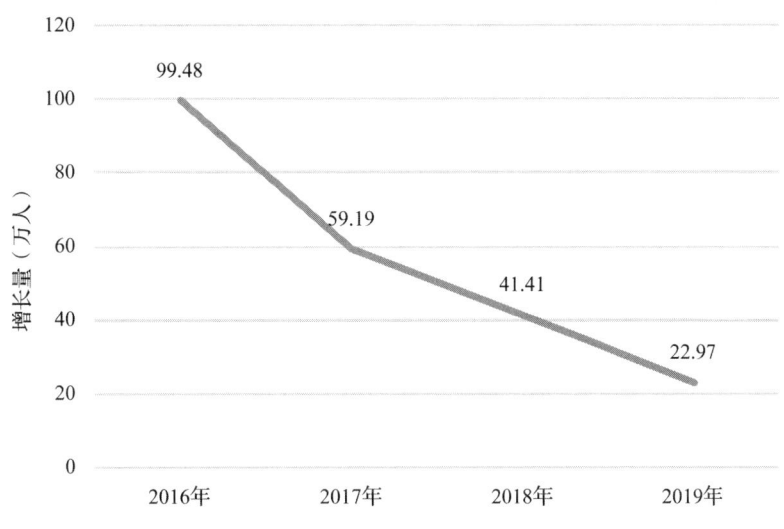

图1 山东省2016—2019年常住人口增量走势图

人口净流出的背后市人才的流失,据山东省统计局统计数据显示,2017年全省高学历流入人口明显低于流出人口,其中本科生流入人口、流出人口占比分别为13.4%、16.9%,硕士生流入人口、流出人口占比分别为1.7%、3.7%。各职业、各行业高层次人才存在净流失问题。从职业构成来看,高职业层次人口净流出约12万人,其中专业技术人员净流出约10万人。流出人口中,党政机关、企事业单位主要负责人占3.0%,专业技术人员占10.1%,相对应的流入人口占比分别为4.7%、8.6%,从行业分布来看,山东流出人口多从事技能型更强的行业部门,全省范围流入人口多是对工作技能要求较低的批发零售业、居民服务业、农林牧渔业、住宿餐饮业从业人员,分别比省内流出人口高7.7%、3.3%、3.2%和2.2%。而对工作技能要求较高的制造业、交通运输业、信息传输软件和信息技术服务业呈相反方向,山东流出人口比外省流入人口占比分别高6.3%、3.6%和2.3%。

山东已经开始意识到问题的严重性,不断放宽落户限制、降低落户门槛,采取各种方式争取留住人才。在持续降低落户门槛之后，济南市出台《关于深化户籍制度改革加快人才集聚的若干措施》（以下简称《措施》），对有在济南从业、居住意愿的外地人员，全面取消在城区、镇区落户迁入条件限制。《措施》主要包括全面放开落户限制、全面实施大学生留济创业就业工程、全面保障落户权益等内容。随后，山东各市基本实现"零门槛"落户，但从实施效果来看，山东各城市的人才吸引的成效并不显著。2019年，青岛市常住总人口949.98万人，增长1.12%，增长约10.5万人；济南市常住人口746.04万人，比上年末增长1.90%，增长约14万人；烟台市常住人口713.8万人，比上年末增加1.62万人，增长0.23%。相比之下，2019年全国重点城市常住人口增量前三名的城市——杭州、深圳、广州，常住人口分别在上年上涨了55.4万人、41.22万人以及40.15万人。

2. 核心竞争力不足

由于缺乏国家级战略的推动，山东决心从内部挖掘潜力，提出新旧动能转换重大工程和八大发展战略，作为今后一段时间发展方略。从竞争力方面看，山东核心城市竞争力不足、新业态竞争力不强、非公有制经济活力不旺的短板依然存在，人才的吸引力和发展空间还需提升。

一是山东核心城市影响力不强。根据"2019年中国百强城市排行榜"，北京、上海、广州和深圳稳居前四，综合实力最强。其次是杭州、苏州，位列第五和第六，第七至十位依次是成都、天津、武汉、南京。山东省排名最高的城市是青岛市，位列第14位，而济南作为山东省省会位列第19位。青岛市作为副省级城市、计划单列市，国家重要的现代海洋产业发展先行区，自成功举办上合组织峰会之后，影响力逐步增加，但仍未进入前十。济南虽然是大省省会，但是享受的政策红利不多，至今没有任何国家级战略以济南为中心。作为山东经济发展的两翼，济南、青岛这两座核心城市竞争力不足，头雁效应不强，对外省人才吸引力偏弱。

二是新业态竞争力不强。山东是我国重要的工业基地，工业产值仅次于江苏和广东，位居全国第三。2018年，山东工业增加值3.4万亿元，占全国31个省区市工业增加值的8.9%。在一般工业部门中，山东的纺织服装、造纸与印刷产品、化学与医药产品、金属及其制品的产值分别占全国31省区市总产值的15.6%、14.3%、16.2%、10.6%，分别位列全国第三、第二、第二和第二。在制造业上，山东的机器装备、电子设备、交通运输设备和其他制造业的产值占全国31省区市总产值的16.0%、8.7%、7.5%和8.6%，分别位列全国的第一、第四、第四和第四。传统制造业发达的另一面是现代服务业、生产性服务业发育相对不足，互联网产业科技创新能力不强，现代金融业发育迟缓，对相关业态优秀人才新引力弱。据齐鲁人才网统计数据，2019第四季度山东省流出人才就业行业占比排名前三的分别是互联网/电子商务、教育/培训和银行/金融/证券，占总流出人数的比重分别为8.55%、7.14%和5.57%。机械/设备/重工、制药/生物工程和石油/石化/化工三个行业排名相对靠后。综合来看，第三产业相关行业已成为山东省外流人才就业的首选，其中以互联网/电子商务行业最为突出。就省外流入山东的人才就业行业看，机械/设备/重工行业是当前流入量最大的行业。这与新旧动能转换初衷并不相符。

三是企业活力和创新力不强。山东省属国有企业位列全国第三，国企适合守成，很难开辟新领域，活力不足。山东有4家世界500强，而广东有13家，江苏有3家，浙江有5家。"独角兽"企业数量明显落后，根据2019年末在青岛发布的《2019年全球独角兽企业500强发展报告》，山东有6家"独角兽"企业且都位于青岛，广东有31家，江苏有11家，浙江有23家。"独角兽"企业数量少的背后又有金融对实体经济支撑不足的问题。境内上市企业和"新三板"挂牌企业数只相当于江苏的1/2、广东的1/3。据福布斯中国创新峰会发布的"2019年中国最具创新力企业榜"中，有84%的企业分布在北京、上海、广东和浙江四省市，江苏和福建分别有2家企业，山东只有1家企业进入智能家居行业榜单，反映出山东技术创新能力不足。

3. 缺乏吸纳能力强的人才事业发展平台

一方面，无论是人才引进还是人才培养均离不开平台载体的支撑作用，人才特别是高层次人才最看重成长平台和发展空间，平台越大，集聚能力越强。山东省在人才发展平台建设上与江苏、浙江等省差距明显：一是高校、科研院所实力不强。缺乏"高峰"学科，首批全国"双一流"建设名单的465个学科中，山东仅有3所部属高校的6个学科入选，而省属高校没有一所进入"双一流"。除海洋领域外，山东承载高层次创新人才团队科技研发的平台载体匮乏。中国科学院12个分院、114个研究单位，在山东仅有4个；国家在高校、科研院所布局了255家重点实验室，山东仅有3家，难以很好地吸引高层次人才。二是产业对人才的吸纳能力不强。产业是吸引人才流入的先决条件。人才集聚度与产业发展相辅相成，没有人才的产业是无源之水，没有产业的人才是无根之萍。山东虽然在不少产业领域都有领军企业，但缺乏产业集群、产业链条，导致人才既引不进，也因为缺乏行业归属感而留不住，陷入"产业不强大—人才难集聚—产业发展难"的恶性循环。同时，各城市产业分散化、自成体系,也没有形成横向错位和纵向分工协作的城市产业集群,导致人才资源无序竞争、过度竞争,无法形成聚集人才合力。三是载体平台集聚人才作用发挥不充分。另一方面,科技企业孵化器和众创空间数量不足。与广东和江苏相比,山东省科技企业孵化器和众创空间的数量较少,尤其是科技企业孵化器的数量更少,而恰恰科技企业孵化器在推动区域高新技术发展、完善区域创新体系、繁荣地方经济等方面发挥非常重要的作用。2018年主要省市科技企业孵化器和众创空间统计表见表1。

表1　　　　2018年主要省市科技企业孵化器和众创空间统计表

	北京	上海	广东	江苏	山东	浙江
企业孵化器数量（个）	152	180	962	695	378	321
众创空间数量（个）	147	152	716	699	580	622

数据来源:《中国火炬统计年鉴(2019)》。

另外,国家技术高新区和高新技术企业少。国家技术高新区和高新技术企业是科技研发人员集聚的重要载体,是"柔性引才、环境留才"的重要平台。尽管国家技术高新区数量较多,但是高新区中的高新技术企业数量太少,排名倒数第一。同时,山东总的高新技术企业以及高新技术企业中总的从业人数较少,尤其是与广东、江苏、浙江的差距巨大。2018年主要省市人才平台载体统计表见表2。

表2　　　　2018年主要省市人才平台载体统计表

	北京	上海	广东	江苏	山东	浙江
国家高新区数（个）	1	2	14	18	13	8
高新区中高新技术企业（个）	14 330	4 417	10 343	5 330	2 130	2 511
高新技术企业总数（个）	18 794	9 023	44 686	17 698	8 831	11 811
年末从业人数（人）	2 322 720	1 619 521	6 807 825	3 525 289	1 792 547	2 768 988

数据来源:《中国火炬统计年鉴(2019)》。

高新区、经济开发区、工业园区数量不足,平台的体制机制不够灵活,更吸引不到创新能力强的企业和研发机构加入,人才集聚效果更不明显。相比而言,仅仅一个苏州工业园区就集聚了牛津大学—苏州先进研究中心、哈佛大学韦茨创新中心、微软苏州研发中心、西门子苏州研究院等近500家新型研发机构,吸纳了大批国际化人才。

二、山东人才发展政策对比分析

近年来,山东省加快构建具有竞争力的人才制度体系,陆续出台人才改革22条、人才支撑新旧动能转换20条、引才用才18条、人才兴鲁行动32条等综合性政策。山东以"人才制度改革攻坚行动"为契机,将"人才兴鲁"战略变为具体行动,颁布实施了《山东省人才发展促进条例》,在人才引进、流动、评价、激励、服务等重点环节探索突破,营造人尽其才、才尽其用的良好氛围,构筑人才新高地。

课题组对省级层面90余个人才工作文件进行全面梳理,抽出实用、好用、易用的政策"干货",使用词频软件进行了简单的分析处理。政策关键词词频排名靠前的分别是人才(149)、科技(104)、技术(89)、项目(82)、成果(81)、科技成果(66)、创新(64)、科研(63)、转化(61)、高层次人才(60)、奖励(59)、岗位(57)、职称(49)等。从关键词词频分析来看,山东人才政策有以下几个特点:一是重视高层次人才引进和使用。二是重视科技项目成果和转化应用。三是重视传统型奖励方式激励。山东省重点人才政策关键词词频图如图2所示。

图2 山东省重点人才政策关键词词频图

结合政策词频分析,对比苏浙粤等地人才政策和人才发展环境,山东人才发展还存在诸多短板和不足,主要体现在"六多""六少"。

(一)政府主导多,市场参与少

一是人才服务市场化水平不高。目前山东的人才工作以政府及单位为主导,一般是通过重大人才工程、各类人才计划等方式予以推进,人才中介机构和社会组织在人才猎寻、信息匹配等方面的参与程度较低,人力资源服务市场不完善,未能充分发挥市场及中介组织对人才供需的"桥梁"作用。据统计,2019年山东省人力资源服务业营业收入711亿元,仅占全国的3.6%,在全省GDP中也仅占1%。全省人力资源服务机构3 295家,从业人员6.98万人。山东没有一家像上海外服、北京科锐国际一样,本土生长出来的大型骨干人才服务龙头企业，高端产品供给不足，服务低端化，大部分业务集中在招聘、派遣、人事代理等较低层次。二是资金投入市场化机制不完善。目前，山东省在人才发展方面以政府投入为主，社会资本参与度低，没有形成以政府小投入引导撬动社会资本大参与的市场化、多元化机制。资金投入不足导致对人才的吸引力弱，缺乏竞争优势，高层次人才引进难、留住难。同比广州开发区管委会，以100亿元政府投入，发起成立广东人才投资股份有限公司，5年内将撬动1 000亿元社会资本，培育100家上市企业、1 000家高科技企业、10 000名高层次人才。三是人才激励市场化程度不强。科研院所、高等学校等事业单位受工资分配政策的约束，人才价值不遵循市场规律，在整体收益分配中所占比例过低，并且激励形式单一，股权、期权、分红和按知识、技术、管理、技能等生产要素参与分配的多样化激励机制尚未建立。加之科技成果转化率不高，渠道不畅通，人才价值难以兑现。

(二) 同质化政策多，特色创新政策少

一是人才政策同质化。从政策内容来看，山东出台的人才引进具体措施主要聚焦于户籍、出入境管理、薪酬待遇等方面，这不仅与其他省市的政策高度相似，而且在物质激励上难以与北京、上海、广东、江苏、浙江等省市竞争。省内各市之间同质化严重，未能精准对接产业发展新需求和经济发展新趋势，无法体现省及各市产业优势与地域特色。二是人才政策特色不鲜明。经过梳理发现，不少省市出台了清晰亮眼的项目计划，引领人才新政实施。如上海实施"人才高峰工程行动"，浙江全力打造"人才生态最优省份"，南京实施"宁聚计划"，郑州实施"智汇郑州"人才工程。而山东出台的人才新政缺乏鲜明特色，不够亮眼，受关注度不高，没有做到"人无我有，人有我优"。三是人才政策"含金量"不足。人才新政资金支持力度不够，竞争优势不明显。比如，西安、郑州、南昌、长沙等城市明确提出，举全市之力对外吸引人才，未来5年将安排100亿元人才发展经费等，而山东未在此方面提出明确目标。又如，广东省财政给予进站博士后每人每年30万元生活补贴，资助期限为2年；出站后留在广东工作的，给予每人40万元住房补贴。而山东对到企业从事博士后研究的人员，省财政给予每人每年5万元生活补贴，最长补贴3年，出站后留在山东工作的，给予每人15万元生活补贴。再如，广东今后5年预计支出63亿元用于支持博士后，而山东每年仅安排1 000万元财政预算。

(三) 高层次人才政策多，基础人才政策少

一是政策覆盖面窄。国内很多省市在注重引进高端人才的同时，加大了

对高校毕业生等群体的引进力度,长沙、武汉、西安、郑州等城市均明确提出未来5年引才百万的目标。山东各地市的人才政策把引进高层次人才作为主要目标,相对忽视了对本地人才资源的开发以及基础人才和中端人才的引进与培养。通过政策关键词词频分析,"高层次人才"词频排名靠前,远高于"高校毕业生"等词频。从政策制定出发点看,高校毕业生等数量庞大的青年基础人才群体,仅停留在解决就业层面,没有真正视其为丰富的人力资本,进行系统化、深层次的开发利用。二是对本省存量人才重视不够。存在以"引"为主、重"外"轻"内"现象,普遍认为"外来的和尚会念经"。例如,对入选的"山东省有突出贡献的中青年专家",五年管理期内仅每月给予1 000元科技奖金,没有任何项目和科研经费配套,与引进外来人才的投入悬殊。山东省专业技术人才高级研修项目三年累计投入,比不上给1名引进人才的资金资助。三是技能人才政策力度小。通过梳理人才政策发现,现有人才政策中对技能人才发展的政策较少且力度不大。通过政策关键词词频分析,"高技能人才"关键词排名第90位。相关政策力度不够,例如,各地的人才租房补助政策中,都未将技能人才纳入补贴范围。又如,山东省对于泰山产业技能类领军人才只给予50万元补助,低于其他产业领军人才。又如,齐鲁首席技师管理期内仅给予4.8万元补贴;山东省技术能手仅给予一次性2 000元奖励。

(四)物质激励多,环境营造少

一是激励政策结构单一。激励政策措施以福利、奖金为主,以风险报酬形式的激励较少,没有在人才激励政策上多维度发力。从政策梳理来看,激励政策主要重福利性政策轻发展性政策。福利性政策是指满足人才基本生存需求情况下,为其创造稳定成熟的物质环境,主要包括两个方面:一是满足如住房、户口、子女就学就业等的基本生存需求;二是包括工资薪酬、一次性补贴等与工作相关的待遇。发展性政策是指能够促进人才充分发挥其工作才能和潜力的相关政策,包括资金激励、创业优惠支持、培训、职业评定、晋升等。人才激励政策缺乏系统性,方式比较单一,以中短期物质激励为主,未能在长效政策制定上发力。

二是体制机制不灵活,用人单位用人自主权落实不到位。虽然出台了一些落实用人自主权的政策规定,但比较笼统,缺乏具体细则,用人单位发挥作用有限,尤其是科研事业单位引进人才审批手续烦琐,薪酬福利发放受限较多,灵活度低。在人才引进和使用上,看头衔、重资历、唯学历等问题仍然普遍存在,个别部门尊才重研意识亟待提高。省内精英的就业倾向多为政府部门或国有企业,从而在一定程度上扭曲了人才资源的合理配置,也不利于科研人员潜心于研究创新。

三是人才公共服务效能不高,人才发展软环境需改善。人才公共服务平台不健全,服务内容还不够丰富,服务流程有待进一步简化,联动服务、精准服务、高效服务不足,用人单位和人才办事不够便捷。人才服务还没有真正达到"只进一扇门""只跑一趟腿"的水平。公共服务配套滞后,在与国际化接轨、满足高层次人才特别是海外人才个性化需求方面有待加强。人才服务没有进入"大数据"时代。各类人才数据部门分割、条状分割严重,并且大多是小规模、封闭式、静态的信息孤岛,没有建立统一融合、开放共享、实时更新的动态"人才数据库",不能利用"大数据"技术进行大规模的人才资源信息采集和动态分析,导致人才底数摸不清,对用人单位和人才需求不掌握,无法做到"让数据多跑步、让人才少跑腿",难以提供精准、高效、便捷的服务。

(五) 注重人才引进多,注重人才匹配少

一是人才政策与人才自身需求匹配度不够。人才群体的年龄经历、行业领域、等级层次各不相同,需求和关注点就会存在差异。对高校毕业生群体来说,安家落户、收入保障、发展空间是关注焦点,对有一定发展基础的人才群体来说,子女教育、发展机遇是其关切重点,而更高级别的人才,关注焦点又有不同。据课题组 2019 年关于高校毕业生群体的调研显示,81.62% 的毕业生因"发展空间"因素选择离开山东就业位居所有因素的首位,而薪酬水平、就业机会是次要的考虑因素,分别占比为 76.24%、73.4%。在就业弹性不断增大的大背景下,高校毕业生就业不再是突出问题,其越来越关注就业质量以及未来的发展空间,毕业生从以前的注重薪资待遇和就业区域逐渐转变为更加注重提升空间和发展前景,而各地政府比较看重的户籍因素仅占 46%,即使"零门槛"落户,对高校毕业生群体的吸引力也不大。

二是人才引进与产业发展需求匹配度不够。发展需求与人才引进更好契合,才能有效形成更好发展的合力。当前人才工作中未能很好地预测所需人才类型并及时供应,缺乏对产业发展和人才需求的前瞻性预测,增加了在人才引进政策制定盲目性,减少了针对性。筑巢引凤不一定非要盯着诺贝尔奖得主,多关注与地方发展匹配的"潜力股",让优秀人才与地方发展共同成长,也是一种方向。

三是人才战略和战略性新兴产业不够协调。高精尖人才、产业人才数量少,拔尖人才多集中在高校、科研院所,未能流入企业,如在企业中的省突出贡献专家仅占26%。以人工智能领域为例，目前山东在人工智能领域的尖端人才、科研院校、科研投入、投融资、支持政策等方面明显落后于苏浙粤等省份。山东省有10家人工智能企业，位居全国第12位；人工智能人才投入量排名前20的科研院所中，山东高校无一上榜；人工智能渗透率也低于苏浙粤三省。人才战略和产业战略的不匹配制约了"互联网+"经济集聚效应和规模效应的形成。

(六) 制定政策多，宣传落实少

经过梳理，到目前省级层面各类人才政策近百个，基本涵盖各类、各层次人才，政策内容涵盖引进、培养、使用、评价、激励等各个方面。通过调研发现，在政策落地方面，存在关注人才政策制定，但政策宣传落实力度不够等问题。首先，山东省大部分人才政策的出台，主要采用通知、规划、意见等形式，缺乏实施细则，没有进行详细的政策解读，没有形成"1+N"的政策体系，指导性与可操作性不强，降低了执行效率。其次，人才政策的培训和宣传工作不到位。人才工作相关执行人员对政策理解与把握程度不尽相同，相关单位及人才不甚了解山东的人才政策，存在信息不对称问题，不少好的人才政策公众知晓度不够，造成一定的"政策浪费"。最后，不同部门及不同层级机构的人才政策存在碎片化现象，部分人才政策出台后，缺乏推动落实，缺乏督查检查，导致部分人才政策出现执行困难、政策落实不到位等问题，从而导致政策无法实现预期目标。

三、新形势下山东人才发展政策调整建议

人才政策极易被模仿复制，优越的人才生态环境才是持久竞争力。新形势下，山东人才发展政策体系要以服务八大发展战略、构建新时代人才发展治理体系为目标，抓住有利机遇，全力打造"最优齐鲁人才生态环境"，构筑山东人才集聚新高地。在借鉴吸收苏浙粤等地人才发展政策基础上，结合山东实际提出以下政策建议：

(一) 加强改革创新，优化完善人才发展机制

坚持问题导向，发挥市场作用，注重改革创新，不断优化完善人才发展机制，营造良好的发展环境。

一是突出特色，增强引才的针对性。突出"引才"和"留才"的针对性，促进人才布局、人才质量、人才结构与产业布局、产业层次、产业结构相适应。首先要立足于山东实际，突出山东特色，形成相对于其他省市的比较优势，省内地市要避免同质化竞争，通过差异化的政策实现优势互补，避

免"人有我有,照搬照抄"。其次要与山东经济结构、发展目标相适应,特别是与新旧动能转换的现实需要相匹配,既要避免一味追求领军人才、高端人才而忽视基础人才、中坚人才,也要避免只注重引进外来人才而忽视本地人才的培养和人力资源的开发,要让引进人才和本地人才比翼齐飞。建议对山东省新旧动能转换中涉及的重要产业,提前开展人才需求预测,定期动态发布人才引进目录,储备能够产生颠覆性技术变革、引领创新发展的人才资源。最后,要加大投入,用真金白银的待遇稳住人才。全面梳理各类人才应享受的待遇,抓紧督促落实。稳步提高现有人才待遇。在具体政策调整方面,建议山东顶尖人才从当前"最高5 000万元综合资助,6 000万元直投股权投资支持",升级为"不设上限",根据发展需要全力提供经费支持。同时,享有顶级团队创新创业自主权,顶尖人才可自主组建团队、自主支配经费、自主使用设备、自主决定技术路线。顶尖人才团队中符合条件的核心成员,直接纳入泰山学者工程等人才计划培养。同步提高泰山学者、省突出贡献中青年专家等高端人才待遇,缩小同南方发达省份差距。加大引才奖励力度,积极发挥引才主体作用,奖励由最高20万元提高到最高100万元,充分调动其引才积极性。

二是创新机制,增强育才的实用性。以山东省经济社会发展需求为导向实施人才培养工程,统筹省内产业、科技等各类资源,对重点领域的高层次人才和急需紧缺人才开展"订单式"引进与培养。创新人才培养模式,全面提升教育质量,加强对急需紧缺人才的培养和培训。建议参照江苏省"333高层次人才培养工程"的做法与经验,加大"泰山学者计划"的支持数量,特别加大青年科技人才支持的力度和规模,构建人才"金字塔"结构,夯实金字塔的基础部分,为"金字塔"的塔尖部分提供丰厚的人才储备。坚持基础教育、高等教育和技能教育并重,实行多层次多元化的人才培养模式。推动产教融合发展,鼓励具备条件的企业参与职业教育、高等教育。建议借鉴浙江政策,出台山东省高等教育质量提升计划,加快建设一批高水平大学,提升山东高校整体水平与本省科技人才的产出能力,同时加强高校"一把手"队伍建设,支持高校面向全球公开招聘院系负责人、学科带头人,加快构建与国际接轨的运行机制。建议加大突发事件应急人才队伍储备,依托高校扩大应急人才培养规模,提升应急人才素质,对特殊紧缺的人才通过定向引进或快速培养等方法及时补充。

三是丰富内容,增强激励的有效性。建议适当合并对人才奖励、资助项目的类型,提高激励的普惠性,避免高层次奖励和资助向少数人才的重复性设置。尽快完善与能力贡献相匹配、具有竞争性的薪酬制度，制定国有企事业单位人才股权期权激励政策，探索高校、科研院所担任领导职务科技人才获得现金与股权激励管理办法。建立畅通合理的职务职称晋升渠道，确保能者上、有贡献者上。定期开展各行业各类型"优秀人才""杰出人才"等评选表彰活动，对作出重大贡献的人才、人才工作者和集体给予精神和物质奖励，增强人才的成就感、荣誉感和归属感。借鉴江苏人才政策，对人才发展绩效明显的单位，给予奖励，既鼓励个人，也表彰单位，提高单位培养人才积极性。建议适当提高领军型创新创业团队财政资助资金可用于人力资源成本补助、科研项目补助和团队负责人协调管理费用，其中人力资源成本费支出比例不高于30%，软科学研究项目、社会科学研究项目和软件开发类项目，该项上限提高到40%。进一步加大间接费用核定比例，500万元以下的部分由20%提高到30%，500万元至1 000万元的部分由15%提高到25%，1 000万元以上的部分由13%调整为20%，同时保证间接经费的提取权和使用权。

四是简政放权，增强评价的科学性。落实事业单位用人自主权，实行人员控制总量备案管理的高校、科研院所等事业单位，自主管理岗位设置、自主安排执行用人计划、自主公开招聘各类人才、自主组织竞聘上岗和人员聘用管理、自主确定本单位绩效工资分配方式。支持鼓励事业单位引进高层次创新人才，经核准设置的专业技术岗位没有空缺的，可申请设置特设岗位，特设岗位不受事业单位岗位总量、最高等级和结构比例的限制。优化高层次人才职称认定方式，建议参照广东政策，高层次人才可直接认定正高职称资格，改变目前先申报后认定的模式。下放职称评审权，建议借鉴浙江政策，试行职称社会化评价，由行业龙头企业或协会结合行业自身特点，细化评价标准，制定行业人员评价标准，制定行业组织承接事务性工作管理相关规定，建成完善政府监督指导、业内公正评价的评审机制。注重企业家在科技创新中的重要作用，建立企业家职称评审直通车制度，科技型企业家可直接申报高级（含正高级）专业技术职称。探索建立完善高层次人才任期评估机制，对任期评估不合格的，取消相应待遇。

五是科学引导，优化人才有序流动机制。人才有序流动既可以促进人才的有序竞争，有利于生产力的发展，也可以避免人才的积压和浪费。各级政府应高度重视人才的流速与流向，在人才流动的大趋势中，采取有效措施，处理好流动与稳定的关系，促使引进人才与原有人才形成合力，人才群体（创新团队）和人员（尤其是领军人物）处于相对稳定的人才生态。相对落后地区要充分利用中央和省在经费投入、人才保障等方面给予的优惠政策，打造特殊引才吸引力，通过更加灵活有效的政策鼓励、市场引导等手段，引导人才向这些区域流动。完善高层次人才机动编制管理，在机关事业单位设置高端特聘职位吸引集聚急需的高层次专业人才，加快建立人才跨区域、跨单位选聘制度，破除党政机关、事业单位、企业尤其是中小民营企业之间的壁垒，让人才在体制内外畅通流动。健全人才流动的法律维护机制，完善包括知识产权、合同管理、服务年限、教育培养、服务配套、社会保障、进入退出机制等，通过完善制度，实现人才的无障碍流动。

（二）注重统筹兼顾，筑牢人才发展根基

在大力吸引人才的同时，注重内部挖潜，统筹兼顾各类人才，突出重点群体，着力夯实筑牢齐鲁人才发展根基。一是齐鲁青年人才储备工程。把握好有利时机，优化高校毕业生来鲁回鲁就业创业政策包，通过加大安居保障、见习机会并给予见习补贴、加大创业融资支持、优化创业环境等措施，留住用好家门口的毕业生，吸引外省优质毕业生资源，储备人才"蓄水池"，把就业压力转化为人口红利、人才红利。建议将高校毕业生留山东就业创业情况作为考核各市政府和高校的重要依据，充分发挥考核工作的激励和导向作用。二是齐鲁技能人才铸造工程。实施"技能强省"战略，建议制定《山东省职业培训条例》，统筹规划各类职业技术教育资源，建立健全技术技能人才培养体系，大力推进校企合作和国际化办学，探索扩大双元制大学教育模式。实施高技能人才培育行动，培育杰出技能人才、拔尖技能人才、优秀技能人才，形成技能人才梯队。建立技能大奖评选表彰制度，每两年组织一次"齐鲁技能大奖"评选，作为山东省技能人才最高奖项，并给予奖励。建立技术工人待遇保障与经济社会发展同步的增长机制。三是产业人才集聚工程。围绕八大发展战略和新旧动能转换"十强"产业、乡村振兴战略和海洋强省建设，统筹规划全省产业及人才布局，同步绘制产业地图与人才地图，培育各具特色、协同发展的城市产业集群，避免省内重复化恶性竞争和省外同质化低效竞争。各区域城市产业发展及人才引进切忌小而全，要充分利用各自优势，集中力量发展一项全国顶尖产业及科技产业园区，打造该产业国内最高端人才集聚区，在全国形成人才虹吸效应，实现"一区域城市—高端产业—人才高地"，如青岛海洋产业人才制高点、德州新能源产业人才制高点等。四是海外人才聚鲁工程。全球疫情背景下，吸引海外人才"回流"的拉力在增大，助推海外人才"回流"的推力也在增大，应抓住这一有利机遇期，吸引海外人才来鲁，特别是山东籍海外人才回鲁发展。借鉴江苏的做法，自上而下设立"海外高层次人才"服务专窗，提供落户、项目申报、法律咨询、高新技术产品认定等"一站式""保姆式"服务。对没有职称或越级申报职称的海外高层次人才,可根据本人实际水平、能力和业绩成果直接申报相应级别的专业技术职称;全职来鲁工作的世界前200强高校博士毕业生可免予评审,直接认定为省双创博士。同时,鼓励高校、科研院所、各类实验室、企事业单位研发部门开展国际合作,增加人才资源储备。

(三)聚焦重大战略,增强人才与产业发展匹配度

坚持深度融合,实施"产业+人才"专项行动。围绕产业链,部署创新链,打造人才链,完善资金链,配套政策链,以"五链融合"助推人才工作高质量发展。一是围绕产业链打造人才链。立足山东区域战略产业布局和本地实际,实施"产业+人才"专项行动,靠产业招人才、以产业集聚人才、为产业育人才,提高引育人才与产业发展的契合度,形成以产引才、以才促产、产才融合的良性格局。围绕战略性新兴产业发展,坚持高端引领,以重大项目集聚人才,重点对接与战略性新兴产业关联度高的紧缺型产业人才、创新人才和创业人才,实施项目和人才双向选择,提高引才的实用性和对接的成功率。围绕传统支柱产业转型升级,组建产业战略人才联盟、建立相关产业院士工作站等方式,引进产业转型升级所需关键性人才,以人才智力促进传统产业焕发新生机。围绕未来产业发展需求导向,制定总体及各产业人才发展规划,利用大数据和云服务动态调整和定期发布各产业紧缺人才目录,加强人才需求预测预警,并据此有针对性地面向全球精准引进所需人才。二是围绕人才链完善资金链。建立多元化资金投入机制,调动政府、企业、社会各方面积极性。加强对目前各部门人才资助计划的统筹力度,大幅度提升引进使用高端人才的资金支持上限,缩小同北上广深等地的差距。建议适当延长人才经费的支持时限,以6年为一周期进行核定和考核,为高端人才提供稳定持续长期的经费保障。撬动社会资本广泛参与,培育出更多"独角兽"企业和"瞪羚"企业。探索人才项目投入效果评估机制,逐步推行以奖代补、跟奖跟补,实现奖励与贡献实绩挂钩。充分发挥企业在人力资源投资上的主体作用,通过创新财税金融政策,改革人才投入管理体制,引导和推动企业成为人力资本投资主体。三是围绕人才链配套政策链。梳理整合现有碎片化的人才政策,制定相关配套政策,形成涵盖人才认定标准、创新创业支持、金融服务、生活保障等系统完善的人才政策体系,确保可操作、可执行、可落地。加强政策落实情况督查督办,建立人才政策落实台账和责任清单,明确责任主体和完成时限,打通政策落实"最后一公里",让人才享受"真金白银"的政策,最大限度释放人才政策红利。

（四）坚持高端引领，打造一流平台载体

坚持高端引领，在"筑巢引凤"上下功夫，打造一流平台载体，吸引国内外杰出人才和领军人才。一是打造高端研发平台。围绕新旧动能转换重大工程"十强"产业发展，积极争取国家在山东省建立或升级院士工作站、重点实验室、工程研究中心、工程实验室、技术创新中心等技术创新平台，力争在总量上实现大的突破。制定支持社会化新型研发机构发展政策措施，建议新型研发机构在政府项目承担、职称评审、人才引进、建设用地、投融资等方面可享受国有科研机构待遇，不断推进投资主体多元化、运行机制市场化、管理制度现代化新型研发机构建设，培育一批重大新型研发机构，引进一批高端新型研发机构，围绕产业技术创新链，开展产业共性关键技术研发、科技成果转化、产业技术服务。充分发挥国家技术高新区和高新技术企业的引才聚才作用，要有计划、有重点地扶持国家技术高新区和高新技术企业的发展。二是打造高水平大学集群。高校是人才第一资源和创新动力的重要结合点，是科技创新的重要策源地。建议实施高等教育强省战略，努力把山东大学、中国海洋大学、中国石油大学建成国际先进的高水平大学，把山东农业大学、山东财经大学、山东科技大学、济南大学、青岛大学、烟台大学等建成国内一流大学，把一批学科特色鲜明的高校建成国内特色高水平大学。重点在济南、青岛、烟台等中心城市建设国内外大院名校的研究生院和研究院集群，形成大院名校聚集区，以一流的大学、科研机构培育高端人才、汇聚高端人才。三是打造博士后"两站一基地"。围绕重点产业，通过专项资助奖励支持高校、科研机构、企事业单位设立博士通过后流动站、工作站、博士后创新实践基地。建议提高设站单位及在站博士后补贴标准，博士后工资、生活补贴、住房补贴等待遇向南方发达省份看齐，例如，"对新设立的博士后科研流动站、科研工作站，招收首位博士后研究人员进站启动创新项目后，给予设站单位10万元博士后研究人员招收补贴"调整为"对新增博士后科研流动站、博士后科研工作站、博士后创新实践基地的设站单位分别给予不少于50万元、50万元、30万元建站补贴"。山东在站博士后科研人员资助方面条件最高（国内重点，世界前200高校），资助金额最少（3年15万元），建议降低门槛，加大支持力度，将资助金额上调至每年15万元。建立博士后事业编制统筹使用机制，博士后可直接申报高级职称。鼓励支持研发能力强、产学研结合成效显著的企业独立招收博士后，推动博士后科研"两站一基地"与企业科技创新平台协同发展。设立博士后创新创业基金，引导撬动社会资本投入，通过股权、风险补偿等市场化机制，加快博士后科技成果转化。

（五）突出优质高效，健全全链条管理服务体系

以目标为导向，创新机制，突出优质高效，着力健全完善齐鲁人才全链条管理服务体系。一是构筑科学化人才工作考核体系。完善省、市、县（市、区）三级人才工作述职制度。建议开展机关、国有企业、高校、科研院所人才工作考核，考核结果作为领导班子和领导干部综合考评实绩分析的重要内容。建立科学务实的人才工作考核标准，不仅要看引进和培育人才的数量，而且要看人才的质量、结构、贡献、适用性以及在本地本单位的稳定发展程度。探索将人才作为要素市场化配置的重要指标，企业人才工作情况作为享受工业经济、用地指标、科技项目等方面优惠政策的重要依据。二是构筑全链条公共服务体系。加强人才公共服务专业化、标准化、信息化建设，整合服务资源，提升服务能力，丰富服务供给，改进服务手段，提高服务效能，为人才提供全方位一站式高效便捷服务。建议借鉴浙江人才网的做法，构建"齐鲁人才云"大数据平台，以高校毕业生数据和社保数据为基础，整合各部门各地方各产业人才数据资源，采集人才需求信息，动态掌握人才家底，加强人才供需预测预警，形成集人才项目数据库、人才管理平台、项目申评平台、人才服务平台、人才信息发布平台、人才流入流出监测、手机 App 于一体的信息化服务窗口，与政府公共人才服务平台共同形成山东人才"一张网"，实现"让数据多跑路，让人才少跑腿"。推进"一次办好"改革，优化营商环境，确保"人才绿色通道"、一对一"服务专员"、"保姆式"服务等制度真正落实到位。三是构筑立体化宣传体系。加大人才政策宣传力度，建立完善与新闻媒体沟通交流机制，创新宣传方式，充分运用微信、微视频等新媒体，深度解读政策，提升政策知晓度和普及面，让更多人才明确知晓自己在山东能够享受到什么服务、如何办理服务，让省内所有用人单位明确知晓如何落实人才政策并督促实施，形成全社会关心人才、支持人才的良好氛围。加强优秀人才事迹、人才工作典型的宣传，宣传推广一批重才爱才先进单位和人才工作先进经验。四是构筑常态化政策培训体系。建议面向高校、科研院所、企业等用才单位开展常态化政策培训，准确理解把握人才政策，用足用活用好政策。同时，面向各级人才工作部门开展常态化业务培训，提高政策执行力和服务水平，推动人才政策更好落地落实。

参考文献

[1] 艾医卫. 对做好当前人才工作的思考 [J]. 湖南行政学院学报，

2014（6）.

［2］孙锐. "十三五"时期我国人才管理体制改革相关问题探讨［J］. 国家行政学院学报，2016（3）.

［3］陈文权，李星. 我国地方政府"人才争夺大战"现象理论探讨——基于人力资源管理视角［J］. 天津行政学院学报，2018（5）.

［4］杨伟国. 构建人才强国战略的人才管理基础设施［J］. 中国行政管理，2018（2）.

［5］宋佳玲. 吉林省人才政策效能评价研究［J］. 合作经济与科技，2020（8）.

［6］黄婷燕，李远辉. 城市人才引进政策及启示［J］. 合作经济与科技，2019（11）.

［7］李占坡. 地方政府高层次人才引进政策创新研究［J］. 公关世界，2020（16）.

［8］李广凤. 吉林省人才引进的现实困境和破解策略研究［J］. 就业与保障，2020（9）.

［9］张柯，周晓瑞. 郑州市人才环境面临的问题调查及对策研究［J］. 河南科技，2014（22）.

［10］孙莹，肖利三，郭薇，等. 粤港澳大湾区语境下的珠海人才环境构建［J］. 中共珠海市委党校（珠海市行政学院）学报，2019（4）.

［11］韩健. "海河英才"行动计划背景下天津人才政策与人才环境研究——基于在津高学历青年人才的问卷调查［J］. 天津经济，2020（3）.

［12］姬养洲. 营商环境与人才环境［J］. 中国人事科学，2019（4）.

［13］赵超. 沈阳市及其他副省级城市人才环境的因子分析及政策建议［J］. 辽宁经济，2020（5）.

［14］郭壮. 人才评价机制改革的探索与研究［J］. 智库时代，2019（30）.

［15］余仲华. 人才评价工作中存在的六大问题［J］. 劳动保障世界（理论版），2012（9）.

［16］萧鸣政，张湘姝. 新时代人才评价机制建设与实施［J］. 前线，2018（10）.

［17］姬养洲，郑俐. 分类推进人才评价机制改革的重点、难点分析与思考［J］. 中国人事科学，2018（5）.

［18］郑录军，张立光，王媛. 新冠肺炎疫情对山东经济发展的影响、问

题及建议 [J]. 金融发展研究，2020（7）.

《新形势下山东省人才发展政策调整研究》
课题组成员名单

课题组长：
王　莹（山东省人力资源社会保障科学研究院院长、编审）
课题组成员：
张　杰（山东省人力资源社会保障科学研究院副研究员）
于真真（山东省人力资源社会保障科学研究院副研究员）
孙　倩（山东省人力资源社会保障科学研究院助理研究员）
邱士波（山东省人力资源社会保障科学研究院助理研究员）

本报告为中国人事科学研究院和山东省人力资源社会保障科学研究院合作完成。

太湖湾科创带建设干部能力盘点及应对策略研究[①]

提　要：毛泽东同志在党的六届六中全会上作出著名的"政治路线确定之后，干部就是决定的因素"重要论断，制定了正确的干部路线和干部政策，对总结抗战以来的斗争经验，明确党在民族战争中的地位，以争取抗战胜利起到了巨大的作用。同样，在建设太湖湾科创带这一重要历史任务面前，各级干部的能力素质起到了关键的决定性作用。本研究通过定性、定量和对标分析，提出太湖湾科创带高质量建设干部能力素质培训建议。

关键词：太湖湾　干部能力　素质框架

一、研究背景

（一）科技创新在国内国际双循环的格局中作用重大

2020年7月30日，中共中央政治局召开会议，提出加快形成以国内大循环为主体、国内国际双循环相互促进的新发展格局，并指出要更多依靠科技创新，这对我国未来的科技创新布局提出了新的要求。

以国内大循环为主体、国内国际双循环相互促进的新发展格局的构建，涉及我国科技经济社会发展格局的全方位转变，也是我国经济实现高质量发展的一个重要方面。其中，对科技创新提出的要求有两方面：一是要充分发挥科技创新在建设和强化国内国际双循环中的重要作用，以科技创新驱动国

[①]　本文系太湖湾科创带干部教育研究院2020年度委托中国人事科学研究院研究课题《太湖湾科创带建设干部能力盘点及应对策略研究》报告的部分内容。

内国际产业发展双循环；二是科技创新本身也要形成国内国际两个循环，即国内国际科技创新双循环，实现科技创新要素的国内循环畅通和国际创新要素的流动聚集。

我国一直坚持改革开放不动摇，当前也在致力于迈向更高水平的开放合作，科技对外开放合作正在发生一些变化，这些变化主要包括：一是由国际科技合作的"项目—基地—人才"三位一体转变为"项目—基地—人才—产业—组织—机制"六位一体，更加重视与产业、国内外组织和机构、国外先进科技体制机制的对接与合作。二是科技对外开放合作开始出现由引进来为主向引进来与走出去并重转变的势头，未来可承担更多地为人类命运共同体提供创新成果和创造知识的责任。三是对外科技合作由取长补短转变为扬长补短，既取他人之长补自身之短，也发挥自身长处打造优势与竞争力，为中华民族伟大复兴作出贡献。

（二）科创走廊建设成为科技创新内循环的大动脉

科技创新内循环的主要任务是构建重点产业的全创新链，即从基础研究到应用研究、开发研究和产业化的整个创新链条，克服卡脖子技术的短板，解决创新链的源头创新、突破性创新问题。当然，构建全创新链困难性非常大，一是我国创新链上游的基础研究相对于一些发达国家来说在许多方面还相当薄弱，且人才储备不足；二是我国在装备和科技仪器制造、新型材料和关键零部件技术等方面也存在短板，缺乏长期积累且在短期内难以跨越。另外，科技创新领域也存在比较优势和国际分工问题，创新链全部自给会导致成本上的不合理。

科技创新还存在生态圈的问题，这种生态圈最关键的是两个，一个是产业生态圈，应用软件是否丰富、是否通用就成为一个重要的产业生态问题；另一个是人才生态圈，即是否形成稳定的人才群落以及是否有适合人才群落扎根繁衍的软环境。

目前，全国各地的科创走廊方兴未艾，科创走廊的建设可望成为构建科技创新内循环，解决全创新链和产业生态问题的可行途径，我国的科技创新内循环建设可归结为三个关键词：链、圈、走廊。我国目前的科创走廊建设可以说是如火如荼。已经成型的科创走廊有三个。一是长三角G60科创走廊，二是粤港澳大湾区科创走廊，三是京雄科创走廊。正在规划建设的还有光谷科创走廊（光谷科技创新大走廊）、郑开科创走廊、成渝科创走廊等。

（三）高度重视太湖湾科创带建设

2020年11月，在无锡举办的第二届苏锡常一体化发展合作峰会上，苏州、无锡、常州三市共同发布了《苏锡常共建太湖湾科创带倡议书》,标志着太湖湾科创带的缘起。倡议坚持一体化布局,在构建区域协同创新体系上形成新格局;坚持战略化协同,在提升区域创新竞争力上展现新作为;坚持开放式共享,在优化区域创新资源配置上取得新突破;坚持系统化推进,在构筑区域创新创业生态上实现新提升。无锡市委、市政府高度重视太湖湾科创带建设,先后出台《无锡太湖湾科技创新带发展规划(2020—2025年)》等一系列文件,以"强富美高"为工作总纲,以建设国家级新区和打造"创新、协调、绿色、开放、共享"发展理念实践示范区为目标,主动对接长三角一体化发展国家战略,深度融入上海大都市圈合作体系,协同联动沪苏浙皖"环太湖"城市群,共同推进长三角科技创新共同体建设,全面建成拥湖生态标杆区、科产城人融合示范区、新兴产业策源地、科教智力集聚地、创业创新首选地,为长三角构建具有全球竞争力的世界级城市群提供有力支撑。

二、技术路线

本研究逐项开展基础研究,一是总结分析新时代干部能力素质要求,从党中央、江苏省和无锡市的角度分别进行梳理,从文件或领导讲话中梳理出62个能力要素。二是进行既往文献干部能力要素元分析,依托知网通过不同的关键词,锁定160篇文献,分析出17个重要能力要素,累计311频次。在以上研究基础上,尝试着建立太湖湾科创带建设干部能力素质的能力池,并以此为基础形成了相应的能力框架,作为盘点太湖湾科创带建设干部能力现状、短板和培训需求调查工具的重要基础。

太湖湾科创带干部能力素质框架里的能力要素来自五个方面:一是习近平总书记在2013年全国组织工作会议上提出的好干部标准。二是2020年习近平总书记在中央党校(国家行政学院)中青年干部培训班开班仪式上提到的新时代青年干部要具备的能力。三是太湖湾科创带建设对干部提出的新要求。四是苏南干部所具有的特色能力。五是国内外相似地区的经验所涉及的能力。共涉及35个能力要素和4个知识体系。

为了更直观地统计调查,本研究将35个能力要素进行了分解,共分解出104项意识和能力。合并同类项后共得到8项意识、62项能力。

本研究基于能力素质框架编制太湖湾科创带建设干部能力盘点调查工具,对三地干部进行分层分类的能力现状和培训需求调查。重点关注各类干部能力盘点和需求、知识盘点和需求、培训倾向等方面,通过定量分析形成太湖湾科创带建设干部能力盘点报告。

三、太湖湾科创带建设干部培训建议

（一）进一步发挥苏锡常干部教育联盟作用，整合三地培训资源

成立苏锡常干部教育联盟恰逢其时且非常必要，从苏锡常干部教育联盟建设目标的重要性和可行性分析来看，整体上重要性都超过可行性，可见需要进一步加大联盟落地力度，争取早日产生实效。同时，要加大联盟的宣传力度，让科创带干部知联盟、用联盟，让联盟切实为科创带干部素质提升提供支撑。

依托联盟，充分整合苏锡常三地干部培训资源，发挥苏州培训资源丰富性、无锡培训理念前瞻性、常州培训内容实用性的优势，打造太湖湾区一体化干部培训平台，在全国干部培训区域合作方面起到引领示范作用，打造干部培训全国样板。

（二）扩大干部培训开放性，提升干部培训现代化水平

充分发挥苏南人民突破精神，扩大湾区干部开放性。苏锡常三地人均GDP水平在全国处于领先位置，经济发展得好，干部培训必须在解决内生动力不足上做文章。跳出苏南看苏南的发展，要站在全国的视角下，站在世界湾区建设的视角下，在湾区协同和科创中心建设的国内外经验下，进行具有苏南特色的培训体系建设。

着力提升干部培训的现代化水平，在五个方面下功夫。第一，提升国际化水平。国际化是创新驱动发展的重要基础，是保持城市或区域高质量发展的前提条件，区域国际化水平不仅体现在营商环境建设上，也体现在营智环境建设上，干部培训的国际化培养是打造优质营智环境的重要一环。第二，提升市场化水平。更大力度实行干部培训"放管服"改革，干部培训要在竞争环境下采用市场化的手段，优中选优，与最优质的培训资源匹配。第三，提升专业化水平。专业化不仅体现在培训方式上，提升培训工作本身的专业化程度，同时也体现在培训内容上，增强科创带干部的专业化能力。力求专业人办专业事。第四，提升法治化水平。法治化是保护干部队伍成长的持续性基础，要着重于制度创新和政策创新，建立法治化的干部成长环境。第五，提升智能化水平。推动干部培训向智能化转型升级，打造能够吸引干部眼球并且能够充分驱动干部作用发挥的培养"软环境"。

（三）结合干部自身认知，把握培训重点和切入点

在干部的自我认知中，良好的责任意识、良好的工作与学习环境、良好的干部培训制度、个人能力和清晰的短板认识有助于自身工作水平的提升。

本次调查厘清了太湖湾科创带干部的个人能力现状和短板，下一步在培训制度和体系建设中，以岗位责任意识的养成为切入口，强化干部自我学习意识和能力提升，重点加强干部工作和学习环境建设。

(四) 创新培训形式，建立分层分类的干部教育体系

着力在解决干部学习动力不足的问题上下功夫。激发干部自我驱动力是提升干部能力素质的最有效方式。提升培训内容和形式的吸引力，创新情景模拟、研讨、调研、交流、案例、管理游戏等适用于新时代干部特点的培训方式，有针对性地解决培训形式单一、重理论轻实践等问题，建立学以致用的培训理念。

要根据不同地域，不同单位、不同岗位的干部诉求，建立分层分类的培训体系。例如国有企业干部更喜欢交流式的培训形式，而乡镇政府的干部更喜欢研讨式的培训形式。

《太湖湾科创带建设干部能力盘点及应对策略研究》课题组成员名单

课题组长：
范 巍（中国人事科学研究院企业人事管理研究室主任、研究员）
执行组长：
赵 宁（中国人事科学研究院企业人事管理研究室副研究员）
课题组成员：
王晓辉（中国人事科学研究院企业人事管理研究室助理研究员）
佟亚丽（中国人事科学研究院企业人事管理研究室副研究员）
赵智磊（中国人事科学研究院企业人事管理研究室研究实习员）

山西省"转型发展"背景下人力资源生态构建研究[①]

提　要：2020年5月，习近平总书记视察山西时，勉励全省大力实施"六新"突破，在"转型发展上率先蹚出一条新路来"。围绕山西省"转型出雏型"战略目标，根据生态理论，研究了人力资源、产业、教育之间的耦合关系，对山西省未来人力资源供给和需求进行了分析，构建出山西省"转型出雏型"战略目标下人力资源生态模型，并据此提出对策建议。

关键词：转型出雏型　人力资源　生态

一、引言

2020年5月，习近平总书记视察山西时，勉励全省大力实施"六新"突破，在"转型发展上率先蹚出一条新路来"。2020年6月，时任山西省委书记在山西省委十一届十次全体会议上作出"十四五"时期实现"转型出雏型"的战略部署。2021年10月，山西省委书记在全省第十二次党代会上指出：山西蹚出转型发展新路，就是要蹚出一条高质量发展之路。山西的经济转型，首先是要摆脱多年来对资源经济的依赖，实现产业多元化、高端化发展。同时，山西省"十四五"规划提出"一主三副六市域中心"的发展格局，以提升中心城市综合承载和辐射能力，带动县域全面发展。"转型出雏型"目标和新发展格局的确定，为山西未来经济社会发展指明了方向和道路。人力资源

[①] 本文系中国人事科学研究院2021年度研究课题《山西省"转型发展"背景下人力资源生态构建研究》报告的部分内容。

作为支撑经济社会发展的关键要素,不能成为转型发展的短板,而应成为促进转型的动力。

"十四五"时期,山西省"转型发展蹚新路"的战略目标是:转型发展蹚新路形成重大标志性成果,经济总量和省域经济综合竞争力全国位次稳步前移。一流创新生态基本形成,战略性新兴产业集群基本形成,规模以上工业企业数量突破1万家,战略性新兴产业增加值占 GDP 比重力争达到全国平均水平。基本形成绿色能源供应体系,支撑高质量转型发展的体制机制,生态文明制度体系,市场化法治化国际化营商环境,对外开放新高地,城乡融合发展形态,更加健全完善的民生保障体系。在此基础上,经过持续努力,到 2035 年经济总量达到全国中游水平,与全国同步基本实现社会主义现代化。

"转型发展蹚新路"所包含十二大战略任务中第一个任务就是实施创新驱动发展、科教兴省、人才强省战略,打造核心竞争力,把创新驱动放在转型发展全局中的核心位置,坚持"四个面向",进一步强化科技是第一生产力、创新是第一动力、人才是第一资源的理念,厚植创新优势,全力打造一流创新生态,充分激发全社会创新创造创业的潜力和动能,努力实现直道冲刺、弯道超车、换道领跑。

从统计数据看,山西省人力资源现状对区域经济社会发展的支撑作用并不明显。例如,2020 年,山西省人均 GDP 为 4.73 万元,较全国平均水平低 2.50 万元,排在全国倒数第五位(27 位),山西省人均产值存在较大提升空间,人力资源有待得到高效配置和有效开发。此外,国务院办公厅印发的《职业技能提升行动方案(2019—2021 年)》明确提出:到 2021 年年末,全国技能劳动者占就业人员总量的比例达到 25% 以上,高技能人才占技能劳动者的比例达到 30% 以上;截至 2020 年年底,全省技能人才 430 万,占就业人数的比重为 24.73%,高技能人才 80.68 万,占技能人才的 27.6%,达到国家平均水平。截至 2020 年年底,全省专业技术人才总量为 202.4 万人,比"十二五"末增加 32.4 万人,年增长率为 3.8%。技能技术人才不足,特别是高技能技术人才不足,与国家提出的要求存在一定差距,也成为阻碍山西高技术产业、战略性新兴产业发展的隐忧。人力资源管理工作是一个复杂的系统。一方面,人力资源工作涉及教育、培训、就业、保障、激励、服务等多个部门、多个环节。另一方面,人力资源配置以市场为主导,同时又存在社会福利属性。山西省人力资源政策,既要锚定转型目标,又要保障人民生活、保障社会稳定。所以,需要从系统的视角来看待区域人力资源开发、调节问题,在充分认识现有人力资源生态的基础上，特别是准确把握区域人力资源的动态变化规律的基础上，从政府视角提出行之有效的人力资源开发的方向与举措。

本研究以山西省"十四五"时期"转型出雏型"战略目标为背景，详细分析了全省人力资源耦合与供求现状，从人力资源生态构建视角，统筹协调改革、政策、项目等要素，提出优化全省人力资源配置的具体方向与举措，为山西省人力资源开发工作提供决策支撑。

二、理论综述

（一）人力资源生态系统

1935 年英国生态学家坦斯利（A. G. Tansley）比较完整地提出了"生态系统"这一名词。他认为生态系统是一定空间范围内，生物与非生物通过能量流动与物质循环过程，共同结合为一个生态学意义上的系统单位。在一定空间范围内，生物成分和非生物成分，通过能量流动和物质循环而相互作用、相互依存所形成生态系统这样一个功能单位。生态系统包含着丰富的科学思想，是生态学的一个基本单位，强调生态系统机构、功能及其稳定的重要性和实用性。

国内首次提出人力资源生态系统概念的是陈天祥教授（1999），提出人力资源生态系统是一个动态发展的系统，是人力资源与社会和自然的统一。人力资源生态系统是基于生态系统出发，将生态位理论与商业发展理论结合的产物，研究客体区域中各种类型的人力资源与周围的自然环境、社会环境共同组成的物质—能量—信息系统，包含个体、种群、区域、企业和宏观几方面。同时，人力资源生态系统是一个以人力资源为主体的特殊复合生态系统，具有物质、能量和信息流动的特定分布，有赖于自然生物圈提供的资源和服务，其核心是通过对自然生态系统运行规则的模仿，推进原有产业人力资源系统的发展和进化，从而形成一个与自然生态系统相互协调发展的复合生态系统。

在陈天祥教授研究基础上，2004 年，颜爱民教授在《人力资源管理理论与实务》中对人力资源生态系统进行了系统研究，提出各因素之间进行信息、物质以及能量的传递和转换；2011 年，又对企业人力资源生态系统稳定性进行了研究，将生态学研究思想与人力资源管理研究进行了融合，引入了系统工程与系统科学技术方法，明确了人力资源生态系统的研究范畴与内涵的界限；同时还对人力资源生态系统演化、复杂性、系统竞争、系统健康等问题进行了探讨，构建了人力资源生态系统研究的雏形。

不同学者从多个角度对人力资源生态系统的运行过程进行了评价。颜爱民和李顺（2009）提出了企业人力资源生态系统影响因素模型，通过主题识别得到影响企业人力资源生态系统稳定性的7个影响因素和28个指标。邓华（2006）提出政府支持、技术充足、成员多样、关键企业和合作距离是影响产业生态系统稳定性的五个重要影响因素。戴永和范明（2008）从知识链的视角出发，用人力资源生态系统去评价人力资源开发，用以提高企业整体竞争性、结构稳定性和环境适应性。商华（2014）从生态位的视角出发，提出了人力资源生态系统评价指标体系包含自然环境、经济环境、社会环境和科技环境四大维度的24个指标。王亚南（2016）提出区域战略性新兴产业人力资源生态系统包含产业中人力资源和产业内外部人力资源生态环境，产业人力资源生存力、竞争力和发展力三个方面，同时通过实证分析发现产业人力资源生态位能够提高管理竞争力、创新技术竞争力和营销竞争力。顾然和商华（2017）探讨了员工流动和影响因素，并设计了人力资源生态位为基础的员工流动模型，为企业如何留住员工提供一个相应依据。郭炳南（2018）基于生态视角，构建了江苏省人力资源生态系统评价指标体系。

（二）人力资源生态系统要素和特征

人力资源生态系统要素包括人力资源、社会环境和自然环境三个方面。人力资源包括个体因子和群体因子；社会环境要素包括政权、法律、军队、文化和经济等；自然环境包括气候、空气、阳光、土地、海洋、森林、动植物等。在特征方面，人力资源生态系统与生态系统具有相同的特征，即：开放性、整体性、相互关联性和动态性。

人力资源生态系统的主要特征是根据环境进行动态调整，为优化区域人力资源结构和人才战略，强化区域经济发展战略、增强区域经济发展竞争力提供动态支持。人力资源生态系统是谋求区域经济发展和人才环境优势的重要因素，评价和分析人力资源生态系统的结构，可以有效地解释区域内的人力资源流动行为。

（三）人力资源生态系统前沿理论

随着学术界对人力资源生态系统研究的不断深入，人力资源生态相关前沿理论也不断完善。本节从人才生态链理论、人力资源生态位理论和自组织理论出发，梳理人力资源生态系统的理论内涵，为后期研究提供理论基础。

1. 人才生态链理论

人才生态系统是指一个特定的区域和时间，有机地形成各类人才群体及其所处的环境（包括自然、社会、经济、政治和技术环境）。人才生态系统的建设可以学习自然生态系统食物链的原则，以及各种类别和级别。人才生态系统的物质和信息的交流是人类群体的能量流，创造了一个与自然生态系统类似的人才生态系统。

2. 人力资源生态位理论

1935 年，美国生物学家 A. G. Tanslay 提出了人力资源生态位概念及内涵生态系统的概念，具体内容是指生物体和他们的生活，与对方系统的环境功能相互影响，相互依存，相互制约的人力资源和环境之间的生态关系，例如，物质流，能量流等。相互交流的、客观存在的、所有信息流转换的运动。

3. 自组织理论

自组织理论是指在没有外部指令条件下，系统内部各子系统之间能自行按照某种规则形成一定的结构或功能的自组织现象。系统内部各子系统之间存在着非线性的相互作用，使得各子系统之间能够产生协同动作，从而可以使系统由杂乱无章变成井然有序。人力资源生态系统稳定性涉及因素众多，并且具有动态性和非线性的特征。人力资源生态系统中包含企业与部门、员工与企业、企业文化与员工、政府政策与企业等诸多因素间的复杂关系，系统各因素之间的关系呈现典型的非线性、动态、多变量、高阶次特征，最终影响着企业人力资源生态系统的稳定性。

三、山西省人力资源现状耦合关系分析

（一）评价指标体系构建

构建科学的评价指标体系是充分揭示人才、教育与产业耦合关系的首要条件。本文在严格遵循科学性、系统性、相对性、可操作性等原则的基础上，分别建立了人力资源、产业和教育评价指标体系。

1. 人力资源

人力资源发展评价方面，目前学术界关于人力资源发展评价主要涉及人力资源规模、人力资源结构、人力资源投入、人力资源产出几大方面，为本文构建人力资源评价框架提供了有益思路。但与此同时，既有文献一个突出问题就是选取了一些与"人力资源"的内涵、本质和特征相关程度较低的评价指标，而诸如人力资源总量、人力资源贡献率以及高技能人力资源比例等一些能够充分反映人力资源发展水平的核心指标却未能考虑在内，一定程度上影响了评价结果的准确性。本文则基于投入视角，从三个产业从业人数方面进行评价。

2. 产业

产业结构升级对就业的影响存在着争议：一方面，产业结构升级往往伴随着技术进步、资本深化的过程，中国正在走一条资本密集、排斥劳动的工业化技术路线，低技能劳动力长期供过于求，重工业化对就业造成负面影响；另一方面，产业结构升级带动资本密集型、技术密集型产业的发展，这些产业一般具有产业链长、产业关联度高等特征。同时，新兴产业的兴起、落后产业的淘汰以及生产要素在产业部门之间的转换都导致就业增加与就业减少并存，所以产业结构升级的净效应要依据经济与制度的情境条件。本文则基于投入视角，从三个产业产值进行评价。

3. 教育

学术界对教育评价指标的设计主要存在三种现象。一是以学生的综合素质、就业质量为教育评价指标，注重教育产出、结果性评价；二是坚持认为高等教育评价不仅要考虑教育输出、质量形成过程和教育质量的投入；三是从不同评价主体出发，设计与之相关的质量评价指标，目前已存在政府、企业、用人单位、学生、家长等评价主体相关的评价指标。本文则基于投入视角，从山西省高校本科毕业生人数、山西省高校研究生毕业生人数、山西省高校本科就读人数和山西省高校研究生就读人数四方面进行评价。

（二）数据来源

文中数据主要来源于 2011—2020 年《山西统计年鉴》和《国民经济和社会发展统计公报》（2011—2020 年）。在原始数据基础上对个别缺失数据运用均值替换法进行插补。

指数测算过程中，由于各指标间量纲不同而导致无法进行直接计算，故，首先，对各指标原始数据进行标准化处理。其中，正向指标利用公式 $X_{ij} = X_{ij} - X_{min} X_{ij} \times 100$ 进行标准化处理；逆向指标先取其倒数将其正向化后再进行无量纲处理；适度指标利用公式 $X_{ij} = |X_{ij} - A| \times 100$ 进行标准化处理，其中，X_{ij} 表示第 i 个指标下第 j 个省份的原始值，X_{ij} 为 X_{ij} 标准化后的值，X_{min} 是第 i 个指标下 30 个省份中最小值，A 表示第 i 个指标的适度值。其次，对经过无量纲化处理后的数据进行逐级、线性加权求和，得到地区人力资源、产业和教育各级分指数以及总指数。本文认为各级指标的下属指标均从不同方面提供了上级指标的相关信息，具有相同的重要性，因此宜采用等权重赋值。最后，将相关数据代入耦合关系测度公式，得出 2011—2020 年山西省人力资源、产业与教育的耦合程度。

（三）教育、人力资源和产业耦合协调度结果分析

2011—2020 年山西省教育、人力资源与产业耦合协调度逐年稳步提高，

耦合协调程度逐年向好，耦合度呈现倒 U 型，协调指数逐年增加，见表 1。其中，2011 年山西省人力资源、教育与产业三者处于严重失调状态，2012 年、2016 年山西省人力资源、教育与产业三者属于濒临失调，其余年份三者属于协调状态，2013—2015 年、2019 年山西省人力资源、教育与产业三者属于勉强协调状态。2017 年和 2018 年三者属于初级协调状态，2020 年三者属于中级协调状态。2011 年和 2019 年三者的耦合度小于协调指数，其余年份三者的耦合度大于协调指数。

表 1　2011—2020 年山西省教育、人力资源和产业耦合度

年份	耦合度 C	协调指数 T	耦合协调度 D	协调等级	耦合协调程度
2011	0.151	0.245	0.192	2	严重失调
2012	0.593	0.328	0.441	5	濒临失调
2013	0.662	0.394	0.511	6	勉强协调
2014	0.758	0.403	0.552	6	勉强协调
2015	0.685	0.402	0.524	6	勉强协调
2016	0.578	0.430	0.498	5	濒临失调
2017	0.782	0.509	0.631	7	初级协调
2018	0.711	0.554	0.628	7	初级协调
2019	0.554	0.601	0.577	6	勉强协调
2020	0.632	0.806	0.714	8	中级协调

山西省人力资源与产业耦合水平整体不高，具体见表 2。其中，2011 年、2018 年和 2019 年山西省人才与产业两者处于失调状态。2011 年山西省人才与产业两者属于濒临失调状态。2018 年山西省人才、教育与产业两者属于轻度失调状态。2019 年山西省人才与产业两者属于濒临失调状态。其余年份两者属于协调状态。2012 年、2013 年、2015 年和 2017 年两者属于初级协调状态。2014 年两者属于中度协调状态，2016 年两者属于勉强协调状态。2011 年、2016 年、2018 年和 2019 年两者的耦合度小于协调指数，其余年份两者的耦合度大于协调指数。

表 2　2011—2019 年山西省人力资源和产业协调耦合度

年份	耦合度 C	协调指数 T	耦合协调度 D	协调等级	耦合协调程度
2011	0.334	0.555	0.431	5	濒临失调
2012	0.764	0.537	0.64	7	初级协调

续表

年份	耦合度 C	协调指数 T	耦合协调度 D	协调等级	耦合协调程度
2013	0.807	0.55	0.666	7	初级协调
2014	0.889	0.582	0.719	8	中级协调
2015	0.756	0.587	0.666	7	初级协调
2016	0.561	0.565	0.563	6	勉强协调
2017	0.857	0.452	0.622	7	初级协调
2018	0.305	0.38	0.34	4	轻度失调
2019	0.415	0.427	0.421	5	濒临失调

山西省人力资源与教育耦合水平相对较低，但协调度下降明显，具体见表3。其中，2011年山西省人力资源与教育两者处于严重失调状态，2012年、2013年和2019年两者属于濒临失调状态，其余年份两者属于协调状态，2012年、2013年、2018年和2019年两者属于勉强协调状态，2014—2018年两者属于勉强协调状态，2020年两者属于初级协调状态。2011年、2019年和2020年两者的耦合度小于协调指数，其余年份两者的耦合度大于协调指数。

表3　　2011—2020年山西省教育和人力资源耦合度

年份	耦合度 C	协调指数 T	耦合协调度 D	协调等级	耦合协调程度
2011	0.182	0.099	0.135	2	严重失调
2012	0.623	0.202	0.355	4	轻度失调
2013	0.582	0.402	0.484	5	濒临失调
2014	0.683	0.407	0.527	6	勉强协调
2015	0.695	0.450	0.559	6	勉强协调
2016	0.687	0.491	0.580	6	勉强协调
2017	0.714	0.497	0.596	6	勉强协调
2018	0.633	0.503	0.564	6	勉强协调
2019	0.451	0.502	0.476	5	濒临失调
2020	0.527	0.727	0.619	7	初级协调

2011—2020年山西省产业与教育耦合协调程度较高，具体见表4。其中，2011年山西省产业与教育两者处于严重失调状态，2012年两者属于轻度失调状态，2013—2016年山西省产业与教育两者处于濒临失调状态，其余年份两者属于协调状态。2017年和2018年两者属于初级协调状态，2019年两者属于中级协调状态，2020年两者属于优质协调状态，2011—2020年两者的耦合度

都大于协调指数。

表4　　　　　　　2011—2020年山西省产业和教育耦合度

年份	耦合度 C	协调指数 T	耦合协调度 D	协调等级	耦合协调程度
2011	0.182	0.099	0.135	2	严重失调
2012	0.623	0.202	0.355	4	轻度失调
2013	0.668	0.270	0.425	5	濒临失调
2014	0.719	0.323	0.482	5	濒临失调
2015	0.610	0.340	0.456	5	濒临失调
2016	0.479	0.376	0.424	5	濒临失调
2017	0.743	0.509	0.614	7	初级协调
2018	0.737	0.600	0.665	7	初级协调
2019	0.748	0.691	0.719	8	中级协调
2020	1.000	0.990	0.995	10	优质协调

总之，2011—2020年山西省人力资源、教育与产业耦合协调度逐年稳步提高，耦合协调程度逐年向好，耦合度呈现倒U型，协调指数逐年增加。其中，山西省人力资源与产业耦合水平不高，人力资源与教育耦合水平相对较高，山西省产业与教育耦合程度较高。

（四）原因分析

2011年以来我省人力资源、教育和产业三者之间的耦合协调发展关系发生变化，具体原因如下：

1. 市场主导人力资源配置作用尚未发挥

山西省从"五五""六五"时期开始，产业结构以能源重化工产业为主，区域经济的资源依赖程度逐步加强。资源依赖带来的一个重要弊端是制约了区域市场机制的发展，市场在资源配置的主导作用不强。这一弊端同样体现在了人力资源的配置上。一方面，国有企业、事业单位改革不到位，造成大量人才低效率配置集中在公有部门，非公经济人力资源需求得不到有效满足；另一方面，人力资源市场发展相对滞后，人力资源服务业企业规模、水平有待提升。市场在人力资源配置中的主导作用不强，可能导致人力资源的错误配置和低效配置，人力资源不能根据市场发出的供求信号以及产业发展趋势进行快速调节和配置。从课题研究结论来看，山西省人力资源在三个产业分布和具体产业分布中，都存在需要进一步优化调整的可能，这就需要加强市场在人力资源配置中的主导作用。

2. 资源型经济的依附作用阻碍人力资源结构调整

资源依赖度强的另一个直接影响是对非能源产业产生"挤出效应"，将各类产业发展资源"锁定"在资源部门。山西省人力资源在资源部门的集中现象非常明显。按照就业情况计算资源依赖度,2019 年山西省的资源依赖度为 0.185,排在全国首位。从资源依赖度的变化趋势来看,2019 年山西省资源依赖度有所回落,与煤炭产业的景气程度存在关联,但仍处于一个较高水平,如果煤炭产业景气程度上升,山西省资源依赖度仍存在上升的可能。因而,从目前的发展态势看,山西省资源型经济转型所带来的产业结构调整,还尚未撬动原有的人力资源均衡,资源型经济部门的人力资源吸附作用,是未来山西省人力资源结构调整的一个阻碍。

3. 区域人口吸引力不足

从课题研究结论来看,山西省区域人口吸引力较其他省份存在差距,人口总量略有下降;除省会城市太原人口有所增加外,其他城市的人口数量均略有下降或变化不明显。同时,人口城镇化率低于全国平均水平,未来城乡人口流动仍将持续。说明山西省新空间发展格局尚未建立,城市与人口之间尚未构建起相互促进的和谐关系。城市基础设施、吸纳就业能力、公共服务水平等方面仍需要进一步加强,城市接纳农村转移人口的能力仍需要提升。区域人口吸引力不足、人口流动存在的制度性障碍成为影响区域人力资源培育、引进的重要影响因素。

4. 人力资源政策的改革力度与推进程度不协调

随着省域间人力资源竞争的加速,各地区除利用原有区位优势吸引人才外,纷纷加大了人力资源奖励、激励政策。同时,随着深化科技体制改革的推进,国家、省市对科技人员的激励力度也在加大。对于知识型员工而言,人力资源政策应从个人成长、工作自主、业务成就、金钱财富四个维度展开,这就涉及人力资源评价政策、激励政策、管理制度、保障政策等多个方面。通过对人力资源政策改革力度进行横向比较发现,人力资源政策的改革力度与推进程度存在不平衡现象,这一现象在山西省同样存在。

5. 教育改革成效尚未显现

从课题研究结论来看,山西省教育与人才之间的协调度尚可,但是从长期来看,教育主动适应经济社会发展战略和产业变革的能力还不够强。主要原因在于教育与产业发展的连接与融合不够紧密,高等教育质量不能满足本地高层次人才需求,职业教育发展相对滞后导致高技能人才短缺现象突出,专业设置与调整方向与产业发展趋势没有完全统一。"十四五"时期,山西省需要全面提高基础教育质量、深入推进高等学校分类发展、实现职业教育全面振兴。

四、山西省转型背景下"十四五"期间人力资源供给与需求预测

（一）"十四五"期间人力资源需求预测

从长期看，区域经济增长的一个重要推动力来自科技进步和人口增长。而人均 GDP 指标可以反映劳动生产效率，劳动生产效率的背后是科技的支撑；人均 GDP 也可以反映人口与经济规模的关系。因而，本研究以人均 GDP 为关键变量，进行山西省三个产业人才需求的预测。

1. 三个产业人均产值变化趋势

先进行三个产业人均产值预测，在此基础上预测三个产业未来人力资源需求。2011—2019 年山西省三个产业人均产值计算过程见表5。

表5　　　　　　　　山西省三个产业人均产值变化　　单位：亿元；万人；万元

年份	第一产业			第二产业			第三产业		
	第一产业生产总值	第一产业从业人员	第一产业人均产值	第二产业生产总值	第二产业从业人员	第二产业人均产值	第三产业生产总值	第三产业从业人员	第三产业人均产值
2011	641.40	649.40	0.99	6 577.80	468.00	14.06	3 880.90	621.50	6.24
2012	697.90	647.10	1.08	7 009.10	489.90	14.31	4 405.90	653.10	6.75
2013	773.80	650.60	1.19	6 792.70	519.10	13.09	5 035.80	674.50	7.47
2014	788.10	662.10	1.19	6 343.30	505.30	12.55	5 628.00	694.90	8.10
2015	788.10	666.60	1.18	5 224.30	491.70	10.62	6 790.20	714.40	9.50
2016	784.78	670.50	1.17	5 028.99	481.10	10.45	7 236.64	756.60	9.56
2017	719.16	670.70	1.07	6 778.89	483.80	14.01	8 030.37	759.60	10.57
2018	740.75	643.80	1.15	7 074.46	442.40	15.99	8 142.92	824.70	9.87
2019	824.72	666.70	1.24	7 453.09	396.20	18.81	8 748.87	824.70	10.61

从三个产业人均产值变化趋势可以看出（见图1），第一产业人均产值、第三产业人均产值均保持了平稳缓慢增长，第二产业人均产值存在一定波动，主要受到宏观经济周期的影响，消除波动后，稳定保持上升趋势。

2. 以人均产值平稳增长为前提的需求预测

采用线性回归方法对三个产业人均产值进行预测。以期数为自变量，分别以三个产业人均产值为因变量，建立回归方程，可以对"十四五"时期山西省三个产业人均产值进行预测。得到的回归方程如下：

$$第一产业人均产值 = 1.059\ 9 + 0.015\ 99 \times 期数$$
$$第二产业人均产值 = 11.780\ 2 + 0.397\ 1 \times 期数$$
$$第三产业人均产值 = 5.865\ 7 + 0.575\ 3 \times 期数$$

根据以上回归方程，预测出的三个产业人均产值见表6。使用产业规模预

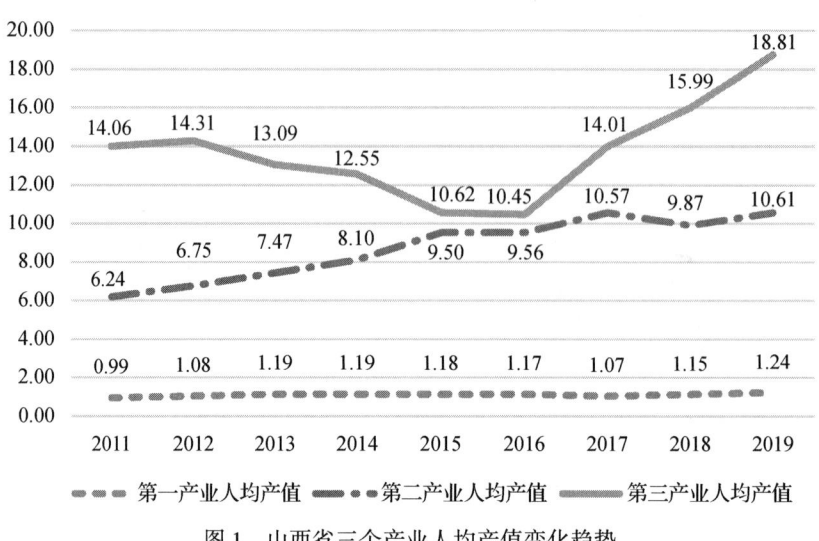

图1 山西省三个产业人均产值变化趋势

测值除以人均产值预测值可以得到"十四五"时期山西省人力资源需求。值得注意的问题是,将三个产业人力资源需求进行汇总计算,可以明显看出,要通过人力资源投入实现"十四五"时期产业发展目标,"十四五"时期的人力资源投入要明显增加。结合最近一次人口普查结果看,由于山西省人口总量基本保持不变,因而在短期内快速进行充足的人力资源补给是较难实现的。

表6　　　　　　　　按照人均产值进行预测结果　　　　单位:亿元;万人;万元

年份	第一产业			第二产业			第三产业		
	第一产业生产总值	第一产业从业人员	第一产业人均产值	第二产业生产总值	第二产业从业人员	第二产业人均产值	第三产业生产总值	第三产业从业人员	第三产业人均产值
2021	989.28	800.52	1.24	8 579.92	531.32	16.15	9 847.92	807.60	12.19
2022	1 033.80	825.86	1.25	9 578.68	578.93	16.55	10 746.36	841.58	12.77
2023	1 080.32	852.14	1.27	10 695.24	631.27	16.94	11 719.16	878.19	13.34
2024	1 128.93	879.40	1.28	11 943.65	688.81	17.34	12 771.61	917.51	13.92
2025	1 179.74	907.66	1.30	13 339.60	752.09	17.74	13 909.28	959.58	14.50

3. 以就业平稳增长为前提的资源需求

以人均产值稳步增长为前提的预测受到就业规模的制约,有必要在就业规模平稳增长的前提下进一步进行预测。根据山西省三个产业从业人员历史数据进行回归分析,回归方程如下:

就业人数 = 1 763.536 + 19.048 33 × 期数

在此基础上进一步对三个产业从业人员占就业总数的比重进行分析。通过对历史数据的观察发现，如图2所示，山西省三个产业从业人员占就业总数的比重变化趋势较为稳定，一产、二产从业人员占就业总数比重持续下降，三产从业人员占就业总数比重持续上升，这与经济转型过程中产业结构调整和产业科技快速发展趋势存在关联。同样可以通过回归分析方法对各产业占就业总数的比重进行预测，得到的回归方程如下：

第一产业从业人数比重 = 0.368 2 − 0.002 73 × 期数
第二产业从业人数比重 = 0.292 7 − 0.007 33 × 期数
第三产业从业人数比重 = 0.339 1 + 0.010 063 × 期数

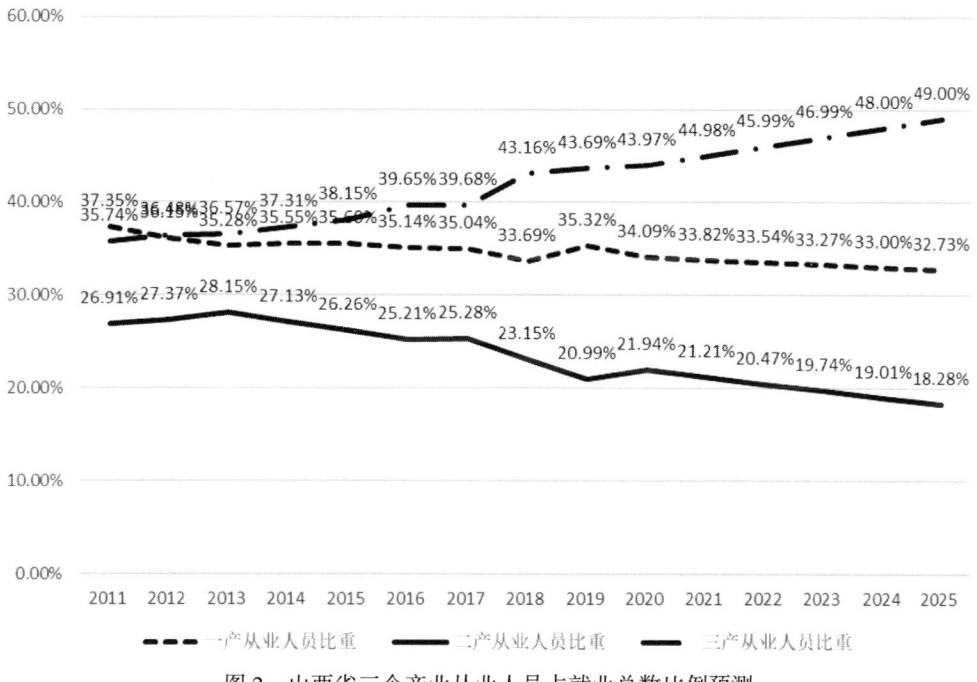

图2 山西省三个产业从业人员占就业总数比例预测

根据以上分析，可以对山西省"十四五"时期各年份三个产业从业人数进行推算，从预测结构看，第一产业就业人数保持稳定，未来预计人力资源需求在667万~671万人；第二产业就业人数下降明显，未来预计人力资源需求在418万~375万人，倒逼第二产业人均产值需从2019年的18.81万元上升到35.62万元，第二产业人均产值增速同样面临挑战；第三产业就业人数稳步增长，未来预计人力资源需求在887万~1 004万人，见表7。

表 7　　　　　　　　　按照就业人数规模保持稳定增长情况下的预测

单位：亿元；万人；万元

年份	第一产业			第二产业			第三产业		
	第一产业生产总值	第一产业从业人员	第一产业人均产值	第二产业生产总值	第二产业从业人员	第二产业人均产值	第三产业生产总值	第三产业从业人员	第三产业人均产值
2011	641.40	649.40	0.99	6 577.80	468.00	14.06	3 880.90	621.50	6.24
2012	697.90	647.10	1.08	7 009.10	489.90	14.31	4 405.90	653.10	6.75
2013	773.80	650.60	1.19	6 792.70	519.10	13.09	5 035.80	674.50	7.47
2014	788.10	662.10	1.19	6 343.30	505.30	12.55	5 628.00	694.90	8.10
2015	788.10	666.60	1.18	5 224.30	491.70	10.62	6 790.20	714.40	9.50
2016	784.78	670.50	1.17	5 028.99	481.90	10.45	7 236.64	756.60	9.56
2017	719.16	670.70	1.07	6 778.89	483.80	14.01	8 030.37	759.60	10.57
2018	740.75	643.80	1.15	7 074.46	442.40	15.99	8 142.92	824.70	9.87
2019	824.72	666.70	1.24	7 453.09	396.20	18.81	8 748.87	824.70	10.61
2020	946.68	666.13	1.42	7 686.45	428.71	17.93	9 018.80	859.24	10.50
2021	989.28	667.23	1.48	8 579.92	418.43	20.51	9 847.92	887.47	11.10
2022	1 033.80	668.24	1.55	9 578.68	407.87	23.48	10 746.36	916.09	11.73
2023	1 080.32	669.13	1.61	10 695.24	397.02	26.94	11 719.16	945.08	12.40
2024	1 128.93	669.93	1.69	11 943.65	385.90	30.95	12 771.61	974.47	13.11
2025	1 179.74	670.62	1.76	13 339.60	374.50	35.62	13 909.28	1 004.23	13.85

4. 对人力资源需求结果的修正

从山西省"十四五"人力资源需求的两个预测结果可以看出两个重要问题：一是人力资源规模与人均产值存在矛盾，人力资源规模或人均产值没有明显提升的情况下，"十四五"时期的山西省经济发展目标无法实现；二是预测结果的矛盾主要集中在第二产业，第一产业与第三产业的预测结果的可实现度较高，第二产业目标的实现存在一定障碍。

需要在预测的基础上，考虑其他因素的影响，对预测结果进行一定范围的修正，从而得到一个更加科学的结论。一方面，在乡村振兴战略和区域空间不断优化的情况下，第一产业人均产值的增速可能超出平均水平，城市化率可能进一步提速，山西省"十四五"规划中也提出："十四五"时期山西省常住人口城镇化率要由59.55%提升到68%，因而可能存在第一产业就业人口向二、三产业加速流动的可能。另一方面，随着山西经济转型的加速，特别是一批重大制造业项目的落地，可能实现生产效率的快速提升，如果到2025年，山西省第二产业人均产值能够达到25万人左右，第二产业人力资源需求可能会增加，通过第一产业人口流动和就业结果的调整，这一目标是可能实现的。

综合以上结果,"十四五"末,山西省人力资源需求为:第一产业从业人员要降低到 600 万人左右,第二产业从业人员保持在 380 万人左右,第三产业从业人员稳步增长到 900 万人左右,全省从业人员规模达到 1 800 万人左右。同时,一、三产业人均产值保持稳定增长,第二产业人均产值保持较快增长,"十四五"时期山西省经济发展目标是可以实现的。

(二)"十四五"期间人力资源供给预测

1. 人力资源供给规模预测

"十四五"期间我省的人力资源预测结果通过 2021—2025 年山西省年龄人口数量体现。国际上通常采用 15~64 岁人力资源认定为人力资源。以 2021 年山西省第七次人口普查数据为基础数据,使用人口宏观管理与决策信息系统(PADIS)对 2021—2025 年的山西省人力资源数量进行预测,见表 8。在此基础上,再根据年龄比例计算调整后 15~59 岁的山西省人力资源数量。

表 8 2021—2025 年山西省人力资源数量预测 单位:万人

年份	15~64 岁人力资源数量	15~59 岁人力资源数量
2021	2 548.89	2 242.79
2022	2 538.92	2 234.02
2023	2 529.23	2 225.49
2024	2 519.82	2 217.21
2025	2 510.66	2 209.15

借助软件 SPSS26.0 对"十四五"期间的山西省人力资源数据进行描述性分析,归纳整理出"十四五"期间的山西省人力资源的特点和基本趋势。

第一,山西省人力资源呈现逐渐下降的趋势。山西省 15~64 岁的人力资源由 2021 年的 2 548.89 万人下降到 2025 年的 2 510.66 万人,相比 2021 年,人力资源下降了 38.23 万人。不论从山西省人力资源的绝对数量,还是所占比重都呈现下降趋势,山西省人力资源所占比重下降幅度更大。

第二,山西省人力资源结构将面临老化现象。25~44 岁的人力资源以及 45~64 岁的人力资源在山西省人力资源中占比较高,且呈现缓慢增长的趋势。25~44 岁的人力资源所占比重略高于 45~64 岁的人力资源比重,但 45~64 岁的人力资源增长幅度大于 25~44 岁的人力资源。预计到 2025 年,45~64 岁人力资源的绝对数量将超过 25~44 岁的人力资源数量,山西省将面临老龄化问题。

第三,山西省人力资源存在流失现象。"十四五"期间山西省人口自然增长率为正,但山西省人口数量和人力资源数量都在下降,充分说明山西省不论是人口还是人力资源都存在流失现象。

2. 高校人才培养结构预测

高等教育专业调整方向部分与山西省人力资源需求相一致,部分存在较大矛盾。山西省高等教育毕业人数五年变化率与各行业岗位需求人数占比的对比分析表见表9。从中可以看出,制造业得到较好的人才支撑,但是在生物医药、环保等未来产业发展方向上,人才储备明显不足。采矿业人才需求占比不高,同时根据前文分析,采矿业人才需求存在稳中有降的趋势,在资源开发与测绘专业人才培养规模大幅扩大,未来存在供大于求的趋势;相反,在材料与能源领域,人才培养不足。建筑业是第二产业重要组成部分,人才需求量大,但是山西省高校建筑类人才培养规模不足。文化、体育与娱乐业人才需求规模适中,但是在艺术学五年毕业生变化率排在全部专业的首位,为山西省文化事业的发展储备了大量的人力资源。此外,公共管理、水利等专业同样存在人才培养供大于求的情况,见表9。

表9　山西省高等教育毕业人数五年变化率与各行业岗位需求人数占比对比

岗位需求	占岗位需求总数比重（%）	专业培养	五年平均变化率（%）
制造业	24.64	工学	2 064.30
		理学	174.45
		▲生化与药品	-4.63
		▲环保、气象与安全	-26.12
		轻纺、食品	41.39
采矿业	3.25	▼资源开发与测绘	1 478.45
		▲材料与能源	-19.09
建筑业	7.48	▲土建	0.33
文化、体育和娱乐业	2.51	▼艺术学	3 302.59
		旅游	2.63
		艺术设计传媒	16.48
金融业	2.44	经济学	55.02
		财经	2.02
教育	4.62	文化教育	-27.55
		教育学	53.78
公共管理、社会保障和社会组织	0.55	▼公共事业	79.93
信息、计算机服务和软件业	7.06	▲电子信息	39.36

续表

岗位需求	占岗位需求总数比重（%）	专业培养	五年平均变化率（%）
交通运输、仓储和邮政业	3.91	交通运输	34.54
卫生和社会工作	1.87	▲医学	18.15
		医药卫生	9.38
水利、环境和公共设备管理业	0.87	▼水利	342.12
农业	2.99	▲农林牧渔	47.88

注：▼为人才培养过剩专业；▲为人才培养不足专业。

根据《山西省"十四五"人力资源开发、教育改革发展规划》，"十四五"时期，山西省高校在校生规模不会发生较大变化，但将进一步优化专业结构。中等职业教育在校生人数将稳步提升，从 2020 年的 39.20 万人提升至 2025 年的 45 万人；职业教育本科在校生人数将达到 4 万人。

3. 技能人才供给预测

技能人才比例不高，特别是高技能人才比例不高，已成为制约我省经济发展的短板之一，见表 10。因此，"十四五"规划提到，到"十四五"末，山西省技能人才总量计划到 700 万，高技能人才达到 210 万，每年需增加技能人才 54 万人，高技能人才 18.4 万人。以此为依据，利用趋势预测法预测"十四五"期间从业人员数量，利用年均增长 54 万人预测技能人才总量，利用高技能人才比例 30% 推算高技能人才数量，见表 10。

表 10　　　　2017—2021 年技能人才分布表　　　　单位：万人

年份	2017	2018	2019	2020	2021
从业人员数	1 696	1 654	1 606	1 552	1 493
技能人才数	484	538	588	638	700
技能人才比例	28.54%	32.53%	37.89%	41.11%	46.89%
技能人才数	484	538	581	638	700
高级技能人才数	145.2	161.4	176.4	191.3	210
高技能人才比例	30%	30%	30%	30%	30%

五、转型发展背景下人力资源生态模型构建及政策建议

（一）人力资源生态模型构建

人力资源生态系统是指人力资源群体与区域内自然环境、社会环境、经济环境和文化环境等共同组成的物质-能量-信息系统。人和自然的双重属性决定了人力资源生态系统中自然环境和社会环境物质和信息的交流，系统结

构的调整、人力资源与其生态位的匹配本质上是系统内人力资源优化配置的动态过程。因此，人力资源生态系统应对环境的动态调整，可以优化区域人力资源结构和人才战略，强化区域经济发展战略、增强区域经济发展的竞争力。

"十四五"期间，山西将进入一个转型发展的重要时期，对各类人才的需求急剧增加。然而，山西省人力资源转化速度偏慢、人才流失、关键人才和高端人才短缺等问题是制约山西经济跨越式发展的瓶颈，亟需构建适合山西省转型发展的生态系统，并通过改善宏微观环境和人力资源自身子系统，实现人力资源生态的良性循环，确保转型发展目标的实现。

人力资源生态模型构建思路如下：在山西省"转型发展蹚新路"提出的形成创新生态、基本形成战略性新兴产业集群、基本形成生态文明制度体系和基本形成市场化法治化国际化营商环境的目标要求下，本研究从人力资源、产业和教育三个角度出发构建人力资源发展的闭环生态系统。人力资源生态模型由外到内顺序分析如下：

第一，山西省"转型出雏型"战略目标的实现离不开现有的经济发展下的宏观和微观环境。对人力资源起重要作用的是政策支持、文化渗透、人口流动和金融支持，四者共同作用于生态系统主体，共同影响生态系统发展。

第二，人力资源、产业和教育三者之间构成人力资源生态循环系统。首先，人力资源为全身经济转型提供人才保障，其自身也在通过不断学习，在总结和分解旧知识的基础上学习新知识，为融入人力资源生态环境做准备，因此，也可认为是生态的分解端；产业为生态的需求侧，提出用人需求，也可认为是生态系统的消费端；教育为生态的供给端，为生态系统知识更新提供保障。其次，如上文所述，人力资源促进教育发展，人力资源自身的知识结构、自身需求促进高等教育、职业教育和基础教育的提升；教育对产业有回应作用，产业提出人力资源要求，需要教育满足；产业发展主导人力资源发展方向，产业发展提出的对人的需求，会迫使人力资源调整自身的知识结构。再次，人力资源为产业提供人力保障；产业发展推动教育发展，为教育发展提出教育需求；教育的结果支撑着人力资源的综合知识结构。最后，三者应该在经济转型目标要求下耦合协调发展，才能发挥生态系统功效；尚未实现耦合协调发展的系统会阻碍转型目标的实现。

第三，人力资源本身具有主观能动性，我省应大力实施人才强省战略，为人力资源生态提供高层次人力资源。应牢固树立人才是第一资源的理念，坚持引育并举、刚柔结合、以用为本，创新人才机制，优化人才环境，提升人才服务水平，让各类人才各安其位、各得其所、各展所长、各尽其才，为转型发展提供强大智力支撑。

人力资源生态模型如图3所示。

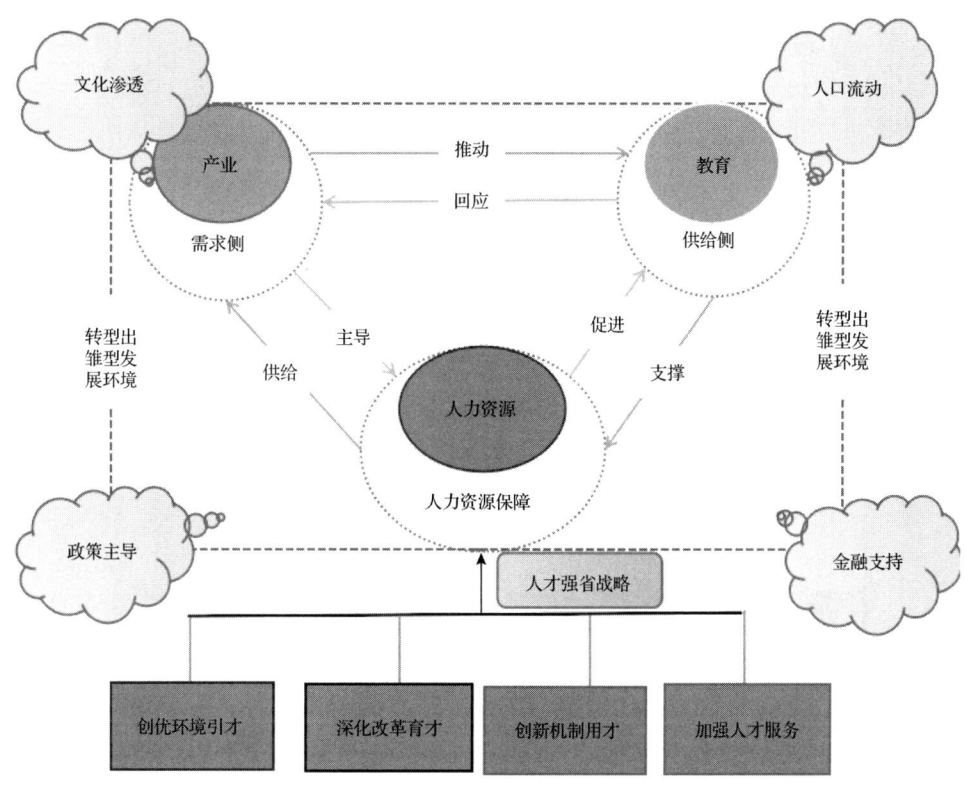

图3 人力资源生态模型

(二) 人力资源生态系统现状

如上文分析：从人力资源、产业和教育三者协调发展角度看，近两年山西省人力资源与产业处于失调状态，协调和发展指数下滑明显；2011—2019年山西省人力资源与教育耦合水平相对较高，协调度下降明显；山西省产业与教育耦合波动较大。

从人力资源市场的供给角度看，山西省的人才教育培养结构与山西省区域经济特点和产业发展方向存在结构性矛盾。高技能人才占比仍未达到国家标准。

从人力资源市场的需求角度看，未来全省对各层次人才的需求明显提升；对硕士及以上的高层次人才需求持续旺盛；传统产业用人需求旺盛；未来对新兴产业人力资源需求会增多。根据产业发展对人力资源的需求分析可知，短期内快速进行充足的人力资源补给是较难实现的。山西省人力资源生态现状如图4所示。

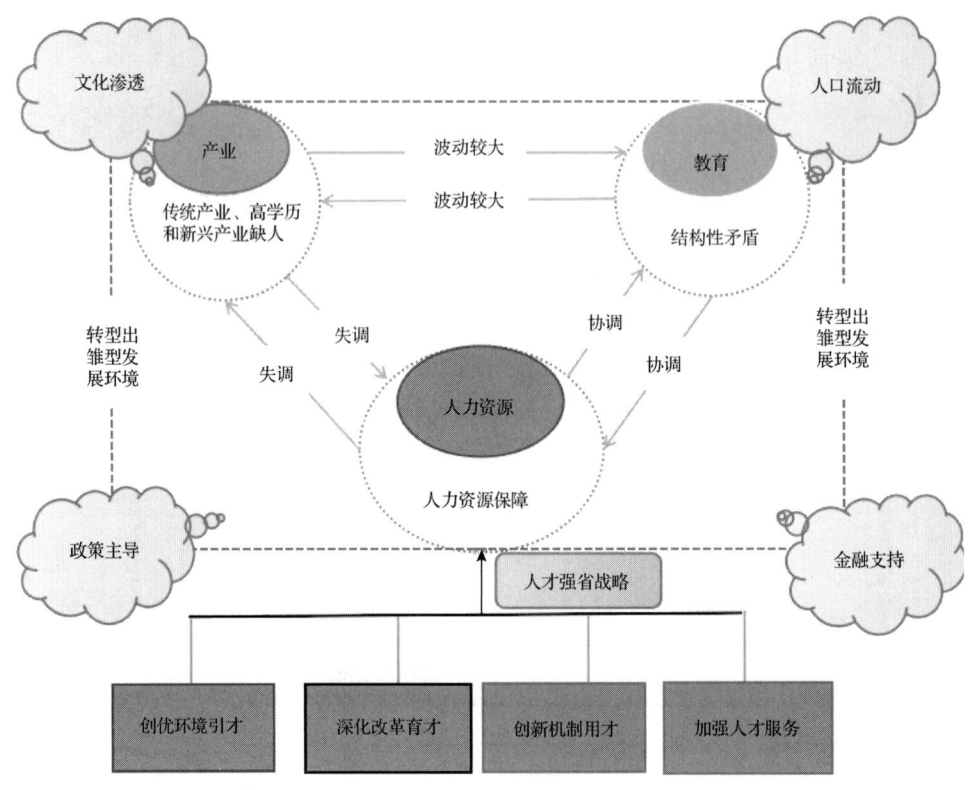

图4 山西省人力资源生态现状

综上,图中灰色字体所示内容为山西省人力资源生态系统耦合状况需要改进的内容。

(三)改善人力资源生态系统政策建议

1. 发展多元高端产业,优化人力资源生态

将服务产业多元化和高端化发展作为人力资源生态优化的火车头和主动力,围绕全省重点发展的14大标志性引领性产业集群,乡村振兴战略实施及"六新"突破,理顺人力资源培育、引进、使用、激励、保障等各个环节。

(1)创新产业人才引进机制

进一步完善山西省引进海内外高层次人才政策,实施"三晋英才"支持计划,从尊重爱护、关心照顾、物质奖励、精神激励等方面,形成山西引进高层次人才的"洼地效应",吸引更多海内外高层次人才及其团队来晋创新创业。突出高精尖缺,采取"一人一策""一事一议"的方式,大力引进能够引领我省产业发展、带动区域性产业结构调整的领军拔尖人才。创新人才引进方式,努力探索评审式、目录式、举荐式、合作式等多样化的人才引进方式。创建信息平台，建立省级人才需求信息数据库，定期发布全省高层次人才需求信息，构建基于云计算和大数据技术的人才信息系统。鼓励发展高端人才猎头等专业化服务机构，重点培育一批有核心产品、成长性好、竞争力强的人力资源服务企业。支持留学人员来晋（回省）创新创业。选择一批留学人员创新创业和服务项目进行重点扶持，支持海外留学人员通过兼职、合作研究、讲学、考察咨询、中介服务等各种形式来晋创新创业。

（2）加强产教融合、校企合作

完善顶层设计，强调发挥政府统筹规划、企业重要主体、人才培养改革主线、社会组织等供需对接作用，搭建"四位一体"架构，将产教融合从职业教育延伸到以职业教育、高等教育为重点的整个教育体系。着眼发挥企业重要主体作用，提出企业办学准入条件透明化、审批范围最小化，实行"引企入教"改革，健全学生到企业实习实训制度等，推动企业多种形式参与办学，支持企业需求融入人才培养，由人才"供给-需求"单向链条，转向"供给-需求-供给"闭环反馈，促进企业需求侧和教育供给侧要素全方位融合。

做好重点产业紧缺人才目录。鼓励行业协会、龙头企业、人力资源主管部门根据产业发展趋势，评估产业人力资源需求方向，合力做好区域重点产业紧缺人才目录编制工作。形成重点产业紧缺人才目录定期发布制度，引导人力资源引进、培训工作向紧缺人才倾斜。

2. 推进教育体制改革，提升技术技能素质

从优化教育结构和提升教育质量两方面入手，构建面向转型、面向需求、面向未来的人力资源培养体系。深入实施全面技能提升工程，为产业高质量发展提供技能人才支撑。

（1）优化高等教育结构

从严控制高等学校数量，优化存量，做优增量，新增高等教育资源向新型城镇化地区、产业集聚区布局。办名办优综合类大学，做强做优理工类大学。优化层次结构，稳定本科规模，扩大研究生规模，支持具备条件的高校立项建设硕士、博士学位授予单位。优化学科和学院结构，推动学科专业一体化建设。优化专业结构，建立与山西产业转型发展需求高度契合的专业结构体系，持续推动本科专业调整优化。增强与我省建设14+N战略性新兴产业集群相关的人才培养能力。提升医学、教育学类专业办学层次，稳定哲学、法学、理学等科类专业办学规模，整合文学、历史学、经济学、管理学等科类专业。

（2）推进高等职业教育高质量发展

坚持质量与规模协调发展，实施高水平高职院校建设计划。落实国家专业教学标准、课程标准、顶岗实习标准、实训条件建设标准。加强对专业布局的统筹规划，建立学校办学规模、专业设置动态调整机制，专业设置紧密对接山西省传统产业高端化、低碳化、智能化发展，紧密对接14个新兴产业集群发展。实施品牌专业建设计划、打造一批职业教育品牌专业；用好国家规划教材，加强教学资源库建设，实现优质教育资源覆盖所有专业。

（3）推进职业教育管理体制创新

若想创新改革，促进职业教育的发展，一方面需要推进政府管理体制改革，完善政府主导、分级管理、市场引导、社会参与的职业教育管理体制，要转变政府管理职能，使政府变"严格管理型"为"优质服务型"，对职业教育由直接管理向宏观引导转变，实行职业教育的办学、管理与评价职能分立的管理机制。另一方面要改革公办学校办学体制，支持公办职业学校的整体改制或以股份制形式吸纳社会资本，建立产权清晰、办学自主的现代职业学校制度，依法保障学校在学校建设、专业设置、招生就业、教师聘用及经费使用等方面享有充分自主权。

（4）建立完善的职业技能培训体系

构建院校、企业、社会培训评价组织"三位一体"的职业技能培训体系，按照广覆盖、调结构、提档次要求，开展多层次、多类型技能培训、取证上岗。围绕"14个战略性新兴产业集群""农产品精深加工十大产业集群"，为企业提供急需紧缺技能人才培养培训服务。围绕乡村振兴战略，为农村培养培训高素质农民、乡村振兴带头人。围绕文化旅游、药茶、康养、养老、婴幼儿照护等新兴产业，组织开展针对性骨干培训。支持企业围绕产业升级和技术创新、生产经营需要，广泛开展各类职业技能培训，突出高技能人才以及产业紧缺人才培训和安全技能提升培训。推动高等院校、职业院校和技工院校全面开展培训、取证工作，充分开发利用自身优质培训资源，主动面向企业、社会开展订单式、项目制等各类急需的技能人才培训，重点新业态新模式从业人员开展技能培训。激励各类社会培训、评价机构积极参与重点群体普惠制培训、评价工作。鼓励组织个体工商户用工、民办非企业单位用工以及灵活就业人员职业技能培训。

3. 创新人才发展环境，释放人力资源活力

加快梳理阻碍人力资源流动与作用发挥的体制机制问题，不断通过制度创新、政策试点加快构建导向明确、灵活性强、科学系统的人力资源政策

体系。

(1) 进一步优化企业用人环境

打造人才干事创业的平台和载体,为人才提供施展才华的舞台。探索建立专业技术人才省政府特殊津贴奖励制度,健全完善高层次人才培养支持、表彰奖励、发挥作用、人才引领机制,不断培育壮大我省高质量发展和经济社会需要的高层次领军人才队伍。积极落实高端人才生活和工作待遇,想方设法解决好其配偶子女就业、教育、医疗等需求。遵循人才成长规律,探索建立鼓励创新、合理容错机制。鼓励支持专业技术人才广泛参加国内外学术技术交流合作。鼓励支持广大劳动者和科技人员在"大众创业、万众创新"中创新创业、创造佳绩。

(2) 分类推进人才评价机制改革

以职业属性和岗位需求为基础,分系列修订高级职称评价标准。进一步简政放权,鼓励有条件的市建立基层专业技术人才职称评审委员或评审组,单独评审。推进职称评审社会化,对专业性强、社会通用范围广、标准化程度高的职称系列,依托具备较强服务能力和水平的专业化人才服务机构、行业协会学会等社会组织,组建社会化评审机构进行职称评审。改进非公有制经济组织专业技术人才职称评审办法,满足非公有制经济组织、社会组织以及新业态职称评价需求,服务产业结构优化升级和实体经济发展。促进职称制度与用人制度有效衔接,实现职称评价结果与各类专业技术人才聘用、考核、晋升等用人制度的衔接。进一步扩大高技能人才与专业技术人才职业发展贯通领域。

(3) 改善人力资源政策环境,建立人才发展生态

通过政策的完善,激发人力资本的创新意识、催生创新灵感、弘扬创新精神、鼓励创新活动等方式,激发劳动者的内在动力,凝聚、引导、激励创新人才。实现区域内人才共建共享。采用共享模式、智囊团等形式引入新兴产业创新人才,不同机构共同建设区域内的人才储备库,避免在创新人才引进过程中的恶性竞争,实现人尽其才、悉用其力。

(4) 政府要加大政策的执行力度

转型期的政策执行表现出种种矛盾的现象:不同的政策,有的能得到很好地执行,有的出现偏差走样;同一个政策,在有的地区能够得到较好的执行,在另外的地区出现变形走样;甚至同一个政策在同一个地区,时而执行不足,时而执行过度。政策执行主体要充分体现政策决策主体发展产业、职业教育的多元价值观,避免价值观错位造成政策的表面化、仪式化、程序化,

力戒政策的执行变为简单的文本拟定与颁布，或变为简单的应付和摆设，使政策失去应有的效用。

（5）完善人才流动政策，扩大创新人才视野

人才流动对高端人才储备、科技创新及社会发展有着十分重要的意义。继续完善人才流动政策，为创新人才发展提供更多便利。一方面是提供较为宽松的流动政策及学术交流政策，提高创新人才学术视野的丰富性和学术资源的国际化程度，激发创新精神、促进学术争鸣；另一方面是加大海外创新人才引进政策，向海外创新人才社会保障、海外创新人才考核评价和海外创新人才税收等一系列保障举措，提升海外创新人才的服务与管理水平，为山西省产业发展提供创新智力支持。

4. 优化省域空间布局，提升区域竞争能力

以山西省区域资源禀赋优势为依托，提升区域人口吸引力。通过高质量推动城镇化建设、完善人口发展支持政策，优化人口结构，提升人口素质，促进人口有序流动。

（1）提升区域人口吸引力

以生产要素禀赋的优势互补为引领，通过生产要素流动，促进产业转移和协调发展，引领人口流动。立足于要素禀赋结构的现实优势，把要素禀赋特色转化为区域特色、产业特色、实现人口流动一体化。遵循市场经济规律，以价值杠杆为手段，促进生产要素的集聚与扩散，实现要素流动优化配置，从而产生人口流动的最佳经济效果。坚持共赢原则，实现多方互利合作，关注每一方的利益诉求，努力实现双方或多方都受益，实现人口与其他要素流动的协调多赢。

（2）高质量推动城镇化建设

实施公共服务设施提标扩面、市政公用设施提档升级、产业培育设施提质增效、补短板强弱项示范等重点工程，推动教育、医疗卫生、文化、环保等公共设施和服务资源在城市、县城内实现优化配置，加快形成统筹规划布局、功能衔接互补的公共服务体系，提升城市对经济发展和农业转移人口就近城镇化的支撑作用。

（3）完善人口发展支持政策

优化生育政策，建立完善生育支持、幼儿养育、青少年发展、老人赡养等政策，促进人口与经济社会协调发展。健全妇幼健康计划生育服务体系，提升出生人口素质，做好优生优育的全程服务。完善计划生育奖励假制度和配偶陪产假制度。加快构建"家庭为主、托育补充，政策引导、普惠优先，

安全健康、科学规范"的 3 岁以下婴幼儿照护服务供给体系，加强婴幼儿家庭照护指导，支持社会力量发展普惠托育服务，降低生育、养育、教育成本。加大对残疾人家庭、贫困家庭、老年空巢家庭、计划生育特殊家庭等帮扶支持力度。

参考文献

[1] 邓涛. 人力资源生态系统的理论与应用研究 [D]. 长沙：中南大学，2004：3.

[2] 王亚男，王宏起，李永华. 区域战略性新兴产业人力资源生态系统评价指标体系设计 [J]. 统计与决策，2016（13）：33-37.

[3] 陈天祥. 人力资源生态系统导论：系统的初步构建与应用研究 [M]. 北京：经济管理出版社，2011.

[4] 颜爱民，李顺. 企业人力资源生态系统稳定性影响因素实证研究 [J]. 企业管理，2009（18）：167-170.

[5] 邓华. 我国产业生态系统稳定性影响因素研究 [D]. 大连：大连理工大学，2006：3-15.

[6] 代勇，范明. 跨国经营背景下企业人力资源生态系统研究——基于知识链视角 [J]. 江海学刊，2008（4）：76-80.

[7] 商华，惠善成. 基于生态位模型的辽宁省城市人力资源生态系统评价研究 [J]. 科研管理，2015（35）：158-160.

[8] 顾然，商华. 基于生态系统理论的人才生态环境评价指标体系构建 [J]. 中国人口资源与环境，2017，27（S1）：289-294.

[9] 郭炳南，雷冬娣. 基于生态位模型的江苏省城市人力资源生态系统评价研究 [J]. 科技和产业，2018，18（2）：61-65.

[10] 邓涛. 人力资源生态系统的理论与应用研究 [D]. 长沙：中南大学，2004：3.

[11] 王亚男，王宏起，李永华. 区域战略性新兴产业人力资源生态系统评价指标体系设计 [J]. 统计与决策，2016（13）：33-37.

[12] 邵帅，范美婷，杨莉莉. 资源产业依赖如何影响经济发展效率：有条件资源诅咒假说的检验及解释 [J]. 管理世界，2013（2）：32-63.

[13] 张在旭，薛雅伟，郝增亮. 中国油气资源型城市"资源诅咒"效应实证 [J]. 中国人口·资源与环境，2015，25（10）：79-86.

[14] 许水平, 尹继东. 资源与激励——一个关于资源诅咒形成机制的文献综述 [J]. 汉江论坛, 2011 (9): 68-72.

[15] HERENDEEN R A, WILDMUTH T. Resource-based sustainability indicators: Chase County, Kansas, as example [J]. Ecological Economics, 2002 (42): 243-257.

[16] 车晓翠, 张平宇. 基于多种量化方法的资源型城市经济转型绩效评价——以大庆市为例 [J]. 工业技术经济, 2011 (2): 129-136.

[17] 郭淑芬, 马宇红. 资源型区域可持续发展能力测度研究 [J]. 中国人口·资源与环境, 2017 (7): 72-79.

[18] 庞志强, 王必达. 资源枯竭地区经济转型评价体系研究 [J]. 统计研究, 2012 (2): 73-79.

[19] 赵璐, 吕利娜. 从锈带到先进制造业集群: 资源型经济转型及高质量发展的路径探析——基于国外典型锈带地区的成功转型案例 [J]. 世界地理研究, 2021 (3): 1-13.

[20] 孙晓华, 郑辉. 资源型地区经济转型模式: 国际比较及借鉴 [J]. 经济学家, 2019 (11): 104-112.

[21] 赵莹. 新时代资源型城市经济转型路径探析——基于"递进-关联"支持机制的分析 [J]. 长白学刊, 2020 (1): 103-111.

[22] 赵玮璇, 马骁, 卢昱周. 可持续发展背景下中国资源型城市的双重结构转型 [J]. 生态经济, 37 (4): 88-117.

[23] 王曙光, 王彬. 矿产资源依赖型区域的经济转型与营商环境优化: 内生增长视角 [J]. 改革, 2020, 316 (6): 87-99.

《山西省"转型发展"背景下人力资源生态构建研究》课题组成员名单

课题组长:
何林深（山西省人力资源和社会保障科研宣传中心副主任）
课题组成员:
李　强（山西工程科技职业大学副教授）
尚建宁（山西省人力资源和社会保障科研宣传中心主任）
孙四军（山西省人社厅专家处处长）
王文婷（太原工业学院副教授）

雷云云（山西工程科技职业大学副教授）
高凤鸣（山西省人力资源和社会保障科研宣传中心经济师）
毕　希（山西省人力资源和社会保障科研宣传中心研究实习员）

本课题为中国人事科学研究院与山西省人力资源和社会保障科研宣传中心合作完成。

中国人事科学研究报告

2021 年卷

下册

中国人事科学研究院 编著

中国人事出版社

目 录

人才工作与人才队伍建设

全球基础研究人才指数报告（2020） …………………………（ 3 ）
人才资源与绿色低碳发展协同机制研究 ……………………（ 14 ）
专业技术人才发展研究 …………………………………………（ 28 ）
C市"十四五"时期人才发展研究 ……………………………（ 45 ）
天津市技能人才需求状况与培养机制分析 …………………（ 64 ）
河北省智能制造产业与智能制造科技人才队伍建设融合发展研究
………………………………………………………………（ 85 ）
河北雄安新区中长期人才发展规划（2021—2035年）编制研究
………………………………………………………………（ 96 ）
上海人才公共服务队伍数字化能力建设研究 ………………（ 106 ）
江苏推进产业强链中的人才生态建设研究
　　——以高技术船舶产业为例 ………………………………（ 124 ）
城市群人才要素流动性分析和一体化促进机制研究
　　——以胶东经济圈为例 ……………………………………（ 151 ）
加快产业工程师队伍建设研究
　　——以宁波市为例 …………………………………………（ 178 ）
《百万人才进海南行动计划（2018—2025年）》评估研究 ………（ 189 ）
贵阳市科技人才区域竞争力提升研究 ………………………（ 218 ）

人事制度改革与政策创新

我国国际职员制度发展历程及现状问题研究 （257）
国内各省人才政策环境比较研究 （277）
中国共产党的干部管理制度：回顾与展望 （285）
干部教育百年历程与基本经验研究 （303）
深化职业资格领域"放管服"改革研究 （326）
职业资历认证认可机制研究 （342）
专业技术类新职业从业人员培训与水平评价问题研究 （373）
加快推进我国博士后事业发展研究 （394）
基层劳动保障监察执法体制改革问题研究 （403）
天津市人才引进政策实施效果与优化策略研究
　　——以"海河英才"行动计划为例 （420）
福建省科技人才评价存在问题及对策研究 （438）
新形势下山东省人才发展政策调整研究 （464）
太湖湾科创带建设干部能力盘点及应对策略研究 （486）
山西省"转型发展"背景下人力资源生态构建研究 （491）

就业创业与人力资源市场

充分发挥人力资源服务机构市场化引才作用研究 （521）
人力资源市场需求规模和结构分析 （537）
企业用工灵活化现状及问题研究 （559）
共享用工发展问题思考和前景分析 （575）
N省人力资源服务业发展规划与政策支撑研究 （598）
促进广西技工院校毕业生高质量就业对策研究 （615）
数字经济背景下促进高质量就业的政策研究 （637）
云南新就业形态对人力资源服务业的影响研究 （663）
泉州市台商投资区招才引智及人力资源服务体系研究 （681）

文旅人力资源服务业发展研究
　　——以乐山市为例 …………………………………………（704）
西安 IT 产业人才服务能力提升研究 ………………………………（722）
湖北构建高质量人才服务体系路径 …………………………………（742）
"两区"建设对境外高水平职业资格需求研究 ……………………（768）
苏州相城区技能人才培训体系研究 …………………………………（798）

收入分配、劳动关系及其他

人力资源和社会保障基本公共服务标准化现状与对策研究 ………（823）
事业单位绩效工资总量管理制度研究 ………………………………（839）
事业单位考勤和奖励制度研究 ………………………………………（866）
事业单位科研人员薪酬激励制度研究 ………………………………（884）
科研事业单位职称和岗位制度改革研究 ……………………………（900）
评比达标表彰活动监督检查与惩戒问责长效机制研究 ……………（905）
境外职业资格认证境内活动现状和对策研究 ………………………（931）
工程科技人才队伍现状与成长需求研究
　　——以工程科技奖励制度为视角 …………………………………（945）
浙江技能人才收入增长问题研究 ……………………………………（961）
创新构建和谐劳动关系研究
　　——基于综合配套改革试点济宁的探索与实践 …………………（973）
"智慧仲裁"研究
　　——以郑州高新区"智慧仲裁"平台建设为例 …………………（994）
我国法定机构改革的发展历程与典型案例分析 ……………………（1013）

就业创业与人力资源市场

充分发挥人力资源服务机构市场化引才作用研究[①]

提　要：本课题通过实地走访、案例访谈和资料分析等方法，系统阐述了人力资源服务机构发挥市场化引才作用的主流模式、政府的相关举措以及人力资源服务机构发挥市场化引才作用的基本情况，并从五个方面分析了现存的问题，提出了八个方面的对策和建议。

关键词：市场化　引才　人才资源服务机构

我国高度重视引才工作。改革开放特别是党的十八大以来，人才工作坚持发挥市场在资源配置中的决定性作用和更好发挥政府作用，在引才领域出台了系列改革和发展的政策，对相关工作加以部署。应该说，在供需的共同推动下，引才工作从政府主导向市场化转变的速度加快，人才引进的效率得到了提升，但尚不能满足新时代人才总体工作的要求，基于这一判断，本课题将系统阐述描述人力资源服务机构发挥市场化引才作用的主流模式，结合未来引才工作发展趋势，提出未来引才工作中需要重点把握的关键点，为拟定相关政策提供科学的依据。

一、人力资源服务机构在引才过程中发挥作用的基本情况

经过四十多年的发展，我国人才引进制度逐步建立并完善，初步形成了

[①] 本文系人力资源社会保障部2020年度部级课题《充分发挥人力资源服务机构市场化引才作用研究》报告的部分内容。

政府、行业企业、人力资源机构以及社会力量共同参与的引才工作体系。

近年来，在国家政策推动和市场主体的努力下，人力资源服务体系进一步完善，人力资源市场对人力资源配置的决定性作用凸显，人力资源流动配置服务需求得到了更好开发与满足。

2016—2020年，人力资源服务业服务实现就业和流动的规模保持增长较快。据人力资源社会保障部统计，2020年全国人力资源服务机构共帮助约2.90亿人次实现就业和流动，比2019年增长13.73%，2016—2020年的年均增速高达13.14%；2020年各类人力资源服务机构为4 983万家次用人单位提供了人力资源服务，比2019年增长18.33%，2016—2020年平均增速为15.29%。

从与引才活动密切相关的招聘和猎头服务看，"十三五"期间，人力资源服务机构在引才过程中发挥了较好的作用。需要说明的是，招聘活动服务的劳动者的对象比较广，除了各地人才政策和通行的"人才"范畴外，还包括了那些需要提供就业支持的群体，因此，关于招聘的数据只能给出大概趋势。猎头基本上可以看作以各类人才为服务对象而开展的服务。

(一) 招聘服务

随着互联网等新一代信息技术与人力资源服务的融合，招聘服务突破了时间和空间的限制，可以依托互联网完成大部分传统现场招聘才能实现的功能，因此，以"互联网+"为特征的网络招聘和移动互联网络招聘受到用人单位的青睐，特别是在新冠肺炎疫情防控期间，网络招聘保持了高速增长。

从现场招聘会举办情况看，全国各类人力资源服务机构举办现场招聘会（交流会）从2016年的20万次增加至2019年的30.26万次，平均增速为14.80%，但2020年新冠肺炎疫情暴发，现场招聘会（交流会）大幅减少，降低至23.32万次，比2019年减少22.93%；现场招聘会提供岗位招聘信息从2016年的1.01亿条增加至2019年的1.19亿条，平均增速为5.62%，相应地，2020年减少至0.68亿条，比2019年减少42.86%。从网络招聘数据来看，各类人力资源服务机构通过网络发布岗位招聘信息从2016年的2.85亿条增加至2019年的4.04亿条，2020年更是迅猛增长，为16.47亿条，比2019年增长307.67%；通过网络发布求职信息从2016年的5.92亿条增加至2020年的8.40亿条，平均增速为8.58%。

与现场招聘相比而言，网络招聘一直保持高速增长，特别是在2020年新冠肺炎疫情防控期间，网络招聘得到长足的发展。这说明了我国目前网络信息的发展，以及良好的网络招聘的发展环境促进了网络招聘的快速发展，艾瑞咨询的调查数据也体现出了这一点：他们的调查显示，网络招聘市场由2016年的47.9亿元增长至2020年的108亿元，平均增速为22%。这除了网络招聘平台线上业务的稳定发展之外，也与通过技术与产品进一步扩展人力资源生态系统有关，特别是新冠肺炎疫情防控期间，在减少人员流动的情况下，网络招聘发挥了重要作用。

（二）猎头服务

由于国际国内经营环境复杂多变、企业经营难度加大、人力资源作为核心要素地位提升、人岗匹配度矛盾凸显，特别是国家大众创业万众创新的持续推进，高级经营管理人才和高级技能人才需求进一步增加，使对猎头服务的需求持续保持较快增长，但在2020年，由于新冠肺炎疫情影响，市场对猎头服务的需求有较大幅度下降。

据人力资源社会保障部统计，2016—2019年猎头服务成功推荐选聘各类高级人才从116万人增长至205万人，比2016年增加89万人，增长76.72%，但是由于2020年新冠肺炎的影响，出现较大幅度下降，仅125万人，比2019年减少约80万人，同比减少39.02%。另据中国人才交流协会猎头专委会的调查，2017年，全国约有5万家以上寻访服务机构，全职猎头顾问人员大约25万人。从长远来看，随着经济结构的调整以及产业升级发展，对高级人才的需求会进一步增加，猎头服务也将进一步发展。2016—2020年人力资源猎头服务情况如图1所示。

二、政府在发挥人力资源服务机构市场化引才作用中的主要做法

（一）出台鼓励发挥市场作用的相关法规和政策，充分发挥引导作用

1. 主要法规与政策

近年来，各地对人才的需求日渐增多，人才流动日益活跃，各地纷纷出台政策探索市场化引才的做法，鼓励社会力量，特别是人力资源服务机构广泛参与市场化引才工作，拓宽引才渠道，服务经济社会发展。国家相关职能部门和地方也出台相关法规和政策加以引导和部署。

我国在法律法规层面对市场化引才作出了相关规定，市场化引才的法制化进程进一步推进。2018年5月，国务院出台《人力资源市场暂行条例》，提出国家建立统一开放、竞争有序的人力资源市场体系，发挥市场在人力资源配置中的决定性作用，健全人力资源开发机制，激发人力资源创新创造创业活力，促进人力资源市场繁荣发展。建立政府宏观调控、市场公平竞争、单

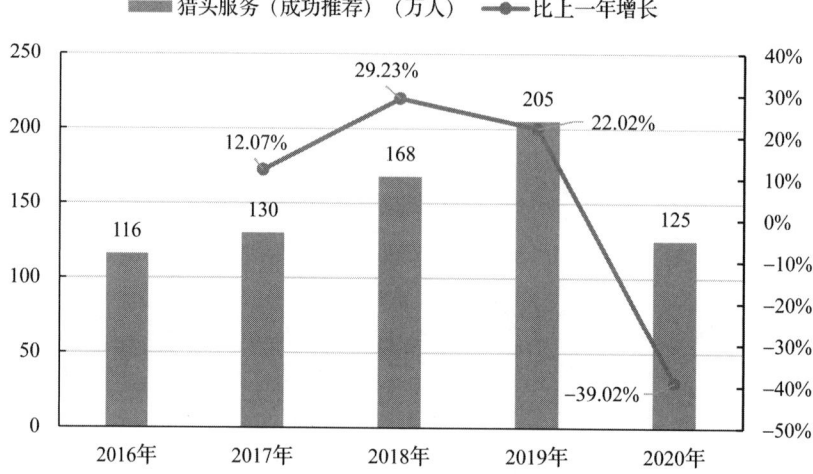

图 1 2016—2020 年人力资源猎头服务情况

资料来源：2016 年数据来源于《2016 年人力资源市场统计报告》。

2017 年数据来源于《2017 年人力资源市场统计报告》。

2018 年数据来源于《2018 年人力资源服务业统计情况》。

2019 年数据来源于《2019 年度人力资源服务业发展统计报告》。

2020 年数据来源于《2020 年度人力资源服务业发展统计报告》。

位自主用人、个人自主择业、人力资源服务机构诚信服务的人力资源流动配置机制，促进人力资源自由有序流动。同年，陕西省出台《陕西省人力资源市场条例》，提出鼓励支持社会力量参与人力资源市场建设，对公共人力资源服务机构应当免费提供的服务作出了规定。2021 年，江西省出台《江西省人力资源市场条例》，对人力资源市场培育、人力资源机构应履行的基本公共服务职能、人力资源市场活动规范作出了规定。

在政策方面，2016 年 3 月，中共中央印发《关于深化人才发展体制机制改革的意见》，提出要深化人才公共服务机构改革，大力发展专业性、行业性人才市场，鼓励发展高端人才猎头等专业化服务机构，放宽人才服务业准入限制。积极培育各类专业社会组织和人才中介服务机构，有序承接政府转移的人才培养、评价、流动、激励等职能。2016 年 7 月，人力资源社会保障部印发《人力资源社会保障部事业发展"十三五"规划纲要》，指出要完善人力资源市场机制，充分发挥市场在人力资源配置中的决定性作用。大力发展人力资源服务业，推进人力资源服务产业园建设。2019 年 1 月，人力资源社会保障部印发《关于充分发挥市场作用促进人才顺畅有序流动的意见》，指出要进一步理顺政府与市场的关系，推动公共服务与经营性服务分离。加快发展人力资源服务业，积极培育各类专业社会组织和人力资源服务机构，有序承接政府转移的人才培养、评价、流动、激励等职能。鼓励发展高端人才猎头等专业化服务机构，鼓励行业组织和各类人力资源服务机构搭建展示、交流、合作平台。2021年6月，人力资源社会保障部印发《人力资源社会保障部事业发展"十四五"规划纲要》，指出要建设高标准人力资源市场体系，深入实施人力资源服务业高质量发展行动，加快建设统一规范、竞争有序的人力资源市场，推动人力资源服务创新发展。2020年，《高级人才寻访服务规范》（国家标准）修订发布，规定了高级人才寻访服务资质及服务条件、服务流程、服务要求以及对服务质量的控制要求，为高级人才寻访（猎头）业态规范化发展提供了保障。

2. 充分发挥人力资源服务机构市场化引才作用的相关政策

为了充分发挥市场配置人才的基础性作用，以及人力资源服务机构市场化引才作用，各地陆续出台了系列政策加以探索。2019年1月，北京市人社局出台《关于进一步发挥猎头机构引才融智作用建设专业化和国际化人力资源市场的若干措施（试行）》，提出了加强猎头机构人才队伍建设、加大猎头机构人才引进力度、创新猎头机构人才评价方式、鼓励海外猎头行业人才来京工作、实施猎头机构领军人才研修计划。同时提出了引导猎头机构为政府机关、事业单位、企业和社会组织等各类用人单位提供精准服务，并给予精准化引才奖励。2020年6月，上海市人社局出台《上海市人力资源服务"伯乐"奖励计划实施办法（试行）》，激励和引导人力资源服务机构为上海市用人单位选聘优秀人才，对为上海市聚集人才作出突出贡献的人力资源服务机构给予资金奖励。

2017年，中共宁波市委组织部出台《创新"3315计划"引才模式支持民间资本引进高端创业团队的实施意见》（以下简称《意见》），对支持民间资本引进高端创业团队提出了系列措施。《意见》提出，民间资本以投带引推动创业团队项目落户宁波的，简化认定流程，择优开展资助，推动人才项目加快集聚发展，更好地激发民间资本投资人才项目、推进创业创新、促进产业发展的活力，着力形成社会力量广泛参与人才工作的新格局。宁波君润资本在海外设立专门引才机构，寻找高端科技人才，累计引进了20多个高层次人才项目。2020年12月，安徽省发布《关于发挥人力资源服务机构促进市场化引进人才工作的意见》，提出人力资源服务机构参与市场化引才的重要意义，提出要大力培育专业化人力资源服务机构，支持开拓寻访、猎头、测评等高端业态，鼓励人力资源服务机构建立高校、科研院所、企业等各类人才库，利用专业优势，在为用人单位推荐、引进急需紧缺高端人才过程中发挥直接、关键作用。2019年2月，武汉市人社局发布《关于建立完善人才工作体系推动武汉高质量发展的实施意见》，提出注重创新市场化引才用才机制，探索成立市级人力资源运营平台公司，设立市级人才创投基金，更多用股权投资等市场化方式助力人才发展，提升人才资源配置效率。突出企业主体地位，探索建立企业举荐人才制度。2018年11月，青岛市人社局发布《青岛市鼓励中介机构和个人引进高层次人才及团队实施细则》，对中介机构和个人、高层次人才团队做出了明确定义，规定了对介绍引进高层次人才及团队的中介机构和个人给予奖励。2017年2月，苏州市人社局发布《关于鼓励企业通过人才中介机构招才引智的实施办法（试行）》，鼓励企业通过专业人才中介机构招才引智，规定了通过人才中介机构猎头引进人才可申请的引才补贴，完善人才引进相关奖励制度。2017年9月，宁波市发布《关于创新"3315计划"引才模式支持民间资本引进高端创业团队的实施意见》，引导民间资本作为市场化引才重要力量，完善市场化人才引进的配套体系，加大奖励兑现力度，对民办非企业性质的创业创新平台引进高端人才的给予奖励扶持。

上述政策体现了政府发挥人力资源服务机构市场化引才作用情况，体现了政府对市场化引才支持与鼓励的态度和取向，给市场带来了机会与空间，为人力资源服务机构引才提供了政策指引。

（二）设立人力资源服务产业园，搭建人力资源服务机构发挥市场化引才作用的载体

人力资源服务产业园（以下简称产业园）作为人力资源服务业规模化集约化发展的平台，经过十余年的积极探索，取得了显著的成绩，成为人力资源服务机构发挥市场化引才作用的重要载体，让人力资源服务机构的专业力量得到了更多发挥的空间与机会。截至2021年6月，国家级人力资源服务产业园达到22家，集聚国内外人力资源机构3 747家，2020年全年实现营业收入2 568亿元，纳税额达到82亿元。在取得良好经济效益的同时，国家级人力资源服务产业园也取得了良好的社会效益，入园企业为243万家次用人单位提供了服务，服务各类人员6 343万人次，提供就业岗位993万个。

从国家级人力资源服务产业园看，中国北京人力资源服务产业园（通州园区）2020年实现营业收入23.3亿元，服务用人单位超1.7万家次，服务超59万人次，引进高层次人才2.1万人次。中国上海人力资源服务产业园共集聚人力资源服务机构272家，通过人才会客厅平台对大数据进行梳理、整合，为80余家重点企业开展服务1 682次，解决问题923个。中国广州人力资源

服务产业园以"一江两岸、双核驱动、多点支撑"定位,在千年羊城全面铺开。截至2020年年底,世界500强中的人力资源服务企业均在广州设立了分支机构,2015年以来共有4家人力资源服务企业在新三板挂牌。中国深圳人力资源服务产业园的规划为"一园四区、多点支撑",截至2020年年底,产业园共入驻企业134家,全年营业收入109.32亿元,服务419万人次,服务用人单位37.4万家次。截至2020年年底,中国成都人力资源服务产业园累计引进中智集团、上海外服、科锐国际等各类人力资源服务企业211家,实现营业收入135.79亿元,累计服务用人单位4.46万家次,服务人次为370万人次。中国西安人力资源服务产业园的发展模式为"一园五区",2020年产业园人力资源服务机构总数突破2 000家,从业人员15 000余人,营业收入2 112亿元,提供服务94.061 7万人次,为用人单位提供服务82.815 5万家次,成功引进人才17 162人。

除了国家级人力资源服务产业园外,一些地区的人力资源服务产业园发挥了较好的引才平台作用。新疆三家人力资源服务产业园在2020年累计服务各类企事业单位5 000余家次,服务各类人员超过50万人次,组织开展招聘、考试、技能培训等各类活动近千次,覆盖10余万人次。广西(柳州)人力资源服务产业园建立了5个信息服务平台、17个系统,以当前最可靠的身份认证技术及区块链技术作为支撑,将"移动端+互联网+智能化+大数据"智慧融合,建设了人社大数据中心,为广西乃至西南地区的人力资源开发提供支撑。中国重庆市人力资源服务产业园建立了"国家级+市级+区县级"三级产业园矩阵发展体系。目前,园区入驻企业89家,园区实现年营业收入超100亿元、税收2.15亿元,服务用人单位6万家次。

(三)积极构建引才平台,为事业发展筑巢引凤

各地在政策的支持与指引下,搭建了各类招才引智载体和平台,形成了多渠道聚才融智体系。北京市中关村2019年建立了中关村国际青年创业平台,该平台重点支持一批具有一定技术储备和较好市场潜力的国际优秀青年人才创业项目,为人才提供包括企业注册、知识产权、法律服务、投融资服务等一系列支持;2020年,北京市中关村建立了中关村科学城国际人才交流中心,打造线上线下综合服务平台,以八种功能定位、全域合一服务体系,为国际人才创新创业提供全链条的服务。2020年,上海外服有限公司入驻浦东国际人才港,设立了"上海外服全球引才平台",充分发挥上海外服有限公司的专业化人才服务和国际化人才网络优势,统筹国际国内人才资源,实现政府人才政策、企业人才吸引和人才职业发展的无缝衔接。

重庆市针对海外留学回国人员，与人社部共建了国家级留学人员创业园2个，创建了市级留创园6个，为海归来渝创新创业提供专属服务。济南市不断搭建国际化产业合作平台、科技研发平台、校企地科创合平台、赛事平台和高端项目承接载体，已经拥有大数据国家工程实验室、国家重大新药创制平台、山东量子技术研究院等一大批产业创新平台。柳州市政府搭建公共研发平台聚才引才，与电子科技大学共同组建智能制造研究院，与武汉理工大学组建广西汽车研究院，借助大学的人才资源为柳州提供动力。同时，在企业研发平台方面，对企业提供支持，对获得国家级平台认证的企业，给予奖励500万元，用于企业平台开展研发工作；对获得区级平台认证的企业，给予奖励80万元，通过平台吸纳人才，筑巢引凤。绍兴市利用现代信息技术，在2021年3月推出了绍兴"人才码"，从当年3月3日起，经认定的绍兴市不同类型人才将拥有这一专属的身份认证。这是绍兴市加快政府数字化转型，基于浙里办App开发了绍兴市人才创新创业全周期"一件事"平台，通过扫码或亮码，人才可享受类别认定、"一件事"专区、关键小事、双创服务、生活服务五大应用场景共38大项70小项的人才专属服务，实现人才创新创业全周期事项"一码认定、一平台联办、一次不跑办成"，给人才以最大方便。

浙江平湖突出市场化导向引才助才，依靠的是人才、科技与资本的巧妙结合。通过市场化运作模式，让人才与民企相连接，项目与资本实现共赢，既解决了人才项目缺资金、缺市场、缺平台等创业难题，又为民间资本提供了很好的投资渠道。

(四) 成立大型人力资源服务机构，培育和做强市场化引才主体

近年来，一些地区陆续建立了人才集团，培育市场化引才主体。一般来说，人才集团是指一地人才引进、培养、服务及人才项目孵化经营管理的主体（企业）。人才集团多为国有独资或控股企业，通常以合资控股参股的形式，开展人才工作的市场化运营。根据课题组搜集到的数据，截至2021年9月，注册资本1 000万元以上的人才集团已经超过49个。

人才集团的主要作用体现在以下几个方面：第一，以市场化的运作模式高效招募人才。如深圳人才集团，是深圳最早专注于高端人力资源服务的机构，拥有猎头、管理咨询、人才引进、线上线下招聘等互为补充的高端服务产品链。自成立以来，累计服务政府范围、知名企业、重点学术机构超过50万次，是深圳高度连接全球人力资源库的重要桥梁和开放平台。寿光市人才发展集团于成立之初就绘制了当地企事业单位的人才需求"地图"，通过与多家引才机构签署引才协议，精准搜寻、甄别人才，有效摆脱了寿光作为县级

市招才引才难的困境。第二，提供精细化服务，强化人才获得感。湖州人才发展集团采取"线上+线下"模式，为人才提供"一站式""全链条"服务，充分满足人才个性化需求，同时，开办了"南太湖人才学院"，打磨"普课+定制"专业课程体系，为人才创新创业发展提供了强大动能。临沂人才工作集团为解决场所、资金、创新资源供给等难题，同时通过"全方位"服务模式，有效解决了人才安居兴业的后顾之忧。第三，各地人才集团协同发展，构筑区域人才强磁场。2021年4月，山东人才发展集团揭幕，对比深圳、湖州等地，山东人才发展集团更重视"全省一盘棋"协同招引人才的发展理念，强调联合青岛、临沂、潍坊等各地"人才集团"实现优势互补、互利共赢，在项目落地及产业化上为人才提供系统支持。

三、人力资源服务机构引才的基本做法

（一）提供各类信息和数据分析服务

随着信息技术的发展和人力资源服务的融合，一些人力资源服务机构利用大数据等技术，为相关地区和用人单位提供各类信息服务。

1. 勾勒人才地图

目前，一些人力资源服务机构在服务过程中积累了大量的人才数据，在此基础上，他们不断开发升级人才信息服务，致力于运用网络化、信息化技术手段，打造人才地图，充分掌握海内外人才的分布情况，精准定位，以此提升引才工作的质量。如科锐国际公司充分利用现代信息技术和海内外渠道搜集信息，建设高质量的人才大地图，该地图可通过灵活架构工具自动生成组织架构，并可通过工作台统一监控人才地图项目进程；能够基于海量报告的结构模型分析，自动化生成包含"人-岗-薪"等人力资源要素的人才地图报告；还能够基于行业深度洞察与数据分析，为用户提供专业的行业人才地图标准化报告服务。A罗咨询公司2020年组建了专业团队，构建了海外华人高管人群画像与人才地图，该项研究覆盖了18 000位海外华人高端人才的领英资料、400位海外华人高管的履历资料、50位海外华人高管的深入访谈，研究其职业发展路径和求职动机，从而更好地探寻在新时代背景下中国企业的有效全球引才途径和注意点。

2. 以推送人才需求地区"城市名片"的方式宣传当地人才发展环境

人才发展环境是人才关注的一个重要信息，它包括人才硬环境，如自然环境、基础设施、工作环境、生活环境等，还包括人才软环境，如政治环境、经济环境、人文环境、社会环境等。一些人力资源服务机构为了让人才全面

多元地了解一个城市的状况，会向人才发送"城市名片"，使其更加清晰、直观地了解该城市的人才发展环境，提升对城市的认同感。例如，猎聘公司在向人才推介了珠海市的城市名片中，以"改革创新，建设教育高地"对珠海加以宣传。近年来，珠海落实了教育发展的"六个优先"，2015年，珠海市被省政府授予"广东省推进教育现代化先进市"称号，这些都是城市名片的有力支撑。上海外服集团有限公司推荐"开放、创新、包容"为上海市的城市名片。领英推荐成都市的四张名片为"活力、创新、便捷、公园"。这些"城市名片"的推出也为吸引人才提供了助力。

3. 编制和发布急需紧缺人才目录

一些招聘机构会定期发布人才急需紧缺目录或者人才需求热点城市等，为引才工作提供方向与指导。科锐国际连续九年发布《人才市场洞察及薪酬指南》，2020年，对近3 700家企业及科锐国际600 000余名重点岗位中高级管理及专业候选人薪资数据进行了研究，发布了19个重点行业及职能、近50个细分板块、7个国内最具影响力和活力城市群、海外重点市场、2 500多个核心中高端及专业人才岗位信息。同时，对包括汽车、高科技、教育、互联网、电子制造等不同行业的人才趋势、人才缺口及热门岗位薪酬进行了分析，研究了整体行业及细分领域的人才需求。猎聘发布《2019年人才前景趋势大数据报告》，分析了全行业人才的紧缺程度，提出了人才的精神需求已超越生存需求、教育更受热捧、一线城市呈现供需两旺的局面、互联网吸才最强劲、杭州最能留住人等核心洞察。领英发布的《2020年人才趋势报告》提出，2025年前的重点招聘对象为千禧一代和"Z世代"（22岁以下）。

（二）开展猎头服务

猎头是指为客户提供咨询、搜索、甄选、评估、推荐并协助录用高级人才的系列服务活动。猎头开展客户服务需要经过深入了解客户、签订委托协议、开展人才搜寻、实施人才推荐、协助客户面试、入选试用上岗6个步骤。

从国际市场看，猎头往往按照"先付费（定金）后办事"的服务模式，这种模式保证了从业者能够顺利开展工作，从而确保服务质量。猎头机构收取相关费用后，客户将得到精细化的服务，主要服务步骤如下：第一，充分了解客户的具体需求，明确需求；第二，议明所有要项，平等签约；第三，人才搜寻与甄选，排除内部竞争者后，建立一份系统全面的外部企业"长名单"，详细列出各公司的产业结构、组织架构、领导人背景、薪酬体系等内容，与展开客户深度交流，举荐到位；第四，进入高端面试，薪酬谈判，成功后协助离职；第五，人选适用，后续跟踪服务到位。这样环环相扣、全面严谨的工作方式提升了工作的效率与成功率，满足人才与用人单位的双向需求。

随着中国用人单位人才招募理念的变化和人力资源服务市场的开放，国内涌现出了一批提供猎头服务的人力资源服务机构。科锐国际公司在承接某地政府引才工作中取得了成功的合作，与政府深度沟通，详细澄清需求后利用公司的人才库和引才渠道逐一盘点，锁定目标人选。然后与人才面谈沟通，详细介绍城市的发展方向、引才机制、人才政策等，增加对候选人的吸引。最后优化招募流程，采用市场化面试流程，提高面试效率，成功引才。A罗咨询公司与北京市某区梳理了国际最佳实践案例和该区招商引资现状，描述了如何在新形势下推进招商引资工作。

(三) 实施背景调查服务

背景调查是由独立专业的机构依托权威数据源通过合法的途径和方式对被调查人提交的个人背景信息进行核查比对并形成背景调查报告以辅助委托调查人验证其真伪。背景调查的内容主要为候选人以往的经历，包括工作时间、岗位名称、工作职责、教育经历、薪资水平、他人评价等。专业的人力资源服务机构会提供背景调查服务，能够帮助企业在相对较小成本费用下提高招聘质量，多方面核实预聘员工的背景信息，作出充分知情的聘用决定。

全景求是与阿里巴巴在背景调查业务进行了合作。全景求是是一家从精细化专业背景调查机构逐步转型至兼备标准化、智能化产品的一站式背景调查服务商。在与阿里巴巴合作过程中，为其搭建了背景管理体系和模型。全景求是对待每一位候选人，抱有高度重视、极度负责的态度，严格捍卫了客户的招聘周期和背景调查报告的时效性，跟上了阿里巴巴的节奏，真正站在客户角度考虑问题。这种专业的态度不仅使公司在阿里巴巴年度考评中持续遥遥领先，而且赢得了阿里巴巴的认可与赞许。知了背调是亿微征信服务有限公司旗下的高科技背景调查机构，该机构将大数据、互联网、人工智能、区块链等高科技应用于职业背景调查领域，为企业提供精准、高效的背景调查服务，为个人建立职业能力和信用档案。2017年，知了背调携手智联招聘、阿里大文娱集团、脉脉、阳光印网等企业，发起成立了中国职场诚信联盟。同年，也获选了"行业信用建设优秀案例奖"。

(四) 提供整体的引才服务方案

在人才引进以后，人力资源服务机构还会提供就业创业、培训、项目孵化服务等一揽子服务，实行引才+项目+资本的运行模式，展现了各机构专业化、系统化的服务能力。

上海外服有限公司建立了上海外服国际人才培训中心,该中心秉承"终身学习、成就终生"的理念,为外资企业办事处、世博会培养和输送人才,目前服务56个国家和地区的外商驻华机构和外商投资企业,除上海外,还在29个省市与70多家人力资源服务企业建立了互为代理网络。从2017年起,中智集团着力打造"中智大学"的教育品牌,为中智培训业务迈向"规模化、精细化、标准化、国际化"打下基础。运用金字塔原理打造人才培养与发展的核心价值,汇集了企业内外课程,涉及内容、领域广泛,搭建个人与企业的学习平台。重庆外企科德为顾客提供了一站式服务,追求服务产品的多元化以及服务项目过程报告实时反馈。联英人才也是重庆领先的人力资源服务专业机构,旗下专门为知识和技能人才提供早期创业孵化的服务平台——"联鹏创客空间",以"专业、利他、共生"为核心理念,提供了人事服务、资金扶持、商保与社保服务、商务服务、法务服务、业务赋能、培训赋能、IT系统赋能八大赋能孵化专业服务。

四、发挥人力资源服务机构市场化引才作用过程中面临的主要问题

(一)现有政策的内容有待进一步优化

近年来,北京、上海等地在促进猎头市场化引才方面出台相关政策并加以探索,取得了一定的效果。但有些内容有待完善,集中体现在以下几个方面:

一是与引才市场化相关的人才评价等环节仍然存在较为浓厚的政府色彩。人才流动和使用,实际是用人单位和人才通过市场机制实现人岗匹配的过程,在这个过程中,人才是否符合用人单位需求、应该支付多少薪酬,基本上可以由市场机制来解决。但是,在一些地方出台的发挥人力资源服务机构市场化引才作用的政策中,引进人才达到政府所列的人才目录才能享受政策,相当于人才既要符合用人单位的需求,又要达到政府规定的人才标准,这两种标准在一定程度上有交叉但也可能存在较大差异,实际上削弱了政策对用人单位或者人力资源服务机构的支持力度。例如,《马鞍山市促进市场化人才开发激励办法(试行)》明确提出,引才对象为《马鞍山市人才分类目录(试行)》中的顶级人才(A层次)、领军人才(B层次)、高端人才(C层次)、基础人才(D层次)四类人才,由政府规定。

对于引才的奖励,需要在人才进入各类政府规定的人才工程或者目录中,才可以享受到引才奖励,比如对中介引才的奖励,明确规定,从市外引荐入选"诗城英才"计划"龙马"工程且从事创业或创新研究的人才,提供A层

次每人100万元，B层次第一类每人50万元、第二至三类每人20万元、第四至五类每人10万元，C层次第一类每人8万元、第二至三类每人5万元、第四至七类每人2万元的激励。以上资金由市、县（区）财政按1∶1分担，分三年兑现。

二是部分地区需要更为差异性的政策加以支持。由于经济发展水平和猎头服务市场发展的差异，一些地区特别是中西部地区，高端猎头缺乏，而要吸引知名猎头机构进入当地市场，需要基于产业集聚所产生的相对稳定、持续的高层次人才需求订单，在短期内市场难以满足，需要在政策内容设计上优化措施，通过搭建供需嫁接平台、建立飞地服务模式等激活这部分需求，形成引流和培育机制。从目前已经出台政策的内容看，针对此类问题的措施较少。

三是政策激励力度有待进一步提升。一些地方出台的激励措施力度还有提升空间，如重庆市虽然制定出台了引进海内外英才相应的奖励办法，对引进年薪30万元以上的人才按照年薪的5%给予用人单位补助，用于用人单位支付人力资源服务机构中介费用、个人推荐人才奖励、引才工作经费等，这个力度相对于市场常规（以人才年薪20%～30%为猎头服务费用）来说，激励力度略显不足。

（二）政策落地环节尚有可改善的空间

政策要服务于市场与企业，帮助企业解决难题、提供机会。不仅要政策内容具体完整，而且要结合实际、优化程序，加大政策落地的实效性。

在通常情况下，猎头服务的成功完成需要相对长期的沟通协作过程，这里面包括管理咨询、人才信息搜寻、明确潜在人选、候选人与用人单位面谈、背调等多个环节，但政府普遍采取申报职位需求—综合各类需求—打包发布或者提供给服务商的模式，在这种模式下，前期流程中的岗位描述不够具体清晰，释放的需求特别是用人信息较为粗放，难以将政府相关部门征集的信息转化为现实的市场需求，也难以满足用人单位的要求。

这种模式导致满足用人单位人才需求的时效性和政府流程之间存在一定的冲突。政府在鼓励用人单位使用猎头服务的时候，对招聘需求、面试、背景调查、入职等都有比较严格的工作流程，整个流程走完需要花费较长的时间，再加上猎头服务的完成本身就需要较长时间，所以有可能导致用人单位错过最佳的招聘时机。

例如，北京市出台的《关于进一步发挥猎头机构引才融智作用建设专业化和国际化人力资源市场的若干措施（试行）》提出，市主管部门负责搭建用人单位与猎头机构的供需对接和精准匹配平台，定期面向各类用人单位征集优秀杰出人才需求信息，并根据经济社会发展需要，精准定制人才选聘项目的清单，面向全市猎头机构发布。这种规定体现了政府引才工作的导向作用，但可能带来前述需求精准化提炼和对接的问题。从选机构到选岗位，提交、等审、公示等的流程耗时较长，降低了市场化服务的效率。

（三）猎头服务行业的发展质量有待进一步提高

目前猎头服务市场的发展不成熟，服务供给质量有待进一步提高，主要体现在以下两个方面：

第一，大型高端猎头机构在部分地区特别是中西部地区缺乏，难以满足引才过程中的服务需求。根据重庆市相关部门对当地市场的调研，在该市猎头机构中，小型猎头机构数居多，鱼龙混杂，大型猎头机构较少，顶尖猎头资源稀缺，难以满足引才过程中的服务需求。这一规模布局与重庆未来对高层次人才引进需求之间存在结构性矛盾，不利于重庆科创中心的建设。

第二，不同机构之间无序竞争，恶化经营环境，降低了整体服务质量。中国市场拥有人口众多、服务需求旺盛等先天优势，但也存在猎头行业本身起步晚、服务机构良莠不齐，存在同质化严重、服务能力弱、专业性不足等问题。各机构之间开展零和游戏，竞争激烈、恶意杀价、降低标准，在人才服务市场容易造成"劣币驱逐良币"的现象。

（四）从业人员专业化水平难以满足专业人才特别是高端人才引进的需要

从业人员素质在猎头及相关业态中扮演中重要作用，从目前看，存在从业人员专业化水平不足的问题，主要体现在两个方面：

一是对相关领域的专业知识掌握不够或者难以掌握。对于某些特定技术领域的引才，人力资源服务机构需要对这些领域有足够的了解与认知，能够把握行业发展状况，了解人才的分布与动向，才能够开展有效的人才寻访服务。但根据课题组对国内一些大型人力资源服务机构的调研发现，人力资源服务机构从业人员对服务对象所在行业特别是自然科学领域的专业知识掌握不足，难以发现、识别相关领域的专业人才特别是高端人才，进而难以提供高质量的专业服务。这种现象也在我们对用人单位的调研中得到印证，他们声称，企业的顶尖人才和技术带头人，多数依靠企业高管的个人学术关系网络来实现，猎头服务难以满足他们对此类服务的需求。

二是从业人员经验丰富的人员较少。从行业经验看，资深猎头顾问一般需要7~8年的时间工作积累，而相关调查显示，多数从业人员从业时间为3~5年，距离达到资深顾问还需要一定的时间。

(五) 部分用人单位对第三方人才服务接受程度存在提升空间

通过课题组调研了解到，不同性质和地方的用人单位有不同的招募理念和方式，对第三方人才服务接受程度有所差异，存在进一步改善的空间，主要体现在以下几个方面：

一是从区域情况看，在上海、浙江、广东等东部经济发展水平较高的地区，企业用人理念较为多元、开放、包容，对猎头服务的接受度较高，使用服务获得的效益比较高。相反，在经济相对落后地区，企业较为封闭，对猎头的接受度较低。这意味着发挥市场化引才的力量，需要通过舆论引导、科学宣传等，改变用人单位和相关部门对市场化服务的认知和接受度，为充分发挥人力资源服务机构的市场化引才作用营造良好的环境。

二是企业与猎头公司合作需要了解和建立信任的过程，但是，在实践中的某些情形下，猎头服务在一定程度上成为企业人才管理问题的"替罪羊"，一些用人单位将人才不能发挥作用或者未能发挥"期望"的作用简单归因于曾经使用的猎头服务，认为是猎头引进的人才不适应岗位。但从企业管理实践看，造成用人单位没有起到预期作用的原因较为复杂，既可能是招聘的人才自身能力的问题，也可能是企业自身管理的问题，如家族企业对外人的不信任、引进高管的待遇与创业元老待遇之间难以平衡、人事斗争造成人员排斥等。

三是猎头在中国起步较晚，部分用人单位对此类服务了解不多或对第三方服务的信任度较低。通过对重庆市的调研，多数用人单位以自主招聘及内部推荐为主，企业对猎头的认同度较低，猎头服务作为企业人才引进的辅助手段之一，没有形成常态化使用。

五、相关建议

根据调研和分析、建议，从影响人力资源服务机构发挥市场化引才作用的因素着眼，以完善支持政策、优化办事程序、引导市场需求、提升供给能力和优化环境为主线，为更好发挥人力资源服务机构市场化引才作用创造条件：一是完善政府和市场主体在引才服务过程中的衔接机制，打造从明确需求到人才入职完整市化动作闭环；二是引导企事业单位在人才管理中使用第三方服务，三是支持人力资源服务机构做大做强，四是鼓励市场化引才服务和产品创新，五是充分发挥社会中介组织的链接和交流作用，六是优化人才服务市场的营商环境，七是规范引才相关的服务市场，八是加强从业人员队伍建设。

《充分发挥人力资源服务机构市场化引才作用研究》课题组成员

课题组长：

田永坡（中国人事科学研究院人力资源市场与流动管理研究室主任、研究员）

课题组成员：

李志更（中国人事科学研究院副院长、研究员）

吴　帅（中国人事科学研究院人力资源市场与流动管理研究室副主任、副研究员）

王晓辉（中国人事科学研究院企业人事管理研究室副主任、助理研究员）

李　琪（中国人事科学研究院人力资源市场与流动管理研究室研究实习员）

魏艳春（中国人事科学研究院人力资源市场与流动管理研究室副研究员）

朱丹雨（中国人事科学研究院人力资源市场与流动管理研究室研究实习员）

曹新生（中国人才交流协会人力资源服务产业园专委会秘书长）

朱庆阳（上海人才服务行业协会会长）

执笔人：

田永坡、李琪、吴帅、郭旭林

人力资源市场需求规模和结构分析[①]

提　要：本研究以国家相关部门和研究机构的统计和调查数据为基础，对人力资源市场需求的规模、结构以及需求和供给匹配等方面进行了系统分析，主要内容包括：一是人力资源市场需求的规模。在总体需求变化上，2020年第一季度人力资源市场需求突然猛增，第二季度出现大幅度下降，第三季度回归至往年的水平，这主要是由于第一季度人力资源市场的求职人数减少所致，而在第二季度因新冠肺炎疫情的影响出现停工停产情况导致用人需求大幅度减少，至第三季度随着复工复产以及求职人数的增加，市场总体的需求有所缓解，但仍为负增长且低于2017—2019年的水平，这说明因新冠肺炎疫情影响导致人力资源市场需求下降幅度进一步扩大。二是人力资源市场需求的结构。从行业需求来看，2020年住宿和餐饮业与租赁和商务服务业在疫情防控期间所受的伤害最大，而制造业、建筑业、信息传输计算机服务和软件业等行业随着疫情的好转，用人需求占比略有上升。三是人力资源市场中的供需匹配。近几年来岗位空缺与求职人数比率均保持平稳的上升，而2020年在新冠肺炎疫情的影响下，岗位空缺与求职人数比率在第一季度出现急剧上升，直至第二、三季度才有所下降，但比率仍比往年较高。

关键词：人力资源市场　需求规模　结构分析

[①] 本文系中国人事科学研究院2021年度研究课题《人力资源市场需求规模和结构分析》报告的部分内容。

一、人力资源市场需求的规模分析

由于缺乏全国全口径人力资源动态变化的供需数据,我们以全国 100 多个大中型城市①的人力资源市场监测数据为代表,进行人力资源市场供需状况分析。根据 2016 年第一季度至 2020 年第四季度人力资源社会保障部对人力资源市场的监测数据,我们对全国 100 多个大中型城市的人力资源市场的需求规模进行了分析。

在新冠肺炎疫情的影响下,人力资源市场需求变化出现新的特点。总体需求变化上,2020 年第一季度和第二季度人力资源市场需求出现大幅度下降,第三季度才回归至 0 以上水平,这主要是因新冠肺炎疫情的影响出现停工停产情况导致用人需求大幅度减少。随着国内疫情逐渐稳定,第三季度复工复产以及求职人数增加,市场总体的需求有所缓解,特别是第四季度用人需求增速远超过去四年各季度的增速;在区域上,2020 年第一季度和第二季度东部与中部人力资源市场需求下降幅度较大,而西部需求整体较为稳定且略有上升;对具有一定技术等级或职称的人才需求占比的下降幅度也进一步扩大;从行业需求来看,2020 年住宿和餐饮业、租赁和商务服务业在疫情防控期间所受的伤害最大,而制造业、建筑业、信息传输计算机服务和软件业等行业随着疫情的好转,用人需求占比略有上升,其中,制造业用人需求上升较快。近年来具体变化特点如下:

(一)人力资源市场总体需求规模

受新冠肺炎疫情的影响,与上一年同期相比,2020 年第一、第二季度人力资源市场总体需求下降幅度较大,第三、第四季度需求开始快速回升;在当年季度的环比增速上,2020 年市场总体需求的环比增速与往年一样依然呈季节性变化,即第一季度出现较高的正增长,其他三个季度均出现较低或负增长(第四季度虽然出现较高的增长,但仍远低于第一季度的环比增速)。

与上一年同期相比,2016—2019 年,市场总体求职人数的同比增速大致"先负后正再负",且变化较为平稳,即自 2016 年呈增速基本都在 0 以下,2017 年第一季度至 2019 年第一季度增速均在 0 以上,2019 年第二季度至第四季度增速再次降至 0 以下。2020 年受新冠肺炎疫情的影响,人力资源市场需

---

① 每个季度参加汇总的城市总数不一致,如 2018 年第四季度全国共有 102 个城市上报了季度数据,第三季度全国共有 104 个城市上报了季度数据,而哈密、广州、北京、铜川、乌鲁木齐、渭南、辽源、长春、通化、佛山、深圳、厦门、宁波、杭州等 14 个城市的数据未参加全国数据汇总。

求第一、第二季度下降幅度扩大,第一季度下降至-7.30%,第二季度下降至-13.00%,直到第三季度才上升至0.90%,第四季度上升至24.90%,这主要是因疫情原因出现求职人员大幅减少而导致行业用人需求大幅增加,但随着疫情的好转,特别是第四季度复工复产的有序推进和人员流动也恢复正常,用人需求快速增加。如图1所示。

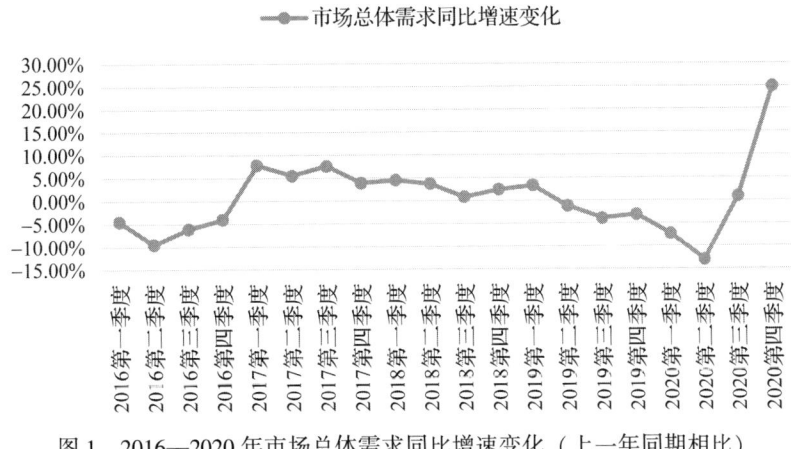

图1 2016—2020年市场总体需求同比增速变化(上一年同期相比)

从当年的季度相比可以看出,2016—2019年,市场需求人数在第一季度有所增加,其他三个季度均有所减少,即每一年第一季度的环比增速具有较高的正增长,最高达到34.10%(2019年第一季度),最低也有17.90%(2016年第一季度),而第二、三、四季度的环比增速呈下降趋势且均为负增长,2019年第三季度最低低至-13.10%。而受新冠肺炎疫情的影响,2020年市场需求变化的季节性特点依然显现但有所减弱,即第一季度出现较高的正增长,第二、三季度的环比增速呈下降趋势且均为负增长,但是第四季度出现正增长为11.50%,仍远低于第一季度增速的50.90%。2020年,由于第一季度处于新冠肺炎期间限制了部分人员的流动,出现用工紧张的局面,从而导致2020年第一季度的环比增速远高于其他年份的第一季度,而第四季度随着疫情的好转,用工需求快速增加。总体来看,近几年来人力资源市场需求仍具有较强的季节性特点。如图2所示。

(二)不同区域的需求规模

受新冠肺炎疫情的影响,与上一年同期相比,2020年全国各区域人力资源市场需求均较为疲软,特别是中部和东部在第一、二季度同比下降幅度较大;在当年季度的环比上,东部、中部和西部人力资源市场需求的环比增速均呈季节性变化,即第一季度出现较高的正增长,其他三个季度均出现较低

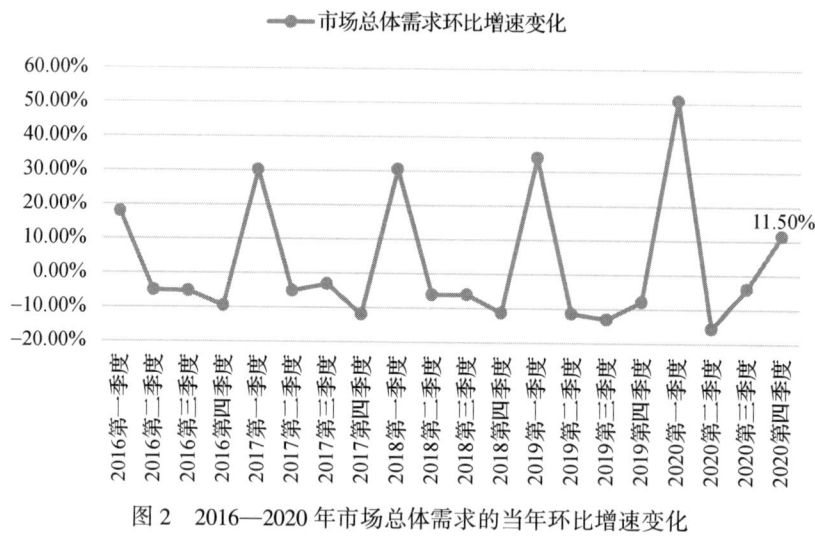

图2 2016—2020年市场总体需求的当年环比增速变化

或负增长（第四季度虽然出现较高的增长，但仍远低于第一季度的环比增速）。

与上一年同期相比，2016—2020年，东部、中部和西部人力资源市场需求具有"阶段性"特点，即2016年增速低于0，2017—2018年较为稳定，增速处于0上下，2018年三个地区变化幅度较大，2019年呈下降趋势，2020年受疫情影响变化幅度更大，尤其是第四季度均快速增长。分阶段来看：除个别季度波动较大外，2016年东部、中部和西部人力资源市场需求同比增速总体上低于0；2017—2019年中部和西部人力资源市场需求同比增速总体上呈现正增长趋势，东部地区在2017—2018年出现正增长趋势，2019年不断下降且呈负增长；2020年受新冠肺炎疫情的影响，东部人力资源市场需求第一、二季度均为负增长，至第三季度才出现正增长，为4.20%，第四季度增长至8.20%；中部受疫情影响较为严重，且降幅最大，第一季度为-17.30%，第二季度为-19.80%，第三季度人力资源市场需求仍较为疲软，与上一年同期相比，增速仍处于0以下，为-2.80%，直到第四季度才迅速增长至36.02%；西部地区在2020年各个季度的增速也有所减缓，第一季度人力资源市场需求同比增速为3.40%，与2019年第一季度增速为21.40%相比，降低了18个百分点，第二季度有所增长，为5.40%，与2019年第二季度增速12.20%相比，仍处于较低水平，第三季度甚至出现负增长，为-6.60%，出现疲软状态，直到第四季度迅速增长至40.80%。总体而言，2020年东部、中部和西部人力资源市场需求因新冠肺炎疫情原因均受到不同程度的影响，其中中部地区所受的负影响最大，随着疫情的好转，第四季度才出现快速增长。如图3所示。

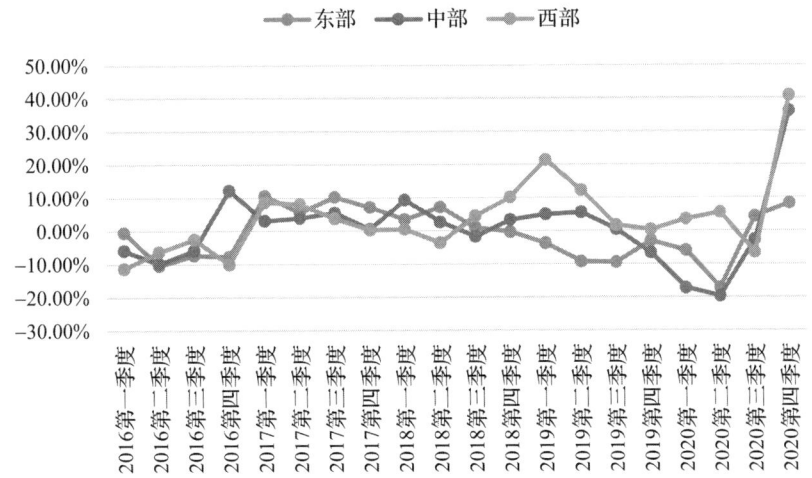

图 3　2016—2020 年东部、中部和西部市场需求人数的同比增速变化（上一年同期相比）

从当年季度的环比可以看出，2016—2020 年，东部、中部和西部市场总体需求的当年环比增速整体均呈季节性变化的特点，即第一季度出现较高的正增长，其他三个季度均出现较低增长或负增长（第四季度虽然出现一定的增长，但仍远低于第一季度的环比增速）。其中，2016—2019 年中部和西部每一年第一季度的环比增速变化高于东部地区，这说明中部和西部地区在每个季度对人才需求的变动幅度较高，而东部地区在每个季度对人才需求变动幅度与中部、西部相比较低，说明东部人力资源市场需求比中部、西部稳定，但是 2020 年受新冠肺炎疫情的影响，东部、中部和西部第一季度的环比增速变化幅度均较大，西部地区市场需求的当年环比增速最高，东部次之，中部最小，与往年相比中部地区在 2020 年第一季度市场需求降幅较大，这与疫情震点位于中部地区有关。总体而言，市场总体需求的当年环比增速整体具有较强的季节性变化。如图 4 所示。

二、人力资源市场需求结构分析

从需求结构看，近年来人力资源市场有如下特点：

从行业需求来看，2020 年住宿和餐饮业、租赁和商务服务业在疫情防控期间所受的伤害最大，而制造业、建筑业、信息传输计算机服务和软件业等行业随着疫情的好转，用人需求占比略有上升，其中，制造业用人需求上升较快。五年平均统计数据显示，对技术等级或职称有明确要求的占总需求人数的 48.93%，其中对技术等级有要求的平均占 30.92%，对职称有要求的平均占 18.01%；主要集中在高级技师、高级工程师、技术员和中级技能人员，

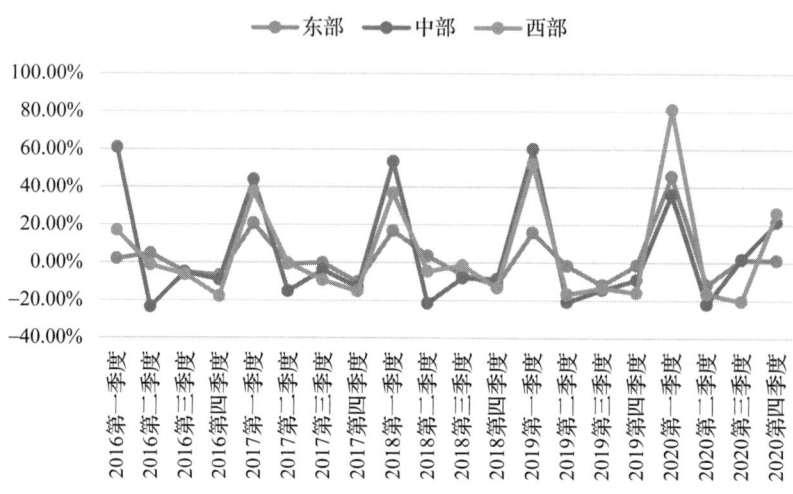

图4 2016—2020年东部、中部和西部市场需求人数的当年环比增速变化

其所占比重合计近50.00%；从对技术等级和职称需求总占比来看，2019年第一季度首次低于50.00%，2019年第四季度为44.10%，2020年受新冠肺炎疫情影响下降幅度有所扩大，2020年第一季度为31.90%，与2019年第四季度相比下降了12.20个百分点，随着疫情的好转，至第二、三、四季度均上升至40%以上。

(一) 需求的行业结构

从行业需求来看，五年来八成以上的用人需求都集中在制造业、居民服务和其他服务业、批发和零售业、住宿和餐饮业、租赁和商务服务业、建筑业、信息传输计算机服务和软件业；其中，受新冠肺炎疫情的影响，2020年租赁和商务服务业、批发和零售业、住宿和餐饮业、居民服务和其他服务业的用人需求占比略有下降，制造业、建筑业、信息传输计算机服务和软件业的用人需求占比略有上升。

81.94%的企业用人需求集中在制造业、批发和零售业、住宿和餐饮业、居民服务和其他服务业、租赁和商务服务业、建筑业、信息传输计算机服务和软件业，以上各行业的用人需求比重分别为33.94%、12.98%、9.66%、9.68%、6.61%、4.40%和4.69%。如图5所示。

2020年受新冠肺炎疫情的影响，各主要行业用人需求占比均出现不同变化。其中，制造业2019年用人需求占比为30.63%，但2020年大幅上升至36.98%；建筑业用人需求占比也从2019年的4.30%上升至2020年4.95%；信息传输计算机服务和软件业用人需求占比从2019年的4.50%上升至2020年

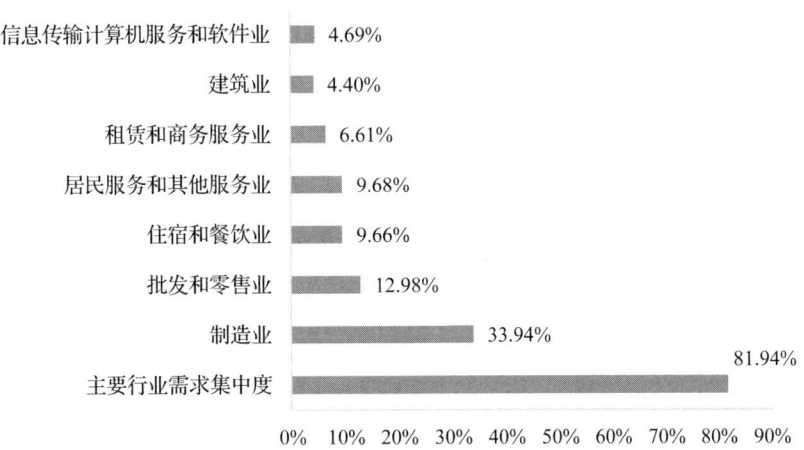

图 5 2016—2020 年各行业用人需求平均占比

5.13%。而租赁和商务服务业、批发和零售业、住宿和餐饮业、居民服务和其他服务业的用人需求占比在 2020 年均略有下降，其中下降幅度最大的是住宿和餐饮业、租赁和商务服务业，与 2019 年相比下降幅度分别为 2.77 个百分点和 4.10 个百分点，批发和零售业、居民服务和其他服务业下降幅度均在 1 个百分点之内。这说明 2020 年新冠肺炎疫情对住宿和餐饮业、租赁和商务服务业的伤害最大，而制造业因疫情好转以及出口增加的刺激导致对用人的需求大幅增加。如图 6、表 1 所示。

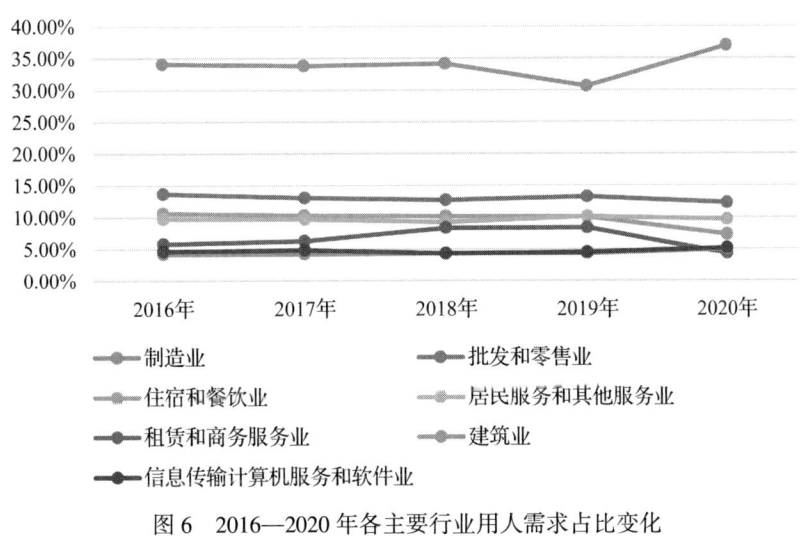

图 6 2016—2020 年各主要行业用人需求占比变化

表1 2016—2020年主要行业用人需求占总需求平均比例变化   单位：%

主要行业	2016年	2017年	2018年	2019年	2020年
制造业	34.10	33.83	34.15	30.63	36.98
批发和零售业	13.68	13.05	12.70	13.20	12.25
住宿和餐饮业	10.60	10.25	10.13	10.05	7.28
居民服务和其他服务业	9.75	9.68	9.23	10.10	9.63
租赁和商务服务业	5.83	6.28	8.33	8.35	4.25
建筑业	4.23	4.23	4.30	4.30	4.95
信息传输计算机服务和软件业	4.65	4.85	4.33	4.50	5.13

（二）需求的技能结构

按技术等级来分，受新冠肺炎疫情的影响，市场对求职人员具有一定的技术等级或职称的人才需求占比进一步下降，但需求仍较大。

从需求看，五年平均统计数据显示，市场对求职人员技术等级或职称有明确要求的占总需求人数的48.93%，其中对技术等级有要求的平均占30.92%，对职称有要求的平均占18.01%；主要集中在高级技师、高级工程师、技术员和中级技能人员，其所占比重合计近50%；从对求职人员具有技术等级或职称需求占比来看，自2019年以来下降至50%以下，2020年受新冠肺炎疫情影响下降幅度有所扩大，特别是2020年第一季度下降至31.90%，为历史最低点，与2019年第四季度相比下降12.20个百分点；随着疫情的好转，至第二、三、四季度分别上升至41.40%、42%和40.80%，但与之前年份相比下降幅度仍较大。技术等级的需求占比在2019年之前稳定在35%左右，2019年第一、二季度下降至30%左右，2019年第三季度至2020年第四季度均低于30%，同时2020年受疫情影响下降幅度更大，2020年第一季度仅为20.10%，随着疫情的好转，第二、三、四季度分别上升至26.40%、25.90%和25.80%，但与往年相比仍处于较低水平。对求职人员具有职称需求的占比在2018年第三季度之前稳定在20%左右，但2018年第四季度开始下降至20%以下，特别是2020年受疫情影响第一季度下降至11.80%，为历史最低水平，与上一个季度（2019年第四季度）相比下降幅度高达5.70个百分点，第二、三、四季度才分别回升至14.70%、16.10%和15%；这说明近年来对求职人员具有一定技术等级或职称的人才要求占总需求的比重有所下降，但总体需求仍较大。如图7、图8所示。

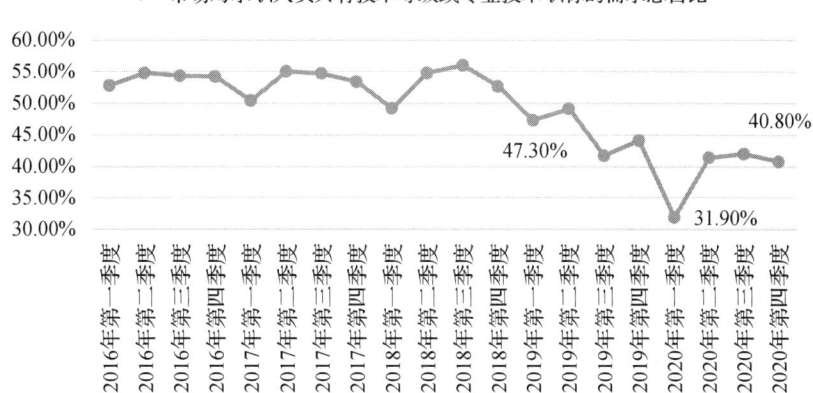

图 7 2016—2020 年市场对求职人员具有技术等级或专业技术职称的要求总占比

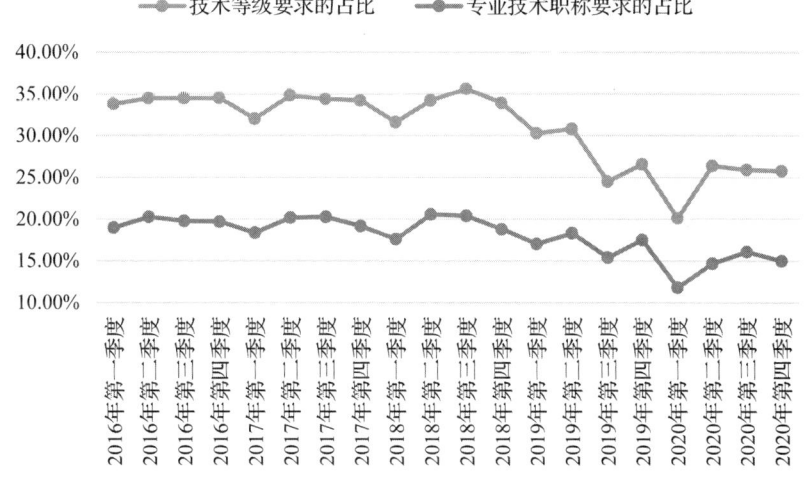

图 8 2016—2020 年市场对求职人员具有技术等级或专业技术职称要求的分别占比

三、人力资源市场需求紧缺程度分析

需求的满足情况,既是一个国家和地区人力资源市场供需量对比的反映,也从一定程度上体现了人力资源市场配置效率的高低。本研究从供需对比的角度,分析人力资源市场需求满足的情况。由于人力资源市场供需分析的多维性,本研究从总体供需匹配、行业层面的供需匹配、职业层面以及不同人才群体的供需匹配情况进行分析。

根据人力资源社会保障部对全国 100 多个城市公共就业服务机构登记招聘和登记求职信息的监测数据,对人力资源供给与需求匹配进行了分析。2020 年受新冠肺炎疫情的影响,人力资源市场供求不匹配情况更加严峻。近年来，岗位空缺与求职人数比率均保持平稳的上升，而2020年在新冠肺炎疫情的影响下，岗位空缺与求职人数比率在第一季度出现急剧上升，直至第二季度才有所下降，但仍比往年比率较高，其中东部、中部与西部均表现同样特征，且中部表现的特征更为突出，即在2020年第一季度岗位空缺与求职人数比率的上升幅度均大于东部和西部。同时，全国人力资源市场对高技术与高技能人才的需求也进一步扩大。具体分析结果如下。

（一）人力资源市场供求总体状况

从市场总体来看，近五年来岗位空缺与求职人数比率①总体呈上升趋势，且比率都保持在1.05以上，说明人力资源市场需求略大于供给。2016年第一季度为1.07，之后岗位空缺与求职人数比率总体呈快速上升趋势，2017年第四季度首次超过1.20，2019年第四季度已经上升至1.27，而2020年叠加新冠肺炎疫情的影响，第一季度岗位空缺与求职人数比率高达1.62，第二、三、四季度随着疫情的缓解，岗位空缺与求职人数比率有所降低，但仍分别高达到1.32、1.40和1.52，这说明近几年来人力资源市场需求与供给的缺口不断扩大，特别是2020年岗位空缺数较大，市场供给出现乏力（见图9）。

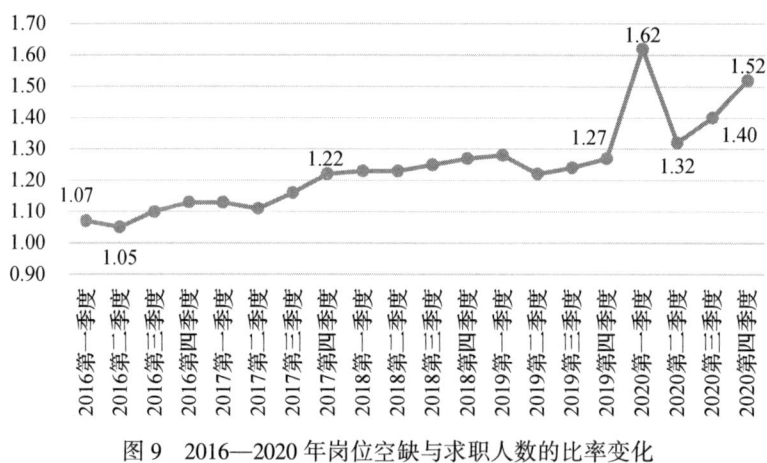

图9　2016—2020年岗位空缺与求职人数的比率变化

（二）按地区分人力资源供求匹配状况

分区域来看，东部、中部、西部地区岗位空缺与求职人数比率近五年来都大于1，且总体上该比率呈上升趋势，说明市场需求略大于市场供给。同时，随着近五年来经济结构的调整，人力资源市场也发生调整，中部和西部地区用人需求不断扩大。2016—2020年西部地区岗位空缺与求职人数比率总

---

① 岗位空缺与求职人数比率 = 需求人数／求职人数，表明市场中每个求职者所对应的岗位空缺数。如0.8表示10个求职者竞争8个岗位。

体远高于东部和中部地区，特别是2020年第一季度与东部比率得相差最大，2020年第二、三、四季度有所减弱。中部地区在2016—2017年高于东部地区，2018年略低于东部地区，2019年和2020年又略高于东部地区，这说明中部地区对人才供给匹配情况比西部地区要好，但不及东部地区；东部地区人才供给匹配情况较中部和西部地区都较好，但在2017年第四季度以来岗位空缺与求职人数比率开始略高于中部地区且均超过1.20，2018年第四季度已高达到1.27，2019年逐渐下降且低于中部地区，2020年第一季度受疫情影响高达1.46，2020年二、三、第四季度的比率也均超过往年，达到1.26、1.36和1.57，总体上东部地区呈上升趋势，这说明东部地区人才供给匹配情况近年来也不容乐观（见图10）。

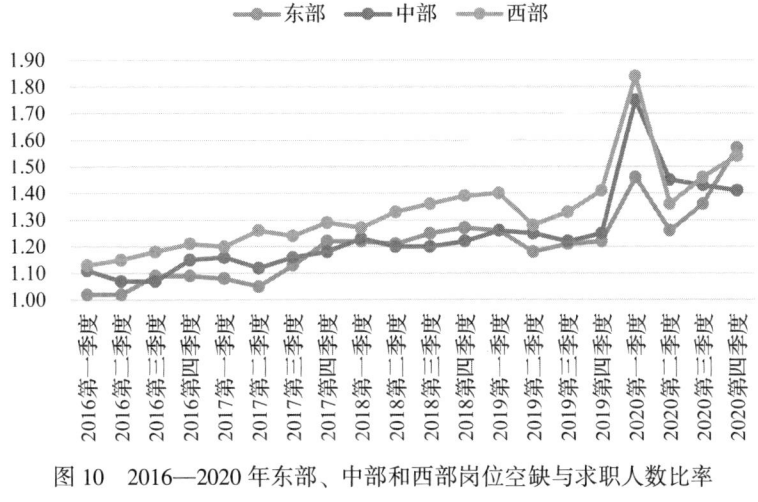

图10 2016—2020年东部、中部和西部岗位空缺与求职人数比率

从东部、中部、西部地区人力资源市场变化来看，人力资源市场岗位空缺和求职人数的比率，近五年平均比率来看东部地区为1.21，中部地区为1.24，西部地区为1.33，这一方面说明在我国人力资源市场需求大于供给，另一方面从区域差异来看说明在人才供给匹配方面，中部与西部地区情况比东部更加紧张。

2020年受新冠肺炎疫情影响，东部、中部、西部地区人力资源供求匹配的矛盾更加突出。2020年第一季度与2019年第四季度相比，东部、中部和西部地区人力资源市场岗位空缺与求职人数的比率均有所扩大，但同时也存在差异，东部地区受影响较小，中部和西部受影响均较大，直至2020年第二季度开始才有所缓解，但人力资源市场存在的矛盾依然突出（见图11~图13）。

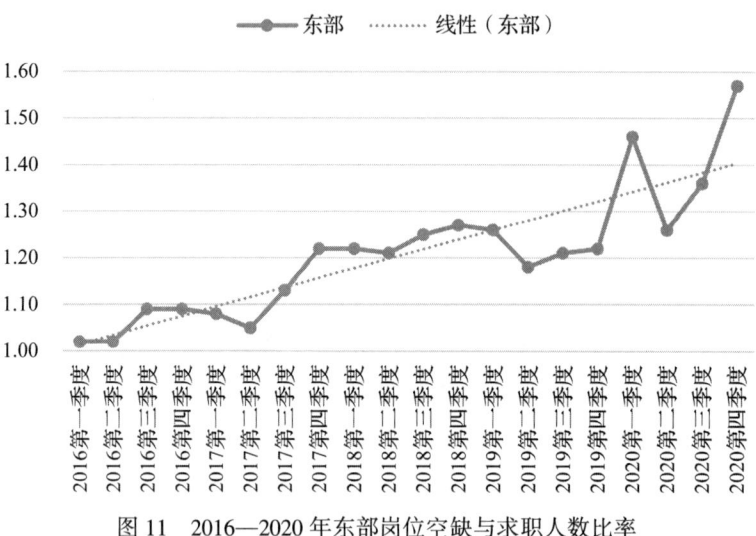

图 11　2016—2020 年东部岗位空缺与求职人数比率

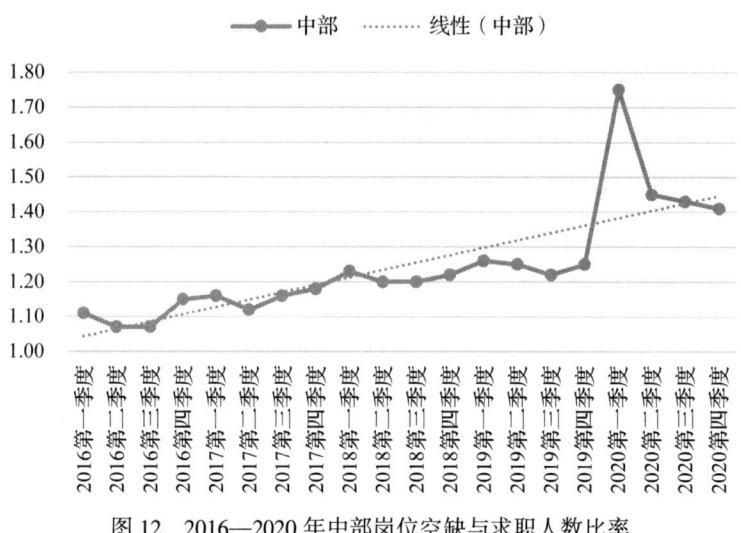

图 12　2016—2020 年中部岗位空缺与求职人数比率

(三) 职业层面供需短缺的情况

职业层面的供需是反映人力资源市场供需状况的又一个角度。这里使用人社部发布的 102 个定点监测城市公共就业服务机构劳动力市场数据，对职业层面需求的紧张程度进行分析。其中，职业名称按照《中华人民共和国职业分类大典（2015 版）》[①] 进行分类。考虑到供求变化的季节性，本文分析选取了 2020 年全年 4 个季度均进入前十的职业，以集中体现劳动力市场供求变

---

① 以下简称《职业分类大典》。

图 13 2016—2020 年西部岗位空缺与求职人数比率

化的特点。

2020 年公布的 4 个季度的榜单中,供需短缺的职业主要分布在第二、第四和第六大类,约有三分之一的职业发生变化。从四个季度短缺排名前 100 职业的类型分布数量平均值来看,第二大类(专业技术人员)有 17 个职业,第四大类(社会生产服务和生活服务人员)有 37 个职业,第六大类(生产制造及有关人员)有 39 个职业。从不同季度看,上榜职业的名单有一定变化。与上一个季度相比,2020 年第一季度,有 29 个职业新进入"排行",比 2019 年第四季度多了 5 个,4 个职业排位没变,32 个职业排位上升,35 个职业排位下降;第二季度,有 24 个职业新进入"排行",较同年第一季度减少 5 个,6 个职业排位没变,33 个职业排位上升,37 个职业排位下降;第三季度,有 28 个职业新进入"排行",较同年第二季度增加 4 个,5 个职业排位没变,36 个职业排位上升,31 个职业排位下降;第四季度,有 25 个职业新进入"排行",较同年第三季度减少 3 个,6 个职业排位没变,34 个职业排位上升,35 个职业排位下降。总体来看,该年度职业排位浮动情况基本处在较稳定的范围内。见表 2。

表 2　2020 年全国招聘求职 100 个短缺职业中职业类型分布情况　　单位:个

季度	第二大类 (专业技术人员)	第四大类 (社会生产服务和生活服务人员)	第六大类 (生产制造及有关人员)
第一季度	15	34	44
第二季度	17	38	39
第三季度	18	38	38

续表

季度	第二大类 (专业技术人员)	第四大类 (社会生产服务和生活服务人员)	第六大类 (生产制造及有关人员)
第四季度	19	36	36
四个季度平均数量	17	37	39

数据来源：人社部官网，http://www.mohrss.gov.cn/SYrlzyhshbzb/dongtaixinwen/buneiyaowen/202010/t20201023_392932.html.

在短缺人口规模上，2020年第一季度的缺口人数为85.0万，比上一季度增加了18.6万，增长了28.0%；第二季度的缺口人数为74.6万，比上一季度下降了10.4万，下降了12.2%，市场供求关系得到了较为明显的缓解；第三季度的缺口人数为82.4万，比上一季度增加了7.8万，增长了10.5%；第四季度的缺口人数为92.9万，比上一季度增加了10.5万，增长了12.7%，达到自2019年第三季度首次发布排行以来的历史最高位。这种变化特征与我国迅速控制住疫情，率先实现经济正增长有关。根据国家统计局的数据，2020年二季度GDP增长3.2%，由一季度下降6.8%转负为正，三季度增长4.9%，四季度增长6.5%，全年经济增长2.3%。①

从四个季度职业排名前十的职业变化来看，营销员在2020年中一直稳居短缺职业排名第1名。

餐厅服务员在2020年前三季度均位列第3，第四季度有小幅度下降，排名降至第5。在2021年前三个季度，餐厅服务员的排名稳居第2，较2020年同年度的紧缺度更大。综合两年数据可以得出，餐厅服务员短缺程度呈现先降后升的趋势。

保安员在2020年前三季度均位列第4，最后一季度上升到第3名，短缺程度呈上升趋势。与2021年前三季度榜单排名相比发现该职业的紧缺度稳定在第3~4名。

保洁员的排名也呈现持续上升的趋势，从2020第一季度排名第7，到第二季度排名第5，再到后两季度稳居排行榜第2名。2021年度保洁员短缺度有所下滑，但仍保持在前7名内。

商品营业员在四个季度的短缺职业榜单排名中有所上升，2020年第一季度排在第8位，第二季度上升至第6名，并逐位上升至第四季度的第4名。2021年度该职业一度退出榜单，但又迅速回归，并一路上升至榜单第3名。

快递员在2020年前两季度排名第2，第三季度位列第9，第四季度退出前

---

① 新华网. 中国经济迎来重要里程碑，http://sh.xinhuanet.com/2021-01/18/c_139677231.htm.

十，短缺程度呈下降趋势。2021年度重新回归榜单，并于第三季度升至第5位，呈现先降再升的趋势。

车工职业在2020年度呈现上下波动的趋势，波动范围在短缺职业排名7至10位之间。2021年退出前十榜单。

焊工在整个年度中呈现紧缺度下降的趋势，从2020年第一季度排名第6，下降到第二季度排名第8，第三季度短暂退出前十，第四季度回升到第10名。2021年前两季度再次退出前十，第三季度排名第9。总体来说，焊工的短缺程度总体仍呈现在波动中下降的趋势。见表3。

表3　　　　　　　　2020年短缺职业排名前十职业基本情况

	第一季度	第二季度	第三季度	第四季度
1	营销员	营销员	营销员	营销员
2	快递员	快递员	保洁员	保洁员
3	餐厅服务员	餐厅服务员	餐厅服务员	保安员
4	保安员	保安员	保安员	商品营业员
5	包装工	保洁员	商品营业员	餐厅服务员
6	焊工	商品营业员	家政服务员	家政服务员
7	保洁员	车工	客户服务管理员	客户服务管理员
8	商品营业员	焊工	房地产经纪人	车工
9	装卸搬运工	市场营销专业人员	快递员	房地产经纪人
10	车工	包装工	车工	焊工

数据来源：人社部官网，http://www.mohrss.gov.cn/SYrlzyhshbzb/dongtaixinwen/buneiyaowen/202010/t20201023_392932.html。

在前十榜单进出的职业有包装工、家政服务员、客户服务管理员、房地产经纪人、装卸搬运工、市场营销专业人员等。其中，包装工仅出现于2020年前两个季度，整体有下降的趋势。2020年第三季度有3个新增职业进入前十，其中家政服务员首次出现，并于后两季度稳定维持在第6名；客户服务管理员也于第三季度首次出现，后两季度稳定维持在第7名；房地产经纪人在该季度出现并排名第8位，第四季度下降1名，位列第9，结合2021年前两季度排名，该职业短缺程度存在上升的趋势；装卸搬运工和市场营销专业人员均短暂出现，并很快退出前十。

根据数据分析可以发现，供求短缺的职业有以下四个特点：

1. 供需短缺职业构成的变化情况

供需短缺职业构成在不同季度有一定变化，既有新进和退出榜单的职业，也有排名发生较大变化的职业。从分季度的统计结果看，与上一个季度相比，每个季度均有新的职业进入排行,2020年四个季度的新进排名数分别有29个、24个、28个和25个;与2019年第四季度的24个和2021年前三个季度的29个、30个、24个相比,存在一定的波动。

在榜单中,2020年四个季度中排名上升的个数分别为32个、33个、36个和34个,排名下降的分别有35个、37个、31个和35个。见表4。与2019年第四季度上升34个和下降38个职业,2021年前三个季度分别上升33个、39个和37个,下降36个、26个和34个相比,产生一定变化。

表4　　　　　　　　　　2020年短缺职业排名变化情况　　　　　　　　单位:个

排名个数	第一季度	第二季度	第三季度	第四季度
新进排名个数	29	24	28	25
上升排名个数	32	33	36	34
下降排名个数	35	37	31	35

注:新进、上升或下降排名个数均是与上一季度相比所得数据。

从短缺规模的季度变化来看,我国人力资源市场不同季度用工需求的波动与总体供求波动有一定变化。缺工的求人倍率处于先降后升的趋势:2020年第一季度求人倍率为2.62;第二季度得到了明显的缓解,降至2.01;随后迅速上升至第三季度的2.67。第四季度缺口人数最多(92.9万),求人倍率达到整年度最高点2.9。与2019年走势基本相同,且两年内求人倍率最低点均位于第二季度(见图14)。

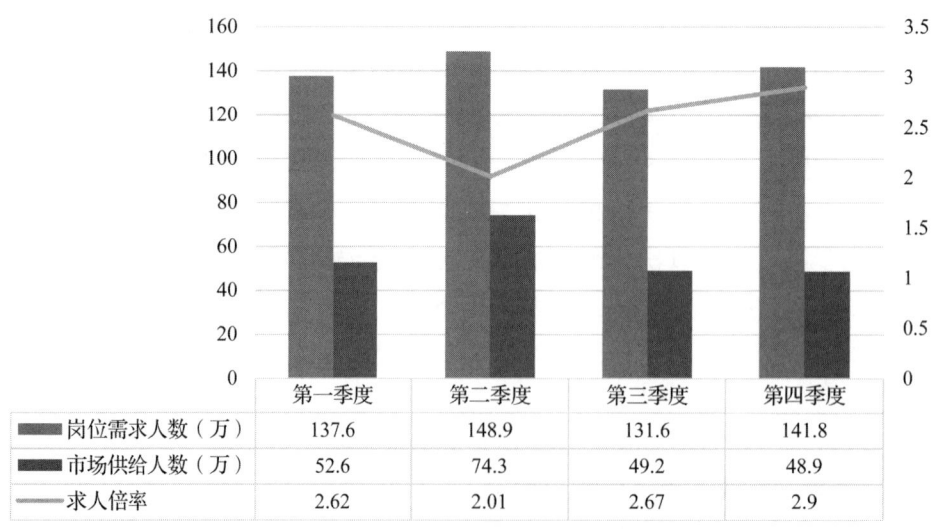

图14　2020年四个季度短缺职业供需规模和求人倍率

2. 短缺职业的构成类别

从职业构成类别看①,供需短缺排在前十名的职业主要分布在第四大类(社会生产服务和生活服务人员)、第六大类(生产制造及有关人员)和第二大类(专业技术人员),排在后十名的主要分布在第六大类(生产制造及有关人员)、第二大类(专业技术人员)和第四大类(社会生产服务和生活服务人员)。

综合四个季度急需短缺职业的排名情况可以发现,上榜职业相对集中的类别依次为第四大类(社会生产服务和生活服务人员)和第六大类(生产制造及有关人员)和第二大类(专业技术人员)。从平均占比来看,全年四个季度中,第四大类(社会生产服务和生活服务人员)的占比为36.5%,第六大类(生产制造及有关人员)占比为39.25%,第二大类(专业技术人员)为17.25%。

在排名前十的职业当中,其分布特点也比较相似,绝大部分集中在第四大类(社会生产服务和生活服务人员)和第六大类(生产制造及有关人员)。从数量看,第四大类职业占据比较大的部分,在四个季度中数量分别为7个、6个、9个和8个,数量有上升的趋势。剩余的短缺职位第六大类居多,在四个季度前十名的数量分别为3个、3个、1个和2个,数量有下降的趋势。2020年的第二季度,出现了一个属于第二大类的职业(市场营销专业人员),其余季度均无其他职业类型。

短缺职业排名后十的职业主要分布第二大类(专业技术人员)、第四大类(社会生产服务和生活服务人员)和第六大类(生产制造及有关人员)。在后十名中,第六大类基本占比50%左右,其他类别波动较大。2020年四个季度第六大类后十名所占数量分别是4个、5个、4个和6个,处于较平稳的趋势;第四大类数量分别是3个、4个、1个和2个,数量均少于一半;第二大类的数量为3个、1个、5个和0个,波动幅度较大。2020年第四季度后十名出现了两个第三大类的职业(打字员、秘书),其余季度均无其他职业类型。

3. 排名前十短缺职业的构成

从具体职业种类来看,排名前十短缺职业类别在四个季度较为稳定,排名后十的职业类别在四个季度间差异较大。急需短缺排名前十职业类别在四个季度较为稳定。如表5所示,在2020年第四季度短缺排名前十的职业分别是营销员、保洁员、保安员、商品营业员、餐厅服务员、家政服务员、客户

---

① 按数量排序,分先后。

服务管理员、车工、房地产经纪人和焊工。与 2020 年前几个季度相比,家政服务员、客户服务管理员和房地产经纪人于第三季度开始进入前十排行榜单并在之后一季度中稳定在榜单中,而营销员、保洁员、保安员、商品营业员、餐厅服务员和车工 6 个职位一直稳居本年度前十,营销员自 2019 年以来一直稳居第一(见表 5)。

表 5　　2020 年短缺职业排名前十职业排名四季度变化情况

职业	第一季度	第二季度	第三季度	第四季度
营销员	1	1	1	1
保洁员	7	5	2	2
保安员	4	4	4	3
商品营业员	8	6	5	4
餐厅服务员	3	3	3	5
家政服务员	11	11	6	6
客户服务管理员	14	17	7	7
车工	10	7	10	8
房地产经纪人	15	12	8	9
焊工	6	8	11	10

注:表内数字为各季度该职业在榜单中的排名。

短缺程度排在后十位的职业类别在四个季度之间的变化极大,几乎全不相同。具体来讲,2020 年第一季度为采购员、电子元器件工程技术人员、邮政投递员、药物制剂工、仪器仪表维修工、钢筋工、裁剪工、化工生产工程技术人员、汽车工程技术人员和计算机程序设计员;2020 年第二季度为广电和通信设备电子装接工、化工生产工程技术人员、设备点检员、医药商品购销员、电子商务师、汽车维修工、装饰装修工、计算机程序设计员、医用材料产品生产工和铣工,其中新进的职业有 8 个;2020 年第三季度为电子元器件工程技术人员、工业清洗工、钻床工、废旧物资加工处理工、中学教育教师、化工实验工程技术人员、污水处理工、计算机网络工程技术人员、米面主食制作工、设备工程技术人员,其中新进的职业有 9 个;2020 年第四季度为电子产品制版工、印前处理和制作员、打字员、电子专用设备装调工、工具钳工、工程测量员、液晶显示器件制造工、装饰装修工、商品监督员和秘书,其中新进的职业有 9 个(见表 6)。

表6　　　　　2020年短缺职业排名后十职业排名四季度变化情况

排名	第一季度	第二季度	第三季度	第四季度
91	采购员	广电和通信设备电子装接工	电子元器件工程技术人员	电子产品制版工
92	电子元器件工程技术人员	化工生产工程技术人员	工业清洗工	印前处理和制作员
93	邮政投递员	设备点检员	钻床工	打字员
94	药物制剂工	医药商品购销员	废旧物资加工处理工	电子专用设备装调工
95	仪器仪表维修工	电子商务师	中学教育教师	工具钳工
96	钢筋工	汽车维修工	化工实验工程技术人员	工程测量员
97	裁剪工	装饰装修工	污水处理工	液晶显示器件制造工
98	化工生产工程技术人员	计算机程序设计员	计算机网络工程技术人员	装饰装修工
99	汽车工程技术人员	医用材料产品生产工	米面主食制作工	商品监督员
100	计算机程序设计员	铣工	设备工程技术人员	秘书

数据来源：人社部官网，http://www.mohrss.gov.cn/SYrlzyhshbzb/dongtaixinwen/buneiyaowen/202010/t20-201023_392932.html.

通过对2020年整个榜单的比较和分析可以发现，制造业相关职业的人才需求一直保持着旺盛的势头，全年度处于短缺程度较高的状态。第三季度顺应学校复学带来的教师缺口加大。

4. 进入榜单中新职业的情况

一些新职业进入榜单，数字经济相关职业成为市场追求的热门职业。随着科技的快速进步和新兴产业的发展，越来越多新职业开始在创新的浪潮中不断涌现，自2019年4月至2021年3月，人社部共发布了56个新职业，涵盖互联网、全媒体、物联网等多个高薪高技能行业，新职业的发布也体现了我国对新型技能人才的培养和重视。

在2020年度短缺职业前100名榜单中，2019年新增的13个职业暂未上榜；2020年发布的25个新职业中，网约配送员（4-02-07-10）进入了短缺职业前100名的排行，四个季度分别处于66名、48名、49名和42名，有明显的上升趋势。

2020年人社部中国就业培训技术指导中心发布了《新职业在线学习平台发展报告》。用户对于数字化技能的偏好，成为新职业时代的显著特点。数字化管理师、无人机驾驶员、人工智能工程技术人员、农业经理人、物联网工程技术人员成为用户最想学习的新职业。据统计预测，未来5年的新职业人才需求规模庞大。预计未来几年云计算工程技术人员将达到近150万、物联网安装调试员近500万、无人机驾驶员近100万、电子竞技员近200万、电子竞技运营师近150万、农业经理人近150万、人工智能人才近500万、建筑信息模型技术员近130万、工业机器人系统操作员和运维员均达到125万，数字化管理师从业人员现已超过200万，人才缺口近千万。① 按照这种预测，未来的榜单上也会大概率出现相关职业的身影。

（四）按技术等级分人力资源供求匹配状况

从技术等级或职称来看，2016年至2017年各技术等级和职称的岗位空缺与求职人数的比率均大于1.5，2018年至2020年该比率均超过2，这说明人力资源市场对求职人员具有技术等级和职称的人才需求大于供给，且供求矛盾更加突出。其中，高级技师、高级工程师和高级技能人员的岗位空缺与求职人数的比率较大，五年间的平均比率分别为2.16、2.51和2.21。

从高级技师、高级工程师和高级技能人员的岗位空缺与求职人数的比率变化来看，2016年至2019年呈现扩大的趋势，2020年上升幅度有所缩窄。高级技师、高级工程师和高级技能人员的比率在2016年至2017年每个季度均达到1.7以上，2018年则扩大到2.0以上；2019年第二季度至2020年第一季高级工程师的比率达到3.0以上，甚至接近4.0；受新冠肺炎疫情的影响，2020年高级工程师和高级技能人员的岗位空缺与求职人数的比率均有所降低，但依然在2.0以上，其中高级工程师的比率在2020年下降幅度较大，2019年第四季度的比率高达3.95，而在2020年第一季度的比率下降至3.23，第四季度该比率下降至2.90。总体来看，这说明目前我国人力资源市场对具有一定技术等级或职称的人才需求仍存在较大缺口，尤其是对高级工程师和高级技能人员的需求不断加强，一定程度上反映了我国劳动力需求结构在不断升级，对高素质高技能人才的需求仍较大（见图15）。

四、小结

综合全国性的抽样数据分析，我国人力资源市场的需求呈现出如下特征：

总体需求变化上，2020年第一季度和第二季度人力资源市场需求出现大幅度下降，第三季度才回归至0以上水平，这主要是由于第一季度人力资源市场的求职人数减少所致，而在第二季度因新冠肺炎疫情的影响出现停工停产情况导致用人需求大幅度减少，至第三、四季度随着复工复产以及求职人数的增加，市场总体需求的紧张程度有所缓解，特别是第四季度用人需求增速远超过去四年各季度的增速。

从行业需求来看，2020年住宿和餐饮业、租赁和商务服务业在疫情防控

---

① 中国经济网. 线上学习新职业成主流, http://www.ce.cn/xwzx/gnsz/gdxw/202007/23/t20200723_35383908.shtml.

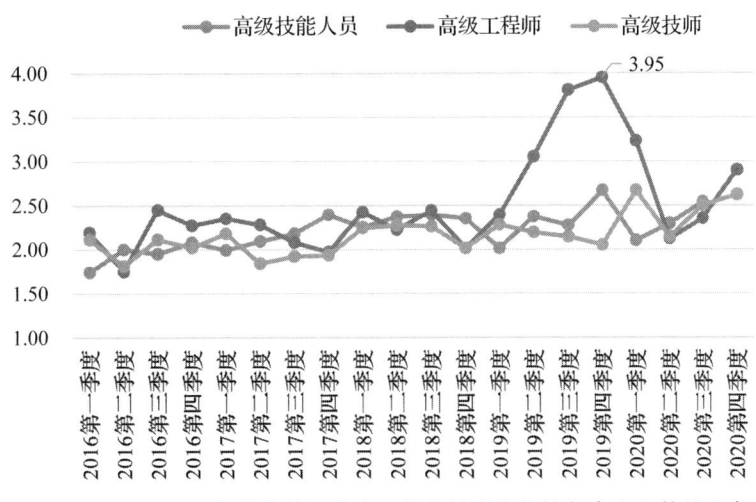

图 15　2016—2020 年技术等级或专业技术的岗位空缺与求职人数的比率

期间所受的伤害最大，而制造业、建筑业、信息传输计算机服务和软件业等行业随着疫情的好转，用人需求占比略有上升，其中，制造业用人需求上升较快；对具有一定的技术等级或职称的人才需求占比的下降幅度也进一步扩大。

在需求的紧缺程度方面，近五年来岗位空缺与求职人数比率①总体呈上升趋势，且比率都保持在 1.05 以上，说明人力资源市场需求略大于供给。2016 年第一季度为 1.07，之后岗位空缺与求职人数比率总体呈快速上升趋势，2017 年第四季度首次超过 1.2，2019 年第四季度已经上升至 1.27，而 2020 年叠加新冠肺炎疫情的影响，第一季度岗位空缺与求职人数比率高达 1.62，第二、三、四季度随着疫情的缓解，岗位空缺与求职人数比率虽有所下降，但仍高于往年，分别达到 1.32、1.40 和 1.52，这说明近几年来人力资源市场需求与供给的缺口不断扩大，特别是 2020 年岗位空缺数较大，市场供给出现乏力。

从更为具体的职业层面看，供需短缺排在前十的职业主要分布在第四大类（社会生产服务和生活服务人员）、第六大类（生产制造及有关人员）和第二大类（专业技术人员），排名后十的主要分布在第六大类（生产制造及有关人员）、第二大类（专业技术人员）和第四大类（社会生产服务和生活服务人员），从具体职业种类来看，排名前十短缺职业类别在四个季度较为稳

---

① 岗位空缺与求职人数的比率 = 求人倍率 = 需求人数／求职人数，表明市场中每个求职者所对应的岗位空缺数。如 0.8 表示 10 个求职者竞争 8 个岗位。

定，排名后十的职业类别在四个季度间差异较大。一些新职业进入榜单，数字经济相关职业成为市场追求的热门职业，在经济区域上，东部、西部地区短缺职业发生频率略高。

从人才需求的结构看，五年平均统计数据显示，对求职人员有明确要求技术等级或职称的占总需求人数的 48.93%，其中对技术等级有要求的平均占 30.92%，对职称有要求的平均占 18.01%；主要集中在高级技师、高级工程师、技术员和中级技能人员，其所占比重合计近 50%。

《人力资源市场需求规模和结构分析》课题组成员名单

课题组长：

田永坡（中国人事科学研究院人力资源市场与流动管理研究室主任、研究员）

课题组成员：

王晓辉（中国人事科学研究院企业人事管理研究室副主任、助理研究员）

魏艳春（中国人事科学研究院人力资源市场与流动管理研究室副研究员）

吴　帅（中国人事科学研究院人力资源市场与流动管理研究室副主任、副研究员）

李　琪（中国人事科学研究院人力资源市场与流动管理研究室研究实习员）

王　琦（中国人事科学研究院博士后）

刘　娜（上海电机学院副教授）

郭旭林（中国政法大学研究生）

企业用工灵活化现状及问题研究[①]

提　要：我国改革开放以来，企业用工灵活化趋势日益明显。受 2020 年疫情影响，平台经济在我国正犹如星星之火，激发更大的社会创造力，吸纳更多劳动者就业或成燎原之势。劳务外包、劳务派遣、非全日制、众包、共享用工等企业用工灵活化现象在人力资源管理和就业市场较为普遍，在为企业和劳动者带来便利的同时也存在着不少潜在问题，如何预判和应对这些潜在问题，是政府、用人单位和劳动者的共同关注点。这也是本研究的主要立足点和出发点。

关键词：企业用工　劳动者就业　灵活化

一、企业用工灵活化的相关概念与类型

（一）企业用工灵活化的相关概念

企业用工灵活化是近年来的热门主题，但至今尚无统一的定义。企业用工灵活化与灵活用工在管理实践中常被视为等同概念。企业用工灵活化与灵活就业、非标准就业等概念存在较强的相关性。而"灵活用工"与"灵活就业"，一般被理解为一体两面，前者是针对企业而言，后者是针对劳动者来看。在当前灵活用工迅猛发展的同时，我们也必须认识到，"灵活用工"在当前国内语境中还是一个相对模糊和混杂的术语。

---

① 本文系人力资源社会保障部 2020 年度部级课题《企业用工灵活化现状及问题研究》报告的部分内容。

1. 灵活就业与非正规就业

灵活就业最初被称为"非正规就业",其概念更是源于"非正规部门",由国际劳工组织(ILO)1972年在《就业、收入与平等:肯尼亚增加生产性就业的战略》报告中首次提出,特指那些小规模式的家庭作坊,对工人技能要求不高、经营活动无规则、工资收入低等的劳动密集型生产活动部门。概念的提出被各国广泛使用,但随着社会的发展、经济的提升,使新型用工形式越来越普及,使用范围不断扩大,劳动人口占比不断攀升。各界都更加关注这种用工类型中劳动者的利益诉求,"非正规就业"的称呼带有浓重的不对等就业地位,也逐渐被"灵活就业"所取代。

在我国,现在普遍使用和中国官方认定的中国劳动和社会保障部劳动科学研究所在《中国灵活就业基本问题研究》中提出的对灵活就业界定:在劳动时间、收入报酬、工作场地、保险福利、劳动关系等一个或者几个方面不同于建立在工业化和现代工厂制度基础上的、传统的主流就业方式的各种就业形式的总称。传统主流就业方式是正规中长期、稳定就业,社会保护的责任由单位承担,劳动者在单位、在规定的工作时间内劳动,获得稳定的劳动报酬。与这些特征不同的就业方式就是灵活就业。灵活就业既包括就业方式灵活的、有保障的工作,也包括各种不稳定的、无保障的工作;既包括非正规部门就业、非正规就业,还包括正规的、灵活形式的就业。此外,以分析工作稳定性和安全性为目的的"灵活就业",是指工作的性质,而不以人也不以单位为界定对象。

基于中国国情和现状,不同学者对于非正规就业的界定不尽相同,蔡昉和王美艳(2004)认为,一般来讲,没有进行工商登记、不参加社会保险以及劳动关系不规范的工作就业形式都可以被称之为非正规就业;胡鞍钢和赵黎(2006)基于经济转型和产业部门升级的背景,认为城镇非正规就业应包含城镇就业中的私企人员、个体经济人员以及以农村转移劳动力为主的未纳入统计的就业人员;吴要武和蔡昉(2006)列出九种非正规就业者的特征,详细探讨了非正规就业的界定和划分问题。吴传琦(2021)将非正规就业者界定为企事业单位临时工作人员、短期工作人员、无雇佣工的个体经营者、非全日制劳动人员以及其他已经形成事实劳动关系且未签订劳工合同或无有关社会保障的就业人员。

2. 灵活用工

在灵活就业的基础上有学者对灵活用工给出了定义,这是较多学者的定义方式。例如,杨晓石(2018)指出灵活用工是指区别于标准劳动关系用工,雇主基于用人需求灵活的按需雇佣劳动者，劳动者与雇主双方在工作时间、工作地点和工资支付等方面自主协商。赵根良（2019）认为灵活用工就是区别于固定全职用工，是企业基于用人的不同需求、灵活的按需雇佣人员，且企业与雇佣的人员不建立正式的全职劳动关系的全新用工模式。张思琪（2021）认为灵活用工指的是区别于传统刚性用工、基于企业用工需求，实时雇佣员工的一种新型用工模式。企业可以运用劳务派遣、外包、社会化用工等多元化形式，在低成本的条件下，满足临时性的岗位或人才需求。同时，灵活用工增加了人们的就业路径选择，使他们自由实现自我价值。岐蓓怡（2021）指出现实中企业灵活用工存在着多种情况，即雇佣、劳务、经营，通过与相关法律对比可知，三者对应到劳动法分别是雇佣关系、劳务关系和业务合作关系，对应到个税法是工资薪金所得、劳务报酬所得和经营所得。窦莹（2020）认为灵活用工是指企业短期的及项目性的用工模式，是传统固定用工模式的补充，广泛应用于工业、IT、商业服务等领域，职位从前台到项目总监都有涉及。

3. 企业用工灵活化

企业用工灵活化与企业灵活用工，目前在学术界与商界中经常混用，更多的是使用"企业灵活用工"这一概念。一般认为这两个概念在含义的实质内容上差别不大。如果说有些细微差别的话，那就是"企业用工灵活化"更倾向于是动词性质的描述，表达的是企业用工模式的变革有更加灵活的趋势；而"企业灵活用工"，更倾向于名词性的表述，表达的是企业用工模式灵活多变的特点，见表1。

表1　　　　企业用工灵活化与企业灵活用工的异同

异同点	企业用工灵活化	企业灵活用工
相同点1：核心内容	描述企业用工模式的创新	
相同点2：概念运用	一般两个概念混用，视为等同	
不同点1：角度	站在企业之外描述	站在企业的角度描述
不同点2：描述客体	动态趋势	静态模式
不同点3：广度	描述众多企业的用工模式变化的总体特征	描述微观企业个体的用工模式的创新

（二）课题组对企业用工灵活化的界定

综合多方研究，课题组认为：企业用工灵活化，是基于众多企业的用工模式走向更加灵活的趋势判断，是企业灵活用工的总体特征描述，而企业灵活用工是不同于传统标准用工的其他用工形式总和，是企业应对国内外经营环境复杂多变，灵活经营实现战略目标，保持可持续竞争力的有效手段。企业灵活用工的主要类型包括较为成熟的劳务派遣、非全日制用工等非标准劳动关系；劳务外包、个体经营等非劳动关系（用工企业角度）；数字经济和平台经济伴生的众包、共享用工等新模式新业态用工形态。

二、我国企业用工灵活化的发展历史

（一）萌芽期（1978—1990年）

20世纪70年代末到80年代初，数以千万计的城市新成长劳动力和返城知青均面临着就业问题，此时政府已无法单纯依靠国有企业和集体部门安置他们的就业，其中一批人走上了自谋职业道路。与此同时，大量的农村剩余劳动力进入城市，其中很多人就是以"灵活就业"的形式实现了就业。但总体来说1978—1989年我国非正规就业基数小、增速快、对城镇新增就业贡献率低。具体而言，全国城镇非正规就业从1978年的15万人，以非正规就业占全国城镇就业总数的比重来分析，1978年非正规就业人员占比仅有0.16%，直到1989年非正规就业比重小幅增加到4.52%（李丽萍，2014）。

（二）探索期（1991—2000年）

该时期大量体制内的劳动者下岗，同时有大量农村转移劳动力在城市寻求就业机会，他们中的不少人也是以"灵活就业"形式实现了就业。1999年初为解决国有企业下岗职工再就业的问题，采用劳务派遣的方式扩大用工规模。20世纪90年代，在国企改革、减员增效的特殊背景下，非正规就业比重快速上升，1990—2000年非正规就业对城镇新增就业的贡献率年均114.86%，到2000年人员规模达到11 566万人，占比49.96%（李丽萍，2014）。

（三）初步发展期（2001—2013年）

该时期人力资源服务商开始提供外包服务，国内用工方式逐渐多样化。这一阶段诸多人力资源服务商开始探索灵活用工业务。此外，该阶段的灵活用工人数也在不断增长。例如郭悦（2002）根据城镇下岗职工数量及其再就业比例、农民工数量及从事灵活就业的可能性等，推测中国城镇2001年的非正规就业规模在6 000万~7 000万之间。薛进军（2012）利用2005年的小普查数据将劳务派遣人员排除在外，得出2005年中国城镇非正规就业的比例为58.85%，近九成的非正规就业者都集中在制造业、批发零售业、社会服务和建筑业中，非正规就业者的收入水平较低，与正规就业者之间的小时收入差距达到了1.65倍；中国城市劳动者小时收入的基尼系数达到了0.39，具有较大的收入不平等。

（四）鼓励发展期（2014—2018年）

在该阶段政府从行业发展和企业发展等方面出台了相关政策文件，支持灵活用工市场的发展。

从行业发展来看，2014年，《劳务派遣暂行规定》出台，规范了劳务派遣的细节。2014年，《关于加快发展人力资源服务行业的意见》出台，提出要推进人力资源服务业集聚发展，同时增强人力资源服务业的创新能力。2018年国家颁发了《人力资源市场暂行条例》，进一步放宽人力资源市场准入，鼓励社会力量参与，制定出台相关扶持政策，增强了行业内生发展动力。

在企业发展方面，2014年国家出台了《就业促进法》，鼓励发展劳动密集型产业、服务业，扶持中小企业，多渠道、多方式增加就业岗位。对部分企业、人员依法给予税收优惠。2018年《国税地税征管体制改革方案》出台，调整优化税务机构职能和资源配置，统一税收、社会保险费、非税收入征管服务标准。

在就业规模上，非正规就业成为城镇就业重要组成部分。陈明星等（2021）经多源数据估算，2016年中国城镇非正规就业占城镇总就业的33.2%~44.7%，就业人数达1.38亿~1.55亿，以隐性就业部分为主。在空间分布上总体呈现东、中、西逐渐减少的特征；在雇佣类型上以从事各类非正规工作的被雇型就业为主；行业结构主要集中在批发和零售贸易及餐饮业，居民服务、修理和其他服务业与制造业等。

(五) 健康发展期（2019年至今）

随着互联网平台型企业的发展，特别是新冠肺炎疫情的暴发，进一步催化了"互联网+"在经济领域的渗透。在这一阶段新就业形态受到政府鼓励，出台了一系列鼓励灵活就业、新就业形态发展的支持政策；同时在疫情防控期间，企业多平台自主号召共享用工，促进了中国灵活用工市场的快速成长。以互联网平台为依托的网约车出行、外卖、即时配送、众包等业务模式得到飞速发展，互联网平台因为用工关系较为复杂，劳动者权益保障受到一定损害，为了促进灵活就业和新就业形态的健康发展，政府密集出台了关于维护劳动者权益的政策措施，特别是针对新就业形态的劳动者。据国家统计局相关数据，截至2021年年底，中国灵活就业人员已经达到2亿人，其中从事主播及相关从业人员160多万人，较2020年增加近3倍。

2019年在国务院政府工作报告中指出，要完善就业政策，加大就业培训力度，加大对灵活就业、新就业形态的支持。2019年《国务院办公厅关于促进平台经济规范健康发展的指导意见》提出落实和完善包容审慎监管要求，开展职业伤害保障试点，积极推进全民参保计划。

2020年1月，中央一号文件《中共中央　国务院关于抓好"三农"领域重点工作确保如期实现全面小康的意见》提出,开展新业态从业人员职业伤害保障试点。2020年国务院办公厅印发了《关于支持多渠道灵活就业的意见》,强调个体经营、非全日制以及新就业形态等灵活多样的就业具有重要作用;提出拓宽灵活就业发展渠道、优化自主创业环境、加大对灵活就业保障支持等政策措施。2020年人力资源社会保障部办公厅印发《关于做好共享用工指导和服务的通知》指导和支持企业间开展共享用工,解决稳岗压力大、生产经营用工波动大的问题。2020年11月的《中共中央关于制定国民经济和社会发展第十四个五年规划和二〇三五年远景目标的建议》提出支持和规范发展新就业形态。

2021年4月,国务院办公厅印发《关于服务"六稳""六保"进一步做好"放管服"改革有关工作的意见》,提出着力推动消除制约新产业新业态发展的隐性壁垒、加强对平台企业的监管和引导、推动平台企业依法依规发展,支持新就业形态健康发展。2021年6月,《关于印发人力资源和社会保障事业发展"十四五"规划的通知》中明确推动全面实施全民参保计划;放开灵活就业人员在就业地参加社会保险的户籍限制,积极促进灵活就业人员以及新就业形态从业人员等参加企业职工基本养老保险、失业保险,推进平台灵活就业人员职业伤害保障工作。2021年7月,人社部等八部委印发《关于维护新就业形态劳动者劳动保障权益的指导意见》从明确劳动者权益保障责任、健全劳动者权益保障制度、优化劳动者权益保障服务、完善劳动者权益保障工作机制四方面对新就业形态进行全面规范管理。2021年8月,国务院印发《"十四五"就业促进规划》的通知,提出引导支持灵活就业人员和新就业形态劳动者参加社会保险;规范平台企业用工,明确平台企业劳动保护责任。健全职业分类动态调整机制,持续开发新职业,发布新职业标准。

三、我国企业用工灵活化发展现状调查分析

(一)问卷调查的基本情况

为全面了解中国灵活就业市场及企业用工灵活化的现状与发展趋势,中国人事科学研究院企业人事管理研究室联合社宝科技集团等机构开展了《企业用工灵活化现状及问题研究》问卷调查。本次调查分"企业版"与"个人版"两份问卷同步进行,调查覆盖了全国21个省份,4个直辖市,涵盖178个城市,回收有效问卷共计3 037份(其中个人版问卷1 967份、企业版问卷1 070份)。

(二) 企业灵活用工人员供给特点

1. 企业灵活用工发展步入新时代，"90后"成为主力军

随着新经济的发展，年轻人是"零工经济"时代的主力军。本次调研发现，"80后"和"90后"是企业灵活用工人员的主力军，接近八成。其中年龄在31~45岁之间的人占比51.37%；年龄层在18~30岁之间的人占比41.52%。新冠肺炎疫情暴发以来，00后生力军也在陆续加入。

2. 已婚和女性群体是企业灵活用工市场的主要供给者

面对激烈的职场竞争、家庭压力与生活压力，职场中女性到一定年龄后需要面临家庭与工作的重心选择。调研中发现，女性在灵活就业的市场占比明显高于男性，达到61.93%。在本次调研中还发现，62.94%的灵活就业从业者均为已婚群体。

3. 企业灵活用工人员以初中学历人员为主体

调查发现，灵活就业者中文盲和半文盲约占10%，初中以下文化程度约占70%，高中文化程度约占16%，大专以上文化程度约占0.6%。

(三) 企业灵活用工的需求特点

1. 实现企业成本控制与企业运营效率间有机平衡是企业用工灵活化的主要驱动力

在此次调研中，49.61%的受访企业表示人力成本压力是当前困扰企业的难题之一，29.80%的受访企业表示"招工难"是困扰企业的重大难题。

企业用工灵活化有利于实现企业成本控制与企业运营效率之间的有机平衡。在此次调研中，63%的受访企业表示企业用工灵活化可以"节约固定人力成本"，而表示"雇佣模式灵活""社保与税负压力小""对抗不确定性能力更强"的占比也均超过50%。这说明灵活用工模式能为企业带来切实利益，也是新业态下对抗企业风险的有效手段。

2. 技术技能要求较高的灵活用工岗位逐渐渗透

企业灵活用工岗位已经开始"渗透"进一些中高端技术技能岗位。比如：系统工程师、IT工作人员、财务、HR、法务等。在本次调研中发现，生产制造业、快递物流、新媒体运营等岗位成为企业用工灵活化的热门岗位，其中快递物流岗位占比38.54%，新媒体运营岗位占比18.17%，一线生产制造业岗位占比17.10%。

3. 经济发达的地区、互联网相关行业的灵活用工需求更为旺盛

企业灵活用工模式，有效应对阶段性用工需求、季节性用工需求带来的劳动力闲置和短缺问题，提高员工使用率，对企业而言是应对经营环境变化的相对低成本、高效率、低风险的解决方案。从区域分布看，经济越发达、用工成本越高、劳动管理越规范的地区，对灵活就业用工形式接受度越高，如华中、东南沿海发达地区灵活就业需求量较大。从行业看，以互联网为代表的服务业、制造业、批发零售、餐饮旅游等行业灵活就业占比较高。

4. 企业灵活用工岗位从蓝领生活服务业向白领服务业渗透

目前，灵活用工市场所涉及的岗位主要聚焦在生活类、职能类和专业类等方面，服务类等岗位居多，就业者涵盖的人群按照劳动群体金字塔模型可划分为蓝领群体和白领群体。其中蓝领群体体量更大，同时，在企业发展过程中，对专业类人才如律师、IT人才的需求也在增加。本次调研发现，针对岗位阶段性需求的企业多达15.39%，满足企业区域性用工需求的企业高达16.62%，而要优化企业人员架构的则有11.72%。

（四）企业灵活用工的配置特点

1. 企业灵活用工人员配置渠道互联网平台化特征明显

随着互联网及智能应用在国内的普及，企业灵活用工人员配置渠道呈现多样化，人员配置更倾向于通过第三方平台（互联网）来实现。本次调查发现，通过第三方平台（互联网平台）灵活就业的人群占比64%，通过传统招聘渠道来实现灵活就业的人群占比18.74%。

2. 灵活用工人员收入接近全国城镇私营单位平均工资水平

据国家统计局发布就业人员平均工资数据，2020年全国城镇私营单位就业人员年平均工资为57 727元。而在此次调研中发现，在受访的灵活就业者（个体）中，月收入达5 000元以上有20.51%，月收入达6 000元以上有13.46%，月收入达7 000元以上有11.92%。这说明，劳动不分形态，灵活就业从业者有机会获得较高的收入。

3. 灵活用工人员报酬结算方式更为灵活

企业在采用灵活用工模式时，企业与个人之间基本是自由约定工资结算金额、结算规则、结算频率等，从而最大限度地满足双方的需求。在此次调研中发现，参与调研的灵活就业受访者（个体）有近三成26.54%的人是按时计费，17.31%的灵活就业者按项目来计费。这也说明了灵活结算方式就是灵活用工的重要特点。

4. 大部分灵活用工人员与第三方公司签署了业务合同

由于大部分灵活就业者与企业之间不存在直接的劳动关系，因此，大部分企业为躲避法律责任或不与就业者签署劳动协议，或只签署项目合作协议等。本次调研也发现，在参与调研的受访者（个人）中，关于在就业期间是否与企业签订劳动相关协议中发现，个人与第三方公司签订业务合同的占比为 73.10%。

5. 协商方式是灵活用工纠纷解决的主要途径

同传统用工方式相比，灵活用工模式因其灵活性，灵活就业人员与用工企业也易产生纠纷。在此次调研中也发现，36.76%的企业会直接与灵活就业人员协商解决，40.98%的受访者会需要第三方公司出面协商解决，36.76%的受访者会与灵活就业人员签订劳动协议的第三方公司协商解决。

6. 大部分企业对灵活用工人员的工作表现表示满意

企业用工灵活化有效缓解企业用工、降本问题的同时，很大程度上也提升了企业的创新度。在本次调研中就企业对灵活就业人员工作表现满意度的调查中发现，53.83%的受访企业对灵活就业者的工作表现满意度一般，30.30%的受访企业更是对灵活就业者的工作表现比较满意，8.38%的受访企业对灵活就业者工作非常满意。

(五) 企业灵活用工的发展趋势

1. 企业用工灵活化将被更多企业接受

新型用工模式的发展改变着人力资源管理模式，灵活用工已成为人力资源服务业的"新风口"。此次调研发现，45.6%的受访企业表示能接纳灵活就业的用工模式，30.10%还有长期采用灵活用工模式的打算。

2. 企业用工灵活化将更多融入数字技术

数字化的灵活用工模式能够满足时间、地点、需求以及成本"弹性"等的个性化需求。以按早中晚班划分的业态为例，非固定工时之外的弹性工时有用工需求，但雇佣全职员工成本颇高，早中晚班的交替部分还存在着人力资源浪费的情况。对于同一运营主体而言，要满足"弹性"的用工需求，在提供好灵活就业者供给的前提下，需要一套高效敏捷的系统来帮助企业快速、合理地匹配人力资源，减少浪费。

3. 企业用工灵活化将更为合法合规、健康发展

随着共享经济、平台经济的飞速发展，人口红利逐渐消失，灵活用工模式不断创新。尤其在近两年新冠肺炎疫情的倒逼下，灵活就业受到很多创业者和求职者的青睐。同时，灵活用工方式也成为越来越多企业选择。从2020年2月底全国逐步复工复产后，国家对灵活就业的政策支持力度也在持续提升。为支持灵活就业的健康发展，中央层面《关于支持新业态新模式健康发展 激活消费市场带动扩大就业的意见》，国务院办公厅《关于支持多渠道灵活就业的意见》等相继发布；地方政府也相继出台了有关支持鼓励健康发展灵活就业的政策。在本次调研中发现，30.38%的从业者表示在不久将来国内灵活就业会合法合规化。

四、我国企业用工灵活化存在的问题

（一）企业对灵活用工人员的培训不足

虽然灵活用工人员中专业技术人才有增加之势，但是目前来看灵活用工人员学历层次还偏低。据调查发现，我国灵活就业人员中文盲和半文盲约占10%，初中以下文化程度的约占70%，高中文化程度的约占16%，大专以上文化程度的约占0.6%。周文成（2021）认为平台型灵活用工人力资源管理存在的问题是灵活就业人员整体素质偏低。何盼盼（2021）指出目前在灵活就业人员绩效管理方面存在用工关系定位模糊，缺乏技能培训和缺乏统一、可信的信息监管体系等问题，并对完善绩效管理提出了相应建议。徐飞（2020）指出灵活就业存在职业培训不足的问题、就业人员信息化管理不足等问题。

（二）灵活用工人员的劳动保障不强

由于企业灵活用工的工作形式与工作内容多种多样，灵活用工人员的权益保障问题还较为突出，如参保困难、技能培训需求大、维权成本高等。当权益受到侵犯时，灵活用工人员的权益也难以得到法律的有效保护。陈珏（2021）指出灵活就业人员大多对养老保险政策了解不多，只知道最低缴费年限为15年，不知道多缴多得。随着城镇灵活就业人员数量的不断增加，其社会基本养老保险问题日渐凸显。吴东蔚（2021）指出灵活就业人员面临较大的工作风险，但目前我国实行的工伤保险制度难以为其提供保障，应完善职业伤害保险制度。本次调研中，关于在灵活就业期间与企业签订劳动相关协议的问题调查发现，14.01%的就业个人未曾与就业公司或合作平台签署任何形式的合同。

（三）灵活用工人员的权益维护手段不完善

灵活就业已成为我国重要的就业渠道和新增岗位来源，尤其有利于解决大量城乡劳动力的就业问题。但是现有劳动就业相关法律法规建设还未完全适应灵活就业的新变化，劳动关系模糊，劳动者维权处于弱势地位。此次调研发现，仅有21.35%的受访者会在企业与灵活就业人员发生劳动纠纷时，选择寻求司法或劳动主管部门的帮助。由此可见，灵活就业人员的安全"保护伞"亟待撑开。

（四）劳动者转个体工商户等弱化劳动者权益保障的行为时有发生

个体工商户作为我国重要的小微单元经济体，国家政策给予了税收等持

续优惠政策，共享经济的催化作用下，许多企业与劳动者开启了"个体工商户模式"，采取了让劳动者注册为"个体工商户"，然后与企业签订合作协议，规避了劳动用工关系的相应责任。这种模式应用在外卖、快递、网约车等行业时，劳动者没办法享受有关社会保险、意外伤害赔偿等劳动保障权益。2021年9月，北京致诚农民工法律援助与研究中心发布《外卖平台用工模式法律研究报告》指出，目前全国已经出现了超过190万家"疑似骑手个体户"；外卖平台的认劳率基本控制在1%以内，配送商也通过网络状外包和个体工商户模式将认劳率从81.62%降到46.89%和58.62%。2021年9月美团等10家平台型企业参加了人力资源社会保障部会同交通运输部等部门召开的平台企业行政指导会。之后美团等平台企业发布了公告：禁止相关合作商以任何形式诱导或强迫新就业形态劳动者转为个体工商户，规避用工主体责任的行为。虽然平台企业已经公告禁止强迫或诱导劳动者转个体工商户，但这并不能保证这种模式将不被实施，仍然需要相关企业和协会加强自律、政府监管部门加强检查规制。

（五）政府监管队伍力量不强

劳动监察队伍人手紧缺，造成政府监管职能缺失。一份调查数据显示，平均每一名监察员需要面对1 700多个用人单位、约20 000名劳动者，正因为政府人手的不够，在现实情况中，多采用抽查的方式对劳务派遣单位进行监督，执法资源稀缺已经成为公认的社会现实（方玉泉，2020）。

（六）劳动者维权意识淡薄

被派遣劳动者在劳务派遣中一直都是弱者，没什么话语权。因为就业形势的压力，对于劳动者来说，虽然劳务派遣的就业形式并不是很好的选择，但是在自己无法找到更好工作的时候，劳务派遣的工作基本上可以满足生活保障的部分需求。现实生活中，迫于就业的需求，被派遣劳动者的权益受到危害时，潜意识里都是选择退让而不是主动维权，维权意识并不强烈（方玉泉，2020）。

五、国外灵活用工发展的经验借鉴

（一）立法保障灵活用工与传统就业形式平等的法律地位

各国政府为解决就业问题，都积极采取措施制定有关政策，修改相关法律，保护灵活用工者与全时就业者享有平等的权利，促进了灵活用工的发展。美国和欧洲对以劳务派遣为主的灵活用工的增长而做出的政策选择是不一样的，但是都以促进和鼓励为主。在美国，劳务派遣企业被视为雇主而非中介机构，且没有联邦立法明确规定劳务派遣工应得的社会保障和工作条件。

与美国不同，欧洲国家关于灵活用工的立法存在三大类，包括大陆国家、岛国和斯堪的纳维亚国家。以法国和德国为首的大陆国家对灵活用工的管制最为严格；以英国为代表的岛国则只对劳务派遣机构做有限的管制，很少有具体的法律条文针对这一雇佣方式。以丹麦和瑞典为代表的国家没有指定专门的针对灵活用工的法律，但是其劳动法适用于所有行业，则灵活用工者也不会失去就业保障。

（二）改革、完善就业和社会保障等制度

为了消除人们对非传统就业的顾虑，各国政府对就业、社会保障等制度进行了改革和完善，重视保护各类灵活用工人员的合法权益。政府在促进灵活用工方面的政策主要分布在以下几个方面，包括就业合同、就业期限、工资报酬、休假、社会保险、职业培训、劳动保护、解雇限制等。具体来说：

（1）必须签订劳动合同，并在合同中规定工资、工时和社会福利。

（2）不得随意延长临时雇佣合同，规定临时雇佣合同的最长期限，超过最长期限可转为无固定期限合同。

（3）以小时计算最低工资，灵活用工者与全时工作者享有同样的权利。

（4）灵活用工者有权享有带薪休假（按工作时间总量等比计算）。

（5）灵活用工者享有社会保障（按工作时间的比例计算）。

（6）灵活用工者有权参加职业培训。

（7）规定最长的试用期为2个月。

（三）为企业提供财政补贴和减免社会保险费

发达国家政府鼓励企业灵活用工的措施主要在于提供财政补贴和减免社会保险费两方面。例如，英国政府1983年推出了就业分割制度，规定企业若将一个全日制雇员的工作分配给两个以上非全日制劳动者，可获得政府奖励性补助。德国1998年修改的《高龄劳动者非全日制就业法》，提出实施非全日制就业补助制度。主要做法是：企业若配合政府让55岁以上的高龄劳动者在可领取养老金之前转为非全日制就业，并将其匀出的工作安排给其他求职者，作为补助，联邦雇佣厅将支付企业当事劳动者原工资的20%。这一举措得到行业和企业的响应。荷兰政府提出，过快的工资增长不利于企业的生存和发展，因此为了稳定就业，需要实施"低工资、高就业"的就业政策，广泛挖掘非传统就业岗位。

六、促进我国企业用工灵活化健康发展的对策建议

（一）坚持鼓励发展和规范发展相结合的方针

一方面，鼓励企业结合新技术不断创新用工模式以实现更高质量发展。当前企业经营环境比之前更为多变和复杂，同时新一代信息技术的发展，催生了企业经营与数字技术融合发展，这更进一步推动了企业用工模式的变革。企业在人力资源配置和用工模式上不断创新，获取了生存与发展的新力量。另一方面，需要进一步规范企业创新发展中侵害国家利益和劳动者权益的违法违规行为。找到企业用工模式创新发展与规范发展的平衡点，实现发展与规范齐头并进、和谐共生系统平衡发展。

（二）以平台型用工为重点补齐相关制度短板

当前劳动合同法等与劳动相关的政策法规，滞后于管理实践的创新，需要适时修订。互联网和新型用工模式的发展，现行劳动合同法不能很好调节新型的劳动关系。《关于维护新就业形态劳动者劳动权益的指导意见》只是给出了用工关系的界定方向，应该进一步明确劳动关系的认定标准，如"不完全符合确认劳动关系情形"的平台劳动者最低工资标准的确定，职业伤害的认定、赔偿，平台与从业者的缴费比例、跨平台劳动者的职业伤害问题处理等。

（三）强化对新型用工模式的跨部门联合监管

新型用工模式特别是平台用工涉及多项执法工作，需要加强人社、税务、市场监管、公安、邮政、交通运输等部门的联合执法行动。必须统筹协调相关执法部门和行业主管部门的力量。如针对将劳动者转化为个体工商户以规避劳动关系和税收责任的现象，工商、税务和劳动监察部门应共同执法；在劳动关系界定方面，要强化各级劳动争议调解仲裁机构和法院之间的裁审衔接；针对拖欠工资、劳动安全卫生不达标等问题，劳动监察部门应会同相关主管部门，共同进行监管执法。

（四）增强工会维护灵活用工劳动者维权力度

充分发挥工会劳动者权益维护中的参与立法、监督执法、集体协商、民主参与企业用工规则制定、拓宽维权渠道、培育社会组织力量维权、维权政策研究等作用。加强行业工会建设，更好发挥行业工会与行业协会在进入退出规则、计件办法、订单分派、佣金比例、工作时间、奖励惩罚措施等制度拟定中的积极作用。

（五）加强公益性的专业的劳动者维权法律服务机构和律师队伍建设

司法维权是劳动者权益维护的最后手段。面对复杂的互联网平台用工，

一般劳动者和一般律师都难以处理有关劳动维权，需要建设一支专业的维护劳动者权益的公益机构和公益律师队伍。2019 年，司法部发布《关于促进律师参与公益法律服务的意见》，提出发展公益法律服务机构和公益律师队伍。人社部门加强与最高人民法院、司法部门等部门合作，共同出台相关政策促进公益劳动维权律师队伍建设。

（六）倡导人力资源服务业、交通出行等互联网平台相关行业自律

人力资源服务业、外卖、交通出行、同城货运等相关行业协会，应当协助制定行业自律规则和用工或中介服务行为规范，不定期开展检查，检查结果与企业信用评价、奖励荣誉、违规处罚等奖惩措施挂钩，切实规范行业发展秩序，并主动接受主管部门、工会、媒体和社会公众的监督。

参考文献

[1] Daniel C Feldman. Reconceptualizing the nature and consequences of part-time work [J]. Academy of Management Review, 1990, 15 (1): 103-112.

[2] 蔡昉，王美艳. 非正规就业与劳动力市场发育——解读中国城镇就业增长 [J]. 经济学动态，2004 (2): 24-28.

[3] 胡鞍钢，赵黎. 中国转型期城镇非正规就业与非正规经济 (1990—2004) [J]. 清华大学学报（哲学社会科学版），2006 (3): 111-119.

[4] 吴要武，蔡昉. 中国城镇非正规就业：规模与特征 [J]. 中国劳动经济学，2006 (2): 67-84.

[5] 吴传琦，尹振宇，张志强. 非正规就业劳动者就业满意度的性别差异 [J]. 首都经济贸易大学学报，2021，23 (4): 65-76.

[6] 杨晓石. 我国灵活用工探讨 [J]. 市场周刊，2018 (12): 173-174.

[7] 张思琪，张欣雨，刘奕彤. 灵活用工下的人力资源管理研究 [J]. 商场现代化，2021 (8): 108-110.

[8] 谢伟. 企业灵活用工的作用及对策 [J]. 人力资源，2021 (2): 142-143.

[9] 裴芷洁. 灵活用工，人力资源服务业如何应对 [J]. 人力资源，2021 (12): 80-81.

[10] 窦莹. 共享经济时代企业灵活用工法律风险的思考 [J]. 法制博览，2020 (11): 77-78.

[11] Thomas Nardone. Part-time employment: Reasons, demo-graphics, and trends [J]. Journal of Labor Research, 1995, 16 (3): 275-291.

[12] Polivka, A. E. Contingent and alternative work and ar-rangement defined [J]. Monthly Labor Review 1996: 119 (10): 3-9.

[13] Michael D S Morris, Alexander Vekker. An alternative look at temporary workers, their choices, and the growth in temporary employment [J]. Journal of Labor Research, 2001, 12 (2): 373-390.

[14] 中国劳动世界的未来 议题三：非标准（非正规）就业形式 [J]. 中国劳动, 2018 (12): 4-13.

[15] 余清泉. "灵活用工"核心辨识与实务运用 [J]. 人力资源, 2020 (17): 38-41.

[16] Howe J. The rise of crowdsourcing [J]. Wired, 2006, 14 (6): 1-4.

[17] 李丽萍. 改革开放以来我国城镇非正规就业分析 [J]. 经济体制改革, 2014 (6): 27-31.

[18] 黄伟, 廖慧珍, 林瑶. 日本劳务派遣法律规制对企业用工决策的影响 [J]. 中国人力资源开发, 2014 (13): 101-106, 112.

[19] 李金雷. 国外灵活用工方式及对促进我国就业的启示 [J]. 集团经济研究, 2006 (31): 311-312.

[20] 尹文清. 日本劳务派遣制度改革探析与借鉴 [J]. 山东社会科学, 2015 (12): 143-147.

[21] 刘昱辰. 法国当前就业形势与劳动力市场改革措施 [J]. 法国研究, 2018 (4): 13-31.

[22] 郭杰. 共享经济时代创新灵活用工模式 [J]. 企业管理, 2018 (3): 75-77.

[23] 李坤刚. 就业灵活化的世界趋势及中国的问题 [J]. 四川大学学报（哲学社会科学版）, 2017, 2.

[24] 刘天亮. 关于灵活用工问题研究 [D]. 上海：同济大学, 2004.

[25] 赵轼. 轻舟可过万重山——欧盟推动灵活用工的措施 [J]. 中国就业, 2006 (9): 51-52.

[26] 钱箭星. 发达国家劳动力市场政策变革研究 [J]. 劳动经济评论, 2010, 3 (1): 1-11.

[27] 纪雯雯, 赖德胜. 网络平台就业对劳动关系的影响机制与实践分析

[J]. 中国劳动关系学院学报, 2016 (4): 6-12.

[28] 陈珏. 城镇灵活就业人员参加社会养老保险的问题及对策 [J]. 中国市场, 2021 (1): 35-36.

[29] 吴东蔚. 灵活就业人员职业伤害保险制度的试点困境与完善进路 [J]. 山东工会论坛, 2021, 27 (1): 89-97, 108.

[30] 徐飞. 灵活就业所面临的三大问题和三点建议 [J]. 大数据时代, 2020 (7): 22-25.

[31] 周文成, 倪乾. 零工经济下平台型灵活用工人力资源管理问题及对策研究 [J]. 经营与管理, 2021 (9): 139-143.

[32] 刘明, 刘向荣. 劳务派遣与业务外包用工方式的利弊分析 [J]. 人力资源管理, 2015 (5): 185.

[33] 许晓峰. 劳务派遣用工方式的利弊与风险分析 [J]. 人力资源, 2020 (4): 85.

[34] 陈霞, 于海英. 浅析劳务派遣制度发展的问题与对策 [J]. 统计与管理, 2020, 35 (10): 77-82.

[35] 方玉泉. 我国劳务派遣用工存在的问题及对策 [J]. 人力资源, 2020 (14): 106-107.

[36] 袁晓芸. 劳务派遣用工模式下存在的问题及对策 [J]. 现代企业, 2019 (10): 74-75.

[37] 杨伟国, 吴清军, 张建国等. 中国灵活用工发展报告 (2022) [M]. 北京: 社会科学文献出版社, 2022.

《企业用工灵活化现状及问题研究》
课题组成员名单

课题组长:
范　巍 (中国人事科学研究院企业人事管理研究室主任、研究员)
课题组成员:
赵　宁 (中国人事科学研究院企业人事管理研究室副研究员)
佟亚丽 (中国人事科学研究院企业人事管理研究室副研究员)
赵智磊 (中国人事科学研究院企业人事管理研究室研究实习员)
朱　蕾 (中国人事科学研究院企业人事管理研究室助理研究员)

共享用工发展问题思考和前景分析[①]

提 要：共享用工是基于疫情防控期间劳动力市场的特殊情况而兴起的一种新型灵活用工方式，它是因企业自救而被创造出来，得到了政府方面的大力支持。共享用工在疫情防控期间的广泛开展表现出了其在特定情况下作为一种特殊的灵活用工方式的有效性，因而得到了各界的广泛关注。但其广泛适用性以及发展前景也遭到了质疑。因此，本文对其前景与存在的问题提出了自己的思考。本文基于中央及各地政策分析、各地具体实践，探索总结出"政府主导、协会倡议、企业协商、员工参与"的共享用工"合肥模式"、东莞的"共享员工"互助调剂模式以及九项各地共享用工常用举措。在实践经验和调研访谈的基础上，本文概括了推进共享用工存在的四项难点，分别是法律关系认定难点、社保责任与工伤处理难点、平台建设难点、模式推广难点。同时，本文针对性地提出了六项推进共享用工发展的政策建议。

关键词：共享用工 灵活用工 劳动力调剂

一、共享用工概念的界定

(一) 共享用工的定义

突如其来的新冠肺炎疫情，产生和加剧了一些地区和一些行业间的劳动力供需错配问题。这种阶段性的双向影响，促使一些企业展开自救，自发产

[①] 本文系中国人事科学研究院2021年度研究课题《共享用工发展问题思考和前景分析》报告的部分内容。

生出企业间借调员工的行为。随着政府的参与和相关规则制定，使"共享用工"成为这场疫情中备受关注的新现象之一。人社部指出：企业之间开展共享用工，进行用工余缺调剂合作，对解决用工余缺矛盾、提升人力资源配置效率和稳就业发挥了积极作用。①

关于共享用工的起源，肖鹏燕（2020）认为共享员工是疫情时期内难以复工的企业与疫情时期开工生产的企业之间直接或者借助中间方达成员工共享协议的行为。② 而朱艳秋（2020）认为共享员工源于西方市场经济发达国家实行的"工作共享（Work Sharing）"。③ 即指当市场需求不足时降低每位员工的工作量，由多人完成一个岗位的任务以保留员工岗位，而当经济复苏、市场需求增加时再恢复员工工作量的行为。因此，可以认为共享用工是新冠肺炎疫情防控期间企业自发的管理实践，有国外相关管理实践与理论的基底，并带有中国实际特色。

关于共享用工的定义。赵红梅（2021）等认为共享用工是一种通过供工单位与缺工单位之间签订共享用工协议，在供工单位、缺工单位、共享员工三方之间建立多重关系，实现劳动力在用人单位之间流动，从而提高人力资源配置效率的用工方式。④ 林艳琴（2020）认为共享用工是员工输出企业在不改变与劳动者的劳动关系，将富余的人力资源临时让渡给员工输入企业，由劳动者为员工输入企业提供实际劳动来获得收益，待员工输出企业正常复工后再行召回的一种用工方式。⑤ 而江门市蓬江区人力资源和社会保障局定义"共享用工"是员工富余企业与缺工企业之间进行劳动力余缺调剂，将员工富余企业的员工在一定期间内出借至缺工企业工作，员工与原用人企业之间的劳动关系和社保关系不变，仍由原企业对该员工承担劳动法上义务的用工模式。⑥ 人力资源社会保障部办公厅《关于做好共享用工指导和服务的通知》指出"劳动者非由其用人单位安排而自行到其他单位工作的，不属于本通知所指共享用工情形"。此外，人社部和最高法联合发布第一批劳动人事争议典型

---

① 人力资源社会保障部办公厅关于做好共享用工指导和服务的通知［EB/OL］. http://www.mohrss.gov.cn/SYrlzyhshbzb/laodongguanxi_/zcwj/laodongguanxixiediao/202010/t20201010_392537.html, 2020-09-30.

② 肖鹏燕. 合规共享：共享员工的法律风险与防控［J］. 中国人力资源开发, 2020, 37（7）：96-106. DOI：10.16471/j.cnki.11-2822/c.2020.7.007.

③ 朱艳秋. 就业非正规性："共享员工"的现实缺陷与规制进路［J］. 中国人力资源开发, 2020, 37（12）：70-80. DOI：10.16471/j.cnki.11-2822/c.2020.12.006.

④ 赵红梅, 贾洁. 共享用工的性质、法律关系辨析与法律制度的构建完善［J］. 中国劳动关系学院学报, 2021, 35（6）：62-77.

⑤ 林艳琴, 林禛雨. 共享用工的性质认定及法律规制［J］. 中国劳动, 2020（6）：53-67.

⑥ 江门市蓬江区人力资源和社会保障局"共享用工"常见问题解答［EB/OL］. http://www.pjq.gov.cn/jmpjqrsj/gkmlpt/content/2/2243/post_2243280.html#670, 2021-01-28.

案例的解读中也明确说明"劳动者在企业停工停产等特殊情况下，自主选择为其他企业提供劳动，不属于'共享用工'，应根据相关法律和政策认定是否建立'双重劳动关系'。"可见，共享用工是由原企业、劳动者与缺工企业三方所构成的一个经济关系。

关于共享用工的性质。赵红梅等认为共享用工是一种新的灵活用工形态。她认为共享用工同样具有灵活用工的复杂性、多变性与流动性的特点；但同时，共享用工也有自己独特的特点，在于其劳动关系的结构和变动的特殊性。这种特点来源于其缓解因特殊原因所造成的劳动关系不稳定性的目的。[①] 林艳琴认为共享用工不属于传统灵活用工严格的法律界定范围，是特殊背景下转移劳动服务的一种灵活用工形式，属于在传统用工就业形式上的一种业态创新。[②] 可以看出，普遍认为共享用工是一种特殊的灵活用工，相对于劳务派遣、员工借调、外包、众包，共享用工具有一些新的特点。

（二）共享用工与其他灵活用工方式的异同

探究共享用工性质的时候要注意与其他灵活用工方式存在的区别与联系，本研究从法律关系构成、适用范围、目的、劳动责任归属等方面来厘清共享用工与其他典型的灵活用工方式相比存在的异同。

1. 共享用工与劳务派遣

劳务派遣是指一种由用人单位与劳动者签订劳动合同，并按照劳动合同和有关协议规定将劳动者派遣往用工单位工作，由用工单位对劳动者进行使用、管理、监督的一种用工形式。在现行的《劳动合同法》中，明确规定了劳务派遣中的三方责任。劳务派遣关系是一种劳动关系的双层运行。第一层是派遣单位与劳动者名义上的劳动关系，派遣单位对劳动者的控制仅包含录用和派遣；第二层运行是用工单位与劳动者之间实际上的劳动关系，劳动者需要遵守用工单位的规章制度，受用工单位控制和管理，用工单位承担劳动者的工资和福利的义务。[③] 派遣单位与用工单位签订的劳务派遣合同属于民事合同，派遣单位和劳动者间是劳动关系，派遣单位向用工单位让渡部分劳动权利，因此，用工单位与劳动者形成委托合同关系，并承担《劳动合同法》相应义务。[④]

---

① 赵红梅，贾洁. 共享用工的性质、法律关系辨析与法律制度的构建完善［J］. 中国劳动关系学院学报，2021，35（6）：62-77.
② 林艳琴，林禛雨. 共享用工的性质认定及法律规制［J］. 中国劳动，2020（6）：53-67.
③ 王全兴，侯玲玲. 劳动关系双层运行的法律思考——以我国的劳动派遣实践为例［J］. 中国劳动，2004（4）：18-21.
④ 侯玲玲，徐增鹏. 劳务派遣用工之判定［J］. 中国劳动，2014（7）：47-50.

劳务派遣与共享用工的相似之处在于，这种关系都涉及了三方的主体，劳动者保留与一方的劳动关系并在一段时间内受另一方的管理，出借方让渡一定的劳动权利给借入方。但共享用工与劳务派遣也存在着明显的不同。其一，劳动关系构成不同。劳务派遣包含有借出方与劳动者的间接雇佣的劳动关系和借入方与劳动者的劳务关系，借出借入方达成劳务派遣的民事关系，并且借出方还应满足《劳动合同法》第五十七条所列示的条件并取得劳务派遣资质。共享用工要求三方主体的一致合意，在事实上属于三方的民事关系。共享用工三方主体的资质并没有明确界定。并且不同于劳务派遣，原单位和劳动者之间是一种直接雇佣的关系。其二，适用范围不同。劳务派遣的岗位明确规定必须属于临时性、辅助性或替代性的工作，并且总数不应超过全体员工的10%。共享用工并无类似规定，疫情中也经常出现共享用工劳动者参与缺工单位的核心工作的例子，但共享用工也被普遍视为一项临时性的用工方式。其三，目的不同。劳务派遣的借出方主要是以营利为目的，而借入方的目的主要在于节约成本与规避劳动责任义务；共享用工的目的主要是由于用工节律不同或是外部性冲击导致的劳动力盈缺不平衡的重新调配，并没有盈利目的。

2. 共享用工与借调

借调是指劳动者保留与原单位的劳动关系，被原单位派往另一家单位工作，接受借调单位的管理与控制的劳动关系管理变动措施。《关于贯彻执行〈中华人民共和国劳动法〉若干问题的意见》第7条规定，员工借调期间，借调员工的劳动关系与工资支付关系不发生改变，依旧保留在原单位，由原单位给付借调员工工资。一旦借调工作任务完成，员工就回到借出单位。借调主要发生于政府系统或事业单位，并常常发生于一个公司或系统内部，借调的劳动者也主要从事短期、暂时性的工作，通常借调行为不以营利为目的。有学者认为，共享用工的原型仍然是借调，但存在一些新的特点：共享用工不单单涉及一个系统内部，而往往涉及一个区域；借出单位和借调单位的"雇主义务"存在动态变化。[①] 借调与共享用工的相同之处在于劳动者的劳动关系并没有发生转变；双方主体不以营利为目的，不用具有资质；劳动者从事的都是临时性的事务并在结束后返回原单位。从法律关系构成上来看，它们的区别在于借调涉及的劳动者往往数量很少，而共享用工可以涉及许多劳动者。从目的上看，共享用工主要是为了调配劳动力资源，借调则主要是为

[①] 李帛霖. 共享员工视角下企业借调用工的本质及效力认定 [J]. 中国人力资源开发, 2021, 38 (9): 76-89.

了发挥借调的劳动者的技能。从劳动责任归属上看,借调和共享用工的相关责任都归属于原单位,但共享用工协议可以规定缺工单位对原单位的补偿责任。

3. 共享用工与劳务外包

劳务外包被认为是由发包方将部分业务或一定任务外包给劳务外包机构,由劳务外包机构负责完成相应工作并给予报酬的灵活用工形式。劳务外包与共享用工都涉及了利用外部劳动力来实现自己目的的行为。但从法律关系构成上来看,劳务外包涉及两方主体,发包方与外包方签订承揽合同,劳动关系归属于劳务外包机构,劳动者受劳务外包方的管理;而共享用工涉及了劳动者管理的转移。从适用范围上来看,劳务外包以成果为标的,其中并不涉及劳动力资源的转化,本质上来说是一种承揽的民事关系;而共享用工包含了劳动力资源的转移,因而也涉及有劳动关系变化。从目的上来看,劳务外包是将非核心业务整体外包给其他组织以精简组织或集合资源;而共享用工是一种劳动力资源的调配。从劳动责任归属上来说,劳务外包的发包方并不拥有劳动者的管理权,因此,不需要对劳动者负有责任;而共享用工由于缺工企业拥有劳动者的管理权,因而对劳动者也负有间接的责任义务,见表1。

表1　　　　共享用工与其他灵活用工模式的基本性质比较

灵活用工模式	法律关系构成	适用范围	目的	劳动责任归属
共享用工	劳动关系归属原单位,签订共享用工协议	临时性、无特殊限制	非营利,调配劳动力资源	归属原单位,可在协议中规定补偿方案
劳务派遣	劳动关系归属劳务派遣单位,签订劳务派遣协议	临时性、辅助性、替代性	营利,节约成本、避免劳动关系	归属劳务派遣单位,用工单位应履行一定义务
借调	劳动关系归属借出单位	临时性工作,结束后返回原单位	非营利,利用劳动者技能	归属借出单位
劳务外包	劳动关系归属外包方,双方签订承揽协议	非核心业务外部,以成果为导向,不涉及劳动力资源转移	营利,节约成本、集中资源	归属于外包方

二、共享用工推进现状

随着共享用工模式的推进,中央和各地政府也推出了各级政策文件,以满足多样化需求,应对各种潜在挑战。同时,各地政府还依据共享用工模式的实际推进情况,采取了切实有效的措施来协助企业间的员工借调,以保障劳动者的合法权益。本文从政策和实践两个方面来梳理共享用工的现状。

(一) 政策梳理

1. 国家层面

2020年9月30日,人力资源社会保障部办公厅向各省、自治区、直辖市及新疆生产建设兵团人力资源社会保障厅（局）印发了《关于做好共享用工指导和服务的通知》（以下简称《通知》）。《通知》肯定了共享用工对于解决用工余缺矛盾、提升人力资源配置效率和稳就业的积极作用,全面规定了各级人力资源社会保障部门、劳动者、员工富余企业、缺工企业各方的权责,是促进共享用工良性发展的根本遵循。

2. 各地政府

江苏、合肥、东莞、北京、青岛等地的人社部门相继出台了补充文件,进一步明确了共享用工的相关办法与文件以鼓励共享用工的发展,具体政策见表2。

表2 各地政府出台的政策文件及其内容

地区	文件	内容
江苏	《关于进一步优化营商环境更好服务市场主体若干措施的通知》	指导企业规范开展用工余缺调剂,帮助有共享用工需求的企业精准高效匹配人力资源
	《关于支持多渠道灵活就业若干措施》	将灵活就业岗位信息纳入公共就业服务范围,指导企业规范开展用工余缺调剂,帮助有共享用工需求企业精准、高效匹配人力资源
	《江苏省以新业态新模式引领新型消费加快发展实施方案》	对符合条件的新型就业形态人员参加职业培训的,按规定给予补贴。加强对共享用工、非全日制灵活用工等的指导和服务
合肥	《合肥市稳就业系列政策指南》	对向重点企业输送员工实行余缺调剂、员工共享的输出企业,按照工作时间一个月以上的按每人400元标准,给予输出企业一次性就业补贴
	《包河区"迎新春、送温暖、稳岗留工"有关补贴政策申报实施细则》	对在春节期间开展共享用工7天及以上的输送企业,按每人700元标准,给予输送企业一次性补助
东莞	《东莞市人民政府办公室关于新冠肺炎疫情防控期间进一步推动员工早日返岗和企业复工达产的若干措施》	搭建公益性用工调剂平台,发挥行业协会、商会、企业联盟等作用,鼓励上下游企业、关联企业以及行业企业间开展用工余缺调剂,落实专员为企业协调处理劳动关系和社保关系
	《"共享用工"员工工作补贴办法》	对参与的非技术岗位员工,按上岗时间每人每天补助30元,每月补助上限500元;对技术类岗位员工,每人每天补助50元,每月补助上限800元。在三方协议有效期内,每人最多获一次性3个月补助

续表

地区	文件	内容
北京	《北京市共享用工指导和服务指引》	明确了共享用工工作中涉及的劳动者、员工富余企业（原企业）、缺工企业等主体的权利义务和人力资源社会保障部门服务指导
青岛	《关于明确"共享员工"缴纳社会保险有关问题的通知》	"共享员工"由劳动关系所在单位按规定缴纳各项社会保险费，使用"共享员工"的用人单位应在此基础上为"共享员工"单独缴纳共享用工期间的工伤保险，为员工提供工伤事故风险保障

（二）各地实践

1. 合肥模式

自2020年2月10日起，合肥市工业企业陆续复工。为解决复工企业用工难问题，合肥市人社部门深入贯彻落实省、市委决策部署，聚焦"为企服务、破解企业用工难题"，大胆创新，积极倡导企业实行"共享用工"合作方式，实现了2 800余人次的人力资源共享，有效缓解了疫情防控期间复工企业的暂时性缺工问题，形成了共享用工的合肥模式。

为推进共享用工，合肥政府推出了四大举措：其一，发布"共享用工"倡议书。为了帮助复工企业缓解用工难问题，合肥市人社局发出《到复工企业就业的倡议书》。从"鼓励弹性用工""开展用工调剂""加强用工对接""加大宣传推介"四个方面鼓励尚未开工的企业员工、暂未返岗的返乡务工人员、未返校的大学生、城乡自由职业者、有工作能力的退休人员、志愿者等人员，到工业企业转移就业，全力支持复工企业的用工需要。其二，搭建"共享用工"供需平台。合肥市人社局网站开辟了"抗疫复工共享用工需求专栏"，为缺工企业、劳动者提供了及时有效的信息共享平台，促进"共享用工"的有效落地。其三，组织供需双方对接合作。除了线上供需平台的全方位推介，合肥公共就业人才服务机构还积极发挥桥梁纽带作用，主动联系缺工企业与富余劳动力企业，做好牵线搭桥工作。其四，指导做好服务保障工作。合肥人社部对缺工企业在员工培训、疫情防控等方面进行有效指导，对富余劳动力企业完成"共享用工"后给予一次性就业补贴，对共享员工也给予一次性补助。

共享用工"合肥模式"有三处模式创新：其一是企业集团内部异地"共享用工"。对于跨地区经营的大型企业，鼓励通过异地"共享用工"的形式进行人员调剂。其二是本地企业之间"共享用工"。从餐饮等服务业企业将富余劳动力转移至缺工企业，实现企业间的"共享用工"。其三是人力资源机构协调"共享用工"。人力资源机构在劳动力情况掌握上有着独特优势，与企业间也有着紧密地联系，天然适合成为企业间"共享用工"的润滑剂。

通过共享用工，在合肥，开工难的服务业能够将富余劳动力推介出去，减轻工资压力，用工难的工业、物流等企业则可以解决缺人的燃眉之急，开足马力促生产；共享用工劳动者也能够更加充分地发挥自身能力，增加收入，减少因疫情停工带来的家庭资金压力。共享用工成为用工企业、用人单位、员工三方互利、互助、互赢的举措。

2. 东莞模式

2020年2月上旬，东莞市人社局在全国范围内率先推出"共享员工"互助调剂模式，并划分为企业间余缺用工调剂、行业间余缺用工调剂和非全日制余缺用工调剂三种模式，这是在"错峰用工"和"互联网+"共享经济基础上为实体经济企业开展"共享员工"提供了东莞方案。实施仅半年，东莞的"共享员工"互助调剂模式便取得了良好成效，全市共计750家企业开展对接，累计牵线"共享员工"约2万人。

东莞的"共享员工"互助调剂模式可以概括为"3+2+1"。3是指3种模式，分别是企业间余缺用工调剂、行业间余缺用工调剂和非全日制余缺用工调剂；2是指2个服务专员，1位法律服务专员和1位就业服务专员成为东莞市各人社分局的标配；1是指1个"共享员工信息平台"。

企业间用工互助调剂模式和行业间用工调剂模式具有共同之处，被借用的员工其社会保险关系、劳动关系保留在原企业，借用企业只是该员工一段时间的实际用工单位，只负责借用员工共享期间的工资，在疫情结束后被借用的员工原则上应当回到原来的企业。不同的是，企业间用工互助调剂模式主要是面向非技术类岗位用工短缺，技术类岗位用工短缺则适用于行业间用工调剂模式。

非全日制兼职用工调剂模式适用于业务量较少的企业与缺工企业之间进行人员调剂。兼职员工的社会保险关系、劳动关系仍保留在原企业，而与借用企业建立非全日制用工劳动关系，借用企业须为其缴纳工伤保险。兼职员工的工资由原企业和借用企业各自发放，当原企业恢复生产后，兼职员工原则上应当返回原企业。

共享用工的"东莞模式"有两个特点：其一，完善协议，为用工调剂建立长效机制。东莞的"共享员工"互助调剂模式在实施落地之前，特地组织了东莞市劳动人事争议仲裁院相关负责人围绕相关法律问题进行深入研究，从原企业、借出企业、共享员工三方出发全面预判、充分考虑实施过程中可能发生的民事和经济纠纷,审慎认真地起草了员工借用三方协议的范本,为企业间开展"共享员工"奠定了基础。其二,搭建平台,多方合力实现"共享员工"精准匹配。为便利企业、劳动者对接用工需求,东莞市人社局建立了"共享员工信息平台",通过信息化比对实现"共享员工"动态匹配、减少企业成本,提高匹配成功率。同时,东莞市各人社分局构建起就业服务专员、法律服务专员双专员服务制度。其中,法律服务专员主要职责为指导三方签订《人员借用三方协议》,及时跟进相关法律问题,并做好后续的劳动关系法律咨询服务。就业服务专员主要职责为摸清劳动力存量以及企业用工缺口情况,及时建立相关企业的联系,做好牵线搭桥。

3. 其他地方政府举措概要

其他各地也都出现有一定程度的共享用工模式创新,这些创新主要有:建立富余劳动力供给台账、搭建共享员工服务平台、发放用工余缺奖补、联合各类协会推行共享用工、发挥人力资源机构作用、设立专员为企业提供指导、应用大数据精准辅导服务、提供规范的共享协议、提供有效的法律咨询。这些成功的实践也为我们进一步推广共享用工提供了参考,见表3。

表3 共享用工模式创新的地区及具体举措

举措	主要特点	区域
建立富余劳动力供给台账	排查劳动力富余闲置的情况,建立员工信息池,主动联系企业之间开展互惠合作	深圳市龙岗区、青岛市市南区、武汉市武义经济开发区
搭建共享员工服务平台	搭建共享用工调剂平台,引导企业进行用工余缺调剂,促进企业间用工平衡	江苏省苏州市、江苏省徐州市、广东省深圳市、上海市闵行区
发放用工余缺奖补	给予参与共享用工企业补贴,鼓励企业积极参与共享用工	福建省莆田市、广东省江门市
联合各类协会推行共享用工	积极联系各个行业协会相互配合,推动共享用工	青岛市市南区、东莞市寮步镇
发挥人力资源机构作用	让人力资源服务公司参与共享用工,整合此类企业的相关资源来服务于共享用工	江苏省连云港市、福建省莆田市、安徽省合肥市
设立专员为企业提供指导	政府设置专员为企业解读"共享用工"相关法律和政策内容,并协助三方签订共享用工协议	东莞市虎门镇
应用大数据精准辅导服务	政府多部门间相互配合,利用大数据对企业的用工需求进行及时调查,而后主动为用工紧缺和员工闲置的企业牵线搭桥	东莞市厚街镇

续表

举措	主要特点	区域
提供规范的共享协议	制定详细的三方共享协议样本，明确借用期限、工作内容及工作地点、员工工作时间及休息休假、劳动报酬等内容，保障公司及劳动者的合法权益	深圳市龙岗区
提供有效的法律咨询	针对企业关心的用工期间相关的劳动关系和社会保险关系等信息，开通了法律咨询专线服务	东莞市横沥镇、东莞市茶山镇

（三）现状概要

政策上，共享用工如何界定、是否具有价值、用工责任如何明晰、工伤认定、工伤保险缴纳等热点问题逐一得到官方的回应，为各地共享用工健康规范发展提供了根本指引。但是不容忽视的是，除了人社部印发的《人力资源社会保障部办公厅关于做好共享用工指导和服务的通知》，以及部分走在前沿的省市，绝大多数地区并没有明确的政策指引和权威解读。

实践上，"摸着石头过河"是共享用工现实发展的一大特点。各地积极探索出多样的共享用工落地模式，其中具有代表性的便是"政府主导、协会倡议、企业协商、员工参与"的共享用工"合肥模式"和东莞的"共享员工"互助调剂模式，形成了一系列好的经验、好的做法。各地政府九大举措也较为全面地覆盖了共享用工的促成、落地、善后等服务全流程，对于共享用工的进一步发展奠定了牢固的实践基础。

总的来说，疫情初期共享用工发展迅猛，随着各地复工复产常态化，共享用工的发展逐步放缓，但政府政策的支持与关注始终保持一个长期向好的趋势。

三、推进共享用工存在的问题

将共享用工打造成为一项长期性、普惠性的政策手段还需要解决许多问题。需要克服政策难点，解决劳资双方需求的痛点。这些问题主要包括法律关系认定、主体积极性的调动、共享用工平台的搭建等几个方面。本文梳理了共享用工在法律层面和实践操作中存在的问题，并分析了其具体的成因，最后结合了江苏考察调研的具体情况进行了进一步的分析。

（一）法律关系处理问题

目前针对共享用工的法律规范仅仅有人社部下发的《人力资源社会保障部办公厅关于做好共享用工指导和服务的通知》（以下简称《通知》）可以

参考。《通知》仅属于其他规范性文件，不能作为法律依据。在发生劳动争议时，还需要进一步参考《劳动法》与《劳动合同法》以及其他相关法律中的相关条款。但《劳动法》与《劳动合同法》中灵活用工的相关条款不仅比较宽泛，而且由于时代局限而不太符合共享用工的实际情况。因此，就出现了共享用工的法律关系处理问题。

首先，共享用工存在劳动关系认定混乱的问题。共享用工的法律关系包含有两个方面：其一是与原企业继续存续的劳动关系；其二，共享用工也涉及劳动者与缺工企业之间的法律关系，涉及了三方关系。《通知》并未要求缺工企业与劳动者具体签订何种形式的合同。基于不同岗位的特点与给劳动者的报酬给付模式，劳动者与缺工企业之间的关系可能涉及标准劳动关系、劳务关系、非全日制劳动关系、个人承揽关系等特点与特征，需根据双方合同的具体条款和双方关系的特征来加以界定。但根据原劳动和社会保障部《关于确立劳动关系有关事项的通知》第一条的规定，劳动者和缺工企业的关系很有可能会被认定为事实上的劳动关系。① 此外，法院在审理相关案件时也有可能认为共享用工的情境适用《最高人民法院关于审理劳动争议案件适用法律若干问题的解释（三）》第八条的规定。一旦被认定为事实的劳动关系，缺工企业在出现原企业补缴社保、辞退共享用工等情况时就背负有一定的法律风险。因此，对缺工企业来说，相较于劳务派遣模式，共享用工的法律风险相对较大。在目前两者覆盖的用工范围差不多的情况下，会对推进共享用工造成阻力。

调研发现，苏州人社局处理共享用工劳动争议案件的内部口径主要是依据人社部办公厅有关疫情防控期间劳动关系的政策口径以及《通知》的精神。共享用工属于企业间的行为，不改变劳动关系，与劳动关系相关的法定职责由原企业实际履行，原企业与缺工企业都负有义务。无锡人社局主要强调了变更劳动合同与签订共享用工协议，在协议中明确相关的权利与义务。这些举措都对明晰权利义务、界定劳动关系有积极作用。在调研中发现，江苏许多缺工企业都与劳动者签订了劳务合同来保障自身的利益，但由于缺乏实际司法案例，不清楚此种合同是否具有效力。调研的企业方认为共享用工的实施过程中还有很多需要法律法规来进行规范的地方。有企业主提出，希望政府可以加快推出共享用工相关的法律条款或者指导性工作文件。目前由于缺少规范和指导，实际的共享用工实践是基于劳动法律法规这个前提下，不同

---

① 杨保全，杜向杰. 劳动法视角看疫情特殊时期的新型用工模式：共享员工 [EB/OL]. https://www.pkulaw.com/lawfirmarticles/4233e2cdaf78e9f720c7ee8e17de9008bdfb.html, 2020-02-12.

的企业之间进行协商而后达成的协议。但实际协议中存在责任不明的情况，缺少具有指导性意义的个案。

其次，存在共享用工关系认定的问题。《通知》禁止原企业利用共享用工来进行事实上的劳务派遣。若因工资转移支付环节出现问题而导致出现可被认为实行劳务派遣的要件，原企业将有受到惩罚的可能，增加了原企业的法律风险。① 调研发现，江苏共享用工实践中，调研企业的工资给付模式存在一定的法律风险。调研企业主要存在四种工资的给付模式。第一种是集团内部的人员借调，原企业承担劳动者在共享用工期间的报酬和社会保险；第二种是缺工企业根据自己的相关工资工时制度给劳动者结清工资，并将社保费用结给原企业；第三种是缺工企业将工资与社保费用一并结给原企业；第四种是原企业仍负担劳动者的基本工资和社保费用，缺工企业付给劳动者劳务报酬。其中，第二种和第三种都涉及了原企业与缺工企业之间的经济业务往来。在疫情中这种情形未曾出现争议，但若这种共享用工关系变为长期关系，此种经济往来是否有风险仍是未知数。

(二) 社保责任问题

共享用工的社保责任也存在问题。《通知》明确了共享用工劳动者的工资支付义务与社会保险费缴纳义务归属于原企业。这样规定，保证了社会保险缴纳主体的连续性，使得将来计算共享员工工作年限，经济补偿金等更加简洁化，减少争议的发生。② 但在实际操作中，如果没有进一步规定缺工企业转移给原企业社保费用的义务，就会出现问题。比如原企业很有可能将社保费用的负担转嫁给劳动者，或降低缴费基数，造成劳动者权益的损失。调研发现，江苏省共享用工实践中存在一些社保责任归属于原企业、一些归属于缺工企业的情况，人社部门在处理此类问题的口径是"原企业履行职责，双方都有义务"，这使得裁定责任的灵活范围成为争议。

《通知》明确规定劳动者在缺工企业工作期间发生工伤事故的，按照《工伤保险条例》第四十三条第三款规定，由原企业承担工伤保险责任，补偿办法可与缺工企业约定。将工伤保险责任归属于原企业，体现出了共享员工劳动关系没有发生转移的特点，客观上更便于操作。但是如果原企业不认同自己负有工伤责任，并主张《实施〈中华人民共和国社会保险法〉若干规定》第九条规定，那么缺工企业可能被判定负有工伤责任或是民事侵权下的雇主

---

① 肖鹏燕. 合规共享：共享员工的法律风险与防控 [J]. 中国人力资源开发，2020, 37 (7): 96-106.

② 杨晓石. 论共享用工的法律保障 [J]. 法制与社会，2021 (15): 124-125.

责任，这就给缺工企业带来了相关的风险。缺工企业与劳动者签订劳务合同或承揽合同的，也会使工伤责任更加难以界定。此外，如果发生相关争议，导致劳动者第一时间无法获取赔偿，导致无法支付医疗费用或支付医疗费用后返贫，都会损害劳动者目前的境况。

人社部专门给出了一篇关于"共享用工中，劳动者发生工伤谁担责"问题的案例解读。它主要依据《工伤保险条例》第四十三条第三款规定和《工伤保险条例》第十四条规定来认定工伤责任归属。这说明了政策方面在认定共享用工工伤时并没有参考缺工企业和劳动者所签订的合同属于什么类型，而主要考虑劳动关系仍然存续并且职工是否在工作时间、工作场所内，因工作原因受到的事故伤害。并据此认定原用工单位应为劳动者申请工伤认定，缺工企业应当予以配合并提供相关证明材料。同时，解读也强调了共享用工协议的效力在劳动合同之后，并且共享用工协议相关条款并不能妨碍劳动者向劳动关系归属单位主张自己的权利；同时也承认与保护共享用工协议的民事责任与权利。这篇解读可以看作是解决共享用工工伤责任的纲领性意见。

调研发现，江苏的共享用工实践中，缺工企业普遍会给劳动者购买补充商业保险来防止出现工伤纠纷的情况，这种方法既可以保障原企业与缺工企业在发生工伤事故时的损失，使双方更愿意履行责任义务，也使得劳动者可以先行获得赔付以解燃眉之急，值得进一步推广。

(三) 平台建设问题

疫情防控期间，为了促进生产、促进就业，许多地方政府都建起了共享用工平台，使劳动力市场功能得以一定程度的恢复。调研发现，苏州建立了共享用工平台，共享用工双方企业和劳动者都可以在平台上发布需求来寻求匹配，在疫情防控期间促进了人力资源的配置；无锡本身存在有灵活用工平台，因此评估发现不需要重新建立共享用工平台，在原有的灵活用工平台中加入了共享用工的功能。这些共享用工平台在人力资源市场信息发布、促进人力资源要素流通、帮助人力资源合理分布等方面成果显著。共享用工涉及三方主体，单单依靠市场自发来完成资源的对接，往往效率低且成本高。因此，共享用工的后续推进也离不开共享用工平台的建设。

平台建设的首要前提就是市场化，市场化就要求有足够多的双方市场主体的参与。疫情放大了企业用工盈余与缺工以及人力资源分布不均衡的情况，使得平台上出现了足够多的市场主体。疫情后人力资源流动恢复，平台上能否有足够的市场主体仍是一个疑问。调研发现，借入企业都普遍存在用工难的问题，也都希望共享用工可以继续持续下去，而借出企业在疫情后却不愿再借出劳动力。地方政府认为共享用工的基本流向是第三产业到第二产业，疫情后，由于产业聚集，一个地区的用工节律基本上是一致的，用工高峰的时候大家都需要劳动力，服务业又不能像疫情防控期间一样提供足够的劳动力，因此共享实际上就成为无源之水。一些地方政府开始建立人力资源池来发挥自己信息服务的职责就是一个很好地解决市场主体不足的尝试。此外由于地区劳动力资源不均匀，跨地区调节也是丰富市场主体的良方。有利可图是市场可以良性发展的必要条件，但有些外部性大于收益的项目靠市场往往会没有效率。

此外，没有更完善的制度框架保障共享用工平台的继续发展，共享用工平台也不可能进一步的发展。调研中，平台方也认为，平台的创建需要大量的市场化与长期的运营，需要政府与第三方企业平台进行公共服务的合作。政府定规则，第三方企业平台去执行、落地。劳动力市场信息化透明之后，企业招工难、劳动者工资低的问题就可以迎刃而解。

（四）模式推广问题

从政府的角度看，在实际生产中，政府并不能及时掌握余工企业和缺工企业的信息，信息沟通不畅使政府在促进企业合作的过程中发挥的作用有限。由于共享用工的出现时间短且规模小，政府难以在短期内出台全面完备的法律法规，只能推出临时性的政策文件指导工作。共享用工必然伴随着跨地区人员流动，涉及用工规范的地区性差异，劳动者流入地和流出地的政府需要在共享用工模式上达成战略性合作，这也是共享用工政策制定的难点之一。

从企业的角度看，高端人力资源是企业的核心资源，而且往往具有存量资源的特征，因而企业分享员工的意愿不强。同时，借入企业也承担着培训共享员工的成本，技术越高端的企业，培训共享员工的成本也就越高。目前已有企业计划针对有周期性用工需求的行业开发共享用工的"培训包"，以承担共享用工岗前培训的业务。但由于现有共享用工案例缺乏连续性，这项商业行为的盈利和前景并不明朗。当前，"用工难"是劳动力市场所面临的最紧迫问题，疫情过后，共享用工市场上缺工企业的数量远大于余工企业的现象可能会成为常态。因此，当被问及目前是否还在企业中存在共享用工时，有企业负责人表示目前在该企业已经不存在共享用工，并表示因为现在各行各业都处于用工荒，企业都不肯借出员工，只有企业之间存在用工数量潮汐差，才有共享用工的可能。

从参与共享用工劳动者的角度看，缺工企业在工时制度、工作环境、工作压力、工资报酬等方面与原企业的差距，尤其是工作强度和地理距离，都会影响劳动者参与共享用工的积极性。同时，劳动者对不同的行业有着自己的偏好，对特定行业有一定的黏性。访谈结果表明，疫情防控期间来到制造业工作的餐饮业劳动者很少有意愿留下来。那么疫情过后，这些劳动者可能更不愿意参与跨行业的共享用工。此外有研究也指出，共享用工创造了一种不稳定的雇佣关系，增加了劳动者就业的非正规性，使得传统法律框架对劳动者的保护减弱，将企业的用工风险转移给劳动者承受；并且，共享用工造成了严重的体面劳动（Decent Work）赤字，对劳动者劳动安全、公平感知、职业发展造成了伤害。① 因此，在没有强烈的负面外部影响下，劳动者可能会天然地抵制共享用工形式。访谈结果也证实了这一点，在访谈中我们了解到，一些雇主已经察觉到了共享用工模式下员工可能出现的心理问题：首先，员工长期在外流动务工，会让员工对公司的归属感和集体荣誉感不强。其次，员工长期务工地一般也是家庭所在地，员工长期在外会投诉公司。最后，员工存在一个生产适应性的问题。有些员工从自动化程度高的行业转向自动化程度低的行业会适应不了。因为员工的劳动负荷、工作强度和工作环境的感受可能会有很大的一个变化。

劳资双方主体对共享用工的抵触，阻碍了共享用工的推进。如何打消企业顾虑、保障劳动者权益、创造更好的激励机制值得更进一步的研究。

四、推进共享用工发展政策建议

依据共享用工模式现存的四大难点，我们做了一系列的访谈和问卷调研，项目组就"共享用工"相关议题展开了充分讨论，综合调研结果，主要形成以下六点政策建议：

（一）明确共享用工的法律主体，厘清责任边界

共享用工的首要议题是如何定义并厘清主体责任，共享用工和共享员工的合理界定是劳动关系认定、共享员工权益保护的基础。根据实际处理口径，满足员工所属原企业与缺工单位之间达成协议，员工赋予原企业将劳动者集体安排到缺工企业的行为被视为"共享用工"。共享用工实际上并不改变员工原服务企业和劳动者之间的劳动关系。

当前江苏省内的共享用工情形主要分为三类：第一，大企业集团内部共享员工，实际属于借调性质，劳动争议可经由各子公司内部协商解决，实际争议事件较少；第二，跨企业、行业，甚至地区间的共享用工。这类共享用

---

① 朱艳秋. 就业非正规性："共享员工"的现实缺陷与规制进路［J］. 中国人力资源开发，2020，37（12）：70-80.

工在劳动关系认定、劳动争议问题处理过程中面临实际困难；第三，自由职业者、平台经济中的个体承包商等在内的灵活就业者同时在多个企业平台之间"共享"自身劳动力的行为，属于个人的职业选择行为，对该类行为建议结合当前平台经济和灵活就业的相关政策探索予以处理。

综上，建议出台"共享用工"准则，分类讨论共享用工的发生情景和主体责任，一类企业集团内部共享用工情形，基本可以按照一般劳动争议问题进行处理；二类跨企业、行业，甚至地区间的共享用工则是政策关注重点，从实际劳动状态来看，共享员工在共享用工期间，仅脱离原有工作场所但没有脱离原有劳动关系。鼓励行业、企业协商签订共享用工协议，由劳动仲裁机构公证，自觉形成行业、企业间共享用工准则。针对三类在多个企业平台之间"共享"自身劳动力的自由职业者、平台经济中的个体承包商等灵活就业人员，需要结合当前平台经济发展、新业态就业议题做进一步探讨，江苏省正在探索建立的灵活就业人员工伤保险制度主要针对此类人员。

（二）针对社保责任难点：着重保护共享员工合法权益

在明确共享用工定义及主体责任的基础上，保障共享员工的合法权益是社会关注的主要问题。针对共享用工中存在的社保责任难点，尤其是工伤争议处理问题，可探索的方向主要包括：

（1）出台有关共享用工的劳动争议问题处理细则及标准，收录现有司法解释和案例案件，给予指导意见。

（2）尝试推行不同地区政府之间的"跨地域握手"，结合江苏省内的行业共享用工典型，重点帮助解决员工跨地域流动伴随的跨地域认定及资金支付问题，探索跨地区共享用工模式落地发展。

（3）结合劳动仲裁法庭的建设，解决共享用工的劳动争议问题。出台共享用工协议订立标准，要求各方按照协议内容履行权利义务，增强协议的法律效力，以此作为劳动争议案件处理的重要依据和协商原则。同时，需要依据典型案例出台共享用工三方协议范本，指导企业合理制定三方协议，明确在处理具体问题时的指导意见与法律依据，为共享用工模式发展提供创新性示范。

（4）结合建立新型工伤保险制度的探索进程，重点解决共享用工的工伤争议问题。借出企业承担与共享用工员工签订劳动合同的责任，那么依据劳动法，借入企业应承担共享用工员工社保的缴纳费用；依据实际生产活动的经济关系，借入企业为共享用工员工的工伤负责，缴纳补充性质的工伤商业保险。社保和工伤保险的责任分离有助于厘清共享用工实践中各方企业的责任，避免出现企业之间相互推诿责任的现象。

（5）妥善解决共享员工薪酬问题，保障劳动者的合法权益。针对加班、弹性工时与标准工时制度的转换，政府应出台相应政策，以期在共享用工期间减少劳动争议的发生，提高企业和劳动者参与共享用工的积极性。

（三）针对平台建设难点：提高信息配置效率，开辟长期共享通道

利用"大数据"等技术手段，充分发掘现有人力资源信息配置平台的信息匹配潜力，将市场上尽可能多的企业信息和劳动者信息录入数据库。同时，重视市场上现存人力资源机构对共享用工的辅助协调作用。加快企业对员工余缺情况的知悉速度，提高企业间对员工借调合作的效率。出台相关的政策支持与法律解读，规范人力资源平台的使用，明确平台在协助企业合作中的责任。要做好共享用工平台，就要考虑由政府定标准，包括法律法规、政策指导；平台做服务，主要指就业保障服务，起到沟通桥梁的作用；商业保险为补充，既可以解决责任划分不明的问题，也缓解了劳动者的风险。

也应该起到支持作用。根据江苏省内企业的相关实践经历，政府主持的共享用工信息调剂平台，一方面能够为短期内遭受经营困难和意外的企业及其员工提供稳收入的途径，解决临时受灾企业的职工转移安置问题；另一方面，从长期来看，开通共享用工模块对于调剂劳动力市场、做好"六稳六保"工作具有积极作用。建议通过把握当地不同行业企业间用工的季节性和周期性变化，通过人力资源信息平台，共享企业和用工需求信息，根据市场变化提前做出预测、信息共享，必要时提供相应的技能培训，保障共享用工的顺利开展，帮助实现缺工企业和困难企业间的供需平衡，满足企业用工需求。同时，鼓励成功实现生产"峰谷互补"的部分企业结成固定的伙伴共享关系，增强共享用工的相对稳定性和可持续性。

除了政府对信息平台的建设，行业协会在共享用工的发展中也要提供相应补充。共享用工在跨行业的过程中可以通过整个行业的自律机制和行业协会之间的协调合作来实现。具体路径表现为：督促企业方遵守法律法规，规范共享用工行为；维护劳动者正当权益，探索建立劳资争议处理机制；协助搭建信息平台，行业协会内部支持同行业共享用工信息流动，外部积极寻求其他行业协会的信息交换；深入进行共享用工实践情况的调查，组织并规范借出企业、借入企业与共享用工劳动者三方签订协议，提供示范文本，并及时汇总公示行业内共享用工的现实案例。

（四）规范共享用工行为：出台黑白名单，打造优质信息引擎

政府主导的人力资源信息平台应发挥可靠的信息指引作用，通过调查企

业间的协议签订状况，收集企业的日常履约与违约信息，建立共享用工企业黑名单，降低劳动者权益损害事件发生的可能性，防范违反协议的劳动力输出企业和损害劳动者利益的企业。同时，定期评估并表彰共享用工实施较好，劳动力接收能力大，履约能力强的企业，通过企业白名单制度鼓励企业深化合作，发扬开放互助精神，并由政府提供进一步的便利政策支持。

（五）辅助措施助力共享用工，实现"稳就业，保就业"

在本次调研中，有企业将共享用工作为救急难的方式之一，一方面出于企业发展需要，将员工共享出借，"留得青山在，不怕没柴烧"，是企业过渡的一种选择；另一方面出于企业责任，共享用工也是解决员工就业和生计的一种选择，同样赢得了员工的理解与认可。因此，在疫情常态化的背景之下，共享用工可作为稳就业，保就业的一项主要措施，基于此，建议出台辅助措施，助力共享用工健康发展。

（1）增设人才补贴鼓励缺工企业和困难企业采用共享用工方式，尤其是对防疫物资生产等重点企业在开展企业间用工调剂给予补贴，以实现短期劳动力的平稳转移安置，以集约化的共享用工新方式合理解决劳动力市场摩擦性问题。

（2）针对经常性采用共享形式借用员工的双方企业，以及想要通过共享用工方式解决企业实际困难的用人单位，建议开展联合职业培训，帮助参与共享的劳动者掌握一定知识技能，方便跨行业跨部门之间共享用工的顺利开展，提高共享用工的效率，最大化发挥共享用工的优势，减少行业和岗位转换带来的效率损失。同时，有关部门应适时出台技能培训政策，或依靠政府力量为企业的联合培训提供包括但不限于师资、参考资料等培训素材，对跨界"共享用工"，做好相关技能培训，以更好地满足用工需要。

（3）关注共享劳动者的心理问题，针对调研企业提出的，共享劳动者在输入输出的过程中产生的心理和情绪变化，建议结合职业健康项目，宣传引导企业关注共享用工的职业健康，相关部门提供人力咨询服务，给予咨询和疏导。

（4）此外，针对借调企业用工过程中存在的各种问题，政府部门派出专业的协调专员和企业对接。让专员为借调企业进行政策和法规的梳理，对共享用工的详细条款作出解读和界定，解决企业实际操作层面的痛点。

（六）以共享用工为契机，探索新经济形势下的用工新思路

针对疫情后劳动力市场用工新特点，近日，人社部、国家发改委等八部门共同印发《关于维护新就业形态劳动者劳动保障权益的指导意见》，意见完

善了劳动报酬、休息休假、劳动安全、社会保险等制度规范，进一步强化了应对职业伤害保障、健全劳动者诉求表达机制等多方面内容，意见将新就业形态的劳动者纳入劳动保障基本公共服务的范畴之内。根据指导意见精神，随着企业对灵活用工的接受程度不断提升、灵活用工范围和比例的不断攀升，包括共享用工在内的新型就业形态将成为未来劳动力市场面临的主要挑战。

基于此，以探索解决共享用工相关问题为契机，应当形成以"政府主导、企业协商、员工参与"为原则的共建共享新模式。综合现有有关建立综合计算工时制、灵活就业人员工伤保险的制度探索，系统性制定针对各类就业新形式的法律法规及政策指导。同时，细化灵活用工背景下的各类别用工争议处理准则，通过建立细化的灵活用工分类体系，分类指导，向不同形式灵活用工新方式提供政策工具参考包，包括现有政策规定、执行标准和实际案例指导等，为企业及市场参与者提供有效的指导意见。通过政府定标准、企业签协议并尊重劳动者自主权的开放创新方式，广泛聚合就业新形式，深度服务多种就业人员和用工企业，多维联合现有法规政策及创新性探索途径，把握劳动力市场的新变化，以共享用工为契机，发扬开放包容的合作精神，探索新经济形势下灵活用工的新思路。

五、共享用工的前景思考

（一）共享用工模式的定性

共享用工模式是短期特殊化、长期常态化的一种用工模式。本文认为，共享用工模式在短期还存在许多需要规范化的点，在长期则应考虑将其纳入灵活就业这一大类进行统筹。

短期来看，共享用工是一种能及时调整企业之间劳动力数额盈缺、整合不同行业人力资源差异和协调地区之间劳动力要素流动的重要方式，当一个地区面临突发事件时能对恢复经济生产起到一定的作用。在疫情逐步常态化的当下，各个地区随时可能暂时封城，导致城内外人员和各种生产要素无法流动。共享用工模式最大的益处就是能在地区和外界资源不流通的情况下及时调整封闭区域内部的资源流动，尽快恢复区域经济底层结构的内循环，做好基础服务行业的保障。此时，需要政府做好"总抓手"作用，对地区内企业做好信息沟通和法律指导，具体问题具体分析，做出切中区域要害、适合本地发展的引领性政策（这也是"特殊化"的体现），控制好区域的人员和资源流入流出，把握好地区经济生产的"总开关"。

长期来看，本文认为共享用工随着该模式常态化发展逐渐被归到"灵活就业"这一大类模式中。因为共享用工的本质是劳动者对自己闲暇时间的灵活安排促进生产最大化,这跟灵活就业的本质契合,所以我们提出的这个长期发展结论是可能的。但这并不意味着现期共享用工模式是无意义的或者就要用灵活就业的政策来指导共享用工。我们现在整体处于一个短期向长期过渡的平台时期,这个平台时期可能会存在相当长的时间。在这个时期,共享用工实践中存在的各类矛盾会逐渐显现,逐渐汇总:企业和共享用工员工之间的矛盾、企业和政府之间的矛盾、劳动者经济利益之间的矛盾……,各阶层矛盾上下交织、各行业矛盾盘根错节,甚至会出现各地模式差异巨大无法短期用一种政策统一指导的矛盾。但这不表示我们能用"灵活就业"模式的相关政策进行"一刀切"管理,要具体问题具体分析,把政策指导的力度、企业经营方式的转变度和共享用工员工能承受的程度结合起来,以共享用工员工的切身利益为核心点,在帮助企业恢复生产的过程中逐步推进各项政策的落地。在实践过程中做到"缓中有急,轻重结合",面对特别突出的问题,应尽快推出临时性措施,在矛盾频发的领域要着重关注,优先解决。当各地政策规范逐渐具备雏形之后,再稳步推进共享用工模式逐步跟灵活就业这个大类进行合并,推出具体详实的统一指导政策。

(二)共享用工模式下劳务关系和经济关系进一步划分的可能性探讨

共享用工模式现存很多问题,究其根本都是该模式下的劳动关系和经济关系和一般的就业方式存在很大差异。本文尝试给出一种解决方式。

如图1所示,共享用工模式分离了劳动关系和经济关系。借出企业和员工是实际上的雇佣关系,但是员工的劳动却为借入企业所有,这是一切关系错位的根源。

依据这一条根源线,我们对劳务关系和经济关系做进一步划分。员工为借入企业提供劳动,借入企业把各类费用结算给借出公司统一发放给员工,抓住"劳有所得"这一核心,我们判定借入企业和员工之间存在着实际经济关系和实际劳务关系。借出企业和员工之间存在着由合同签订、依据现有法律是生效的名义劳务关系。借出企业是最终结算费用给员工的,所以认为它和员工之间存在名义经济关系。如图1所示,名义经济关系和实际经济关系、名义劳务关系和实际劳务关系相互之间存在错位,依据现行法律难以确定劳务关系和经济关系,这就是工伤、保险、薪酬等问题的源头所在。我们尝试考虑依据图示把名义经济关系和实际经济关系、名义劳务关系和实际劳务关系直接分开,依据分开责任确定付给共享用工员工的报酬,同时明确借出公司和借入公司之间的责任界限。

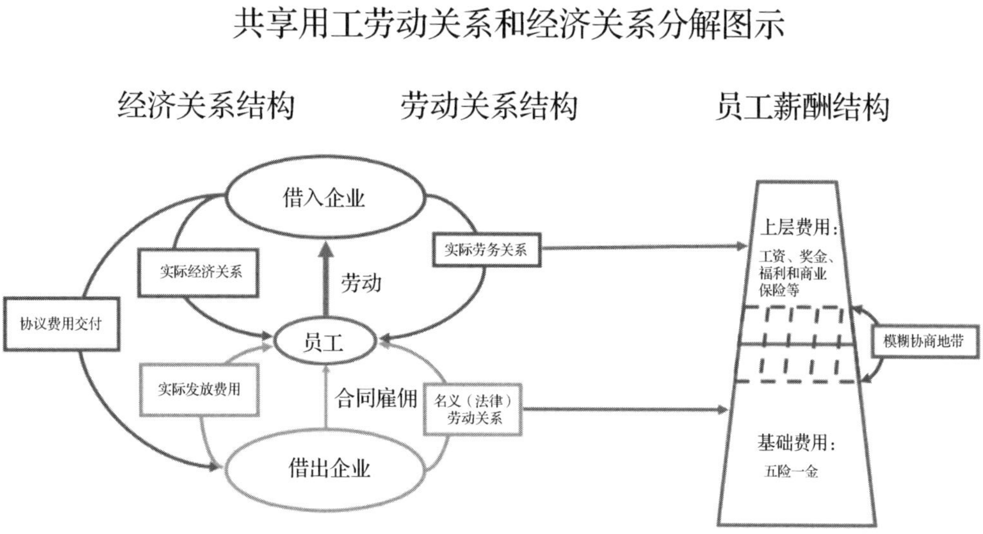

共享用工劳动关系和经济关系分解图示

经济关系结构　　劳动关系结构　　员工薪酬结构

图1　"共享用工"劳动关系和经济关系分解图示

我们再把劳动者所得进行一个"上层费用"和"基础费用"的结构划分。尝试把实际经济关系和实际劳务关系所对应的部分定义成"上层费用"，是实际生产过程借入企业应该付给劳动者劳动的费用，包括：工资、奖金、福利和商业保险等，这部分费用主要保证了劳动者的"劳有所得"；把名义经济关系和名义劳务关系所对应的部分定义成"基础费用"，是借出企业依据现有法律应予以劳动者基础性保障部分，主要包括五险一金，这部分费用保证了劳动者的基础权益不受侵犯。在"上层费用"和"基础费用"之间我们设置了一个模糊协商地带，这个部分让企业之间对存在争议的费用进行协商调整。同样的，在实际生产过程中产生的工伤问题，也可以进行名义和实际的切割，借出公司为共享用工员工承担法律上的责任，但实际产生的所有经济纠纷则归给和劳动者有实际经济关系的借入公司。其他的责任以此类推。

这样，就完成了厘清共享用工模式中劳务关系和经济关系的创新性举措。但这只是一个笼统性的提议，在实际运用中肯定会出现各种问题，这还需要随着共享用工模式的发展进一步构建出更清晰的理论框架。

参考文献

[1] 人社部办公厅关于做好共享用工指导和服务的通知［J］. 中国人力资源社会保障，2020（11）.

[2] 人社部发布共享用工指导意见［J］. 工友，2020（12）：22-23.

[3] 北京市人力资源和社会保障局关于发布《北京市共享用工指导和服务指引》的通告. 北京市人民政府公报.

[4] 关于明确"共享员工"缴纳社会保险有关问题的通知.

[5] 盛敏理. 共享经济时代,如何让"共享员工"走得更远——合肥市疫情期间"共享员工"用工方式探析[J]. 中国就业,2020(5).

[6] 东莞实施"共享员工"半年考 累计牵线约2万人.

[7] 肖鹏燕. 合规共享:共享员工的法律风险与防控[J]. 中国人力资源开发,2020,37(7):96-106.

[8] 杨保全,杜向杰. 劳动法视角看疫情特殊时期的新型用工模式:共享员工[EB/OL]. https://www.pkulaw.com/lawfirmarticles/4233e2cdaf78e9f-720c7ee8e17de9008bdfb.html,2020-02-12.

[9] 杨晓石. 论共享用工的法律保障[J]. 法制与社会,2021(15):124-125.

[10] 朱艳秋. 就业非正规性:"共享员工"的现实缺陷与规制进路[J]. 中国人力资源开发,2020,37(12):70-80.

[11] 赵红梅,贾洁. 共享用工的性质、法律关系辨析与法律制度的构建完善[J]. 中国劳动关系学院学报,2021,35(6):62-77.

[12] 林艳琴,林禛雨. 共享用工的性质认定及法律规制[J]. 中国劳动,2020(6):53-67.

[13] 江门市蓬江区人力资源和社会保障局"共享用工"常见问题解答[EB/OL]. http://www.pjq.gov.cn/jmpjqrsj/gkmlpt/content/2/2243/post_2243280.html#670,2021-01-28.

[14] 王全兴,侯玲玲. 劳动关系双层运行的法律思考——以我国的劳动派遣实践为例[J]. 中国劳动,2004(4):18-21.

[15] 侯玲玲,徐增鹏. 劳务派遣用工之判定[J]. 中国劳动,2014(7):47-50.

[16] 李帛霖. 共享员工视角下企业借调用工的本质及效力认定[J]. 中国人力资源开发,2021,38(9):76-89.

《共享用工发展问题思考和前景分析》
课题组成员名单

课题组长：
翟　爽（江苏省行政管理科学研究所所长）
韩　军（中国人民大学劳动人事学院劳动经济系主任、副教授）

课题组成员：
丁　进（江苏省行政管理科学研究所副所长）
董春发（中国人民大学劳动人事学院数据与案例中心项目主管）
钟延红（江苏省行政管理科学研究所八级职员）
张　冬（江苏省人力资源服务行业协会高级人力资源师）
韩　玥（中国人民大学劳动人事学院博士）
曾　昊（中国人民大学劳动人事学院硕士）
王瑞杰（中国人民大学劳动人事学院硕士）
王清琛（中国人民大学劳动人事学院硕士）
陈佩瑶（中国人民大学劳动人事学院硕士）

本课题为中国人事科学研究院与江苏省行政管理科学研究所、中国人民大学劳动人事学院合作完成。

N 省人力资源服务业发展规划与政策支撑研究[①]

提　要： 近年来，中央和地方相继出台了一系列政策促进人力资源服务业发展。人力资源在经济社会发展中的战略地位不断提升，人力资源服务业高质量发展的顶层设计备受关注，强化规划和政策支持研究已成为推动人力资源服务业高质量发展的普遍实践。本研究从国家政策支持、产业结构转型、人口提升、人力资源服务业迈入高质量发展阶段和人力资源产业园建设等角度总结分析了当前人力资源服务业发展背景，通过对 N 省的实地调研，发现当前 N 省人力资源服务业在政策体系、标准化建设、产业发展、服务需求等方面存在诸多问题，并针对性地提出健全政策体系、树立行业标准、发展市场主体、挖掘服务需求、建设智慧园区、推动对外交流、推进信息化建设和加强保障落实等方面具体建议。

关键词： 人力资源服务业　产业结构转型　高质量发展

一、研究背景

（一）国家政策支持为高质量发展提供基本遵循

自 20 世纪 90 年代开始，我国人力资源服务业初具雏形，相关的扶持和监管政策不断出台。2007 年，国务院发布《关于加快发展服务业的若干意见》，首次提出人才服务的概念。2012 年，《服务业发展"十二五"规划》着重就

[①] 本文系中国科学研究院2021年研究课题《N 省人力资源服务业发展规划与政策支撑研究》报告的部分内容。

促进人力资源服务业创新发展作出部署。2014年《国务院关于加快发展生产性服务业促进产业结构调整升级的指导意见》将人力资源服务业列为国家重点发展的十二项生产性服务业之一。人力资源服务政策顺应市场发展趋势，为行业发展提供了良好的指导和有效的监管作用。

党的十九大报告提出：加快建设实体经济、科技创新、现代金融、人力资源协同发展的产业体系，将人力资源产业提高到了国家战略地位。2014年，人社部颁布《关于加快发展人力资源服务业的意见》，这是国家首次对人力资源服务业作出全面部署。之后，人社部先后印发《人力资源服务业发展行动计划》《关于进一步规范人力资源市场秩序的意见》《国家级人力资源服务产业园管理办法（试行）》《关于做好共享用工指导和服务的通知》等政策文件，进一步加强对行业的扶持和规范。2018年，国务院颁布《人力资源市场暂行条例》，我国人力资源服务行业首部行政法规诞生，对建设统一开放、竞争有序的人力资源市场具有重要意义。2019年，国家发展和改革委员会修订发布了《产业结构调整指导目录（2019年）》，将"人力资源和人力资本服务业"列为鼓励类第四十六类，进一步确立了产业地位，对人力资源服务产业的发展具有引导作用，这体现了国家对人力资源服务业的高度重视，奠定了对人力资源服务业全面、系统、深入扶持的基础。

(二) 产业结构转型及新业态的发展为发展创造广阔空间

近年来，我国经济结构不断调整，第三产业从业人数比例不断上升，截至2020年年底，第三产业从业人员约3.56亿。第三产业具有人员密集、人员流动大等特点，催生我国人力资源服务业向更广阔的业务领域拓展。2020年，我国农民工数量相较2019年同期减少517万，城镇就业人员增加了1 186万人，劳动力地域分布和结构调整为我国人力资源服务业创造了新的市场空间。同时，随着现代科技快速发展，新兴的大数据、云计算、人工智能等产业形态深刻改变、赋能人力资源服务业，由此催生了灵活用工、互联网+人力资源、人力资源金融服务等新兴业态。2019年我国共享经济服务提供者约为7 800万，参与的用户高达8亿，但服务这种新经济业态的灵活用工目前尚处于起步阶段。目前我国劳动力市场上灵活用工渗透率仅为9%，远低于日本的38%和美国的32%。随着灵活用工模式的进一步应用，仅这一个业态都能带来千亿级的广阔市场。

(三) 人口结构调整、素质提升等为发展带来增长新机遇

我国人口老龄化趋势日益明显，人口出生率不断下滑，适龄劳动力占比不断下降，已经由2011年的58.5%下降到2019年的57.9%。企业用工成本提

高、劳动力结构性短缺等问题将持续存在。与此同时，高素质人才持续增长，高等教育的毛入学率由 2015 年的 40% 上涨至 2020 年的 54.4%。随着用工成本的攀升、高精尖人才需求旺盛，人力资源服务价值链将逐渐向人才培训及组织人才建设等方向延伸，以满足企业对培养优质人力资源的需要。

（四）人力资源服务业迈上协调发展的高质量发展阶段

我国的人力资源服务业发展与改革开放相伴而生，经历了起步探索期、业态开展期、行业成型期及协同发展期。

起步探索期（1979—1992 年），国家统包统配的人力资源配置制度被打破，企业开始自主用人，人力资源配置领域的服务开始出现，人力资源服务业正式起步。劳动部门开始创立并组织劳动服务公司，并逐步演化为就业服务机构。以沈阳市、广东省为代表的各地人才交流服务中心相继成立。以北京市外国企业服务总公司为代表的面向外资企业开展人力资源服务的对外服务公司陆续建立，民营职业中介机构也在东南沿海地区不断生长起来。

业态开展期（1993—2006 年），中组部、人事部于 1994 年印发《加快培育和发展我国人才市场的意见》，首次从组织人事部门的角度提出发展人才市场，后随着《人才市场管理规定》《劳动力市场管理规定》等管理规章制度的相继出台，政府对人力资源市场的监管逐步规范化。这一时期，人力资源服务领域所有的业务形态均已形成，外资人力资源服务机构全面进入中国市场。目前 N 省人力资源服务业发展总体处于业态开展期。

行业成型期（2007—2017 年），人力资源服务业发展进入快车道，人力资源服务产业园建设社会认知度全面提升，行业地位大大提高，对国民经济和社会发展的作用日益明显。

协同发展期（2018 年至今），党的十九大报告对人力资源工作进行了新的定位，要求着力加快建设实体经济、科技创新、现代金融、人力资源协同发展的产业体系。互联网、大数据等新技术的运用，使得人力资源服务业不断延伸业务触角，实现跨界融合与协同发展，迈向高质量发展之路。

（五）人力资源产业园建设取得了长足进展

据不完全统计，截至 2021 年 6 月，已建和在建的人力资源服务产业园 154 家。在这个发展过程之中，为了建立具有引领和辐射作用的产业园区，推动全国人力资源服务产业园区协同发展，人力资源社会保障部自 2010 年以来与相关省市陆续建立了上海、重庆等 22 家国家级人力资源服务产业园。一些省、市还根据自身实际，建立了一批省级、市级及其他类别的产业园，给予相应的政策支持。从各地园区的运营情况看，正式开园的园区有 142 家，占全部园区的92%，筹建或者在建的产业园为13家，占全部园区的8%。经过十余年的建设，人力资源服务产业园区集聚、孵化、培育的作用逐步发挥，产生了较好的经济效益和社会效益，有效地推动了人力资源服务行业发展，助力改善当地经济结构，为区域人力资源开发和配置提供了有力支撑。

二、当前N省人力资源服务业发展存在的问题

总体上看，近年来N省人力资源服务机构和产业规模不断壮大，为经济社会发展提供了坚实的人力资源支撑，人力资源服务业发展取得了显著的进步，但对标国内人力资源服务业发展更为蓬勃和先进的省市，N省人力资源服务业与人力资源总量不匹配，也与经济发展潜力和成长空间不匹配。具体来看，主要存在以下问题：

（一）政策体系仍需健全

政策作为促进地区产业发展的辅助工具，对于优化产业结构、推动产业高质量发展有不可忽视的作用。从N省现阶段人力资源服务产业相关政策供给情况看，健全政策体系仍有必要。具体来看，主要表现在以下两个方面：

一是需要增加基于产业分析研判的系统政策供给，从顶层设计的高度着手构建支持行业发展的政策体系，强化关于产业布局的战略安排和全面统筹。

二是需要强化政策落地执行的机制设计，如出台清晰的制度指引各职能部门的责任分工、工作开展中的协调机制等，确保已出台的各项政策得到充分落实。

此外，目前各省市对于人力资源服务业的政策支持大多集中于租金减免、费用补贴、税收奖励等。上述政策在上海、苏州、徐州产业园建设过程中产生了一定的积极影响，对人力资源（资本）产业园的快速成长具有较为明显的推动作用。但值得注意的是，若N省人力资源服务业政策也仅仅沿用以上普惠性政策工具，而缺乏创新性、精准性支持手段，在区域优势不十分显著的背景下，很难实现"弯道超车"的效果。同时，如果一味采用财税政策等政府干预方式，忽视对社会资本力量参与的鼓励引导，则会导致产业发展过于依赖政府、金融工具利用不充分等问题，最终将不利于N省人力资源服务业的持续健康发展。

（二）标准化建设有待加强

现阶段N省人力资源服务业仍处于起步发展阶段，主要力量多集中于产业园硬件建设、机构数量增值以及从业人员规模提升等，在市场标准化管理制度方面着力不足。

一是有必要建立相对健全、完善的地区行业规范和评价标准，可以出台 N 省省级产业园建设与评价机制标准。在人才和劳动力市场整合的背景下，需要明确公共服务机构的人员、设备、经费和服务规范等标准，需要增加人力资源服务机构等级、服务产品、服务行为和服务评价标准等的供给，避免业内服务标准参差不齐，提高行业的社会知晓度和好评度。

二是有必要发挥企业的市场主体作用和行业的自律管理作用。企业建立起规范的服务流程和服务标准，标杆企业引领人力资源服务标准规范化，推动发挥企业的市场主体作用。另一方面，完成行业标准化建设工作，发挥行业协会的自律管理作用。

（三）产业规模、竞争力、人员素质有待改善

一是产业总体规模有待扩大。从 N 省 GDP 总体规模、发展速度和第三产业比重上看，目前，经济基础较为薄弱，第一产业和第二产业的比重相对过高，总体上看产业结构仍不够高端。上述经济基础较难为人力资源服务业提供旺盛的市场需求，从而对人力资源服务市场活力的激励作用不强。

从人力资源服务产业自身发展情况看，N 省人力资源服务业总体规模较小，机构数量较少，年总营收较低，对 N 省经济社会发展的贡献不十分明显。同时，纵向对比 N 省 2019 年人力资源服务业发展数据，仅有服务机构数量为正增长，发展速度较不稳定。

二是企业竞争力有待增强。从机构竞争能力上看，与其他省市相比还有较大差距。首先，中小民营企业基础薄弱、规模较小，产品和服务类型相对陈旧、缺乏创新，所提供的人力资源产品和服务主要以劳务输出、劳务派遣、职业介绍等低端业态为主，人才寻访、人力资源战略咨询等中高端业态较少且发展缓慢，挂牌上市、开展高端业务和涉外业务的国内外知名企业极度匮乏；其次，现有企业的集团化和规模化程度不高，品牌影响力不足，在国内外同类市场的影响力较弱；再次，企业创新能力和创新意识有待提升，未能充分运用新技术，难以独立运用新一代信息技术自主开发中高端产品，难以快速提升服务质量；最后，现有企业所服务和关联的行业领域较为狭窄，服务供给对象多以加工制造类企业为主，尚未出现与互联网、金融等新兴产业的跨界融合，输送的人力资源的专业素质和竞争能力较弱，且在市场竞争中经常采取比拼价格的竞争方式，核心盈利能力和差异化竞争意识不强。

三是从业人员素质有待提升。对人力资源服务机构而言，上游服务各类人才，下游对接各类用人单位，在业务开展中需要从业人员具备职业指导、职业生涯规划、人力资源管理咨询等多种复合专业知识和技能，对从业人员

的素质能力要求较高。从数量规模上看，目前，N省人力资源服务业从业人员占比较低，总量难以满足未来市场发展需求。从专业素质上看，现阶段七成以上从业人员学历水平为大专及以下，领军人才稀缺，骨干人才、优秀人才比重较低，大部分服务人员专业化程度不高，服务水平参差不齐，且没有形成统一规范的服务流程，为各类客户提供人力资源服务一揽子解决方案的能力还有欠缺，综合服务能力较为薄弱。

（四）服务需求整体偏少

一是服务对象数量偏低。人力资源服务的产生都是以人力资源服务需求为前提的。人力资源服务需求产生的前提是必须存在人力资源。作为人力资源服务的对象，人口数量，尤其是人才数量在人力资源服务业发展中占据重要地位。目前N省高素质人才占比大幅提升，常住人口受教育程度明显增加，这为人力资源服务业，尤其是人力资源服务业中的高端业态发展提供了良好的资源供给。但从N省当前人口数量与年龄结构看，现有人口情况难以大幅激发N省人力资源服务业发展动力。

二是人力资源服务需求挖掘不够。人力资源服务不同于传统的人力资源开发与管理，具有明显的外部性与居间性。在传统的观念和人事管理体制机制的作用下，人力资源服务并不总是必要的需求，而经常是一种潜在需求，或者经常是一些简单的基础性的需求，但有时又可能是一些高端的多样化、个性化的需求。人力资源服务机构作为人力资源市场供求主体的媒介，必须深入了解人力资源供求变化，具有丰富的服务经验，不断创新服务，刺激市场需求，尽可能保证服务流程的规范、提供信息和机会的真实有效，并具有一定知识技术含量，只有这样才能得到求职者和用人单位的信任，扩大服务空间。

三是社会认知的偏差阻碍产业发展。从社会对人力资源服务业的认识上看，不论是普通社会公众还是专门从业人员，对该产业的认识还不够客观、准确，尤其是对于一些中高端业态缺乏充分、完整的认知。大部分人眼中的"人力资源服务业"更多倾向于"人力输出"等低端业态，从业人员的职业荣誉感也较低，不能充分认识到人力资源服务业对于其他产业的服务和支持作用。较低的社会影响力和社会关注度，进一步阻碍了人力资源服务业在全社会的推广。

人力资源服务业是围绕人力资源配置、管理、开发的生产性服务行业，处于整个产业链条的下游，容易受到整体经济形势特别是上游产业波动的影响。在未来支撑人口红利的人力资源存量增量均不乐观的情况下，必须要加快提升就业需求层次，促进人力资源合理流动和有效利用，必须要大力发展人力资源服务业，刺激服务需求，增加服务供给，努力提升人力资本质量，逐步缓解就业总量矛盾，化解结构性矛盾，为经济社会发展提供有效的人力资源支撑。

（五）产业集聚效应亟须加强

一是产业园建设需强化。2020年，N省共建成2个人力资源服务产业园，产业园的建设为促进N省人力资源服务业高质量发展打下了坚实基础。人力资源产业园中仍有大面积区域待租，园区内百强人力资源服务机构相对匮乏，现有基础设施对国内外高端人力资源服务企业的承载力较为有限。此外，由于N省地理空间因素的影响，各产业园间未能实现充分的协同联动，与周边地区产业园的合作意识不强，产业集聚效应难以实现。

二是信息协同性需加强。各人力资源市场等信息化建设普遍处于"单兵作战"状态，没有构建统一的网络信息平台，信息联通不顺畅，信息孤岛问题时有发生。各级人力资源市场管理机构之间、各类人力资源服务机构之间没有实现信息的有效对接和传播，人力资源供需等重要信息资源难以实现共用、共享。

三、促进N省人力资源服务业高质量发展的建议

现阶段N省人力资源服务业在国内同类市场竞争中的优势并不突出。在产业发展的顶层设计、政策供给、市场主体的创新等方面均有较大的提升空间。科学布局N省人力资源服务业顶层设计，全面指导人力资源服务业高质量、可持续发展，是解决N省人力资源服务业发展存在问题的根本。科学编制《关于促进N省人力资源服务业高质量发展的实施意见》（以下简称《实施意见》），可以为N省人力资源服务业发展提供统领性指引。具体来看，应关注以下三个方面：

一是立足N省经济社会发展的现状，全面贯彻中央关于发展人力资源服务业的指示精神。在编制过程中，以《人力资源社会保障部国家发展改革委财政部关于加快发展人力资源服务业的意见》指示精神为根本遵循，以N省的战略定位为基础条件，编制符合中央统一要求和切合N省自身实际的《实施意见》。

二是支撑支柱产业高质量发展，深度挖掘N省人力资源服务内生动力。加强人力资源服务业与N省战略性产业和地区特色产业发展之间的有效联动发展。充分发挥N省人力资源服务业对支柱产业的支撑作用，深度开发优势

产业、特色产业对人力资源服务业的市场需求。发挥人力资源服务产业在支撑、服务实体产业高质量发展重要作用的同时，以旺盛的市场需求激发产业发展的内生动力。

三是着眼 N 省人力资源服务业发展全局，为实现 N 省经济社会高质量发展提供优质高效的人力资源服务支撑。深入贯彻人才引领高质量发展战略，坚持高端发展与全面推进结合、培育发展与规范管理并重，发挥人力资源服务业在吸引集聚人才，培训使用人才，激励配置人才方面独一无二的作用，使 N 省成为人才发展的沃土。

（一）健全政策体系，加强政策引力

充分利用政策叠加优势，在补贴奖励、组织保障、资金支持、人才培育、管理服务等方面出台系列政策，高效发挥政策集成效应，营造长期稳定可预期的制度环境，实现人力资源服务业可持续发展。

一是采用补贴手段，给予人力资源服务机构促就业作用发挥政策支持，促进产业园建设。鼓励人力资源服务机构为企业及重点就业群体提供求职指导、职业培训、创业咨询、人力资源外包、人才派遣、灵活就业等服务，按此规定享受就业创业相关政策补贴。支持经营性人力资源机构运营人力资源市场、劳务市场或零工市场，对管理规范、成效突出的，给予一定补贴资金。对新挂牌的 N 省级人力资源服务产业园，N 省财政给予一次性开园补贴，所在地政府也应给予相应资助，并根据产业园运营情况，每年给予运营补贴。补助资金可用于产业园区规划编制、基础设施建设、运营管理、招商奖励、引才奖励、园区数字化平台建设、学习培养、校企合作、会议展览和引才奖励等方面的支出。有市场需求但尚不具备建设 N 省省级产业园的市、县（区）可以设立市、县级人力资源服务产业园或人力资源服务产业指导中心，当地政府给予适当补贴。鼓励各人力资源服务产业园通过实施减免租金、贷款贴息、政府购买服务等优惠政策，吸引各类人力资源服务企业入驻。各地要通过设立公共服务窗口，完善服务功能，充分发挥园区培育、引进、展示、对接作用，促进人力资源服务业发展。

二是采取税收手段，支持中小型人力资源服务企业发展。鼓励兴办中小型人力资源服务企业。积极落实金融、创业、公共服务等支持小微企业发展的各项政策，鼓励高校毕业生等创业群体创办人力资源服务企业，对符合条件的创业担保贷款给予财政贴息。小微企业作为各省税收优惠政策的重点倾斜对象，各地区作出了详细规定。各省小微企业的认定方式多从"纳税额、从业人数、资产总额"等方面加以规定。优惠方式多为"降低税率、降低纳税总额、直接免税"等。具体内容见表1。

表1　　　　　　　　以"扶持小微企业为重点"的税收优惠政策

地区	政策内容
北京	对应纳税所得额低于10万元（含）且符合税法规定条件的小型微利企业，其所得减按50%计入应纳税所得额，按20%的税率缴纳企业所得税
福建	对年度应纳税所得额不超过30万元、从业人数不超过80人、资产总额不超过1 000万元的小型微利人力资源服务企业，减按20%的税率征收企业所得税，其中，2017年12月31日前，其所得减按50%计入应纳税所得额，月营业额不超过3万元的人力资源服务企业，可按规定免征营业税
湖北	对年应纳税所得额低于30万元（含）的小型微利企业，其所得减按50%计入应纳税所得额，按20%的税率缴纳企业所得税
山西	对年应纳税所得额低于100万元（含）且符合税法规定条件的小型微利企业，其所得减按50%计入应纳税所得额，按20%的税率缴纳企业所得税
重庆	对符合税法规定的小型微利企业，其所得减按50%计入应纳税所得额，按20%的税率缴纳企业所得税
浙江	对年应纳税所得额低于30万元的小型微利企业，超出国家规定的应纳税所得额6万元以上部分的地方税收贡献，可部分或全部奖励给企业用于转型升级；对应纳税所得额低于6万元（含）且符合税法规定条件的小型微利企业，其所得减按50%计入应纳税所得额，按20%的税率缴纳企业所得税

三是鼓励企业技术创新。贯彻创新驱动发展战略，支持人力资源服务理念创新、管理创新、技术创新等全方位、系统性创新发展，促进人力资源服务业态创新、产品创新、模式创新。以大数据、云计算等为代表的新技术正在为人力资源服务行业提供新动能。科技与人力资源的深度融合正在成为人力资源服务业的重要发展方向之一。比如，通过科技和数据能力改变人力资源服务的成本结构。各类信息化工具与数据工具，使人力资源服务的人力成本、财务成本、管理费用逐渐降低，一个员工能够完成的工作量相比之前获得巨大提升。又如，通过"互联网+"和人工智能改变人力资源服务的交付方式——"互联网+社保、互联网+招聘、互联网+薪酬、互联网+培训、人工智能+招聘、人工智能+参保、人工智能+客服"等。再如，通过区块链技术带来人力资源服务的数据与准确性的变革。区块链在员工招聘、工资发放、智能合约、零工经济、福利奖励、背景审查、学历证明等各个方面都有广泛的应用前景。

为鼓励人力资源服务企业机构进行技术创新，各地的税收政策从研发费用等方面出发，减免或摊销相关税收，以此促进人力资源服务业技术创新。

具体内容见表2。

表2　以"鼓励技术创新为导向"的税收优惠政策

地区	政策内容
浙江	对符合有关条件的人力资源服务机构开发新技术、新产品发生的研究开发费用，未形成无形资产计入当期损益的，在按规定据实扣除的基础上，按照研究开发费用的50%加计扣除；形成无形资产的，按照无形资产成本的150%予以摊销
江西	对符合有关条件的人力资源服务机构开发新技术、新产品发生的研究开发费用，未形成无形资产计入当期损益的，在按规定据实扣除的基础上，按照研究开发费用的50%加计扣除；形成无形资产的，按照无形资产成本的150%予以摊销

四是采取奖励手段，吸引人力资源服务领域领军企业和人才入驻。比如，福建和江苏两地对优秀企业和优秀个人采取表彰奖励性质的税收政策。具体内容见表3。

表3　以"表彰奖励为补充"的税收优惠政策

地区	政策内容
福建	规定本省"中国服务外包示范城市"内经认定为技术先进型服务企业的人力资源服务企业，按规定享受税收优惠政策
江苏	对国家服务外包示范城市的人力资源服务企业，经认定为技术先进型服务企业的，减按15%征收企业所得税。每两年评选表彰"全省人力资源服务业十大领军人才"，免征个人所得税

坚持高端引领，重点引进信誉度好、专业化程度高、高端服务能力强的国（境）内外行业领军企业。鼓励其与本地人力资源服务企业通过合资、收购、参股、联营等多种方式开展合作。对在N省注册新引进和新设立的高端人力资源服务企业根据其行业综合排名、发展前景和发展规模等因素，各地政府可给予一定的补贴和奖励。对于运营3年以上，获得国家级、省级诚信服务示范机构荣誉称号的人力资源服务企业，N省财政一次性奖励。

此外，各地人力资源服务业税收政策还有其他四方面特色内容，可以为N省的人力资源服务业政策支撑提供参考。比如："针对税种改革：营改增消除重复征税""针对业务内容：离岸服务外包业务税收优惠""针对公共机构：非营利组织免税""针对就业提升：积极吸纳失业人员"。具体内容见表4。

表4　其他特色税收优惠政策

特色政策	各地区政策内容
针对税种改革	营改增消除重复征税：江苏、福建、青海、重庆均加快推进营业税改征增值税改革，消除人力资源服务中间环节的重复征税问题

续表

特色政策	各地区政策内容
针对业务内容	离岸服务外包业务税收优惠：江苏、重庆、吉林、河北对符合离岸服务外包业务免税条件的人力资源服务企业，提供离岸服务外包业务免征增值税政策
针对公共机构	非营利组织免税：江苏对符合条件的公共人力资源服务机构可按规定申请非营利组织免税资格的认定，享受相关税收优惠政策
针对就业提升	积极吸纳失业人员：青海规定人力资源服务企业新增就业岗位吸纳持《就业创业证》[①]人员就业，与其签订1年以上期限劳动合同并依法缴纳社会保险费的，经认定后，可按规定享受相关税收优惠政策

（二）发挥企业主体与协会自律作用，树立行业标准

一是根据人力资源服务业发展需要，加快构建与国家标准、行业标准相配套，与国际化标准相衔接的地方评价标准体系。首先，加快公共服务机构标准建设，在设施建设、设备配置、人员配置、经费保障、服务规范等方面尽快拟定统一标准，提升公共服务水平。其次，加速经营性人力资源服务机构标准建设，推进机构等级、服务产品、服务行为、服务程序等标准的制定、实施与推广，促进人力资源市场规范发展。最后，对暂不具备标准化的服务产品，探索推行服务承诺、服务公约和服务规范等制度。

二是充分发挥企业的市场主体作用。支持人力资源服务机构制定服务标准，参与国际、国家及地区相关技术标准的制定，创新人力资源服务方式，提高人力资源服务水平。

（三）发展人力资源服务机构，提升行业影响

一是引导人力资源服务消费，激发市场发展活力。完善政府购买人力资源公共服务政策。将人力资源服务纳入政府购买服务目录，明确种类、性质、内容、条件和方式，通过竞争择优方式，支持和鼓励经营性人力资源服务机构参与公共就业人才服务活动、实施公共就业人才服务项目。引导人力资源服务市场在引才引智方面发挥主渠道作用。鼓励用人单位通过人力资源服务机构开展高级人才寻访服务。对用人单位委托人力资源服务机构成功开展招才引智的，由用人单位给予寻访费补贴。

二是培育骨干企业，打造本土人力资源服务品牌。重点培育一批高创新性、高成长性、高竞争力、具有自主知识产权的综合性人力资源服务骨干企业。首先，坚持政府引导、市场运作、科学规划、合理布局，重点培育一批

---

① 《就业创业证》的前身是《就业失业登记证》，是记载劳动者就业和失业状况、进行就业和失业登记、享受公共就业服务和就业扶持政策、享受失业保险待遇等的合法凭证。

在全区具有行业引领和示范带动作用的，高创新性、高成长性、高竞争力的综合性人力资源服务骨干企业。其次，建立跟踪服务和动态管理制度，加快建设一批产品丰富、管理规范、服务高效、群众满意的专业化人力资源服务机构。最后，建立人力资源服务业优质企业库，定期发布《N省人力资源服务业育优企业》榜单，在有条件的市（县、区）和单位试点"人力资源服务绿卡"制度，向认定的优质服务机构发放"绿卡"，在有关事项审批和资格申请等方面给予绿色通道服务。

三是广泛引进国内外知名人力资源服务企业入驻，实现吸引集聚效应。首先，引进一批具有先进水平的人力资源服务高端企业和高端项目入驻产业园，给予国内外知名人力资源品牌服务机构一次性入驻补贴，充分发挥高端企业和高端项目对优质服务机构的吸引集聚作用和对相关产业的辐射带动作用。其次，鼓励知名企业与成长性企业合资合作，进一步加大人力资源领域对外开放，吸引已在国内落户的人力资源合资企业在N省独资经营。

四是加大从业人员培训，强化队伍力量。首先，培育一批人力资源服务业领军人才，打造一支素质优良、结构合理的人力资源服务业人才队伍。依托特色人才项目，通过顾问指导、挂职引进、兼职引进、合作引进、退休特聘等多种柔性引才形式，积极引进国内外人力资源服务业领军人才。发挥领军人才的带头作用，由领军人才定期授课，尤其加强职业指导、职业生涯规划、人力资源管理咨询等复合专业知识和技能的实用性培训，全面提升从业人员的专业化水平。其次，支持共建人力资源产业实训基地。推动人力资源服务企业与高等院校及职业院校、技工院校合作共建产教融合基地和职业技能实践实训基地；支持有条件的人力资源服务企业联合共建区域性的产业紧缺人才实训基地，并按规定给予一定的补贴。最后，加大人力资源服务业从业人员培训力度，着力提高从业人员职业化水平。实施人力资源服务业领军人才培养计划，依托N省发改委"服务业重大项目培训"工程，定期选派人力资源服务企业的中高级管理人员到国内外知名高校学习培训，进一步强化人力资源服务业从业人员技能提升。支持机构开展线上线下相结合的培训模式，拓宽培训业务领域。每年择优选派人力资源服务业人才，开展人力资源服务从业人员执业培训。

（四）挖掘服务需求，促进产业发展

一是鼓励企业进行人力资源产品创新，提升市场竞争力。首先，鼓励企业大力发展高级人才访聘、人才测评、人力资源服务外包、人力资源管理咨询、网络招聘、人力资源派遣、信用调查、心理援助、薪酬管理、人事诊断等具有较高技术价值和盈利能力的新兴业态和产品，增强企业竞争力。其次，加大对人力资源服务机构的知识产权意识培训和产权安全保护，通过专项资助、政府委托购买等方式鼓励人力资源服务企业申请专利，为自主品牌建设奠定基础。最后，鼓励人力资源服务企业加大研发投入，通过纳税所得额抵扣、分次计入成本等方式，切实减轻税收负担、降低企业研发成本，鼓励企业积极开发具有自主知识产权的服务产品、项目和管理技术、系统。

二是鼓励新技术在人力资源服务领域的运用，推进服务智能化。通过资助补贴、税收优惠、表彰奖励等激励方式，支持人力资源服务与互联网、大数据、人工智能等科技服务开展跨界融合，加快"互联网+人力资源服务""大数据+人力资源"等"专、精、深"领域的数字化产品研发和技术应用。

三是加强行业研究和社会宣传。创建人力资源产业发展智库。以行业协会为主导，邀请国内外、知名高校专家、教授及科研机构、企事业单位等高端人才，纳入人力资源产业发展智库，加强人力资源服务业基础理论与实践实务研究。开展"N省人力资源服务业发展年度十大创新事件评选"。每年发布"地区人力资源服务机构综合实力榜单""人力资源服务创新奖""人力资源培训榜单"和"最佳人力资源服务外包奖"等榜单，以及科技创新榜、助力乡村振兴榜等榜单。强化行业引导，加大宣传力度，努力营造全社会重视、关心、支持人力资源服务业发展的浓厚氛围。举办人力资源服务机构进企业活动，宣传普及人力资源政策、服务理念，推介人力资源服务产品及价值模式，挖掘人力资源服务市场新需求，强化人力资源服务机构在推动全区高质量跨越式发展中的责任和作用。

（五）建设数字智慧园区，推进集聚发展

一是建设国家级、N省省级人力资源服务产业园，支持园区提档升级。首先，集中力量，依托地缘优势，积极融入国家战略，在现有人力资源服务产业园基础上，建成有规模、有辐射力、有影响力的中国（N省）国家级人力资源服务产业园。其次，按照"服务产业，分类推进"的原则，出台《N省区级、市级产业园创建和评估办法》，积极推进N省省级人力资源服务产业园建设。最后，鼓励有条件地区制定出台支持人力资源服务业高质量发展的政策意见，支持各地立足产业现实基础，建设基于服务地方产业的人力资源服务特色园区，引导人力资源服务产业园专业化发展。

二是探索科技赋能下的传统产业园改造，打造人力资源产业智慧园区。充分借助N省历史机遇和有利契机，探索信息技术在传统产业园中的应用场景，利用数字化、信息化优势打破产业园物理空间的制约，实现人工智能、云计算、大数据、移动互联网等新一代信息技术在服务升级和园区建设中的全方位应用和智能化配置，以科技赋能产业园高质量发展。

(六) 促进开放协同，推动对外交流

推进人力资源市场对外开放，探索与周边国家的交流合作。

一是发挥 N 省地缘和人文优势，加强与周边国家的人力资源开发、交流与合作。

二是鼓励人力资源服务机构为企业走出去提供服务，支持人力资源服务机构为"一带一路"沿线国家来 N 省投资办企业提供服务，构建"市场化、规模化、产业化、国际化"的人力资源服务业发展新格局。

三是定期举办全国性人力资源高峰论坛、展示会、博览会等重大活动，加强与国内外人力资源服务业知名机构和高端人才的交流，提升 N 省人力资源服务业的知名度和影响力，促进人力资源服务业转型升级。

(七) 推进信息化建设，实现高效联动

习近平总书记指出，信息化为中华民族带来了千载难逢的机遇，我们必须敏锐抓住信息化发展的历史机遇，加强网上正面宣传，维护网络安全，推动信息领域核心技术突破，充分发挥信息化对经济社会发展的引领作用。在人力资源服务领域，信息技术对推动产业发展更具有不可替代的作用。因此，为建设高质量的人力资源服务业，首先要实现的是人力资源服务管理理念、管理方式、管理载体等方面的高水平信息化。具体包括：

一是促进人力资源服务管理信息化建设。以市场需求为导向，推动人力资源服务，加快公共人力资源服务网络建设，推进政府公共人才服务和经营性人力资源机构的数据互联、业务互通，构建以 N 省人才招聘云服务平台、N 省人才网、手机 App 和"四位一体"就业服务云平台为引领的数字人社系统，形成多层级的 N 省人力资源服务网络协同体系。

二是加快人力资源服务载体信息化建设。大力开发人力资源供求信息查询系统、人才测评系统、职业指导系统、远程面试系统等，鼓励经营性人力资源网站和线上人力资源市场建设，提高人力资源配置效率。

(八) 强化组织分工，落实财政保障

一是强化组织领导。成立 N 省人力资源服务业发展工作领导小组。N 省政府分管主席任组长，发改、财政、人社、市场、工信、税务、商务、金融等部门负责人为成员，统筹推进人力资源服务业发展。领导小组办公室设在 N 省人力资源社会保障厅。负责推进落实各项具体工作。各相关部门按照各自职责，密切配合，形成合力，共同推动工作开展。

二是落实经费保障。设立区级人力资源服务业发展专项扶持资金。N省财政每年预算安排资金，主要用于人力资源服务业机构品牌培育、知名企业和新兴项目引进、产业园建设、人才培养引进、人力资源服务孵化基地建设、合作交流、补贴奖励等方面。

三是拓宽投融资渠道。鼓励各类社会资本以独资、合资、收购、参股、联营等多种形式，进入人力资源服务领域，提高人力资源服务领域的社会资本参与程度。鼓励支持符合条件的人力资源服务企业上市或开展多种方式的融资。鼓励和引导本地金融机构加大对人力资源服务企业和重点人力资源服务项目的信贷资金投入，并在国家允许的贷款利率浮动幅度内给予一定的利率优惠。鼓励和引导金融机构创新"人力资源+金融"的金融产品和服务方式。

参考文献

［1］田永坡，王琦，吴帅，王晓辉．中国人力资源服务产业园发展质量评估研究［J］．中国人力资源开发，2020，37（10）：6-17．

［2］洪流．人力资源产业园运营模式研究［D］．南昌：江西财经大学，2020．

［3］邱纤雨．我国人力资源服务产业园区的发展模式研究［J］．现代经济信息，2019（4）：19-20，22．

［4］王浩明．海南自由贸易区（港）人力资源服务业发展研究——基于产业集聚理论的视角［J］．改革与战略，2018，34（12）：70-76．

［5］于飞，吴红蕾．人力资源服务业转型升级的对策研究［J］．经济纵横，2018（7）：93-101．

［6］沈海．宁波市人力资源服务产业园区发展的现状、问题及对策研究［D］．宁波：宁波大学，2018．

［7］侯倩倩．区域人力资源服务业聚集下的政府行为研究［D］．长春：长春工业大学，2018．

［8］胡小玲．人力资源服务专题 人力资源产业园区组织架构及运营模式研究［J］．中国劳动，2018（5）：30-32．

［9］刘志彬．赋能与创新：人力资源产业园的2.0版本［J］．人力资源，2018（2）：71-73．

［10］崔艳．人力资源服务产业园区：理论文献综述与研究趋势［J］．湖

北工业职业技术学院学报，2017，30（3）：63-66.

［11］王瓯翔. 人力资源产业园区建设刍议——以温州市为例［J］. 中国就业，2016（8）：43-44.

［12］赵领娣，徐乐，张磊. 资源产业依赖、人力资本与"资源诅咒"假说——基于资源型城市的再检验［J］. 地域研究与开发，2016，35（4）：52-57.

［13］王凌. 人力资源服务产业集聚建设的影响因素及其突破［J］. 江西社会科学，2016，36（7）：54-60.

［14］王林雪，熊静. 人力资源服务业空间集聚组织模式研究［J］. 科技进步与对策，2016，33（14）：63-68.

［15］樊文. 苏州人力资源服务产业园的发展现状、问题及对策研究［D］. 苏州：苏州大学，2016.

［16］吴帅，田永坡. 我国人力资源服务产业园区建设：现状、挑战与对策［J］. 中国人力资源开发，2015（23）：69-74.

［17］闻明. 上海人力资源服务产业园区管理体制研究［D］. 上海：上海师范大学，2015.

［18］孟续铎. 人力资源服务业及其产业园建设发展研究［J］. 北京劳动保障职业学院学报，2015，9（3）：10-14，19.

［19］刘猛. 滨海新区人力资源服务产业园区建设规划研究［D］. 天津：天津大学，2015.

［20］侯增艳. 我国人力资源服务产业园区发展状况及对策研究［J］. 经济研究参考，2014（56）：22-29.

［21］国际劳动保障研究所课题组，莫荣. 人力资源服务业发展战略与政策研究［J］. 中国劳动，2013（11）：4-10.

［22］董良坤. 把脉人力资源服务产业园［J］. 中国人才，2013（13）：27-29.

［23］萧鸣政，等，中国人力资源服务业蓝皮书2020［M］. 北京：人民出版社，2021.

［24］莫荣，等，中国人力资源服务产业园发展报告2021［M］. 北京：社会科学文献出版社，2021.

［25］关于加快发展人力资源服务业的意见. 人力资源社会保障部，2014.

［26］人力资源服务业发展行动计划. 人力资源社会保障部，2017.

[27] 关于开展人力资源服务行业促就业行动的通知. 人力资源社会保障部，2020.

[28] 关于推进新时代人力资源服务业高质量发展的意见. 人力资源社会保障部，2020.

《N省人力资源服务业发展规划与政策支撑研究》课题组成员名单

课题顾问：

余兴安（中国人事科学研究院院长、研究员）

黄　梅（中国人事科学研究院科研管理处处长、研究员）

课题组长：

任文硕（中国人事科学研究院绩效管理与考核奖惩研究室主任、研究员）

执行组长：

徐　维（中国人事科学研究院绩效管理与考核奖惩研究室副主任、副研究员）

课题组成员：

张　琼（中国人事科学研究院绩效管理与考核奖惩研究室助理研究员）

杜明鸣（中国人事科学研究院绩效管理与考核奖惩研究室助理研究员）

毕占方（中国人事科学研究院绩效管理与考核奖惩研究室研究实习员）

促进广西技工院校毕业生高质量就业对策研究[①]

提　要：以高技能人才培养为目标的职业教育的发展，是实现"中国制造2025"发展战略目标、推动制造产业全面转型升级、确保中国在国际竞争中立于不败之地的重要保证。开展促进技工院校毕业生高质量就业对策研究，无论是对稳定技工院校毕业生就业，提高其就业质量，促进技工教育和技工院校更好、更快发展，还是对解决"就业难""用工荒"并存的就业结构性矛盾，为推动经济高质量发展提供强大的人力资源支撑，都具有较大的现实意义。本课题通过搜集广西技工院校毕业生就业数据、实地调研、座谈、发放技工院校毕业生就业质量调查问卷等方式，了解广西技工院校毕业生就业情况，分析技工院校毕业生就业存在的问题及原因，并在此基础上提出了促进广西技工院校毕业生高质量就业的对策建议。

关键词：广西　技工院校　毕业生　高质量就业

以高技能人才培养为目标的职业教育的发展，是实现"中国制造2025"发展战略目标、推动制造产业全面转型升级、确保中国在国际竞争中立于不败之地的重要保证。我国技能人才已经超过2亿人，占就业总量的26%。但是，高技能人才仅5 000万人，占技能人才总量的28%[②]。高技能人才总量不足，是目前我国人才结构中的一个突出问题。近年来我国高校毕业生人数屡

[①] 本文系中国人事科学研究院2021年度研究课题《促进广西技工院校毕业生高质量就业对策研究》报告的部分内容。

[②] 李心萍. 技能人才需求旺盛 [N]. 人民日报，2021-03-19.

创新高，受经济下行和新冠肺炎疫情等多重因素影响，高校毕业生就业面临巨大压力，与之相对的，技工院校毕业生却常年保持着供不应求的状态。然而，在亮眼的就业率成绩单背后，技工院校毕业生就业仍存在就业质量不高的问题，如待遇较低、就业稳定性差、部分专业对口就业难、就业层次低、晋升空间有限等。技工院校毕业生就业质量问题不仅直接影响学生个人职业发展，而且对于技术进步、经济发展、国家教育体系发展和社会稳定都会带来一系列问题。在此背景下，开展促进技工院校毕业生高质量就业对策研究，无论是对稳定技工院校毕业生就业，提高就业质量，促进技工教育和技工院校更好更快发展，还是对解决"就业难""用工荒"并存的就业结构性矛盾，为推动经济高质量发展提供强大的人力资源支撑，都具有较大的现实意义。本课题聚焦广西技工院校毕业生就业情况，以搜集数据、实地走访、座谈、开展问卷调查等多种方式，调研广西技工院校毕业生就业现状，从公平就业、签订劳动合同、毕业生就业起薪、获得职业技能等级证书、就业满意度等多维度分析广西技工院校毕业生就业质量，将技工院校毕业生就业质量的现状放在国家经济发展、社会发展、教育发展、人力资源发展的大环境，多角度透视分析技工院校毕业生就业质量存在的问题，从政府、学校、社会以及学生个人多层面反思制约广西技工院校毕业生就业质量提升的因素。在现状研究和问题分析的基础上，提出切实有效的对策建议，为提升技能人才培养质量、促进技工院校毕业生"好就业""就业好"、破解就业结构性矛盾提供有益借鉴。

一、广西技工院校毕业生就业情况

(一) 广西技工院校毕业生就业基本情况

据统计，2017年广西共有技工院校44所，毕业生人数28 526人（其中获得中级职业资格21 722人，获得高级职业资格2 374人），就业人数27 079人（其中高级班学生2 918人），就业率94.93%，低于同期全国技工院校毕业生就业率2.73个百分点，高于广西高校毕业生初次就业率3.19个百分点。2018年广西共有技工院校44所，毕业生人数29 817人（其中获得中级职业资格22 588人，获得高级职业资格3 686人），就业人数29 488人（其中高级班学生4 094人），就业率98.9%，高于同期全国技工院校毕业生就业率1.25个百分点，高于广西高校毕业生初次就业率7.14个百分点。2019年广西共有技工院校43所，毕业生人数34 251人（其中获得中级职业资格19 669人），获得高级职业资格5 339人，就业人数33 516人（其中高级班学生

6 474 人),就业率 97.85%,高于同期全国技工院校毕业生就业率 0.4 个百分点,高于广西高校毕业生初次就业率 6.58 个百分点。2017—2019 年广西技工院校毕业生就业情况汇总如表 1 所列。

表 1　　　　2017—2019 年广西技工院校毕业生就业情况汇总表①

年份	毕业生人数	获得中级职业资格人数	获得高级职业资格人数	就业人数	高级班学生人数	广西技工院校就业率(%)	全国技工院校就业率(%)	广西高校毕业生初次就业率(%)
2017	28 526	21 722	2 374	27 079	2 918	94.93	97.66	91.74
2018	29 817	22 588	3 686	29 488	4 094	98.9	97.65	91.76
2019	34 251	19 669	5 339	33 516	6 474	97.88	97.45	91.27

数据显示,广西技工院校毕业生数量持续增长,两年间增长了 20.07%。这意味着随着社会对技能人才需求的增长及国家对技工教育的日益重视,近年来,广西技工院校蓬勃发展,招生规模不断扩大,为促进产业转型升级、助力经济高质量发展提供了重要的技能人才支撑。从就业整体情况来看,2017—2019 年,广西技工院校毕业生就业率较高,三年就业率均高于同期广西高校毕业生初次就业率水平,且 2018、2019 年均高于同期全国技工院校毕业生就业率。数据表明,近几年来广西技工院校毕业生就业形势整体向好,就业充分性实现了较高水平。这一方面是由于我国正处于产业转型升级的关键时期,电子技术、自动化、数控技术等在工业领域广泛应用,各个生产环节出现了许多新设备,急需大量受过系统培训、具有较高技能水平的专业人才。同时,广西进一步加强承接东部产业转移,对技能型人才的需求也日益旺盛。技工院校作为培养技能人才的摇篮,其毕业生成为许多企业的刚性需求。另一方面,近年来,广西技工院校教育教学改革取得积极成效,在办学定位、培养模式、专业建设等方面紧跟产业发展和就业市场对技能人才的需求,培养的毕业生具有一定的岗位适应能力,受到用人单位的欢迎。

---

① 广西技工院校毕业生人数、获得中级职业资格人数、获得高级职业资格人数、就业人数、高级班学生人数来源于 2018、2019、2020 年《中国劳动统计年鉴》,广西技工院校就业率根据就业人数、毕业生人数计算得出。全国技工院校就业率根据 2018、2019、2020 年《中国劳动统计年鉴》全国技工院校毕业生人数、就业人数计算得出。广西高校毕业生初次就业率来源于 2017、2018、2019 届《广西高校毕业生就业质量年度报告》。

(二) 就业结构

1. 就业单位分布情况

从就业单位分布来看,非国有企业(民营企业、三资企业等)就业人数占比达61.06%,非国有企业(民营企业、三资企业等)成为吸纳技工院校毕业生就业的主要渠道。升入高等学校的人数占比14.24%。受学历要求和自身专业能力水平的限制,到机关事业单位、国有企业就业的毕业生较少,两项合计占比为13.2%。自主创业和其他的占比较少,两项合计占比为11.5%,显示技工院校毕业生自主创业的意愿和能力不足。广西技工院校毕业生就业单位分布详见表2。

表2　广西技工院校毕业生就业单位分布

	调查毕业生总数	机关事业单位	国有企业	非国有企业(民营企业、三资企业等)	升入高等学校	自主创业	其他
人数	583	9	68	356	83	57	10
占比(%)	100	1.54	11.66	61.06	14.24	9.78	1.72

2. 各产业就业分布情况

从各产业就业分布来看,被调查技工院校毕业生中,第一产业就业人数占比1.89%,第二产业就业人数占比35.85%,第三产业就业人数占比62.26%(详见表3)。这一方面是受大环境的影响,随着制造业技术水平、劳动生产率的提升和规模效益的扩大,企业用工需求正从"量"向"质"转变,而在当前经济下行压力下,第三产业点多面广,日益成为吸纳就业的"蓄水池"。另一方面,也表明广西技工院校第一产业专业发展较弱,原有以加工制造类为主的第二产业类专业优势和培养规模也受到一定程度的冲击。

表3　广西技工院校毕业生就业产业分布

	调查毕业生总数	第一产业	第二产业	第三产业
人数	583	11	209	363
占比(%)	100	1.89	35.85	62.26

3. 就业地域分布情况

从就业地域分布来看,广西技工院校毕业生的就业地域仍以本地就业为主,在被调查毕业生中,区内就业人数占比高达66.9%。在邻省广东就业人数占比25.21%,在东部沿海地区就业人数占比3.26%,在内地省会城市就业占比2.4%,在内地中小城市就业占比1.37%,四者合计占比32.24%。

境外就业人数较少，仅为0.86%（详见表4）。这说明技工院校毕业生为广西区域经济社会发展提供了有力的技能人才支撑，但已呈现明显的外流趋势。

表4　　　　　　　广西技工院校毕业生就业地域分布

	调查毕业生总数	广西区内	邻省广东	东部沿海地区	内地省会城市	内地中小城市	境外
人数	583	390	147	19	14	8	5
占比（%）	100	66.9	25.21	3.26	2.4	1.37	0.86

（三）就业质量

1. 公平就业

公平就业是让所有社会成员都有以业绩、能力和潜力为基础获得工作和发展的权利。在努力实现技工院校毕业生公平就业的过程中，需要重点关注女性毕业生、贫困家庭毕业生和技工院校毕业生就业政策等，切实维护每一名技工院校毕业生的公平就业权利。

（1）女性毕业生就业。女性就业一方面是女性参与社会生活、赢得社会尊重、实现经济独立的有效途径，另一方面也是构建先进性别文化及和谐平等就业环境的必由之路。女性作为劳动力市场的重要主体，实现女性充分就业是体现地区就业公平和就业质量的有效指标。据调查问卷结果显示，9.35%的女性毕业生认为在求职和平时工作中受到过不公正的对待，选择同一选项的男性毕业生为4.79%，认为在求职和平时工作中没有受到过不公正对待的女性毕业生和男性毕业生占比分别为56.07%、58.78%，认为说不清的女性毕业生和男性毕业生占比分别为34.58%、36.44%。从就业满意度来看，以"非常满意"计5分、"比较满意"计4分、"一般"计3分、"非常不满意"计1分折算，女性毕业生就业总体满意度为3.31分，略低于男性毕业生的3.36分，在"薪酬水平""工作环境""企业文化""职业发展空间""劳动保障""工作强度""人际关系"7个子项中，仅工作环境1项的满意度略高于男性毕业生（详见图1）。

（2）贫困家庭毕业生就业。技能扶贫是最有效的扶贫方式，提升贫困劳动力技能水平，能够激发脱贫致富的内生动力，通过帮助他们实现高质量就业，可以带动贫困家庭真脱贫、脱真贫。自2016年起，广西人力资源社会保障部门深入实施技能脱贫行动，创新开展技工院校结对帮扶贫困家庭"两后生"职业技能培训计划。2016年8月22日，自治区人力资源社会保障厅、财政厅、扶贫开发办公室联合印发《关于印发〈技工院校结对帮扶贫困家庭

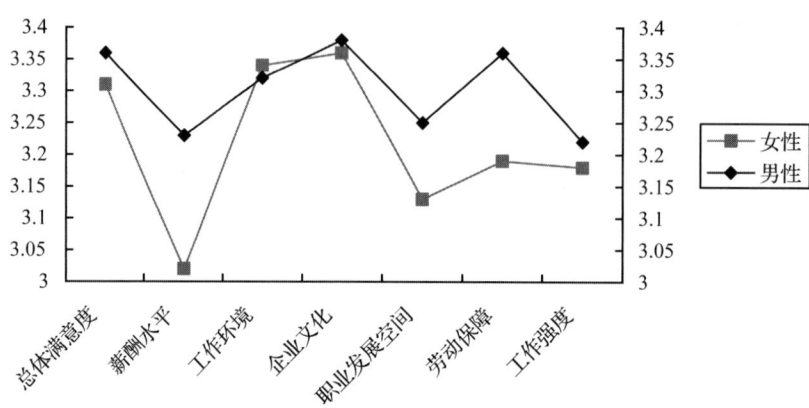

图 1　广西技工院校毕业生分性别就业满意度对比

"两后生"职业培训专项计划实施方案〉的通知》,规定"2016—2020 年,通过全区 48 所技工院校与 54 个贫困县开展结对帮扶的方式,动员组织全区建档立卡贫困家庭子女参加职业培训专项计划,帮助他们实现技能型就业,促进家庭稳定增收,同时为产业转型升级输送一批青年技能人才"。"两后生"职业培训专项计划通过政府购买培训服务的方式,委托技工院校对全区建档立卡贫困家庭子女(当年 15 周岁以上 22 周岁以下,未婚,未继续升学的初、高中毕业生,含退学、辍学等,简称"两后生")开展为期 1 学年的职业培训,培训合格后推荐就业;学员培训期间的基本生活费、学费、住宿费和实习材料费等实行全免,由自治区财政按 1.2 万元/人·学年给予补贴。文件还规定,"对培训合格的学员,实施培训的技工院校或职业院校、定点培训机构负责推荐就业,各级公共就业服务机构予以积极配合"。中期就业技能培训结束后,技工院校推荐学员实现就业或创业,就业率和创业率达到规定比率的,给予相关技工院校就业创业服务奖励。

(3) 技工院校毕业生就业政策。2020 年,自治区人力资源社会保障厅、财政厅联合印发《广西壮族自治区就业补助资金管理办法》,结合国家、自治区新一轮就业促进政策,为进一步扩大就业政策覆盖面,对原有的就业资金管理办法进行了优化完善,为全区管理该项资金提供更为完善的管理制度依据。与原有的管理办法相比,修订更新后的办法新增了补贴项目、提高了补贴标准、扩大了补贴对象范围,技工院校毕业生成为直接受益者。一是将技工院校毕业生纳入就业见习补贴范围。规定"吸纳毕业学年和离校两年内高校毕业生、中等职业学校(含技工院校)毕业生和 16~24 岁已登记失业青年参加就业见习的单位,按照每人每月 1 500 元的标准给予见习补贴。对见习人员见习期满留用率达到50%以上的单位,提高见习补贴标准至每人每月2 000元"。二是将技工院校毕业生纳入求职创业补贴范围。规定"对在毕业学年的残疾、获得国家助学贷款或属于低保家庭、贫困残疾人家庭、建档立卡贫困家庭、特困人员(孤儿)中的高校毕业生、中等职业学校毕业生,按照上一年度全区一类地区最低工资标准的80%给予一次性求职创业补贴"。三是将技工院校毕业生纳入职业技能培训补贴范围。规定毕业年度前一年7月1日至毕业年度12月31日期间的本科专科高校和职业院校全日制毕业生纳入职业技能培训补贴的对象范围。在创新创业方面,2018年12月,为贯彻落实好"大众创业、万众创新"的要求,人力资源社会保障部办公厅印发《关于推进技工院校学生创业创新工作的通知》,把创业创新政策覆盖到技工院校,明确提出普及创业创新教育、加强创业培训、优化创业服务、加大政策扶持、开展创业创新竞赛等主要任务。

2. 就业起薪

劳动报酬是劳动者权益的核心内容,提高劳动报酬是劳动者实现体面就业最基本的途径,技工院校毕业生就业起薪是衡量其就业质量的重要指标。据调查显示,就业起薪在1 500元及以下的占比13.38%,就业起薪在1 501~2 000元之间的占比17.67%,就业起薪在2 001~3 000元之间的占比24.36%,就业起薪在3 001~4 000元之间的占比18.01%,就业起薪在4 001~5 000元之间的占比12.18%,就业起薪在5 000元以上的占比14.41%(详见表5)。

表5　　　　　　　　广西技工院校毕业生就业起薪情况表　　　　　　单位:元/月

	调查毕业生总数	<1 500	1 501~2 000	2 001~3 000	3 001~4 000	4 001~5 000	>5 000
人数	583	78	103	142	105	71	84
占比(%)	100	13.38	17.67	24.36	18.01	12.18	14.41

3. 签订劳动合同情况

据调查显示,广西技工院校毕业生首次就业劳动合同签订率为95.37%。其中,签订1年及以内期限劳动合同的占比最高,占签订劳动合同总人数的59.35%;其次为签订1~2(含)年期限劳动合同的,占签订劳动合同总人数的24.46%;签订2~3(含)年期限劳动合同人数占签订劳动合同总人数的12.77%;签订3年以上期限劳动合同的占比较小,仅占签订劳动合同总人数的3.42%(详见表6)。

表6　　　　　广西技工院校毕业生签订劳动合同情况表

	调查毕业生总数	签订劳动合同总人数	1（含）年以内	1~2（含）年	2~3（含）年	3年以上
人数	583	556	330	136	71	19
占比	100%	95.37%	59.35%	24.46%	12.77%	3.42%

4. 获取职业资格证书情况

是否获取职业资格证书及其等级是影响毕业生就业质量的重要因素之一。据统计，2017—2019年，广西技工院校毕业生中，中级工仍占主体，虽呈现明显的下降趋势，但至2019年占比仍达到57.43%，高于全国水平13.12个百分点。高级工的占比较低，虽呈现明显的上升趋势，与全国水平的差距也逐渐缩小，但至2019年占比仅为16.17%，低于全国水平3.35个百分点（详见表7）。数据显示，广西技工院校仍然以中级工培养为主要目标任务，近年来虽然培养层次上有所提升，但高级工以上的高技能人才培养仍不能满足经济社会发展的需求。

表7　　　　　广西技工院校毕业生获取职业资格证书情况表①

年份	广西技工院校毕业生总数	获得中级职业资格		获得高级职业资格		全国技工院校毕业生总数	获得中级职业资格		获得高级职业资格	
		人数	占比（%）	人数	占比（%）		人数	占比（%）	人数	占比（%）
2017	28 526	21 722	76.15	2 374	8.32	904 789	504 947	55.81	238 777	26.39
2018	29 817	22 588	75.76	3 686	12.36	902 993	437 728	48.48	215 362	23.85
2019	34 251	19 669	57.43	5 539	16.17	984 247	436 126	44.31	192 163	19.52

5. 就业满意度

据调查问卷结果显示，广西技工院校毕业生就业总体满意度选择"非常满意"的占比12.86%，选择"比较满意"的占比24.53%，二者合计占比37.39%；选择"一般"的占比51.46%；选择"不太满意"的占比6.86%，选择"非常不满意"的占比4.29%，二者合计占比11.15%。以"非常满意"计5分、"比较满意"计4分、"一般"计3分、"不太满意"计2分、"非常

---

① 广西技工院校毕业生总数、全国技工院校毕业生总数、获得中级职业资格人数、获得高级职业资格人数来源于2018、2019、2020年《中国劳动统计年鉴》，占比根据相关数据计算得出。

不满意"计1分折算,得分为3.35分。在"薪酬水平""工作环境""企业文化""职业发展空间""劳动保障""工作强度""人际关系"7个子项中,得分按高低排序依次为"人际关系""企业文化""工作环境""劳动保障""工作强度""职业发展空间""薪酬水平",得分均不超过3.5分(详见表8)。

表8　　　　　　　　广西技工院校毕业生就业满意度情况表

项目	非常满意(5分)		比较满意(4分)		一般(3分)		不太满意(2分)		非常不满意(1分)		平均分
	人数	占比(%)	人数	占比(%)	人数	占比(%)	人数	占比(%)	人数	占比(%)	
总体满意度	75	12.86	143	24.53	300	51.46	40	6.86	25	4.29	3.35
薪酬水平	62	10.63	114	19.55	299	51.29	72	12.35	36	6.17	3.16
工作环境	78	13.38	139	23.84	294	50.43	44	7.55	28	4.8	3.33
企业文化	80	13.72	162	27.79	270	46.31	39	6.69	32	5.49	3.38
职业发展空间	63	10.81	114	19.55	319	54.72	55	9.43	32	5.49	3.21
劳动保障	68	11.66	150	25.73	287	49.23	47	8.06	31	5.32	3.3
工作强度	79	13.55	120	20.58	270	46.31	76	13.04	38	6.52	3.22
人际关系	109	18.7	159	27.27	249	42.71	35	6	31	5.32	3.48

二、广西技工院校毕业生就业存在的问题及原因分析

(一)存在的问题

在劳动力市场技能人才特别是高技能人才短缺的形势下,随着广西技工院校教育水平的提升以及毕业生就业政策和服务的不断完善,技工院校毕业生就业形势总体保持稳定,但就业质量不容乐观,仍存在结构性矛盾突出、就业稳定性差、就业层次较低、晋升空间有限、体面就业难等问题。

1. 就业较充分但结构性矛盾突出

广西技工院校毕业生总体处于供不应求的状况,这与全国技能人才短缺的形势基本一致。不过,虽然在保持就业形势稳定、实现就业充分性方面取得喜人成绩,但技工院校毕业生就业结构性问题仍然突出。主要表现为供需结构矛盾凸显,就业市场"招工难""就业难"并存。技工教育的不断推进并未让技能人才的供求达到本质意义上的平衡。一方面,企业普遍反映招不到人,不仅企业急需的高技能人才和技术管理人员难以招到,生产旺季普工的缺口也较大。原因在于随着广西进一步加强承接东部产业转移,对技能型人才的需求也日益旺盛,本地技工院校培养的学生已无法满足市场的需求。

特别是传统产业通过"机器换人""智能制造"等方式转型升级,企业对高技能人才的需求日益高涨,而从供给端来看,本应作为高技能人才蓄水池的技工院校仍然以中级工培养为主要目标任务,学生本身提升技能层次的意愿也不足,导致技工院校毕业生高级工和预备技师的占比较低,不能满足经济社会发展的需求。相关企业表示,以汽车质量检验人员为例,由于汽车质量检验对从业人员专业、技能和从业经历的要求比较严格,导致此类人才在就业市场供不应求,同一人员经常在本地不同车企频繁跳槽,薪资也随之水涨船高,企业人力成本不断提升。每年9—10月生产旺季,生产线工人的缺口可达2 000~3 000人,本地企业不得不各出奇招上演抢人大戏。另一方面,毕业生也反映"就业难",这种"难"不是表现在求职难,而是表现在难以找到合意的工作,专业对口、兴趣相投、薪资优渥的理想职位可遇不可求。

2. 初次就业率高但就业稳定性差

2018、2019年广西技工院校毕业生就业率稳定在97%以上,远远高于同期广西高校毕业生就业率,初次就业情况较好,但存在较大的不稳定性,更有甚者走入就业、失业、再就业、再失业的怪圈,给技工院校教育、用人单位正常生产和毕业生职业发展造成不良影响。据调查问卷显示,除14.75%的技工院校毕业生至今仍在从事第一份工作而无法统计外,18.35%的技工院校毕业生第一份工作持续时间在3个月(含)以下,持续时间在3~6个月(含)的占比23.84%,持续时间在6个月~1年(含)的占比25.9%,持续时间在1年以上的占比仅为17.16%(详见图2)。

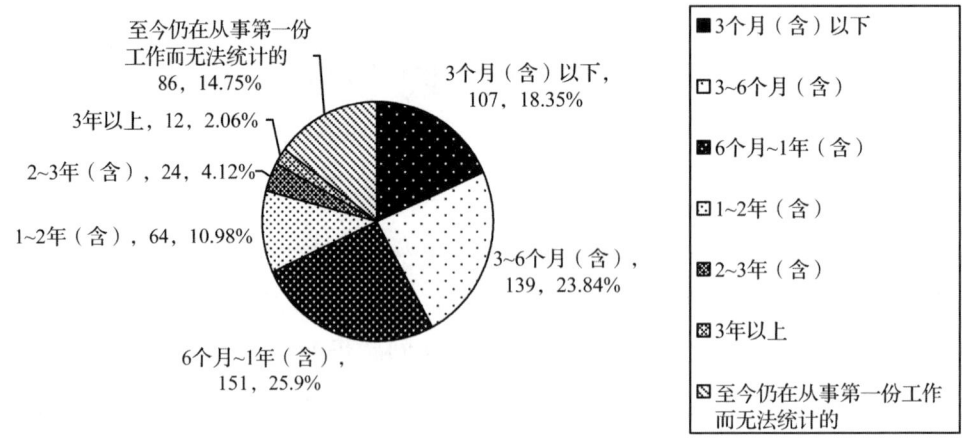

图2 广西技工院校毕业生首次就业持续时间情况

3. 就业层次较低,晋升空间有限

从技工院校毕业生就业去向来看,在机关事业单位、国有企业就业的较少，且已就业的以普工居多，晋升空间有限。据调查问卷显示，广西技工院校毕业生就业岗位为普工的占比为 46.14%，技术人员为 21.27%，管理人员为 7.89%，行政人员为 7.89%，后勤人员为 4.29%，其他为 12.52%（详见图 3）。技工院校毕业生对职业发展空间的满意度较低，得分仅为 3.21 分，在"薪酬水平""工作环境""企业文化""职业发展空间""劳动保障""工作强度""人际关系" 7 个子项中排名倒数第二，仅高于"薪酬水平"（详见表 8）。此外，技工院校毕业生自主创业的比例较低。技工院校毕业生普遍接受了系统的专业技能培训，比如有的毕业生掌握了工业机器人、机电一体化、数控加工等先进制造技术，有的掌握了网站设计、软件开发、网络系统管理等新兴产业技能，有的学习了时装设计、平面设计技术等时尚创意类专业，有的学习了美容美发、酒店管理、烹饪、健康照护、餐饮服务等服务类技能，这些技能务实且市场需求旺盛，具有广阔的创业创新发展前景，但由于缺少创业相关培训和引导以及政策的支持，能够凭着一技之长成功创业的毕业生非常少。

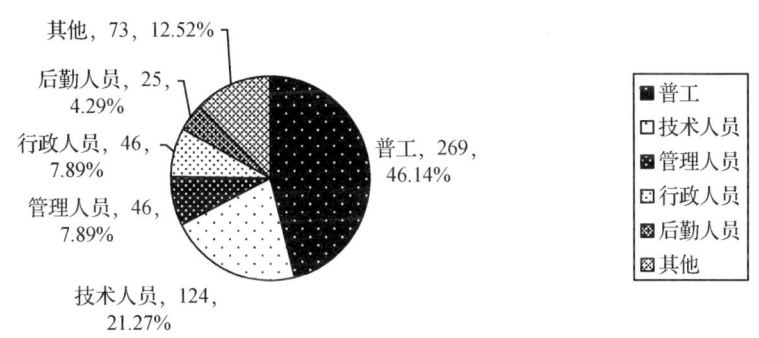

图 3 广西技工院校毕业生就业岗位情况

4. 就业质量不高，体面就业任重道远

在经济下行压力和疫情双重影响下，技工院校毕业生就业面临着巨大的挑战，日益复杂的国内外形势给经济社会稳定发展和就业工作带来了很大的不确定性，也给稳就业带来了一定的困难。在技能人才长期供不应求的趋势下，技工院校毕业生实现了较为充分的就业，就业的主要矛盾集中在就业质量不高上。这也应成为未来技工院校毕业生就业政策和就业工作关注的重点。这主要表现在技工院校毕业生平均工资水平不高、劳动时间过长等方面。部分劳动者获得感较低，实现体面就业任重道远。据调查问卷显示，技工院校毕业生首份工作起薪为 3 001~4 000 元/月的占比为 18.01%，4 001~5 000 元/月的占比为 12.18%，5 000 元/月以上的占比为 14.41%，三者合计占比为

44.6%;而技工院校毕业生对就业起薪的期望值为 3 001~4 000 元/月的占比为 26.42%,4 001~5 000 元/月的占比为 15.78%,5 000 元/月以上占比为 25.9%,三者合计占比 68.1%(详见图 4)。从签订劳动合同情况来看,虽然技工院校就业毕业生劳动合同签订率均在 95% 以上,反映《劳动合同法》在技工院校毕业生就业过程中得到了较好的落实,但以签订 1 年及以内期限的短期劳动合同居多,占比达到 59.35%。签订 3 年以上期限劳动合同的占比仅为 3.42%(详见表 6)。从工作环境、劳动保障、工作强度等来看,技工院校毕业生满意度均不高(详见表 8)。每周工作时长超过 52 小时的占比 31%(详见图 5)。

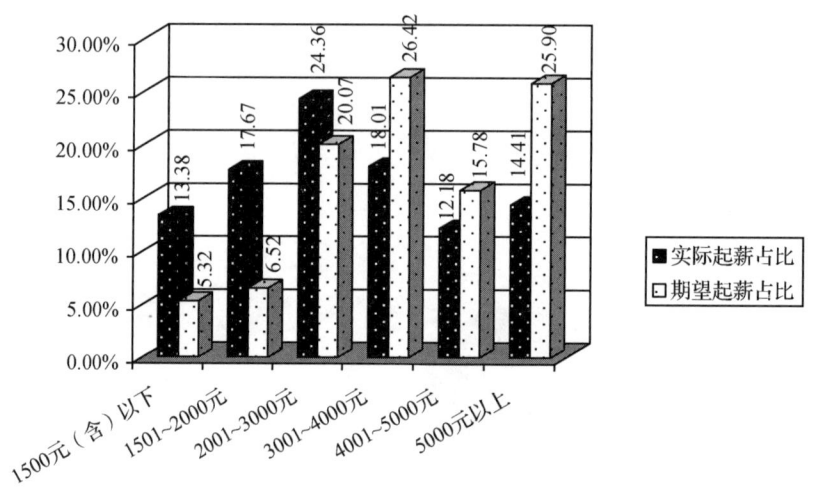

图 4 广西技工院校毕业生就业起薪情况

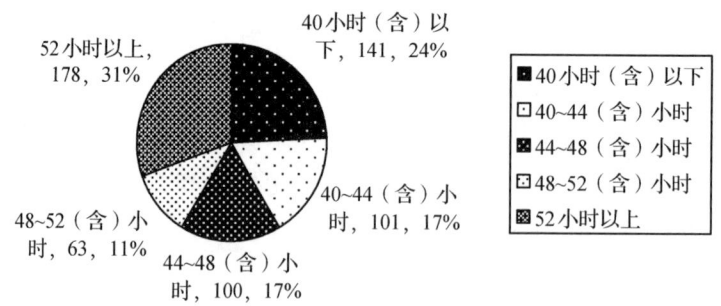

图 5 广西技工院校毕业生每周工作时长情况

(二)原因分析

1. 技工院校毕业生整体素养有待提高

一是部分技工院校毕业生专业能力和技能水平不能适应实际需求。在高校扩招背景下，大多数学生和家长为追求学历首先选择上三本以上院校，其次选择高职高专，最后才是中职、技工院校，技工院校生源紧张且质量下降。技工院校以中级工为主要培养目标，加之高级工、预备技师培养周期长，很多学生心态浮躁，进一步提升技能的意愿较低，选择学习高级工和预备技师人数更是少之又少。据调查问卷显示，仅有15.95%的技工院校毕业生认为职业资格证书对求职就业非常有用，27.27%的认为比较有用，38.25%的认为用处不大，18.52%的认为完全没用（详见图6）。广西技工院校高级工班人数占比虽然近几年保持上涨趋势，从2015年的12.5%增长到2018年的29.92%，到2019年有所下滑，仅为21.37%，整体比例仍旧偏低[①]。有企业负责人反映，部分技工院校毕业生因为个人专业知识的短缺或技能的不熟练没能达到岗位的要求，短期内会被企业辞退或自动离职。随着技术不断发展，传统劳动密集型产业通过"机器换人""智能制造"等方式转型升级，中低端就业岗位减少，高技能人才成为企业的"刚需"，从长远来看，技工院校毕业生专业能力和技能水平如得不到进一步提升，得益于现阶段技能人才市场失衡的充分就业优势将逐渐消失，就业质量更难以得到提升。二是部分技工院校毕业生意志品质不过关，环境适应能力差。技工院校学生大部分为未能升学的初中毕业生，年龄较小，思想不成熟，部分技工院校毕业生工作上遇到困难、问题时，缺少吃苦耐劳和团队合作精神，难以在多变的职场中保持饱满的精神状态、高效率地完成工作。三是缺少自主创业的意愿和能力。从调查来看，广西技工院校毕业生绝大部分通过院校推荐直接到企业就业，真正能自主创业、自谋职业的毕业生极少。一方面是受限于知识基础薄弱，缺乏对社会的深入了解，创业意识不强，尚未具备相应的创业能力；另一方面是缺乏相关的创业培训和指导。四是部分技工院校毕业生法治意识淡薄。部分技工院校

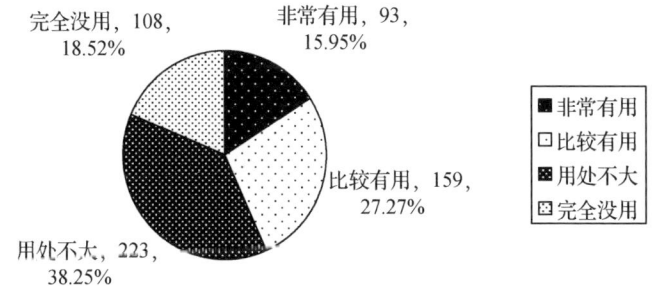

图6 广西技工院校毕业生对职业资格证书作用的认知情况

---

① 数据根据2016、2017、2018、2019、2020年《中国劳动统计年鉴》相关数值计算得出。

毕业生对国家劳动保障法律法规政策不了解，对自身合法劳动权益保障意识不强，在劳动报酬、工作时间、社会保险等方面受到不公正对待时，无法用法律武器维护自身合法权益。据调查问卷显示，在对《劳动法》《劳动合同法》《社会保险法》等劳动保障法律法规的了解程度上，7.38%的技工院校毕业生表示非常了解，9.26%的技工院校毕业生表示比较了解，40.48%的技工院校毕业生表示有一定了解，35.85%的技工院校毕业生表示听说过但不了解具体内容，7.03%的技工院校毕业生表示完全不了解（详见图7）。

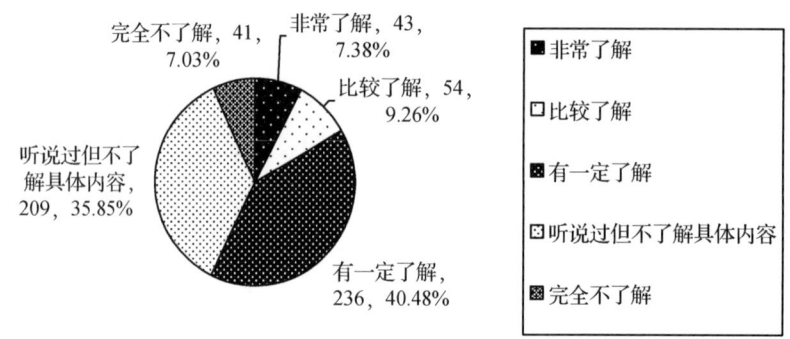

图7　广西技工院校毕业生对劳动保障法律法规的了解程度

2. 技工院校办学水平不能完全适应产业发展和市场需求

一是师资力量薄弱，无法满足高素质技能人才培养需求。主要表现在文化技术理论课教师中高级教师的比例较低。据统计数据显示①，2015—2019年，广西技工院校文化技术理论课中高级讲师比例均保持在20%左右，2019年达到21.56%，在全国一直排名倒数，且与全国平均值有较大的差距。生产实习教师中高级实习指导教师的比例偏低，除2019年为10.6%以外，其余年份均低于10%，与全国平均水平还有一定差距。一体化教师总体比例不高，从2015年的27.43%逐年降至2018年的20.15%，排名从2015年的全国第11位逐年下降至2018年的第27位。2019年，这一比例有所突破，达到33.5%，但占比依然不高。二是专业设置与当地产业发展不相适应。部分技工院校在专业设置上没有主动对接当地产业发展，专业布局与当地重点产业、战略新兴产业联系程度较低。主要表现在，近年来，广西技工院校在专业设置上同质化现象突出，专业特色不明显。如开设服务类、交通类专业的技工院校较多，开设农业类、化工类、冶金类等专业的技工院校较少，导致广西石化、

---

①　数据根据2016、2017、2018、2019、2020年《中国劳动统计年鉴》相关数值计算得出。其中上海、西藏未报送有关数据。

食品等重点产业对技能人才的需求缺口较大。三是就业指导重形式轻内容，不利于毕业生就业能力的发展。受传统办学理念影响，部分技工院校重专业技能培养，忽略就业指导的重要性，缺乏系统性的就业指导教学活动；部分技工院校虽然设置了专门的就业指导课程，但形式大于内容，在教材和课时安排上较为随意，在内容设计上更侧重于提高就业率而非提高就业质量的目的，多为就业形势、求职技巧、就业市场需求信息等方面的宣讲，较少创新创业、职业生涯规划等方面的指导；部分学校缺少专业的就业指导教师，大多由专业教师兼任，且部分就业指导教师"从校园到校园"，执教经验不足，职业理念偏弱，对就业市场不熟悉，对行业状况也缺乏了解，导致就业指导课达不到理想效果，不利于学生就业能力的发展。此外，部分技工院校对毕业生创新创业培训与指导不到位，没有专门设置学生创业必需的实践课程和训练环境，毕业生经培训后能在社会上实现成功创业的案例较少。据调查问卷显示，技工院校毕业生对就业指导课程内容的需求度从高到低依次为提供就业信息、求职技巧培训、职业生涯规划、劳动保障法律法规、创新创业培训、就业政策分析、就业心理咨询、其他（详见图8）。

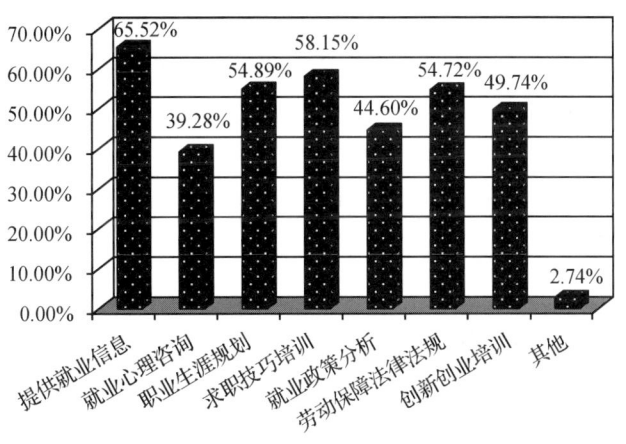

图8 广西技工院校毕业生就业指导需求情况

3. 校企合作层次低，成效不明显

从调查来看，广西技工院校部分专业毕业生就业率偏低、对口就业难，主要原因之一是院校缺乏深入的校企合作，造成一部分企业工作岗位招不到合适毕业生，而一部分技工院校毕业生找不到合适工作。目前，部分技工院校或部分专业在校企合作方式上仍处于浅层次、松散型状态，校企合作模式比较单一，组织化程度不高，合作深度和融合性不够，合作的长效机制尚未形成。相当部分院校局限于安排学生到企业进行跟岗实习或顶岗实习，或者

是为企业解决短期用工紧缺问题,毕业生到企业就业的计划性、针对性不强,从而导致部分学生就业专业不对口,影响就业质量与就业稳定性。

4. 就业政策和就业服务仍有待完善

一是就业政策支持力度不足。以往的促进就业创业政策较多关注农民工、高校毕业生、就业困难人员等重点群体,专门针对技工院校毕业生的就业创业政策较少。虽然近年来国家和地方逐渐加强对技工院校毕业生就业创业的政策引导,但无论是从政策的覆盖范围、支持力度还是资金保障等方面均显不足。此外,在政策的宣传方面也存在欠缺。据调查问卷显示,在对毕业生就业见习、求职创业补贴、职业技能培训补贴等促进毕业生就业创业政策的了解程度上,表示非常了解的占3.26%,表示比较了解的占9.26%,表示有一定了解的占30.53%,表示听说过但不了解具体内容的占36.54%,表示完全不了解的占20.41%(详见图9)。二是公共就业服务有待加强。从公共就业服务成效来看,据调查问卷显示,通过学校推荐就业的技工院校毕业生占比43.4%,通过亲戚朋友介绍就业的技工院校毕业生占比22.81%(详见图10),学校推荐就业仍然是技工院校毕业生就业的主要渠道,说明各技工院校在校企合作、就业推荐工作上取得了较好成效,但也反映了针对技工院校的公共就业服务仍有待加强。从公共就业服务内容来看,工作重点仍停留在政策宣传、职位推荐等传统的服务领域,在就业形势监测、就业需求预测分析、职业指导、推动校企合作等方面仍发力不足。从公共就业服务方式来看,"互联网+就业服务"仍停留在较低层次。就业培训更多的是通过线下方式进行。

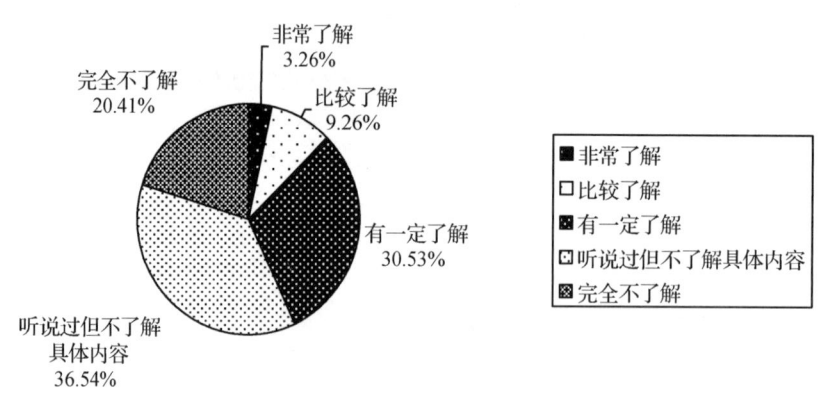

图9 广西技工院校毕业生对促进毕业生就业创业政策了解程度

5. 企业用工环境和劳动保障有待改善

一是部分企业用工定位过高,喜欢使用熟练工,而刚毕业的技工院校学生操作技能不够娴熟、规范,或在接受和学习能力上比较欠缺,与实际工作

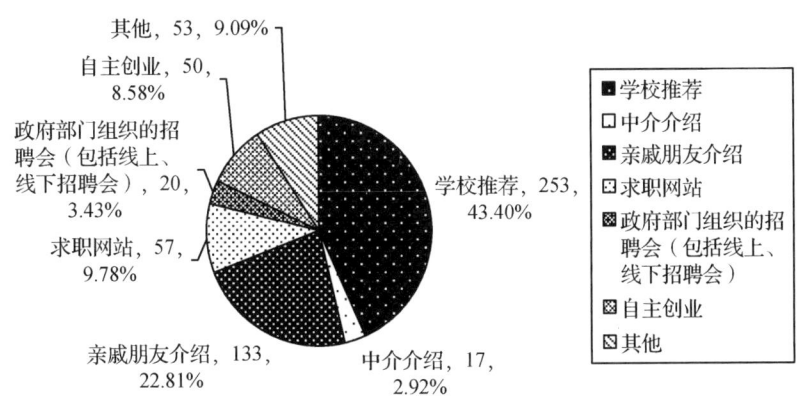

图 10 广西技工院校毕业生就业渠道分布

需求存在差距,一些用人单位不愿付出培训成本,造成一些毕业生就业即失业,对就业稳定性产生不利影响。二是大部分企业仍将学历作为毕业生薪酬的主要决定因素,为技工院校毕业生提供的起薪较低,不仅与发达地区尤其是周边广东省的差距较大,即使与同期进入的高校毕业生相比也差距明显,使技工院校毕业生就业后的获得感较低。三是少数企业漠视劳动法律法规,在工作时长、社保待遇、劳动保障等方面侵害了技工院校毕业生的合法权益。

三、促进广西技工院校毕业生高质量就业的对策建议

(一) 推进技工教育与产业升级融合发展,实现技能人才质量与产业层级的循环提升

促进产业转型升级、优化产业结构,既是实现经济持续、稳定增长,提升竞争优势的必然要求,也是实现充分和高质量就业的长效机制。推进技工教育与产业转型升级融合发展、良性互动,一方面可以通过促进产业转型升级,创造更多高质量就业岗位,让技能人才在"家门口"就有用武之地,推进人才供需结构性矛盾解决,另一方面可以通过加快培育知识型、创新型的高技能人才"反哺"产业,使技工教育对经济发展和产业升级的贡献显著增强,最终实现技能人才质量与产业层级的循环提升。从政府层面来讲,必须抢抓新一轮西部大开发、《区域全面经济伙伴关系协定》(RCEP)正式签署、西部陆海新通道上升为国家战略、中国(广西)自由贸易试验区建设及面向东盟的金融开放门户加快推进、向海经济集聚区建设等机遇,持续发挥"央企入桂""民企入桂""湾企入桂"在助推广西经济转型中的作用,深入实施项目带动发展战略,争取更多投资体量大、技术含量高、市场前景好、带动能力强的大项目、好项目落地生根。稳步推进《广西壮族自治区国民经济和

社会发展第十四个五年规划和2035年远景目标纲要》贯彻落实，深入实施工业强桂战略，加快发展现代产业体系。推动制糖、机械、有色金属、冶金、茧丝绸等传统产业向高端化、智能化、绿色化转型升级。大力发展先进电力装备制造，培育壮大新一代信息技术、新能源及智能汽车、高端装备制造、节能环保、海洋装备、先进新材料、生物医药等战略性新兴产业。推进互联网、大数据、人工智能等先进技术与产业深度融合。从技工院校层面来讲，要紧密对接广西产业发展，完善人才培养方向。要开展广泛调研和论证，深刻把握广西产业发展趋势及对技能人才需求的变化，在此基础上，实施专业预警和专业动态调整机制，不断调整与完善专业人才培养方向，优化专业结构，淘汰落后专业，探索开设一些市场急需的复合型专业，建立与经济高质量发展和产业转型升级相匹配的学科专业体系，真正实现人才培养与社会需求的无缝对接。

（二）增强技工院校办学能力，为提高技能人才供给质量注入"源头活水"

提高技能人才培养水平，是优化技能人才供给结构和质量的重要途径，也是提高就业质量的关键因素。从政府层面来说，要统筹区域发展，优化整合技工院校。一是合理优化整合技工院校及专业布局，进一步改善和提高办学能力，发挥技工院校技能人才培养主阵地作用。二是扩大技工院校招生规模，提高办学层次，重点建设高水平的技师学院和高级技工学校。三是打造技工教育联盟，鼓励统筹区域资源，通过组建技工教育集团、高技能人才培养联盟等形式，打造技工教育"常青藤"。从技工院校层面来说，要继续深化技工院校教育教学改革，优化技能人才培养结构和质量。一是紧紧围绕产业发展和就业市场的需求，明确各专业技能人才的定位和培养目标，完善专业知识结构，夯实专业基础，构建工学结合一体化课程体系，实现教学过程与工作过程、教学内容与职业标准双对接，培养专业技能和综合素质高、可持续发展能力和就业竞争力强的技能人才。二是紧紧围绕"高端引领、校企合作、多元办学、内涵发展"的办学方向，适应新时代职业教育发展要求，转变教育教学理念和工作思路，加强教师队伍和基础能力建设，打造办学品牌和办学特色，提升办学实力和水平。三是按照"三专"要求开展就业创业培训指导，提升毕业生就业能力，即设置专门的就业指导机构，保障人员、场地、设施、经费等，有条件的可聘请专、兼职的行业企业指导专家，组建专业的职业指导机构，配合各院系和专业实施针对性的分类指导。培养专业化的就业指导教师队伍，根据学生需求和就业工作实际，培养和扩大就业指导教师队伍，提高就业指导教师的入职门槛，在专业能力、职业技能、工作经历等方面建立一定的标准,为他们搭建专业化发展平台,定期开展就业指导专业培训活动,组织深入社会生产一线参与实践,也可邀请政府就业相关部门、企业人力资源工作人员和行业知名人士担任兼职就业指导教师,提升师资整体水平。构建专业就业指导课程体系,按照整体性、针对性、实用性、创新性的原则开展就业指导,将就业指导教育从学生毕业前1年扩展至整个技工院校学习阶段,使其与平时的专业课教学相融合,既强化就业指导的专业属性,又体现专业教学的就业目标导向。

(三)强化政府促进就业职能,以"政策护航"、精准服务助力高质量就业

强化政府促进就业职能,落实积极的促进就业政策和完善的公共就业服务,是实现更加充分、更高质量就业的重要保障。随着我国就业形势和就业领域主要矛盾的变化,政府就业政策和公共就业服务的重点也应从促进充分就业向促进充分就业与提升就业质量并重转变,并且对经济和社会的发展与转型有积极的意义。

1. 完善促进技工院校毕业生就业政策

一是扩大包括技工院校在内的职业院校毕业生就业政策的覆盖范围,增强政策支持力度和资金保障等,使其在更多就业政策上与高校毕业生享受同等待遇。如积极拓展创业扶持政策的适用范围,将自主创业的技工院校毕业生纳入政策扶持对象,推动符合条件的自主创业技工院校毕业生申请享受税费减免、创业担保贷款、创业补贴、场租补贴等创业扶持政策。技师学院高级工班及以上的创业学生,可参照享受高校毕业生就业创业政策。二是贯通高技能人才与专业技术人才职业发展通道,为技工院校毕业生搭建职业发展的"立交桥"。贯彻落实人力资源社会保障部《关于进一步加强高技能人才与专业技术人才职业发展贯通的实施意见》,在总结技能人才参加工程系列职称评审经验的基础上,不断扩大贯通领域,结合广西特点,探索在新兴领域、新兴职业或其他职业领域进一步扩大贯通范围,研究制定贯通办法。三是落实技工院校高级工班、预备技师(技师)班毕业生分别按相当于大专、本科学历参加事业单位公开招聘考试政策。

2. 优化针对技工院校毕业生就业创业服务

面对新形势、新矛盾,政府相关部门应进一步转变工作思路,将公共就业服务的重点从单纯增加就业岗位、促进供需对接转变到加强就业形势动态监测、就业需求预测分析、职业指导和推动校企合作等方面。如持续地对技工院校毕业生就业状况进行动态监测和指导。联合技工院校、专业就业中介机构,做好技工院校毕业生就业信息统计与跟踪,开展劳动力需求预测,明

确就业市场技能人才需求的动态变化,并进行有针对性调控,出台相关指导政策文件,帮助毕业生明确就业方向,指导技工院校按需办学,及时调整专业设置,提升技能人才培养的实用性和适应性。持续开展"就业公共服务进校园"活动,组织就业、社保、劳动监察、仲裁等相关部门深入技工院校,宣传就业、社保政策和劳动保障法律法规,开展免费职业测评等。

(四)深化校企合作,实现产教融合"三方共赢"

从政府层面来说,要充分发挥引导和搭桥作用,通过区域规划和资源统筹推动技工院校和企业深化合作,打造一批产教融合型行业、产教融合型企业和产教融合型技工院校标杆。在重大项目布局、产业园区建设、城市发展规划中,优化职业教育、科研和产业等资源布局,促进各类要素以最优方式集聚融合。推进各类资源向产业和人口集聚区集中。在技术性强的专业全面推行现代学徒制和企业新型学徒制,推进通过校企合作的方式构建规范化的专业课程以及科学的实习实训和技能评价标准,推进技工院校毕业生企业实训制度化。支持行业龙头企业、产教融合型企业以股份制、混合所有制等模式参与技工院校办学,共建二级学院和产业学院。搭建校企合作信息服务平台,促进校企各类合作需求精准对接。从技工院校和企业层面来说,要推进产教对接活动常态化、制度化,引导技工院校教师与企业技术人员、高技能人才双向流动,探索设立企业导师、产业导师等流动岗位,依法依规自主聘请兼职教师和确定兼职报酬。强化技工院校专业教师到企业实践制度,支持在职教师带薪定期到企业实践锻炼,促进校企人才双向交流。

(五)鼓励和支持企业履行社会责任,充分发挥提升就业质量的主体作用

企业既是财富创造的主体,又是财富分配的重要环节。充分发挥企业主体作用,鼓励和支持企业履行社会责任,不断提供优质就业岗位和机会,持续提升职工薪酬水平和福利待遇,增强职工素质能力,促进职工职业生涯发展,保障职工的合法权益,对提升就业质量,实现劳动者职业发展、企业效益提升和社会高质量发展的多赢局面意义重大。一是强化政策引导,激发企业履行促进就业社会责任的内生动力。如积极落实企业技能培训补贴、岗位补贴、社保补贴等扶持政策,加大对不裁员、少裁员企业失业保险费返还政策的支持力度;完善企业劳动报酬增长的评价与激励制度,对实现劳动报酬合理增长的企业给予融资支持、税费减免等扶持。二是完善法律法规,规范企业用工行为。加强《劳动法》《劳动合同法》《社会保险法》等法律法规的宣传和落实,科学制定企业工资指导线,建立健全企业工资正常增长机制、

支付保障机制，健全企业安全生产规范标准等。三是加强监督管理，构建和谐劳动关系。加强劳动保障监察工作，对用人单位落实劳动保障法律法规情况开展常态化检查，不断提高执法水平，保障劳动者合法权益。在开展评优评先、涉企奖励和落实补助政策时，加大对社会效益的考量权重，向主动履行社会责任、对促进就业贡献突出的企业倾斜，对有违反劳动保障法律法规行为的企业实行一票否决。

参考文献

［1］刘泽宇. 技工院校学生就业对策探究［D］. 山东：山东大学，2020.

［2］刘素华. 建立我国就业质量量化评价体系的步骤与方法［J］. 人口与经济，2005（6）.

［3］刘素华. 就业质量：概念、内容及其对就业数量的影响［J］. 人口与计划生育，2005（7）.

［4］陈鹏，薛寒. "中国制造2025"与职业教育人才培养的新使命［J］. 西南大学学报（社会科学版），2018（1）.

［5］杨志明. 加快技能人才发展，重要而紧迫的任务［N］. 中国劳动保障报，2021-03-10.

［6］钱芳，陈东有，周小刚. 农民工就业质量测算指标体系的构建［J］. 江西社会科学，2013（9）.

［7］石红莉. 职业素养对高职毕业生就业质量的影响——以保定高职院校为例［J］. 科教导刊（上旬刊），2012（12）.

［8］闫朝辉. 技工院校学生就业适应能力培养路径研究［J］. 职业，2017（10）.

［9］宋淑珍. 促进技工院校毕业生就业的职业指导实践与创新［J］. 教育与职业，2012（6）.

［10］王霆. 扩大就业战略背景下我国大学生就业质量问题研究［J］. 中国高教研究，2014（4）.

［11］李菲菲. 我国大学生就业质量研究——以青岛某高校为例［D］. 青岛：青岛大学，2005.

［12］徐晓明. 扩大就业容量 提升就业质量［N］. 雅安日报，2021-01-26.

[13] 庞颖冲. 技工院校毕业生就业问题思考 [J]. 职业, 2019 (4).

[14] 张虹. 技工院校毕业生就业质量调查与建议 [J]. 中国培训, 2017 (7).

[15] 曹卫国, 杨海华. 技工院校就业现状分析及对策思考——以广东省轻工业技师学院为个案 [J]. 职业教育研究, 2012 (10).

[16] 苏娜, 王群朋. 技工院校毕业生就业能力提升对策 [J]. 职业, 2014 (11).

[17] 邵新芳. 论职业指导在技工院校就业中的重要性 [J]. 就业与保障, 2019 (12) 下.

《促进广西技工院校毕业生高质量就业对策研究》课题组成员名单

课题组长：
吴骏强（广西人力资源和社会保障研究所所长）

课题组成员：
梁　欢（广西人力资源和社会保障研究所专业技术七级、高级经济师）
庞小峰（广西技工教育研究室专业技术五级、高级讲师）
陈志强（广西人力资源和社会保障研究所副所长、高级统计师）
唐未平（广西建设职业技术学院专业技术七级、副教授）
韦伟光（广西人力资源和社会保障研究所专业技术七级、高级经济师）
邓　卉（广西人力资源和社会保障研究所专业技术五级、主任编辑）
韦湘缘（广西人力资源和社会保障研究所专业技术十一级、研究实习员）
蒙柳鉴（广西人力资源和社会保障研究所专业技术十一级、研究实习员）
粟烜祺（广西人力资源和社会保障研究所管理九级）
李　芸（广西人力资源和社会保障研究所专业技术十级）
陆永玖（广西人力资源和社会保障研究所专业技术十级）
董津良（广西人力资源和社会保障研究所专业技术十一级、研究实习员）
蒙卉江（广西人力资源和社会保障研究所管理六级、编辑）
陆梅玲（广西人力资源和社会保障研究所专业技术八级、中级会计师）
朱景琳（广西人力资源和社会保障研究所管理七级、中级经济师）

本课题为中国人事科学研究院与广西人力资源和社会保障研究所合作完成。

数字经济背景下促进高质量就业的政策研究[①]

提　要：本研究在对数字经济的概况及数字经济就业的相关文献进行梳理的基础上，首先，从就业数量、就业质量、就业结构等三个方面，深入阐释了数字经济对就业的影响及作用机理；其次，从全国层面，基于线性加权法对2010—2019年中国30个样本省份的数字经济发展指数进行测度，在理论分析的基础上采用工具变量最小二乘法实证检验数字经济发展对就业总量、结构及质量的影响及存在的区域异质性；再次，通过专题访问或座谈，从定性的角度对重庆市数字经济就业的特征及发展趋势进行描述性分析；最后，结合数字经济就业的理论、实证及趋势，提出了数字经济背景下促进高质量就业的对策建议。研究结果表明，我国数字经济的发展水平存在地区差异。全国层面数字经济对就业总量增长具有显著的抑制效应，但显著促进了就业结构的升级及就业质量的提升。分地区检验发现，数字经济对就业总量的影响具有地区异质性，在东部地区具有抑制效应，在中、西部地区具有促进效应，而数字经济对就业结构及就业质量的影响在所有地区均表现为显著的促进作用。数字经济背景下，数字经济岗位需求多元倾向明显，就业吸纳能力相对较强。就业薪资丰厚，人才吸引能力增强。工作方式灵活，兼职岗位需求旺盛。数字经济就业的趋势为：从固定就业到弹性就业。从线下就业到线上就业。从单一就业到多元就业。从技术就业到复合就业。本研究的政策启示为：一是大力扶持数字经济和平台建设，鼓励新就业形态的发展。二是加

[①] 本文系中国人事科学研究院2021年度研究课题《数字经济背景下促进高质量就业的政策研究》报告的部分内容。

强数字经济领域复合型人才培养,为数字经济下的就业市场提供智力保障。三是推进各类产业之间深度融合,提升就业创业新空间。四是完善数字经济的区域布局,优化区域数字就业发展不平衡。五是健全数字经济就业协同发展顶层设计,加强数字经济就业治理体系建设。

关键词: 数字经济 高质量就业 线性加权法 政策

新冠肺炎疫情全球性暴发、发达国家贸易保护主义再次抬头等,给全球经济增长、供应链安全带来重大冲击,并叠加中国新常态下经济增速放缓、产业转型升级提速,国际国内因素相互交织,中国居民就业由此面临严峻挑战。"稳就业""保就业"成为当前乃至较长时期,中央及各级地方政府着重关注并强力应对的经济及民生问题。与此同时,全球新一轮科技革命和产业变革,促进了以互联网、大数据及人工智能等为表征的数字技术向经济社会各领域的渗透与融合,数字经济作为一种新型产业形态得到了超常规发展,成为国民经济不可或缺的重要组成部分。据联合国《2019年数字经济报告》估算,数字经济规模约占全球经济总量4.5%~15.5%之间;中国信息通信研究院发布《中国数字经济发展白皮书(2020)》报告数据显示:中国数字经济增加值规模已由2005年的2.6万亿元,跃升至2019年的35.8万亿元,数字经济占GDP比重已高达36.2%,成为国民经济持续健康增长的重要引擎。当前,数字经济已经成为中国乃至全球应对疫情冲击、经济环境低迷、抢占新的竞争制高点的战略举措,因而在国家层面也受到了高度重视。在2015年的安塔利亚峰会上,二十国领导人共同探讨面对数字机遇如何应对挑战,促进数字经济推动经济发展,并力争实现包容性增长。2018年8月23日,习近平总书记指出:中国将会高度重视创新驱动发展,加快推进产业数字化与数字产业化,利用数字经济创造更高品质生活。2020年,国务院国资委印发《关于加快推进国有企业数字化转型工作的通知》,推动各类企业实现数字化转型示范,加快实现数字经济与产业的融合。

数字经济的发展对人民生活各方面产生了重要影响。那么,我国数字经济发展水平究竟如何?在中国当今面临前所未有的"稳就业"和"保就业"压力面前,我国数字经济对就业的影响及效应究竟如何?其背后的理论逻辑又是什么?特别是当今中国就业问题解决的方向,不仅要促进就业总量增长,还要力求实现就业的高质量发展及就业结构的优化,那么数字经济对就业总量、就业质量及就业结构等不同维度的影响是否具有异质性?在数字经济背景下如何促进高质量就业?对上述问题的务实回应,无疑具有重要的理论价值及丰富的政策蕴含。

一、文献梳理

（一）数字经济概述

"数字经济"的概念最早由 Tapscott（泰普斯科特）提出，数字经济被认为是一个广泛运用信息通信技术（ICT）的经济系统。自从这一术语出现后，吸引了众多学者、组织和机构对其概念进行探讨。早期主要从产品或产业视角出发，较多关注 ICT 部门和电子商务，忽视数字内容生产部门的重要性。由于各国数字经济发展程度不尽相同，目前国际上尚未对数字经济内涵达成共识。概括来讲，数字经济有广义和狭义之分。狭义的数字经济被理解为一种产业经济，即数字产业化，其是从传统国民经济部门中剥离出来的数字化服务或货物的生产、消费与分配活动。广义的数字经济被视为一种经济活动，其典型特征是数字化信息与知识被作为新生产要素，通过以信息化网络作为载体，促进效率提升和宏观经济结构优化的经济活动总和。2020 年 7 月，中国信息通信研究院发布的《中国数字经济发展报告白皮书（2020）》进一步明确了数字经济定义，指出数字经济主要包括数字产业化、产业数字化、数字化治理、数据价值化四部分。总的来说，数字经济实质上是一个阶段性概念，其内涵和外延将不断深化。关于数字经济测算，目前尚未有统一口径的核算体系，未来仍将是各国亟待解决的重要议题。

数字经济的发展，主要包括数字产业化和产业数字化两部分内容。2021 年 5 月 27 日，国家统计局公布并实施《数字经济及其核心产业统计分类（2021）》，将数字经济核心产业确定为数字产品制造业、数字产品服务业、数字技术应用业、数字要素驱动业。同时又明确指出，数字经济核心产业对应的四大类即数字产业化部分，主要包括计算机通信和其他电子设备制造业、电信广播电视和卫星传输服务、互联网和相关服务、软件和信息技术服务业等，是数字经济发展的基础。根据现行国家标准《国民经济行业分类（GB/T 4754—2017）》，计算机、通信和其他电子设备制造业即为 C 门类下的第 39 大类，电信、广播电视和卫星传输服务，互联网和相关服务，软件和信息技术服务业分别对应 I 门类下的第 63、第 64 和第 65 大类，共同组成 I 门类即信息传输、软件和信息技术服务业。

数字技术发展拓展就业边界，重塑工作岗位的技能要求，改善就业环境，构建新型的就业生态。世界银行在《面向青年的数字工作：数字经济中的年轻女性》中认为，所有使用数字技术的工作，或者由这种技术实现的工作，都可以被认为是数字工作；数字工作主要包括ICT密集型、ICT依赖型、ICT赋能型三类。清华大学和领英的报告《中国经济的数字化转型：人才与就业》指出，各国对数字人才的定义主要是基于就业者是否拥有ICT相关的数字技能。该报告从产品与服务价值链供应端的数字化转型角度出发，将数字人才分为数字战略管理、深度分析、产品研发、先进制造、数字化运营和数字营销六大类。目前，数字经济就业的内涵仍在学术界和产业界的探索和讨论之中。中国信息通信研究院指出，数字经济就业是指以数字技术创新应用为核心技能，依托信息网络进行研发、生产、服务、管理等工作任务的相关就业。

（二）数字经济影响就业的相关研究

实现更高质量就业需要有高质量的经济发展环境，当下数字经济被视为经济增长的新引擎，大力发展数字经济是实现高质量就业的必然之举。数字经济发展对就业影响渠道是多方面的，已有文献主要着重于以下几方面的研究。

第一，数字技术进步会对整体生产效率和就业环境产生影响。数字经济的快速发展为就业总量带来了新的发展空间，企业会受数字经济中的"蒲公英效应"的影响，创造更多、更好的就业机会。数字技术进步不仅推进生产效率提升，商品成本降低，刺激社会需求，进一步扩大产品市场的需求，进而提高生产规模，扩大就业市场容量，对经济中所有层次的就业均会产生正向影响[6-8]，而且有利于促进经济增长、改善整体就业环境。

第二，数字经济发展会影响就业薪资水平与劳动关系。数字技术进步促使生产力水平提高，并不断增加对高技能劳动力需求，进一步拉高整体收入水平，提高其劳动报酬；以数字技术为支撑的新型经济模式改变了传统的就业、生产和消费活动运作方式，同时引发了劳动关系的新变化、新特征和新调整方向[13]。数字技术发展通过影响企业人力资源管理以及劳动者技能需求变化，有助于实现人职有效匹配，对改善劳动关系具有积极影响。然而，人力资本投资需要一定时间，数字技术的快速发展与高技能人才的培养可能存在脱节，从而造成高技能人才出现短缺，劳动力需求结构转变，出现结构性失业，给就业带来挑战。

第三，数字经济发展同时也引发了就业结构发生变化，主要体现在以下几方面：首先，数字技术进步促使就业技能结构发生改变。数字技术进步会对不同的技能工作者进行筛选，比如低技能工作更容易被替代，减少对低技能工作者的需求，同时企业不断加强技术创新，对高技能劳动力的需求会显著增加，促使就业结构呈现"两极化"趋势。其次，数字经济发展促进产业就业结构发生改变。同时数字技术以及平台经济、共享经济等新行业发展产生了众多新兴就业岗位吸纳大量第三产业就业人员，经济的快速发展会促使产业结构和就业结构不断调整优化，使得服务业的就业吸纳能力持续增强，甚至与制造业之间产生交互效应及空间溢出效应。最后，数字经济发展促使就业性别结构发生改变。据国际经验可知，与男性相比，女性在社会资源、教育、就业机会等方面往往处于弱势，互联网的快速发展会显著提高女性自主创业概率和劳动供给率，提高就业结构中的女性占比，增加女性的就业机会和薪资水平。

二、数字经济影响就业的理论机理

（一）数字经济对就业总量的影响

数字经济对就业总量的影响，既体现为就业增量创造效应，也表现为原有就业替代效应。一方面，以新一代移动通信技术、大数据及人工智能为表现的数字技术发展，促进了数字产业化和产业数字化，催生了一些新产业、新创企业，从而在增量上创造了一些新岗位，特别数字技术及平台经济下灵活用工模式的兴起，增加了居民灵活就业的机会。另一方面，以电子商务、互联网普及为代表的数字经济发展，有效降低了市场信息的不对称性，数字技术驱动的普惠金融发展有效缓解了正规金融对中小企业、低收入阶层的"金融抑制"，激发了城乡居民的创新创业活动，释放出创业对就业的带动效应。数字经济产品或服务的高附加值、高技术含量，回应了社会大众消费结构升级的需求，数字经济相对于传统经济更具发展潜力和投资机会，吸引了政府投资、外商直接投资及其他社会资本对数字经济的投入，其新增投资及传统产业的数字化改造，通过投资创造效应带动就业增长。数字经济向传统农业、制造业及服务业渗透和融合，通过赋能促进了传统产业的转型升级和效率提升，有助于稳定一部分原有就业岗位，但数字技术融入下部分工作岗位任职资格及素质要求的提升，又使得技能转型缓慢的低素质员工失去工作机会。由此看来，数字经济能否增加就业总量，取决于就业增量创造效应和原有就业替代效应的大小，如果前者大于后者，则增加了社会就业总量，反之则具有抑制作用。

（二）数字经济对就业结构的影响

数字经济本身的发展及其对相关产业的融入，促进了社会劳动力在不同产业之间的市场化流动，进而导致就业结构的变迁。数字经济的本质是融合性经济，但这种融合在农业、制造业及服务业等不同产业类别的融合深度和广度具有较大差异。中国农业主要以家庭为单位的生产经营方式,使得数字经济与农业的融合,可以促进农业生产效率或全要素生产率的增长,但对新增就业岗位的创造能力较为有限,相反还会因农业生产经营过程中的资本深化或技术进步释放出更多的剩余劳动力,进而促进农村或农业劳动力就业的非农化转移。而对于制造业、服务业尤其是生产性服务业而言,数字经济的融入推动了制造业或服务业的资源再配置和转型发展,其规模的增长不仅有助于稳定原有就业,而且能创造出新的就业岗位。特别是数字经济推动制造业或服务业的高质量发展,增加了可供劳动者分享的产业利润,在一定程度上有助于提高行业的整体薪酬福利水平,这将激励比较收益及工资水平相对降低的农业或农村劳动力向制造业或现代服务业转移。

(三) 数字经济对就业质量的影响

目前,衡量就业质量的指标主要包括从业者的工作收入、工作环境、个人发展前景和对工作的满意程度等,但核心仍是表征为从业者获得报酬或收入情况的优劣程度[23]。数字经济与实体经济融合发展,主要表现为互联网、大数据、人工智能等数字技术对实体经济的根本性变革,进而引起实体经济要素供给质量提升、经营业态创新、组织流程优化、商业模式改进,这极大提升了实体经济的全要素生产率及产品、服务的附加值和利润水平,提高了从业人员的薪酬福利水平。数字经济蕴含的新知识、新模式、新理念,通过经济主体的培训体系改善了从业人员的素质结构,为适应数字经济融合下对高技能、高素质人才的需求,劳动者自发的适应性学习也有效提升了自身的人力资本含量,进而增进了劳动者在人才市场的工资谈判能力,为获取更好薪酬福利水平提供了机会。

三、数字经济指数的测度及演进特征

(一) 测度方法及指标选择

作为经济学概念的数字经济,是人类通过大数据的识别、选择、过滤、存储及使用,引导、实现生产要素的重组与优化配置,进而实现实体经济高质量发展的经济形态。其内涵及外延的宽泛性,使得数字经济的刻画指标不易选择。迄今为止,统计学意义上尚未形成较为一致的测度框架。但相对较为一致是,现有文献对数字经济认知都将数字基础设施、信息通信技术(ICT)应用、实体产业有关数字化的产值、企业数字化发展四个方面考虑其中。由此,本研究参考现有文献,并结合数据的可获得性、统计口径的一致性,构建了包括信息通信基础设施、ICT初级应用、企业数字化发展和数字经济产业发展等 4 个一级指标、13 个二级指标的综合指标体系（表 1）。随后，采用线性加权法对 2010—2018 年中国大陆除西藏之外的 30 个省份的数字经济水平（数字经济指数）进行测算。其主要步骤如下。

（1）为便于各个指标进行比较，消除指标之间的量纲差别，本研究首先选取采用最大最小值标准化法进行标准化处理。因为所选指标都是正指标，所以公式设置为：

$$Y_{ij} = \frac{X_{ij} - \min X_j}{\max X_j - \min X_j} \tag{1}$$

其中，X_{ij} 表示第 i 个对象第 j 个指标的原始数据，Y_{ij} 表示第 i 个对象第 j 个指标的标准化数据。$i = 1, 2, \cdots, 30$；$j = 1, 2, \cdots, 13$。

（2）确定权重。确定指标权重多考虑 AHP 方法和熵权法。但 AHP 主观性较大，故本研究采用熵权法进行指标赋权。最终权重结果见表 1。

表 1　　　　　　　　　　数字经济指数评价指标体系

综合指标	指标类别	指标名称	权重	单位	指标属性
数字经济	信息通信基础设施	光缆线路密度	0.066 2	%	正向
		互联网宽带接入用户数	0.084 6	万户	正向
		移动电话基站个数	0.071 1	万个	正向
		互联网域名数占比	0.066 5	%	正向
	ICT 初级应用	移动电话普及率	0.061 9	%	正向
		互联网普及率	0.103 6	%	正向
		地区网站数量	0.072 5	万个	正向
		每百人使用计算机数量	0.079 0	台	正向
	企业数字化发展	每百家企业拥有网站数	0.120 7	个	正向
		电子商务零售额	0.065 8	亿元	正向
	数字经济产业发展	电信业务总量	0.048 0	亿元	正向
		软件业务收入	0.100 9	亿元	正向
		通信设备、计算机及其他电子设备制造业总产值占 GDP 比重	0.059 3	%	正向

数据来源：作者根据熵权法计算而得。

（3）计算数字经济发展指数。在确定权重之后，利用公式（2）对数字经济进行测度：

$$de_{i,t} = \sum_{j=1}^{13} X_{i,t} W_j \tag{2}$$

其中，$i = 1, 2, \cdots, 30$；$j = 1, 2, \cdots, 13$。$X_{i,t}$ 表示 i 省份 j 指标标准化

后的原始数据，W_j表示j指标的权重。

数字经济测度指标的数据来源如下：光缆线路密度，互联网接入用户数，移动电话基站，移动电话普及率，互联网普及率，每百人使用计算机数量，通信设备，计算机及其他电子设备制造业总产值占GDP比重来源于中国统计年鉴；互联网域名数占比、地区网站数量、每百家企业拥有网站数来源于《中国互联网发展统计报告》；电子商务零售、电信业务总量来源于《电子商务报告》；软件业务收入来源于中国信息产业年鉴。

（二）数字经济指数测度结果与分析

1. 2010—2019年间30个样本省份（自治区）数字经济指数平均发展水平

基于上述方法，测出2010—2019年间中国30个样本省份（自治区）的数字经济发展平均指数，如图1所示。

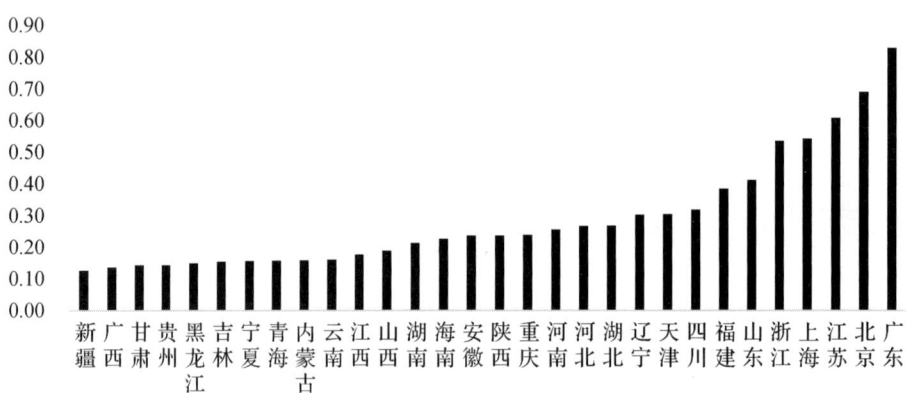

图1　2019—2019年30个样本省份（自治区）数字经济发展平均指数

首先，从图1可以清晰地发现：中国各地区之间仍然存在严重的"数字鸿沟"，排名最前的5个省份（自治区）依次为广东、北京、江苏、上海、浙江，排名靠后的5个省份依次为新疆、广西、甘肃、贵州、黑龙江，前者全部为东部发达地区，后者除黑龙江外均为西部地区。这充分说明我国目前存在着较为严重的"数字鸿沟"，各省份（自治区）在信息、网络技术的拥有程度以及创新程度方面存在显著差异，在强调中国数字经济发展的同时，还应逐步优化数字经济的空间布局，引导东部数字经济先行区的先进数字技术及产业向中西部地区扩散，国家应在中西部地区优先布局数字经济基础设施，充分结合中西部地区传统产业的要素禀赋条件，以促进中西部地区数字经济的发展，逐步缩小各区域间的"数字鸿沟"。

其次，从图1可以发现，在东部、中部和西部三个区域内部数字经济发展差异最大是东部，其次是中部，最后是西部。东部区域数字经济发展平均指数在 0.38~0.82，最大值与最小值相差 0.44；中部区域数字经济发展平均指数在 0.15~0.32，最大值与最小值相差 0.16；西部区域数字经济发展平均指数在 0.13~0.15，最大值与最小值相差 0.03。主要原因在于东部各个省份经济发展水平较高、资金充足与技术成熟，相互之间竞争较大，相互赶超，因此差距相对较大。但是中部与西部因为发展相对落后，数字经济发展水平普遍较低，因此内部差距相对较小。

最后，从图 1 可以发现一个特殊省份，即黑龙江省。黑龙江省虽说是东部省份，但是数字经济发展水平却排在倒数第五位。分析其原因主要有三点：第一，数字化高端设备供给不足影响了数字经济的发展。一个企业数字产业的发展离不开高端设备的支持，但是大多企业考虑到大型数字产业相关大型设备的投入属于沉没成本，因此不愿意进行投资。第二，数字型人才的缺乏制约了数字经济的发展。数字型人才的缺乏不仅是黑龙江省存在的问题，全国也存在此问题。数据显示，2018 年，我国人工智能产业规模达 400 亿元。而据相关调查显示，全世界 400 余所具有研究人工智能方向的高校中，我国只有 28 所，所培养的人才满足不了相关企业的需求[27]。第三，是历史原因。黑龙江省一直较为重视重工业的发展，用重工业支撑黑龙江经济的发展，在中华人民共和国成立初期确实为中国的经济发展做出了极大贡献。但是随着经济社会的发展，黑龙江省出现了产业结构升级缓慢、企业开放意识不足以及与现代经济发展融合不足的问题，因此在很大程度上也影响了数字经济的发展。

2. 基于核密度估计的时空演进特征分析

为了更细致地刻画中国及各地区数字经济增长态势及空间差异调整，我们报告了 2010 年、2014 年和 2019 年全国及东部、中部、西部三大地区数字经济发展水平的核密度估计结果（图 2）。通过核密度图的位置、形态和延展性等方面，可以对数字经济发展的分布情况进行深入分析。

图 2 显示了全国以及各地区的数字经济发展指数分布情况，横轴表示数字经济发展指数，纵轴表示分布密度。从中可以看到，全国和各省份的数字经济发展指数分布密度曲线不断向右移动，右尾拖长，峰度由"尖峰"逐渐向"宽峰"转变，表明我国数字经济发展水平在不断提高，但是各省份之间的发展差距也在扩大。就全国层面而言，左尾向右移动的幅度超过右尾向右移动的幅度，说明我国各省份数字经济发展存在"追赶效应"。东部地区核密度估计曲线向右移动，但峰度逐步抬高，说明东部地区数字经济发展水平有所提升，且区域内各省份的差距显著收敛；中部地区核密度估计曲线向右移

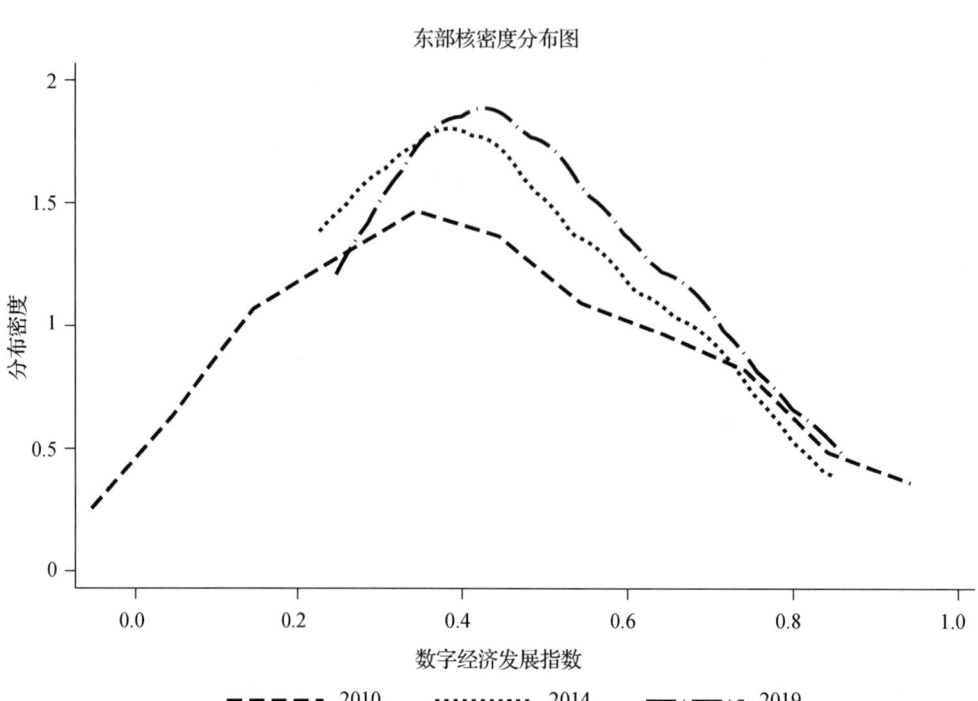

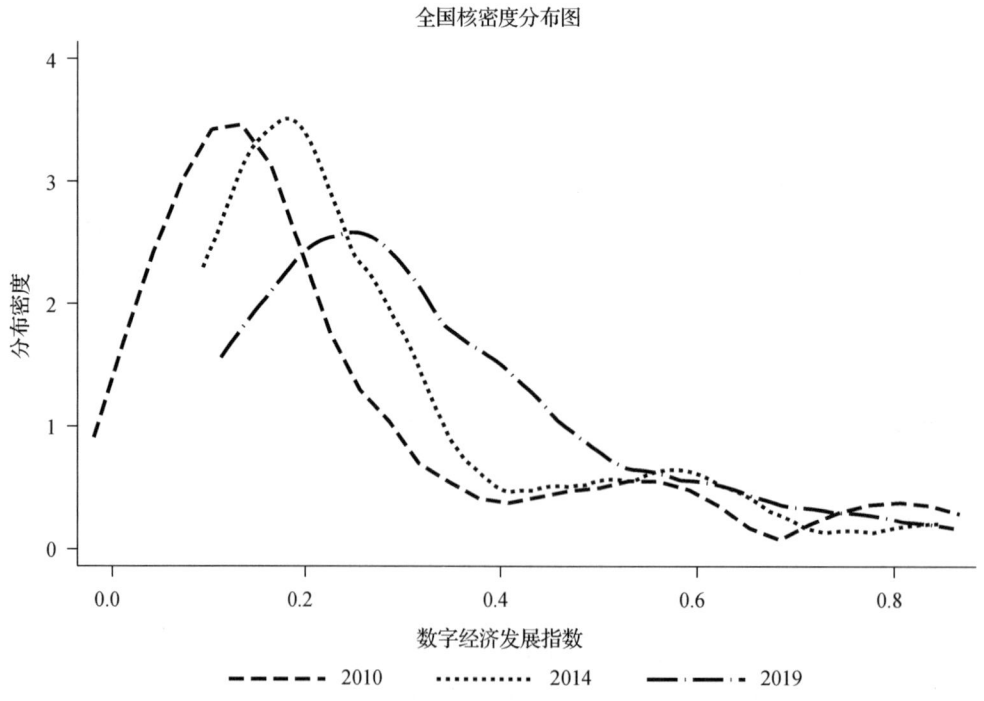

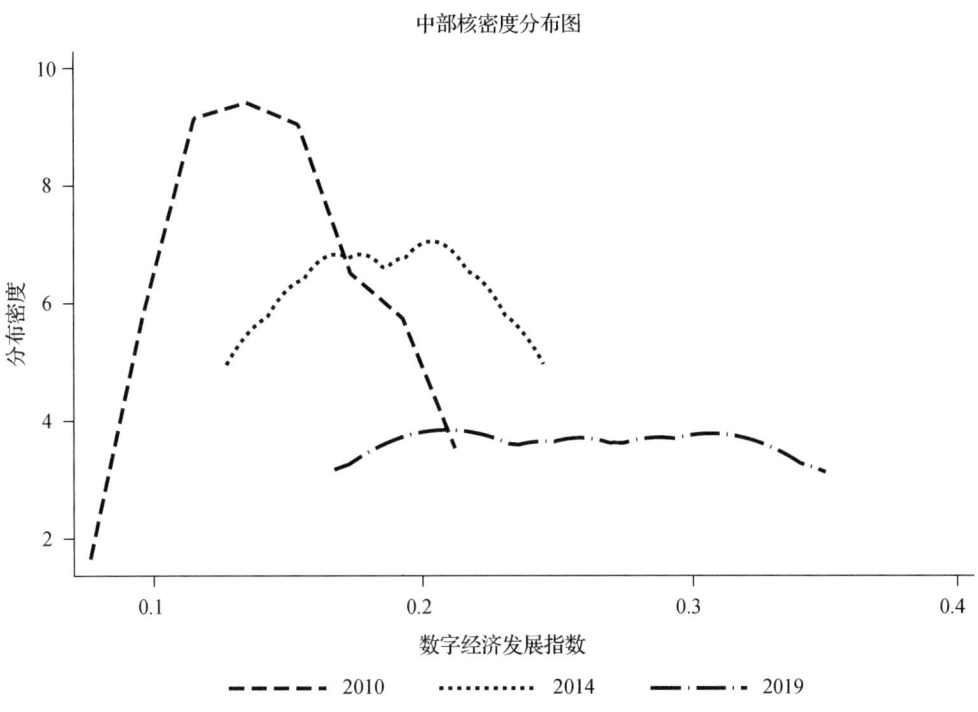

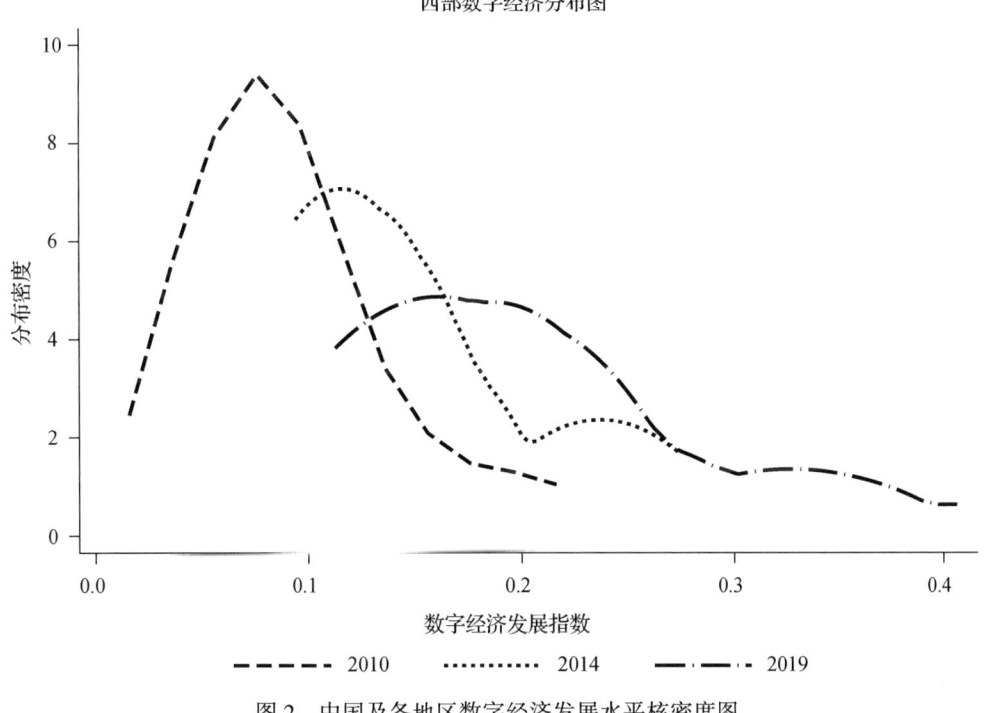

图2 中国及各地区数字经济发展水平核密度图

动幅度较大，且峰度明显下降，2019年曲线显著趋于平坦，说明中部地区数字经济发展迅猛，且区域内各省份差异明显扩大；西部地区核密度估计曲线向右移动，峰度明显下降，说明西部地区数字经济在快速发展中区域内差距也趋于扩大，但2019年相比于2014年，曲线右尾几乎重合，也说明2014—2019年间，区域内数字经济发展水平较高的省份数量并未有实质性的增加。

四、数字经济影响就业的实证研究

（一）计量模型及估计方法

进行面板数据分析的模型及估计方法最常用的有最小二乘法（OLS）、随机效应模型（RE）、固定效应模型（FE）三种。在解释变量存在内生性时，往往会出现结果有偏且不一致的问题。为了更好研究数字经济对就业的影响，减少内生性对模型的影响，本研究主要采用工具变量最小二乘法（IV-2SLS），以提高估计效果与结果稳健性。具体模型结构如下。

$$\ln job_{i,t} = \alpha_0 + \alpha_1 \ln de_{i,t} + \alpha_3 \ln control_{i,t} + u_t + \beta_i + \varepsilon_{i,t} \tag{3}$$

在公式（3）中，i和t分别代表第i个省份和第t年，α_0为截距项，α_1衡量了在其他条件不变的情况下数字经济对就业产生的影响。$\ln job_{i,t}$代表被解释变量，本研究中就业即为被解释变量。$\ln de_{i,t}$代表核心解释变量，表示在第t年数字经济在i省份的发展水平。$\ln control_{i,t}$为控制变量，即其他对就业产生影响的因素。u_t表示个体效应，β_i表示时间效应，$\varepsilon_{i,t}$为随机扰动项。

（二）变量界定

（1）被解释变量，即就业（$\ln job_{i,t}$）。在后续实证分析中，为考察数字经济对就业的全面影响，将就业进一步细分为就业总量（$\ln total_{i,t}$）、就业质量（$\ln qua_{i,t}$）、就业结构（$\ln str_{i,t}$）。利用模型对这三个被解释变量进行估算，分别分析数字经济对三个被解释变量的影响。

（2）核心解释变量，即数字经济发展水平（$de_{i,t}$）。前文已对2010—2019年中国大陆除西藏之外30个省份的数字经济发展水平进行了测算，具体指标及测算方法见前文。

（3）控制变量包括：①对外开放程度（$forn$），利用外商直接投资数额予以表示。②技术发展水平（td），利用各个省份研究与试验发展内部经费支出衡量。③居民消费水平（cl）。④地区吸引力（ra），利用就业与社会保障支出占财政支出比重衡量。⑤教育水平（edu），利用教育支出占财政支出比重进行衡量。⑥国民生产总值总量（gdp），利用各地区国民生产总值表示。

（三）数据来源与数据说明

本文选取2010—2019年中国30个省份（除西藏）的数据作为样本。涉及的数字经济发展水平是利用相关指标和线性加权法计算得到的。其余所有控制变量与工具变量数据均来源于《中国统计年鉴》。为了消除异方差与缩小数量级,本文对所有指标进行了对数字化处理,变量说明与描述性统计分析见表2和表3。

表2　　　　　　　　　　　　变量说明

变量名称	代码	变量说明
就业总量	$lntotal_{i,t}$	一、二、三产业就业总数
就业质量	$lnqua_{i,t}$	居民平均工资数额
就业结构	$lnstr_{i,t}$	二、三产业就业人数占就业总人数比重
数字经济发展水平	$lnde_{i,t}$	线性加权法测算的发展水平
对外开放水平	$lnforn$	外商直接投资占国民生产总值比重
技术发展水平	$lntd$	试验与研究费用支出总额
居民消费水平	$lncl$	居民平均每年消费数额
地区吸引力	$lnra$	社会与就业保障支出占财政总支出比重
教育发展水平	$lnedu$	教育支出占财政总支出比重
国民生产总值	$lngdp$	国民生产总值数额

表3　　　　　　　　　　　　变量描述性统计

变量	样本容量	均值	标准误差	最大值	最小值
$lntotal_{i,t}$	300	7.632 9	0.787 8	8.819 6	5.683 9
$lnqua_{i,t}$	300	10.925 0	0.334 8	11.700 0	10.230 4
$lnstr_{i,t}$	300	4.166 5	0.218 9	4.576 2	3.700 0
$lnde_{i,t}$	300	0.242 0	0.123 5	0.500 0	0.038 4
$lnforn$	300	3.221 0	0.827 5	5.190 0	1.560 2
$lntd$	300	4.990 9	1.348 4	7.747 1	2.000 0
$lncl$	300	9.718 0	0.582 3	11.000 0	8.400 0
$lnra$	300	2.516 0	0.226 1	3.000 0	2.000 0
$lnedu$	300	2.784 2	0.162 1	3.100 0	2.000 0
$lngdp$	300	9.765 0	0.826 3	2.410 9	0.267 6

(四) 总体回归结果及分析

1. 基准回归

在建立模型之前,为避免模型设定的偏差,我们进行了相关的模型形式设定检验,LM检验结果在1%的显著性水平上显著拒绝"不存在个体固定效应"的原假设,表明固定效应模型(FE)明显优于OLS混合模型;Hausman检验的结果显著拒绝原假设,表明FE模型比随机效应模型更有效率。但上述模型往往由于测度误差、遗漏变量及互为因果等复杂原因造成模型的内生性问题，使得估计结果不可靠。对此，我们决定采用工具变量最小二乘法（IV-2SLS）对模型进行参数估计，具体做法为：在 IV-2SLS 模型中，选择被解释变量滞后一期与关键解释变量与其均值差值的三次方作为工具变量。为了确保工具变量有效性，我们进行了过度识别检验与弱工具变量检验，采用 Sargen 检验和 Basmann 进行过度识别检验，P 值都显著大于 0.05，证明所有工具变量均为外生，采用 C-DW 检验的 F 统计量大于 10，说明弱工具变量问题得到有效的控制，由此说明工具变量的选择是合适的。采用工具变量最小二乘法（IV-2SLS）对模型进行参数估计的结果见表 4。作为比较，我们也报告了 OLS 和 FE 的估计结果。对比各模型可以发现，使用 IV-2SLS 模型得出的结果比最小二乘法与固定效应模型更加显著。

表 4　就业与数字经济的回归结果

被解释变量：就业总量、就业结构、就业质量

变量	OLS			FE			IV-2SLS		
	总量(1)	结构(2)	质量(3)	总量(4)	结构(5)	质量(6)	总量(7)	结构(8)	质量(9)
$\ln de_{i,t}$	-1.37***	0.57***	0.80***	0.06	0.26*	0.34***	-1.62***	0.79***	0.82***
	(0.30)	(0.15)	(0.08)	(0.26)	(0.14)	(0.08)	(0.51)	(0.24)	(0.10)
$\ln gdp$	0.94***	-0.10**	-0.14***	0.11	-0.03	0.03	2.75***	0.80***	0.41***
	(0.09)	(0.04)	(0.02)	(0.09)	(0.04)	(0.03)	(0.28)	(0.13)	(0.05)
$\ln td$	0.02	0.10***	0.05***	-0.03	0.05**	0.00	-1.0***	0.48***	0.20***
	(0.05)	(0.02)	(0.01)	(0.05)	(0.02)	(0.01)	(0.16)	(0.07)	(0.03)
$\ln forn$	-0.05*	0.05***	-0.02**	-0.06	-0.06	-0.00	0.03	0.02	0.03***
	(0.03)	(0.01)	(0.00)	(0.03)	(0.02)	(0.01)	(0.04)	(0.02)	(0.01)
$\ln cl$	-0.14***	0.02	0.03***	-0.02	-0.00	0.01**	-0.17***	0.04	0.01
	(0.03)	(0.01)	(0.00)	(0.02)	(0.01)	(0.00)	(0.06)	(0.03)	(0.01)
$\ln ra$	-0.06	-0.07	-0.17***	-0.12	-0.03	-0.03	0.02	0.07	-0.22***
	(0.09)	(0.04)	(0.02)	(0.08)	(0.04)	(0.02)	(0.15)	(0.07)	(0.03)
$\ln edu$	0.52***	-0.26***	-0.14***	-0.19	-0.03	0.10**	0.18	0.03	-0.11**
	(0.14)	(0.07)	(0.03)	(0.13)	(0.07)	(0.04)	(0.25)	(0.12)	(0.05)
地区效应	控制	控制	控制	控制	控制	控制	控制	控制	控制
时间效应	控制	控制	控制	控制	控制	控制	控制	控制	控制
R^2	0.93	0.77	0.97	0.13	0.28	0.98	0.84	0.44	0.94
N	300	300	300	300	300	300	300	300	300

注：*、**、***分别表示在 1%、5%、10% 水平上显著。

我们首先关注基于工具变量最小二乘法（IV-2SLS）的回归结果（模型 7 至模型 9，对应列 7 至列 9）。在模型 7 中，核心解释变量数字经济发展指数

($\ln de_{i,t}$)系数值为负,且在1%的水平下显著,说明在其他条件不变的情况下,数字经济发展将导致就业总量下降,数字经济的发展对就业总量在一定程度上起抑制作用。可能的原因是:第一,数字经济代表了经济转型方向,具有知识、技术密集性特点,拥有较强的市场竞争能力,在市场容量相对有限的情形下,数字经济及其催生的新产业、新业态、新商业模式,挤压了传统产业或企业的生存空间,进而导致传统产业或企业经营规模收缩乃至一部分传统企业破产或倒闭,当数字经济及相关产业提供的就业岗位小于传统产业或企业消失的岗位时,全社会就业总量将下降。第二,数字经济催生了工业机器人等智能装备对人工的替代,部分低技术含量、流程化工作被替代,也将压缩一部分就业空间。第三,数字经济提高了一部分就业岗位的数字技能要求,当原有劳动者技能转换或素质升级无法在短期实现时,将导致技术性或结构性失业增加。由此说明,在就业总量上,数字经济发展的就业促进效应小于替代效应,使得就业总量因数字经济的发展而下降。

在模型8中,核心解释变量数字经济发展指数($\ln de_{i,t}$)系数值为正,且在1%的水平下显著,说明在其他条件不变的情况下,随着数字经济发展水平的上升,就业结构在不断提升。主要原因在于数字经济创造了更多与之相关的就业岗位。主要表现在:随着数字经济的广泛应用,第一产业将进一步提高农业的集约化、智能化以及农业生产效率,越来越多的农业劳动力将被自动释放,促使劳动力从第一产业流出。在第二产业中,传统制造业已经逐步实现"人机互换",从而提高了生产效率。在第三产业中,云计算、大数据、人工智能等数字产业的发展推动了养老、医疗、旅游文化的发展,使得服务需求大幅度增加,由此实现了就业需求的显著增加。综上,数字经济的发展促使劳动力从第一产业、第二产业流出,逐步转向第三产业,因此使得就业结构不断升级。

在模型9中,核心解释变量数字经济发展指数($\ln de_{i,t}$)系数值为正,且在1%的水平下显著,说明在其他条件不变的情况下,数字经济发展有助于提升以薪酬水平为主要表征的就业质量。原因可能在于,数字经济的快速发展,大幅减少了低报酬就业岗位,催生了大量高报酬就业岗位。此外,就业人员为适应数字经济对技术要求提高的需求,加强学习提升自身的人力资本含量也有助于薪酬水平的提高。

2. 稳健性检验

本研究采用工具变量最小二乘法(IV-2SLS)对模型进行参数估计,在很大程度上缓解了模型的内生性问题。在此,我们进一步参考白俊红以及崔书会[28-29]的方法,采取更换主要解释变量即数字经济的测度方法来进行稳健性检验。将原来的线性加权法用 Topsis 综合评价法进行替换,具体公式为:

$$C_i = \frac{C_i^-}{C_i^+ + C_i^-} \quad (4)$$

公式中的 C_i 是相对贴近度,相对贴近度越大,表明数字经济的发展水平越好。C_i^+、C_i^- 分别表示评价对象与最优解、最劣解的接近程度。在进行数字经济的重新测算后,同样采用 IV-2SLS 方法对模型重新进行估计,估计结果分别见表5。从表5中可以看出,在更换了主要解释变量的测度方法后,数字经济发展的回归系数的符号方向未发生改变,同时具有统计显著性,这在一定程度上支持了本文结果是稳健的。

表5　　　　　　　　基于 Topsis 综合评价法的检验

变量	总量(1)	结构(2)	质量(3)
被解释变量:就业总量、就业结构、就业质量			
$lnde_{i,t}$	-1.64*	1.15***	1.79***
	(0.88)	(0.30)	(0.25)
控制变量	控制	控制	控制
地区效应	控制	控制	控制
时间效应	控制	控制	控制
R2	0.82	0.61	0.85
N	300	300	300

注:*、**、***分别表示在1%、5%、10%水平上显著。

3. 异质性检验

考虑到我国是全球最大的发展中国家,经济发展水平、劳动力要素禀赋条件等在不同地区之间具有较大异质性,且前文的数字经济测度也表明我国不同地区数字经济发展进程差异明显,这就是使得数字经济对就业总量、结构、质量的影响及效应可能在不同地区呈现较大差异。由此,本研究将总体样本又分为东部、中部、西部(不包括港澳台以及西藏),进一步考察不同地区数字经济发展对就业总量、结构、质量的影响及效应,对这一异质性的揭示或许更具政策蕴含。具体实证结果见表6。

表6 分区域检验结果

	东部地区			中部地区			西部地区		
变量	总量(1)	结构(2)	质量(3)	总量(4)	结构(5)	质量(6)	总量(7)	结构(8)	质量(9)
被解释变量：就业总量、就业结构、就业质量									
$lnde_{i,t}$	−3.34***	1.72***	3.11***	−2.91**	0.85*	1.34**	3.88***	1.34***	0.55***
	(0.34)	(0.11)	(0.17)	−1.22	−0.45	−0.56	−0.85	−0.30	−0.14
控制变量	控制	控制	控制	控制	控制	控制	控制	控制	控制
地区效应	控制	控制	控制	控制	控制	控制	控制	控制	控制
时间效应	控制	控制	控制	控制	控制	控制	控制	控制	控制
$R2$	0.92	0.79	0.88	0.92	0.42	0.88	0.91	0.70	0.98
N	110	110	110	90	90	90	100	100	100

注：***、**、*分别表示在1%、5%、10%水平上显著。

估计结果显示：就就业总量而言，数字经济发展显著抑制了东部和中部地区的就业总量增长，且东部地区的抑制效应更为突出。而在西部地区，数字经济发展则显著促进了就业总量增长。主要原因在于就就业结构而言，三大地区数字经济发展均显著促进就业结构的转型，即引致第一产业就业人口向第二、第三产业流动，比较而言，东部地区数字经济发展的就业结构效应最为明显，其次为西部地区，中部地区最低。就就业质量而言，三大地区数字经济发展均显著提升了以薪酬福利水平为表征的就业质量，从估计系数看中部和东部地区最为突出。

参照全国层面基准回归结果，分地区检验的结果在就业结构和就业质量上与全国具有高度的一致性，而就业数量的回归结果具有较大的不一致性，表现为西部地区数字经济发展的就业数量增长效应显著为正，而全国、东部以及中部地区均显著为负。其中的原因可能是，数字经济发展水平相对较高的东中部地区，因数字经济发展挤出的劳动力回流至西部地区，特别是原有从西部地区到东部、中部地区跨区域流动的劳动力，因整体技能素质较低，难以适应数字经济融入较深的产业对人才素质的需求，而大幅回流至数字经济发展水平相对较低的西部地区。

五、重庆市数字经济就业发展态势及研究趋势

（一）重庆市数字经济就业发展态势

1. 重庆市数字经济就业特征

伴随新一轮科技革命和产业变革的兴起，大规模生产进一步降低工作岗位的体力要求，计算机辅助办公、人工智能极大降低了工作岗位的智力要求，

推动数字经济就业岗位呈现新的特征。为全面深入把握重庆市数字经济就业发展的新特征,2021年5月至10月,课题组专门对重庆市辖区内京东、菜鸟、树根互联、紫光云、浪潮云等9家从事数字经济相关企业以及重庆市人才大市场集团、重庆猎杰等6家人力资源服务企业的HR及高管进行了专题访问或座谈,从定性的角度对重庆市数字经济就业的特征进行描述性分析。具体情况如下。

(1) 数字经济岗位需求多元倾向明显,就业吸纳能力相对较强

总体而言,数字经济岗位对就业门槛要求逐步降低,岗位要求具有多元化特征。具体而言,数字经济岗位对学历的要求并非主要局限在高学历,对中低学历的需求也比较明显。数字技术研发相关岗位通常要求具备本科及研究生学历,而对于数字经济技术技能操作性岗位,通常要求本科乃至专科学历。这说明数字经济就业岗位不仅面向高端人才,也面向大专乃至中等教育劳动者群体。特别是针对外卖、滴滴等灵活从业人员,几乎不太关注学历要求。就从业经验要求而言,数字经济就业岗位对工作经验需求较为宽松,有助于吸纳广泛就业群体。从招聘要求中的工作经验来看,数字经济就业岗位对于工作年限要求也呈现多样化特征,对于数字经济管理类或市场类岗位,通常要求应聘者具有2~5年的工作经验,对于技术研发、技术操作类、业务配送等岗位,大多对应聘者的工作经验并未做硬性要求。工作经验要求的多样化降低了"转行"劳动者的准入门槛,给予了更多不同技能水平劳动者寻找相关就业岗位的机会,有助于更多劳动者主体尝试和投入到数字经济工作中,有利于促进就业结构升级和国民数字技能的全面提升。

(2) 就业薪资丰厚,人才吸引能力增强

人工智能、大数据、云计算、物联网等新兴产业领域成为求职新热点,技术岗位就业需求快速扩大,吸引了大批优秀从业者进入,拉动了数字经济就业薪资和教育回报水平,助推了就业结构优化。

就业平均薪酬水平较高,有利于吸引人才。据参与调研或座谈的HR反映,数字经济就业岗位的平均月薪大致在6 000~12 000元,在同一企业内部的同一学历、同一层级,数字经济岗位薪酬普遍高于其他岗位薪酬的20%~30%。京东、顺丰、美团等平台企业的灵活从业人员,中低层次的数字经济岗位薪酬也达到6 000~9 000元/月的水平。较高水平的薪资更有利于吸引人才,形成人才集聚和产业优化的良性循环。同时,在调研中也发现,随着学历水平提升,数字经济就业岗位工资水平呈现逐级增长现象,学历的教育回报显著提高。数字经济岗位较高的教育回报有利于吸引海内外高端人才进入

数字经济相关行业,并且激励更多劳动者自我学习及主动参与职业培训等,提升数字技能。

(3) 工作方式灵活,兼职岗位需求旺盛

近年来,电商、O2O、共享经济、平台经济等行业快速发展,以门槛低、时间灵活等优势,催生灵活性就业空间,推动岗位需求向更加灵活化发展。兼职岗位招聘人数众多,就业需求旺盛。当然,全职岗位的需求仍占主导地位,兼职岗位通常集中在数字产品开发、数字传播类企业以及从事低端的平台企业等,兼职岗位的主要支付方式包括计件支付、按月支付、按周支付、按日支付、按小时支付。其中,绝大多数兼职人员按照计件支付和按日支付方式获得薪酬,仅仅极少部分兼职招聘人员按月获取报酬。这显示兼职招聘以临时性、弹性工作为主,方便就业人员利用闲暇时间甚至碎片化时间获取报酬,适合需要补贴家用、兼顾家庭和工作的劳动者,也为处于求职期的劳动者提供了缓冲。

2. 重庆市数字经济就业重点领域分析

数字技术与实体经济深度融合催生出许多新产业、新业态和新模式。一方面,数字经济就业关注度持续上升。热门岗位持续催生。另一方面,数字经济就业吸纳能力持续增加。岗位以门槛低、时间灵活等优势,为社会提供更多、更便捷的就业机会,吸纳特殊群体广泛参与就业。

调研中发现,数字经济热门岗位仍以技术类岗位为主,岗位需求量最大。总体来看,开发、设计、测试、分析等岗位需求量较大,Java、PHP 等编程语言类以及 Android 和 Linux 等相关岗位需求量同样很大。从具体岗位来看,开发工程师、设计/美工师岗位数量最大。此外,软硬件测试员、数据分析员、算法研究员/工程师、架构师等也属于热门岗位。

新型岗位大量涌现,岗位类别呈现多样化。特别是从事零工经济、平台经济、共享经济的企业或平台性企业,网络销售、网络运营、淘宝客服、短视频审核、数据标注、外卖骑手等新型岗位不断涌现,使得销售类、运营类、服务类、管理类等多类型非技术类岗位也成为热门岗位。比如,为保障短视频发布的质量和规范,短视频网站多采取算法审核和人工审核相结合方式进行审核,短视频审核师成为热门兼职职业。岗位间薪资差距较大,高端技术岗位人才仍稀缺。以热门技术类岗位为例,设计/美工师等为代表的中低端技术类岗位平均月薪分别达到 8 000~9 000 元,而开发工程师和数据分析员等中端技术类岗位平均月薪可以达到 15 000 元,岗位薪资水平差距明显。算法研究员/工程师、架构师等高端技术类岗位,平均月薪可高达 25 000 元以上。

随着大数据、人工智能、区块链等新兴技术发展,重庆市数字经济中高端岗位优秀人才仍将稀缺,未来技术岗位的丰富性和待遇有望持续上升。

在访谈中,我们也发现岗位要求兼顾硬实力和软实力,对从业者心理素质要求较高。一方面,招聘岗位对于人才技能等硬实力具有硬性要求,如Java、CAD、Python、PHP、SEO等技能要求。另一方面,对于从业者的社交能力、心理素质等软实力要求同样注重。岗位要求中抗压能力、沟通能力、团队合作、责任心、创造力等成为重点考察内容,表明较多数字经济相关岗位工作强度较大、工作内容较为复杂,需要从业者具备较强的心理素质、沟通能力、分工合作能力等,能够胜任具有挑战性、创造性工作。

(二) 数字经济就业演进趋势

近年来,数字经济蓬勃发展,新模式新业态不断涌现,催生大量吸纳就业的新市场主体,成为带动新增就业的主力军,推动形成就业新趋势。

1. 从固定就业到弹性就业

越来越多的劳动者不再拘泥于单一的工作岗位,在空余时间去尝试更多的可能性,充分释放丰富的创造力和创意,激发零工经济等弹性就业模式,带动从固定就业向弹性就业转变。近年来,自由职业者等弹性就业人群不断扩大,利用自身空余空闲的资源、特长,从事擅长的工作从而获取报酬,实现个体价值成为年轻人就业的新风尚。与传统的打零工不同,数字经济时代的零工就业工作内容丰富,从业者可应用自身知识、技能、经验等提供服务换取报酬,在工作的同时获得个人成就感、幸福感、尊严感。这表明,数字经济就业模式具有工作时间自主、工作空间自由、兴趣驱动、自主性强等特点。对于中高端技能的劳动者来说,有助于劳动者平衡生活与工作,并充分发挥劳动者才能,满足劳动者自我实现需求;对于低端技能劳动者来说,可以减少企业方用工成本,有助于企业方降低招聘门槛和扩大招工需求,为劳动者创造更多就业机会和创收机会。

2. 从线下就业到线上就业

近年来,依托互联网平台发展,形成了由商品供给方、平台提供方、平台运营方、商品购买方等多方参与的平台经济体系,创造和优化了大量工作需求,提供大批就业机会,促进了由传统岗位向新兴平台岗位的就业结构变化。以电商平台为例,电商平台不仅为交易双方提供了更广阔的交易渠道,更带动了销售人员、物流人员等的就业;同时网店需要定期进行商品图片上传、商品内容编辑、公众号推广、实时客户咨询等工作,也带动了网店运营、客户服务、培训管理等相关就业。与工厂制下的传统工作相比,基于平台经济等的新兴就业，工作内容丰富、工作时间灵活，对于就业者的沟通能力、数字技能和专业知识提出了不同要求，为不同层次群体提供更加自主、多元的就业机会。

3. 从单一就业到多元就业

近年来，共享经济快速兴起，在交通、旅行、物流、教育、日用品等领域的共享模式层出不穷，尤其在生活服务业领域，通过网络平台集聚创造了外卖骑手、网约车司机、网络直播、网络安全员等可以大量吸纳中低收入人群就业的新型岗位，为求职者提供广泛就业机会。这些岗位普遍存在三方面特征：一是就业门槛低，对学历和过往工作经验要求少，符合条件的求职者可以通过短期培训快速上岗，可以吸纳大量退役军人、扶贫人员、进城务工人员等。二是时间空间限制少，可以满足无法全职工作人群的需要，同时可以为短期失业、拓展副业等人员提供就业选择，对于稳定社会安全意义重大。三是与传统企业的雇用就业不同，平台就业者与平台普遍签订服务合作协议而不是劳动合同，这些平台就业者更像是独立承包商而非平台员工，传统的雇用就业模式被打破。

4. 从技术就业到复合就业

近年来，云计算、大数据、物联网等一大批通用目的技术逐步由行业内技术创新走向融合创新，与经济社会各领域深度融合，产品和业务范围迅速扩展。相应地也带来了就业需求的结构性变化，呈现从技术就业向融合就业转变的特征。区块链技术是典型代表。区块链凭借分布式存储、去中心化、不可篡改、公开透明等技术优势，被越来越多行业探索及应用。基于区块链的数据存储、档案管理、物品追溯、产权保护和防伪等一二三产业加快应用，极大地增加了对于复合型就业人才需求。例如，区块链相关技术岗位不仅需要精通一种或多种编程语言，而且需要精通区块链的底层原理以及应用场景的业务逻辑，区块链相关服务类岗位则需要精通客户关系、管理实践以及技术发展态势、行业痛点等。伴随区块链技术加速成熟，掌握区块链技术和产业知识的复合型人才将备受劳动力市场青睐，并带动学校教育、就业培训、咨询规划，人才管理等优化升级。

六、数字经济背景下重庆市促进高质量就业的对策建议

重庆市数字经济发展中面临关键数字技术基础研究较弱、数字经济融合渗透深度不够、区域发展不平衡、高级人力资本不足以及制度体系不完备等问题，要在数字经济领域实现更充分更高质量就业，需要深入洞悉数字化及

就业发展趋势,通过多种措施促进高质量就业。针对目前数字经济下所面临的就业问题,建议如下:

(一)大力扶持数字经济和平台建设,鼓励新就业形态的发展

数字经济运行的两大底层核心逻辑是基础性硬件和基础性软件。基础性硬件需要基础性软件才能全面释放物理性能,而基础软件是在硬件基础上搭建生态系统。目前我国多数科技公司是在硬件基础上的再次技术创新,利用市场规模的优势,在应用场景维度进行平台维度的开发。即我国在基础软件上发展较好,但在"基础性硬件"这类"硬科技"领域的发展状况依旧困难重重。

"卡脖子"技术问题这类国际教训也告诫我们,在数字经济硬科技领域开发和追赶,有着时不我待的紧迫感。最重要的是加大数字技术基础硬件研究和关键数字技术创新投入,特别是量子计算、超导芯片、区块链等领域,为新产业、新业态、新模式增强就业吸纳能力提供重要支撑。同时,可以采取有助于推动产学研合作、战略性前沿核心技术攻关的相关政策,如提高研究开发费用税前加计扣除比例、鼓励数字技术国际合作投入、支持数字企业构建研发中心、加大对全球高端生产要素和人力资本的投入等。

在基础软件发展方面,依旧需要持续加大数字经济平台建设力度。一方面,支持全国各类平台企业挖掘、吸纳灵活就业的有关政策,推动线上线下"两线"融合,推动传统实体企业转型发展,建设跨界交叉领域的创新服务平台,促进数字化进程与服务水平。另一方面,平台企业应不断深化平台经济发展,积极探索符合平台、从业者、买方三方利益的新的经营模式,承担相应法律责任与社会责任,积极利用自身优势资源参与社会治理,加强对新业态劳动者的法律保障。

(二)加强数字经济领域复合型人才培养,为数字经济下的就业市场提供智力保障

面对数字化就业人才市场的需求急剧增长,以提高就业质量为前提,需要通过相关政策手段加强对数字经济领域复合型人才培养。人才是成为数字化发展的重要因素,高校科研院应通过科学的课程和配套的标准,围绕数字经济领域基础研究、技术创新等设置新兴专业,打造数字专业型人才培养的相关知识体系,帮助国家输送专业的数字领域人才。在数字经济领域实施创新型产教融合项目,不断提高人才的综合培养能力,支持重点企业参与数字经济领域人才培养,增强职业技能培训的针对性,创新培训形式,加强数字经济领域应用型人才的供给。完善人才发展、评价和激励机制,营造更好的

数字人才发展环境，提高对数字人才的吸引力和竞争力，提高低技能劳动者适应数字经济发展的能力，最终形成多层次、全方位的人才培育体系。

（三）推进各类产业之间深度融合，提升就业创业新空间

大力实施数字产业化和产业数字化"双轮驱动"，打造高能发展引擎，进一步促进数字技术与服务业、制造业、农业的深度融合，带动更多劳动者转岗提质就业，提升就业创业新空间，引领经济创新发展、绿色发展、高质量发展。

深入推动互联网、大数据、人工智能与制造业深度融合，全面实施"数字技术+先进制造""大数据+产业集群"等战略规划，进一步优化税收营商环境，激发市场主体活力。要利用新技术、新应用对传统制造企业进行网络化、数字化、智能化的转型升级，将数字化融合在生产制造的各个环节。依托数字产品和数字服务，让优势产业和产业集群的产业链更长更好，在拓展产业链条中带动更多劳动力转岗就业，带动其他产业主动融入新一轮科技革命和产业变革，延伸到服务业产业链。抓好重点领域如工业设计、金融服务、现代物流、供应链管理等生产性服务业数字化与新一代信息技术深度融合发展。探索数字农业发展道路，推进农业数字化、网络化、智能化，提高农业生产智能化和经营网络化水平，实施数字乡村发展战略。各类产业之间深度融合，加快产业结构优化升级，大力扶持数字经济创新创业活动，营造富有活力的数字经济创新创业环境，带动更多数字经济领域就业创业。

（四）完善数字经济的区域布局，优化区域数字就业发展不平衡

目前，重庆市数字经济发展的区域、城乡之间的不平衡，所造成的数字经济就业区域差异性较大。因此，应支持探索彰显区域特色优势的数字经济发展试点，推进数字经济领先区域的发展经验与模式向落后区域辐射，推进数字经济协同发展。

支持各区域基于优势产业，打造具有区域特色的数字经济产业和数字经济发展高地，建设数字经济新兴产业集聚区。加大对落后地区5G基站、大数据中心等新一代信息通信网络基础设施的建设，为带动落后地区共享"数字红利"奠定物质基础。

（五）健全数字经济就业协同发展顶层设计，加强数字经济就业治理体系建设

支持和规范新就业形态发展，探索促进和完善新就业形态发展的相关政策，明确非标准工作下的平台企业、劳动者的权利义务，保护劳动者和企业的正当权益。面对数字经济下的就业市场，需要多方共同参与、协同治理。

政府需要对新型劳动关系进行有效规范与监管，逐步解决和完善补位性、底线性和保障性的新就业形态下的法律法规问题。持续深化"放管服"改革，从降门槛、强扶持、优服务、促孵化四方面支持自主创业、多渠道灵活就业；完善企业劳动用工、工资支付等有关劳动基准问题，落实财政税收、金融等政策对企业和就业的支撑作用，促进新形态下劳动者创业就业；完善适应灵活就业人员的社会保障制度，依托互联网平台实现"网上社保"，拓宽社会保障、失业工伤保险覆盖范围，解决户籍障碍，维护灵活就业人员合法权益。出台大数据安全保障、在线消费者保护等数字经济相关法律法规，加强对平台企业的监管和引导，建立新就业形态权责明确、保护有效的标准体系，促进公平有序竞争，提供充足就业市场空间。

对平台企业而言，需加强内生性治理，主动履行社会责任。平台企业应依法依规完善服务协议和交易规则，不断改进管理、技术及收费标准，灵活就业者提供多层次保障，积极参与数字经济领域国际技术标准，为新就业形态创造更大更健康的发展空间。

参考文献

[1] Tapscott, D. (1996), The Digital Economy: Promise and Peril in the Age of Networked Intelligence, McGraw—Hill.

[2] IMF (2018), Measuring the digital economy, IMF Policy Paper, Na 022818.

[3] 中国信息通信研究院，2020：《中国数字经济发展白皮书 (2020年)》，7月3日

[4] 李晓华. 数字经济新特征与数字经济新动能的形成机制 [J]. 改革，2019 (11): 40-51.

[5] 汪阳洁，唐湘博，陈晓红. 新冠肺炎疫情下我国数字经济产业发展机遇及应对策略 [J]. 科研管理，2020，41 (6): 157-171.

[6] Katz, V. (2015), Regulating the sharing economy, Berkeley Technology Law Journal 30 (6): 1067-1118.

[7] Cortes, G. M. et al (2016), Disappearing routine jobs: Who, how, and why? NBER Working Paper, Na 22918. Eurofound (2012), Trends in Job Quality in Europe, Publications Office of the European Union Press.

[8] 张新春，董长瑞. 人工智能技术条件下"人的全面发展"向何处

去——兼论新技术下劳动的一般特征[J]. 经济学家, 2019 (1): 43-52.

[9] 曹静, 周亚林. 人工智能对经济的影响研究进展[J]. 经济学动态, 2018 (1): 103-115.

[10] 王文. 数字经济时代下工业智能化促进了高质量就业吗[J]. 经济学家, 2020 (4): 89-98.

[11] Autor, D. H. (2015), Why are there still so many jobs? The history and future of workplace automation, Journalof Economic Perspectives 29 (3): 3 30.

[12] Acemoglu, D. & P. Restrepo (2018), The race between man and machine: Implications of technology for growth, factor shares, and employment, American Economic Review 108 (6): 1488-1542.

[13] 刘皓琰, 李明. 网络生产力下经济模式的劳动关系变化探析[J]. 经济学家, 2017 (12): 33-41.

[14] 丁守海, 丁洋, 吴迪. 中国就业矛盾从数量型向质量型转化研究[J]. 经济学家, 2018 (12): 57-63.

[15] 孙杰. 电子商务在乡村旅游助力精准扶贫中的应用探究[J]. 时代经贸, 2020 (3): 52-53.

[16] Lordan, G. & D. Neumark (2018), People versus machines: The impact of minimum wages on automatable jobs, NBER Working Paper, Na 23667.

[17] 方建国, 尹丽波. 技术创新对就业的影响: 创造还是毁灭工作岗位——以福建省为例[J]. 中国人口科学, 2012 (6): 34-43, 111.

[18] 杨伟国, 张成刚, 辛茜莉. 数字经济范式与工作关系变革[J]. 中国劳动关系学院学报, 2018, 32 (5): 56-60.

[19] 蔡昉. 中国经济改革效应分析——劳动力重新配置的视角[J]. 经济研究, 2017, 52 (7): 4-17.

[20] 李逸飞, 李静, 许明. 制造业就业与服务业就业的交互乘数及空间溢出效应[J]. 财贸经济, 2017, 38 (4): 115-129.

[21] Wasserman, I. M. & M. Richmond-Abbott (2005), Gender and the internet: Causes of variation in access, level, andscope of use, Social Science Quarterly 86 (1): 252-270.

[22] 毛宇飞, 曾湘泉. 互联网使用是否促进了女性就业——基于CGSS数据的经验分析[J]. 经济学动态, 2017 (6): 21-31.

[23] 安紫瑶, 王宏阳, 徐瑶, 等. 吉林省高校大学生就业区域流向影响

因素及针对性策略研究[J]. 中国市场, 2017（5）：214-215.

[24] 刘军, 杨渊鋆, 张三峰. 中国数字经济测度与驱动因素研究[J]. 上海经济研究, 2020（6）：81-96.

[25] 贾奇. 中国数字经济发展水平测度及其影响因素统计分析[D]. 沈阳：辽宁大学, 2020.

[26] 熊励, 蔡雪莲. 数字经济对区域创新能力提升的影响效应——基于长三角城市群的实证研究[J]. 华东经济管理, 2020, 34（12）：1-8.

[27] 郑剑, 武美铮, 胡佳怡. 数字经济推动区域经济发展研究——以黑龙江省为例[J]. 经济研究导刊, 2021, 469（11）：44-46.

[28] 白俊红, 刘宇英. 对外直接投资能否改善中国的资源错配[J]. 中国工业经济, 2018, 358（1）：60-78.

[29] 崔书会, 李光勤, 豆建民. 产业协同集聚的资源错配效应研究[J]. 统计研究, 2019, 329（2）：76-87.

《数字经济背景下促进高质量就业的政策研究》课题组成员名单

课题组长：

熊荣军（重庆市人才研究和人力资源服务协会副会长兼秘书长）

执行组长：

王亚飞（重庆师范大学教授）

课题组成员：

姚映远（重庆市人才研究和人力资源服务协会副秘书长）

王怀玲（重庆市人才研究和人力资源服务协会部长）

涂云利（重庆市人才研究和人力资源服务协会副部长）

本课题为中国人事科学研究院与重庆市人才研究和人力资源服务协会合作完成。

云南新就业形态对人力资源服务业的影响研究[①]

提　要：近年来，随着新技术的应用，新就业形态呈现井喷态势，但也对人力资源服务业提出了挑战。本文从实证研究的角度，通过走访云南部分新就业形态主管部门和企业，与企业人力资源主管、新就业形态从业者和人力资源主管部门负责人等进行调研访谈，以期摸清云南新就业形态和人力资源服务业的发展现状，找出存在的问题，提出解决策措施建议或方案。

关键词：新就业形态　人力资源服务业　影响　云南

我国发展进入新时代以来，新经济、新模式、新业态呈现井喷态势，新就业形态也孕育而生。随着以国内循环为主，打造国内国际双循环，加之新冠肺炎疫情防控常态化，新就业形态也更加多样、更趋细化，同时，对于人力资源服务业的交互影响也不断加深。对云南新就业形态和人力资源服务业发展而言，既是机遇，也是挑战。如何应对，就成为具有现实意义的迫切问题。

一、云南新就业形态和人力资源服务业的发展现状

为了摸清云南新就业形态和人力资源服务业的发展现状，我们先后走访昆明、曲靖、楚雄、大理等地的人力资源主管部门、部分新就业形态企业和从业人员，参观了新就业形态企业的运行模式。在取得大量一手资料的同时，对云南新就业形态和人力资源服务业的发展现状进行了认真梳理。

[①] 本文系中国人事科学研究院 2021 年度研究课题《云南新就业形态对人力资源服务业的影响研究》报告的部分内容。

（一）云南新就业形态的发展现状

经调研和分析，云南新就业形态的发展现状主要呈现以下几个方面。

1. 云南新就业形态发展较为迅速

云南新就业形态呈现快速发展状态。一是新兴的网络平台和平台经济普遍采用新就业形态，劳动用工不断上升。比如美团，从2011年进入云南的不到100人，发展到2020年的800人左右，增长了8倍。二是一些传统企业也开始采用新就业形态用工。例如中国邮政昆明分公司，已在昆明所有邮政网点使用新就业形态用工，取代原有的用工形式。三是新就业形态主体不断增加。调研中发现，除全国性的美团、顺丰快递等新兴企业不断进驻云南各州市外，云南当地的一些诸如网络直播、文化传媒和信息技术应用等企业也如雨后春笋般不断涌现。

2. 云南新就业形态企业用工的变化

云南新就业形态的用工呈企业自有员工不断减少、灵活用工不断增加的状态。按照《劳动合同法》的规定，自有员工一般在90%以上，只有10%以内的辅助性、临时性、可替代性等工作岗位，可使用劳务派遣等灵活用工形式。而新就业形态下的企业主要使用的是临时性、灵活性用工，原有的企业与职工签订劳动合同的用工不到10%，甚至更低。例如，圆通速递大理某网点，有员工12人，其中与圆通速递签订劳动合同的仅1人；美团在昆明仅有4人为签订劳动合同的自有员工，其他近1 000人，均采用灵活用工、服务外包和合作经营等方用工。

3. 云南新就业形态企业的产业分布状态

尽管云南新就业形态企业发展较为迅速，但在全国新就业形态的布局中，主要处于中低端。一是全国性新就业形态企业的总部或核心部门不在云南。拼多多、美团、滴滴等总部或研发中心均不在云南。云南仅仅是这些企业在全球或全国布局中的一小部分。二是云南新就业形态企业从事的行业处于中低端。云南新就业形态企业大部分集中在外卖、快递等低端服务业，缺乏核心技术外包、高端服务业等新就业形态企业或平台。无论是对高质量就业，还是高质量产业发展，其作用都是有限的。

（二）云南人力资源服务业的发展现状

1. 行业规模持续扩大

从机构数量来看，截至2020年年底，云南共设立各类人力资源服务机构2 434家，同比增长20.85%。从从业人数来看，全省人力资源服务行业从业人员共有4.09万人，同比增长5.7%。从营业收入来看，2020年全省人力资源服务行业营业收入为203.88亿元，同比减少7.39%。从数据可以看出，2020年云南省人力资源服务行业总体规模呈现"两增一减"的特点，机构数量和从业人数持续稳步增长，但营业收入略有减少，原因主要是受新冠肺炎疫情影响，部分人力资源服务业务没有完全开展（见图1）。

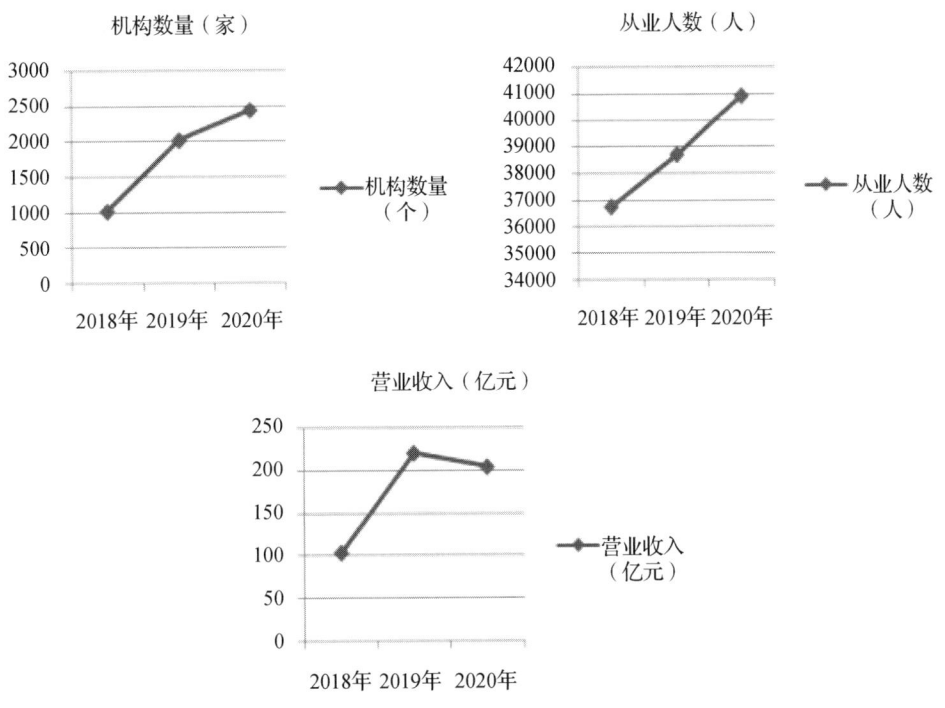

图1　2018—2020年云南人力资源服务行业机构数量、从业人数、营业收入及增长情况

2. 服务业态更加完善

2020年，云南各类人力资源服务机构举办现场招聘会9 872场，同比增长26.05%；提供招聘岗位369.49万个，同比增长15.38%；吸引求职人员203.81万人，同比减少8.99%；通过网络发布招聘岗位信息188.19万条，同比增长56.65%；发布求职人员信息121.77万条，同比减少3.97%；为1.4万家单位提供劳务派遣服务，同比增长8.84%；共派遣劳务人员36.63万人，同比增长30.85%；为6.34万家单位提供人力资源管理咨询服务，同比增长76.82%；为0.82万家单位提供人力资源外包服务，同比增长54.53%；举办各类培训3.44万次，同比增长16.95%；培训人员177.32万人（次），同比增长1.01%；开展人才测评服务39.56万人（次），同比增长60.36%；通过高级人才寻访服务成功推荐各类高级人才1.9万人，同比增长12.68%。从数据可以看出，云南人力资源服务已基本涵盖主要业态，各类业务在数量上均实现了增长，人才测评、高级人才寻访、人力资源管理咨询等高端业态增长比较迅速，说明行业发展更加成熟和稳健（见表1）。

表1　2018—2020年云南人力资源服务各类服务业态业务量增长情况

服务业态 统计年度	现场招聘会（场）	提供招聘岗位（万个）	吸引求职人员（万人）	网络发布招聘岗位信息（万条）	发布求职人员信息（万条）	劳务派遣服务单位（万家）	劳务派遣人员（万人）	人力资源管理咨询服务单位（万家）	人力资源外包服务单位（万家）	举办各类培训（万次）	培训人员（万人）	人才测评（万人）	高级人才寻访服务成功推荐（万人）
2018年	6 409	271.19	252.67	121.68	95.71	1.41	26.77	4.97	1.30	1.40	105.59	89.48	1.32
2019年	7 832	320.23	223.94	120.14	126.81	1.29	27.99	3.59	0.53	2.94	175.54	24.67	1.68
2020年	9 872	369.49	203.81	188.19	121.77	1.40	36.63	6.34	0.82	3.44	177.32	39.56	1.90
2020年同比增长	26.05%	15.38%	-8.99%	56.65%	-3.97%	8.84%	30.85%	76.82%	54.53%	16.95%	1.01%	60.36%	12.68%

3. 从业人员素质不断提高

从学历层次看,硕士及以上学历458人,占从业人员总数1.12%,占比同比减少0.05%;本科学历1.41万人,占从业人员总数34.48%,占比同比增长9.5%;大专及以下学历2.63万人,占从业人员总数64.4%,占比同比减少9.46%。从职业资格看,取得职业资格1.05万人,占从业人员总数25.57%,占比同比减少11.74%。从数据可以看出,云南人力资源服务行业从业人员学历结构进一步优化,本科层次从业人员的数量和比例都有明显提升,但从业人员中取得职业资格人数减少,分析其原因,主要是"放管服"改革降低了对从业人员职业资格的要求,且相关认定已退出国家技能人员职业资格目录(见图2)。

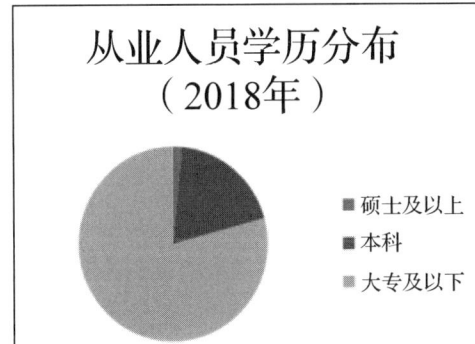
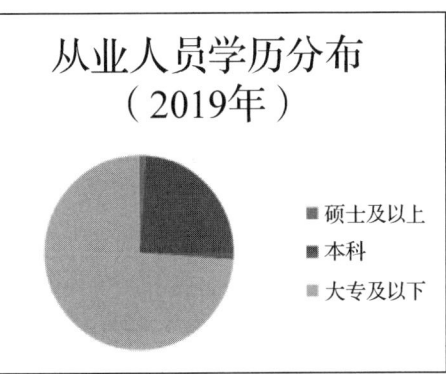
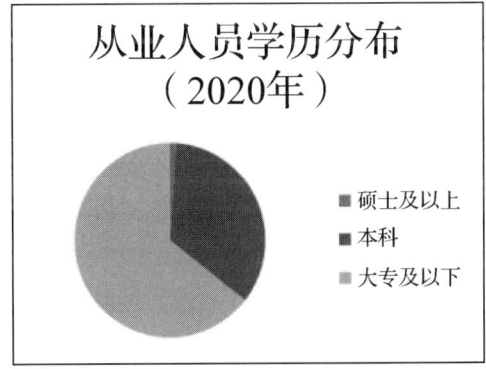

图2 2018—2020年云南人力资源服务从业人员学历分布情况

4. 市场活力持续增强

从机构数量来看,云南经营性人力资源服务机构共有2 004家,占人力资源服务机构总数的82.33%,占比同比增长10.93%。从从业人数来看,云南经营性人力资源服务机构从业人员共有3.31万人,占从业人员总数的80.82%,占比同比提高1.09%。从营业收入来看,云南经营性人力资源服机构年度营业收入200.9亿元,占年度营业收入总数的98.54%,占比同比增长2.59%。从数据可以看出,经营性人力资源服务机构的数量、从业人数和营业收入占比进一步提高,其行业主力军地位更加凸显,说明市场在促进人力资源合理流动和优化配置方面扮演着越来越重要的角色(见表2)。

表2　2018—2020年云南经营性人力资源服务机构占比增长情况

统计年度 \ 主要指标	经营性人力资源服务机构数量（个）	占比	经营性人力资源服务机构营业收入（亿元）	占比	经营性人力资源服务机构从业人数（万人）	占比
2018年	673	65.92%	100.52	97.31%	2.45	66.64%
2019年	1 438	71.40%	211.22	95.95%	3.08	79.73%
2020年	2 004	82.33%	200.90	98.54%	3.31	80.82%
2020年占比同比增长	10.93%		2.59%		1.09%	

5. 区域发展不够均衡

从机构数量来看,云南16个州市分布为昆明1 207家,占49.59%,几乎占据半壁江山。从从业人数来看,昆明17 265人,占42.22%,曲靖4 215人,占10.31%,德宏6 437人,占15.74%,其他州市占比均未超过10%。从营业收入来看,昆明134.95亿元,占66.19%,其他州市占比均为10%以下。从数据可以看出,昆明在机构数量、从业人数、营业收入等方面依然是"一家独大",且所占比例明显超过GDP所占比例,说明人力资源服务行业区域发展不够均衡,部分州市市场建设和行业发展还有较大提升空间(见图3)。

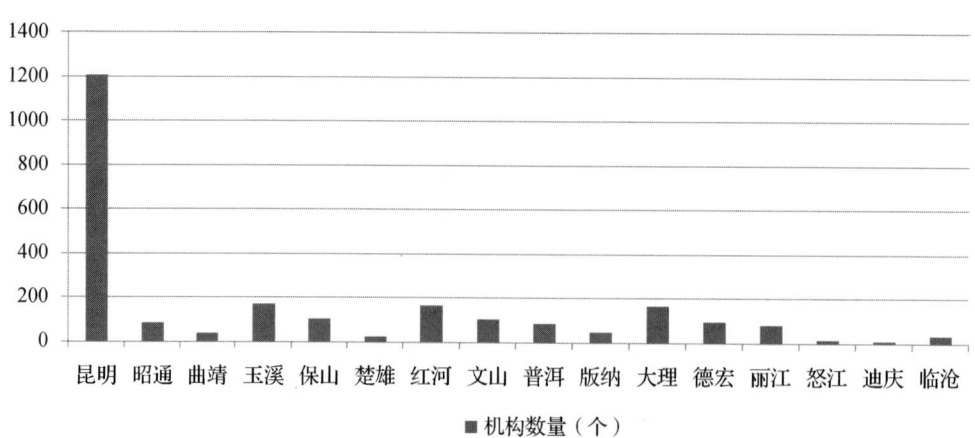

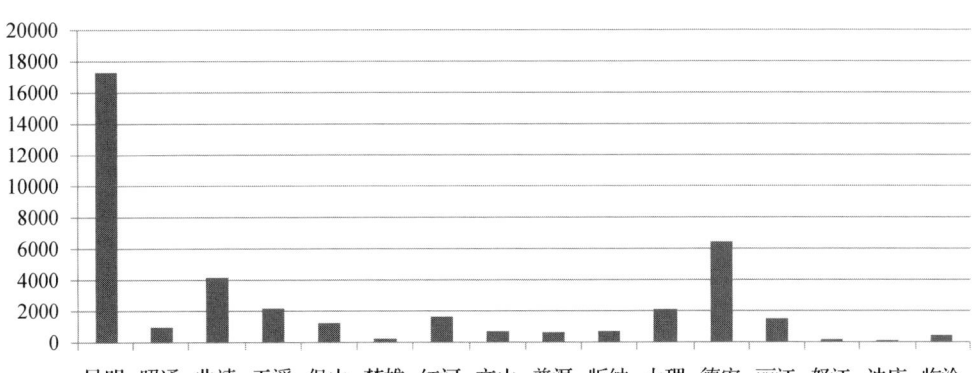

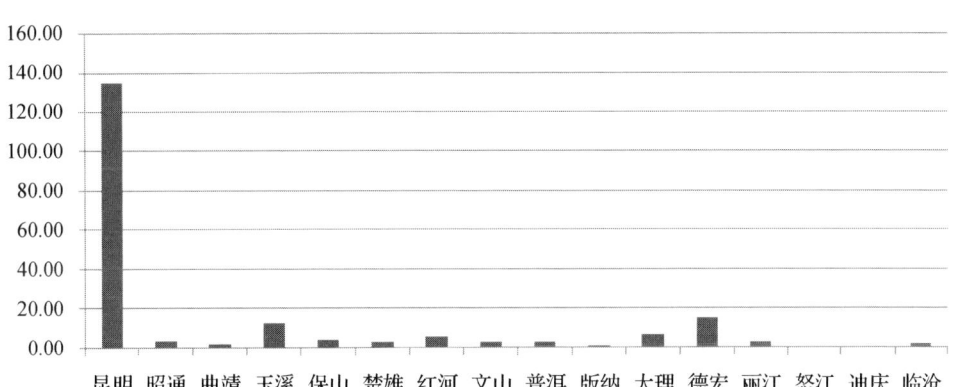

图 3 2020 年云南各州市人力资源服务行业主要指标对比

（三）云南新就业形态与人力资源服务业的相互影响

云南新就业形态与人力资源服务业不断呈现相互影响且日益加深的趋势。

1. 新就业形态对人力资源服务业的影响

随着新就业形态的发展，传统人力资源服务业帮企业找员工、帮劳动者找工作的运行状态被打破。一是云南新就业形态，除通过人力资源服务企业招募工作人员外，还通过自主的技术手段和（或）App 招募工作人员，全部或部分绕开了人力资源服务企业。二是新就业形态灵活用工大量增加。由于云南新就业形态主要集中在投递、外卖等服务业，呈现工作可替代性强、技术技能要求低、平台派单随机等特点，造成人员流动性大。例如，美团昆明小西门网点外卖投递人员，每天约为 50 人，但仅有 50% 为上个月在岗人员，人员月流失接近50%；顺丰快递麒麟区某投递点，每天工作约20人，仅有70%为上个月在岗人员，人员月流失接近30%。

2. 人力资源服务业对新就业形态的影响

云南人力资源服务业也在一定程度影响着新就业形态。一是部分有专业技能需求的新就业形态企业需要人力资源服务业的支持。比如，云南滇约出行公司因业务发展迅速，需要人力资源服务企业为其招募司机。二是人力资源服务业在很大程度上制约着新就业形态的劳动用工。由于云南新就业形态劳动用工的工资收入不尽如人意，加上部分新就业形态的工作环境和工作状态较差，在人力资源服务企业推荐岗位时，对部分新就业形势劳动用工岗位采取靠后处理的方式，甚至直接反对求职者入职新就业形态工作岗位。

3. 新就业形态与人力资源服务业的相互影响日益加深

随着经济社会发展，二者的相互影响呈现日益加深的趋势。一是新就业形态将向更多的产业延伸。除新设立的平台经济、网络经济外，一些传统的生产、物流等企业也开始或深度参与新就业形态劳动用工。二是人力资源服务企业自身的发展需要与新就业形态紧密合作。新就业形态的不断壮大，为人力资源服务业提供了更广阔的发展平台，二者相互排斥将导致双输，二者的合作将带来双赢。

二、研究中发现的主要问题

无论是云南新就业形态行业，还是云南人力资源服务行业，在促进经济社会发展的同时，也存在一些问题。有些是共性问题，有些是个性问题；有些问题是其自身存在的，有些是在相互作用中形成的；有些问题影响的是企业自身的发展，有些问题则影响到其他行业或者劳动者权益。

（一）新就业形态行业责任不明确

通过对行业主管部门和相关企业、机构和工作人员的走访、座谈和调研，我们发现，云南新就业形态企业的责任不明确。

1. 云南新就业形态行业的社会责任不明确

在调研中普遍存在一种观点，新就业形态企业或机构凡是总部不在云南的，普遍认为自己是外省企业，希望得到云南从政府到社会的接纳，以期发展壮大；云南本土的新就业形态企业或机构，主要是希望得到政府的扶持或政策支持来发展壮大自己。对企业或机构本身的社会责任不明确，或者说缺乏社会责任感。新就业形态行业，或只关心自身的经济利益和发展目标，或不知怎样参与自身发展相关的社会建设。

2. 云南新就业形态行业对职工的责任不明确

由于新就业形态企业或机构存在多种劳动用工形式，导致这些企业或机构对职工的责任不明确。一是回避签订劳动合同。如滇约出行每天工作人员约为1 500人，真正与公司签订劳动合同的职工不足500人。二是大多数平台或机构回避员工权益。因为没有签订劳动合同，也就不会为职工购买"五险一金"，不利于职工权益保障。如在职工发生工伤时，难以兑现工伤保险待遇，甚至于法院的判决书也难以执行。

3. 劳动用工管理不规范

一些企业、用人单位不依法与劳动者签订劳动合同，只对原有职工签订劳动合同，对农民工、季节性用工则不签劳动合同；任意侵害劳动者的合法权益，超时、超限工作，随意克扣、拖欠工资等，影响了职工的就业稳定和对企业的归属感，影响了职工长期服务企业的工作热情和职业规范化，也不利于企业的长期发展。

（二）人力资源服务企业参与新就业形态的难度加大

人力资源服务业本来是为劳动者和用人单位提供相关服务，从而促进人力资源有效开发与优化配置的服务行业。但随着新就业形态的扩展，人力资源服务企业参与新就业形态的难度不断加大。

1. 二者的合作难度加大

从总体上来看，人力资源服务企业通过服务新就业形态企业或平台，能够取得一定的经济效益。新就业形态的企业或平台，在很大程度上也需要人力资源服务行业的支持。但在具体的合作上，新就业形态企业或平台与传统的人力资源服务业也存在一定的竞争。有的新就业形态平台本身就冲击着人力资源服务业。一是新就业形态企业或平台的从业者流动较快带来的挑战。二是为新就业形态企业或平台招聘人才的利润在下降。

2. 二者的互信不够

由于新就业形态的企业或平台是基于新技术和互联网数据的发展而来的，属于成长和摸索中的新型就业形态。人力资源服务业还不能完全适应这种发展，也不能准确预判新就业形态的各项需求。加上新就业形态企业或平台迅速崛起和衰败的案例较多，导致人力资源服务业不能完全相信新就业形态企业或平台。同时，新就业形态企业或平台，对人力资源服务业现行的一些做法也不认可。最终导致在许多方面，二者无法达成互信。

3. 云南人力资源服务业本身的制约

云南人力资源服务业起步较晚，目前主要从事劳务外包、农村劳动力转移等中低端劳务服务和人才服务,在全国人力资源服务行业中处于弱势地位,在整个产业链的前端参与较少,与国内国际双循环条件下高质量发展人力资源服务业的要求尚有差距。加上他们也不能满足新就业形态的人力资源需求,这种由于自身短板造成的原因,也是云南人力资源服务业无法深度参与新就业形态的制约因素。

(三) 劳动者诉求多样性带来的问题

云南新就业形态从业者诉求呈现多样性,这种多样性也造成了人力资源服务业发展的困难。

1. 只注重眼前利益带来的困难

部分劳动者为了拿到相对较高的工资收入,明确向人力资源服务机构和新就业形态企业表示,不用为其购买任何保险,只需多向他们支付一定的工资待遇。一些企业为了节约成本,也主动采取多支付一定的工资待遇的形式,节省原本应缴纳的五险一金等职工福利开支。

2. 过分注重保障权益造成的困难

部分劳动者过分注重对自身劳动权益的保障,会向人力资源服务和新就业形态企业或机构提出休息权、加班费、健康权等一系列要求,但与新就业形态不完成适应。例如滇约出行、滴滴等服务行业,除要求从业者24小时待命外,还会在营业场所加装摄像头、录音录像设备等,与保护个人隐私存在一定的冲突,也会造成员工投诉等问题。

(四) 对管理提出挑战

新就业形态,除了给平台机构、人力资源服务行业和从业者带来一定的困扰外,也对政府和相关部门的管理活动提出了新的挑战。

1. 政策冲突造成违法用工

部分企业反映,2018年年初以来,民政部门关于低保领取执行新的规定:领取低保的人员不能建立劳动合同或是缴纳五险,不然则取消领取资格。这样一来部分企业存在享受低保的劳动者不愿签订劳动合同,但企业因存在招工难又继续使用这部分人员,存在违法用工风险。还有,部分农民工在户籍所在地已经购买城乡居民养老保险,如果为这些人购买职工养老保险,一是由于新就业形态企业的性质,很难为其连续购买15年;二是这部分工人也无法同时享受城乡居民养老保险和企业职工养老保险。因政策冲突使部分新就业形态企业和劳动者处于两难境地。

2. 新就业形态劳动用工监管难

新就业形态存在自有员工、劳务外包人员、合作经营人员等多种形式。

一旦发生工伤、劳动争议等案件，需要花费大量的人力物力进行调查、取证、认定等工作。目前，人力资源社会保障部门的工作人员明显数量不足，技术手段也受限制，工会、劳动人事争议仲裁院、人民法院等也没有足够的人员和设备，这必然造成政府管理难、职工维权难、公司或机构的非经营成本提升等一系列问题。

3. 大部分活动游离于监管之外

由于新就业形态的特殊性，国家尚未明确如何监管，人力资源服务行业参与新就业形态大部分活动也必然游离于监管之外。人力资源服务行业、新就业形态企业或平台和劳动者之间，通过不签合同或者签订阴阳合同、合同转嫁等，使得大部分活动处于监管之外。即使有些地方部门愿意监管这样的活动，也没有明确的法律或政策支持，导致无法实施有效的监管。

三、主要问题的原因分析

针对上述主要问题，我们从企业内部发展需要、社会外部环境和它们之间的关系等角度，进行了认真的分析。

（一）新就业形态行业发展趋利避害的结果

无论是从个体还是集体的角度讲，趋利避害是天生的本能。新就业形态企业或机构的发展过程，也必然伴随趋利避害的自然选择，而最终受损害的主要是普通劳动者。

1. 强资本弱劳力的冲突不可避免

劳资冲突体现在劳动者的生存权和资本的财产权的冲突。在新就业形态下，新就业形态机构和平台掌握着大量的资金、信息和话语权。云南人力资源服务机构和普通劳动者处于相对弱势的地位，在没有规范的法律制度措施保障的条件下，必然造成部分利益受损。

2. 极力规避各种风险

云南新就业形态企业或机构，往往更倾向于采取服务外包和合作经营等模式，尽最大可能将劳动风险、经营风险和商业风险等转嫁给外部的企业或个人承担，而主要选择盈利点留给自己。这样一旦出现不利于自己的问题，大多由合作方和（或）第三方承担，而大量的利润则留给了自己。

（二）部分人力资源服务企业难于走出舒适区

这几年，云南大量的农村劳动力转移就业、企业职工培训等任务是由人力资源服务机构完成的。这些企业和机构在完成国家任务的同时，也获得了相对的收益和利润，许多企业已经熟悉了这种运作方式。在新就业形态对人力资源冲击的条件下,它们并没有走出自己熟悉的舒适区,并没有做好迎接挑战的准备,也给云南人力资源服业带来了一定的困难。

1. 参与脱贫攻坚的得失

云南许多人力资源服务企业,在脱贫攻坚中发挥了重大的作用,也使自身得到了一定的发展。如红河州尼农门人力资源服务有限公司,创造出"三端"工作模式,将就业扶贫分为三段,即有序地组织农村劳动力转移就业、有针对性地培训及跟踪服务。通过这种模式,仅红河州元阳县 2020 年就转移就业 6 万多农村劳动力,其中含建档立卡贫困户劳动力 1 万多人,也使参与的人力资源服务企业获得了较高的利润。但是,在新就业形态蓬勃发展的时期,它们未能研发出针对新就业形态劳动用工的供给措施,在与新就业形态劳动用工的合作中显得力不从心。

2. 传统职业介绍特点与新就业形态用工不相适应

云南人力资源服务业很大的业务量是通过劳务派遣、职业介绍和职工培训实现效益的,很少从事诸如猎头、高端人才服务等人力资源链顶端的业务,对满足少量化、个性化需求的高质量就业和高质量新就业形态企业或机构了解甚少。

3. 云南人力资源服务业从业者素质相对不高

云南人力资源服务业从业者中研究生及以上学历仅占从业人员总数 1.12%,本科学历占从业人员总数 34.48%,大专及以下学历 2.63 万人,占行业人员总数 64.4%。这种比例结构,在今后一段时间内将一直制约着云南人力资源服务业自身的发展,也将制约着其对新就业形态的支持。

(三)劳动者维权意识提高与维权意识不足共存

从研究中我们也发现,虽然云南劳动者维权意识在不断提高,但同时也存在维权意识不足的问题。

1. 部分劳动者维权意识不断提高

这些年,由于云南人力资源社会保障系统加大劳动保障法律法规的宣传,让劳动者了解相关规定,如实名制、银行代发等,加上部分劳动者主动学习《劳动法》《劳动合同法》等法律法规,劳动者维权意识显著提高。仅 2020 年云南省人力资源社会保障部门受理的 10 000 多件案件中,劳动者维权案件就约为 90%。

2. 部分劳动者维权意识仍然不足

但也必须清醒地认识到,云南劳动者素质整体水平较低,在劳动维权方面仍显薄弱。一是劳务派遣用工维权意识不足。劳务派遣公司未依法为劳者购买各项社会保险问题突出,但劳动者对此的投诉并不突出。二是劳务派遣公司对员工的管理上存在重收费轻管理的情况。三是部分劳动者被侵权后选择隐忍。由于从劳动者维权耗时较长、手续复杂,时间成本过高,造成劳动者不愿意继续维权。

(四)从政府管理到系统治理的艰难转变

我国正在建设现代化的国家治理体系,云南许多行业的管理者还未能适应从管理到治理的转变。

1. 思想转变未能完成

许多政府管理者或者行业主管部门的管理人员,还是抱着这些人难管、这些事难管的态度。要么怕麻烦,要么方法不足、手段不够,要么害怕添乱,造成在人力资源服务业对新就业形态支持方面的工作要么没人管、要么只喊几句口号,缺乏有效的手段开展管理。

2. 管理方式上未能完全转变

许多行业主管部门的管理人员,还习惯于被管理者上门请教,习惯于审批,习惯于以上位者的身份教育被管理者。对平等参与市场主体、服务市场主体尚停留在口号上,还未能从工作方式和工作内容上予以改进。

3. 监督管理没有到位

许多行业主管部门的管理人员本身是很努力的,但由于管理对象太多,不能实现有效监管。如昆明市五华区某工作人员,就要管理辖区内200多个人力资源服务机构,无论是从时间上、能力上还是从效果上来讲,他都没有能力将全部的机构监管到位。这也给我们提出了一个新的命题,就是如何在人少事多的情况下实现现代化治理模式下的有效监管。

四、对策措施建议

在新就业形态蓬勃发展的条件下,云南人力资源服务业大有可为。针对如何在解决问题中,发展好新就业形态,也发展好人力资源产业,我们提出以下对策措施建议。

(一)建立完善的制度体系

针对新就业形态,结合贯彻国家《人力资源市场条例》等,可从法律、政策等方面进行完善。

1. 建立规范统一的制度

随着经济社会的发展,面向新就业形态的人力资源管理体系亟待建立。一是可以构建规范统一的法律法规体系。可以考虑制定人力资源管理法律,即人力资源管理法，或专项的新就业形态下的人力资源管理法律法规。二是推动地方立法。在国家出台的法律基础上，根据云南新就业形态下的人力资源服务业发展现状，着力出台规范新就业形态和人力资源服务业发展的地方性法律法规。三是出台政策措施。针对国家尚未明确、地方法律也一时无法进行规范的新就业形态和人力资源服务业确有现实需要的领域，可根据云南实际，出台政府管理规定或政府部门管理办法等。同时，鼓励民族自治地方根据自身的民族特性和地方特色，出台地方政府管理意见措施等。

2. 改革完善不合理的制度

除建立制度体系外，对已有的制度体系也需要进行全面梳理，对一些不符合新就业形态和人力资源服务业发展的法律法规和政策措施进行改革完善，如云南民政部门出台的享受低保人员不能签订劳动合同等，按照以人民为中心的发展要求，该改革的就立即改革、该取消的就立即取消。

3. 及时出台政策措施

对一些复杂疑难问题，尤其是发展中出现的新问题、新挑战、新命题，出台相关的政策措施不失为一种可行的选择。一是可出台鼓励新就业形态发展的实施意见。二是可出台进一步提升人力资源服务业发展的政策措施。将人力资源服务业作为面向未来的重大产业，积极与新就业形态、国家重点战略和云南发展的重大问题结合，出台相应的鼓励措施。限制那些与发展不相适应的人力资源服务业方向。三是出台新就业形态和人力资源服务业结合发展的政策措施。针对二者合作中出现的问题，专门加以解决。

（二）提升系统治理能力和治理水平

将发展新就业形态和人力资源服务业放到大的生态背景下思考和解决，既立足云南，也放眼全国乃至世界范围。

1. 形成全方位的管理体制机制

新就业形态企业或平台总部所在地、经常营业所在地和工作人员所在地常常是分离的，点多面广，管理难度很大，因此急需建立上下联动、左右互动的管理体制机制。一是形成上下联动的管理体制。努力构建国家、省（市、区）、州市、县的上下联通管理体制。二是形成左右联动的管理机制。涉及外省市区的可直接通报相关省市区协助，涉及外州市的可直接通报相关州市协助，涉及外县区的可直接通报相关县区协助，加快处置能力，提高处置效率。三是构建跨部门管理机制。建立行政、司法、社会管理组织等齐抓共管的管理机制。形成多方合作治理的新模式，不断提升综合治理能力和水平。

2. 提升相关政府管理人员能力素质

政府管理人员素质也需要不断提升。一是需要了解相关领域知识。政府管理者应该熟知新就业形态和人力资源服务业相关领域的前沿知识、运作模式和难点堵点痛点等。二是应从促进经济社会全面发展处理问题。对出现的问题应有深邃的洞见、下绣花的功夫，精准解决。

3. 调动社会组织广泛参与的新治理模式

在提升整体治理能力和治理水平的要求下，也应该发挥行业组织、企业组织和各类社会组织的作用，使新就业形态和人力资源服务业得到行业内部和社会组织的支持和监督。培育和发挥行业组织的作用，积极发挥社区组织作用，畅通行业协会、社会组织与政府管理部门的合作。

（三）引导规范新就业形态健康发展

新就业形态作为新生事物能迅速发展，足见其强大生命力。引导规范新就业形态健康发展，也就是摆在全社会面前的重要问题。

1. 支持符合高质量发展的新就业形态

一是给予支持孵化。对那些符合国家战略布局、产业发展前景光明、对人民生活和经济社会全面发展起推动作用的新就业形态行业或产业，可由政府、社会组织等共同努力，给予它们一定时间内免租金、税收优惠等举措。鼓励它们尽快走出初创阶段，尽快服务社会。二是鼓励创新创业。对新就业形态的创新创业，除给予一般的大学生创业、农民工返乡创业等政策支持外，还可给予创业担保贷款财政贴息、项目奖励、创业板上市等扶持措施，支持新就业形态创新创业。三是集聚发展。可通过创办新就业形态产业园或集聚基地等形式，使新就业形态产业链相对集中在一起，便于新就业形态企业或平台互相支持、信息共享和良性竞争。

2. 妥善处理新就业形态中出现的问题

针对新就业形态发展中存在的问题，或者一些与高质量发展不完全一致的新就业形态企业或平台，可采取分类处置的方式进行处理。一是限制不符合高质量发展的行业。对一些仅是低层次整合甚至是通过对劳动者的剥夺获取利润的企业和平台，下功夫进行限制。二是打击恶性竞争。对出现恶性竞争的领域，一定要高度重视，一旦达到或超过警戒线，就应该发挥信贷、管制、监察等多种手段，坚决打击违法、保护合法。三是妥善处理复杂问题。对新就业形态中出现的问题，应该全面分析，不搞"一刀切"，甚至可以是一事一议、一人一议、一企一议等，确保新就业形态健康发展不受打击。

3. 引导新就业形态服务国家发展战略

积极引导新就业形态企业或平台发挥宣传国家大好河山和民族文化的责任，让它们在诸如COP15、云南文旅、民族艺术等重大活动中进一步挖掘，多出精品、多出原创成果，在其紧密结合国家发展战略中发展自己，达到一举多得的目标。

（四）提升人力资源服务业发展质量

针对云南地处边疆和民族地区，经济社会发展相对滞后，仍然存在行业创新驱动不足、区域发展不均衡、人力资源服务行业集聚作用发挥不明显等短板，需要进一步加以改进和完善，重点做好以下工作。

1. 进一步加强人力资源市场建设

以习近平新时代中国特色社会主义思想为指导，着力加强人力资源市场建设。一是认真贯彻《人力资源市场暂行条例》等法律法规规定。二是进一步健全加强人力资源市场建设的体制机制，通过对人力资源服务骨干企业培育、领军人才培养、人力资源服务产业园区建设等进行鼓励和支持。三是鼓励人力资源服务业除做好现有业务外，积极参与新就业形态。四是着力营造统一开放、竞争有序的人力资源市场环境，提高云南人力资源市场建设管理的科学化、规范化水平。

2. 进一步促进人力资源服务行业创新发展

一是引导人力资源服务行业发挥职能优势，促进人力资源合理流动和优化配置，促进就业创业。二是鼓励各类人力资源服务机构进一步拓展服务业态、创新服务模式，通过与大数据、云计算、人工智能、区块链等信息技术有机融合，加快各类人力资源服务机构服务新就业形态的步伐，进一步提升人力资源服务的质量和效益。三是加快推进国家级中国（昆明）人力资源服务产业园建设，鼓励有条件的州市、县区建设一批有特色、有活力、有效益的地方性人力资源服务产业园。

3. 鼓励人力资源服务业服务新就业形态

无论怎么说，新就业形态还是需要大量的人力资源支撑，而这正是人力资源服务业的优势所在。一是人力资源服务业应该深入了解新就业形态，对新就业形态下的劳动用工进行分类分级研究，掌握其规律，按规律服务新就业形态劳动用工。二是人力资源服务业引进新就业形态的部分有效管理手段，充实自己的服务工具。三是进行深度合作。在发挥各自优势、取长补短的基础上，可在某些领域达成长期合作的协议。通过深度合作，达到互相促进、携手发展的作用。

4. 进一步加强人力资源市场监管服务

监管是法律制裁以外最有效的防火墙,是市场经济条件下必不可少的手段。一是加强事中事后监管,落实"双随机、一公开"制度,建立和畅通举报投诉渠道,健全投诉举报事项协调处理机制。二是持续开展清理整顿人力资源市场秩序执法等行动,依法依规查处违法违规行为,切实维护用人单位和劳动者的合法权益。落实年度报告公示制度,指导人力资源服务机构依法公开生产经营活动有关信息,进一步加强社会监督和协同共治。三是支持鼓励人力资源服务行业协会开展行业规范自律,促进行业公平竞争、有序发展。

(五) 提高从业人员能力素质

全球发展进入现阶段,各国各地都认识到人才工作的极端重要性,任何一个地区或行业要发展都必须依靠人才的贡献才能更好实现目标。新就业形态和人力资源服务业也不例外,可考虑从以下几方面提高从业人员能力素质。

1. 引导人才向新就业形态流动

把引导人才从事新就业形态作为长期的选项。一是努力消除社会偏见。加大社会宣传,让全社会认识到新就业形态也是常态的就业,也能创造价值,也一样可以获得满意的收入。建立劳动光荣,新就业形态劳动一样光荣的社会认识。二是让人才在新就业形态中有奔头。畅通新就业形态从业人员社会流动和保障,为他们在人力资源市场自由流动提供支持,破除影响自由流动的体制机制障碍。为其他领域人才向新就业形态流动提供全方位支持,如引进人才可纳入国家引才计划,同等享受国家和地区关于人才引进、培养和使用中的优惠政策和鼓励措施等。

2. 提高人力资源服务行业工作者素质

一是提高从业者学历层次。鼓励人力资源服务业招聘更高学历工作人员,尤其是熟悉新经济、新业态、新模式的高层次人才,让这些人才更多参与人力资源服务业的各个重要环节。二是对现有人员进行培训。通过大规模和个性化结合、适应性和开创性结合等多层次培训,提升人力资源服务业现有工作人员理解、把握和参与现代科技条件下的新就业形态等劳动用工服务能力和水平。三是鼓励行业内部合作。改变过去同行是冤家的单一竞争模式,鼓励企业强强联合、合作变强的新发展模式,共同应对内外部挑战,在合作中发展壮大人力资源服务业。

《云南新就业形态对人力资源服务业的影响研究》课题组成员名单

课题组长：
赫安柱（云南省行政管理研究所所长）

课题组成员：
潘启云（云南省行政管理研究所副所长、研究员）
梁蕾莉（云南省行政管理研究所副所长）
陈旭东（云南省行政管理研究所副研究员、博士）
张燕敏（云南财经大学国际工商学院教务中心主任）
万晓祥（云南省行政管理研究所副研究员）
李世鸣（云南省行政管理研究所）
赵健生（云南省人力资源开发协会会长）
翟玉凤（云南省行政管理研究所）
杨思莹（云南省行政管理研究所）

执笔人：
赫安柱

本课题为中国人事科学研究院与云南省行政管理研究所合作完成。

泉州市台商投资区招才引智及人力资源服务体系研究[①]

提　要：人才是推动经济社会发展的战略资源。党的十九大将人才强国战略和创新驱动发展战略列为全面建成小康社会需要坚定实施的重大战略，对加强新时代人才队伍建设提出了明确要求。泉州市台商投资区为发挥好人才作为创新发展第一资源的重大作用，确立好人才引领发展的战略地位，建设规模宏大高素质专业化的人才队伍，以高水平建设"海丝人才港"为引擎，部署实施了人才"港湾计划"，为区内经济社会发展提供人才和智力支持。加强招才引智及人力资源服务体系建设，借力先"用"后"引"、以"用"促"引"，引入一批海内外高层次人才，优化人力资源服务体系，充分激发了用人主体活力。但与新时代台商区经济事业发展的需求相比，人才在数量、结构、效能等方面还存在不足，需要紧密结合新时代台商区人才发展要求，精准契合台商区经济产业与社会事业对人才的需求，进一步优化招才引智及人力资源服务体系，不断提升人才结构、素质和能力，加快补齐区内人才队伍建设短板。

关键词：高水平建设　招才引智　人力资源服务体系　用人主体活力

近年来，台商投资区不断完善人才服务机制，创新人才服务举措，优化人才服务环境，以人才第一资源推动高质量发展，聚焦新材料、大健康两大主导产业，智能电网电器产业基地、时空产业基地和人机交互产业基地三个

[①] 本文系新兴中投广合（北京）咨询管理有限公司2020年度委托中国人事科学研究院研究课题《泉州市招才引智及人力资源服务体系研究》报告的部分内容。

新基建新经济基地，围绕绿色智能交通、高端装备制造、文化旅游服务、健康医疗养生、新材料等五大主导产业，加强人才发展体制机制"放管服"改革，强化高层次人才示范引领作用，优化人力资源服务体系，激发用人主体活力，加快集聚各类人才，取得了明显成效。新时代需要更加准确把握人才工作的新定位新要求新任务，以科学构建人才发展体制机制为导向，以促进人才队伍建设发展为目标，不断完善招才引智及人力资源服务体系，加快补齐区内人才队伍建设短板。

一、招才引智工作状况

人才是创新发展的第一资源，创新驱动实质是人才驱动。台商区历来高度重视人才工作。近年来，台商区立足工作实际，致力于集聚高素质人才队伍，加大培育引进高层次人才力度，打造聚才"洼地"和用才"高地"，营造"近悦远来"人才环境。坚持人才与产业对接，不断拓展创新创业平台；坚持硬环境与软环境并重，努力完善人才服务体系，人才工作与人才队伍建设取得了初步成效。

（一）人才工作总体状况

（1）人才工作特色日益鲜明。近年来，台商投资区围绕建立开放型经济新体制，推动经济增长动力转型，主动承接区域创新中心建设，持续深耕人才"港湾计划"，以体系构建为抓手，聚焦做优特色、激活主体、突破增量、末端落实，着力打造"产城人融合"活力新区。一是坚持"体系构建"，健全了人才工作机制。按照"规划先行、项目为主、创新服务"的思路，做大人才工作格局，推动人才工作质量提升。二是坚持"融合交流"，做优了对台工作品牌。对接台湾优势产业资源，强化人才项目交流，突出台湾人才服务保障。三是坚持"务实管用"，激发了用人主体活力。深化体制机制改革，发挥用人主体在人才工作中的积极作用。开展人才自主评价，提升用人主体意识，优化营商环境。四是坚持"精准定向"，提升了区域聚才实效。聚焦产业发展方向，发挥市场作用，实现人才精准供求。"招商引资"与"招才引智"联动，推动人才与产业协同。五是强化市场导向，实现了人才资源有效配置。推动建设泉台人力资源服务产业园，打造两岸人力资源服务平台。吸引高校毕业生回流，储备青年人才。

（2）人才队伍建设初具规模。截至 2020 年 10 月底，全区有国务院特殊津贴专家 2 人，国家工艺美术大师 1 人，省级工艺美术大师 31 人，市高层次人才 380 人，各类人才总量超 20 000 人。全区新认定市级以上高层次人才 339

人次,其中福建省引进台湾高层次人才"百人计划"7名,第一层次人才 2 名、第二层次人才 4 名、第三层次人才 51 名、第四层次人才 80 名、第五层次人才 202 名。

(3) 人才政策体系逐步完善。近年来,台商投资区管委会围绕《泉州台商投资区贯彻落实泉州市人才"港湾计划"的意见》,制定出台促进人才创新创业 21 条措施、引进台湾人才暂行办法、扶持行业协会开展人才工作、技能大师评选规定、引进培育教育人才实施计划等政策文件,在全市首创并编印《台湾人才生活服务指南》,打造具有台商投资区特色的"1+N"人才政策体系,努力形成区域性人才高地。

(4) 人才平台载体加速发展。近年来,台商投资区不断强化人才平台载体建设,加快省市两级新型研发机构、院士工作站、高成长企业,以及市级专家工作站、企业技术中心等人才平台建设,取得明显成效。人才工作聚焦深耕"港湾计划",逐步凸显了"才聚港湾、筑梦新区"新优势。重点打造国家地方联合工程研究中心 1 家、高新技术企业 31 家、科技小巨人企业 13 家、产业龙头企业 11 家、工程技术研究中心 11 家、企业技术中心 6 家、众创空间(星创天地)4 家、新型研发机构 3 家、行业技术开发中心 3 家、院士工作站 2 家、专家工作站 6 家、"人才之家"8 家、大学生见习基地 15 家。

(二) 招才引智工作主要成效

近年来,台商区坚持人才优先发展战略,把高层次人才选拔培养作为人才队伍建设的重点,统筹规划、明确目标、强化措施,开展精准引才专项,围绕"高精尖缺"导向,发布"才聚港湾·筑梦新区"引才令,推动人才向产业龙头、高新集群、民生短板集聚,取得了明显成效。

(1) 注重路径创新,打造引才聚才新格局。台商投资区坚持以赛聚才、以商招才、市场化引才,多渠道搭桥引路,全方位展示台商投资区人才工作生态,推动产业、项目、资本、人才有效对接,促成一批高端项目和人才团队签约落地。截至 2020 年年底,全区各类人才总量超过 4 万人。其中,包含国家级专家 2 名、国务院特殊津贴专家 3 名、省引进高层次人才 10 名、省级以上工艺美术大师 31 名、市级以上高层次人才达到 465 人。

(2) 注重两端发力,打造人才体系新优势。在政策顶层设计上,台商投资区围绕《泉州台商投资区贯彻落实泉州市人才"港湾计划"的意见》,出台促进人才创新创业 21 条措施、引进台湾人才暂行办法、扶持行业协会开展人才工作若干措施、技能大师评选规定、引进培育教育人才实施计划等多项政策文件,加紧构建具有台商投资区特色的"1+N"人才政策体系。在末端落实上，全面推行人才工作项目化运作，推动"上下联动、左右协同"的人才工作格局成形成势。

（3）注重载体培育，打造价值实现新平台。台商投资区注重建好平台载体，加快人才集聚，培育了一批省市级创新平台。重点打造国家地方联合工程研究中心1家、高新技术企业31家、科技小巨人企业13家、产业龙头企业11家、工程技术研究中心11家、企业技术中心6家、众创空间（星创天地）4家、新型研发机构3家、行业技术开发中心3家、院士工作站2家、专家工作站6家、大学生见习基地15家，让各类人才有更多干事创业的空间和机会。

（4）注重对台优势，打造融合发展新路子。台商投资区立足"姓台"属性，积极打造对台人才交流桥头堡，建立德润产业园、泉台人力资源服务产业园、泉台工业设计人才服务中心，通过"产业+项目+对台+人才"的方式实现团队式聚集台湾人才241名。成立大陆首个在台商投资区设立的台胞医保服务中心，为在泉台胞提供双向医保服务。设立全国首个台资企业工会联合会，全国首创由台籍职工担任该联合会首届工会主席、兼职总工会副主席。与台北的法律服务站连线合作，成立大陆首个台籍职工法律服务工作站。在全市首创并编印《台湾人才生活服务指南》。建设优才大厦、台湾人才公寓，设立德润产业园等8个"人才之家"、洛阳古街等5个"台胞驿站联谊点"，台胞台企登陆的第一家园建设取得重要进展，对台先行示范作用进一步凸显。

（三）招才引智工作存在的主要问题

近年来，台商投资区逐步健全人才工作体制机制，不断优化人才工作制度，突出强调人才队伍建设工作，重点推进高层次、产业人才队伍建设，强力推动创新创业人才开发，人才工作和队伍建设取得明显成效。但台商投资区招才引智工作在取得显著成效的同时，在机制、政策、平台、保障等人才发展重点环节上仍然存在薄弱环节。一是高层次创新型人才短缺。聚焦"两产三基地"，支撑引领传统产业转型升级和新兴产业规模发展所需的高层次创新型人才较为匮乏。二是创新创业要素集聚不足。重大技术创新平台和研发中心相对欠缺，科技企业孵化器、加速器等创新创业载体仍显不足，人才创新创业活力有待增强。三是激发用人主体活力不够。优势产业聚才的"磁场效应"不够，企业主动引才意识不强，用人主体作用发挥有待进一步提高。四是人力资源服务市场化水平不高。总体来看，人力资源服务产业规模较小，业态较为低端，人力资源服务业在市场化引才育才方面的主渠道作用发挥不足。

二、人力资源服务业发展状况

（一）发展人力资源服务业的重要意义

人力资源服务业是为劳动者就业和职业发展，为用人单位管理和开发人力资源提供相关服务的专门行业，主要包括人力资源招聘、职业指导、人力资源和社会保障事务代理、人力资源培训、人才测评、劳务派遣、人力资源服务外包、高级人才寻访、人力资源管理咨询、人力资源信息软件服务等多种业务类型。人力资源服务业是现代服务业中的新兴重要门类和最具活力的行业之一，其发展程度直接反映一个国家或地区的人力资源开发利用水平。同时，人力资源服务业作为集聚发展潜力、充满活力的新兴产业，随着人力资源市场化配置改革的不断深化和产业结构调整步伐的不断加大，人力资源服务业市场前景广阔、发展空间巨大。加快发展人力资源服务业，是优先开发和优化人力资源配置的内在要求，是为区域发展和创新驱动发展提供人力资源保障的重要举措，是促进更充分和更高质量就业的重要途径，对于推动经济转向高质量发展、促进劳动者素质提高和企业家经营管理创新转变、带动经济结构调整和转型升级具有重要意义。

（二）台商投资区人力资源服务业发展现状

台商投资区有人力资源机构2家，劳务派遣单位13家。2020年全区人力资源机构从业人员共324人，大专及以下从业人员299人，取得执业资格人员88人，服务人员总数为1 748人，全年营业收入3 513万元，主要开展人员招聘、劳务派遣、技能培训业务。台商投资区民营经济活跃，随着区域经济的发展，民营企业对人才的需求出现强劲的上升势头，但人才市场服务体系和人力资源服务业发展却相对滞后。从事人力资源服务的机构、从业人员以及各业态在总体上欠发达，人力资源服务机构市场化引才机制还未真正建立，人力资源服务机构市场化引才作用未充分发挥，很大程度上造成了台商投资区产业结构转型升级所需的人才资源供求失衡。目前仍未能形成统一规范的人才市场服务体系，降低了人才市场的灵活性和人才资源社会化的程度，也削弱了政府对人才资源宏观调控的能力和效率。台商投资区人力资源市场服务业发展还存在机构数量少、企业规模小、从业人员少、服务人员总数少、行业产值小、服务层次不高、从业人员素质偏低、政策环境不够优化等问题和挑战。

（三）新时代人力资源服务业的发展趋势

党的十九大提出，我国经济已由高速增长阶段转向高质量发展阶段，必须坚持以供给侧结构性改革为主线，着力加快建设实体经济、科技创新、现代金融、人力资源协同发展的产业体系,实施区域协调发展战略,推动形成全面开放新格局。深化供给侧结构性改革,经济发展进入新常态,以及人力资源供求结构、流动性等新变化,给人力资源服务业带来了新机遇与挑战,同时,也使我国新时期人力资源服务业呈现新的发展趋势。

(1) 人力资源服务业将转向内涵型集约式增长。随着区域经济一体化和经济全球化的加深,人力资源服务市场环境日益复杂多变,客户需求也更为多样和挑剔。之前以价格战为手段的市场扩面模式,日益不能适应人力资源服务业的进一步发展。需要转向以市场细分、服务结构优化、提高效率和为客户提供更高增值服务为主要特点的集约内涵式增长,将成为未来人力资源服务业发展的法宝。

(2) 民营人力资源服务企业的活力将进一步增强。随着我国全面深化改革,创新驱动战略的实施,政府与市场的关系会进一步理顺,将进一步激发人力资源服务市场的活力,我国民营人力资源服务企业已成为人力资源服务业的中坚力量,无论是在数量上还是在营业总收入上都占绝对优势,将呈现欣欣向荣的发展态势。

(3) 新一代信息技术与人力资源服务将深度融合。党的十九大提出,要"推动互联网、大数据、人工智能和实体经济深度融合,在中高端消费、创新引领、绿色低碳、共享经济、现代供应链、人力资本服务等领域培育新增长点、形成新动能"。"互联网+"时代,人力资源服务水平提高和业务拓展将更多依赖于与信息技术的融合,不断创新人力资源服务工具、商业模式,比如私人定制化人力资源服务、依托大数据的人力资源咨询服务、虚拟人力资源市场等。

(4) 区域经济一体化将带动人力资源服务区域合作。区域经济一体化带动了人力资源跨区域流动配置,人力资源服务的区域合作应运而生。随着区域一体化的深入,"一带一路"倡议的实施,人力资源服务区域合作的内容和范围将不断扩大。人力资源公共服务将与社会资本有效结合。近年来,社会对人力资源服务的需求大幅度增长,并呈多样化、精细化和综合化的发展趋势,传统的政府供给模式越来越难以适应社会发展的需要。在新形势下,社会资本参与公共产品和服务的供给(如政府和社会资本合作的PPP模式),为人力资源服务提供了新的发展模式。

三、招才引智与人力资源服务发展的经验做法

(一) 招才引智工作的经验做法

近年来,国家级新区、自贸区和人才管理改革试验区积极推进招才引智

机制改革创新。北京市发布了《关于中关村国家自主创新示范区建设人才特区的若干意见》，制定了 13 项特殊政策，后又制定《关于深化中关村人才管理改革的若干措施》，提出了简化外籍高端人才永久居留证办理程序、扩大人才市场对外开放等 8 项改革措施。江苏省出台了《关于建设苏南人才管理改革试验区的实施意见》，提出科技成果处置、人才创业载体建设等 14 条试点改革措施。福建省出台了《关于加快平潭人才特区建设的若干意见》，积极推进两岸职业资格对接，在全国率先面向台胞开放职业工种技能鉴定、专业技术职务评审、专业资格考试，探索建设、医疗、教育、旅游、法律、会计等专业领域的台湾地区从业资格证书在平潭直接采认，后出台了《关于加强中国（福建）自由贸易试验区人才工作的十四条措施》，切实解决自贸区高层次人才创新创业等关键问题。湖北东湖国家自主创新示范区继制定"人才特区""资本特区"等创新政策之后，又出台了激发人才创新创造活力的"黄金十条"，从法律上保证股权激励、人才投资基金等系列改革政策的推进落实。安徽省制定出台了《合芜蚌人才管理改革试验区协调推进工作机制》，积极部署试验区机制政策创新、平台搭建、人才引进和服务、成果转化等工作。四川省出台了《关于加快建设西部人才高地服务创新驱动发展战略的意见》《关于改革完善体制机制大力促进大学生和科技人才创新创业的意见》。重庆市出台了《深化体制机制改革加快实施创新驱动发展战略行动计划（2015—2020 年）》、重庆十条人才激励政策等。

（1）北京："人才定向寻访"机制。实施"产业集群人才聚集计划"，通过绘制重点产业领域人才全球分布图，依托硅谷、香港等海外联络处，加强与驻外使领馆、华侨华人社团联络，聘任市政府"海外人才工作顾问"，定向寻访和引进海外拔尖人才。

（2）江苏："产业导向型"引才机制。实施"江苏省高层次创新创业人才引进计划"，围绕省内优先发展的重点产业，以"大师领军+团队作战"模式，面向全球大规模招揽高层次创新创业人才和团队。对入选的每个团队由省专项资金在三年内给予 300 万~800 万元的人才经费资助，各相关主管部门在三年内再给予 600 万~3 000 万元的项目经费资助，特别优秀的团队将采取特事特办、一事一议的方式给予特别支持。宿迁市结合本地实际，实施"错位"人才开发政策，加快人才发展，实现跨越赶超。一是层次错位。引进与经济发展水平相适应的人才，有些被发达地区高标准拒之门外的高层次人才，正是欠发达地区提高产业层次的急需人才。二是产业错位。抓住自身产业特色，以产业错位吸引集聚人才。三是区域错位。利用经济发展梯度制定人才政策，避免了人才的恶性竞争。

（3）上海："候鸟型""两栖型"引才机制。一是建立"候鸟型"引才机制，即让海外高层次人才既保留在异国的事业，又同时接受聘请回国效力，兼顾国内外两边的工作，降低了海外引才的难度和成本，加大了对海外人才的开发力度。二是建立"两栖型"引才机制，即让高层次人才既可在区域内的大学从事科研和教学，又可开办企业实现自己科研成果产业化。三是大力推进国际化人才市场建设，培育发展人才服务业。中国上海人才市场在全国率先进行"管办分离"改制，成立全国第一家人才中介行业协会，组建上海人才有限公司。上海在浦东率先探索中外合资人才中介机构试点改革，外方可控股70%。上海人力资源服务产业园区作为全国第一个国家级人力资源服务产业园区，基本形成了多种所有制共同发展的格局，目前持有人力资源服务许可证的单位包括民营性质服务企业、港澳台外资性质服务企业、国有性质服务企业、公共人才就业服务机构、行业所属事业性质人力资源服务机构，基本备齐了全产业链的人力资源服务业态，目前能够提供包括人力资源培训、测评、高级人才寻访、人力资源管理咨询等服务，服务产业链基本完备，服务功能不断丰富，进而吸引代表行业水平的各类机构集聚上海，包括全球知名猎头公司、国内大型人力资源服务企业等。

（4）浙江："人才+资本+民企"引才机制。每年组织省内企业赴美国、欧洲等地开展"民营资本与海外人才智力对接活动"，引进了一大批海外人才和项目，实现了人才、资本、民企三者的深度融合。同时，发挥园区和企业主体作用，鼓励地方和企业到海外建设人才联络站、技术孵化器。

（5）杭州："人才新政27条"。杭州市发布《高层次人才、创新创业人才及团队引进培养工作的若干意见》（即"杭州人才新政27条"），对人才的引进培养、创业扶持、生活保障等方面进行改革创新、完善提升。新政亮点包括：顶尖人才和团队的重大项目，最高可获1亿元项目资助；对获风投的人才创业企业，可给予不超过投资额50%、最高不超过2 000万元的政策性担保；设立1亿元的成长型大学生创业基金，大学生创业可申请不超过30万元的小额担保贷款；国内外顶尖人才可一次性解决住房问题，享受一级医保待遇，给予购车上牌补贴；等等。

（6）天津滨海新区：引进人才享受市民待遇。天津滨海新区全面深化人才管理体制改革，对引进人才取消附着于户籍的公共服务和福利待遇差别，实行一致的市民待遇。

(二）优化人力资源服务的经验做法

1. 加大财政支持力度

天津市对在本市新设立且服务有关认定条件的人力资源服务企业总部或地区总部，给予一次性资金补助。湖南省鼓励有条件的地方探索采取政府股权投入、建立产业基金等市场化方式，加大对人力资源服务业的支持力度。宁波市探索建立宁波市人力资源服务产业基金，每年从市人才发展专项资金中安排500万元资金用于支持人力资源服务平台建设、知名机构和项目引进、产业园区建设、机构品牌培育、重大活动举办、行业评选表彰、行业人才培养、行业统计宣传、奖励机构引才等方面。广州市鼓励区级人力资源服务产业园申报创建市级、省级、国家级人力资源服务产业园，申报创建成功的分别给予资金奖励。苏州高新区对在高新区年度纳税总额达到100万元以上的人力资源服务机构、人力资本创新型企业按其每年对高新区地方财政的贡献（扣除享受人才奖励人员的个人所得税）当年度增量部分（按本政策期限内以往纳税总额的最高点为基准进行计算）给予100%的成长奖励，上一年度的增量部分给予50%的成长奖励。

温州市、苏州高新区、武汉市等地均对人力资源服务机构给予房租补贴、引才补贴。上海市对主导起草制定国际标准、国家标准、行业标准和地方标准的人力资源服务企业、人力资源服务行业协会或社会组织，在标准发布后，给予标准化建设补贴。对积极运用云计算、大数据、移动终端、O2O等信息技术推动人力资源服务产业发展，开展人力资源服务理论、商业模式、关键技术、新兴业态等方面的研发和应用，运用大数据开展人才遴选、人才分类评价、人才数据库、人才指数发布、人力资源服务业统计体系等专业研究的，给予研发补贴。

扬州市对取得相关培训资质的人力资源服务机构，为本市培养高技能人才的，根据本市高技能人才培训获证补贴办法，给予相应补贴。对在此次新型冠状病毒肺炎疫情防控期间内，实施重点企业人力资源补助，充分调动各类人力资源服务机构对接复工企业用工需求，对招录劳动者到列入市工信局监测的重点防疫物资生产企业、市"双百强"工业企业和"专精特新"等重点企业就业，新签订劳动合同且缴纳社会保险满2个月的人力资源服务机构，给予就业服务补助，按200元/人给予补助；对成功招录20人（含）以上的，按400元/人给予补助。此次新型冠状病毒肺炎疫情解除以后，人力资源服务机构为登记失业人员提供服务后实现就业，签订1年以上劳动合同并按规定缴纳3个月以上社会保险费，符合条件的按每人100元标准给予就业创业服务补助。

2. 实施税收优惠政策

天津市对在本市新设立且服务有关认定条件的人力资源服务企业总部、地区总部和国内外知名人力资源服务机构,自开业年度起,前两年按其缴纳营业税("营改增"试点行业缴纳的增值税)的100%标准给予补助,后三年按其缴纳营业税的50%标准给予补助;自获利年度起,前两年按其缴纳企业所得税地方分享部分的100%标准给予补助,后三年按其缴纳企业所得税地方分享部分的50%标准给予补助。

陕西省对符合条件的小微型人力资源服务企业免征营业税、增值税,减征企业所得税。宁波市以企业从用工单位收取的全部价款和价外费用减去代收转付给劳动力的工资和为劳动力办理社会保险及住房公积金后的余额缴纳营业税。温州市对从事高级人才寻访(寻访人才年薪在30万元以上)、薪酬福利设计、人力资源管理咨询等高端服务,年应纳税所得额低于30万元(含)的小微企业,超出国家规定的应纳税所得额6万元以上部分的地方税收贡献,可全部奖励给企业用于转型升级。

3. 拓宽投融资渠道

湖南省、陕西省对符合创业担保贷款政策自主创办人力资源服务机构的,给予创业担保贷款贴息扶持;对符合小额担保贷款政策的,给予小额担保贷款。引导各类创业风险投资机构和信用担保机构进入人力资源服务领域,支持人力资源服务企业上市或发行企业债券融资。湖南省鼓励金融机构面向品牌企业开展商标等无形资产质押贷款。

4. 完善购买公共服务政策

重庆市、陕西省提出将人力资源服务纳入政府购买服务的实施范围。武汉市鼓励政府部门、国有企事业单位按照相关规定通过竞争择优的方式向社会力量购买人力资源服务。上海市鼓励申请高新技术企业开展职业技能培训,优先推荐承接政府购买的公共服务外包项目。

成都市提出采取政府购买服务等方式支持经营性人力资源服务机构提供公益性人力资源服务,参与"春风行动"、民营企业招聘周、高校毕业生就业服务周、大中城市联合招聘、人力资源服务进校园进企业等活动,发挥市场促就业稳就业作用。引导人力资源服务机构参与"天府万人计划""天府高端引智计划""留学人员回国服务四川计划"等人才工程。实施人力资源服务助力脱贫攻坚专项行动,组织人力资源服务机构面向民族地区、艰苦边远地区、贫困地区开展专场招聘、劳务协作、就业创业指导、人力资源培训等精准服务对接活动。

5. 鼓励提供创新产品服务

广州市提出支持人力资源服务机构自主创新。对近三年内获得人力资源服务领域原始取得的发明专利授权，并在本领域运用、产生经济效益的人力资源服务机构，每项专利给予20万元奖励；人力资源服务机构被评为高新技术企业的，给予20万元奖励。杭州市鼓励发展猎头、人力资源服务外包、薪酬管理、人力资源管理咨询等新兴业态和产品，引导创业风险投资机构和信用担保机构予以扶持。企业为开发新技术、新产品发生的研究开发费用，未形成无形资产计入当期损益的，在按照规定据实扣除的基础上，按研究开发费用的50%加计扣除；形成无形资产的，按无形资产成本的150%摊销。

6. 加大开放合作力度

湖南省、重庆市允许香港、澳门人力资源服务提供者设立独资人力资源服务企业。湖南省规定中外合资人才中介机构中，外方投资者可拥有不超过70%的股权。重庆市允许已在国内落户的合资企业在泉州市在投资设立人力资源服务机构，并取消最低注册资本金限制。上海市提出探索长三角区域人力资源服务许可互认。成都市提出稳步推进人力资源市场对外开放，进一步放宽市场准入，落实"先照后证"、取消注册资本金最低限额、注册资本实缴改认缴等要求，鼓励社会资本进入人力资源服务领域。外商在自贸试验区投资设立人力资源服务机构的，可不受股权比例限制。

7. 加快专业化人才培养

北京市提出制订人力资源服务业领军人才培养计划，加强从业人员资格培训和高级管理人员研修培训，开展人力资源服务业优秀调研和理论研究成果评比活动。宁波市选送一定数量的人力资源服务行业优秀创业创新人才攻读硕士、博士学位，毕业后给予培养人选50%的学费补贴，每人补贴最高不超过5万元。积极开展人力资源服务业从业人员素质提升培训，力争每个有培训意向的从业人员3年内至少获得一次政府资助的岗位培训。宁波市、温州市、杭州市对达到一定规模的人力资源服务企业副总经理以上职务人员，可不受学历、资历、任职资格等条件限制，按规定破格申报评审高级经济师职称资格。

广州市提出对本市行业知名度高、影响力大、创新能力强、社会贡献大的人力资源服务机构的高层次人才，可按省突出贡献人员职称申报的有关规定，破格申报高级专业技术职业资格，不受学历、资历的限制；对符合条件的高层次留学回国人员，可根据其实际专业技术水平、能力和业绩直接申报相应级别的专业技术职业资格。温州市提出建立港澳台及欧美等地的海外培训渠道和培训基地，鼓励机构高层管理人员在科研院校兼职，开展从业人员资格培训、继续教育，鼓励有人力资源培训资质的机构开展各类人力资源职业资格培训，探索建立职业资格认定。

成都市提出允许高校、科研机构专业人才按规定到人力资源服务企业兼职、参与项目合作并取得报酬或奖励，其业绩成果作为评聘相应专业技术职务的重要条件。杭州市鼓励离退休人员，高职院校、科研院所、团体的专业人才，通过兼职方式从事人力资源服务业，并获取薪酬，允许事业单位为距法定退休年龄不足5年（含）且工作年限满20年或工作年限满30年的人员提前办理退休手续到人力资源服务企业工作。

8. 鼓励机构品牌建设

宁波市、温州市、武汉市等地鼓励机构注册和使用自主的人力资源服务商标，对新获得著名商标、知名商号的企业，按规定给予奖励。苏州市高新区每年设立不低于100万元的品牌推广扶持奖励资金，鼓励人力资源服务机构、运营机构、行业协会等举办各类行业峰会、特色论坛、教育培训、行业调研、媒体推广等活动。温州市鼓励人力资源服务机构提升信用等级，按评级给予一次性奖励。成都市提出支持建立人力资源服务产品、技术展示中心，以市场化方式举办或组织参加人力资源服务产品博览会、推介会、交易会等市场拓展和供需对接活动。杭州市每两年开展一次"全市星级人力资源服务机构"评定活动，对依法诚信规范开展服务、取得良好业绩的机构，给予相应星级评定并予以大力宣传。

9. 推进人力资源服务业信息化建设

成都市提出依托全省一体化政务服务平台，面向各类人力资源服务机构提供网上许可、备案、年度报告、信息公示等服务功能，为社会公众提供人力资源服务机构目录、信息查询、投诉处理等服务。广州市提出提升人力资源服务业信息化水平，建设广州人才大数据平台，推动人力资源数据联盟和相关政府数据开放与共享，实现政府公共人力资源服务网站与经营性人力资源服务机构网站的联网贯通，为人力资源服务机构和服务对象提供信息交互平台。

四、招才引智与人力资源服务发展的总体思路

台商投资区招才引智与人力资源服务发展的总体思路是，按照"高质量建设科创产业城、融合示范城市和打造泉州城市副中心"的发展总基调，针

对全区招才引智工作实际状况与人力资源服务发展的短板，结合区内行业、产业特点，借鉴其他高新产业区或地方人才队伍建设的经验，遵循人才成长发展规律，充分考虑全区经济社会发展的延续性、现实性、发展性、重点性。

(一) 新时代人才工作面临的新形势新要求

习近平总书记在福建考察时强调，要坚持稳中求进工作总基调，立足新发展阶段、贯彻新发展理念、构建新发展格局，推动高质量发展，扩大改革开放，推动科技创新，在加快建设现代化经济体系上取得更大进步，在服务和融入新发展格局上展现更大作为，在探索海峡两岸融合发展新路上迈出更大步伐，在创造高品质生活上实现更大突破。要优化提升产业结构，加快推动数字产业化、产业数字化，加大创新支持力度，优化创新生态环境，激发创新创造活力，建设更高水平开放型经济新体制。

(1) 中央对台工作新精神给人才工作提出新思路。近年来，中央支持福建发挥两岸交流优势，探索海峡两岸融合发展新路，推动两岸关系和平发展、融合发展。为深入贯彻党的十九大精神和习近平总书记对台工作重要思想，台商区作为台胞台企登陆第一家园和推动海峡两岸融合发展的主阵地，需要结合本地特色和实际，积极推动在泉台湾同胞、台资企业融合发展，进一步密切深化泉台人才交流合作，在海峡两岸人才融合发展中率先发力，谋求在海峡两岸融合发展重点领域和关键环节改革中取得新突破，对台先行示范作用进一步凸显，为海峡两岸人才融合发展贡献"泉州台商区经验"。

(2) 台商投资区发展新定位对人才工作提出新要求。台商投资区肩负着加快建成生态型、花园式、现代化的泉州城市副中心，打造成为富有活力和两岸影响力的融合示范城、科创产业城、海丝峡健康城、港湾幸福城的历史定位，同时要求在服务新发展格局、对接跨江发展战略、建设现代化经济体系、探索两岸融合发展新路、推进治理体系现代化等方面展现更大作为、取得新的更大进展。台商投资区人才工作需顺势融入城市发展新定位、新格局，坚持实施更深层次、更宽领域、更大范围的人才政策，以人才集聚促改革、促发展、促创新，主动服务城市高质量发展和创新驱动新要求。

(3) 台商投资区发展新形势对人才工作赋予新任务。从微观层面看，全区整体产业基础薄弱、产业层次偏低、产业结构不合理，城市功能尚未完善、辐射带动力不强，产业集聚度不高，创新能力和竞争力不强，经济发展难以继续保持较高增长幅度。人才工作应在积极推进传统产业转型提升。通过先"用"后"引"、以"用"促"引"等方式，汇聚高端创新人才，实现科技创新的"智慧众筹"，加强创新保障活力，提升区域综合竞争力。

(二) 招才引智需求预测分析

在建设融合示范城、科创产业城、泉州城市副中心的进程中，台商投资区面临着一系列的问题和挑战，包括：经济高质量发展和下行压力加大状态下，发展动力接续的任务日益紧迫，推动经济增长动力转型、推动产业结构优化升级、构建创新驱动发展模式对人才发展的需求日益紧迫；探索建立开放型经济新体制，积极应对创新竞争新挑战，主动承接区域创新中心建设，积极复制自贸区经验，对于进一步推动人才开放、打造人才开放环境提出新的要求；围绕建设世界一流高科技产业园区的需要，面对现有人才工作体系不够完善、人才支持政策优势不要明显、人才市场服务体系发展有所滞后的现实问题，需要进一步深化人才体制机制改革，在新起点上确立台商投资区人才发展环境比较优势。

要解决未来时期台商投资区发展的人才需求，就要紧紧围绕建设"两岸合作先行区、泉州城市副中心"、打造泉州"产业发展高地"的目标定位，紧扣探索建立开放型经济新体制、加快建设国内先进现代化高科技产业新城区的目标任务，以构筑开放合作示范平台、产业优化升级示范平台、自主创新驱动示范平台、体制改革示范平台和城市综合治理示范平台五大平台为载体，积极深化港澳台人才合作，实施更加积极的创新人才政策，营造更加开放的人才发展环境，坚持聚天下英才而用之，推动全区人才结构现代化、国际化和高端化，进而推动区内产业结构迈向中高端水平，提升在全球价值链中的地位。

（1）重点集聚产业领军人才。经过多年发展，台商投资区已走过大规模开发、高速度增长阶段，人才创新的倒逼压力越来越大，加快转型升级、创新发展尤为必要和紧迫。面对台商投资区建设国内一流高科技产业园区的新形势、新任务、新要求，人才队伍建设亟须瞄准创新经济主攻方向，聚焦"两产三基地"，即新材料、大健康两大主导产业，智能电网电器产业基地、时空产业基地和人机交互产业基地三个新基建新经济基地，围绕绿色智能交通、高端装备制造、文化旅游服务、健康医疗养生、新材料五大主导产业，形成重点产业领域领军人才有效集群与量质提升新态势，推动产业集群化、规模化、高端化，打造现代化产业体系。

（2）突出引进高层次创新人才。与发达国家和城市的类似高新区相比，台商投资区高端创新人才急需短缺，没有真正形成比较优势，人才国际接轨程度和国际合作水平也不高。面对打造"海丝人才港"和两岸深度融合发展先行示范区的有利契机，台商投资区应依托人才"港湾计划"，从全球范围内引进高层次创新人才和创新创业团队、世界一流科学家、工程师和企业家，集聚一批具有重要行业和产业发展前景的高素质创新创业人才。围绕传统产业转型升级需求，招引高端研发人才。积极完善优秀人才集聚机制，建立接轨国际的人才制度体系，提升人才开放合作水平。实施与国际接轨的人才政策，加快形成具有区域竞争力的人才制度新优势，建成具有国内影响力的区域人才创新创造创业平台和智力经济特征明显的高端人才集聚高地。

（3）着力吸引高端服务业骨干人才。与大力引进高层次创新人才、重点产业领军人才相适应，针对促进人才事业发展和生活配套服务，公共服务、医疗卫生、教育、金融、物流、信息服务等生产生活性服务业骨干人才相对不足，需放眼国内外人才市场，着力引进一批能够提供高质量金融服务、外包服务、人力资源、中介服务、商贸服务、"互联网+"服务以及咨询、法律、会计、知识产权等现代生产生活服务业骨干人才。健全聚才服务体系，打造泉台人才自由港，重点吸引知名专家和产业、科技精英到区内建功立业。采取"统一规划、分期开发"的运作机制，配套建设技术研发区、科技创业区、教育培训区、生活服务区，定位科技研发、创业孵化、成果转化、人才培训、专家社区五大功能，优化激发用人主体活力的人才发展环境。

（4）广泛引进青年骨干人才。青年骨干人才是充实高端领军人才队伍的生力军。加大高层次人才开发力度，青年骨干人才培养开发显得迫切和重要。为深入实施人才强区战略，加强优秀年轻干部培养储备，建设高素质专业化干部队伍，要积极面向高水平高校毕业生引进一批青年骨干人才。建立跨部门、跨领域、跨地区的青年创新人才培养开发体系，持续支持国内高校大学生到台商投资区开展实习实践、就业创业。

（三）优化招才引智和人力资源服务体系的总体思路

立足泉州台商投资区高层次创新型人才匮乏、重大创新平台布局不全、人力资源服务不周等基本状况，按照新时代人才工作的新定位新要求新任务，聚焦"两产三基地"（即新材料、大健康两大主导产业，智能电网电器产业基地、时空产业基地和人机交互产业基地三个新基建新经济基地），结合区内产业事业发展新需求，充分遵循人才供求、流动规律，科学预测招才引智需求。一是反映招才引智工作的前瞻性与指导性。招才引智工作的主要目标任务，要坚持经济发展和社会进步相结合、长远谋划和近期目标相结合。二是符合人才发展的科学性与合理性。按照区内重点领域和发展方向，紧密结合人才发展实际状况，对专业技术人才、经营管理人才、技能人才的层级分布、学历结构、职称结构、专业结构、年龄结构等进行分析与研判，结合产业事业发展需求，科学调整目标任务。三是契合人才发展的针对性和可操作性。以人才队伍方面存在的突出问题为导向，切实解决高层次人才总量、示范引领作用不突出，专业人才比较紧缺等重点问题，切实提高人才工作的针对性和可操作性。

1. 指导思想

高举中国特色社会主义伟大旗帜，坚持以习近平新时代中国特色社会主义思想为指导，全面贯彻党的十九大和十九届二中、三中、四中、五中全会精神，深入贯彻习近平总书记系列重要讲话精神，坚持聚天下英才而用之，牢牢把握台商投资区高质量建设科创产业城、融合示范城市和打造泉州城市副中心的战略机遇，遵循高科技产业区建设规律和国际化创新人才成长规律，破除束缚人才发展的思想观念和体制机制障碍，围绕现代化国际化创新型城区建设，以形成全区高端创新人才比较优势为目标，以提升区域人才竞争力和创新创业竞争力为核心，以建设"海丝人才港"、落实人才"港湾计划"为特色，以探索与国际接轨的人才发展体制机制改革和政策创新为动力，构建区域人才发展优质生态，为建设国内一流高科技产业区和人力资源服务园区提供智力支撑和人才保障。

2. 基本方针

一是开放合作，国际接轨。围绕建设科创产业城、融合示范城，以"海丝人才港"、人才"港湾计划"为抓手和特色，以国内一流高科技产业园区为参照，深入推动人才发展向更深层次迈进，拓展与发达国家和地区的高层次人才创新合作，扩大全球视野，打造区域化人才发展平台，融入"一带一路"产业核心网络，建成体制机制与国际接轨、人才政策适应国际竞争的全球优秀人才向往之地和高端创新人才价值提升之港。

二是高端集聚，引领创新。突出人才集聚的国际化、高端化取向，围绕构建开放型经济新体制、推动产业结构优化升级、融入全球创新网络、培育参与国际经济技术合作与竞争新优势，引育面向全球、开放多元、活跃互动的高端人才群落，推动人才集聚与创新要素集聚融合、高端人才与高端产业对接，形成以高端人才集聚引领创新驱动发展的新格局。

三是简政放权，市场主导。充分发挥市场在人才资源配置中的决定性作用，加快转变政府人才管理职能，保障和落实用人主体自主权，健全市场化导向的人才引进、选拔、评价、流动、激励、服务、保障机制，持续增强人才市场活力，促进人才主体市场化竞争，推进人才服务业主体多元化发展，加快形成具有区域特色的人才公共服务提供新机制。

四是优化环境,精准施策。顺应国内外人才流动新趋势,超越以往立足本区的吸纳型政策体系,构建着眼全球的互利型人才政策框架。加大人才政策开放度,充分借鉴国际人才市场经验,优化人力资源服务体系,营造促进投资区人才发展的优越环境,推进区内人才政策国际化。探索为特殊人才开辟特殊通道,提供定制化服务和政策供给,从人才服务供给型向需求导向型转变。

3. 发展目标

逐步构建适宜台商区人才发展的最优人才生态系统,建立起一支规模初具、结构合理、素质优良的人才队伍,造就一批高素质的专业技术人才,构建起以科技创新人才、产业人才为重点的发展格局,实现高层次人才引领产业发展,人才素质技能明显提升,人才发展环境持续优化,人才集聚能力显著增强,人才使用效能明显提升,尽快建成"高端智力有机集聚,制度环境国内领先,科技创新高度活跃,经济社会开放繁荣"、在东南地区产生重要影响的特色人才创新创业平台和智力经济特征明显的人才集聚高地。

一是人才规模平稳增长。到"十四五"末期,台商区招才引智总量达到2万人次,人才紧缺程度得到显著缓解。各类人才队伍的规模和质量与经济社会发展水平相适应,有力支撑台商投资区经济社会健康、可持续发展。

二是人才结构明显优化。台商投资区人才队伍梯次更加合理、知识结构更加多元、专业化程度不断提升,台湾人才占人才总量比重进一步提升,对台特色进一步凸显,逐步形成一支层次分明、结构合理的人才梯队,人才队伍与产业结构的匹配度、融合度显著增强,各类人才在不同部门、机构、区域、行业间的分布更加合理。

三是人才发展环境更加完善。台商投资区人才发展体制机制建设取得突破性进展,人才发展的领导体制、协同管理机制逐步建立,人才工作的政策环境、法治环境不断优化,有利于人才发挥作用的制度环境和社会氛围基本形成。

四是人才使用效能显著提升。台商投资区以用为本的人才发展体制机制建设取得显著成效,人才技术创新、产品研发在产业发展中的基础性作用得到充分发挥,高端人才引领区域经济社会发展的作用进一步凸显。

五、泉台招才引智与人力资源服务发展的重点任务

为深入贯彻党的十九大和十九届二中、三中、四中、五中全会重要精神以及习近平总书记对人才工作与对台工作的重要思想,认真落实中央支持福

建探索海峡两岸融合发展新路、推动国家区域协调发展战略的重大战略部署，深入实施国务院台办、国家发展改革委《关于促进两岸经济文化交流合作的若干措施》，在国家、福建省、泉州市国民经济和社会发展"十四五"规划以及2035年远景目标的建议框架下，围绕建设两岸融合主阵地，服务和融入新发展格局，依据《泉州台商投资区国民经济和社会发展第十四个五年规划和二〇三五年远景目标纲要》，结合台商区经济社会发展实际，探究提出台商区招才引智与人力资源服务发展的重点任务。

（一）深化人才发展体制机制改革

（1）改革人才管理体制，构建更加科学高效的人才管理体系。探索与国际接轨、符合台商区实际的人才管理模式，逐步建成现代化人才发展治理体系。加强台商区党工委对人才工作的领导，调整充实台商区人才工作领导小组力量。精准定位政府人才宏观管理、政策制定、法制建设、公共服务和监督保障职能，推动人才管理部门简政放权，建立人才管理负面清单制度，实施人才管理职权法定、程序法定、责任法定、信息公开法定，保障用人主体自主权，维护人才合法权益。争取更多先行先试的国家试点，深化产业、科技、教育、财税、金融、户籍、编制、档案等方面的制度改革和政策创新，打破束缚人才发展的关键性障碍。

（2）健全人才精准引进机制，实施更加开放合作的人才政策。改革人才引进方式，探索人才开放引进政策与人才开放治理新模式。争取拓宽技术移民范畴，实行更加宽松的人才准入政策，逐步消除影响人才流动的制度性障碍。创新人才引进方式，通过设立人才基金、开发人才合作项目、建立人才工程、与国际知名人才中介机构合资合作、资助海外优秀留学生、吸引国内外优秀人才到台商区创新创业、推动本地高校优秀毕业生直接就业等，宽领域、多渠道、全方位引进人才。加强"人才+项目"对接，推动企业与高校院所、学校与学校之间开展人才联合选拔培养，深化职业教育与产业对接，促进学科链、产业链、人才链有机融合。

实施新兴产业人才建设工程。根据国家发展改革委、科技部、工业和信息化部、财政部等四部门联合印发《关于扩大战略性新兴产业投资 培育壮大新增长点增长极的指导意见》的精神，以及文件提出的重点方向和支持政策，配合国家战略性新兴产业集群发展工程、产业集群创新能力提升工程等的实施，采用培育与引进相结合，根据福建省委关于制定福建省国民经济和社会发展第十四个五年规划和2035年远景目标的建议、泉州市委关于制定泉州市国民经济和社会发展第十四个五年规划和2035年远景目标的建议，结合泉州市新兴产业布局，建立产教融合、产学研结合的适应泉州新兴产业发展的人才发展体系，打造泉州新兴产业新的增长点、增长极，形成产业结构转型升级、经济高质量发展的重要动力源。

（3）创新人才使用激励机制，不断完善人才奖励支持制度。探索建立符合台商区实际的人才科研管理机制。充分利用台商区高质量建设科创产业城、融合示范城市和打造泉州城市副中心的战略机遇，深入务实地推进用人制度的市场化改革，实行激励性薪酬制度。引入科技成果市场化定价机制，以市场价值回报人才价值，以财富效应激发聪明才智。健全鼓励创新创造的分配激励机制，加大科研工作绩效激励力度，提高人才科研成果转化收益比例，逐渐凸显人才通过创新创造价值在打造发展升级版中的基础性地位和支撑性作用。建立高端人才特殊政策体系，加快建立人才发展的特殊政策体系，在税收优惠、产权保护、股权激励、创新政策供给方式，根据台商区的产业类别分别制定细化扶持政策，实行顶尖人才"一人一案"、重大项目"一事一议"、重点企业"一企一策"，增强政府政策支持和优惠力度。大力加强人才平台载体建设，有效激发人才活力效能，持续促进创新驱动发展。

（4）优化人才评价考核机制，建立更具活力的人才认定制度。改革台商区职称制度和职业资格制度，探索海外高层次人才、急需紧缺人才职称直接认定办法，推动人才评价和技能等级鉴定、职业资格认证、职称评定等方面政策创新取得突破性进展。进一步改进人才评价机制，坚持德才兼备，注重凭能力、实绩和贡献评价人才，克服唯学历、唯职称、唯论文等倾向，充分发挥用人主体在人才评价中的主导作用，逐步打破惯用学术头衔、"帽子"称号、人才计划入选层次作为人才评价唯一标准的做法。结合区内人才特点，建立以鼓励创新创业、激发创造活力为主的人才评价和考核制度。实行定期与不定期相结合的弹性考核制度，建立重基础、求突破的容错机制和正常退出机制。

（5）构建人才综合服务机制，营造一流人才发展服务环境。构建国际化、社会化、市场化的人才服务体系，探索构建优质人才公共服务体系。围绕打造"有科技、有人文、有历史、有山水"的创新创业生态系统，完善人才社会服务链，营造人才发展的良好生态环境。健全专业化、国际化的人才市场服务体系，形成以"海丝人才港"和人才"港湾计划"为总揽的人力资源、咨询、信息等高端服务产业集群。健全人才安居、医疗保障、子女上学、配偶就业等公共服务体系，加强公共交通、餐饮娱乐、旅游休闲等一体化基础性配套建设，构建在全国具有较大影响力的科技之城、智慧之城、生态之城、活力之城。营造开放包容、容忍失败、鼓励创新、尊重人才的文化环境。

(二) 实施更加精准的招才引智政策

(1) 实行更具竞争力的高层次人才引进政策。充分发挥引才主体、创新主体作用，进一步激发市场活力，加快形成一支总量充足、结构优化、富于创新的人才队伍，筑强区域经济转型发展人才动能。支持企事业单位引进高层次人才，对引进的省级特级、A类、B类和C类人才按照省级安家补助的40%给予配套经费资助，最高不超过200万元；对引进的市级第一至第五层次人才按照市级生活补助和工作经费的20%给予配套经费资助。配套经费资助分3年发放，经认定后当年发放40%，第二、第三年分别发放30%。经认定为市级及以上高层人才的，在认定有效期内，从正式认定的第二年开始，按人才上一年度工资年薪收入所缴纳的个人所得税区级留成部分给予贡献奖励，具体标准为：省级高层次人才、市级第一至第三层次人才给予全额奖励，市级第四至第五层次人才按50%给予奖励，市级第六至第七层次人才按30%给予奖励。

(2) 吸引集聚一大批优秀青年人才。对新落户并在台商区内工作的博士、硕士、本科等全日制高校毕业生，两年内分别发放每年1.5万元、1万元、0.5万元租房和生活补贴。对在台商内企业（包括法人化研发机构）从事博士后科研工作的在站博士后人员，经认定和考核合格后，给予30万元生活补贴。考核优秀的，生活补贴上浮20%。加强区域博士后联合培养合作，对与台商区博士后科研工作站联合培养博士后的东南地区流动站给予5万元/人次的博士后培养奖励。

(3) 进一步加大引才支持力度。一是鼓励用人单位引才用才。对用人单位引进市级及以上高层次人才的，按照引才单位实际支付工资薪金的50%（自引进后连续三年计算），给予最高10万元奖励。用人单位为人才支付的一次性住房补贴、安家费、科研启动经费等费用，按规定在计算企业所得税前扣除。国有企业、高等院校、科研院所和医疗卫生机构在核定高层次人才工资薪酬时，可将工资薪酬计入单位工资总量，但不纳入单位工资总量调控基数。二是鼓励高层次人才以才引才。在台商区认定的各类人才中聘请"引才大使"，经"引才大使"推荐或引进认定为市级及以上高层次人才，且签订3年及以上的劳动合同并全职到岗1年后，给予最高5万元的奖励。三是鼓励通过人力资源中介服务机构引进高层次人才。通过人力资源中介服务机构招聘高层次人才入选引进的省级或市级第一至第五层次高层次人才的，按人力资源中介服务机构费用的50%给予企事业单位补贴，补贴上限为10万元/职位,每家企业最高补贴 20 万元/年。

(4) 强化人才平台载体建设。一是鼓励设立创新机构总部、分支机构和研发机构。对高水平国际人才组织、科技创新类国际组织、知名跨国公司等来台商区设立总部、分支机构或研发机构的,一次性给予最高 10 万元奖励。对总部、分支机构和研发机构的高层次人才,按照相应标准落实人才引进激励政策。二是支持企业筹建海外研发中心和孵化基地。对获得认定的海外研发中心和孵化基地,给予一次性 50 万元的经费资助。在海外研发中心和孵化基地全职的高层次人才视同在台商区工作,享受区内各类人才奖励和资助政策。三是大力发展科技创新平台。对新认定为国家实验室、国家技术创新中心等国家级科技创新平台,一次性给予最高 100 万元奖励。对新认定的福建省实验室、泉州市技术创新中心、院士专家工作站等省市级科技创新平台,一次性给予最高 50 万元奖励。对人才领衔创办的企业自建并提供第三方研发、生产服务和专业检测的平台,按平台建设实际成本费用的 10%,一次性给予最高 100 万元补助。各类人才在研发过程中需要使用政府自建或经认定的公共技术平台,按照平台使用费用的 20%,给予每年最高 30 万元的平台使用补贴。四是打造国际型招才引智人才服务平台。在政府的引导和扶持下,择优委托市场化机构负责平台运营,着力打造国际型招才引智人才服务平台体系。

(三) 优化人力资源服务体系

(1) 积极扶持人力资源服务企业做大做强。发挥龙头机构的示范带动作用,着重培养规模化、品牌化运作的人力资源服务领军企业。支持本地人力资源服务机构与其他知名机构开展战略合作,引进先进的服务项目、经营理念和管理模式。鼓励本地人力资源服务机构"走出去",开展跨省市区经营与合作。定期组织区内人力资源服务机构组成考察团,到先进地区和标杆性企业进行考察学习。

(2) 开辟机构入驻泉台产业园新通道。探索采用实体入驻与平台注册相结合新模式,建立泉台人力资源服务产业园平台线上注册通道,吸引高中低各个层次机构通过线上、线下两种方式入驻泉台人力资源服务产业园,形成错位经营、竞争合作、优势互补、协同发展的良好格局。鼓励社会资本以独资、合资、并购、参股、联营等多种形式,进入人力资源服务业领域。在泉台人力资源服务产业园建立人力资源服务中小企业孵化基地,支持个人和社会组织创办中小企业人力资源服务机构,形成多层次、多元化的人力资源服务企业集群。

(3) 加强人力资源服务交流合作。加强人力资源服务企业与市外以及台湾等地的人力资源服务合作，鼓励有条件的本土人力资源服务机构"走出去"，与国际知名人力资源服务机构开展合作，互设分支机构，大力开拓外部市场，积极参与外部人才竞争与合作。

(4) 积极发挥在引才育才方面的主渠道作用。创新招工用工模式，支持人力资源服务企业在省内外，尤其是内陆地区劳动力资源较为丰富的行政村设立台商区企业招聘点，组织当地农村富余劳动力到台商区就业。探索灵活用工共享服务，依托人力资源服务企业建立全区统一的灵活用工调剂平台，为区内企业提供多元化的用工服务方案。鼓励因经济下行压力、短期用工常态化而存在用工短时闲置的企业，通过开展企业间淡旺季用工调剂，调配分流员工，降低企业人力资源成本。

(5) 建立人力资源服务网上交易平台。依托泉台人力资源服务产业园搭建统一规范的人力资源交易平台，引导机构与企业精准对接。以需求信息发布为例，企业在平台提交用工需求，后台对用工需求进行确认，按照招聘岗位类型、薪酬状况等进行分类与重新组合后，在交易平台发布，入驻机构通过平台提交合作意向，平台收到后，组织多方合作洽谈，签订合作协议，并在平台发布招标结果。搭建网上区外人力资源服务基地。对接国内知名的人力资源机构、网站以及劳动力资源丰富地区的人力资源服务机构，构建区外人力资源基地，探索对区外人力资源服务机构帮助台商区企业招工引才的，可同步享受相应优惠政策。突破地域限制，共享外部资源，同步人才简历库，开发网上区外人力资源市场招聘模块，服务本地企业用工。

(6) 加快人力资源服务业人才培养。定期选派人力资源服务机构的中高级管理人员到国（境）内外高等院校或研究机构、知名人力资源服务机构学习。将人力资源服务业高级人才纳入台商投资区高层次人才认定标准，享受相关优惠政策。依托高等院校、职业院校、社会培训机构及企业，建立人力资源服务培训基地，加强人力资源服务业技能型人才培训、从业人员岗位培训。支持人力资源服务机构组织从业人员进行培训，政府可按实际培训费用的一定比例给予企业培训补贴。对从业人员获得职业资格证书或职业资格水平认证的，给予技术技能提升补贴。通过"请进来""走出去"等方式，加强产业园运营团队培训，鼓励探索产业园运营管理服务新模式，逐步让"软实力"成为打造产业园核心竞争力的重要筹码。

《泉州市台商投资区招才引智及人力资源服务体系研究》课题组成员名单

课题指导：
余兴安（中国人事科学研究院院长、研究员）
柳学智（中国人事科学研究院副院长、研究员）

课题组长：
李学明（中国人事科学研究院人才战略与政策研究室主任、副研究员）

课题组成员：
刘　霞（中国人事科学研究院研究员）
余仲华（中国人事科学研究院人才战略与政策研究室副研究员）
陈立新（中国人事科学研究院人才战略与政策研究室副研究员）
邵　彤（中国人事科学研究院人才战略与政策研究室助理研究员）

文旅人力资源服务业发展研究[①]
——以乐山市为例

提　要：本研究在分析乐山市文旅产业发展的现状趋势和对人力资源服务业提出需求的基础上，结合《四川省加快发展人力资源服务业的意见》和《乐山市国民经济和社会发展第十四个五年规划和二〇三五年远景目标纲要》相关政策，提出了进一步促进乐山文旅人力资源服务业发展的思路目标及相关意见建议：一是加大对文旅人力资源服务业发展的政策支持，二是完善文旅人力资源服务业产业体系，三是培育壮大文旅人力资源服务业主体，四是优化文旅人力资源服务业发展业态，五是打造文旅人力资源服务业品牌，六是聚集文旅人力资源服务业人才。

关键词：文化旅游业　人力资源服务业　文旅人才　协同发展

一、文旅人力资源服务业相关理论探讨

（一）研究背景及意义

人力资源是经济社会发展第一资源。党的十九大明确提出"要加快建设人力资源协同发展的产业体系，在人力资本服务等领域培育新增长点、形成新动能"。国家已将人力资源服务业定位为推动转型升级的重要产业和鼓励发展的独立产业，四川省委、省政府更是将人力资源服务业列为"4+6"现代服务业体系中"六大成长型服务业"之一，举全省之力重点扶持、优先发展。

---

① 本文系中国人事科学研究院2021年度研究课题《文旅人力资源服务业发展研究——以乐山市为例》报告的部分内容。

四川省人力资源服务业进入了加快发展时期，也产生了较好的经济社会效益和人才集聚效益；产业规模快速扩大，服务业态创新拓展，产业集聚有序推进，服务效能逐步提升。目前，四川省已建成中国成都人力资源服务产业园。文旅产业是乐山市经济发展的重要支柱，作为全国著名文化旅游城市，该市正在加速建设和完善全国首个聚焦文旅产业的细分人力资源产业园。但由于乐山市人力资源服务业起步晚、发展慢，服务效能与文旅产业高质量发展人力资源需求不相适应，存在产业规模小、溢出效应低、优质品牌少、机构能力弱、协同匹配差等突出问题。

随着当地文旅产业的快速发展，文旅产业带动就业规模持续扩大，乐山人才总量不断提升，人力资源集聚效应不断增强，对人力资源相关的招引、培训、服务、发展，包括公共服务等一系列需求也在不断攀升。因此，本课题一是以乐山市文旅产业发展对人力资源服务业提出的需求为切入点，二是对乐山文旅人力资源服务业发展情况进行研究，对比文旅产业和人力资源服务业发展的供需，依托文旅人力资源服务产业园的建设，对人力资源服务业存在的问题进行分析归纳，结合四川省人力资源服务业发展战略，对乐山文旅人力资源服务业发展的相关政策调整、充实和完善提出对策建议，为进一步研究全国人力资源服务业发展提供区域性案例。

（二）人力资源服务业研究现状

目前，关注人力资源服务业的学者较多，通过关键词搜索，"人力资源服务业"有925条结果，"人力资源服务产业园"有294条结果，"区域经济"有2.65万条结果，"区域经济+人力资源服务产业园"有313条结果。从搜索结果可以看出，"人力资源服务业"及有关的成果较为丰富，是当下较为热点的研究话题。以下是文献资料整理归纳情况。

一是关于人力资源服务业及人力资源产业园的研究。人社部流管司司长孙建立[①]（2019）对人力资源服务业的现状成效作出了总结，整体来看，政策体系不断完善，行业规模大幅增长，行业结构明显优化，园区建设发展，促进就业作用显著，开放水平不断提高。董良坤（2013）、侯增艳（2014）[②] 等均提到目前产业园区建设同质化现象。目前产业园的功能定位，大多集中在集聚产业、专业服务、孵化机构和培育市场等语义表述，还缺乏适合当地经济社会发展实情、产业机构特征和市场化水平等个性化或差异化功能定位。

---

① 孙建立. 人力资源服务业高质量发展：成效、问题与对策［J］. 中国劳动，2019（3）：18-29.
② 侯增艳. 我国人力资源服务产业园建设的成效、问题与对策［J］. 经济研究参考，2020（13）：107-114.

同时，人力资源服务产业链不合理，大部分人力资源机构的服务模式相似，服务功能同质和服务产品单一，中高端服务业务领域还比较弱。吴帅、田永坡（2015）① 从优化规划布局、提高集群活力、创新运营模式以及拓展服务平台四个方面分析了当前产业园建设面临的问题和挑战。于飞、吴红蕾（2018）② 分析指出，部分人力资源产业园产业集聚能力不强，难以产生集群效应。产业链不合理，没有形成上中下游的协调发展，园区不同规模企业的布局不科学，企业间的带动作用和规模效应也发挥不出来。关于专业性人力资源市场的研究，杨东风等（2014）③ 提出专业性人才市场是指某个专业或某个行业人才服务的人才市场。河南有矿业人才市场、食品行业人才市场、旅游人才市场，这些专业人才市场的建立对于促进优势产业发展起到了积极作用。汪怿（2007）④ 对于发达国家人力资源服务业的发展趋势进行了研究，他提到英国的人才中介多数是行业中介，专注于某个行业或者某一类雇员的招聘服务，并逐渐发展成某一行业的人才需求调查、预测、培训、就业指导、咨询诊断、信息管理等全链条综合服务。

二是产业聚集的相关研究。学者主要研究产业聚集与经济增长的关系。张延平⑤构建了区域人才结构优化和区域产业结构升级的耦合的复合系统，提出人才聚集过程是人才结构不断优化的过程，而产业聚集的进一步发展更需要在结构升级上取得进展。在人才聚集与产业聚集的共生发展中，更应该注重人才结构优化与产业结构升级的协调适配。

三是对人力资源服务业转型升级的研究。人力资源服务业经历了起步阶段、快速发展阶段，目前已经进入转型升级、提质增效的新阶段。孙建立（2019）⑥ 提出随着我国经济进入高质量发展新阶段，人力资源服务业也将迎来新一轮的快速发展，并呈现专业化、综合化、国际化、聚集化、融合化为特征的新趋势。人力资源服务业将更多地为服务业提供服务，基础性服务业的特点将更为突出。跨界融合发展成为趋势，例如人力资源服务业与医疗、

---

① 吴帅，田永坡. 我国人力资源服务产业园区建设：现状、挑战与对策［J］. 中国人力资源开发，2015（23）：69-74.
② 于飞，吴红蕾. 人力资源服务业转型升级的对策研究［J］. 经济纵横，2018（7）：93-101.
③ 杨东风，张晓欣，王征. 专业性人才市场在行业人力资源配置中的作用研究——以河南省为例［J］. 人才资源开发，2014（19）：27-29.
④ 汪怿. 国外人力资源服务业：现况、趋势及其启示［J］. 科技进步与对策，2007（7）：201-206.
⑤ 张延平. 我国区域人才结构优化与产业结构升级的协调适配度评价研究［J］. 中国软科学，2011（3）：177-192.
⑥ 孙建立. 人力资源服务业高质量发展：成效、问题与对策［J］. 中国劳动，2019（3）：18-29.

养老等产业的跨界融合。张英智（2020）[①]以广州为例，提出"人力资源服务业商圈"建设的研究和探索，为国家级人力资源服务产业园升级提供了新模式和新路径。发展商圈模式，可以较好地突破跨行政权力体制的障碍，解决产业业态和政策的趋同化问题，以商圈的"吸引力范围"而非行政区的"管辖力范围"推动人力资源服务产业园联合体的建立，促进区域人力资源服务业协同发展。王平（2020）[②]提到人力资源服务业作为具有高人力资本、高附加值、高收益率的朝阳型现代服务业，与金融保险、科技交流、财务管理、健康服务、交通出行等领域的跨界合作与产业融合不断深化。在对人力资源服务业的提质增效过程中，有学者比较关注人力资源服务业管理者的素质研究。

（三）相关概念界定及理论探讨

1. 相关概念界定

（1）人力资源服务业。人力资源服务业主要包括公共服务活动和市场经营性服务活动。公共服务活动主要是以公益为中心，开展各项公共服务活动，如政府设立的人力资源公共服务机构，提供公共就业服务，开发公共人才，对其进行高效配置，组织公益性就业培训、职业指导、职业技能鉴定、就业援助、流动人口档案管理等。市场经营性服务主要指人力资源服务企业，以营利为目的，依照市场运行规则，依法通过市场经营手段获取资源，为满足用户需求提供各项服务。

《四川省人力资源服务产业统计调查分类范围（试行）》将人力资源服务产业范围确定为人力资源就业服务、人力资源提升服务、人力资源专业服务、人力资源支撑服务、其他人力资源服务五大类。其中，人力资源就业服务主要包括就业信息、求职招聘、人力资源交流等行业或业态，人力资源提升服务主要包括就业创业指导、职业技能培训、专业技术人员继续教育、人才评价、职称评定评审等行业或业态，人力资源专业服务主要包括档案管理、人事代理、劳务派遣、人力资源外包、咨询等行业或业态，人力资源支撑服务主要包括园区管理、平台建设、信息软件、公共服务等行业或业态，其他人力资源服务主要包括其他未列明的行业或业态。

（2）文旅人力资源服务业。目前，专门对文旅人力资源服务业没有特定

[①] 张英智. 从"一园多区"到"服务业商圈"——国家级人力资源服务产业园发展的模式探索[J]. 中国人事科学, 2020（11）: 69-78.

[②] 王平. 人力资源市场化流动配置的创新推动——基于中国中原人力资源服务产业园区的探索实践[J]. 人才资源开发, 2020（21）: 6-8.

的定义,课题组结合人力资源服务业的内涵和《四川省人力资源服务产业统计调查分类范围（试行）》,将文旅人力资源服务业定义为：围绕文化旅游产业发展开展的人力资源就业服务、人力资源提升服务、人力资源专业服务、人力资源支撑服务和其他人力资源服务活动。

2. 涉及基础理论

（1）人力资本理论。人力资本是指对劳动者进行教育和职业培训等支出,及其在受教育过程中机会成本的综合,表现为蕴含在劳动者身上的各种生产知识、劳动与管理技能以及健康等。人力资本理论能够为人力资源服务的产生和发展提供理论支撑。一方面,人力资源服务所带来的劳动力流动和人力资源弹性化配置,增加了相关就业群体在相关区域和产业集群中的流动性,从而拓展了其人力资本投资和获取的途径；另一方面,针对特定专业和行业类别客户所开发的培训和咨询服务,有助于整合针对特定行业和相类似企业的最佳实践经验,同时降低组织内部培训项目的开发和运营成本,提升劳动者的人力资本水平和生产潜力。

（2）市场细分理论。市场细分理论是指营销者通过市场调研,依据消费者的需要和欲望、购买行为和购买习惯等方面的差异,把某一产品的市场整体划分为若干消费者群的市场分类过程。每一个消费者群就是一个细分市场,每一个细分市场都是具有类似需求倾向的消费者构成的群体。需要指出的是,市场细分并非根据产品品种、系列开展的,而是从最终消费者和工业生产者的角度进行划分的。通过市场细分,有利于选择目标市场和制定营销策略、挖掘新市场、集合资源、提高经济效益和市场竞争力,从而形成稳定的消费者忠诚度。

（3）产业聚集理论。产业聚集是指在产业发展过程中,处在一个特定领域内相关的企业或机构,由于相互之间的共性和互补性等特征而紧密联系在一起,形成一组在地理上集中的相互联系、相互支撑的产业群的现象。这些产业基本上处在同一条产业链上,彼此之间是一种既竞争又合作的关系,呈现横向扩展或纵向延伸的专业化分工格局,通过相互之间的溢出效应,使得技术、信息、人才、政策以及相关产业要素等资源得到充分共享,聚集于该区域的企业因此而获得规模经济效益,进而大大提高整个产业群的竞争力。

（4）委托-代理理论。委托-代理理论建立在非对称信息博弈论基础上,在雇佣关系、人事代理和人员搜索等方面能够解释人力资源服务相对于客户组织的功能性。首先,客户组织出于降低雇佣风险以及提升雇佣弹性的考虑,可能选择将人力资源的所有权和使用权相分离,从而形成潜在的三方雇佣关系。其次，客户组织可选择相应的人力资源服务机构提供录退工办理、工伤申报，以及外籍人就业或专家证办理等人事代理服务。最后，招聘外包服务提供商可以为客户组织提供开放性的人员搜索渠道以及市场化的搜寻经验，并通过招聘流程外包辅助客户人力资源部门直接对接其内部用人需求，从而提升用工主体与目标候选人的匹配度。

（5）资源依赖理论。资源依赖理论主要探究组织与环境间的互动关系，认为企业间的资源禀赋存在差异性，且无法在市场间实现自由流动，因此需要组织间的资源交换以保持自身的可持续生存和发展。人力资源服务机构可以通过人员配置、管理咨询以及培训开发等方面的服务，满足客户企业的战略性需求。因此，资源依赖以及资源基础理论能够解释人力资源服务及其相关产业组织的可持续发展内涵，即在人力资源和劳动关系方面建立与目标客户的持续合作关系，并能够为市场和组织提供有价值且难以复制的人力资源服务产品。

二、乐山文旅人力资源服务业发展现状分析

（一）文旅产业发展现状分析

1. 文旅产业发展基本情况

乐山市是国家历史文化名城、中国优秀旅游城市，文旅资源丰富、发展优势明显。全市拥有国家 A 级旅游景区达到 36 家，其中 5A 级景区 2 个（乐山大佛、峨眉山）、4A 级景区 13 个（黑竹沟等）。各类国家级公园 16 处，世界级和国家级旅游资源密度为四川省平均值的 3.6 倍；国家级非物质文化遗产共 4 项，省级非物质文化遗产 39 项，市级非物质文化遗产 88 项。旅游核心区以世界文化和自然遗产峨眉山·乐山大佛为中心，呈放射状分布着国家重点文物保护单位 4 处、国家级风景名胜区 2 处、国家自然保护区 1 处、省级风景名胜区 2 处、省级森林公园 4 处。

2020 年，乐山市旅游总收入 1 040.34 亿元，比 2017 年的 769.10 亿元增长了 35.66%，旅游经济总量居四川省第二位。图 1 所示为乐山市 2017—2020 年旅游总收入情况。

游客接待量从 2017 年的 5 124.24 万人次增长到 2020 年的 7 071.69 万人次，增长率 38%。峨眉山景区接待游客 185.44 万人次，门票收入 19 583.73 万元；乐山大佛景区接待游客 201.78 万人次，门票收入 12 234.58 万元。[①] 图 2 所示为

---

① 数据来源：乐山市 2017—2020 年国民经济和社会发展统计公报。

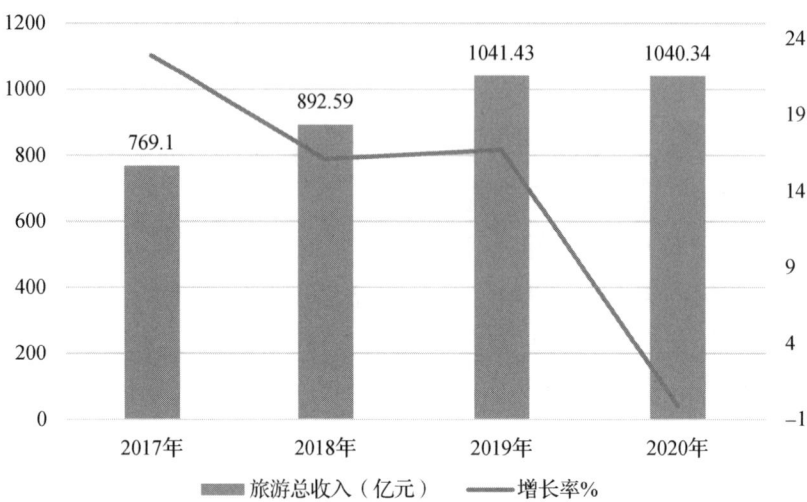

图 1　乐山市 2017—2020 年旅游总收入情况

乐山市 2017—2020 年游客接待总量。

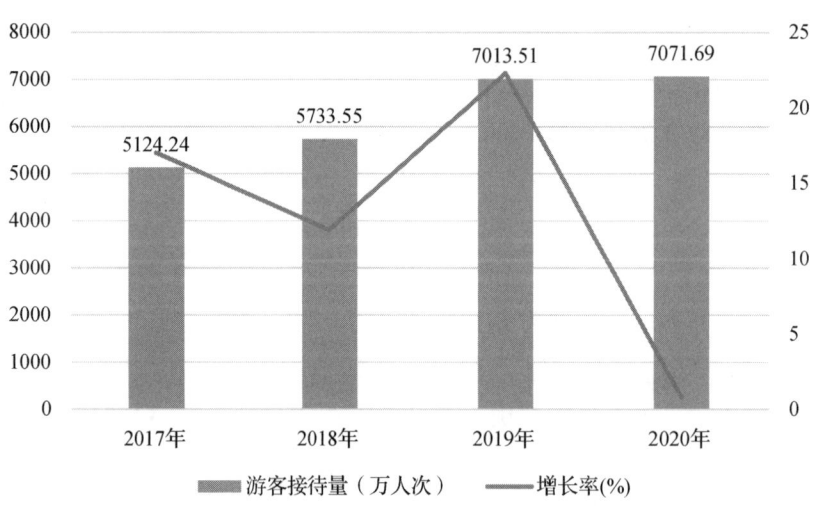

图 2　乐山市 2017—2020 年游客接待总量

截至 2020 年，乐山市旅游星级饭店共 21 家，旅行社 75 家，文旅产业相关从业人员超过 20 万人。

2. 文旅产业发展趋势分析

根据《乐山市国民经济和社会发展"十四五"规划和二〇三五年远景目标纲要》，乐山市文旅产业发展未来形成"两核两圈两带九组团"总体布局。"两核"指持续提升峨眉山、乐山大佛两个核心景区品牌影响力，"两圈"指基本建成大峨眉旅游圈、小凉山旅游圈，"两带"指高品质打造峨眉河休闲度假产业带、大渡河研学旅游产业带,"九组团"指打造黑竹沟国际户外探险基地、金口河生态体验科普探险基地、犍为文化怀旧体验组团、沐川国家森林公园生态休闲组团、五通桥工旅融合深度体验组团、夹江峨眉前山综合度假组团、沙湾大渡河沫若文化组团、马边多彩民宿生态体验组团、井研农业休闲旅游组团。

乐山市文旅产业重点培育的十大旅游新业态包括康养度假、数字文旅、研学旅游、文博旅游、会展旅游、精品民宿、主题乐园、夜间旅游、美食旅游、特种旅游。各业态主要发展内容如表1所列。

表1　　　乐山市中长期重点培育十大旅游新业态及主要内容

重点发展业态	主要内容
康养度假	依托佛禅、道教、峨眉武术文化资源、道地药材、温泉、森林、磁疗、山地等特色资源,重点打造禅修康养、道源康养、中医药康养、运动康养、温泉康养、磁疗康养、森林康养等度假产品
数字文旅	动博物馆、美术馆、图书馆、艺术馆等文化场所和旅游景区的数字化发展,提升旅行服务、住宿、景区、交通、娱乐、购物等旅游企业的智慧服务水平,推动动漫、数字演艺等数字娱乐产业发展
研学旅游	开发"佛禅、武术、非遗、自然、茶茗、美食"六大核心课程研学产品,挖掘红色文化、"三线"建设等人文资源,建设研学旅游基地。培养研学旅游导师,发展研学旅游产品和业态
文博旅游	开发具有乐山地方特色的文创商品,开拓线上线下销售渠道
会展旅游	打造文旅会展产品体系和品牌,提升旅博会、旅投会、茶博会、药博会等会展品牌
精品民宿	发展城市近郊、景区周边、特色小镇、传统村落等区域民宿
主题乐园	发展"主题公园+周边配套旅游经济带"发展模式,推进旅游、演艺、娱乐、文创等产业布局
夜间旅游	通过环境改造、亮化工程、文化植入、业态丰富与休闲配套等措施打造城市夜间经济,开发夜间文旅产品,建设夜间文旅消费聚集区。创作并推出一批精品剧目
美食旅游	丰富美食街区文旅业态,开发美食+商贸、美食+休闲、美食+演出等新业态,做大做强"乐山味道"
特种旅游	发展水上运动、山地运动、低空旅游等特种旅游项目

(二) 文旅产业发展对人力资源服务的需求分析

结合乐山文旅产业发展基本情况和发展目标定位,课题组将乐山市文旅产业对人力资源服务业的需求归纳为对人力资源的需求和对人力资源服务的需求。

1. 文旅产业发展对人力资源的需求分析

从乐山市文旅产业发展布局和规划来看,重点打造新业态对人力资源需求量较大的基础领域主要集中在交通运输、餐饮住宿、市场营销(包括传统营销和新媒体营销)、旅游管理等方面;对专业性人才的需求多元化较明显,包括传统文化、项目策划、特色文创(包括产品设计、产品策划、产品营销等)、数字经济等方面。十大旅游新业态的人力资源需求如表2所列。

表2 乐山市中长期重点培育十大旅游新业态人力资源需求

重点发展业态	人力资源需求
康养度假	照护服务,康复治疗,养老服务,营销管理,餐饮服务,旅游策划,信息管理
数字文旅	数字导游,文旅产品定制,新媒体营销,互联网信息技术
研学旅游	研学旅行管理与服务
文博旅游	历史文化研究,文物保护技术,博物馆管理经营,旅游策划,旅游管理
会展旅游	招商招展,项目策划,会展经营
精品民宿	营销管理,餐饮服务,创意设计
主题乐园	创意规划,创意设计,市场营销
夜间旅游	城市规划,场景设计,文化演艺
美食旅游	餐饮服务,购物服务
特种旅游	户外运动,户外教学,旅游管理

对复合型人才的需求更加迫切。急需紧缺的复合型人才主要有以下几类:一是产品开发创意类人才。围绕传统文化和旅游业融合发展,文化场景设计、产品设计、产品开发运营等复合型人才需求明显扩大。二是产品内容设计创意类人才。针对文博旅游、主题乐园、夜间旅游等业态,结合乐山本土、讲好乐山故事的内容设计类复合型人才需求明显扩大。三是文化会展创新策划类人才。针对会展旅游发展,具备先进理念、创新题材的策划类复合型人才需求明显增加。四是信息化技术人才。针对数字文旅发展,擅长 AR/VR 技术、大数据、云计算、人工智能等领域的复合型数字化专业技术人才需求量明显增加。

2. 文旅产业发展对人力资源服务的需求分析

文旅产业对人力资源服务的需求主要可分为对人力资源服务、政务公共服务两个方面的需求。乐山文旅产业发展对人力资源服务的需求如表3所列。

表3	乐山文旅产业发展对人力资源服务的需求
人力资源服务	招聘流程外包，高端人才寻访、背景调查、档案管理，人才测评、人才评鉴、人才银行、人才保险、人才管家、人才服务、人才租赁、人才经纪，在线学习平台、云课堂、技能培训、学历提升、通用素质教育、职业教育、职业生涯教育、生涯规划，文旅行业人才培养、企业大学、税务筹划、薪税优化、财务咨询、财务管理、审计评估、验资报告、技能鉴定、职称考评、企业管理咨询、文化建设、员工拓展训练、劳务派遣、服务外包、岗位外包、福利外包、薪酬外包、共享用工、灵活用工、社保托管、事务代理、共享人力资源中心、人力资源信息软件、人力资源社交平台、校企合作、继续教育等
政务公共服务	营业执照、税务登记证，人力资源许可证、劳务派遣经营许可证、劳动法咨询与解读、劳动争议调解、人力资源制度管理、劳动仲裁案件代理、劳动法培训讲座、共享法律顾问、债权融资、创业投资、拆借服务、金融中介、担保贷款、贴息贷款、资本运作、上市辅导、政策宣传与解读、政策咨询服务、政策信息推送、兑现代办服务、知识产权代理、技术申报与转移、营销推广、销售代理、电商服务、直播销售、物业管理、食堂外包、平面设计、广告代理、会务服务、商务接待等

一是对人力资源服务的需求。包括人才搜寻、招聘、评价、管理、培养等及流程外包等人力资源管理全环节服务。其中劳务派遣、服务及岗位外包、在线招聘、档案管理、补贴性技能培训、学历提升、灵活用工及共享用工、社保托管、服务及岗位外包等初级人力资源服务需求量较大，而对高端人才寻访、背景调查、企业管理咨询、专业化培训、税务筹划及薪酬优化等高级人力资源服务需求相对较少。

二是对政务公共服务的需求。主要体现在各类政策法规咨询、各类行政手续办理咨询及代办服务、金融咨询及服务、法律咨询及服务、政策申请咨询及代办服务、知识产权服务、公共活动服务外包、公共服务平台信息共享、劳动关系调节介入等方面。

(三) 乐山市文旅人力资源服务业发展情况分析

乐山市目前正在建设全国首个聚焦文旅产业的细分人力资源产业园，以文旅人力资源服务产业园建设为依托，推动全市文旅人力资源服务业快速发展。课题组对乐山文旅人力资源服务产业园基本情况进行了调查，依据《四川省人力资源服务产业统计调查分类范围（试行）》对乐山现有人力资源服务企业进行了统计。总体来看，乐山人力资源服务产业有以下特征。

1. 产业规模快速扩大

2019 年，乐山全市共有各类人力资源服务企业 757 家，2020 年共有 778 家，同比增长 2.77%；2019 年人力资源服务业总产值 33.3 亿元，2020 年总产值 377.2 亿元，同比增长 11.71%。

从文旅人力资源服务产业园发展来看，线上线下入驻企业目前有 43 户，使用面积6 800平方米；营运区域从建园初期的A栋，扩展到A、B两栋，其中A栋入驻率达到80%以上。

2. 多元化服务业态初步显现

乐山文旅人力资源服务业主要业态涵盖人力资源开发、流动、配置、管理、使用、评价等全流程、各领域，招聘、外包、派遣等传统业态发展迅速，人才寻访、人才测评、管理咨询等新兴业态不断产生，占比逐年提高，网络招聘、灵活用工等新业态、新模式发展较快。

文旅人力资源服务产业园为入驻机构提供招商、评审、落地入驻、协调配合、跟踪服务等服务。衔接工商、税务、商务、金融等部门，设立企业首席服务专员开展跟踪服务，提供入园优惠政策服务、组织业务能力培训等活动。线上服务平台投入运行，线上云数园区与深圳南山、成都龙泉扎堆社区、贵州毕节等16个人力资源服务产业园形成线上合作；第一资源、贵州人才信息网、宁波三个阿姨家政平台等23户人力资源服务机构入驻；上线培训监管、灵活用工、在线测评等40多个小应用实现线上交易0.25亿元；共有2万多家企业、20多万条岗位信息与人社部"就业在线"平台对接，成为全国"就业在线"首批试点平台。

3. 产业集聚效应初步显现

乐山市依托文旅人力资源产业园建设推动文旅产业重点企业向乐山聚集。园区采用"一总园多分园"的模式，以乐山高新区为核心区，在市中区、峨眉山和马边设分园区，在五通桥区筹建中国绿色硅谷人力资源服务产业园、夹江县堆谷人力资源服务产业园、沙湾区工旅人力资源服务产业聚集区。

产业园现有规模以上人力资源服务机构6家，新培育中2家，储备1家。预计2022年年底前，实现规模以上人力资源服务业机构总体规模在10家以上。

4. 文旅产业配套建设同步推进

四川文旅人力资源服务产业园、四川文旅人力资源大数据和人力资源数据交易中心、四川人力资源产业园线上营运平台建设配套推进。依托世界研学人才培育基地，与旅游协会研学旅行分会合作，加快推动全域旅游发展，开展研学旅行指导师培训，提高文化旅游从业人员素质。

5. 服务效能有所提升

人力资源市场管理制度逐步完善，人力资源市场秩序进一步规范，人力资源市场诚信体系和标准化建设持续推进，打造深耕乐山、立足四川、辐射全国的人力资源服务产业链。为促进区域人力资源市场化流动配置提供了有效渠道，在稳就业、聚人才、强产业、助发展等方面发挥了积极作用。

三、乐山市文旅人力资源服务业发展存在的问题及原因分析

乐山市文旅人力资源服务业发展较中东部发达地区而言起步晚、发展慢，服务效能虽有所提升，但整体服务水平能力较低。存在的主要问题体现在以下方面。

（一）人力资源服务业发展政策支持力度不足，体制机制尚不完善

一是乐山市文旅人力资源服务业发展的法律法规环境还有待进一步完善。目前，四川省暂未出台人力资源服务业相关地方立法，对人力资源服务业整体发展的指导性、监管性、约束性还不到位。

二是乐山市人力资源服务业发展的政策体系有待进一步完善。人力资源服务业发展，一方面由产业发展布局和市场规模主导，另一方面受政策导向影响也较为明显。乐山市现有的人力资源服务业发展政策主要为落实全省人力资源产业园全省布局，市本级政策主要围绕人力资源产业园建设出台，缺乏针对文旅产业出台较为系统性、专业化的政策支撑。

三是乐山市人力资源服务业的规范化程度有待进一步提高。相关部门对文旅人力资源服务业涉及的行业标准未进一步明确和规范，人力资源服务市场准入机制不完善、监管机制不完备，导致乐山市人力资源服务业市场整体仍处于比较初级、分散的发展状态，系统性、完整性较为缺乏。

（二）人力资源服务业主体不强，服务结构较为单一

一是乐山市人力资源服务机构数量偏少，规模较小。从2020年数据来看，乐山市本土人力资源服务机构增长速度较快，但总体数量仍然偏少，人力资源服务品牌打造；入驻乐山市的国内外知名人力资源服务机构数量偏少。规模以上人力资源服务企业较少，全市共有规模以上人力资源服务业企业8家，其中，年产值在5 000万元以上的仅3家，年产值在1亿元以上的仅2家。人力资源市场化程度不高，产业化进程偏慢。

二是乐山市人力资源服务机构数字化、智能化建设程度不高。乐山市建立了人力资源"云数园区"平台推动人力资源服务产业数字化转型，接入人力资源服务企业较多，但多数企业在运用大数据、云计算、移动互联网等新技术、新方法提供的服务方面能力不足、手段不充分，依然以传统服务模式为主，没有利用数字化、智能化服务形成有突破性的服务模式。

三是人力资源服务结构单一，高端人力资源服务不足。乐山市人力资源服务企业多数处于粗放型发展阶段，创新能力不足、专业程度不高、同质化

竞争严重。从企业收入来源看,乐山市人力资源服务企业收入来源主要是劳务派遣、政府补贴类培训等,在劳务外包、高级人才寻访、人力资源测评、市场化培训等方面收入占比较少,人力资源企业收入结构较为单一,发展程度仍然不足。

(三)人力资源服务业发育程度不足,发展不平衡

一是乐山文旅人力资源服务市场自身发育程度不足。主要体现在供求信息整合度不够、匹配度不高,供求结构性矛盾突出,中高端业态服务供给能力不能完全满足市场需求。多数企业对人力资源服务机构观念仍然较为陈旧,对人力资源服务认可度、接受度不高,缺乏消费习惯,人力资源服务市场需求与文旅产业发展实际不匹配。

二是乐山文旅人力资源服务发展不平衡。一方面体现在地区发展不平衡,另一方面体现在政府主办公共人力资源服务机构和社会化人力资源服务机构之间的发展不平衡。除旅游产业发达的市中区、峨眉山市人力资源服务业相对成熟,市场化程度相对较高以外,其他区县文旅人力资源服务业发展相对滞后,部分地区尤其是县以下地区对人力资源服务业发展的重视程度不够、欠账较多,仍是公共人力资源服务唱"重头戏"。

(四)人力资源服务业发展融合程度不深,协调不足

一是乐山人力资源服务业与文旅优势产业发展融合程度不足。人力资源服务业与文旅产业协同融合度不高,创新带动力不强。乐山市有乐山大佛、峨眉山两个景区入选联合国教科文组织评选的"世界自然与文化遗产名录",但在人力资源服务方面存在针对性不强、量不足等问题,如文旅产业发展所需的数字经济、文化创新、市场运营等推动文旅产业高质量发展的人才聚集程度仍不高,针对本土文旅产业从业人员技能水平提升的培训服务成效不显著,人力资源服务没有与文旅产业发展形成紧密结合,溢出效应较低,难以对文旅产业发展提供更高质量、更有力的人力资源和服务支撑。

二是乐山市文旅人力资源服务业跨区域协调发展程度不足。乐山市文旅人力资源服务产业园与四川省内成都国家级人力资源服务产业园,绵阳、泸州两家省级人力资源产业园之间差异化发展程度需进一步提高,协同发展程度有待进一步加强。在成渝双城经济圈建设大背景下,乐山文旅人力资源服务产业园与重庆地区人力资源服务产业园之间的协同发展、数据信息共建共享需进一步加强。

(五)人力资源服务业队伍专业人才短缺,服务水平不高

一是人力资源服务业从业人员队伍需求缺口较大。数据显示,乐山市文

旅产业从业人员超 20 万人，而对应的文旅人力资源服务业从业人员相对不足，尤其是融合业态创新型、复合型、数字应用创新型人才的缺乏，限制了文旅人力资源服务的高水平发展。

二是人力资源服务业从业人员专业化服务水平需进一步提升。人力资源服务业从业人员专业化服务水平整体不高，且从业人员稳定性较差，与互联网从业人员的受教育水平相比，人力资源服务业高教育水平从业人员明显偏低。

四、推动乐山市文旅人力资源服务业高质量发展的对策建议

（一）发展思路及目标

围绕四川省推进"一干多支、五区协同"、乐山市深入推进"旅游兴市、产业强市"发展战略，按照"文旅引领、数字驱动、平台辐射、多极融合、产业汇聚"的发展思路，深耕乐山、立足四川、辐射全国，打造文化旅游人才高地，力争成为全省人力资源服务产业体系"一核两翼"总体布局的重要支点。以推动乐山市高质量发展为主题，大力发展人力资源服务业。力争建成国家级文化旅游人力资源市场和省级人力资源服务产业园，产业园区总产值累计达到 20 亿元以上，全市人力资源服务业产值达到 50 亿元以上。

（二）具体对策建议

1. 加大对文旅人力资源服务业发展的政策支持

一是完善文旅人力资源服务产业发展政策体系。落实四川人力资源服务产业培育方案和新时代高质量发展实施意见，出台市级人力资源服务产业园管理办法，配套完善支持人力资源服务业发展政策措施。综合集成产业转型、招商引资、招才引智及促进服务业发展、支持民营经济和中小微企业等已有政策，统筹利用服务业发展、人才专项、就业创业补助、职业技能提升专账等资金渠道，在要素、金融、财税、项目等方面，加大对人力资源服务业的支持力度。对人力资源服务业纳税大户视情况给予一定奖励。支持人力资源服务机构和产业园参与省服务业"三百工程"建设。二是加强对文旅人力资源服务业研究基础支撑。建设四川文化旅游人力资源研究院，开展文化旅游人力资源相关课题研究，落实产业全口径统计调查制度，实施文旅人力资源服务标准领航行动。

2. 完善区域文旅人力资源服务业产业体系

一是加强硬件体系建设。进一步加快建设文旅人力资源产业园，扩大文旅人力资源服务产业园规模，打造全省文化旅游人力资源服务基地。按照

"总园+分园+多点"的园区建设模式,加快形成以高新总部园区为核心园区,峨眉、犍为、沙湾等为分园,高校、企业多点布局的园区体系。丰富四川文旅人力资源产业园线上和线下园区功能、壮大规模。进一步完善四川文化旅游人力资源服务交易平台和人力资源大数据交易中心,构建专业化、数字化、多元化的现代人力资源服务和人力资本产业链。大力提升运营管理水平,充实服务保障力量,加强文旅、商务、会展、经信、金融、法律、文体、餐饮等服务保障配套设施建设。二是完善软件体系建设。健全人力资源服务业服务体系,推行分级分类全方位公共人力资源服务模式,建设人力资源流动管理综合信息系统,深化流动人员档案管理服务信息系统后续集成应用,实现"就近办、网上办、一次办、马上办"。鼓励公共人力资源服务机构利用现有场地、网站、人才等资源,与经营性人力资源服务机构展开合作,拓宽业务范围。实施人力资源市场营商环境指标提升行动,开展诚信服务主题创建活动,规范网络招聘管理。

3. 培育壮大文旅人力资源服务业主体

一是实施人力资源服务产业产值倍增计划。搭建高层次人力资源服务交流合作平台,采取"引进来+走出去"的方式,对接各地招商引资计划,综合采用园区招商、产业招商、以商招商、联合招商,重点引进一批业态先进、规模较大、拉动效应强的国内外知名人力资源服务机构。二是培育重点文旅人力资源服务骨干企业。建立"一企一策"个性化培育机制,重点培育一批有核心产品、成长性好、竞争力强的综合性人力资源服务领军骨干企业。加大"专精特新"人力资源中小机构培育力度,鼓励"小升规""规入统"。支持知名、领军人力资源服务机构或产业园区牵头组建产业联盟、企业集团或人力资源俱乐部、沙龙等,促进良性竞争、抱团发展。支持知名大型人力资源服务机构逐步向基层一线延伸拓展业务,引领、带动产业链下游中小微人力资源服务机构发展。三是多元化、多渠道支持文旅人力资源服务企业发展。鼓励通过政府购买服务等形式,扩大市场消费需求,支持产业主体经营发展。依托"一带一路"建设、新时代西部大开发、西部陆海新通道建设和自由贸易试验区等,打造更多高水平人力资源服务业开放平台和载体,引进优质企业、先进业态、高端人才。

4. 优化文旅人力资源服务业发展业态

一是推动人力资源服务产业与乐山文化旅游等优势产业"双向融合、产人融合"发展。编制乐山人力资源服务"供给清单"和重点产业人力资源"需求清单",推动人力资源服务业与文化旅游产业深度融合,引导人力资源服务机构实施产业融合发展项目。充分发挥服务产业、服务企业、服务就业的作用，形成更加完善的人才链、创新链和产业链对接机制。二是推进跨区域人力资源服务产业协同发展。搭建多层次、多元化人力资源线上线下供需对接和交易平台，依托四川文化和旅游人力资源云数园区，推动人力资源服务交易数字化。深化人力资源服务业交流合作机制，以"平台+园区+产业"连接成渝两地、大小凉山和攀西经济区人力资源产业园区，云上聚集人力资源服务企业（机构），"串珠成链"推进巴蜀文化和旅游、大小凉山和攀西经济区人力资源服务产业协同发展。创新探索云贵川人力资源服务业协同发展，在人才一体化合作、人力资源场景应用、区域人才互动合作、产业协同发展等方面加大力度。

5. 打造文旅人力资源服务业品牌

一是打造"文化旅游"特色系列人力资源服务品牌，带动人力资源服务产业高质量发展。支持人力资源服务机构加强品牌、品质建设，注册使用自主商标、国际商标。培育乐山"十大文旅人力资源服务机构"和"猎头十强""外包十强""培训十强"等细分业态主导品牌，择优推荐参与业内各大榜单排名。二是完善人力资源服务机构诚信示范和等级评价体系。定期推荐评选国家、省"诚信服务示范机构"和四川"5A级"人力资源服务机构。支持人力资源服务机构建立产品、技术展示中心，举办国内外人力资源服务业高端论坛、品牌推介、行业交流、会展等活动。

6. 聚集文旅人力资源服务业人才

一是加强从业人员队伍建设。实施人力资源从业队伍能力提升行动，支持引进一批具有国际背景、国际视野、通晓国际规则的人力资源服务业高端人才，享受相应优惠政策。每年评选一次"乐山人力资源服务业十大领军人才"，建立领军人才信息库，符合条件的择优推荐纳入省高层次人才资助范围。定期编发乐山市文旅人力资源服务业急需紧缺人才目录。加大青年拔尖人才培养。二是建设一批专业化、职业化教育培训平台。每年举办一至两期文旅人力资源服务业高级经营管理人员研修班，鼓励符合条件人力资源服务机构设立博士后科研工作站、博士后创新实践基地，开展产学研研究。推动乐山本地人力资源服务机构与高校、职业院校（含技工院校）、知名培训机构合作建立培训基地和实训基地。加强人力资源服务产业专业技术人员继续教育和从业人员职业能力提升。

参考文献

[1] 孙建立. 人力资源服务业高质量发展：成效、问题与对策 [J]. 中国劳动, 2019 (3)：18-29.

[2] 侯增艳. 我国人力资源服务产业园建设的成效、问题与对策 [J]. 经济研究参考, 2020 (13)：107-114.

[3] 吴帅, 田永坡. 我国人力资源服务产业园区建设：现状、挑战与对策 [J]. 中国人力资源开发, 2015 (23)：69-74.

[4] 于飞, 吴红蕾. 人力资源服务业转型升级的对策研究 [J]. 经济纵横, 2018 (7)：93-101.

[5] 杨东风, 张晓欣, 王征. 专业性人才市场在行业人力资源配置中的作用研究——以河南省为例 [J]. 人才资源开发, 2014 (19)：27-29.

[6] 汪怿. 国外人力资源服务业：现况、趋势及其启示 [J]. 科技进步与对策, 2007 (7)：201-206.

[7] 张延平. 我国区域人才结构优化与产业结构升级的协调适配度评价研究 [J]. 中国软科学, 2011 (3)：177-192.

[8] 张英智. 从"一园多区"到"服务业商圈"——国家级人力资源服务产业园发展的模式探索 [J]. 中国人事科学, 2020 (11)：69-78.

[9] 王平. 人力资源市场化流动配置的创新推动——基于中国中原人力资源服务产业园区的探索实践 [J]. 人才资源开发, 2020 (21)：6-8.

[10] 刘映杰, 王嘉丽, 高雪峰. 人力资源服务业质量提升的影响因素研究——以河北省企业为例 [J]. 华北理工大学学报（社会科学版）, 2021, 21 (1)：28-32.

[11] 田永坡, 王琦, 吴帅, 等. 中国人力资源服务产业园发展质量评估研究 [J]. 中国人力资源开发, 2020, 37 (10)：6-17.

[12] 田永坡. 人力资源服务业四十年：创新与发展 [J]. 中国人力资源开发, 2019, 36 (1)：106-115.

[13] 侯增艳. 我国人力资源服务产业园区发展状况及对策研究 [J]. 经济研究参考, 2014 (56)：22-29.

《文旅人力资源服务业发展研究——以乐山市为例》课题组成员名单

课题组长：
饶　风（四川省人力资源社会保障科学研究院所长、研究员）

课题组成员：
唐　青（四川省人力资源社会保障科学研究所副所长、副研究员）
马　杰（四川省人力资源社会保障科学研究所助理研究员）
韩　琪（四川省人力资源社会保障科学研究所）
王汉鹏（四川省人力资源社会保障科学研究所助理研究员）
刘　玥（四川省人力资源社会保障科学研究所）

本课题为中国人事科学研究院与四川省人力资源社会保障科学研究所合作完成。

西安IT产业人才服务能力提升研究[①]

提　要：我国在国民经济和社会发展"十四五"规划提出要发展战略性新兴产业，加快壮大新一代信息技术等产业。事实上，IT（信息技术）尤其是新一代信息技术产业作为经济转型之擎、数字社会之基，正全面融入经济社会各个领域，驱动数字经济蓬勃发展，推动智慧社会加速到来。特别是面对新冠肺炎疫情冲击以来，IT产业为引领中国经济创新发展的核心力量之一，推动了新业态、新模式加速涌现，有力支撑了疫情防控、复工复产和产业转型升级。

"十四五"规划在坚持创新驱动发展，全面塑造发展新优势方面提出，要激发人才创新活力，全方位培养、引进、用好人才，造就更多国际一流的科技领军人才和创新团队，培养具有国际竞争力的青年科技人才后备军。人才科技资源是西安发展的突出优势，也是追赶超越的潜力所在。对以智力密集型为主要特征的IT产业来说，人才是核心资产，面向IT人才除了人才政策和常规服务外，精准有效的社会圈层服务和跨界跨领域赋能更是激发该群体相互链接、抱团合作并发挥创新活力的关键因素，是IT产业持续、高速、稳定发展的重要引擎，在该赛道追赶超越的西部城市更需要在研究与实践中快速提升产业人才的社会服务能力，提高产业人才尤其是中高端产业人才的吸引力、留存率、成长力和创新力。

关键词：IT产业　创新驱动发展　人才科技资源

[①] 本文系中国人事科学研究院2021年度研究课题《西安IT产业人才服务能力提升研究》报告的部分内容。

一、概述

近年来,西安依托雄厚的科教实力、丰富的人才资源及领先的产业人才服务能力、宽松的产业政策和良好的专业配套设施环境,IT 产业规模迅速扩大,技术创新和应用水平大幅提升,目前已经成为大规模培养 IT 人才的基地,交流国际最新技术、汇聚国际知名企业、教育与产业充分互动的西部 IT 产业高地。2020 年,西安 IT 业产值 3 700 亿元,聚集从业人数 23 万人,企业数超过 5 000 家,成为西安高新技术产业的重要支撑和引擎。"十四五"期间,西安将持续围绕已经形成的行业软件开发等八大优势 IT 产业集群和华为西研所等各龙头企业生态集群,加快人才、技术、资本等要素的整合,形成资源创新合力,进一步提升本地 IT 产业的国内外竞争力。

借鉴发达地区产业人才圈层服务的做法,如何结合西安 IT 产业发展实际情况和产业人才线上、下服务经验,在塑造区域产业发展新优势过程中持续拓展 IT 人才服务能力半径与深度,并在理论与实践层面不断迭代创新,对西安 IT 人才加快集聚、有效成长和产业蓬勃发展具有重大意义,对政府相关部门、专业园区、专业孵化器、企业管理人员和行业协会在宏观管理与科学决策、社会服务与增值服务等方面也具有较强的指导意义和现实意义。

二、西安 IT 产业与人才情况

(一) 西安 IT 产业发展情况

西安 IT 产业自 2000 年前后起步并逐年保持高速增长。2020 年,西安 IT 业产值超过 3 700 亿元,同比增长 12%,出口总额达到 20 亿美元,同比增长 11.54%,聚集从业人数超过 23 万人,具有一定规模的企业数超过 5 000 家。其中,万人以上企业 3 家、千人以上 23 家,收入过亿企业 148 家,世界 500 强企业 36 家,中国软件收入百强企业在西安设立研发或分支机构的达到 47 家。2021 年,西安 IT 产业逐步摆脱新冠肺炎疫情负面影响,呈现恢复与发展态势,收入和利润均保持较快增长,从业人数稳步增加;信息技术服务加快云化发展,软件应用服务化、平台化趋势明显。

1. 西安 IT 产业集群发展情况

西安 IT 产业重点发展集成电路设计、嵌入式软件、行业应用软件、信息技术服务、互联网服务和电子商务、云计算/大数据/物联网、人工智能/5G 应用/信息安全等新型领域七大特色产业集群,各产业集群覆盖企业有一定交叉。

(1) 集成电路设计集群。

该领域涵盖通信、计算机、导航和消费类电子等多个方向。自主研发的移动终端芯片、DRAM 芯片、FPGA 芯片、北斗导航芯片、物联网芯片、图像处理芯片、人工智能加速芯片、GPU 芯片等技术出于国内领先水平。2020 年西安集成电路设计集群聚集芯派电子、紫光国芯、新相微电子（西安）、亚成微电子、来颉半导体、锴威半导体、迪威码半导体、开阳微电子、克瑞斯半导体等企业超过 100 家，实现总收入 90 亿元。

(2) 嵌入式软件集群。

该集群聚集西门子、和利时、精雕软件、闻泰、华勤、海康威视、大华、翔讯科技、瑞迅科技、诺瓦星云、研华、TCL 等优秀企业。其中诺瓦星云专业的逐点校正软件、完善的 LED 显示控制软硬件解决方案服务于 2008 年北京奥运会、2009 年国庆 60 周年庆典、2010 年上海世博会等大型活动。精雕软件已成为精雕集团（领先的高端机床研发和生产企业）旗下最大、最重要的软件研发基地。翔讯科技的天脉机载嵌入式实时操作系统应用填补了国内空白。2020 年西安嵌入式软件企业超过 50 家，实现总收入 60 亿元。

(3) 行业应用软件集群。

西安行业应用软件领域在通信、教育、石油、电力、水文、环保、医疗等方向技术水平处于国内领先地位，涌现出了博达软件、石文软件、山脉科技、交大长天、盈谷网络等优秀企业。国内知名应用软件企业华为、中软国际、中兴、神州数码、东软集团、金蝶软件、东华软件、石化盈科等也在西安设立研发中心。2020 年西安行业应用软件产业集群聚集企业超过 900 家，实现总收入 350 亿元。

(4) 信息技术服务集群。

集群中多家企业在行业标准、技术成果及产品服务等方面形成国际知名、国内领先局面。代表性企业有未来国际、平安保险、北佳信息、万德信息、圆通信息、思宇信息、微聚信息等。2020 年西安信息技术服务集群聚集企业超过 1 500 家，实现总收入 200 亿元。

(5) 互联网服务和电子商务集群。

该领域聚集了易点天下、三人行、吉客印、博德信息、伯登信息、新蛋信息、佳之易网络、维纳数字等众多优质企业。其中，易点天下作为陕西省首家独角兽企业，2018 年入选中国软件和信息技术服务综合竞争力百强企业；三人行作为校园传媒第一股，2020 年 5 月 28 日在上海证券交易所主板上市。2020 年西安互联网服务和电子商务集群企业超过 500 家，实现总收入

150亿元。

（6）大数据/云计算/物联网集群。

该领域汇聚了美林数据、西部资信、识代运筹、中服软件、艾润物联、优势微电子、中星测控等一大批优秀企业。其中，美林数据是国内工业大数据领域的头部企业；西部资信致力于大数据应用和信用科技创新产品，深度参与国家信用体系建设和大数据应用服务工作；中服软件长期致力于云计算平台及相关产品的研发和服务，其基于 PaaS 平台打造的开放式工业互联网平台入驻企业超过千家，加入设备近6万台；艾润物联是全国"自助停车"的倡导者。2020年西安大数据/云计算/物联网群聚集企业超过60家，实现总收入130亿元。

（7）人工智能/5G应用/信息安全等新兴领域集群。

该领域近年聚集了科大讯飞、大疆、360、绿盟科技、安恒信息、广和通、交叉信息研究院等一批国内行业龙头，同时本土企业四叶草安全、交大捷普等异军突起。交叉信息核心技术研究院研发出的"启明910"自主可控 AI 加速芯片为无人驾驶汽车产业发展打下了坚实基础，四叶草安全发起举办的 SSC 安全峰会已成为中国中西部影响力较大的网络安全峰会。2020年西安新兴领域集群企业超过60余家，实现总收入60亿元。

2. 西安IT产业发展优势

经过20多年的发展，西安IT产业凭借各方资源优势尤其是教育、科技、人才优势，依靠开拓进取和自主创新，实现了从小到大、从弱到强的蝶变。

（1）多个国家级试点改革创新叠加优势。

西安在发展IT产业的历程中，近年相继荣获国家全面改革试验区、国家高新技术产业基地、国家电子商务示范基地、国家软件产业基地、国家软件出口基地、国家服务外包示范城市等多个国家级试点，致力于推动全面深化改革、实施创新驱动发展战略，形成了先行先试、勇于担当、积极作为的改革创新文化。

（2）当地IT产业政策支持优势。

近年西安与各开发区相继出台了系列政策，在产业培育、企业发展、创新平台、创业孵化、人才引培、基金设立等多方面支持IT产业发展。其中，在产业培育方面，大力支持加快传统制造业与互联网实现跨界融合，以智能制造为方向，推进形成具有全球影响力的半导体和下一代汽车产业集群；在创新创业方面，重点围绕集成电路设计、大数据、云计算、物联网、移动互联网、电子商务等领域,鼓励高端人才在高新区创新创业,着力发挥软件信息服务产业专项资金杠杆作用,对创业团队提供财政补贴,加速产业聚集,提速软件信息服务业发展;在企业培育方面,支持以人工智能、大数据、云计算、光电芯片等为代表的数字经济瞪羚企业、独角兽企业发展。

(3)教育、科技与人才优势。

在全国教育综合实力与科技综合实力方面,西安历年排名名列前茅。目前拥有普通高等院校(含职业教育)75家,科研机构460多个,博士后教育基地46个,国家集成电路人才培养基地3个,在西安两院院士67位,中科院和军工、省市、民营研究院所63所,市级以上科研机构672家,国家重点实验室工程技术研究中心和行业测试中心231个,创新型研发平台273个,各类专业技术人员80万人。2019年,根据全球人才竞争力指数(GTCI)报告,西安位列中国第五。

2017年,教育部、财政部、国家发展改革委印发《关于公布世界一流大学和一流学科建设高校及建设学科名单的通知》,西安共8所高校入选"双一流",其中3所(西安交通大学、西北工业大学、西北农林科技大学)入选世界一流大学建设高校、5所(西北大学、西安电子科技大学、长安大学、陕西师范大学、第四军医大学)入选世界一流学科建设高校。陕西和西安教育院校数量情况如图1所示。

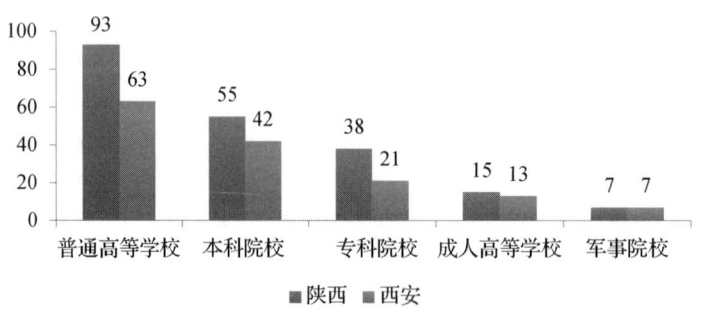

图1 2019年陕西和西安的教育院校数量

数据来源:中华人民共和国教育部、陕西省教育厅

其中,IT相关"双一流"建设学科有3个,多于成都和武汉等城市(见表1)。各高校在校生130万人,每年毕业生约38万人,IT相关专业超过6万,本地就业吸纳率65%以上,为西安IT产业发展提供了源源不断的人才供应。

表1　三城市"双一流"建设学科中IT相关学科数目对比

城市	IT相关学科数目	具体学校及专业
西安	3	西安交通大学（信息与通信工程）、西安电子科技大学（信息与通信工程、计算机科学与技术）
成都	2	电子科技大学（电子科学与技术、信息与通信工程）
武汉	1	华中科技大学（计算机科学与技术）

数据来源：中华人民共和国教育部"双一流"建设学科名单。

在IT人才竞争优势方面，根据猎聘《2019年中国AI&大数据人才就业趋势报告》，在全国AI&大数据人才净流入率排名最高的20个重点城市中，西安以10.03%的占比排名第一；根据猎聘《2019年中国AI&大数据人才就业趋势报告》，西安网络安全人才净流入率位居全国第四；根据智联招聘《2019年区块链人才供需与发展报告》，西安区块链人才以1.97%的占比居全国第七位；根据BOSS直聘《西安人才趋势报告》，西安技术研发人才存量占比达到14.5%，居西部各大城市首位。

（4）产业发展优势。

如前所述，经过20余年的发展，西安IT产业已经形成七大优势产业集群，同时形成了以华为西研所、科大讯飞、易点天下等一批龙头企业为代表的产业生态圈（见图2），在各自领域初步具备了生态体系竞争力。

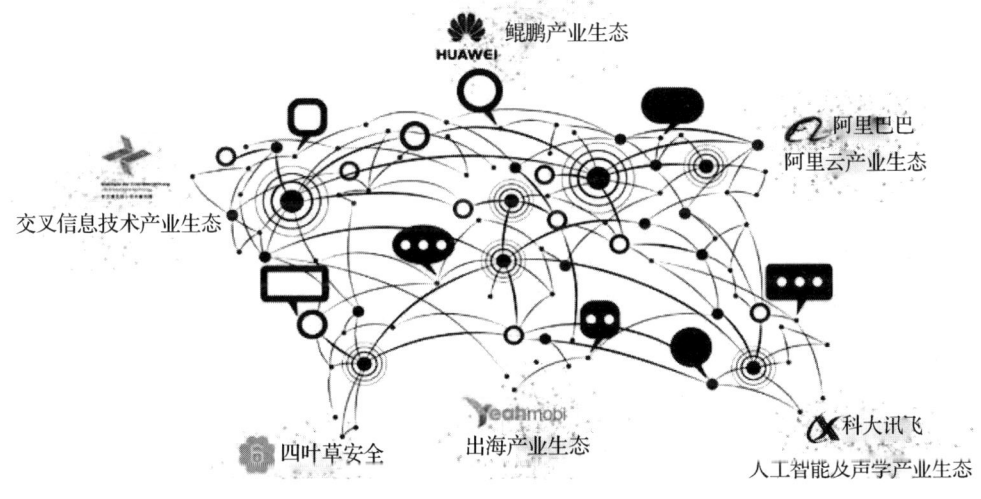

图2　产业生态圈

3. 西安IT产业发展瓶颈

西安IT产业发展面临问题表现为：一是产业集群仍需做大做强。具有行业影响力的产业集群较少，未形成特色产业品牌。七大优势产业集群之间规模差异较大，产业收入规模分布不均，整体仍有巨大提升空间。二是缺乏本地名企名品。覆盖全国、技术先进、市场认可度高的软件产品和解决方案较少。三是新兴领域未形成制高点。国家积极布局的基础软件、工业软件等高端软件的产业基础条件较弱，底层软件、高端芯片、技术标准等方面的自主研发水平仍有较大提升空间，人工智能、区块链等新兴领域产业规模较小。

4. 西安 IT 产业发展的机遇与挑战

从全球看，新一轮科技革命和产业变革蓬勃兴起，"颠覆性技术+新市场需求"促使新兴产业不断涌现，网络经济空间不断拓展，分享经济、智能经济、平台经济、数字经济等成为未来最重要的经济形态。全球环境为西安聚焦数字化、智能化方向，布局产业新赛道，抢占未来经济科技发展先机，推动 IT 产业迈向全球价值链中高端提供了发展机遇。

从全国看，一是产业升级为新兴产业发展开拓空间。传统行业的数字化转型升级为软件和信息服务业提供了广阔的发展空间，新型基础设施建设为信息产业发展提供了肥沃土壤。二是产业处于快速发展时期。随着大数据、人工智能等新一代信息技术在生产生活中的全面应用，智能终端和物联智能感知设备的普及，推动 IT 产业的需求快速攀升，软件产业近五年年均增长 15.5%，远高于国民经济平均增长，新一轮市场机遇加速来临。

从全省看，一是陕西战略地位不断提升，随着"一带一路"、新时代推进西部大开发新格局、黄河流域生态保护和高质量发展等的深入实施，在国内国际双循环的大背景下，陕西独特的战略地位更为凸显。二是陕西产业升级任务迫切，"十四五"时期是陕西省转换发展方式、优化产业结构、转换发展动能的攻关期，IT 产业等战略性新兴产业对传统产业的赋能成为实现产业升级和经济高质量发展的重要抓手。

从全市看，一是西安处于高质量发展机遇期。西安处在先进制造强市、硬科技之都建设的关键期，全市聚力培育具有竞争力的现代产业集群，为 IT 产业的发展创造了良好的发展条件和市场空间。

"十四五"时期，西安如能立足自身优势，抢抓国内外科技革命和产业变革的风口，积极构建产学研用协同创新格局，推动创新资源开放共享，加快共性基础技术攻关，大力发展"研发+"模式，推动研发成果转化，推动产业集群快速成长，积极跟踪未来产业发展趋势，快速形成特色突出、优势互补、结构合理的产业发展格局，将大大提升自身在国内外产业链价值链中的地位和竞争力。尤其，IT 产业是智力密集型产业，人才是 IT 产业的核心，精准、有效、持续提升产业人才服务能力将成为未来西安 IT 产业发展提升的关键。

（二）西安IT产业人才及人才服务情况

1. 西安IT产业人才情况

2020年，西安IT从业人员达到23万人，每年招商项目与本地新注册IT项目持续吸引各高校IT相关专业大学生以及社会人员、外地回流人员、海归人员加盟该产业集群。

（1）西安IT产业人才基本画像。

- 年龄分布。

人才梯队较为合理，西安IT产业中，57.9%的从业人员处于26~35岁的黄金年龄，正是具有一定经验、年富力强和具有较高的产出的年龄；36岁以上资深从业人员比例约占15%。

- 岗位结构。

首先，以研发设计类人员为主。在岗位结构分配比例方面，西安IT产业从业人员中，研发设计类岗位占绝对比重，比例为48.6%。其次，客户服务类岗位占16.7%，技术支持类岗位占12.0%，生产/制造类占8.5%，行政/人事等后台支持职能类占6.4%，市场营销类占5.0%，工程实施类岗位占2.8%。

- 不同企业类型的从业人员分布。

首先，从业人员集中在民营企业。从西安IT产业从业人员所在的企业类型看，民营企业的人员数量最多，占比高达73.7%。其次，外商投资类企业，从业人员占到15%以上，其中外商独资企业占13.0%，中外合资企业占2.1%，还有1.3%的从业人员在港澳台企业工作。国有企业（含国有控股）只占3.3%。

- 籍贯分布。

陕西籍员工为主体。西安IT产业从业人员中，陕西籍的人员数量最多，占员工总数一半以上。从籍贯来源看，从业人员籍贯排行前十位的省市依次为陕西、甘肃、河南、山西、山东、河北、湖北、四川、江苏、新疆。可见，西安IT产业主要是吸引省内及周边邻近省份的就业人员。

- 外籍从业人员分布。

近年来，西安强化招商引资，主动融入大西安战略布局，借智借力发展。加快建设县域开放平台，坚持"五资"齐抓，紧盯世界500强、中国500强，强化亲商助企，引进了一批体量大、影响好、质量高的重大项目。在西安设立的外商投资企业和世界500强企业的分支机构不断增多，也带动了行业企业外籍从业人员的增加。外籍员工以欧美籍为主。西安IT产业的外籍从业人员中，第一是北美的占比最大，为51.9%，主要是来自美国、加拿大等国家。

第二是亚洲国家的外籍从业人员，比重占 22.2%，来自韩国、日本、新加坡、马来西亚等国家。第三是来自欧洲国家的外籍员工，占 11.1%。

- 不同细分行业的人员结构。

西安 IT 产业从业人员的学历水平相对较高。从不同细分行业领域看，软件产品行业中，本科及以上学历的从业人员占 74.0%，比例远远高于嵌入式系统软件行业 (29.0%) 及信息技术服务行业 (58.0%)，尤其是研究生及以上学历的从业人员比重高达 22.8%。嵌入式系统软件行业中，大专及以下学历的从业人员比重最高，占到 71.1%。

- 管理人员占比。

不同细分行业中的管理人员占比均不高。西安 IT 产业的不同细分行业中，管理人员占从业人员总数的比例均低于 10%。其中，软件产品行业的管理人员占比相对稍高一点，为 5.0%。

(2) 西安 IT 产业人才福利与培训。

- 福利情况。

总体来说，西安 IT 产业企业的福利较好，且福利种类较为丰富。从业人员的法定福利构成中，95.9%的企业为员工缴纳"五险"，73.3%的企业缴纳了"公积金"，82.9%的企业有"带薪休假"；从业人员的非法定福利构成中，72.6%的企业有"节日礼品"、61.0%的企业有"年度体检"及"交通、通信等津贴补助"、40.4%的企业有"员工旅游计划"、36.3%的企业有"补充医疗保险"、32.2%的企业"提供食堂或饭补"、30.8%的企业实行"弹性工作时间"。部分非法定福利项目，只有不到五分之一的企业有设立，比如"员工持股计划"(14.4%)、"公司产品折扣"(8.2%)、"员工子女补充医疗保险"(6.8%)、"长期服务奖"(6.2%)、"连带子女福利"(5.5%) 及"企业补充养老保险"(4.1%)。

- 培训情况。

岗位专业技能是企业最为重视的培训内容。在培训的内容方面，西安 IT 产业有 93.9%的企业会培训"岗位专业技能"，59.5%的企业会培训"行业、市场及产品信息"，57.4%的企业会培训"企业文化"。对"个人自我管理技能""通用基本技能"的培训也较普遍，有接近 50%的企业选择。企业对员工"办公自动化""人际关系及沟通技能"的培训相对较少。

- 培训方式。

内部培训是企业培养人才的重要方式。西安 IT 产业企业较为重视员工培训工作，常用的培训方式是"企业内部专长员工授课"，其次是"通过网络或视频学习"。有约三分之一的企业培训会选择第三方,比如"委托培训机构培训""外聘专家授课"。"到高校培训进修"的企业占比较少。

(3) 西安 IT 产业人才流动情况。

• 人员总体流动率。

与其他传统行业相比,IT 企业间人才竞争与争夺现象严重,软件和信息服务业的流动率较高,员工年平均流动率可高达 20%~25%,尤其是软件服务外包企业,员工流动率居高不下。但西安 IT 产业人员总体较为稳定。人员总体流动率在 20% 以下的公司占绝对比重,为 79.3%。其中,流动率在 5% 以下的企业为 25.7%,超过四分之一;5%(含)~10% 企业占 27.9%;10%(含)~20% 的企业占 25.7%。人员总体流动率在 20% 及以上的公司比重仅为 20.7%。

• 离职率较高的职位。

研发设计、市场销量类职位离职率相对较高。员工主动离职率较高的前三类人员分别是研发设计、市场销售及技术支持。支撑职能(行政、人力、财务等)、工程实施、生产/制造类从业人员的离职率相对较低。

• 离职原因。

个人及家庭原因、薪酬福利待遇低是离职最主要原因。在从业人员离职因素调研中,影响员工离职的原因按重要性排序,依次是"个人及家庭原因""薪酬福利待遇低""工作压力太大""对企业前景担忧""人际关系不融洽""工作条件差""其他"。其他原因方面有企业搬迁、交通不便利、外部吸引等。可见,年轻化员工更为注重工作环境的调整、个人工作意愿及兴趣,薪酬福利已不是留人的第一要素,好的企业文化及价值观对于员工稳定性影响较大。企业如何留住员工、提升稳定性,是企业发展过程中重要的研究课题。

(4) 西安 IT 人才需求情况。

西安 IT 产业正值迅猛发展高峰期,云计算、大数据、物联网、VR/AR 等信息技术不断突破创新、加速应用。互联网信息技术的加速迭代与渗透融合成为新一轮科技革命和产业变革的重要驱动力,同时对行业人才也提出了新的更高的要求。未来需要软件研发、安全管理、产品运营等方向的中高端人才,更需要既具备 IT 背景同时又懂业务懂行业的复合型人才,甚至是能与国际接轨的人才。

• 总体人员需求。

企业人员需求保持增长。西安 IT 产业中,91.2% 的企业保持人员正增长,只有 8.8% 的企业人员负增长。增长率总体上比较稳定,主要集中在 0~30% 之间。同时,也有 7.3% 的企业人员扩充迅速,员工增长了 50% 甚至翻倍。

- 不同类型软件人才的需求。

软件开发技术类岗位是目前最需要的。对于不同类型的软件业务从业人员，西安IT产业企业目前最需要的是软件开发技术类人才，选择的比重高达67.5%。其他依次为软件工程类人才、数据库类人才、网络与信息安全类人才、图形图像类人才及网站服务类人才。

- 最紧缺人才的需求。

高级程序员是目前最紧缺的软件人才。在对具体岗位的需求上，目前西安IT产业企业最紧缺的软件人才是程序员类岗位，其中，对高级程序员的需求最迫切。其他软件人才按紧缺程度依次为系统架构师、软件实施工程师、软件项目管理师、软件测试工程师与系统分析师。其他紧缺的软件人才方面，部分企业提出通信工程师、功能顾问、售前工程师、项目经理等岗位。

- 不同工作经验的人力资源需求。

有工作经验的社招占主体。从西安IT产业企业的招聘入职比例看，应届生占比行业平均约为21.9%。其中，调研的企业里，最高的应届生入职比例达80.3%，最低的应届生入职比例为1%。并且校园招聘中平均88.4%是在西安本地高校。

（5）西安IT人才吸引力优势。

2017年起，西安的人才净流入率位居各城市前列。"北上广"回流人员成为企业社招人员的重要来源。近年来西安IT产业企业成功招聘到的有经验员工，之前工作所在地区来源，首先是"陕西（含西安地区）"，其次是"北上广深等一线城市回流"，最后是"西北其他地区"。如图3、图4所示为

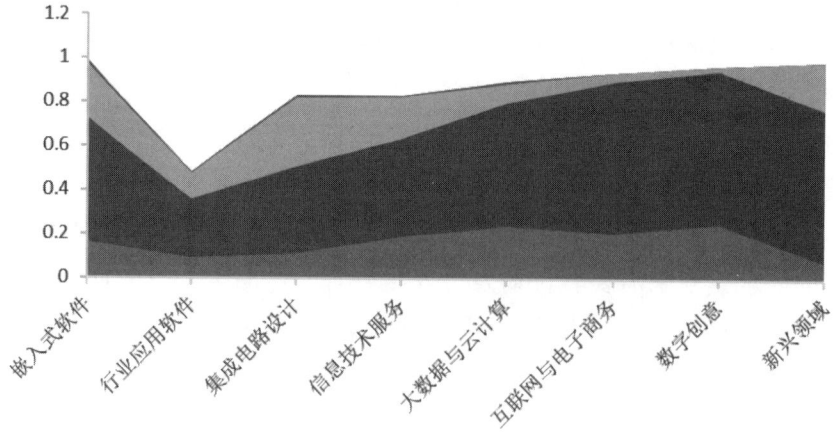

图3　2020年西安IT产业各集群从业人员学历结构图（单位：千元）

2020年西安IT产业各集群从业人员学历结构和薪酬分布。

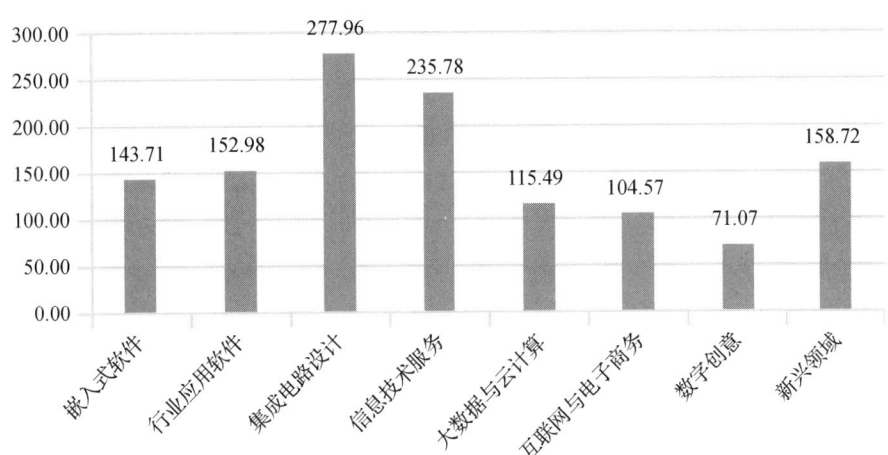

图4　2020年西安IT产业各集群薪酬分布图（单位：千元）

2. 西安IT产业人才服务情况

西安市各级政府、各人才协会/联盟与不同领域的人力资源企业为IT人才服务主要提供者。

（1）西安人力资源企业产业人才服务情况。

西安人力资源服务企业从注册机构数量上看，2018年750余家，2019年1500余家，2020年超过2000家，从业人员超过1.5万人。

从机构成分上看，国有或上市机构占比0.5%，民营资本集中占比95%以上，东部沿海以及西北、西南等地人力资源机构进驻比例增长明显。

从营收规模上看，2017年90亿元，2018年底110多亿元，2019年285亿元，2020年达到330亿元。这与西安经济持续稳定发展趋势相吻合。随着西安社会经济进入高质量发展阶段，人力资源服务新动能不断形成，这将催生人力资源服务新的需求点。

从服务规模上看，服务覆盖95%以上各行业领域集群，尤其是需求量较大的IT产业各相关集群，各行业服务人群1000余万人次，IT类人才服务占比较大。

服务内容从传统的人力资源和社会保障事务代理、人力资源外包、人才招聘、培训、测评、劳务派遣等到猎头服务、人力资源信息软件服务、灵活用工等，服务领域相对全面。

（2）西安软件园示范区产业人才服务情况。

2020—2021年示范区在全面点亮数字丝路明珠的新征程中赋能人才、链接院校、助力招商、服务产业，创新营造西安 IT 产业人才新生态新价值，努力构建示范区产业服务新品牌新优势。

● 招聘协助方面：建设多维招聘渠道，助力优秀人才对接企业。

示范区帮助产业人才积极对接拟打造生态圈的龙头企业、缺乏招聘经费的高增长企业、缺乏渠道的新落地项目和缺乏专员的初创团队等，除举办校园行系列招聘活动外，在异地招聘包括海外高层次人才引入、各种形式的网络招聘、原创性的反转招聘、细分行业或岗位领域的社招等各类活动中，联合各方力量不断创新，做到了以更低的费用为产业提供更多更精准高效的人才服务。2020 年累计完成各类招聘活动近 50 场，参与企业频次 540 余家，收获简历共 13 000 余份。尤其是疫情防控期间，示范区举办了为期两周的"重点企业春季网络招聘会"，组织 42 家优秀企业参加，累计提供社招为主的职位 237 个，招聘岗位千余个，活动期间网上简历投递量 2 712 份，其中硕士学历 612 人、本科学历 1 718 人、专科学历 382 人。疫情防控期间的校招方面，示范区成功举办重点企业春季系列校园网络招聘会西安文理学院专场、西安邮电大学专场、电子科技大学专场、西安工业大学专场。以西安邮电大学专场为例，华勤等 42 家企业参加，招聘职位 194 种共 1 088 个，会场浏览量 36 694 人次，活动期间入场人数 4 909 人，其中本科以上 70%，视频面试共 532 次，投递简历 3 660 份。

● 创新培训与人才沙龙方面：赋能产业人才快速成长。

示范区克服场地、预算、师资等系列问题，尝试各种方法开拓渠道对接国内一线城市高端培训资源和本地各细分领域头部教师，2020 年积极联手知名机构和园区龙头企业举办针对企业家、创业者等系列主题培训和人才沙龙近 100 场次，累计参与企业代表 5 000 余人，培训方向由知识传递转向以学习者为中心搭建综合体系化知识与技能并面向工作实际问题解决，培训形式趋于案例研讨与学员相互链接、共生智慧等。尤其疫情下，示范区联合 6 家国内领先培训机构举办 6 个系列线上公益培训，推出从通用管理知识到特定岗位技能的数百门课程共数千个知识点，推出各细分领域网络直播系列课程。

● 推进产学合作方面：助力企业跨界链接。

示范区 2020 年起积极走访本地院校人才并邀请考察园区和企业，前后邀请外地院校和本地相关学学会、联盟及交大、西工大等 20 多批次超过 1 000 人的高校师生来访，宣传园区产业人才承载力并初步建立起联系与信任，推动软件产业技术与项目链逐渐接驳院校前沿学术成果与高端人才链。

● 企业人才服务方面：提升软件人才环境竞争力。

2020年积极走访和主动服务本地重点企业，协助交叉信息研究院、中电科太极、卓翼、葡萄城、NTT DATA、三星、博彦、汇丰科技、点扣软件等近百家企业对接各类报告数据、招聘渠道、高校资源、高端人才、人才公寓协助申请、媒体招聘发布服务和市、区级各类人才服务活动，同时为各企业热心解决工作、生活中遇到的相关问题，得到业界高度认可与支持。

如图5、图6为示范区角度下的西安IT产业人才服务价值模型和示范区2021年1—4月产业与人才服务活动情况。

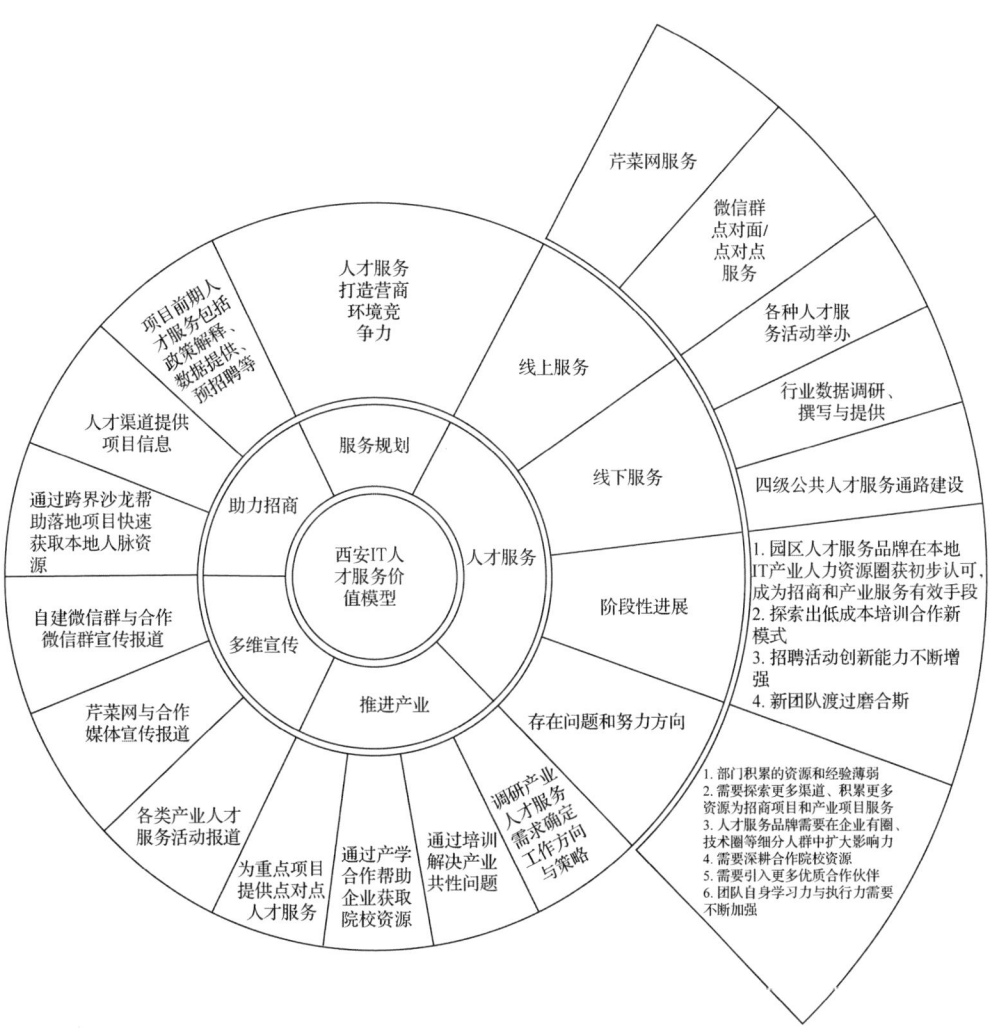

图5　示范区角度下的西安IT产业人才服务价值模型

序号	时间	主题	性质	IT中高管圈层（可适度跨界）	天数	参与企业数
1	1月4日	学习民法典关于物权、合同、担保等新规范	线上沙龙	法务、行政	0.5	60
2	1月12日	2021年示范区企业第一次联席会	物业服务提升	物业对接人	0.5	18
3	1月20日	HRBP裸心沙龙（分享+问题清单巡诊）	私董会	HRBP负责人	0.5	16
4	1月21日	中小型企业政策解读会	培训	创业者	0.5	45
5	1月27日	示范区重点企业党支部挂牌仪式	党建类	企业全体党员	0.5	7
6	1月27日	线上好书分享与阅读活动（经济管理类）	生活服务类	本地各IT企业中高管	1	80
7	1月29日	软件及服务外包企业恳谈会	政企交流	企业家	0.5	45
8	1月30日	企业组织架构研讨会	培训+ 研讨	企业家	0.5	25
9	1月30-31日	爱情马拉松（每整点发布的任务中重相遇相识）	线上创意相亲	软件园及靠谱行业月薪万元以上为主，本硕博学历	2	230
10	2月2日	能源类项目数字化管理能力供需对接活动	市场对接类	营销负责人	2	9
11	2月3日	企业需求与培训公司能力对接活动系列	线上资源对接类	培训负责人	2	20
12	2月6日	示范区硬科技龙头扩址暨发展研讨会	重点企业助力类	企业全体人员、相关领导	0.5	50
13	2月16日	春节晒美景晒美食晒美文活动	线上生活服务类	本地各IT企业中高管	0.5	2000
14	2月22-24日	助力14运火炬接力科技企业联席会系列	品牌助力类	品牌、技术负责人	3	25
15	2月25日	营销特种兵线上直播课	线上培训类	营销负责人	0.5	888
16	3月7日	IT单身精英趴（花式健身+小组PK+花艺协力）	线下创意相亲类（女神节前传）	单身高收入高学历者	0.5	28
17	3月8—9日	示范区女神节活动	节日福利活动	示范区企业人员	2	310
18	3月9日	3.9美丽读书日	读书+小组分享+PK（女神节后传）	女性创业者+中高管	0.5	35
19	3月10日	如何通过财务报表科学决策	培训+辅导	总经理+财务经理	1	35
20	3月12日	3.12"终身成长"翻转课堂	读书+辩论+知识抢答	中高管+跨界中高管	0.5	40
21	3月15-19日	3.15"一骑绝尘"服务周活动	节日福利活动	示范区+软件新城电脑使用者	5	100
22	3月16-23日	示范区党建摸排行动	党建服务类	党支部书记+行政	8	220
23	3月16-25日	示范区经济发展摸排行动	企业发展类	行政+财务	10	220
24	3月18日	招聘私董会（专家组+高校领导+提问组）	招聘旺季具体问题解决+渠道对接+招聘能力提升	企业家+HRVP/HRD/HRM	0.5	40
25	3月19-4月18日	示范区周边8平方公里物业摸排行动	产业服务扩大类	示范区工作人员	30	40
26	3月24日	企业科技项目申报培训会	政策解读与申报类	创业者+行政+财务负责人	0.5	50
27	3月31日	学习地图深度工作坊（规模企业培训体系建立与实战）	实战分享+小组研讨	规模企业HRD+培训经理	0.5	15
28	3月31日	高新区企业游学	考察+互动	HR/行政	0.5	20
29	4月2日	第一届西安高校与IT企业产学研高峰论坛（技术成果转化方向）	产学研三方技术优势与合作意向说明+院校前沿技术学术报告+公开问答+自由互动	陕西省计算机学会等四家学术机构+16位本地各高校计算机学院院长+教授/长江学者/研究所科学家+企业家/CTO/研发负责人	0.5	80
30	4月7日	精益化用工私董会	问题清单征集+专家分享+参会人员研讨+多维互动	HRBP/HRM/HRD+财务经理/财务总监+企业 BOSS	0.5	22
31	4月7-9日	走进深圳华为专题研讨班	龙头企业游学	规模企业主要负责人	0.5	21
32	4月10日	2021年西安市春风行动"人才集市"活动	百万流量下的直播带岗	实力企业负责人/HRD	0.5	3
33	4月12-30日	爱运动爱活力-西安软件园羽毛球大赛一触即发	生活服务类	软件园所有企业员工	19	45
34	4月15日	陕西广电融媒体集团高层对接沙龙	产媒合作类	企业负责人/营销负责人	0.5	40
35	4月15日	劳动争议案最新政策解读与应用	政策解读+案例分析	人事行政经理/法务	0.5	260
36	4月21日	如何举办一场高质量的活动	多群直播分享+原文二次传播	西安IT企业中高管	0.5	1460
37	4月26日	"与华为奋斗者面对面"私董会	准备问题清单+嘉宾分享+参与者分享与提问+自由互动	西安IT企业家	0.5	32
计	注：每场活动面向IT企业当下共性问题而策划实施，每场均为原创，每场通过复盘持续进化。蓝色为进化点较多的活动。				98	6634

图 6　示范区 2021 年 1—4 月产业与人才服务活动一览

三、西安 IT 产业人才服务发展面临的挑战与提升路径

（一）西安 IT 产业人才及人才服务发展中的问题与挑战

西安 IT 产业优势明显，但是在发展过程中产业环境、产业政策、产业人力资源方面亦存在部分问题，如产业总量不大、工业不强、非公经济和县（区）域经济薄弱等依然是发展中突出的短板；市场配置资源的决定性作用发挥不充分，西安特有的文化、科教、区位等优势仍未有效转化成促进 IT 产业发展的现实动能；城市治理水平有待提升，交通、教育、医疗、住房、就业等公共服务领域与产业人才期盼仍有差距等，圈层人才互动有限。具体来说，产业人才与服务方面的瓶颈问题有如下方面。

1. 人口总量仍较少

西安的优点是密集的高校和数量众多的研发人员，短板是人口和区位市场容量有限。西安、陕西省以及周边人口太少，不具备数量上的人口红利，且中高级人才资源存在缺口；市场狭小，导致本地企业很难做大做强。

2. 吸引高端人才方面存在不足

深圳崛起，早期靠政策，后期则是"都是外来客"的公平文化和对高技术行业及人才多年如一日的扶持。其他城市都在处心积虑地留人才、揽人才，"铁板一块"的西安户籍政策，直到2017年才有实质性的改变。对应地，留住人才还有各种瓶颈。比如大气污染与空气质量问题带来的压力、工资水平相比北上广深低、子女上学难问题、配套生活设施解决等。

3. IT教育与企业需求之间脱节

近年来IT教育迅速发展，IT行业对IT人才的需求旺，然而往往刚迈出校园的大学生们却感觉求职难；另外，学校毕业生供给旺，但企业也表示招聘难。这种两旺两难的现象，从一个侧面反映出部分学校的IT教育培养出来的大学生并不符合社会的需求，教育结果与企业需求之间出现了脱节。西安高校在IT相关专业设置、课程内容等方面仍有改进提升空间，IT教育与企业需求之间存在一定程度的脱节。

4. 人才成本过高

人才成本过高是行业企业在人才引进中遇到的最主要问题，尤其是2020—2021年期间，人才尤其是中高端人才成本持续上升。如图7、图8所示是西安IT企业在人才招聘过程中遇到的主要问题及人力资源挑战。

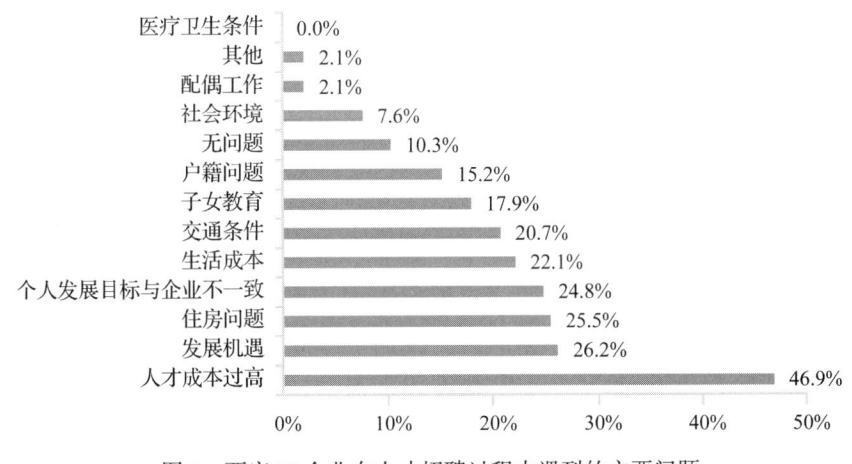

图7 西安IT企业在人才招聘过程中遇到的主要问题

5. IT人才圈层与生态圈尚未完全形成

事实上，以上四点问题除了政府层面宏观施策解决外，本地人才尤其是中高端人才圈层的打造、人才生态的建设可以很大程度上进行改善。人才圈层的建设对于人才总量尤其是中高端人才的吸引、长期留下、成本下降具有直接的推动作用，跨界人才圈层，比如产学研人才圈层的建设，对于解决IT

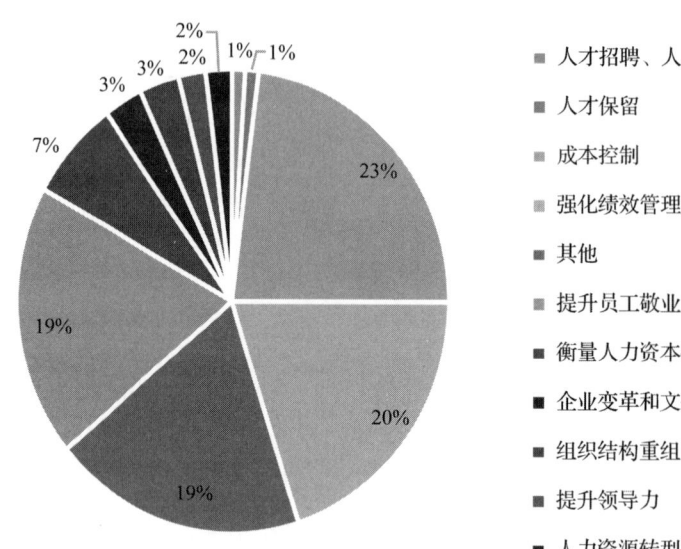

图 8　2020 年西安 IT 企业人力资源挑战

教育与企业需求的脱节具有直接作用。

(二) 人才服务价值逻辑梳理

2021 年中国经济回到正常运行轨道。2020 年中国是全球唯一实现正增长的主要经济体,2021 年中国可能是增速最高的主要经济体之一,预计 2021 年中国经济增长将达到 8.9%。如果将 2020—2021 年平均起来看,两年的几何平均增速约为 5.4%,基本符合中国当前的潜在增长水平。中国有望持续发挥着全球经济恢复"发动机"的作用,新冠肺炎疫情防控期间中国经济增量对全球的贡献比例甚至超过 2008 年全球金融危机时期。

从供给侧看,土地、人才、资本、技术、数据等要素将是区域中长期经济发展的关键。"十四五"期间,我国经济增长的动能转换将进一步加速,以人为核心的新型城镇化和中心城市群、都市圈的形成,将提升人口集聚效应、区域创新能力与经济增长。人才工作社会价值与经济价值巨大!

2019 年,四大城市群(长三角、粤港澳、京津冀、成渝)GDP 占全国的比重分别为 23.9%、11.7%、8.5% 和 7.1%,整体对全国经济总量的贡献超过一半,达到 51.2%。新发展格局背景下,生产要素将在区域间加快自由流动。这就意味着未来人才、生产资料、数据信息、知识产权等要素将继续大量向城市群、都市圈流动。从 2019 年的数据来看,四大城市群常住人口占全国人口的比重为 37.7%,预计未来五年该比重将提升至 45% 或更高,GDP 比重由 51.2% 提升至 60% 以上。打造地方经济的"新引擎",人才的引育留管是核心。但目前区域人才竞争的焦点仍然集中在新移民引入而非育留管层面,集中在政策层面而非服务与人才生态建设层面。

城市高端人才争夺的竞争力是什么?争夺人才愈演愈烈的背后是对经济转型、就业转型、教育转型、政府公共服务转型的考验。城市发展需要什么样的高端人才?只要是适应城市发展的实际需要,在当地关键产业、关键领域起到重要作用的都是高端人才。城市如何才能留住高端人才?长远来看,特别是现阶段在国家层面上出台了放开放宽落户限制的新政,就更考验城市留住人才的实力。经济前景好、支柱产业多、社会稳定、生态环境优美、公共服务完善都是城市实力的体现。换句话说,城市的产业、岗位和软环境留人最关键,城市的人才生态系统的构建与呈现最关键,这是多维度的融合系统生态。真正的人口红利是什么?老龄化社会的今天,人口红利并不来自低成本劳动力,而是来自高质量的人口。这要求劳动人口的人力资本高,资产结构好,并且能够用消费拉动经济。不论是劳动年龄阶段还是老龄阶段,给国家和当地贡献都大于个人消费,才能产生红利。

总结:

中国经济趋势向好——区域间人才等供给侧要素流动加快——人才成为区域经济与创新的新引擎——区域人才竞争应全面聚焦引用育留管层面,政策、服务与人才生态建设应多管齐下。

我们需要什么样的人才?

城市产业与科研发展匹配型人才——需要结合产业实际发展。

人才选择区域时的真实需求包括哪些?

城市综合实力、环境与前景、行业人才生态圈、人才政策、人才服务、个人事业、配偶就业、子女教育——回归人性、小赛道精准发力。

区域竞争与独特吸引力怎么构建?

高端人才吸引为产业吸引的子模块——推进系统联动发力。

人才如何留下?

营造有利于创新创业的软环境,构建人才生态集群进一步留下人才。

(三) 西安IT人才服务能力提升路径思考

IT人才的群体质量和创造力是区域IT产业发展的核心驱动力,也是每一家微观IT企业发展的核心竞争力。IT人才服务既包括纵深方向IT人才的凝聚和成长,也包括横向跨界开拓政、产、学、研、媒、社等多种渠道多维赋能IT人才群体高质量成长。其中关键问题在于区域IT人才服务面临的共性问题尤其是核心问题有哪些,解决路径如何设计,如何在实践中持续迭代,如何形成系统合力。在以问题为导向的机遇与挑战分析基础上，有效整合资源，重点突破、逐步解决，才能打造 IT 人才服务能力全图景与新视野，全方位激发个体 IT 精英人才向 IT 人才精英群体快速发展。本项目研究方向面向实际需求，以自上而下与自下而上相结合的思考与实践路径迭代推进，不仅对 IT 产业及配套产业发展具有现实操作价值，而且对其他产业特定人才群体服务具有较强借鉴作用。具体建议如下。

1. IT 人才创新凝聚路径

（1）IT 人才引入全通路建设：打通省、市、区、园各级人才引入通道联动机制，逐步建设高层次 IT 人才信息库，同时建立 IT 人才评价体系。

（2）IT 人才引入多维利器打造：一是实施年度 IT 产业人力资源白皮书和薪酬报告项目，为人才引入和产业发展提供实时数据支持；二是推进本地 IT 产业各赛道生态圈梳理，提升 IT 人才的产业承载能力；三是与本地各类 IT 人力资源类组织深度合作，加强 IT 人才引入服务的广度与深度；四是举办 IT 行业最佳雇主品牌评选活动等，提升 IT 人才凝聚力；五是举办人力资源管理师选拔大赛，提升直接引入 IT 人才的关键少数人群的感召力与专业度。

2. IT 人才创新成长路径

（1）产业人才创新成长计划：针对企业家/创业者、行政/财务/法务/营销/技术/新入职员工等 IT 企业细分人群提供精准、高价值的各类培训，同时逐步将以知识传递为主的成长类活动升级为以学习者为中心、小组共生智慧的创新成长类活动，并通过定向邀约性质的私董会打造不同能量层级的 IT 人才生态圈。

（2）院校人才创新成长计划：通过合作院校、本地计算机学会和大学生计算机相关联盟，加强与院校在人才输出和培养方面的合作，通过技术沙龙、职业规划辅导、招聘活动、产业宣讲等互动增强促进院校人才链与当地产业链深度耦合。

（3）IT 人才增值服务计划：围绕人才工作、生活实际需求，推出读书沙龙、英语演讲、职业人心理辅导、程序员正念减压、职业路径规划等创新活动，为 IT 人才提供全方位的成长路径。

3. IT 人才跨界连接路径

（1）通过产业界人才与学、研人才在技术成果转化领域的交流与合作，推进技术人才的跨界成长。

（2）通过 IT 管理岗位人才与跨行业人才的各类沙龙活动，推进 IT 产业内部行政管理、人才管理、公司运营、品牌营销等能力持续进化。

（3）围绕龙头 IT 企业与中小 IT 企业的产业链游学活动，推动 IT 领域不同赛道不同能级的创业者在发包与协力合作方面形成新的连接，打造新的生态领域。

（4）通过优秀 IT 人才大讲堂活动，帮助 IT 专家在更广泛领域建立更大 IP，同时在职业生涯中获得更多发展机会。

西安 IT 产业人才服务能力的提升是一个面向问题、基于实践、不断迭代的研究。本文所引用的数据多来自西安软件园 2020 年以来在人才服务工作的积累，尤其是近年示范区在人才服务领域的不断探索。随着产业人才需求的不断变化，有效的服务理念与路径应同步进化。产业人才服务的最终价值在于解决共性实践问题，打造共赢与创新的生态环境，这也是西安 IT 产业人才服务能力提升的关键。

《西安 IT 产业人才服务能力提升研究》
课题组成员名单

课题组长：
郭小军（西安人力资源服务行业协会会长）

课题组成员：
王　欢（西安人力资源服务行业协会副会长兼秘书长、中级工程师、创业指导师）

蔡　鹏（西安软件园示范区产业服务中心主任、中级经济师）

常　静（西安人力资源服务行业协会副秘书长、中级经济师、人力资源师、薪税师、创业咨询师）

仲　琳（西安人力资源服务行业协会）

本课题为中国人事科学研究院与西安人力资源服务行业协会合作完成。

湖北构建高质量人才服务体系路径[①]

提　要： 构建具有竞争力的人才服务制度体系是将人力资本的创新潜力转化为现实优势的前提保障，也是促进人才与产业协同发展的关键。为持续推动湖北人才服务工作提质增效、优化营商环境、促进人才服务与人才链和产业链的匹配适应和融合发展，本报告采取文献分析法、专家打分法、问卷调查法以及案例分析法等研究方法，探讨高质量人才服务体系内涵及构成要素；构建高质量人才服务评价体系；分析湖北人才服务体系现状与问题；提出湖北建立高质量人才服务体系的对策。本课题界定高质量人才服务体系，丰富了人才服务理论研究；对人才服务质量评价体系的构建与实证研究拓展了人才服务理论研究。高质量人才服务体系既能更好地实现人才服务的功能和作用，又能有效地满足人才对服务的需求，促进人才更好地为经济、社会发展服务，本课题研究成果有助于我国人才服务业发展，对人才服务工作相关政府部门及其他单位具有决策参考作用。

关键词： 高质量人才服务　人才服务体系　评价指标体系

一、湖北构建高质量人才服务体系的背景与意义

（一）湖北构建高质量人才服务体系的背景

自 21 世纪以来，知识经济地位逐渐攀升，人才成为国际竞争中决定综合

---

① 本文系中国人事科学研究院 2021 年度研究课题《湖北构建高质量人才服务体系路径》报告的部分内容。

国力强弱的核心因素。党的十八大以来，党中央针对人才强国战略提出了一系列新理念、新举措，提出坚持人才引领发展的战略地位、坚持深化人才发展体制机制改革、坚持聚天下英才而用之等。党的十九大报告作出"人才是实现民族振兴、赢得国际竞争主动的战略资源"的重大判断，推动新时代人才工作取得历史性成就、发生历史性变革。特别是党的十九届五中全会，着眼党和国家发展全局，明确提出加快构建以国内大循环为主体、国内国际双循环相互促进的新发展格局，实现经济高质量发展，并要大力实施科教兴国、人才强国、创新驱动发展战略，更加突出了人才工作在全局工作中的战略地位，对此我们必须站在战略和全局的高度来认识和把握。新发展理念、"双循环"新发展格局和经济的高质量发展，必须强化人才支撑、人才引领的作用，这既是大势所趋、发展所需，又是难得的机遇，也为人才服务提出了新目标、新要求、新任务。推动经济高质量发展需要强大的人力资本和人才资源作为支撑，这是构建具有竞争力的人才服务制度体系，将人力资本的创新潜力转化为现实优势的前提保障，也是促进人才与产业协同发展的关键。

湖北政府长期重视人才工作，根据全面建设小康社会总体部署和《国家中长期人才发展规划纲要（2010—2020年）》，湖北制定《湖北省中长期人才发展规划纲要（2010—2020年）》，以更好地实施人才强省战略，力求在人才强省的建设工程中起到率先示范作用。为让"人才第一资源"持续释放活力，2020年6月，湖北省委出台《人才工作支持营商环境建设的具体措施》，包括向高层次人才发放"楚才卡"、推进人才"一站式"服务、扶持人力资源服务行业、支持大学生创业等多项举措，旨在充分发挥人才优势以支持营商环境建设、促进企业发展，进一步强化人才服务工作，切实把湖北科教资源优势转化为创新优势、人才优势、发展优势，推动科技强省建设实现新突破，更好地承担湖北"建成支点、走在前列、谱写新篇"的历史重任。2021年8月27日，湖北省委、省政府出台《关于加强人才发展激励促进科技创新的若干措施》，围绕精准引才、系统育才、科学用才、用心留才，从人才引进、培育、评价、流动、激励和生态环境6个方面提出了16条硬措施，以人才驱动推动创新发展，加快推动科技强省建设。强化人才服务工作，切实把湖北科教资源优势转化为创新优势、人才优势和发展优势，对推动人才强省、科技强省建设具有重要的现实意义。

然而，湖北人才队伍结构不同程度地存在"三多三少"（即基础人才多、高端人才少，科研型人才多、产业化人才少，本土人才多、海外人才少）；人才工作"两不够"（即政府主导多、市场作用发挥不够，工作覆盖面广、精准施策不够）也较为普遍；人才工作关联度高、耦合性强。因此，持续推动人才服务工作的提质增效、优化营商环境、促进人才服务与人才链和产业链的匹配适应和融合发展，构建湖北高质量人才服务体系，优化人才发展环境，推进人才工作在营造营商环境中发挥积极作用，是湖北新时代人才事业发展的重要任务。

（二）湖北构建高质量人才服务体系的意义

1. 理论贡献

一是对人才服务体系的界定创新人才服务理论研究。当前学术界关于人才服务体系的内涵还缺乏严密界定，结合现有定义与人才服务的特征和功能，课题组提出人才服务体系的内涵，提炼并界定出高质量人才服务体系的内涵和构成要素，有助于对人才服务领域的进一步深入研究。

二是构建人才服务质量评价体系，拓展了人才服务理论研究。本文从人才服务质量的影响因素及现实需求出发，基于"供给-需求"理论和"投入—产出"理论，结合人才服务的主客体、所处的社会环境，构建了包括人才服务供给、人才服务需求、人才服务投入、人才服务产出、服务环境5个维度的人才服务评价体系，即5个一级指标、10个二级指标和35个三级指标的人才服务评价体系，运用专家打分法构建评价体系模型，对人才服务体系的质量实行定量评价，以更客观真实地反映人才服务评价体系各指标的权重，拓展了人才服务体系领域的理论研究。

三是对人才服务体系的定量研究丰富了人才服务理论研究。利用统计年鉴和省人力资源社会保障厅公布的数据，对人才服务体系质量进行定量评价，分析了湖北人才服务体系质量的现状、特点、问题及对策，为湖北改善人才服务质量、吸引和集聚更多的人才提供理论支撑，对于其他省份也具有一定的借鉴意义，这在一定程度上丰富了国内人才服务理论的研究。

2. 实践意义

一是有利于我国人才服务业的发展。湖北经济发展水平和资源分布状况等是我国中西部地区的典型代表。本文以湖北为样本，探讨构建湖北高质量人才服务体系，不仅有利于湖北以问题和需求为导向，打造多元化、专业化、品牌化、国际化和服务需求满意化的人才服务，持续优化人才服务环境以及营商环境，为人才赋能，为区域高质量发展提供有力支撑；而且为中西部地区以及其他地区紧跟新时代经济高质量发展要求，结合区域功能定位、产业发展战略和人才发展战略等，健全人才服务链，实现人才服务体系内涵发展和整体提升，建设人才强省和创新强省，提供理论借鉴和经验指导。

二是有助于优化有关人才服务的相关政策。本文从构建湖北高质量人才服务体系出发，立足湖北人才服务的现状，分析湖北人才服务质量的特点和存在问题，从人才服务供给、人才服务需求、人才服务投入、人才服务产出和人才服务环境5个方面分别提出了可操作性强的政策建议，有助于推动湖北人才服务体系建设的高质量发展。

三是有利于高质量人才的吸引和引进。随着经济的快速发展以及人才的跨地区、跨部门流动日趋频繁，人才流动规模加大，各省份人才竞争越来越激烈，各类经济组织对人才的需求也更加强烈，人才对服务的需求和质量要求也在不断提高，由此，对各地人才服务的供给提出了更高要求。本文为人才服务体系的质量提升提供改进方向，有利于各地政府不断提供高水平的人才服务，促进对高质量人才的吸引和引进，从而提高该区域的人才质量。

二、高质量人才服务体系内涵与构成要素研究

（一）高质量人才服务体系的内涵

第一，作为服务对象的人才拥有更高品质的生活。高质量人才服务负责满足现代社会个体对健康、知识、居住、就业、安全、社会关系、文化、休闲活动等更高生活质量的需求，旨在让社会的每一个成员"都能过一种有价值的生活"，其最终目的是创造高品质生活，全面增强人民群众的获得感、幸福感和安全感。

第二，作为服务输送系统的组织呈现高度的混合性特征。在现代社会，高质量的公共产品和公共服务往往由各类混合性、创新型的组织形式（如基金会、协会等）共同提供，需要充分发挥有效市场和有为政府的作用。高质量的公共服务既不能完全由政府包揽供给，也不能简单推给市场主导，而是需要政府与市场机构共同承担责任，通过各自的功能和互动，实现整个服务体系的资源优化配置。

第三，作为服务资源空间载体的城市发挥更显著的集聚优势。近年来，党和国家深刻把握城镇化发展趋势，高度重视城市群在国家经济全局中的作用，以高质量城市发展支撑高质量经济发展。高质量的公共服务设施，如一流的教育、医疗、文化服务设施，需要长效的战略规划和思路、操作性强的政策措施以及强力高效的政府领导力，这些都离不开一个高效运转的城市系统来支撑。

第四，作为服务支撑系统的科学技术发挥更强劲的驱动作用。以大数据、物联网、区块链、云计算、人工智能为代表的新兴技术，为高质量服务插上

了"智慧"翅膀。放眼世界,人工智能、机器学习、数字身份证等新兴技术已经在交通、社会服务乃至国防等领域广泛使用。新一代技术的应用,将使人才服务更具针对性、预见性和智能性。

基于上述梳理,本文将高质量人才服务体系理解为从满足人民群众日益增长的美好生活需要出发,旨在提升正在持续扩大的高层次人才群体的获得感、幸福感、安全感,形成整合的、有机衔接的框架体系。而高质量人才服务评价体系则是采取科学的评价方法对人才服务的质量进行测量和评价,目的是衡量人才服务是否能够满足现阶段的人才需求及是否与政府的公共服务能力相当。

(二) 高质量人才服务体系的构建

1. 理论基础

(1) 供给-需求理论。

供给-需求理论是经济学当中的重要理论,是市场经济运行的重要参考。而对于人才服务领域,同样存在着供给与需求的问题。人才服务的供给是指作为供给主体的人才服务机构愿意而且能够提供的各种资源;人才服务的需求则是指需求方对特定人才服务所能达成目标的综合需要。

(2) 投入-产出理论。

该理论主要是用来分析经济活动中的投入与产出的相互关系,投入指生产过程中的各种消耗,产出指生产过程所创造的价值体现。在人才质量服务体系中,投入的来源是多样化的,既包含人力资源投入,也包含资金投入。虽然低投入高产出是经济效益最高的模式,但在人才服务方面,低投入可能会抑制人才的产出。因此,高投入高产出是人才服务体系的最佳状态。

2. 高质量人才服务体系的构成要素

对高质量人才服务体系进行评价,需要进一步分析高质量人才服务的影响因素与构成要素。结合已有研究、理论基础以及高质量人才服务体系内涵中的获得感、幸福感、安全感3个维度,本文将高质量人才服务体系的构成要素归纳为人才服务需求、人才服务供给、人才服务投入、人才服务产出和人才服务环境5个层次,如图1所示。

在图1中,人才服务需求是人才服务的核心,高质量人才服务体系的最终目的就是壮大人才队伍、提高人才素质、发挥人才作用。人才服务供给方是提供人才服务、满足人才需求的主体。人才服务投入则是人才服务供给方提供服务时,投入的所有资源,反映了政府及机构对人才服务的重视程度,

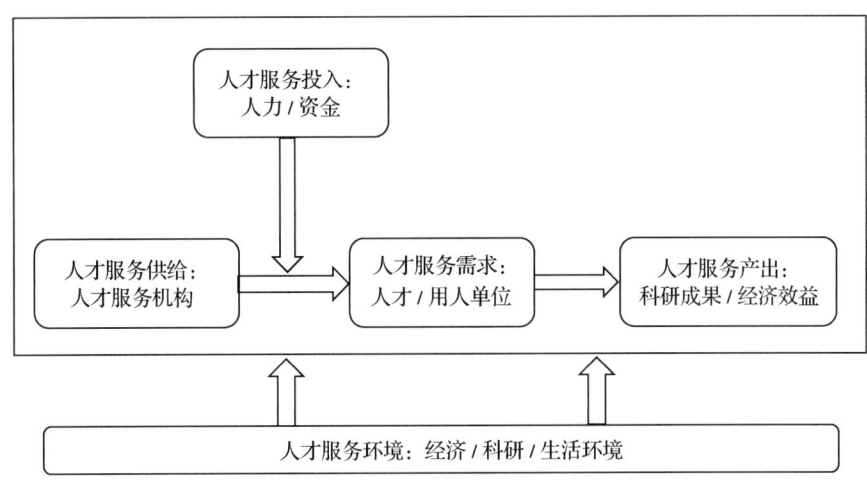

图 1　高质量人才服务体系构成要素

是满足人才服务需求方"获得感"的关键。人才服务产出体现的是地区人才在享受了相应的人才服务后,从事创新活动的最终成果,是各种投入要素共同作用的结果,反映当下人才服务取得的成绩,也是人才及用人单位"幸福感"的来源。最后,人才服务环境是人才服务"安全感"获得的关键,其为人才工作成长、生活以及用人单位发展提供了空间。

（三）高质量人才服务体系评价指标体系的建立

基于系统性、科学性、目标一致性、可操作性以及可比性原则,本文构建了包括人才服务供给、人才服务需求、人才服务投入、人才服务产出以及人才服务环境 5 个维度的人才服务评价体系,见表 1。

表 1　　高质量人才服务评价指标体系

目标层	准则层	指标层	要素层	单位
高质量人才服务评价指标体系	人才服务供给（A1）	人力服务供给（B1）	人才服务机构数量（C1）	个
			公共人才服务机构占整个行业的比例（C2）	%
	人才服务需求（A2）	人才需求规模（B3）	高层次人才数量（C3）	万人
			高校毕业生数量（C4）	人
			高技能人才数量（C5）	人
			企业经营管理人才数量（C6）	人
		用人单位需求规模（B4）	用人单位数量（C7）	个
			企业用人单位占比（C8）	%
	人才服务投入（A3）	人力投入（B4）	人才服务机构从业人员数量（C9）	人
			公共人才服务机构从业人员占整个行业的比例（C10）	%

续表

目标层	准则层	指标层	要素层	单位
高质量人才服务评价指标体系	人才服务投入（A3）	资金投入（B5）	R&D 经费投入规模（C11）	亿元
			教育经费投入规模（C12）	亿元
			地方财政一般预算支出（C13）	亿元
			人才开发经费投入强度（C14）	%
			住房保障支出（C15）	亿元
	人才服务产出（A4）	科研成果（B6）	规模以上企业新产品开发数量（C16）	项
			专利授权数量（C17）	件
			发表科技论文数量（C18）	万篇
		经济效益（B7）	规模以上企业新产品销售收入（C19）	亿元
			技术市场成交额（C20）	亿元
			人才服务业总营业收入（C21）	亿元
			"新三板"挂牌上市企业市值top10（C22）	亿元
	人才服务环境（A5）	经济环境（B8）	全体城镇居民人均可支配收入（C23）	元
			居民消费价格指数（C24）	—
			生产总值（C25）	亿元
			社会保障和就业支出（C26）	亿元
		科研环境（B9）	R&D 机构数（C27）	个
			高等学校数量（C28）	个
			高新技术企业数量（C29）	个
		生活环境（B10）	城市绿化指数（C30）	平方米
			城市道路指数（C31）	平方米
			居民消费水平（C32）	元
			省会城市本地新建商品房价格综合指数（C33）	定基2015年=100
			省会城市二手商品房价格综合指数（C34）	定基2015年=100

1. 人才服务需求

人才服务需求是指人才服务的需求方，包括个人及用人单位，主要表现在人才需求规模和用人单位需求规模两方面。

（1）人才需求规模。

人才需求规模反映了湖北对人才服务有需求的高层次人才，具体包括：①高层次人才数量（C3）。主要包括"两院"院士及其他高层次专业技术人才、"千百人计划"专家、专业技术人才、海外留学回国人才的数量。②高校毕业生数量（C4）。指具备各类高等学校学籍的毕业学生数量。这里主要包括普通专科生、普通本科生、研究生（硕博）的数量。③高技能人才数量（C5）。指从国内技工院校已毕业或已取得相关资质的技能人才。④企业经营管理人才数量（C6）。指国有企业、民营企业、外资企业或混合所有制企业中的企业家或经营管理人才的数量。

（2）用人单位需求规模。

用人单位需求规模反映了湖北企业对人才服务的需求，具体包括：①用人单位数量（C7）。指的是登记在册的用人单位数量。②企业用人单位占比（C8）。指的是企业占用人单位数量的比重。

2. 人才服务投入

人才服务投入指各地区为人才服务在人员和物资方面的投入，该指标体现了各级政府部门对人才服务的重视程度，主要体现在人力投入和资金投入两方面。

（1）人力投入。

人力投入是指湖北省对人才服务的从业人员投入。具体包括：①人才服务机构从业人员数量（C9）。指当前从事人才服务业的人员数量。②公共人才服务机构从业人员占整个行业的比例（C10）。指的是由政府部门、国有企事业单位等创建的公共人才服务机构从业人员数量占人才服务业从业人员总数的比例。

（2）资金投入。

资金投入是指为人才工作和生活提供的资金支持。具体包括：①R&D经费投入规模（C11）。指的是R＆D内部经费支出，包含了基础研究、应用研究、试验发展三个方面的经费支出。②教育经费投入规模（C12）。指教育经费总投入，包括国家财政性教育经费、社会团体和公民个人办学经费、社会捐赠经费、学费和杂费、其他教育经费。③地方财政一般预算支出（C13）。指当地财政支出中与民生相关的部分，主要指用于教育、社会保障与就业、医疗卫生、环境保护、城乡社区事务、农林水事务、交通运输等方面的支出。④人才开发经费投入强度（C14）。某一区域在人才资源开发过程中，教育投入的经费和R＆D投入经费总额占本区域公共财政支出的比重。人才开发经费投入水平=（教育投入的经费+R＆D投入的经费）/总支出×100%。⑤住房保障支出（C15）。指的是地方政府为特定人群提供的全部住房补贴支出。

3. 人才服务产出

人才服务产出是各地区人才在享受相应的人才服务后，从事创新活动的最终成果，是各种投入因素共同作用的结果，不仅反映当下各地人才服务取得的成绩，也代表各地区的未来发展潜力，主要包括了科研成果产出和经济效益两方面。

(1) 科研成果产出。

科研成果是指人才从事创新活动的科技成果。具体包括：①规模以上企业新产品开发数量（C16）。指本地区规模以上企业每年新开发的产品数量。②专利授权数量（C17）。指本地区每年获得专利授权的数量。③发表科技论文数量（C18）。指本地区每年进行科学研究，发表科技论文的数量。

(2) 经济效益。

经济效益是指人才从事创新活动所产生的经济效益以及为人才提供服务所产生的经济效益。具体包括：①规模以上工业企业新产品销售收入（C19）。指本地区规模以上工业企业每年开发的新产品带来的销售收入。②技术市场成交额（C20）。指的是针对技术开发、技术转让、技术咨询和技术服务类合同的成交额。③人才服务业总营业收入（C21）。指的是人才服务业通过经营业务获取的总收入。④"新三板"挂牌上市企业市值top10（C22）。指的是省内在"新三板"挂牌上市的企业市值前10名的市值总和。

4. 人才服务环境

人才服务环境主要是各地区为吸引留用人才进行的外部环境建设，主要包含了经济环境、科研环境及生活环境。

(1) 经济环境。

经济环境是指地区的经济水平和条件。具体包括：①全体城镇居民人均可支配收入（C23）。指全国或各省全体城镇居民家庭全部现金收入能用于安排家庭日常生活的那部分收入。②居民消费价格指数（C24）。指一定时期内居民消费价格变动趋势和变动程度的相对数。③生产总值（C25）。指本地区所有常住单位在一定时期内生产活动的最终成果。地区生产总值等于各产业增加值之和。④社会保障和就业支出（C26）。地方政府为居民的最低生活水准提供保障和促进就业的全部开支。

(2) 科研环境。

科研环境指科学技术的进步以及新技术手段的应用，在本研究中由进行科技创新活动相关机构数量来反映。具体包括：①R&D机构数（C27）。指专门从事科学技术方面研究，将研究成果开拓、发展为实际应用的工具、设备、仪器、材料、方法、工艺等的组织或单位的数量。②高等学校数量（C28）。指大学、学院、独立学院、高等职业技术大学、高等职业技术学院、高等专科学校的数量。③高新技术企业数量（C29）。指通过科学技术或者科学发明在新领域中的发展，或者在原有领域中革新进行运作的企业的数量。

(3) 生活环境。

生活环境主要反映了人才生活的自然环境和社会环境的总体。具体包括：①城市绿化指数（C30）。指人均公园绿地面积。②城市道路指数（C31）。指人均城市道路面积。③居民消费水平（C32）。指居民在物质产品和服务的消费过程中，对满足人们生存、发展和享受需要方面所达到的程度。④省会城市本地新建商品房价格综合指数（C33）。指的是省会城市新建商品房的价格变动，反映新建住宅商品价格水平总体变化趋势和变化幅度的相对数。⑤省会城市二手商品房价格综合指数（C34）。指的是省会城市二手商品房的价格变动，反映二手住宅商品价格水平总体变化趋势和变化幅度的相对数。

(四) 高质量人才服务评价体系指标权重的确定

1. 权重确定方法——专家打分法

专家打分法是由少数专家根据对人才服务领域的了解进行打分，定出权重。具体打分方法和基本步骤如下：①专家选择。根据对人才服务评估的理解，选择合适的评估指标给定权值的专家成员，并详细说明权重的概念和顺序以及计权的方法。②列表。给出所有人才服务质量评估指标的权值范围，专家可用评分法表示。③打分。发给每个专家一份列表，要求专家按步骤④~⑨反复核对、填写，直至没有专家变动打分为止。④每个专家对每一列评估指标权值进行标记打分，得到每个评估指标的权值分数。⑤所有专家对标记的列逐项比较，讨论所有专家所评的分数是否能代表他们的意见，如有不妥之处或是不能反映他们意见的地方，专家对相应的列重新标记打分，直至满意为止。⑥专家把每个评估指标的评分值相加，得出所有评估指标的总分数。⑦每个专家成员用第⑥步求得的总分数去除每个评估指标的打分数，即得到每个评估指标的权重。⑧集中所有打好分数的表格，求得各种评估指标的平均权重，即为"组平均权重"。⑨列出每种评估指标的平均数，并把每组的平均数与⑦得到的权值进行比较。⑩经第9步比较之后，如专家想改变之前的打分，则须回到第4步并重复第4—9步的整个评分过程，如无异议，则专家打分结束。"组平均权重"为各评估指标的最终权值。

2. 权重分配结果

基于上述方法，我们得到了如表2所示的结果，对应了每个指标的权重，权重越大的因素说明其在人才服务质量评价指标中影响越大。

表2　　　　　　　　　　　　　指标权重汇总表

目标层	准则层	指标层	要素层
高质量人才服务评价指标体系	人才服务供给（20%）	人力服务供给（20%）	人才服务机构数量（10%）
			公共人才服务机构占整个行业的比例（10%）
	人才服务需求（20%）	人力需求规模（10%）	高层次人才数量（4%）
			高校毕业生数量（2%）
			高技能人才数量（2%）
			企业经营管理人才数量（2%）
		用人单位需求规模（10%）	用人单位数量（5%）
			企业用人单位占比（5%）
	人才服务投入（20%）	人力投入（10%）	人才服务机构从业人员数量（5%）
			公共人才服务机构从业人员占整个行业的比例（5%）
			R&D经费投入规模（2%）
			教育经费投入规模（2%）
		资金投入（10%）	地方财政一般预算支出（2%）
			人才开发经费投入强度（2%）
			住房保障支出（2%）
	人才服务产出（20%）	科研成果（10%）	规模以上企业新产品开发数量（4%）
			专利授权数量（4%）
			发表科技论文数量（2%）
		经济效益（10%）	规模以上企业新产品销售收入（2.5%）
			技术市场成交额（2.5%）
			人才服务业总营业收入（2.5%）
			"新三板"挂牌上市企业市值top10（2.5%）
	人才服务环境（20%）	经济环境（5%）	全体城镇居民人均可支配收入（1.3%）
			居民消费价格指数（1.3%）
			生产总值（1.3%）
			社会保障和就业支出（1.3%）
		科研环境（10%）	R＆D机构数（2%）
			高等学校数量（4%）
			高新技术企业数量（4%）
		生活环境（5%）	城市绿化指数（1%）
			城市道路指数（1%）
			居民消费水平（1%）
			省会城市本地新建商品房价格综合指数（1%）
			省会城市二手商品房价格综合指数（1%）

三、湖北高质量人才服务体系建设的现状与特点

(一)湖北人才服务体系发展现状

通过分析 2015—2020 年的湖北数据发现,湖北人才服务供给、人才服务需求、人才服务投入、人才服务产出和人才服务环境方面均处于稳步发展态势。

1. 人才服务供给能力逐年提升,行业市场化稳步推进

湖北 2016—2020 年的人才服务机构数量逐年上升,且增长势头迅猛,2019—2020 年的环比增长率高达 27.72%,反映出湖北日益强大的人才服务的主体供给能力。公共人才服务机构占整个行业的比例逐年降低,各年的环比增长率均为负值,尤其是 2017—2018 年的环比增长率的绝对值高达 30.56%,侧面说明了湖北人才服务的市场化进程增速明显,人才对于公共人才服务机构的依赖程度有所降低。

2. 人才和用人单位需求逐年扩大

从人才规模的角度分析,各类别的人才规模环比增长率均为正数(除 2018—2019 年高校毕业生环比增长率为负)。在用人单位需求方面,虽然 2019—2020 年湖北用人单位数量的环比增长率为负(这可能是受到新冠肺炎疫情的负面影响),但是综合考虑 2015—2020 年的数据,"十三五"规划期间,湖北用人单位数量整体的增幅明显,企业用人单位占比在 2015—2020 年得到明显提高,说明湖北为企业的发展提供了较为适宜的发展环境,同时也是人才服务需要重点把握的需求方。

3. 人才服务人力、资金投入强度加大

在人力投入方面,湖北人才服务业从业人员数量逐年增加,2020 年从业人员数为 4.4 万人,2018—2019 年、2019—2020 年连续两年的环比增长率超过 10%,分别为 13.95% 和 13.53%,说明目前湖北人才服务的从业队伍规模稳步壮大。同时,从表中数据可知,公共人才服务机构从业人员占整个行业的比例各年的环比增长率均为负值,这也印证了 C2(公共人才服务机构占整个行业的占比)的数据变化,体现出湖北在人才服务业市场化进程中的不懈努力。在资金投入方面,R&D 经费投入规模、教育经费投入规模和地方财政一般预算支出规模整体上均处于稳步增长的态势,体现了湖北"十三五"规划期间经济的向好发展,2020 年湖北人才开发经费投入强度和住房保障支出相较于 2015 年都有着轻微程度的下滑,是未来人才服务工作的重点。

4. 人才服务产出效果良好

在科研成果方面,湖北规模以上企业新产品开发数量、专利授权数量和

发表科技论文数量的增速明显,人才服务的科研产出效果日益提升。在经济效益方面,湖北省 2015—2020 年的规模以上工业企业新产品销售收入、技术市场成交额、人才服务业总营业收入的环比增长率均为正值,体现了人才服务对经济效益的有效贡献,仅有"新三板"挂牌上市企业市值 top10 在 2019—2020 年的增长率为-10.34%,背后离不开新冠肺炎疫情对湖北经济发展的一定程度的打击,但是随着疫情防控常态化时期复工复产工作的稳步推进,相信该数据在未来会得到有效改善。

5. 人才服务环境实现多方面改善

在经济环境方面,全体城镇居民人均可支配收入、社会保障和就业支出逐年增加,国内生产总值除 2019—2020 年受到新冠肺炎疫情的影响外,增长率均为正值,环比增长率处于 8%~13%,居民消费价格指数 5 年内没有明显变化,经济环境整体向好发展。在科研环境方面,湖北 R&D 机构数逐年减少,对于人才服务科研环境的培育较为不利,高等学校数量没有明显变动,高新技术企业数量逐年增加,为人才提供了更为宽广的发展平台。在生活环境方面,分析 2015—2020 年的数据可知,湖北城市绿化指数和城市道路指数有一定的改善,但是效果并不明显,居民消费水平逐年中速增加,2015—2017 年的增长态势明显,近 3 年增长速度逐渐放缓,省会城市本地新建和二手商品房价格均逐年增长,湖北人才服务的生活环境仍需要得到全方位的改善。

(二)湖北省人才服务体系的特点

1. 人才服务体系市场化进程明显

从湖北公共人才服务机构占整个行业的比例和公共人才服务机构从业人员占整个行业的比例两项指标的变化可以看出,公共人才服务机构在行业内的比重处于逐年降低的趋势。公共人才服务机构占比的年环比增长率绝对值均高于 8%,甚至在 2017—2018 年的增速绝对值高达 30.49%,对应说明的是人才服务机构的市场力量得到迅猛提升。公共人才服务机构从业人员占比除 2017—2018 年出现骤然增幅,其他年份的年环比增长率均为负值,整体而言,2016—2020 年的公共人才服务机构从业人员占比降低了 0.3%,有更多的人才投入到市场人才服务的建设中,对应的是湖北人才服务体系市场化取得良好进展。

2. 人才服务供给-需求增长幅度较为匹配

湖北人才服务供给力量主要体现在人才服务机构数量上,可以看出人才服务供给逐年稳步提升,同时,人才服务需求方的人才和用人单位需求规模也处于逐年扩大的态势,且人才服务供给增长幅度大于人才服务需求增长幅度,目前的人才服务供给发展速度对于人才服务需求的满足能力尚可,人才服务供给–需求增长较为匹配。

3. 人才服务体系发展受到新冠肺炎疫情的干扰

湖北省人才服务体系各项指标整体处于向好发展的状态,但是在2019—2020年出现异动值,尤其是和经济活动较为相关的指标,如用人单位数量、"新三板"挂牌上市企业市值top10(C22)、生产总值等,出现负增长的原因必不可少地是湖北省受到的新冠肺炎疫情的冲击,如何在疫情防控常态化时期稳定复工复产、帮助中小微企业求生是当前人才服务体系的高质量发展的重点。

4. 人才服务产出有效回馈人才服务投入

从资金投入和经济效益产出综合来看,湖北对于人才服务体系建设的资金投入力度逐年加强,经济效益稳步提升,但从规模以上工业企业新产品销售收入来分析,它带来的经济效益远高于R&D经费投入、教育经费投入、住房保障支出等,说明人才服务带来的经济效益相当可观,足以回馈人才服务投入,目前人才服务的资金投入仍处于正向回报的阶段,可以继续加大资金投入力度。

5. 人才服务科研环境、生活环境的发展不充分

湖北是科教大省,高校和科研院所资源丰富是湖北人才服务体系高质量发展的关键,但是,R&D机构数自2015—2020年均处于负增长的状态,目前已经从2015年的134家减少为2020年的95家,背后可能反映的是科研人才的流失,这对于人才服务体系的发展显然是不利的。就生活环境而言,住房相关数据没有得到较好改善,同时城市道路水平和城市绿化水平在5年内处于原地踏步的状态,因而人才服务的生活环境仍需要在各个方面得到针对性提高。

四、湖北高质量人才服务需求的调查分析

(一)企业对人才服务需求调查分析

本调查从2021年6月9日开始,截至2021年6月28日,共收集到379份企业问卷,其中366份问卷来自湖北,占比96.57%。

企业的调研样本中,有302个企业与人才服务机构有过合作,占比79.68%;347个企业希望未来与人才服务机构开展业务合作,占比91.56%,企业的人才服务需求较为旺盛。

如图2所示,当企业希望降低人力资源管理成本、提高管理效率、通过服务机构获取专业的人力资源管理资源、难以满足自身的人力资源管理需求时会产生人才服务需求,会寻求人才服务机构(公共性和经营性)的服务帮助。

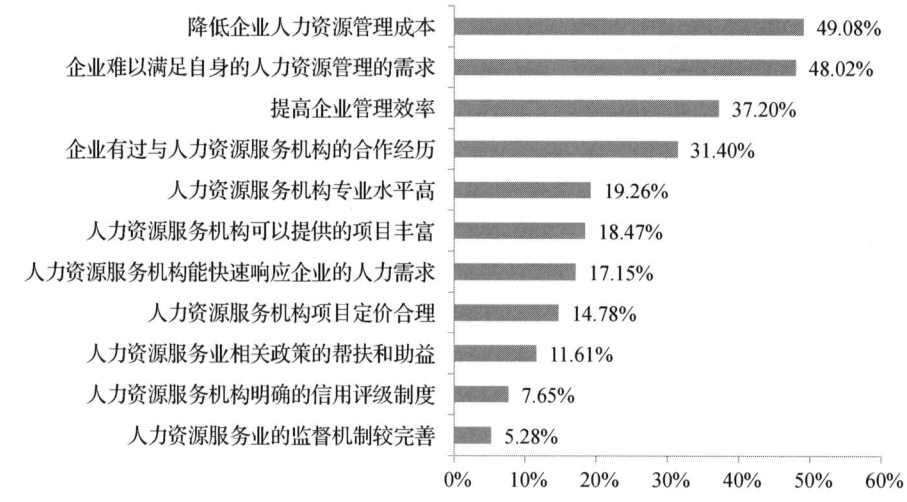

图2 企业接受人才服务机构服务的原因统计

如图3所示,在企业的心目中,人才服务机构的背景及从业资质、从业人员的专业化水平、机构信用等级、机构品牌效应及社会评价、项目报价、机构相关行业服务经验的成功案例、机构规模、机构可提供的项目丰富程度

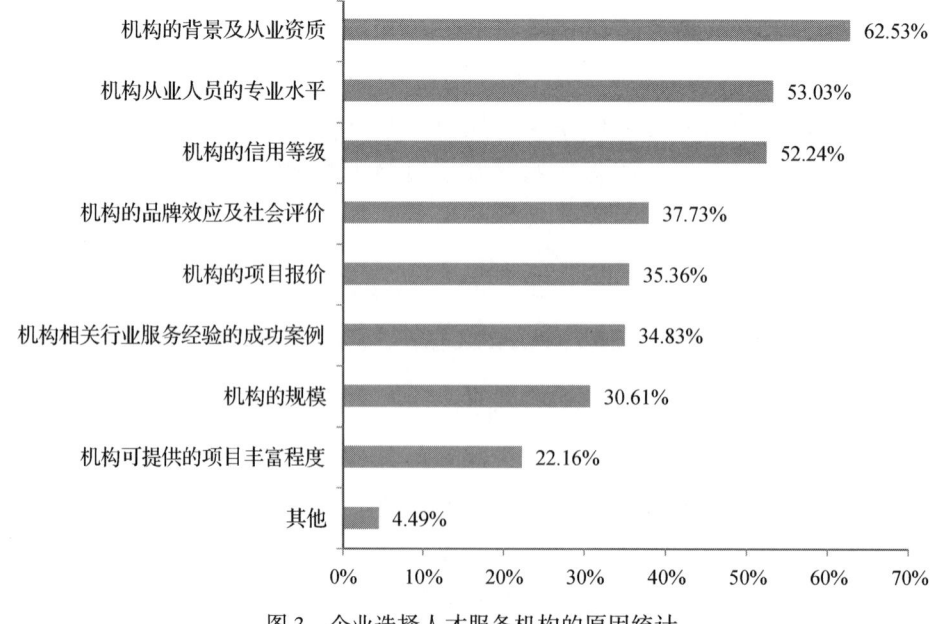

图3 企业选择人才服务机构的原因统计

等因素影响着人才服务机构所提供人才服务的质量水平和人才对于服务的满意程度。

如表3所示，从企业接受人才服务机构所提供人才服务项目及其服务量大小可知，人才服务机构的服务项目多数停留在低端的基础性人才服务（如人力资源招聘、劳务派遣等）上，而高端人才服务项目（如高端猎头、信息软件服务等）较少。

表3　企业与人才服务机构业务合作情况

业务	有合作企业占比	业务量排序
人力资源招聘	74.05%	1
人才推荐	55.36%	2
人事代理服务（劳务派遣）	49.83%	3
人力资源外包服务	47.75%	4
开展网络招聘	40.14%	5
组织开展现场招聘会	31.49%	6
人力资源培训	30.10%	7
为用人单位推荐劳动者	28.72%	8
互联网人力资源信息服务/人才信息网络服务	22.15%	9
人力资源和社会保障事务代理	24.22%	10
就业和创业指导	18.34%	11
人力资源与人力资本信息化建设	16.26%	12
人力资源管理咨询	19.03%	13
为劳动者介绍用人单位	18.34%	14
收集和发布人力资源供求信息	17.99%	15
高级人才寻访/高端猎头	14.19%	16
职业规划	9.69%	17
人力资源测评	11.07%	18
其他	6.23%	19
高校、中等职业学校等毕业生接收手续办理	7.61%	20
人力资源信息软件服务	6.57%	21
对就业困难人员实施就业援助	7.96%	22
流动人员人事档案管理	6.92%	23

整体而言，人才服务机构能够为企业提供满意度较高的人才服务，仅有2个企业针对人才服务机构的服务给出"不满意"的评价，给出"非常满意"和"满意"评价的企业共有251个，占比83.11%。人才服务机构响应企业人才服务需求的速度较快，64.24%的企业人才服务需求能够在1周以内得到满足。

（二）大学生对人才服务需求调查分析

本调查从2021年6月9日开始，截至2021年6月28日，共收集到2 420份大学生问卷，其中1 766份问卷来自湖北，占比72.98%。

当调查人才对于就业城市的偏好时，如图4所示，有666名人才，占比27.52%偏好在北京、上海、广州、深圳等一线城市就业；有1 334名人才，占比55.12%，偏好在成都、重庆、杭州、武汉等新一线城市发展；有420名人才，占比17.36%，期望在二、三线及其他城市就业。新一线城市对于人才的巨大吸引力已经凸显出来，湖北省要充分利用武汉新一线城市的优势地位，采取多类别、多组合的人才政策，切实将期望来湖北就业的人才转化为真正投入到湖北省建设与发展的人才。

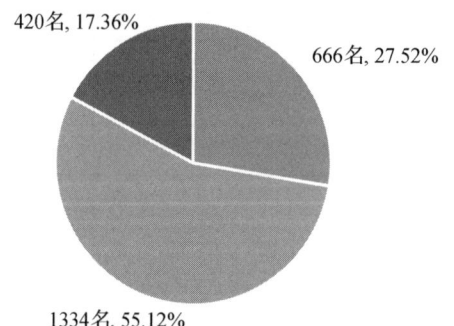

图4 人才期望就业的城市类型分布

为深入分析城市对于人才的吸引力，本调查增设"选择就业城市时考虑的因素"这一题项，调查结果如图5所示。结果表明，人才在选择就业城市时，经济发展水平高仍然是排在首位的决定性因素，影响占比为52.89%；紧随其后的是家人、爱人、朋友的陪伴和生活压力小这两个因素，说明当前人才对于城市经济发展水平的追求并非是不可挑战，新一线城市相较于一线城市的竞争力应当在这两处体现出来；国家确定的重点发展城市和城市人才引进政策的影响力分别排在第四、第五位，体现了人才对于政策导向、方针的敏感度，各地政府应积极响应人才对人才政策的期待，从工作、衣食住行等各方面提升城市对于人才的政策吸引力。

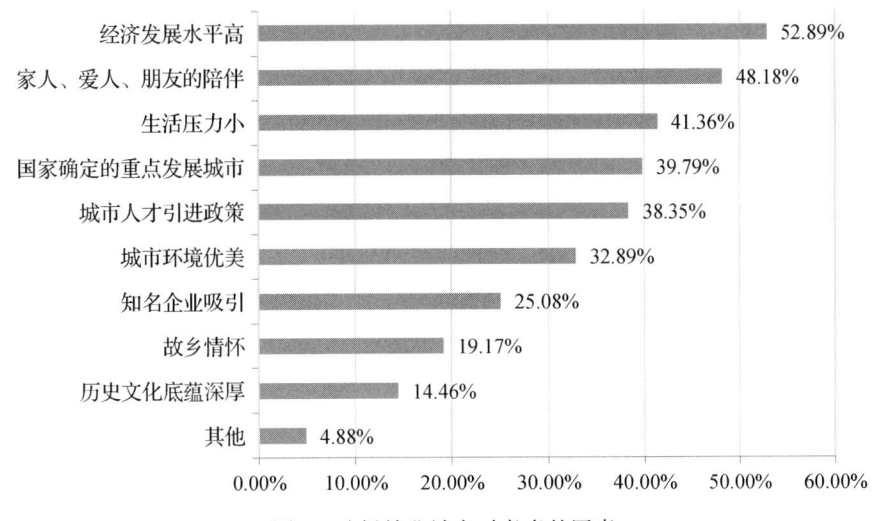

图 5 选择就业城市时考虑的因素

在调查影响具体择业的因素时发现，工作的薪资福利待遇对于人才的影响力和吸引力是巨大的，占比 59.88%。之后排在影响因素前五位的分别是工作符合个人兴趣与爱好、个人发展空间、专业对口、企业工作环境，如图 6 所示。

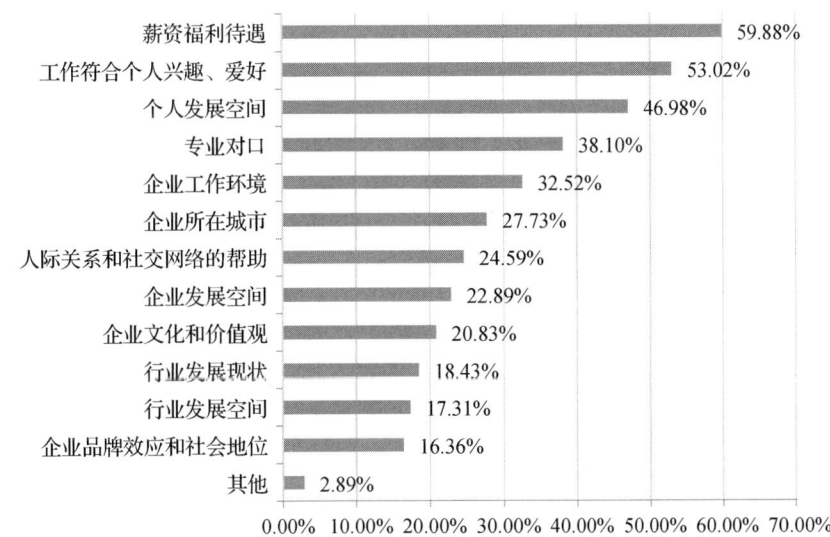

图 6 影响择业选择的因素

本研究同时调查了人才的离职原因,这体现出人才在上一份工作中未能得到适当满足的需求,也是人才在寻找下一份工作时重点关注的因素。与影响择业选择的因素较为类似,不满意薪资福利待遇和缺少晋升发展空间是导致人才离职的重大因素,其次是组织内部管理混乱、家庭原因和工作压力大等因素。结合图4、图7的调查结果,可以看出人才对于工作当前可提供的薪资福利待遇和未来可承诺的、可实现的晋升发展空间相当重视,这几个因素决定着人才的去留。

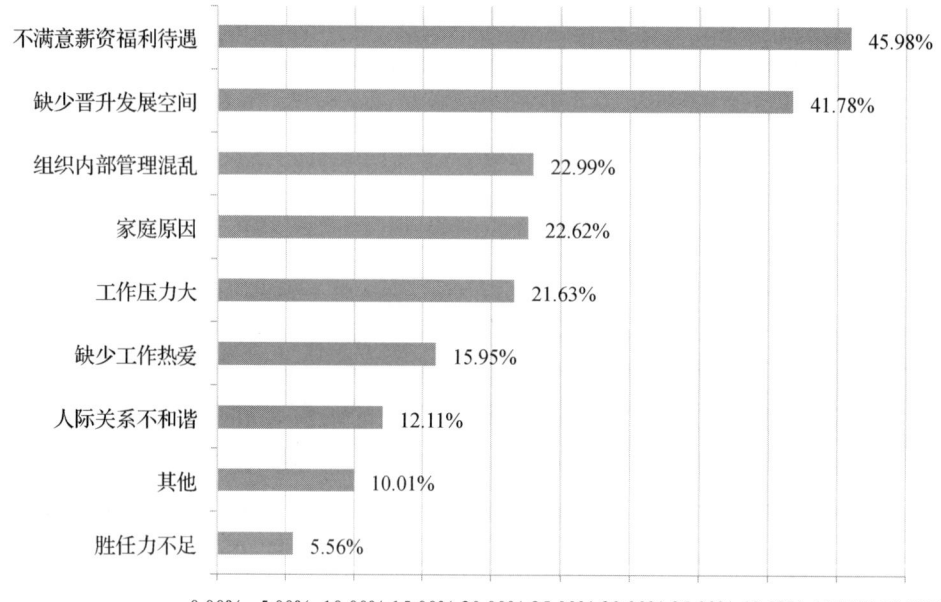

图7 上一份工作的离职原因

为了解国内各省市人才政策的实施情况和相对满意度,本研究按生活类和工作类对现行人才相关政策进行分割,满意度结果如图8、图9所示。在生活类人才政策方面,人才对于医疗补贴和免费健康体检的满意度遥遥领先,侧面反映出我国医疗保障体系建设的不完备,同时这也是人才服务工作需要重点投入的方向;此外,租房补贴也得到了人才的青睐。在工作类人才政策方面,人才对于搭建工作平台、创建良好的工作条件具有较高的满意度;之后是人才政策对于资金方面的支持,如个人所得税补贴和人才专项资金;然后是青年人才举荐制度和职称评定绿色通道,验证了先前对于人才择业与离职的因素的调研结果。

当大学生个人就业存在困难、希望提高就业效率,希望利用人才服务机构专业的人力资源管理资源等情况时会产生人才服务需求,会寻求人才服务

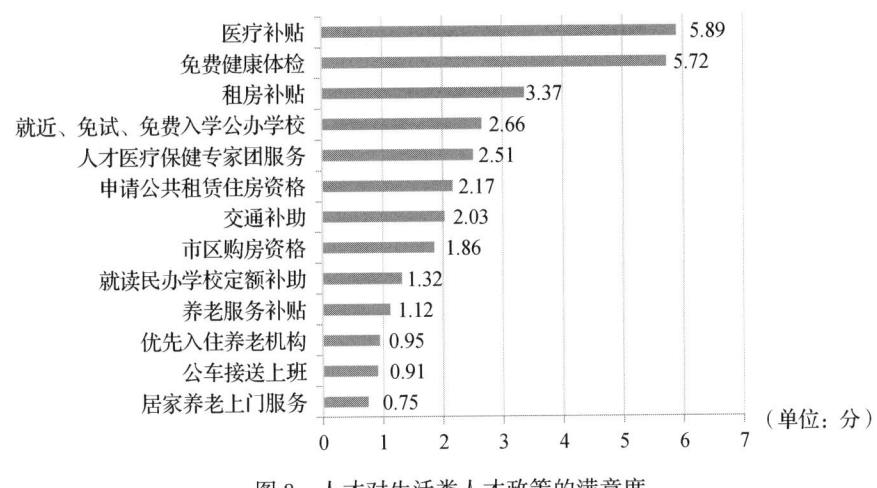

图 8 人才对生活类人才政策的满意度

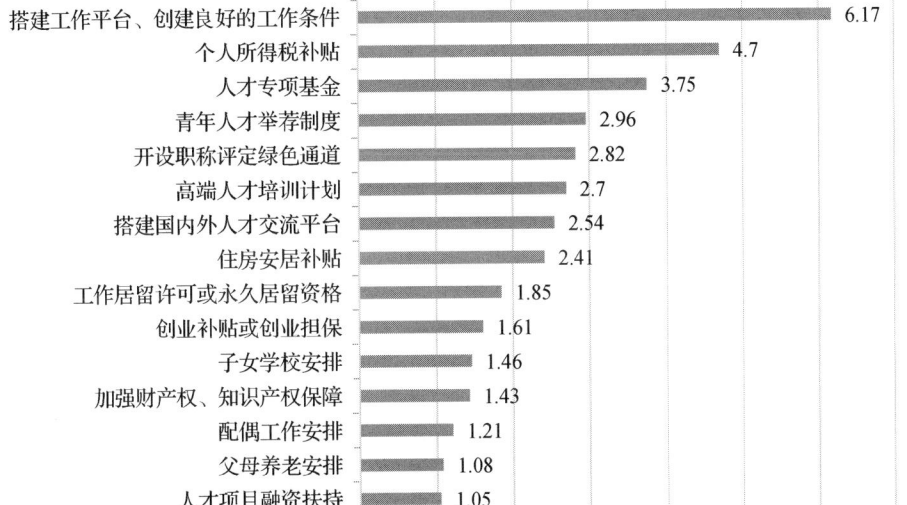

图 9 人才对工作类人才政策的满意度

机构（公共性和经营性）的服务帮助。这一群体选择人才服务机构时考虑的因素如图10所示。湖北人才服务体系要把握大学生就业慢、就业难的通点，采取多种人才帮扶就业的项目，促进人才服务体系实现高质量发展的进程。

在求职者的心目中，人才服务机构的背景及从业资质、从业人员的专业水平、机构信用等级、品牌效应及社会评价、项目报价、机构相关行业的服务经验和成功案例、机构规模、可提供的项目丰富程度，以上因素对于求职

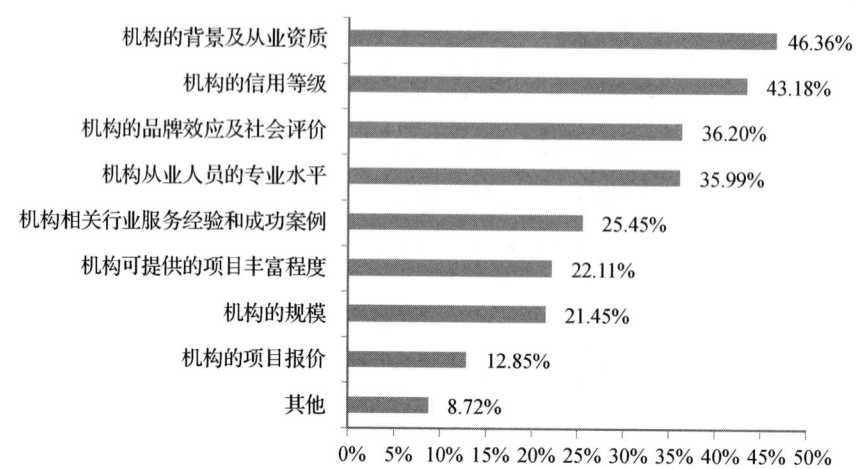

图 10 大学生接受人才服务机构服务的原因统计

者选择人才服务提供者时都具备相当重要的影响力,如图 11 所示。

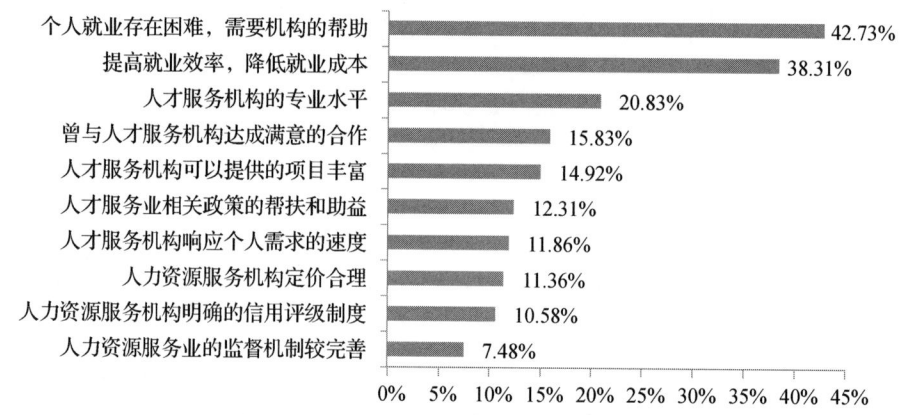

图 11 求职者选择人才服务机构的原因统计

如表 4 所示,从求职者接受人才服务机构所提供的人才服务项目及其服务量大小可知,人力资源服务招聘仍是求职者最为关心的服务项目。

表 4 求职者与人才服务机构业务合作情况

业务	有合作求职者	综合有用度排序
人力资源招聘	14.95%	1
人才推荐	12.06%	2
互联网人力资源信息服务/人才信息网络服务	9.85%	3
人力资源与人力资本信息化建设	7.98%	4
开展网络招聘	8.38%	5

续表

业务	有合作求职者	综合有用度排序
就业和创业指导	8.44%	6
职业规划	6.46%	7
人力资源培训	6.63%	8
组织开展现场招聘会	6.63%	9
人力资源和社会保障事务代理	5.61%	10
人事代理服务（劳务派遣）	5.61%	11
为劳动者介绍用人单位	5.78%	12
人力资源外包服务	5.10%	13
人力资源测评	4.36%	14
人力资源管理咨询	4.36%	15
为用人单位推荐劳动者	4.42%	16
收集和发布人力资源供求信息	4.64%	17
高级人才寻访/高端猎头	3.40%	18
人力资源信息软件服务	3.45%	19
普通高等学校、中等职业学校等毕业生接收手续办理	3.74%	20
对就业困难人员实施就业援助	3.68%	21
流动人员人事档案管理	3.23%	22
其他	1.30%	23

整体而言，求职者对人才服务机构提供的人才服务较为满意，满意程度达65.44%。当对服务机构提供的人才服务项目不满意时，求职者多采取按合同沟通协商、拒绝下次合作、采取法律手段、向机构的上级部门举报等措施。

五、建立高质量人才服务体系的对策

（一）进一步推进人才服务的市场化进程，助力人才服务的高质量发展

1. 政府做好人才服务的宏观调控

省政府应当不断完善自身的宏观调控行为，既要简政放权，打破"审批经济"，充分发挥市场灵活性的力量，又要承担监督管理的职责，维持市场秩序，防止恶意竞争。

2. 政府承担相应的人才服务职责

政府和市场承担的人才服务侧重点应当有所不同，在人才服务市场化的进程中不能忽视政府力量。适合由政府提供的人才服务要具备公益性、较强的政策性、非营利性、基础性和全局性，不适合市场提供的服务由政府部门

提供，若力量不足，可采取政府购买的形式，如人事档案管理、针对特殊群体的就业帮扶服务，降低市场服务的难度。

(二) 打造疫情防控常态化时期的人才服务优势

1. 着眼高层次人才的需求，重构人才服务产品和服务业态

人才服务机构需要顺应"互联网+"等数字技术应用趋势，开发、优化线上服务，合理设计服务场所和服务产品，优化业务流程，融合线上与线下服务，满足市场新需求。同时，人才服务机构还要建立需求响应更灵活、快速的组织形式，降低服务和机构运营成本，逐步培育和塑造互联网服务、劳动者疫情防护、企业用工成本管控、远程工作支持、中国特色和谐劳动关系维护和优化等方面的优势。

2. 打造能支撑未来产业发展的人才服务产品

着眼于新兴产业和未来产业的发展以及高层次人才对人才服务的一系列新需求，识别、建构和重塑适应未来产业发展需要的员工技能，确保人力资源与产业发展、人才发展需求快速、灵活和完美匹配。人才服务机构急需重构业务内容、组织形式和商业模式，培育和增强优势，打造特色品牌，以吸引更多人才的流入。

(三) 利用多渠道加大人才服务投入力度

1. 加强宣传，吸引人才投资

依托湖北良好的经济基础、人口基础和科教基础，借助人才洽谈会、人才交流会、科技人才周等活动，充分利用微信公众号、抖音等新型自媒体平台，加强对人才服务业的推广宣传，力求投资机构融资和政策扶持双保险，增强人才服务相关工作的资金投入，扩大行业发展所需要的市场空间。充分拓展外企、民企的服务需求，引导市场投资，降低政府财政压力的同时扩充市场容量。

2. 加大对地方人才服务业的扶持力度

省政府、市政府要适当加大对地方人才服务业和人才服务工作的政策扶持力度，参照江苏省、浙江省等行业领先省份制定一系列鼓励性的措施，促进省内人才流动，逐步减少省内各地发展差距，促进人才资源合理分布和人才服务均衡发展。

(四) 建立完善人才激励机制

1. 建立充分体现科技人才创新价值的分配制度

采用由人才价值和市场供求关系决定人才薪酬的政策，实行多元化分配方式，把按劳分配和按生产要素分配结合起来，实行专利、技术、成果入股的政策，探索和推行经营者年薪制、期权股份制、特殊劳动贡献分红等多种要素分配的机制，在推行期权股份制度的同时，实行发明人限期按比例分享科研成果转化利润制度，以及发明人按成交额比例提成等措施。根据人力资本产权激励理论以及实践，按生产要素分配、实行技术入股，是激励科技人才最有效的方法。

2. 建立多样化、市场化、国际化的激励制度

要突破激励手段单一的现状，实施灵活多样的激励措施。要充分借鉴民营科技企业激励科技人才的做法，同时还要有效吸纳、借鉴国外先进的激励理论与激励措施，不断创新激励制度。为大学生提供更多在湖北择业的机会，并相应提供具有竞争力的创业、就业保障。

3. 建立科学的奖励制度

建立协调、统一的多元人才奖励制度，提高对高新技术成果和科技成果产业化的奖励力度。

（五）加大力度提高人才服务的产出

1. 积极引导科研院所与企业间的人才双向流动，提升企业对高水平人才的集聚能力

提升现有科研基地的能力，引导有条件的科研基地向功能性平台升级，打造创新合作网络。加强知识产权保护，完善高校职务发明产权归属和激励分配政策，这不仅能够鼓励人才搞发明、提升人才的利用效率，还能拓展吸纳人才、留住人才的空间，同时还需利用信息技术平台分享人才资源，做到人尽其才。

2. 以市场需求为导向，充分考虑企业在人才培养中的重要地位

在制定、实施培养方案等教学环节要有企业的参与，形成满足企业需求的人才培养体系。同时，拓展原有的学生实习、企业讲座及建设教学实践基地等传统的合作内容，考虑引入项目与奖项申报、横纵向项目合作、联合筹备竞赛、设立奖学金助学金等多种形式。

（六）构建具有竞争力的人才服务环境

1. 创新充满活力的新兴经济环境

近年来，移动互联网、大数据、云计算、人工智能等信息技术的高速发展推动了生活服务业与数字化的深度融合，催生了新兴职业。在这种形势下，湖北需重视新兴就业形态对人才，特别是对高校毕业生的吸纳能力，重点打造先进制造业、高新技术服务业、金融业、文化创意产业、现代物流业等产业体系以及加强跨境贸易。大力推动人工智能、5G（第五代移动通信技术）

物联网产业，支撑数字经济与实体经济融合。创新技术、资本及信息等要素供给，支撑人才与产业协同，提升生产效率。做大做强新经济总量，做优新经济结构，为人才创新、创造和创业打造充满活力的发展环境。

2. 构建良好高效的科研环境

一方面，应继续加大财政教育投入，关注与地区经济社会发展密切相关的高等教育，加强对地区高校、学科建设的投入，持续扩大高等教育规模，为地区发展提供足够的后备人才保障。另一方面，构建科技企业需求、科技创新资源、科技服务中介、科技扶持政策互动对接的服务体系，解决信息不对称、互动不通畅、资源不共享等问题，打通制约创新发展的道路，培育更多的高新技术企业。

3. 营造舒适宜居的生活人居环境

优化拓展城市空间，提升湖北形象和品位，优化城市生活人居环境，培育人才落地生根的土壤。例如，进一步健全医疗、教育、体育等公共配套基础设施建设；优化城市交通供给；稳步提高建成区绿化覆盖率，建设网络化、多中心、生态型的城市发展大格局；控制房价水平，全面提升公共服务水平，营造舒适生活人居环境，促进人、城、境、业的高度和谐。

参考文献

[1] 孙锐. 依靠人才推动高质量发展 [J]. 瞭望, 2020 (17).

[2] 陈清, 陈林. 把人才优势转化为高质量发展动力 [N]. 人民日报, 2020-11-10 (9).

[3] 潘哲芳. "我选湖北"人才计划实施效果评价 [D]. 武汉：华中科技大学, 2019.

[4] 窦冲旷. 完善人才公共服务业务促进人才市场健康发展 [J]. 才智, 2008 (21).

[5] 高亚春, 王文静. 我国人力资源服务市场化现状、问题与对策研究 [J]. 当代经济管理, 2016, 38 (8).

《湖北构建高质量人才服务体系路径》
课题组成员名单

课题组长：

董长麒（湖北省人力资源社会保障厅党组成员、副厅长，湖北省人才事业发展中心主任）

课题组成员：

李燕萍（武汉大学人力资源管理研究中心主任，武汉大学经济与管理学院二级教授、博导）

张天保（湖北省人才事业发展中心副主任）

王　珊（湖北省人才事业发展中心人才服务业发展处、处长，湖北省人才科研所所长）

程　缙（湖北省人才科研所科长）

明　白（湖北省人才科研所科长）

本课题为中国人事科学研究院与湖北省人才事业发展中心、湖北省人才科研所合作完成。

"两区"建设对境外高水平职业资格需求研究[①]

提　要：境外高水平职业资格目录是《北京市"两区"建设专业服务领域工作方案》中的主要任务之一，是建立具有国际竞争力的引才用才制度的重要举措，是深化职业资格制度改革的客观要求，是有效推动专业服务领域扩大对外开放的客观要求，也是促进北京市服务业高质量发展的客观要求。为此，中国人事科学研究院受北京市人力资源和社会保障局委托，搜集筛选了科技创新、科技服务、金融服务、医疗健康服务、教育、体育、文化旅游及娱乐服务、建筑与工程服务、法律服务九大"两区"建设重点领域的境外通行职业资格，提出了境外高水平职业资格目录的建立思路（包括指导思想、基本原则、筛选标准、筛选范围、清单内容等），并对未来清单的使用提出对策建议。

关键词：境外　职业资格　互认

为扎实推进国家服务业扩大开放综合示范区和中国（北京）自由贸易试验区（以下简称"两区"）建设工作，有效推动专业服务领域扩大对外开放，促进北京市服务业高质量发展，为此，北京市出台《"两区"建设专业服务领域工作方案》，方案中的主要任务之一就是根据"两区"建设对境外专业人员的需要，全面梳理境外含金量高的职业资格，确定形成"两区"建设需要的首批境外职业资格来京服务目录。受北京市人力资源和社会保障局委托，

[①] 本文系北京市人力资源和社会保障局2021年度委托中国人事科学研究院研究课题《"两区"建设对境外高水平职业资格需求的研究》报告的部分内容。

中国人事科学研究院成立课题组对境外国际通行职业资格进行研究,提出境外高水平职业资格目录的建立思路,通过筛选形成目录建议稿。

一、基本概念与理论基础

境外高水平职业资格目录的建立不是凭空产生的,是建立在对相关概念和基本理论充分理解基础上的。为此本部分将首先从概念界定和理论基础入手,基于课题的目标要求,提出研究设计方案。

(一)基本概念

1. 职业资格

1994年我国建立职业资格证书制度,劳动部、人事部颁布《职业资格证书规定》,提出职业资格是对从事某一职业所必备的学识、技术和能力的基本要求。职业资格包括从业资格和执业资格。从业资格是指从事某一专业(工种)学识、技术和能力的起点标准。执业资格是指政府对某些责任较大、社会通用性强,关系公共利益的专业(工种)实行准入控制,是依法独立开业或从事某一特定专业(工种)学识、技术和能力的必备标准。职业资格分别由国务院劳动、人事行政部门通过学历认证、资格考试、专家评定、技能等级鉴定等方式进行评价,对合格者授予国家职业资格证书。从业资格通过学历认定或考试取得,执业资格通过考试方法取得。职业资格证书是国家对申请人专业(工种)学识、技术、能力的认可,是求职、任职、独立开业和单位录用的主要依据。

2014年,按照党的十八大关于转变政府职能、深化行政审批制度和人才发展体制机制改革的总体要求,职业资格清理工作取得了重大突破。在此背景下,为进一步推动职业资格纳入依法管理轨道,2017年我国建立了职业资格目录清单制度,涵盖两类职业资格,两类是指专业技术人员和技能人员职业资格,每类职业资格下又分为准入类和水平评价类两种职业资格。

准入类和水平评价类职业资格的划分是对应世界各国职业资格普遍划分为职业资格许可(license)和职业资格认证(certification)两种模式的通行做法。

职业规制的类别及其主要特征见表1。

表1　　　　　　职业规制的类别及其主要特征

	职业资格许可	职业资格认证
直接/间接	直接规制	间接规制
社会/经济性规制	社会性规制	经济性规制
重点	控制风险	提供信号

"许可"（license），作为名词，其基本含义是自由（freedom，liberty）、被允许；作为动词，许可是指通过授权而准许，或者经由准许而取消法律限制。"认证"（certification），含证明、证明文件之意。在我国法律文件中，2003年颁布的《中华人民共和国认可认证条例》（以下简称《条例》）首先使用了这个概念。《条例》指出，认证是指"第三方依据程序对产品、过程或服务符合规定的要求给予书面保证（合格证书）"。

许可与认证相同之处：①都是基于某种标准、条件开展的评价、评定活动。②一般都以证书或证明文件正式确认。③这种确认对被申请者来说，都有一定的公信力。

许可与认证不同之处：①法律基础不同。许可属公法范畴，是行政行为；认证属私法范畴，具有中介性质。②实施的主体不同。许可只能是国家行政机关或法律法规授权的具有管理公共事务职能的组织；认证则是"第三方"。③设立的程序不同。许可，非法律法规不得设立。④法律效力不同。许可具有强制性、排他性。认证具有志愿性、可选择性。

2. 境外职业资格

境外职业资格是指由境外政府或相关领域权威机构设置的许可类或认证类职业资格。1994年我国职业资格制度建立之初，就指明"国家职业资格证书参照国际惯例，实行国际双边或多边互认"。全球经济一体化不但要求我们在国际贸易、技术加工、质量标准等方面要符合国际标准，而且在职业资格准入和认证方面同样面临与国际接轨的问题。

从境外资格主办机构看，各国政府主要对准入类职业资格进行规制，并且通过政令、法规对职业资格进行宏观调控，如严格考试、注册和颁发执照，不允许没有资格的人从事规定的职业等；认证类资格则主要由行业专业协会、学会等非营利组织实施管理，例如在德国，行业协会是职业资格认证的主体，政府只是对认证制度提供合法性保障；日本的行业工会或协会是支撑完善职业资格制度的实体，其作用包括对未获得资格这进行培训，对已获得资格这进行注册和再培训，等等。

从资格的评价标准看，通常都是由政府有关部门出面，联合产业部门、雇主等各有关方面共同制定统一的国家职业资格标准，认证机构据此开展认证，例如在英国，有专门的职业资格证书和课程设置委员会（QCA）代表政府具体负责在全国推行职业资格证书制度，该委员会由政府有关部门、产业部门、企业雇主等各方代表组成，主要职责就是指导国家职业资格标准的制定，监督检查证书审批机构。

从资格的报名条件看，一般会有学历、工作经历、相关职业资格、会员身份等要求。从资格获取方式看，大多采取考试方式获得，考试分为笔试、机考、实践操作、面试等多种形式，与协会学会的会员体系密切相关。从资格的有效性看，可以分为限期资格和终身资格，限期资格是有一定年限的，到期后需要走续任程序进行重新认定，终身资格一旦取得则终身有效。

发达国家都很注重职业资格的国际互认，例如加拿大建筑师的标准与美国一致，考试的命题使用美国 ETS 标准。欧洲 20 多个国家工程师协会成立了联合会，统一了欧洲注册工程师的标准。澳大利亚、加拿大、爱尔兰、新西兰、英国、美国、南非等经济体的工程组织在相互承认工程学士学位的同时，还相互承认执业注册资格。职业资格的国际互认通常是通过双边或多边协议进行认证的，例如国际工程联盟（IEA）有 7 个有关工程教育鉴定和职业资格认证的协议、协定，它们是《华盛顿协议》（Washington Accord）、《悉尼协议》（Sydney Accord）、《都柏林协议》（Dublin Accord）；《国际专业工程师协议》（IPEA Agreement）、《APEC 协议》（APEC Agreement）、《国际技术工程师协议》（IETA Agreement）和《国际工程技术员协议》（AIET Agreement）。前 3 个《协议》主要供工科院校工程教育计划鉴定的互认用，其中，《华盛顿协议》针对工程师（engineer）的培养计划，《悉尼协议》针对技术工程师（technologist）的培养计划，《都柏林协议》针对工程技术员（engineering technician）的培养计划。后 4 个《协定》主要提供在职的工程和技术人员流动时的职业资格互认。

3. 国际职业资格

国际职业资格是指在相关专业领域有影响力的国家、组织、机构或企业，按照国际惯例制定职业技能标准或任职资格条件，按照严格的程序对劳动者的技能水平或职业资格进行客观公正、科学规范的评价和鉴定，对合格者授予相应的国际通用的职业资格证书。国际职业资格证书具有两个属性，即职业性和国际性。一方面，它是一种职业资格证书，是持有者具备某种职业所需要的专门知识和技能的资格证明；另一方面，它具有国际流通性，在世界范围内得到较多国家、行业协会和企业的接受与认可。

国际职业资格证书可以来自某个国家，例如英国国家职业资格证书、澳大利亚 TAFE 证书；可以来自某个组织或机构，例如国际职业指导协会（IC-CD）；或者来自某所权威性大学，例如剑桥大学国际考试委员会；还可以来自某些知名企业，例如思科公司、微软公司等。国际职业资格证书和考试之所以拥有国际影响力，在于其健全的管理制度、完善的职业标准、严格的质量控制、科学的考评体系和周密的考核流程，在相关行业具有很高的复制和推广价值。例如，英国国家职业资格证书制度是由国家职业资格委员会领导、产业指导机构制定职业标准、证书机构和鉴定站实施考证的工作机构体系。1986年以来，先后在150余个行业和专业设置了数千个职业标准，提供了近两万个职业资格，涵盖了广泛的商业和工业组织的工作内容，形成了一套为就业服务的核心技能标准体系。

（二）理论基础

1. 国际服务贸易理论

过去几十年间，在交通、计算机及包括因特网和电子商务的发展在内的电信技术方面出现了飞速发展，使得企业能够利用更遥远的资源进行生产并能够为更大的市场提供服务。自由化政策的实施以及经济活动中制约性障碍的消除加强了全球化趋势，进一步促进了国际投资和货物及服务贸易的稳步增长，更快捷的交通和跨国企业也促进了作为独立服务供应商及作为雇员的人员的流动。国际社会对贸易全球化的一个重要反应是创建世界贸易组织（WTO）。作为乌拉圭回合多边贸易谈判的结果，该组织已于1995年1月1日正式成立。世界贸易组织为各成员国间建立贸易关系提供了一个共同的机构性框架，它的主要职能是促进多边贸易协议的执行、管理和操作，为进一步谈判提供一个论坛，审查各国的贸易政策并积极寻找解决贸易纠纷的办法。三项主要的世贸组织协议是1994年的关税及贸易总协定（GATT）、服务贸易总协定（GATS），以及与贸易有关的知识产权方面的协定（TRIPS）。服务贸易总协定是第一部世界级谈判商定的关于国际服务贸易的有法可依的纪律规章。

国际服务贸易中，在另一国家或地区以自然人存在的形式提供服务被专业地称为自然人流动，又被称为"Mode4"，是GATS规定的四种国际服务贸易方式之一。自然人流动又可具体分为两种存在方式：虽然GATS正文中没有明确指出自然人流动的性质，但是从GATS附件的规定，可以得出GATS下自然人流动的性质是"临时、暂时、非长期和非永久性"的。自然人流动机制可以概括为：为方便以自然人流动的方式提供国际服务贸易，通过多边、区域、双边贸易协定或单独资格认证协议的形式或直接由当地主管机关负责，承认某自然人在另一国家或地区取得的学历学位、资格证书、工作经验和语言能力等资格已经达到在该国家或地区提供某项服务所要求的标准，从而使该自然人有资格在该国家或地区提供该项服务而建立的过程和方式。

依据不同标准可以对自然人流动机制做不同的划分：如果以认证主体为标准来进行划分，自然人流动下资格认证机制可划分为国家认证机制、学会协会认证机制、国际知名企业认证机制等。如果以该机制设立的根据为标准来进行划分，又可分为认证协议下的认证机制、无认证协议下的认证机制。如果以认证内容为标准进行划分，可分为学历学位认证机制、资格证书认证机制、工作经验认证机制、语言能力等级认证机制等。

2. 职业资格规制理论

规制就是政府设置（出台）规定进行限制。规制作为具体的制度安排，是"政府对经济行为的管理或制约"，是在市场经济体制下，以矫正和改善市场机制内在的问题为目的，政府干预经济主体（特别是企业）活动的行为。从最一般意义上讲，规制是指依据一定的规则，对构成特定社会的个人和经济主体的活动进行限制和制约。规制的主体可以是个人，也可以是社会公共机构，由前者进行的规制是私人规制，由后者进行的规制是公共规制。广义的政府规制包括政府对宏观和微观两个方面经济活动的干预；微观的政府规制是指政府为了弥补狭义的市场失灵而依据一定规则对微观经济主体行为进行的干预。

职业规制属于微观的政府规制范畴，是指对自然人进入某一职业领域的规制。在一些具有专业技术知识的行业中，例如建筑师、律师、医生等，为了保证人力资本的有效利用，防止恶性竞争，同时保障消费者利益和服务质量，国家通常实行进入规制。一般情况下，凡是要进入这些领域的人员必须通过专业技术培训，经考试合格后被授予相应的建筑师、律师、医生等证书，方可从事相关职业。这种规制在事关人力资源（人力资本）的合理配置及其经济影响方面属于经济性规制，而在事关职业道德方面则属于社会性规制。

政府对职业规制主要通过三种资格证书的发放或三种法规体现：执照（实践法）、法定认证或自愿执照（头衔保护法）、注册（注册法）。执照是最严厉的政府规制方式，法律既保护获得执照的头衔，又对其划定法定的实践领域。执照通常用于以下情况：当缺乏特定的训练和经验但取得相应能力的人员，其所完成的活动将对公众带来极大危害时。法定认证是较弱的政府规制方式，法律只保护经过认证的资格头衔，不指定法定的实践范围。法定认证通常用于以下情况：当公众需要帮助以判断从业者从事某种活动的能力，且这种活动能力对安全和健康的威胁不足以达到需要发执照的程度时。注册是最弱的政府规制方式，只要求从业者到指定的机构登记他们的信息，并不要求申请者出示任何能力证明。注册通常用于以下情况：当这类活动对公众健康、安全和福利等有威胁，但威胁相对最小时。

3. 职业资格互认理论

职业资格互认制度广泛运用于区域经济一体化实践中，其价值在于便利自然人服务提供者跨域流动。在封闭市场中，与服务贸易相关的人员流动被禁锢在极为必要的限度内。职业资格互认制度的适用空间有限，制度构建及运行成本与收益难以相称。随着相关市场不断融合，当专业人员成为市场要素流动的重要构成，市场对专业人员资格的规范性调整成为不可回避的现实制度需求时，职业资格互认制度便产生和发展起来。相关服务市场融合从经济层面驱动产生职业资格互认制度，在一定意义上，相互承认职业资格是服务贸易的突破口，也是劳动保障工作有待拓展的新领域。

职业资格互认制度是政治互信基础上的制度共建，是为市场运行提供基础规则的制度顶层设计。市场融合有市场自我发育与制度推进两条路径，作为公共产品的职业资格互认制度不大可能在市场自我发育模式下产生，更多依赖制度推进，例如2003年中国内地与香港、澳门签署《CEPA协议》，这一协议反映了中国对20世纪80年代以来在经贸领域出现的、以区域一体化为主要特征的国际经贸新形势的积极应对和在法制框架下促进内部市场统一和内、外部市场融合的制度构想。其中第15条针对因内地和港澳之间的职业资格管理法律制度的差异而导致的专业人员流动障碍，提出了职业资格互认制度作为回应。这就是中国内地与香港、澳门在达成政治共识的基础上，协力合作，通过建章立制将问题转入法治调整的轨道。

职业资格互认制度的适用范围取决于各方开放服务贸易市场的具体承诺。来自一方的自然人服务提供者得以现实进入另一方服务市场的具体范围须依据后者向前者承诺开放的服务部门及所做出具体承诺确定。职业资格互认制度不仅适用于各方承诺开放的、对职业资格提出要求的服务部门，以便利专业人员满足准入类服务领域的资格要求。也适用于对服务资格未做出要求的部门，以增强他们在相关服务领域的竞争力。服务市场开放承诺仅是专业人员得以现实进入他方服务市场的必要条件，而非充分条件。即使在已承诺开放的服务部门，承诺方也可能设置各种保护性措施扣减承诺，以保护己方服务市场。其中，对专业人员的职业资格要求往往成为限制来自他方的专业人员进入己方市场的保护性措施之一。"如果服务提供者的资格不能被成员国的有权机构承认，即使一个成员国在自然人流动这种服务提供方式下作出再多市场开放的承诺，意义也是不大的"。根据《服务贸易总协定》中的自然人流动机制规定，职业资格互认可以通过多边、区域、双边协定或单独资格认证协议的形式实施。

二、国内职业资格互认及国际资格引进情况

我国自 1994 年建立职业资格制度以来，一直在积极探索职业资格国际互认。职业资格国际互认包括四种形式：一是我国职业资格的国际认可；二是我国引入境外资格，进行备案制规范管理；三是境外资格在我国境内开展市场化认证活动；四是自贸区（港）对境外职业资格实行认可，以便利境外专业人员在自贸区（港）执业从业。

（一）基本情况

1. 我国职业资格互认的基本情况

职业资格互认一般是通过多边、区域、双边协定或单独资格认证协议的形式。我国从职业资格制度建立之初就一直在积极推进职业资格互认工作，1994 年《职业资格证书规定》指出国家职业资格证书参照国际惯例，实行国际双边或多边互认；2003 年 12 月 26 日，《中共中央、国务院关于进一步加强人才工作的决定》明确提出积极推进专业技术人才职业资格国际互认；2004 年 11 月，中国工程院教育委员会向国务院提交了《关于大力推进我国注册工程师制度与国际接轨的报告》，建议加快推进我国的注册工程师制度建设并与国际接轨，同时建议加入国际互认组织《华盛顿协议》；2016 年 6 月 2 日，在马来西亚吉隆坡举行的国际工程联盟会议上，中国科协代表我国正式加入《华盛顿协议》，成为该协议第 18 个正式成员，标志着我国工程教育专业认证进入了新阶段；2018 年 3 月，中共中央办公厅、国务院办公厅下发《关于分类推进人才评价机制改革的指导意见》，进一步提出探索推动工程师国际互认，提高工程教育质量和工程技术人才职业化、国际化水平；2019 年 2 月，人社部、工信部下发《关于深化工程技术人才职称制度改革的指导意见》，其中提出要"加强工程师国际互认"，按照《华盛顿协议》框架规则，在健全完善工程教育专业认证基础上，在条件成熟的工程技术领域探索开展工程师资格国际互认。以国际工程联盟（IEA）、国际咨询工程师联合会（FIDIC）等国际组织为平台，主动参与国际工程师评价标准制定，加强工程技术人才国际交流。目前中国科协先后与泰国建筑师委员会、缅甸工程理事会、巴基斯坦工程理事会签署合作协议，与上述三个国家实现了工程能力评价标准实质等效双边互认。2019 年 11 月 4 日，中国科协培训和人才服务中心代表中国科协与缅甸工程理事会认证委员会签署了《中缅工程师资格互认协议》，这是中国科协代表我国加入《华盛顿协议》后与国外对口组织签署的第一个工程

技术人才资格双边互认协议，为促进中缅两国工程技术人才交流合作和中缅经济走廊建设提供了人才支撑。

具体到专业技术和技能领域，我国在建筑领域的职业资格互认工作走在前列。我国1995年建立了注册建筑师制度，1999年与美国注册建筑师开展了资格互认工作。1997年建立注册结构师制度，并与结构工程师学会（英国）签署了互认协议。2004年与香港建筑师学会、香港工程师学会签署了资格互认协议，开展了互认工作。在焊接领域的国际互认工作十分活跃，2000年1月，中国焊接培训与资格认证委员会（CANB）通过了国际焊接学会（IIW）的审查、验收和表决，并被授权按照国际标准及规程在中华人民共和国境内进行"国际焊接工程师（IWE）""国际焊接技术员（IWT）""国际焊接技师（IWS）""国际焊接技师（IWP）"和"国际焊工（IW）"等人员的培训与资格认证。

2. 境外职业资格在国内备案情况

（1）经人力资源社会保障部注册批准的境外职业资格。

1996年，劳动和社会保障部职业技能鉴定中心成立了国际职业资格证书协调办公室，负责协助行政部门做好国际职业资格认证的引进和管理工作。为切实做好引进国外职业资格证书的管理工作，规范国外职业资格证书机构在我国境内的考试和发证活动，1998年11月，劳动和社会保障部颁布《关于对引进国外职业资格证书加强管理的通知》，决定从1999年开始对引进的国外职业资格证书及其发证机构进行资格审核和注册，并实施相应的管理和监督。2004年1月14日，职业技能鉴定中心发布《关于印发〈国外职业资格证书注册管理实施细则（试行）的通知〉》，强调规范管理。2004年6月，第412号《中华人民共和国国务院令》，公布了《国务院对确需保留的行政审批项目设定行政许可的决定》，保留了以技能为主的国外职业资格证书及发证机构资格审核和注册项目。2000—2010年，职业技能鉴定中心引入实施备案管理的境外职业资格共有17个，其来源主要是英国、美国、日本、中国香港等发达国家和地区，涉及多个职业领域，分别是语言类的有3个，实用日本语和国际交流英语、职业韩国语项目；服务类的有12个，包括商贸零售、企业行政管理、剑桥商务管理、剑桥旅游管理、国际商业美术设计、国际财务管理、注册金融分析、酒店管理、观光旅游、注册职业采购、企业风险管理及银行风险与监管；制造类的有2个，包括电子工程和设施管理。此外，人力资源和社会保障部职业技能鉴定中心还与美国、英国、德国、印度等国家在职业资格认证领域开展了项目合作。目前，因多种原因暂停认证的资格有

3个，即国际商业美术设计、国际财务管理和企业风险管理。

经人力资源和社会保障部注册批准的境外职业资格证书列表见表2。

表2　经人力资源和社会保障部注册批准的境外职业资格证书列表

序号	项目名称	外方机构	所属国别	批准机关	中方合作机构	证书名称	国内开展考试地区	考试形式	备注
1	商贸零售管理服务人员资格证书	英国伦敦城市行业协会	英国	人力资源和社会保障部	北京英标人力资源网络技术公司	商贸零售管理服务人员资格证书	全国	统一组织考试	
2	企业行政管理	英国伦敦工商会考试局	英国	人力资源和社会保障部	北京英标人力资源网络技术公司	企业行政管理证书	全国	书面+实操考核（培训中完成）	
3	特许金融分析师	美国投资管理与研究协会	美国	人力资源和社会保障部	北京普天合力通信技术服务有限公司	特许金融分析师证书	北京、上海、广州等	笔试	
4	国际商业美术设计师	国际商业美术设计师协会	中国香港	人力资源和社会保障部	北京华夏基石教育文化发展有限公司	国际商业美术设计师	全国	全国统考闭卷考试	暂停
5	国际交流英语	美国教育考试中心	美国	人力资源和社会保障部	ETS测评（北京）有限公司	职业英语水平等级证书	全国	公开考试及上门考试。听力与阅读公开考试是纸笔考试，口语与写作公开考试是机考	
6	商务管理证书	剑桥大学国际考试委员会	英国	人力资源和社会保障部	北京英标人力资源网络技术公司	商务管理证书	全国	（高级、标准级）书面+实操，培训中完成；专业级提交实际工作内容的大作业	

续表

序号	项目名称	外方机构	所属国别	批准机关	中方合作机构	证书名称	国内开展考试地区	考试形式	备注
7	旅游管理	剑桥大学国际考试委员会	英国	人力资源和社会保障部	北京英标人力资源网络技术公司	旅游管理证书	全国	(高级、标准级)书面+实操,培训中完成;专业级提交实际工作内容的大作业	
8	国际财务管理师	国际财务管理协会	美国	人力资源和社会保障部	北京华夏基石教育文化发展有限公司	国际财务管理师	全国	全国统考闭卷考试	暂停
9	注册职业采购经理	美国采购协会	美国	人力资源和社会保障部	北京英标人力资源网络技术公司	注册职业采购经理	全国	书面考试	
10	企业风险管理师	亚洲风险与危机管理协会	中国香港	人力资源和社会保障部	谐同神州(北京)风险管理顾问中心	企业风险管理证书	全国	笔试(高级有论文)	暂停
11	酒店管理	英国苏格兰监管局	英国	人力资源和社会保障部	中国(教育部)留学生服务中心	酒店管理证书	全国	闭卷考试、开卷考试、论文、调研报告等	
12	观光旅游	英国苏格兰监管局	英国	人力资源和社会保障部	中国(教育部)留学生服务中心	观光旅游证书	全国	闭卷考试、开卷考试、论文、调研报告等	
13	电子工程	英国苏格兰监管局	英国	人力资源和社会保障部	中国(教育部)留学生服务中心	电子工程证书	全国	闭卷考试、开卷考试、论文、调研报告等	

续表

序号	项目名称	外方机构	所属国别	批准机关	中方合作机构	证书名称	国内开展考试地区	考试形式	备注
14	国际设施管理	国际设施管理协会	美国	人力资源和社会保障部	北京英标人力资源网络技术公司	国际设施管理证书	全国	计算机化考试+实操考核（培训中完成）	
15	实用日本语鉴定	株式会社语文研究社	日本	人力资源和社会保障部	吉德咨询（上海）有限公司	实用日本语证书	全国	笔试	
16	银行风险与监管国际证书	全球风险管理专业人士协会	美国	人力资源和社会保障部	北京中成毓达教育科技有限公司	银行风险与监管国际证书	银行系统	机考+笔试	
17	职业韩国语能力考试	韩国语言文化教育学会	韩国	人力资源和社会保障部	北京江源盛世文化发展有限公司	职业韩国语能力证书	北京、上海、等省市	统一考试分为听力和阅读	

（2）各省市鉴定中心自行管理的境外职业资格。

根据人力资源社会保障部2017年"在我国境内开展境外职业资格相关活动情况摸底调查"结果显示，在摸底发文的（省中心及行业）86家单位中，江苏、河北、广东三省职业技能鉴定指导中心合计管理了8个境外职业资格。涉及的职业领域包括气动、电气动、液压、编程运用、财务管理、设施管理、美容美发和养老护理等。

各省市鉴定中心根据摸底文件上报的在我国活动的境外职业资格证书列表见表3。

3. 境外职业资格在境内开展认证活动情况

从境外职业资格在境内开展认证活动的情况来看，进行备案规范管理的是少数，市场上充斥大量的境外职业资格。其引进方有政府，更多是市场主导引进，包括行业协会学会、高职院校、企业等途径。如国家外专局培训中心引进的国际市场与营销职业资格认证项目、美国国际人力资源管理职业资格认证项目、项目管理资格认证体系和美国国际进出口协会职业认证体系等；审计署下属中国（北京）国际技术培训有限公司引进的特许公认会计师、美国注册管理会计师和国际注册内部会计师等；教育部考试中心国外考试协调

表3　各省市鉴定中心根据摸底文件上报的在我国活动的境外职业资格证书列表

序号	填报单位	项目名称	外方机构	所属国别	批准机关	开始时间	取证人数	是否设有代表处	是否在我国设立法人机构	中方合作机构	收费类型	证书名称
1	江苏省职业技能鉴定中心	中德职业技能培训暨"金蓝领"高技能人才培养	德国手工业协会（HWK）、德国工商业协会（IHK）、德国埃尔福特培训中心（EBZ）	德国	宿迁市人力资源社会保障局	2017	44	无	挂牌中德（宿迁）职业技能鉴定中心	宿迁市考试鉴定中心、淮海技师学院		IHK、HWK职业资格证书
2	河北省职业技能鉴定指导中心	中英项目	剑桥国际考试委员会	英国	人社部鉴定中心	2005	620	是	中方合作机构	北京燕园皆财科技有限公司 北京英标公司	2类	CIE职业领导人之财务管理师
3		中印合作项目	印度APTECH计算机教育培训公司	印度	人社部鉴定中心	2003	900	是	中方合作机构	北京阿博泰克北大青鸟信息技术有限公司	2类	软件工程师
4		会计人员财务管理	国家管理会计师协会	美国	劳动和社会保障部办公厅	2012	3 862					国家财务管理师
5		国际设施管理	澳门劳工事务局、国际设施管理协会	中国澳门、美国	劳动和社会保障部办公厅	2014	167					设施管理师
6	广东省职业技能鉴定指导中心	美容师	香港职业训练局、国际专业标准联盟	中国香港、澳大利亚		2013	519			广东省职业技能鉴定指导中心		专业美容师
7		美发师	香港职业训练局、国际专业标准联盟	中国香港、澳大利亚		2013	193					专业美发师
8		养老护理员	香港职业训练局	中国香港		2014	21					护理员

资料来源：人力资源社会保障部。在我国境内开展境外职业资格相关活动情况摸底调查，境外职业资格相关活动现状分析及管理政策课题。

处引进由美国财务会计师协会颁发的美国财务会计认证资格（ICMA）。中国证券业协会与注册国际投资分析师协会合作，引进注册国际投资分析师职业资格证书（CIIA）；中国内部审计师协会与国际内部审计师协会合作，引进国际注册内部审计师职业资格证书（CIA）。北京职业技术学院与思科公司合作，引进国际权威职业资格证书 60 余种；四川国际标榜职业学院引进英国国家职业资格认证教学评估体系；上海医药高等专科学校根据发展需要，引进了美国国家注册护士、欧盟医药营销职业资格证书、日本口腔医学技术质量职业考试等境外职业资格证书。高才（中国）商务咨询有限公司与美国管理会计师协会（IMA）合作，引进注册管理会计师职业资格证书（CMA）；南京天池管理顾问有限公司与国际电子商务师认证委员会（CCIEBS）合作，引进国际电子商务师职业资格证书（IEBS）；最佳东方引进经管类、理工农医类、艺术类和其他类四大类共 90 余项境外职业资格证书。

课题组经过资料查找、网络查询、专人访谈等形式收集整理了除规范备案管理之外的在我国境内开展的境外职业资格相关活动的情况，涉及 124 项职业资格。

4. 我国自贸区（港）境外职业资格认可情况

中国自贸区的"试验"始于 2013 年的上海。2013 年 9 月 27 日，中国第一个自贸区——中国（上海）自由贸易试验区设立。在上海自贸区的示范作用下，7 年来，中国自贸区经历了 6 轮建设，目前已设立 21 个自贸区，中国的自贸区渐成"雁阵"。"十四五"规划建议提出了"实施自由贸易区提升战略，构建面向全球的高标准自由贸易区网络"的新要求，自贸区将成为连通国内国际双循环的重要纽带和载体。而人员自由流动作为主要目标之一，让一定范围的外国专业人才能够在自贸区这个特殊经济功能区内备案后自由执业、让境外人士参加我国相关职业资格考试，成为各自贸区政策创新的重要方面。例如，苏州市以国际职业资格与职称资格的比照认定为切入点，对职称资格与国际职业资格的有效衔接进行探索研究，制定出台了苏州市国际职业资格比照认定职称资格办法，并发布了 344 项国际职业资格比照认定职称资格目录，接轨国际人才评价标准体系，打通海外人才评价体系，着力打造"国际人才本土化、本土人才国际化"的良好环境，最大限度地释放和激发人才创新创造创业活力；福建省平潭自贸区对持有台湾地区各类职业资格的人员来福建创业就业予以专门认可；厦门放宽台湾技术士等级证书在厦门自贸片区和厦门市台资企业使用范围，持证者可享受厦门市相对应技能人才同等待遇。粤港澳大湾区对港澳部分执业人员来湾区就业创业予以专门认可；海南自由贸易港出台《境外人员执业管理办法（试行）》，对20多个国家和港澳台地区共200多项境外人员资格进行认定，便利持证人员在自贸港就业创业。此外，随着改革开放的不断深入，对境外人员参加境内职业资格考试问题从否定到逐步放开再到全面放开，开放程度不断加深，例如，2020年9月，海南省政府颁布《海南自由贸易港境外人员参加职业资格考试管理办法（试行）》，对境外人员参加职业资格考试开了绿灯。2021年4月，北京市人力资源和社会保障局发布《国家服务业扩大开放综合示范区和中国（北京）自由贸易试验区对境外人员开放职业资格、考试目录（1.0版）》，向境外人员开放35项职业资格考试，其中专业技术类34项、技能类1项；覆盖金融、建筑、规划、交通、卫生、知识产权以及信息技术等"两区"建设重点领域。

（二）存在问题

1. "走出去"步履艰辛

一是职业资格种类和数量与发达国家（地区）有差距。以美国为例，依据其O*Net网站（美国劳工部支持下的一个全美最大的职业信息数据库）公布的职业资格目录清单统计，仅工程师职业资格，目前美国各州实施许可类工程师职业资格有57个，政府认可的全国通用认证类工程师职业资格有106个。而我国职业资格目录中工程技术人员职业资格仅有26个，其中准入类19个，水平评价类7个，数量种类差距明显。

二是职业资格评价主体与国际通行做法不衔接。以工程师资格为例，纵观典型国家（地区）经验，政府均没有直接参与工程师的核心认证，包括工程教育学位认证和工程师执业资格认证，而是通过社会组织来履行这一职能。大多数情况下，政府从法律角度赋予社会组织作为工程师认证顶层机构的社会地位和法律地位，确立社会组织的权威性。水平评价类工程师资格一般由行业协会、专业学会、大学、研究所和企业等发起组织，并由这些机构负责考试和证书颁发，社会公众自愿参与。市场和社会认可度高的资格证书基本成为从事这些职业的必备条件和事实标准。

三是职业资格国际互认亟须提速。与国内学历学位教育基本全部得到国外认可，甚至大部分国家和大学都承认我国高等教育自学考试和成人教育的课程成绩和毕业学历的情况相比，我国职业资格持证人员在境外认可的推进速度非常缓慢，目前我国仅有少数职业，如结构工程师、建筑师、焊工等与有关国家（地区）开展资格互认取得了一定进展，其他职业领域的互认工作几乎还处于空白。几年前引发广泛关注的泰中高速铁路合作建设项目遇到阻碍，其中一个问题就是中国工程师的资质认证在泰国得不到承认。再如，我国加入世界贸易组织承诺开放的国际贸易条款中，有 8 个专业服务领域与发达国家相比，存在职业资格证书数量不足、可比性不够、国际认可度不高等问题，成为制约我国专业服务人才走出去的"卡脖子"问题。

2. "引进来"准备不足

一是监管缺位，法制支撑不够。自 20 世纪 90 年代末境外职业资格认证进入我国开展活动以来，绝大多数境外职业资格认证，特别是专业技术类职业资格认证，长期处于缺少监管、无法甄别的状态。相关管理文件多是宏观性、意见性文件，缺少强有力的监管抓手，2016 年出台的《境外非政府组织境内活动法》在法律层面上对资格认证尽管做了一些规范，但聚焦技能人员，缺少落地实施细则。虽然弥补了这一缺失，但目前尚未落地。

二是管理体制不健全。根据行政许可法，以技能为主的国外职业资格证书及发证机构资格审核和注册由人力资源和社会保障部负责实施。但在实际实施过程中大部分由行业主管部门负责，如交通类职业资格由交通部门负责，工程师资格国际认证由中国科协负责，国际焊接人员培训和资格认证则由国际焊接学会授权，各个部委办局在引入国外职业资格过程中往往各自为战，缺乏统筹协调，尚未形成合力。

三是认证主体信息缺少权威渠道。随着改革开放的不断深入，社会经济发展水平不断提升，技术革新、社会变革和服务业快速发展正不断孕育出新的职业和新的需求，劳动力市场上对高素质人力资源的需求日益扩大，广大从业者提升自身能力素质水平的需求与日俱增，但由于国内职业资格大幅压缩，又没有新的替代性评价制度产生，无法满足劳动者培训和评价需求，这就给打着境外权威行业协会主办、全球公认、难辨真假的境外职业资格认证活动提供了市场，严重困扰人力资源市场健康有序发展。目前了解境外认证机构有关信息的途径主要靠认证机构官网、培训机构网站、论坛、个人社交媒体、其他各类网站等。境外认证机构是否专业权威，组建是否合法，从事业务是否符合其经营范围和组织形式，该证书在国（境）外是否为从事某种职业必须取得的资格，对于从事某职业是否有实质性帮助等问题都需要考生自行甄别，由于缺乏权威部门认证，经常出现盲目考证上当受骗的案例。

三、世界主要国家（地区）职业资格概况

针对境外职业资格的认证认可，首先需要对各国职业资格的基本情况有所了解，以便做到重点突出、有的放矢，为此课题组整理多个世界主要国家（地区）的职业资格基本状况，以便为目录清单编制提供参考。

(一) 德国

德国是职业资格证书制度实施最早的国家,迄今已有 100 多年的历史。德国证书不仅可以证明持证人的从业技能,而且可以使持证人在求职过程中有权要求得到相应的工作和劳动报酬,使技能与工资真正挂钩。"双元制"培训体制是德国"双证"沟通的基本模式。在德国,任何领域内从事某一种职业,必须具备相应的任职资格和能力。而这种任职资格的获得,须以接受相应的职业技术教育并通过相应的职业资格考试为前提。德国对职业资格证书的发放有严肃的法律法规、严密的部门机构和严格的程序步骤。德国的职业资格认证的考试也分为两种内容,即知识考试和操作考试。

1. 行业职业资格

德国对职业资格证书的发放有严肃的法律法规、严密的部门机构和严格的程序步骤。国家立法机构制定相应的法律法规,各相关执法部门机构密切配合,遵循法律法规的程序步骤,以确保职业资格证书的权威性和严肃性。职业资格认证的组织实施体系,组成了以行业协会为主、以代表各方面利益人员组成的命题—考核专家组为具体执行人的组织机制。对于发放不同行业领域的职业资格证书,有不同的法律法规、不同的组织机构和不同的程序步骤。

2. 高校文凭资格

在德国,综合性大学、专业学院和其他同级高等学校的毕业证书暨学位(学士、硕士、博士)证书,即是职业资格证书。例如,工科专业的毕业生,就是文凭—工程师或是学士—工程师、硕士—工程师、博士—工程师;理科专业的毕业生,就是某一领域的专家(数学家、物理学家、化学家等);艺术院校的毕业生,就是某一行业的专才(钢琴演奏家、歌唱家、画家、雕塑家、设计师等)。

(二) 法国

法国的职业资格认证属于终身教育的范畴,主要是以正规学校教育机构作为培训的基础,倡导个人、企业、国家和地方政府的共同参与,并建立了比较完善的法律保障体系,特别是独具特色能力认证机制,有利于真正实现终身教育和学习化社会。除了传统的职业培训中心之外,并没有专门的成人教育或终身教育机构,终身教育的责任基本由普通中学、技术高中、职业高中和高等教育机构承担。终身教育的各类各级职业资格证书与职业教育学校所颁发的文凭不仅在名称上完全一致,在社会地位上也完全等值。职业资格证书大体上可以划分为两类,一类是中等职业资格,另一类是高等职业资格。

尽管不同职业证书涉及各种不同职业，但其认证程序基本一致。

1. 中等职业资格

中等职业资格主要有职业能力证书、职业学习证书、职业高中会考文凭以及补充证书。法国作为具有中央集权特点的国家，重点关注初始教育水平较低的人员，并运用法律手段使他们也能有机会接受继续教育，不断提高职业能力。2004 年法国颁布《终身职业培训和社会对话法》，创建了新型的"职业化合同"，便于青年和成年求职者通过普通教育、技术教育、职业教育与企业活动的结合，获得公认的职业资格。

2. 高等职业资格

高等职业资格主要为高级技术员证书和大学技术文凭。法国目前设有约 250 种专业的职业能力证书，主要涉及的领域有农业和渔业、环境整治、艺术、视听与电影、建筑与土木工程、美容美发、商业、法律与政治、经济管理、教育、餐饮与旅游、机械工业、信息与交流、信息技术、文学与语言、卫生、文秘、科学、社会服务、体育、交通等。

（三）英国

英国于 1986 年提出要根据国家标准开发一种被雇主认同、以国家为主体的统一的职业资格证书制度，即国家职业资格（简称 NVQ）制度。NVQ 由主要职能、能力单元、能力要素以及操作上的具体要求和范围等所构成，包括从刚工作的新手到高级管理人员的所有技能和知识层次。1992 年，在国家职业资格证书制度基础上，英国政府开始在职业教育中推行另一种职业资格证书制度，即通用国家职业资格证书（简称 GNVQ）制度。

1. 国家职业资格（NVQ）

英国国家职业资格设计目的是提供开放的考核途径，促进劳动者的终身教育。国家职业资格由英国教学大纲与学历管理委员会批准提供 NVQ 课程和授予国家职业资格证书的颁证机构，并指定和任命外部和内部核查员监测和核查评估过程。经过 30 多年的发展，目前包括贸易、服务、工程、建筑、制造业等大多数行业（约占全国工作岗位的 90%），实行国家职业资格证书制度。在苏格兰，称为苏格兰职业资格，由苏格兰学历管理委员监管的。威尔士和北爱尔兰的职业资格管理机构是威尔士学历、教学大纲与评估委员会和北爱尔兰教学大纲、考试与评估委员会。NVQ 涵盖所有职业，分五个等级，每一等级有若干单元，每一个单元由可以授予资格的分数组成。

2. 通用国家职业资格（GNVQ）

通用国家职业资格提供与某种职业有关的最基本的知识和技能，为进入劳动力市场或进入更高级教育做准备，主要在职业院校实施，所取得的资格具有与学历、国家职业资格相应等级同等资格效力。GNVQ 同样分为五个等级，但目前只开发和应用了初级、中级和高级三个等级，分别相当于 NVQ 的 1~3 级。该证书制度以英国职业资格证书和课程设置委员会制定的国家标准为依据，主要面向 14~19 岁的青少年提供 16 个职业领域一到两年的全日制证书课程，同时也面向社会提供业余的证书课程。

3. 其他资格

英格兰和威尔士的职业课程包括各种基础课程和准入课程，以及职业普通中等教育证书课程，中学高级水平考试课程（A level），工商及技术教育委员会证书课程（BTEC）和国家和高等国家文凭课程（HND）等。在苏格兰，参加苏格兰国际基金计划，可以继续进行高等国家证书和文凭（HND）的学习。很多国家都开设了这些课程。无论是以能力为基础的职业资格还是高等国家文凭，所有资格要由考试机构评估和认证。

（四）美国

在美国劳动力市场的各项制度中，增长最快速的其中之一就是职业资格制度。根据实施机构性质、是否强制执行等要素，美国的职业资格体系主要包括政府的职业监管模式和民间机构的自愿职业资格两种模式。美国政府对职业进行监管有以下三种方式：职业许可、职业资格鉴定、注册登记。政府的职业监管一般都是强制性的，有配套的法律条例做支撑。在美国，除了政府进行强制性的职业监管，很多专业团体纷纷建立起各专业的职业资格认证。民间职业资格一般由行业协会、专业学会等专业团体，大学、研究所等培训教育机构，厂商企业等发起组织，并由这些机构负责考试和颁发证书。美国的民间职业资格主要包括职业资格认证和课程培训认证两种。美国国家职业资格治理模式如图 1 所示。

1. 许可类职业资格

职业许可方式是政府实行的三种职业监管方式中最严厉的一种。政府机构会颁布相应的职业许可法，任何想从事这些职业的人都必须达到法律的要求，违反职业许可法会受到严厉制裁。在美国，职业许可方式常用于那些职业活动存在对公众的健康和安全带来严重危害风险的职业领域，典型的如医生、律师等。

2. 鉴定类职业资格

职业资格鉴定方式（又称法定职业资格认证）比起职业许可方式，政府监管的程度较为宽松。在职业资格鉴定方式下，政府机构主要负责职业认证称号和头衔的使用监管，负责职业资格鉴定考试和资质的授予。通常，任何人都可以从事这些职业的工作，但是如果没有达到要求，则不得使用这些职业的认证称号或头衔。职业资格鉴定方式主要用于那些公众需要区分从业者竞争力，但职业活动不存在对公众健康和安全导致严重风险的职业领域，如导游、汽车机修师等。

3. 注册登记类职业资格

注册登记方式是政府职业监管方式里限制最少的方式，也是这三种方式中监管最宽松的方式。政府只管理从业者的花名册，不限制职业活动，也不限制人们使用职业头衔。注册登记方式常用于职业活动对公众的健康、安全和利益有一些小的影响，但没有严重的危害风险的职业领域。

4. 民间认证类职业资格

美国民间职业资格认证和政府监管模式里的法定职业资格认证很类似，最主要的区别在于是否有法律配套文件，是否需要强制执行。在这种非强制性的模式下，人们不管是否持有职业资格认证，都可以自由从事这些职业，但是实际上，由于一些领域的民间职业资格影响力非常强大，深受企业的认可，很多企业会把是否具有这种职业资格写进工作描述、职业发展和项目需求里，因此几乎成为从事这些职业的必备条件和事实标准。民间职业资格认证的典型职业有注册营养师、瑜伽教练等。

5. 民间课程培训认证类职业资格

美国的民间职业资格认证还有另一种模式，就是课程培训认证模式。在这种模式下，申请人需要参加职业领域的全面的课程培训学习，完成作业和达到培训的要求，最后获得资格认证。民间职业资格的职业资格认证和课程培训认证最主要的区别在于认证内容方面，前者主要是鉴定考核申请人已经拥有的理论知识和实操技能，后者主要是培训申请人使其获得相应的知识和技能。民间课程培训认证的典型职业，有美国饮食登记委员会的成人体重管理培训认证等。

（五）日本

日本资格制度的初衷和要达到的目的是社会安定，使劳动者终生有尽职之处，生活有保障。从目前情况看，日本职业资格主要分为国家职业资格、公认职业资格、民间职业资格、公务员考试类职业资格、其他。日本职业资格证书分为特级、1级、2级、3级、基础1级及基础2级，有些职业资格证书实行单一的等级。日本学历-职业资格及行政地位关系见表4。

表4　　日本学历-职业资格及行政地位关系

年龄	学历（含同等学历）	资格证书等级	行政地位
60岁以上	本专业相关学分参加过培训		
50岁以上		特级	行政次官
40岁以上	（三年以上可以考特级）	一级	局长
30岁以上	（三年以上可以考一级）	二级	部长
30岁以上	（三年以上可以考二级）	三级	科长
20岁以上		基础一级	
20岁以上	研究生	基础二级	
20岁以上	大学	单一级	

1. 国家职业资格

日本的国家资格是根据国家有关法律法规而制定和管理的，通过国家和地方的行政机关以及它的授权单位根据法规实施的以授予国际资格为目的的考试获得的资格，如医师、律师、营养师等。日本的国家职业资格可以通过两种途径获得，分别为资格鉴定考试（即国家考试制度）和免试认定（即免试认定制度）。不管是国家考试还是免试认定，一般都有一定的条件要求，分别称为考试资格和免试认定条件。有些资格只采用其中的一种，有的则需两者都有。

2. 公认职业资格

公认职业资格是由地方政府行政机构实施的资格考试获取的资格，例如色彩检定、簿记检定等。不同省厅所颁布的职业资格类型、性质不同，职业资格形成过程各异，各具特色。不同省厅管理的职业资格在资格取得的方法、考试资格、免试认定条件等方面都有其特点。

3. 民间职业资格

民间职业资格是由民间团体实施，这部分资格基本上是以个人兴趣性的资格内容居多。

4. 公务员考试类职业资格

公务员考试类职业资格是指通过公务员考试而获取的职业资格，如警察官、消防士、自卫队试验等。

5. 其他职业资格

其他职业资格是指上述类型职业资格不包括的，如日本语教师、不动产事务等。

（六）中国香港

为了应对经济全球化发展和香港人力资源建设面临新的挑战，中国香港致力于一项新的改革举措——推行资历框架，即建立一个涵盖从中学毕业后至博士学位程度的所有资历等级的制度，用于梳理整合主流教育、职业教育及继续教育领域的不同资历。同时，为确保所颁发资历的质量，中国香港要求学术或职业领域的所有专业必须通过相应的质量保障机制才可纳入资历框架内，并由此提出建立一个由院校注册、专业评审、院校评审、院校审核四个部分组成的学术和职业资历的质量保障机制。职业领域资历的成效标准则以行业内所订的能力标准为基础。

1. 职业教育类资格

中国香港职业教育是金字塔式的教育体系，这个体系由就业前教育和在职培训两大部分构成，就业前教育是香港职业教育体系的主体，它大体上可以划分为四个层次：预备职业教育、初级职业教育、中级职业教育和高级职业教育。香港职业教育的目标是为经济发展源源不断地培养和输送合格的劳动者，香港预备职业教育、初级职业教育、中级职业教育和高级职业教育的教育对象毕业后将成为操作工、技工、技术员和技师。

2. 培训类资格

中国香港资格框架自实施以来进展顺利，为知识型经济社会的发展储备了宝贵的人力资源。在资格框架（HKQF）下创立了19个行业培训咨询委员会/跨行业培训咨询委员会，涉及行业涵盖香港劳动力人口总数的52%；一些行业已经开始将HKQF的成果应用到他们的实际工作中，开始按照HKQF的能力标准来设计培训课程，并将这些标准应用到其人力资源管理实践，或使用这些标准作为绩效考核的参考基准；一批培训课程已通过质量保证机制，成为资格名录中HKQF认可的课程。

四、北京市重点领域境外职业资格认可清单编制

在对概念和理论充分理解、对境外职业资格状况基本了解的基础上，分析北京市境外国际通行职业资格认证认可需求，确定境外国际通行职业资格认证认可清单编制的指导思想、基本原则、筛选标准、筛选范围等基本要求，搜集整理境外职业资格，经确认后最终形成目录清单。

（一）境外国际通行职业资格认证认可需求

1. 高标准推进"两区"建设

"两区"即国家服务业扩大开放综合示范区（以下简称服务业开放综合示范区）和中国（北京）自由贸易试验区（以下简称北京自贸试验区）。"两区"建设，是中央支持北京开放发展的重大政策，是构建新发展格局中赋予

北京的重大机遇。"两区"建设要与国际科创中心建设、数字经济、国际消费中心城市建设、京津冀协同发展"五子"联动，形成叠加效应。其中，健全人才评价体系，拓宽职业资格认证范畴是"两区"建设在人才领域的重要内容。这就要求北京要全面提高对外开放的层次和水平，在聚集吸引境外人才中发挥示范作用。

2. 综合改革试点建设

《关于印发北京市"两区"建设专业服务领域工作方案的通知》进一步提出，要有效推动专业服务领域扩大对外开放，积极推动国际职业资格认可。根据"两区"建设对境外专业人员的需要，全面梳理境外含金量高的职业资格，通过国内外职业资格的比较研究，确定形成"两区"建设需要的首批境外职业资格来京服务目录，并形成动态调整机制，支持具有境外高水平职业资格的外籍人员来京服务，推进相关领域人才的职业化、专业化和国际化。

3. 国际人才高地建设

建设全球人才高地，要求进一步完善高端人才、专业人才来华工作的制度和政策。职业资格证书是专业人员跨国流动的通行证。高水平的境外职业资格凭借其健全的管理制度、完善的职业标准、严格的质量控制、科学的考评体系和周密的考核流程，具有广泛的行业影响力。职业资格的国际互认是职业资格认证和管理的重要内容和趋势，也是促进人才自由流动的重要举措。

（二）境外国际通行职业资格认证认可清单编制

1. 指导思想

以习近平新时代中国特色社会主义思想为指导，全面贯彻党的十九大和十九届二中、三中、四中、五中全会精神，贯彻落实《深化北京市新一轮服务业扩大开放综合试点建设国家服务业扩大开放综合示范区工作方案》，服务首都发展，扎实推进专业服务领域开放改革，建立过往资历认可机制，推动境外专业人才在北京便利执业，建立具有国际竞争力的引才用才制度，聚天下英才而用之。

2. 筛选标准

（1）拟认证资格符合"两区"建设要求和人才引进需求

拟认证的职业资格属于"两区"建设中涉及的19个职业领域，着重考虑该领域内的核心职业，有利于更有效地引进急需紧缺海外高层次人才。

（2）拟认证职业资格具备较高的业内影响力

拟认证的职业资格具备健全的管理制度、完善的职业标准、严格的质量控制、科学的考评体系和周密的考核流程,在所属的职业(专业)领域内具有较高的知名度、美誉度和影响力。

(3)拟认证职业资格的基础信息完备

拟认证的职业资格在职业资格名称(中文和外文)、发证机构、职业资格性质(水平/许可)、设立时间、等级划分、申请条件和达标要求、持证人数、考试通过率、网站、信息和数据来源等方面信息较为完备,信息源头可追溯。

3. 筛选范围

(1)职业领域范围

"两区"建设中涉及19个重点领域,具体包括科技创新(包括人工智能、新材料等)、科技服务(包括专利服务、软件和信息服务等)、金融服务(包括会计等)、医疗健康服务、教育、体育、文化旅游及娱乐服务、建筑与工程服务(包括建筑设计、规划等)、法律服务、数字经济和数字贸易、互联网信息、航空服务、人力资源服务、会展服务、商业服务(商业咨询等)、高端制造、环保及新能源、现代物流、现代农业。

(2)国家(地区)范围

包括英国、美国、新加坡、韩国、法国、澳大利亚、德国、加拿大、日本、中国香港、中国澳门11个国家和地区。国家(地区)选择的标准如下:

——地理分布。除中国香港、中国澳门外,欧洲选择德国、法国、英国,美洲选择美国、加拿大,亚洲选择日本、韩国、新加坡,大洋洲选择澳大利亚,共计11个国家和地区。

——职业资格监管和发展模式。该范围既包含英美法系国家,又包含大陆法系国家;既包含职业资格制度发端的欧美国家,又包含在工业化过程中逐步引入职业资格的亚洲国家。

——与我国服务贸易规模。入选国家和地区与我国服务贸易额较大。

(3)职业资格范围

——世界各国(地区)职业资格证书普查数据库。该数据库源于2008年年底人力资源和社会保障部职业技能鉴定中心对世界各国职业资格证书体系进行的全方位、综合性调研和普查,收录职业资格信息4 324项。

——我国自贸区(港)已经开展认可的境外职业资格目录汇总。

——面向协会/学会征集的职业资格。

——通过专家访谈、文献调查、搜索引擎搜寻等收集的职业资格。

4. 目录清单

按照上述步骤形成如下清单,见表5。

表 5　　　　　　　　　　　境外高水平职业资格目录

序号	职业资格证书名称	证书颁发机构（认证机构）	领域
1	USCPA 美国注册会计师证书	美国注册会计师协会	金融
2	CFA 特许金融分析师资格	美国投资管理与研究协会	金融
3	CMA 美国注册管理会计师	美国管理会计师协会	金融
4	ACCA 国际注册会计师	英国特许公认会计师公会	金融
5	FIA 英国精算师	英国精算师协会	金融
6	ACA 英格兰及威尔士特许会计师	英格兰及威尔士特许会计师协会	金融
7	CIMA 管理会计高级文凭（战略级、管理级）	英国特许管理会计师公会	金融
8	AMIA 资格证书	国际会计师公会	金融
9	CGMA 全球特许管理会计师（战略级、管理级）	国际注册专业会计师公会	金融
10	CPA 澳洲注册会计师资格	澳洲会计师公会	金融
11	IB 教师资格证	IBO 国际文凭组织	教育
12	IB-PYP 证书	IBO 国际文凭组织	教育
13	IB-MYP 证书	IBO 国际文凭组织	教育
14	IB-DP 证书	IBO 国际文凭组织	教育
15	QTS 教师资格证	英国教育部	教育
16	PGCE 教育研究生证书	英格兰、威尔士和北爱尔兰大学	教育
17	PGDE 教育研究生证书	英国苏格兰地区大学	教育
18	CELTA 成人英语语言教学证书	剑桥大学英语考评部	教育
19	DELTA 英语语言教师文凭	剑桥大学英语考评部	教育
20	TKT 英语教学能力证书	剑桥大学英语考评部	教育
21	AMS 教师资格证	美国蒙台梭利协会	教育
22	AMI 教师资格证	国际蒙台梭利协会	教育
23	教师资格证	美国伊利诺伊州斯普林菲尔德教师资格协会	教育
24	IEYC 教师证书	英国菲尔德沃克教育	教育
25	IMYC 幼教课程	英国菲尔德沃克教育	教育
26	IEYC 教师证书	英国菲尔德沃克教育	教育
27	教学证书	瑞士苏黎世师范学院	教育
28	教育注册与教师资格证书	加拿大安大略省教师学会	教育
29	TEFL 英语教师资格证书	加拿大多伦多大学委员会颁布	教育
30	教师证书	加拿大新布伦瑞克省教育与早期儿童发展部门	教育

续表

序号	职业资格证书名称	证书颁发机构（认证机构）	领域
31	教师资格证书	加拿大不列颠哥伦比亚省教育部	教育
32	教师专业证书	美国宾夕法尼亚州联邦	教育
33	教师资格证书	美国威斯康星州公共指导部门	教育
34	教育专业证书	美国华盛顿公共指导部门	教育
35	教育证书	美国佛罗里达州教育部	教育
36	教育证书	美国新泽西州教育部门	教育
37	教育执照	美国明尼苏达州专业指导与标准委员会	教育
38	执教资格证书	美国加利福尼亚州教师资格鉴定委员会	教育
39	专业资格证书	美国维吉尼亚联邦公共指导部门	教育
40	教师合格证书	美国哥伦比亚特区教育局	教育
41	教师资格证书	美国佛罗里达州教育委员会	教育
42	荣誉会员资格证书	澳大利亚游泳协会与教育机构	教育
43	心理咨询师证书	澳大利亚心理学协会	教育
44	心理顾问注册证书	亚洲专业辅导与心理协会	教育
45	DPI 学前教育证书	新加坡社会与家庭发展部	教育
46	检定教员证明书	中国香港特别行政区教育局	教育
47	PMP 项目管理证书	美国项目管理协会	建筑与工程服务
48	SMSCP 证书	德国西门子机电一体化工程师认证中心	建筑与工程服务
49	室内设计师资格	澳大利亚设计协会	建筑与工程服务
50	注册焊接检验师	美国焊接学会	文化旅游及娱乐服务
51	舞蹈、表演艺术、表演、音乐剧四级证书	澳大利亚技能质量署	文化旅游及娱乐服务
52	英国皇家音乐学院联合委员会认证实用级别成绩、演奏级别成绩	英国皇家音乐学院联合委员会	文化旅游及娱乐服务
53	英国皇家舞蹈学院证书	英国皇家舞蹈学院	文化旅游及娱乐服务
54	澳洲联邦舞蹈教师协会证书	澳洲联邦舞蹈教师协会	文化旅游及娱乐服务
55	餐饮服务证书	英国葡萄酒与烈酒基金会	文化旅游及娱乐服务
56	信息处理工程师	韩国人力资源开发处	科技服务
57	思科认证互联网专家	思科系统合同会社	互联网信息
58	高阶数据处理技术认证	日本独立行政法人 IT 处理推进机构/IT 人才育成中心国家资格之认证部	互联网信息
59	IT 投资战略师认证	日本独立行政法人 IT 处理推进机构/IT 人才育成中心国家资格之认证部	互联网信息

续表

序号	职业资格证书名称	证书颁发机构（认证机构）	领域
60	项目管理师认证	日本独立行政法人IT处理推进机构/IT人才育成中心国家资格之认证部	互联网信息
61	CIPS证书	英国皇家采购与供应学会	商业服务
62	英国宝石协会会员资格证	英国宝石协会	商业服务
63	境外行医执照	所在国家或地区（港澳台地区）行业主管部门（行业协会）	医疗健康服务
64	美国认证营养支持临床医生	美国肠内肠外营养协会，国家营养支持认证委员会	医疗健康服务
65	心理治疗师	澳洲卫生执业者管理局	医疗健康服务
66	心理治疗师	英国卫生保健专业委员会	医疗健康服务
67	心理治疗师	美国密歇根州许可和监管事务部	医疗健康服务
68	作业治疗师	美国职业治疗认证委员会	医疗健康服务
69	职能治疗师证书（作业治疗师）	中国台湾"行政院卫生署"	医疗健康服务
70	物理治疗师	美国科罗拉多州监管机构部	医疗健康服务
71	认证执业营养师	澳大利亚营养师协会	医疗健康服务
72	美国注册营养师	美国营养师协会，营养师注册委员会	医疗健康服务
73	NEBOSH国际职业健康与安全证书	英国国家职业安全与健康考试委员会	医疗健康服务
74	紧急护理国家高级技工资格证书与护士国家技工资格证书	新加坡工艺教育学院	医疗健康服务
75	药剂师	日本厚生劳动省、医药·生活卫生局	医疗健康服务
76	体能教练资格认证（2级以上）	澳大利亚体能协会	体育

五、清单应用建议

境外国际通行职业资格认证认可清单要想发挥实效性作用，重在落地实施。基于其他国家（地区）境外资格管理经验，课题组提出如下应用建议。

（一）加强顶层设计与总体规划

一是确定认可方式。根据世界贸易组织1994年签订的《服务贸易总协定》，服务贸易的市场开放采用正面清单和负面清单两种方式。正面清单（positive list），即列明企业可以在哪些领域提供服务，负面清单（negative list）是指成员国政府规定哪些经济领域不开放，除了清单上的禁区，其他行业、领域和经济活动都许可。

二是确定认可范围。根据联合国、世界贸易组织等国际组织共同编写的《国际服务贸易统计手册》，国际服务贸易包括运输服务、旅行、通信服务、建筑服务、保险服务、金融服务、计算机服务和信息服务、特许使用费和许可费、其他商业服务、个人/文化和娱乐服务、别处未包括的政府服务 11 个类别。其中专业服务贸易应该是重点关注领域。

三是实现与国家整体范围内职业资格认可的联动。鼓励支持境外专业人才在北京市参加国家职业资格考试，放宽境外专业人才参加国家职业资格考试的限制，在北京市"两区"建设的 19 个重点领域逐步允许境外专业人才报名参加。进一步提升考试服务水平，完善网络报名平台。

（二）建立领导小组与工作机制

一是成立由市领导牵头的境外职业资格认定工作领导小组，负责组织领导、顶层设计、统筹协调等事项，领导小组办公室设在市人力资源和社会保障局。各相关部门要建立本部门工作领导小组，由主要负责人担任组长，分管领导任副组长，指定一名处级干部担任联络员，负责统筹、推进、汇报本领域境外职业资格认定工作。

二是建立人社部门、行业主管部门各司其职的工作机制。北京市人力资源和社会保障局应及时跟进境外职业资格认定工作进展，加强督办，并对妨碍境外专业人才执业就业过程中存在的问题和困难等及时汇总，报送市领导小组。各行业主管部门切实担负起主体责任，压实本行业、本领域境外职业资格认定的具体措施，确保各项任务扎实推进取得实效；要加强向国家相关部委汇报，争取指导和支持。

（三）坚持分类部署与分步实施

一是坚持分类部署。各行业主管部门应结合本领域实际，全面梳理国际通行职业资格，搭建与我国职业资格体系的对应关系。实现国际通行职业资格逐个认可，有序开放，做到成熟一个、推动一个。

二是坚持分步实施。各行业主管部门应结合行业特点，就本行业涉及的境外国际通行职业资格开展深入调研，必要时可组织实地考察和专项学习。各行业主管部门可在"两区"范围内先行试点境外职业资格认定，为全市提供可复制、可借鉴的经验。

（四）充分发挥专业共同体作用

一是转变政府职能，加强专业共同体建设，提高组织化程度，将专业管理相关职能真正赋予专业团体。从国际经验来看，国家层面的资格认证组织都是由各部门代表共同组成的联合组织，这些组织为协同治理建立了多元的沟通渠道，年会、日常会议及各项工作的开展均促进了各主体间沟通交流的常态化，且通过制定组织章程有效提高了沟通的规范程度。

二是强化专业共同体专业管理的职能，包括判断境外职业资格的性质与地位，确定资格的科学性和合规性，参与境外资格认证管理。在资格认证权责划分上，政府、行业组织、工程企业、高校等部门代表共同参与资格认证制度设计，准入认证的实施由政府部门负责，水平认证一般由多部门组成的第三方机构及其授权的行业组织共同承担相应职责，政府与非政府部门在该过程中均发挥了重要作用，各主体分工较为明晰。

三是加强组织建设，构建专业人员培养、评价、继续教育的衔接机制，完善会员评价标准，使其向市场准入要求以及国际通用资格互认体系靠拢。专业共同体的成员来自不同部门或组织，能够在工作过程中相互监督及制约，形成有效的自我监督，政府或第三方机构作为特定类型资格认证的顶层机构有权对各认证具体实施机构开展的工作进行监督，资格认证工作各环节的公开透明使得专业人员及社会公众能够加以监督，并就可能存在的违规行为进行申诉，在一定程度上保障了制度的规范运行。

参考文献

［1］国家职业分类大典修订工作委员会. 中华人民共和国职业分类大典［M］. 北京：中国劳动社会保障出版社，2015.

［2］中国就业培训技术指导中心. 中国社会职业发展观察报告（1978—2008）［M］. 北京：中国劳动社会保障出版社，2010.

［3］孙一平. 职业社会学［M］. 北京：中国社会科学出版社，2021.

［4］全衡. 关于编制《中华人民共和国工种分类目录》和第三次修订工人技术等级标准工作情况的介绍［J］. 北京成人教育，1993（2）：30-31.

［5］姚芳斌. 国际职业标准分类体系更新及与中国的比较［D］. 大连：东北财经大学，2011.

［6］中国科协调研宣传部，中国科协创新战略研究院. 中国科技人力资源发展研究报告（2014）［M］. 北京：中国科学技术出版社，2016.

［7］黄园淅. 中美科技人才统计的对比分析［A］. 阮草，张丽. 创新纵横谈2015［C］. 北京：中国科学技术出版社，2016：69-75.

［8］李文东. 美国国家标准职业分类系统的发展概况及对我国的启示［J］. 中国软科学，2006（2）：82-88.

［9］张迎春. 国际标准职业分类的更新及其对中国的启示［J］. 中国行政管理，2006（6）：105-108.

《"两区"建设对境外高水平职业资格需求的研究》
课题组成员名单

课题组组长：
孙一平（中国人事科学研究院人才理论与技术研究室副主任、副研究员）

课题组成员：
黄　梅（中国人事科学研究院科研管理处处长、研究员）
谢　晶（中国人事科学研究院教育培训与能力建设研究室副研究员）
柏玉林（中国人事科学研究院科研管理处干部）

苏州相城区技能人才培训体系研究[①]

提　要：技能人才是人才队伍的重要组成部分，是相城区人才强区战略、创新驱动发展战略的重要支撑和基础保障。相城区在技能人才职业技能培训、培训载体建设、校企合作、政策制定等方面取得了较好的成绩，包括职业技能提升行动有序开展、技能人才培训载体建设不断推进、校企合作取得进展、特色培训取得成效、技能人才培训政策不断丰富。但也存在职业技能培训机构少、培训力量薄弱，企业的技能人才培训主体地位发挥不足，职业技能等级认定社会评价机构资源稀缺，培训质量有待提高，技能人才培训政策体系不够完善以及资源投入不足的问题。根据国家、江苏省和苏州市对技能人才培训体系建设的要求，参考广东省、山西省、上海市、天津市、重庆市等地的有益经验，按照相城区的实际情况与产业发展需要，相城区需进一步加强培训主体建设、加强培训基础能力建设、健全技能人才培训政策、完善技能人才培训体制机制。

关键词：技能人才　培训体系　体制机制

新的历史时期，研究相城区技能人才培训工作，健全技能人才培训体系，不断提升人力资源整体素质，对相城区适应长三角一体化发展需要、促进经济高质量发展和产业结构优化、为相城区经济社会发展提供强有力人才支撑，具有重要的现实意义。

[①] 本文系江苏省苏州市相城区人力资源和社会保障局2021年度委托中国人事科学研究院研究课题《苏州相城区技能人才培训体系研究》报告的部分内容。

一、相城区技能人才培训及其体系建设取得的成绩

技能人才是指在生产和服务等领域岗位一线，掌握专门知识和技术，具备一定操作技能，并在工作实践中能够运用自己的技术和能力进行实际操作的人员。技能人才的认定标准是动态、发展的，随着技术的发展和新设备的应用，技能人才的适用标准也会随之发生改变。区域技能人才培训体系包括组织体系、师资体系、课程体系、平台体系、评估体系、政策体系和管理体制等组成部分。

党的十八大以来，相城区在职业技能培训、培训载体建设、校企合作、政策制定等方面都取得了较好的成绩。

(一) 职业技能提升行动有序开展

2019年5月，国务院办公厅印发《职业技能提升行动方案（2019—2021年）》（国办发〔2019〕24号）；2019年8月，江苏省人民政府办公厅印发《江苏省职业技能提升行动实施方案（2019—2021年）》。2019年12月，苏州市人民政府办公室印发《苏州市职业技能提升行动实施方案（2019—2021年）》，提出要大力支持企业组织开展职工职业技能提升培训、加强就业重点群体职业技能提升和创业培训、提升高危行业领域和特种作业人员安全技能、加强培训基础能力建设等八项重点举措。2020年2月，苏州市人社局、财政局转发《江苏省企业新型学徒制工作实施方案》，重点在苏州市战略性新兴产业、先进制造业、现代服务业等发展领域，全面推行以"招工即招生、入企即入校、企校双师联合培养"为主要内容的企业新型学徒制培训。2020年7月，苏州市人社局、财政局印发《关于推进"金蓝领"培育工程的实施细则》，提出要大规模开展职业技能培训，健全职业生涯全周期培训体系，整合优化市场培训资源，加大对技师、高级技师研修，人工智能、云计算等新兴职业（工种）培训以及育婴、养老等满足群众高品质生活需求培训的力度，培养造就一批技术精、理念新、素质高的复合型技术技能人才。

在国家、江苏省和苏州市相关政策实施过程中，相城区职业技能提升行动不断提质增效。

一是企业新型学徒制培训持续推行。点对点进企业宣讲跟进企业新型学徒制培训，针对有意向的企业开展精准式一对一服务。2020年，通过备案正式开班培训企业6家，共计培训新型学徒334人；2021年新增备案新型学徒制企业12家，新增培训学徒371人。

二是金蓝领培育工程逐步推进。相城区人社局做好工程的宣传发动工作，

为实施技师研修培训计划和实施新兴产业培训计划做好准备。依托金蓝领培育计划,积极开展技师研修培训及新兴产业培训,2020年组织开展相城区重点产业企业人力资源技师、高级技师研修学习项目,共有23名来自区内重点产业企业人力资源管理人员参加研修学习;2021年举办生物医药技师研修班,共30名技师、高级技师参加研修培训。

三是各项职业技能竞赛高质量完成。2014年以来,组织举办五届相城区技能状元大赛,积极推荐区级状元大赛获奖选手参加苏州市技能状元大赛,指导和鼓励各板块、行业协会和规模以上企业组织开展各类职业技能竞赛活动;2020年和2021年举办"就在苏州,业选相城"专业职业技能竞赛3场,通过竞赛方式培养一批高技能人才。

四是职业技能培训补贴有效落实。苏州市职业技能提升行动开展以来,为充分发挥培训补贴政策激励作用,释放职业技能提升行动的持续动能,提升技能人才培训质效,相城区加大了资金投入力度。2020年,累计培训企业198家,培训38 569人次,发放职业技能提升培训补贴1 072.4万元;2021年,开展职业技能提升培训52 514人次,累计使用技能提升专账资金3 365.74万元,其中企业职工培训补贴支出3 182.66万元,农村转移劳动者培训补贴支出68.71万元。远远超过2019年全区共70.6万元的各类培训补贴。

(二)技能人才培训载体建设不断推进

一是持续推进技能大师工作室建设。党的十八大以来,相城区人社局不断推进区级技能大师工作室创建工作,累计建成区级技能大师工作室31家;积极推荐区级技能大师工作室参评省级、市级技能大师工作室,提升载体层次能级,累计获评省级技能大师工作室1家、市级技能大师工作室15家。区人社局每两年对区级技能大师工作室建设情况进行质量评估和跟踪问效,会同区财政局按时拨付开办补贴和考核奖励资金。各级技能大师工作室的建设带动了一大批企业技能人才创新成长,有效促进了技师带动示范作用的发挥,加快了技能人才的成长。

二是加强高技能人才公共实训基地建设。每年组织开展市区两级高技能人才公共实训基地的申报评审和考核评估工作,累计建成区级公共实训基地5家,其中3家获评市级高技能人才公共实训基地。充分发挥公共实训基地技能人才培育功能,为社会培养智能加技能的高技术人员。

三是开启重点产业培训平台建设。2020年,为贯彻落实《相城区人才政策新十条》,区人社局完成拟定《相城区推进重点产业人才培训平台建设奖励资助实施办法（试行）》《相城区重点产业技术技能人才培训补贴实施办法（试行）》，组织开展相城区重点产业人才培训平台建设奖励资助和培训补贴的申报工作。2021 年，又提出鼓励支持六大新经济产业等重点产业企业建设核心人才培训中心和公共实训基地，新增 7 家重点产业人才培训平台。

四是积极筹建技工院校。相城区经济步入高质量发展轨道，对技能人才质的要求和量的需求在逐渐增大，而技工院校是技能人才培养的主力军。为了全面提高技能劳动者素质，努力造就数量足、质量好、结构合理的技能人才队伍，2020 年，相城区向江苏省人力资源和社会保障厅申报筹备建设技工院校。

五是加强对职业培训定点机构的管理。区人社局严格民办职业培训机构管理要求，认真做好对民办职业培训机构的日常指导和服务，进一步加强培训审核，办班审批中，严格培训计划和教学大纲的审核，做到培训学时不缩水、培训标准不降低、实训工位有保证、培训过程有监督，适时对各类培训、特色培训进行抽查，并按时完成相关检查评估工作。

（三）校企合作取得进展

为了加强校企沟通合作，搭建校企协同发展平台，2015 年，相城区成功举办苏州相城技能人才校企洽谈会；2016 年，正式命名为苏州相城"百校联百企"技能人才校企合作洽谈会。校企合作洽谈会规模影响不断扩大，成果丰硕：

2015 年，来自省内外 20 所院校和相城区 60 多家企业进行了洽谈，10 家企业与职业院校签订了人才培养和输送合作意向书；

2016 年，来自 7 个省市的 90 多所院校和相城区 100 多家较大规模企业的代表共 300 多人进行了洽谈，30 多家企业与职业院校现场签订了人才培养和输送合作意向书；

2017 年，来自 6 个省市的近 90 所职业院校和相城区 100 多家较大规模企业的代表共 300 多人进行了洽谈，近 40 家企业与职业院校现场签订了人才培养和输送合作意向书；

2018 年，来自 11 个省市的 90 多所院校和相城区 12 个板块 100 多家较大规模企业 300 多名代表进行了洽谈，40 多家企业与职业院校现场签订了人才培养和输送合作意向书；

2019 年，来自 8 个省市的 58 所高等院校、专职学校和相城区 12 个板块 113 家较大规模企业 250 多名代表进行了洽谈，近 50 家参会企业与职业院校现场签订了校企合作意向书。

(四) 特色培训取得成效

为使规模以上工业企业班组长和一线技术技能管理人员得到素质提升，相城区积极实施特色培训项目，开展"培训送企业"活动。为确保每年的特色培训活动取得实效，相城区人社局年初根据相城区产业特色和各类企业培训需求，及时调整"培训送企业"培训项目目录，通过板块劳动机构宣传推介，对各板块辖区内企业开展"培训送企业"活动。2016 年，相城区人社局印发《关于深入开展"培训送企业"活动的通知》，修订完善"培训送企业"政策。多年来，特色培训项目成绩斐然：2014 年，吴通通信等 15 家企业 829 名一线管理人员和班组长参加 TTT 企业内部讲师培训、TWI-JI/JM/JR 系列等 16 场课程培训；2015 年，21 家企业的 1 012 名管理人员和班组长参加了培训；2016 年，共 13 家企业的 796 名管理人员和一线技能班组长参加了培训；2017 年完成 46 个班次 1 890 名管理人员和班组长的特色培训；2018 年完成 66 个班次 2 371 名管理人员和一线技术技能班组长的"培训送企业"特色培训。

(五) 技能人才培训政策不断丰富

多年来，相城区人社局根据经济发展与产业转型升级的需要，不断制定、丰富和完善职业技能培训政策并及时发布，以有序推进职业技能培训各项工作。

2014 年，相城区人社局出台《阳澄湖高技能人才计划实施细则 (试行)》，印发《公布 2014 年度相城区面向社会开展职业培训主要职业 (工种) 目录的通知》《关于征集 2014 年度政府补贴技能人才培训项目的通知》，为进一步加强职业培训机构管理和提高学员培训质量，制定出台《相城区政府补贴职业培训管理与实施暂行办法》。

2015 年，印发《公布 2015 年度相城区面向社会开展职业培训主要职业 (工种) 目录的通知》《关于征集 2015 年度政府补贴技能人才培训项目的通知》。

2016 年，印发《2016 年度相城区面向社会开展职业培训主要职业 (工种) 目录》《关于征集 2016 年度政府补贴技能人才培训项目的通知》，发布《关于继续开展 2016 年度"培训送企业"活动的公告》，印发《关于印发〈相城区政府补贴职业培训管理与实施办法〉的通知》，为加强本区劳动者职业培训工作，提高劳动者综合素质和就业竞争能力，建设适应本区产业发展的技能人才队伍奠定基础。

2017 年，印发《2017 年度相城区面向社会开展职业培训主要职业 (工种）目录》《关于征集 2017 年度政府补贴技能人才培训项目的通知》，发布《关于继续开展 2017 年度"培训送企业"活动的公告》。

2018 年，印发《关于继续开展 2018 年度"培训送企业"活动的通知》《关于征集相城区企业技能人才用工需求的通知》《关于公布〈2018 年度相城区重点产业（行业）紧缺技能人才培育计划职业（工种）目录〉的通知》等系列文件。

二、相城区技能人才培训体系建设存在的问题

相城区围绕技能人才培训及其体系建设，取得了一定的成绩，但也存在一些问题。

（一）职业技能培训机构少、培训力量薄弱

相城区目前没有技工院校，公办职业学校仅 1 所，即江苏省相城中等专业学校。相城中等专业学校是国家级重点中等职业学校，是一所融高等教育、中等职业教育和各类社会培训于一体的现代职业学校，2021 年，学校有全日制在校生 3 401 人，非学历服务培训人数达 31 486 人次，参加相城区"送培训入企业"活动的培训人数 5 181 人次。相城中专为相城区技能人才培训发挥了重要作用，但伴随着职业教育的高速发展和社会经济转型升级，产业人才需求发生变化，相城区职业教育招生规模尚未达到区域经济的发展要求。2021 年，相城中专毕业生留在当地就业的仅 10 人。其他如高技能人才培养载体，由于管理与考核制度不健全，这些载体并未真正承担起为相城区培养高技能人才这一重要职能。民办职业技能培训机构如苏州市新东方烹饪职业培训学校等，则难以满足相城区新产业发展和传统产业转型升级对技能人才培训的需要。由于职业技能培训更侧重操作能力的训练，具有高投入、设备更新快、师资要求高等特点，一套代表新技术的教学设备可能要花费几十万元资金，而且几年后有可能会被新产品取代，民营培训机构进入成本高、风险大，限制了相关专门培训机构的设立。专业培训机构少、培训力量薄弱、教学资源有限已成为制约职业技能培训进一步发展的瓶颈。

（二）企业的技能人才培训主体地位发挥不足

高技能人才的成长具有特殊性，要实现其职业技能持续成长、发展和积累，需要在工作岗位中不断接受技能培训。行业企业作为广大技能劳动者的用工主体，对生产岗位能力要求的掌握更精确，也更了解员工的履职能力状况，是提升劳动者职业素养、职业能力的重要培训主体。但相城区大部分企业在培养技能人才特别是高技能人才方面没有发挥好主体作用，其原因各有

不同；有的企业对技术创新和职工职业技能培训重视不够；有的企业受经济效益的影响，有的企业认为培训成本偏高、见效较慢，对职工职业技能培训的资金投入不足；有的民营企业在创业阶段甚至是资本原始积累阶段，顾不上职工职业技能培训；有的企业的职工技能培训不是按照国家职业分类和职业技能标准进行的，充其量是企业的岗位适应性应急培训，培训质量达不到标准；有的企业培训师资、设备场地等软硬件设施跟不上，难以开展职业技能培训；有的企业自身没有职工职业技能培训的师资，与有些院校及培训机构的培训合作也不理想，培训效果满足不了企业和职工的需求；有的企业则由于员工流动性大，担心员工接受培训后就跳槽，等等。种种因素制约了企业职业技能培训主体地位的有效发挥。

（三）职业技能等级认定社会评价机构资源稀缺

2021年年初苏州市认定的9家职业技能等级认定社会评价机构中，涵盖了苏州各区县的7家技师学院或者技工学校，而相城区由于没有技工院校，因此在2021年初还没有一家本区域内的职业技能等级认定的第三方评价机构，难以满足区域内相关技能人才的技能评价需求，也限制了新增高技能人才的高质量发展指标的完成。虽然后续通过努力，已陆续新增3家第三方评价机构、5处考核点，但仍然难以满足相城区技能评价需求，客观上对职业技能培训工作的开展产生了消极影响。

（四）培训质量有待提高

目前相城区职业教育和职业技能培训的"双师型"教师不足，课程资源有限，实训基地所需大型设备等投入不足，无法满足教学需求，更不能添置跟踪新技术、新工艺、新产品的新设备。虽然有的学校和培训机构也安排学生下企业实习，但由于校企衔接不紧密，"双师型"教师缺乏，学校对学生实习缺乏科学、有效的监管，使得实习专业匹配度不高，学生难以学到岗位操作技能，相当数量学生从学校培训后就直接走上工作岗位，动手操作技能不强，难以做到实践操作与专业理论有效结合。很大一部分职业技能培训仍限于"课堂讲授"，教学手段单一，内容枯燥，培训效果欠佳。企业自身组织的职业技能培训经常遇到参训人员积极性不高、培训内容针对性不强、企业组织培训专业性不足等问题。相城区唯一的公办职业学校相城中等专业学校通过专业的人才培养和人才引进，教师结构已有重大改善，但高学历教师、名师人数仍旧不足，教师的专业实践能力和科研水平还存在一定的提升空间，对培训质量不可避免地产生消极影响。

（五）技能人才培训政策体系不够完善

2015年以来，相城区人社局针对职业技能培训发布了不少文件，但大体分为四类：年度面向社会开展职业培训主要职业（工种）目录通知、年度政府补贴技能人才培训项目通知、年度"培训送企业"活动公告、其他通知。这些文件基本上属于年度日常工作性文件，对于江苏省和苏州市推出的关于职业技能培训的政策措施，相城区基本上没有制定相应的实施细则或办法，如《苏州市职业技能提升行动实施方案（2019—2021年）》、苏州市人社局和财政局《关于转发〈江苏省企业新型学徒制工作实施方案〉的通知》、苏州市人社局和财政局《关于推进"金蓝领"培育工程的实施细则》、《苏州市企业职工岗位技能提升补贴实施细则》、《苏州市安全技能提升培训补贴实施细则》等。最近三年职业技能培训取得较大发展，但相城区出台的相关政策文件极少，在政策体系建设上没有太多建树。

（六）资源投入不足

资源投入不足体现在机构、人员、资金投入等多个方面。相城区人社局负责职业技能培训相关工作的人员较少，在相关数据的收集和统计方面投入不足，也没有设立区属技工院校，与相城区的经济规模和产业发展不相称。在培训补贴投入上，近两年才有大幅提高，2020年和2021年均突破1 000万元，而其他年份，2015年为137万元，2016年为103万元，2017年为214万元，2019年仅为70.6万元。2020年相城区GDP为935.7亿元，截至2021年8月底，相城区上市企业总数已达14家。相对于相城区的经济总量和产业发展状况，这一资金投入规模直接影响职业技能培训供给能力建设，难以满足经济高质量发展的需要。

三、国家和江苏省相关政策要求与指导意义

根据相城区技能人才培训体系建设的实际情况，国家、江苏省和苏州市技能人才培训体系建设的相关政策要求，主要可以从技能人才培训目标、组织实施和质量保障等角度进行分析。

（一）国家、江苏省和苏州市技能人才培训体系建设相关政策要求

1. 技能人才培训目标体系要以能力提升为核心

（1）国家相关政策。

2018年5月出台的《国务院关于推行终身职业技能培训制度的意见》明确提出，目标任务是建立并推行覆盖城乡全体劳动者、贯穿劳动者学习工作终身、适应就业创业和人才成长需要以及经济社会发展需求的终身职业技能培训制度，实现培训对象普惠化、培训资源市场化、培训载体多元化、培训方式多样化、培训管理规范化，大规模开展高质量的职业技能培训。

2019年2月，中共中央、国务院印发《中国教育现代化2035》，提出2035年主要发展目标之一是职业教育服务能力显著提升，要建成一大批高水平职业院校和特色专业，形成与社会需求相适应、产教融合、灵活多样的职业教育与培训体系，让劳动者在成长和职业生涯发展不同阶段都有机会获得必要的技术技能，培养数以亿计的高素质劳动者和技术技能人才。

2019年5月，国务院办公厅印发的《职业技能提升行动方案（2019—2021年）》提出，2019年至2021年，持续开展职业技能提升行动，提高培训的针对性和实效性，全面提升劳动者职业技能水平和就业创业能力；三年共开展各类补贴性职业技能培训5 000万人次以上，其中2019年培训1 500万人次以上；经过努力，到2021年年底技能劳动者占就业人员总量的比例达到25%以上，高技能人才占技能劳动者的比例达到30%以上。

2021年6月，《人力资源和社会保障事业发展"十四五"规划》印发，提出"十四五"时期的主要目标之一是技术技能人才队伍素质不断提升。《规划》提出，人才发展体制机制改革深入推进，人才队伍规模不断扩大、结构更加合理、质量整体提升、创新活力进一步迸发；要培养更多高技能人才、能工巧匠和大国工匠。同月，《"技能中国行动"实施方案》印发，方案的目标任务是以培养高技能人才、能工巧匠、大国工匠为先导，带动技能人才队伍梯次发展，形成一支规模宏大、结构合理、技能精湛、素质优良，基本满足我国经济社会高质量发展需要的技能人才队伍。"十四五"期间，新增技能人才4 000万名以上，技能人才占就业人员比例达到30%，东部省份高技能人才占技能人才比例达到35%。

（2）江苏省相关政策。

2021年7月，《江苏省国民经济和社会发展第十四个五年规划和二〇三五年远景目标纲要》出台，提出在"十四五"时期新增取得职业资格证书或职业技能等级证书人数400万人、每万名劳动力中高技能人才数达到1 000人的发展目标。

2021年8月，《江苏省"十四五"技能人才发展规划》印发，提出目标任务是到2025年，全省技能人才队伍建设体制机制更加健全，有效供给能力更加充足，发展通道更加畅通，品牌特色更加鲜明，培养质量明显提高，服务经济社会发展能力明显增强；初步构建具有中国特色、时代特征、江苏特点的产教融合型技能人才发展模式，率先实现技工教育基本现代化，技能人才队伍高质量发展走在全国前列，努力建成全国一流、全球有影响力的技能人才工作高地。

（3）苏州市相关政策。

2019年12月，《苏州市职业技能提升行动实施方案（2019—2021年）》公布，明确了开展职业技能提升的主要目标：2019年至2021年，开展职业技能培训66万人次以上，其中2019年培训28.55万人次以上；到2021年年底，全市技能劳动者占就业人员总量的比例达到28%以上，高技能人才占技能劳动者的比例达到32%以上。

2021年3月，《苏州市国民经济和社会发展第十四个五年规划和二〇三五年远景目标纲要》公布，提出要大规模开展职业技能培训，健全职业生涯全周期培训体系；创新劳动者培训方式，积极开展企业新型学徒制，建设职业技能培训网络学习平台，鼓励企业开展对外培训合作交流；深化校企合作、产教融合，为"苏州制造"输送面广量大、质优对口的技工人才队伍。

2. 技能人才培训组织实施体系须多元、协同

（1）国家相关政策。

2017年2月，《新时期产业工人队伍建设改革方案》发布，围绕构建技能人才培训形成体系，该文件提出，改革职业技能培训制度，推进职业技能培训市场化、社会化、多元化改革，建立各类培训主体平等竞争、产业工人自主参加、政府购买服务的技能培训机制；统筹发展职业学校教育和职业培训，建立覆盖广泛、形式多样、运作规范，行业、企业、院校、社会力量共同参与的职业教育培训体系。

2018年5月出台的《国务院关于推行终身职业技能培训制度的意见》提出，以政府补贴培训、企业自主培训、市场化培训为主要供给，以公共实训机构、职业院校（含技工院校）、职业培训机构和行业企业为主要载体，以就业技能培训、岗位技能提升培训和创业创新培训为主要形式，构建资源充足、布局合理、结构优化、载体多元、方式科学的培训组织实施体系。

2019年2月出台的《中国教育现代化2035》提出，坚持面向市场、服务发展、促进就业的办学方向，不断优化职业教育结构与布局；进一步发挥行业、企业、学校和社会各方面的积极作用，探索更加适应市场需求的职业学校办学模式，激发办学活力，推动职业教育与产业发展有机衔接、深度融合，与技术进步、生产方式变革以及社会公共服务要求相适应。

2019年5月出台的《职业技能提升行动方案（2019—2021年）》指出，要激发培训主体积极性，有效增加培训供给，并提出三条具体意见：支持企业兴办职业技能培训，推动职业院校扩大培训规模，鼓励支持社会培训和评价机构开展职业技能培训和评价工作。

(2) 江苏省相关政策。

2019 年 8 月出台的《江苏省职业技能提升行动实施方案（2019—2021 年）》提出，企业是职业技能培训的主体，在职工技能培训中发挥主导作用，职业院校（含技工院校）在职业技能培训中发挥基础作用。

2021 年 8 月出台的《江苏省"十四五"技能人才发展规划》提出，提升技能人才培养载体效能；依托院校、企业、专业产业园区一体化建设等方式，共建一批产教融合示范园区；完善民办职业培训机构管理办法，促进民办职业培训机构健康规范发展；鼓励和引导有条件的重点技师学院、优质培训机构深化与国外优质职业教育机构合作。

(3) 苏州市相关政策。

2019 年 12 月出台的《苏州市职业技能提升行动实施方案（2019—2021 年）》提出，企业是职业技能培训的主体，在职工技能培训中发挥主导作用，职业院校（含技工院校）在职业技能培训中发挥基础作用，依法设立的培训机构、人力资源服务机构、行业组织发挥支持作用，高技能人才公共实训基地、职业院校现代化实训基地、技能大师工作室等在职业技能培训中发挥示范引领作用。

3. 技能人才培训质量保障体系要全面、科学

(1) 国家相关政策。

2018 年 5 月出台的《国务院关于推行终身职业技能培训制度的意见》提出，要建立职业技能培训质量评估监管机制；结合国家"金保工程"二期，建立基于互联网的职业技能培训公共服务平台，提升技能培训和鉴定评价信息化水平。

2019 年 5 月出台的《职业技能提升行动方案（2019—2021 年）》提出，完善职业培训补贴政策，强化激励引导；在资金供给上，落实、用好、用足现有政策，加大资金统筹力度；简化补贴申领条件和程序，又注重加强监管，保证资金安全。

(2) 江苏省相关政策。

2019 年 5 月出台的《江苏省人民政府关于推行终身职业技能培训制度的实施意见》提出，健全职业技能培训质量评估监管机制；对职业技能培训公共服务项目实施目录清单管理；建立以培训合格率、就业创业成功率和参训人员满意度为主要指标的培训绩效评估体系；推行公共就业创业培训机构服务标准，对培训机构、培训过程进行全方位监管；规划建设集培训信息录入、信息查询和监管、信息统计以及培训补贴申领等功能于一体的基于互联网的职业技能培训公共服务平台，探索建立劳动者职业技能培训电子档案，推动职业技能培训信息与就业、社保信息联通共享；依法加强培训机构诚信管理工作。

2019年8月出台的《江苏省职业技能提升行动实施方案（2019—2021年)》提出，支持社会培训和评价机构开展培训和评价工作；大力发展社会培训和评价机构，将符合条件的纳入政府发布的培训和评价机构目录范围；省人力资源社会保障部门定期发布紧缺型职业工种目录；支持培训和评价机构建立同业交流平台；民办职业培训和评价机构在政府购买服务、校企合作、实训基地建设等方面与公办同类机构享受同等待遇。

2021年8月出台的《江苏省"十四五"技能人才发展规划》提出，要加强绩效评估，要在省人才工作领导小组指导下，健全完善高技能人才监测指标体系，定期开展监测评估和跟踪检查，将高技能人才培养情况作为单位绩效评估、相关经费划拨的重要依据。

（3）苏州市相关政策。

2019年12月出台的《苏州市职业技能提升行动实施方案（2019—2021年)》提出，苏州市人力资源社会保障部门定期发布政府补贴职业（工种）目录，面向全市开展技能培训的培训机构、企业、行业组织目录及技能评价机构目录；各县市（区）人力资源社会保障部门可根据本地实际相应发布政府补贴职业（工种）、培训机构等目录；对参与紧缺高技能人才培养项目的单位，按照每年在苏州市鉴定取得高级工及以上人才培养量给予单位奖励。

(二) 对相城区技能人才培训体系建设的指导意义

1. 建立以技能为本、紧贴产业发展要求的技能人才培训目标体系

技能人才培训体系建设应始终围绕技能人才职业能力发展与专业化水平提升这一主旨，以技能人才为本，一切培训活动都应以满足技能人才专业发展需求为核心标准。技能人才培训体系应紧贴经济社会高质量发展要求、密切联系行业企业，技能人才培训应密切联系与关注行业企业发展现状与未来趋势，用前瞻性的眼光正确认识技能人才培训体系建设的现实意义与价值，在体系建设过程中积极吸纳企业力量参与培训，让企业成为培训系统的重要主体并发挥积极作用。

2. 建立多元协同、以市场为导向的技能人才培训组织实施体系

应以市场需求为导向，实施市场化运作模式，依据技能人才职业成长需求制订技能人才培训体系组织实施方案，大力促进校企联动、产教融合，整合高等院校、职业院校、技工院校、社会培训机构及行业企业等多元培训主体的优质教育培训资源,开展校际间、校企间在教学、管理、资源等方面的深度合作,实现共育技能人才、共谋发展的协同目标。

3. 建立全面高效的技能人才培训质量保障体系

应建立对技能人才培训项目长期、持续性投入机制,形成坚实的财政保障体系。将对培训产生重要影响的组织机构、政策与制度要素整合起来,形成一个稳定而高效的质量保障整体性组织。同时,积极开展第三方评价,利用科学的评价方法和评价工具对技能人才培训项目的过程性与结果性质量进行评价鉴定,充分发挥第三方监督、评估与咨询功能。

四、国内主要经济区域技能人才培训体系建设的成功经验

技能人才是国家的宝贵资源,也是促进产业升级,推动高质量发展的重要支撑。近年来,我国技能人才培训体系不断健全,部分省市逐步形成了符合其区域特点和产业结构的技能人才培养模式,在管理机制、专业设置、课程体系、培训标准、培训平台、评估体系等方面作出有益探索。

(一)广东省:实施重点群体技能提升计划

1. 针对重点群体实施技能提升计划

广东省自 2016 年以来,根据新时代产业转型升级和劳动者就业需求,深入推进全民技能提升行动计划,并结合广东实际,突出重点群体,发布《广东省推进"实施十项重点群体职业技能提升工程"的工作方案》,深入实施新生代产业工人培养工程、"粤菜师傅"工程等技能提升培训工程。

(1)实施新生代产业工人培养工程。

广东各地各部门根据经济发展新模式对技能人才的需求,组织开展新职业、新技术培训,帮助新生代产业工人提升技能水平、综合素质。突出高技能领军人才培养培训,重点开展科技攻关、技术革新和工艺研修、创新创业等方面的培训,发挥高技能领军人才在技术革命方面的引领作用。

(2)实施"粤菜师傅"工程。

第一,构建"粤菜师傅"培养平台。广东省共建有 5 个国家级"粤菜师傅"大师工作室、100 个省级"粤菜师傅"培训基地和 100 个省级"粤菜师傅"大师工作室。充分发挥"以师带徒"的作用,培养优秀的粤菜师傅。

第二,加强职业院校、技工院校的系统化培训。广东省支持相关院校开展粤菜厨艺专业,鼓励厨艺类重点特色专业的设置;创新"新学徒+行业研发"培养新模式,建设粤菜师傅培养校企联盟校,由院校和行业企业共同研究制订培养方案。

第三，开发标准课程教材。编制广东省"粤菜师傅"工程培训教材及配套大纲，统一、规范、权威的系列教材促进培训高质量发展。

2. 深入开展技能人才评价市场化、社会化

广东省开展职业技能等级认定工作，以分类实施、融合发展为方向，全面推进企业职业技能等级评价工作。充分发挥企业用人主体作用，企业可自主确定评价职业（工种）范围，自主设置职业技能岗位等级，自主运用评价方法，自主开发制定企业评价规范。

（二）山西省：贯彻技能为本适应社会需求的培训目标

1. 确定普惠与重点群体兼顾的培训对象

在培训对象确定方面，山西省既追求培训的普惠性，又聚焦就业重点群体。在全省内推行从劳动预备开始到劳动者实现就业创业并贯穿学习和职业生涯全过程的终身职业技能培训制度，将适龄劳动力都要作为培训的目标之一。同时，注重不同阶段重点培训对象的选择。将技能培训与脱贫攻坚相结合，让农村贫困劳动力通过技能培训稳定脱贫、增收致富，同时针对"城乡未继续升学初高中毕业生、下岗失业人员、退役军人、就业困难人员、残疾人"等群体开展技能培训。

2. 以市场为导向，科学设置培训项目与内容

山西省注重市场导向，精准对接劳动力市场需求，选择用工需求量大、人才急缺程度高的公众开展高质量培训。同时从山西省转型需求出发，选择现代制造业、战略性新兴产业和现代服务业等职业工种，大力培训技术工人、高级技工，为当地经济转型升级和高质量发展提供优质劳动力支撑。

3. 建立多层次职业技能培训标准体系

2019年山西省率先发布《山西省职业技能培训规范》，制定出台八项省级地方标准，对职业技能培训的相关术语和定义、目标要求、培训主体、培训内容、培训实施、培训监督、能力评价、培训补贴、技能竞赛等作出了详细规定。

（三）上海市：加强多元化技能人才培训质量保障

1. 多方联动加大技能人才培训资金投入

上海市综合使用教育经费附加和就业专项资金、失业保障金等政府资金，通过购买培训和资助重点人才项目，带动了企业成倍投资职工技能培训，形成政企联动的技能人才培训模式。一方面，政府通过购买培训、资助企业升级改造培训设施设备和重点人才项目、表彰奖励先进等措施，激励大型企业（集团）提升培训能力和发挥龙头作用，带动全市技能人才培训规模和水平提升。另一方面，对于中小微企业，上海市政府创新性开发中小微企业培训互联网公共服务平台，将政府资金、企业需求与培训机构的智力优势进行整合，实现按需培训。

2. 组合激励促进技能人才队伍素质提升

上海市实施面向高技能人才的首席技师培养选拔千人计划、技能大师工作室等人才资助项目，实行项目资助式奖励，引导高技能人才在技能创新研发、技术推广交流和技能代际传承等方面发挥重要作用。对于行业和大企业集团，不仅有购买培训成果的激励，而且有对重点实训基地项目和技能领军人才项目资助，还有授予上海市级高技能人才培养基地和技能大师工作室牌匾、发放政府津贴、表彰奖励技能人才培育突出贡献集体和个人等多种激励手段。中小微企业的相关激励资助主要依托中小微企业培训服务平台，为其提供适需有效的免费培训服务。

3. 完善多元化技能人才评价体系

第一，以"抓鉴定质量、树证书品牌"为目标，做好职业技能鉴定和职业资格证书的核发管理工作，建立"考、评、督、巡"联动机制和考务管理运行系统。

第二，强化企业培训评价自主权。积极推进企业技能人才多元化评价，依据国家职业标准，结合企业岗位的实际情况，形成企业自主开发、自主评价，政府进行技术支持和监督管理的运作模式，在高技能人才评价认定方面给予企业更多的自主权利和更大的自主空间，激发人才活力。

（四）天津市：建立科学协同的技能人才培训平台

1. 搭建培训平台供给优质资源

天津市构建技能人才培训平台，有效激发各类培训载体的培训活力，为社会提供一系列优质职业技能培训资源。发挥企业职业技能培训主体的作用，将培训补贴政策覆盖到企业培训中心。在战略性新兴产业、支柱产业企业中，遴选认定了多家企业培训中心，开展面向企业职工的内训，培训补贴直补到每个企业。同时，提升技工院校职业培训质量，加强产教融合与校企合作。优化办学结构和专业设置，支持社会力量举办技工教育，引导企业参与技工院校专业规划、课程设置、技术研发。

2. 突出市场导向，实施精准培训

天津市按照"需求引导培训，补贴对应等级"原则，组织开展职业技能培训。一方面，联合财政部门，招标确定第三方调查机构，委托其开展职业市场需求程度和培训成本调查，将市场紧缺职业分为非常紧缺、紧缺、一般

紧缺三级紧缺程度，列入《职业市场需求程度及培训成本目录》并向社会公布。另一方面，围绕全市产业结构调整、企业转型升级中急需、紧缺的职业情况对需求目录进行动态调整。

3. 创新监管机制，严格培训机构监督管理

天津市创新构建以信用为基础的新型监管机制，根据培训机构遵守法律法规、履行培训协议和质量评估情况，将全市民办职业技能培训机构划分为4个等级，对不同等级给予相应的激励、惩戒措施，引导和鼓励培训机构提高培训质量，加大违规行为处理力度。同时加强全市范围的培训抽查，市级抽查比例要求在20%及以上，区级检查全覆盖，检查项目多达15项。

（五）重庆市：注重提高技能人才培训效率

1. 综合利用培训资源，提高培训效率

重庆市主张实行开放培训，综合利用社会培训资源，拓展培训场地。重庆积极搭建职业中学与紧缺专业方面的联结，鼓励产教融合，推进企业新型学徒制培训。民间培训机构可以购买培训服务，并采取教学全程监控等措施，保障购买的培训服务质量。

2. 利用大数据强化职业技能服务平台建设

第一，建设重庆市职业培训管理平台系统。重庆市职业培训管理平台系统与"金保"系统、就失业系统并网，实现资源共享。整个系统提供培训工程管理、单位个人基本信息管理以及统计查询等功能，有效解决重复培训、重复补贴等问题。

第二，建设重庆市职业培训服务平台。由重庆市人力资源和社会保障局牵头，在全市建立培训联盟，实现跨区域培训。同时每个区设立了专门的职业培训管理机构，配备专职人员负责职业培训工作，每个村配备一名社保员，及时更新本村居民就失业情况。

3. 规范职业技能机构市场

重庆市建立"双随机"检查制度和举报投诉必查制度，由区县人力社保部门与有关部门联合开展日常检查监督和举报调查，对违反规定的培训机构依法督促整改，并追究责任，纳入"职业培训机构黑名单"。

五、相城区技能人才培训体系建设的建议

技能人才是人才队伍的重要组成部分，是相城区人才强区战略、创新驱动发展战略的重要支撑和基础保障。根据《苏州市相城区国民经济和社会发展第十四个五年规划和二〇三五年远景目标纲要》的远景规划，相城区技能

人才培训体系建设的主要目标应是：以着力构建研发为基础、创新为驱动的现代产业体系为导向，聚焦产业链、创新链，以职业能力发展为主线，以职业技能等级标准为基点，提升职业技能培训能力，实施技能人才培训工程，深化职业技能培训体制机制改革，加快健全适应相城区经济高质量发展和产业结构优化需要的技能人才培训体系，为相城区造就一支有理想守信念、懂技术会创新、敢担当讲奉献的技能人才队伍。

完善的区域技能人才培训体系包括健全完备的组织体系、师资体系、课程体系、平台体系、评估体系、政策体系和管理体制等，围绕相城区技能人才培训体系建设目标，根据相城区的实际情况与产业发展需要，需要重点做好以下工作。

（一）加强培训主体建设

健全技能人才培训体系，要加强培训主体建设，完善组织实施体系。相城区技能人才培训应以政府补贴培训、企业自主培训、市场化培训为主要供给，以公共实训机构、职业院校、技工院校、职业培训机构和行业企业为主要载体，重点开展以下培训主体建设工作。

1. 申建公立技工院校，鼓励社会资本开办技工院校

技工院校在技能人才培训体系中具有重要地位，发挥着不可替代的作用。相城区仅有一所职业院校的实际情况，严重制约技能人才培训体系的建设。其他培训机构和企业自身的培训课程各有局限性。因此，申建相城区公立技工院校，面向社会开放场地、设备、师资、课程和平台等优质培训资源，开展技能培训，是技能人才培训主体建设的重要一环。同时，要鼓励各类办学主体通过独资、合资、合作等多种形式举办民办技工院校，大力支持民办技工院校的发展，支持企业等各方面力量举办技工教育，积极推动大型企业和优质技工院校多元主体组建技工教育集团。

2. 充分发挥企业在技能人才培训中的主体作用

企业是用人主体，要负起培训主体责任。政府应明确企业培训主体地位，完善激励政策，支持企业大规模开展职业技能培训，鼓励规模以上企业建立职业培训机构开展技能培训，并积极面向中小企业和社会承担培训任务，降低企业兴办职业培训机构成本，提高企业积极性；推动企业健全职工培训制度，制定培训规划，采取岗前培训、学徒培训、在岗培训、脱产培训、业务研修、岗位练兵、技术比武、技能竞赛等多种方式，大幅提升职工技能水平；鼓励企业与区内、市内乃至省内职业院校和技工院校开展产教融合、校企合作，共建实训中心、教学工厂等，培训技术技能人才；支持企业设立高技能人才培训基地和技能大师工作室，政府按规定通过就业补助资金给予补助；督促企业足额提取职工职业教育培训经费，并将60%以上的经费用于一线职工培训，鼓励企业增加职业技能培训支出。

（二）加强培训基础能力建设

职业技能培训基础能力建设包括师资队伍、专业与课程体系、培训设施、培训平台、管理系统等方面的建设。相城区没有技工院校，主要通过政府购买服务、培训补贴等方式为社会和企业提供职业技能培训服务，因此，相城区的职业技能培训基础能力建设主要应聚焦在以下几个方面。

1. 研究产业需求，定期发布职业技能培训目录

相城区经济社会发展"十四五"规划和2035年远景目标纲要提出，要塑造面向现代化的产业体系，让新产业成为主动力，让传统产业焕发新机，让文旅产业火起来，让农业更加健康智慧。因此，应深入研究新产业、传统产业、文旅产业和农业等各个产业发展对技能人才的需求状况，适时更新、发布面向社会开展职业培训主要职业（工种）目录、政府补贴技能人才培训项目目录、急需紧缺技能人才培训职业（工种）目录、重点产业技能人才培训职业（工种）目录等，为职业技能培训工作的开展提供基本依据。

2. 通过政府采购与培训补贴，推动加强师资队伍和课程体系建设

在政府采购服务和培训补贴发放工作中，推动强化双师型教师队伍建设，在教师资格审查中强化专业教学和实践要求，支持高水平学校和大中型企业共建双师型教师培养培训基地，鼓励培训教师定期到企业实践，推动企业技术骨干为培训项目授课，支持固定岗与流动岗相结合、校企互聘兼职的职业技能教师队伍建设，为技能人才培训打造一支专兼职相结合的优秀双师型教师队伍。加强职业技能培训课程系统建设，紧跟新产业、新技术、新职业的发展变化，根据国家职业技能标准，支持各类培训主体开发与相城区重点产业发展相匹配的特色专业课程，优先发展数字金融、智能车联网、工业互联网、先进材料、区块链、生物医药、大数据、能源互联网等产业需要的一批新兴专业课程，改造升级新型显示和集成电路等电子元器件、高端电机、充电桩、汽车电子、高端数控机床及其核心零部件、工业机器人、高性能金属零部件、制药专用设备、电子工业专用设备制造等产业需要的一批传统专业课程，鼓励各类培训主体开设更多紧缺的、符合市场需求的专业课程，形成紧密对接产业链、创新链的专业课程体系。

3. 多措并举，推动培训平台的共建共享

加强职业技能培训基础平台建设，推进高技能人才培训基地、技能大师工作室建设，建成更多高技能人才培养培训、技能交流传承基地；加强公共实训基地、职业农民培育基地和创业孵化基地建设，加快形成覆盖全区的技能实训和创业实训网络；对接江苏省、国家和世界技能大赛标准，加强竞赛集训基地建设，提升相城区职业技能竞赛整体水平和青年技能人才培养质量；依托现有高质量教学资源平台，汇集相城中专、职业培训机构和企业内设培训机构等各界力量，推动建设开放的数字化教学资源平台，促进职业技能培训教学资源的共建共享。

4. 加强信息化建设，提升服务能力

提高信息化管理水平，有效使用市职业技能培训信息化系统，实现培训开班备案、学员身份认定、培训报名、网上学习、培训考勤与培训质量监管、证书信息查询及培训补贴申领等工作的信息化。加强职业技能培训服务能力建设，推进职业技能培训公共服务体系建设，为培训机构和劳动者提供市场供求信息咨询服务，引导培训机构按市场和产业发展需求设立培训项目，引导劳动者按需自主选择培训项目。

（三）健全技能人才培训政策

1. 做好技能人才培养规划

要完善技能人才培训体系，首先要有科学的技能人才培养规划。要根据相城区产业发展的具体情况和《苏州市相城区国民经济和社会发展第十四个五年规划和二〇三五年远景目标纲要》的远景规划，研究新产业、传统产业、文旅产业和农业发展对技能人才的需求情况，对照现有技能人才队伍存在的数量、质量和结构差距，制定未来五年或十年的技能人才培养规划，为技能人才培训和培训体系建设提供依据。

2. 制订相关职业技能培训计划的实施细则

根据苏州市人社局和财政局《关于转发〈江苏省企业新型学徒制工作实施方案〉的通知》，制定《相城区企业新型学徒制工作实施细则》，按照相城区的实际，就主要任务、培养对象和模式、培养职责、培养目标和方式、培养和补贴期限、组织实施、考核评价、经费保障、监督管理等作出具体规定，加快推进相城区企业新型学徒制实施工作。如果苏州市实施新一轮职业技能提升行动计划和"金蓝领"培育工程，应根据相城区的实际制定实施细则，最大限度地利用技能人才培育计划和工程，推动相城区职业技能培训工作和培训体系的建设。

3. 制定相城区技能人才培训体系建设实施方案

把技能人才培训体系建设作为一项重大工程来抓，通过出台实施方案，规范和推动技能人才培训的组织体系、师资体系、课程体系、平台体系、评估体系、政策体系和管理体制等方面的建设，实现技能人才高质量培训的制度化、常态化。

(四) 完善技能人才培训体制机制

1. 建立健全职业技能培训体制机制

深化职业技能培训工作"放管服"改革，推进职业技能培训市场化、社会化发展，充分发挥企业主体作用，鼓励支持社会力量广泛参与，建立培训资源优化配置、培训载体多元发展、劳动者按需选择、政府加强监管服务的职业技能培训体制机制。建立区政府统一领导，区人力资源和社会保障局统筹协调，相关部门各司其职、密切配合，有关人民团体和社会组织广泛参与的工作机制。人社局牵头抓总，负责政策协调、资源整合、组织推动、培训机构管理和质量监管；发改委负责统筹推进职业技能培训基础能力建设；教育局负责组织职业院校承担职业技能培训任务；财政局负责资金保障；行业主管部门组织本行业劳动者按需参加培训。各相关部门要建立工作报告制度，加强统计分析和监测研判，完善政策措施，保障职业技能培训工作有序开展。

2. 建立健全职业技能培训质量评估监管机制

对职业技能培训公共服务项目实施目录清单管理，编制政府补贴培训目录、培训机构目录、鉴定评价机构目录、职业资格目录，及时向社会公开并实行动态调整；建立以培训合格率、就业创业成功率为重点的培训绩效评估体系；建立职业技能培训机构信用等级评定制度，加强对培训机构、培训过程和培训质量的监管，积极支持开展第三方评估；利用国家、省、市建立的基于互联网的职业技能培训公共服务平台，提升技能培训和鉴定评价信息化水平；探索建立劳动者职业技能培训电子档案，实现培训信息与就业、社会保障信息联通共享。

3. 构建技能提升多渠道激励机制

完善分配、激励制度，给予技能人才与贡献相匹配的荣誉和待遇，建立健全紧密联系工作业绩、充分体现人才价值、有利于激发人才活力的激励体系。加大技能人才政治引领，进一步弘扬工匠精神，不断提升技能人才获得感、荣誉感。完善技术工人工资分配机制，科学评价技能水平和业绩贡献，合理确定工资级差。鼓励企业建立高技能人才岗位津贴制度，当地政府可按规定给予岗位补贴。推动用人单位建立职工凭技能得到使用晋升、凭业绩贡献确定薪酬待遇的激励制度，支持用人单位对聘用的高级工、技师、高级技师，比照相应层级工程技术人员确定其待遇。完善以政府奖励为导向、用人单位奖励为主体、社会奖励为补充的技能人才表彰奖励制度。

参考文献

[1] 王清连，张社字. 职业教育社会学 [M]. 北京：教育科学出版社，2008.

[2] 徐涵，高鸿. 中外职业教育体系比较研究 [M]. 沈阳：东北大学出版社，2005.

[3] 曹凤仙. 构建高技能人才培训体系的实践研究 [J]. 教育教学论坛，2016（32）.

[4] 弓毅. 高技能人才培训基地培训体系建设的探究 [J]. 劳动保障世界，2018（26）.

[5] 姜大源. 世界职业教育课程改革的基本走势及其启示 [J]. 职业技术教育，2009（2）.

[6] 姜炜，李超平. 高技能人才队伍建设的发展历程与思考 [J]. 现代管理科学，2018（2）：15-17.

[7] 李时辉，陈志军，王波. 创新型高技能人才培养体系构建 [J]. 高等工程教育研究，2021（5）：154-158，193.

[8] 李玉静. 技能培养：内涵及体系构建 [J]. 职业技术教育，2016，37（22）：1.

[9] 杨苗. 技能人才质量教育与终身职业技能培训体系融合策略探究 [J]. 中国培训，2021（9）.

[10] 张元. 论中国高技能人才队伍建设 [J]. 职业技术教育，2004，25（31）：20-23.

《苏州相城区技能人才培训体系研究》课题组成员名单

课题顾问：

余兴安（中国人事科学研究院院长、研究员）

毕结礼（中国职工教育和职业培训协会原常务副会长）

金　燕（苏州市相城区政协副主席，人社局局长）

课题组长：

刘文彬（中国人事科学研究院教育培训与能力建设研究室副主任、副研究员）

课题组成员：

谢　晶（中国人事科学研究院教育培训与能力建设研究室副研究员）

刘　晔（中国人事科学研究院教育培训与能力建设研究室助理研究员）

邢　蓉（中国人事科学研究院教育培训与能力建设研究室研究实习员）

杨　梅（中国人事科学研究院公共管理与人事制度研究室助理研究员）

郝　丽（中国人事科学研究院教育培训与能力建设研究室科研助理）

魏朝阳（苏州市相城区职业技能鉴定中心副主任）

收入分配、劳动关系及其他

人力资源和社会保障基本公共服务标准化现状与对策研究①

提　要： 人力资源和社会保障基本公共服务（以下简称"人社基本公共服务"）是基本公共服务的重要组成部分。人力资源和社会保障部成立以来，一直重视发挥人社基本公共服务标准化对人力资源和社会保障事业发展的促进作用，经过各级各地人力资源和社会保障部门的长期努力，人社基本公共服务取得了显著成效，同时也还存在标准体系不完善和标准化建设不均衡等问题，亟须进一步清晰界定人社基本公共服务的项目范围及其标准，落实政府兜底的主体责任，精准推进人社基本公共服务标准化建设持续高效发展。

关键词： 基本公共服务　人力资源和社会保障　标准化

人社基本公共服务是基本公共服务的重要内容。人力资源和社会保障部自成立以来，就非常重视做好人社基本公共服务工作，致力于以标准化促进均等化、普惠化、便捷化，经过长期的积极探索和努力推进，人社基本公共服务标准化建设取得了明显成效。同时，在人社基本公共服务标准体系建构和标准化推进工作中，都还存在一些问题，亟须进一步完善人社基本公共服务标准体系、明确政府责任，以推进人社基本公共服务标准化建设取得更好成效。

一、人社基本公共服务项目及其国家标准的提出与发展

经过改革开放以来的多年发展，我国的经济社会发展水平持续提高，为

---

① 本文系人力资源和社会保障部 2020 年度司局委托课题《人力资源和社会保障基本公共服务标准化现状与对策研究》报告的部分内容。

政府履行基本公共服务职能提供了基础条件。进入21世纪，我国的经济实力和综合国力进一步提升，政府的基本公共服务体系建设相应取得更好成效。在此基础上，国务院先后制定"十二五"和"十三五"时期国家基本公共服务建设的相关规划，发布"国家基本公共服务标准"，提出包括人社基本公共服务在内的多个领域的国家基本公共服务项目及其标准，明确政府兜底保障的基本公共服务范围与标准，并在相关领域列出了人社基本公共服务的具体项目及其标准，为各级政府履职尽责和人民群众享有相应权利提供了重要依据。

（一）人社基本公共服务项目及其标准的政策依据

"公共服务"是公共管理等学科领域关注的理论热点问题[①]，国内有学者从不同视角对公共服务进行了细分领域研究[②]。同时，公共服务更是政府治理的重要实践问题，经过改革开放以来的多年发展，到"十一五"时期，我国基本公共服务体系建设取得显著成效，为把基本公共服务制度作为公共产品向全民提供奠定了良好基础。

为更好地提供基本公共服务，国务院于2012年7月制定发布《国家基本公共服务体系"十二五"规划》，对"基本公共服务"的概念进行了清晰界定，明确其宗旨是保障全体公民生存和发展基本需求，强调指出基本公共服务应由政府主导提供，并提出了教育、就业、社会保障等重点领域的基本公共服务项目及其国家标准。《国家基本公共服务体系"十二五"规划》关于就业和社会保障等相关领域基本公共服务的规定，为进一步明确人社基本公共服务项目范围及其标准提供了政策依据。

在各级各地全面落实"十二五"时期国家基本公共服务项目及其标准的基础上，2017年，国务院发布《"十三五"推进基本公共服务均等化规划》，再次强调政府保障人人享有基本公共服务的职责要求，以及保障全体公民生存和发展基本需要的服务宗旨，并提出到2020年健全国家基本公共服务制度、服务项目和基本标准等方面的主要发展目标。

2017年10月，党的十九大报告明确提出，要"加快推进基本公共服务均等化"。为贯彻落实中央决策部署，中共中央办公厅、国务院办公厅于2018年7月印发《关于建立健全基本公共服务标准体系的指导意见》，提出包括劳动就业、养老、医疗等社会保障在内的九方面基本公共服务保障范围

---

① 聂生奎，王文珍. 公共服务的发展与劳动关系公共服务 [J]. 中国劳动关系学院学报，2020（1）：1-11，33.

② 陈振明. 公共服务导论 [M]. 北京：北京大学出版社，2011：14-18；110-157.

和质量要求,以及 2025 年和 2035 年基本公共服务标准化建设的阶段目标。

在各行业主管部门和各级各地推进落实相关工作的基础上,2021 年 3 月,国家发改委等部门经国务院批复同意,联合印发《国家基本公共服务标准(2021 年版)》,进一步明确界定基本公共服务的范围,为各行业主管部门进一步细化本领域的基本公共服务项目相关标准要求,尽快制定修订并公布行业标准规范,加快推进基本公共服务标准化工作提供了依据。

(二) 人社基本公共服务项目界定及其国家标准的提出

"十二五"时期,我国进入全面建设小康社会的关键时期。在国家基本公共服务建设已有成效的基础上,国务院制定发布了《国家基本公共服务体系"十二五"规划》。

关于人社基本公共服务的项目及其保障标准,《国家基本公共服务体系"十二五"规划》的相关内容集中在"劳动就业服务"和"社会保险服务"两方面。在劳动就业服务方面,重点明确了就业服务和管理、创业服务、就业援助、职业技能培训和技能鉴定、劳动关系协调、劳动保障监察、劳动人事争议调解仲裁等服务项目的服务对象、保障标准、支出责任和覆盖水平;在社会保险服务方面,重点明确了基本养老保险和医疗保险以及失业、工伤和生育保险等服务项目的服务对象、保障标准、支出责任和覆盖水平。

《国家基本公共服务体系"十二五"规划》有力推进了我国公共服务发展从理念到体制的创新。其中提出的关于人社基本公共服务的重点任务、基本标准和保障工程,是各级各地相关部门履行人社基本公共服务职责的重要依据。

(三) 人社基本公共服务清单及其国家标准的发展

在"十二五"时期全面落实国家基本公共服务项目和标准的基础上,国务院于 2017 年印发《"十三五"推进基本公共服务均等化规划》,对"十三五"时期基本公共服务工作提出了进一步的更高要求。其中,与"十二五"时期人社基本公共服务项目相比,《"十三五"推进基本公共服务均等化规划》对人社基本公共服务项目的范围进行了扩展,同时对服务质量和水平提出了更高要求。例如,在"基本劳动就业创业"方面,增加了"创业服务""大中城市联合招聘服务"等项目,并对原有的一些服务项目标准进行了提升,以推动实现"更高质量的就业";在"基本社会保险"方面,提出了"十三五"时期国家构建全覆盖、保基本、多层次、可持续的社会保险制度,实施全民参保计划等更高的发展目标。

为贯彻落实党的十九大报告提出的"加快推进基本公共服务均等化"的

部署要求，中共中央办公厅、国务院办公厅于2018年7月印发《关于建立健全基本公共服务标准体系的指导意见》，从九个主要方面划分了国家基本公共服务的重点领域，并分别提出了具体的保障范围和质量要求。其中，人社基本公共服务主要集中在"劳有所得"和"老有所养"两个方面，还涉及"学有所教""弱有所扶"和"优军优抚服务"等方面的一些相关项目。在"劳有所得"方面，明确国家开展公共就业创业服务，提供就业见习、大中城市联合招聘、"12333"热线电话咨询服务，提供职业培训、劳动关系协调、劳动人事争议调解仲裁、就业援助服务；健全工伤、失业保险制度，构建和谐劳动关系，推动实现比较充分和更高质量的就业。

为进一步健全国家基本公共服务标准体系，经国务院批复同意，国家发改委等20个部门于2021年3月联合印发《国家基本公共服务标准（2021年版）》，严格界定了基本公共服务范围，既为当前和今后一个时期人社基本公共服务标准化建设提供了重要依据，也对人社基本公共服务工作提出了更高要求。

二、人社基本公共服务标准化建设取得的主要成效

人力资源和社会保障部自2008年成立以来，就非常重视推进人社基本公共服务标准化建设工作，探索建立了人力资源和社会保障标准体系并修改完善，梳理细化人社领域国家基本公共服务项目清单及其标准，推动制定、修订并落实多项人社基本公共服务标准，努力以标准化促进均等化、普惠化和便捷化，人社基本公共服务标准化建设持续发展并取得明显成效。

（一）建立健全人力资源和社会保障标准体系

为更好落实人社基本公共服务的相关职能，人力资源和社会保障部于2009年制定《人力资源和社会保障部标准化工作管理办法》，紧接着于2010年，根据《中华人民共和国标准化法》等法律法规和《全国服务业标准2009—2013年发展规划》《国家标准化体系建设工程指南》等文件精神，立足人力资源和社会保障全部业务领域，以全面系统、科学分类、开放兼容、适度超前为原则，制定了《人力资源和社会保障标准体系》，内容包括总体系和人力资源标准、社会保障标准和业务支撑标准三个分体系，形成了较为系统完备的人力资源和社会保障标准体系。

《人力资源和社会保障标准体系》中的总体系包含基础标准、管理标准、服务标准、技术标准和工作标准五类标准；分体系的设置按照借鉴国际、立足现实、保持兼容原则，除设置人力资源标准、社会保障标准分体系外，还

单独设置了业务支撑标准分体系，以适应人力资源和社会保障部联网数据集中管理、社保关系跨地区转移接续等实际业务的需求，以借助标准化手段进一步提高信息共享程度、提升业务协同能力。

其中，人力资源标准分体系包括"公共就业人才服务管理标准""人事人才管理标准""经营性人力资源服务标准"和"劳动关系与调解冲裁标准"等子体系；社会保障标准分体系包括"社会保险通用标准"，是对多个险种共性问题的抽取，适用于多个险种在经办服务、基金监管等方面的标准；养老、医疗、工伤、失业和生育保险标准是仅适用于某一具体险种的标准，包括五个险种的待遇审核、支付等经办环节，以及不同险种所涉及的其他标准；业务支撑标准分体系是关于人力资源和社会保障基本公共服务信息化建设方面的标准，由信息技术基础、信息资源、网络基础设施、信息安全和应用等方面的标准组成。

作为人力资源和社会保障领域最早的标准化工作文件，《人力资源和社会保障标准体系》对人社基本公共服务项目的范围进行了探索，梳理了人社基本公共服务的主要项目，奠定了人社基本公共服务标准体系的基础框架。但是总体而言，这一标准体系还有些庞杂。

为更好贯彻落实党中央、国务院对标准化工作的决策部署，适应人力资源和社会保障事业发展的新形势与新要求，更好发挥标准化对人力资源和社会保障事业高质量发展的基础支撑作用，人力资源和社会保障部对《人力资源和社会保障标准体系》进行了修订，剔除了其中的技术标准和一些明显不属于人社基本公共服务的项目，如市场主导的经营性人力资源服务项目等，于2021年2月发布《人力资源和社会保障标准体系（2020年）》，这一文件在人社基本公共服务标准体系和服务项目方面的完备性、规范性和科学性进一步提升，为新时期推进人社基本公共服务标准化工作提供了重要依据。

（二）梳理细化人社基本公共服务项目及其国家标准

为推进人社基本公共服务标准化工作的落实，人力资源和社会保障部于2010年制定的《人力资源和社会保障标准体系》在构建标准体系的基础上，还分别列出了"公共就业人才服务管理标准""人事人才管理标准""经营性人力资源服务标准"和"劳动关系与调解仲裁标准"等分体系及其子体系（有些子体系下再分细目）的标准，明确了各项标准的名称、级别、性质、类别和状态。之后，随着人社基本公共服务标准化工作的推进，关于人社基本公共服务的项目名称有所调整变化，相关服务项目的标准更加清晰和具体。

为落实党的十九大关于加快推进基本公共服务均等化的决策部署，国务院有关部门根据《关于建立健全基本公共服务标准体系的指导意见》的相关要求，梳理了《国家基本公共服务标准》（征求意见稿，2019年版），对意见中提出的九个方面基本公共服务的具体保障范围和质量要求进行了细化和明确，其中涉及人力资源和社会保障部牵头、配合提供的基本公共服务项目共17个细项，主要涉及就业创业公共服务和社会保障服务。

人力资源和社会保障部根据中央《关于建立健全基本公共服务标准体系的指导意见》等政策文件的相关要求，在《国家基本公共服务标准》（征求意见稿，2019年版）的基础上，梳理了《人力资源社会保障领域国家基本公共服务标准》，共有服务内容140项（主项60项，子项100项），其中就业创业领域服务15项（主项15项）、社会保险领域服务84项（主项31项，子项69项）、人事人才领域服务30项（主项8项，子项24项）、劳动关系领域服务10项（主项5项，子项7项）、综合领域服务1项（主项1项）。

2021年3月，《国家基本公共服务标准（2021年版）》发布后，人力资源和社会保障部据此重新梳理了《人力资源社会保障系统基本公共服务事项清单》，纳入该清单的服务项目有：职工基本养老保险，城乡居民基本养老保险，失业保险，工伤保险，就业信息服务，残疾人职业培训和就业服务，退役军人就业创业服务，职业介绍，职业指导和创业开业指导，就业登记与失业登记，就业援助，就业信息服务，就业见习服务，职业技能培训、鉴定和生活费补贴，流动人员人事档案管理服务，劳动关系协调，劳动用工保障，"12333"人力资源和社会保障电话服务，中等职业教育国家助学金（教育部牵头）和中等职业教育免除学费（教育部牵头）。这些服务项目细分为23个主项、118个子项，服务内容涵盖了人社基本公共服务的各个方面。清单还明确了服务项目的相应服务流程、牵头责任单位和办理层级，为人力资源和社会保障部门提供相关公共服务、提升人社基本公共服务水平提供了重要依据。

（三）推进制定、修订人社基本公共服务标准及其实施

早在2007年，人事部就组建了全国人力资源标准化技术委员会；人力资源和社会保障部成立后，于2009年组建了全国社会保险标准化技术委员会。人力资源和社会保障领域的两个标准委员会成立后，在人力资源和社会保障部的领导下，推动人社基本公共服务领域一批国家、行业、地方标准陆续颁布并实施。

近年来，为进一步提升人社基本公共服务标准化工作的实效，人力资源和社会保障部结合地方试点大力推进相关工作，人社基本公共服务标准化建设在一些地方取得明显成效，形成了一些具有推广意义的典型经验，其中比

较有代表性的试点有济南市人社局的人社基本公共服务综合标准化试点、苏州市劳动就业管理中心和昆明市劳动就业服务局的公共就业服务标准化试点、焦作市人才交流中心和云南人才市场的公共就业人才服务标准化试点、成都市社会保险事业管理局的社会保障基本公共服务标准化试点等。

在人社基本公共服务综合标准化方面，济南市人社局自2014年起，通过开展标准化试点建设，完成了全市人社基本公共服务标准编制工作，编印了《标准汇编》，收入标准共计1 512项。2016年4月，济南市人社局召开标准发布会，全面启动了标准实施工作。济南人社基本公共服务综合标准体系有两大特点：一是实现了业务全覆盖，标准体系涵盖了人社部门承担的就业、社保、人才、人事、劳动关系等方面的全部业务内容；二是实现了四级联动，标准体系涵盖市、县区、乡镇（街道）、行政村（社区）四级人社服务平台。通过系统建构并全面实施这种横到边、纵到底的综合标准体系，济南市人社基本公共服务综合标准化试点探索形成了以标准化为引领的人社服务新模式，为全国人社系统树立了标准化服务的典范。

在公共就业服务标准化方面，昆明市劳动就业服务局2011年被列为全国就业系统首批国家级服务业标准化试点单位，共完成了151项标准的制定，形成了基本完善的昆明市就业服务标准体系，通过培训、宣传、监督、对标改造环境等着力贯彻实施，形成了一套完整的规章制度，培养了一支精良的服务人员队伍，提高了公共就业服务质量；苏州劳动就业管理中心2014年被列为全国首批社会管理和公共服务综合标准化试点，完成了公共就业服务规范的通用、保障、提供等方面45项标准的编制，通过宣传、培训、试点、举办标准化工作竞赛、监督等方式推进标准规范落地实施，通过"优流程""扩渠道"创新服务模式，实现"15分钟公共就业服务圈"，打造公共就业服务"4S"品牌，提升管理能力，促进服务满意度持续提高；焦作市人才交流中心2014年被列为公共就业人才服务标准化试点，制定了包括251项标准的焦作市公共就业人才服务综合标准化体系，并在市、县两级公共就业人才服务部门统一使用，实现了事事有标准可依、人人按标准办事的新局面；云南人才市场是第一批"国家级公共就业人才服务标准化"项目试点单位，也是云南省第一个社会管理和公共服务领域的标准化试点单位，其公共就业标准化建设项目历时4年，构建的标准体系由服务通用基础标准体系、服务保障标准体系、服务提供标准体系组成，共计161项标准，于2019年通过验收，各项标准贯彻实施以来，明显提升了相关服务项目的服务水平和质量效果。

在社会保险服务标准化方面，成都市社会保险事业管理局自2016年以来，通过引用国家和行业标准、补充制定内部标准，在引用 56 项国家（行业）标准的基础上，紧扣业务需求，本着"急用先立"原则，经过反复筛选、征求意见、权威审定，确定 242 项作为内部标准予以贯彻执行，同时研制 4 项地方标准，形成了符合"具有普适性和推广价值"要求的社会保险经办管理服务标准体系；为适应医疗保险、生育保险职能划归医保局的社会保险办理新形势，成都市社会保险事业管理局针对征收职责划转后的业务流程变化，适时修订完善社会保险经办管理服务标准体系和业务信息系统相关模块功能，同时紧扣省级统筹及全国统筹发展布局，聚焦"完善覆盖全民的社会保障体系"和"幸福美好生活十大工程"，深入实施"社会保险现代治理效能提升工程""成渝地区一体化和成德眉资同城化社会保险公共服务体系建设工程"和"全民参保计划"，持续深化"民心社保、智慧社保、廉洁社保"建设，配合四川省社保局协同推进全省统一的社保信息系统建设，深化社保全量数据省级集中实时共享，推动社保经办"全数据共享、全服务上网、全业务用卡"。

三、人社基本公共服务标准化工作的主要问题

为更好地落实中央关于推进基本公共服务均等化等方面的相关要求，实现人力资源和社会保障事业"十四五"时期的发展目标，人力资源和社会保障部规划财务司委托中国人事科学研究院开展相关课题研究。课题组根据研究需要搜集整理了相关研究成果和政策文献，对地方人社基本公共服务试点单位开展了深入调研和案例分析，并在全国范围选择东中西部和东北地区的典型省、市发放了调查问卷，多次召开专题座谈会听取相关领域专家学者和实践工作者的意见建议。本文基于中国人事科学研究院课题组的相关理论研究和实证分析，从人社基本公共服务的标准体系建构和标准化工作实践两个方面，分析当前人社基本公共服务标准化建设的主要问题。

（一）人社基本公共服务标准体系建构尚不完善

人力资源和社会保障部自成立伊始，就非常重视充分发挥标准化对人力资源和社会保障事业发展的规范、促进和带动作用，制定并修订了《人力资源和社会保障标准体系》，梳理细化了《人力资源社会保障领域国家基本公共服务标准》，推进人社基本公共服务建设取得显著成效。

《人力资源和社会保障标准体系》和《人力资源社会保障领域国家基本公共服务标准》作为人社基本公共服务标准化工作的基础文件，为开展人社基本公共服务标准化建设提供了重要依据。但是如果严格对照基本公共服务的

概念界定和本质特征，这两份文件关于人社基本公共服务项目范围的界定还不清晰，相应标准还不完善，甚至仍有些非基本公共服务项目列入其中，挤占了支撑人社基本公共服务的宝贵资源，对更好开展人社基本公共服务工作造成了某些方面的困惑和一定程度的影响。

例如，人力资源和社会保障部于2010年制定的《人力资源和社会保障标准体系》，其内容涉及的有些人力资源和社会保障服务项目，不属于人社基本公共服务的范围。例如，在人力资源服务标准分体系中，还包含了"经营性人力资源服务标准"，该子体系侧重于制定由经营性市场主体主导的，为个人或企事业单位提供的职业中介服务、人才测评服务、劳务派遣服务、人力资源管理咨询、人力资源外包服务、高级人才寻访等方面的标准以及家庭服务标准，明显超出了人社基本公共服务项目的范围界定。

同时，在《人力资源和社会保障标准体系》中，人力资源和社会保障标准总体系包括基础标准、管理标准、服务标准、技术标准和工作标准五类标准，服务标准只是其中的一种类型。在人事人才管理标准分体系中，技能人才管理标准子体系下的"职业技能标准"细目中，"职业技能培训多媒体课程开发"就是一种技术标准，而不是人社基本公共服务标准。

而且，关于人社基本公共服务项目的范围界定，国家相关文件也没有严格一致的标准和清晰统一的边界。例如，在就业领域，《"十三五"推进基本公共服务均等化规划》提出，"十三五"时期要推动实现"更高质量的就业"，同时在"十二五"时期服务项目的基础上增加了"创业服务""大中城市联合招聘服务"等项目，这些新增项目虽然体现了人力资源和社会保障领域公共服务的提升发展，也体现了中央对"十三五"时期提高服务水平和民生保障的新要求，但是这些项目超出了基本公共服务的范围，对服务质量和水平的更高要求也超出了基本公共服务"保基本"的水准。

根据《"十三五"推进基本公共服务均等化规划》以及《关于建立健全基本共服务标准体系的指导意见》的有关要求，人力资源和社会保障部相关部门梳理了《人力资源社会保障领域国家基本公共服务标准》（2019年），内容涵盖人力资源和社会保障公共服务的各个方面，共140项服务项目，其中仍有多项"非基本公共服务"项目列入其中。例如，在人力资源服务方面，该标准清单中人事人才领域的"专业技术人员资格考试报名"主项及其24个分项，是针对不同行业领域的专业技术人员的服务项目，而不是"旨在保障全体公民生存和发展基本需求的公共服务"，从这个意义上看，这一项目超出了人社基本公共服务的范围。

进一步地，如果从基本公共服务的范围界定及其基本属性等更深层次进行分析，在社会保险服务方面，目前需要参保人个人及其所在工作单位缴纳相应费用的保险制度，实质上是一种社会共济的保障制度，而不属于政府财政支付的社会保障基本公共服务范畴。

再如，人力资源和社会保障部于2021年2月修订发布的《人力资源和社会保障标准体系（2020年）》共包含276项标准，其中76项国家标准、200项行业标准，分为人力资源社会保障基础标准、公共就业服务标准、人力资源服务标准、社会保险标准、劳动管理标准和信息化标准6个分体系。与2010年的《人力资源和社会保障标准体系》比较分析，新修订的《人力资源和社会保障标准体系（2020年）》剔除了技术标准和一些明显不属于人社基本公共服务的项目，如市场主导的经营性人力资源服务项目等，但是在《人力资源和社会保障标准体系（2020年）》中仍包含有管理方面的标准，对"基本公共服务"和"非基本公共服务"项目也没有清晰划分，人社基本公共服务项目的范围仍未清晰界定。

《国家基本公共服务标准（2021年版）》发布后，人力资源和社会保障部据此再次梳理了人社基本公共服务项目清单（共包含118项服务项目），为当前和今后一个时期更好地开展人社基本公共服务提供了重要依据。但是总体而言，人社基本公共服务项目范围及其服务标准仍亟须进一步完善。一是人社基本公共服务项目设置有待优化。对照基本公共服务的概念界定和本质特征，本文认为，《人力资源和社会保障标准体系》和《人力资源社会保障领域国家基本公共服务标准》关于人社基本公共服务的界定标准还不清晰。《国家基本公共服务标准（2021年版）》关于人社基本公共服务的项目标准主要包括学有所教、劳有所得和老有所养方面。其中，在劳有所得方面，有关就业服务的项目罗列较细，应予整合，有的服务项目的必要性需重新评估。二是现有人社基本公共服务标准不健全，有的标准缺失，与《国家基本公共服务标准（2021年版）》所列服务项目不能直接对应。三是现有人社基本公共服务标准所涉及的服务方式、服务内容有的属于公共管理、行政执法范畴。四是现有人社基本公共服务标准主要是关于程序性、操作性的标准和服务行为规范，有些项目的服务对象存在不确定性，缺乏实质性的服务内容要求。

（二）人社基本公共服务标准化工作存在薄弱之处

2020年10月，中国人事科学研究院课题组就人社基本公共服务标准化现状对全国东中西部和东北地区九个省市发放回收的1 478份问卷统计数据分析结果显示，经过各级各地人力资源和社会保障部门的多年努力推进，人社基本公共服务建设总体而言取得了明显效果，但是标准化工作在不同区域的推进状况还不均衡，标准化工作不同方面取得的成效还存在差异，人社基本公共服务标准化工作的薄弱之处还较为明显。

一是人社基本公共服务标准化主要工作要求的执行情况在东中西部和东北地区均存在差异，有些工作要求执行情况在不同区域之间的差距比较明显。

总体而言，东部地区的基本公共服务标准化工作开展较好，东北地区和中部地区工作开展相对较为落后。从具体工作内容来看，采取印发工作指南和宣传工作等方面开展较为普遍，在开展培训工作和设置专职人员方面相对不足。与其他地区相比，东部地区在执行行业标准、制定地方标准、存在设施标准方面表现突出（见图1）。

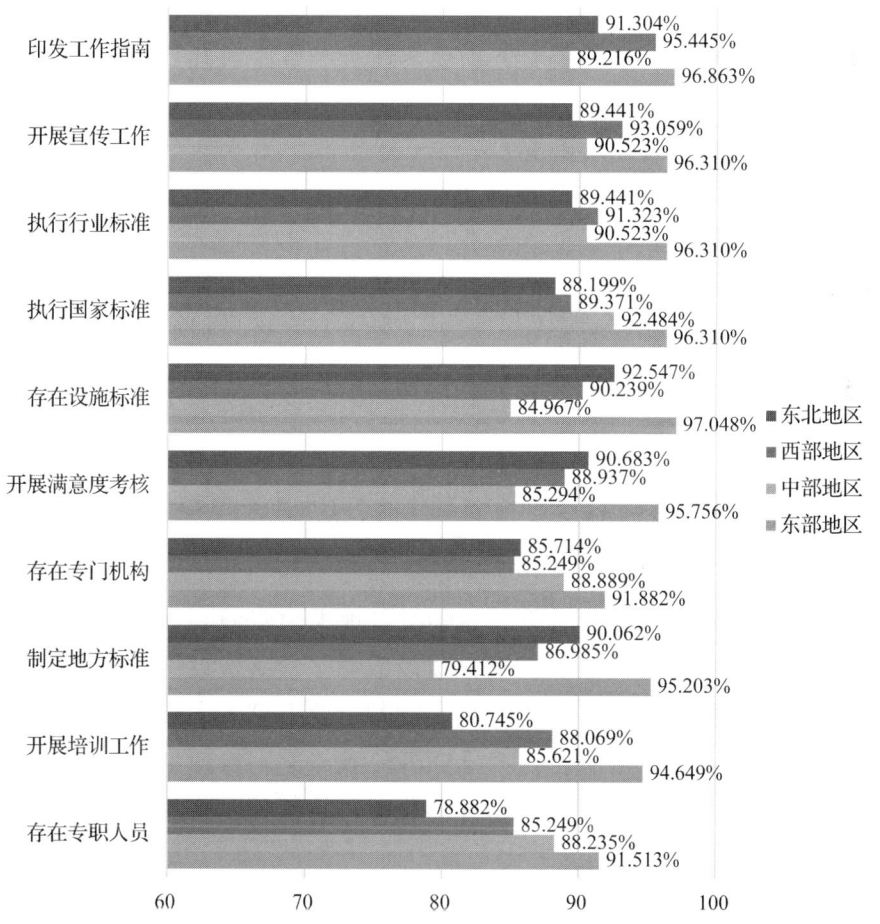

图1　不同区域对人社基本公共服务标准化工作要求的执行情况评价

二是人社基本公共服务标准化工作的效果更多地体现在程序和操作层面，

支持服务事项便捷通办的人社基本公共服务信息共享等基础建设还有待大幅提高。

中国人事科学研究院课题组将此次调查问卷的选项采用问卷分值计算法计算（即满意度=很满意比例×100+比较满意比例×80+不确定比例×50+不太满意比例×30+很不满意比例×0，满分为100分）后发现，在调研问卷的40项考查内容中，得分最高的5项分别为"能更好地提供人社政策法规咨询服务"（90.618分）、"服务工作人员在工作时间能坚守岗位，没有脱岗、空岗现象"（90.603分）、"相关服务推行了文明服务用语，做到了服务语言规范"（90.590分）、"对促进人社公共服务具有重要意义和积极作用"（90.524分）、"相关服务实现了'三亮明'"（90.523分），得分最低的5项分别为"相关服务事项实现了'跨省通办'"（79.374分）、"相关服务事项可实现异地代收代办"（79.980分）、"相关服务事项实现了'省内通办'"（83.134分）、"服务承办机构的人员配备能够满足服务需求"（83.426分）、"相关服务事项能够实现全程网上办理"（84.967分）。

虽然中国人事科学研究院课题组此次关于人社基本公共服务标准化建设现状的调查问卷是在东中西部和东北地区选择九个典型省市进行的，调查范围没有覆盖全国所有省市区，问卷数量也不是太多，但总体而言还是基本上反映了人社基本公共服务标准化工作在不同区域的推进情况，也集中凸显了当前人社基本公共服务标准化建设亟待加强的重要方面，为进一步开展相关工作提供了实证参考。

四、推进人社基本公共服务标准化工作的建议

通过对人社基本公共服务相关理论研究和实践探索的总结分析，可以看到，在中央政策的指导和推动下，在各级各地人力资源和社会保障部门的共同努力下，人社基本公共服务标准化建设取得了显著成效，在保障民生、服务群众等方面发挥了重要的积极作用。同时也要看到，人社基本公共服务标准化建设还存在不足和短板，在"十四五"及未来一个时期，要更好地推进人社基本公共服务标准化建设，以标准化促进均等化、普惠化和便捷化，亟须做好以下工作。

（一）进一步优化人社基本公共服务项目范围和标准

2021年3月发布的《国家基本公共服务标准（2021年版）》，是行业主管部门和各级各地严格界定基本公共服务范围，结合各自实际抓紧制定各地区基本公共服务具体实施标准，有效落实基本公共服务责任的重要依据。各级

各地人社部门要根据《国家基本公共服务标准（2021年版）》，进一步优化整合人社基本公共服务项目及其标准，并适时做好标准的动态调整，推进人社基本公共服务标准化工作，确保国家基本公共服务标准得到更好落实。

在人力资源服务项目及其标准方面，要明确界定人力资源基本公共服务项目的范围，将大城市联合招聘服务、专业技术资格考试服务等不属于基本公共服务范畴的项目剔除出人力资源基本公共服务项目范围；对就业创业服务所涉及的信息服务、职业指导、职业介绍、创业服务、就业失业登记、劳动关系协调和用工保障等项目进行适度整合，对其中涉及公共管理和行政执法类的项目进行调整。

在社会保险服务方面，要按照基本公共服务作为公民权利和政府责任的本质要求，大力推进社会保障服务的全覆盖，逐步扩大受益对象范围，提高服务质量标准，按照国务院批复要求，不断提高社会保障基本公共服务的质量和水平。一是要扩大职工基本医疗保险的覆盖范围，重点提高农民工、个体工商户和灵活就业人员参保率；二是要实现大病保险覆盖全部城乡居民，国家基本公共卫生服务经费和城乡居民基本医疗保险补助标准根据经济发展水平相应不断提高，特别是提高残疾人等弱势群体的参保率和待遇水平；三是要加快建立健全流动人口基本公共服务制度，鼓励地方政府积极探索多种有效方式，逐步将符合条件的农民工及其子女等流动人口纳入居住地基本公共服务保障范围。

为进一步加强人社基本公共服务标准化建设，各级各地人社部门要着力做好基本公共服务规划一体化工作，加快完善基本公共服务标准并适时动态调整。对涉及公共服务的各类规划，要打破城乡界限，统筹空间布局，以服务半径、服务人口为基本依据，制定实施城乡统一的基本公共服务设施配置和建设标准。

要对照《国家基本公共服务标准（2021年版）》查缺补漏，进一步完善和细化相关服务标准和服务流程，明确服务对象及其受益标准，确保服务质量；对现有标准规范进行评估论证，对属于管理性、许可性、审批性、重复性、形式化的项目或流程进行清理规范；抓紧制定修订急需紧缺的人社基本公共服务标准，并结合标准实施情况及其效果评估反馈，结合实际每5年左右进行一次动态调整。

（二）明确政府兜底保障的人社基本公共服务主体责任

根据国务院关于《国家基本公共服务标准（2021年版）》的批复文件的最新精神，明确界定各级人社部门提供兜底保障的基本公共服务的主体责任，同时建立制度化的监督体系，对相关部门主体责任的履行情况进行监督。

各级各地人社部门要根据国家标准严格界定人社基本公共服务的项目范围，结合实际抓紧制定本地区人社基本公共服务具体实施标准，进一步细化人社基本公共服务项目的设施建设、功能布局、施工规范、设备配置、人员配备、服务流程、管理规范等软硬件标准要求，加强服务标准之间的统筹衔接和基础设施设备共建共享。

要明确各级人社基本公共服务经办机构的主体责任。通过健全服务制度、规范服务流程、统一服务标准、创新服务手段等措施，使基层人社基本公共服务工作有章可循、有据可依，按照统一的标准建设基层人社服务平台，通过服务下沉赋予街道（乡镇）平台更多的职能和责任，让其在服务群众"最后一公里"方面发挥更大的作用。

要抓好工作责任落实。建立分片包干制度，在省级建立人社基本公共服务基层平台建设领导小组，明确各成员责任分工，按月调度工作情况，定期到包干地区进行督导，对基层平台的职能履行、人员培训、制度建设、信息化和档案数据管理等工作进行指导。

要强化工作督导落实。把推进人社基本公共服务标准化重点工作作为年度考核内容，定期调度工作进展情况和研究解决改革中的难点问题，及时掌控进度，督促任务落实；通过第三方评估和满意度回访等形式，找准工作中的重点、难点、痛点，下大力气解决；确保各项工作要求落到实处，切实提升人民群众的获得感和幸福感。

（三）精准高效推进人社基本公共服务标准化工作深入发展

一是针对人社基本公共服务标准化建设在区域之间不平衡的发展现状，加大对中西部地区和东北地区的支持指导力度，加强政府财政经费支持、设立专门机构、配齐服务人员，为中西部和边远地区人社基本公共服务标准化建设提供有力保障。

二是加强人社基本公共服务标准化基础建设，特别是相关信息平台建设，为提升各地人社基本公共服务标准化建设提供技术支撑。

首先，加强以服务对象为核心的人社基本公共服务标准化信息平台建设。着力聚焦群众在办理人社基本公共服务项目时遇到的堵点、痛点，以部级平台系统为支撑，以省级平台系统为枢纽，集中整合数据资源，简化、优化业务流程，依托全国人力资源和社会保障系统"全数据共享、全服务上网、全业务用卡"的改革契机，全面提升人社基本公共服务标准化建设的一体化水平，避免各级各地标准规范不统一、不一致对人社基本公共服务均等化、普惠化和便捷化造成掣肘。

其次，加强人社基本公共服务平台与各级各地政务服务平台的对接。基于各级各地人社基本公共服务项目清单和政务服务事项基本目录，加强人社基本公共服务平台与政务服务平台的对接，统一各级各地平台人社基本公共服务"全市通办""全省通办"和"跨省通办"的业务规则和服务标准，加快实现人社基本公共服务信息平台与政府政务服务平台互联共享和同步更新，以人力资源和社会保障信息化便民服务创新提升行动实施为契机，建立人社基本公共服务信息共享机制，加强人社基本公共服务基础信息的共享。

参考文献

[1] 陈振明. 公共服务导论 [M]. 北京：北京大学出版社，2011.

[2] 黄恒学，张勇. 政府基本公共服务标准化研究 [M]. 北京：人民出版社，2011.

[3] 邸妍. 人力资源和社会保障公共服务标准化研究 [M]. 北京：中国劳动社会保障出版社，2013.

[4] 柳成洋. 社会管理和公共服务标准化概论 [M]. 北京：中国标准出版社，中国质检出版社，2014.

[5] 卓越. 公共服务标准化的创新机制 [M]. 北京：社会科学文献出版社，2016.

[6] 丁立江，王鹏. 人力资源基本公共服务标准化建设的国际经验与启示 [J]. 中国人事科学，2020（2）.

[7] 李霄锋. 论基本公共服务的标准化 [J]. 中共云南省委党校学报，2015（5）.

[8] 刘永魁. 我国公共就业服务研究综述 [J]. 中国人事科学，2021（1）.

[9] 聂生奎，王文珍. 公共服务的发展与劳动关系公共服务 [J]. 中国劳动关系学院学报，2020（1）.

[10] 时博. 新时代公共人力资源服务机构制度创新的理论基础和实践路径 [J]. 中国人事科学，2020（7）.

[11] 思琳·里米，朱祝霞，张毅. 比利时和瑞士的服务提供商面临就业指导服务挑战：利益相关者博弈主导还是合作框架主导？[J]. 国际行政科学评论（中文版），2019（4）.

［12］郁建兴，秦上人. 论基本公共服务的标准化［J］. 中国行政管理，2015（4）.

［13］翟校义. 人力资源和社会保障系统乡镇基层基本公共服务标准化指标体系探索［J］. 第一资源，2012（8）.

［14］卓越，张世阳，兰丽娟. 公共服务标准化顶层设计的战略思考［J］. 中国行政管理，2014（2）.

《人力资源和社会保障基本公共服务标准化现状与对策研究》课题组成员名单

课题组组长：
李建忠（中国人事科学研究院副院长、研究员）
课题组副组长：
苗月霞（中国人事科学研究院公务员管理研究室主任、研究员）
课题组成员：
戴一鸣（中国人事科学研究院公务员管理研究室助理研究员）
刘军仪（中国人事科学研究院公务员管理研究室副研究员）
丁晶晶（中国人事科学研究院事业单位管理研究室副研究员）
尤　静（中国人事科学研究院公务员管理研究室干部）
执笔人：
苗月霞　戴一鸣　李建忠

事业单位绩效工资总量管理制度研究[①]

提 要：2006年，我国实施了第四次机关事业单位工资制度改革。文件规定，事业单位工作人员实施绩效工资，国家对事业单位绩效工资分配进行总量调控和政策指导，事业单位在核定的绩效工资总量内，按照规范的程序和要求，自主分配。绩效工资总量管理已成为国家调节事业单位收入分配的主要手段之一，但还存在许多亟待解决的问题。本研究报告聚焦于改革完善事业单位绩效工资总量管理制度这一主题，认真梳理了国内外相关理论研究，在对中央所属事业单位和全国25个省（自治区、直辖市）部分事业单位工资管理负责人进行问卷调查分析的基础上，总结了绩效工资制度实施以来所取得的成效以及各地事业单位绩效工资总量管理的经验做法，深入探讨了绩效工资总量管理实施过程中存在的主要问题，建立了事业单位绩效工资总量管理的科学核定机制、动态调整机制、额外奖励机制、追加单列机制四大核心机制，并有针对性地提出了深化事业单位绩效工资总量管理的相关政策建议。

关键词：事业单位　绩效工资　绩效工资总量管理

一、研究背景

2006年，我国实施了第四次机关事业单位工资制度改革。《人事部、财政部关于印发事业单位工作人员收入分配制度改革方案的通知》规定，事业单

[①] 本文系人力资源社会保障部2020年度部级课题《事业单位绩效工资总量管理制度研究》报告的部分内容。

位工作人员实施绩效工资。2008年12月，人力资源和社会保障部、财政部、教育部印发《关于义务教育学校实施绩效工资的指导意见》，明确按国家规定执行事业单位岗位绩效工资制度的义务教育学校正式工作人员，从2009年1月1日起实施绩效工资。2009年12月，人力资源和社会保障部、财政部、卫生部印发《关于公共卫生与基层医疗卫生事业单位实施绩效工资的指导意见》，明确执行事业单位岗位绩效工资制度的公共卫生与基层医疗卫生事业单位正式工作人员，从2009年10月1日起实施绩效工资。2011年7月，国务院办公厅印发分类推进事业单位改革配套文件，其中第八个配套文件《关于深化事业单位工作人员收入分配制度改革的意见》对事业单位实施绩效工资提出进一步的意见。截至2014年年底，全国各省基本上完成了事业单位绩效工资的入轨。2016年底，人力资源和社会保障部、财政部联合印发文件，要求中央有关事业单位实施绩效工资。

事业单位工资制度规定，国家对事业单位绩效工资分配进行总量调控和政策指导，事业单位在核定的绩效工资总量内，按照规范的程序和要求，自主分配。从实践来看，绩效工资总量已经成为事业单位极为看重并不断努力争取的重要事项，绩效工资总量管理也成为国家调节事业单位收入分配的主要手段。但从各地实施情况来看，事业单位绩效工资总量管理中还存在许多亟待解决的问题，某种意义上讲已经影响到事业单位积极性的发挥，甚至影响事业的发展，必须进行改革。

二、绩效工资总量管理的实施状况

绩效工资是2006年事业单位工资制度中体现地区工资水平差别、行业特点、不同类型事业单位特点的工资单元，也是2006年事业单位工资制度中最为复杂的部分。下面对绩效工资总量管理的概念和实施状况进行分析。

（一）事业单位绩效工资总量的概念界定

从政策规定来看，绩效工资总量就是由政府有关部门核定的，允许具体事业单位在某一期间可以发放绩效工资的规模。因此，绩效工资总量实际上是一种指标，超出这个指标规定的规模发放绩效工资的事业单位会被认为是违规的。而事业单位实际发放的绩效工资水平，既取决于绩效工资总量，也取决于单位本身财务能力。

从实际操作来看，各地并没有完全按照2006年文件规定，将凡不属于基本工资、国家规定的津贴补贴（包括艰苦边远地区津贴和特殊岗位津贴）的工资部分都算入绩效工资。通常，部分津贴补贴被置于绩效工资总量之外，具体有：第一，改革性津贴，包括提租补贴、住房补贴、公车改革补贴等；第二，福利性补贴，包括防暑降温、物业补贴、采暖补贴、独生子女费等；第三，保留津贴，包括1993年工改取消11类区时保留津贴、其他保留津贴等。

事业单位绩效工资总量管理就是政府有关主管部门对事业单位绩效工资总量进行核定、下达、监控、激励、调整等一系列管理行为的总和。绩效工资总量管理的概念包含以下几个要点：第一，管理主体，即由谁来管理。《国务院办公厅关于印发分类推进事业单位改革配套文件的通知》中的第八个配套文件《关于深化事业单位工作人员收入分配制度改革的意见》规定，"各级人力资源社会保障、财政部门综合考虑相关因素，核定本级政府直属及各部门所属事业单位的绩效工资总量""事业单位主管部门核定所属各事业单位的绩效工资总量"。因此，各级人社部门、财政部门以及事业单位主管部门是绩效工资总量管理的主体。第二，管理权限，即能管什么。根据文件规定，绩效工资总量管理实行分级管理，即各级人力资源社会保障、财政部门综合考虑相关因素，核定本级政府直属及各部门所属事业单位的绩效工资总量；事业单位主管部门核定所属各事业单位的绩效工资总量。第三，管理方式，即如何管理。对事业单位绩效工资总量，既要进行总量核定、明确下达，要监控事业单位是否严格执行绩效工资总量额度，还要让绩效工资总量发挥出对事业单位发展的激励效果，要动态进行调整。

（二）绩效工资总量管理的实施情况

从2006年到2008年，我国工资制度改革推进的重心是机关事业单位基本工资的套改以及规范公务员津贴补贴，事业单位绩效工资实质性推进是在2008年之后，严格来说是在2009年之后。2009年9月2日，国务院总理温家宝主持召开国务院常务会议，决定在公共卫生与基层医疗卫生事业单位和其他事业单位实施绩效工资。这次会议确定了事业单位实施绩效工资分三步展开的计划。第一步从2009年1月1日起先在义务教育学校实施；第二步配合医药卫生体制改革，特别是实行基本药物制度，从2009年10月1日起，在疾病预防控制、健康教育、妇幼保健、精神卫生、应急救治、采供血、卫生监督等专业公共卫生机构和乡镇卫生院、城市社区卫生服务机构等基层医疗卫生事业单位实施；第三步从2010年1月1日起，在其他事业单位实施。事实上，各地在推动实施事业单位绩效工资改革的时间和进度上并不统一，大致截至2014年年底，全国省基本上完成了事业单位绩效工资的入轨。2016年底，人力资源和社会保障部、财政部联合印发文件，要求中央有关事业单位实施绩效工资。因此，事业单位绩效工资总量管理也是从2009年之后开始实施的。

第一，义务教育学校绩效工资总量管理。2008年12月23日，人力资源和社会保障部、财政部、教育部出台《关于义务教育学校实施绩效工资的指导意见》明确规定，义务教育学校绩效工资总量暂按学校工作人员上年度12月基本工资额度和规范后的津贴补贴水平核定。其中，义务教育教师规范后的津贴补贴平均水平，由县级以上人民政府人事、财政部门按照教师平均工资水平不低于当地公务员平均工资水平的原则确定。

第二，公共卫生与基层医疗卫生事业单位绩效工资总量管理。2009年12月24日，人力资源和社会保障部、财政部、卫生部出台《关于印发公共卫生与基层医疗卫生事业单位实施绩效工资的指导意见的通知》明确规定，公共卫生与基层医疗卫生事业单位绩效工资总量由相当于单位工作人员上年度12月基本工资的额度和规范后的津贴补贴构成。县级以上人力资源和社会保障、财政部门综合考虑单位类别、人员结构、岗位设置、事业发展、经费来源等因素，核定本级政府有关部门所属公共卫生与基层医疗卫生事业单位的绩效工资总量。在人力资源和社会保障、财政部门核定的绩效工资总量内，单位主管部门核定所属公共卫生与基层医疗卫生事业单位的绩效工资总量，并报同级政府人力资源和社会保障、财政部门备案。

第三，其他事业单位绩效工资总量管理。2011年7月24日，《国务院办公厅关于印发分类推进事业单位改革配套文件的通知》出台，其中第八个配套文件《关于深化事业单位工作人员收入分配制度改革的意见》规定，各级人力资源和社会保障、财政部门综合考虑相关因素，核定本级政府直属及各部门所属事业单位的绩效工资总量，对不同类型事业单位探索实行不同的绩效工资总量管理办法。事业单位主管部门核定所属各事业单位的绩效工资总量。事业单位发放绩效工资不得突破核定的总量。

（三）绩效工资总量管理的主要成效

对事业单位进行绩效工资总量管理，取得了积极的成效，具体表现在以下三个方面。

第一，参照公务员规范津补贴水平来核定绩效工资总量，事业单位收入水平得到一定程度的提高，提高了事业单位工作人员的满意度和积极性。在实施绩效工资之前，我国不少事业单位工资水平较低，甚至出现有些事业单位拖欠工资的现象。2009年义务教育学校开始实施绩效工资时，国家明确教师平均工资水平不低于当地公务员平均工资水平的原则。实际操作时，各地基本参照公务员规范津补贴水平来核定义务教育学校的绩效工资总量，从而实现了一定程度的工资水平提升。公共卫生和基层医疗卫生事业单位实施绩效工资时，国家规定按照与当地事业单位工作人员平均工资水平相衔接的原则核定。实际操作时，各地基本参照义务教育学校来核定"两卫"事业单位绩效工资水平。而在核定其他事业单位绩效工资总量时，各地基本上在保证历史水平的基础上，适度提高了历史水平过低的事业单位的绩效工资水平。总体而言，通过实施绩效工资，事业单位收入水平不同程度地得到了提高。

第二，在清理规范津补贴的基础上进行绩效工资总量管理，事业单位工资收入分配秩序得到了较好的规范。1993年工资制度改革以后，我国对全额拨款、差额拨款、自收自支等三种类型事业单位在工资模块上建立了"固定部分"和"活的部分"之间不同的比例关系。由于我国还规定事业单位可以将节支或者创收的经费除扣除一部分作为事业发展基金外，剩余部分用于自主分配，这一方面很大程度地调动了事业单位创收节支的积极性，同时也带来了事业单位收入分配秩序的混乱。事业单位有钱就发、没钱不发、钱多多发、钱少少发，各类津补贴超标准发放、超范围发放以及自行设置并发放津补贴的现象非常普遍。在实施绩效工资过程中，我国明确要求在清理规范事业单位津贴补贴的基础之上，将规范后的津贴补贴纳入绩效工资总量。同时，事业单位名目多样的津贴补贴被要求归并成为基础性绩效工资和奖励性绩效工资两个模块。总体来看，事业单位滥发津补贴的现象得到较好的整顿，事业单位工资收入分配秩序得到了较大程度的规范。

第三，普遍采取"限高、稳中、托低"的做法进行绩效工资总量管理，事业单位之间收入差距扩大的态势得到了明显的遏制。长期以来，由于事业单位创收能力的差异，不同地区、不同行业、不同类型事业单位存在着较大的收入差距，这种差距甚至有逐步扩大的态势。事业单位之间工资收入差距过大，既是对事业单位工作人员的一种不公，同时也影响了公共事业的健康发展，必须进行合理调控。在核定绩效工资总量过程中，各地普遍划定"限高线、基准线、托底线"三条线，并采取"限高、稳中、托低"的做法对事业单位绩效工资总量进行核定。对于绩效工资水平已超过限高线的事业单位，政府工资管理部门直接将其绩效工资总量水平核定到限高线以内，或限制其未来增长速度，直至其他事业单位工资水平逐渐提升上来；对于绩效工资水平已低于托底线的事业单位，政府工资管理部门直接将其绩效工资总量水平提高到托底线，其工资总量缺口部分由当地财政、本单位共同解决。因此，实施岗位绩效工资制后，事业单位之间的收入差距被缩小，扩大的态势得到了明显的遏制。

（四）绩效工资总量管理的主要问题

全国各地在实施事业单位绩效工资的过程中，反映最为强烈的是事业单位绩效工资总量管理问题。绩效工资总量管理的问题主要体现在以下三个方面。

第一，事业单位绩效工资总量核定的问题。绩效工资总量核定方面问题是最先暴露出来的，具体表现在：一是主要依靠事业单位上报的历史数据来核定绩效工资总量，科学性不足。各地为了减少矛盾，往往以历史数据作为主要依据来核定事业单位的绩效工资总量，出现了"过去越高、未来越高"的不完全合理现象。二是事业单位对绩效工资总量诉求的强烈程度往往影响最终核定量，客观性不足。三是以"托低、稳中、限高"的办法修正绩效工资总量，达到缩小事业单位收入水平差距的目的，合理性不足。

从全国调研数据来看，大部分事业单位认为绩效工资核定是依据本单位的历史数据进行，具体占比见图1。

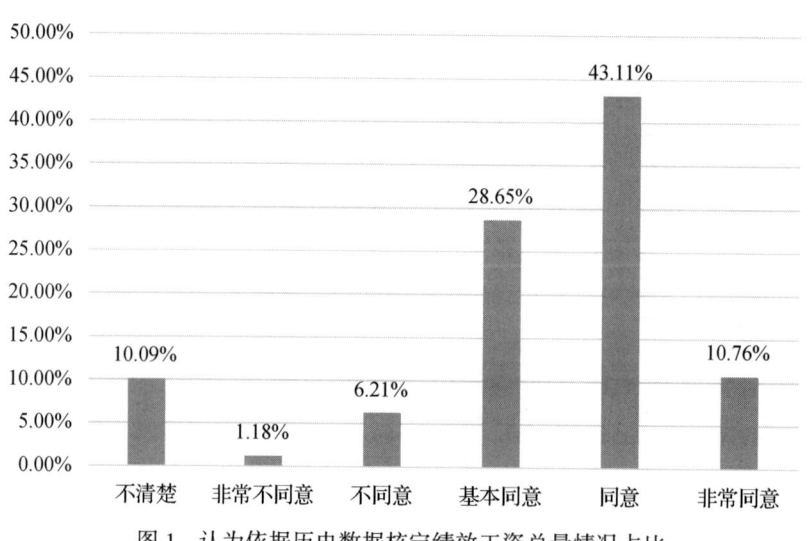

图1 认为依据历史数据核定绩效工资总量情况占比

第二，事业单位绩效工资总量动态调整的问题。从全国范围来看，事业单位绩效工资总量动态调整目前存在着以下几方面问题：一是事业单位绩效工资总量动态调整没有明确政策规定可依，许多地区在初次核定绩效工资总量之后多年不变，致使绩效工资总量管理陷入僵化境地。二是部分地区已对事业单位绩效工资总量进行动态调整，但多数是被动回应诉求，调整办法缺乏科学性和系统性。三是少部分地区已正式出台绩效工资总量动态调整办法，但主要基于单位创收情况进行调整,强化公益属性的导向不足,逐利机制未被破除。

在问卷调查中,大部分事业单位认为"绩效工资总量人均水平一经核定后就再未进行过调整",具体占比见图2。

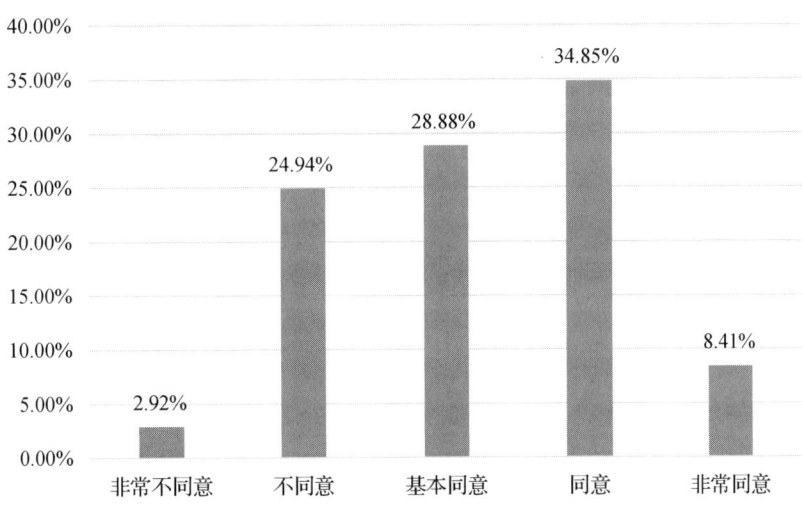

图2 "绩效工资总量人均水平一经核定后就再未进行过调整"的回答情况

第三,事业单位绩效工资总量激励存在的问题。设置事业单位绩效工资的初衷就是要体现工作人员的实绩和贡献,但从实际效果看,绩效工资总量激励还存在许多问题:一是绩效工资总量一经核定,事业单位无论干多干少、干好干坏,可分配的绩效工资总量都固定不变,单位业绩贡献没有被合理认可。二是绩效工资总量没有上浮空间,导致许多事业单位在内部分配上也难以搞活,绩效工资按岗位层级分配的固化现象普遍存在。三是部分地区开始探索建立超额绩效或追加总量与事业单位收支结余挂钩的激励机制,但普遍存在鼓励创收而公益导向不足的问题。

在问卷调查中,超过一半的事业单位认为"绩效工资总量被核定后,无论当年绩效表现如何,都不能超出核定数进行发放",具体占比见图3。

在问卷调查中,高达70%多的事业单位认为"受绩效工资总量的限制,单位已出现无法调动职工工作积极性的问题",具体比例见图4。

第四,绩效工资总量管理体制的问题。一是多部门共同核定绩效工资总量,协调难度大。文件规定,人力资源和社会保障、财政部门共同核定事业单位绩效工资总量。地方反映,但凡两个部门核定的,往往难以达成一致,效率较低,甚至导致绩效工资总量无法实现调整。二是主管部门的作用发挥

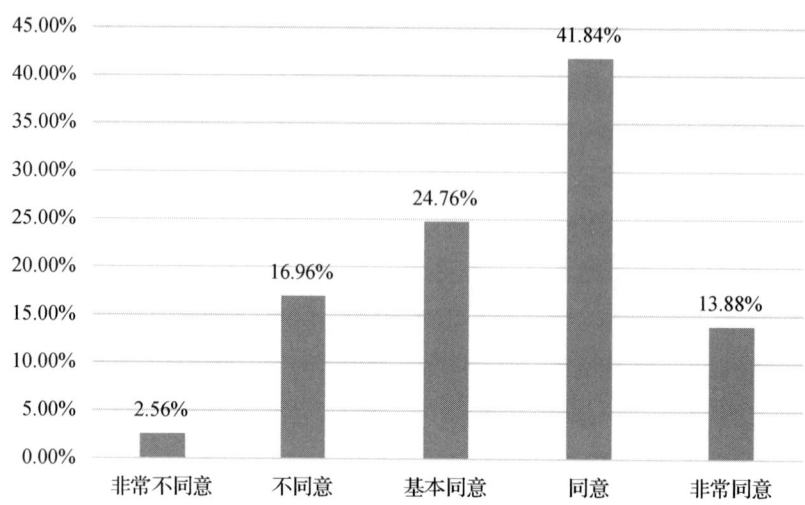

图3 "绩效工资总量被核定后,无论当年绩效表现如何,都不能超出核定数进行发放"的回答情况

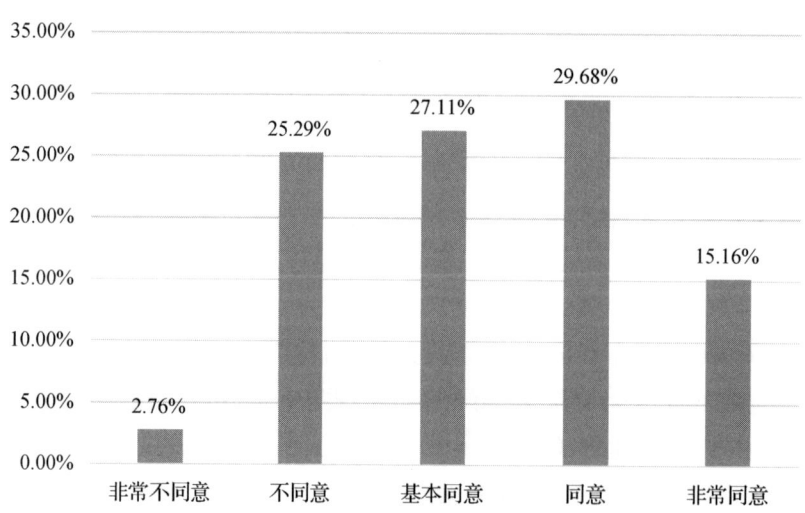

图4 "受绩效工资总量的限制,单位已出现无法调动职工工作积极性的问题"的回答情况

不明显。文件规定,事业单位主管部门核定所属各事业单位的绩效工资总量,但实际操作中,主管部门只是充当二传手,发挥作用不大。三是缺乏控制地区工资差距的有效管理体制。实际操作中,不同层级工资管理部门核定当地事业单位绩效工资水平,地区工资差距缺乏有效地控制机制。

总之,不少事业单位认为,目前僵化的绩效工资总量管理机制已经严重地影响了事业单位积极性的发挥,甚至影响事业的发展,必须进行改革。从问卷调查来看，过半数事业单位认为"受绩效工资总量限制，单位已出现超出正常水平的人才流失现象"，具体比例见图5。

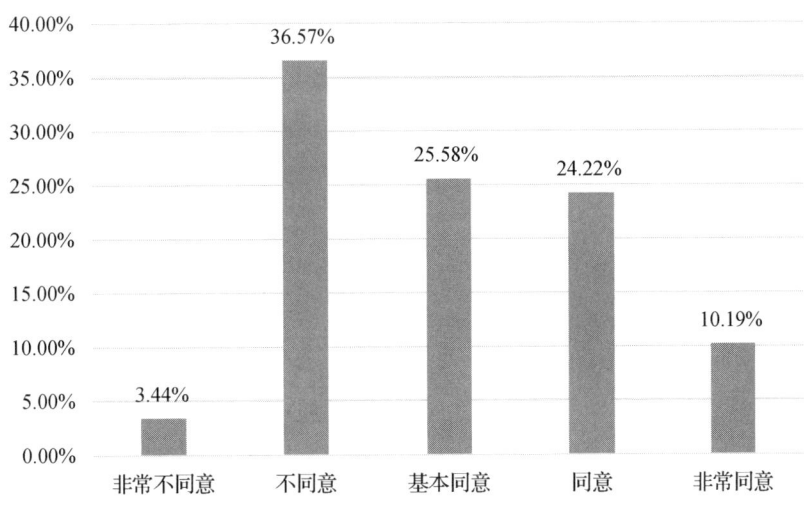

图5 "受绩效工资总量限制，单位已出现超出正常水平的人才流失现象"的回答情况

三、坚持和优化绩效工资总量管理的必要性

事业单位绩效工资实施几年来，不断有人质疑是否有必要对事业单位进行绩效工资总量管理。因此，为什么要对事业单位绩效工资总量进行管理？不对事业单位绩效工资总量进行管理会出现什么问题？下面从三个方面对事业单位绩效工资总量管理的必要性进行分析。

（一）对调控事业单位收入分配格局的必要性

从收入分配角度看，绩效工资总量管理是政府调控事业单位收入分配格局的必要手段。主要体现在三个方面：一是绩效工资总量管理能够直接调节事业单位工资收入差距，如果没有绩效工资总量管理，则事业单位工资收入差距可能越来越大。二是绩效工资总量管理能够直接规范工资收入分配秩序，如果没有绩效工资总量管理，则事业单位工资收入分配秩序可能越来越混乱。三是绩效工资总量管理能够合理控制工资收入增长幅度，如果没有绩效工资总量管理，则事业单位工资收入可能出现增长幅度过大问题。

（二）对引导公共事业健康发展的必要性

绩效工资总量管理是政府引导公共事业健康发展的必要手段。主要体现在三个方面：一是绩效工资总量管理能够直接影响事业单位发放绩效工资的上限，进而影响事业单位创收的动机，如果没有绩效工资总量管理，则事业单位逐利机制可能越来越强。二是绩效工资总量管理能够直接影响事业单位可支配的职工激励资源，进而影响事业单位获取优秀人才的能力，如果没有绩效工资总量管理，则公共服务可能越来越不均等化。三是绩效工资总量管理能够倒逼事业单位提升工资管理水平乃至整体管理水平，进而提升事业单位公共服务的效率和质量。

（三）对深化事业单位工资制度改革的必要性

优化绩效工资总量管理是深化绩效工资制度改革的必要手段。主要有以下原因：一是绩效工资总量关乎事业单位切身利益，是事业单位极为关注的重要指标；以优化绩效工资总量管理为抓手，容易得到事业单位的重视。二是目前绩效工资总量管理问题很多，甚至已成为事业单位广为诟病的对象；以优化绩效工资总量管理为抓手，容易赢得事业单位的支持。三是对绩效工资进行总量管理是抓大放小，既调控事业单位收入分配，又不干预单位具体分配过程；以优化绩效工资总量管理为抓手，符合新型政事关系的需要。四是科学的绩效工资总量管理模式能够对事业单位内部分配起到良好的引导作用；以优化绩效工资总量管理为抓手，能够最终带动事业单位绩效工资发挥应有的作用。

综上所述，我们要做的不是取消绩效工资总量管理，而是对它进行优化，克服其问题，让它发挥更大、更积极的作用。在问卷调查中，高达87.22%的事业单位认为"事业单位绩效工资总量管理制度应该继续执行"，具体比例见图6。

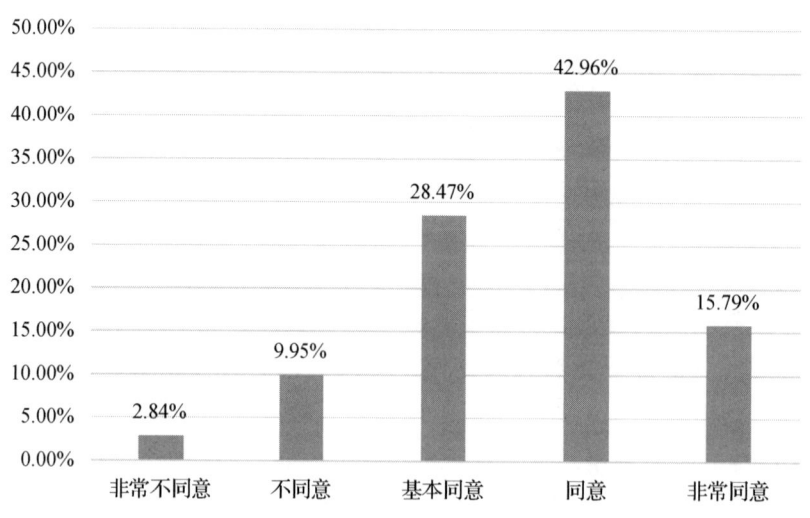

图6 "事业单位绩效工资总量管理制度应该继续执行"的回答情况

四、相关研究综述和地方实践借鉴

(一)相关研究综述

国内对事业单位绩效工资有一定的研究,但对绩效工资总量管理研究的系统性和可操作性还不足。围绕本课题研究内容,以下从对事业单位绩效工资总量管理的研究视角、研究内容、研究对象三个角度进行综述。

第一,从研究视角来看,目前已有一些文献在探讨事业单位绩效工资总量管理问题,但是针对制度建构的并不多。有的文献提出要探索单位目标导向下的绩效工资总量管理。何宪(2019)认为,可探索和社会效益与经营效益相挂钩的方式,根据不同事业单位的特点,确定若干经济效益和社会效益指标,然后将绩效工资总量与这些指标挂钩。因此,绩效工资总量管理机制的建立,可具体结合单位发展目标与绩效考核方案,实现保障与激励的双重效果。也有的文献提出缺乏建立在绩效考核基础上的绩效工资总量管理。例如,安慧雪(2017)认为,完整的绩效考核方案是有效实施绩效工资政策的重要基础。但是,专门针对绩效工资总量管理提出具体针对性建议的文献不多。

第二,从研究内容来看,目前已有一些文献在思路上探讨如何优化事业单位绩效工资总量管理,但是可操作性还不足。有的文献提出要强化事业单位绩效工资总量管理的科学性。熊通成(2019)认为,绩效工资总量核定现已成为事业单位进行绩效工资管理最为重要的环节,需要慎重对待。主要依靠事业单位上报的历史数据来核定绩效工资总量,导致总额核定科学性不足,有必要建立三个科学化的绩效工资总量管理机制,即事业单位绩效工资总量初始核定机制、动态调整机制以及额外奖励机制。也有的文献提出要深化事业单位绩效工资管理的可操作性研究。

第三,从研究对象来看,已有文献关注到不同类型事业单位总量管理的差异问题,但还不够细致。有的文献注重事业单位绩效工资总量管理的分类研究。例如,刘昕(2019)认为,公益一类和公益二类事业单位在工资总额的资金来源方面存在明显差异,公益一类事业单位的工资全部来源于财政拨款,而公益二类事业单位的工资尤其是绩效工资,有相当一部分来自本单位的创收。还有的文献注重事业单位绩效工资总量分行业管理的可行性研究。例如,诸东涛(2016)认为,义务教育这一类事业单位,数量大,组织性质、管理方式等方面相似度高,而且属于全额拨款事业单位,因此,对于这一类事业单位的绩效工资总量制度设计可提供规范性样本,避免学校之间产生明显的不合理差异。何宪（2019）认为，国有企业已经实行多年的工资总额管理办法，国有企业的工资总量管理涉及许多不同的行业，也涉及国家的投入多少，更涉及垄断和非垄断差别，事业单位可以借鉴国有企业的一些成功经验，提高工资总额管理水平和科学性。

通过文献研究，课题组发现有关事业单位绩效工资总量管理的研究数量不多、系统性研究不够、可操作性不足，因此，本课题将围绕事业单位绩效工资总量管理，进一步细化研究，在国家层面提出可操作的建议。

（二）地方实践借鉴

调研中发现，各地在事业单位绩效工资总量管理方面进行了许多创新探索，主要体现在以下四个方面。

第一，事业单位绩效工资核定方面。一是部分地区开始探索建立超额绩效。重庆市对绩效工资结构进行创新，设置超额绩效。将"基础性绩效"和"奖励性绩效"合并称"基础绩效"，额外设置"超额绩效"，使绩效工资结构由"基础性绩效+奖励性绩效"变为"基础绩效+超额绩效"。二是部分事业单位探索以"员额制"或"人员总量控制数"核定绩效工资总量。如江西省赣州市公立医院工资总额按人员控制数进行核定。

第二，事业单位绩效工资总量动态调整方面。一是与单位收支结余挂钩。江西省以收定支，规定应根据事业单位当年收入相对于上年收入的增量情况，确定事业单位当年绩效工资总量。收入有增量的，绩效工资总量给予一定比例的增长；收入无增量或减少的，绩效工资总量维持不变或者适当减少。重庆市建立了一套"增幅谁应高、谁应低"的绩效工资增长管理办法，回避了"绝对工资水平谁应高、谁应低"的绩效工资总量核定的矛盾。二是考虑单位属性，调低控高单位绩效工资总量。重庆市设定了"三宽三紧"的单位绩效工资增长调控原则，即"对市场属性强的放宽，公益属性强的收紧；对竞争性的放宽，垄断性的收紧；对水平低的放宽，对水平高的收紧"。并在此基础上，规定了给予调控基数额外上浮比例的情况。江苏省允许高校、科研院所适当增加绩效工资总量，增加幅度原则上分别控制在单位基准线的10%和15%以内。三是依据目标考核结果，核增或降低单位绩效工资总量。上海市各公立医院主管部门要根据市卫生计生委、市人社局、市财政局制定的绩效考核评价办法，以信息化为支撑，建立以岗位工作量、服务质量、病种难易度、患者满意度、临床科研产出和教学质量、成本控制、医药费用控制、医德医风等八个方面为核心内容的绩效考核评价指标体系，定期组织考核，考核结果与医院绩效工资总量挂钩。对考核不合格的医院，要适当降低绩效工资总量。

第三，事业单位绩效工资总量额外奖励方面。一是探索建立与目标考核结果挂钩的绩效工资总量额外奖励制度。重庆市医院薪酬制度改革根据单位考核结果确定超额绩效经费基数的使用比例，并据此核定公立医院绩效工资总量。眉山市各级政府均建立事业单位目标绩效奖逐年稳步增长机制。二是建立超额绩效奖励制度。重庆市对超额绩效实行动态调整，一年一核。基层医疗卫生机构本年盈余分配科目为正数的，按不高于"本年盈余分配"的60%提取奖励基金，用于次年在超额绩效参考线的基础上增核超额绩效。三是设立专项奖励性绩效。江苏省常州市提出"1+X"绩效工资管理新模式，其中"1"为公益绩效，即基准线绩效和增核的奖励性绩效，主要反映行业共性特点，根据单位履行公益情况确定绩效工资总量水平；"X"为增核的各类专项绩效，主要针对不同规模、不同功能定位的单位特点而单独设定的专项绩效，包括服务绩效、人才绩效、增量绩效、成果绩效、履职绩效等。全额、差额、自收自支三类单位增核绩效原则上不超过120%、130%、160%。

第四，事业单位绩效工资总量追加单列方面。部分地区探索建立适合行业特点的追加单列机制。如重庆市采取清单式管理方式，规定家庭医生签约服务费发放的报酬、医务人员多点执业的合法报酬、高层次人才激励性报酬、引进急需紧缺人才发放的人才补助等项目，不纳入基层医疗卫生机构绩效工资管理。江西省规定，合理确定公立医院工资总额或绩效工资总量，并根据单位考核结果进行追加。

五、绩效工资总量管理的四大核心机制分析

从各地实施情况来看，要解决事业单位绩效工资总量管理问题，关键在于建立科学的绩效工资总量管理机制，否则就容易陷入僵化和相互扯皮的境地。下面对如何建立绩效工资总量管理的四个核心机制进行分析。

（一）绩效工资总量科学核定机制分析

从政策规定来看，绩效工资总量就是由政府有关部门核定的，允许具体事业单位在某一期间可以发放绩效工资的规模。绩效工资总量实际上是一种指标，超出这个指标规定的规模发放绩效工资的事业单位会被视为违规。因此，绩效工资总量核定，核定的是具体事业单位绩效工资总量的年度额度，即正常情况下该年度可以发放绩效工资总量的上限。而事业单位绩效工资总量核定机制，就是通过寻找一系列影响具体事业单位工资水平的合理因素，并据此建立用以核定具体事业单位可以发放的绩效工资总量或水平的机制。

从问卷调查来看,接近全部的事业单位认为要根据多种要素建立合理的核定机制,具体占比见图7。

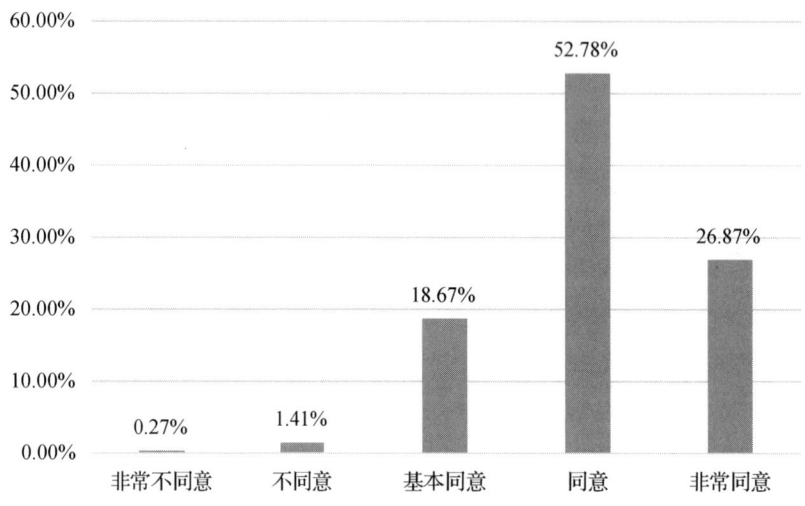

图7 "应当根据事业单位与所在地区区域发展战略的吻合度、职责定位和人才结构等客观因素,核定绩效工资总量"的回答情况

为了建立一个科学合理的事业单位绩效工资总量核定机制,我们有必要从理论上对事业单位绩效工资功能定位、绩效工资水平决定因素、绩效工资激励导向等问题进行深入分析。

第一,从工资功能定位看,事业单位绩效工资主要应该发挥的是激励和调节的功能,同时也要发挥保障的功能,事业单位绩效工资总量核定机制应该有力地促进绩效工资应有功能的发挥。一般而言,工资可以发挥保障、激励和调节三种功能。顾名思义,事业单位绩效工资是事业单位工资中基于绩效和贡献进行支付的工资,因此主要应该体现激励和调节功能。绩效工资要发挥激励功能,就是要能够激励事业单位工作人员更好地围绕单位的职能定位作出公共服务绩效;绩效工资要发挥的调节功能就是要能够引导事业单位工作人员合理地从事各类工作,从而实现人才在不同行业的合理配置。另外,由于我国基本工资水平较低,能够实现的保障功能非常有限,因此,绩效工资还必须发挥一定的保障功能。从工资功能出发,事业单位绩效工资总量核定机制应该有力地促进绩效工资应该发挥的激励、调节和保障功能。也就是说,事业单位绩效工资总量核定机制,应该体现事业单位创造的价值、不同事业单位所需人才的定位以及不同地区生活成本等因素。

第二,从工资决定因素看,影响事业单位工资水平确定的因素可分为内在因素和外在因素两大类,事业单位绩效工资总量核定机制应该更好地使事业单位工资能够体现外部劳动力市场价位和人力资本价值。一般而言，影响工资水平决定的因素可分为内在因素和外在因素两大类。工资决定的内在因素是指与工作特征及状况有关的各种因素，包括工作努力程度、职务高低、技术水平、工作时间性、劳动危险性、年资等。工资决定的外在因素是指体现具体单位工资与外部产品或劳动力市场之间的联系，包括生活费用或物价水平、经济负担能力、地区或行业的工资水平、劳动力市场供求等。绩效工资本质上也是一种工资，其决定因素同样服从于一般工资决定因素。因此，事业单位绩效工资总量核定机制，也应该既体现事业单位全体工作人员人力资本价值等内在因素，还体现事业单位所需人才在外部劳动力市场价位等外在因素。

第三，从工资激励角度看，用以核定事业单位绩效工资总量的因素，将强化事业单位工资的相关行为，事业单位绩效工资总量核定机制应该更好地强化事业单位的公益属性和国家战略责任担当。斯金纳提出的强化理论是一种应用广泛的工资激励理论，该理论认为人的行为会根据其行为后果来进行修正。当某种行为后果对人有利时，该行为就会重复出现；当某种行为后果对人不利时，该行为就会逐渐减弱甚至消失。因此，管理者可以利用这种正强化或负强化的办法来设定不同行为的后果，从而修正人的行为。基于强化理论，在设计事业单位总量核定机制时，必须体现国家对事业单位行为的期望。也就是说，当事业单位的行为符合国家期望时，可以核定更高的绩效工资总量；当事业单位的行为不符合国家期望时，应该核定更低的绩效工资总量。事业单位作为我国公共服务的主要提供者，强化公益属性已经明确成为党和国家对事业单位改革的方向，同时事业单位也应该积极承担起国家战略的责任担当。因此，这两点都应该在事业单位绩效工资总量核定机制中更好地体现出来。

综合以上理论分析以及国家出台的相关工资政策规定，我们认为事业单位绩效工资总量核定应该考虑六方面因素：一是当地事业单位基准水平；二是单位经费来源类型；三是所提供公共服务产品战略价值；四是主要业务岗位相关劳动力市场工资水平；五是单位人才层次结构；六是公益属性体现程度。

根据以上对绩效工资总量核定应考虑因素的分析，我们认为事业单位绩效工资总量核定机制可以用以下模型来表述：

$$W_T = w_0 \times P_0 \times k_F \times k_S \times k_M \times k_L \times k_T \times k_o$$

模型中各变量依次代表事业单位绩效工资总量应核定值（W_T）、当地事业单位绩效工资基准值（w_0）、纳入绩效工资总量范围人数（P_0）、经费来源系数（k_F）、战略价值系数（k_S）、劳动力市场工资水平系数（k_M）、人才层次结构系数（k_L）、公益属性体现程度系数（k_T）、其他因素系数（k_O）。

需要注意的是，核定总量的影响因素选取不能简单套用模型，而应该根据当地实际情况加以修订，并根据当地实际情况，对各要素的权重和分值进行重新赋予。是否采用绩效工资总量核定机制的结果，应该视当地情况而定。在核定事业单位绩效工资总量时，要注意与其他群体之间的平衡关系。

（二）绩效工资总量动态调整机制分析

事业单位绩效工资总量动态调整机制，是针对不同事业单位建立的，决定其下一年绩效工资总量如何动态变化的机制。如果让所有事业单位绩效工资总量保持同样的变化比例，则其增长率就可以由事业单位绩效工资水平正常调整机制得到。因此，事业单位绩效工资总量动态调整机制，是基于绩效工资水平正常调整机制而实施的对不同事业单位差异化的调整机制。从问卷调查情况来看，几乎全部的事业单位认为要对事业单位绩效工资总量进行动态调整，具体比例见图8。

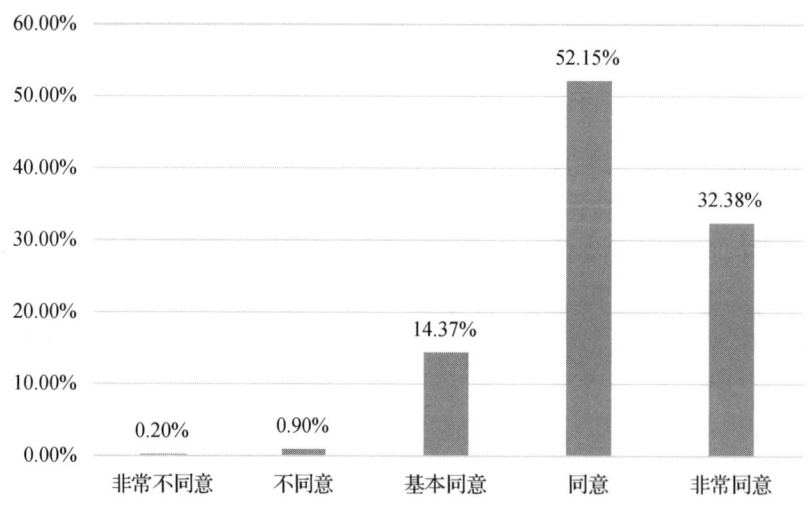

图8 "应当根据地区经济社会的发展，对事业单位绩效工资总量进行动态调整"的回答情况

要建立科学、系统的事业单位绩效工资总量动态调整机制，我们有必要首先从理论上对该机制的概念范畴、功能定位、调整周期、调整对象、调整因素等关键问题加以分析。

第一，从概念范畴看，事业单位绩效工资总量动态调整机制就是决定具体事业单位不同年度的绩效工资总量额度增减及其幅度的计算规则和管理方式。事业单位绩效工资总量动态调整机制这个概念，包含事业单位、绩效工资总量、动态调整机制等三个关键词。事业单位这个关键词说明了适用对象，也就是该机制适用于登记注册为事业单位的组织，必须适应事业单位的组织定位以及特点。绩效工资总量这个关键词说明了该机制调整的是事业单位工资中的绩效工资部分，即具体事业单位本年度正常情况下可以发放绩效工资总量的额度，并且针对的是单位绩效工资总量，而不是单位内部绩效工资分配。动态调整机制这个关键词说明了绩效工资总量在年度之间可以是不变、增长，也可以是降低，且动态调整的办法应该是科学的、客观的、长期使用的，而不是依靠工资管理部门主观判断来决定的。因此，建立事业单位绩效工资总量动态调整机制的关键在于寻找到合理的计算规则和管理方式。

第二，从功能定位看，事业单位绩效工资总量动态调整机制要努力实现保障、激励功能，且要力图实现调控收入差距、优化人才配置等调节功能。事业单位绩效工资总量之所以要进行动态调整，首先是要让事业单位绩效工资水平能够适应经济社会发展的变化。因此，事业单位绩效工资总量动态调整要实现保障功能，使得事业单位工作人员的工资水平实际购买能力不下降，进而保障生活质量不下降。事业单位绩效工资总量动态调整机制还要发挥的重要功能就是激励功能，即要激发事业单位活力、激励公共服务事业不断提高质量、强化事业单位公益属性等。另外，这个机制还要实现调节功能，即要缩小事业单位之间不合理的收入差距，促进人才的合理配置，逐步实现公共服务的合理分布。

第三，从调整周期看，每年或每两年调整一次都可以接受，但每年调整一次更有利于绩效工资总量动态调整机制的实施。2015年调整机关事业单位基本工资标准的文件规定，建立基本工资正常调整机制，每年或每两年调整一次，近期每两年调整一次。绩效工资可以参照基本工资的调整周期，每年或每两年调整一次。如果选择每两年调整一次，则应该与基本工资调整错开，形成一年调整基本工资、一年调整绩效工资的态势。每年调整一次绩效工资总量更为合理，这是因为：一是绩效工资是事业单位工资中比例较大的部分，按年调整才能够及时使事业单位工资水平适应经济社会发展的变化，保障事业单位职工的生活质量不降低；二是绩效工资每年调整一次，可以和单位年度考核结果有机地结合起来，发挥出较好的激励约束和引导作用；三是要使绩效工资总量动态调整机制更加科学，更少地依赖主观判断，则要更多地依赖客观指标，由于大多数指标按年度进行统计，故按年调整更有利于绩效工资总量动态调整机制的实施。

第四,从调整对象看,事业单位绩效工资总量动态调整机制不仅要对事业单位进行普遍调整,而且要在此基础上对不同类别、不同单位进行差异化调整。与事业单位绩效工资总量动态调整概念相似的另外一个概念,叫事业单位绩效工资总量正常调整,有时候也叫事业单位绩效工资总量正常增长。二者既有联系,又有区别,很容易混淆。事业单位工资绩效工资总量正常调整,是对一个地区所有事业单位绩效工资总量的普遍调整,即把本地区事业单位当成一个整体,来考虑该地区事业单位绩效工资总量统一调整幅度的问题。事业单位绩效工资总量动态调整,从结果上来看也会对所有事业单位绩效工资总量进行调整,这是它和事业单位绩效工资总量正常调整之间的联系。但主要区别在于,事业单位绩效工资总量动态调整主要针对不同事业单位绩效工资总量进行调整,调整的幅度不同甚至调整的方向都可能不同。因此,事业单位绩效工资总量动态调整机制基于事业单位绩效工资总量动态增长,但必须要在它的基础上对不同事业单位进行差异化调整。

第五,从调整因素看,正常调幅、经费来源、发展动力、现有水平、公益属性、考核成绩、人员变化等因素都应该纳入事业单位绩效工资总量动态调整机制。正常调幅因素是指适应当地经济社会发展,正常情况下事业单位作为整体来看应该有的调整幅度,是绩效工资总量动态调整幅度的基础数据。经费来源因素是指事业单位经费支出中财政经费所占的比重,其设置目的是给面向市场的事业单位给予更大的空间。发展动力因素是指事业单位主要依靠专业能力还是垄断地位获得发展的,其设置目的在于激励事业单位创新发展。现有水平因素是指事业单位当前绩效工资水平高低,其设置目的是缩小事业单位间收入差距。公益属性因素是指事业单位采取有效措施更好地发挥公益性的程度,其设置目的在于强化公益属性。考核成绩因素是指上级部门对事业单位进行年度绩效考核的成绩,其设置目的在于激励事业单位按照上级要求完成综合目标。人员变化因素是指本单位人员数量和层次结构的变化,其设置目的在于使绩效工资总量变化和人员变化相匹配。通过对这些因素进行量化并设置合理的计算模型,就可以建立起事业单位绩效工资总量动态调整机制。

总之,事业单位绩效工资总量动态调整机制的构建,应该紧紧抓住事业单位的特点以及我国对事业单位改革的要求,要通过更加科学的决定方式,更少地依赖主观判断,更好地激发事业单位活力,强化事业单位公益属性。

为提高事业单位绩效工资总量调整机制的科学性,我们在上述理论分析的基础上,构建了该机制的数学模型。模型构建的基本逻辑是:所有事业单位都应该根据经济社会的发展确定正常的调整幅度,同时该事业单位人员数量和结构的变化也要直接影响到绩效工资总量的正常调整,在此基础上,要根据不同事业单位的属性、状态和过去一年的不同表现进行个性化的调整。具体模型如下:

$$W_N = W_L \times P_n \times P_s \times (1 + K_f + K_m + K_w + K_p + K_g + K_o)$$

其中,W_N 代表动态调整后的事业单位绩效工资总量,W_L 代表事业单位原有绩效工资总量,P_n 代表正常调整幅度,P_s 代表人员数量和结构变化比率。其余变量是个性化调整变量,分别为资金来源的财政依赖度系数 (K_f)、事业发展的专业依存度系数 (K_m)、现行绩效工资水平系数 (K_w)、强化公益属性程度系数 (K_p)、单位年度考核系数 (K_g)、其他因素系数 (K_o)。

需要注意的是,要顺利建立事业单位绩效工资总量调整机制,应当做到事业单位类别应该根据当地实际情况进行制定,调整因素要根据当地实际情况进行选择,对调整因素的赋值可以根据实际需要以及当地事业单位的可接受程度进行设置。实际增幅的确定应该考虑工资平衡关系以及当地财力可支持程度。

(三) 绩效工资总量额外奖励机制分析

事业单位绩效工资总量额外奖励机制,是政府工资管理部门在核定事业单位绩效工资总量的基础上,根据事业单位在一定时期内的业务发展、公益行为等综合表现考核结果,对公益目标任务完成好、考核优秀的事业单位,额外奖励一定绩效工资总量的制度安排。在问卷调查中,绝大多数事业单位认为应该根据考核结果设置额外奖励机制,具体比例见图9。

事业单位绩效工资总量额外奖励机制的建立,具有坚实的理论基础。下面分别结合双因素理论、公平理论以及强化理论对事业单位绩效工资总量额外奖励机制进行分析。

第一,对照双因素理论,上级部门所核定的绩效工资总量对于事业单位而言是保健因素,而只有通过努力才能获得的额外增加的绩效工资总量才是激励因素。

双因素理论(Two Factor Theory)又称激励-保健因素理论(Motivator - Hygiene Theory),是美国行为科学家弗雷德里克·赫茨伯格(Fredrick Herzberg)于1959年提出来的。赫茨伯格指出,不是所有的需要得到满足就能激励起人们的积极性,只有那些被称为激励因素的需要得到满足才能调动人们的积极性,而被称为保健因素的需要在不具备时会引起强烈的不满,但具备时却并不一定会激励起积极性。

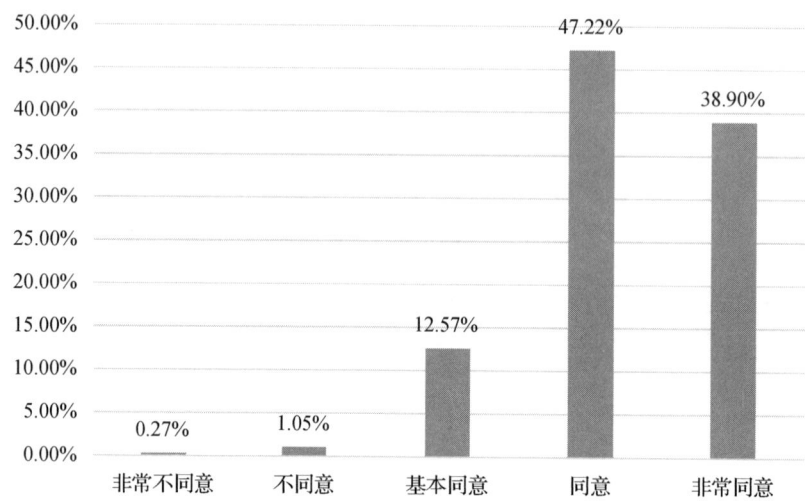

图9 "应当对公益目标任务完成好、考核优秀的事业单位,在原核定量的基础上额外一次性追加一定的绩效工资总量"的回答情况

对照双因素理论,如果把事业单位当成一个行为主体,把绩效工资总量当成因素来分析,那么上级部门给事业单位所核定的绩效工资总量因为一经核定就成为事业单位当年可以发放绩效工资总量的上限,而成为保健因素,难以对事业单位产生激励作用。建立事业单位绩效工资总量额外奖励机制,只要事业单位努力达成既定的目标就能够获得额外奖励的绩效工资总量,如果事业单位不努力则不能获得追加绩效工资总量,因此,追加绩效工资总量就变成激励因素。

第二,对照公平理论,上级所核定的绩效工资总量如果固定不变,事业单位会适度降低其努力程度,而如果通过努力能够获得追加总量,则可以引导事业单位提高努力程度并保持公平感。

公平理论(Equity Theory)又称社会比较理论,是由美国学者约翰·斯塔希·亚当斯(J. S. Adams)于1965年提出的。亚当斯指出,员工工作积极性取决于他所感受到的公平感,而公平感则取决于他进行的社会比较或历史比较,即将本人现阶段所获得报酬与工作投入的比值和他人或本人历史阶段所获得的报酬与工作投入的比值进行比较。

对照公平理论,如果把事业单位当成一个行为主体,那么事业单位会将当年所获得的绩效工资总量和工作投入之间的比值和其他事业单位或者本单位往年所获得的绩效工资总量和工作投入之间的比值进行比较。当事业单位发现无论如何提高努力程度而当年绩效工资总量仍然固定不变时,则会感到不公平,就会倾向于适度降低努力程度来获得相对公平感。当事业单位发现提高努力程度后，绩效工资总量可以得到追加时，则会感到公平，并且倾向于进一步提高努力程度，以获得更多的追加绩效工资总量。因此，绩效工资总量额外奖励机制，能够很好地引导事业单位不断提高工作努力程度，而不丧失公平感。

第三，对照强化理论，事业单位绩效工资总量额外奖励机制可以通过追加总量和主要体现事业单位公益属性的考核结果挂钩，从而实现强化事业单位公益属性的目标。强化理论，也叫行为修正理论，是美国心理学家和行为科学家斯金纳（Burrhus Frederic Skinner）提出的一种理论。斯金纳指出，人和动物一样，都会对行为结果进行条件反射，当某种行为产生有利结果时，这种行为就会被强化、不断重复；当某种行为产生不利结果时，这种行为就会被弱化直至消失。因此，人们可以用这种正强化或负强化的办法来影响人的行为。将强化理论运用到事业单位绩效工资总量额外奖励机制中，追加绩效工资总量可被用于引导事业单位强化公益属性的手段。当事业单位的行为符合强化公益属性的要求时，则可以获得一个较好的公益评价结果，而好的公益评价结果将给事业单位带来一定额度的绩效工资总量额外奖励，进而有力地强化事业单位公益行为。当事业单位的行为不符合强化公益属性的要求时，则会获得一个较差的公益评价结果，而差的公益评价结果将不能给事业单位带来绩效工资总量额外奖励，甚至可能被扣减一定额度的绩效工资总量，从而使得事业单位弱化那些逐利行为。因此，事业单位绩效工资总量额外奖励机制有两个关键点：一是绩效工资总量和公益属性评价的挂钩机制；二是公益属性评价必须充分体现国家对事业单位强化公益属性、破除逐利机制的要求。

建立事业单位绩效工资总量额外奖励机制，就是要回答根据什么因素进行追加以及追加多少的问题。一般而言，可以在给事业单位设定绩效工资总量额外奖励基准指数的基础上，根据单位公益导向的绩效评价结果进行修正来确定最终的追加总量。据此，建立事业单位绩效工资总量额外奖励机制模型，可用公式表达如下：

$$W_R = W_B \times P_n \times K_P$$

其中，W_R代表给事业单位额外奖励绩效工资总量，W_B代表追加绩效工资总量人均基准，P_n代表该事业单位纳入绩效工资总量管理的人数，K_P代表上级部门对该事业单位公益导向的绩效评价系数。

需要注意的是，利用事业单位绩效工资总量额外奖励机制获得额外奖励的绩效工资额度，不纳入绩效工资总量存量。而对事业单位进行公益导向的绩效评价是该机制得以发挥作用的关键。

（四）绩效工资总量追加单列机制分析

绩效工资总量追加单列机制，就是针对事业单位特定人群或者事项，将其所需绩效工资额度在绩效工资总量中单列，一次性追加该单位绩效工资总量的制度安排。追加单列的绩效工资总量不计入事业单位绩效工资总量存量基数。在问卷调查中，绝大多数事业单位认为应当针对特定人群、特定事项所需绩效工资总量单列，相应一次性增加单位绩效工资总量，具体比例见图10。

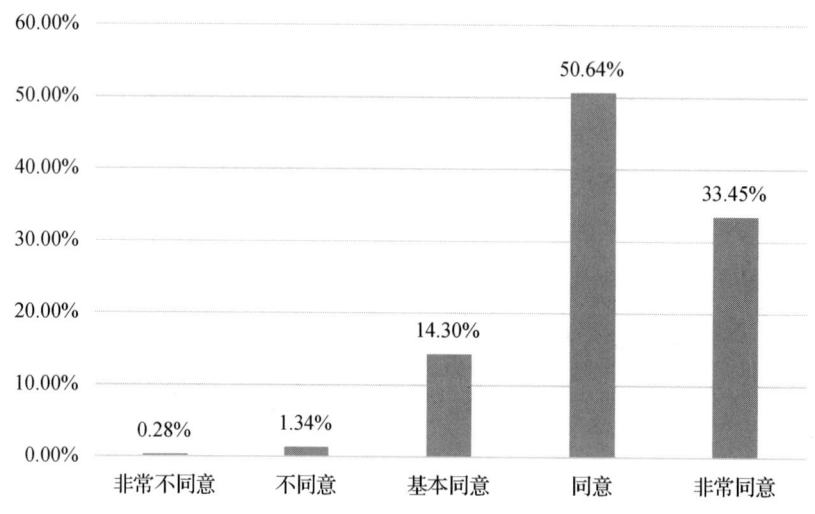

图10 "应当针对特定人群、特定事项所需绩效工资总量单列，相应一次性增加单位绩效工资总量"的回答情况

事业单位绩效工资总量追加单列机制的建立，具有现行相关政策作为依据和基础。目前，可以适用的事项包括高层次人才所需绩效工资总量、成果转化收益现金奖励所需绩效工资总量、职业院校承担职业技能社会培训所需绩效工资总量、思政课教师和辅导员岗位津贴所需绩效工资总量、应对重大公共卫生事件临时津贴所需绩效工资总量、全科医生津贴所需绩效工资总量等。

第一，事业单位高层次人才所需绩效工资总量单列追加政策。2019年7月，《人力资源社会保障部、财政部关于完善事业单位高层次人才工资分配激励机制的指导意见》明确提出，允许事业单位根据人才市场工资水平确定高层次人才薪酬水平，对所需要绩效工资总量实行单列，并相应增加单位绩效工资总量。

第二，成果转化收益现金奖励所需绩效工资总量单列追加政策。2021年

2月8日，人社部、财政部、科技部联合发布《关于事业单位科研人员职务科技成果转化现金奖励纳入绩效工资管理有关问题的通知》指出，职务科技成果转化后，科技成果完成单位按规定对完成、转化该项科技成果作出重要贡献人员给予的现金奖励，计入所在单位绩效工资总量，但不受核定的绩效工资总量限制，不作为人力资源社会保障、财政部门核定单位下一年度绩效工资总量的基数，不作为社会保险缴费基数。

第三，职业院校承担职业技能社会培训所需绩效工资总量单列追加政策。2019年10月，《教育部办公厅等十四部门印发〈关于职业院校全面开展职业培训、促进就业创业行动计划〉的通知》指出，推动职业院校培训量计算标准化、规范化，可按一定比例折算成全日制学生培养工作量，与绩效工资总量增长挂钩。各级人力资源社会保障、财政部门要充分考虑职业院校承担培训任务情况，合理核定绩效工资总量和水平。对承担任务较重的职业院校，在原总量基础上及时核增所需绩效工资总量。

第四，思政课教师和辅导员岗位津贴所需绩效工资总量单列追加政策。2020年4月印发的《教育部等八部门关于加快构建高校思想政治工作体系的意见》指出，各地要因地制宜设置思政课教师和辅导员岗位津贴，纳入绩效工资管理，相应核增学校绩效工资总量。

第五，应对重大公共卫生事件临时津贴所需绩效工资总量单列追加政策。2020年2月人力资源社会保障部、财政部印发《关于新型冠状病毒肺炎疫情防控期间事业单位人员有关工资待遇问题的通知》指出，根据承担新型冠状病毒肺炎疫情防治工作任务情况，因地制宜向承担防控任务重、风险程度高的医疗卫生机构核增一次性绩效工资总量，不作为绩效工资总量基数，所需经费通过现行渠道安排，疫情结束后不再执行。

第六，全科医生津贴所需绩效工资总量单列追加政策。2018年，人力资源和社会保障部、财政部、国家卫生计生委印发的《关于完善基层医疗卫生机构绩效工资政策保障家庭医生签约服务工作的通知》指出，在基层医疗卫生机构绩效工资内部分配时设立全科医生津贴项目，在绩效工资中单列。提升全科医生工资水平，使其与当地县区级公立医院同等条件临床医师工资水平相衔接。

为提高事业单位绩效工资总量调整机制的科学性，我们在分析现行有关政策的基础上，构建了该机制的数学模型。具体模型如下：

$$W_N = W_L + \Delta W_1 + \Delta W_2 + \Delta W_3 + \cdots + \Delta W_n$$

其中，W_N 代表单列追加后的事业单位绩效工资总量，W_L 代表事业单位原有绩效工资总量，ΔW_1 代表基于事项 1 追加的绩效工资总量，ΔW_2 代表基于事项 2 追加的绩效工资总量，ΔW_3 代表基于事项 3 追加的绩效工资总量，ΔW_n 代表基于事项 n 追加的绩效工资总量。

需要注意的是，追加单列机制需要以相关政策为依托，追加单列事项不宜过多，也不宜过大，否则容易形成过多的例外，反而影响绩效工资总量管理的效果。

综合四个机制来看，它们的共同目标就是，让绩效工资总量管理能够活起来，同时又能规范起来。同时，需要说明的是，这四个机制既可以应用于事业单位绩效工资总量管理，也可以应用于事业单位工资总额管理。

六、其他相关政策建议

着眼于强化事业单位公益属性、提升事业单位工作人员作为公职人员的使命感和责任感、调动事业单位工作人员的活力，对事业单位绩效工资总量管理相关的政策提出建议如下。

第一，逐步改变过去直接规定事业单位工作人员工资模块和标准的做法，将事业单位工资制度的重心从"管个人"转变为"管单位"。

事业单位岗位绩效工资制度将工资模块设置为基本工资（岗位工资和薪级工资）、绩效工资、津贴补贴等，并且统一制定了岗位工资和薪级工资在不同等级上的工资标准。从目前实际效果来看，对大多数地区的事业单位，尤其是对于经济发达地区的事业单位而言，基本工资既没有能发挥激励功能，也没有能发挥保障功能。随着社会主义市场经济体制改革的深化，由于地区差异性以及事业单位业务的差异性，制定全国统一的事业单位工资结构和工资标准，价值已经被弱化。实际上，对于事业单位工作人员而言，最为关键的是能获取多少收入，以及如何能获取更高的收入。对于事业单位而言，最在意的也是能够支配多少工资资源，以及能否根据事业发展的需要去发放工资。从这个意义上来讲，国家层面制定工资模块和基本工资标准的做法，不仅不能够增加事业单位工作人员的福利，反而会阻碍事业单位工资激励效果的发挥。

因此，应该逐步改变直接规定事业单位工作人员工资模块、工资标准的做法，从"管个人"转变为"管单位"，进而走出一条在激励模式上有别于公务员工资制度的新道路。

第二，基于工资管理的需要对事业单位进行分类，制定不同类型事业单位工资资源分配调控办法。

具体而言，可以根据工资管理的需要，将事业单位分为标准规定类、水平锚定类、比例核算类、上限约束类、收入备案类、额度管理类六种类型。对于大部分事业单位，国家层面可以不再为工作人员制定工资模块和标准。更重要的是，国家应该制定针对单位层面的工资资源分配调控办法，将如何给单位分配工资资源（包括总额、水平、经费支持等）和对单位业务产出的要求（比如效率、公益性等）紧密结合起来，从而强化事业单位作为公职人员应有的使命感和责任感。也就是说，国家可以不再制定全国统一的工作人员工资结构和基本工资标准，单位内部工作人员工资制度和工资结构应该由事业单位自主制定。从"管个人"转变为"管单位"，实际上就是在赋予事业单位结合自身业务特点对工作人员进行激励的权力。

第三，由工资综合管理部门联合行业主管部门，制定不同行业事业单位工资内部分配指导意见，单位自主制定内部分配办法。

为了解决单位内部分配的基本规范，可以考虑分行业制定一些分配指导意见。应该允许大多数事业单位自己制定全部工资的模块、标准以及激励办法。把工资资源赋予事业单位进行支配，关键是建立起工资资源和国家希望事业单位完成什么工作、达成什么目标之间的激励关系。对于事业单位内部分配，工资综合管理部门要联合行业主管部门，对事业单位内部工资分配办法提出指导意见，并在工资内部决策上建立一些必要的程序和约束办法，避免一些极端情况或分配显失公正情况的发生。

第四，将事业单位工资财政经费保障模式由主要依据编制拨款转变为购买服务方式，通过事业单位完成公益任务情况来确定工资财政支持力度，强化工资财政经费支持对公益属性的导向作用。

除高校基本上已经转变为按照学生人数的生均拨款模式外，财政在大多数事业单位工资经费保障上还是主要依据编制拨款的方式，分为全额保障、部分保障、自筹经费三种类型。但这种保障方式带来几个问题：其一，对于全额保障事业单位，由于旱涝保收，单位很难调动职工积极性，单位自身也缺乏提升业务质量的动力，例如部分省份的乡镇卫生院；其二，对于部分保障或者自筹经费的事业单位，由于财政经费不足，事业单位必然需要靠创收来弥补工资差额部分，容易带来事业单位的逐利行为，影响人民群众对公共服务的满意度。

理想来看，事业单位财政人员经费不能只发挥保障功能，更要发挥对事业单位行为的导向功能。其关键就是要将财政人员经费从按照人头来决定转变为按照事业单位提供公共服务的数量和质量来决定。有的事业单位有明确的服务数量标准，例如高校，则可以考虑建立与服务数量挂钩的财政工资经费支持模式，当然这个模式也要结合对服务质量的考核。有的事业单位没有明确的服务数量标准，则应该建立起对这些单位提供公共服务公益属性的考核或者以公益属性为导向的综合考核，并将考核结果和对该事业单位的财政人员经费支持挂钩。

第五，优化工资管理体制，进一步理顺人社部门、财政部门、主管部门在绩效工资总量管理中的角色，更好地发挥绩效工资总量管理的作用。

《关于印发事业单位工作人员收入分配制度改革方案的通知》规定，国家对事业单位绩效工资分配进行总量调控和政策指导。事业单位在核定的绩效工资总量内，按照规范的程序和要求，自主分配。如此看来，2006年工资制度并没有规定一定是由人社部门和财政部门共同核定绩效工资总量。之所以在义务教育学校、公共卫生和基层医疗卫生事业单位实施绩效工资时，文件需要明确人社部门和财政部门共同核定绩效工资总量，是因为这些事业单位的绩效工资需要财政进行保障。

因此，建议在调整绩效工资总量后需要由财政提供相应人员经费保障的事业单位，由人社部门、财政部门共同管理绩效工资总量。但对于在调整绩效工资总量后无需由财政提供相应人员经费保障的事业单位，则由人社部门单独管理绩效工资总量。同时，应该发挥主管部门在绩效工资总量管理中的角色，赋予主管部门一定额度的绩效工资总量奖励权限，以作为调动下属事业单位积极性的抓手。

参考文献

[1] 何宪. 公立医院薪酬制度改革若干问题的思考 [J]. 中国人事科学，2021（1）：1-12.

[2] 潘伟梁，潘璐莎，诸葛晓荣. 事业单位科研专项激励问题研究——以浙江省为例 [J]. 中国人事科学，2020（2）：17-25.

[3] 汪雯. 我国科研机构薪酬管理的现状与挑战 [J]. 中国计量，2018（3）：44-47.

[4] 王梅. 事业单位工资水平决定因素分析与模型构建 [J]. 中国人事科学，2020（3）：13-22.

[5] 熊亮. 我国科研事业单位工资制度改革的趋势、脉络和建议 [J]. 中国行政管理，2019（3）：34-41.

[6] 熊通成. 事业单位绩效工资总量管理的量化机制探析 [J]. 中国党政干部论坛, 2016（12）：21-24.

[7] 熊通成. 事业单位绩效工资总量核定机制与模型构建 [J]. 中国人事科学, 2019（8）：14-22.

[8] 熊通成. 事业单位绩效工资总量动态调整机制与模型 [J]. 中国人事科学, 2019（9）：26-34.

[9] 熊通成. 事业单位绩效工资总量额外追加机制的理论分析与模型构建 [J]. 中国人事科学, 2019（10）：33-40.

《事业单位绩效工资总量管理制度研究》
课题组成员名单

课题组组长：
熊通成（中国人事科学研究院事业单位管理研究室主任、研究员）

课题组成员：
朱祝霞（中国人事科学研究院事业单位管理研究室副主任、助理研究员）
薛惠芳（中国人事科学研究院事业单位管理研究室副研究员）
牛　力（中国人事科学研究院事业单位管理研究室助理研究员）
丁晶晶（中国人事科学研究院事业单位管理研究室副研究员）
甘亚雯（中国人事科学研究院事业单位管理研究室助理研究员）
胡轶俊（中国人事科学研究院事业单位管理研究室助理研究员）
毕苏波（中国人事科学研究院事业单位管理研究室研究实习员）

事业单位考勤和奖励制度研究①

提　要：事业单位是国家为了社会公益目的，由国家机关举办或者其他组织利用国有资产举办的，从事教育、科技、文化、卫生等活动的社会服务组织。考勤工作是事业单位工作管理中不可缺少的一部分，是职工绩效的重要衡量标准、事业单位管理的重要部分，也是事业单位公益性的重要体现。奖励制度是保障事业单位员工工作热情、激发员工工作积极性的重要手段。本研究旨在通过文献研究专题访谈研究方法，梳理盘点相关事业单位考勤制度及激励机制现状，分析目前制度存在的问题，对现有的绩效考核、绩效管理、奖惩管理等制度进行完善，构建适合事业单位实际的绩效考核和激励机制体系，提出事业单位考勤制度和奖励制度进一步完善的建议。

关键词：事业单位　绩效考核　激励机制　体系

事业单位是国家为了社会公益目的，由国家机关举办或者其他组织利用国有资产举办的，从事教育、科技、文化、卫生等活动的社会服务组织。事业单位依托国家财政支持进行公益服务，承担一定的公共服务职能。机关直属服务性事业单位是"为了社会公益目的，由国家机关举办，主要为机关提供业务、技术支持和后勤保障的机关直属服务性事业单位"。

一、事业单位考勤制度

考勤工作是事业单位工作管理中不可缺少的一部分，是职工绩效的重要衡量标准、事业单位管理的重要部分，更是事业单位公益性的重要体现。考

---

① 本文系科技部信息中心 2020 年度委托中国人事科学研究院研究课题《科技部信息中心激励机制研究》报告的部分内容。

勤反映了职工在各个工作岗位上的工作状态，为工资、奖金的发放以及考核奖惩提供了重要的参考信息。考勤管理则是事业单位建设工作作风的重要参考依据，是办公秩序以及各项工作实施到位的重要保障。部分事业单位出台的基础性绩效和奖励性绩效的分配均与职工的出勤情况紧密相连。

（一）考勤制度相关理论

在此前的研究中，考勤制度的相关理论包括组织文化理论、组织公正理论、群体动力学理论和缺勤理论。

组织文化理论认为，组织是为了达到共同的目标和追求，对组织成员的行为活动进行有计划的协调，并通过一定形式建构起来的社会集合体。组织管理实践中逐渐形成自己独特的哲学信仰、意识形态、价值取向和行为方式，也就形成了具有自身特色的组织文化。组织文化应随着管理实践的变化不断丰富和发展，通过凝聚组织成员共识，调控组织成员行为，以保证组织行为的一致性。

组织公正理论将组织公正划分为客观与主观两个层面：第一层面为客观层面上的组织公正，是组织的各种制度及制度建立的相应程序的公正程度，公正程度的提升可以通过不断地改善和发展来实现；第二层面为主观层面上的组织公正，即组织中的成员对组织公正的主观感受，称为组织公正感，个体也是依据这种主观感知作用于工作行为的。

群体动力学理论认为，群体实际上是一个动力整体，这个动力整体中任意一部分的改变，都会导致整体中其他部分的变化，并最终影响到整体的性质。只有在群体内部形成良好的人际关系，才能促进正式组织的良性运行，提高组织的生产效率。

（二）事业单位考勤制度的现状和问题

随着日常管理的深入，各单位考勤管理的具体执行过程中面临着种种问题和困难，例如如何考量不同性质岗位的考勤状况、如何考量职工病假事假期间的考勤状况、如何确保考勤程序的公平性等。通过文献研究、座谈访问，本研究总结梳理了事业单位考勤制度的现状和存在的问题。

1. 考勤制度僵化陈旧

很多事业单位的考勤制度较为僵化，强调的是对职工进行严格规范的管理，这有时会导致职工情绪上的对立，认为是单位缺乏人性化、灵活性的做法，导致职工出现"隐性缺勤"的情况，即在工作中不作为、不出力的现象，影响职工的工作态度。

另外，现有的考勤制度又存在着监管不足、流于形式的问题。由于考勤与绩效分配等严格挂钩，在监管不足的情况下，会出现考勤管理者不愿深入了解、掌握在岗情况，不能深入到位地审核、解决和查处缺勤问题。

2. 各岗位考勤状况差异大

事业单位岗位繁杂，各岗位的工作任务、工作要求差异较大。以中央部委某事业单位为例，该单位共有 8 个处室，各个处室的工作性质和工作内容各有不同。其中综合处为管理处室，负责承担政务综合工作，工作较为繁杂、琐碎，日常需要坐班，加班时间也较多。其他处室为业务处室，有的处室工作具有日常性的特点，需要坐班；有的处室需要承担重大项目任务，加班较多，甚至还需要承担 24 小时值班的工作；还有的处室则因为需要参与新闻宣传工作，经常出差，且工作时间不固定。

岗位职能的不同，造成各处室之间考勤状况的差异。需要 24 小时值班和加班较多的岗位会出现超出正常工作时间工作量无法得到计算的问题，经常出差和承担外勤任务的岗位的考勤也不能有效得到记录。

3. 考勤程序公平性不足

事业单位在设置考勤制度管理的时候，往往会习惯性地将领导者以及高层管理和技术岗位职工纳出考勤管理的范围，而管理岗位职工却要每天遵守考勤规定，致使职工内心产生抵触情绪，从而影响了其工作效率，不利于单位的发展。那么在这种情况下考勤管理的设置就显得事倍功半。

根据对某事业单位的访谈，不少职工反映目前的考勤制度并没有将领导层纳入其中，没有做到考勤程序的公平、公正。也有职工提出管理岗位对考勤要求较严，而部分业务处室的技术岗位并没有严格的考勤记录。在目前绩效工资与出勤系数紧密挂钩的情况下，会造成职工之间的误解和不满情绪。因此，在实际考勤管理工作中，应该秉承以人为本的方针，公平对待，营造出一个和谐的管理环境，才能高效地完成职工的考勤管理工作。

4. 监督及激励机制缺乏

在日常考勤中，往往出现部门内部相互掩护的情况，出现一定的后果时，部门之间又会出现相互包庇，托关系求人情地解决问题。有时负责考勤督查的人员，也碍于同事关系不愿深究严查，导致考勤制度有名无实。管理中的执纪严明，处罚严厉，往往被专业技术人员认为是单位缺乏人性化、苛刻要求的做法，导致工作中出现上班不作为、出工不出力的现象。在考勤管理方面，事业单位的考勤基本均与绩效工资直接挂钩，缺勤会直接导致绩效工资计算中出勤系数的降低，影响绩效工资，体现了对缺勤现象的惩罚。但是对于职工出勤良好或加班情况的奖励却很少，这更加打消了部分职工的工作积极性。

5. 职工的考勤意识不强

从前期针对部分事业单位职工展开的座谈和访谈中可以了解到，部分职工的岗位意识不足，认为考勤只是一种形式，只要完成领导交办任务和分内的工作即可。也有职工认为目前绩效工资分配方案与考勤挂钩过于紧密，考勤状况并不能反映实际的工作业绩。这都体现出部分职工并未认识到出勤和加强考勤管理的重要性。还有部分职工遵守考勤制度的意识不强，会出现不经部门领导同意私自离开岗位、外出执行任务不及时报备以及迟到早退等情况，给考勤管理工作带来不便，也影响单位日常的工作与管理。

（三）事业单位考勤制度完善的建议

借鉴其他事业单位在职工考勤制度方面的经验，本研究对完善考勤制度提出建议和对策，为考勤制度的制定提供理论支撑和参考依据。

1. 建立完善考勤制度，提高制度间协同性

一是建立完善考勤制度，要在原有考勤制度的基础上，进一步健全和完善考勤体系和机制，对不适用的条款和规定要根据形势的发展及时予以修改，充分参考国际国内相关理论和实践经验，征求职工意见，科学制定考勤方案，严格考勤要求。明确考勤各环节的负责人，及时反馈考勤结果，提高职工的考勤意识，做好考勤的管理和监督工作。

二是提高制度间协同性，将考勤制度与职工休假、奖励等制度挂钩。特别是要注重激励机制的制定和修订，对表现优秀的团队或个人进行物质和精神的奖励，以激发他们的积极性和主动性。如设立部门考勤奖，专门用于奖励优秀团队或个人，激励先进、鞭策后进，使部门之间沟通更加顺畅，工作环境更加和谐，有效提高工作效率。另外，树立典型榜样，加以通报表扬，号召全体职工向典型和先进学习，使全体职工深刻认识到考勤工作对推进各项工作和实现个人目标的重要性和必要性。

2. 培养职工考勤理念，创造良好工作氛围

考勤制度的设置是一种提升职工工作效率的手段，因此只有梳理好职工的心理状态，才能真正地实现考勤管理制度的目的。在日常工作考勤中，要改变传统的考勤观念，对单位职工进行思想层面的指导疏通，让员工意识到考勤并不是形式主义走流程，而是切实与工作绩效、工作作风紧密联系的，提高员工之间的工作凝聚力。进而制定明确人性化的考勤管理制度，引导单位的工作考勤更具规范性。要加强对考勤管理规定和相关制度的学习宣传，提高对考勤管理工作重要性的认识，进一步养成遵章守纪的良好习惯。这样，

职工自然会认同单位的管理理念，会从全局角度出发自觉遵守、维护好考勤制度，考勤工作就会走上规范化的管理轨道，职工的工作作风和士气会得到相应的提高，从而保证作为事业单位的公益属性，整个单位呈现规范运作、井然有序的局面。

3. 聚焦岗位的差异性，确保制度公平公正

领导干部或资深高级专业技术人员要充分认识考勤管理的重要性，坚持律己服人、身先士卒、率先垂范的原则，从严要求自己，带头遵守考勤制度、坚守工作岗位、树立部门形象，用自己的模范带头作用去督促影响带动其他职工，从而更好地带动职工自觉遵守各项规章制度，保证考勤制度的公平公正。

针对具体工作岗位或部门的差异性，结合单位应急任务多、外勤任务多的实际难题，可以利用微信等移动端软件，请有实际需要的职工通过移动端进行外出事项申报和考勤打卡，由部门领导、人事部门和领导层进行审核。审批结果通过相关程序进行公示，实现考勤过程的透明性，也有利于其他职工进行监督。这样就能够有效避免工作任务受僵化的考勤影响，并保障外出应急任务和外勤工作较多的职工的工作积极性，也有利于相关任务的及时完成。

（四）严格执行考勤制度，促进工作作风转变

落实考勤制度的执行和监管责任，各部门应指定专人负责考勤工作，各部门领导应按有关规定做好部门职工考勤审核工作，有关部门应做好职工考勤休假的统计、登记工作。配置管理严格的负责人对考勤管理制度实行监管，带头遵守考勤制度，对查到的违规人员严格按照考勤制度落实奖惩。同时要充分利用现代科学技术，推行现代考勤机制，堵塞考勤管理漏洞，增强制度纪律观念，使考勤工作更加高效透明，促进单位整体工作作风的转变。

（五）注重人性化管理和关怀，优化组织文化内涵

考勤管理中，管理要体现人性化的一面，要坚持从职工角度出发，从引导的方法入手来加强管理。一是要树立集体观念。加强单位形象教育，加强单位道德文化建设，教育引导职工树立集体观念，增强大局意识，使人人都主动严守纪律、主动维护集体荣誉。二是要体现单位的温暖和关爱。对职工的生活要关心关怀，对生病住院的，要及时组织人员看望和慰问，体现单位的温暖；对产假、探亲假等，要及时批假，主动关心，使职工能够更加主动地融入单位的管理。

二、事业单位奖励制度

组织的良性运行离不开组织制度制定,为使组织完成一定的目标,组织常常制定激励制度,保障员工的工作热情,激发员工的工作积极性。激励实施的措施有很多,奖励和惩罚是其主要的手段,从正反两方面激发员工的工作热情。

2014 年,《事业单位人事管理条例》颁布,其中提出奖励和处分的相关规定。2018 年,中组部、人力资源社会保障部印发《事业单位工作人员奖励规定》,对事业单位工作人员奖励工作的基本原则、条件种类、权限程序、实施要求等作出规定,为激励广大事业单位工作人员担当作为、干事创业,加强高素质专业化事业单位队伍建设提供了制度支撑。基于相关文件的精神,对事业单位奖励制度开展研究,对于进一步完善事业单位奖励机制,提高事业单位工作人员工作积极性具有重要意义。

(一) 事业单位奖励制度的理论基础

心理学视角的激励指的是持续激发人的动机的心理过程,管理学视角的激励重点关注通过特定的管理体系与方法。根据不同的划分标准,激励理论可以分为不同的类型,包括内容型激励理论、过程型激励理论等。早期的激励研究多集中于心理学领域,探索人的动机以及由动机产生的"需要",主要回答了以什么为基础或根据什么才能激发调动起员工工作积极性的问题,因此被称为"内容型"激励理论,代表性的理论成果有马斯洛的需求层次理论、赫兹伯格的双因素理论、戴维·麦克利兰的成就需要理论、奥德弗的 ERG 理论等。激励研究的过程学派则认为,通过满足员工的需要到实现组织的目标有一个过程,需要通过制定一定的目标影响员工的需要、激发员工的行动,因此,这些理论被称为"过程型"激励理论,代表性的理论成果有弗鲁姆的期望理论、亚当斯的公平理论等。行为主义激励理论实质是行为改造,主要代表是强化理论(Reinforcement Theory)。

心理学视角的激励指的是持续激发人的动机的心理过程,管理学视角的激励重点关注通过特定的管理体系与方法,将员工对组织及工作的承诺最大化。激励理论的产生与管理实践的发展是相辅相成的。根据不同的划分标准,激励理论可以分为不同的类型,根据不同理论关注和研究的内容看,可以分为内容型激励理论、过程型激励理论、行为后果激励理论、综合激励理论等。

1. 激励与人类动机激发理论

梅奥的"社会人"理论。根据著名的霍桑实验的结果,梅奥于 1933 年出版了《工业文明中的人的问题》一书。书中提出了与古典管理理论不同的观点——人际关系学说,主要观点包括:一是人是社会的人,是复杂社会系统的成员;二是企业中除"正式组织"外,还有非正式组织;三是认为员工的需要包括物质满足和精神满足两个方面,管理人员应该注重员工的工作态度以及他同周围人的关系;四是主张维系正式组织需要与非正式组织需要之间的平衡,以此达到激励员工积极性的目的。梅奥的"社会人"激励理论是西方激励理论的一大进步,它将激励的重心从单纯经济刺激转为物质与精神相结合的手段,在劳动中从关心物对人的影响向关心人对人的影响转变。正如梅奥所言,员工是社会人,与周围环境存于一体,因此其获得激励的途径不仅限于金钱,还有社会地位激励和心理成就激励。

沙因的"复杂人"理论。沙因等人认为,经济人假设、社会人假设、自我实现人假设各自反映出当时的时代背景,并适合于某些人和某些场合。但是,人有着复杂的动机,不能简单地归结为一两种。而且,也不能把所有人都归结为同一类人。事实上,存在着各种各样的人。沙因"复杂人"理论是在经济人假设、社会人假设、自我实现人假设的基础上对人性的进一步阐释,是人本主义激励理论的重要成果。沙因理论揭示了激励的复杂性源于人的复杂性,激励机制是一项系统工程,委托人在构建策略时要充分考虑人的要素、时空要素、传统要素、工作内容要素等。

马斯洛的需求层次理论(Hierarchy of Needs Theory)是由马斯洛在《人类动机理论》中提出来的,该理论将人的基本需要分为生理需要、安全需要、爱的需要、尊重需要和自我实现需要五个层次。马斯洛晚年修订了需要层次理论,认为人的最高级需要为超越自我的需要。依马斯洛看来,人类的这五类需要可以分为低级需要和高级需要两大类。其中,低级需要是沿生物谱系上升而逐步减弱的本能和冲动,高级需要则是随生物进化而逐步显现的潜能。这五类需要不能同时被满足,一般由低到高,越向上得到满足的可能性越小,每一个时期总有一种需要占支配地位,低层次的需要被满足了仍然存在,只是对行为的影响减轻了,就不再具有激励力量了。马斯洛的理论为管理者调动员工积极性提供了工作方向和工作内容,说明激励员工应从物质和精神两方面进行。

生存—相互关系—成长理论(Exitence-Relatedness-Growth)是由克雷顿·阿尔德佛根据对工人的大量调查结果而得出的。该理论认为一个人的需要不是五种,而是三种:生存、相互关系和成长。一般认为,该理论的生存需要对应马斯洛的第一、二层次需要,而相互关系对应着马斯洛理论的第三、四层次需要，成长即为马斯洛理论的第五层次需要。与马斯洛的理论相比，阿尔德佛认为人类的需要不都是与生俱来的，有的需要后天学习，人的需要不一定严格地按低级向高级发展，如人可能在没有归属的情况下产生成长需要。并且，在境遇不好的情况下，需要可能下降，当得不到好的相互关系时，则下降为生存需要。

激励—保健理论（Hygiene-motivational Factors）是由美国心理学教授弗雷德里克·赫茨伯格（Frederick Herzberg）在马斯洛理论的基础上提出来的。通过实验他得出结论，导致满意的主要因素主要有成就、认可、工作本身的吸引力、责任和发展五个。导致不满意的因素有企业政策与行政管理、监督、工资、人际关系以及工作条件。由此可见，工作满意的主要因素是参加成长与发展，即激励因素（Motivation Factor），对工作不满意的因素是环境，即保健因素（Hygiene Factor），因此该理论也称为双因素理论。

成就理论（McClellands Theorys of Needs，也称为麦克莱兰的后天需要理论）是由美国心理学家大卫·麦克莱兰（David McClelland）提出来的。他在《激励经济成就》中提出，人的基本需要有成就需要、权力需要和归属需要三种。成就需要是一种特殊人类动机，在心理学上称为"A"动机。一个组织乃至一个国家的兴盛取决于具有成就需要的人的多少，即高成就需要会导致高绩效。权力需要是指对名誉、责任和控制他人的影响力和能力的关注。归属需要是指与他人建立良好人际关系的需要。通过后续施莱奇和威纳等人的试验调查发现，成就需要是一种更为内化的需要，这种需要是导致国家、企业取得高绩效的主要动力，而权力需要与企业绩效没有关系，归属需要甚至与企业绩效出现负相关。

2. 组织管理中的激励

（1）激励目标要符合组织发展。

目标设置理论（Goal-Setting Theory）由爱温德·洛克（Edwin Locke）于20世纪60年代提出。目标是一种刺激，合适的目标会诱发人的动机，规定行为的方向。心理学上把目标作为诱因，诱因诱发动机，再由行为达成目标的过程就是激励过程。如企业发放奖金就是诱因，员工以获得奖金为目标，则会起到很强的激励作用，引导员工向既定满足他的目标采取行动。将这种方法运用到企业管理中，就形成了目标管理法（Management by Objectives，MBO）。其具体做法是：首先设定目标，企业设立总目标，再将其分解为个人目标，用一套管理控制法去实现目标，最后对既定目标效果进行考评。目标设置理论除强调合理设定目标可以提高绩效外，还强调反馈机制更能提高绩效,同时组织文化等因素对绩效的水平也有影响。

(2)正向激励与负向激励发挥着奖励与惩戒的作用。

心理学强化理论作为管理学的经典激励理论,是领导者对下属实施奖励或惩罚这两种正负激励的重要理论依据。作为新行为主义代表人物和奠基者,斯基纳(Skinner)继承了华生的行为主义心理学传统特征,基于巴甫洛夫的条件反射学说以及桑代克的试错学习原理和效果率等法则,在1938年提出操作性条件反射学习理论,并发展成为强化理论。由于通过强化可以修正个体的行为,因此该理论也被称为行为矫正理论。根据操作行为主义理论体系,如果在某种行为之后增加一个刺激使行为的发生频率增加,这一过程称为正强化,该刺激称为正强化物,为愉悦性的刺激。如果在某种行为之后撤销一个刺激使行为的发生频率增加,这一过程称为负强化,该刺激称为负强化物,为厌恶性的刺激。操作性条件作用包括强化和惩罚两种相反作用过程,具体可分为正强化、负强化、正惩罚和负惩罚四种类型。正强化是指给予愉悦刺激;负强化是撤销厌恶刺激;正惩罚是指给予厌恶刺激;负惩罚是指撤销愉悦刺激。其中,正强化并非因为反应会出现期望(或愉快)的结果而被称为正强化,负强化也并非由于反应会出现不期望(或令人生厌)的结果而被称为负强化。正强化和负强化都是使得某种行为增加的结果,在教育或组织管理领域内则体现为奖励。与负强化概念不同,惩罚是指负强化物的呈现或正强化物的祛除,也可以说是剥夺个体想要的东西或者给予个体不想要的东西。[①] 奖励正是通过正强化的方式不断加强员工对某一类行为的认可度,进而使员工维持某些行为表现,激发员工的主动性。

(3)激励结果与过程要体现公平性。

公平理论(Equity Theory)是由美国经济学家亚当斯(J. S. Adams)于1963年在《对于公平的理解》和1965年在《在社会交换中的不公平》中提出的。该理论主要用来解释工资报酬分配的合理性、公平性及其对员工的激励作用。公平理论认为,人们总是要将自己所做的贡献和所得的报酬,与一个和自己条件相等的人所做的贡献与所得的报酬进行比较,如果这两者之间的比值相等,双方就有公平感。用公式表示为:$O_p/I_p = O_o/I_o$。其中:O_p代表一个人对他自己所获报酬的感觉,I_p代表一个人对他自己所做贡献的感觉,O_o代表一个人对他人所获报酬的感觉,I_o代表一个人对他人所做贡献的感觉。公平理论中的公平是指人们对行为和作用结果的主观评价。公式说明,当一

[①] 赫根汉,奥尔森. 学习理论导论[M]. 7版. 上海:上海教育出版社,2011.

个人感到他所获报酬与他所做贡献的比值，与作为比较对象的其他人的这项比值相等时，就有了公平感。依据公平理论，公平是激励的来源，一个人对自己工作报酬的满足程度，不仅取决于绝对值，还取决于相对值。如果公式中的比值为1时，有助于维持激励，而当其值不为1时，则个体会产生不公平感。为了消除这种不公平感，可以采取以下几种方法来消除自己的焦虑，如谋求增加自己的报酬、降低别人的报酬、设法减少自己的贡献、增加其他人的贡献、另换一个比较对象。多数人认为将目标管理与公平理论相结合，就能起到很好的激励作用。公平是一种心理活动，因此在管理过程中应加强过程控制，如与员工进行心理沟通，或者公开信息，增加透明度，提高员工的公平感。

3. 激励目标达成的综合体系

（1）激励应注重组织管理中各种因素的协调。

综合性激励理论从激励的起点、过程等多个方面进行研究，主要的理论是波特—劳勒模型。波特—劳勒模型认为，期望理论在实际应用中有不少困难，激励和绩效之间存在着包括因果关系在内的多种复杂关系，对目标对象的激励要达到预期效果，需要考虑一系列综合因素并对相关变量进行控制，这些相关因素包括奖励内容、制度、组织分工、目标设置、公平考核等。波特—劳勒模型主要包含三方面观点：首先，个人所感知的受到奖励的概率及个人对任务的理解程度会直接影响到努力程度及个体所能达到的绩效；其次，受激励者对所获报酬公平性的感知与判断标准会直接影响个体的满意度；最后，个人对受到的奖励的满意程度会影响到其在下一个任务中的表现和努力程度。对自我存在意义及能力的肯定和承认，感受到自我的存在价值等。这对应的往往是一些高层次需要的满足，并且与工作成绩直接相关。这种模式认为，一个人在做出成绩后，希望得到两类报酬：一种是外在报酬，包括工资待遇、地位提升、安全感等。按照马斯洛的需求层次论，外在报酬往往满足低层次需要。由于一个人的成绩，特别是一些非定量化的成绩往往难于精确衡量，并且工资、地位、提升等报酬的取得包含了多种因素，并不完全取决于个人成绩，成绩与外在报酬二者之间并没有直接、必然、一一对应的因果关系。另一种报酬是内在报酬，即一个人由于工作成绩良好而给予自己的报酬，如感到对社会做出了贡献。

（2）注重团队激励。

勒温的场动力论认为，行为的发生与人的自身和环境都有关系。勒温用场论来解释人的心理与行为，并用公式 $B = f(PE)$ 表示，即一个人的行为

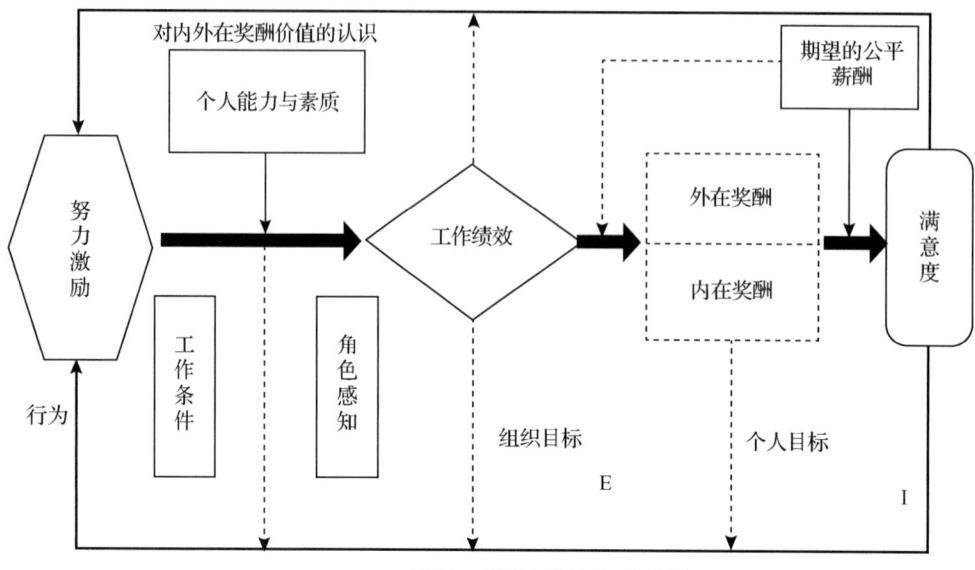

资料来源：Porter L W，Lawler E E．What job attitudes tell about motivation［J］．Harvard business review，1968，46（1）：118-126.

（Behavior）是其人格或个性（Personality）与其当时所处情景或环境（Environment）的函数，表示个人与其环境的交互关系。个人的一切行为包括心理活动是随其本身与所处环境条件的变化而改变的，所以，行为是个体状态和当时环境的函数，人的行为方向决定于内部系统需要的张力和外界引力之间的关系。据此，激励可分为内在激励和外在激励两种。外在激励是指利用工资报酬、福利、环境等外在条件刺激人的积极性，而内在激励则指利用个人本身的兴趣、价值、成就感等因素来激发人的动力。

豪斯的综合激励模式理论。罗伯特·豪斯在双因素理论和期望理论基础上提出了一个整合模型，强调任务本身的内在激励作用，兼顾因完成任务而获取的外在奖酬而引起的激励等。他们有的围绕如何满足人的需要进行研究，有的着重从人的动机产生到采取行动的心理过程入手，有的则从研究激励的目的着手进行研究。该理论认为，激励力量的大小由任务本身的内在激励、任务完成激励和任务结果激励三方面综合构成的整合激励模型所决定。它的贡献在于把内外激励因素有机结合了起来，内在激励包括工作本身提供的激励能量和工作绩效产生的激励能量及其期望值，外在激励包括工作完成带来的各种外在报酬所产生的激励能量。综合激励模式表明，激励力量的大小取决于诸多激励因素的共同作用。

"全面激励理论"由华东师范大学熊川武教授提出,核心理念是全员激励、全程激励、全素激励。熊川武教授认为,激励机制应包含三方面要素:一是人的要素。何人激励?何人被激励?这是激励机制的关键所在。二是时空要素。指的是激励的过程与环境,激励的契机、层次、先后等,解决这些问题能有效回应现实世界激励无"励"问题。三是方式要素。每一种场景都是独特的,每一类被激励群体都是唯一的,深刻认识激励的差异性、丰富性和变化性,选择恰当的方式才能形成倡之有声、行之有力的激励策略。①

20世纪80年代,复旦大学苏东水教授建构了本土激励理论。他认为,管理的精华是"以人为本,以德为先,人为为人"②。这十二字诀构成了人为激励的重要理论基础。所谓"人为",有广义和狭义之分。狭义的"人为"与"为人"相对应,是个体指向内部的心理行为。换言之,它是一种自我导向的个体行为。广义的人为则是指人的一切心理行为。人为科学中的"人为"就是指广义的"人为",它包括"人为""为人"以及"人为为人",三个层次"人为"是一种自我导向的个体行为,"为人"则是他人导向的服务行为。"人为"与"为人"是辩证统一、相互联系并且可以相互转化的,这种互动关系就构成了"人为为人"。

奖励可以分为个人奖励和集体奖励,反映个人或集体的绩效情况。从理论层面来看,个人奖励与集体奖励是相辅相成的关系,个人奖励注重个体的表现,通过对个体的奖励激励可以激发个体工作积极性,集体奖励利于良好集体文化的形成,许多研究者提出组织奖励可以增强参与人知识共享的动机。巴尔特(Bartol)等提出外在奖励对于显性知识共享更加有效,因为向知识中贡献编码化的显性知识的行为更易被发现和评价。泰勒(Taylor)发现在组织初期使用奖励制度有助于形成组织内部知识共享的文化。社会惰性理论(SLT)认为是工作团队中的社会惰性现象会导致团队生产力下降。影响社会惰性的因素包括人口统计学因素(如性别和文化特性)、个体心理因素(如合作者绩效期望)和团队层面因素(如团队规模、团队比较标准)等。在此基础上,利登(Liden)等从两个角度进一步总结了个人社会惰性行为的团队层面因素(如团队规模和团队凝聚力)和任务特征(如任务能见度、任务依存度等)关键影响因素。要提高集体绩效行为,就要尽可能减少组织中的惰性行为,激发每个人的工作积极性,避免搭便车行为的出现。集体奖励有利于使集体形成统一的工作目标,相互共享知识,促进集体成员的发展,同时集

---

① 熊川武. 论教育管理的"全面激励"策略[J]. 高等师范教育研究, 1995 (4): 84-90.
② 苏东水. 管理心理学[M]. 上海: 复旦大学出版社, 1992: 35.

体奖励可以增强团体的凝聚力,减低集体中社会惰性现象的发生,进一步提升集体工作绩效。

(二) 事业单位奖励制度存在的问题

1. 奖励导向模糊

通过对部分事业单位进行的调研,研究发现不少事业单位存在着奖励导向模糊的问题。

一是没有突出业绩导向的原则。奖励的导向体现出组织的管理理念。有些事业单位激励制度只有每年年底的年终考核。年终考核虽然可以在一定程度上衡量工作人员在一年内的工作表现,但是这一评价是一年综合平均的评价,其在评价过程中包含了对于工作业绩、工作态度、群众基础等各方面的评价,是一个综合的表现评价,没法很好地突出业绩导向的奖励原则。对于平时工作效果好、承担急难险重任务和重大专项任务的职工来说,现阶段奖励评价没有很好地兼顾到。

二是没有体现奖勤罚懒的原则。一些公益一类的事业单位除本身业务之外,要承担很多服务性、事务性工作,对于工作的耐心程度、奉献程度要求较高。很多岗位虽然没有承担一些重大的专项工作,但是对于服务上级机关中心工作做出了很大贡献,现阶段综合的评价奖励很难兼顾到这些默默奉献的人员,对于他们奖励更多是对工作勤奋、负责程度的奖励,现在的奖励评价很难反映这一点。

2. 奖励条件和种类缺乏岗位针对性

一是奖励种类单一。一些事业单位的奖励制度只有年底的年终考核之后的单一奖励,这一奖励方式虽然兼顾了各个部门的平衡,但是总体人数有限,对于承担重要工作的部门,需要奖励的人员很多,现阶段奖励种类的设置不能满足实际需要。单一的奖项设置也无法很好地引导职工在某些岗位和工作上做出成绩,大家会认为工作虽然辛苦、重要但是没有受到肯定,没有很好地起到激励作用。

二是奖励评价条件过于宽泛。年底的综合评价是一个综合的考量,没有办法体现出不同职工工作的特殊性,有的职工经常值夜班但是白天可能调休,有的经常承担重大任务经常加班,运用宽泛统一的评价标准没有办法很好地评价工作实绩,同时也没有起到良好的导向作用,大家并不知道在自己的岗位上怎样工作才是优秀,无法起到很好的激励目的。

3. 奖励权限过于集中

目前很多单位的奖励采取逐级考核的形式,部门内职工考核结果集中于部门领导。因为年终考核优秀的名额由部门领导决定，所以部门领导的管理理念与风格十分重要。调研中得知，一些部门领导确能做到实事求是，根据每个人一年的工作实际情况做出客观判断。但也存在有的部门领导为了维持处内干部的和谐，会把年底优秀的名额给予那些工作成绩一般但是十分重视奖励的职工；也有些部门领导过于注重处内人员奖励的平衡，存在优秀名额在部门内轮流的情况。这些情况都不利于形成正向的激励方向。部门领导对于奖励名额的决定权过于集中且缺乏监督，使得奖励起到的激励导向只能单方面依靠部门领导的管理理念与风格。部门领导的管理理念一方面源于其自身的管理能力，但在一个组织中如果不是专门的管理部门，很多领导没有受过专业的管理知识培训，其很可能没有意识到这些管理方式带来了不好的影响，虽然不会影响工作的顺利开展，但是对于组织形成良好的文化氛围、产生更高质量的工作成绩不利。

另一方面，部门领导的年龄一般较大，常年在组织内的工作，除了受制于组织文化的影响外，还受到人情社会文化的影响，对于常年一起工作的职工，其很难做到绝对客观评价，容易考虑个人的情绪问题、组织内的平衡问题等。这些都不利于形成良好的激励导向。

4. 奖励周期没有体现及时奖励

部分事业单位会承担一定的急难险重任务和重大项目，这些工作需要付出更多的工作精力，也要承担更多的压力，这些工作的完成体现出承担这些任务的干部的优秀工作能力与吃苦耐劳的工作品质，对于他们的奖励对于发扬肯担当、肯吃苦的精神十分重要。但目前不少事业单位的奖励周期过长，无法及时体现奖励。缺少及时奖励容易使员工产生不公平感，及时奖励除可以给予干部专门肯定外，从心理学上来说也是维持其今后工作热情的重要方法。奖励内隐理论认为，当行为表现好到某种程度时（即超过一定的上限阈值）将会得到奖励；而当行为表现差到某种地步时（即低于一定的下限阈值）则会受到惩罚。从内隐理论视角来看，员工对于领导是否存在奖惩忽视以及在多大程度上存在奖惩忽视的判断，是源于自动产生的内隐信念或直觉，而不是精确的心理计量和权衡，而且这种判断会将特定的情境线索（比如同事的行为表现以及是否受到奖惩）和业已建构的信念结构相联系。重大突发工作、重大专项工作意味着较大的工作量和工作压力，比日常工作面临更大挑战，职工在完成相关工作后会依据心理的评判标准渴望得到相应的组织肯定，如果这时组织没有给予奖励，职工心理将产生不公平感，不利于职工工作积极性的维持。同时，如果及时奖励没有跟上，对组织内其他成员也没有形成良好的导向作用，最终影响组织其他职工承担急难险重任务的积极性。

5. 奖励程序缺乏科学性

一些事业单位的年底考核采取部门推荐部门内职工的程序，在部门内评选的具体操作方法上没有形成统一的程序规范，有的部门是开会集体讨论，有的是投票，不同部门内评选方式反映出不同的处内管理方式与做法，也反映出不同部门的组织文化。没有统一的奖励评价程序，评价结果容易受到部门文化等影响，无法体现出科学性。

6. 奖励措施上精神奖励不足

很多事业单位会对年底考核等次为"优秀"的人员进行奖金奖励，但没有专门设立精神奖励奖项。精神奖励作为奖励的一种，也可以体现出组织对个人的认可，精神奖励可以满足职工被认可、尊重的需要，也可以在很大程度上激发职工的工作积极性。现阶段精神奖励的缺乏，一是激励的范围有限，获得奖励的人数有限，很多职工没有得到奖励，激励的效果没有完全达到。二是缺乏精神奖励，没法突出组织激励的具体目标。不同岗位需要的工作要求是不一致的，有些职工在某些工作能力方面有突出的奖励也可以给予一定程度的精神奖励，可以激发其再进一步保持其现在的工作热情，进一步发挥其特长的工作能力。

7. 奖励实施效果不佳

激励的效果要得到很好的发挥，除了设置合适组织发展的目标外，还需要一定的保障措施，使得获奖人员能够感受到真正的激励作用，必须要有长久的保证措施保持获奖人员的积极性。现阶段奖励制度没有与职工的培养培训结合起来。据调研反映，在一些事业单位，获奖职工在参加培训方面并没有获得优先权，参加培训只是看工作的时间安排，一般让工作不繁忙的职工参与培训，工作能力出色的职工因为承担更多工作任务往往无法参加培训，这使得获奖职工没有进一步获得培训深造的机会，获奖职工没有因为获得奖励而在职业发展上得到进步，不利于职工工作热情的长久保持。二是现在的职工奖励制度没有与职工的晋升联系在一起。晋升是个人在组织得到重视发展的最主要措施，在职务、职级晋升过程中应该优先考虑工作能力、业绩优秀的人，评奖是一个很好评价职工工作能力的手段，现阶段获奖职工在职务、职级晋升方面没有获得优先考虑的机会，更多的还存在论资排辈的现象，这样不利于组织激励目标的达成。

（三）完善事业单位奖励制度的建议

1. 明确突出奖业绩奖奉献的奖励导向

中组部、人力资源和社会保障部 2018 年印发的《事业单位工作人员奖励规定》提出了发挥正向激励作用，重视干部的品德与业绩贡献。奖励的原则还应突出工作的实际情况，一些事业单位总体人数不多，承担着很多常规性工作，需要日常处理工作，对工作态度的要求较高，坚守岗位、甘于奉献也是重要评价标准。奖励制度制定的导向应突出奖业绩、奖奉献两个方面，坚持奖勤罚懒原则。

2. 设立符合岗位特点的奖励种类和条件

设置符合岗位特点的奖励种类和条件，可以更具体反映工作实际，使得激励目标更加具体，拥有具体的激励目标，各个岗位的干部明确自己岗位工作优秀的目标，更能调动其工作积极性。

(1) 明确奖励种类。

要使个体更好地完成组织目标，管理者就要设置可以使被激励者达到的目标，如果管理者设计的目标不能根据个人特点设置，将带来部分员工觉得自身离目标过远而放弃努力的结果，没有达到激励应有的效果。越符合自身特质的奖励，越容易提高被期望者的期望值，当员工认为自身与激励目标越近时越可以激发其工作积极性。设置符合岗位特点的奖励种类和条件，是更好地激发组织内每个个体积极性、达到组织管理目标的重要体现。

公平是激励的来源之一，一个人对自己工作报酬等的满足程度，不仅取决于绝对值，而且取决于相对值。如果感到报酬与他人比较的公平，有助于维持激励，反之则个体会产生不公平感。如果在奖励设置中让员工感受到差异有违公平的原则，容易导致相关岗位的员工降低工作热情，在奖励种类设计上应该注重不同岗位之间的平衡。

奖励种类的设立也可以从业绩、行为、文化三方面进行考虑。业绩奖励主要指工作完成的质量情况。行为奖励主要看重工作的态度，包括加班情况、出勤情况等反映个人工作认真负责程度的指标。文化奖励主要指对组织文化做出良好建设的行为，包括经常参与党群活动、获得见义勇为等社会奖励给组织带来良好文化风尚等行为。重视对团队的激励可以塑造良好的团队文化，进一步激发团队工作主动性。

(2) 明确奖励权限。

奖励权限应该与干部人事管理权限保持一致，最终由单位领导负责。为避免部门内评奖权力过于集中的情况，部门可以采用材料申报、投票、集体开会决议的情况推选候选人（可以参评人数少于3人的处室可以只进行开会决议），同时成立奖励评审小组（包括一般干部、处长、所有中心领导）负责每个处室申报材料的审核。评审小组拿到每个处室所有人员的申报材料再结合投票等程序,认定是否同意处室的推选结果,如果考核小组认为推选人员在处室内不是最优人选或者不符合评价标准可以与该处室人员开会讨论再次商定候选人员,若发现确实没有合适人选,可以取消该处室人员参与此次评奖,这一制度的设置一是保证每个处室内部推荐的公平性,进行公平性监督,二是可以保证参评统一奖项的人员获奖的公平性。

3. 注重定期奖励与及时奖励相结合

(1) 定期奖励。

定期奖励的奖励周期固定,在固定的时间开展定期奖励,对被激励者形成长远的、稳定的激励目标,利于组织目标的实现。定期奖励可以每年开展一次,时间在年度考核之前,可包括勇担重任奖、业务标兵奖、服务部中心奖、勤恳工作奖、文化氛围奖和优秀处室奖等。

(2) 及时奖励。

事业单位每年都会承担一些上级主管部门交办的重大事项,在本单位内部也会有一些紧急事项需要处理,对于承担这些工作的人员及时奖励可以更好地发挥其榜样带头力量。及时奖励的频率也不宜太过频繁,可以一年分两次进行,一次在6月,一次在年度考核之前与其他奖励一同进行,适时开展,即如果当年6月之前有完成重大突发事件、重大专项工作任务的干部可以在6月开展及时奖励,如果没有则统一在年底与其他奖励项目一起开展。及时奖励只设置勇担重任奖一个奖项。

(3) 规范奖励程序。

根据前期调研了解,一些事业单位的个别处室在之前的奖励评审过程中存在平均主义倾向,推荐人选可能并不能反映实际情况,为加强对处室推荐环节及整个奖励制度的监督,加入奖励评审小组进行资料审核等工作,具体论述也可以见本节第二部分关于奖励权限的论述,完善奖励流程。为保证程序的完整性,对于可能开展的年中及时奖励以及获奖名单有异议的复核的程序,也应该在一般程序中体现。

(4) 注重精神奖励措施。

精神奖励就是除物质奖励之外的奖励方式。作为社会人,每个人都渴望得到自我认同。激励—保健理论认为,对于员工的认可也是激励的有效措施之一,保健因素又被称为维持性因素,这些因素没有激励作用,却可以保持员工的积极状态,起到防止员工对工作产生不满情绪而降低工作积极性的作用。一些组织的认可与荣誉,虽然没有带来物质上的奖励,但是可以间接地激励个体。非物质的精神奖励要发挥作用,也要保证一定的奖励形式。

在奖励证明上，可以设置奖牌、奖状等荣誉证明。对于获奖情况可以记入个人档案。在奖励形式上，精神奖励的评选也要通过制定的评选程序进行，在奖励大会上作为单独的奖励项目颁布，通过公开颁奖的形式进一步突出其重要性。

（5）注重奖励制度与干部培养的联动。

要发挥典型示范引领作用，就要充分发挥奖励的效果，在干部培养培育方面给予更多机会。注重与培养培训的衔接。对于获得奖励的人员，可以优先参与当年的培训工作。注重与晋升制度的衔接。第一是技术岗位晋升聘用时作为参考，评聘分开，获得勇担重任和业务标兵的干部优先考虑。第二是管理岗位晋升作为条件，包括单位内部提拔和调转任机关。

《科技部信息中心激励机制研究》
课题组成员名单

课题组长：

任文硕（中国人事科学研究院绩效管理与考核奖惩研究室主任、研究员）

执行组长：

王　伊（中国人事科学研究院国外人力资源与国际合作研究室二级翻译）

张　琼（中国人事科学研究院绩效管理与考核奖惩研究室助理研究员）

课题组成员：

徐　维（中国人事科学研究院绩效管理与考核奖惩研究室副主任、副研究员）

卜娜娜（中国人民大学在读博士）

事业单位科研人员薪酬激励制度研究[①]

提　要：激发事业单位科研人员潜心研究和创新创业的积极性，集中精力从事探索性、创造性科学研究活动，是实施创新驱动发展战略、建设创新型国家的重要举措。近年来，针对科研人员的薪酬激励政策，包括科技成果转化收益激励、高层次人才激励、提高科研项目资金中绩效支出的比例等政策相继出台，这些单项激励政策与科研事业单位执行的岗位绩效工资制度，共同发挥了越来越重要的激励作用。整体看，事业单位科研人员薪酬水平并不低，但在结构、动态调整等方面存在一定的不合理之处，不同隶属关系的科研院所之间、不同学科、年龄的科研人员之间薪酬公平性不足，特别是从事基础研究的科研人员和青年科研人员薪酬水平较低，此外，还有薪酬来源不稳定和总报酬吸引力不够等问题，以上均影响科研人员薪酬激励效果。为保障科研人员潜心科研，在完善薪酬方面需综合施策，将增加对科研人员的财政经费的稳定支持和建立符合行业特点的薪酬制度相结合，更好地把财政经费稳定支持接得住、接得好，使薪酬发挥好激励保障作用，提出加快推进建立符合科研院所行业特点的薪酬制度，探索工资总额管理和多种分配方式，提高科研人员固定薪酬的比例，给予优秀青年科研人员一定时期的稳定支持，尽快推动高层次人才激励政策落地实施，调整财政经费结构增加薪酬的稳定支持，建立合理的科研机构和科研人员评价考核体系，加快建立高校和科研院所薪酬调查制度。

[①] 本文系科技部引进国外智力管理司 2019 年度委托中国人事科学研究院研究课题《事业单位科研人员薪酬激励制度研究》的部分内容。

关键词： 科研人员　　激励　　薪酬水平　　薪酬结构

党的十九大报告指出，创新是引领发展的第一动力，是建设现代化经济体系的战略支撑。加快建设创新型国家是现代化建设全局的战略举措，必须坚定实施创新驱动发展战略。目前我国科技创新仍然存在关键技术自给能力不足，缺乏突破性颠覆性技术，基础研究投入不足以及创新能力偏弱等问题。科技创新最关键的因素是人，要建设世界科技强国，关键是要建设一支规模宏大、结构合理、素质优良的创新人才队伍，尤其激发事业单位科研人员潜心研究和创新创业的积极性，集中精力从事探索性、创造性科学研究活动，是实施创新驱动发展战略、建设创新型国家的重要举措。激发科研人员创新创业的积极性，潜心研究需要多种举措，但薪酬激励无疑发挥着至关重要的作用。

课题研究过程中，课题组采用了文本分析、问卷调查、实地调研等方法，从理论和实践层面深入研究。对国内外有关科研人员薪酬的数据、制度文本及相关研究等资料进行搜集、整理和分析。同时进行了网上问卷调查，获取有效样本数为 5 453 份，并实地走访了 10 家科研院所，包括中科院 2 家科研机构和农业农村部所属农科院、水科院、热科院 8 家机构，共座谈访谈 12 场，约 100 人次。通过了理论研究和实地调研，获取很多一手资料。本课题的研究对象，特指科研事业单位（中央单位部门所属科研机构及中科院所属的科研机构）中的科研人员。薪酬激励界定为直接经济报酬，即货币性劳动报酬，含基本薪酬和可变性的薪酬激励。

一、我国科研事业单位薪酬制度现状

目前，科研事业单位执行的是 2006 年事业单位国家进行第四次工资制度改革统一确定的岗位绩效工资制度。随着国家创新驱动发展战略的全面实施，更为积极的针对科研人员的薪酬激励政策相继出台，如科技成果转化收益激励、高层次人才激励、提高科研项目资金中绩效支出的比例等。国家岗位绩效工资制度和其他单项激励综合施策，发挥了越来越重要的激励作用。

（一）基本薪酬制度

1. 岗位绩效工资制度要点

为适应深化事业单位改革的要求，逐步实现事业单位收入分配的科学化和规范化，2006 年，党中央、国务院批准《关于印发事业单位工作人员收入分配制度改革方案的通知》和《关于印发〈事业单位工作人员收入分配制度改革实施办法〉的通知》，确立了事业单位的岗位绩效工资制度。之后，结合科学研究事业单位的实际情况，人事部、财政部和科技部制定了《科学研究事业单位贯彻〈事业单位工作人员收入分配制度改革方案〉的实施意见》。具体制度要点如下：

工资收入构成。按照国家规定，科研人员的薪酬由岗位工资、薪级工资、绩效工资和津贴补贴四部分组成，其中岗位工资和薪级工资为基本工资，执行国家统一的政策和标准。津贴补贴按照国家政策标准发放。绩效工资主要体现工作人员的实绩和贡献，事业单位在上级部门核定的绩效工资总量内灵活发放，是工资收入中灵活激励部分。

绩效工资总量核定。科研事业单位绩效工资总量由人社、财政以及上级主管部门核定。国家基于对公共部门管理的要求，对绩效工资的总量进行调控。各级政府人事、财政部门和科研事业单位主管部门根据本地区实际情况制定实施办法，调控本地区科学研究事业单位绩效工资的总体水平，各科学研究事业单位主管部门根据同级政府人事和财政部门核定的绩效工资总量，综合考虑所属科学研究事业单位的社会公益目标任务完成情况、绩效考核情况、事业发展、岗位设置和经费来源等因素，下达各事业单位的绩效工资总量。

绩效工资分配。科研事业单位在核定的绩效工资总量内，自主决定分配形式和办法。单位内部在进行绩效工资分配时，要健全内部绩效评价机制，以工作人员的实绩贡献为依据，向优秀人才和关键岗位倾斜，合理拉开差距；同时，妥善处理单位内部各部门、各类人员之间的分配关系，防止差距过大。专业技术人员的绩效工资，根据其科研工作质量、成果水平以及实际贡献等因素，结合岗位目标和年度考核情况综合确定。

2. 绩效工资实施情况

目前，绩效工资制度在科研事业单位全面推开。2006年，岗位绩效工资制度出台以后，地方单位先行实施绩效工资。2016年，人社部、财政部印发《关于中央有关事业单位实施绩效工资的通知》，中央科研事业单位开始实施绩效工资制度。

实施过程中，科研事业单位基本工资执行国家统一标准，国家根据经济发展、财政状况、企业相当人员工资水平和物价变动等因素，适时调整基本工资的标准。

全国各地方实施绩效工资以来，对核定事业单位绩效工资总量的办法和增长机制进行了探索。各地核定绩效工资总量的模式主要有三种：即限高、稳中、托低模式，分行业核定模式和与公益贡献挂钩三种模式。具体到科研事业单位，通常采取按行业分类或根据历史和现实水平进行核定的办法。近两年，中央科研事业单位实施绩效工资后，各单位在2015年初次核定绩效工资总量后，绩效工资总量几年没有增长，一定程度上出现了工资增长率与科研任务增长不匹配的情况，对科研人员的工作积极性产生了一定影响，给科研事业单位的引才稳才工作带来了一定的困扰。

（二）科研事业单位高层次人才薪酬激励

1. 政策要点

随着人才工作的深入推进，我国加大了对于高层次人才的激励力度。

进一步完善了高层次人才的激励机制。要加大对高层次人才的激励力度，继续实行政府特殊津贴制度，建立重要人才国家投保制度，采取一次性重奖以及协议工资等灵活多样的分配形式和办法，逐步完善高层次人才分配激励机制。对知识技术密集、高层次人才集中的事业单位，核定绩效工资总量时可给予适当倾斜，《科学研究事业单位贯彻〈事业单位工作人员收入分配制度改革方案〉的实施意见》据此简要规定了高层次人才分配的激励措施。

增加了激励灵活性，放松了部分限制。高层次人才薪酬在所在单位绩效工资总量中单列。2016年，为加大对高层次人才的激励力度，增加分配灵活性和多样性，中共中央《关于深化人才发展体制机制改革的意见》再次提出探索高层次人才协议工资制等分配办法。2019年，人力资源社会保障部、财政部出台的《关于完善事业单位高层次人才工资分配激励机制的指导意见》规定，对于事业单位聘用的急需紧缺、业内认可、业绩突出的极少数高级专业技术人才、高级管理人才和高端技能人才，可参考人才市场价格合理确定薪酬水平，所需绩效工资总量在事业单位绩效工资总量中单列，相应增加单位绩效工资总量。科技部等6部门印发了《关于扩大高校和科研院所科研相关自主权的若干意见》的通知，对高层次人才激励做出了更为明确的规定，加大了激励力度，允许采取形式多样的分配方式。进一步明确，对全时承担国家关键领域核心技术攻关任务的团队负责人以及单位引进的急需紧缺高层次人才等可实行年薪制、协议工资、项目工资等灵活分配方式。

2. 政策实施情况

诸多政策的出台，有利于科研事业单位引才稳才，但由于很多政策正在推进过程中，尤其是高层次人才薪酬激励政策出台时间不久，实际的实施效果并不明显，有的单位尚未切实落地实施。调研中发现，地方实践进行了一定的探索，取得一些成效。但部分中央部委科研事业单位对于高层次人才的选拔条件规定、单位中所占比例、管理和退出机制等相关问题仍然在探索过程中,高层次人才在绩效工资总量中单列也未充分落地实施。

(三)提高了科研项目资金中的绩效支出比例

1. 提高间接费用比例,取消间接费用中绩效支出比例限制

为加快实施创新驱动发展战略,促进科技创新,2016年,中共中央办公厅、国务院办公厅印发《关于进一步完善中央财政科研项目资金管理等政策的若干意见》,从科研经费预算调剂、经费比重、开支范围、科目设置等方面提出了一系列"松绑+激励"的措施,激发科研人员创新创造活力。该文件明确提出,提高间接费用比例,加大绩效激励力度。中央财政科技计划(专项、基金等)中实行公开竞争方式的研发类项目,均要设立间接费用,核定比例可以提高到不超过直接费用扣除设备购置费的一定比例。此举取消绩效支出比例限制,绩效支出安排与科研人员在项目工作中的实际贡献挂钩,加大了对科研人员的激励力度。

2. 试点单位扩大科研经费使用权

2018年,《国务院关于优化科研管理提升科研绩效若干措施的通知》提出了开展扩大科研经费使用自主权试点,并在教育部直属高校和中科院所属科研院所中选择部分创新能力和潜力突出、创新绩效显著、科研诚信状况良好的单位开展"绿色通道"改革试点,包括开展简化科研项目经费预算编制、扩大科研经费使用自主权、科研机构分类支持、赋予科研人员职务科技成果所有权或长期使用权等试点工作,并准备加快形成经验在全国推广。调研中了解到,中科院的战略先导科技专项经费纳入了试点范围,可在科研经费中提取不超过20%比例作为奖励经费,在经费预算中予以明确区分即可。

在此政策引导下,上海、天津、广东、江苏、浙江、甘肃、宁夏、山东等省市都出台了相应的激励措施。如山东省人民政府《关于健全科技创新市场导向制度的若干意见》提出,改革科研项目经费管理制度。简化财政科研项目预算编制,直接费用中除设备费外,其他科目费用调剂权全部下放给项目承担单位。探索建立科研项目经费"包干制",不设绩效支出、劳务费等科目比例限制,强化项目成果产出评价。广东省《关于进一步完善省级财政科研项目资金管理等政策的实施意见(试行)》坚持"放管服"结合。进一步简政放权、放管结合、优化服务,扩大高校、科研院所在科研项目资金、差旅会议、基本建设、科研仪器设备采购等方面的管理权限,为科研人员潜心研究营造良好环境。同时,加强事中事后监管,严肃查处违法违纪问题。项目承担单位为事业单位性质的,可从直接费用中开支在编人员的人员费,用于补足本单位参与本科研项目的在编人员工资性支出。

此项政策对科研事业单位激励效果明显,增加了科研经费的灵活使用和有针对性地使用,增强了对基础科研的稳定支持。

(四) 加大对基础研究的支持力度

为建设创新型国家和世界科技强国,进一步加强基础科学研究,2018年,《国务院关于全面加强基础科学研究的若干意见》出台,提出瞄准世界科技前沿,强化基础研究,深化科技体制改革,促进基础研究与应用研究融通创新发展,着力实现前瞻性基础研究、引领性原创成果重大突破,全面提升创新能力。在完善基础研究布局、建设高水平研究基地、壮大基础研究人才队伍、提高基础研究国际化水平、优化基础研究发展机制和环境等方面提出了相关指导意见。

2020年1月,为深入贯彻落实《国务院关于全面加强基础科学研究的若干意见》,充分发挥基础研究对科技创新的源头供给和引领作用,科技部、发展改革委、教育部、中科院、自然科学基金委联合制定了《加强"从0到1"基础研究工作方案》。制定了包括总体考虑、优化原始创新环境、加强基础研究人才培养、加强管理服务等八个方面的工作方案。

2020年4月,科技部、财政部等共同制定了《新形势下加强基础研究若干重点举措》。该文件提出切实把尊重科研人员的科研活动主体地位落到实处,提出了更加具体细化的要求,包括:完善适应基础研究特点和规律的经费管理制度,坚持以人为本,增加对"人"的支持;切实保障科研人员工作和生活条件,强化对承担基础研究国家重大任务的人才和团队的激励,落实以增加知识价值为导向的分配政策,探索实行年薪制和学术休假制度,对科研骨干在内部绩效工资分配时予以倾斜;加快推进经费使用"包干制"的落实落地;安排好纯理论基础研究、对试验设备依赖程度低和实验材料耗费少的基础研究项目间接费用。此外,特别提出加大对基础研究的稳定支持。完善基础研究投入机制,加大对长期重点基础研究项目、重点团队和科研基地的稳定支持。

二、科研人员薪酬激励存在问题分析

(一) 薪酬激励力度不足

从我国全行业角度看,科研人员整体的薪酬水平并不低。根据国家统计局公布的数据分析,2019年,科学研究、技术服务和地质勘查业城镇单位就业人员年平均工资(133 459元)在19个行业中位居第3位,仅次于信息传输、计算机服务和软件业（161 352元）及金融业（131 405元）两个行业的平均工资，是全国城镇单位就业人员平均工资（90 501元）的1.47倍。在2020年中国人事科学研究院开展的《科研人员薪酬激励调查问卷》显示，近六成（59.62%）的科研人员年收入为12万~36万元。但大家对薪酬的满意度较低，仅15%的科研人员表示满意和非常满意；85%人表示一般和不满意；年轻人满意度最低。

从国外研究机构薪酬水平看，英国非医药类基础战略性生物研究项目的主要资助机构——生物技术和生物科学研究理事会（BBSRC）2017—2018财年报告显示，其员工年薪范围为12 500~157 500英镑，中位数为30 782英镑，而英国统计局公布的同一财年全国纳税人税前收入中位数为24 400英镑，上四分位数为37 000英镑。英国研究人员薪酬水平在全国排位从较高、居中和下四分位都有。

总体看我国科研人员工资水平在社会收入排序中尚可，但科研人员获得感普遍较低，尤其是青年科研人员获得感更低，科研人员的薪酬激励效果不明显、力度不足的问题突出。

(二) 薪酬水平增长缓慢

事业单位的基本工资2014年以来每两年调整增长一次，2014年、2016年、2018年分别上调了基本工资。2020年由于新冠肺炎疫情等特殊原因没有进行上调。绩效工资增长缓慢，尤其是中央事业单位，在2015年全面实施绩效工资以来，五年未核增绩效工资总量，基本工资基数低，薪酬水平整体增幅较小，绩效工资水平未增加，矛盾较为突出。

科研人员反映，科研院所薪酬增长速度远低于企业，从按劳分配的角度看，科研人员工资增长率与科研任务增长严重不匹配。同时，工资增长低于社会平均工资的增长率，甚至无法弥补物价增长带来的实际收入下降，薪酬激励力度较弱，科研人员的获得感很低，工作积极性大受影响。

(三) 薪酬结构不合理

科研院所固定薪酬占比例较低，灵活发放占比较高，导致科研人员对收入的预期不佳。我国科研人员的基本工资包括岗位工资和薪级工资，按照岗位等级执行国家统一工资标准，正高四级研究员基本工资为5 050元，副高七级基本工资为3 360元，中级十级基本工资为2 323元。科研人员基本工资和固定津贴补贴占工资性收入的30%左右，绩效工资占工资性收入的50%~70%。以热科院为例，南亚所基本工资占比27%、环植所基本工资占比27%、生物所基本工资占比26%；农科院植保所基本工资占比17.41%、作物所基本工资占比 26%。从美国、英国、德国和日本等国家的公立科研机构工资构成看，在筛选和考核基础上，普遍为科研人员提供保障体面生活的稳定薪酬，固定薪酬通常占工资收入的 80%~85%。英国生物技术和生物科学研究理事会（BBSRC）绩效工资占比较低，且不会人人享受。主要由三部分构成：一是浮动薪酬增加部分。表现或出勤情况不佳的人员不享受，平均增幅不超过 1%，2017 年全职员工的薪酬增加额度为 148~832 英镑。二是绩效奖金部分。奖励给评价为优秀或称职的人员，奖金发放方式为一次性支付，不计入养老金缴纳基数。绩效奖金按岗位等级发放。2017 年，全职员工称职等次的奖金额度为 82~396 英镑不等，全职员工优秀等次的奖金额度为 328~1 586 英镑。三是特殊奖金计划。用于一次性奖励绩效奖金无法涵盖的特殊情况，单位全年的奖金总额必须控制在薪酬总额的 0.3% 以内，具体到个人，奖励额度为 100~1 000 英镑。

我国科研人员稳定收入部分在薪酬中占比偏低，基本工资无法保障科研人员的基本生活，绩效工资需要科研人员不断申请竞争性科研项目、横向课题等方式获取，绩效工资缺少稳定预期，追求短期成果，必然影响科研人员在基础科研方面的潜心投入。导致科研人员无法安心从事科研工作，不符合科研工作需要稳定支持的特点。

（四）央属科研院所与驻地单位之间薪酬水平差异较大

由于中央事业单位实施岗位绩效工资制度晚于地方约 5 年，目前仅是规范入轨，尚未建立绩效工资的正常增长机制，绩效工资水平几年未增。同时，中央驻地方科研院所一般不能享受地方科研人员的激励政策（如科研立项、科研经费管理、评奖评优等政策），不能执行地方根据经济发展和物价水平出台的地方性津贴如住房补贴等政策，无法获得相关财政资金补助。因而，中央驻地方科研院所科研人员的薪酬水平，往往不同程度地低于驻地同类科研院所和高校。此现象在上海、广东等发达地区尤为明显。

以中国热带农业科学院南亚热带作物研究所（以下简称"热科院南亚所"）为例，热科院南亚所位于广东省湛江市，调研中大家普遍反映，南亚所的待遇"与大学没法比"，高校人才引进的安家费和配套措施力度大，近三年来所里已经走了 16 个博士，主要的流向都是大学和学院，他们的安家费至少七八十万元，另外还有科研启动资金。中国热带农业科学院环境与植物保护研究所（以下简称"热科院环植所"）位于海南省海口市，海南省一类事业单位科技人员年基础性绩效工资为 6 万~7 万元（不含安家费、科技成果转化收益部分、科技项目奖励绩效等），比热科院环植所科技人员高 15%，海南大学、琼台师范的基础性绩效工资超过 10 万元，比环植所高 90%。中国水产科学研究院渔业机械仪器研究所（以下简称"水科院渔机所"）位于上海市，水科院渔机所的绩效工资水平是上海市农委科研事业单位绩效工资水平的 2/3。由于激励不足，导致科研院所青年骨干人才流失较多。热科院的南亚所，2020 年博士人数比 2018 年减少了 26%，目前科研人员中博士比例不足 16%。热科院南亚所的前身为徐闻试验站，是顺应国家战略而生，主要任务是解决粤西地区橡胶生产发展中出现的关键性技术问题，从诞生之日起就肩负着打破帝国主义对我国橡胶战略物资的封锁、保障我国橡胶物资供应、安全保障维护国家战略物资供应的重要使命。几十年来曾经数次获得国家科技奖，热科院南亚所在三区三州贫困地区脱贫致富、国家乡村振兴战略以及"一带一路"建设中都发挥着重要作用，但目前该所的引才留才面临严峻问题，四梁八柱动摇，发展后劲严重不足，对科研事业产生较大影响。

（五）从事基础研究的科研人员薪酬水平普遍较低

目前的薪酬体系下，科研人员的收入构成除了基本工资、津贴补贴、绩效工资外，还有部分科技成果转化收益。对于多数科研院所来说，在财政人员经费保障有限的情况下，绩效工资和科技成果转化收益的来源主要是纵向课题的间接费、横向课题和科技成果转化的收益。纵向课题间接费比例受到限制，横向课题和科技成果转化收益是重要的绩效工资的经费来源。

尤其在农业科研领域，这一现象更为明显。农业科研领域，主要面向农业和农民，以公益服务为主，创收更为有限。中国农业科学院植物保护研究所（以下简称"农科院植保所"），是专业从事农作物有害生物研究与防治的社会公益型科学研究机构，在中国农业科学院 2012—2019 年连续八年科研院所评估中，位居人均实力第一。科研人员只有从事跟药相关的研究，才能有较高收入，院内 70% 的课题组完全是公益性的。农科院植保所高级职称科研人员平均工资性年收入为 37.95 万元，最高为 159.06 万元（1 位），最低 20.87 万元，高低比为 7.62 倍，中级职称科研人员平均 20.72 万元，最高 52.61 万元（1 位），最低 13.88 万元，高低比为 3.79 倍。从问卷调查结果可以看出，中央单位科研院所，81.3% 的正高级科研人员收入分布在 18 万元以上，其中，24 万~36 万元的约为 32.52%，36 万元以上的占 27.75%。80.75% 副高级科研人员收入分布在 12 万~36 万元，其中，12 万~18 万元的有 39.09%，18 万~24 万元的有 29.59%，24 万~36 万元的有 12.07%。

英国生物技术和生物科学研究理事会（BBSRC）科研人员的薪酬，年薪封顶，差距不大。E~G 级同一岗位科研人员之间，最高年薪比标准年薪上浮

15%，最低年薪比标准年薪下浮10%，而A~D级同一岗位科研人员之间收入差距更小，见表1。

表1　　　　　　　　BBSRC岗位年薪表（2017年）

岗位级别	最低年薪（英镑）	标准年薪（英镑）	最高年薪（英镑）	最低年薪比标准年薪的下浮幅度（%）	最高年薪比标准年薪的上浮幅度（%）
A	15 415	16 399	18 039	6	10
B	19 136	20 800	23 920	8	15
C	24 435	26 560	30 544	8	15
D	30 357	32 997	37 947	8	15
E	37 789	41 998	48 286	10	15
F	48 202	53 558	61 592	10	15
G	58 208	64 675	74 376	10	15

来源：BBSRC官网。

基础科研往往研究周期较长、存在较大的不确定性，在横向课题有限、绩效工资总量限制的情况下，科技成果转化收益能够一定程度上提高科研人员的薪酬水平，但是仅有部分学科领域才有能力进行科技成果转化，纯基础研究的科研人员几乎没有科技成果转化收入，在本次问卷调查中，5 353份有效问卷中，仅5.83%的科研人员享受科技成果转化收益的分配。在同一科研院所内，有科技成果转化和技术服务收入的科研人员收入较高，只做基础研究的科研人员由于难以"创收"，绩效水平普遍偏低。同一岗位层级薪酬差距过大，会影响科研人员潜心基础研究的积极性。

（六）青年科研人员薪酬水平普遍偏低

目前工资体系下，青年科研人员职称低、资历浅，基本工资水平较低，同时，青年科研人员处于科研起步积累阶段，科研项目、科研奖励、成果转化等方面的收入也较少。青年科研人员薪酬水平普遍较低。问卷调查显示，68.42%的30岁及以下的科研人员年收入集中在12万元以下，75.46%的30~35岁的科研人员的年收入在18万元以下。82.84%的中级职称科研人员年收入为6万~18万元，其中，15.4%为6万~9.6万元，31.02%为9.6万~12万元，36.24%为12万~18万元。以热科院环植所为例，2017—2019年新入职青年科技人员18人，年平均工资收入12.32元，扣除社会保险、公积金、职业年金等费用后，实际到个人工资卡上的收入为每月不到5 000元。此外，青年科研人员处于上有老下有小的阶段，在住房、子女教育、老人赡养等方面的开支较大，生活压力大，对薪酬激励更为敏感。问卷调查显示，相比35岁以上科研人员，35岁及以下的青年科研人员对薪酬不满意的比例最高，超过三分之一。青年科研人员是未来科技创新的中坚力量,也处于科研积累的黄金时期,收入水平过低会影响其潜心科研,对中国未来科技创新的影响是巨大的。

(七)财政保障水平低,薪酬经费来源不稳定

财政拨款的人员经费占各研究院所收入比重不尽相同,但总体来说,财政保障水平普遍较低,科研院所的绩效工资水平通常通过其他收入获得,包括竞争性纵向科研项目、横向项目、科技成果转化收益等。有些单位看似财政保障经费比例较高,但由于单位的其他收入来源少,科研人员薪酬水平相对也较低。以中国热带农业科学院为例。财政拨款是中国热带农业科学院人员经费的最主要来源,2017—2019年占比为80%左右,但竞争性纵向课题收入非常有限,其他收入来源更少,缺少绩效工资的资金来源,要增加科研人员收入、落实高层次人才激励或者稳定支持青年科研人员,面临经费紧张问题。中国农业科学院的植物保护研究所(北京)、畜牧兽医研究所(北京)以及作物科学研究所(北京)所,人员经费中财政拨款的比重约为50%左右。目前薪酬水平尚可,但是薪酬收入来源并不稳定,科研人员必须花费大量时间争取横向项目,才能保持目前的收入水平。

对于纵向课题经费较多的单位,如中科院,由于纵向科研经费中可用于绩效工资的比例较低,大家认为仍是"有钱打仗,没钱养兵",近年来,国家加大了科研经费支持力度,并提高了间接经费的比例,但是纵向科研项目中,绩效支出比例仍然偏低,不足以"养兵"。目前正在开展从基本科研业务费(如中科院战略性先导科技专项经费)等稳定支持科研经费中提取不超过20%作为绩效奖励的试点,仅在少部分中科院的科研院所和高校试点,其他科研院所并不享受此政策。农科院植保所反映,科技部重点研发计划,可以列10%的间接经费作为绩效,但是很多其他项目,如重点实验室(科技部)、创新工程(财政部),都没有这个政策。大部分专注从事纵向科研项目的科研人员无法获得合理的收入,面对"有粮票、没粮食"的局面,为了增加收入,无法深入专注做重要纵向项目,而是做大量的小散项目,同时必须争取横向科研项目。或为了争取更多纵向项目或者把纵向项目的预算做大,以便有更多的间接费用空间,造成科研人员浪费大量时间精力,导致财政科研资金使用低效。

从国外情况看,英国和美国国立科研机构中,全职科研人员可以在科研项目中取薪,但是总额不能超出其固定年薪。英美两国人员费均可在科研项目的直接费用中据实列支,根据科研人员具体科研项目中的投入时间在科研

人员全年工作时间中的比重,结合科研人员的固定年薪标准得出。如英国科研项目的人员经费支出主要来自直接发生的成本。科研项目人员费的计算基础是所需人员的实际工资和实际投入该项目的时间,或受聘人员的工资等级及预计的工作时间。英国研究理事会竞争性科研项目中允许按工作量分摊个人薪酬,但不超出人员总薪酬水平。美国的人员费是在直接费用中列支的,如果同时承担多个项目,各个项目投入时间百分比加总不得超过100%。

德国和日本国立科研机构的科研经费主要来自财政拨款,全职科研人员的薪酬在财政拨付的事业费(德国是机构性经费,日本为运营补助金)中列支,一般不允许再从竞争性项目中取酬。以马普学会为例,该学会作为德国主要的国家科研机构之一,主要从事自然科学、生命科学以及人文社科领域的基础研究。根据马普学会2019年年度报告,2019年总经费为24.98亿欧元,其中来自政府预算拨款的机构性经费为18.65亿欧元,约占总经费的80.5%;在21 225名雇员中,由机构性经费支付薪酬的有18 619人,另外2 606名雇员的薪酬由第三方基金支付。

我国的科研机构,由于财政保障水平普遍较低,科研院所的绩效工资水平通常通过其他收入获得,单位年收入多少不确定,每人每年收入多少不确定,单位内部课题组之间不平衡,无法预估预期收益,科研人员缺少相对稳定的薪酬激励,潜心基础研究面临不小的挑战。

(八)总报酬吸引力不足

总报酬激励包括货币激励和非货币激励。基本工资、绩效工资、津贴、福利等都是货币激励。非货币激励不以货币形式体现,如职位升迁机会、良好的工作环境及子女教育机会、单位品牌、职业发展平台、培训机会、良好的单位文化氛围和上下级关系、获得的认可和成就感等。一般情况下,除了货币薪酬外,还要有福利保障和非货币薪酬的激励,才能对人才具有足够的吸引力。调研中,中科院数学所科研人员反映,住房及子女享有优质教育的机会是大家非常看重的激励因素。科研院所与高校相比,在薪酬水平、住房保障、子女教育等方面均不占优势。近年来,某些承担国家重要战略任务的重点科研院所也出现了青年骨干大量流向企业的情况,出现了引才留才困难等问题,人才质量下滑,以感情留人、平台留人的边际效益递减。

三、对策建议

保障科研人员潜心科研,需要把增加对科研人员的财政经费的稳定支持和建立符合行业特点的薪酬制度相结合综合施策。

（一）加快推进建立符合科研院所行业特点的薪酬制度

建立符合科研行业特点的薪酬制度需同步进行，才能更好地把财政经费稳定支持接得住、接得好，使薪酬发挥好激励保障作用。建立符合科研院所行业特点的薪酬制度，从两方面进行探讨：一是探索工资总额管理。各院所根据实际情况，确定一定人工成本，进行合理测算后，确定单位薪酬总额。二是探索多种分配方式。允许科研院所在遵循国家政策的前提下，根据自身实际情况，探索建立岗位绩效工资制、年薪制、协议工资制、项目工资制等多种方式并存的分配制度，在上级主管部门确定的薪酬总量内自主分配。岗位绩效工资制适用于大多数从事管理工作的人员；年薪制适用于科研院所领导人员及主要从事科研的核心技术专家；协议工资制适用于事业单位引进的急需紧缺等特殊人才，主要以劳动力市场价格为基本依据，根据聘期内的岗位职责及目标要求等内容，经双方协商确定薪酬水平；项目工资制适用于以完成科研任务为目标聘用的各类人员，以全面履行项目合同约定的内容为目标，根据对项目的业绩贡献确定薪酬水平。将薪酬水平和承担项目及经费分离开来。

（二）提高科研人员固定的薪酬比例

稳定保障，让科学家坐得住冷板凳，心无旁骛勇闯无人区。中共中央办公厅、国务院办公厅印发《关于实行以增加知识价值为导向分配政策的若干意见》规定，对从事基础性研究、农业和社会公益研究等研发周期较长的人员，收入分配实行分类调节，通过优化工资结构，稳步提高基本工资收入，加大对重大科技创新成果的绩效奖励力度，建立健全后续科技成果转化收益反馈机制，使科研人员能够潜心研究。目前看，此项政策真正落地，如果没有财政的稳定支持，研究人员的大部分收入需要通过竞争性课题或者横向课题收入来补充，则无法达到应有效果。在提高基础领域科研人员稳定薪酬的同时，探索设置稳定薪酬和灵活部分的比例关系，考虑到我国科研院所目前实际上对科研人员个人没有年薪标准约束，应进一步完善科研人员薪酬制度，探索建立科研人员薪酬封顶机制，确保在增加稳定支持的前提下，科研人员能够安心投入、潜心研究，保障研究质量。保持不同行业人员之间的合理差距，保障社会收入分配的公平性。

（三）给予优秀青年科研人员一定时期的稳定支持

青年科研人员是科技创新的关键，习近平总书记指出，要高度重视青年科技人才成长，使他们成为科技创新主力军。重视培养基础研究领域的青年人才，对青年人才开辟特殊支持渠道，重点支持淡泊名利、献身科学、潜心研究的优秀青年人才。与预聘长聘机制相结合,把更优秀、更具潜力的青年人才选留下来,推动科研人员队伍不断提升活力,对获得"长聘"岗位的科研人员,建立适当的考核激励机制,促使科研人员长聘后仍能保持动力、持续发展。德国和日本的科研机构为了更有效培养激励青年科研人员,分别在"公务员制"和"终身雇佣制"人事制度体系之外建立了限期稳定支持优秀青年科研人员的机制。德国马普学会自 1969 年起,通过固定期限的马普研究组(Max Planck Research Groups)支持有天赋的青年科学家,通过一定期限(一般为 5 年,最长不超过 9 年)的稳定预算支持其早期的独立研究活动。[①]日本理化学研究所从 1989 年开始拨出专款,陆续实施四种不同的青年科学家培养制度,通过任期制支持有潜力的青年科学家。[②] 目前,国内部分科研院所也有这方面的探索实践,如中科院物理所,对新入所研究人员 6 年内发放固定年薪,使新进青年科研人员避免受考核和经费影响而被动改变研究方向。

我国近年来高度重视支持培养青年科研人员,相关政策逐渐具体和清晰。2016 年,中共中央办公厅、国务院办公厅印发的《关于实行以增加知识价值为导向分配政策的若干意见》提出,要积极解决部分岗位青年科研人员和教师收入待遇低等问题。2018 年出台的《国务院关于全面加强基础科学研究的若干意见》明确要求,支持具有发展潜力的中青年科学家开展探索性、原创性研究。2020 年,科技部、发改委等 5 部委印发的《加强"从 0 到 1"基础研究工作方案》,具体提出了重视培养基础研究领域的青年人才,对青年人才开辟特殊支持渠道,实施青年科学家长期项目等举措。这些举措需要采取切实可行的措施落地。

对青年科研人员的激励支持还需要在薪酬层面落地。考虑不同学科和科研院所具体情况,根据科研人才成长规律,设置合理的支持周期、经费支持办法、选拔原则、考核目标、年薪标准等,选取部分科研院所试点,并及时跟踪总结,扩大实施院所的范围,使更多优秀青年科研人员能够脱颖而出,在各自的科研领域潜心钻研、形成优势、取得突破。

(四)尽快推动高层次人才激励政策落地实施

下放高层次人才激励自主权,逐步落实年薪制。高层次人才不能采取统一口径、一刀切的管理办法,要因地、因单位施策。分类管理、不拘一格、切实扩大单位管理和用人自主权。要求各单位建立合理的高层次人才考核退

---

① Max Planck Research Groups | Max-Planck-Gesellschaft https://www.mpg.de/max-planck-research-groups.
② 白春礼. 世界主要国立科研机构概况 [M]. 北京:科学出版社,2013:403.

出机制,对程序提出要求和指导,严格事后监管。年薪制是国外公立科研机构的主流薪酬模式。2006年绩效工资改革时就提出建立年薪制,2020年人社部人才服务行动方案,再次强调推进年薪制。应及时追踪典型案例的实施情况,及时总结、推广。

(五)调整财政经费结构,增加薪酬的稳定支持

为提高财政资金使用效率,通过调整财政科研项目资金中的人员经费比例,实现国家不过多投入又能提高科研人员的薪酬水平。人员费支出比重的提高需要有一定的弹性,结合科研布局优化,以及科研院所分类稳定支持计划,确定一定的范围区间。具体科研院所财政科研项目资金的人员费支出比例确定,要与建立中央科研事业单位绩效工资总量增长机制、高层次人才激励等相结合,根据不同科研院所稳定支持的力度,反推出各类稳定性财政科研经费和竞争性项目经费中人员费的可列支比例。

此外,对于目前在进行基本科研业务费和中科院战略性先导科技专项经费中提取奖励经费试点和国家杰出青年科学基金经费使用"包干制"试点的单位,要加强追踪调研,及时总结先进经验,研究推广至更大范围的科研院所。

还应继续加大对基础科研的科研经费投入。近年来,我国科技经费投入规模持续增加,基础研究经费也快速增长,2019年,我国基础研究经费比上年增长22.5%,达到1 335.6亿元。虽然基础研究经费占R&D经费比重比上年提高0.49个百分点,达到了6.03%,但是该比重仅约为发达国家的40%。因此,需要继续加大对基础科研的经费投入,进一步优化基础科研布局,着力提高基础科研产出质量。进一步提高基础研究领域稳定性财政科研项目的投入比重。基础研究领域,关系国家长远战略和社会公益任务的优质完成,必须依靠政府投入,提高财政稳定支持比例。加大对基础研究的支持,合理增加稳定性财政科研项目占比,减少不必要的竞争性项目。统筹科研布局,建立分类评价体系。从战略地位、研究基础、发展现状等方面综合考虑对科研院所的支持,避免一个标准一刀切。避免因为薪酬待遇保障问题导致具有重要战略地位和良好研究基础的中央所属科研单位出现严重的人员流失。

(六)建立合理的科研机构和科研人员评价考核体系

重视科研机构的长期目标考核。将考核评价结果挂钩的经费拨款制度和员工收入调整机制紧密结合。国务院《关于全面加强基础科学研究的若干意见》提出,建立完善符合基础研究特点和规律的评价机制。开展基础研究差别化评价试点。国务院《关于优化科研管理提升科研绩效若干措施的通知》提出,实行科研项目绩效分类评价。《科技部办公厅　财政部办公厅　教育部

办公厅 中科院办公厅 工程院办公厅 自然科学基金委办公室关于印发〈新形势下加强基础研究若干重点举措〉的通知》提出，建立健全以创新能力、质量、贡献为导向的科技人才评价体系。诸多文件出台，明确了评价导向，但在实际管理中，仍然存在管理理念和手段滞后问题。今后应转变观念，加大具体实施力度，把政策红利充分落地。

（七）加快建立高校和科研院所薪酬调查制度

建立事业单位薪酬调查比较制度是科学确定事业单位工资水平的重要制度基础。高校和科研机构基本工资执行国家规定的标准，绩效工资总量由上级主管部门核定。在核定绩效工资总量时，高校和科研机构的绩效工资总量核定主要根据以往的发放水平，普遍存在着绩效工资增长依据不充分、与高校和科研机构发展需求不匹配的问题。有些高校科研机构薪酬分配存在灵活度过高、自主空间较大、内部管理不规范等问题。通过建立高校、科研机构的薪酬调查比较制度，进行劳动力市场薪酬调查，可以为高校和科研机构提供可供参照的各类人才科学合理的薪酬水平，可以遏制盲目地争夺人才，解决高校和科研机构工资水平外部公平性的问题。同时加强对高校和科研机构工资水平的宏观调控和监督，规范高校和科研机构分配收入秩序，将各高校和科研机构之间的收入差距控制在合理范围内，对于调整、理顺各种分配关系都具有十分重要的意义。

《事业单位科研人员薪酬激励制度研究》
课题组成员名单

课题组长：

何凤秋（中国人事科学研究院工资福利研究室主任、研究员、享受国务院特殊津贴专家）

执行组长：

陈　敬（中国人事科学研究院工资福利研究室助理研究员、博士）

课题组成员：

熊　亮（中国人事科学研究院工资福利研究室副主任、助理研究员）

王　梅（中国人事科学研究院工资福利研究室副研究员、博士）

张欣欣（中国人事科学研究院工资福利研究室助理研究员）

李晓际（中国人事科学研究院工资福利研究室助理研究员）

科研事业单位职称和岗位制度改革研究[①]

提　要：在2021年的中央人才工作会议上，习近平总书记的重要讲话站在迈向第二个百年目标的新的历史起点上，对全党人才工作作出了系统部署，对我国人才自主培养能力建设提出了新目标和新要求。基本形成适应高质量发展的人才制度体系，是人才自主培养能力建设的基础和关键。习近平总书记强调，要深化人才发展体制机制改革，向用人主体充分授权，形成并实施有利于科技人才潜心研究和创新的评价体系。科研事业单位是引领我国科技体制改革的试验田，也是我国创新团队建设和青年科技人才成长的重要舞台。"十四五"时期，以科研事业单位的职称和岗位改革为抓手推进科技人才制度体系建设，是我国深化人才发展体制机制改革的重中之重，也是我国继科研经费管理改革、扩大科研自主权改革之后，为建立现代科研院所制度仍需攻坚克难的关键环节。

关键词：科研事业单位　职称制度　岗位制度

一、我国科研事业单位职称和岗位制度改革取得显著成绩

（一）厘清科研事业单位职称和岗位的属性，明确了评聘关系

按照《事业单位岗位设置管理试行办法》、《〈事业单位岗位设置管理试行办法〉实施意见》和《关于科学研究事业单位岗位设置管理的指导意见》

[①] 本文系中国科学院科技战略咨询研究院2021年度委托中国人事科学研究院研究课题《科研事业单位用人制度和薪酬制度研究》报告的部分内容。

的要求，科研事业单位普遍实施了岗位设置管理制度，并以此为基础，建立岗位绩效工资制度，岗位管理的规范化程度显著提高。2017年中办、国办印发《关于深化职称制度改革的意见》，提出要坚持以用为本，根据职业属性、单位性质和岗位特点，合理确定评价与聘用的衔接关系，评以适用、以用促评，实现职称评价结果与各类专业技术人才聘用、考核、晋升等用人制度的衔接。对于全面实行岗位管理、专业技术人才学术技术水平与岗位职责密切相关的事业单位，一般应在岗位结构比例内开展职称评审；不实行岗位管理的单位和人员，可采用评聘分开方式，自主择优聘用具有相应职称的人员从事研究工作。实践中，科研事业单位按照政策要求主要采取评聘合一的职称评定方式，并在岗位结构总量和比例范围内择优评审和聘用。

(二) 岗位结构日趋合理，专业技术岗位规模不断扩大

科研事业单位岗位分为管理岗位、专业技术岗位和工勤岗位三类。统计数据显示，科研事业单位实施新的岗位设置办法后，专业技术岗位在三类岗位中的比例大幅提升，由改革前的35%左右，增加一倍，达到70%以上。与之相应，管理岗位比例由改革前的33%，减少一半，保持在16%左右；工勤岗位所占比例持续降低，仅为15%。2011年事业单位分类改革后，公益类科研事业单位岗位总量虽由2013年前的140多万个降低到2021年的130多万个，但专业技术岗位仍从2012年的不到81万个增加到2017年的85万多个。在专业技术岗位比例和数量增加的同时，高级专业技术岗位占专业技术岗位总量的比例也不断提高，从2012年的占比27%提高到2017年的32%。专业技术岗位13个等级的设置增加了专业技术人员的晋升台阶，缓解了高级专业技术岗位的晋升压力，总体符合科研事业单位人才队伍结构变化的新要求。

(三) 完善职称评价标准，推行分类评价和代表作制度

一是破除唯学历、唯资历、唯论文、唯奖项倾向，强调以品德、能力、业绩为导向，突出评价科研人员的业绩水平和实际贡献，注重考核履行岗位职责的工作绩效、创新成果等。二是实行分类评价。根据不同类型科研活动特点，分类制定职称评价标准。如提出对主要从事基础研究的人员，从事应用研究、技术开发与推广的人员，以及主要从事科技咨询与科技管理服务的人员，实行不同的评价标准。三是推行代表作制度，将自然科学研究人员的代表性成果作为职称评审的重要内容，注重标志性成果的质量、贡献和影响力，改变片面将论文、著作、专利、资金数量等与职称评审直接挂钩的做法。此外，在职称评审中，对职称外语和计算机应用能力考试不作统一要求。为激发青年科技人才的积极性，缩短了自然科学研究人员中高级职称晋级的年

限要求。

二、科研事业单位职称和岗位制度改革仍面临突出问题

（一）科研岗位总量调整机制不健全

科研事业单位岗位总量主要依据单位人员编制量确定。受事业单位编制资源总量控制所限，科研事业单位岗位总量难以根据科研业务量变化进行相应的调整。统计显示，与实施岗位管理制度前的 2006 年相比，2019 年政府部门属研发机构的 R＆D（科学研究与试验发展）经费达 3 080.8 亿元，是 2006 年的 3.65 倍多；科技论文发表、专利申请量和技术合同数量等产出也呈现显著的倍数增加。但科研事业单位岗位总量不增反减，因事业单位分类改革，2014 年科研事业单位岗位总量出现较大幅度的减少，其后增长缓慢。

（二）专业技术高级岗位比例不适应人才素质变化要求

目前，专业技术高级岗位比例限制给青年科技人才职业发展带来不利影响。据统计，2019 年政府部门属研发机构 R＆D 人员中拥有博士学位的人员有 9.6 万人，占 R＆D 人员的 19.8%，是 2006 年的 5 倍多。博士学位科研人员的大幅度增加，缩短了从中级职称到高级职称的申请时间，导致现阶段高级岗位数量相对紧缺，实际提高了职称晋升的难度和竞争程度。为缓解职称晋升压力，有些单位将评聘分开，允许科研人员先评职称、有岗再聘，有些单位自创了"项目研究员""创新研究员"等职称层级。这既造成部分职称名实不符、职称贬值，也给单位带来更大的聘用压力，并诱发矛盾和不满。

（三）科研管理岗位行政化和"双肩挑"问题普遍

科研事业单位管理岗位等级设置及任职资格条件与专业技术岗位、工勤岗位存在较大差异，目前主要依据行政级别设置。实践中存在多方面问题：一是等级设置不合理，处级（五级职员）以下岗位等级数量少，人员晋升台阶过少，职业发展空间受限。二是行政化问题突出，管理岗位的设置和晋升受到单位规格、领导职数的严格限制。三是科研事业单位管理人员"双肩挑"现象普遍，领导人员占据高级专业技术岗位的问题突出，造成既影响科研管理和资源配置的公正性，又影响科研管理人才的专业化、职业化发展。

（四）岗位管理和职称评审自主权难以落实

下放人事管理权、支持科研事业单位自主开展岗位设置和职称评审，是科技管理体制和人事制度改革的重要政策目标。但实践中，因单位自主设岗和评聘职称等的制度规范、管理机制、监督机制尚不健全，自主权的落实和运行存在自律性、公平性、合规性等风险，不少科研事业单位包括上海、新

疆等地方科研事业单位，岗位设置仍需上级部门核准，职称评审仍由上级部门统一组织。

三、进一步深化科研事业单位职称和岗位制度改革的政策建议

（一）建立岗位设置的评估与调整机制

科研事业单位岗位设置应与自身职能、使命、战略和任务等相匹配，结合科研事业单位绩效评价长效机制建设，建立健全岗位总量和结构动态调整机制。一是根据国家战略科技布局，适时增加重点领域科研事业单位编制资源和岗位数量，支持国家战略科技力量建设、关键核心技术攻坚、新兴学科交叉学科研究等需要。二是适度增加科研事业单位高级专业技术岗位的比例，应对科研事业单位初聘人才学历普遍提高、职称晋升时限缩短的状况，激励青年科技人才成长。三是落实特设岗位设置政策，针对高层次人才和科技创新的重点领域，通过专项支持稳定并扩大科研事业单位特设岗位设置的规模。四是建立和完善流动岗位设置管理制度，促进科研事业单位建立国际通行的访问学者研究岗位、项目聘用岗位、研究助理岗位等，增加岗位设置和聘用的灵活性。

（二）支持用人单位完善自主评聘岗位和职称的制度建设

落实习近平总书记提出的向用人主体充分授权和对用人单位履职问责的要求，进一步推进"放管服"改革，支持科研事业单位完善岗位和职称管理制度建设。首先，科研事业单位应制定岗位设置和职称评审的管理办法，明确岗位设置原则，规范岗位总量、类别和等级等标准以及职称聘用资格条件。其次，建立单位内部职称评审、岗位聘用的组织机制，规范其人员构成、职责和议事规则，明确单位内部党组织、行政领导、学术委员会、科研人员等在岗位聘用、职称评审过程中的不同作用，规范评审聘用流程。最后，主管部门应完善对科研事业单位的检查监督制度，履行监管职责，定期开展对岗位自主聘用和职称自主评审的检查评估，保障其公平性、规范性。

（三）进一步完善岗位和职称评聘机制

坚持科研系列职称评审与岗位聘用相结合，是科研事业单位职称制度改革的重要成果，是科研事业单位规范管理的必然要求。深化科研系列职称改革，必须坚持评聘合一的原则和方向。但由于部分行业科研单位存在高级岗位数量相对比例较低，青年人才集中、一定时期内高级岗位空缺过少、职称晋升等待周期过长等现实问题，建议适度放宽评审政策，允许实行有限度的评聘分开。

(四)加快推进科研事业单位职员制度改革

完善科研事业单位管理岗位设置,加强科研事业单位管理人才队伍建设,是提升我国科研管理科学化、专业化水平的迫切需要。随着公务员职级制的实施,事业单位管理人员在级别晋升空间、机会等方面与公务员差距进一步扩大。建议加快推进科研事业单位职员制度改革,适度增加科研事业单位领导岗位职数,并建立与专业技术人员岗位等级相当、与公务员职级对应的事业单位职员岗位等级制度。

《科研事业单位用人制度和薪酬制度研究》
课题组成员名单

丁晶晶(中国人事科学研究院事业单位管理研究室副研究员)
李建忠(中国人事科学研究院副院长、研究员)

评比达标表彰活动监督检查与惩戒问责长效机制研究[①]

提　要：评比达标表彰活动是党和国家功勋荣誉表彰制度的重要组成部分。改革开放以来，我国评比达标表彰活动的管理工作大体可以分为1978—1995年初步开展、1996—2005年强化建设、2006—2009年规范管理和2010年以来体系建构四个阶段。目前，《评比达标表彰活动管理办法》已就项目申请、审批、开展、退出或撤销、备案以及监督检查与惩戒问责管理全流程进行了详细规定，初步形成了包括联动机制、转办机制、信息协同处理机制和发文审核机制等工作管理机制，明确了多主体监督检查模式，确定了违规案件惩戒问责的主体、对象、事由和措施。尽管我国评比达标表彰活动监督检查与惩戒问责管理工作取得了巨大进展，但在实践中仍暴露出一定问题，主要体现在制度规范引导不足、管理机制建设不足和措施手段力度不足三个方面。为此，在构建监督检查与惩戒问责长效机制基本思路上，应以"整体统筹"的视角，正确认识评比达标表彰活动制度整体站位；以"相互关联"的思路，完善与现有管理环节高度契合的长效机制内容；以"遵循时序"的原则，明确长效机制建立的实施步骤和具体安排。另外，在具体建议上，一是出台相关解释，明确责任主体和职能分工；二是强化舆论引导，减轻对不必要奖项的追捧，并以政府公信力支持优秀活动开展，树立品牌；三是建立全国统一信息数据平台，实现审批信息共享、举报信息跟踪和惩戒信息公示；四是发挥多方主体作用，构建全方位监督检查体系。

[①] 本文系人力资源社会保障部2021年度部级课题《评比达标表彰活动监督检查与惩戒问责长效机制研究》报告的部分内容。

关键词： 评比达标表彰　监督检查　惩戒问责　长效机制

一、问题的提出

评比达标表彰活动是党和国家功勋荣誉表彰制度的重要组成部分。近年来，包括评比达标表彰制度在内的党和国家功勋荣誉表彰制度体系不断完善。在习近平新时代中国特色社会主义思想的指导下，评比达标表彰工作在不断完善的制度规范约束下，大力弘扬社会主义核心价值观，遵循严格审批、总量控制、合理设置、注重实效的原则，体现了先进性、代表性、时代性，监督检查广泛开展，惩戒问责依法实施，评比达标表彰活动的规范管理工作取得较好成效。

但与此同时，评比达标表彰活动概念不清晰，部分主管部门对违法违规开展评比达标表彰活动主体的惩戒标准不明确，个别部门责任意识不强、未能采取有效措施及时处理违法违规行为以及现有制度中关于企业违规开展评比达标表彰活动的处罚规定尚属空白等问题仍然存在。为维护制度的生命力，强化制度的执行力，需注重评比达标表彰的制度宣传，加强制度执行的监督。在此背景下，开展评比达标表彰活动监督检查和惩戒问责长效机制研究，加强评比达标表彰活动规范管理，切实发挥监督作用，防止评比达标表彰活动过多过滥和违法违规开展，对于维护评比达标表彰工作的权威性具有显著现实意义。

二、相关概念界定

（一）评比达标表彰活动

目前，《评比达标表彰活动管理办法》（以下简称《管理办法》）并未明确"评比达标表彰活动"概念的内涵和外延，只是笼统地规范了适用《管理办法》的各类主体以及评比达标表彰活动的排除性规定。具体来看，《管理办法》第4条规定了适用主体范围，即"党的机关、人大机关、行政机关、政协机关、监察机关、审判机关、检察机关、人民团体和经国务院批准免予登记的社会团体（以下简称有关社团）及其所属单位，举办的面向各地区各部门或者本系统本行业的各类评比达标表彰活动，适用本办法"。而第22条规定的"任何组织和个人，未经批准，不得开展包含'国家''中国''中华''全国''亚洲''全球''世界'以及类似含义字样的评比达标表彰活动，不得开展未冠以上述字样但实质是全国范围的评比达标表彰活动"，实质上将企业和个人也纳入了管理范畴。

《管理办法》第 5 条、第 6 条则进一步明确了排除性适用的范畴，即"党中央、国务院决定开展的评比达标表彰活动，不适用本办法""年度考核、绩效考核、目标考核、责任制考核，属业务性质的资质评定、等级评定、技术考核，以本单位内设机构和人员为评选对象的评比达标表彰项目，不适用本办法"。

因此，总体上看，在实际工作中，不纳入评比达标表彰管理范围的情形包括：一是党内表彰活动。按照《中国共产党党内功勋荣誉表彰条例》对党员、党务工作者以及党组织进行的表彰，不纳入评比达标表彰项目管理，由各级党委组织部门批准。二是机关、事业单位奖励①。按照《公务员奖励规定》《事业单位工作人员奖励规定》对公务员、事业单位工作人员和集体进行的奖励，不纳入评比达标表彰项目管理，由各级公务员主管部门和事业单位人事综合管理部门负责审批管理。对专项工作开展表彰或奖励，若参加该项工作人员全部为机关、事业单位人员的，一般按照《公务员奖励规定》《关于进一步做好公务员及时奖励工作的通知》和《事业单位工作人员奖励规定》等规定，给予奖励；若参加人员除机关、事业单位人员外还包括其他身份人员的，应当按照《管理办法》申请设立表彰项目。三是年度考核、绩效考核、目标考核、责任制考核以及属业务性质的资质评定、等级评定、技术考核等。四是选树宣传活动。以宣传先进事迹为主要目的开展的各类选树宣传活动，不纳入评比达标表彰管理范围。各类选树活动可以由举办单位通过新闻媒体公布名单、宣传事迹，但不得以文件形式通报，不得发放奖牌、证书、奖金，不得授予称号。五是通报表扬。对在专项工作中作出贡献的集体和个人，各级各部门可以给予通报表扬。通报表扬可以印发通报，但不得发放奖牌、证书和奖金，不得授予称号。开展通报表扬活动一般不印发正式评选通知，不征求意见和公示，不得自行印制相关审批表格，严禁以通报表扬之名开展评比达标表彰活动。六是竞赛类活动。开展竞赛类活动，不纳入评比达标表彰管理范围。竞赛活动，可以以竞赛组委会名义通报竞赛结果，竞赛结果可以设置"一等奖""二等奖""三等奖"或"优秀奖""优胜奖"等奖项，也可以公布竞赛名次，可以颁发奖牌、证书。

---

① 两者的区别主要体现在三个方面：一是对象不同。公务员奖励对象是公务员和公务员集体，事业单位奖励对象是事业单位工作人员和集体，评比达标表彰活动的表彰对象没有身份限制。二是形式不同。机关、事业单位奖励一般采取记功、嘉奖等形式，评比达标表彰一般采取授予称号的形式开展，但不得授予"荣誉称号"。三是程序不同。机关、事业单位奖励一般是人员或集体已经作出贡献，根据贡献大小给予相应奖励；评比达标表彰一般是通过分配名额，组织各级评选推荐后确定表彰名单。

(二) 监督检查与惩戒问责

按照《辞海》的解释，行政监督检查是指行政主体对行政相对人是否依法从事生产、生活和其他社会活动而进行监察、督促、查看的行政行为。行政监督检查是行政机关常规性的行政职责，旨在发现行政相对人是否有违法行为，以确保行政法律秩序正常化，保护公共利益和第三人的合法权益。具体到评比达标表彰活动中，即行政主体对行政相对人是否依法开展评比达标表彰活动而进行监察、督促、查看的行政行为。惩戒问责实际上包含两个层面的意思，惩戒即惩罚并引以为戒，问责即追究责任。具体到评比达标表彰活动，即对违法开展评比达标表彰活动的相关主体给予处罚，同时追究相关责任人的责任。

(三) 长效机制

"长效"即要使制度具有长远性和可持续发展性。"机制"是指事物的各组成部分以及这些部分如何协同运行，即以一定的方式将事物各个部门联系起来，使它们协调运行发挥作用。长效机制是指能长期保证制度正常运行并发挥预期功能的一系列配套制度。建立评比达标表彰活动的监督管理与惩戒问责长效机制，就是希望通过明确评比达标表彰活动相关利益方的权利与职能，以及一系列制度安排，确保评比达标表彰活动健康、稳定、持续地发展。

三、评比达标表彰活动管理总体情况

与评比达标表彰活动的兴起和发展相伴相生的，是评比达标表彰活动引发的相关问题。因此，对评比达标表彰活动进行全过程全环节监督管理，对违反相关管理规定的行为严肃惩戒问责，是保证评比达标表彰活动健康有序发展的客观和现实需要。这种需要在很大程度上推动了顶层设计上对监督管理和惩戒问责的制度完善。因此，从发展沿革着手，进一步厘清评比达标表彰活动对监督管理与惩戒问责工作的现实需要，分析评比达标表彰活动监督管理与惩戒问责的成效，掌握目前违规开展评比达标表彰活动的具体表现，可以为规范评比达标表彰活动提供实践依据。

(一) 制度建设情况

1. 中央层面制度建设情况

改革开放之前，我国开展的评比达标表彰活动较少，尤其是缺乏相应的规范管理制度，因此相关制度梳理以1978年改革开放为起点，重点关注在一定历史背景下，具体制度内容变化对评比达标表彰活动开展产生的系列影响。总的来说，评比达标表彰活动管理工作开展及制度建设的总体历程大体可以分为四个阶段,即 1978—1995 年初步开展阶段、1996—2005 年强化建设阶段、2006—2009 年规范管理阶段和 2010 年至今的体系建构阶段。

一是初步开展阶段。各部门针对本行业领域重点工作等开展了诸多评比活动,出台了专门管理制度,建立了相应的考评指标体系,规定了评选程序并与奖励表彰挂钩。但由于各部门把评比活动作为加强工作引导和督促的重要方法和手段,开展了过多评比项目,并开始浮现部分问题,各部门开始出台专门的管理办法进行规范,并在部分管理制度中明确了监督机制。

二是强化建设阶段。各部门进一步开展了内容丰富的评比活动,并针对企业开展的各类评比活动进行了严格控制和规范管理,在评比活动制度建设和管理机制完善上都较前一阶段有很大进步。但部分活动的管理规定中仍没有体现相关的监督检查和惩戒问责制度,尤其是在监督检查和惩戒问责制度内容上并未进一步细化和丰富。

三是规范管理阶段。针对评比达标表彰过多过滥的现象又有所上升,引起不良社会影响的现实情况,2006 年 12 月国务院发布《国务院办公厅转发监察部等部门关于清理评比达标表彰活动意见的通知》。随后,中央各部门也渐次出台本系统关于开展清理和规范评比达标表彰活动工作的通知文件,评比达标表彰活动管理工作进入规范管理阶段。与此同时,评比达标表彰活动监管检查和惩戒问责的相关工作机制也进一步明确丰富,包括建立部级联席会议分工实施、号召群众监督、运用媒体监督等。

四是体系建构阶段。先后出台《评比达标表彰活动管理办法(试行)》(以下简称《试行办法》)《评比达标表彰活动管理办法(试行)实施细则》(以下简称《实施细则》)《社会组织评比达标表彰活动管理暂行规定》(以下简称《暂行规定》)《民政部关于贯彻落实〈社会组织评比达标表彰活动管理暂行规定〉的通知》等专门规范评比达标表彰活动的制度文件,成立了全国评比达标表彰协调小组,评比达标表彰活动管理制度体系初具规模。2018 年,针对上述政策覆盖面不够广、惩戒机制不够健全等问题,党中央、国务院根据《中共中央关于建立健全党和国家功勋荣誉表彰制度的意见》《中华人民共和国国家勋章和国家荣誉称号法》《中国共产党党内功勋荣誉表彰条例》《国家功勋荣誉表彰条例》等有关规定,印发了《评比达标表彰活动管理办法》(以下简称《管理办法》),在进一步规范各类评比达标表彰活动组织实施全过程的同时,对监督检查和惩戒问责制度内容也有了更为系统的扩充和完善,评比达标表彰活动管理制度体系逐步搭建形成。

2. 地方层面制度建设情况

在地方评比达标表彰活动管理制度建设实践中,多地评比达标表彰主管部门迅速反应,结合本地评比达标表彰活动开展实际与制度建设现状,牵头制定了适合各地情况的评比达标表彰活动管理(试行)实施细则,并配套拟定了具体落实办法与工作指南(见表1)。

以江苏省、上海市为例,两地依据《管理办法》,结合省情市情,分别出台了工作指南和实施细则。江苏省出台了《评比表彰业务开展工作指南》,明确了评比表彰项目申报、调整变更、各层级表彰组织开展等业务的办理程序和具体要求;同时,制定了评选评奖负面清单,在全国清单基础上新增5条,细化、完善4条,形成16条负面清单。上海市出台了《上海市评比达标表彰活动管理实施细则》,对细则的适用范围、项目申请审批程序、活动周期、表彰名额、项目组织实施等内容作出了详细规定。

表1 各地关于评比达标表彰活动的相关管理规定

发布时间	发布主体	文件名称	效力
2006.01.01	广东省民政厅	广东省民政厅民间组织评比达标表彰活动审核备案管理办法	有效
2006.06.12	广东省人民政府办公厅	关于修订省政府系统全省性各类评比达标表彰活动审批办法的通知	失效
2007.02.12	西安市人民政府办公厅	关于建立市清理和规范评比达标表彰活动工作局际联席会议制度的通知	有效
2007.02.12	福建省科学技术厅	关于清理和规范评比达标表彰活动的通知	有效
2007.02.14	福建省粮食局	关于清理评比达标表彰活动工作实施意见	有效
2007.02.25	云南省人民政府办公厅转发省监察厅等部门	关于清理评比达标表彰活动实施意见的通知	有效
2007.03.05	徐州市人民政府办公室	转发市监察局等部门关于清理评比达标表彰活动实施意见的通知	有效
2007.03.05	福建省教育厅	关于清理评比达标表彰活动工作的实施意见	有效
2007.03.15	盐城市人民政府办公室	转发省监察厅等部门关于清理评比达标表彰活动实施意见通知的通知	有效
2007.03.22	福建省国土资源厅	关于清理评比达标表彰活动的实施意见	有效
2007.04.12	成都市民政局	关于转发四川省民政厅关于清理和规范民间组织评比达标表彰活动的通知	有效
2007.08.07	石家庄市人民政府办公厅	关于严格控制评比达标表彰活动管理办法的通知	有效

续表

发布时间	发布主体	文件名称	效力
2009.04.01	南昌市农业局	关于进一步清理规范评比达标表彰活动的实施方案	有效
2011.06.07	中共湖南省委办公厅、湖南省人民政府办公厅	关于印发《湖南省评比达标表彰活动管理实施细则（试行）》的通知	有效
2011.07.07	中共贵州省委办公厅、贵州省人民政府办公厅	关于印发《贵州省评比达标表彰活动管理实施细则（暂行）》的通知	有效
2012.04.30	湖北省委办公厅、省政府办公厅	关于印发《湖北省评比达标表彰活动管理实施细则（试行）》的通知	有效
2012.06.08	厦门市民政局	转发民政部关于贯彻落实《社会组织评比达标表彰活动管理暂行规定》的通知	有效
2012.07.03	浙江省经信委法规处	转发民政部关于贯彻落实《社会组织评比达标表彰活动管理暂行规定》	有效
2012.10.11	沈阳市评比达标表彰工作协调小组	关于转发辽宁省评比达标表彰工作协调小组所转发的《社会组织评比达标表彰活动管理暂行规定》的通知	有效
2012.11.12	福建省民政厅	关于贯彻落实《社会组织评比达标表彰活动管理暂行规定》的通知	有效
2013.12.11	浙江省民政厅	关于印发《浙江省社会组织评比达标表彰活动管理实施细则（试行）》的通知	有效
2013	中共青岛市委办公厅、青岛市人民政府办公厅	关于严格控制和规范评比达标表彰活动的通知	有效
2014.01.29	内蒙古自治区党委办公厅、自治区人民政府办公厅	关于印发《内蒙古自治区评比达标表彰活动管理实施细则》的通知	有效
2014.02.19	青岛市人力资源和社会保障局	关于进一步规范全市评比达标表彰活动的通知	有效
2014.03.12	重庆市民政局、重庆市人力社保局	关于印发《重庆市社会组织评比达标表彰活动管理实施办法（试行）》的通知	有效
2014.07.18	中共郑州市委办公厅、郑州市人民政府办公厅	关于印发《郑州市评比达标表彰活动管理实施细则（试行）》的通知	有效
2017	大连市民政局	关于严格规范社会组织评比达标表彰活动有关问题的通知	有效
2017.06.29	重庆市民政局	关于进一步规范社会组织开展评比达标表彰活动的通知	有效
2018.07.26	河北省民政厅	关于进一步规范社会组织评比达标表彰活动的通知	有效

续表

发布时间	发布主体	文件名称	效力
2019.08.21	山西省民政厅	关于规范社会组织开展评比达标表彰活动的通知	有效
2020.06.14	中共北京市委办公厅、北京市人民政府办公厅	关于印发《北京市评比达标表彰活动管理实施细则》的通知	有效

(二) 工作实施情况

1. 清理了现有评比达标表彰项目

为防止评比达标表彰活动过多过乱,造成基层负担过重,集中清理全国范围内评比达标表彰活动,公布行政系统、党群系统保留项目,从而规范管理活动开展的工作机制由来已久。

2006年,《通知》及《实施方案》明确要求各地区、各部门按照"全面清理、逐级负责、严格审核、大幅减少、统一规范"的原则,全面清理各类评比达标表彰活动,大幅减少评比达标表彰活动总量,充分发挥保留项目的积极作用,切实为基层企业群众减轻负担。《通知》要求,在此次清理工作中,凡可以撤销的项目,要坚决予以撤销;凡可以合并的项目,要一律予以合并;对推动工作有重要作用确需保留的项目,要说明具体理由。《通知》明确了项目撤销的要求,主要包括:不符合国家法律、行政法规规定或不符合实际需要的项目;要求基层、企业、群众出钱出物出工或以各种名目收费的项目;以开展活动为由违反有关财经法规和制度滥发钱物的项目。市(地)级以下人民政府及其部门原则上不再保留自行设置的评比达标表彰项目。根据上述要求,2006—2009年,由中央纪委牵头,人力资源和社会保障部等部门参与,全国共清查出各种评比达标表彰项目148 405个,保留了4 218个项目,总撤销率为97.16%。

为进一步巩固清理规范成果,2010年10月中共中央办公厅、国务院办公厅印发了《评比达标表彰活动管理办法(试行)》,2010年年底成立了全国评比达标表彰工作协调小组(以下简称"国评组"),负责全国评比达标表彰工作的政策指导、统筹协调、审核备案、监督检查。2013年,经评估决定,国务院先后取消76[①]项评比达标表彰评估项目。此后,国评组进一步细化评比达标表彰活动管理工作机制,并将管理工作常态化,根据《国家功勋荣誉表彰条例》《管理办法》等相关规定,公布《全国评比达标表彰保留项目目录》,并定期公示评比达标表彰新常设项目、调整或变更常设项目以及开展临

---

① 现公开数据仅公布了第三批集中清理的评比达标表彰评估项目,共76项,占总量的20%。

时性项目。

2. 明确了评比达标表彰活动审批机制

目前，评比达标表彰活动的审批设立实施中央和省两级审批制度，即由党中央、国务院负责中央及省级评比达标表彰项目的设立、调整及变更，由各省（自治区、直辖市）党委和政府负责审批本地区省级以下评比达标表彰项目并向国评组履行备案程序。审批权限的进一步明确，在管理体制层面保证了审批主体权责明确，管理程序规范正当。

3. 规范了评比达标表彰活动申报程序

目前，表彰奖励主管部门对评比达标表彰项目数量严格控制，全面规范项目申报的流程，切实发挥评比工作的实效性、功绩性导向。中央层面，评比达标表彰项目的审批程序主要有七个步骤：一是请示，各地区各部门向党中央、国务院提出开展评比达标表彰活动项目的申请；二是交办，中央办公厅、国务院办公厅将请示交由国评组办公室办理；三是初审，国评组办公室研究提出初审意见；四是集中审核，国评组办公室会议集中审核拟批复意见，并报小组成员传批；五是公示，国评组将评比达标表彰项目在有关媒体公示，公示时间为5个工作日，涉密项目可不公示；六是批复，国评组将审核意见报党中央、国务院审批后，以小组名义批复申报单位；七是公布，国评组办公室向社会公布审批结果。

同时，对于临时性评比达标表彰活动，原则上要求各地区各部门一般不得开展；只有在重大事件、重要专项工作等特殊情况下，且确需临时开展评比达标表彰活动的，可作为例外单独申请。对于上述临时性评比表彰项目，在申报程序方面，可以通过单独审核以特殊情况处理。对于符合规定但尚未批准以及已经批准但需调整或变更重要申报内容的项目，仍需按照流程提出申请。

地方层面，各省（自治区、直辖市）省级以下评比达标表彰项目审批，可以参照以上程序。

4. 细化了评比达标表彰项目内容要求

在吸收试行办法实施细则的基础上，结合近年来审批实践需要，制度进一步细化了项目申报内容，即申报项目名称、主办单位、理由依据、活动周期、评选范围、参评总数、评选名额、奖项设置、奖励标准、评选条件、奖励办法、组织领导、经费来源和表彰形式等，一方面为各部门、各地方申报评比达标表彰项目工作提供了相对确定的指引，另一方面也进一步规范了项目申报审批工作，使各类评比达标表彰活动更加规范、更具实效。

此外，表彰奖励主管机关进一步细化了对评比达标表彰活动的冠名要求，明确了"国家""中国""中华""全国""亚洲""全球""世界"以及类似含义字样的应用标准等。

5. 形成了评选评奖工作"负面清单"

目前，界定评比达标表彰活动是否合规，主要是依据《全国评比达标表彰保留项目目录》（即"正面清单"）和评选评奖工作的"负面清单"来判断。2021年，全国评比达标表彰工作协调小组制定了评选评奖工作的负面清单，进一步指导各地区各部门规范开展评比达标表彰活动。负面清单主要包括：①未经批准，不得开展包含"国家""中国""中华""全国""亚洲""全球""世界"以及类似含义字样的评选评奖表彰活动，以及未冠以上述字样但实质是上述范围的评选评奖表彰活动。②未经批准，不得围绕重要会议、重大活动、重要时间节点开展评选评奖表彰活动。③未经批准，不得借举办峰会、论坛、盛典、节日等活动进行设奖颁奖表彰。④不得借党政机关、军队、人民团体名义开展评选评奖表彰活动。⑤不得以排行榜、功勋谱、名人录等名义开展营利性、商业性评选评奖表彰活动，或在活动中收取及变相收取费用。⑥不得以注册商标为名违规开展评选评奖表彰活动。⑦未经批准，不得联合国（境）外组织举办评选评奖表彰活动。⑧未经批准，不得借评选评奖表彰之机向有关机构及个人颁授勋章、荣誉称号、奖章、纪念章等。⑨不得非法设计制作销售颁发勋章、奖章和纪念章。⑩不得开展其他违法违规的评选评奖表彰活动及设计制作颁授勋章、奖章和纪念章。⑪不得对违规评选评奖表彰活动进行宣传报道。

6. 积累了卓有成效的地方经验

目前，依据《管理办法》及相关政策法规，各地区基本成立了评比达标表彰工作协调小组作为管理机构和议事协调机构。如江苏、上海两地均设立专门的办公室，统一管理评比达标表彰相关工作。上海市在市委设立功勋荣誉表彰工作领导小组，同时设立评比达标表彰工作协调小组，履行评比达标表彰工作的政策指导、统筹协调、审核备案和监督检查职能。此外，各地区根据党中央、国务院"为基层减负"精神，结合地区实际情况，开展了形式多样、结果有效的管理措施。

在上述具有针对性、实效性、科学性管理手段的加持下，各地区表彰项目设置坚持围绕中心工作，实行总量控制，切实发挥表彰奖励工作的激励示范作用，减轻了基层负担，提升了表彰荣誉的含金量。

四、监督检查与惩戒问责总体情况

（一）制度建设情况

如上所述，近年来，在中央政府的主导下，已就加强"评比表彰"活动的审核控制以及强化制度建设进行了一系列探索和努力，这包括1996年的《关于严格控制评比活动有关问题的通知》、1997年的《中共中央、国务院关于治理向企业乱收费、乱罚款和各种摊派等问题的决定》、1999年的《关于整顿营销信息发布秩序，坚决制止乱排序、乱评比行为的通知》、2005年的《关于开展对企业乱评比（达标）、乱排序、乱收费情况调查的通知》、2006年的《关于清理评比达标表彰活动意见的通知》、2010年的《评比达标表彰活动管理办法（试行）》、2011年的《评比达标表彰活动管理办法（试行）实施细则》等政策措施，对评比表彰活动的申请与审批，项目内容、范围、周期、程序，退出与撤销等予以明确规定，使得"评比表彰"的组织开展有"法"可依、有据可循。具体来看，目前关于评比达标表彰活动监督检查和惩戒问责的相关制度规定主要体现在下述法律法规和政策文件中。

1.《评比达标表彰活动管理办法》

第二十二条　任何组织和个人，未经批准，不得开展包含"国家""中国""中华""全国""亚洲""全球""世界"以及类似含义字样的评比达标表彰活动，不得开展未冠以上述字样但实质是全国范围的评比达标表彰活动。

对违反前款规定的组织和个人，宣传、发展改革、公安、民政、人力资源社会保障、人民银行、国资、税务、市场监管等部门，按照有关规定，采取责令停止开展活动、消除影响、约谈、公开曝光批评、纳入诚信记录等方式予以处理；违反法律法规的，依法予以行政处罚；构成犯罪的，依法追究刑事责任。

第二十三条　违反本办法规定，有下列情形之一的，由主管机关对单位主要负责人和直接责任人等给予批评教育、诫勉谈话、组织调整或者组织处理；情节严重的，按照有关规定给予党纪、政务处分；构成犯罪的，依法追究刑事责任。

（一）未经批准擅自开展、不按照批准事项开展评比达标表彰活动以及在评比达标表彰活动中违纪违规的；

（二）各级党的机关、人大机关、行政机关、政协机关、监察机关、审判机关、检察机关、人民团体、有关社团、事业单位、国有企业及其工作人员，违规开展或者参加违规开展的评比达标表彰活动的。

第二十四条　对违规开展或者参加违规开展的评比达标表彰活动的单位，由主管机关给予通报批评；情节严重的，5年内不得开展评比达标表彰活动，取消其5年内评优评先资格。

第二十五条　开展评比达标表彰活动，应当主动接受群众监督、社会监督、舆论监督。

各级宣传、互联网信息内容管理工作主管部门应当加强对各类评比达标表彰活动新闻宣传工作的监督管理。任何单位和个人对未经审核批准的评比达标表彰活动，一律不得进行任何形式的宣传报道。

对违规评比达标表彰活动予以宣传报道的，依照本办法第二十二条、第二十三条、第二十四条规定处理。

2.《社会团体登记管理条例》

第四条明确，社会团体不得从事营利性经营活动。

第三十条　社会团体有下列情形之一的，由登记机关给予警告，责令改正，可以限期停止活动，并可以责令撤换直接负责的主管人员；情节严重的，予以撤销登记；构成犯罪的，依法追究刑事责任。

（六）从事营利性的经营活动的。

3.《社会组织评比达标表彰活动管理暂行规定》

第三条　社会组织开展评比达标表彰活动应当遵守以下规定：

（一）符合社会组织章程规定的宗旨和业务范围，不得超出其活动地域和业务领域；

（二）坚持面向基层、注重实效、严格控制数量，防止过多过滥；

（三）坚持非营利性原则，不得向评选对象收取任何费用，不得在评选前后收取各种相关费用或者通过其他方式变相收费，不得以任何形式与营利性机构合作举办或者委托营利性机构举办；

（四）坚持公正、公平、公开原则，做到奖项设置合理，评选范围和规模适当，评选条件和程序严格公正，评选过程公开透明；

（五）评比达标表彰项目或奖项的名称前应当冠以社会组织名称，未经批准不得冠以"中国""全国""世界"或者其他类似字样。

第十一条　业务主管单位应当切实履行管理职责，建立健全相关制度，加强对所属或本领域内社会组织举办评比达标表彰活动的审查和业务指导，配合有关部门及时制止、查处违法违规行为。

第十二条　登记管理机关将评比达标表彰活动纳入社会组织年度检查和社会组织评估的内容，与年检结论和评估结果挂钩。

第十三条　登记管理机关建立信息数据库，汇集社会组织设立评比达标表彰项目、开展评比达标表彰活动的情况，并通过互联网向社会公布，接受社会监督。

第十四条　登记管理机关通过群众举报、抽查审计等手段加强对社会组织开展评比达标表彰活动的监管，发现违法违规问题及时进行调查处理。

第十五条　社会组织开展评比达标表彰活动有违法违规情形的，以及社会组织未经批准擅自开展评比达标表彰活动的，由登记机关责令停止，并可视其情节给予行政处罚。

第十六条　社会组织有下列情形之一的，由登记管理机关责令停止评比达标表彰活动：

（一）申报评比达标表彰项目时弄虚作假的；

（二）不具备本规定第九条规定条件的；

（三）评比达标表彰项目对推动工作失去实际意义或者造成社会负面影响、群众反映比较强烈的。

4.《中国共产党纪律处分条例》

第一百零八条　违反会议活动管理规定，有下列行为之一，对直接责任者和领导责任者，情节较重的，给予记过或者严重警告处分；情节严重的，给予撤销党内职务处分：

擅自举办评比达标表彰活动或者借评比达标表彰活动收取费用的，依照前款规定处理。

5.《中华人民共和国企业法人登记管理条例》

第二十九条　企业法人有下列情形之一的，登记主管机关可以根据情况分别给予警告、罚款、没收非法所得、停业整顿、扣缴、吊销《企业法人营业执照》的处罚：

（二）擅自改变主要登记事项或者超出核准登记的经营范围从事经营活动的。

6.《关于全国性文艺评奖制度改革的意见》

社会组织未按规定程序获得批准，不得举办全国性文艺评奖。社会组织的业务主管单位，要履行监督管理职责。社会组织应当在年度检查中向登记管理机关和业务主管单位报告举办全国性文艺评奖的情况，接受检查。

学校和研究机构未经批准，不得举办全国性文艺评奖。教育和相关行政管理部门要履行监督管理职责，对已经设立的相关项目予以规范和清理。

报刊、出版单位和网站未经批准，不得举办全国性文艺评奖。教育和相关行政管理部门要履行监督管理职责,对已经设立的相关项目予以规范和清理。

严禁各类企业以各种名目举办全国性文艺评奖。

(二) 工作实施情况

1. 相关工作机制建设情况

一是建立了联动机制。评比达标表彰工作协调小组成员单位涵盖了组织、宣传、网信、公安、民政、财政、人社、审计、国资委等多部门,进一步统一联动力量,形成工作合力。同时,评比达标表彰主管部门不断加强与纪检监察、审计等部门之间的沟通联系。审计署也将评比达标表彰工作作为主要审计内容,民政部将社会组织开展评比达标表彰活动情况作为年检、评估和执法监督的重点事项。

二是建立了转办机制。全国评比达标表彰工作协调小组对接收到的违规评比达标表彰活动信息或举报信息实行转办机制。涉及地方单位的,将转办单发至相关地方评比达标表彰工作协调小组;涉及中央单位或在民政部登记、有业务主管单位的社会组织的,将转办单发至相关单位表彰奖励主管部门;涉及其他社会组织的,将转办单发至民政部,请有关地方或部门限期核实情况并反馈意见。对认定的违规设奖颁奖,协调有关单位及时叫停活动,撤销表彰决定,删除媒体信息,要求相关责任单位进行认真整改,采取措施确保工作平稳,避免引发不良影响。涉及举报的,及时向举报人反馈情况,视情适时通报处理结果。

三是建立了信息协同处理机制。全国评比达标表彰工作协调小组协调网信办建立了违规设奖颁奖信息协同处理机制。网信办对以"评比""达标""表彰""表彰奖励""荣誉称号""创建示范""示范区"等字样为关键词的互联网信息进行日常监测,有关信息适时提供国家表彰奖励办公室依据现行政策予以认定,确属违规活动的,请其予以处理。

四是建立了发文审核机制。全国评比达标表彰工作协调小组对各类文件中出现的未经批准的评比达标表彰和创建示范活动,建议相关部门和单位按有关规定履行报批程序,并删除相关表述。

2. 监督检查工作实施情况

建立建设长效、动态监督机制,是完善公众参与、为人民群众办好事办实事的制度安排,也是防止评比达标表彰活动过多过滥和违法违规开展、维护评比达标表彰工作的权威性的重要手段。强化评比达标表彰活动管理效果,需要各地区各部门严格遵行、狠抓落实,也需要加强制度执行的各方监督。

《管理办法》要求开展评比达标表彰活动,应当主动接受群众监督、社会监督、舆论监督。

一是强化群众监督,向社会公开相关政策法规、评比达标表彰保留项目目录等,将评比达标表彰活动置于公众监督下。同时,为方便群众监督举报,人力资源社会保障部也开通举报信箱,鼓励人民群众通过来信、网络等形式及时举报各类评比达标表彰活动中的违法违规行为和违规设立、开展的评比达标表彰项目,从而建立起长效、动态监督机制。

二是强化社会监督,设立监督举报平台。人力资源社会保障部设立查询公示和违规设奖颁奖举报平台;江苏省也借助全省人社一体化信息平台建设,开展表彰奖励监督举报平台需求调查、平台设计等工作。

三是强化舆论监督,明确宣传、互联网信息内容管理工作主管部门作为新闻宣传和舆论监督的责任主体。《管理办法》强调各级宣传、互联网信息内容管理工作主管部门应当加强对各类评比达标表彰活动新闻宣传工作的监督管理。任何单位和个人对未经审核批准的评比达标表彰活动,一律不得进行任何形式的宣传报道。在实际工作中,协调小组也积极联合网信办开展违规开展评比达标表彰活动的日常监督工作,要求网信办"一月一调度"、定时报送违法或疑似违法案件。

四是强化自我监督,各地管理办法实施细则规定,除主管部门对各类评比达标表彰活动实施的监督检查外,还依托单位自查自纠和专项督促、专题检查等内部自查方式,及时发现纠正违规开展问题。如江苏省一方面发挥表彰奖励主管部门监督责任,指导表彰活动主办(承办)单位规范开展表彰活动,及时发现、纠正表彰活动中存在问题;另一方面落实表彰活动主办(承办)单位主体责任,通过组织自查自纠、专项检查等方式,对本单位的评比达标表彰活动实施全程督查。

3. 惩戒问责工作实施情况

如上所述,《管理办法》《暂行规定》《商标法》《广告法》等法律法规明确了对违规开展评比达标表彰活动的个人和组织实施惩戒问责的制度依据。总体上看,实施惩戒问责工作的主体、被惩戒问责的对象及事由、惩戒问责的措施及方式大体如下。

(1)主体。

一般情况下,《管理办法》第 22 条第 2 款规定,宣传、发展改革、公安、民政、人力资源社会保障、人民银行、国资、税务、市场监管等部门均可按照有关规定,对违反规定开展评比达标表彰活动的组织和个人,采取责令停止开展活动、消除影响等行政处罚形式。此外,《暂行规定》第 15 条规定:"社会组织开展评比达标表彰活动有违法违规情形的,以及社会组织未经批准擅自开展评比达标表彰活动的,由登记管理机关责令停止,并可视其情节给予行政处罚。"这与上位法《社会组织登记管理机关行政处罚程序规定》和《社会团体登记管理条例》的规定相符合[①]。

(2) 对象及事由。

明确违规单位及个人责任是规范评比达标表彰工作的重要保障。《管理办法》对违反规定开展活动的单位和个人,规定有关行业主管部门可采取多种措施予以惩戒,通过画红线的方式,为各单位及个人开展参与评比达标表彰活动明确了禁区。根据中央及各地评比达标表彰活动管理办法及实施细则,目前,对违规开展或参与评比达标表彰活动的惩戒对象及其惩戒事由主要有以下三类:

一是各类组织和个人。惩戒事由为:未经批准擅自开展、不按照批准事项开展评比达标表彰活动以及在评比达标表彰活动中违纪违规。

二是各单位主要负责人和直接责任人。惩戒事由为:未经批准擅自开展、不按照批准事项开展评比达标表彰活动以及在评比达标表彰活动中违纪违规。

三是党的机关、人大机关、行政机关、政协机关、监察机关、审判机关、检察机关、人民团体、有关社团、事业单位、国有企业及其工作人员。惩戒事由为:违规开展或者参加违规开展的评比达标表彰活动。

(3) 措施及方式。

目前,对违反评比达标表彰活动管理办法,开展或参与相关活动的单位和个人,相关规定明确了具体的惩戒措施及方式,包括一般性处理、行政处罚、刑事处罚、行政处分、党纪处分、政务处分等。

一是对违规开展或参加评比达标表彰活动的单位和个人,提出了明确的处罚措施。包括:对违规利用国家名义开展评比达标表彰活动的组织和个人,宣传、发展改革、公安、民政、人力资源社会保障、文化、人民银行、国资、税务市场监管等部门,按照有关规定,采取责令停止开展活动消除影响、约谈、公开曝光批评、纳入诚信记录等方式予以处理;违反法律法规的,依法予以行政处罚;构成犯罪的,依法追究刑事责任。值得注意的是,《管理办

---

① 前者第 3 条规定:"各级登记管理机关负责管辖在本机关登记的社会组织的行政处罚案件。"后者第 30 条规定:"社会团体有下列情形之一的,由登记管理机关给予警告,责令改正,可以限期停止活动,并可以责令撤换直接负责的主管人员;情节严重的,予以撤销登记;构成犯罪的,依法追究刑事责任。"由此可见,社会组织评比达标表彰违规行政处罚的主体为各级登记管理机关。

法》也对违规评比达标表彰活动予以宣传报道的行为规定了与违规开展评比达标表彰活动相同的惩戒措施和相关责任。

二是对未经批准擅自开展、不按批准事项开展评比达标表彰活动以及在评比达标表彰活动中违纪违规的,以及各级党的机关、人大机关、行政机关政协机关、监察机关、审判机关、检察机关、人民团体、有关社团、事业单位、国有企业及其工作人员,违规开展或者参加违规开展的评比达标表彰活动的,提出了明确的惩戒措施。即由主管机关对单位主要负责人和直接责任人等给予批评教育、诫勉谈话、组织调整或者组织处理;情节严重的,按照有关规定给予党纪、政务处分;构成犯罪的,依法追究刑事责任。

三是对违规开展或者参加违规开展的评比达标表彰活动的单位,由主管机关给予通报批评;情节严重的,5年内不得开展评比达标表彰活动,取消其5年内评优评先资格。

4. 各类违规案件处理情况

(1) 未经批准设奖颁奖。

该类案件处理的结果主要包括:删除相关信息,消除不良影响,有关部门对涉事单位相关人员进行批评教育,社会组织年检结论调整为"基本合格",依法列入活动异常名录或严重违法失信名单等。

(2) 以注册商标为名违规设奖颁奖。

按照商标法有关规定,商标产生误认效果,造成不良社会影响,可对该商标予以无效宣告。目前,以"××奖"为形式注册的商标约有7 000个,但是否符合《评比达标表彰活动管理规定》相关开展要求,是否按照《暂行规定》履行审批程序尚未可知。

(3) 违规收费。

目前,市场监管部门、民政部门、知识产权局已依法依规分别作出行政处罚、下调年检结论、责令退还违规收取的费用等处理决定。市场监管总局、民政部强调,行业协会开展评比达标表彰活动,不得向评选对象收取任何费用。各级市场监管、民政部门将密切关注行业协会收费行为,严肃查处违法违规收费。

(4) 未经批准开展评选。

企业未经批准开展评比活动的案件处理结果是:网信办关停其微信公众号,市场监管总局请地方部门进行调查,对其违规使用特殊标志等行为进行查处,公安部将其纳入监测对象。

行业组织未经批准开展评比活动的案件处理结果是:网信办关停其微信

公众号和网站,民政部对其上级主管部门进行约谈,责令其撤销该涉事分支机构,并在年审中对其进行降级。

(5) 擅自变更活动方案或超出宗旨和业务范围评比。

对于该类案件,民政部已责令协会删除违规内容,加强分支机构管理,认真学习国家奖励表彰政策。

(6) 乱评比的商业宣传行为。

该类案件通常是由网信办巡查发现,发现线索之后会转交市场监管部门处理。如果相关企业将评比结果用于广告等商业宣传,需审查其评比是否有科学的评奖依据和评奖标准。如果没有科学的评奖依据和评奖标准,评比结果不真实不准确,可按虚假宣传或虚假广告定性处罚。对擅自组织评比的协会等单位,可以按违反《反不正当竞争法》第八条第二款帮助他人进行虚假宣传进行查处。

五、监督检查与惩戒问责工作现存的问题

(一) 制度规范引导不足

由于案件类型和实施主体不同,目前关于评比达标表彰项目监督检查与惩戒问责的相关制度规范散见于各级各类政策文本中,尚无统一的制度安排。其间不仅存在制度空白、漏洞,部分新旧制度、一般性特殊性制度间的耦合性也不强。

1. 缺少关于监督检查和惩戒问责的顶层制度规范

目前,尚未制定《评比达标表彰活动监督检查和惩戒问责实施细则》,仅通过《管理办法》个别条款加以规定。顶层制度规范的缺失,导致了管理体制不清晰、工作机制不明确、人员队伍不稳定、基础建设不全面等问题。

值得注意的是,由于各类法规政策关于评比达标表彰活动监督检查与惩戒问责,虽然社会组织不得开展评比达标、违规收费观念已深入人心,但具体执行中缺少关于社会组织违规开展评比达标表彰活动惩戒问责的直接文件依据。此外,以商标注册形式开展的评比达标表彰活动以及以广告宣传开展的评比达标表彰活动的监督检查与惩戒问责相关规范性文件等也尚未建立。

2. 缺少关于评比达标表彰活动概念的厘定辨析

目前,评比达标表彰活动概念的界定、内涵等有待进一步明确,地方在判定相关活动是否属于评比达标表彰活动时存在一定难度,从事表彰奖励工作人员对评比达标表彰、创建示范、选树典型等具体概念不能做出准确界定,对相互之间差异难以辨别区分,导致实际执行中边界不清、模棱两可。比如,

在实际工作中,排行榜是否纳入评比达标表彰活动管理尚未明确,出现类似案件,通常只是采取约谈的方式,并没有对相关主体的行为产生多大影响。

(二) 管理机制建设不足

从违规案件的处理主体角度看,目前,各个部门的权责边界尚不清晰,且未能形成相对稳定的协同办案和联动处理机制,导致各个部门间沟通成本较高;从违规案件的处理流程角度看,由于尚未明确详细具体的案件发现与处理的程序,导致"一事一办"的现象较为频繁,案件办结效率较低。

1. 尚未形成相对稳定的部门协调联动机制

监督检查和惩戒问责工作涉及部门多、范围广,程序复杂,与群众切身利益紧密相关。尽管《管理办法》提出了相关原则规定和要求,并在第22条第2款规定了宣传、发展改革、公安、民政、人力资源社会保障、人民银行、国资、税务、市场监管等部门为评比达标表彰活动的管理主体,但该条款的规定并未明确划分各部门的职能范围,存在职权交叉和混淆的风险。

同时,由于在具体操作中面临问题更多、情况更复杂,加上个别部门缺位、责任意识不强,对违规开展评比达标表彰活动的组织和个人未能采取及时有效的措施加以甄别和制止,在相对稳定的部门协调联动机制未形成之前,一些责任边界不明的案件在处理过程中的沟通协调成本过高,影响了案件审结的效率。

2. 尚未形成相对确定的案件发现处理机制

在上述政策法规依据中,关于违规活动的监督检查和惩戒问责的规定较为笼统,缺少更加细化、更加有力的刚性举措,同时在实际工作中也尚未形成相对确定的案件发现与处理机制。事实上,监督检查与惩戒问责作为评比达标表彰活动管理工作中的重要一环,在制度安排与机制设计方面必须与其他重要环节相互承接,彼此照应;换言之,监督管理与惩戒问责环节的存在,不仅起到了清理违规开展项目的作用,而且对后续项目的申请、审批与开展起到了警示威慑和规范引导功能。但目前的监督检查与惩戒问责工作尚未形成常态化的案件与处理机制,项目监督检查周期不确定,违规信息报送周期不确定,案件惩戒问责标准不确定,无法形成普遍性的处理规程,更多的是举报一例查处一例、查处一例问责一例,导致整个管理链条并未形成稳定完整的闭环,进而影响了评比达标表彰活动管理的总体效果,使违规者更易滋生侥幸心理,制度震慑力和指引力缺失。

3. 尚未形成相对成熟的案件处罚公示机制

目前,国家在人社部网站表彰奖励专栏开设有表彰奖励监督举报平台,用于接受群众对以国家名义开展表彰和表彰活动中违法违规行为问题的举报。但当前监督平台功用实际上更侧重于接受违规活动信息的举报，而对于违规案件的处理过程和处理结果并未在信息平台上公示。如"艾景奖"的处理决定主要公布在文化和旅游部、中国建筑文化研究会等主办单位主管部门网站上，而人社部网站表彰奖励专栏中并未予以公示。从建立长效监督检查与惩戒问责机制的需求出发，仍需进一步发挥信息平台的震慑引导作用。

4. 尚未形成相对快速的信息数据共享机制

目前评比达标表彰活动大部分数据主要为国家表彰奖励主管部门掌握使用，不面向全国各地表彰奖励部门，各省仍需自建平台。同时，全国平台未与地方已建平台联网，不能实现全国范围内的资源共享、业务上线和信息交互，缺乏统一部署。信息系统的隔断在一定程度上延长了违规案件办理查处的时间，一方面给违规者毁灭关键性、重要性证据的时机，不利于执法检查工作的顺利开展，另一方面延长了向社会公示违规案例处罚过程和结果的时间，不利于形成及时性、更有力的震慑。

（三）措施手段力度不足

1. 缺乏全面有效的惩戒措施方式

在已有法律法规与政策文件中，除《管理办法》和《暂行规定》明确规定了惩戒的方式和措施外，其他制度规范并未特别地针对违规开展行为规定相应处理办法与惩戒手段。目前《管理办法》虽明确了可对违规案件中的个人和组织按情节大小予以行政处理、行政处罚、刑事处罚、党纪政务处理以及行政处分，但在实际工作中多以行政处理为主要惩戒方式，对相关直接责任人和领导责任人的警示惩处力度不大，相应地对社会的震慑影响效果亦不强烈。

值得注意的是，上述现象在社会组织开展的评比达标表彰项目中体现得更为显著。目前，社会组织由民政部登记管理，主要管理手段为年检、对违法行为行政执法，惩戒手段为信用惩戒，总体上看成效甚微。而对具体的业务评比达标表彰活动的管理，民政部更是缺乏相应职责权限，不仅行政成本过高，而且难以形成有效的威慑。

2. 缺乏专业有力的监督执法队伍

评比达标表彰工作内容多，耗时耗力，现有工作力量配备难以满足实际工作需要，且长效性学习培训机制尚未建立，工作人员队伍数量和能力亟待扩充与提升。具体表现在：一是人员队伍能力不足，违规案件监督检查与惩戒问责涉及多学科知识，对干部的综合能力与学习能力要求较高，尤其是政府的职责权限、法律法规的依据、违规情形的认定、惩戒问责的方法手段等都需较强的专业知识,对于经验不丰富、知识不充分的干部而言挑战极大。二是自我驱动提升力有待加强。调研发现,目前,关于评比达标表彰活动的监督检查与惩戒问责工作多集中于中央部门,地方主管部门相关业务涉及较少,加之平时工作繁重,自学提升相关知识水平的内在驱动力并不十分充分。

六、构建长效机制的基本思路

评比达标表彰活动监督检查和惩戒问责作为管理工作的一个重要环节,与其他管理环节息息相关、密不可分。构建监督检查和惩戒问责长效机制,也必然要符合功勋荣誉表彰制度总体精神,遵循《管理办法》立法原则,契合当前各个管理环节和各项制度安排。因此,在基本思路上,一是以"整体统筹"的视角,从党和国家功勋荣誉表彰制度的高度,正确认识评比达标表彰活动制度的功能,明确制度构建的整体站位;二是以"相互关联"的思路,从评比达标表彰活动监督检查与惩戒问责与其他管理环节的相互关系出发,明确长效机制应当包含的主要工作机制;三是以"遵循时序"的原则,从评比达标表彰活动监督检查和惩戒问责工作现状出发,结合当前工作的重点难点,明确长效机制建立的实施步骤和具体安排。

(一)正确认识评比达标表彰活动的制度功能

虽然我国的评比达标表彰活动取得了较为显著的成效,但客观地说,尚未实现评比达标表彰活动的全部功能。作为一种荣誉奖励,评比达标表彰对国家、社会、市场、组织和个人均具有重要意义。经审批允许开展的评比达标表彰对于处于市场经济的各类市场主体而言,是一种经政府公信力背书的宣传广告、质量荣誉证书,意味着对受奖者的能力水平、产品商品质量、经营品德等作出了具有权威性的肯定评价。在对上述荣誉表彰争取的过程中,能不断激发市场主体诚信经营、提高商品和服务质量,进而有效防止信息不对称导致的"劣币驱逐良币"现象,营造健康有序的市场竞争环境。

与此同时,评比达标表彰活动能够通过树立榜样标杆,给个人提供效仿和学习的先例,并指出正确的努力方向。同时,又通过物质奖励和精神激励的刺激,增加被奖励行为重复出现的频率,强化人们做出获奖行为的动机。

(二)建立明确监督检查与惩戒问责工作机制

根据《管理办法》中已存在的管理体制和运行机制,综合其他评比达标表彰活动管理规范性文件中的相关工作做法,建议监督检查与惩戒问题工作机制应关注以下几方面:

一是规范引导机制。进一步理顺评比达标表彰活动管理理念,坚持规范管理与培育并重的思路。借助发文审核机制对各类文件中出现的未经批准的评比达标表彰和创建示范活动,建议相关部门和单位按有关规定履行报批程序,并删除相关表述,从源头上杜绝违规开展评比达标表彰活动的发生。

二是协调防控机制。根据《管理办法》明确的协调小组成员单位以及各责任主体,可联合开展警示教育和政策宣传,向各单位、各社会组织系统讲解评比达标表彰活动管理办法和相关惩戒规定,提高各单位、各社会组织对评比达标表彰活动权威性、重要性的认识,防微杜渐,将违规评奖设奖行为扼杀在初期。

三是信息公开机制。及时公布在评比达标表彰活动监督检查过程中存在问题的相关案件信息,并对单位主要责任人严肃惩戒问责,体现国家对规范评比达标表彰活动的决心,对意图违法违规开展活动的单位和个人以强力震慑。

四是案件转办机制。对群众和社会通过各类渠道反映、举报的违法违规活动和其他违规设奖颁奖信息,信息接收部门应及时转送到表彰奖励主管部门。表彰奖励主管部门在自身无法深入调查或无法实施监督惩戒措施的情况下,可借助联席会议机制和信息协同处理机制,进一步将相关信息转至行业主管部门,提高案件查处的效率。

五是学习培训机制。对从事评比达标表彰活动的相关工作人员进行全面系统的业务培训,明晰评比达标表彰活动的审批、监督检查、惩戒问责的职责权限、行为规范等,建立专业化的干部队伍。

(三) 明确长效机制建立的实施步骤和具体安排

由于目前评比达标表彰活动的监督检查和惩戒问责工作正处于起步阶段,客观上面临着诸多需要厘清和解决的问题。因此,目前应全面梳理总结当前工作中存在的突出问题和显著障碍,比如部门间协调困难、个别部门责任意识淡薄、现有制度对部门管理的权限规定不清、相关惩戒措施力度不够、人员队伍力量和能力不足等。根据重要性和解决的难易程度,将上述问题逐步列入工作日程,并根据实际情况不断调整。目前来看,大体可以分为三个阶段:

第一,起步阶段。该阶段中主要解决基础概念性问题,如厘清评比达标表彰活动的内涵和外延,为各地区各部门管理工作划定明确的范围。需要注意的是,社会组织和企业开展的商标类、广告类评比达标表彰活动应重点研究,之前未纳入管理范围但实质上属于评比达标表彰活动的相关项目,如科技类、文艺类奖项，也应纳入概念研究范围。此外，关于评比达标表彰活动监督检查与惩戒问责的管理规定也应进一步梳理，从市场监管类法律法规入手，重点研究企业开展评比达标表彰活动的相关规制内容。

第二，探索阶段。该阶段主要任务是把握长效机制建立的重要关键性问题。如相关管理工作机制的建立和实施，以进一步强化部门间协调联动、规范案件发现办理流程、提升队伍能力水平、畅通信息共享渠道、提高案件曝光频次等；在系统梳理以往案件和处理方式的基础上，明确案件的处罚具体标准，做到公平、公正、公开。

第三，规范阶段。该阶段的主要任务是结合理论研究与实践探索，综合以往经验与教训，制定《评比达标表彰活动监督检查与惩戒问责实施细则》，以在顶层设计层面进一步明确管理体制、工作机制、监督主体、检查方式、处罚措施、处罚标准，为各地各部门开展工作提供依据，最终实现长效机制的建立。值得注意的是，对于《管理办法》中未纳入适用范围但确属评比达标表彰活动的项目，如社会组织或企业开展的项目、全国文艺类奖项、科学技术奖项（含社会办科技奖①），基于统一管理的需要，建议一并纳入顶层制度安排中予以规范。

参考文献

[1] 陈彪，贺芒. 复合治理视域下的地方"评比表彰"执行逻辑——以S省D市四城同创为例 [J]. 北京理工大学学报（社会科学版），2021，23 (6)：110-118.

[2] 中国港口协会集装箱分会表彰2020年度集装箱码头单项评比优胜单位 [J]. 集装箱化，2021，32 (Z1)：47-49.

[3] 夏璐. 切实发挥荣誉表彰精神引领典型示范作用 [N]. 重庆日报，2021-07-23 (002).

[4] 梁修明. 警惕评比表彰泛滥之风再抬头 [N]. 人民政协报，2021-05-13 (003).

[5] 张西流. 严禁"乱评比"须下猛药 [N]. 云南日报，2021-04-12 (005).

---

① 2020年8月，中国青年科技工作者协会举办"钟南山青年科技创新奖"。该奖项属于科学技术奖项，设立后已按照相关政策规定将材料报送科技部国家科学技术奖励工作办公室备案。科技部反馈称，确认收到材料，同时反映他们近期在修订相关管理规定，并对社会办科技奖进行清理。该奖项设立后还没有开展活动，已按照相关规定要求主办方在开展项目前报表彰办备案后再行开展。

[6] 苑广阔. 基层网络评比也待"减负"[J]. 清风, 2021 (1): 37.

[7] 徐换歌. 评比表彰何以促进污染治理？——来自文明城市评比的经验证据[J]. 公共行政评论, 2020, 13 (6): 151-169, 213.

[8] 贺芒, 陈彪. "评比表彰"项目的地方执行逻辑：一个组织理论分析视角[J]. 中国行政管理, 2020 (11): 133-139.

[9] 王英, 唐零. 评比表彰与城市治理——来自国家环境保护模范城市创建的经验证据[J]. 治理研究, 2020, 36 (5): 38-49.

[10] 张天舒, 王子怡. 荣誉称号影响官员晋升的信号机制研究——来自全国文明城市评比的证据[J]. 中国行政管理, 2020 (9): 121-127.

[11] 南方日报评论员. 是什么导致方方面面热衷于评比表彰？[N]. 南方日报, 2011-09-28 (F02).

[12] 王伟, 王哲. 走向政社合作：评比表彰计划发起主体的行政学分析[J]. 湖北行政学院学报, 2019 (3): 61-66.

[13] 刘思宇. "评比表彰"的激励逻辑——基于创建全国文明城市的考察[J]. 中国行政管理, 2019 (2): 72-78.

[14] 唐宗礼. "快餐化"评比表彰不可取[J]. 秘书之友, 2018 (10): 1.

[15] 王哲. 作为政治达标赛的评比表彰：理论意义与演进逻辑——基于A省"省级园林县城"计划的案例研究[J]. 公共管理学报, 2018, 15 (3): 16-26, 154-155.

[16] 刘迦. 擅自举办表彰活动、超标准配备使用办公用房应如何追责[N]. 中国纪检监察报, 2018-02-07 (008).

[17] 王兴彬. 民政部社会组织管理局有关负责人就社会组织评比达标表彰问题答记者问[J]. 中国社会组织, 2017 (6): 44-45.

[18] 王溱. 评比表彰的幕后功利[J]. 商周刊, 2014 (25): 87.

[19] 周晔. 合法性视域下的"评比表彰"：行动逻辑、功能局限及治理——以中央政府及职能部门组织的评比表彰活动为例[J]. 中国行政管理, 2014 (9): 69-74.

[20] 顾远山. 根治"评比病", 还在拆解利益链[N]. 中国纪检监察报, 2014-06-17 (002).

[21] 本刊编辑部. 评比达标表彰评估项目瘦身[J]. 中国人力资源社会保障, 2013 (10): 7.

[22] 徐进. 评比项目再取消是改进作风新起点[N]. 中国医药报, 2013-09-23 (004).

[23] 胡亮. 细化公共财政预算是防止评比表彰活动泛滥的有效途径[N]. 中国经济时报, 2013-09-17（002）.

[24] 温济聪. 乱评比就是形式主义[N]. 经济日报, 2013-09-16（002）.

[25] 何勇海. 治理评比表彰, 功夫在数字之外[N]. 法制日报, 2013-09-14（007）.

[26] 黄波. 根治评比表彰乱象　切防"割韭菜"[N]. 深圳特区报, 2013-08-23（A02）.

[27] 吴昊. "转变职能"从检查评比"瘦身"开始[J]. 公民导刊, 2013（5）: 51.

[28] 朱海滔. 为检查评比"瘦身"[N]. 中国矿业报, 2013-04-16（B02）.

[29] 广东: 政府职能转变先拿考核检查评比项目开刀[J]. 领导决策信息, 2013（14）: 7.

[30] 支振锋. 社会健康不能忽视评比健康[N]. 法制日报, 2011-09-28（007）.

[31] 夏学銮. 评比表彰泛滥的因由[N]. 北京日报, 2011-12-12（018）.

[32] 张遇哲. 清查评比表彰项目重在斩断利益链[J]. 湖北教育（领导科学论坛）, 2011（6）: 72.

[33] 夏学銮. 表彰泛滥之忧[J]. 人民论坛, 2011（30）: 9.

[34] 谢飞君. 清理"评比表彰"光减数量还不够[N]. 南通日报, 2011-09-28（A03）.

《评比达标表彰活动监督检查与惩戒问责长效机制研究》课题组成员名单

课题组长：
徐　维（中国人事科学研究院绩效管理与奖惩研究室副主任、副研究员）

执行组长：
杜明鸣（中国人事科学研究院绩效管理与奖惩研究室助理研究员）

课题组成员：
李志更（中国人事科学研究院副院长、研究员）
任文硕（中国人事科学研究院绩效管理与奖惩研究室主任、研究员）

袁　娟（中国人事科学研究院研究员）
张　琼（中国人事科学研究院绩效管理与奖惩研究室助理研究员）
毕占方（中国人事科学研究院绩效管理与奖惩研究室研究实习员）

境外职业资格认证境内活动现状和对策研究[①]

提　要：2019年11月8日，中央电视台焦点访谈节目的曝光将长期以来存在我国境内的、由境外非政府组织开展的职业资格非法认证行为揭露出来。据此，我们专题开展相关研究，力求为人力资源社会保障部相关司局提供决策参考。

关键词：境外　职业资格认证　现状和对策

一、在境内活动的境外职业资格认证的基本情况

（一）境外职业资格认证在我国境内活动的发展历程

1. 境外职业资格认证在我国的发展背景

1995年中国正式申请加入WTO，劳动标准和人才标准面临与国际接轨的新局面，我国开始逐步引进一批高质量的境外职业资格认证。

1998年，职业技能鉴定中心与英国伦敦城市行业协会（C&G）签署合作协议，成立中英职业资格证书考试办公室，委托中国工商联所辖中小企业国际合作促进会（MSSE）负责引进和协调工作。2000年，C&G在中国注册，与劳动保障部联合推出商贸零售管理服务人员证书［证书项目：商贸零售（劳引字〔2000〕001号）］，这是我国政府向我国劳动者推荐的首个合法境外机构认证证书。此后，一些在国际职业竞争中占据重要地位的境外职业资

[①]　本文系人力资源社会保障部2020年度部级课题《境外职业资格认证境内活动现状和对策研究》报告的部分内容。

格认证及其主管部门，凭借科学的职业标准、严格的认证流程和广泛的行业影响力，逐步被我国引进。

2. 境外资格证书引进情况

（1）技能类境外职业资格证书。

2000—2010年，先后有17个境外职业资格认证项目通过我国主管机构的审核注册进入我国境内。这些职业资格认证主要来自英国、美国、日本及我国香港地区，涉及多个职业领域，覆盖语言类3个，包括职业韩国语、实用日本语和国际交流英语；服务类12个，包括商贸零售、企业行政管理、金融分析、商业美术设计、旅游管理、商务管理、财务管理、职业采购、企业风险管理、酒店管理、观光旅游、银行风险与监管等；制造类2个，包括电子工程和设施管理。这些职业资格证书在相关专业领域普遍具有广泛的国际和行业影响力，不仅提升了我国在这些新兴产业领域的人才标准要求，实现人才能力标准同国际前沿水平的基本接轨，而且有助于提升我国人才管理水平，填补了国内职业资格证书体系的空白，成为我国职业资格证书制度重要且有益的补充。

但必须看到，尽管这些证书都是根据412号令"以技能为主的国外职业资格证书及发证机构资格审核和注册"的要求进行相应的注册和管理，但事实上，有些境外职业资格认证并不属于技能类，甚至可以说不是以技能为主。这表明，境外职业资格认证境内活动除技能类外还有很多属于专业技术类。

（2）专业技术类境外职业资格证书。

专业技术类境外职业资格证书在我国境内活动有两个高峰期。第一个高峰期是我国加入WTO前后，主要原因一方面是伴随着职业资格制度在我国的快速发展，打开国门后大量专业技术类境外职业资格证书涌入我国；另一方面是经济全球化，对洋资格、洋学历的认知存在"高大上"的误区和潜在需求。第二个高峰期是2017年前后，主要原因是大量清理删减了原有的国字头职业资格却没有及时补充，出现明显的需求真空，使得大量真真假假的境外职业资格认证活动乘虚而入，野蛮生长。

从专业技术类境外职业资格证书的数量来看，2010年的调查显示，当年共有47家境外机构在境内设置专业技术类职业资格337项。此次课题组对境外职业资格证书情况再次进行搜索整理，受时间精力能力所限，搜集到专业技术类职业资格证书信息约100余项。

3. 我国对职业资格认证活动的管理

为切实做好引进国外职业资格证书的管理工作，规范国外证书机构在我国境内的考试和发证工作，保障我国公民的合法权益，根据《中华人民共和国劳动法》和有关规定，劳动和社会保障部于1998年11月5日印发《关于对引进国外职业资格证书加强管理的通知》（劳社部发〔1998〕18号，以下简称"18号文"），对主管部门职能、国外职业资格证书机构、引进的职业资格证书及引进审批程序等作出明确规定。这一举措为我国劳动者能够享受国际上较为先进、高水平的教育培训和资格认证服务，推动国际职业资格证书交流工作提供了政策支持。

为贯彻落实18号文件精神，切实加强国外证书审核注册和运行质量的管理，规范工作和管理程序，2004年1月14日，职业技能鉴定中心发布《关于印发〈国外职业资格证书注册管理实施细则（试行）的通知〉》（劳社鉴发〔2004〕2号，以下简称"2号文"），进一步细化了三方面的内容：一是注册工作开展的对象；二是注册、审核和认证流程；三是管理监督办法。

2004年7月1日起实施的《国务院对确需保留的行政审批项目设定行政许可的决定》（中华人民共和国国务院令第412号），保留了"以技能为主的国外职业资格证书及发证机构资格审核和注册"项目，作为原劳动保障部的行政审批项目之一，要求对此工作进一步加强管理。但在实际职业资格培训和认证市场中，存在大量根本没有进行注册的境外资格。

2007年12月，国务院办公厅发布《关于清理规范各类职业资格相关活动的通知》（国办发〔2007〕73号），明确指出"一些机构擅自承办境外职业资格的考试发证活动，高额收费等，社会对此反应强烈"。为更好地解决这个问题，在国务院领导下，人社部经过两年的时间，通过上报、检索等方式共清理出各类专业技术人员职业资格1 390项，其中境内资格1 053项，境外资格337项。人社部于2012年5月发布《职业资格清理规范第一批公告目录》，共有265个职业资格得到认可，其中专业技术人才准入类职业资格33项、水平评价类26项，没有涉及境外职业资格。

时隔10年，2015年6月15日，人力资源和社会保障部就业培训技术指导中心发布《以技能为主的国外职业资格证书及发证机构资格审核和注册办事指南》，以国务院第412号令、18号文、2号文等为依据，对审批对象、申请条件、基本流程、审批时限、审核决定等事项作出规定。这标志着技能类境外职业资格在境内活动不仅有了明确的法理依据，更有了清晰的审批流程。

为了规范、引导境外组织在中国境内的活动，保障其合法权益，促进交流合作，2016年4月《中华人民共和国境外非政府组织境内活动法》出台并于2017年1月1日正式实施。公安部在2016年12月就发布了《境外非政府组织在中国境内活动领域和项目目录、业务主管单位名录（2017）》，明确"国际职业资格认证考试及交流合作""工程教育、工程师资格国际互认""专业技术人员继续教育活动""向境内教育机构推荐、派遣外国专业人才""博士后交流与合作"等五个主要项目由人社部主抓。此后，教育、体育、民政等部门均已在其基础上先后出台细则和管理办法，人社部门作为境外职业资格培训和认证活动的主管部门也有必要开展相关研究和管理工作，这既是法理要求，也是实践需要。

资料显示，2014年7月—2017年1月，国务院以"决定取消的职业资格许可和认定事项目录"方式先后七次共取消境内职业资格434项。2017年9月，人社部在之前国务院"七连清"基础上出台的《关于公布国家职业资格目录的通知》（人社部发〔2017〕68号），将我国有政府背景的职业资格从618个正式删减为140个，其中专业技术人员职业资格59项、技能类职业资格81项，没有涉及境外职业资格。

国家层面职业资格的强力清理、管理目录的发布以及目前正在火热进行的技能人员分类评价，对深化我国职业资格证书制度改革、提升各类人员职业能力、提高证书含金量发挥了极大的促进作用。但必须认识到，由于我国进行大规模职业资格清理，形成巨大的需求空间，造成很多职业资格"有市场、没供给"，需要和不平衡不充分的发展之间的矛盾日益突出。这就造成一方面很多国内取消的职业资格纷纷披上"国际认证"的外衣，依旧开展着培训和认证工作；另一方面，原本夹缝中生存的境外职业资格获得了巨大的成长空间，野蛮无序生长现象不断发生。

我国自20世纪90年代末引进境外职业资格证书以来，虽然先后出台了一些针对国外职业资格证书注册和引进的管理规定，但是始终未建立系统的监督和管理办法。与发达国家200多年的实践探索相比，目前我国职业资格证书制度总体处于发展初期，职业资格证书及管理体系无论是在数量上质量上还是管理监督体系上都有十分巨大的发展空间。

（二）现行境外职业资格认证规制管理的有关规定

现行境外职业资格认证规制管理的有关规定见下表：

序号	规定名称	时间
1	《关于对引进国外职业资格证书加强管理的通知》	1998年11月
2	《国外职业资格证书注册管理实施细则（试行）》	2004年1月
3	《国务院对确需保留的行政审批项目设定行政许可的决定》	2004年7月

续表

序号	规定名称	时间
4	《关于清理规范各类职业资格相关活动的通知》	2007年12月
5	《以技能为主的国外职业资格证书及发证机构资格审核和注册办事指南》	2015年6月
6	《中华人民共和国境外非政府组织境内活动法》	2016年4月

（三）境外职业资格认证在我国境内活动的现状

412号令和办事指南中所指境外职业资格认证均明确"以技能类为主"，但事实并非如此。已纳入政府审核注册的17个境外职业资格认证项目多是专业技术类，且只是活跃在境内的境外职业资格认证项目的一小部分，当前市场上正活跃着的大多数的境外职业资格认证并未经政府有关部门审核注册。

在2010年摸底工作的基础上，人科院再次对目前活跃在我国境内的境外职业资格认证进行搜集整理。受时间、精力和能力所限，搜集到的认证信息100余项。从认证机构、进入方式、所涉领域、考试与认证情况四个方面，对这些境外职业资格认证情况进行了分析，结果如下。

1. 认证机构

从认证机构性质来看，多为境外企业、行业协会、学会等。其中，行业协会、学会又分为非政府组织和有官方背景的社会组织。

2. 进入方式

从进入方式来看，主要有政府主导型和市场主导型。

政府主导型境外职业资格认证，除前述17个通过人社部（即原劳动保障部）审核注册的境外职业资格认证外，也有其他政府部门根据工作需要引进的资格认证项目。

市场主导型的境外职业资格认证，多由境外认证机构与境内承办机构合作开展，境内承办机构主要包括行业协会、学会、高职院校和社会组织。

此外，还存在无境内承办机构和有多家境内承办机构两种情况。

3. 所涉领域

从所涉领域来看，这些认证覆盖金融、会计、IT信息、人力资源管理、艺术、法律、农学、医学、地产等诸多专业性较强且社会需求旺盛的领域。

4. 考试与认证

从证书所要求的报考条件看，主要从年龄、学历、工作经验年限和具备相关职业资格证书等方面提出要求，这与多数我国职业资格证书报考条件类似。

从认证方式来看，有机考、笔试、面试、资料审核和实践操作等方式。

从考试语言来看，有的实行全英文考试。这类考试通常国际通行程度较高，含金量也较高。

从考试时间来看，多数认证每年定期举办考试，有的机考认证可由考生自选考试时间，全年都可以考试。

从考试内容来看，通常包括若干模块或必选课程、自选课程，每个模块或每门课程分别组织考试。

从证书有效期限来看，有终身有效和限期有效两种。

从认证级别来看，存在多种分级形式。较为常见的是实行初级、中级和高级三个级别划分。也有的分为A、B、C、D四级，有的分为一至五级，还有的证书无级别划分。

从实施范围来看，有的认证在全国各地均设有考点，有的在北上广深等一线城市设置考试中心，还有少数认证在境内没有考点。

二、国外职业资格证书制度管理研究

国外对职业资格证书制度的管理，主要依据市场失灵理论和专业人员规制体系理论。职业资格管理方式分为竞争性分权管理与非竞争性集中管理。管理模式通常包括国际惯例管理模式、基于政府间专项协议的管理模式、基于移民管控需要的管理模式、基于地方发展需要的管理模式、基于殖民地宗主国证书的管理模式、基于民间职业资格证书的管理模式。

三、境外职业资格认证境内活动存在问题与原因分析

（一）政府部门监管缺位

1. 法制层面支撑和落地不足

自20世纪90年代末境外职业资格认证进入我国境内开展活动以来，其后发布的18号文、2号文、412号令以及办事指南均聚焦以技能为主的境外职业资格认证。根据18号文件精神，只有以技能为主的境外职业资格证书需要按照文件要求进行审批。也就是说，目前在我国境内活动的大量专业技术类境外职业资格证书无需行政审批程序。这一类境外职业资格证书数量众多，不免鱼龙混杂。而境外认证机构的专业权威性，其组建是否合法、从事业务是否符合其经营范围和组织形式，该证书在国（境）外是否是从事某种职业必须取得的资格，对于从事谋职业是否有实质性的帮助等，这些问题都需要考生自行甄别。

2016年出台的《境外非政府组织境内活动法》虽弥补了这一缺失，但目

前尚未落地。事实上，在境内活动的境外职业资格认证，特别是专业技术类职业资格，已有超过20年处于无人监管、野蛮生长的状态。

2. 三次错失清理整顿良机

自境外职业资格认证首次进入我国境内至今的20多年来，曾有三次对其进行清理整顿的良机。

第一次是2007年国务院开展集中清理规范工作。2004年8月至2007年11月之间，劳动部在99版《国家职业分类大典》基础上共发布10批106个新职业，随之而来的是各类职业资格培训机构、培训项目和考试认证，考试多、证书滥、机构杂、收费乱成为各类职业资格活动难以突破的四大乱象，严重困扰职业资格培训的健康发展。为此，国务院办公厅于2007年12月31日下发《关于清理规范各类职业资格相关活动的通知》（国办发〔2007〕73号），针对职业资格设置、考试、发证等活动中的混乱现象进行集中清理规范，并对清理规范的原则和范围、主要内容、方法步骤和工作要求作出明确规定。

第二次是2014年以来开展的集中清理工作。2014年以来，针对原有职业资格设置缺乏法律法规依据、过多过滥等问题，国务院分批次取消了一些职业资格许可和认定事项，规定依法设置的职业资格必须纳入国家目录并实行动态调整，职业资格设置、取消及纳入、退出目录都必须经过评估论证。此次清理工作共分7个批次，取消职业资格共计434项，占总数的70%以上，集中清理后保留职业资格140项，其中专业技术类职业资格59项、技能类职业资格81项。但此次集中清理工作并未涉及境外职业资格。

第三次是2016年《中华人民共和国境外非政府组织境内活动法》的出台。2016年4月28日，全国人民代表大会常务委员会发布《中华人民共和国境外非政府组织境内活动管理法》（中华人民共和国主席令第四十四号）。这是我国第一部针对境外非政府组织的立法，标志着中国正式将境外非政府组织监管纳入法治轨道。该法延续了我国一直以来对社会组织实施的双重管理体制——登记和监督管理分开。

作为登记主管部门的公安部先后于2017年和2019年公布《境外非政府组织在中国境内活动领域和项目目录、业务主管单位名录》及相应联系方式，明确教育领域的"国际职业资格认证考试及交流合作""工程教育、工程师资格国际互认""专业技术人员继续教育活动""向境内教育机构推荐、派遣外国专业人才""博士后交流与合作"五个项目由人社部主抓。然而该法出台至今已4年有余，作为境外职业资格证书业务主管部门的人社部仍未有借势而为之举，而民政、体育、财政、扶贫等部门早已制定并出台了境外组织境内活动的管理办法，这也倒逼着人社部需要尽快从顶层设计来考虑境外职业资格认证境内活动的监督和管理问题。

（二）境外职业资格认证质量良莠不齐

在课题调研过程中，经过搜索整理发现，境外职业资格认证数量众多，但质量良莠不齐。例如，由特许金融分析师协会（Institute of Chartered Financial Analyst）授予的特许金融分析师认证（Chartered Financial Analyst，缩写为"CFA"），是全世界公认的金融投资行业国际资格认证，其认可度几乎覆盖整个金融行业，是进入国际金融领域中重量级机构从业必备的证书。再如，由美国认证协会（American Certification Institute，简称"ACI"）认证的注册国际心理咨询师职业资格，即前文提到的"焦点访谈"节目曝光的一起境外职业资格认证骗局。节目曝光了所谓 ACI 注册国际心理咨询师证书的真实含金量：在我国人社部官网中查不到该证书的备案资料，也得不到中国心理学业界的认可。根据报道，ACI 美国认证协会所在地的加州政府官员表示，拥有这个证书并不能在当地从事心理咨询师的职业，要执业需要具备心理咨询相关专业的博士学位；美国最权威的心理学学术组织美国心理学会（APA）表示，没有听说过 ACI 及其所认证的职业资格。但数据表明，我国注册国际心理咨询师每年报考人数超过 12 万人次，ACI 中国总部在此认证项目上一年的非法收入超过一亿元人民币，这些都是我国普通百姓的血汗钱。

（三）认证活动主体之间信息不对称

境外认证机构有关信息的发布途径主要有认证机构官网、培训机构网站、论坛、个人社交媒体、其他各类网站等几种。认证机构官网上发布的信息大多较为全面、相对权威，但也需甄别该机构的合法性与权威性；有的论坛会发布与考试认证相关的信息，或设置讨论专区，供各地考生进行信息交流与共享；还有一些资格认证信息匮乏，只能在一些文章中搜索到关于该认证的只言片语，有关该机构的基本情况、境内合作机构情况、证书级别、实施范围、报考方式等对考生来说极为重要的真实信息则较难获得。

（四）需求与供给不平衡不充分

1. 国家层面"生而不管"

未经政府部门审核注册的专业技术类境外职业资格认证，不属于 68 号文规制范围，既非行政行为创设，也非国家层面从事某一行业必须取得的资格，其在我国境内的活动更多是依靠自身在境外的发展历史和声誉，是对证书持有者职业能力的背书和证明，是一种市场化的能力水平评价活动。从境外职业资格认证机构及其活动的合法性来看,专业技术类境外职业资格证书的推行不需要按照 68 号文等文件要求进行审核注册,也就是说"合法性"的问题解决了,但对其在境内开展认证活动的情况没有进行任何监督和管理,任其野蛮生长,不免有"生而不管"之嫌。

2. "需求蓝海、管理真空"矛盾

随着改革开放的不断深入,社会经济发展水平不断提升,技术革新、社会变革和服务业快速发展正不断孕育出新的职业和新的需求,劳动力市场上对高素质人力资源的需求日益扩大,广大从业者提升自身能力素质水平的需求与日俱增。特别是 2021 年以来,受到世界经济增长低迷、国际经贸摩擦加剧、2020 届高校毕业生人数再创新高等因素影响,加之受到疫情冲击,我国就业市场承受较大压力。在中央提出的"六保""六稳"工作中,"就业"位列第一;今年《政府工作报告》中 39 次提到"就业",是历史上出现频次最高的一次。这些都足以说明宏观政策层面"就业优先"底线思维的凸显,由此形成职业资格认证需求蓝海。

四、完善境外职业资格监督管理的必要性与紧迫性

(一)完善国家职业资格证书制度和贯彻落实《境内活动法》的法理需要

当前经济社会快速发展,社会需求日益变化,既有资格清理整顿、实施目录管理,推广职业技能等级认定,新职业发布和标准制定、修订,又有遭遇境外良莠不齐职业资格冲击等一系列挑战,亟须从顶层重新设计和完善。

《境内活动法》的出台,明确要求人社部作为业务主管单位对相应的境外非政府组织境内活动进行监督管理,已有体育、民政等部门的行动在前,更是一种督促和鞭策。面对不断发展的境外职业资格认证境内活动现状,以及健全完善国家职业资格制度和应对《境外非政府境内活动法》的要求,迫切需要对境外职业资格认证的监督管理体系进行顶层设计和构建。

(二)满足日益增长的用人单位、从业人员的市场需求

随着改革开放的深入和经济社会的快速发展,高素质人力资源的需求对用人单位愈发重要,提升自身能力素质水平的内在动力对广大从业者同样重要。社会经济发展水平的不断提升,技术革新、社会变革和服务业快速发展将不断孕育出新的职业和新的需求。尽快对境外职业资格证书市场予以规范,将为保护劳动力市场健康发展发挥切实且稳定的作用。针对境外职业资格认证境内活动,一方面,改革开放和经济的全球化需要我们打开国门引进大量高质量的职业资格,提升本国本地劳动力素质水平;另一方面,大量境外职

业资格认证进入我国的同时,需要我们睁开"火眼金睛",辨明良币劣币,帮助广大用人单位和从业人员把好最后一关。

(三)各地发展和实践探索需要

目前,为适应产业转型升级和经济新常态发展,满足社会发展对持境外职业资格证书人才的需求,各地已开始积极探索。如苏州市政府于2018年12月28日出台《苏州市境外职业资格持有人享受技能等级待遇管理办法(试行)》,以满足企业对境外技能人才与日俱增的需求,特别是大批外资企业尤其是世界500强企业对具有国际先进水平的人才及技能的需求,鼓励和引导具有国际先进水准的技能人才在苏、来苏创业就业。上海市政府为促进中国(上海)自由贸易试验区临港新片区高质量发展,实施特殊支持政策50条。为了畅通引才渠道,引进国际人才参与海南自贸区建设,海南省委省政府开展国际人才管理改革试点,探索建立与国际接轨的全球人才招聘、服务管理制度,畅通引才渠道,目前正探索在部分职业资格上允许境外人员参加考试等政策。

五、境外职业资格境内活动监管职责分工研究

(一)明确监管对象

按照"最小且必要"的原则,对监管重点做进一步缩小和明确,即由境外政府机构、非政府组织在我国境内组织实施的职业资格认证活动,尤其是涉及具有准入性质职业的职业资格认证活动。

(二)监管历史沿革与现状

总的来说,2017年以前对于境外职业资格认证的监管,大体上已形成"人社+市场监管+民政"的监管格局。2017年以后《境外非政府组织境内活动管理法》实施以来,对于境外职业资格认证监管的各方职责已基本清晰,形成了由公安、人社、市场监管、民政和相关业务部门组成的"1+1+2+X"的监管格局框架。然而由于人社部一方面没有相应的执法权,另一方面也没有像教育、体育、民政、财政、扶贫等部门在《境外非政府组织境内活动管理法》基础上出台相应细则和管理办法,因此从实际的业务监管角度讲,这一格局框架尚有所缺失,需尽快弥补,形成监管闭环。

(三)监管分工的具体建议

1. 明确部委间职责分工

公安部门:国务院公安部门和省级人民政府公安机关是境外职业资格认证考试和交流合作的登记管理部门。

人社部门：人社部是境外非政府组织在境内开展职业资格认证活动的业务主管单位。各级人社部门对境外非政府组织在本行政区域内开展职业资格认证活动实施专业监管，提供服务。

市场监管部门：市场监管部门负责对境外企业在境内开展职业资格认证活动所设立的常驻代表机构进行登记注册和合规管理。

民政部门：民政部负责对境外非政府组织在境内开展职业资格认证活动所设立的代表机构进行登记管理和执法监督。

相关业务部门：商务、教育、卫生健康、财政、住建等相关业务部门，以及各领域行业协会、学会，作为其他业务主管部门，对境外职业资格认证活动进行业务指导。

2. 进一步健全境外职业资格监管法律体系

以《中华人民共和国劳动法》《中华人民共和国境外非政府组织境内活动管理法》等上位法为依据，以《国务院对确需保留的行政审批项目设定行政许可的决定》等行政法规为基础，以《关于对引进国外职业资格证书加强管理的通知》《国外职业资格证书注册管理实施细则（试行）》《以技能为主的国外职业资格证书及发证机构资格审核和注册办事指南》（人社部就业培训技术指导中心，2015年）等与境外职业资格管理工作直接相关的行政法规、部门规章为参考，在此基础上，尽快研究制定《境外职业资格认证境内活动监管办法（细则）》，探索建立职业资格国际互认条例等作为补充，进一步健全境外职业资格监督管理的法律体系。

同时，择机启动1994年颁布的《职业资格证书规定》和1995年颁布的《职业资格证书制度暂行办法》的修订工作，从顶层设计角度统筹国家职业资格证书制度，统筹现行的《职业资格目录》和"1+X"职业资格等级认定制度。

3. 解决执法权问题

通过法律法规或联合执法的方式，解决人社部在境外职业资格境内活动监管中的执法权问题。会同工商、民政、公安等部门，对于既没有通过工商注册，也没有经由合法途径与我国开展国际合作、非法开展认证的，予以坚决打击取缔，形成监管闭环。

4. 明确部内职责分工

考虑近20年来针对境外职业资格认证境内活动监管一直以1998年劳动保障部发布的《关于对引进国外职业资格证书加强管理的通知》和国务院412号令"以技能为主的国外职业资格证书及发证机构资格审核和注册"为依据，

由部能建司管理、职业能力鉴定中心具体落实。课题组认为，在人社部落实《境外非政府组织境内活动管理法》作为境外职业资格认证活动主要业务主管部门这一前提下，综合考虑工作延续和工作实际问题，建议继续由能建司牵头，统筹对境外职业资格认证在我国境内开展的相关活动进行监管，其中涉及准入类专业技术职业的境外职业资格，征求专技司的意见。

5. 形成境外职业资格境内活动目录白名单、黑名单

建议通过境外职业资格主办机构及境内代表处自查自报的方式，实现程序合法，形成境外职业资格认证境内活动目录白名单。同时建立境外职业资格认证信用机制，秉承信息公开化的原则，与民政、科技、交通、教育、卫生等部门建立信息联动机制，提高监管效率，形成境外职业资格认证境内活动目录黑名单，并定期调整和公布。

六、进一步完善境外职业资格认证境内活动监督管理的总体思路和具体建议

（一）总体思路

针对目前我国境外职业资格认证境内活动情况存在的问题，我们认为，要严格落实《境外非政府境内活动法》的要求，基于服务导向，面向高质量发展，充分释放市场活力的目标，数据汇聚、强化监管、决策驱动。按照"最小且必要"的原则，以非全面清理整顿的方式，坚持政府引导、市场主导、社会共治，统筹各类境外职业资格认证活动，并进行分类管理，在保持其开放性和先进性的同时，提升其法制化、规范化和市场化水平。

（二）实施路径（三种思路）

针对当前境外职业资格认证境内活动存在的问题，课题组认为必须采取政府干预引导的处理方式。加强监督管理，可以采用三种方式。

1. 审批制

对境外职业资格证书境内活动进行严格的信息监管与审批，范围涵盖事前审查、事中监督、事后检查和信息共享。

2. 备案制

对境外职业资格认证境内活动情况开展全面调查，在此基础上，要求认证机构提交组织制度、相关考试信息、合作机构等方面的内容，由人社部作为主管部门进行登记备案并定期公布，确保其公开、合规的同时，对其活动内容和范围不做干预。

3. 分类管理

以职业分类为基础，参照国内职业资格现行管理办法，对境外职业资格

认证涉及职业与国内职业资格目录清单、职业技能等级认定制度涉及的职业进行比对，根据比对结果进行分类管理。根据严苛程度可对涉及准入类职业的境外职业资格认证采取审批制或备案制，对涉及非准入类职业的境外职业资格认证进行备案制或不予干涉，对无对应职业的境外职业资格认证采取审批制或备案制。

（三）具体建议

1. 明确概念与边界

对"境外职业资格认证"进行界定。进一步明确《境外非政府组织境内活动法》在人社领域的适用范围，即除境外协会学会外，境外企业、非政府组织等是否列入监督管理范围之内。

2. 开展专项调查和研究

委托有关单位和部门围绕境外职业资格认证境内活动开展专题研究。以国家职业资格目录和职业技能等级认定目录为基础，会同有关部门开展境外职业资格认证境内活动情况专项调查，尽快、尽可能摸清底数和现状，形成境外职业资格目录清单。

3. 落实《境外非政府组织境内活动法》

尽快制定《境外非政府组织在境内开展人力资源和社会保障活动管理办法》，并在此基础上出台《境外职业资格认证境内活动监管办法（细则）》。

4. 打击非法、失信认证行为

会同工商、民政、公安等部门，严厉打击非法、失信的境外职业资格认证活动。建立境外职业资格认证信用机制，运用大数据、区块链等技术，发现一起打击一起，一追到底，绝不姑息。

5. 发挥行业协会、学会作用

利用行业协会、学会在行业内的权威地位，鼓励行业协会对社会需求强烈的目录外职业资格进行行业自律管理，政府予以适当引导和支持。发挥行业协会、学会的国际交流功能，通过代理、合作、学术交流等方式，对境外职业资格认证境内活动进行行业规范，做好自律、自纠、自查工作。

6. 加大"走出去"步伐

坚持"引进来"和"走出去"并举，在加强境外职业资格认证境内活动规范化同时，鼓励境内职业资格及其主管部门以多种方式和形式"走出去"。

7. 加强顶层设计

加强国家职业资格证书制度顶层设计，统筹修订 20 世纪的《职业资格证书规定》和《职业资格证书制度暂行办法》，适时出台《关于深化职业资格制度改革的意见》或《国家职业资格制度管理办法》。

8. 稳步推进实施

一是推进政府职能转变。党的十九大报告提出，转变政府职能，深化简政放权，创新监管方式，增强政府公信力和执行力。二是加大政府支持培育社会组织力度。三是加强前瞻性研究和试点。

**《境外职业资格认证境内活动现状和对策研究》
课题组成员名单**

课题组长：

范　巍（中国人事科学研究院企业人事管理研究室主任、研究员）

执行组长：

佟亚丽（中国人事科学研究院企业人事管理研究室副研究员）

课题组成员：

孙一平（中国人事科学研究院人才理论与技术研究室副主任、副研究员）

赵　宁（中国人事科学研究院企业人事管理研究室副研究员）

朱　蕾（中国人事科学研究院企业人事管理研究室助理研究员）

高　原（中国人事科学研究院办公室副主任）

潘　娜（首都经贸大学副教授）

王进旭（中国人事科学研究院办公室干部）

工程科技人才队伍现状与成长需求研究[①]——以工程科技奖励制度为视角

提　要：建设高水平的工程科技人才队伍是党中央长期以来始终高度重视的重大人才战略。中华人民共和国成立至今，我国已建成一支初具规模、门类齐全、能够基本满足我国产业发展需要的工程技术人才队伍。其中，表彰奖励在我国工程科技人才的培养和选拔方面发挥了积极作用。如何有效利用表彰奖励这一工作抓手，激励引领广大工程科技人才围绕国家重大战略需求和事关国家安全、经济发展、民生建设的重大工程科技问题，以关键共性技术、前沿引领技术、现代工程技术、颠覆性技术创新为突破口开展创新研究，培养造就一批具有国际水平的工程科技人才，成为工程科技人才工作当前及未来一段时间内急需解决的重要命题。本研究以此为出发点，厘清工程科技人才表彰奖励工作发展现状，以及其他部门和组织面向工程科技人才开展的各类奖励的实施情况，总结出工程科技人才表彰奖励工作的主要特点。

关键词：工程科技人才　表彰奖励　国家科技奖励

一、研究背景

当今世界正经历百年未有之大变局，国内外发展环境正在发生深刻复杂

[①] 本文系中国科协组织人事部2020年度委托中国人事科学研究院研究课题《工程技术人才队伍现状与成长需求研究》报告的部分内容。

变化，我国"十四五"时期以及更长时期的发展对加快科学技术创新、推动工程技术进步提出了更为迫切的要求。从国内形势看，信息技术、生物技术、新能源技术、新材料技术等交叉融合正在引发新一轮科技革命和产业变革，加快科技创新是推动高质量发展、实现人民高品质生活的必然要求。从国际形势来看，美国对华政策正从竞争合作演变为技术禁运和科技脱钩，人才和技术的全面封锁要求我们必须将"卡脖子"技术清单变成科研任务清单进行布局，将人才开发培养方向与国家最关注的重大科研领域进行深度对接，进而在国际科技竞争中赢得更多主动性和话语权。

建设高水平的工程科技人才队伍是党中央长期以来高度重视的重大人才战略。早在2014年习近平总书记在出席国际工程科技大会时就特别强调，"中国4 200多万人的工程科技人才队伍是中国开创未来最宝贵的资源。工程科技是改变世界的重要力量，发展科学技术是人类应对全球挑战、实现可持续发展的战略选择"。2020年9月，习近平总书记在科学家座谈会上再次指出，"人才是第一资源。国家科技创新力的根本源泉在于人"。可以说，工程技术人才承担着推动科技进步、实现产业发展的重要使命，是科技创新能力建设、经济建设、国防建设的基础支撑力量，是国家核心竞争力的关键要素。建设一支高水平工程技术人才队伍已经成为衡量一个国家科技进步、经济实力、生产力发展水平的重要指标和依据。

表彰奖励是激励工程科技人才成长成才的重要手段。开展工程科技人才表彰奖励实施现状研究，具有重要意义。一是工程科技人才表彰奖励制度的建立与完善，进一步彰显了党和国家对人才的尊重、保护及认可，引导全社会树立尊重劳动、尊重知识、尊重人才、尊重创造的良好风尚。二是通过合理的评审机制，使优秀工程科技人才脱颖而出，从而最大限度地满足人才自我实现的精神需要，进一步激励获奖者更加努力工作，鼓励人才自我成长和自我发展，从而取得更多的成就。三是通过优秀工程科技人才的模范作用，带动广大工程科技工作者努力工作，激发广大人才的报国之情、奋斗精神和创造活力，并对国家创新体系、科技奖教育界、国家经济和社会产生积极影响。如何有效利用表彰奖励这一工作抓手，激励引领广大工程科技人才围绕国家重大战略需求和事关国家安全、经济发展、民生建设的重大工程科技问题，以关键共性技术、前沿引领技术、现代工程技术、颠覆性技术创新为突破口开展创新研究，培养造就一批具有国际水平的工程科技人才，成为工程科技人才工作当前及未来一段时间内急需解决的重要命题。本研究以此为出发点，厘清工程科技人才表彰奖励工作发展现状，以及其他部门和组织面向工程科技人才开展的各类奖励的实施情况，针对奖项评选实施方案提出完善建议。

二、相关概念界定

（一）工程科技人才

工程科技人才是我国人才队伍的重要组成部分，他们接受过长期的专业学习和专业训练，在专业领域内具备较高水平的知识和技能。根据《中华人民共和国职业分类大典（2015版）》，工程技术人员是指"从事矿物勘探和开采，产品开发和设计、制造，建筑、交通、通信及其他工程规划、设计、施工等的技术人员"，具体可分为地质勘探、矿山、建筑、管理工程等37个小类。从当前国际公认的工程科技人才的价值角度分析，可将其分为工程科学家、革新发明家、现场工程技术人员、技术规划和管理工程技术人员四种类型。

（二）表彰奖励

根据《辞海》解释，"表彰"的意思为：对功绩、先进事迹等公开赞美，如表彰大会、表彰先进等；"奖励"的意思为：给予荣誉或财物来鼓励。表彰奖励可理解为对功绩、先进事迹等公开给予荣誉或财物来进行赞美和鼓励。有学者指出，表彰奖励制度可定义为做好对功绩、先进事迹等公开给予荣誉或财物而设置的相关标准、程序、仪式的规则。

一般地说，所谓"激励"，就是激发人的动机，使人有一股内在的动力，朝着所期望的目标前进的心理活动过程。从组织行为学的角度来看，激励就是激发、引导、保持、规划组织成员的行为，使其努力实现目标的过程，而组织成员的努力是以能够满足个体的某些需要为前提条件的。从表彰奖励制度的作用机理看，表彰奖励制度正是通过"满足个人发展过程中一种高层次自我实现的精神需要"，获得社会尊重和广泛认同，而实现人才自我激励作用的制度。

根据目前党和国家功勋荣誉表彰制度体系设计安排[①]，结合学界关于表彰奖励制度的定义以及表彰奖励制度作用机理，本报告将工程科技人才表彰奖励制度界定为以国家、党中央、国务院、中央部门的名义对为国家工程科技发展作出贡献的杰出人士或组织团体，通过授予荣誉称号、勋章、奖章、奖金等形式进行精神、物质奖励的制度安排。

---

① 《国家功勋荣誉表彰条例》从国家勋章和国家荣誉称号，党中央、国务院、中央军委勋章和荣誉称号，国家级表彰奖励，部门和地方表彰奖励，纪念章六方面内容作出规范。

三、工程科技人才表彰奖励制度建设情况

目前，关于工程科技人才的表彰奖励工作已形成较为完善的制度体系，包括相关法律、行政法规、部门规章、规范性文件、暂行规定和其他政策文件。表1为国家科学技术奖的法律依据一览。

表1　　　　　　　　　　　国家科学技术奖的法律依据一览表

法律	
1.《宪法》	第20条规定：国家发展自然科学和社会科学事业，普及科学和技术知识，奖励科学研究成果和技术发明创造
2.《科学技术进步法》	第15条规定：国家建立科学技术奖励制度，对在科学技术进步活动中作出重要贡献的组织和个人给予奖励。具体办法由国务院规定。国家鼓励国内外的组织或者个人设立科学技术奖项，对科学技术进步给予奖励
3. 其他相关法律	《科学技术普及法》《专利法》《著作权法》《促进科技成果转化法》
行政法规	
1.《国家科学技术奖励条例》	详细规定了国家科学技术奖励的奖项设定、原则、评审组织工作、评审委员会的组成、奖励范围、评审标准、评审和授予程序、评审过程中违法违规行为的处罚
2.《国家功勋荣誉表彰条例》	第四十三条规定：科学技术奖励活动，按照国家科学技术奖励有关规定办理
3.《中国青年科技奖条例》	明确了中国青年科技奖的评审主体、评选范围、评选标准、推荐单位等有关奖励实施的实质性要素
4. 其他相关法规	《专利法实施细则》《著作权法实施细则》
部门规章	
1.《国家科学技术奖励条例实施细则》	《〈国家科学技术奖励条例〉实施细则》进一步明确和细化了国家科学技术奖的奖励范围、评审标准、评审和授予程序以及监督处罚，并设立专章规定了异议处理
2.《关于受理香港、澳门特别行政区推荐国家科学技术奖的规定》	明确了受理我国香港、澳门特别行政区推荐国家科学技术奖的条件和程序
3. 其他相关规章	《省、部级科学技术奖励管理办法》《社会力量设立科学技术奖管理办法》《国家科技计划项目评估评审行为准则与督查办法》《国家科技计划实施中科研不端行为处理办法（试行）》

续表

法律	
规范性文件	
1.《科学技术评价办法》	第50条规定：对申报国家或地方科学技术奖励的成果进行评价，应当遵守国家有关科学技术奖励法规及其他相关规定
2. 其他相关规范性文件	《关于科技工作者行为准则的若干意见》
暂行规定	
《国家科学技术奖评审行为准则与督查暂行办法》	为了加强对国家科学技术奖评审工作的监督检查，对评审组织者、评审委员、推荐者、评审对象等主体的行为进行了规范，并规定了相应的处罚措施
政策文件	
1.《关于调整国家科学技术奖奖金额度的通知》	—
2.《中共中央国务院关于进一步加强人才工作的决定》	提出建立国家功励奖励制度，对为国家和社会发展作出杰出贡献的各类人才给予崇高荣誉并实行重奖，并进一步规范了各类人才奖项
3.《关于改进科学技术评价工作的决定》	—
4.《科学技术奖励制度改革方案》	为了更好地贯彻《国家科学技术奖励条例》，明确了科学技术奖励制度改革的指导思想和主要内容
5.《关于一九七八年全国科学大会成果奖级别和等级处理意见的通知》	—

四、工程科技类表彰奖励项目实施概况

（一）国家科学技术奖励

国家科技奖励制度是我国长期坚持的一项重要制度，并随着经济社会发展形势变化不断改革和发展，对于激励自主创新、促进科技支撑引领经济社会发展、加快建设创新型国家和世界科技强国具有重要意义。1993年，全国人大通过《中华人民共和国科学技术进步法》，其中第八章"科学技术奖励"专章规定了国家科学技术奖励制度。1999年5月，国务院发布《国家科学技术奖励条例》（以下简称《条例》）规定，国务院设立国家最高科学技术奖、国家自然科学奖、国家技术发明奖、国家科学技术进步奖、中华人民共和国国际科学技术合作奖五大奖项，标志着我国现行国家科技奖励体系的正式确立。

1. 授予主体

如上所述，为奖励在科技进步活动中作出突出贡献的公民、组织，国务院设立国家最高科学技术奖、国家自然科学奖、国家科学技术进步奖、中华人民共和国国际科学技术合作奖五大奖项，并由国家科学技术奖励工作办公室负责实施。

2. 授予对象和标准

由于国家科学技术奖励层级、内容的不同，各奖项授予对象和标准也有所区别，具体情况见表2。

表2 国家科学技术奖励授予对象和标准

奖项	授予对象	授予标准
国家最高科学技术奖	科学技术工作者	①在当代科学技术前沿取得重大突破或者在科学技术发展中有卓越建树的；②在科学技术创新、科学技术成果转化和高技术产业化中，创造巨大经济效益或者社会效益的
国家自然科学奖	在基础研究和应用基础研究中阐明自然现象、特征和规律，作出重大科学发现的公民	①前人尚未发现或者尚未阐明；②具有重大科学价值；③得到国内外自然科学界公认
国家技术发明奖	运用科学技术知识做出产品、工艺、材料及其系统等重大技术发明的公民	①前人尚未发明或者尚未公开；②具有先进性和创造性；③经实施，创造显著经济效益或者社会效益
国家科学技术进步奖	在应用推广先进科学技术成果，完成重大科学技术工程、计划、项目等方面，作出突出贡献的公民、组织	①在实施技术开发项目中，完成重大科学技术创新、科学技术成果转化，创造显著经济效益的；②在实施社会公益项目中，长期从事科学技术基础性工作和社会公益性科学技术事业，经过实践检验，创造显著社会效益的；③在实施国家安全项目中，为推进国防现代化建设、保障国家安全作出重大科学技术贡献的；④在实施重大工程项目中，保障工程达到国际先进水平的
中华人民共和国国际科学技术合作奖	对中国科学技术事业作出重要贡献的外国人或者外国组织	①同中国的公民或者组织合作研究、开发，取得重大科学技术成果的；②向中国的公民或者组织传授先进科学技术、培养人才，成效特别显著的；③为促进中国与外国的国际科学技术交流与合作，作出重要贡献的

3. 授予程序

根据《条例》及其实施细则的规定，经国务院批准设立了国家科学技术奖励委员会，并聘请有关方面的专家、学者组成各奖种的评审委员会，其中国家自然科学奖、国家技术发明奖、国家科技进步奖三大奖评审委员会下设若干学科专业评审组,根据项目领域从专家库中遴选评审专家。目前,已经建立起相对稳定的国家科技奖励评审工作基本流程,即提名单位和专家提名、奖励办法进行形式审查、通用项目网络初评、各学科专业评审组会议初评、各奖种评审委员会评审、奖励委员会审定、科技部审核后报国务院批准、颁奖。

在评审周期和表彰人数上,国家最高科学技术奖、国家自然科学奖、国家技术发明奖、国家科学技术进步奖、中华人民共和国国际科学技术合作奖五大奖种,每年评审一次。具体获奖人数见表3。

表3 国家科学技术奖励设置情况

奖项	奖项设置	获奖人数	备注
国家最高科学技术奖	不分等级	每年授奖人数不超过2名	—
国家自然科学奖	分为一等奖、二等奖2个等级,对做出特别重大科学发现的,可以授予特等奖	一等奖、二等奖单项授奖人数不超过5人,特等奖除外	国家自然科学奖、国家技术发明奖和国家科学技术进步奖每年授奖总数不超过300项
国家技术发明奖	分为一等奖、二等奖2个等级,对做出特别重大技术发明的公民,可以授予特等奖	一等奖、二等奖单项授奖人数不超过6人,特等奖除外	
国家科学技术进步奖	分为一等奖、二等奖2个等级,对完成具有特别重大意义的科学技术工程、计划、项目等作出突出贡献的公民、组织,可以授予特等奖	一等奖单项授奖人数不超过15人,授奖单位不超过10个;二等奖单项授奖人数不超过10人,授奖单位不超过7个;特等奖单项授奖人数不超过50人,授奖单位不超过30个	
中华人民共和国国际科学技术合作奖	不分等级	每年授奖数量不超过10人	—

4. 实施情况

2000—2018年,共授予国家最高科学技术奖31人;三大奖奖励5 963项,其中自然科学奖636项、技术发明奖946项、科技进步奖4 247项,三大奖平均每年奖励约307项;授予100名外籍专家和3个外国(国际)组织国际科学技术合作奖。

5. 待遇标准

按照《条例》的规定,国家最高科学技术奖报请国家主席签署并颁发证书和奖金；国家自然科学奖、国家技术发明奖、国家科学技术进步奖由国务院颁发证书和奖金；中华人民共和国国际科学技术合作奖由国务院颁发证书，不设奖金。

根据 2019 年 1 月发布的《科技部财政部关于调整国家科学技术奖奖金标准的通知》（国科发奖〔2019〕7 号），自 2018 年度起，国家最高科学技术奖的奖金标准由 500 万元/人调整为 800 万元/人，全部属获奖人个人所得；国家自然科学奖、国家技术发明奖、国家科学技术进步奖的特等奖奖金标准由 100 万元/项调整为 150 万元/项，一等奖奖金标准由 20 万元/项调整为 30 万元/项，二等奖奖金标准由 10 万元/项调整为 15 万元/项。国家科学技术奖励情况见表 4。

表 4　　　　　　　　　国家科学技术奖励情况一览表

奖项名称	获奖金额		颁奖方式
最高科学技术奖	800 万元/人		报请国家主席签署并颁发证书和奖金
国家技术三大奖	特等奖	150 万元/项	国务院颁发证书和奖金
	一等奖	30 万元/项	
	二等奖	15 万元/项	
国家科学技术进步奖	无		国务院颁发证书

另外，对生活确有困难的获奖科技人员，根据《生活困难表彰奖励获得者帮扶办法（试行）》的规定，可以结合实际给予适当照顾。

（二）科协"四大奖"

目前，由科协为颁授主体、面向工程科技人才的奖项，主要包括全国创新争先奖、全国杰出工程师奖、中国青年科技奖以及中国青年女科学家奖。

1. 授予主体

根据奖项管理规定，全国创新争先奖由中国科协、科技部、人力资源社会保障部、国务院国资委颁授，用于表彰在创新争先行动中作出突出贡献的科技工作者和集体。中国青年科技奖由中国科协、中共中央组织部、人力资源社会保障部、共青团中央颁授，用于表彰作出突出贡献的青年科技工作者。中国青年女科学家奖由中国科协、全国妇联、中国联合国教科文组织全国委员会颁授，用于表彰作出突出贡献的青年女科技工作者和集体。全国杰出工程师奖由中国科协颁授，用于表彰在重大工程建设、重大装备制造、关键技术创新或重大发明创造及其推广应用等方面取得重要的、先进的创新性成果，有效解决我国经济社会发展、国家安全中的重大问题，创造显著的经济效益、社会效益或国防效益，为推动工程科技事业发展作出杰出贡献的个人或团队。

2. 授予对象和标准

科协"四大奖"授予对象主要是科技工作者或团队，根据奖项激励群体的不同，具体奖励的授予对象有年龄或性别的差异。如中国青年科技奖只面向40周岁以下的科研工作者，而中国青年女科学奖只面向40周岁以下的女性科研工作者。科协"四大奖"的具体授予对象及标准如表5。

表5　　科协"四大奖"授予对象及标准

奖项	授予对象	授予标准
全国创新争先奖	科技工作者或团队	（1）拥护党的路线、方针、政策，思想政治坚定，热爱祖国，作风廉洁，遵纪守法，具有良好学风，恪守科学道德。 （2）科技工作者或团队应于5年内在以下任一方面取得突出成绩：①科学研究、技术开发、重大装备和工程攻关方面，面向世界科技前沿、面向经济主战场、面向国家重大需求，解决重大科学问题，开辟新方向，突破关键核心技术，为解决经济社会发展瓶颈制约或国家安全重大挑战作出重大贡献。②转化创业方面，推动科学技术成果转化为产品或服务，开发、应用、推广科技成果，形成新标准、新产业、规模化应用示范等，经济社会效益显著。③科普及社会服务方面，运用科学技术知识开展科普及社会服务活动，面向社会公众提供科技类社会化公共服务产品，社会影响大，贡献突出。上述工作应当主要在国内完成。 （3）获奖科技工作者应为中国籍；团队成员70%以上应为中国籍，其中团队负责人必须为中国籍
全国杰出工程师奖	科技工作者或团队	（1）候选人或候选团队须坚决维护习近平总书记党中央的核心、全党的核心地位，坚决维护党中央权威和集中统一领导；具有"爱国、创新、求实、奉献、协同、育人"的新时代科学家精神，遵纪守法、锐意创新、追求卓越、学风正派。 （2）候选人或候选团队应在重大工程建设、重大装备制造方面或关键技术创新或重大发明创造及其推广应用方面作出重大成果和贡献。 （3）候选人和候选团队带头人均须具有高级工程师、副教授、副研究员等及以上职称；中国工程院院士和中国科学院院士仅可作为全国杰出工程师成就奖候选人；候选人或者候选团队原则上均须以新世纪以来完成的国内重大工程项目作为依托，重大工程项目是指重大综合性基本建设工程、科学技术工程、国防工程和企业技术创新工程等

续表

奖项	授予对象	授予标准
中国青年科技奖	全国广大青年科技工作者	（1）拥护党的路线、方针、政策，热爱祖国，具有献身、创新、求实、协作的科学精神，学风正派。 （2）符合以下条件之一：①在自然科学研究领域取得重要的、创新性的成就和作出突出贡献；②在工程技术方面取得重大的、创造性的成果和作出贡献，并有显著应用成效；③在科学技术普及、科技成果推广转化、科技管理工作中取得突出成绩，产生显著的社会效益或经济效益。 （3）年龄不超过40周岁
中国青年女科学家	全国广大女性科技工作者	（1）热爱祖国，具有献身、创新、求实、协作的科学精神及自尊、自信、自立、自强的时代精神，学风正派。 （2）在自然科学研究领域取得重大发现、重大成果或提出重要的创新学术思想。 （3）40周岁（含40周岁）以下的中华人民共和国女性公民

3. 授予程序

一般来看，科协主办的四大奖项评审总体须经以下程序：①由各推荐单位决定并推荐候选人；②各奖项领导工作委员会办公室负责组织开展资格审查、形式审查工作；③各评审专家委员会（组）负责候选人初评工作，推选出进入复评人选；④评审委员会进行复评，产生拟表彰人选和拟表彰团队；⑤复评产生的拟表彰人选（团队）在人选或团队带头人所在单位进行公示、确定。但由于各奖项内容和奖励人数有所差异，授予程序也将根据具体奖项的重要程度有所调整。科协"四大奖"奖项设置及其评选人数、周期见表6。

表6 科协"四大奖"奖项设置及其评选人数、周期

奖项	奖项设置	获奖人数	评奖周期
全国创新争先奖	全国创新争先奖牌、全国创新争先奖章、全国创新争先奖状	每次表彰10个科研团队授予奖牌，表彰不超过30个科技工作者授予奖章，享受省部级劳模待遇，表彰不超过300名科技工作者授予奖状	每三年评选一次
全国杰出工程师奖	全国杰出工程师贡献奖、全国杰出工程师青年奖、全国杰出工程师团队奖	每次表彰不超过100个名额（其中，个人奖名额90个，团队奖名额10个）经研究，拟细化分类为：全国杰出工程师成就奖5名、全国杰出工程师贡献奖55名、全国杰出工程师青年奖30名，全国杰出工程师团队奖10个	每三年评选一次
中国青年科技奖	中国青年科技奖特别奖、中国青年科技奖	每届表彰不超过100个名额（不得重复获奖）	每两年评选一次

续表

奖项	奖项设置	获奖人数	评奖周期
中国青年女科学家	中国青年女科学家奖（设提名奖）	每次不超过5名，其中1名为在西部地区工作的女性科技工作者。提名奖每次不超过5名	每年评选一次

4. 实施情况

（1）全国创新争先奖。

截至2020年，全国创新争先奖共举办两届。2017年首届全国创新争先奖评选中，共表彰10个科研团队，授予奖牌；表彰28名科技工作者，授予奖章并享受省部级劳模待遇；表彰254名科技工作者，授予奖状。2020年第二届全国创新争先奖评选中，共表彰10个科研团队，授予奖牌；表彰28名科技工作者，授予奖章并享受省部级劳模待遇；表彰258名科技工作者，授予奖状。

（2）中国青年科技奖。

截至2020年，中国青年科技奖共举办16届。2020年10月18日，第16届中国青年科技奖颁奖仪式在浙江温州召开的2020世界青年科学家峰会上举行，100名青年科技工作者获中国青年科技奖，其中10名获得中国青年科技奖特别奖。

（3）中国青年女科学家。

截至2021年，中国青年女科学家奖共举办17届。2021年1月4日，第17届中国青年女科学家奖拟获奖名单公布，共产生20名中国青年女科学家奖、5个中国青年女科学家奖团队奖、5名2020年度未来女科学家计划入选者。科协"四大奖"开展时间、次数及获奖人数（见表7）。

表7　　　　　　　　科协"四大奖"开展时间、次数及获奖人数

奖项	开展时间及次数	获奖人数
全国创新争先奖	2017年第一届 2020年第二届	20个科研团队授予奖牌 56名科技工作者授予奖章 512名科技工作者授予奖状
全国杰出工程师奖	—	—
中国青年科技奖	1987年9月设立，共举办16届	第16届中，100名青年科技工作者获中国青年科技奖
中国青年女科学家奖	2004年设立，共举办17届	第17届中，共产生20名中国青年女科学家奖、5个中国青年女科学家奖团队奖、5名2020年度未来女科学家计划入选者

五、其他工程科技人才表彰奖励实施概况

(一) 授予主体

根据《评比达标表彰活动管理办法》的有关规定,省部级表彰奖励的主体为省(自治区、直辖市)以及中央和国家机关、人民团体、有关社团及其所属单位。根据表彰奖励项目管理审批权限,党中央、国务院负责审批中央和国家机关、人民团体、有关社团及其所属单位的评比达标表彰项目和各省(自治区、直辖市)的省级评比达标表彰项目。值得注意的是,部分工程科技人才相关奖项的授予主体为多部门联合授予,如中共中央组织部、国家国防科技工业局、人力资源和社会保障部、中国科学院、中国工程院共同颁发的国防科技工业杰出人才奖,共青团中央、人力资源社会保障部共同颁发的全国青年岗位能手奖等,体现出工程科技类奖励涉及领域广泛的特点。

(二) 授予对象和标准

由于各部门职权范围不同,省部级表彰奖励项目设置及其授予对象、授予标准也有很大区别,但评选原则基本为坚决拥护中国共产党的领导、模范遵守宪法法律、道德品质高尚、事迹突出、群众认可的个人和集体。

(三) 授予程序

根据《评比达标表彰活动管理办法》的相关规定,省部级表彰奖励评选程序,参照国家级表彰奖励程序执行。在项目开展周期上,部门表彰奖励定期开展,一般每五年开展一次;特殊情况也可以开展及时性表彰奖励。名称一般冠以本地区、本系统称谓,并与国家荣誉称号以及国务院荣誉称号相区别。据不完全统计,从我国现有省部级表彰奖励项目设置情况看,除各部门劳动模范和先进工作者表彰外,与工程科技人才相关的奖项约有35项,如交通运输部颁发的水运工程质量奖、优秀勘察设计奖,住房和城乡建设部颁发的中国人居环境奖、全国工程勘察设计大师、绿色建筑创新奖,国家铁路局颁发的铁路优质工程(勘察设计)奖等。

(四) 实施情况

根据网络检索情况,目前各部门工程科技人才奖项实施情况较好,覆盖多领域、多人群,表彰对象数量较为合理,项目持续开展时间也较长,如截至2017年,中国人居环境奖共开展15届,表彰对象43个;截至2020年,全国工程勘察设计大师共开展了9届,表彰对象567人,有力地促进了工程科技领域的发展。表8为各部门工程科技人才奖项实施情况(部分不完全统计)。

表8　　各部门工程科技人才奖项实施情况（部分不完全统计）

奖项名称	开展届数	受表彰数量
中国人居环境奖	15届（截至2017年）	43个（截至2017年）
全国工程勘察设计大师	9届（截至2020年）	567人（截至2020年）
绿色建筑创新奖	5届（截至2015年）	177个（截至2015年）
中国专利奖	21届（截至2020年）	
国防科技工业杰出人才奖	5届（截至2018年）	
高等学校科学研究优秀成果奖（分科学技术奖、人文社会科学奖两部分）	18届（截至2017年） 28届（截至2020年）	12 406项（截至2017年） 24 758项（截至2020年）
商务发展研究成果奖表彰	11届（截至2020年）	
中华预防医学会科学技术奖	7届（截至2019年）	283项（截至2017年）
优秀医院院长及突出贡献奖	10届（截至2020年）	
中国医师奖	12届（截至2020年）	945人（截至2020年）
人口科学优秀成果奖	7届（截至2018年）	
中华农业英才奖	6届（截至2018年）	60人（截至2018年）
中国质量奖	3届（截至2018年）	23项（截至2018年）
中国标准创新贡献奖	10届（截至2020年）	780项（截至2020年）；38人（截至2020年）
全国杰出专业技术人才（含全国留学回国人员和中国优秀博士后）	5届（截至2014年）	
中华技能大奖和全国技术能手	14届（截至2018年）	1 260人（截至2018年)23 279人（截至2018年）
中国侨界贡献奖	8届（截至2020年）	1 059人（截至2020年）；创新成果363项（截至2016年）；创新团队310个（截至2016年）；创新企业86家（截至2016年）
全国农村青年致富带头人	11届（截至2019年）	
中国青少年科技创新奖	12届（截至2020年）	1 190人（截至2020年）
中国青年五四奖章	24届（截至2020年）	
全国青年岗位能手	20届（截至2020年）	5 801人（截至2020年）
中国青年创业奖	10届（截至2019年）	137人（截至2019年）
全国非公有制经济人士优秀中国特色社会主义事业建设者评选表彰	5届（截至2019年）	

六、工程科技人才表彰奖励工作的实施特点

（一）精神奖励与物质奖励相结合

开展工程科技人才表彰奖励工作，不仅能够彰显国家对工程科技人才为

国家发展所作贡献的肯定，同时也是对科技工作者辛苦付出的尊重。一方面，大部分表彰奖励仍以精神奖励为主，如"中国青年科技奖"对获奖者颁发加盖中共中央组织部、国家人事部、中国科学技术协会印章，领导工作委员会主席签字的证书、奖杯等，并召开颁奖大会。随着我国功勋荣誉表彰制度的法治化、规范化，各类表彰奖励的权威性大大提升，面向工程科技人才开展的表彰奖励一般层级较高，彰显着国家对工程科技人才的重视和肯定，是一种高层次的精神激励。另一方面，在强调精神奖励的同时也注重物质奖励，部分科学技术奖的奖金数额也比较高，如国家最高科学技术奖最高可达800万元，且完全奖励给个人。物质奖励能够切实改善科技工作者的工作条件，提升生活水平，更为实际恰切地激励工程科技人才建功立业。

（二）组织奖励与个人奖励相结合

重大科研项目的攻关必须依赖科研团队互相配合、密切合作。因此，关于工程科技人才的表彰奖励项目授予对象，一般为科研工作者或团队。具体来看，科协四大奖项中，除中国青年科技奖授予对象为个人外，其余三项大奖均面向科研工作者及团队。国家科学技术奖五个奖项中，最高科学技术奖、国家自然科学奖、国家技术发明奖奖励第一完成人，国家科学技术进步奖、国际科技合作奖奖励组织和个人。再如国家安全部颁授的科学技术奖中，部科技杰出贡献奖、部科学技术进步奖的授予对象均为国家安全机关科学技术领域作出贡献的集体、个人。可见，大部分工程科技人才奖项实质上是组织奖励和个人奖励的结合。

（三）面向国内与面向国际相结合

从工程科技类奖励的评选范围和授予结果看，目前奖项不仅面向国内，而且面向国际。例如，国家科学技术奖的五个奖项中，国家最高科学技术奖、国家自然科学奖、国家技术发明奖、国家科学技术进步奖四项主要是针对国内的科技工作者，而国际科学技术合作奖是目前我国设立的五大科技奖项中唯一授予外国人或者外国组织的奖项。国际科技合作奖每年授奖的数额不超过10个，授予在双边或者多边国际科技合作中对中国科学技术事业作出重要贡献的外国科学家、工程技术人员、科技管理人员和科学技术研究、开发、管理等组织。为建立具有国际竞争力的人才发展治理体系，人才工作部门在采取多元化激励措施激发国内各类工程科技人才创新活力和科研动力的同时，也应利用好表彰奖励这一指挥棒，积极吸引海外高层次人才为我国科学技术事业作出重要贡献。

（四）控制数量与提高质量相结合

工程科技类表彰奖励具有明显的目标导向，即优中选优，激励更多科技工作者在重大工程建设、重大装备制造以及关键技术创新或重大发明创造及其推广应用方面取得突破性进展。因此，在奖项设置和评选标准上，重视控制数量与提高质量相结合。一方面严格控制数量。国家自然科学奖、国家技术发明奖、国家科学技术进步奖"三大奖"每年奖励项目总数不超过300项，尤其是国家科学技术奖励领域最高层级、最具权威性的国家最高科学技术奖，评审始终坚持"少而精"的原则，每年获奖者不超过2人。另一方面重在提高质量。为避免评比达标表彰活动过多过乱，切实减轻基层负担，增强表彰奖励活动的权威性，2018年，国评组下发《评比达标表彰活动管理办法》通过总量控制、动态调整等措施，从源头上严控各类奖项设立，同时，要求已开展的各类评比达标表彰活动严控评审标准，严格评审程序。科协"四大奖"的评审主体、范围、程序、标准以及过程监督均在制度文件中明示，切实保证了工程科技奖获得者的科研水平和质量，确保重量级奖项的授予经得起专家和群众的推敲。

参考文献

［1］张琼. 我国国家表彰奖励制度发展研究［J］. 中国人事科学，2021（5）：80-92.

［2］杜明鸣，袁娟. 我国国家功勋荣誉表彰制度体系及其完善思考［J］. 中国人事科学，2020（8）：4-12.

［3］李丽莉. 改革开放以来我国科技人才政策演进研究［D］. 沈阳：东北师范大学，2014.

［4］姚昆仑. 中国科学技术奖励制度研究［D］. 合肥：中国科学技术大学，2007.

［5］邱均平，谭春辉，文庭孝. 我国科技奖励工作和研究的现状与趋势［J］. 科技管理研究，2006（9）：4-7.

［6］谭文华. 科学奖励制度与方式探析［J］. 科技管理研究，2004（3）：6-10.

［7］刘阳. 我国科技奖励体制发展研究［J］. 山东经济，2004（3）：23 26. DOI：10.13962/j. cnki. 37-1486/f. 2004. 03. 007.

［8］尚宇红，严卫宏. 我国科技奖励体系的结构分析［J］. 科学技术与辩证法，2003（4）：47-50.

［9］李雄文，姚昆仑. 新中国的科技奖励制度［J］. 西南师范大学学报

（人文社会科学版），2001（3）：138-143. DOI：10.13718/j. cnki. xdsk. 2001.03.026.

［10］吴寿仁. 促进科技人员技术创新的利益机制探讨［J］. 中国软科学，2000（9）：73-75.

《工程技术人才队伍现状与成长需求研究》课题组成员名单

课题组长：
范　巍（中国人事科学研究院企业人事管理研究室主任、研究员）

执行组长：
杜明鸣（中国人事科学研究院绩效管理与考核奖惩研究室实习研究员）

课题组成员：
潘　娜（首都经济贸易大学城市与经济管理学院副教授）
佟亚丽（中国人事科学研究院企业人事管理研究室副研究员）
赵智磊（中国人事科学研究院企业人事管理研究室实习研究员）
赵　宁（中国人事科学研究院企业人事管理研究室副研究员）
王进旭（中国人事科学研究院办公室干部）
柏玉林（中国人事科学研究院科研管理处干部）

浙江技能人才收入增长问题研究

提　要：为深入实施"技能中国"行动，不断推进共同富裕示范区的创建，打造技能人才量质并举的浙江样板，本文就技能人才收入增长的目标任务和重大举措开展调研，研究影响技能人才收入增长的主要因素，分析技能人才收入增长面临的形势、存在的优势和短板，探索建立健全符合技能人才特点、与浙江产业发展趋势相适应、与新时代工匠精神相承接的技能人才收入增长路径，并研究提出目标任务和重大举措。

关键词：技能人才　收入　浙江

习近平总书记多次强调，没有一支宏大的高素质技能人才队伍，全面建成小康社会的奋斗目标和中华民族伟大复兴的中国梦就难以顺利实现。近年来，浙江认真贯彻习近平总书记重要指示精神，深化技能人才队伍建设，培养大批高素质技术技能人才，为高质量发展提供有力支撑。在进入新发展阶段，奋力打造"重要窗口"，率先探索建设共同富裕美好社会，提供技能人才大发展的浙江样板，课题组围绕如何拓宽技能人才增收空间、如何激发技能人才增收潜力两大核心议题开展调研，分析技能人才收入增长存在的优势和短板，研究提出技能人才收入增长，不仅使其工资报酬规模进一步上个台阶，更重要的是要坚持系统思维，提高技能人才收入水平的质量和效能，激发其竞争力、创新力和活力，使技能人才的经济获得感显著提高、社会认可度显

---

① 本文系中国人事科学研究院 2021 年度研究课题《浙江技能人才收入增长问题研究》报告的部分内容。

著提高、身心满意度显著提高。

一、浙江技能人才收入增长的重要意义

技能人才是"重要窗口"的建设者、维护者、展示者,技能人才的集聚度、活跃度、贡献度决定着"重要窗口"的建设进度,也是衡量"重要窗口"成色的关键所在。我们认为,新时代技能人才的收入增长,是与经济社会现代化相对应的高水平高质量的收入增长,具体是指技能人才要拥有与其他人才平等追求收入增长的权利、公平实现收入增长的机会、公正享有收入增长的结果以及不断提升创造收入的能力,最终形成一个在社会经济持续发展基础上发挥技能人才创新潜能—创业动能—创造势能—赋能高质量发展的良性闭环。"十四五"时期,需要站在作出浙江人才贡献、提供浙江制度方案、创造浙江治理样本的高度,在取得人才发展实践成果的同时,为丰富完善中国特色社会主义人才理论提供浙江思考。

(一)新发展目标要求技能人才收入增长锚定新定位

习近平总书记指出"工业强国都是技师技工的大国,要有很强的技术工人队伍""技术工人队伍是支撑中国制造和中国创造的重要力量""要不断增加劳动者特别是一线劳动者劳动报酬",实现全体人民共同富裕。提高人民收入水平,逐步实现全体人民共同富裕,是"十四五"时期经济社会发展的重要目标。省委省政府高度重视技能人才对实现高质量发展、共同富裕不可或缺的作用。国家"十四五"规划纲要明确提出支持浙江高质量发展建设共同富裕示范区。这是党中央交给浙江的光荣任务,既是为全国人民共同富裕探路,也是展示浙江"重要窗口"建设的重要内容,也是在创造历史,为全球可持续发展与治理贡献中国智慧。当前浙江技能人才发展还面临着不少挑战,尤其是社会认同感仍不够,这与其收入增长问题紧密相关。站在服务高质量发展、为全面建设社会主义现代化国家提供强有力人才保障的高度,瞄准激发人才创新活力和扩大中等收入群体,针对制约技能人才发展的关键问题,挖掘技能人才收入增长潜力,提升技能人才收入水平,完善体现技能价值激励导向的工资分配制度,体现多劳者多得、技高者多得。增强技能人才获得感、自豪感、荣誉感,推动技能人才队伍建设工作提质增效,是体现共同富裕浙江担当的必然要求,也是打造重要窗口的关键保障。

(二)新发展格局要求技能人才收入增长聚焦新任务

浙江是一个资源小省,同时又是一个经济大省。改革开放以来,浙江之所以能够保持经济社会持续快速发展,走在全国前列,很重要的一条经验,

就是始终把人作为最重要、最宝贵的资源，不断优化发展环境，持续激发人的创造力和创业创新活力。多年来，浙江大力加强技能人才培育和制度建设，职业技能素质不断提高，创新能力不断增强，为经济的快速增长提供了有力支撑。未来十五年，是浙江在高水平全面建成小康社会的基础上，高水平推进社会主义现代化建设的重要时期，技能人才及其收入增长的重要性更加凸显。无论是提升全要素生产率、推进创新驱动，还是提高就业质量、让人民群众过上更加美好的生活，最终还要靠提升技能水平实现共同富裕，这是确保浙江能够继续走在前列的优势所在、潜力所在、后劲所在。因此，把以往的好经验好做法总结好、利用好，并结合当前经济社会发展的新趋势、新要求，进一步深化提升、改革创新，加快构建与高质量发展相适应的现代化技能人才收入增长体系，在更高起点上再塑发展新优势，努力以技能人才工作走在前列推进浙江继续走在前列。

(三) 新发展理念要求技能人才收入增长体现新思路

近年来，互联网、大数据、人工智能、云计算、区块链、量子与基因技术等新兴技术高歌猛进，推动了新一轮科技革命和产业革命，社会生产方式、生活方式、交往方式、思维方式、行为方式都呈现出全新面貌，为技能人才发展注入了新活力，提供了新机遇，也带来了新挑战。就此而言，技能人才收入增长，是新科技革命的内在需要与推动的结果。首先，新技术激发新思想、新方法，引起技能革新，呼唤技能人才的培养创新与发展。其次，新技术激发产业变革，以新技术、新产业、新业态、新模式为特征的新经济亟待技能人才承担起供给技术技能的新使命。技能人才作为重要的人力资本要素必须尽快适应高质量发展要求，全面提升整体素质和能力。尽管浙江技能人才工作取得了很大进展，但与服务经济社会高质量发展和人的全面发展的需求相比，技能人才工资作为引导劳动者进行技能人力资本投资的信号功能被抑制。浙江智能制造业和战略性新兴产业的发展，急需一大批掌握精湛技能和高超技艺的高技能人才作支撑。特别是数字化的发展，具备高超技能、良好理论和技术知识素养、一专多能的高技能人才将成为技能人才队伍的需求主体。因此，努力推动技能人才收入增长，应当和经济发展布局一体谋划、一体推进、适度超前，探索建立健全符合技能人才特点、与浙江产业发展趋势相适应、与新时代工匠精神相承接的技能人才收入增长路径，保障当前发展所需，厚植未来发展潜能。

二、浙江技能人才收入主要现状

近年来，浙江以技能人才工作机制创新为导向，出台《关于提高技术工人待遇的意见》《浙江关于高水平打造高技能人才队伍的通知》和《关于实施新时代浙江工匠培育工程的意见》等政策措施，技能人才待遇水平和社会地位进一步提升，形成了涵盖技能人才引进、培养、服务以及人才资金、人才安居等多方面系统化人才政策体系。尤其是通过打造"浙派工匠"金名片，制定基于岗位价值、能力素质、业绩贡献的激励制度，逐步完善优秀高技能人才分层分类激励措施，技能人才社会地位和待遇水平进一步提升。主要是得益于以下四个方面的工作：

（一）政策体系不断优化

国务院部署技能提升行动以来，浙江提高政治站位，聚焦聚力，提前统筹，加大投入，对新形势下技能人才发展作出精准谋划。宁波出台《职业技能提升行动实施方案（2019—2021年）》，分别从人才发展专项资金、高技能人才专项资金、就业专项资金、技能提升行动专项资金四部分，共计8 418.65万元投入技能人才能力提升。2019年从失业保险基金提取11.5亿元专项资金，用于技能提升目标任务。杭州先后出台了《关于服务"六大行动"打造人才生态最优城市的意见》《关于进一步加强"名城工匠"培养生态建设的实施意见》等文件，构成政策保障机制，形成了政策合力。2019年投入技能人才财政资金96 700.63万元，其中技能培训补贴3 756.17万元，技能提升补贴8 110万元、市公共实训基地1 249.56万元、高技能人才奖励1 272万元、技工院校投入82 312.9万元。通过资金激励和政策扶持，调动人才积极性，推动技能人才收入成长。

（二）平台支撑不断强化

结合大数据、云计算、人工智能等现代技术，对技能人才发展平台进行整合与升级，通过平台交叉融合，开展多视角多领域的创新攻关，创新技能人才发展理念，扩展技术技能创新对象，拓展技能人才增收空间。一是完善市场化培训机制。引导社会力量开展市场化培养工作，鼓励行业部门、社会团体、企业和个人举办各类职业培训机构，目前宁波190余家民办职业培训机构，年均开展各类技能培训10余万人。二是发挥技工院校引领示范作用。各院校坚持以工匠精神和技能培养为核心，积极探索多种培养方式，培养企业所需人才，技工院校毕业生一次性就业率保持在97%以上。目前，杭州65所职业院校共有在校生12.5万余人，每年向社会输送约4万余名技能人才。三是打造技能人才培育平台。宁波着力打造"155"高技能人才公共实训体系，建设完成1家综合性公共实训中心，5家区域性公共实训基地，5家专业性公共实训基地，年累计实训20 000余人次，形成功能互补、特色发展的

"辐射性+区域性+专业性"的高技能人才实训体制。杭州首创工匠学院，收录首批杭州工匠名录 25 人，聘请 6 位国家级技能大师和 4 位国家级世赛教练为特聘教授，5 位世赛金牌选手为客座教授。通过"云上服务"，整合资源，加强技术研发和技术改造，组织工匠与技能竞赛团队结对，培育更多的"技能之星"和"未来工匠"。宁波建成全国首家技能人才继续教育网，线上培训累计申请企业 197 家，培训人数 16 112 人，涉及补贴资金 1 240.62 万元。

（三）评价改革不断深化

当前浙江已基本建立以职业能力为导向、以工作业绩为重点，注重职业道德和职业知识水平的技能人才评价体系。这种系统化集成的评价方式，不仅可以提高技能人才能力水平，也是技能人才增收的基础命题和应然方向。一是创新拓展技能人才评价晋升新途径。在传统社会化考试鉴定、"以赛代评"基础上，探索新形势下技能人才评价新模式，出台《关于在工程技术领域实现高技能人才与工程技术人才职业发展贯通的实施意见（试行）》，切实将高技能人才与工程技术人才职业发展通道进行了融会贯通，激发两类人才创新创造创业活力。此外，明确了直接授予高级工或技师人群的条件，2019 年杭州共评价企业技能人才 1.72 万人次，直接认定高技能人才 174 人。二是积极推进企业自主评价工作。全面推广企业技能人才自主评价工作，引导校企合作开展自主评价工作，2019 年宁波开展企业自主评价 2 107 人次，其中高技能人才评价 877 人。三是推进技能培训规范化制度化数字化。实现了"申报市县级职业技能鉴定"和"领取技能人员国家职业资格证书"事项"跑零次"的改革目标。

（四）激励体系不断完善

近年来，浙江相继在福利待遇、奖励机制等方面，采取了一系列卓有成效的倾斜措施，撬动技能人才政治地位、社会地位提升，"劳动光荣、技能宝贵、创造伟大"的氛围日益浓厚。一是建立优秀高技能人才重奖制度。将优秀技能人才纳入人才表彰奖励总体框架，完善了政府特殊津贴、首席技师、技能大师工作室、技术能手等表彰奖励制度。各地开始评选"优秀高技能人才奖"，每人给予 10 万元奖励，表彰力度在全国都处于前列。二是建立优秀技能人才培养选拔制度。结合各地优秀技能人才培养实际，积极实施技能"十百千技能大师培养"工程、"技能菁英"培养等计划，每年遴选优秀技能人才赴国（境）外参加技艺技能研修培训、技能技艺交流及国际技能竞赛等技能提升项目，财政资金予以支持。三是放宽人才落地政策。如杭州完善技能人才积分落户和参加人才分类认定政策，累计认定各类人才 553 人；通过资格审定，推进高层次人才落户、购房补贴、租房补贴、子女入学、医疗保障、车辆上牌补贴、优先购房摇号等政策的落实，为优秀高技能人才在杭创业创新提供支撑和保障。仅2018年、2019年两年，高技能人才落户5 453人，有11 200名高技能人才获人才居住证。四是落实高技能人才社会待遇。对浙江省技能大师工作室领办人、浙江省技术能手等获得省级以上技能荣誉的高技能人才，纳入专家管理服务范畴，享受专家慰问、带薪疗休养等相应待遇。五是充分发挥技能竞赛作用。如杭州对于新获得中华技能大奖、钱江技能大奖的人员给予15万元、10万元资助；对于认定的"杭州市首席技师"奖励5万元；创新开展"荣誉大师工作室"项目，对新认定的技能大师工作室资助10万元；以世界技能大赛为抓手，培养具有世界水平的青年技能人才，对于培养金、银、铜牌和优胜奖选手及其他选手的集训基地给予20万~100万元的资助，企事业单位引进上述人才给予2万~10万元的引才奖励。

三、浙江技能人才收入主要问题和原因分析

根据2019年度人社部指定随机抽样薪酬调查数据，本课题技能人才调查对象为浙江省内取得国家职业资格证书、在生产服务一线岗位工作、全年正常出勤的技能人才，包括高级技师、技师、高级工、中级工和初级工共10.89万人，见表1。

表1　　　　　2019年浙江技能人才工资报酬水平　　　　　单位：元/年

岗位等级	平均水平	高位数	中位数	低位数
技能人才	83 856	145 062	66 015	37 370
高技能人才	102 519	176 852	86 366	52 245
其中：高级技师	112 493	166 434	89 306	64 040
技师	106 652	185 238	92 801	43 517
高级技能	99 500	174 394	85 000	54 839
中级技能	91 112	168 360	70 077	46 000
初级技能	76 971	131 313	61 538	34 547
没有取得资格证书	72 907	118 150	61 375	37 604

从总体情况看，2019年浙江技能人才工资平均水平为83 856元，高技能人才工资中位数达到8.6万元，高于全社会平均工资1.7万元。

从不同技能等级看，一般技能人才随着技能等级的提升，工资水平相应提高。高级技师的工资中位数为8.93万元，技师为9.28万元，高级工为8.5万元，中级工为7.00万元，初级工为6.15万元。

从区域比较看,浙江技能人才和高技能人才工资中位数绝对值分别低于上海 4 万元左右,与广东基本一致;综合地区经济社会发展水平,参照全社会平均工资比值,浙江技能人才实际工资水平与上海基本一致,分别比广东高出 0.14 和 0.16 个百分点,见表 2。

表 2　　　　　　　2019 年部分地区技能人才工资报酬水平比较

	浙江	上海	广东
技能人才工资中位数(万元)	6.60	10.53	6.31
高技能人才工资中位数(万元)	8.64	14.61	8.48
全社会平均工资(万元)	7.15	11.5	8.11
技能人才工资中位数与职工平均工资之比	0.92	0.92	0.78
高技能人才工资中位数与职工平均工资之比	1.21	1.27	1.05

具体来看,有以下四个方面的问题和原因:

(一)社会地位和认同感不高

随着市场经济的推进、社会结构演化、企业改制等,技能人才的经济和社会资源支配权力不断弱化,加上技能人才的工资水平、福利待遇相对较低,工作环境相对较艰苦,社会地位下降。虽然国家出台了《关于进一步加强高技能人才工作的意见》《技能人才队伍建设工作实施方案(2018—2020 年)》等一系列政策文件,实现了技术技能从业者的社会地位从"工人"跃升为"人才",但政治上的主人翁地位,与现实中"靠低工资收入为生活来源"的劳动者之间的矛盾,在整体"强资本,弱劳动"的大环境下,使得技能人才的政治认同感、阶级认同感和职业认同感普遍下降。

主要原因:一是相对于资本、技术等要素,一线工人的劳动要素在初次分配中处于弱势地位,与按资本要素和技术要素参与分配的管理者和技术人员相比,收入来源单一而微薄。企业主要有"四怕":怕增加成本、怕影响生产、怕提高待遇、怕职工跳槽。调查显示,81.43%企业希望政府在培育工匠方面制定优惠政策,73%的企业希望在引进技能人才方面给予资金的扶持政策。二是传统人才观念根深蒂固。过去"唯学历""唯职称"是从的局面有所改变,但"读技校、学技能"仍然是低分学生无奈的选择,"劳动者最光荣"在某种程度上没有落到价值实处。如在各级党代表、人大代表、政协委员中,真正一线的、具有广泛代表性的技能人才并不多。

(二)技能素质与产业匹配度不强

近几年浙江技能人才收入结构问题仍然严重,2019 年技能人才工资平均水平低于同期全省职工工资平均水平 1.7 万元,技能岗位工资水平仅为管理岗和技术岗的 67.9% 和 65.1%。其中高级工以上的高技能人才工资水平中位数 89 035.7 元，仅为管理岗位中层管理岗的 66.7%、高层管理岗的 47.9%；技术岗位中级职称的 72.6%、高级职称的 53.9%。在宁波制造业中也是如此，一般操作工年薪中位数为 5.75 万元，仅略高于前台 4.91 万元，而技能等级最高的高级技师年薪中位数为 9.32 万元，远低于一般管理人员的 14 万元。据对部分技能大师工作室带头人调查，70% 月工资收入在 8 000 元以下，其中 32.1% 在 5 000 元以下。大多数技能大师工资收入低于本单位中层管理人员，其中 40.5% 在中层管理人员的 60% 以内，还有 51.3% 不及一般管理人员。

主要原因：一是技能人才素质与浙江现代经济体系的建设要求不相匹配，技能人才队伍结构与产业发展不够匹配，尤其是在新产业新技术加速发展背景下，进一步导致劳动生产率较低，工资水平较低。浙江没有相应技能等级或职称的技能人才占 76.2%，高级工、高级技师分别仅占 2.8% 和 0.58%。全员劳动生产率仅有江苏的 77.1%，广东的 60.7%，近三年增长率也比江苏低 1 个百分点。调查中，杭州八大行业中技能人才占从业人员的比例为 30.73%，而第三产业中的金融服务业、文化创意业、生活服务业的技能人才占比分别只有 6.29%、17.74%、19.64%。但是 2019 年全年第三产业产值为 10 172 亿元，占比 66.2%，从业人员数量最多。二是薪酬分配缺少制度性制约和相应激励机制，初、中级技术工人的待遇增长不明显，高级工以上人员的待遇落实不到位。调研中不到 30% 的企业建立了与薪酬挂钩的技能人才激励制度；62.25% 的企业在薪酬体系中没有设置技能级别的津贴。设置技能级别津贴的企业中，52% 的企业技能津贴为 100~300 元，超过 500 元以上津贴的企业仅占 15.5%。三是经费投入有限。各级政府专项安排技能人才队伍建设的教育培训资金整体效率不高，企业在职业教育培训上的投入积极性欠缺，职工教育经费得不到有效落实。绍兴每年职业培训经费投入约 3 000 万元，惠及人均标准为 1 000~3 500 元，与高层次人才人均几万元甚至几十万元激励标准相比，差距较大。

（三）职业发展渠道不畅

主要表现在：一是晋升条件比较苛刻，大多数工人通过高技术等级获得晋升的机会有限。二是晋升转型难，很难跻身中高管理层，出现专业技术型技能人才职业"天花板"现象。三是资源配置效率比较低，获取和占有资源有限，合理流动受限，缺少相应的激励和保障机制。调查显示，50.66% 的员工认为存在工作任务重、没有时间和精力去学习提高。21.17% 的员工认为企业工资报酬不合理，影响进取的积极性。

主要原因：一是技能人才评价制度改革不够完善，体制机制不够健全。国家实施职业资格目录清单以后，人社部门鉴定职业（工种）仅保留 45 个。随着职业资格改革深入，作为技能人才评价的主要方式，职业资格评价已难以满足需要，亟须改革完善技能人才评价制度。二是行业主管部门协同合力未完全形成。在对样本企业调查中发现，企业对国家人社部门可鉴定职业（工种）需求度为 31.04%，而行业可鉴定、目录清单外、新兴行业职业（工种）需求度均大大高于此，分别为 60.95%、55.55% 和 46.55%。三是公共服务均等化不足。技能人才流动成本较大，技能人才对企业用人、岗位信息了解不充分，对个人流动前景、流动成本难以准确判断、评估。

（四）合理权益保障不足

调查中发现，技能人才主要关注的四个保障都有不同程度的缺位：一是住房条件保障；二是精神文化保障；三是休息休假权；四是心理健康保障。

主要原因：一是产业化进程与城市化进程不匹配，产业聚群区域功能定位与职工需求不匹配，突出表现为"造区"与"造城"之间的矛盾。如配套资源特别是优质教育资源、卫生资源、文化娱乐资源等投入严重滞后，公共服务与基础设施供需矛盾不断加大。二是新生代技能人才对工作环境和职业发展提出多元诉求，且更关注精神诉求。三是不同区域不同部门间政策的覆盖性、统筹性和衔接性问题，导致技能人才的待遇有差距，很大程度上影响凝聚力和归属感。

四、促进技能人才收入增长的对策思考

技能人才增收问题是一个需要持续推进的系统工程，涉及体制机制改革、教育投入支撑、市场主体培育、社会氛围营造等多个方面，应该从抓关键、抓要点入手，建立起"向要素融合要增收、向体制机制创新要增收、向区域协同要增收"的技能人才发展生态，协同激发技能人才创新潜能、创业动能和创造势能，形成增收激发技能人才赋能高质量发展的系统合力，全面推进技能人才收入增长、幸福倍增。

（一）保基本，建立多层次的技能人才薪酬收入增长保障体系

建立分层次的技能劳动者收入分配制度。贯彻落实技能劳动者最低工资制度、工资正常增长机制和支付保障机制，建立健全技能劳动者薪酬调查和信息定期发布制度。引导企业加大对技能人才收入分配的倾斜力度，建立技能水平与待遇标准相挂钩的机制。建立技能要素参与分配的激励机制。鼓励企业建立基于岗位价值、能力素质、业绩贡献的激励制度，健全高技能人才

发明创造成果激励制度，全面落实高新技术企业和科技型中小企业高技能人才创新成果转化股权激励收入政策和技能人才股权奖励递延缴纳个人所得税政策。加大对技能大师等高技能人才的激励力度。加速推进技能大师工作室、劳模创新工作室、工匠创新工作室、职工创新工作室等建设，鼓励支持科技技能含量较高的产业和大型骨干企业成立大师工作室。

（二）建机制，完善多方协同扶持的技能人才发展格局

确立企业在促进技能人才激励中的主体作用。"实施软激励"，研究建立企业参与技能劳动者培养补贴机制，制定分层分类的财政资金支持技能人才培养办法。以企业参与技能劳动者职业教育量化程度和企业投资职业教育资金额度为主要依据，对符合相关标准的企业，优先给予财政资金补贴。鼓励社会团体力量参与。鼓励、培育、引导和规范社会力量参与技能劳动者成长发展培养体系建设，建立开放性、多功能的区域性技能服务平台。推进政府购买服务方式开展职业技能培训，扶持和规范民办机构开展职业技能培训，完善社会团体力量为企业服务制度。积极培育发展培训市场。合理布局技能人才培养基地、民办培训机构等培训载体资源，继续加快中外合资职业培训机构建设，深挖教育资源，以优质培训资源为载体，加大技能人才开放式实验和实训平台建设，搭建"技能创业"产业孵化平台，搭建职业教育校企双方信息交流平台。

（三）广覆盖，创新技能人才服务扶持模式

建立职业教育与学历教育互联互通体系。探索建立高技能人才职业资格与工程技术人才职业发展贯通制度，实行学历教育考试与职业技能鉴定相结合，在职业院校中推行学历证书和职业资格证书"双证融通"制度，建立健全技能水平与等级的考评机构及资格证制度。完善各类技能人才公共服务政策。加大人才引进力度，完善公共服务保障，开展对各部门人才服务的政策、项目、资金投入的排摸梳理，提出优化调整方案。构建综合性的技能劳动者服务支持体系。以企业层面为主，搭建"四大功能平台"，构建覆盖培训、收入、保障、人文等方面的技能劳动者服务支持体系。营造鼓励技能增收致富的良好环境。充分利用各类媒体宣传技能人才工作相关政策及成效，加强弘扬工匠精神、厚植工匠文化、改善民生保障等方面舆论引导。

（四）强监管，建立完善技能人才激励评估体系

建立技能人才培训教育市场的准入制度。研究制定技能培训市场准入制度，公布准入标准。建立技能人才服务绩效评估机制。由职能部门牵头，组织技能人才代表、第三方机构、企业工会、社会组织等各方共同参与，对财

政支持的所有技能人才服务项目绩效进行评估,建立目标责任制度。建立技能人才市场供求信息系统。定期开展针对技能人才总量、结构、行业分布和薪酬等情况的调研,探索开发集人才培训、引进、评价、使用和激励等环节信息采集、查询、发布、申报等功能为一体的"一站式技能人才信息服务平台",探索建立技能人才调查统计工作机制。

(五)重突破,创新技能人才引进评价选拔方式

创新技能劳动者评价体系。建立健全技能劳动者评价体系,引导行业企业开展技能等级认定和新技能培训评价,由企业工会或行业协会在国家职业标准的统一框架基础上,开展技能人才自主评价。推广"以赛代评"技能人才选拔模式。定期组织开展多层次、多形式的职业技能竞赛和岗位练兵活动,通过以赛代评、以赛代训,评比"技术能手""技能大师",为技能人才快速成长开辟绿色通道。打通技能人才晋职晋升通道。探索建立高技能人才职务与职称晋升的通道,对于技术精湛、在关键位置上解决重要实践问题、作出突出贡献的高技能人才,作为中高层管理者后备队伍优先选拔任用。

参考文献

[1] 刘智勇,李海峥,胡永远,李陈华. 人力资本结构高级化与经济增长——兼论东中西部地区差距的形成和缩小 [J]. 经济研究,2018(3):50-63.

[2] 李珂,张善柱. 高素质产业工人队伍建设发展的实践路径分析 [J]. 中国劳动关系学院学报,2017(1):1-7.

[3] 吴玮,等. 新时代杭州产业工人队伍建设研究 [J]. 中国劳动关系学院学报,2019(2):88-98.

[4] 浙江省人力资源和社会保障厅课题组. 城乡居民收入持续合理增长研究——浙江的现状与发展 [J]. 中国劳动,2017(11):11-16.

[5] 吴玮. 以激励为核心促进技能人才大发展 [J]. 浙江经济,2019(17):58-59.

[6] 吴玮. 加快打造共同富裕的战略支点 [J]. 浙江经济,2021(8):41-43.

[7] 吴玮. 增强高技能人才支撑力的思考 [J]. 浙江经济,2018(3):47-48.

[8] 中共浙江省委办公厅浙江省人民政府办公厅.《关于实施新时代浙江工匠

培育工程的意见》的通知 [EB/OL]. https://zj.zjol.com.cn/news/1617391.html.

《浙江技能人才收入增长问题研究》
课题组成员名单

课题组长：
潘伟梁（浙江省人力资源和社会保障科学研究院院长）

课题组成员：
吴　玮（浙江省人力资源和社会保障科学研究院副研究员）
诸葛晓荣（浙江省人力资源和社会保障科学研究院副院长）
沈嘉贤（浙江省人力资源和社会保障科学研究院助理研究员）

本课题为中国人事科学研究院与浙江省人力资源社会保障科学研究院合作完成。

创新构建和谐劳动关系研究
——基于综合配套改革试点济宁的探索与实践[①]

提　要：构建和谐劳动关系是新时代国家建设重要组成内容，也是推进共同富裕的重要手段。山东正在全面推进新旧动能转换、产业结构转型升级，伴随着新经济、新技术、新业态等不断发展，劳动关系治理迎来新挑战，对构建和谐劳动关系提出了新课题。2019年年底，人社部启动深化构建和谐劳动关系综合配套改革试点工作，山东济宁等8个地区率先启动深化构建和谐劳动关系综合配套改革试点。经过一年多的探索实践，济宁市各项试点任务取得积极进展和成效，在实践中探索创新出许多新做法、新经验，需要进行一定的理论总结和理论研究。本研究分析当前构建和谐劳动关系面临的新形势，总结济宁试点工作经验，分析试点工作中存在的不足，提炼形成可复制、可推广的创新举措，为构建和谐劳动关系提供对策建议，力求为下一步工作试点工作开展乃至全国借鉴提供理论依据。

关键词：劳动关系　试点　对策

一、研究背景

劳动关系是生产关系的重要组成部分。构建和谐劳动关系是新时代国家

[①] 本文系中国人事科学研究院2021年度研究课题《创新构建和谐劳动关系研究——基于综合配套改革试点济宁的探索与实践》报告的部分内容。

建设重要组成内容。习近平总书记指出，"劳动关系是最基本的社会关系之一。要最大限度增加和谐因素、最大限度减少不和谐因素，构建和发展和谐劳动关系，促进社会和谐。"党的十九大报告强调，新时代要构建和谐劳动关系。十九届四中全会提出，要健全劳动关系协调机制，构建和谐劳动关系，促进广大劳动者实现体面劳动、全面发展。作为国家治理体系的重要组成部分，劳动关系治理是促进社会和谐稳定的关键一环。当前，我国劳动关系总体和谐稳定，但由于正处于增长速度换挡期、结构调整阵痛期以及前期刺激政策消化期的"三期叠加"状态，构建和谐劳动关系任务依然艰巨。山东正在全面推进新旧动能转换，产业结构转型升级，伴随着新经济、新技术、新业态等不断发展，劳动关系正面临新业态与灵活就业等合力下的重塑与挑战，不仅劳动关系观念发生了变化，而且劳动关系的形式、内容、运行等也不断革新。这些变化不仅使新时代劳动关系高质量发展面临的任务加剧，给劳动关系治理带来挑战，也给构建和谐劳动关系提出了新的课题。在新技术、新经济和新就业不断涌现背景下，不断完善的劳动法治理体系与治理能力是维系劳动关系和谐与整个社会稳定的重要支撑。

2019年年底，人社部启动深化构建和谐劳动关系综合配套改革试点工作，天津滨海新区、山东济宁等8个地区率先启动深化构建和谐劳动关系综合配套改革试点。深化构建和谐劳动关系综合配套改革试点是贯彻落实习近平总书记关于劳动关系的重要论述和中央决策部署的重要举措，是推进劳动关系治理体系和治理能力现代化的重要探索，是推进中国特色和谐劳动关系建设和发展的重要手段。试点工作启动以来，山东省及济宁市紧紧围绕和谐劳动关系改革任务目标，创新工作思路，全力推进改革工作。经过一年多的探索实践，济宁市各项试点任务取得积极进展和成效，在实践中探索创新出许多新做法、新经验，需要进行一定的理论总结和理论研究。本研究分析当前构建和谐劳动关系面临的新形势，总结济宁试点工作经验，分析试点工作中存在的不足，提炼形成可复制、可推广的创新举措，为构建和谐劳动关系提供对策建议，力求为下一步工作试点工作开展乃至全国借鉴提供理论依据。

二、当前构建和谐劳动关系面临的新形势

山东省作为经济大省、人口大省、文化大省，具有劳动关系领域自身的特点。"十三五"期间山东省构建和谐劳动关系领域取得了一系列成果，劳动关系总体和谐稳定。出台《女职工劳动保护办法》，成立劳动关系三方委员会，不断健全劳动关系法治体系，不断完善劳动关系协调机制；广泛开展和

谐劳动关系创建，有序梯次展开省部、省市共建和谐劳动关系试点；不断完善工资收入分配调控政策，职工工资稳定增长，企业工资指导线、国企工资决定机制以及事业单位绩效工资不断完善；调解仲裁工作标准化水平有效提升，调解仲裁事业发展根基不断厚植；保障农民工工资支付工作富有成效，协调联动机制更加完善，专项执法检查力度不断加大，制度建设与技术创新持续推进。面对突如其来的新冠肺炎疫情，第一时间精准出台政策，印发《关于积极应对新冠肺炎疫情做好劳动关系工作的通知》《关于延迟省内企业复工的紧急通知》等10余个文件，全方位解读政策，第一时间畅通维权渠道，第一时间防范化解风险，引导职工和企业同舟共济、共克时艰，取得积极成效。但我们还需要认识到，当前和今后一段时间山东还会面临复杂的内外部新形势，新时代构建和谐劳动关系面临许多新挑战和新需求：新经济、新业态的快速发展对劳动关系提出挑战，劳动关系难以界定，易发生群体性事件；新旧动能转换、产业结构变化带来的新情况、新问题日益增多；劳动者权益保障的需要与劳动关系治理不充分不均衡的矛盾等等，都需要认真思考。

（一）新就业形态蓬勃发展对构建和谐劳动关系提出新要求

根据国家信息中心发布的《中国共享经济发展报告（2021）》显示，2020年我国参与到新业态经济中的人数约8.3亿，其中，在新业态经济中提供服务的人数约为8400万人，比2019年增长了约7.70%，平台企业员工人数约为631万人，比2019年增长了约1.30%。新业态经济发展提供了大量灵活就业岗位，吸收了大量劳动力，其在保就业促就业方面同样发挥了重要作用。

与传统用工形式相比，新就业形态用工具有以下特点：一是新就业形态呈现"去劳动关系化"态势，表现为用工主体模糊，用工主体除平台企业外，往往还包括劳务派遣公司、劳务外包公司、承包公司，甚至还有个人承包者；用工方式灵活，用工主体与从业人员之间签订的合同或协议形式多样，对工作岗位、工作任务、工作时间等约定不甚明确；用工主体招募行为简单化，招募门槛较低，对从业人员的管理也较为随意，与传统用工相比劳动者的人身从属性较弱等。二是劳动报酬支付形式多样，表现为按单结算、按日（周、月）结算、第三方结算等多种方式，且工资的"扣、减、罚"较为随意。三是部分行业如网约车、外卖、快递等劳动安全问题较为突出，表现为劳动者工作时间过长，休息不足，存在过劳情况，社会保险参保率不高，工作伤害赔偿保障不足等。

新经济、新业态的快速发展对劳动关系提出挑战。受新冠肺炎疫情影响，部分传统行业经历疫情发展"阵痛"，外卖送餐、快递跑腿、线上教育、网络金融、新零售等网络平台业务量迅速增长，使得大量劳动力从传统行业流向新业态，而"互联网+"大趋势下电商平台和新就业形态从业人员之间的权利义务难以厘清，用工管理缺乏明确依据，劳动关系难以界定，从而引发争议并呈逐步增多态势，易发生群体性事件，据山东省劳动人事争议仲裁院统计，2020年至2021年一季度共立案受理新就业形态劳动争议277件，涉及劳动者277人次。从行业看，涉及网约车争议89件，占比32.10%；快递员95件，占比34.30%；外卖员57件，占比20.60%；网络主播26件，占比9.40%；线上教育7件，占比2.50%；电商销售3件，占比1.10%（见图1）。

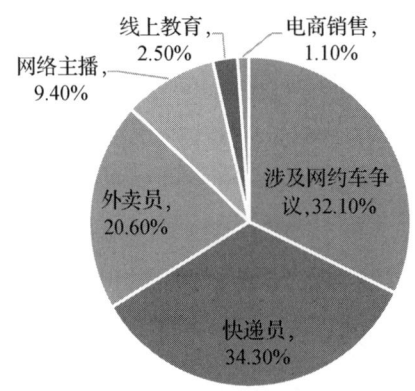

图1 新就业形态从业人员劳动争议集中行业

因新就业形态的网络虚拟性强，导致从业人员与网络平台企业之间权利义务极不平衡，因此，争议主要集中于劳动报酬和确认劳动关系基本权益诉求，并在此基础上衍生出索取未签合同二倍工资等。另因网约车、外卖、快递等从业人员工作方式的特点所致，使得上述几类群体在工作中遭受职业伤害的可能性较高，容易发生工伤赔偿类争议。现阶段基于互联网平台产生的争议类型多集中于劳动报酬、确认劳动关系、未签合同二倍工资、工伤待遇及解除、终止关系。经统计，277件新就业形态争议案件中，涉及劳动报酬类争议149件，占比53.80%；确认劳动关系类争议56件（含双倍工资争议），占比20.20%；经济补偿或赔偿金类争议43件，占比15.50%；工伤待遇类争议29件，占比10.50%（见图2）。

由于新业态灵活从业人员"高灵活性、高流动性、弱契约性"的特征让该群体无法融入传统的就业服务和社会保障当中。课题组根据需要，根据山东新就业形态平台企业规模与发展实际的基础上，选定天鹅到家、滴滴出行、

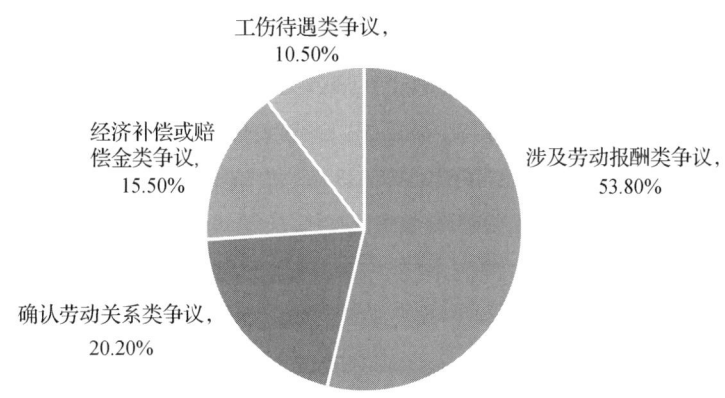

图 2　新就业形态劳动争议集中类型

饿了么、顺丰速运、美团外卖 5 家平台企业从业人员进行个人问卷调查,共回收有效问卷 911 份。在调查中发现,这部分新就业形态劳动者大多缺乏社会保险、职业发展空间,法律意识较为淡薄,不看重劳动合同的签订和劳动权益的维护,因此在实际劳动关系中,新业态从业人员处于相对弱势地位,相关权益得不到保护,公共服务享受度较低。

一是社会保险覆盖面相对小。一方面保险种类覆盖面较小,问卷调查统计数据显示,80%的平台企业采取按照天数或者订单数为从业人员购买商业保险,从具体保险种类上看,平台企业为从业人员提高以意外伤害险、第三方责任险以及医疗保险为主的短期性保险,此类保险在劳动关系终止后自然解除,而以养老保险为代表的长期稳定性保险购买较少(见图3)。

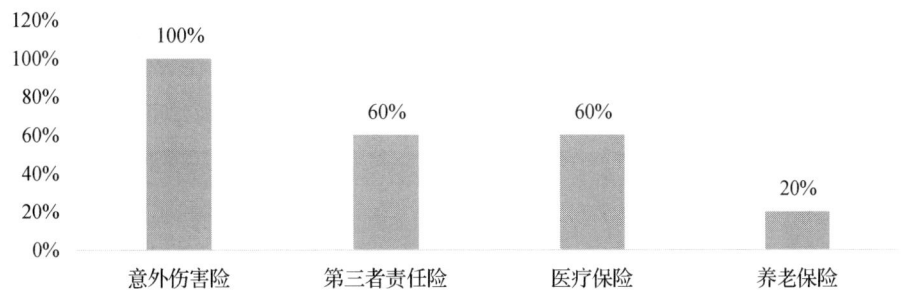

图 3　新就业形态平台企业为从业人员缴纳保险类型分析

对比从业人员的参保意愿两者反差较大,相当数量的从业人员希望参加城镇职工社会保险,以城镇职工养老保险为例,希望参加该险种的从业人员占比高达 54.69%,其次为城镇医疗保险,占比为 45.08%(见图4)。另一方面参保人数占比较低,受工作流动性大、费用承担能力弱、参保经历有限等因素叠加影响，新就业形态从业人员的参保意识相对薄弱，虽然出台社会保障相关政策鼓励新就业形态从业人员按照灵活就业人员身份自主缴纳养老保险，但是新就业人员的参保比例仍相对较低。

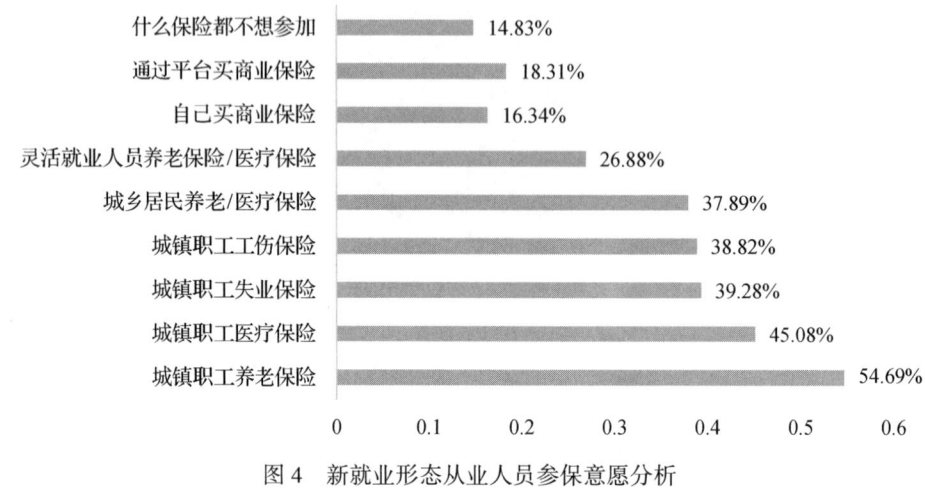

图4 新就业形态从业人员参保意愿分析

二是公共服务享受度较低。问卷调查数据显示，新就业形态从业人员对公共就业服务机构的基本服务内容及政府部门支持新就业形态发展的相关政策了解不充分，表示"不了解"的占比最大，分别为37.14%、36.45%，其次为"一般了解"，分别占比30.50%、28.80%（见图5）。71.02%被调查对象表示不知道自身享受政府提供公共就业服务的资格，80.68%的从业人员表示未享受到政府部门提供的公共就业服务，其中52.80%的从业人员主张是因为不了解相关政策导致未享受相关服务。45.66%的从业人员不确定是否满意

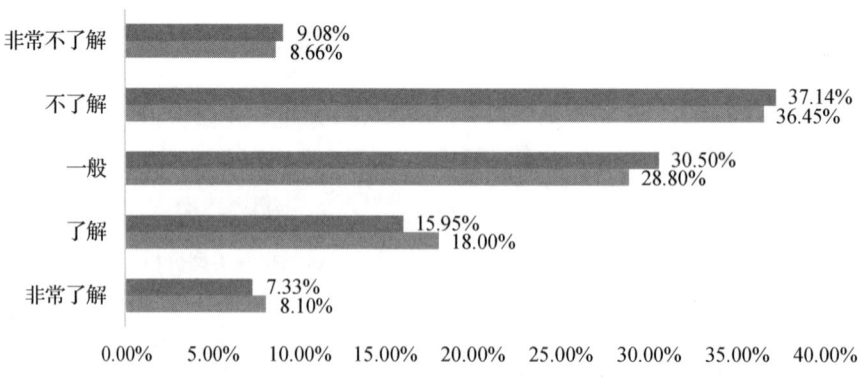

图5 新就业形态从业人员对公共就业服务内容及相关政策了解情况分析

跟政府部门提供的基本公共就业服务，43.58%的从业人员不确定现有的公共就业服务模式是否能够满足自身需求。

三是新业态平台企业变相侵害从业人员合法劳动权益。部分新业态平台企业不与灵活就业人员签订劳动合同，选择使用兼职员工或劳务派遣员工，既可以降低用人成本，又可以避免承担劳动法规定的缴纳社会保险、保障劳动权益等相关责任。选择工作或者休息、选择工作时间或工作地点取决于劳动者个人选择。看似将劳动自主权转交给劳动者，但事实上，平台在用人过程中，会推出各种形式的活动刺激劳动者主动选择增加工作时长，甚至为了避免受到违约惩罚，而选择不遵守社会秩序等冲动行为。对于平台用工制度的约束薄弱，导致平台过度自主用工，随意侵犯劳动者的依法获得工资报酬的权利、休息权、生命健康权、工作环境卫生等权利。

四是集体协商和民主参与不足。集体协商、集体合同制度功能发挥的前提是劳动者的组织化，而平台经济的发展进一步推动了劳动用工的分散化，进而降低了劳动关系的稳定性和劳动者的组织化程度。分散于各地的从业人员很难真正组织起来形成可以与平台谈判的对等力量，导致传统集体协商与集体合同制度很难在该领域发挥作用。而且，平台相对于分散的从业人员拥有绝对的强势地位，对平台规则具有绝对的话语权，从业人员对平台规则只能选择接受或者不接受，无权表达自己的声音，尤其当平台走向垄断时，从业人员的境遇更加堪忧。

（二）新旧动能转换产业转型升级对构建和谐劳动关系提出新挑战

新旧动能转换是实现山东省经济腾笼换鸟、凤凰涅槃、浴火重生的重大机遇和挑战，是山东实施的重大战略部署。新旧动能转换，就要大力淘汰落后动能、破除低端无效供给、化解过剩产能，其中淘汰或者智能升级产业的劳动者面临被淘汰的风险，劳动权益又被损害的风险。

1. 新旧动能转换进程中旧动能产业淘汰劳动者权益保障

近年来，国内需求增速趋缓，部分产业行业供求矛盾凸显，供给侧结构性改革程度逐渐加深，化解过剩产能与工业节能减排成为山东加快产业结构调整、优化存量资源配置的首要任务。山东是钢铁、煤炭生产大省，化解过剩产能任务居全国第三。2016年6月，山东制定《化解钢铁煤炭行业过剩产能企业职工分流安置实施意见》。2018年以来，累计治理"散乱污"企业超过11万家，关停化工生产仓储企业1 500多家，化工园区从近200家压减到84家。2019年全省压减生铁产能465万吨、粗钢923万吨。2020年上半年，规模以上工业企业累计压减煤炭消费2 748万吨、焦化产能1 396万吨。据统计，2016—2020 年，山东省列入化解钢铁、煤炭行业过剩产能计划的企业有 122 家，需分流安置职工 192 930 人，其中钢铁行业企业 28 600 人，煤炭行业企业 164 330 人。此外，还有 321 户省管"僵尸企业"涉及职工 12.1 万人。以济南钢铁集团为例，济钢产能调整有 19 834 名职工需要分流安置。济钢的职工安置主要实施"六个一批"：一是内部退养一批，7 600 余名符合条件职工实行内部退养；二是企业转岗留用一批，转型发展项目为部分职工提供转留岗位；三是国有企业吸纳一批，筹集岗位 3 800 个，招录职工 2 500 多人；四是鼓励创业分流一批，企业发放生活费"兜底"，给予创业补贴、小额担保贷款等政策扶持；五是市场化招聘一批，组织专场招聘会，帮助职工实现再就业；六是政府购买服务安置一批，对特殊困难群体和缺乏技能的下岗职工，政府通过购买服务岗位进行安置。去产能所涉及职工除企业内部分流安置外，剩余大部分必须面向社会。如何安置好这些转岗职工，不仅关系到去产能任务的顺利实施和企业脱困发展，也关系到社会的安全稳定。在去产能企业职工分流的过程中，一些下岗职工就面临着市场歧视问题。去产能企业职工一般年龄偏大、文化水平低，且技能单一，长期在国企中工作会与社会有些脱轨，在劳动力市场中难免不受重视，甚至是歧视。

2. "机器换人"过程中的摩擦性失业问题

近年来，随着制造业用工成本正在不断攀升，"招工难"几乎成为每个制造业企业都曾经或正在面对的问题。人工成本的不断上升对劳动密集型产业的市场竞争力造成了不小的冲击。许多劳动密集型产业盯上了"机器人"。机器人的到来改变了生产线上的用工状态，部分高危险系数、高人工成本的工种由机器人来代替更高效、安全。通过机器人替换人力，极大地提高了生产效率和企业效益。工信部在《建材工业智能制造数字转型行动计划（2021—2023 年）》中表示，"在搬运码垛、投料装车、抛光施釉、喷漆打磨、高温窑炉等繁重危险岗位，以及图像识别、切割分拣、压力成型、取样检测等高精度岗位加快实施'机器换人'。"2020 年，山东省工信厅印发《山东省传统产业智能化技术改造三年行动计划（2020—2022 年）》，推动冶金等行业机器换人，重点聚焦在工业机器人用量大、劳动强度大、危险程度高、生产环境洁净度高四类场景，通过机器人、自动化生产线、数控成套装备等集成应用，分类分步推动实施机器换人试点工程，提高智能化水平。

随着经济发展和技术进步，"机器换人"是发展结构优化升级带来的用工模式的必然变化，是由"制造"向"智造"转变的必由之路，就业结构随着经济转型而调整是一个必然的过程。在这过程中，大量密集型劳动的中低技能劳动者是被机器替代冲击的主要群体,这部分劳动者面临着被"机器人"替换掉的就业困境,使其原有的劳动关系受到破坏,但是部分用人企业针对"机器换人"的政策对被替换的劳动者仅有象征性的补偿,之后简单地把他们推向劳动力市场,对其人力资本转型支持不足,在这种情况下,较高的再就业成本和激烈的劳动力市场竞争使得大量被"机器人"替换下来的中低技能劳动者难以找到同等或更好的岗位,由此处于低水平就业状态,很容易导致劳资双方在解约和安置过程中的矛盾尖锐化,对社会稳定带来一定冲击。我们认为,"机器换人"并不是简单把劳动者换下,而是在机器替代人工的进程中换上更具有高技能水平的劳动者。"机器换人"本质上是经济结构优化升级带来的用工模式的变化。可以预见的是,随着新技术、新产业、新业态、新模式层出不穷,产业发展对劳动者素质能力的要求会越来越高。

(三) 新发展阶段对构建和谐劳动关系提出新需要

随着我国社会主要矛盾由人民日益增长的物质文化需要同落后的社会生产之间的矛盾转化为人民日益增长的美好生活需要和不平衡不充分的发展之间的矛盾,劳动关系同步正在经历全方位的深刻调整。对于和谐劳动关系,也不应再拘泥于经济、社会、法律等各个层面抽象的概括,而应将其置于更为具体的社会发展进程中予以统筹考虑。

1. 劳动关系治理领域法律体系不健全

随着新型劳动关系的迅速发展,现有的劳动法律体系不完善、不健全、调节有效性不足的局限逐步凸显,无法形成广泛覆盖、多形式、多层次的劳动法律体系。当前劳动立法和修法进程滞后,规范新型劳动关系的法规多以部门规章形式、以地区为统筹层次出台,存在地区差异化、立法层次低、高层次的立法建设相对滞后的问题。由于新劳动形态的大量涌现,劳动关系的复杂化、多元化和多重性的特征愈发明显,现有法律体系已无法有效界定和指导新型劳动关系,由于现有劳动法如《中华人民共和国劳动法》和《劳动合同法》等对于劳动关系的认定标准过于严苛,使得部分领域劳动关系缺失法律保障,相关劳动争议的数量持续增长,如涉及网约车驾驶员、快递员、网络主播的维权案件从无到有,由少到多,并迅速成为广受关注、争议显著、影响广泛的争议问题。随着灵活化、非正式化的劳动者的组织形式和就业方式愈发多元化,原有劳动合同法已无法实现全面覆盖,出现了调整的失灵和缺位现象,许多新型劳动关系的特征无法适用于现有的劳动法制的规定,导致传统劳动法制对新型劳动关系的调整显得捉襟见肘。

2. 协调劳动关系三方机制有待进一步强化

一方面,劳动关系三方主体地位不对等,行政主导性特征显著。在实际工作中，协调劳动关系三方机制主要依赖于劳动行政部门的组织、召集和推动，行政主导性明显，而用人单位又通常凌驾于劳动者之上，导致劳动关系三方在协商中地位失衡，不利于充分反映劳动者和用人单位的自主意愿，不利于在平等自愿的协商氛围中推动协商成果的达成。另一方面，劳资双方代表性不强。协调劳动关系三方机制的有效运转前提是劳资双方要选派有代表性的主体，三方机制实践中存在着国企代表为主参与协商、民营企业的代表性不足的问题，不利于充分反映民营企业的诉求和意愿。同时，也存在着基层工会独立性和专业性不强、无法代表劳动者全面充分地反映真实诉求，在一定程度上制约了代表劳动者争取权益的能力。

3. 工会组织在构建和谐劳动关系中缺位

在新产业和新业态的大多数企业组织中，工会组织建立困难，职工代表大会制度覆盖缺失或覆盖范围极为有限，工会组织不健全、工作条件和经费有限、人员配备不足、工会组织活力不强、活动开展有难度、代表职工参与协商的职能发挥流于形式。许多新产业和新业态领域的劳动关系确认困难，灵活就业的劳动者流动率较高，新产业和新业态基层工会组建较为困难，难以发挥工会代表职工协商的职能，影响了大量灵活就业的劳动者切身权益的保障。

三、构建和谐劳动关系综合配套改革试点经验和启示

按照中共中央、国务院关于构建和谐劳动关系的决策部署，为深入开展构建中国特色和谐劳动关系的创新试验，推进劳动关系领域系统性、整体性、协同性改革，探索可复制、可推广的经验，2019年起，人社部在天津市滨海新区、江苏省苏州工业园区、福建省福州市、江西省景德镇市、山东省济宁市、广东省深圳市盐田区、重庆市九龙坡区、四川省成都市新都区等8个地区开展部级深化构建和谐劳动关系综合配套改革试点。经过一年多的试点推进，济宁在探索创新构建和谐劳动关系实践中形成一批可复制、可推广的试点创新成果。

（一）突出文化引领

济宁是孔子和孟子的故乡，儒家文化的发源地。儒家文化倡导"中庸之道""仁义礼智信"以及"以和为贵、推己及人"。济宁在构建和谐关系试点过程中，深入挖掘传统文化中的宝贵财富，通过实施"优秀传统文化铸魂工程"，探索和谐劳动关系"文化治理"新路径。通过理论研究，将"优秀传统文化与和谐劳动关系"列为社会科学规划重点项目，形成《儒家"尚中贵

和"思想与和谐劳动关系建设》等一系列研究成果用于指导试点实践,探索"以文化人促和谐"的劳动关系治理新路径。一是以文化浸润思想,植入和谐基因。深入用人单位开展"儒学讲堂进企业"系列宣讲活动,构建和谐劳动关系思想根基。深入技工院校实施"传统文化进技工院校"工程,为企业培养输送"德技双馨"技能人才。据统计,累计进企业宣讲 90 余场,讲授 6 400 课次。二是将文化融入管理,引领和谐发展。借鉴干部政德教育模式,打造"三孔""两孟""尼山大学堂"等传统文化现场教学基地,面向企业开展体验式培训,引导企业将和谐理念融入经营管理全过程。三是用文化凝聚共识,营造和谐氛围。通过整合企业"职工之家""员工书屋""调解室"等资源,创建劳动关系"和谐驿站",常态化开展经典诵读、谈心交流、矛盾调处等活动。

(二)注重基层自治

创新设立劳动关系服务站,打造"大治理、微循环"和谐劳动关系构建新模式。成立市、县、乡三级协调劳动关系三方委员会,形成上下联动、横向协同的劳动关系"大治理"工作格局。为解决基层劳动关系服务供给不足等问题,在企业聚集的商务楼宇设立"劳动关系综合服务站",推动形成"大治理"框架下的"微循环"治理模式。一是以党建为引领,搭建劳动关系服务平台。依托楼宇党组织,将"劳动关系综合服务站"嫁接植入楼宇"党群服务站",汇聚统筹企业工会、团委、妇联和劳动争议预防调解委员会等多方力量,共同推进楼宇和谐劳动关系构建。目前已建成"劳动关系综合服务站"22 个,覆盖企业 3 200 余家。二是以自治为导向,创新推出"九号议事"制度。劳动关系综合服务站每月 9 号召开企业和职工民主协商会,共同研究解决劳动关系问题。会议实行"1+2"模式,即 1 个总召集方,由楼宇党组织成员单位轮流担任;2 个工作机构(议事机构、理事机构),由党群成员单位、楼宇管理方、企业和职工代表等推选产生,实现楼宇内劳动关系自我管理、自我调解、自我服务。试点工作开展以来,建站楼宇未发生劳动关系纠纷案件。三是以服务为根本,建立"三张清单"服务模式。坚持以服务促和谐,整合楼宇内场地、人才、技术等资源,形成"资源清单";收集企业和职工诉求,形成"需求清单";议定事项,形成"服务清单"。组建"楼小二"服务先锋队,设劳动关系服务专员、街道常驻指导员 1 名,区人社部门、街道派设督导员 2 名,提供"帮办、代办、协办"服务。

(三)坚持调解优先

创新打造"和为贵"调解品牌。积极探索发挥"和为贵"文化理念在多元化劳动争议调解工作中的作用，营造"以礼相让、德法融合"调解氛围，研究制定了"和为贵"调解室标准化管理办法，在企业设立"样板调解室"，建立市、县、乡、村四级"和为贵"社会治理服务中心，在政府部门、社会、企业三个层面建立协同联动机制，形成企业自主预防、劳资双方有效协商、调解组织依法调解格局，有力促进"和为贵"劳动争议预防调解工作落实。成立全省首家"劳动争议预防调解宣讲团"，常态化开展劳动保障法律法规宣传培训。组建"法律风险防控服务队"，帮助企业建立劳动用工风险防控机制，从源头预防劳动矛盾争议。以"和为贵"理念为统领，紧扣劳动争议预防调解这个重要环节和前置关口，着力健全多元预防调解机制。一是构建"多元化"劳动争议调解体系。积极推行"联合调解"，人社、法院、司法、工会等部门联动，成立"劳动争议联调中心"，加强裁审衔接、诉调对接。探索开展"共商调解"，联合行业协会、商会，组建"预防调解工作联盟"，已有 620 余家企业加入联盟。二是打造"一站式"劳动争议调解平台。将劳动关系治理纳入市、县、乡、村四级社会治理服务体系，实行矛盾纠纷调处化解"一站式"服务。同时，将争议调解延伸到企业一线，实现规模以上企业劳动争议调解组织全覆盖。三是完善"常态化"劳动争议防控机制。建立"首问劝调"制度，在立案服务窗口向当事人发放《"和为贵"调解倡议书》，进行"一对一"沟通，争取一切可能实行案前调解，对同意调解的及时开展调解。实施这一办法以来，多个案件实现了当天申请、当天对接、当天协商、当天结案，案前调解时间总体压缩 50%。制定出台《企业劳动用工法律风险防控指引》，成立由律师、人社业务骨干、企业劳资人员组成的"劳动争议预防调解宣讲团"，常态化开展法律法规宣讲。

经过一年多的探索实践，济宁市改革试点工作取得阶段性成效，为经济社会高质量发展营造了稳定环境，注入了内生动力。

一是劳动关系治理效能明显提升。据统计，2020 年，济宁市生产安全事故数量同比下降 50.10%，死亡人数下降 18.70%。农民工欠薪问题方面，多发频发的态势有效遏制，人力资源社会保障部督办欠薪案件数量同比下降 49%；劳动争议案件数量同比下降 24.30%，调解结案率提高 5.10%。和谐劳动关系构建，为社会大局稳定提供了坚强保障。

二是就业创业环境不断改善。2020 年，济宁市实现城镇新增就业 7 万人，完成省定任务目标的 116%，未发生经济性裁员，综合考核"就业工作"指标列全省第 1 位。全市发放创业担保贷款 35 亿元，发放总量、增量均居全省第 1 位。就业创业项目"地方创新事件"，入选数量居全省第 1 位，其中设立

"村级劳务中介"入选"中国2020年地方就业创新事件"。和谐劳动关系构建,为更加充分更高质量就业打造了坚实基础。

三是人才聚集效应日益凸显。2020年,济宁市引进"双一流"高校毕业生同比增长35%、大专以上毕业生增长63%、技工院校全日制招生增长13%,社会化培训和技能鉴定人数双双突破3万人。创新推出"技工教育集团化发展"模式,培养"德技双馨"的技能人才,有关做法被人力资源社会保障部在全国推广。和谐劳动关系构建,为人才引育量质双升提供了有力支撑。

四是营商环境持续优化。2020年,济宁市营商环境评价居全省第3位,市场活力明显增强,全年市场主体数量增长6.60%,高于全省4.5个百分点。货物进出口总额增长18%,高于全省10.8个百分点。和谐劳动关系构建,为经济高质量发展营造了良好环境。

济宁市试点作为市级层面的综合配套改革试点,本身具有一定局限性,在实践中还存在有许多不足:一是针对新就业形态劳动关系领域政策不足。通过梳理发现,济宁试点政策集中于传统劳动关系治理方面,对于新就业形态的劳动关系政策很少涉及,这主要是试点层级决定,缺乏对于新就业形态劳动关系认定、社会保险参与等顶层设计的支撑,在市级层面的试点实践中难以落实。二是劳动关系治理信息化手段运用不足。通过其他试点经验总结看,信息化是其劳动关系治理的重要手段。例如苏州工业园区创新劳动关系协调智慧管理,开发建设了劳动关系运行管理平台,通过信息化方式助力和谐劳动关系建设。该平台包括劳动关系协调、劳动关系预警、群体性隐患处置、劳动关系维权等子系统,通过该平台企业可以查看包括分行业分岗位工资指导价位、工资指导线,人社部门可以利用各项业务经办产生的大数据,基于分级预警模型,实现不同类别群体性劳资纠纷隐患的自动预警,并及时推送给隐患企业所在网格的负责人进行排查。滨海新区也建设了劳动关系风险预警管理系统,整合区网格中心等各渠道投诉信息,结合税务、社保异常经营信息提示,协同多部门联合处置,做到"一事一跟踪",实现对案件的全流程管理。对比其他试点经验,济宁在信息化助力和谐劳动关系建设方面稍显不足。

四、创新构建和谐劳动关系的对策建议

山东省正处于发展动能转换期、经济社会转型期,劳动关系主体及其利益诉求越来越多元化,面临新形势、新任务、新要求,要坚持以人民为中心的发展思想,及时研究解决劳动关系领域的新风险、新问题,妥善处置劳动

关系矛盾纠纷,借鉴济宁市和其他先进经验,不断探索构建和谐劳动关系的新模式,形成"党委领导、政府负责、企业和劳动者参与、法律保障"的共建共治共享劳动关系治理体系,维护劳动关系和谐稳定。

(一)适时更新完善相关法律法规

面对新形势,要适时更新完善相关法律法规,织密劳动者权益保护的"防护网"。一是探索适用于新就业形态的新型劳动关系认定。新就业形态下变化的不仅是劳动关系的维系方式,并未改变劳动者的自身根本属性,应加快探索在上位法中增设适用于新型用工关系的认定,探索基于劳动本身而非劳动关系的劳动者权益保护法律规范,从根本上破除任何以无明确劳动合同关系为由的权益侵害。借鉴和引用西方认定新业态劳动关系的"控制论",创新劳动关系确认方式。将平台对劳动者的控制程度科学划分不同控制程度的标准,越符合受控严格,企业与劳动者就需要承担更多的劳动关系责任义务,控制程度越弱,则相关责任义务就越小。同时必须加快明确新就业形态从业人员基本权益保障,防止平台企业变相压榨劳动者的问题,为劳动者提供多元化的法律救助渠道,破解网络劳务纠纷难题,降低从业人员维权成本。二是加强地方立法。根据山东地方立法权限,找准问题症结,结合法治建设的要求,对实践中出现的劳动争议高发性问题,如工资、社会保险、工伤赔偿、经济补偿金等,由地方立法的方式进行规范。如就工资支付问题,可以制定《山东省工资支付条例》,劳动合同问题可以制定《山东省劳动用工条例》,为规范和完善劳务派遣用工问题可以制定《山东省劳务派遣规定》等地方性立法,甚至可以对《劳动合同法》存在的不足或者操作性不强的法律条文等通过地方立法的方式进行明确,统一法律适用。目前,上海市、江苏省、浙江省、广东省等部分省市就劳动用工出台了大量的地方立法,统一法律适用,在建立和谐劳动关系上取得了良好的效果。三是创新劳动者权益保障监管机制。鉴于新就业形态下劳务关系虚拟化、隐蔽化的问题,传统意义上的劳动监管难以全面覆盖,公共就业服务部门需要创新服务方式充分借助行业协会力量,提高行业协会监管权力和监管能力,针对平台企业破坏劳动和谐关系等问题进行及时有效监督,对相关网络平台进行惩处。

(二)创新丰富劳动关系治理手段

随着经济发展水平不断提升,新技术、新设备、新标准的不断涌现和创新,传统劳动关系也在悄然变化,劳动关系的治理呈现主体多元化、目标与价值多元化、方式多样化的发展趋势,传统劳动关系存在不适用的风险,政府职能部门应该是劳动关系的治理主体必须与时俱进,根据新形势不断丰富和创新劳动关系治理新手段。

一是传统文化浸润和谐劳动关系构建。做好优秀传统文化与和谐劳动关系结合文章。要注重发掘优秀传统文化在和谐劳动关系构建中的传承、发展、弘扬，赋予其新的时代内涵和现代表达方式，全力打造具有鲜明特色、凝聚人心和强大动力的劳动关系和谐文化。济宁作为儒家文化发源地和中华文明重要发祥地，有着悠久深厚的历史文化底蕴，济宁在试点深入挖掘儒家文化中和谐理念，打造了"和为贵"劳动争议预防调解品牌，在做好优秀传统文化与和谐劳动关系结合文章上进行了探索和实践，创新了"文化治理"新路径，值得借鉴。文化自信，是更基础、更广泛、更深厚的自信，是更基本、更深沉、更持久的力量。深化理论研究，深入挖掘优秀传统文化与和谐劳动关系文化内涵，找到了优秀传统文化与构建和谐劳动关系工作的契合点，以此为指引开发设计针对不同就业群体和企业的培训课程。探索推动优秀传统文化"进企业、进学校"。一方面提升企业职工文化和职业素养，打造优秀传统文化管理样板企业，将和谐理念内化为企业和职工的共识。另一方面推进传统文化与技能教育融合发展，职业技能院校作为技能人才培养主阵地，可以将和谐文化融入日常教育，在潜移默化中提升学生综合素养，从源头上培养"德技双馨"的技能技术人才。在全省推广"和为贵"劳动争议预防调解品牌，建立市、县、乡、村四级"和为贵"社会治理服务中心，实施矛盾纠纷调处化解"一站式"管理，在规模以上企业建立劳动争议"和为贵"调解室，构建劳动争议调解多元处理工作格局。

二是共建共治共享促进和谐劳动关系构建。随着"社会管理"到"社会治理"的转变，在新的共建共治共享的社会治理格局中，劳动关系的治理呈现主体多元化、目标与价值多元化、方式多样化的发展趋势，政府职能部门应该是劳动关系的治理主体，而不是劳动关系的主体，应当尊重劳动关系主体的自治权，而不是过度干涉或代行劳动关系主体的自主权。在试点中，济宁的创新做法值得借鉴。济宁创新推出的"九号议事"制度，依托楼宇党组织，汇聚企业工会、团委、妇联和劳动争议预防调解委员会等多方力量，在劳动关系综合服务站每月9号召开企业和职工民主协商会，共同研究解决劳动关系问题，实现楼宇内劳动关系自我管理、自我调解、自我服务，试点工作开展以来，建站楼宇未发生劳动关系纠纷案件。一方面，要加强劳动关系的协同治理。政府主导，多方协同，治理主体包括政府、工会、社会组织、企业、劳动者等。政府职责从强调单方面保护劳动者权益到统筹协调促进企业发展和维护劳动者合法权益的关系，注重调动劳动关系主体双方的积极性、主动性。既要保护劳动者合法权益,又要兼顾促进企业发展,促进劳资双方合作共赢。另一方面,要充分共建共治共享的社会治理理念,让劳资双方充分参与,深入协商。通过建立预警防范机制,注重发挥工会和社会组织(行业协会)等作用,推进劳资关系调处从被动应对转向主动防范,形成"预防为主、重在调解"的长效机制,从源头处理劳资纠纷。

三是信息化助力和谐劳动关系发展。信息化有助于实现劳动关系治理的精准化、高效化和科学化,提升风险联动处置能力,提高劳动保障工作质量和效率,形成全天候、立体化的预警和处置机制,有助于长效保障机制的建立。同时,信息化的建设可以代替部分人力,可以缓解劳动保障尤其是劳动监察人员人手不足的问题。部分试点地市也充分利用信息化手段助力和谐劳动关系治理。一方面,升级完善劳动关系管理信息平台。加强信息对接,加快打通监管壁垒和数据堵点,提升风险联动处置能力,构建劳动关系风险隐患处置闭环。通过平台建立全过程网上经办,用人单位实现劳动合同信息网上报送、集体劳动合同不见面审查、劳动保障诚信单位在线申报评估;建立科学的劳动关系和谐评估指数,通过全领域数据模型分析用人单位的劳动关系和谐指数,定期自动向用人单位推送针对性地改善建议措施,及时对劳动管理热点难点问题提供趋势研判,为决策提供数据支持。另一方面,加快电子证据技术应用进度。加快应用电子劳动合同,以及电子签名真伪验证技术。特别是新就业形态主要依靠互联网平台实现就业,电子证据技术的成熟对于维护这部分劳动者与企业的合法权益具有重要作用。

(三)切实维护劳动者基本权益

当前国内发展环境经历着深刻变化,社会主要矛盾已经转化为人民日益增长的美好生活需要和不平衡不充分的发展之间的矛盾。通过调查发现,许多劳动争议集中于劳动者基本权益被侵害,因此要切实保障劳动者在获得劳动报酬、休息休假、获得劳动安全卫生保护、享受公共服务,参加社会保险等方面合法权益,提高其抵御劳动风险的能力,从源头上防止损害劳动关系的情况发生,有效促进和谐劳动关系发展,不断推进共同富裕。

一是完善工资支付保障长效机制。继续深化收入分配制度改革,加快现代化劳动报酬体系建设。健全工资分配决定和正常增长机制,同时建立工资集体协商制度,劳资双方通过自主协商,寻找利益的均衡点,实现互惠共赢。逐步缩小结构性收入差距,规范收入分配政策,努力缩小区域、城乡、行业的收入分配差距。提高劳动报酬在初次分配中的比重,健全以税收、社会保障、转移支付等为主要手段的再分配调节机制。着重保护劳动所得,提高一线劳动者待遇,落实在岗高技能人才岗位补贴。加大欠薪逃逸案件查处力度,人社部门在执法过程中发现存在企业主欠薪逃逸的情况时,及时与公安等司法机关进行衔接联动,运用司法强制措施追逃,挽回劳动者的损失,震慑欠薪逃逸行为。

二是推动更充分更高质量就业。健全更充分更高质量的就业促进机制,及时对就业形势进行跟踪研判。加强就业政策与全省重大经济社会政策,如新旧动能转换、乡村振兴、经略海洋等重大战略的协同协调,综合评价政策实施对就业岗位、就业环境、失业风险等带来的影响,实现良性联动。建立重大项目就业评估机制,从招商引资、项目立项、土地征收、项目实施等各环节入手,对项目可能对就业产生的影响进行统筹考虑,消除或减轻对就业的负面影响。加大重点地区、重点群体的帮扶。对于资源型城市、特别困难的地区,制定专门的地区促进就业政策。帮扶就业困难人员实现就业,特别是供给侧结构性改革中化解过剩产能企业解聘人员等就业困难人员,切实做好就业援助工作,实施个性化、专业化的就业援助。不断健全公共就业服务,反对任何形式的就业歧视。

三是优化社会保险工作。构建多层次的新业态用工社会保险体系。重视平台经济从业人员的社会保险权利保护,鼓励引导更多新就业形态从业人员参加社会保险。针对平台经济趋势,与时俱进,探索新业态从业人员职业伤害保障机制。全面提升社保统筹层次,健全社保经办管理体制,督促指导用人单位为其职工按时按额缴纳社保费用,同时也鼓励一些有条件的用人单位为职工缴纳企业年金或者补充医保金。优化失业保险经办服务,扩大失业保险保障范围,落实好工伤保险待遇保障工作。

四是保障休息休假权利。规范员工休假制度,切实维护劳动者的合法权益。督促平台企业革新算法,明确具体休息休假或者经济补偿办法,有效保障新业态从业人员休息权。

(四)全面提升劳动者素质能力

劳动关系工作最核心的要素是劳动者。目前,"招工难"与"就业难"就业结构性矛盾并存。随着经济发展水平不断提升,新科学、新技术、新工艺、新材料、新设备、新标准的不断涌现和创新,地区经济结构在调整,人员需求的层次和类型也在调整。不少企业进行生产线智能升级和"无人车间""无人工厂"建设,推动"机器换人",采用先进技术设备代替劳动密集型企业的生产方式,但对技能型人才的需求和要求不断提高,低技能或无技能劳动者存在被淘汰危机,因此,提高劳动者的职业技能和素质,培养一大批符合新要求的专业技术工人是新时代发展的需要和趋势。

一是全面提升技能教育。以提升劳动者素质为出发点,创新职业技能培训机制,大力培养更加符合市场和企业需求的劳动者队伍,着力破解就业结构性矛盾,推动实现更加充分更高质量就业,促进劳动关系长远和谐稳定。作为技能人才培养的主阵地,技工院校就要根据当地产业转型的需要制定培养方向,让技工院校学生走出校门后就能成为知识型、技能型、创新型劳动者大军。技工院校要瞄准先进制造业、现代服务业、战略性新兴产业等领域,充分发挥技工院校的行业背景优势,不断健全完善技工教育人才培养体系,打造技工学校、高级技工学校、技师学院全链条培养的技工教育体系。探索技工教育集团化发展模式,济宁市创新组建了山东省首家技工教育集团,深入推进"校企合作、产教融合",聚焦技术工人、技能人才培养与企业、市场需求匹配度不高问题,让企业直接参与办学决策,变企业在人才培养上"被动接收"到"主动参与",取得明显成效。

二是重点群体能力提升。实施技能提升计划,有针对性地提升就业困难人员技能,特别是有效提升供给侧结构性改革中摩擦性失业人员的能力素质,使其技能水平提升,适应新发展需要。一方面,去产能分流安置的劳动者常年工作于单一行业、技能单一、年龄偏大等特点,针对着重培训提升就业技能,使其掌握一技之长,促进转岗转业。另一方面,针对"机器换人"过程中的摩擦性失业人员或者潜在淘汰人员,要全面提升其适应新技术新要求的技能,使其能够跟上技术发展不掉队。同时,统筹职业能力提升项目,可以将分散在各部门的职业培训整合起来,统一编制培训计划,统一组织实施,避免分头培训、低端培训、重复培训。统筹技能提升项目资金,将用于职业技能提升的就业资金、失业保险基金整合起来,单设职业技能提升专项资金,为开展大规模免费培训、终身培训提供坚强后盾。

三是重视新就业形态从业人员能力素质提升。丰富职业培训内涵,尽快弥补新就业形态从业人员职业培训缺位状态。首先,职业培训政策需要与新经济时代相适应。紧贴新就业形态发展特点,制定与之相适应的职业教育与培训政策,特别是在确保宏观性与原则性政策供给的基础上,加强可操作性政策的制定,完善新就业形态职业培训补贴、考核、师资准入、培训效果惩处等相关制度,通过配套政策体系的出台实现以政策促培训的实效。其次,职业培训内容需要满足多元化的技能需求。就培训课程而言,及时调查了解从业人员的培训需求,课程设置不仅涉及岗位基本能力、职责等门槛型胜任力的培训,还要注重加强法律法规、安全卫生、创新创业、个人价值等区分型胜任力的培训，打造新就业形态从业人员的核心竞争力。从培训层次而言，根据新就业形态从业人员的年龄层次、文化水平、工作年限等进行分层次地培训，建立起梯次职业培训结构。例如，针对刚投身于新就业形态的从业人员进行基本的初级职业培训，针对在岗多年的从业人员提供更加精细化的中级职业培训，针对平台企业的骨干力量提供综合性管理能力培训等。最后，职业培训方式需要传统形式与现代技术的融合。一方面需要继续挖掘课堂讲授、教师主导的传统线下培训功效，开发新就业形态从业人员基本技能培训、业内名师带徒等普适性培训项目；另一方面借助网络学习、移动学习的优势，探索线上培训模式，实现"互联网+"与新就业形态从业人员培训的深度融合，打破时间、空间给职业培训带来的阻碍。

（五）营造构建和谐劳动关系良好氛围

积极推进构建劳动关系"大治理"格局，鼓励引导各方参与劳动关系治理，营造良好氛围，同时，加强劳动保障执法检查，对损害劳动者合法权益形成高压态势。

一是完善机制，构建劳动关系"大治理"工作格局。不断健全完善党委领导、政府负责的劳动关系工作体制，积极推动党政部门、企事业单位和社会组织共同参与的"大治理"格局。可以将构建和谐劳动关系工作纳入年度综合考核，压实党委、政府的主体责任。发挥协调劳动关系三方机制重要作用，加强协调劳动关系三方机制建设，例如济宁市在试点中在市、县、乡三级均成立"三方委员会"，推动形成上下联动、横向协同的劳动关系工作格局。发挥群团、社会组织，特别是工会组织密切联系企业职工的桥梁纽带作用，建立"和谐劳动关系联席会议"制度，共同研究劳动关系问题，开展构建和谐劳动关系活动。深入推进集体协商，搭建劳资双方沟通平台，重视保护集体劳动关系。健全预防协商工作格局，坚持将非诉处理方式挺在前面，加快建立劳动争议预防协商机制。

二是主动作为，加强劳动保障执法监管监察。加强信息对接，加快打通监管壁垒和数据堵点，提升风险联动处置能力，构建劳动关系风险隐患处置闭环。提高劳动风险突发事件应急响应水平，加强劳动关系法律法规和预案、重大情况应急指挥机制建设，加快推进劳动关系风险源预防控制体系，强化重大案情救助体系，健全重大争议应急处理通道和应急裁定保障制度。发挥人社部门行政执法、劳动人事争议仲裁和工会组织法律援助、劳动法律监督作用。进一步加强对重大劳动保障违法行为的处置力度，严厉打击欠薪违法行为，全力根治欠薪。压紧压实政府属地责任、部门联动责任、行业主管部门监管责任、企业工资支付主体责任的"四重责任"。健全完善监察执法与行政司法、刑事司法衔接机制,推动公安部门案前介入快速化解、案件执法互助机制、案后行政司法无缝衔接。建立健全劳动保障守信激励和失信惩戒机制,建立企业劳动保障诚信等级评价和重大违法行为社会公布制度,健全用人单位劳动保障守法诚信档案。加大"双随机、一公开"监管力度,适时更新抽查数据库。

三是创新形式,加强和谐劳动关系的宣传。引导营造良好舆论氛围。创新宣传形式,充分运用传统媒体和新媒体,通过微视频、微动漫、完善典型案例曝光、以案说法等方式,开展劳动者权益保护集中宣传日主题活动等,宣传法律法规和争议解决制度,警示违法违规行为。深入开展各级协调劳动关系三方和谐劳动关系创建活动,加强对和谐劳动关系企业的正向激励,引导企业关心参与构建和谐劳动关系。

参考文献

[1] 何峥嵘. 论新时代劳动关系的治理——以劳动关系中政府的角色转换为视角 [J]. 广西政法管理干部学院学报, 2021 (3).

[2] 白明. 山东省新旧动能转换形势下职工就业问题研究 [J]. 山东工会论坛, 2020 (7).

[3] 李继霞. 共建共治共享社会治理格局下和谐劳动关系的构建——以广东的实践为例 [J]. 法治论坛, 2020 (4).

[4] 陈丹. 社会主要矛盾转变对企业劳动关系的影响研究 [J]. 投资与合作, 2021 (3).

[5] 韩文龙, 刘璐. 数字劳动过程中的"去劳动关系化"现象、本质与中国应对 [J]. 当代经济研究, 2020 (10).

[6] 王奎. 新旧动能转换背景下山东省产业工人队伍建设的思考 [J]. 山东工会论坛, 2019 (5).

[7] 李松龄. 新时代和谐劳动关系的理论认识与制度安排 [J]. 学术探索, 2019 (3).

[8] 李雄. 新时代我国劳动关系治理的重大转型 [J]. 学术界, 2020 (8).

[9] 肖潇. 新时代我国社会主要矛盾转化视域下和谐劳动关系的内涵 [J]. 思想理论教育导刊, 2020 (3).

[10] 丁煜，胡悠悠. 新时期我国劳动关系治理中的问题研究［J］. 公共管理与政策评论，2018（5）.

[11] 郭杰. 以河南省为例，如何破解构建和谐劳动关系的障碍［J］. 人力资源，2021（2）.

[12] 杨林，孟泉. 新发展阶段我国劳动关系治理的创新路径［J］. 社会治理，2021（8）.

[13] 孙璇. 新科技革命视域下我国劳动关系研究［D］. 福州：福建师范大学，2020.

[14] 朱雅钰. 新业态和谐劳动关系构建研究［D］. 保定：河北大学，2021.

[15] 闫玥宏. 郑州市构建和谐劳动关系问题与对策研究［D］. 郑州：郑州大学，2018.

《创新构建和谐劳动关系研究——基于综合配套改革试点济宁的探索与实践》课题组成员名单

课题组长：
赵盈瑞（山东省人力资源社会保障科学研究院副院长）

课题组成员：
张　杰（山东省人力资源社会保障科学研究院副研究员）
于真真（山东省人力资源社会保障科学研究院副研究员）
孙　倩（山东省人力资源社会保障科学研究院助理研究员）
邱士波（山东省人力资源社会保障科学研究院助理研究员）

本课题为中国人事科学研究院与山东省人力资源社会保障科学研究院合作完成。

"智慧仲裁"研究——以郑州高新区"智慧仲裁"平台建设为例[①]

提　要：党的十九大报告指出，要推动互联网、大数据、人工智能和实体经济的深度融合，建设网络强国、数字中国和智慧社会。由此对人力资源社会保障部门的工作提出了更高的要求，尤其是在大数据、云计算、"互联网+"等大背景下，人民群众对人力资源社会保障服务也提出了新的要求。"智慧仲裁"是数字人社建设的重要内容，是智慧人社的发展基础，是促进发展数字经济、推进经济社会高质量发展的基本载体。加强"智慧仲裁"建设是落实国家关于加快数字人社建设、推进"上云用数赋智"行动等最新战略部署的重要抓手。

本文结合河南省郑州市高新区"智慧仲裁"建设的核心内容和实践，以为民服务全程全时、仲裁管理高效有序、数据开放共融共享、深化"互联网+""放管服"改革为主要目标，通过体系规划、信息主导、改革创新，推进新一代信息技术与劳动仲裁工作现代化深度融合、迭代演进，实现经济、社会、政府公共服务等领域重塑与能力提升，最终将改变公众的生活状态并支撑城市发展。

关键词：智慧仲裁　智慧人社　"放管服"改革

随着科学技术尤其是信息技术的飞速发展和创新，政府公共服务的方式

[①] 本文系中国人事科学研究院2021年度研究课题《"智慧仲裁"研究——以郑州高新区"智慧仲裁"平台建设为例》报告的部分内容。

和服务途径也在不断的创新和变化。2016年4月，人力资源社会保障部印发《关于加强和改进人力资源社会保障领域公共服务的意见》，按照国务院关于简政放权、放管结合、优化服务协同推进的部署，简化优化公共服务流程，创新改进公共服务方式，加快推进公共服务信息化建设和服务平台建设，不断提升公共服务水平和群众满意度。2018年7月，人力资源社会保障部印发《"互联网+调解仲裁"2020行动实施计划》，力求"到2020年，功能完备、运行高效、服务优质、监督有力的调解仲裁信息化网络基本建立，基本实现线上办案全覆盖，网上调解仲裁服务普遍开展，与有关部门信息共享机制初步形成，信息化建设在调解仲裁事业发展中的引领和保障作用充分发挥，调解仲裁工作服务当事人、服务人社事业发展、服务改革发展稳定大局的能力显著提升。"

郑州市高新区人力资源和社会保障局在河南省人社厅"互联网+人社"3年行动计划的引领与带动下和郑州市人社局帮扶指导下，提出了以劳动关系综合管理为基础的互联网+智慧人力资源建设总体构想，结合全局工作现状，经研究讨论决定以智慧高新·劳动仲裁建设为切入点，先行先试，在不改变郑州市高新区人力资源和社会保障管理、信息化现有管理体制、机构设置、经办流程的前提下，建设高新区人社"智慧仲裁"管理服务平台，提升人力资源社会保障劳动仲裁经办能力，改善公共服务形象，尝试通过探索"智慧仲裁"建设现状，探讨存在的问题，分析原因，构建涵盖整个劳动关系的综合政务服务平台，也为后续建设智慧人力资源其他系统做好前期思路探索、技术储备，对推动人社领域信息化建设提供有价值的参考建议，为政务服务信息资源共享交换和深化"放管服"改革夯实根基。

一、国内外研究现状

"智慧仲裁"建设是公共服务信息化发展的产物，也源于信息化技术的发展。信息化是政府公共服务信息化的基础，"信息化"由日本学者梅田忠夫于1963年在《论信息产业》中提出，随后于1967年日本的一个机构提出了"信息化"的概念。国外关于公共服务信息化领域中电子政府、电子政务、智慧政府等的研究，主要集中在概念、理论、制度等方面的研究，以宏观方面的研究为主，以定量、实例方面的研究相对较少，以具体实例对智慧人社建设方面进行研究的也不多，对于智慧人社建设中遇到的具体问题缺乏针对性建议和直接参考及指导的意义。

目前国内深圳、杭州等城市均根据自身仲裁业务情况建立了仲裁信息化体系。深圳于2018年上线网络仲裁服务平台，当事人可以通过关注"深圳人社"微信公众号,选择仲裁服务,根据指引录入基本信息,平台与深圳市劳动人事争议仲裁信息管理系统实时对接,仲裁工作人员的线上办案进程均同步到平台,当事人可随时拿起手机,就能查询案件进展。

二、研究目的和内容

(一) 研究的目的

(1) 对"智慧仲裁"建设进行研究,能促进优化业务流程,提高服务质量和效率。以"智慧仲裁"研究为切入点,完善劳动仲裁信息化,开拓新的劳动关系管理思路,在劳动仲裁工作方面提出全面提升劳动仲裁案件办案效率、全面提升办案质量,全面提升劳动法律法规宣传教育效果,全面提升要素化、规范化、标准化、智能化办案水平的"四个全面提升"。通过调研、交流对接,实现服务于劳动关系双方、服务于高效规范办案、服务于领导决策的项目设计理念,以建设线上仲裁办案客户端为核心,全力打造法律法规宣传平台、劳动者维权服务平台、企业用工指导平台、智能化办案平台、企业诚信评价平台、大数据信息共享应用平台、领导指挥监督评价平台"七合一"的建设方案研究,通过项目建成实现数据多跑路,群众企业少往返;数据更智能,劳动管理更规范;打造服务群众的"马上办、网上办、就近办、一次办"服务能力,服务基层工作人员的"全要素"业务支撑能力,服务领导的"聚合"分析辅助决策能力,

(2) 对"智慧仲裁"建设进行研究,能促进提高政府科学决策的能力水平。通过"智慧仲裁"平台建设,加强仲裁监督,涉诉企业各项数据统计分析,能针对企业信用情况实现综合评价,且可根据具体事项添加相应备注,实现企业劳动保障守法诚信评价参数的常态化收集,为企业在申报优秀、享受政策时进行客观性评价提供信息依据,达到鼓励企业诚信经营的目的,为政府监管提供数据支持,为政府科学决策提供依据。

(3) 对"智慧仲裁"建设进行研究,有利于促进智慧人社建设。"智慧仲裁"建设是智慧人社建设的重要组成部分,本课题通过郑州市高新区"智慧仲裁"建设为研究对象,基于"十四五"时期加快升级打造智慧人社信息化平台建设的总体思路,结合高新区区情和全局工作现状及民生创业就业等方面面临的问题,采用文献研究法、调查问卷法和访谈法等,深入剖析"智慧仲裁"建设中存在的问题和原因,并根据问题提出针对性的解决建议,采取理论与实践相结合的方式以具体的实例为对象进行研究,研究开发以"智慧仲裁"建设为切入点的信息化平台建设,先行先试,为后续建设"智慧人

社"其他系统如智慧就业、智慧人才、智慧劳动监察等做好前期思路探索、技术储备。对于丰富智慧人社建设方面的相关研究具有一定的贡献意义。

（4）以"智慧仲裁"为切入点的智慧人社建设，有利于促进智慧城市建设。以"智慧仲裁"为切入点的智慧人社建设，可以继续在就业再就业、智慧人才引进、智慧劳动保障、失业、医疗、工伤、生育、养老等基本民生保障领域实现，是智慧政务、智慧城市建设的重要组成部分，从而可以实现大幅提升政府决策的科学性，提高城市管理的效益，降低政府服务管理的内部消耗、沟通成本，为人民提供更为优质的服务，提高人民生活质量的同时营造出高效的政务环境。

（二）研究的内容

（1）如何运用"智慧仲裁"实现主动常态化劳动仲裁服务，全面提升劳动争议案件办案效率，提升要素化、规范化、标准化、智能化办案水平，结合"智慧仲裁"的业务逻辑和业务特征，实现劳动纠纷的预先干预、主动引导、快速处理。

（2）如何运用"智慧仲裁"全面提升办案质量，实现政务处理能力的智能化集成，将存在案件办理过程中大量的语音、视频等数据运用智慧化手段进行高效处理，以减轻基层工作人员负担，创新工作方式提高工作效率。

（3）如何运用"智慧仲裁"进一步实现便民助民，为当事双方提供快捷服务，减少不必要的流程制约和烦琐的事务性往返，真正做到能不出门的业务让群众在家办；必须出门的业务就近办；能自助办理的业务让群众自己办；必须柜台办理的业务，让群众快捷办。

（4）如何运用"智慧仲裁"实现企业服务能力提升，为企业提供智慧管理平台帮助完善普法、用工指导等职能，以"上工治未病"的角度出发，做到主动普法、主动监控、主动引导、积极服务从而降低企业用工风险，提高劳动者就业保障能力，从根本上减少劳动纠纷事件的发生，实现人力资源局的政务服务和企业合规用工的互相促进。

（5）如何运用"智慧仲裁"在疫情常态化时期，借力信息化技术，科学合理处理疫情防控工作与劳动仲裁工作的关系，减少人员聚集，使"疫情"期间不延误案件开庭审理进程，更好地兼顾劳资双方需求和疫情防控之间的矛盾，同时为响应政府管理向政府服务转变的政务服务理念，在原有"互联网+仲裁"基础上扩充服务手段。

（6）如何运用"智慧仲裁"实现统一数据安全及认证体系建设，整合业务系统内智能语音服务、智能话务服务、图像识别服务、直播互动服务等相关智能化应用能力,为各政务服务场景的业务办理提供模块化按需定制服务集成能力,为裁决书、调解书等相关文书提供安全可信的数据共享和流转环境,并提供数据鉴权、追溯、审计等能力,打通数据壁垒,降低数据收集成本,提升数据流转和使用效率,促进政务数据要素化。

三、郑州市高新区"智慧仲裁"建设现状

(一)郑州市高新区"智慧仲裁"建设业务体系架构

智慧仲裁办案系统运用信息和通信技术,感测、分析、整合劳动仲裁运行的各项关键信息,对劳动仲裁活动的各种需求做出智能响应。其本质是利用先进的"云大物移智区加"信息技术(云计算、大数据、物联网、移动互联、智慧城市、区块链、"互联网+"),实现劳动仲裁智慧化管理和运行,为社会公众创造更美好的生活,促进城市和谐、可持续发展。

智慧仲裁办案系统立足服务于劳动关系双方、服务于高效规范办案、服务于领导决策"三大服务"建设理念。以建设线上仲裁办案端为核心板块,向前延伸建立手机公众号使用端,向后延伸建立大数据综合运用端的"三大版块",全力打造法律法规宣传平台、劳动者维权服务平台、企业用工指导平台、智能化办案平台、企业诚信评价平台、大数据信息共享应用平台、领导指挥监督平台的"七合一"平台。实现线上服务、线上办案、数据共享、数字庭审、仲裁员管理、领导监管、信用评价七便民、优化服务,破解了企业缺乏实用用工指导、劳动者维权功能的难题。让数据多跑路,群众企业少往返;数据更智能,劳动管理更规范;数据更全面,领导决策更科学。

平台自投入使用以来,智能化信息录入、文书一键智能生成、大数据自动收集分类,使案件文书处理能力提高十倍甚至几十倍,极大地解放了基层工作人员的负担。在降低基层仲裁工作强度、提高劳动仲裁工作效率的同时,群众可随时随地查询案件进度,提高了维权成功率,领导可随时随地掌握劳动争议案件和企业用工状况,便于决策。企业和老百姓切实感受到获得感和幸福感,享受到智慧城市建设带来的便利。

(二)郑州市高新区"智慧仲裁"建设的技术架构

"智慧仲裁"建设的技术架构集中反映为"一平台、两支撑、三应用":"一平台"指高新区劳动仲裁数据中枢平台。基于劳动关系领域和智慧城市相关数据,通过不断完善基础数据库、专题数据库、主题数据库为核心,实现大数据获取、整合、清洗、存储、加工、共享和开放的全周期管理,建设劳动仲裁数据全面汇聚、有序流动、高效配置、合理使用、云化服务的劳动仲

裁数据中枢平台，夯实"数据驱动"发展新模式的要素基础。截至目前已经接入的数据有高新区法人库、高新区人才库、高新区行政处罚信息、高新区工地信息、高新区异常企业、单兵实时位置、民情数据、人员学历信息、劳动监察案件信息等。

"两支撑"是指构建新一代信息基础设施支撑，为"智慧仲裁"建设提供网络、计算、存储、物联感知等资源服务；构建权威的劳动仲裁公共服务应用支撑，包括搭建信息采集系统完善数据服务支撑体系，建成相应的主题资源库以及应用资源库，基于信息采集分析平台等。

"三应用"指围绕高效便民、智慧办案、智能分析三方面应用，通过建设完善已有业务信息系统建设，强化劳动仲裁的智慧应用，推进业务快速反应和高效协同，大幅提升劳动仲裁工作的时效、结案率和创新力，如图1至图3所示。

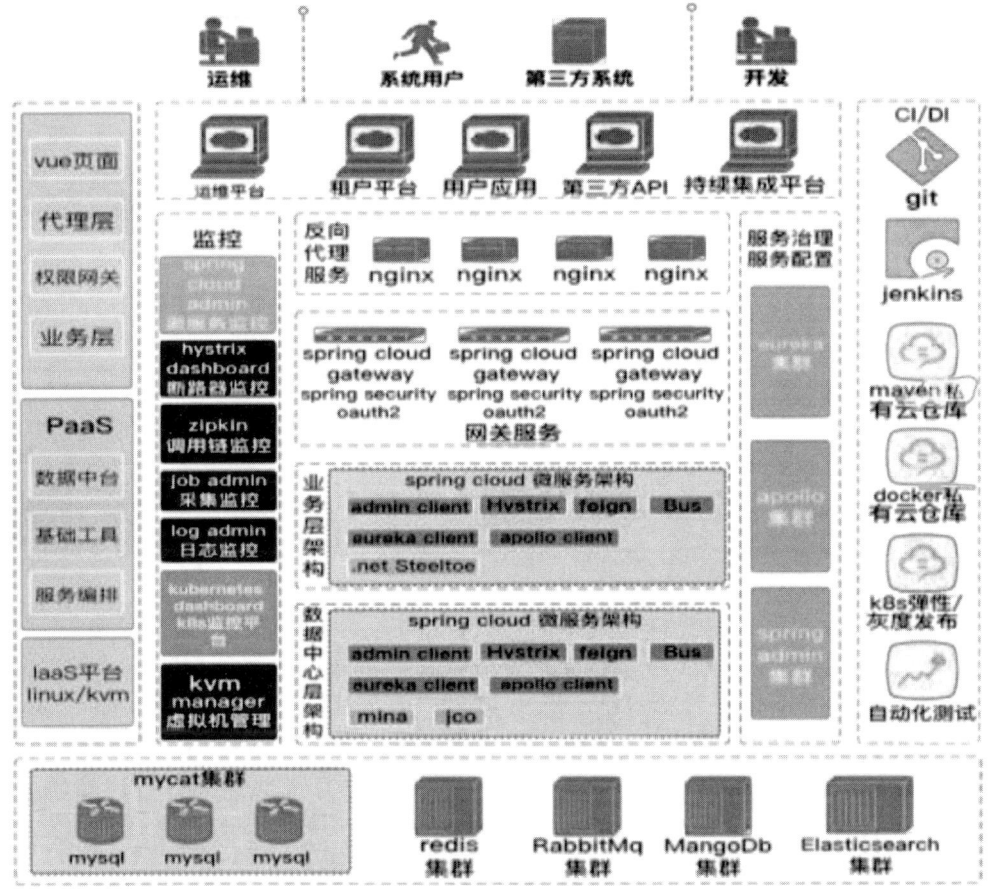

图1　"智慧仲裁"技术架构

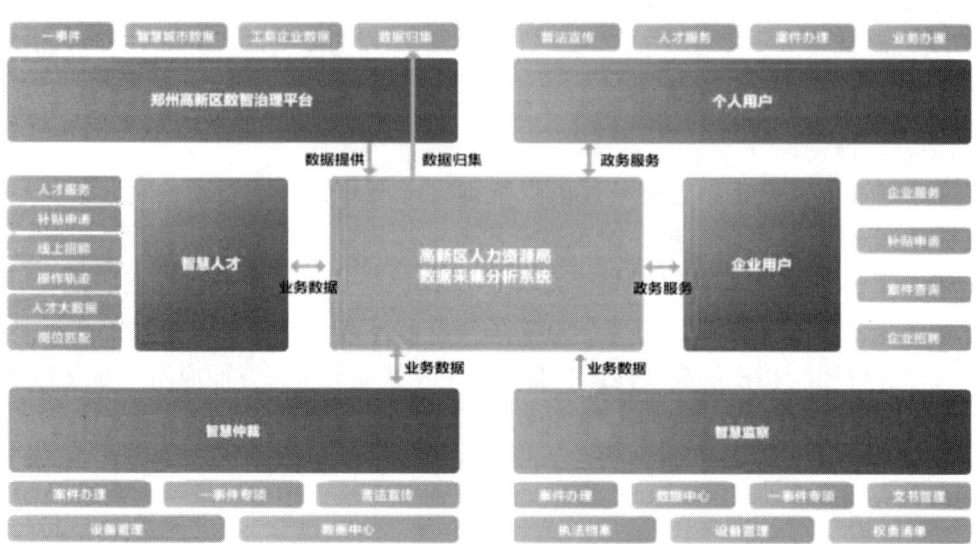

图2 "智慧仲裁"业务体系架构

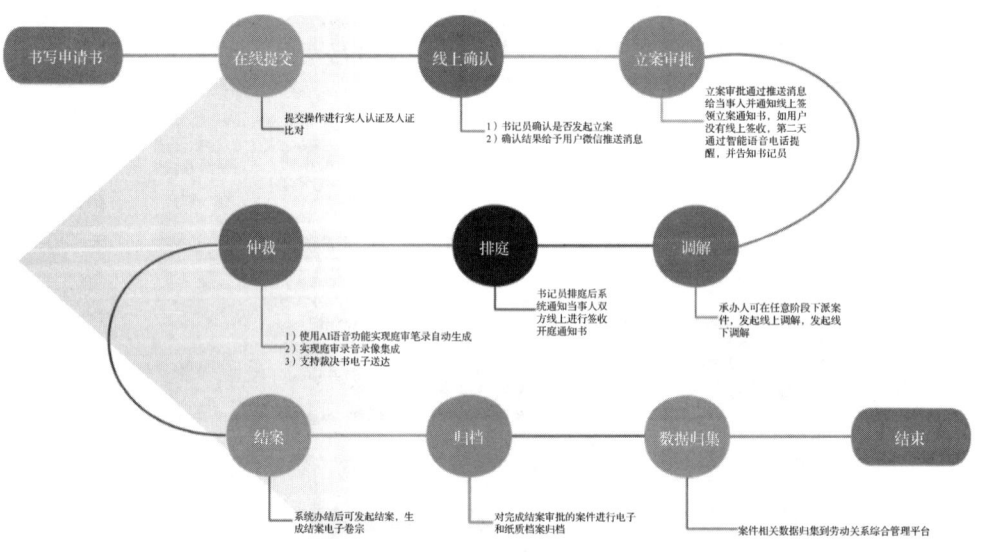

图3 "智慧仲裁"一次也不跑业务流程图

（三）郑州市高新区"智慧仲裁"实践成果

智慧高新·劳动仲裁"七合一"平台进一步提升了劳动人事争议纠纷处理质效，更好地满足当事人日益增长的调解仲裁需求，更便捷地指导企业合法用工，缓解仲裁员办案压力，帮助领导实现精准决策，不断推动新时代调解仲裁工作创新发展，深受劳动者和企业的一致好评。

(1)"三大版块"实现"四个全面提升"。

智慧仲裁"七合一"平台以手机公众号使用端、线上仲裁办案端、大数据综合运用端"三大板块"为载体,实现"四个全面提升"的工作要求——全面提升劳动争议案件办案效率,全面提升办案质量,全面提升劳动法律法规宣传教育效果,全面提升要素化、规范化、标准化、智能化办案水平。

(2)智能指引、高效便民、优化服务。

第一,手机公众号"智慧高新·劳动仲裁"使用端从使用者最真实最急切的需求入手,关注微信公众号即可进入,条目智能指引,"零距离"维权指导,明晰自我诉求,并且能实现文书电子送达及案件状态的实时推送,让劳动者感受优质化、智能化服务。第二,协助企业在用工过程中办理各项劳动关系业务,如不定时和综合计算工时制审批、招工备案等,达到业务流程有指引,办理结果有反馈,期限届满有提醒的效果。并且手机公众号端设立智慧劳动用工管理窗口,提供系统化的劳动用工信息指导服务,在企业注册使用时系统同步搜集如薪酬标准、劳动合同签订比例、员工手册学习情况等相关统计信息,破解劳动用工领域企业配合度不高的困境。企业管理者也能通过平台学习劳动法律法规,增强法律意识,实现指导、监督辖区企业合法用工,规避违法用工风险的常态化。第三,手机端是法律法规宣传前沿,通过在自主学习、新媒体学习、仲裁讲堂栏目中不定时推送图文并茂的文章、影视动漫作品、各类调查分析活动等内容,以丰富的形式和内容寓法于形、寓法于乐,使用者在日常闲暇时间均可点击阅读观看,实现法律法规宣传的主动性、科学性、智能性,提升宣传成效。

(3)一站式服务,"一次都不用跑"。

智慧仲裁"七合一"平台以专业、高效、便捷的司法体系服务民众,建立大幅度降低"时间成本"和"经济成本"的"互联网+劳动仲裁"机制。目前已具有扎实的技术支持,实现劳动仲裁全流程网上办理,"一次都不用跑"。它可以做到立案受理、文书送达、提交证据、开庭审理、裁决案件等每个环节全流程在线,劳动仲裁的任何步骤即时连续记录留痕,劳动争议处理不落地。提高仲裁办案效率和司法公开度,为劳动者提供更便捷、更个性化的仲裁一体化便民服务,让他们切实感受到现代司法的方便和温暖。

(4)规范流程、提速增效,全流程智能化办案。

智慧仲裁"七合一"平台中劳动争议案件智能化办案平台,为智慧仲裁建设核心板块,是实现手机端服务群众功能和大数据应用端服务领导决策的基础出发点。同时也为一线办案人员提供了一位功能强大的助手,通过智能录入案件、智能生成标准化仲裁文书、智能化审理案件、智能管理仲裁案卷和档案、智能提取各类数据统计,为仲裁员提供智能化、标准化、要素化、程序化、电子化的服务。系统使用迅速便捷,各类功能按键及所需操作均结合个人工作习惯和岗位权限进行设置、优化,实现了在办案过程中要什么有什么、想什么来什么,通过系统使用还能加深办案人员对法律法规和程序的理解,加速新仲裁员成长,实现仲裁办案的程序合法、规范标准、智能高效。

(5) 综合统计、助手强大,推动仲裁队伍规范化建设。

智慧仲裁"七合一"平台为郑州高新区仲裁院提供了一位功能强大的智能 AI 助手,加强了仲裁队伍的正规化、专业化、职业化建设。第一,促使仲裁员具有更高的服务意识和创新意识,倾听群众合理诉求,不断创新仲裁工作机制,提高仲裁办案效率和工作质量。第二,全流程的智能办案系统倒逼仲裁员提高自身的业务能力和职业操守,在处理劳动争议案件过程中明确工作职责,规范自身行为,主动接受监督。以事实为根据,以法律为准绳,熟练运用劳动法律、法规和相关政策,做到"公开、公平、公正、高效",不偏袒任何一方,切实维护双方当事人的合法权益。

(6) 数据采集,智能分析、领导驾驶舱监督管理。

智慧仲裁"七合一"平台基于大数据思维,规范数据采集和应用标准,拓展数据采集范围,强化数据质量,积极与社保、就业、监察、人才、工商、税务、安全生产、公安等部门共享数据资源,探索引入社会机构、互联网的数据资源,构建领导驾驶舱内多领域集成融合的大数据应用平台。

领导驾驶舱一是能挖掘数据价值,帮助领导实现精准决策,提升决策支持水平和风险防范能力;二是能洞察数据规律,推动业务创新;三是借力数据感知,加强智能服务、公共服务延伸,利用大数据洞察力和感知力满足个性化、多样化需求;四是通过数据治理,实现科学监管对业务运行和个体行为更为准确的监测、分析、预警;五是推动数据开放共享,构建大数据应用新生态。领导驾驶舱模块支持手机端显示,领导可随时根据需求,进行数据统计、资料查找等操作,一键点选,大到全域范围内整体涉及仲裁情况的统计分析,小到具体案件的基本情况,逐级通道畅通,全部呈现于领导面前,还可根据领导级别、分工不同,个性化定制显示内容。根据使用人员层级不同设置相应权限,协助领导了解辖区劳动领域整体发展、案件审理处理、企业风险预判等情况,劳动争议案件办理过程领导全程可视、可查、可评价。为领导评价工作人员和辖区企业提供数据支撑,真正实现"操作在基层、数据在云端、应用在掌上"。

四、"智慧仲裁"建设中存在的问题与原因分析

郑州市高新区作为郑洛新国家自主创新示范区的核心载体,辖区内有大量企业及从业人员,劳动争议案件总量较大。辖区内作为国家示范区,政策效应带来了大量的产业聚集和创新创业,各种阶层、素质的企业及人员鱼龙混杂。且辖区内高校较多,更增加了劳动争议的复杂性。高新区仲裁院办案人员严重不足,因此,超强的工作负荷需要高效的辅助手段,来提高办案效率和准确率。系统上线前仲裁院缺乏信息化建设规划及运维的专责人员,没有互联网服务平台及自动化办案流程。所有的对外服务、案件办理、档案管理等都停留在人工处理阶段,容易出错且无法形成有效的数据沉淀和流程优化,信息化水平距离实现全覆盖和精确化要求存在较大的差距。

(一)互联网思维下民生服务流程再造

国内互联网应用的蓬勃发展,已经极大地改变了群众的生活习惯和认知。互联网的统一入口、极简操作、体验为先、数据为王的思路,也为政务服务的发展方向提供了很好的借鉴作用。

因此在建设新时代的智慧政务方面,需要打破传统认知,用互联网思维及行为模式对民生服务流程进行梳理再造,从服务形式、系统架构、服务流程等多方面打造群众服务的体系创新。

首先,从服务形式上分析,要被动服务向主动服务转变,加强数据感知能力,提高用户需求获取。通过感知群众在办理各种业务的过程数据,主动推送相关的业务服务,提高群众业务办理满意度。其次,从系统架构上分析,改变原有服务体系,实现线上线下业务办理入口统一、事项办理有序流转、业务数据综合应用。从服务流程分析,在业务办理场景下,应实现一站式业务办理能力,同一业务在一个窗口或一个事件下完成全流程办理,可实时通过多种方式的简单操作获取办理进度信息或做事件变更。因此,"互联网+"智慧政务对传统的政务办理流程和事件处理能力提出了很高的要求。对各级政府部门来说,要改变原有的各自为政的业务逻辑,建设跨部门综合业务办理能力和流程;培训具备线上线下全业务受理能力的接访人员;在数据安全的前提下,提高数据共建共享能力。对办事群众来说,所有业务办理过程和节点,群众可通过自助服务终端、手机等渠道便捷查询、业务办理、材料提交等操作。

(二)"互联网+"模式下的身份认证和行为认证问题

传统业务办理过程中,往往依靠身份证信息、现场办理人员"肉眼"认

证，效率低下且会受制于场地限制。与"互联网+"模式下高并发、快速应用模式特点也产生了较大分歧，从而导致用户体验下降、数据感知能力下降。因此，如何快捷地在极简操作或无感知情况下进行身份认证，操作确认也成了政务服务领域的重要研究课题。

（三）线上一站式服务存在的法律问题

智慧仲裁"七合一"平台目前已具有扎实的技术支持，实现劳动仲裁全流程网上办理，"一次都不用跑"。但劳动仲裁一站式服务仍存在程序方面的法律障碍，如电子送达、文书签收、线上审理等；存在线上审理的技术保障等问题。第一，电子送达能够提高审判效率，降低诉讼成本，但电子送达在司法实践中存在立法缺乏精细设计、不能保证"确认收悉"、送达回执如何生成等问题。电子送达的推行需要立法予以认可，对当事人及其诉讼代理人的电子诉讼行为、电子送达等内容进行全面规范。同时，电子送达也存在着突破程序保障要求的可能。一旦电子送达发生错误，就极有可能对当事人的程序权利和实体权利造成双重损害。第二，随着电子诉讼平台的普及，未来案件线上审理将成为常态。推行线上庭审，应做好网络技术、硬件支撑保障，解决证据链接和流转问题，建立在线审理应用指南，真正实现当事人权益保障不断档、不掉线，确保网络庭审系统稳定顺畅运行。第三，线上庭审管理存在不可控因素，应尽快完善电子诉讼庭审规范，严明线上庭审纪律，保证参与庭审人员不违反法庭纪律，不扰乱法庭秩序，保证庭审活动顺利进行。

（四）智慧仲裁与智能司法的衔接不兼容

劳动争议裁审衔接机制推行至今效果良好，而"智慧仲裁"与"智慧法院"的建设将给裁审衔接机制带来新的挑战。智能仲裁系统与智能司法系统之间存在着兼容性问题。由于"智慧仲裁"建设与"智慧法院"建设目前由人社部门和司法部门分别主导，而劳动争议诉讼又是从属于民事诉讼之下的较小类别，因此劳动争议智能司法系统与智能仲裁系统的开发很难同步。

（五）政府部门间信息的连接与共享

一是智慧仲裁系统目前已建立大数据应用平台，取得部分数据的交互权限，但受制于缺乏共建共享数据的操作平台、政府部门数据保密性要求、缺少数据互联互通的顶层设计，不同部门间业务的数据一致性、数据准确性不够、缺乏可靠的保障机制等诸多因素限制，在进一步扩充、优化所需的各项数据上存在一定的困难。二是在对信息资源的利用过程中，缺乏建立数据审核机制和权限限定的方式，对数据的来源做到严格地划分和审核。三是在日常的操作中，在不同密级、不同网络环境下，如何对大数据进行数据交换和维护，如何做到信息的安全和保密，防止泄密事件的发生，也是建立大数据共享平台长期存在的问题。

（六）用工管理和企业信息采集两大矛盾突出

智慧仲裁系统在推行过程中存在两大矛盾：一是劳动用工管理、劳动监察与企业配合度的矛盾；二是企业用工、人才等数据收集与企业信息保护的矛盾。"智慧仲裁"系统设计之初，乐观估计了企业使用相关系统的配合度问题。目前随着系统的逐步推广，多数企业在使用系统过程中得到了有益的指导，但一涉及企业相关信息的录入及更替问题，就一下子保守起来，尽量减少录入，或完全不录入任何信息。如何在提升企业使用率的同时提高相关数据的搜集效果，也是系统使用过程中的难题之一。

（七）数据缺乏有效转化、沉淀和提取

智慧仲裁系统自投入使用以来，已沉淀了大量的案件信息、用户类别等数据，但在实际进行数据分析的时候，发现其与建设初期设想的效果有一定差距，主要是缺少对应的数据分析推导过程。简单数据可以直接展示，较为复杂的数据分析图表在准确率及数据提炼上仍有欠缺，且对于跨部门、跨领域的数据融合分析算法不够精确，很难形成自动化智能化分析结果，往往需要工作人员进行再次加工，才能有较为精准地分析结果。如何进一步优化，是下一步急需解决的问题。

（八）审批手续的进一步智能优化

智慧仲裁系统为便捷使用人员的操作，将审批进行线上优化，在进行常规操作时，效果突出。但由于近年来劳动争议案件的复杂化趋势愈发明显，涉及一些特殊案件或特殊流程审批的过程时，反而会受制于原始流程设定，造成部分案件办理困难。如何在原操作基础上对此类特殊案件的办理流程进行提炼优化将是下一步的工作内容。

（九）"智慧仲裁"系统与省厅原有的"互联网+仲裁"系统的数据共享问题

河南省人社厅于2015年上线"互联网+仲裁"系统基层案件数据汇总上报和开庭直播视频为核心应用，采用专网传输，音视频数据和案件数据只能通过客户端在内部专网上报、查看。智慧仲裁系统数据统一存放在政务外网上，对敏感数据进行了加密存储和鉴权验证，按需为群众或企业提供数据查看，因此导致案件需要重复录入增加工作负担，需要解决数据互通共享的问题，提高工作效率和群众服务能力。

五、提升"智慧仲裁"建设的优化对策

（一）由点及面积极拓展

目前郑州高新区人力资源局也在借助"智慧仲裁"的业务系统建设成果扩展整体智慧化应用尝试，打造"劳动关系综合管理平台"把业务办理量平台、业务受理平台、数据感知平台等进行统一业务服务入口，提供劳动关系体系下劳动仲裁、劳动监察、人才中心等综合业务受理能力并提供匹配的知识库，群众有业务办理需要时，可在任意窗口登记，窗口接待人员根据业务需要进行流转和分派，事件办理节点，会主动推送信息给当事人以及相关处理人员确认，如需要相关部门协作处理，系统将主动把事件信息推送至对应部门，无须当事人多次提交材料。同时，借助统一认证、体温检测、人流监控、无声叫号、多媒体信息发布、智慧话务、智能档案柜等辅助业务系统实现无感知的主动服务应用和便捷数据业务流转联动能力。

（二）引入权威认证，实现业务留痕

对于政务服务窗口或线上政务服务系统而言，需要打通各种权威部门认证接口应用，对活体检测、人脸识别、认证比对等权威库进行接入，为各业务环节的身份认证提供权威保障。在群众做业务申请、业务确认的环节，实现线上线下统一认证，统一生效，从而打破线上线下业务壁垒，提高在线受理，在线办理的业务能力，既方便了群众也提高了业务并发处理能力，从而提高业务办理体验和群众满意度。

目前，"智慧仲裁"系统在线上庭审环节、文书签领环节集成了公安权威库活体实人认证和手写字体认证功能，实现了在关键环节的在线确认功能和过程信息采集能力。在人流监控、环境信息采集环节增加了人脸识别能力，提高了用户感知能力，可主动为用户提供适配的服务应用。

（三）加强制度建设，实现"一站式"的服务

一是规定服务标准，用于统一规范"智慧仲裁"建设整体工程，必须打破以往分散割裂的管理体制和封闭运行的工作机制。二是建立信息管理制度，对数据收集、存储、使用、流动、处理、统计分析等管理具体细化，规范工作程序，落实岗位责任，加强与业务部门沟通，通过解释、探讨、寻找业务等模式创新共同目标，使得各部门间的管理、信息技术和业务经办形成互动机制，达到最大限度地协调统一，整体推进，实现数据集中、信息共享的目标，提高服务的工作效率和服务质量。三是建立长期有效的组织管理制度，"智慧仲裁"建设涉及的业务广、关联的部门多，在建设推进的过程中难免会

出现各种各样的矛盾和摩擦，为了提高建设的效率和质量，需要从组织、建设、实施等方面协调各部门间业务的融会贯通，从而优化资源配置，避免业务数据办理的重复，提高了服务效率同时也降低了业务办理的成本；四是实行岗位考核评估机制，明确和细化各个业务部门和人员的职责和分工，落实责任，对岗位职责进行考核评估，落实奖罚惩戒制度，公平、公正、科学地进行综合考核，赏罚分明，激发职工的积极性和主观能动性以及创造性，提升项目建设的整体效益；五是建立完善的运行管理机制，让各部门、各岗位能够有章可依、有规可行，避免在建设过程中出现混乱、漫无目的的现象，从而促进建设的进度和成效。

（四）增设法律与类案推送服务解决裁审智能衔接和智能调节

推动信息资源共享互通，实现业务协同，在"智慧仲裁"系统中增设法律与类案推送服务，双方当事人均可通过手机或计算机等客户端使用法律法规推送、类案推送等智能服务程序，了解其争议案件的相关法律依据和既往判例，由于智能法律服务的高度一致性，双方在庭审之前对于争议案件的"法律结果"会产生较明确且类似的认识，因此在调解过程中，双方的调解底线将会明显地趋同于推送所产生的"法律结果"。如此，人工智能服务程序将极大促进双方达成共识，提高调解成功率，减少当事人与仲裁机构在仲裁程序中的成本浪费。裁审衔接机制在未来的继续有效运行需实现智能劳动仲裁系统与司法系统的兼容，因此当前双方各自的研发者应当在各自开发工作中相互沟通合作，在标准、参数设计等方面尽量协调一致，在数据存储与传输方面为彼此预留端口和空间。

（五）建立完善的标准体系

为了大力推进便民服务，劳动人事仲裁管理部门需要深入分析人民群众的实际需求、各项政策要求，创新并优化各项业务、系统整合、信息共享等内容，建立统一的业务受理经办平台，实现仲裁工作流程的有效衔接和协同性。同时，"智慧仲裁"系统应该全面融合"智慧人社"的公共服务体系，建立完善的人社政务服务平台，将人社部门"智慧人社"服务渠道、政府"智慧政务"服务渠道和社会服务渠道进行整合，从而完善基于统一标准体系下"智慧人社"的顶层设计，提供高质量的劳动关系综合服务。

（六）保证专项资金投入

无论是国家的发展，还是行业的兴起，其背后必然有经济的力量，"智慧仲裁"建设能否可持续地推进，其专项资金的注入尤为关键，同时必须夯实智慧产业资源，营造良好的发展环境。在"智慧仲裁"的资金投入上，切实落实各项资金支持的政策，必须夯实在信息化技术设施、集成应用层、行业应用层等方面资金支持，保证"智慧仲裁"专项建设资金的建设，保证项目在建设的过程中资金链的持续性和完整性。向上级单位进行汇报，引导上级单位专项资金向"智慧仲裁"的建设中进行适当性加大投入和倾斜。制定"智慧仲裁"的成长政策，其中要包含具体的网络基础设施的投入资金、人才培养规划、其他建设规划资金的详细投入等。

（七）加强数据处理能力和信息技术人才队伍建设

加强业务办理全过程各个环节的数据采集能力和行为分析能力，详细记录用户的各种操作，把结构化数据和非结构化数据借助数据分析模型和业务模型进行有效管理，通过对分析模型的不断验证和改进提供系统的数据处理分析能力。

加强计算机专业技术人才的培养和引进工作。建立长效培训机制，加强对信息化管理人员、技术人员、业务人员的培训，培养既懂技术又熟悉业务的复合型人才，提高信息化工作队伍的整体素质。探索购买社会服务，通过向有人力社保信息化建设经验的单位和研究机构购买服务，弥补技术人员力量不足，提高技术服务水平，培养本系统技术力量从而研发服务业务需求的AI算法和机器模型，为智能数据分析、智能报表输出提供必要的人才和算法支持。

（八）建设安全网络环境

政府作为社会运行的管理核心，掌握着关键信息和关键技术，"智慧仲裁"的发展更是离不开安全的网络环境，因此，不断改进网络基础设施和健全网络安全抵御体系就显得尤为重要。通过采用网闸等物理隔离的方式打通互联网和业务专网的数据联通，同时采用敏感数据脱敏和数据加密技术实现"安全一体化"，建立长效化信息安全保障机制。落实国家信息安全等级保护制度，网络安全保障体系和管理制度基本建立，基础网络和要害信息系统安全可控，重要信息资源安全得到切实保障，居民、企业和政府的信息得到有效保护。实现"网络一体化"，提高运行可靠性、资源共享率。完善全网冗余网络架构，确保网络单点故障时，各业务系统仍能正常提供服务；建立灾备网络平台能为关键业务系统在出现重大自然灾害或事故时提供数据交换、对外服务的基础保障；优化网络设计，规范网络配置重点机构得到有效监控。

（九）"智慧仲裁"系统与省厅原有的"互联网+仲裁"建立衔接并统一使用推广

建议由省厅建设安全隔离信息交换系统，有内外网主机模块分别负责接收来自所连接网络的访问请求，两模块间不建立直接的物理连接，形成一个物理隔离，从而保证可信网和非可信网之间没有数据包交换，没有网络连接的建立。在此前提下，通过专有硬件实现网络间信息的实时交换。"智慧仲裁"系统根据省厅数据交换机制和规范同省厅原有系统建立衔接，同时也为全省各地市仲裁数据的汇总采集提供新的途径。

六、以智慧仲裁为创新点，打造人社业务全面智慧化的构想

（一）总体思路与工作目标

基于大数据思维，我们在智慧仲裁"七合一"平台的建设过程中取得了三大经验。一是大数据的搜集，以向基层提供需要的服务为基础，在顶层设计的过程中以基层的需求为支撑。以科技为政务服务增效，以增效后的便捷服务提高被服务对象的使用率，以高使用率强化大数据搜集，而后洞察数据规律，利用大数据洞察力和感知力反向满足个性化、多样化需求，才能推动业务创新，提供智能服务；二是促进信息技术与具体工作的深度融合和深度应用，一线业务人员必须和研发团队进行深度交流和互动，才能开发出一款可用、好用、必用的智慧政务系统。研发团队通过算法、大数据、云计算等计算机语言等技术手段将工作人员的构想转变为具有精准识别能力、信息汇聚能力、需求感知能力、信用评价能力的智能政务系统，实现线上服务、协同服务、主动服务、引导服务、精确监管、信用监管的大融合；三是智能操作覆盖业务办理全流程，推进业务网上办理、流程依法公开的全方位智能服务。减少机械、重复操作的同时可有效化解简单错误，助力形成创新工作机制，提高政务服务效率和政务公开度，为群众、企业等各类使用者提供更便捷、更个性化的一体化便民服务，让他们切实感受到现代科技与政务服务结合所带来的方便和温暖。

结合上述经验，在秉承服务于群众和企业、服务于高效规范政务办理、服务于领导决策"三大服务"建设理念的同时，进行纵向和横向延伸，设计以行政执法、行政管理、社保经办、人才服务，就业创业为核心板块的大智慧人社构思，延伸开发相应的服务于企业、个人，大家愿意使用，方便快捷的应用软件。最终实现数据搜集在日常，信息存储在云端，数据应用在掌上的全人社系统的业务办理智慧化。

（二）具体建设构想

（1）建设以投诉信息电子化为切入点的执法相关板块，由严密的执法程序为中轴线，辅以执法用语的标准化提示，执法文书的智能生成，执法标准

的智能参考，最终将执法过程中的信息采集，智能生成的文书资料进行汇总整理，生成规范化卷宗，提供相关数据统计和分析，用以诚信等级评价、风险防范等应用场景。

（2）探索破解企业配合度不高的困境，在涉及劳动关系相关领域信息统计较为困难，建设相关管理平台。通过便民服务软件提供系统化的劳动用工相关信息指导服务，在企业使用系统注册同时获取相关统计所需信息如薪酬、合同等；利用人社系统内部大数据循环，在就业、监察、仲裁、社保等系统使用过程中获取数据，反向辅助开展劳动用工方面工作；打破数据壁垒，打通信息孤岛，实现全领域大数据循环，结合市场管理、税务机关、金融机构大数据，准确为劳动用工管理提供数据支撑。

（3）探索建筑工地农民工综合管理平台。在建筑行业中，普遍存在工程转包甚至层层分包等各种乱象。建筑施工企业将其承包的全部或部分工程违法再分包或转包给自然人，自然人再聘请劳动者施工，用工乱的现象长期存在，导致农民工群体处于用工主体的绝对劣势地位，就业极不稳定。在工资支付监管平台、实名制登记、合同签订率未到达一定比例的情况下，较难实现对农民工群体的大数据管理及智能化开展工作，具体开展思路应与住建部门的欠薪保证金系统、违法承包惩处系统相融合。应开发一款兼具企业用工指引、个人就业维权指导及工资支付保障的手机应用软件，指导企业合法用工，指导劳动者依法维权，保障农民工工资支付。同时，严格督促各类工地在开工建设过程中使用工资支付监管平台、进行实名制登记、完成劳动合同签订，再辅以大数据信息为欠薪预警提供参考，尽早化解矛盾。

（4）依托现有业务办理，构思建设以各类补贴、资格申请信息电子化为切入点，以自动审核资料为主要功能，简化申报流程，实现简易化的一站式办理，以自动审核资料为主要功能，降低工作人员工作量，搜集所有与人社相关的数据，辅以各类视频图片信息档案整理，实现自动生成各类就业统计信息报表的就业创业、人才管理、社保办理的人社功能化软件。

七、结论

智慧让未知成为可能，让未来充满希望。郑州高新区人力资源局在数智治理建设要求下，在智慧高新·劳动仲裁"七合一"平台的基础上，逐步探索构建人力资源领域大数据应用新生态，已搭建起劳动监察、就业创业、人才交流、技能培训、社会保险等领域智慧管理模式的智慧人社主体框架。依托于智慧仲裁系统开发过程中如流程设置、智能填表、统计分析等各项经验教训，为已经开始建设推进和具体实施的智慧人社系统的开发提供了有力支撑。相信在未来，智慧人社系统会为全面提升高新区社会治理服务现代化水平，建设宜创宜业宜居的智美新城作出应有贡献。

参考文献

[1] 赖志明，王璐. 人社大数据与智慧人社公共服务平台研究［J］. 科技创新导报，2018（8）.

[2] 柯宇航. 人工智能在劳动仲裁中的应用前景——以智慧法院建设实践为借鉴［J］. 时代法学，2020（8）.

[3] 万锦鹏. "智慧人社"建设的问题和对策研究［J］. 中共广东省委党校硕士论文，2019（4）.

[4] 齐振东. 人力资源与社会保障服务平台建设现状及发展趋势［J］. 知识经济，2019（11）.

[5] 李薇. 人社大数据应用与智慧人社公共服务平台研究［J］. 中国信息化，2020（6）.

[6] 罗琦.《广西壮族自治区劳动人事争议调解仲裁条例》要点解读［J］. 广西日报，2021（6）.

[7] 白冉冉. 天勤伟业"互联网+调解"的创新举措［J］. 中国人力资源社会保障，2020（6）.

《"智慧仲裁"研究——以郑州高新区"智慧仲裁"平台建设为例》课题组成员名单

课题组长：
杨东风（河南省行政管理科学研究所所长、编审）

课题组成员：
冷清玉（郑州市高新区人力资源和社会保障局局长）
史新建（河南《人才资源开发》杂志社研究室主任、助理研究员）
杨　鑫（河南省人力资源和社会保障厅政务信息中心副主任）
王　丽（河南工业贸易职业学院副教授）
宋文龙（河南奈斯贝网络科技公司董事长、软件工程师）
韩晓明（河南省行政管理科学研究所实习研究员）

杨存博（郑州升达经贸管理学院副教授）
赵晓理（郑州升达经贸管理学院讲师）
史　梁（郑州市高新区人社局劳动人事争议仲裁院仲裁员）
高　博（河南奈斯贝网络科技公司总经理）

本课题为中国人事科学研究院与河南省行政管理科学研究所合作完成。

我国法定机构改革的发展历程与典型案例分析[①]

提　要：自1993年海南省洋浦经济开发区最早试行法定机构以来，经过海南、广东、山东、广西、上海、天津、辽宁和安徽等省、区、市的部分事业单位和多个城市功能园区的试点探索，法定机构改革为自贸区（港）等城市功能园区开发建设和改革发展作出了贡献，也为事业单位分类改革提供了有益经验。同时，将近30年里，在多地此起彼伏的法定机构改革试点工作中，相关改革遇到了很多深层次的体制问题，先后导致海南洋浦经济开发区的法定机构改革不得不很快终止，广东省多家事业单位法定机构改革试点工作悄然停止，甚至已实行法定机构管理模式近10年的深圳前海管理局，也在2020年出现了回归政府行政体制的改革新动向。展望法定机构改革的未来趋势，一方面，目前在国家自贸区（港）等城市功能园区仍在试点推进的法定机构需要严格管理、加强规范；另一方面，事业单位改革应在国家已有相关法律法规的总体制度框架内积极稳妥进行，慎用法定机构的改革名目，以免带来人事制度和薪酬管理等方面的混乱，影响事业单位分类改革的系统深入开展和顺利有序推进。

关键词：法定机构　功能园区　事业单位改革

法定机构（statutory board）是一个外来概念。我国的法定机构改革主要借鉴新加坡和香港地区相关经验，早期在20世纪90年代初期政府机构改革和干部人事制度改革的背景下，于1993—1997年在海南省洋浦经济开发区管

[①] 本文系人力资源和社会保障部2021年部级课题《法定机构人事管理模式研究》报告的部分内容。

理局进行改革试验;2010年前后,广东省在部分省属事业单位和深圳市前海管理局开展法定机构改革试点工作,推进在事业单位改革和功能园区管理体制中引入法定机构;2015年以来,山东、上海、广西、天津、辽宁和安徽等省、区、市的多个自贸区(港)等城市功能园区开展了法定机构改革,海南还在省属部门、部分地市和多个分园设立了多家法定机构,法定机构改革的层次和范围得以拓展扩大;2020年,深圳市修订《深圳经济特区前海深港现代服务业合作区条例》,对已实行将近10年的深圳前海管理局法定机构管理体制进行再改革,新《条例》在管理体制部分的相关条款中,模糊了前海管理局的法定机构性质定位,使其呈现出回归政府行政体制的发展趋势。

在当前我国事业单位改革系统深入推进、各地自贸区(港)建设如火如荼开展的新时期,本文拟全面回顾我国法定机构改革的主要历程,深入剖析海南洋浦经济开发区和深圳前海管理局等法定机构改革的典型案例,系统总结法定机构改革取得的主要成效和存在的深层次问题,为推进我国事业单位改革和功能园区建设提供参考借鉴。

一、萌芽探索阶段:海南省洋浦经济开发区法定机构改革试验(1993—1997年)

改革开放后,为适应经济体制改革持续发展的要求,1987年召开的党的十三大明确提出了开展中央和地方政府机构改革的任务。1988年海南建省时,正值国务院机构改革,中央专门提出要"建立精干高效的海南省党政机关"。[①]

1988年的政府工作报告指出,"国务院建议设立海南行省,把海南办成全国最大的经济特区";第七届全国人大一次会议通过关于设立海南省的决定和关于建立海南经济特区的决议。同年4月,海南省正式挂牌,我国第一个省级建制的经济特区诞生,并选定海南岛西北部的洋浦作为海南经济特区建设的首块试验田。

1992年3月,《国务院关于海南省吸收外商投资开发洋浦地区的批复》发布;7月,《海南省洋浦经济开发区条例》出台,就洋浦经济开发区的优惠政策和管理制度作出明确规定。1993年4月,洋浦经济开发区管理局成立;9月,管理局职能部门组建完毕,法定机构也投入运作。

20世纪90年代初期,在实现"小政府、大社会"政府职能转变和政府体制改革理念的指导下,以及政社分开、政企分开和政事分开等改革政策的推

---

① 张志坚. 见证——行政管理体制和劳动人事制度改革 [M]. 北京:国家行政学院出版社,2012:143.

进下,海南省委、省政府专门就洋浦经济开发区管理局机构设置和人事管理作出决定:洋浦经济开发区管理局的机构设置不搞五套班子,海南省各部门不在洋浦设分支机构;各"条条"部门包括隶属于中央的"条条"单位,均不要过多插手洋浦的管理;在具体操作方式上,开发区管理局要大胆按照国际惯例办事,特别是借鉴中国香港、新加坡成功的管理方法来实施政府管理。①

为此,洋浦经济开发区管理局按照决策与执行相分离的原则,设立了小而精的政府机构,创设了"法定机构";管理局将执行权力分离出来,按照法定程序将部分行政执行性和服务性职能委托给具备条件的非政府行政机构即"法定机构"去完成。法定机构向政府首长负责,接收业务归口的政府职能部门的指导和监督,实行自主管理、自我发展、自我约束;法定机构的工作人员不纳入公务员系列,财政上按"收支两条线"管理,以后逐步做到靠服务性而非政策性收费来维持运作和发展。②

到1994年年底,洋浦经济开发区管理局共设立了8个法定机构,分别承担开发区的社会保障、工商服务、税务征收、运输管理等功能(见表1)。

表1　　　　　洋浦经济开发区1994年的法定机构与职能状况

法定机构名称	实有人数	主要职能
国有资产管理中心	8	负责国有资产的保值增值管理和国有资产的投资方向选择,具体负责合作项目的策划、谈判、签约等
社会保障局	6	具体负责区内职员的养老、医疗、工伤、住房、待业等社会保险工作和负责区内的社会保险基金的征收、管理、发放等
工商服务管理中心	11	具体负责办理区内各类企业登记手续,依法对登记注册企业进行监督管理,负责各类企业登记报表的编制及上报工作
职业服务管理中心	5	具体负责实施就业登记和务工制度,办理区内企业人员的调动手续,管理区内企业的人事档室,负责区内各类职业培训管理工作
税务征收局	20	具体负责实施《税收登记法》,依法开展税务登记征收、管理工作,负责实施《会计准则》和《财务通则》,推行税务代理业务,负责税收政策、法规的宣传教育与执行等

---

① 韩晓莉. 一次超前的政府管理体制改革——海南洋浦行政模式研究 [D]. 武汉:武汉大学,2004:12.
② 韩晓莉. 一次超前的政府管理体制改革——海南洋浦行政模式研究 [D]. 武汉:武汉大学,2004:13.

续表

法定机构名称	实有人数	主要职能
房地产产权管理处	8	具体负责区内房地产产权交易、出租的鉴证及有关税费的代征，土地、物业的评估、认定，收集整理具体负责审查规划设施图纸，校核规划控制和技术经济指标以及区内建设工程的放线、验线等工作
运输管理征费稽查处	4	具体办理从事运输业的企业、个人的开业或停业，核发有关营业执照；负责区内的运输行业的统计工作，以及有关运输费的征收和经营行为的稽查工作等
渔政渔监管理处	3	具体负责维护海域渔业的生产秩序，对所属海域的渔港、渔船、船员的技术、救生安全消防设备的监督管理和渔业船舶海上交通安全事故的调解等

资料来源：傅小随. 政策制定与执行分开：洋浦和深圳改革的内外比较[J]. 行政论坛，2007（6）：31.

但是，在之后的运行过程中，由于洋浦管理局下设的法定机构不属于政府部门和公务员系列，上级各对口单位一律对此持反对态度，致使工作很难正常对接。在这种情况下，1997年8月，洋浦经济开发区管理局只好将法定机构改为事业单位，人事与财务管理上均回归到传统体制。洋浦经济开发区的法定机构试验终止了。[①]

二、试点推进阶段：广东省的法定机构改革（2007—2014年）

进入21世纪后，我国改革开放政策持续深入推进。作为改革开放的前沿阵地，广东省特别是深圳市的法定机构改革走在全国前列。2007年，深圳市在部分事业单位启动法定机构改革；2010年，深圳市设立前海管理局并明确规定为法定机构性质。2011年，广东省在部分省属事业单位和广州、深圳、珠海等地开展法定机构改革试点，推广了法定机构改革的试验范围。广东省法定机构改革实践既在某些方面取得了明显成效，也在改革过程中遇到了很多问题，导致有些试点单位的法定机构改革悄然搁置。

（一）深圳市在部分事业单位推行法定机构试点

为进一步深化政府管理体制改革，推动政府职能转变，创新政府提供公共服务的方式和手段，提高公共服务水平和质量，更好地满足公众日益增长的公共服务需求，深圳市于2007年制定了《关于推行法定机构试点的意见》，着手在市属部分事业单位分批分类进行法定机构改革。具体改革政策的主要内容如下：

建立法人治理结构。法定机构的内部组织架构主要由两个层面组成：一

---

① 傅小随. 政策制定与执行分开：洋浦和深圳改革的内外比较[J]. 行政论坛，2007（6）：32.

是决策权力层,即理事会(或管委会,下同)。理事会作为法定机构的决策机构,负责确定法定机构的发展战略规划,行使重大事项决策权,其具体职能权限、人员组成和任期等具体事项在机构法规或规章中规定。二是执行层,即以行政执行人为核心的高级管理层。行政执行人作为法定机构的法定代表人,具体负责日常工作,参与理事会决策,对理事会负责,定期向理事会汇报机构运行管理状况,接受理事会监督。其具体权限、任职资格、选拔任用程序以及任期等亦须在机构法规或规章中明确规定。

建立灵活的用人机制。法定机构享有用人自主权,可依工作实际需要合理设置人员岗位、确定人员结构比例、设定人员聘用条件,并按公开招聘程序聘用人员。具体用人数量由执行层提交理事会确定,对经费主要来自财政性资金的法定机构,其用人数量在经理事会审议后,须提交有关部门核准或备案。在具体人员管理上,除部分重要岗位可根据需要采用委任制外,其余按《劳动合同法》管理。同时,参照企业年金的做法,建立年金制度,促进人才引进与合理流动。

实行形式多样的经费筹措模式。法定机构均需建立严格的财务管理制度,并接受有关部门的监管。法定机构的经费来源可以采取政府资助、政府购买或自筹资金等多种形式,具体因机构职能不同而不同。承担政府有关公益服务的,政府视其所提供服务的数量和质量,给予适当资助或购买其服务;可在政策法规许可范围内开展有偿服务的,所取得的收入除维持机构正常运作外的盈余部分,必须用于事业发展。法定机构的财务制度必须向社会公开。

建立灵活的薪酬分配机制。法定机构的人员薪酬由理事会根据员工履行职责的轻重、所需专业及经验等因素来确定。薪酬及其调整与经费来源挂钩,经费主要来源于财政性资金的法定机构,原则上其员工薪酬与事业单位相类职系人员的工资相当;经费主要来自自我筹措的法定机构,其员工薪酬要同市场同类劳动力价格水平相适应,以确保能吸引并留住具有合适才能、经验和专业知识的人员,但与事业单位相类职系人员的工资差距必须控制在合理范围内。同时,建立经常性的薪酬检讨机制,确保薪酬确定的合理化、调整的及时性及公开透明性。

完善监督管理机制。建立内外结合的监督管理机制。内部监督包括理事会对行政执行人的监督及对财务的审计监督;外部监督包括由有关部门依法对法定机构的监督,以及由公众、媒体所形成的社会监督。政府通过委派理事会成员并出席理事会会议来监管法定机构的运营,并可通过行使对法定机构高层重要职位的人事管理权及对法定机构账务账目的定期审计,对法定机构进行管理。公众对法定机构的监督主要通过单位的年度报告制度、绩效评估制度和信息公开制度实现。

(二) 深圳市在前海管理局探索实行法定机构管理模式

2010年8月,国务院批复同意的《前海深港现代服务业合作区总体发展规划》明确,前海管理局"探索完善法定机构运作模式,负责前海管理、开发工作"。2011年1月,深圳前海管理局正式挂牌;同年7月,《深圳经济特区前海深港现代服务业合作区条例》(以下简称《条例》)正式公布施行,赋予前海管理局探索实行法定机构管理模式的使命。

2011年9月,根据《条例》的相关规定,深圳市政府第五届三十七次常务会议审议通过《深圳市前海深港现代服务业合作区管理局暂行办法》(以下简称《办法》),明确规定"前海管理局是依照《条例》设立的前海合作区法定管理机构,根据《条例》和本办法有关规定履行相应行政管理和公共服务职责";前海管理局实行局长负责制,局长由市政府任命,任期5年,全面负责前海管理局工作,副局长由局长提名,市政府按规定程序任命,前海管理局可以根据工作需要从国内外专业人士中选聘高级管理人员;前海管理局在市政府领导下开展工作,其年度工作报告经市政府审定后向社会公布,重大事项经过局长办公会集体研究讨论提出意见,按规定程序报请市政府批准后实施。

《办法》规定,前海管理局实行企业化、市场化的用人制度,享有独立的用人自主权,在市政府确定的授薪人员员额、领导职数及薪酬总额范围内,自主决定机构设置、岗位设置、人员聘用、薪酬标准等,并接收机构编制、组织人事、财政、纪检监察等部门的监督;前海管理局应当按照科学合理、精简高效、公开平等、竞争择优的原则,制定薪酬管理、年金管理、人员招聘、岗位竞聘(聘用)、绩效考核等人事管理配套制度,前海管理局的薪酬管理、年金管理制度应当在提交市政府决定后报市人力资源和社会保障部门备案;前海管理局实行市场导向的薪酬机制,其薪酬总额由市政府参考市场水平、国内同性质功能区薪酬状况等因素综合确定,并可根据任务完成情况和市场薪酬水平变化情况进行调整;前海管理局应当按照工作目标导向和奖惩结合的原则,在市政府确定的薪酬总额内,探索建立绩效考核与激励机制;前海管理局应当着眼长远发展对人力资源的需求,通过加强培训管理,提升员工的工作技能和素质,培训经费在年度预算中专项列支;前海管理局应当依法与其工作人员签订劳动合同;前海管理局工作人员按照本市有关规定参加养老、医疗、失业、工伤、生育等社会保险,并按有关规定实行住房公积金、年金等制度。

(三) 广东省在部分省属事业单位和城市开展法定机构试点工作

2011年3月,中共中央、国务院颁布的《关于分类推进事业单位改革的指导意见》规定,按照社会功能将事业单位划分为承担行政职能、从事生产经营和从事公益服务三个类别,并明确了不同类型事业单位的改革方向。

2011年7月,为进一步深化行政体制改革,推动政府职能转变,协调推进大部门体制改革,激发事业单位活力,根据中共中央、国务院关于分类推进事业单位改革的精神,结合广东省实际,广东省机构编制委员会出台《关于在部分省属事业单位和广州、深圳、珠海开展法定机构试点工作指导意见》(以下简称《意见》),以解决事业单位的体制机制与经济社会发展的新要求不相适应、政事职责不清晰、内部运转不灵活、监督机制不完善等深层次问题。

《意见》明确,法定机构是根据特定的法律、法规或者规章设立,依法承担公共事务管理职能或者公共服务职能,不列入行政机构序列,具有独立法人地位的公共机构。法定机构一般具有依法设立、职责法定、运作独立、共同治理、公开透明等特点,在公共事务管理和公共服务领域发挥着重要作用。

《意见》指出,借鉴中国香港、新加坡的有益经验,在广东省开展法定机构试点工作,有利于进一步转变政府职能,创新体制机制,实现政事分开、管办分离,为事业单位的改革发展探索新思路;有利于明确事业单位的功能定位,激发事业单位从业人员的积极性和主动性,提高公共服务的质量和效益,不断满足人民群众和经济社会发展对公益服务的需求;有利于扩大社会参与,完善监督机制,确保事业单位的公益属性。

《意见》要求,原则上,法定机构从现有的事业单位中产生。按照分期分批试点推进的原则,首批主要选择省公路管理局、航道局、水利厅下辖的四个流域管理局、代建项目管理局、疾病预防控制中心、广东工程职业技术学院等部分省属事业单位和广州、深圳、珠海作为试点,待积累经验后再逐步扩大试点范围。广州、深圳、珠海可以结合本市的实际情况,确定试点单位,并报省编办备案。

在开展法定机构改革试点工作中,广东省选择承担公共事务管理职能或公共服务职能,且具有较大规模的部分省属事业单位,并从两个有地方立法权的城市——广州、深圳入手,开始首批试点。到2014年年初,广东省共有

13家机构进入法定机构试点行列;① 从试点情况来看,深圳市在法定机构试点工作方面最早探索,效果也较为显著。

三、多地拓展阶段:国家自贸区等城市功能园区的法定机构改革(2015—2021年)

2015年4月,国务院印发的《中国(广东)自由贸易试验区总体方案》明确提出,广东自贸区要"创新行政管理体制""探索设立法定机构,将专业性、技术性或社会参与性较强的公共管理和服务职能交由法定机构承担",这是第一次以国家文件形式明确在内地探索法定机构。② 之后,以建设国家自贸区(港)为主的一些省、区、市的功能园区结合各自实际先后开展法定机构改革,将园区管委会等管理机构或部门设立为法定机构,以更灵活的方式开展功能园区管理和服务等各项工作。其中,山东青岛(2015年)、上海浦东新区(2016年)、广西钦州(2016年)、天津滨海新区(2019年)、海南自贸港(2019年)和辽宁自贸区(2020年)等地的城市功能园区先后推行法定机构试点,法定机构改革出现了多地、多层拓展的局面。

(一)山东省青岛市推行法定机构试点工作

为深入推进功能区体制机制创新,激发功能区发展活力,青岛市委、市政府决定在部分改革先行区试点法定机构管理制度。2015年7月,青岛市委办公厅、市政府办公厅印发《关于推行法定机构试点工作的指导意见》;8月,青岛市人大常委会审议颁布《关于青岛蓝色硅谷核心区开展法定机构试点工作的决定》;12月,青岛市政府颁布《青岛蓝色硅谷核心区管理暂行办法》,明确青岛蓝谷管理局作为法定机构,具有独立的法人资格,并进一步规定其职责任务、运作机制、治理结构、经费模式和监管体系等,通过立法界定政府与法定机构的事权划分。由此,中国长江以北地区第一个以制度化分权为基础的法定机构——青岛蓝谷管理局正式成立。③

青岛蓝谷管理体制的最大特色是"法定机构+职员制"。一是以建立决策权、执行权、监督权充分衔接、有效制衡的法人治理结构为目标,设立决策机构、执行机构、监督机构。具有广泛代表性的蓝谷理事会是最高决策机构,负责研究确定蓝谷核心区的发展战略规划,行使重大事项决策权;市政府分管副市长担任理事长;理事会成员由市科技局、教育局等相关部门,即墨区

---

① 黎少华,艾永梅. 广东法定机构改革试点调查[J]. 中国经济报告,2014(3):29.
② 陈晓方. 构建法定机构自主运行与有效监管动态平衡关系[J]. 学术交流,2015(11)82.
③ 赵立波,宁靓,崔群. 中国法定机构改革研究——基于青岛案例[J]. 行政论坛,2019(6):51.

政府，驻区重点科研机构和企业的主要负责人以及执行机构、监督机构负责人 20 人左右组成。作为执行机构的蓝谷管理局是依据特定立法成立的法定机构，负责蓝谷的公共事务管理、公共服务等职能，不以营利为目的但实行企业化管理；机构精干，内设 9 个部门；同时即墨区在蓝谷设立接受蓝谷管理局的指导、监管的建设分局、国土分局、综合执法分局、会展办等部门，分别行使相应职能。青岛蓝色硅谷建立了内外结合的监督机制，设立向理事会负责的监事会，对蓝谷管理局开发、建设、运营和管理活动进行监督；管理局内设审计等机构，负责内部监督。

二是为适应法定机构多样化特别是市场化运行要求，改变传统编制化、身份性的人事管理模式，青岛蓝色硅谷于 2017 年引入职员制度。职员制打破身份界限，将职员级别划分为 4 等 13 级，职务与职级分离，依据岗位竞聘职务不受原级别限制；个人绩效与部门和管理局考核成绩挂钩并作为薪酬、奖惩的依据；原有人员实行双向选择，留用人员的原机关、事业身份与职务封存，其他人员面向全国公开招聘，从而建立起灵活高效的用人、薪酬和激励约束机制，并形成特色鲜明的、在中国大陆推进法定机构改革具有影响力的"法定机构+职员制"模式。①

2016 年 9 月，青岛市委、市政府决定扩大法定机构试点范围，市政府组织起草了《关于青岛国际邮轮港开展法定机构试点工作的决定（草案）》，提请青岛市人民代表大会常务委员会审议，拟在青岛国际邮轮港试点建立法定机构。

2017 年年初，青岛市设立两个法定机构的法律程序已履行完成，管理体制及机构设置已落实到位，法人治理结构已基本建立，依法履职工作已全面展开。②

（二）上海浦东新区陆家嘴金融城发展局法定机构改革

2015 年，上海浦东新区人大首次将"法定机构的设定"作为推进浦东新区深化管理体制改革的建议之一，在法定机构的法治保障方面提出了当前任务、近期目标、中期计划和远期努力等提议，推动了在上海自贸区内构建法定机构管理模式的进程。

2016 年 6 月，上海浦东新区人大常委会根据上海市人大常委会《关于促进和保障浦东新区综合配套改革试点工作的决定》，发布了《浦东新区人民代

---

① 赵立波，宁靓，崔群. 中国法定机构改革研究——基于青岛案例 [J]. 行政论坛，2019 (6)：52.
② 青岛市编办. 青岛市试点法定机构，逐步打破功能区行政管理体制改革坚冰 [J]. 机构与行政，2017 (2)：38.

表大会常务委员会关于促进和保障陆家嘴金融城体制改革的决定》，明确设立陆家嘴金融发展局为"实行企业化运作但不以营利为目的、履行相应公共管理和服务职能的法定机构"，以国有企业身份在工商部门登记为"上海陆家嘴金融城发展局有限公司，作为金融城法定的管理服务机构"；主要职能是"实施和协调金融城的公共事务，组织和落实金融城业界共治相关事项，探索和创新适合金融城发展需要的管理体制和运作机制，激励和推动相关领域政府职能转变和运行效率提升，在金融城营造规范、高效、诚信的发展环境"。

陆家嘴金融城发展局实行"业界共治+法定机构"的管理模式，一方面可以保证浦东新区政府对陆家嘴金融城发展局设立初步阶段的控制权，另一方面可以充分利用社会各界人士的智慧，提高社会的参与度。浦东新区政府联合业界发起设立理事会，作为陆家嘴金融城"业界共治和社会参与"的公共平台，理事会由金融、航运、贸易等重点企业和行业组织的业界代表以及相关政府部门和金融监管机构派出的代表组成。《浦东新区人民代表大会常务委员会关于促进和保障陆家嘴金融城体制改革的决定》特别说明，理事选任要注重"广泛性、代表性和专业性"。

同时，陆家嘴金融城发展局实行浦东新区政府领导下的局长负责制，局长兼任执行董事。陆家嘴金融城理事会设立秘书处，设在发展局内，作为理事会的执行机构。2016年8月24日，陆家嘴金融城理事会召开第一届第一次大会，陆家嘴金融城以及金融城理事会、发展局正式挂牌。

(三) 广西中马钦州产业园区实行法定机构治理模式

2011年年初，中国与马来西亚共同建立中马钦州产业园，由中马双边经贸联委会和中马钦州产业园区合作理事会共同治理。2012年，中共中马钦州产业园区工作委员会、中马钦州产业园区管理委员会正式挂牌成立。2013年，中马"两国双园"联合理事会、广西工作领导小组、钦州市中马钦州产业园区协调服务领导小组三级工作协调机制建立。2014年2月，中国—马来西亚钦州产业园区和马来西亚—中国关丹产业园区联合合作理事会正式成立。

作为中国和马来西亚两国联合建立的产业园区，中马钦州产业园区自2014年以来开始探索实行法定机构治理模式。2014年颁布的《广西壮族自治区人民政府关于印发中国—马来西亚钦州产业园区建设自治区改革创新先行园区总体方案的通知》提出，到2017年，要基本上形成法定机构治理、负面清单管理的园区行政管理体制；2017年颁布的《中国—马来西亚钦州产业园区条例》规定，"产业园区实行法定机构治理"。

《中国—马来西亚钦州产业园区条例》第9条规定，中国—马来西亚钦州产业园区管理委员会是广西壮族自治区政府的派出机构；第11条、第12条规定，园区实行"主任负责制"，园区管委会的主任和副主任由自治区政府任免，园区内的其他高级管理人才可以从海内外人士中进行选聘。园区管委会内设7个部门（含1个直属事业单位），分别是工管委办公室（挂组织人事处牌子），负责机关日常运转、纪检监察等工作；经济发展局，负责研究、综合提出园区发展战略；国土市政规划局，在授权或委托的范围内，承担国土、规划管理等各项职责；财政局、投资合作局，贯彻执行财政、金融工作；社会服务局，协助、配合钦州市政府及相关部门，对园区范围内社会事务进行管理；行政审批服务局，负责行政审批制度改革相关法规、政策在园区的贯彻实施。此外，设立中国—马来西亚钦州产业园区综合服务中心，为正处级财政全额拨款事业单位；园区内共有行政编制30个。①

《中国—马来西亚钦州产业园区条例》关于园区管委会既是法定机构、又是广西壮族自治区政府的派出机构的相关条款规定，在单位性质方面是相互抵牾的，由此造成园区实际管理职能和相关规定的不一致，出现了管委会的法律地位存在矛盾、法定职权职责不明确等问题，导致园区法定机构治理体制机制已探索多年，但运行的效果还没有得到充分的体现。②

（四）天津滨海新区推进法定机构改革

2018年年底，天津市委、市政府领导在滨海新区现场办公会议暨加快滨海新区开发开放领导小组会议上，再一次明确了"滨海新区是决定天津命运发展的关键"，并且要求滨海新区明确新定位、担当新使命，通过颠覆式改革创新，打造名副其实的改革开放先行区。

为落实天津市委、市政府关于深化改革的要求，滨海新区着手推进在园区开展法定机构改革。经天津市委、市政府批准，天津自贸区管委会开展法定机构改革，设立专司制度创新的法定机构——创新发展局。创新发展局以机关法人注册，实行员额化管理、企业化考核，依照法定授权履行相应管理和服务职能。2019年3月底至4月初，通过"全球招聘"方式选聘的3位天津自贸区创新发展局副局长正式上岗，他们分别来自浙江、深圳和上海，3位市场化选聘的副局长入职，也标志着天津自贸区法定机构改革取得重要的实质性进展。

---

① 黄世德. 法定机构机制在开发区治理中的运用——以中马钦州产业园区为例［J］. 商业观察，2021（7）：40-41.

② 黄世德. 法定机构机制在开发区治理中的运用——以中马钦州产业园区为例［J］. 商业观察，2021（7）：42.

天津自贸区管委会由此成为全国第一个开展法定机构改革的自贸区管委会。经过法定机构改革和全球招聘，天津自贸区2019年有授薪人员1 725人，较改革前减少132人；领导班子成员40人，平均年龄年轻了近6岁，硕士研究生及以上学历占比达75%，其中副主任24人，10人来自外省市。①

滨海新区是国家综合配套改革试验区，是带动区域经济发展的重要引擎，是决定天津命运发展的关键，承担着先行先试的重大使命。在5个开发区推行法定机构改革，就是通过创新体制机制，进一步激发开发区活力，加快构筑发展新优势。

长期以来，滨海新区的5个开发区坚持改革开放、聚焦经济发展，为新区乃至全市发展作出突出贡献，但也积累了很多深层次的矛盾和问题，例如，行政化、机关化倾向严重，缺乏竞争激励机制；"铁交椅""铁饭碗"导致主动作为、勇于担当的意识不强，进取精神不足；等等。推行法定机构改革，就是要向制约滨海新区及5个开发区发展的体制机制障碍开刀。

滨海新区面向国内外公开选聘各开发区管委会副主任，是开发区法定机构改革迈出的关键一步，打破了传统的干部配备方式，改变了传统的人事管理思路，破除了人员身份限制，推动全员市场化公开聘任，实现能上能下、能进能出；建立有相当力度的薪酬激励办法，实行与业绩挂钩、以市场为导向的分配体制，让干事者多劳多得。同时，滨海新区在法定机构改革中，市级层面和新区层面关于经济方面的权力事项全部下放到开发区，把与开发区核心业务不相关的任务大幅减除，以带动滨海新区进一步开发开放，再创辉煌。②

（五）海南在省、市级部门和多个园区设立法定机构

2019年以来，在加快建设自由贸易港的新形势下，海南省在中央关于支持海南自由贸易港开放创新相关政策的支持下，在省级、市级层面和多个园区设立了多家法定机构，探索拓展法定机构的实施层面和范围，尝试以法定机构改革推进自由贸易港建设、提升政府管理服务能力和治理水平。

一是在省级层面设立法定机构。2019年5月23日，海南省大数据管理局挂牌成立；2019年9月27日，海南省第六届人民代表大会常务委员会第十四次会议通过《海南省大数据开发应用条例》，自2019年11月1日起施行。根据《海南省大数据开发应用条例》规定，海南省大数据管理局成为全国首个

---

① 闫贵福. 持续深化法定机构后续改革 探索建立良性发展机制［J］. 求贤，2020（7）：16-17.
② 时报评论员. 打造名副其实的改革开放先行区——滨海新区全面推行开发区法定机构改革系列评论之一［N］. 滨海时报，2019-07-10.

法定机构形式的省级大数据管理机构,作为实行企业化管理但不以营利为目的、履行相应行政管理和公共服务职责的法定机构,在省政府领导下,坚持创新、市场化、与国际接轨的基本原则,统筹规划,整体推进,加快推进海南大数据发展,承担全省大数据建设、管理和服务等职责。

海南省大数据管理局登记为事业单位法人,由省政府成立领导小组作为外部决策机构,探索实行"共治平台+法定机构"的公共治理模式。

海南省还在省级层面设立了法定机构性质的海南国际经济发展局,在全国首创登记为社团法人,由各发起单位建立理事会作为决策机构,履行出资人和管理责任,履行经济领域公共服务职责。

二是在三亚市市级层面设立四个法定机构。2019年2月13日,三亚市委、市政府印发《三亚崖州湾科技城管理局设立方案》,正式成立崖州湾科技城管理局;7月19日,三亚市人大常委会审议通过《关于三亚崖州湾科技城开展法定机构试点工作的决定》;随后,法定机构立法被省人大列入2020年立法计划。三亚崖州湾科技城管理局是三亚市按"法定机构+市场化运作"的模式组建的,与招商局集团和中化集团战略合作,分别组建深海科技城和南繁科技城平台公司,具体组织实施崖州湾科技城开发建设、运营管理、综合协调等工作。

三亚市投资促进局的单位定性也明确为实行企业化管理、市场化运作,不以营利为目的,不列入行政机构序列,不从事法定职责外事务,经授权代表政府在法定职责范围内开展招商引资和投资促进等经贸活动的法定机构。其主要职责有:负责统筹执行全市招商引资工作,做好招商引资企业和项目服务保障工作;负责境内外招商联络处与招商平台的组建和管理工作;负责牵头组织全市性重大投资促进活动,统筹全市招商引资推介和新闻宣传工作;负责招商引资信息管理系统建设和管理工作;完成市委、市政府交办的其他任务。

三亚市旅游推广局是三亚市委、市政府履行国家赋予海南自由贸易港大胆试、大胆闯的使命,探索全国旅游体制改革创新经验,依法登记设立的法定机构,主要任务是承担政府的部分公共服务职能,经授权代表政府在法定职责范围内开展工作,实行企业化管理、市场化运作,不以营利为目的。

此外,三亚中央商务区管理局明确规定为法定机构性质,实行"法定机构+平台公司"的管理体制。

三是在多个园区开展法定机构改革实践。2019年11月30日,海南省委第七届七次全会通过《中共海南省委关于提升治理体系和治理能力现代化水平加快推进海南自由贸易港建设的决定》，明确提出要"完善和优化机构职能体系，巩固深化党政机构改革成果，推进机构、职能、权限、程序、责任法定化，稳妥开展法定机构改革"。

目前，海南在海口江东新区、三亚崖州湾科技城、博鳌乐城国际医疗旅游先行区、洋浦经济开发区、海南生态软件园等地实行"一园一策"，积极鼓励法定机构的探索和实践。其中，海南省博鳌乐城国际医疗旅游先行区管理局登记为企业法人，由省政府成立领导小组作为外部决策机构，同时探索实行"共治平台+法定机构"的公共治理模式。①

(六) 其他城市功能园区开展法定机构改革

一是辽宁自贸试验区大连片区开展法定机构改革。2020 年 9 月 17 日，辽宁自贸试验区大连片区法定机构改革正式启动，将去行政化实行企业化管理，以创新的体制机制推动片区更好更快发展。

大连片区法定机构改革中实行全员聘任、竞聘上岗、任期制和末位淘汰制。体制上，片区管委会工作人员取消编制管理，实行企业化管理模式，除党委书记、管委会主任为公务员外，其他人员身份为法定机构工作人员，不再对应行政级别，不保留原身份，依照法定授权履行相应职责。机制上，推行全员聘任和岗位绩效工资体系，制定绩效考核评价办法，奖勤罚懒，实行末位淘汰制；在片区建立以岗位价值为基础，以绩效考核为导向的岗位绩效工资分配模式，做到多劳多得、优绩优酬。

为吸引大连片区建设发展所需人才，片区在人员选聘中打破职级限制，任何层级的人员都可以报名部门正职、副职和职员三类岗位，通过公开渠道面向新区机关事业单位和国企正式工作人员选聘片区 10 个工作部门的正职、副职和职员岗位，还面向全国、全球招聘精英人才和高级管理人才。

二是安徽省在两个城市功能区开展法定机构试点工作。2020 年 12 月 24 日，马鞍山市第十六届人民代表大会常务委员会第二十四次会议通过《关于马鞍山郑蒲港新区现代产业园区开展法定机构建设试点工作的决定》(以下简称《决定》)，明确郑蒲港新区管委会是依据本决定设立，依法承担经济发展、公共事务管理和公共服务职能，实行企业化管理，市场化运作，具有独立法人地位的法定机构，负责郑蒲港新区的开发建设、运营管理、招商引资、制度创新、公共服务等工作。

《决定》要求，郑蒲港新区应当建立决策权、执行权、监督权相互衔接的

---

① 应验. 海南自贸港法定机构发展刍议. 海南日报，2020-08-26.

法人治理结构；郑蒲港新区管委会应当通过推行人员总量管理、科学设置内设机构、实行职员制、开展人事制度创新、建立薪酬总量控制制度、改革内部分配制度等，进一步创新管理机制，优化绩效体系；郑蒲港新区管委会应当建立独立的财政管理体制，在郑蒲港新区范围内实现的税收收入、非税收入、政府基金等地方财政收入全部纳入郑蒲港新区收入管理，形成多元投入、相对灵活的财政运行机制，按照相关法律法规接受政府有关部门的监督。

2021年5月15日，《合肥市人民政府办公室关于印发合肥高新技术产业开发区法定机构建设试点工作任务的通知》发布，提出根据《安徽省人民政府关于合肥高新技术产业开发区法定机构建设试点实施方案的批复》精神，在合肥高新技术产业开发区开展法定机构改革，按照"一法一机构"原则，提请市人大常委会审议通过《关于合肥高新技术产业开发区开展法定机构建设试点工作的决定》；按照"精简、统一、高效"的原则，借鉴深圳前海法定机构运行模式，深化人事改革；根据市委、市政府规范开发区人事薪酬管理的有关规定，建立目标管理考核导向的薪酬体系，探索建立市场化的薪酬激励机制，完善考核机制；等等。

三是北京提出拟在北京自贸区探索实施法定机构管理模式。为高质量推进"两区"发展建设，为自贸试验区提供法治保障，北京市商务局研究起草了《中国（北京）自由贸易试验区条例》（征求意见稿），于2021年9月向社会公开征求意见。该征求意见稿在第二章"管理体制"中第十三条"管理机构"提出，"具备条件的区域可以探索实施法定机构等管理模式"。

2022年3月31日，北京市十五届人大常委会第三十八次会议审议通过《中国（北京）自由贸易试验区条例》。在第二章"管理体制"中的第八条明确，片区所在的区经市人民政府批准，可以设立不以营利为目的、实行企业化管理的法定机构，履行区域管理机构职责。

四、改革发展趋势：深圳前海法定机构管理体制改革的新动向

近年来多地城市功能园区积极推进法定机构试点工作的同时，在已经实施将近10年法定机构管理模式的深圳前海管理局，却在近期的深化园区管理体制改革中出现了明显不同的新动向。

2020年8月26日，深圳市第六届人民代表大会常务委员会第四十四次会议修订通过《深圳经济特区前海深港现代服务业合作区条例》，自2020年10月1日起施行。关于《条例》修订的相关报道说明，深圳市之所以对《条例》作出修订，是聚焦前海法定机构管理体制相关规定不够完善，导致前海管理

局在实践中异化成"四不像"机构,出现"孤岛效应"。①

为此,修订后的《条例》不再继续界定前海管理局为法定机构,而是明确指出,深圳市前海深港现代服务业合作区管理局在市人民政府领导下,依照《条例》履行前海合作区开发建设、运营管理、产业发展、法治建设、社会建设促进等相关行政管理和公共服务职责,可以实行企业化管理,但不得以营利为目的;管理局设局长一名,副局长若干名,管理局正副局长按照管理权限和程序,由市人民政府任命,管理局可以从境外专业人士中选聘管理人员;市人民政府应当根据前海合作区战略定位和管理体制,建立健全有利于前海合作区建设发展的稳定可预期的财政保障体制;管理局可以根据前海合作区发展情况和实际需要,按照确定的限额或者标准,自主决定机构设置、人员聘用和内部薪酬制度。

前海合作区 2010 年成立时,管理局采取法定机构模式推动区域开发,以有效激发组织内生动力和活力,构建政府、市场、社会良性互动的法定机构治理格局。但是,由于管理局肩负片区开发建设、运营管理、招商引资、制度创新、综合协调等工作,在实践过程中暴露出管理体制的规定不够完善的弊端,也直接导致实践中存在决策责任不明、效率不高等问题。

为解决法定机构管理体制与决策机制不够完善的问题,修订后的《条例》在沿用法定机构管理模式的基础上,将前海管理局名称模糊化为前海管理机构,同时借鉴香港法定机构的成熟经验,引入法定机构通行的理事会决策机制,设立了前海管理理事会,引入重大决策表决机制,灵活地将前海发展的现实情况与实际操作相结合,或许能够有效打破目前前海管理局面临的"孤岛"困境。② 前海管理局作为法定机构运行将近 10 年后,深圳市新修订的《条例》模糊了前海管理局法定机构的性质定位,这一改革动向为法定机构未来的改革发展趋势提供了前沿思考和地方经验。

五、结论与讨论:法定机构改革的历程回顾与未来走向

法定机构改革是我国政府行政管理体制和公共人事制度改革的重要探索,自 1993 年海南省洋浦经济开发区最早试水以来,经过海南、广东、山东、广西、上海、天津、辽宁和安徽等省、区、市在部分事业单位和功能园区的试点和推进,为我国政府体制改革和人事制度改革提供了很多有益经验。同时,法定机构改革长达 30 年里在多地的试点工作中,不断出现相关改革实践停滞

---

① 深圳拟修订前海合作区条例 打破"孤岛效应"强化引擎作用 [N]. 南方都市报,2019-05-09.
② 深圳拟修订前海合作区条例 打破"孤岛效应"强化引擎作用 [N]. 南方都市报,2019-05-09.

和改革政策反复等情况，也暴露出法定机构改革涉及的深层次体制问题。

(一) 法定机构改革历程的回顾总结

回顾自1993年以来30年间法定机构改革的发展历程，既可以发现法定机构改革在一些地方取得的阶段成效和积极影响，也可以发现最有代表性的海南洋浦经济开发区改革实践的终止、广东省事业单位法定机构改革的停滞，以及新近深圳前海法定机构管理体制改革的反复，这些法定机构改革典型案例及其改革历程中形成的主要经验和遇到的关键问题，值得当前和今后各地开展法定机构改革相关工作时予以参考借鉴。

首先，最早于1993年引入法定机构改革的海南省洋浦经济开发区，一方面，在当时政府机构精简和公务员制度建立初期，对"小政府、大社会"背景下的政府体制改革以及公务员制度建设积累了很多有益经验；另一方面，经过几年的改革试验，洋浦经济开发区管理局下设的法定机构于1997年最终确定为事业单位性质，标志着我国最早的法定机构改革试验终止。

其次，广东省在部分省属事业单位开展的法定机构改革，为贯彻落实2011年颁布的《关于分类推进事业单位改革的指导意见》提供了地方经验。同时，由于法定机构改革涉及多方利益和各部门职责权限的再分配，也涉及一系列配套制度改革，包括人事制度改革、机构编制改革、财政投入制度改革、福利制度改革、社会保障制度改革等，法定机构与相关部门在人事、财务等管理机制对接方面还有一定难度。所以，虽然广东省法定机构改革试点工作开展较早，但总体进展却不是很快，一些法定机构改革试点单位由于种种原因，相关工作难以持续深入推进，多家试点探索已悄然搁置。

最后，被誉为法定机构改革成功典型的深圳前海管理局，一直以来都是各地功能园区学习的法定机构管理模式的典范，其于2011年落地的法定机构管理模式，之后也是其他功能园区进行法定机构改革的重要参照。然而，2020年，深圳市对前海管理局已实行10年的法定机构管理体制，进行了回归政府行政体制的再改革。在深圳市修改《条例》的过程中，有报道指出，之前的《条例》关于法定机构管理体制的规定不够完善，导致前海管理局在实践中异化成"四不像"机构，出现了"孤岛效应"；为此，新修订的《条例》模糊了前海管理局的法定机构性质，前海管理局呈现出回归政府体制的迹象。

曾经成功实施法定机构改革的前海管理局，与近几年多地积极设立法定机构、相继开展法定机构试点工作的热闹景象相左，在其法定机构管理体制实施10年后，却在再次改革的过程中呈现出回归政府体制的发展动向，确实令人对法定机构改革的未来发展深思。

(二) 法定机构改革发展的未来展望

展望法定机构改革的未来发展趋势，尽管法定机构改革出现了诸多问题和困难，特别是一些事业单位的法定机构改革因种种原因难以为继，但是在近年来国家自贸区建设如火如荼发展的新形势下，多地功能园区的法定机构试点仍在持续推进。当前和未来一个时期，一方面，自贸区等城市功能园区的法定机构改革试点仍将有所增加，但是也亟须严格规范和加强管理；另一方面，事业单位改革应慎用法定机构模式，而应依据《事业单位人事管理条例》等国家相关法律法规规定，以及中央最新相关精神，积极稳妥推进事业单位分类改革等重点任务。

一是在功能园区管理体制建设方面，一些地方改革自主权较高的国家自贸区（港）等城市功能区将继续探索试行法定机构管理模式，但要严格规范、加强管理。

以海南省为例，2020年6月，中共中央、国务院印发《海南自由贸易港建设总体方案》，明确对外籍人员赴海南自由贸易港的工作许可实行负面清单管理，允许符合条件的境外人员担任海南自由贸易港内法定机构、事业单位、国有企业的法定代表人；在中央相关政策的支持下，海南省已在省级层面、三亚市市级层面和一些园区设立多家法定机构，成为全国设立法定机构数量最多的自贸港（区）。

2021年6月10日，第十三届全国人民代表大会常务委员会第二十九次会议通过《中华人民共和国海南自由贸易港法》，其中第七条明确规定，国家支持海南省依照中央要求和法律规定行使改革自主权；第八条要求"海南自由贸易港构建系统完备、科学规范、运行有效的海南自由贸易港治理体系，推动政府机构改革和职能转变，规范政府服务标准"。

《中华人民共和国海南自由贸易港法》为海南省法定机构改革提供了法律依据，海南亟须根据国家法律法规规定，参照国际自由贸易港建设经验，稳妥推进法定机构的体制机制创新，加快建立适应中国特色自由贸易港建设的行政架构，更好满足海南自贸港建设的中长期需要。

同时，海南自贸港各法定机构的人事管理制度，还应在国家人事制度的总体架构内结合自贸港实际改革探索，《公务员法》《事业单位人事管理条例》等法律法规以及中央关于国有企业、社会团体人事管理的相关政策规定，均应作为海南省开展法定机构人事管理改革的制度依据。

海南省是我国最早开展法定机构改革试验的经济特区，深圳经济特区的前海管理局是采取法定机构管理模式时间最长的功能园区，从近两年海南自贸区和深圳前海管理局法定机构改革的最新实践和发展趋势可以看出，虽然各地开展法定机构试验的层面不断拓展、改革持续深化，各地功能园区设立的法定机构的类型也更加多样，目前已经出现了事业单位、国有企业和社会团体等各种性质的单位形式和管理模式，但是，在其改革过程中暴露出的体制机制深层次问题也不容小觑，亟须在全面总结功能园区法定机构改革成效和问题的基础上，对各地法定机构改革加强规范、严格管理，以推进相关改革创新取得更好的成效。

二是在系统深入推进事业单位改革方面，应以《事业单位人事管理条例》等国家法律法规规定和中央最新相关政策精神为依据开展，要以广东省等地的事业单位法定机构改革为借鉴，慎用法定机构为名目进行改革。

法定机构在广东省和深圳市等地事业单位改革的主要探索，在2011年贯彻落实中央关于事业单位分类改革任务等方面为我国事业单位改革提供了有益的地方经验。同时，广东省在省属事业单位和广州、珠海和深圳开展的事业单位法定机构改革试点工作中，虽然取得了一些成效，但是也遇到更多的问题和困难，多数试点单位的改革难以为继而悄然搁置。

2020年4月，中共中央办公厅、国务院办公厅制定《关于深化事业单位改革试点工作的意见》，提出要"按系统、领域对相关事业单位进行整体重塑"。为此，亟须对广东省等地事业单位的法定机构改革情况进行全面调研总结，分析改革中遇到的主要问题和障碍，以为深化事业单位改革工作提供正反两方面的借鉴。

从广东省等地先后搁置的事业单位法定机构改革的总体情况来看，国家已经发布实施《事业单位人事管理条例》等法律法规及其配套政策，中央密集制定出台加强事业单位用人自主权等改革政策，当前和今后一个时期，事业单位应依据相关法律政策积极稳妥推进，特别是应慎用法定机构名目在人事管理和薪酬制度等方面擅自突破，避免具体措施不当带来的管理混乱或改革停滞，以保证整体改革工作顺利推进。

参考文献

[1] 陈晓方. 构建法定机构自主运行与有效监管动态平衡关系 [J]. 学术交流，2015（11）.

[2] 傅小随. 政策制定与执行分开：洋浦和深圳改革的内外比较 [J]. 行政论坛，2007（6）.

［3］韩晓莉. 一次超前的政府管理体制改革——海南洋浦行政模式研究［D］. 武汉大学，2004.

［4］黄世德. 法定机构机制在开发区治理中的运用——以中马钦州产业园区为例［J］. 商业观察，2021（7）.

［5］黎少华，艾永梅. 广东法定机构改革试点调查［J］. 中国经济报告，2014（3）.

［6］应验. 海南自贸港法定机构发展刍议［J］. 海南日报，2020-08-26.

［7］张志坚. 见证——行政管理体制和劳动人事制度改革［M］. 北京：国家行政学院出版社，2012.

［8］赵立波，宁靓，崔群. 中国法定机构改革研究——基于青岛案例［J］. 行政论坛，2019（6）.

《法定机构人事管理模式研究》课题组成员名单

课题组长：
苗月霞（中国人事科学研究院公务员管理研究室主任、研究员）
执行组长：
郝玉明（中国人事科学研究院公务员管理研究室副主任、研究员）
课题组成员：
刘军仪（中国人事科学研究院公务员管理研究室副研究员）
丁晶晶（中国人事科学研究院事业单位管理研究室副研究员）
戴一鸣（中国人事科学研究院公务员管理研究室助理研究员）
尤　静（中国人事科学研究院公务员管理研究室干部）
执笔人：
苗月霞